曾炳钧文集

上部

主　编　　曾尔恕

副主编　　白　晟
　　　　　张琮军

中国政法大学出版社

2022·北京

图书在版编目（ＣＩＰ）数据

曾炳钧文集/曾尔恕主编. —北京：中国政法大学出版社，2022.5
ISBN 978-7-5764-0330-5

Ⅰ.①曾…　Ⅱ.①曾…　Ⅲ.①法制史－世界－文集　Ⅳ.①D909.9-53

中国版本图书馆CIP数据核字(2022)第029794号

书　名	曾炳钧文集
	ZENGBINGJUN WENJI
出版者	中国政法大学出版社
地　址	北京市海淀区西土城路 25 号
邮　箱	fadapress@163.com
网　址	http://www.cuplpress.com (网络实名：中国政法大学出版社)
电　话	010-58908466(第七编辑部) 010-58908334(邮购部)
承　印	北京中科印刷有限公司
开　本	720mm×960mm　1/16
印　张	62.25
字　数	1020 千字
版　次	2022 年 5 月第 1 版
印　次	2022 年 5 月第 1 次印刷
定　价	800.00 元（全三册）

曾炳钧先生

曾炳钧与女儿曾尔恕合影

曾炳钧与家人合影

1925年曾炳钧摄于清华

民国二十年（1931年）清华同学会合影，后排右数第四人是曾炳钧

1935年曾炳钧的清华大学留美公费生志愿书和保证书

1935年赴美国留学的清华学子到达纽约，前数第三排右，左手扶梯者为曾炳钧

1936 年在哥伦比亚大学，
左起第一人为曾炳钧

1941 年 4 月 17 日曾炳钧乘挪威货轮
S.S.Gunny 号自纽约启程，7 月 12 日
抵达仰光的签证

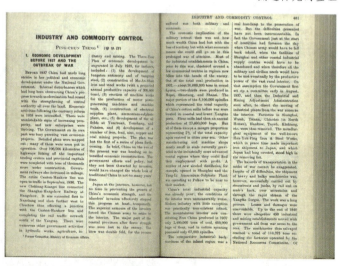

曾炳钧的论文 *Industry and Commodity Control*，刊载于
The Chinese Year Book 1943，Thacker & Co.,Ltd.Bombay

新中国成立初期曾炳钧在中央人民广播电台讲话留影

曾炳钧与北京政法学院国家与法教研室的老师讨论教学问题

曾炳钧与北京政法学院教师干部会见外国专家

1982年北京政法学院领导及教研室指导老师与
第一届毕业的法律史硕士留影，前排右三为曾炳钧

我的父亲曾炳钧

　　父亲生于 1904 年，享年 90 岁。他的一生主要是在大学里度过的，其中与清华大学的学缘关系最为悠远与深厚，在中国政法大学任职的时间最为长久。1978 年北京政法学院复办，次年我从张家口考上了北京政法学院法制史专业的研究生，父亲曾炳钧是这所学校法制史教研室的教授。1982 年我毕业留校，从事教学工作至今已 40 年。所以，我与父亲既是父女，又曾经是师生，继而还是同事。

　　1924 年清华学校决定成立大学部，1925 年公开招考 150 名学生，9 月开学时实际报到的只有不到 100 人。父亲即是被清华大学部录取的第一届新生，那一年他 21 岁。1926 年 4 月清华大学部设立包括政治系在内的 17 个系，政治系主任是余日宣，首届学生 29 人是由进入二年级的学生自愿选系构成的，父亲名列其中。父亲三岁丧父，家境并不宽裕，在经济上除得到老家四川泸县的学业补贴外，每天下午 4 点至 6 点在清华大学图书馆参考书出纳处的助学工作以及翻译、写稿的酬劳就是他的生活来源，直到毕业时，还欠学校学费、伙食费二百余元，至 1934 年才还清。生活的清苦并没有阻挡父亲对知识的渴求，他读书刻苦的表现给老师留下了深刻印象。吴宓先生曾在 1927 年的日记里记载："他（曾炳钧）又来借书来了……"

　　清华大学政治系第一级学生朝气蓬勃、思想活跃，《清华年刊》1929 年"第一级史"记载，他们"九月入校，十月组织级会；服务精神，团结能力，皆于此可见；运动游艺，级歌级旗，三年之间，粲然大备。于时向外发展，更不后人，校中自学生会以下各团体各会社，殆无往而无吾级之记录"。身在其中，除了读书，父亲积极组织与参加了"青年励志会"

"弘毅学会"等学生社团活动，曾任青年励志会大会主席和《弘毅》（北京）刊物编辑。弘毅学会会章宣示，"本学会以砥砺人格讨究学术，交换思想，以谋中国之解放与改造为宗旨"。父亲曾参加发起1928年12月7日在清华大学科学馆212教室召集的"边疆研究会"。1928年《国立清华大学校刊》第18期上的《边疆研究会缘起》表达了这个研究会成立的初衷："我国自鸦片战争已还，门户洞开，藩篱尽撤。帝国主义者挟土地侵略之野心，四面八方，步步进逼……同人等凛国势之颠危，知挽救之不容或缓，固有边疆研究会之发起。""目的在切实研究边地之地理形势，社会状况，天产富源，外人势力，政治现象及其他与边地有关之各种重要问题，期得确切之知识及妥善之挽救方法。"

青年时代的曾炳钧充满朝气，善于独立思考，勤奋笔耕。1928年《国闻周报》上连载了他的《印度问题之鸟瞰》，文章对于英国的对印政策及印度的自治运动做了详尽阐述，提出"民族自决为欧战后国际间一致承认之原则"，"盖民族自决之要求，为人类本能所具有之愿望"。他与同学傅任敢、徐士瑚等创办了《认识周报》，并在该刊物上多次发表关于国际局势的评论，以独到的视角观察世界，大胆评论世界政治趋势，以确凿的事实与丰富的资料揭示其成因，初步显示出清华学子的锋芒。父亲毕业于1929年，在那一年英国政治哲学家浩布士（Thomas Hobbes, 1588—1679）逝世250年纪念日，父亲在《国闻周报》上发表了《浩布士的政治哲学》。同年，陶孟和先生倡导建立的社会调查所成立，经多位老师推荐，父亲和清华大学同学汤象龙被社会调查所录用。1930年至1934年社会调查所即由陶孟和与父亲共同主编《社会科学杂志（北平）》。父亲在《社会科学杂志（北平）》上陆续发表了《评〈日本侵略中国外交秘史〉》《评〈英国社会与经济政策未来十年展望〉》《评〈产业革命〉》《评河西太一郎著〈农业理论的发展〉之两种译本》《评〈日本的农业恐慌〉》等多篇书评。深入社会，纵观世界，更让父亲关注的问题是中国劳工组织及国际劳工运动。1930年他在《国立武汉大学社会科学季刊》上发表《欧战前国际保工运动概观》一文；1932年完成了《国际劳工组织》一书，作为社会研究丛刊第十种由社会调查所出版。

《国际劳工组织》详细论述了劳工运动与产生国际劳工组织的环境、战前国际保工运动的历史、保工原则与会员国、国际劳工大会等内容，对于国际劳工组织及其立法进行了考察和比较分析。该书一经出版，就成为当时国人研究国际劳工问题的重要参考书。1934 年父亲在《国闻周报》的"经济时评"专栏上发表了《危机日迫之中国经济现状》一文，提出两次世界大战之间世界各国的经济关系发生的变化，"十九世纪由世界经济主义转向于经济国家主义"为其显著倾向。文章对当时中国政府的经济职能提出异议，尖锐指出其弊端。

1933 年清华大学恢复公费资助留美的制度，1934 年父亲考取清华大学庚款公费留美生，专业方向是地方行政门。根据规定，考取公费留学的学生要先在国内学习进修一年，父亲的指导老师是政治学系的沈乃正教授。在为赴美学习做准备的同时，父亲还应清华政治学系教授、时任《益世报》（天津版）主编的钱端升先生的邀请，在《益世报》（天津版）上发表文章。1935 年上海吴淞港口，父亲和一行青年学子踏上了负笈美国的游学之路，其中有后来在专业领域蜚声世界的一代宗师钱学森等。1936 年，父亲在伊利诺伊大学教授 John A. Fairlie 的指导下完成了硕士论文《英美预算制度》，获经济学硕士学位；在哥伦比亚大学 L. Rogers 教授指导下，于 1941 年以《中日冲突在英国议会中的反映》的博士论文结业获博士学位。

虽然身在海外，父亲的心却时刻系念着祖国。他与中国同学往来密切，参加了清华大学留美同学组织的"沐社"、中国留美学生组织的"建社"。1936 年世界反法西斯战争已全面爆发。是年年底，国内各界救国联合会的七位负责人沈钧儒等在上海被捕，史称"七君子事件"。父亲与其他留美同学以及旅美华人随即发起签署《旅美华侨告海外同胞书》，要求政府立即释放沈、章、王、邹、史、李、沙七先生；请求政府确认日本为全国之公敌，救国为国民之权利及义务；请政府立刻对日抗战，切实保障人民救国运动。

留学期间父亲与学界前辈胡适逐渐熟悉，胡适先生在 1938 年 4 月 17 日的日记中曾记录道："四川学生曾炳钧来谈，他是学政治的，今年专致财政。与他同吃饭。"1938 年 10 月 5 日，听闻胡适先生被任命为驻美大使后，父亲即去信祝贺。信中写道："读报得知，先生已受命出任我国驻美大使，并已行抵纽约，极端庆幸！际此时危势亟，先生以学者出任艰巨，实行救国抱负；牺牲的精神，至深敬佩，除竭诚欢迎外，为默祷。"在纽约期间，父亲与清华大学同学王秉厚等组织过每两个月一次的"现代问题座谈会"，讨论国际问题。1940 年钱端升先生与周鲠生先生等抵达纽约时父亲曾以此座谈会的名义组织当地华侨和华人学生欢迎。

父亲在几近一个世纪中亲历了中国从国弱民贫到屹立于世界之林的巨大变化。像许多中国老知识分子一样，他早已将祖国的命运与个人的命运紧密相连。他是一个学者，更是一个爱国者。1941 年他在美国修完学业时，正值世界反法西斯战争进入白热化阶段，日寇疯狂轰炸我陪都重庆。出于抗战爱国的民族感情，父亲放弃了在美国供职的机会，接受了当时在美国的中共地下党的委托，冒着被日机轰炸的危险，签下生死状，作为唯一的中国押运员乘挪威货船 S. S. Gunny 号，于 4 月 17 日自纽约启程，取道大西洋，绕道好望角，转行印度洋，直至 7 月 12 日抵达仰光，8 月初回到昆明。在历经了每天都是生死考验的三个月后，父亲将一船新型战斗机带回祖国，投入抗战。他自己随身所带的物品只是满满两大木箱书，后来这些书伴随着他辗转仰光、昆明、重庆、武汉直到北京。

在回国最初的半年里，父亲在云南大学任政治经济系教授，讲授各国政治制度及财政学课程。1942 年，在清华大学老同学和老师的推荐和邀请下，父亲到重庆国民政府经济部任参事。在一年的工作期间里，他研究和整理了经济部制定的抗战时期的经济管制法规，在当时的英文《中国年鉴》上发表了 *Industry and Commodity Control* （《战时中国的工业与商品统制》）；在《新经济》（半月刊）上发表了《学术与政治》《人治与法治》。抗战期间武汉大学搬到乐山，1943 年 9 月，他辞去了经济部参事的职务，接受了武汉大学政治学系的聘请到武汉大学任教。在那里，他受学校及学生社团的邀请，做过两次全校性的公开演讲，题目为"宪政与图强""二十年后的中国"。然而，抗战胜利后，中国人民并没有过上和平安宁的生活。1947 年春在全国学生反饥饿、反内战运动的鼓舞下，父亲与武汉大学金克木、韩德培、张培刚、邓启东、萧文灿共六位教授于 5 月 28 日在上海《观察》上发表《我们对学潮的意见》，呼吁停止内战，恢复和谈，谋求统一。同年 6 月 1 日，武汉大学发生军警特务千余人包围学校，抓捕师生数十人、开枪打死学生 3 人、打伤多人的血腥惨案，校园笼罩白色恐怖。父亲闻噩耗立即赶赴现场，在当日的教授会议上极力主张罢教，向社会呼吁营救师生。几日后他被推选担任教授善后委员会主席，发表正义宣言，声明罢教，与其他十几位教授一起作为代表，亲自到武汉行辕进行强烈交涉，营救遭受迫害的教授和学生，要求严惩凶手，抗议军警进驻学校。

1948 年 2 月父亲重返母校就任清华大学政治学系教授，后接任了陈岱孙先生的工作担任系主任。此时清华大学政治学系遇到的最大困难是人员流失、教员短缺。面对困境，父亲在承担繁重的教学工作的同时，想方设法努力解决师资问题。心怀对母校的感恩之情及对清华大学政治学系振兴发展的期望，他主持制订了清华大学政治系发展的通盘计划。同年 12 月 15 日，解放军进驻海淀，清华园归入管辖范围，先于整个北平解放。1949 年 1 月 31 日，北平宣布和平解放，清华大学的发展进入了全新的时代。在清华大学成立的校工会里，父亲是政治学系的代表。1949 年 10 月，作为清华大学教职工学生代表会议的成员，他参加讨论了清华大学改革和调整的事项。他负责组织安排政治学系的师生下乡参加土地改革，参与解决了政治学系教师工资按解放区薪酬计算办法换算成小米斤两数量的问题，开始进行课程体系的修订与改革，按照教育部的统一要求新设置了"新民主主义理论"课。

1951 年 3 月清华大学计划进行内部院系调整，拟将政治学系原有的行政学组及外交组改变为行政系和外交系两个科系。同年 2 月父亲作为中南区参观团副团长带队参观了土地改革运动，8 月他参加了华北行政委员会民主建设的考察工作。在山西各县考察一个月后，他又担任小队长到广西参加了 8 个月的土地改革工作。当年 10 月 5 日的《光明日报》上刊登了父亲以清华大学政治学系主任的名义发表的《关于县各界人民代表会议迅速代行县人民代表大会职权问题》。这是一份父亲在参加了华北事务部筹备县长会议的山西观察组后，经过一个月的调查研究后完成的报告。在他的档案中记载着他在土地改革工作中的表现评语："工作谨慎，分配田亩公平合理，沉静积极，对群众态度非常和气，而且有商量，很有民主态度，各群众非常拥护。"

1952 年 6 月，教育部下达中央关于院校调整的通知，成立了"京津高等院系调整清华大学筹备委员会"。清华大学政治学系被取消，父亲被调整到新组建的北京政法学院。新成立的北京政法学院由父亲的师长钱端升先生担任院长，费青教授担任副教务长，父亲入学清华大学时的政治学系主任吴之椿教授，学弟陈体强、王铁崖、楼邦彦、龚祥瑞、吴恩裕及杜汝楫诸位原清华大学政治学系教员也都被调整于此。

初到北京政法学院，父亲被安排在研究组学习，1954 年被分配到国家法教研室准备财政法讲义，1955 年被调往国务院法制局协助整理财经法规。1956 年父亲被调到国家与法的历史专业，在国家与法的历史教研室成立后，任该教研室主任。当时教研室开设的课程有：中国国家与法的历史、世界国家与法的历史、中国通史、世界通史。作为教研室主任，父亲严格要求所有课程内容都要经过各教研组的老师集体讨论，要求教研室的每个教师必须制订个人的教学和科研计划、写出具有出版水平的教材，鼓励青年教师多做历史科学的基本功，提倡通过科研提高教学质量、讲授历史发展规律要让材料说话。他本人参加了中国国家与法全部讲义的集体讨论，并主要担任了从殷周至秦汉时期的法制史课程讲授。他在校党委组织的一次关于如何办学的座谈会上积极建言，强调办好大学必须具备两个条件：一是必须有业务水平高的教师，二是必须有好的图书馆设备。出于这种认识，他向图书馆积极推荐采购书目、建议图书馆搞好教师参考资料室的建设，并为教研室购买了许多历史与法制方面的古旧书籍。1958 年教学改革时，父亲曾组织学生们与老师一起改编讲义。父亲渊博的学识及潜心教学的努力，赢得了学生们的爱戴，被师生亲切地称作"曾公"，并与吴恩裕、戴克光、严景耀几位教授并称为当时北京政法学院的"四大教授"。

1956 年 11 月 22 日，中国政治法律学会召集了一次"中国法制史问题座谈会"。会上父亲提出："目前政法院系迫切需要一部综合的中国国家与法的历史教材。讲授这门学科的目的在于就中国的经历、从国家与法方面来阐明历史发展的规律。"他认为，"中国法制史的研究，或中国国家与法的历史的研究，是一项艰巨的工作。法学研究工作者必须端正态度掌握方法并群策群力分工合作来进行，才可望真正有所贡献"。1963年法制史教研室在校内出版了《中国国家与法的历史讲义》（共三册），其中第一册（奴隶、封建社会部分）是父亲与薛梅卿合作编写的。这部教材是北京政法学院出版的第一部中国法制史教材，也是新中国国内最早出版的中国法制史教材之一，反映了在当时的历史条件下学校教师在法制史这门专业基础课方面的研究水平和授课的基本内容，非常珍贵。

在学术研究上，父亲提倡争论，认为"从争论中发现真理，推动真理，正是辩证唯物主义的发展"。1957年父亲在《政法研究》上发表了《关于法的继承性问题》一文。1981年父亲与法制史教研室的老师们合力编纂了《历代冤案平反录》。父亲在这本书的序言中写道："如果从本书中可以得到什么启发的话，我以为至少有以下几点：要不断肃清封建专制主义的影响，反对个人专断，反对以言代法；维护法律的严肃性和司法机关的独立审判权；反对任何人在法律上享有特权，实现法律面前人人平等。要建设一支通晓法律、刚直不阿、廉洁奉公，敢于以身殉职、以身殉法的无产阶级司法队伍；反对屈从权势，徇私舞弊，贪赃枉法。要在审判实践中开展唯物主义与唯心主义两条思想路线的斗争，坚持从实际出发，调查研究，重证据不轻信口供；反对先入为主，主观臆断，草率从事；严禁逼、供、信。"

父亲的译著《当代世界政治理论》翻译于1963年至1964年休假期间，初衷是为国内提供对西方学术著作的了解和参考。这部译著在1983年方由商务印书馆出版。

1978年北京政法学院复办，1979学校招收本科及研究生，父亲担任中国法制史专业研究生导师组组长并直接指导了学校第一届中国法制史硕士研究生。1980年中国政治学第一届年会上他被推选为副会长；1982年第二届年会上被聘为顾问。那时的父亲虽然已经是耄耋老人了，但仍坚持参加教研室的会议，关注学校的进步与发展；他常在家里接待师生，认真地与他们一起探讨学术问题；他热忱而严格地指导研究生，督促他们多读书并要求做出读书笔记；他克服由于青光眼而造成的眼力困难，持放大镜逐字逐句地为研究生修改学位论文。1987 年，父亲作为博士论文答辩委员参加了新中国第一届法学博士的论文答辩。在我留校任教后，有一次我在教学楼四楼上课，讲课之间忽然发现教室最后一排竟坐着父亲！他从头至尾听了我的课，并且在课后与我进行了长时间的讨论。那时他已经 82 岁了，我不知道他是怎么知道那天我有课，又是怎样拄着拐棍上的四楼。他对我说过多次，教书不光要传授知识本身，更重要的是要教会学生学习和思考的方法；就如同不仅要给求金者金子，更重要的是教会他点金术。

父亲一生忧国忧民，追求真理，向往民主进步，始终保持着对国家政治的高度关注，即便在"文革"期间也不例外。记得在周恩来总理去世的日子里，恰逢我回京探亲期满，在送我去火车站的路上，父亲执意与我一起提着沉重的行李先到天安门广场。在人民英雄纪念碑旁，他异常激动地抄写了群众的祭奠和声讨的檄文。"文革"后，百废待兴，父亲经常在家里和学校的老同事讨论世界形势、议论国家大事和学校的建设。他们学贯中西谈古论今、抨击时弊高谈阔论的形象仍历历在目，至今不忘。父亲虽然从事政治学研究，但在政治上却很清高，洁身自好，非党非派。"文革"中造反派讯问他："你还有什么没有交代?!"他的回答是："那恐怕是我的灵魂吧!"令人意外的是他在 85 岁高龄时，递交了入党申请书。他多次对我们说过，他非常敬佩邓小平同志实事求是的革命家胆略和风格，在举国全力以赴进行四个现代化建设，为实现中华民族梦寐以求的国家富强的夙愿时，他觉得必须以实际行动表达他对党的事业的支持。在他的入党申请书里这样写道："十年浩劫，国家和个人均遭大难，几濒绝境，幸拨乱反正，国家转危为安，重又走上大规模建设的坦途……我自知年事已高，岁月无多，能力有限，贡献不大。但自信报国之志不衰，奋发之心未眠，他无所求，但愿在有生之年作为党的一个成员尽可能做力所能及的工作，为党的光辉事业、革命目标奋斗到底!"

1994 年，父亲的生命进入倒计时，先是住北医三院，后医院认为他的心脏病已无药可医不再收治，不得已转到松堂临终关怀医院住了一周。天意让我们联系到了父亲母校的清华大学校医院，念及他是清华老人，同意接收。父亲住进校医院的一间单人病房后，我俯身告诉他："爸爸现在清华校园里，窗外就是荷花塘。塘里的荷花都开了！"他听后点头，脸上露出满足的微笑。

归去来兮，一个世纪的一生，父亲的学者生涯始于校园，终于校园。父亲的一生与老一辈爱国知识分子一样，承受过国家危亡的苦难，经历过坎坷劫难，但追求真理向往民主进步却终生不贰。他去世时，除了满屋书籍外，再没有留下什么物质遗产，在他的存折上仅有三千元。但是，他留下的精神财富和他的人格品行却将永远被后学珍藏继承。

曾尔恕
2022 年 3 月 22 日
于海淀育新花园

编者引言

曾炳钧（1904—1994），祖籍四川泸县。1925年考入清华大学政治学系；1934年考取庚款公费留美名额，翌年赴美留学先后就读于伊利诺伊大学和哥伦比亚大学，获得经济学硕士学位、政治学博士学位；1949年前曾历任云南大学政治经济系教授、武汉大学政治系教授兼任系主任、清华大学政治学系教授兼任系主任。1952年院系调整后任教于北京政法学院（中国政法大学前身），曾担任国家与法教研室主任、中国法制史硕士生导师。

这部《曾炳钧文集》从酝酿到资料搜集、科研立项、整理、勘校直至完成经历了5年多的时间，现在终于完成并在中国政法大学70周年校庆之际由中国政法大学出版社出版。

从1904年到1994年，曾炳钧先生的一生几乎走过了整个20世纪，这部文集从历史的维度再现了昔日他对世界热点问题的敏锐观察与回应、对国家命运的忠诚守护与密切关注、对民主法治构筑的深切向往与严肃思考、对大学教育内涵的理解与实践；当然，也显现出他在学术历程上遭遇的坎坷与困惑。我所熟悉的生活中的父亲曾炳钧是温厚、儒雅的，然而在一字一句、严肃认真地整理他的著述的过程中，我重新认识了父亲。如同一棵历经过狂风暴雨洗礼的树苗长成根深叶茂的参天大树，父亲丰富的阅历、深厚的学养厚积薄发，其学问品行终为后学奠基。由于父亲学习、工作、授业的大部分经历是在大学，所以，这部文集也可以看作是对父亲曾经学习及任教过的大学的校史的点滴还原。

《曾炳钧文集》分为上部、中部、下部三册，集结了曾炳钧先生1928—1985年的论文、书评、译文、著作、译著、教材及部分书信文字。

　　《曾炳钧文集》的上部主要收集了曾炳钧早期发表的文章。1925 年青年曾炳钧从地处西南的四川泸县考入清华大学，在浓厚的学术氛围浸染之下，他思想活跃、行动积极，创办刊物、勤于笔耕。仅在 1928—1929 年的两年时间里他发表的文章目前收集到的就有 17 篇，其中有对西方国家的政治法律思想的解析、有对美国研究机构的介绍，更多的是对世界政治发展趋势的坦率评论。

　　大学毕业后的 1930—1934 年，曾炳钧在社会调查所的工作使他有机会在更广泛的领域接触到社会实际问题。在世界经济危机爆发的大背景下，在调查了解到社会底层工人倍受压榨、终日劳瘁的生存状况后，他将研究重心转向经济领域与国际劳工组织问题。1930 年，除发表多篇笔触锋芒的书评外，他的长篇论文《欧战前国际保工运动概观》见诸《国立武汉大学社会科学季刊》，1932 年他的《国际劳工组织》一书作为社会研究丛刊第十种由社会调查所出版。1934 年，他在《危机日迫之中国经济现状》的文章中提出两次世界大战之间世界各国的经济关系发生变化，对于国民政府的经济职能提出极其尖锐的异议。《论纸卷烟改税》是应钱端升先生之邀，在钱先生任主编的《益世报》（天津版）上发表的，该文激烈抨击了国民政府的税收政策。

　　1935—1941 年曾炳钧留学期间，正值国内抗日救国运动高潮推动抗日民族统一战线建立、世界反法西斯战争进入艰巨时刻，曾炳钧积极参加留美学生和华侨组织的抗日救国活动，他的学术研究也转向于抗战期间的国际、国内政治经济问题。他在伊利诺伊大学完成了硕士论文《英美预算制度》，在哥伦比亚大学以《中日冲突在英国议会中的反映》的博士论文毕业。在《外交评论》上，他发表的译文《英国当前之歧途》《捷克之日耳曼少数民族》介绍了当时英国在欧洲政局中的态度，及战争之中捷克境内的少数民族现状及其动向。本文集有幸收录了清华大学档案馆珍藏的曾炳钧留学期间向清华大学梅贻琦校长的请示汇报信函及梅校长予以回复的影印件。留学期间曾炳钧与学界前辈胡适先生亦有书信往来，本文集转录了他写给胡适先生的三封书信。为方便读者阅读，白晟博士对以上书信文字做了辨识及勘校。

1942 年曾炳钧学成回国。在国民政府经济部任参事的一年期间，他研究和整理了经济部制定的抗战时期的经济管制法规。1943 年他在国民政府外交部主办的英文刊物《中国年鉴》上发表了《战时中国的工业与商品统制》（此文收录于本文集，由郭琛博士译为中文），详细报告了抗战期间中国的工业状况与国民政府战时统制经济的主要措施。其中对于抗战与中国经济发展的关系他写道："中国必须赢得这场战争，而当和平来临后，中国尚须拯救其亿兆子民于饥馑。因此，此次战争亦是中国赢得经济自由之战，藉此民众得享体面之生活。中国人民深悉其生活之改善端赖生产之增进，而最终取决于其摆脱外来干预与控制，通过自身努力利用自有自然资源之能力。"曾炳钧还在《新经济》（半月刊）上发表了《学术与政治》《人治与法治》，在《经济建设季刊》上发文《评〈计划经济与国际秩序〉》。

抗战胜利后的中华民族面临着两种不同命运与前途的斗争，1947 年春全国学生掀起反饥饿、反内战、反迫害的罢课和游行示威活动。在声势浩大的学生民主爱国运动的鼓舞下，时任武汉大学教授的曾炳钧与武汉大学金克木、韩德培等六位教授在上海《观察》上发表《我们对学潮的意见》，呼吁停止内战，恢复和谈，谋求统一。1948 年曾炳钧受聘于清华大学政治学系教授兼系主任，曾在《社会科学》杂志上发表《评拉斯基的〈美国的民主〉》。

《曾炳钧文集》的中部主要收集了曾炳钧在 1949—1985 年间发表的文章和印行的教材，也有他在不同场合上发表的部分言论、书信及尚未发表的论文。这些内容从一个侧面反映出一个从旧社会转入新时代、在党的教育下的知识分子在思想上发生的转变。1948 年 2 月曾炳钧重返母校任清华大学政治学系教授，并担任系主任。随着整个北京城宣布和平解放，清华大学的发展进入了全新的时代。在清华大学新成立的校工会里，他是政治学系的代表。1951 年他作为中南区参观团副团长带队参观了土地改革运动，8 月他参加了华北行政委员会民主建设的考察。在山西各县考察一个月后，他担任小队长到广西参加了 8 个月的土地改革工作。该年 10 月 5 日的《光明日报》上刊登了曾炳钧以清华大学政治学系主任的名义发表的《关于县各界人民代表会议迅速代行县人民代表大会职权问题》一文。这是一份他在参加了华北事务部筹备县长会议的山西观察组后，经过一个月的调查研究后写出的报告。

1952 年院校调整后曾炳钧从清华大学来到新组建的北京政法学院。他在参加学习、准备课程讲义、整理财经法规的同时系念着新中国的工业化建设，1955 年在北京政法学院《教学简报》上发表文章《必须优先发展重工业》。在学术研究上，曾炳钧提倡争论，认为"从争论中发现真理，推动真理，正是辩证唯物主义的发展"。在中国政治法律学会召集的座谈会上他直言："依我个人意见，百家争鸣就是为了实事求是，追求真理。"国家与法的历史教研室成立后他担任教研室主任，他严格要求教师制订个人教学和科研计划，提倡通过科研提高教学质量。1956 年北京政法学院第一次科学讨论会上他提交了长篇论文《我国国家机构的民主性质》。1957 中国政治法律学会召集了一次"关于法的继承性"问题的座谈会，会后曾炳钧在《政法研究》上发表了《关于法的继承性问题》。1963 年他主持编写的《中国国家与法的历史讲义》（共三册）在校内发行使用，其中的第一册（奴隶、封建社会部分）是他与薛梅卿合作编写的。这部教材是北京政法学院编写印行的第一部法制史教材。党的十一届三中全会前后进行了平反、纠正、昭雪历史上遗留下来的冤、假、错案工作。1981 年曾炳钧与法制史教研室的老师们合力编纂了《历代冤案平反录》，并为这本书作了序言。

本文集收录的《古希腊的法治与民主》（上）是曾炳钧晚年最后撰写的一篇论文，未发表。这篇论文的上部源自保存在教研室的打印稿，遗憾的是未发现论文的下部。

《曾炳钧文集》下部最主要的内容是勘校收录了 1983 年由商务印书馆出版的曾炳钧的译著《当代世界政治理论》（伯恩斯著）。这部译著翻译于 1963—1964 年休假期间，初衷是为国内提供对西方学术著作的了解和参考。本文集对这部译著做了勘校，录用中有所删减。

此外还有白晟博士为文集做出的《曾炳钧先生学术年表》，可供研究者参考。文集的附录部分有曾炳钧指导过的硕士研究生郭成伟和江兴国二位教授的追念文章，附有曾炳钧先生指导学生调研的亲笔信。

　　《曾炳钧文集》的顺利出版承蒙中国政法大学及校内外诸多师友同仁的支持辅助，铭记不忘，于"后记"中一并致谢。

　　需要说明的是，由于本人在学识上的不足与认识上的限制，本文集的错漏之处仍在所难免，敬请读者批评指正。

曾尔恕

2022 年 4 月

总目录

上　部

文　章

著　作

中　部

文　章

著　作

下　部

译　著

附　录

上部目录

文章

著　作

国际劳工组织

文章

印度问题之鸟瞰 *

引　言

印度位亚洲南部，幅员广袤，出产丰饶，面积约一七五〇〇〇〇平方哩，人口约三万万二千五百万，国外贸易每年入口约值五四七八五〇〇〇〇金元，出口约值八一六三一五〇〇〇金元。惟人民间阶级之观念至深，宗教之信奉甚笃。自一七八四年属英国后，百数十年来，外受英帝国主义压榨之创痛，内具民族自决之热忱，故自一八八五年后，国民运动日趋剧烈，要求自治。至一九一九年，英议院遂有现行印度统治法案之通过。此法以孟特谷-齐蒙斯福德之报告书[1]为依据，期于十年之内，视该法施行后印人自治之力量如何，而定将来之措置。此席孟委员团[2]之任命，即所以调查印人自治之能力者也。今该委员团已抵印度，印人对该团之态度如何，从各地之民众暴动，便可知其梗概。今为明了印度问题之全部起见，须先略述英东印度公司侵略印度之经过。

1. 英东印度公司侵略印度之经过

印度在十七世纪时，大小酋王各自为政，内部战争不已，无中心势力，无有力之中央政府，殆如吾国春秋时景象。英人与印度通商，远在十六世纪时而初与印度发生政治关系者，东印度公司也。东印度公司，为一图与东方贸易之英国商业公司。于一六〇〇年，在印度取得享有土地与于其所得地内

　＊　原载于《国闻周报》1928 年第 5 卷第 9 期，第 1-6 页。
　〔1〕　Montagu-Chelmsford Report.
　〔2〕　Simon's Mission.

制定法律之权。由私有土地之渐次扩充，遂奄有广大之领土。设置官府，自成行政统系。又以印度之频年征战，藉名保护商业，屯兵自卫，后又改募印人以代之。日月推移，东印度权力逐渐伸张，俨然大国。各地酋王尚不自知觉悟，内讧不已，又引外援。时在印度拥有势力者，除英国东印度公司外，尚有法国东印度公司（组成于一六六四年），其设施一如英公司然。因与英公司彼此间之暗斗，各暗助其内地酋王互相残杀。此等情形，殆如吾国民国以来时局现象，表面为军阀战争，究其实皆帝国主义在华之暗斗，各军事首领皆不过作他人傀儡耳。后法国失败，一七六三年，巴黎条约成，英国东印度公司遂得独占印度贸易逐渐夺得该土统治权。此该公司经营印度之始末也。当时印度一切任官行政大权，俱在该公司掌握。嗣以管理失当，官吏惟知自肥私囊，一经饱载而归，便可置田产作代议士，舆论大加攻击，印度因于一七八四年收归英国政府直接统治，遂成英属。[1]

2. 印度在大英帝国内所居之位置

方今世界帝国主义国家之首要为英国，而英国强固之基础在印度；无印度则英不过二等国家耳，此英人自承之论也。[2]

盖从政治方面言，英国本土不过英格兰、苏格兰、爱尔兰三岛，爱尔兰现已改为自由邦。英国之所以成为世界大帝国者，故尽人而知其为殖民地广大之关系。然其殖民地之主要者无过于坎拿大、澳洲及印度、纽西兰等。上述诸殖民地中，除印度外皆有自治政府。如坎拿大且得直接与美国订立条约，故事实上虽对英保有相当关系，而亦非英人所能自由操纵。假使一旦再有类似前此世界大战之事发生，诸殖民地是否仍唯英命是从，纯视其时各殖民地自身之利益以为断。譬如一九二一年在关于继续英日同盟之帝国会议中，各殖民地之主张，便各不同：澳洲邻近日本，利害关系较切，则主张继续；坎拿大则以近美之故，从本身利益打算坚持反对[3]此等事实，即为各殖民地利害不同不能一致之明证，亦将来外交上英帝国内部之重大问题。各殖民地中团结力薄弱，至今尚受英人操纵者，惟有印度。依照现行统治法，事实上行

---

〔1〕 本节参照 Munro: Governments of Europe, Rise and Expansion of British Dominion in India。

〔2〕 见孙中山:《大英帝国之基础》。

〔3〕 Wood: China. The U. S. and the Angle-Japanese Alliance.

政大权，全在印度总督手中，印人不过听命而已（现行法内容详后）。印度在英殖民中之位置如何，吾人试听英人之自述：

"印度在将来帝国组织中，不特为一重要份子，且其重要之程度，至于无印度则大英帝国不能继续生存。"

此为克尔森爵士一九〇九年在爱丁堡演讲"印度在大英帝国内所居之位置"之开头数语。[1]克尔森曾作印度总督，在英人侵略西藏史中，为一重要人物，[2]其言论自非一般可比。彼又云："吾人由一地域褊小，仅有商业航务利益之小岛，一变而为一世界最大之陆地强国者，印度成之也。"塔克非[3]亦谓"印度之克服与印度政府之设立，乃为真使英国在世界眼光中占有其相当位置之事业"。曾记孙中山先生在其所著《大英帝国之基础》一文中，亦有印度为大英帝国之基础之语，然此大都从政治方面言之，苟吾人再从经济方面略加考究，当可知英国之大有赖于印度者，更有在也。

英国为世界一大工商国。彼所以能维持其工商业者，一面赖有原料之供给，一面须有强大兵力为之保护。原料之需要，英伦三岛固不能自给，即各殖民地近亦大都工业化。故印度自属英以来，即为英国主要原料供给地，一面又为其货品大销场。据印人赖鲁最近在国际杂志评论所发表《英国在印度之政策》一文，[4]则英国早年工业化之完成，实有赖印度经济上之助力，惟印度则转受穷困耳。兹译其文中一段之大意如左，其言曰：

"印度之被榨取，其重要结果有二。此自为造成印度穷乏之一大步骤，而结果之更有赖人寻味者，则为榨取印度适助成英国之工业化。英国在其时正当进行其工产事业。一国工业化之初期，结果民受穷乏此为人所共知者。旧式的经济完全推翻，大部的金钱用于购置机械及生产和分配的工具，不能立刻归还。此困穷的重累，国民负之。减轻之法，则有赖于外面资本之投入。在吾人今日，农业国家——俄——之急剧工业化的过程，为吾人所亲见，外资不易投入，而其需要至少在一短时期内增加其国民的重负。英国曩时业已经过此种历程，惟因从印度输入多量金钱，故其困难得以减小而其工业化得以加速焉。"

---

[1] Lord Curzon："Place of India in the Empire".

[2] Tarakuath Dao：British Expansion In Tibet，刊于美国的 Chinese Students Monthly.

[3] De Teguevelle.

[4] Review of Nations 本月号 British Policy in India by Jawahar Lal Nehru。

此固已往之事实，然亦足见英人之得益于印度者由来远矣。今英国每年主要入口货为棉花、羊毛、谷类、糖、金属与木材等原料。而印度之主要出产物即为麦、棉、糖、羊毛等类。除出口麦百分之九十销售于英外，印度所有出口之羊毛均供英人制品之用。[1]孙中山先生在其《大英帝国之基础》一文中，以为印度系伦敦商业之荣枯，确非虚语。更有进者，英国不特赖印度供给大宗原料、销售大宗货品，即其称雄世界之军备费用由印度所供给者，亦较其他英属任何自治殖民地为独多，其数额值估印度每年税收所入之半数。[2]单就大战时帝国军费而论，印度单独承认负担数目，亦达五万万元之巨。[3]且英国人民四亿四千万，印度人口便有三亿二千万，占英帝国人民总数四分之三。再就欧战时所出兵而言，印度出兵数额，较英属各地所出兵额之总数尚多一百万。[4]又一三二五〇〇〇〇英方哩之大英帝国，若除去印度，即将小于二五〇〇〇〇英方哩，[5]克尔森总督有言，英领印度，南可沟通澳洲与英伦之联络，北可威胁中亚细亚。故英国无论在商业上、军事上得以造成且能保持今日之地位者，实赖有印度。此固不容否认者也。

3. 英人管领印度之政策

英国与印度间之关系既如此其密，则英人经营印度之政策如何自为值得研究之事。英人经营印度政策，简言之，分二时期。在一七八四年以前，英人之策略，对外为与法竞争，对内为嗾使印人自相残杀坐收渔利。此时期以东印度公司为主动，英政府从旁赞助，坐观其成。殆一七八四年后，印度已归英政府管辖。英政府所抱之政策，对外为保守主义，对内则于政治标榜渐进改良主义，于经济则持自利侵略主义。一七八四年以前之事实，已于前节述之，兹所论者，为一七八四年后事。自英政府直领印度以后，英人益知印度位置之重要，既得之，则患失之，故肆力经营，以期在印权力之巩固。于

---

[1] Tradigwioh Asia by Eldridge.

[2] Chirol: India Old and New.

[3] Current History "Indial Degradation Laid To British Misrule" by John J. Cornelius.

[4] Current History "Indial Degradation Laid To British Misrule" by John J. Cornelius.

[5] Lord Rounaldsbay; India, A Birds-eye View.

是取开甫墩，[1] 占波斯湾，收亚丹，侵西藏，[2] 防俄罗斯；凡此皆所以保印度之安全，惟恐他人染指。关于此点，前印度总督克尔森言之甚详，其言曰：

"苟非为印度，碧康·司非尔德爵士不致入股开辟苏伊士运河，吾人不致能达到埃及；吾人近百年来历史上与俄竞为长雄，纯由吾人意想中认隔绝俄国不使与印度边界接触之事为必要；非有印度关系，吾人绝不致收取开甫墩或开始南非之开拓；不因印度，以拿破仑之武勇精神，吾人当不能幽闭之于山石嵯峨之海仑拿；磨雷昔斯当不为吾人所有；吾人更不能于米所波大米得有优越之地位或管辖波斯湾……"[3]

是故英国近百年来之外交政策，无论为保守或进取，如英日联盟，如收服布丹、尼泊尔、西克木，以及阿富汗战争、缅甸战争，等等，均以印度之安危为前提。观于克尔森之言，其原因当更显著。读者苟非善忘，当能记两年前喧腾一时之新加坡筑港问题。英人之目的，即预备一旦东亚战争爆发时，以新加坡为海军根据地，一面策应澳洲，一面管领印度；尤以后一目的为切要。盖欧洲大战，英人加入大战之一主因，亦由德国之巴格达特铁道计划与英在印度之利益冲突。[4] 此皆为时不远之事，足征（徵）英人之所以维护其经济策源地者，莫不至也。

其次为英之对内政策。英人对印度政治所标榜者，为渐进改良主义。一九一九年英国印度统制法案中，其开端引言即曰：

"议会所宣布之政策，为成立循序渐进之自治机关，以期印人得逐渐了解英属印度的责任政府，为整个帝国之一部。……为使此政策有效起见，改进一端，非连续分段进行不为功"云云。[5]

此种说法，就表面观之，固亦冠冕堂皇，惟按其实际，则又不过为欺骗印人之装点门面语。此种改进之理论与事实如何，容后讨论。于此当申说者即英人欲收政治上经济上操纵之实权，故以政治之逐渐改良，缓和印人之反对是也。英人在印度之经济侵略政策，亦可分为两种步骤：（一）印度早年棉纱工业之效率颇大，其工厂较大者，可容百十工人。直至十九世纪之初，印

---

[1] Cape Town.

[2] Das："British Expansion In Tibet."

[3] Lord Curzon："Place of India or the Empire".

[4] 张乃燕：《欧洲大战全史》。

[5] Valentine Chirol：India old and New.

度棉纱货物，销售于英国者，赢利百分之五十至六十，尚比英国所制者取值为贱。故代表英帝国势力之东印度公司遂以破坏印人工业为事，务期将印度变为英国之原料供给地与物品大销场。因印度出产成本至低，虽当时英国由机械制成之货物，以在幼稚时期，尚不能与印度手工所制者竞争销售。故英国又用二种方法：第一，征收百分之八十以上之入口税以保护本国工业，一面英国货物之输入印度者毫不纳税。第二，凡印度货物之由此地输往彼地者，又加征各种通过税。且印度工人之技术优良者又加以强迫，使为英人工作。因此印人内地之贸易既被摧残，对英贸易又被海关阻碍，而东亚通商复被英人遮断阻绝，英国工业化得以完成，印度工业遂破坏不可收拾。直至未久以前，凡机械输入印度者，英人重加苛税。有印人欲设工厂者，虽印度工资低廉，而消费所需乃竟三、四倍于在英国之工厂。此种损人利己之经济政策，固早为印人所深恨。至欧战以后，世界情形变迁，过于显著之自肥政策，自难持久。多以本国劳资纠结日多，其工业之发达已至较高程度，不能多所进展，而各国日多工业化，苟欲竞争商场，势须减低货价成本。故英国资本家为谋利起见，欲求国外较为有利之工资低廉、劳资问题不起、工作时间较长之地，另行投资。因此，（二）英人乃放弃其前此反印度工业化之政策，在印度投入大批资本，取消落地税，意在使印度工业化也。吾人于此须当了解者，英人前此之破坏印度工业，系破坏印度人之工业。今之印度工业化，乃以英人之投资为基本，虽有印人参加，为数甚微，既可藉此杜印人之口，而大利仍属于英。故英人此种态度，仍以自利为前提。明乎此，则甘地之提倡手工纺织，即系目前利用农家空闲时间，行经济抵制之一法也。英人于政治标榜渐进改良政策，要而言之，即与其经济策略之改变同一用意。因如此，则其一，缓和印人心理，破坏人民团结。盖政府及工厂内增加一部分印度官吏与股东，必可得一部分智识阶级与地主富户之好感，但使此等人不与一般人同走极端，即此便可错乱印度人民一致对外之步骤。其二，外可顺应世界潮流，不致受舆论正面攻击。其三，阳博宽厚之名，阴揽利益之实。因政权工业均在英人掌握，印人若不能推翻现在制度，无论经任何不彻底之改革，实际上印度人民仍惟有被宰割受统治而已。欲明印度政治制度实施状况，遂有探索印度现行统治法之必要。[1]

---

〔1〕 本段参照 Review of Nations Fed. 1926, "British Policy in India"。

4. 印度现行《统治法》内容之解剖[1]

印度现行《统治法》，前已言之，即一九一九年英议院所通过以蒙特谷-齐蒙斯福德之报告书为根据之《统治法》。[2]该法为一八五八年后所行《统治法》之改良。依据该法，（一）中央政府与地方政府之权限实行划分，别为中央事务与各省事务。[3]由中央集权渐改为地方分权。（二）废以前总督属下之立法会，[4]另立独立之中央议会，分上、下两院。又改从前立法会之间接选举制而代以直接选举。（三）以前总督行政参事会参事员纯用英人，今改为参事员八分之三改用印人。又依该法统治之主要机关可得而言者，略如下述：

A. 在英国者

印度事务大臣英国国务员之一，负印度政务施行之全责，为英国与印度关系之连锁。

印度参事会为辅助印度事务大臣以备咨询之机关。一九一九年以前由十五英人组成之，一九一九年后，人数改少，且定参事员中应有印人二人。

印度立法审查委员为英国会内一部议员所组织，管理印度立法案之审查。

B. 在印度者

a. 行政机关

印度总督由英皇特任，代表英皇统治印度。受印度事务大臣之指挥与监督。

总督行政参事会为挟辅总督之枢要机关，等于一国之内阁。惟参事员均向总督负责，不向议会负责也。参事员人数规定八人中应有三人为印人。

印度中央政府之权限　依现行《统治法》，英政府赋予印度中央政府管理

---

[1] 本节参照：Current History Dec. 1927. Munro：Governments of Europe 1927. Sapre：The Growth of Indian constitution & Administration。

[2] The Government India Act（1919）.

[3] "Central Subjects" and provincial Subjects.

[4] 原名 Legislative council。

下述各种事务之权：外交，内务，国防，运输，邮电，财政，商务，刑法，及其他不属于地方政府之权责。依上述各种职权，分为各部，由行政参事员率领之。

地方政府各省区除省长或高等监督等各行政首长外，各有其行政参事会管理各省事务。

地方政府之权限各省事务（注意此为别于中央事务而言）由各省政府管理。各省事务中又分为保留事务与委任事务。[1]委任事务由各地方政府负其全责，自行处理。如教育、卫生、马路、公共建筑、农工业之发展均属此类。中央非遇紧急时期，不得干涉。至关于保留事务，如司法警察之类，则各省政府须受中央政府之监督。

b. 立法机关

印度中央立法机关为两院制。上院议员以六十名为限，其中被任命之官吏二十名，民选者三十三名，官选议员七名，任期五年。下院议员百四十名，百名为民选，余由政府委派，任期三年。

地方立法议会与中央议会稍异，系一院制，议员分民选、任命、官吏三种。任命议员与官吏议员共不得过百分之三十，民选议员估百分之七十。

此外尚有应加说明者，更有三点：

（一）中央行政机关权限虽分外交、财政、内务、教育……诸项，事实上用印人管领者不过农业、教育、地方自治政府等部，其他陆军、外交、财政等要职均归英人把持。

（二）印度总督与总督行政参事会，并不向印度中央议会负责。总督与议会遇有冲突时，总督有权得不计议会反对依彼个人意志处理所争执之事项。又军政费之支出，在他国必须经议会通过，且内阁往往以财政问题不得议会赞同因而辞职者，在印度则虽以每年税收之半供给英国军费，而军费之支出预算，并不须议会之承认。因此印度议会乃一有名无实之立法机关，不过行政机关之赘疣而已。

（三）议会为代表民意机关，今印度乃有官吏议员及由政府任命之议员，其事至为滑稽。且选民之资格，又划分等级，严加限制。盖依印度现行《统治法》，选民依其财产及纳税之多寡与任职之资格，分为三级。上议员选举权

---

［1］ Reserved Subjects and Transferred subjects.

之取得，其所需资格，与取得下议员及各省议员之选举权者各不相同。因此全印三二〇，〇〇〇，〇〇〇人口中，有省议员选举权者不过五百万人，有下议员选举权者约仅一百万人，有上议员选举权者不过一万余人而已。以如此组成之议会，与如此选出之民选议员，谓能代表全体印度人民，人孰能信？故印度有立法议会而尚发生自治问题者，尚非全为立法机关与行政机关之权限相关问题，根本即无能代表全体人民之立法机关也。于此亦可见英人欺弄印人方法之巧也。

（未完待续）

印度问题之鸟瞰（续）[*]

5. 印度自治运动与印人各派对现行法所取之态度

在英人蹂躏之下之印度人民，因过受压迫而要求解放，自是必然之结果。此种解放运动，在一九一九年以前，即已渐趋激烈。远如一八五八年之兵变，即为印人对英反抗之具体表示，而一八五五年十二月二十八日印度国民议会[1]之成立，尤为印度有组织的国民运动之始。主其事者大都曾受西洋高等教育，以彭乃尔机、墨他、赖阿内机等[2]为领袖。此等人知欲求解放印度，非自行努力不可，故其目的在仿效西洋实行社会改造。自是而后，印度人民自觉者日众，潜力日益膨胀。在一九〇九年前，有反孟加拉国省分割运动。在一九一六年前，有泰纳克等所领导之大规模的激烈群众运动，且时有图谋暗杀官吏及印度总督之事。[3]在大战发生前，印度议会中虽同以印度自治为理由，但因各派主张不同，莫衷一是。时英人方在危急存亡之秋，以正义人道相号

---

[*] 原载于《国闻周报》1928 年第 5 卷第 10 期，第 1—5 页。

[1] National congress 见 Chirol：Old and New。

[2] Bonnerji，Mehta，Dadabhai Naoroji.

[3] 此段参考 Chirol：India Old and New 及谢颂羔译《甘地小传》。

召，故以印人助英为条件应允印人自治。故印度几乎举国一致为英人效力。殊知得鱼忘筌，大战终结以后，英人竟翻前议，不给印人自治政府而代以现行《统治法》，谓为考验印度人之自治能力。故印度人民无不激愤填膺，著名之印度领袖甘地遂坚决宣布其不合作之主张，领导民众举行盛大之祈祷会以示反抗。然因此遂遭政府逮捕。甘地本主张非暴力主义者，自其被逮之风传出后，举国愤不能平，铤而走险，各地因不免时有暴动，时一九一九年之五月也。是月十五为印度令节，聚会欢宴，从来印人之习俗如此。乃英国驻印将军兑严[1]于彭加省当人民聚会时，不问理由，遣派军队肆行屠杀，且以飞机飞行空际，任意向居民抛掷炸弹。当时尸横遍地，哭声震天，死伤者数千人。如此惨无人道之野兽行为，尚有英人积金十三万元赠与兑严嘉其忠勇![2]自此事传出后，甘地将从前英人赠与之一切勋章璧还英人，泰戈尔亦不受英政府授予之爵位以示坚决不合作。全印人民尤为愤慨，故此后革命运动，进行益烈，潜力日大。其间纠纷经过，一时颇难详述。至今年席孟委员团赴印时，而各地之骚动反抗又起。

印度人民虽大都不满现行《统治法》，愤英人之欺骗行为，而各派间态度亦未能完全一致。印度人政治上派别，就吾人所知主要者略可分为三派：一为不合作派，甘地为此派之创始人。因不满现行制度，故以一切不与英人合作为方法，以期达到自治之目的。此派近又分为两派，一派主张仍旧不合作；一派抛弃甘地之主张，仍参加政治上各种活动，积极地从内部破坏现行制度，以期达到完全的自治，此即所谓司蜗拉机派[3]是也。此派在达士[4]未死前，为达士所领导，在今日为议员中各派之最大党。二为民主派。此派主张完全自治，对现行制度不欲参与，其参与亦不过以促进英人让步为目的。三为和缓派。此派对现行制度主张不妨一试。

观上所述，可知不满于英人用以欺骗印人之现行制度，几为印人全体一致之态度。英人表面主张改进，实则对待印人之暴虐专制行为，多有为外人所不知者。英人以反对英国最烈者莫如智识较高之印人领袖。故对此等人往往妄加逮捕幽闭，或令瘐死狱中，或待其体力败坏不能有为而后纵使出狱。

---

[1] Dyer.

[2] 此段参看谢颂羔译《甘地小传》及 Our Nent Histoy Dec. 1927 Indias。

[3] Swaraj Party.

[4] Chittaranjan Das.

如自治党领袖（即司蜗拉机党）巴士因受嫌疑，遂遭监禁，两年不审不释，直至前年五月身体亏败，不复能支，始得出狱。单以孟加一城而论，至去年十二月为止，被幽不释亦未经审讯者尚有六十八人，在他城者尚不知凡几。印度领袖，就吾人所知者，屈指计算，如泰纳克，如拉拍雷，[1]如达士，如甘地，几乎无人不曾被拘囚。甚至泰戈尔在今日亦被认为有"政治嫌疑"，且在其受罗贝尔奖金之前已感受下狱之危险。倘印人优秀者均被英人除去，印度尚何改良进步之可言？[2]此亦足见帝国主义者之毒辣，与英人绅士之假面具。

6. 席孟委员团与印度暴动

印度现行统治法，原期试行十年，考查成绩。今去一九二九年已为时不远，而印人又继续要求改正，另订宪法，故英政府遂有席孟委员团之任命。该委员团以七人组成之，席孟为主席，其任务为赴印度考查，依现行法施行之成绩高下，以定印人之能力是否适宜于更进一步之自治。印人要求委员团中应有印人参加，英政府不许，但允印度立法议会自组一委员会赞助调查。该委员团已于本月四日行抵印京，印人曾有一度表示反抗之暴动。印人心理如何？吾人试聆印人之言，当可益明个中消息。印人赖鲁在其《英国在印度之政策》文中，关于席孟委员团一部有云："此委员团之宣布，已从印度激起重大之反响。不特国民会议之领袖分子，即从来辅助不列颠统治，高谈组织之温和谨慎绅士派，尤奇者被封之武士以及男爵等等，对此委员之任命所给与印度之羞辱，无不表示其公愤，而主张抵制。所以驱使此各团体与个人之动机，各不相同，而如此歧异复杂之民族竟能如此举国一致，则滋可注意之事也。不列颠政府如稍稍让步，也许可以转动一部分人，然无论一小部分人之行动如何，而席孟委员团必于印度遭逢广播的有组织的异动，且于印度问题之解决毫无裨益，则一定不易者也。"据此当可了然于印度人民普遍态度之一般矣。又依该文之论述，大多数印人所以认此次考查为羞辱而大加攻击者，其故甚显明可见；除谓英人不信无诚外，综合言之，更有数事：

---

〔1〕 Tilak, Lajpat. Rai.

〔2〕 本段参看 Current History Dec. 1927。

（一）考查之事，乃纯以英人作印人之裁判；因印度立法议会中人所组成之委员会，只能帮同英人收集考查材料，既无权过问该团对英政府之建议，亦不得单独具一报告书于英政府。

（二）印度立法议会中，上院议员全属大地主，此等人心理因改革将减小其特权，根本即不愿改革。下院之选民，除地主等外，尚有欧洲特别选民，此等人皆非愿印度进步者。因此依照现行法而成立之印立法机关，其选出之委员会，绝不能代表人民之最大多数。[1]

（三）印度议会参加收集资料，完全立于有责无权之地位，且因此转使印人负有与席孟团合作之名，于印度自治前途，更足坏事。

据近日报纸所载，印度立法会议员，现已决定不参加席孟委员团之会议，殆即所以避免责任表示不与英人合作也。又据最近两日报纸载称，席孟委员团已发有宣言，声明此行专为调查英印二国意见冲突原因，于各地开会议时，已准备特邀印度各地领袖加入讨论，并得于会内联合一致提出正式议案，则会议自无偏袒之弊云云。果尔，则该团或又准备让步欤？惟此等议案之表决法及效力如何，英政府是否必能采纳，仍不能无疑问耳。

7. 席孟委员团之理论的根据及其意义之要点

印度问题之解决，自不外承认印人完全自治与不许印人完全自治两方面。吾人今常研究者，为正负两方之理由。英人前此允许印度自治而又顿反前说者，所持理由，约而言之，不外下述数种：

（一）印度人民尚未能表现其有自治能力。

（二）印度根深蒂固之阶级制度，与民治精神完全不合，故印度本身绝不能有一联合统一的自治的社会。因此即以印度还诸印人，印人仍不能有民治政府。因政治的德谟克拉西，纯以社会的德谟克拉西为基础也。[2]

（三）印度为地产丰饶、民智未开之地，但英人放弃印度，则他国必乘虚而入。[3]前此英、俄之争者为印度，世界大战英、德不两立者争印度亦一重要原因，今俄人南下中亚细亚之政策自以印度为其发展方向之一种目标。英

---

[1] 参看文本第五节。

[2] Munro：Government of Europe 1927，Mody：The Political Fulnre of India.

[3] Lord Curzon：Place of India In the Empire.

人因惧印度有被俄或他国侵入之危险，故不得不自行保护管理。

此论说法骤自表面视之，似有相当理由，惟一经细按，即知其为似是而非之论。何则？因：

（一）英人既未允印人完全自治，印人何从表现其充分能力？

（二）印度阶级制度、宗教争执，诚为联合的德谟克拉西政治之阻力。惟此属印度人民内部之事，归印人自决。然要求自治乃印人无上下、无贵贱、无智愚，不论宗教异同、地域差别所一致主张者，印人得以自治之后内部如何改革，印人当自求解决之道。所谓德谟克拉西者，全以人民意志为依归。今英人逆印度之民意以行之，反谓印度人必不能自立统一的民治政府，然则必受治于大英帝国始能得自治政治耶？

（三）恐印度被外力侵入，此原属一种假想。然而不免为英人心理上不能放弃干涉政策之一种原因。惟印人之要求自治，系在英国保护下之自治，与澳洲、坎拿大同。非欲将英人在印度势力完全推翻，更与大英帝国之国防问题不生影响。反之若英人必欲以传统方法愚弄印人，则为渊驱鱼，外力或转得乘间而入，未可知也。

民族自决为欧战后国际上一致承认之原则。希腊、比利时、西比亚、罗马尼亚与保加利亚之得造成民族的国家，亦即本此原则而来。[1] 盖民族自决之要求，为人类本能所具有之愿望；而外人管领不得其宜，亦为此种要求之有力理由。欧战之时，英人亦会晓晓然以为弱小民族求解放自豪者[2]。故在原则上印人应当自治，英人不能反对。从另一方面言，英人用现行《统治法》以考验印人之自治能力，则印人应当自治在理论上英人已自默认。当前问题，着重者全在事实上印人是否有自治能力一点。英政府既委任席孟委员团从事调查，理论上自由于仍不信印人有自治之责任能力。惟关于此次考查，有数点为吾人所当特别提出者：

（一）印人自治派之加入现政府，根本即以破坏现有制度为目的，故不能因其对现政府施行策略的破坏行为，遂认其对未自治政府不能负起政治上之责任。[3]

（二）不合作派对现政府自始即主张不参加。即令现在印度之政治状况不

〔1〕 参看 Buer：The International Relations 1925-ch D on Self-Determination。
〔2〕 参看 Review of Nations，Dec. 1927，"The Indian Reform Question" by Lord Oliver。
〔3〕 参看 Review of Nations，Dec. 1927，"The Indian Reform Question" by Lord Oliver。

良，亦不能调此派人无自治能力。[1]

（三）英人认印人无自治能力，往往以地方事业印人未能多所建设为言。惟地方上一切建设，非有充裕之财力不可。然印度地方政府每年须将巨额贡金输解中央政府，全印度财政大权，又全由英人管辖。因是地方财力枯竭，一切建设，欲办不能（按：印人以为苟地方各部无财力进行则各部在财政之责任等于虚幻），故英人不得借口以此为印人无自治能力之证据。

是故以现行制度考验印人能力，根本即悖于理。惟此次席孟委员团是否不因上述各情形而下不利于印人之武断，此须视英人之诚意如何，与其调查之结果。然印人之责任能力，究竟何如？英人佛雷德雷克惠特[2]曾为印度第一届议会下院议长，据其在印度五年之经过，觉印人在议院中有合作之明证甚多。且以为议会中之印人虽对政府反对至烈，然政府施行新定高税率，为民心所不喜者，彼等亦加以辅助。此种事实为印人讲合作负责任之明证。惠特又言当彼在印之五年中，印度议会遇讨论大政方针时，实具有日渐增长之责任心，此实其本身观察所及者。又牟狄在《印度政治之将来》一书中，曾历引英人柯登早年在英议会中谓印人之能力甚高可任大事之言，及佛雷尔、司托拉几等类似之语。布雷特亦云，受政府任何职位无不能胜任愉快者，印人中以千万计。牟狄氏认印人才力能自治者，彼以为近五十年来，印度之进步甚速，大学生之毕业者年必数百，留学英伦各地者其数亦伙。且历举印人中之优秀及政治上声誉卓著者，以证其言之不谬[3]。惟《印度政治之将来》一书刊行于一九零八年，今日之印度当又非二十年前比矣。英人奥利弗为英国前任印度事务大臣，近在所著《印度改革问题》一文内，谓印度现行制度不适于考查印人责任能力之用。可注意者，在自治派未加入印度各参事会以前，各参事会之工作并不受不合作之影响。而在现环境所许之可能范围以内，实成有美满之实际工作云云。然则印人之责任能力如何，是否适于自治？在不挟成见之英人中，固早已作肯定之答案矣。

"印度问题乃一世界问题"，如何解决，有关于将来欧亚和平民族问题者至大，[4]涉及英国前途者更是不浅。前此英人之狡赖行为，已失印人战前之

---

[1] 参看 Review of Nations, Dec. 1927, "The Indian Reform Question" by Lord Oliver。

[2] Mody: The Political Future of India.

[3] 参看 Valertine Chirol: India Old and New, the Last chapter。

[4] 参看 Review of Nations Dec. 1927, "The Indian Reform Question" by Lord Oliver。

信心。无论英人之饰说如何，印人已认定英人无给与印人自治之诚意。印度志士赖鲁因英人之欺弄，更有愤慨之言曰：

"此后印度青年，对在大英帝国内之自治，且不以为满意。而任何形式之政府，苟非能为工人谋幸福者，亦必不能厌其求。其进行之顺序，将为印度国家之政治独立与为人民求社会解放。无论席孟委员团及其他任何为英议院所任命之委员团，对此均不致且不能有任何辅助。故前此一委员团之任命，足以引起一般个人或团体之骚扰者，今且为多数人所不屑置意也。"（见本月《国际评论》杂志）

其不屑向英政府作无裨实事之请求，及此后印人即将另开独立途径之一腔悲愤，至为明显。奥利弗近亦有言："如英人在解决印度之立宪问题时，一有趋于不践前诺之表示，则印事前途，较孟特谷-齐蒙斯福德之改革时，其危险苦难当益滋多。"故席孟委员团今后之进行如何，至可注意。倘英人尚执迷不悟，坚持其前此传统之高压欺骗政策，则自掘其墓，此事或且为此后大英帝国内部分裂之先兆，未可知也。

一九二八年二月十五日，于清华

非战公约在美国外交政策上的影响 *

A. 国际的形势与非战公约

　　大战后国际上有一个矛盾的现象，即各国一方面高唱和平，一方面却军备之竞争，相互争执，各不相让。美国对于欧洲，向取旁观态度，国联是不参加的，战债是要索还的。欧洲各国自大战之后，民生凋敝、财政空虚，对美国的不客气态度，不免心怀不满。尤其是英国，一方面要维持其海军独霸的地位，一方面财力又敌不过美国，故纵横捭阖，极尽其联甲制乙之能事。在欧洲本土，法国则合众小国以防德；意国则自墨索里尼执政后，力求向外发展，两年来与接壤国家屡屡发生争执；巴尔干各小邦亦时有少数民族种种龃龉；波兰与立陶宛的争议，莱茵流域撤军问题、赔款问题，在在都有破裂的危机。国联的成立受了英、法两国的操纵，事实上无力解决各国间的重大事件。至于远东，尤其在中国乃各国视线所集，稍一失误随时都有战祸的可能。日本的野心、苏俄的拨弄，无一不是和平的障碍。综合各种情形看来，国际的形势确是未可乐观。不过人类饱受了欧战的教训，倘谓其乐于开战，亦不合于事实。因为彼此所争的与战争所要解决的，不过是利益的问题；为利而得祸，自非人类所心愿；假如利益的冲突，可以和平方法解决，自无必趋于战之理。且科学昌明，从欧战的经验，从各国器械毒气的准备看，未来战争思之令人可怕，不求防止之法，人类势非灭绝不止。

　　美国此次非战公约的提出，即系从人道着想，期以和平之法解决各种问题。本来最近非战的主张，去年国联第八次代表大会（The Eighth Assembly of the League of Nations）即经讨论，波兰代表曾有以侵略战争为非法（Outlawry of Aggressive war）的提议而一致通过。后因（一）侵略的定义不易下而责任难于判明，（二）俄、美两大国置身国际外，此问题终难解决，故结果遂至搁

---

　　* 原载于《三民半月刊》1928 年第 1 卷第 7 期。

浅。美国此次所提公约的效力如何，须待将来的事实证明。要明了其实施如何，我们不可不明悉下列三点：

一、欧美国际上的相互形势。

二、公约的本身。

三、各国原来的政策是否受公约的影响而有所更改。

关于第一点，上面已经概括地说了一些，此处还得特别提出的就是连年列强的军缩会议毫无结果。华盛顿会议决定的关于海军力的比例，英、美、日、法、意间应为五，五，三，一·六七，一·六七之比，只适用于主力大战舰；对于巡洋舰、潜行艇等最有效的利器全无规定，而各国海军的竞争亦即在此。美国今年在提议非战时已采取了海军大扩张的政策，预备以一四八○○○○○○金镑添造战舰七十一艘。英、法、日各方亦自其相当的准备以相应付，英法的海军协定即其一例。

关于第二点，则所谓非战公约正式的条文不过三条，（见上月《Current History》杂志）大意是：

一、签约各国正式宣言废止以战争为解决国际争议之手段。在缔约国间再不以战争为国家政策的工具。

二、缔约各国同意对于将来彼此任何争议，只能以和平手段解决。

三、公约须依各签约国宪法之规定予以批准之后方能有效，……随时均可让其余国家加入……

依公约的表面看来，美国国务卿凯洛格（Kellogg）不同意于白里安（Briand）所提侵略战争的限制而概括的反对战争，似乎比较国联去年的议案有了进步，然究其实际，此次公约所宣言废止者只是为国家政策的工具的战争。自卫的战争与义务战争，在国际公法上，前者属于国家的基本权利，后者属于条约的遵守，（如洛迦诺条约，如国联的规约）均不在废弃之列。如此，则何者为自卫战争？何者为非自卫战争？藉口保护侨民、保护重大利益（国际法上所谓 vital interest）而引起的战争，是否为自卫战争？此问题不决，战争仍然有辞可藉，此其一。复次，背违公约者，公约上并无惩戒之规定，序文上所谓违约国不得享受公约之利益云者不过其余各国对违约国解除不战之义务；换言之，即各国仍得各采自由行动。如此，则事实上野心的国家仍得为所欲为，公约却不能限制其行动，是有公约与无公约等同。不过惩戒与基本权利，乃国际法上根本的难题，即国际法亦不过由学理与习惯演化而成的规则，国际法上许多问题不能解决，即因此等基本事实不能解决；只要国际上在长时间内演成了非战的习惯法，则此公约自有其相当的效用，不过此须视各国对公约的诚意如何。

关于第三点，此时颇为难说，我们只能就大体的倾向看一看。就日本言，我国现亦为公约国之一，然日本对我国至今在济南等处尚继续其军事状态。就英、法说，则由其最近海军协定亦可见其对公约的不诚意。至于美国，乃首倡公约之国，彼邦之舆论如何，彼国所望于非战者何在，及彼国之政策今后是否以一维持其非战之精神，我们细加研究至可注意。下文见于最近美国出版的著名的现代历史（《Current History》，October，1928）杂志，关于美国人士对非战公约之心事、政府政策之多少变更，与夫各国之形势、公约的问题均有论及。著者为该杂志社员 J. H. Gerould，普林斯敦大学的图书馆长，原名 "Effect of Anti-war Treaty On American Foreign Policy" 特迻译之，以见问题之复杂，为留心国际问题者所不可不晓。

B. 非战公约对美国外交政策的影响如何

最近在讨论非战公约时，有个欧洲著名政治家说："美国对于一切事体都不会放松。"大体说这也是无疑的事实。我们的力量显然是有限的，而其行使更不能无限制；在某种程度内，如在大战时一样，美国政府所提出及主张的聪明的不自私或者说理想的政策，必有种推动力为之后盾，而其前亦有一种欢迎的意见以使吾人得有顶好的提出机会。握有我们这种强力，便有相当的义务。道德的强制，严格说来，在德谟克拉西的政治生活里比其他任何强制更有力量。实在说只有把经济的或纯粹政治的问题变成以道德的锁钥来解决，德谟克拉西才能实施。只有道德才能引起公共的热忱。

从各方面看，我们已渐渐免去了战争后的疑猜幻想和失望，对前此所经过的纯物质生活已不复认为满意，是否准备有何积极的行动须待事实证明。武士道的格言所谓高贵的义务，在历史上我们已证明其拘束的力量。在最近数年间，世界大事鲜能破除成见。吾人依然有这种义务与能力及其解决重大问题的领导资格，乃复回到世界政治的特殊地位。

在现在的状况之下，我们国家的私利必须与我们道德的义务并行。世界和平与我们经济的利益有重大的关系。所谓经济利益，不仅限于国外投资的亿万资本而已，交易的利益实占重大部分。世界经济的构造不是单一的，较之一九一四年更是如是，各国虽有人为的关税限制，交易是不知有国界的。战后关税制的效力只是乱了贸易的自然途径而造出此处过多、货价特贱与彼处缺乏、货价奇贵的恐慌现象，而由贸易本身生出来的不可改移的力量却不为之限制。经济会议的文件和讨论很可表明这种事实，无可置辩。

美国兴盛需要外国市场，强固的外国市场之维持，只有赖其他国家有钱来买或者有货来换我们要卖的货物；世界各国惟有和平时才能有这种购买力。除非有特别事故发生，战债的清还须在两代以后。前此对政府基金、私人股票与债票的投资，在欧洲大多数的国家，事实上已因稳固金融而受人抵赖。无论何时，欲恢复此等投资，殆成绝望。世界所得于战争者，为死病相续、城市萧条，历世相传之古物与价值连城之艺术品的破坏毁弃。

八月二十七日在巴黎签订的公约之重要，即由上述事实而来。吾人重视之，并不为过。知识清楚的人，绝不相信列强此种公约其本身便可以终止战祸，不过我们相信它在和平之途上是一个大大的进步。假如非战公约可以说有什么意义，就是表示各个国家都已承认战争为无用、无意义，现已开始寻求代替战争的方法。公约的条文并未消灭任何一个战争的原因，波兰与立陶宛、意大利与奥地利、匈牙利与犹哥斯拉夫间的紧张关系，并未因之而稍减。公约并不能恢复德国的殖民地，或解决新中国的种种难题。意大利仍然是举刀击鞘，高呼天产不够，至少需要自给的取得；意国的报纸在欧洲各国中差不多尚单独地在那里讥诮非战公约。德国求对大战赔款的完全中止与莱茵河流域的撤兵，法国拒绝批准麦伦伯伦尔的协议（Mellon-Bérenger Agreement），而全欧与法连合逼着要求战债问题的重新考虑。道威斯计划是试行的性质，在欧洲财政改造时为一切计划根据，成效颇见，惟其定则根据于一种将来的推想，故其计划全部尚须改正。

很多年来对于裁减军备的难题，世界各国几经努力，惟实际进展不能不说很少。这并不是说这种筹商已成无用之举，一种方式通用于甲者或全不合于乙。以前我们都不晓得，现在才知道这个问题的基质是什么。这种缩减军备的磋商引出了更明澈、更普遍的要求，即各国的财政莫不因军备预算的负担太重，破产堪虞，而各国过高的兵备难免不酿成危险。对于此种负担与危机，不可不采取一种积极的办法以为补救。

假如公约要能有效，和平的办法必须先要解决此类问题。各国的利益彼此关系密切，故其解决之正当政策，须得全世界的合作。今后，孤立已成不可能之事。对于此等问题的国家的见地应该充分提出，自是极正当而且极重要的。惟当说明之后，一定要能于让步。强国力量之行使，须有限度。以不可抗之力，遇不可动之物，绝未有能得满意的解决法者。

此种退让之实效完全实现，必需岁月的时间自无疑义。而绝对公平与完全满意的程式之绝不可得，亦可预料。许多政治上无谓的悲观其根源不外两种，一为缺乏耐心，一因不了解民主国家的行动迟缓系一基本事实。惟有循序渐进，始有结果。政治领袖行动必须审慎，举动过迟亦属常事。眼光与勇气自是必要，然具备者实少。盾其后者往往有一般群众，在他们看来，让步不啻是背叛国家的利益。同时一般激进的人因其领袖未完全采纳他们的计划，不说他愚劣，必说他不诚恳。负责的当轴，则深知欲行远道，非由近路不可，一跃升天殆为不可能之事。当举国感情冲动与非常事变，为领袖者固亦有不循常轨跃起直前的时候，但不常有。

当评判我国外交政策进行的时候，必须记着这些重要的事实。有许多人，作者也是其中的一个，相信在一九二〇年我们有很大一个错误，究竟错不错不很重要，事实是从那时起我们采取了孤立的政策。"国际联盟是死的"，这是哈定说的话。国联与我国外部彬彬有礼的知照都被束之高阁，后来我们发现了哈定的错误。日内瓦的国联组织很有生气，其力量影响正在一天一天地膨胀。国联既未可蔑视，于是我们始从高阁里拿出前此的知照来又加以答复。嗣后彼此合作的程度与日俱进，直到现在每次国联的重要会议，我们少有不派代表者。我们仍然维持理论上的孤立，不过事实上是虚有其说。只有国联的代表大会与理事会，我们不曾加入，将来是否加入，须俟将来决定。

假如我们为增进公约起见，假如我们不让世界笑骂我们此次的举动不过是装腔作态，我们正当表示我们预备进一步的合作；至少我们愿意援助国联对于防止战争的努力。我们在法律上并无此种义务，与他国不同，无论任何事体我们的态度如何，都有充分的自由来决定。不过我们不能不闻不问或局外旁观，假如我们不援助国联，我们浑身都是污辱。

一般国人对此了解至何程度，颇为难说。在许多人看来，自然此次公约不过是一种道德观念的表示。此种表示在我们法典上为习见而不被尊重者。我们不承认有改变现在政策的意思，而柯立芝总统在其群众演说中宣言此次公约对于我们的计划或政策绝无影响，均确为事实。对于希望能有更大胆的宣言的人，此种说法虽使之失望而在政治上也许是一种聪明的说法。当局最近的工作便是公约的批准，为达此目的尚须尽量努力。别的问题此处姑且不具论，以免混淆，殆公约实行时各种次要问题再予以相当讨论。

许多作者，而且有一些是颇为著名的作者，主张对此公约不应批准。因为此约在吾人视之为一种意义，而在欧洲又别有一个意义。假如这是实在的话，此不过就国家说，我们未尝得知而已。条约的解释不一致诚然如此，然此乃大多数条约的共有事实。条文的严密有好处亦有坏处，灵敏的外交家假如他们要这样做或得了公意的援助即使有严密的条文亦可使归于无效。反过来，要避免此次公约应有的含义与避免规定周密的条规，殆属同等不易。要紧的事实是，此后战争在国际上成了坏的方式已成定则，这是一个大进步。其余的问题自当随之而解，无可趋避。

世界苦于战祸，前此未偿的重大战债姑且不计，此时各国耗于军备者每年三五〇〇〇〇〇〇〇元之巨。现在陆军、海军，化学家与工程师都告诉我们说，二次大战必为一灭绝人类的战争。整个的城市将为空中炸弹所全灭，居民亦将为毒瓦斯所毒毙。前次汉堡毒瓦斯的迸发，就是将来战争险象的微微一个警告。要避免我们所谓文明所产出的破坏力量是后代的工作，对此目的应有尽量的努力。聪慧、勇敢与真正的领袖均属必要。进步并不是由国联或旁的一个会议的千年决策完成的，而是由徐徐的、且行且止的苦痛一步一步前进。

从上面的文字看美国的政策与彼邦人士的心理如何，可得以下的结论。

一、美国的海军大扩张计划仍然实行并不因非战公约而受影响。

二、美国对非战公约的提议意在经济的利益。

三、美国对于国联向取袖手态度，今后加入国联与否尚不可知，而对国联的和平运动，当可力加援助。

四、美国非战公约的提议只是求和平的努力，而不能视为和平的保障。

中国工业化的几个问题 *

自十九世纪工业革命以后，到现在世界各国差不多都走上了工业化的一条路。在这差不多整个工业化的世界里，只有三个国家是主要的例外：一系印度，一为俄罗斯，一即中国。三国的相同点是三国原来均属农业国家，至今都还未完全工业化。三国的不同处是三国国民对于工业化的态度有积极、消极和反抗的差异。简单说来，俄国采极端工业化的政策，采用极细的福德分工原则；印度在甘地的领导之下，采取反对机械工业，维持手工业的态度；我国情形则间于二国之间，虽无人反对工业化的进行，却于工业化也不会有猛进之预备。凡略具世界政治经济常识的人都知道，中国在列强经济剥夺之下，欲求经济的解放，非实行工业化不可；中国地广人众而生活简陋，欲求社会生活的富裕、一般生活程度之提高也非工业化不可。诚然工业化也有其坏的影响，不过立国于二十世纪的时代，不特闭关政策不可行，事实上也办不到。世界既因交通便利而成为一个整个的经济系统，则在国际工商业的侵略政策之下，工业化已不是一个自由选择的道路，而是民族生存上必要的、不可少的和不能不采取的政策。除此而外，假如我们这个民族要谋生存的话，更无别的路可走，弱国寡民、无政府式的农村社会只不过是一种过去的梦想。手工业一方面不能供给社会进步的需要，他方面敌不过大规模的外货抵制；在这两方面既已路不可通，则江河日下，工业化自成惟一的趋向，有不可抵抗的势力。简单说，现在的问题，不是中国要不要工业化的问题，而是如何可以排除工业化之困难的问题。

就吾人观察所及，国人对于工业化的问题，除一般顺受外界支配的人民外，似乎只有整个地反对（如农业建国论者）和疏略地赞成两方面，对于实际问题才是目前的切要问题。作者本文的目的在提出工业化几个重要的问题，以便引起大家的研究。

---

* 原载于《三民半月刊》1929 年第 3 卷第 6 期。

中国工业化的问题，一般人就表面看起来似乎很简单，殊不知事实上完全不是那么一回事。严格地说，讲工业化第一还当问工业化可能不可能。这句话也许有人会觉得是多话，其实这不是在讲逻辑，是事实上一个根本问题。譬如在阿拉伯等牛山濯濯天产穷乏的地方，你就要把它工业化也是白费气力。要工业化第一就要看原料天产的情形，最要紧的就要测量煤、铁的蕴藏产量多少、水利如何？假如一国煤产缺乏、水利毫无，则机械根本就失掉了它的推动力，还谈什么工业化不工业化？若无工业化的可能而力求工业化，则结果生产不经济，必成一个大失败。就煤产说，中国究竟蕴藏的总量有多少，似乎至今还莫有一个最后的确切答案。以前德人蕾期多芬（Richthofen）所谓单以山西一省所产的煤量依当时世界各国的消费率足供全世界一千三百年之用的话，现在依多数专家的估计，均已证明其过于夸大。依杜勒克（Drake）在其《世界煤产资源》（《The Coal Resourses of the World》）一书中所估计，中国煤产量为九九六六一二〇〇〇〇〇〇吨。依吾国地质调查所的考查估计，则吾国煤产总共不过二一七六二六〇〇〇〇〇〇吨而已。由蕾期多芬的说法，则中国工业化，煤的供给可以毫无问题；照地质调查所的估量，则中国如欲极端工业化，尚无水利来补救，两三百年后煤的供给就会枯竭。此外旁人对于中国煤产量的说法亦极不一致，究竟中国煤产量有多少，似乎尚须继续调查。此类问题便属实际问题，我们所不可不考虑而求为之解决者。

由上可知工业化之成功，并不是能坐言起行期月奏效，而是具有一定条件的。我们如果想要在此方面成功，便须考查其成功之必备条件。如果中国对于这些条件都适合，成功自无问题；如果对于有的条件不具备，则须急起直追，力求补救的方法。空言无补，不讲方法则施行，亦终归失败。在这些条件中，我们暂时抛开必要的天然产不谈，资本、劳力与科学的知识技术均为发展工业最切要的东西。然而中国对此三种需要，都有困难的问题。

一，就科学的知识技术言，中国此方面的人才无论在数量上或造诣上，与欧美工业国家相较，其差异的程度几不可以道里计。诚然中国不少在欧美学习科学的留学生，诚然中国近一二十年来也在奖励研究科学，不过中国到现在仍然是极端缺乏科学技术的专门人才，这是一个不可否认的事实。我不是在这里攻击任何人，也不是故意对于中国科学界及工业界的人表示不信任来贬损他们的声价；我想只要以发展中国工业为着眼点和胸无陈见的人都会承认中国缺乏科学技术的专门人才这个客观的事实。我们也不能因为中国缺乏此方面的人才，便完全归咎于中国学科学的人不长进。平心而论，我国专门人才之养成也有特别的困难。拿进步的快慢来说，我国与欧美各工业国的环境不同，我们研究科学的人在理论和应用方面，进步都比外国研究同门科学的人更困难。此种基于环境的困难可以从两方面看：第一，外国学科学的人大学毕业以后，只要自己努力，差不多随时随地都可以找到机会实习或研究，并且可以得到专门教授的指引，就是在工厂内也有特别研究的设备。中国学科学的学生则不然，在外国毕业成绩好一点的回来便是"顶呱呱"的大学教授或者工程师，最好的也不过是能把以前课本或课堂上的东西尽量地应用起来，要特别长进可就难了！至于原来在外国就未曾学得起劲的，回国以后就更难说长进的话；因为实习、研究机会既感缺乏，又无现存真能指导研究的人为之指引，故学殖日荒极为常事。至于国内大学的科学学生除少数出国留学外，其余的大都是做教员或做旁的事业，求能用其所学的也就很难，还能说在学问上有何长足的进步？凡此都是属于机会的问题。简单言之，即外人日进无已，我国学科学的对于学问则大多半途而废。第二，在欧美工业化的国家，许多科学的知识都逐渐常识化，上至白发皤然终身专门研究的科学家下至有志专研究科学的青年学子，都生活在科学的知识里。他们有科学知识和技术的丰富遗产，前人研究未尽的，后进者可以继续研究；后进者有困难的地方，随时可得先进的指引，如流水波浪先后相承，故进步易而成功速。中国则反是毫无科学的遗产。如在工业方面，欧美人只是注意将现有的东西如何改进，将现有的机器如何改良，中国则一点根基没有。知识技术的进步彼此相较既有难易之不同，故言工业的发展，自然欧美是在加速率的进步，我国则一步一步地走不向前去。

二，就资本言，资本是生产的要素之一，这是常识，人人都知道的。近世社会主义者之攻击资本，其罪也不在资本本身而在资本为私人所据有。资本主义的流毒之补救，不是根本推翻资本而在改变资本为私人独占的制度，或节制私人资本之使用，或改变生产结果之分配法。故无限制的私人资本主义，我们很可以加以攻击和诅咒，然而我们如果要发展工业仍不能没有资本。孙中山先生主张节制资本而不言推翻私人资本，自然是认为在一定的限度内私人资本仍然可以存在。目前的问题是中国是否有工业资本的问题。依谢亨利（Henri See）在其《近世资本主义》《Modern Capitalism》一书所说，资本的进化有三个阶段：（一）商业资本（Commercial Capitalism），（二）金融资本（Finnancial Capitalism），（三）工业资本（Industrial Capitalism）三式资本的联合运行。中古至十八世纪时，各国比较大规模的贸易，如中古意大利佛罗伦萨州（Florence）在十字军东征后托东西贸易之要冲，厚集资本，贸易浩大，即为纯粹商业资本之表现。其后商业规模益大，一方面为交易的便利不能不有兑换的机关，于是遂开国际汇兑之始；一方面商业既益活动，资本之需要益多，不能不有利息借贷。积此二因，为金融之流通及商人资本周转的灵活计，商业之活动遂不能不赖银行家之助力，于是商业界遂增加了一个操纵金融的团体。不过在工业革命以前，银行的职务尚不过是介绍借贷等事件，然即此借贷资本一项即为金融资本之肇始。至工业革命以后，资本益发集中，生产工具的费用浩大非有雄厚资本不能办，大规模的生产亦非有雄厚的资本不行，是为工业资本主义之特点。欧美的工业之有今日，自由于有充分的工业资本，而其工业资本系由商业资本、金融资本的集聚转变而来；应用原有集中的商业资本、金融资本以投于生产，故工业之发展轻而易举。反观我国，则不特无工业资本，商业资本就很缺乏，银行根基尤不稳固。我国现在金融之枯竭，稍有常识者类能言之，故我国欲谋工业化，资本之募集实为一困难问题。如不能不利用外资，则外人直接投资之办法，有百害而无一利，我国受外人经济之侵略，害大无过于此。如英、日各国在我国的纱厂及其他工厂，如中东、南满等铁路，如抚顺、宽城子等地煤之开采，均为外人在我国工矿业之直接投资；用此种投资法以沦中国于万劫不复之地，当然不是我们要把中国工业化的本旨。至于间接投资，则孙中山先生也曾有过借外资以开发中国的主张，惟此中利弊如何、须以何种条件借款中国始能得最大的利益，均不无讨论余地。

三，就劳力言，中国的人口繁密，劳力的供给似可不感缺乏，然亦有问题在。以人口过剩、劳动力低廉之日本看，依普通人的推测，工厂于工人之雇用当极易。但依俄加德（Dorothy J. Orchard）之研究［见其所著《日本低廉劳工的分析》（《An Analysis of Japan's Cheap Labor》）］，日本工厂招募工人之困难，乃为我们意想不到。纺织工厂的劳工之供给，差不多全靠招募机关。依俄加德的考查，日本人民本质上还是属于农业，乡土观念甚重，不愿轻离故土，且对工厂制度多怀恶念。故招募人必须肆力作种种宣传，馈送工人礼物，甚至招到工厂以后尚须加以禁锢。大阪某工厂对招募机关每招到一工人辄须给与三元五角美金的酬劳费。俄加德说："农村方面尽管有人满之患，而制造工业界却正闹着人慌。工业似乎还莫有号召农村方面所剩余的人口的力量，这真是东方各国极矛盾的一个现象。中国如此，印度如此，日本亦复如此。故在日本工厂工业界，劳工的招募便成了困难的问题"。是故劳工的供给不必因人口过多而不感缺乏与困难，日本既为人口过剩的国家而且工业制度已经盛行七十五年之久，劳工之供给尚如此不易得，则在我新兴的工业，其困难又将如何？关于劳工方面，除工人之招募外，尚有两个重要问题：（一）工人的效率问题。既讲工业化，则生产费用应求经济，此为经济上一个重要原则。既求费用经济，则不能不注重劳工的效率。换言之，即不能不求劳工的低廉。从工业的讲点看，所谓劳工的低廉不低廉，是以每一出产品所费劳工之多寡为标准，而不是从每个工人的工资之高低来衡量。故讲劳工的低廉，并不是要降低工人的待遇，而是要求如何增加工人工作的效率。只有工人工作的效率大，工业始能更有利而易于发展。日本工业发展已数十年，而其工人工作之效率尚远在美国工人后。我国初办工业，工人缺乏训练与经验，效率如何，不难想象。我国工业界以后不在效率上讲求而求在工人待遇上减轻费用，则其结果不特非工人之利，亦绝非工厂之利。（二）工人生活问题。工人生活问题包括的事项太多，此处所要说的只是偏于工人工厂的生活。西方在工业革命以前，生产工具为工人所有，工人从事于独立的工作，劳动的状况很安闲，其工作着重技艺而不着重速率，且分工不细、工作上可得到改变，故对于工作可以发生兴趣而不觉其过苦。自工业革命以后，不特生产工具价值甚巨非工人所能办，结果与工人分离而成为资本家的专有品，即工人本身亦差不多成了机器的一部分。所做工作差不多只管速率而无所谓技艺（如所谓 Taylor System 便完全着重 Speed），劳动状况由安适而变为紧张，由闲散而变为毫不自由，且分工甚细、工人动作机械化，所感觉的只是单调而无味。此种工厂生活之苦痛，如华狄金（Watkins）在其《工人管理》（《Labor Management》）及其他讨论劳工生活的书中均有触及。福克斯（R. M. Fox）在其所著《Triumphant Machine》一书中起首时尤说得淋漓尽致。依韦布伦（Prof. Thorstein Veblen）的意见，机械工业的生活与人类从非工业生活时代发展而来的本能倾向是相冲突的。有的人类学家研究非洲人被迫入工厂工作所感受的痛苦之后，他们以为繁重的工作中假如时有变更休暇，对非洲人并不为害，惟机械工作的压迫则不特消灭了他们的快活而且弱减了他们抵抗疾病的力量。假如他们的结论不错，可见工厂的机械生活对工人的生理、心理均有不良影响。依佰芮斯福特（H. N. Brailsoford）的看法，此项问题实为现代文化的一个根本问题，即财产能公平分配尚不能解决此问题。他说："就令从社会主义者的要求，将私人资本者的财产权转移于公共社会，尚不足为一种解决。虽在国家所有的工厂里，则应该以人去适合机器耶？或以机器适合人耶？吾人当前仍存有此项问题。当吾人极端失望之时，直欲附和托尔斯泰以返于初民农村之生活，而遇甘地之反对；较印度纺车更为复杂之机器，且赞扬其有勇气也。"（见柏芮斯福特叙"Triumphant Machine"文）甘地之反对机器，自是开倒车的办法，不合于进化的通例。托尔斯泰的初民生活，亦不过是诗人返于自然的无政府思想，吾人固不能在生存争端激烈的时代徒作归真返璞的无益梦想。特吾人于机械生活之单调紧张、断丧个性亦不能不恳切地承认。彼西方工业国其人民度都市及工厂生活已百数十年，对机械生活尚感不能适应之痛苦，则我国大多数习于乡村自由生活的人民，能忍受及适应工厂生活至何程度，殊值关心民生疾苦者之注意。且欧美因数十年来劳工运动之结果，工厂及社会设施日趋完备，吾国则一般生活均极穷匮、工业方在发轫、设备自说不上完美。今后问题为在工厂制下如何改善工人生活，使工厂生活不至于摧毁工人快乐及为害于工人身体。详细办法，自依各地、各厂情形而定，本文不能讨论。此处所提出者，只是在原则上吾人当确认工厂生活之痛苦而尽量以求改善之方而已。工厂生活与工业制度不可分，衡量轻重，依社会进化原则，吾人又不能不提倡工业，则吾人于工业利益、工厂生活二者间既无取舍之选择，其势自推出于在可能范围内改善工厂生活之一途。今后中国劳工问题之如何解决，亦视社会对劳工之待遇与劳工自身之觉悟如何以为断。故中国劳工问题，实为政府社会应当注意研究之事，尤其是如何提供劳工效率而又能调和生活，实为一值得特别研究的问题。

我国现在工业进程中所处的地位如何，困难何在，从上文亦可略窥大概，而工业振兴之必要已为吾人认定之前提。日前中国人口虽众，但人力均耗于互相残杀、互相排挤和奢靡逸乐，而未用于创造和生产，食之者众而生之者寡，遂闹成饥荒穷乏的局面。因一般人受饥荒穷乏而又别无出路，故又演成战争和掠夺，辗转循环，社会更无从进步，中国裁兵的问题便是很好一个例证。中国裁兵的困难不仅在军阀的利欲熏心不愿实行裁减，即令裁兵以后如于退伍军人无妥善的安置法，社会将仍不能得到和平与安定。因现在当兵的大多是因无职业才来当兵，我们只要看每次内乱沿街招兵的时候去应募的是些什么样的人，就可以知道中国大部分的军队的原形是什么。他们既因生活无法才为兵，则一旦不能当兵又用何法生活呢？其势不至再为兵亦必流为匪。又如北平洋车夫，自电车通行后，其职业不特消耗人力于无用，且人行不如电车速，自应在天然淘汰之列。我们从社会进步上着眼，当然不能说应该鼓励拉洋车的职业而停止电车以阻抑社会进步，不过拉洋车的也如当兵的一样，本是生活无善法才操此业，若不替他们想生活方法而夺去他们的职业饭碗，你叫他除铤而走险外又有何法想？这些问题很浅显地都是中国实业不振兴才有的现象，假如我们于工业能积极地振兴，则不特目前大多数人民的职业问题得到解决，而生产过少的现象亦自然可以免除，社会也就不患莫有富裕的生活了。工业振兴后能仍不免有失业及其他问题，当亦比目前一般困穷的问题易于解决。不过要讲如何实行振兴工业化，我们须得要弄清振兴工业的基本条件。我们必须要具备此几项条件，工业化成功才有可能。

介绍美国两个学术机关 *

一国学术的昌明，绝不是偶然的事情。尤其在科学方面，绝不是靠两个凭空想象的天才兴会时立刻就可以出成绩的。现在的社会科学在内容上其精密程度是否能与自然科学相比，也许还当疑问，惟在方法上已经比从前精密得多。西洋有史二千余年，关于人类社会方面的学说，直到最近数十年来，才有科学的称呼。其原因就是以前学者（苏格拉底、亚里士多德以至孔德之前）的论说，大都专凭理想，对于社会事实与现象并无精密的研究以为根据。故他们的说法大都不重科学。最近数十年来，自然科学的进步一日千里，而社会科学方面的学说尚纷乱如麻。社会学科方面的学者一方面受自然科学的影响，一方面受社会现象之感召，觉社会现象也有适用科学方法研究之必要与可能。故提出各种社会科学的称号，以求将各种社会知识完全科学化，并求社会现象之不易的定则。不过要把社会各种事实作科学的研究，却不是件容易的事。从前的封闭式哲学家（closed philosopher）闭门造车的做法，自然不适用；惟作实地的调查与研究，私人的力量有限，往往也不能得到多大的成功。成功的要件不在本文范围，此处不讨论。不过针对我国的情形，有三点是值得说的：（一）要有适当的计划。（二）要有在合作上的继续努力。（三）要有经验的基础。我们知道新旧大陆相比，美国在各方面都是后进，惟美国进步极速也是毋庸置疑的明白事实。此种事实不是偶然的，但看美国社会科学的公、私研究机关和团体之多与它们的成绩之好，就可以明其因果了。美国在社会科学方面的公、私研究机关和团体，真是国内林立。各大学、各专门学校，甚至银行、公司都有研究或统计的组织。就鄂格教授（Frederic A. Ogg）在其人文社会科学研究一书所选，美国此类公、私机关或团体至少在210个。本刊在上期已经介绍了一个给读者，此次本文要介绍的是经济研究与政府研究所。

---

* 原载于《大公报》1929 年 9 月 8 日，署名仲刚，为曾炳钧别名。

A. 经济研究所（Institute of Economics）

经济研究所的目的有二：一是研究关于经济范围内的重要问题；二是将研究所得作出最明白易解的报告。该所研究的项目包括了全部经济领域，大概可分为五类：（一）国际经济的再造（international economic reconstruction）；（二）国际商业政策；（三）财政；（四）农业；（五）工业与劳工。就该所的性质言，该所完全是一个学术研究机关。该所的成立很赖布鲁金（Robert S. Brookings）的力量，这位布先生一方面自己捐了一所 8 层楼的房子连地基作为该所与政府研究等相类组织的地址，一方面又帮该所向钢铁大王加尼基取得经济上的来源。该所全部经济的来源都是从加尼基公司来的，此项经费年可得十六万五千美元，以 10 年为止。该所经济上虽全赖加尼基公司，但在进行上却完全保有其学术研究的独立性。加尼基公司在该所开办的时候即曾经有过下列说明："加尼基公司捐助经济研究所基金，此后一切支配应由该所董事管理，公司永不过问。公司对于该所的希望只是该所能保持独立研究的态度，惟从事于事实之搜集而将此类事实向社会作最简单明了之说明。此后董事于处理该所事务时，无论任何政治、社会、经济团体之特殊利益，均当在所不计。"云云。不特有关该所运行加尼基公司不能干预，且对于该所研究工作即便该所董事亦不能阻挠。其董事有一决议云："董事之职非为对该所进行之科学研究的工作参加意见，只为使科学研究的工作能最顺遂地完成，盖科学的进展，非使研究者完全享有学术上之自由不为功。若束缚驰骋之，是奴使研究员，不足以言学术也。"

该所目的既在以合作的研究求得科学的成绩，故对于发表的东西采取严格主义。凡该所职员作成的研究，在发表以前必须交该所理事会审查得其允许。惟为增进职员方面的独立思想起见，理事会采取的办法是，凡审查结果，如于作者之结论或事实之解释有异议时，则依作者原意发表，而于发生异议之点另印一意见书以附其后。该所出版书籍很多。如于德国付款力量，鲁尔、罗伦两州的实业问题，俄国债务与俄国之再造，美国农业与欧洲市场，农人与商业循环，工人之健康与安全，利率与股票投机等均有专书研究。很多书籍现已译为各种文字，行销颇广。除书籍而外，该所并于各种定期刊物上发表了很多讨论现代经济问题的文字，且常供给政府官吏或议会议员予以立法上所参考的各种材料。该所工作之努力，即此可见一斑也。

该所总裁为布鲁金，所长为毛尔敦（Harold G. Moulton）。毛尔敦，美国经济学界之巨擘也。

B. 政府研究所（Institute for Government Research）

该所在 1916 年得政府批准。发起该所的人大都是对于政府的管理能排除党见而具有研究兴趣者。该所宗旨，在其特许状上载的是："（一）对于行政的理论和实施做科学的研究。如美国之中央、各州地方政府衙署之组建的方式与行政的状况，官吏的权限职责和资格，实用的行政方法，所得效果的用费与性质，以及凡足影响于官吏及官府雇用人员之效率、幸福的各种情形等均在研究之列。（二）直接作此等考查，或与政府、研究会、调查所或其他个人、特派员等合作。（三）公布考查的结果……"该所之成立，其创始人曾经说过是代表一个信念。这个信念是：行政的工作即使不成其为科学，也是一个应该严格地适用科学方法来研究的题目。

（未完待续）

介绍美国两个学术机关（续）*

该所不特于搜寻所得应以供美国政府参考的资料，即中央政府方面对于行政上所遭逢的问题，亦当与政府直接合作、共谋解决的方法。此层意见在该所的计划上可以很显然地看出。该所研究的范围，在前面已经说过本系包含中央、各州和各地方的各部行政问题，不过依该所董事会的意见，该所在起初的几年不宜把精力分散，而当集中其力以考究中央政府所遭逢的行政上之各问题。自成立以来该所即牢守此政策，惟在最近两三年开始略加注意各州行政问题。该所研究的行政问题极力避免涉及事物的技术方面；技术方面的问题有考绩局（Bureau of Efficiency）负其专责。故该所的研究在性质上是限于行政上之普遍的、政务的、与根本的诸种问题。该所对于行政的改革曾

---

* 原载于《大公报》1929 年 9 月 26 日。

经列出 9 种建议，现均为政府采纳次第见诸实行。在该所成立 10 年后（1916—1926），该所出版与付印的书籍已有 60 余部之多，大约可分为三类：其一是行政的原理，其二是行政的考究，其三是公署专刊（Service Monograph）。第一类包含从公人员之退休、官买、政务会计与报告、公务人员的管理等问题。属于第二类者如韦罗贝（W. F. Willoughby）的国家财政预算问题、各州的改良预算运动、中央行政方面的改组、中央财政预算制度，萧尔特（L. M. Short）的美国行政组织的沿革，韦柏尔（G. A. Weber）的对于改良美国行政方法之一致的努力，涂壁（J. A. Tobey）的政府与公共卫生等。至第三类公署专刊，则包括几十种关于一切机关的历史、职务、组织和工作的特别研究。

欧战的时候，该所因帮助政府解决几种问题，其预定的工作，实际上一时陷于停顿。数年后，该所又费了不少时间和财力来帮助议会的各种文官委员会、文官考察团，特别是预算局与会计处。夏威夷及北加洛林州的预算会计与报告等制度，亦是该所经两处的最高行政长官的请求而助为拟就的。涂壁著的那本联邦政府与公共卫生，亦是经美国元首的请托。该所在美国社会上的地位，即此可见了。

近几年来，该所又得经济上的援助，从事于两种重要的工作。一是办理一个公务属员统管处。该处成立于 1922 年，工作是整理所有现存关于联邦各州各地方的公务属员管理的情报，举行直接考查与实验，以发展和改进公务属员的管理办法，并公布工作的结果。其结果必由经验可以证明实为改进公务属员管理最有效之方法。另一件特别工作，是对印地安事务作一大规模的考查。此事起始于 1926 年，受煤油大王洛克菲尔的儿子（John D. Rockefeller Jr.）捐助十二万五千美元。因此事尚能得美内务部长与印地安事务长官的悉心相助，预计在两三年内即可完成。该所的所长为韦罗贝（W. F. Willoughby），地址与上述经济研究所在一处，为布鲁金所捐。现该所已与经济研究所合并，改名为布鲁金研究所（Brookings Institution）。

最近世界政治大势 *

自近世科学发达，缩短了交通的距离而后，国际关系的密切程度增加，至今日几乎成了牵一发而动全身的局势。当欧战新息之时，一般人的推测认为未来的世界大战爆发地点有三个可能的地方：一是欧洲本土，二是欧、美间或者竟说是英、美间大西洋的战争，三是太平洋或者说是远东的战争。

欧洲的战争，在洛迦诺会议（Locarno Conference）以前本随时有复发的可能：从协约国对待战败国的态度看，从东欧诸国纠纷的形式看，从苏俄西进的政策看，如鲁尔（Ruhr）进兵问题、如赔款问题、如少数民族（Minority）问题、如新兴诸国的疆界问题、如意大利的独霸地中海称雄巴尔干的野心，处处都有剑拔弩张的形势，无时不有战争的危险。在一九二二年前，德国因饱受协约国的压迫与冷遇，很有亲俄的趋向，与俄国拉巴洛条约（The Soviet-German Treaty of Rapallo）之成立很引起英、法之猜疑。俄国切望德、匈实行继俄之后为社会革命，亦人所共喻的事实。而同时新土耳其之利用俄国声势以抵抗英、法之侵凌亦使英、法对俄增加了不少忧虑。当时的欧洲，虽战争初完，而人民畏战的心理与纠纷不息的局面直有令人卧不安枕的形势。洛桑会议（Conference of Lausanne）是英、法拉拢土耳其以防俄的第一步。至洛迦诺公约成立，一方面德、法有安全的互障暂时可息猜疑，缓和了欧陆的空气；一方面也是列强受俄、德拉巴洛条约的影响，恐一旦两个失意的强国结合生出不利于欧陆的结果，故由此约之缔结连德以孤俄。此约成后，在欧陆本土各国算是彼此略可放心，把大的危机暂时渡了过去。

英、美间的冲突本为战后必然的现象。凡有历史常识的人都知道欧战的一个主因是英、德二国海军及商业之争霸。大战后德国虽被英国压抑下去，而美国国际地位却增高起来。世界经济的中心，由伦敦移到了纽约。美国海军的积极扩充，一日千里。依华盛顿会议的结果，英、美主力舰（Capital

---

* 原载于《认识周报》1929 年第 1 卷第 1 期。

Ships）成为五与五的相等比例。故以前英、德争霸的形势一变而为英、美争霸的局面。且战后国际联盟之组织原为倡导和平国际合作，美国拒不参加，表面上虽以传统的门罗主义（Munroe Doctrine）为理由，其实保守的门罗主义早已变了原形，骨子里不满于英、法的包办（按：英国联殖民地代表，表决上共有六票，美人认为是重复代表即英国操纵国联之一证），故采取不合作的态度，而成为国际上欧美日离日远的趋势。

至于远东问题，乃至复杂难解之问题，这是人人都知道的；隐在问题背面的危险性既大而可以诱发大战的因子亦最多。此种战争的起因，有下列几种可能：（1）民族独立与帝国主义者的冲突。（2）帝国主义者在远东权力之冲突。（3）日、美在太平洋的争霸。（4）列强与苏俄的角斗。不过我们细一分析，所谓远东问题事实上就是中国问题。就中国说，现在北伐成功，第一个危机算是渡了过去，我们但看去年上海的兵舰云集与现在日兵在山东的强横，就可领略这个危机的重大性了！第二个危机，自华盛顿会议后已渐渐地消减下去。第三、第四两种危险就客观的事实说，确是远东很重大的问题。问题如何解决，纯视中国自身努力如何以为断。

归结起来说，在欧洲、远东、大西洋，虽均危机四伏，但尚未至必战的时期。不过目下的和平，只是苟安的局面，将来的趋势如何，须视：（1）各国经济力量恢复的程度如何，因经济困难的国家战时绝不容有军事行动；（2）国际和平的努力，如国联与非战公约能有多大效力；（3）各国人民觉悟到何地步，能否制裁本国的野心政府；（4）各国的社会生活，特别是经济生活能否长期安定。

以上四项均是隐在国际大势后面的根本问题。不过直接破坏和平大局、含有最大危险性的莫过于秘密纵横的外交与军备竞争二事；此二事不能完全制止，即是列强野心不戢互相猜忌的表征，即是准备第二次战争走向破裂的趋势。我们知道，公开外交与裁减军备是威尔逊（Wilson）参战十四项主张的两点。国际联盟规则（Covenant of The League of Nations）在其第八条与第十八条两条内亦明明规定了裁军与登记条约为联盟国的义务。然而就裁兵说，国联成立至今毫无成绩。华盛顿海军会议只在英、美、日、法、意五国间定了主力舰五、五、三、一·六七、一·六七之比。其他关于补助舰及陆空军备完全未提。因是在海军方面，各国由主力舰的竞争一变而为巡洋舰、潜水艇的竞争；陆空方面更不用说各自尽力扩充。去年三国海军会议原是继华会之后的军缩会议。所谓五大强国中，先有了法、意二国不参加，而英、美、日的意见又不一致，终是毫无结果。今年非战公约签订之时，更有所谓《英法海军协定》（Franch British Naval Agreement）之成立。此项协定是否限于海军，或更有其他重大意味，外间颇多怀疑，而英、法坚不发表协定原文，且从而处罚揭穿秘密之新闻记者，足见其中尚含有若干秘密。本来关于军缩的进行有两方面：一是国联，一是各强国自动的磋议。国联对此事的无成绩，最大理由是俄、美两大国未加入国联，故加入国联的国家不能单独裁减军备。各强国自动磋议的无进展，表面上是标准办法的不一致（关于此事，容当另文讨论），而事实上却是各国都想利用裁减军备之美名，以取得军备的优越的地位。故现在裁减军备，亦成了列强军备竞争的一门法宝。

所谓秘密外交，就是秘密进行联甲制乙，结攻守同盟或分割权力的老套。欧洲大战，所以由奥塞的战争一变而为世界大战，即系受了此种由秘密外交而订立之同盟的支配。一八七九年德奥同盟、一八八七年的英德协定、英法大战前的秘密关系，等等，都是由秘密外交产生出来的。大战而后，假如各国真正趋向和平的路上去，则不特秘密的外交应当绝对摈斥，而攻守同盟尤当绝对防止。就理论上说，缔结同盟，在不得已时，亦是一种防御作用。不过在国联组成之后，倘大家都有谋和平的诚意，即无在国联之外再结同盟的必要。欧洲和平虽由洛迦诺公约暂时维持，而洛迦诺公约的缔结，都是国联团结不坚与各国难于一致的表现。而法、意两国各与小国拉拢订立同盟，如法犹同盟、如意阿同盟，等等，即是将来中欧纠纷的伏线；而最近到处哄传的英法海军协定与英日同盟，无论其事实如何，总仍脱不了旧式外交的余毒。战后同盟条约与战前同盟条约惟一不同的地方，只是名称上战前称防守同盟，而今则以执行国联条约为名，装点门面罢了。

战后国际关系的分野，乃国际上最可注意之事实。就现在的状况，大体上约可分国家为四大系（自然难于精确）：一是国联系；二是美洲系；三是苏联；四是被压迫的民族。国联系以英、法为首，美洲系以美国为首，苏联则以苏俄为大本营，被压迫的民族却是一盘散沙。从这个系统上观察，此四派力量的分合消长，可以说是决定世界命运的大动力。此四派相互的关系如何，殊有一述之价值。

（一）国联系国家与苏联关系。在国联系国家方面，可以英、法作代表。在英、法二国中，法是向来积极干涉苏俄之行动的。法在一九二四年虽已承认苏联，而彼此国交异常冷淡。法对俄的政策，差不多是跟着英国一路走，以英国为主动。而英国保守党对俄，向取封锁政策。苏俄亦认英为资本帝国主义的魁首，以英为第一攻击目标。苏俄反英宣传之剧烈，夫人而知。英国自保守党以通俄为口实，在一九二四年大选战胜工党以后，直接、间接与苏俄发生了不少冲突，随时有通牒式的抗议或觉书往还。一面英在近东、中亚临近、远东等地，无处不含有防制苏俄的意味。至去年英、俄断交后，迄今无恢复希望。以后如何，当视明年英国大选结果保守党是否仍然当政以为断。

（二）美洲各国向惟美国之马首是瞻（此处指北美、中美言，坎拿大及南美洲除外）。美与欧洲各国的关系，但看年前欧洲对美经济大同盟的酝酿、美国索还战债的态度与参加国际联盟，及最近英法海军协定之用意，便可知其相互的形势。美对俄国，至今未予正式承认。所以未予承认的缘由：一是恐承认苏俄，弄成了"开门揖盗"的结果，替布希维主义制造宣传的机会，所谓"Opening The door to Bolshevism"。二是美、俄所产煤油在国际市场上竞争最烈，故不欲承认苏俄，以助长其国际地位，且承认苏俄为煤油商人所一致反对。三是美国劳工联合会（The American Federation of Labor）均持反对承认苏联的态度。此外，帝俄分子及移民中反俄的分子对承认苏俄，直接、间接地极多鼓吹反对。惟提倡承认之论者，也未始无人。主要的理由是政治、经济两方面：从经济方面说，承认苏俄，则美今后在对俄商业上或投资上，可望多得经济利益；就政治方面说，太平洋霸权的竞争，是日、美两国为敌。假如美国长与俄疏，则日本从解除英日同盟之后，很有孤立的感觉；俄国既是太平洋沿岸国家之一，且其国际地位陷于孤立与日本同，一旦日、俄结合，于美实大为不利。此种说法，虽不过是主张的理论，亦足见此中症结，

（三）苏联与欧美各强国关系，已略如上述。被压迫民族则间于三种国家之间。被逼迫民族除波罗的海各小国外，最足系世界大局安危者为近东之土耳其、远东之中国，至临近中亚之波斯、阿富汗、印度则次之。此等国家都是苏联与列强势力的接触点，也可说是危险地带。土耳其在洛桑会议后，在列强方面，算是渐渐地稳固了独立的地位，与苏俄方面复在一八二五年列强洛迦诺公约成立之后两月期间互订一互不侵犯土俄之约（The Turkish - Soviet Treaty of Mutual non-Aggression）。何以成于此时，此处不论。土耳其则因此在英、俄之间由两面逼楞的地位一变而为伸缩自如、左右皆无不可的形势，不

能不说是土耳其人的善于运用机势。印度地广民众，在英统治之下，去完全独立自主之时期尚远，现在印度的民族运动尚只是一自治问题。去年席孟委员团（Simon's mission）赴印时曾有一度暴动，亦足见印度人民之倾向。其独立不过是时间问题，绝不能长此相安无事。波斯与阿富汗均间于英、俄之间。波斯在一九〇七年由英俄协定事实上被英、俄分割势力范围，大战时复沉于英国的藩属地位，至一九一二年后"波俄互不侵犯条约"成立，始得独立自主。然外人势力尚未尽去，英人在南部波斯尚有若干笼罩势力。阿富汗国在一八〇七年后，依英俄协定沦于被英保护的地位，至一九二六年脱离羁绊成为独立自主国家，外与俄订立互不侵犯条约，内则努力革新；近传旧派反抗改革，起兵作乱，情形虽不明了，而问题则可注意。我国国际环境情形至为复杂，列强在华利益之重视与中国问题之含有重大的国际性，乃系客观之事实。今后"自求多福"为土耳其，仍为次殖民地，抑为外蒙之续，要视政府与人们之如何奋斗与努力，而此数年内政治是否即上轨道、建设是否积极进行，中国之命运即将于此决定。不然，国内纷扰不绝而梦想国际和平，在理论上为自欺欺人，在事实上为绝无之事，而第二次大战或竟爆发于远东且将为期不远。自然，我们不希望世界再有战事，从欧战悲惨的经验，各国稍有远见的人亦未尝不知道今后人类不杜绝战争，战争行且摧灭人类。依和平的运动，国际上本多有和平解决争议方法，最近轰动一时合世界各系国家全体参加的已有所谓非战条约（Multilateral Treaty For The Outer Awry of War），似乎在国际和平上有了很大的进步，不过此约只算是一种道德上的限制而无有效的制裁。故所谓非战者只是纸上条文，而操战否之权者各国政府。各国一面侈言非战，一面却钩心斗角梦想同盟扩充军备。试问既已共同承认不战矣，在民生凋敝、战后苍痕未复之今日，尚不惜以绝大之出冒天下之不韪，以竞战军备订立同盟，并非别有用意？总而言之，虽和平空气高唱入云，世界大势却是向着破裂的方向走。英国著名学者霍布浩（L. T. Hobhouse）在他批评黑格尔（Hegel）政治哲学时说得好：What is essential for social investigation, …, is that in putting any question it should know precisely what that question is; specifically, whether it is a question of what is desirable, of what ought to be; or a question of what has been, is, or probably will be. 我们大家不要被一时的希望和周围的空气包围住了，睁开眼睛来把四围的问题认清罢！

德国复兴与英法关系 *

无论从哪方面看，德国在今日已非一九一九年时之德国，这是很显然的事实。而德国回复到今日的地位，却是一件不容易的事。

德国在战后所受协约国的压迫，是人人都约略知道的。虽然威尔逊总统以反对报复主义为参战条件，结果协约国处罚德国的办法是 1. 赔款，2. 割地，3. 解除军备。不脱报复的蹊径，而处罚的程度上，差不多有一个原则，就是要德国永远不得恢复其战前强盛的地位。

在协约国中，恨德最深而又畏德最甚的莫如法兰西。因德、法自拿破仑战后，便世为寇执。欧战时西战场多在法境，法国吃亏最大，赤地千里。此次虽将德压倒下去，而防德复仇是法时时不能去怀的。法国所忧虑的，约言之有下列几点：1. 德国军事力量最大，人民军事知识最高。欧洲大战与其说是德人在战场上的失败，不如说是在经济上的失败，而且德人绝不承认战败，足见其对旧事绝难忘情。2. 德国人口为六五〇〇〇〇〇，法人口只有三九〇〇〇〇〇，德人口数远在法上。且法之人口增加率最小，依一九二一年的统计数为三千九百万，比一九一一年的统计所得人口数尚少四十万；反观德国，则每年增加几十万。如此继续下去，将来两国人口日差日远，在国力上法人便绝对不能与德抗。3. 德国乃工业化国家，工厂林立、机械之制造甚精，随时有改作兵工厂以供攻法之用的可能。4. 德国商用飞机最多，驾驶人员亦最够；法人认为这是空军的变相，暗中有与法国空军竞争的意味。因有此种情形，法人时时觉得自身的地位可危，德随时都有起而复仇的可能性很大，故协约国向来主张对德严厉的首推法国，特别是在一九二五年前。而法所以如此主张，却是受复仇、利得与恐怕三种心理的支配。至于英国，则问题比较简单。因德国既败，则海面上与商业上的劲敌已去，目的已达，只是如何可以独霸海洋，垄断商业、如何取得实益的问题。

---

* 原载于《认识周报》1929 年第 1 卷第 2 期。

因有此种关系，英、法的利益既不一致，对德意见不无出入。不过在战后的初期，法、比进兵鲁尔以前，却大概能保持协调的步骤，而法国的主张占重要的部分。于是如何可以防止德国复盛便成了协约国当头一个大问题，以后的办法便是图谋实现此种计划的方案。为明了问题的全部起见，为了解德国得回复到今日地位之不易起见，须略述德国所受协约国的束缚及连年纠结不清的各问题。

德国所受的限制及其与协约国的纠葛，归结起来有三个问题：

一、赔款问题。德国赔款若干，则至今可说确数尚在未决。依协约国赔款委员会的宣告，应为一三二〇〇〇〇〇〇〇〇〇金马克，在三十年内付清。这算是从来仅有的大赔款，至道威斯计划实行，德国在一九二四年起，应付一〇〇〇〇〇〇〇〇〇金马克；第二年一二二〇〇〇〇〇〇〇金马克；每年递增（第三年数目为一二〇〇〇〇〇〇〇，第四年为一七五〇〇〇〇〇〇〇）。一九二八年后，每年应付二五〇〇〇〇〇〇〇〇金马克。但依协约国原来要求的总数，为数过巨。依道威斯计划，不知若干年内始能清付。德之切望重新考虑赔款问题自意中事，而赔款问题又与协约国间或者竟说是欧美间的战债问题牵连在一起。故协约国方面，英、法只要协约国间战债能够取消，则减少德国赔款也可办到；然美国对一一六〇〇〇〇〇〇〇〇金元的战债不能放弃。假如德国一方面依条约在三十年后拒绝付赔款，一方面在三十年内又以道威斯计划为护符，则是德国付过赔款之后，协约国尚须继续三十年付美债款，协约国当然不会应允。故此后此问题如何解决，尚多困难。据最近普恩加莱的态度，似乎赔款可以减少而法国的要求不能变更。果尔，则问题更是纠结不解。此是德国的重要关头，也是欧美经济上的大题目。

二、解除军备问题。关于解决军备，协约国限制德国军队数目不得超过十万，警察数目不得超过战前一九一三年时德国军警的数目；所有存储的军械战具须一律交出；废除征兵制度，以后的青年不得受军事训练；商用飞机与驾驶人员概须挂号注册以免扩充过量。协约国又设海、陆、空三监察委员会监督德国执行，而协约国在莱茵河流域的驻兵即取以司监视德国的作用。然大兵压境，便连带生出了许多枝节问题。至今德国的含愤自不必说，而要求撤兵，则协约国总说德国未能诚意解除军备、驻兵难撤。盖德国兵虽十万，然而都是战前能征惯战的将校组成。此外，无形中的预备兵几于举国皆是。所以协约国放心不下，相持不决。

三、此外尚有一问题，此问题虽暂时告一段落，却是协约国使德人含愤甚深将来难免纠纷的事实。这就是东疆方面但泽、东普鲁士、默麦尔、柯雷德与上西里西亚各地所属的问题。在解决此问题时，协约国在表面上有两个原则：一是民族自决，一是通海权利。就但泽说，它固然是波兰通海的要道，而就历史与民族说，不能不说应该是德人的城池，而且波人在但泽附近地方又已另筑了一港。就上西里亚说，也是德人占多数；默麦尔也复如是。然而这些地方如何解决呢？柯雷德属了波兰，默麦尔被立陶宛占去，但泽变成国际共管。而在上西里西亚，却用巧妙划分法将所有矿产多、工厂多的富庶地带全给了波兰。东普鲁士虽归德属，却被柯雷德从中与德本部隔断，整个的德国弄得七零八落。这些地方的居民随时都有叫苦的怨言、不安的表示。国际联盟也随时有关于此等诉苦的案件，而德、波间因之时有纠葛。

德国战后所受"战败国的待遇"虽则如是，而德国的内政外交在此十年之内却有很大的进步，其过程亦多为吾国人所当注意。德由君主政治一旦改换制度之后，便成世界上最新式的民主国家——是真正的民主国家，不似我国辛亥革命之后即变成军阀政治——政治制度上斟酌英、美、法各国之长，而设经济议会以谋经济立法之适合现代趋势。经济政策则偏于国家社会主义（State Socialism），大规模的、有独占性的实业如铁道之类多归国营。改造之初，就一般人的观察，本有三种很显著的危险：一是党见的分歧。如极左党与艾伯特（Ebert）政府党之争、保皇党与社会党之争。而且极左党与苏俄一气也会图谋实行苦迭打。在巴勿雷亚（Bavaria）地方曾有极右的政府出现，在鲁尔地方又有共产党的暴动纷扰。随时国内都有纠纷，随时都有内乱的恐怖。二是"复辟"的危险。最显著的是一九二五年兴登堡被选为总统时，一般人的推测总以为兴氏忠于皇室又是欧战时名将，带有极浓的右倾色彩，一旦当政必有复辟一类的举动。三是经济破产。德在停战之后，因赔款纸币等问题，曾一度弄到破产的情势。纸马克的价格跌至一元可换四四六〇〇〇〇马克，私家完全破产，贸易几成为不可能。日用必需品异常昂贵，人民的生活几乎到了绝境。工人今日所得的工资，明天早晨起来一个铜子都不值，普通人都是今天不知明天有没有钱买面包。然而德政府竟从三种难关之下渡了出来，应付得宜，使内乱无从发起。被一般人所认为皇党的兴登堡却能将国家与私人——皇室——的界限分得清，一任至今完全遵守其就职时之宣誓。金融问题亦经政府大刀阔斧的整顿，至一九二三年后金融渐渐稳定。道威斯计划实行，德国第一年便能如期将大额的赔款付清。据今年吉尔伯特（S. Parker Gilbert）的报告（见近日报载），德国付款力量远过于道威斯计划所预备期。总之，德至今日已经恢复了很大的力量，政局稳定，资本之储积日多。虽国家财富究系增加抑或减少不无问题，而民生的改善确有成绩。工业尚日日在改良期间，国际贸易则颇受协约国自与其需索赔款相矛盾的高税政策所抵制。就大体上说，德国的经济虽因赔款关系，所有收入不免系"为人作嫁"，而进步之速、出产之多，有时反超过战前状况。

外交方面，德国今日在欧洲大局上地位的重要，是不容否认的。吾人试一回顾，则德在一九二五年前可说完全是属于被压迫地位。德国虽曾声明以威尔逊十四条原则为条件而议和，结果仍只得受战败国的待遇。在心理上虽然德人绝不自认为战败，而在事实上却不能不忍受屈辱，重大的赔款不能不付，国内的兵备不能不裁（虽然邻国都大张军备），整个的疆土不能不听人宰割，本国的民族不能不划归外人治理，莱茵的内地不能不让外人驻兵。至一九二三年因无力付清赔款，引起普恩加莱与比利时进兵鲁尔。德政府虽一时表示消极的反抗，完全停止付款，鼓励鲁尔居民罢工、罢业，资助因此反抗法、比而失业的人员，结果仍不能不无条件的屈服。当时的德国，在国际关系上可以说很有亲俄的可能。因一方面苏俄既不断地向德招手，在德做各种宣传；一方面协约国却向德重重压迫。特别是法国，似乎视德国解除军备还不够，又与各小国缔结盟约：在一九二〇年与比订一军事协定，在一九二一年与波兰订立同盟，在一九二四年又与捷克斯拉夫同盟。同时波兰又与罗马尼亚同盟，比国又与卢森堡接近，一线相引，将德国周围围住。英、法既为协商，德欲与奥合又为协约国所不许，环顾左右，孤立无援。故在一九二二年因与俄有《拉巴洛条约》之成立，一九二六年复有互不侵犯之协定。惟时施特雷泽曼主持外交，知德、法逼处，关系至密；尤其在商业经济方面，法为农业自给国家，而德则赖工商业以自活，须取互助的策略，彼此才都有回复希望。且在事实上亚、罗两州既不能用兵收回，战后所受的苛刻条件复无法根本摆脱。与其使法猜疑，两国都弄成不生不死的僵局，倒不如取渐进的政策率性表示承认战败的结果、承认既定的状态，以安法人之心而谋国交的接近与国势的恢复。一方面德政府既有此种感觉，一方面英人惧德与俄亲转成欧洲的祸患，而法国则向来劳心焦思正恐德人未能甘心承认战败结果图谋打破现状，故经英国的居间，于是乎有《洛迦诺公约》之订立。此约成立之后，德、法有了安全的互障，心理上缓和了很多，大家暂时得以安心整顿内政。德国因此约成，得以加入国联，并取得常任理事的地位。自此之后，德国的国际地位显然大大增高：一是事实上从前德国只能听从国联与协约国的决定，在决定以前德无参加讨论的机会。今后则在国联之内，德不特有平等说话的机会，而且有表决不关于自身的议案的权利。二是地位上从战败国的地位变成强国的地位。德国加入国联，是抱了在国联内设法改善德国地位的目的。与我国去年在国联理事落选及日本出兵山东而国联不闻不问的情形相对照，国人便可了然于德人进步之速与我国国际地位之低落了。不过，惟其德国各方面的进步过速，国际上又变了一种新形势。

欧洲的外交，自一六四八《威斯特伐利亚和约》以后有一个实力均衡的秘诀，大家都是知道的。英国的传统政策是联甲制乙以操纵世界政治取得外交牛耳的老把戏。欧战以前，因德国在军备上、商业上均为英国劲敌，英惧德过强，故利用德、法不和与法协商以打倒德国。殆大战新完，德国地位一落千尺，法国劳苦功高、气高万丈，英因不愿法国独霸欧陆，且欲增加对德贸易，又恐德与俄亲，故态度上常抑法制德。如赔款问题、如法进兵鲁尔问题、如上西里西亚之如何划分以至《洛迦诺公约》，英都不免显然有祖护德人的态度。惟自去年，特在英法海军协定成立后，英又有助法压德的趋势。法普恩加莱对德态度的变硬，说者谓系有英国暗中协助（见美国上月《评论》之评论）。要问为何有此变迁，不外是：一是《洛迦诺公约》成立后，德在亲法派的外交政策之下与法国国交日趋接近。假如德、法过于接近，则对欧洲大陆政治，英国即无复置喙之余地。而英在国际裁兵等问题上须法为助之处甚多，故利用德、法携离与法拉拢。二是德国出品日多，国际贸易竞争上又遭英国的嫉视。三是英虽希望连德以孤俄，而德不因《洛迦诺公约》而疏俄，且德至今在欧洲各国中与俄交最密，故英与其助德，毋宁助法之为得。不过英、法联结不特非德人所愿，亦且非意国所愿，其海军协定尤非美国所愿闻。倘今后英、法果合，德国被抑过甚，则俄是否不乘机更与德亲，或德、意是否不致转相连合，殊可注意。然而德国无论如何却是欧陆的重要国家，此后德的政策有无变更，要看英、法逼着他走哪条路。

总括起来，我们在德国复兴之中，可得着几个要点：一是协约国至今不脱旧式外交阴谋手段，所谓民族自决与通海权利等说法，不过供其利用。二是协约国一面压迫德国使赔重款，一面却多方限制其发展，使其经济上必至破产而后已，手段酷辣，完全是怨毒的报复主义，满口仁义道德都是空设。三是德国虽在重重压迫之下，宪法一定，即能共向一途，更能于最短期间恢复很大的经济力量。此点不能不佩服德人过人之力量。德人所以能于致此的原因，缘于德国人民能力甚高、做事效率至高，国内工业的根基甚厚，人人都能以国家社会为前提，守共同的目标而不徇私见。四是德人经协约国重重压迫几于走投无路，而德人能不纯任感情而越于偏激，且足踏实地利用时会，一步一步地走向光明之路；此自是德人注重实际的民族性的表征，却是我国民的好模范。五是欧洲的外交因德复兴军备等问题，又有了新局面的酝酿。而在此新局面中，德国态度如何转移是未来问题大的关键。

阿富汗内乱与英俄 *

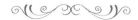

　　英、俄两国近百年来的冲突，在历史上演了不少的把戏。两国直接冲突的地带有二：一为东欧与近东，一即中亚。自十九世纪以来，俄国最需要的是打通一条出路，盖俄土地虽大，海岸线却最短，且无不冻良港足供发展商业及海军根据的需要。俄当时既分割波兰，又以黑海在土耳基掌握之下，土国政治腐败内乱迭起，故时有乘机进兵西出黑海取得管领爱琴海峡权以纵横于地中海的计划。于是自土希战争以还，近东问题遂成欧洲全部的问题。克里米战争及土俄战争等，俄无役不受英法干涉者以此。一八五六年巴黎条约划黑海及波罗的海之奥兰群岛（Aland Islands）为中立地带，不承认俄有干涉西比亚（Serbia）、孟德维亚（Moldavia）与维拉齐亚（Wallachia）事务权。于是俄在西方的出路受一大打击，而始终与俄为敌者首推英吉利。英所以与俄为敌的最大原因，是恐俄破坏了英国在欧洲，特别是在地中海的霸权。

　　英、俄第二个直接冲突地带为波斯、阿富汗一带。盖俄自在欧洲计划不成，可以出海的地方只有两条路：一是东出西伯利亚，沿满蒙以出太平洋；一是南下中亚，由土耳基斯坦，侵略波、阿等国以出印度洋。俄在东亚的计划，此处不讲，依其南下印度洋计划，则受其牺牲者阿为弱小民族之一，与之冲突者即为英在印度之权利。阿富汗问题现在之所以成为重要问题，也就因为阿富汗的地位间于英、俄势力之间。它的问题代表：（一）民族主义与帝国主义的挣扎，（二）在历史上英、俄两国土地侵略的竞争角斗，（三）在意义上为赤、白主义的接触点。

　　谈到阿富汗的问题，便不能不知阿富汗历史与周围的形势。俄自一五五四年取加什比海〔1〕沿岸地带后，着着南展，至一八七八年前克服高加索一带土人，复强迫波斯于一八四一年、一八八一年、一八八五年先后取其阿叔拉

　　* 原载于《认识周报》1929 年第 1 卷第 6 期。
　　〔1〕 "加什比海"即里海。——编者注

他（Ashurada）阿斯克巴（Askabad）与沙拉克斯（Sirakhs）等地。于是俄与阿拉伯海间，为之阻碍者，仅一波斯。俄又一面掠取西土耳基斯坦，占我国新疆之库加（一八八一年）等地以直抵阿富汗。凯娃（Khiva）与布哈拉（Bokhara）两国事实上亦为俄国所吞并，而阿富汗遂成俄国南下之孔道。惟阿南连印度，倘一旦沦于俄手，英属印度即大受威胁，故英即不为开拓土地，为保守印度计，亦不能不先伸其力于阿富汗，以阻俄南下而备一缓冲地带。因此在一八三九年后，一八八〇年以前，英、阿两次战争，迁延不绝。阿一迫于俄之土地侵略，一迫于英之防御侵略，遂成两国逐鹿的场所。在一八八〇年英得阿王的承认，阿富汗一切外交由英代管，阿即于是年事实上归英保护。惟俄的野心，初不因是而稍止，在一八八五年至一八八七年间，又先后取阿西北之墨尔（Merv）、潘得（Panjdeh）及库什克（Kushk）地方，东北复占领帕来尔高原。英、俄双方，大有剑拔弩张之势，直至一九〇七年，俄新败于日俄战争之后，英、俄间始暂停其敌对态度，互订一不侵占阿富汗疆土之约；英承认俄在阿富汗享商业上均等的机会，俄承认英管理阿富汗外交为交换条件，阿富汗于是正式成为英国保护领。

英既取得阿富汗为保护领，在欧战初起时尚不失其稳固地位。至一九一七年阿王汉比巴拉渐有反英趋势，后汉比巴拉于一九一九年在加拉拉巴被人暗杀，其子阿曼木那即位，一面恢复社会秩序，一面宣言独立，否认前此英、阿关系。时苏俄革命已成，英为巩固印度计，初尚以力压迫阿人。战争结果，两方各自宣传胜利，惟英虽自诩胜利，却终于不得不承受阿富汗独立的条件。英所以不承认者，依当时情况，约有下列数因：（一）阿人骁勇善战，英国的军队曾经自己说过"一个阿富汗人足抵四个英国兵"，英人之畏阿富汗人可想。就一八三九至一八八〇年两役经验而论，兵连祸结，英人虽终获胜而损失至巨，政府大受野党攻击。且阿王阿曼木那态度坚决，非达目的不止，欲以力服，非准备大大牺牲殊不可能。（二）英之必欲管领阿富汗，无非为保障印度之安全，即使继续用兵，力能克服阿人，亦不过是暂时胜利。与其以力服阿，只赢得一名屈服而暗反背的保护领，何如让其独立而结一友好的邻邦以免为印度后患。（三）时欧战初完，英国国力疲敝，而民族自决一时高唱入云，用兵既不可胜，落得顺应潮流承认事实，免致为渊驱鱼，使阿迫而附俄。

阿王自独立告成，于一九二一年与英订一友好条约，同年复与俄约，由俄每年供给阿人一百万金卢布。自此阿在外交上与英、俄、法、德、土、意互派代表而立于对等地位。阿王之继位抱有两大目的：一为取得 Sunni Mohammad 教主[1]的地位，一为改造阿国使成现代化的国家。而阿最近之内乱，亦即有由此种改革而起。据最近报传消息，阿乱之发，起于拉拉巴德地方，其导因即为反对改革的命令。阿王阿曼木那因大势难回，业已宣布退位，在其退位之前，曾下诏取消改革程序冀以缓和反动，然卒归无效，只得退位。诏中包含取消事件至为有趣，如召回遣送至土耳基留学至阿富汗女生、恢复遮幔制度、废止征兵、封闭妇女协会、摒弃欧洲装束等，足见阿民之顽固为如何与阿王前此对于革新之努力。此等事骤然看去，似乎奇异可笑，其实试想我们老大中国的戊戌政变，孙中山先生之努力革命四十年而到处亡命至死犹遭反对，及革命青年之处处不见容于腐败社会，与此相去几何？恐外人之笑我，正无异于我之笑阿人！盖阿民习俗强悍而又深于迷信，排外性强，凡非回教人（尤其是欧人）均所深恨，且民族派别不一，信仰亦不无差异，其不能接受新改革，亦民智使然。而阿王则锐意维新，雷厉风行。彼认阿非独立不能自存，但保持独立惟有图强，欲图强惟有改革，故即位以还，即改革教育、实行征兵、解放妇女、鼓励欧化、致力新政不遗余力，十年以来凡往阿游者无不盛称阿王之进步与勇气。阿王为推行新政计，又复游历欧美以资借鉴。其改革过程，颇多值得注意之事，如设立内阁与议会以树民治之基。在欧洲各国史上为人民求之不得或昌大牺牲而仅乃实现者，在阿则出于君主之自动。阿境共分五省——克不尔、堪德哈尔、阿富汗土耳基斯坦、海拉与巴达克善，各以省长统治而绝不容有专制现象之发生。凡人民有何疾苦，均得于每周内一定日期觐谒上诉；用人行政方面，其不能不赖外人者多以土耳基人为之。一因宗教种族关系，土国人与人易于接近，且认土耳基人无侵略野心；而对英、俄人则未敢十分相信。外间一般人对阿之疑虑，以为阿间于两大国之间，事齐事楚，二者必取其一。事实上亦殊不尽然，阿自对英独立而后，恒持其不屈态度，对俄在一九二六年虽有互不侵犯条约之订立，而在一九二六年亦曾因屋克沙（Oxus）江小岛事件争执，至于武力冲突（见《现代历史杂志》，一九二六年九月号），足见阿之对俄亦未尝屈辱退让与阿王对外政策之把持坚定。然此次事变，欧人犹多有谓是苏俄之失败者，实际如何，吾人自难下断语。然此事影响英、俄利益至大，则理至显然。

---

[1] Sunni Mohammad 中文译为逊尼派穆罕默德。——编者注

　　从前面历史的叙述，我们知道阿富汗间于两大强国之间，向为英、俄争夺的目标。此次变乱，我们所当注意者：一是此次表面上起因虽为反对革新，骨子里或事后有无外力掺杂其间。二是态度上英、俄对此取何正式的行动。三是与阿同教国土耳基、波斯的态度或印度各族有无他种反响。人人都知道，苏俄的政策是世界革命；稍有常识的人也都知道，印度是英帝国的物质根本；而英、俄又各为赤、白主义的代表国家，且在国交断绝时期，彼此角斗原都不择手段，更不似欧战前两国在此方行动尚因其他问题时有合作可能而态度时变和缓。苏俄的宣传无处不是有机即入的。俄在印度的煽动，英人无时不有戒心。况印度自去年席孟委员团赴印以来，印人的自治运动极为剧烈，暴动反抗举世所知，现印度自治问题尚未解决，英对此一块土地的问题，自更加注意。故阿的内乱问题如何解决与是否扩大，以英、俄态度为此事之最大关键。然从英之传统的保守印度政策与俄之集中对英南下印度的策略看，二国对阿都未必能严守中立；且自受俄年款与俄一九二六年至阿俄互不侵犯条约说，阿自不无亲俄之嫌。今新王又有亲英之说，则此问题之不为单纯问题亦可想见了。

法比密约*

　　人世上往往有许多矛盾的事情互为因果，演成一种循环现象；人类也就不知不觉地只是跟着这种循环现象走。国际上的非战与备战便是一种显例。战争的原因，固然不只一端，而心理的作用往往是一种重要的因素。因思战而备战，因备战而冲突，循至投入己身本来极欲避免的战争，这是国际上常有的事。

　　我们都知道国际上未来的危机，是帝国主义国家间权力或利益的冲突，是帝国主义者与被压迫民族的搏战，是赤色主义与白色主义的接触。这类冲突之解释，虽然大体上可说是经济问题在那里作怪，然而患得患失与猜忌报复的心理往往使国际关系的破裂加速进行。

　　经济的背景自然不是简单可以解决的问题，不过倘国与国间果能在弭兵不用的条件下，以和平方式解决一切争点，则国际问题当亦不至弄到这样复杂。不幸自有近代式国家以来，各强国一方面发展利得的心理，一方面藉主权的学说及国家高于一切的宣传，遂演成各以兵力作自身行动的裁判的局面。依这类学说之主张，国家是对外称立、对内至高无上的，它的行动不受法律的束缚，它可以不受道德的制裁。国际公法只不过是大家愿意遵守的习惯，遇着重大根本问题便不能解决。在这种状况之下，有什么是靠得住的真理呢？于是，"自助"是国际法上的最后手段，"自卫"为国际纠纷最好的借口，而武力便成了国际无上的真理，可以发生最高的威权！

　　战争的原因，骨子里主要的既是经济问题，而争夺所用的手段又是兵力，故为世界和平计，欲免除战争，可走的路有两方面：一是用政治手段根本推翻现在的经济制度，在根本上解决。一是限制各国可以采取的手段（如捐弃工具的战争，用仲裁及国际法庭审判之类），在手段上调节。现在是否已经到了根本解决的时候，我国人是否应在根本解决上奋斗，与夫用根本解决的方

---

　　* 原载于《认识周报》1929 年第 1 卷第 8 期。

法是否又走入循环的战争，非本文范围，兹不具论。而限制手段方面，国际已经过多次的努力，并且有了很多的进步，然而结果怎样呢？不幸，经验告诉我们，这些努力都又一次一次的失败了！

就现存的事实说，战争爆发也不完全是形式上的侵略者一方的责任，也有许多时是似侵略而实系防御的。以侵略为目的的不用说了，各国为保障国家的安全起见，在现状之下也不得不大振军备。不过军备的扩张是有条件的，须受经济、人力（man power）和工业的限制。说来也好笑，为经济利益而修战备，而结果将经济的力量几乎全消耗在军备上面。我们只须查一查各国每年军备上大量的支出，便可看出列强的愚笨。所以各国虽然一面竞争军备，而一面仍不能不希望有一种裁兵方案能满足各方要求以限制军备者，主因亦在于此。惟事实上各国的利害既不一致，而国有强弱又系天然的事实，国际公法虽然公认各国在法律上地位平等，而国际公法律所承认的自助力量无法平等，故为扩充军事力量起见，不能在军备上制胜者往往转移方向，合纵连横，联甲制乙。我们试把欧洲近世外交史一看，从一六四八年《威斯特伐利亚和约》（《Treaty of Westphalia》）以后，所谓势力均等主义（Balance of Power）笼罩了欧洲国际政治几百年，其应用全在于此。所谓三角同盟、四国同盟、两国协商……历史上不胜枚举的此类事实无一不是从一个出发点来的。近来报纸喧腾的法比密约，自然又是尔虞我诈的阴谋外交所演的联甲制乙把戏了！

法比密约的内容，尚无详细确切报告。据路透社消息，"该条约一九二〇年在比京布鲁塞尔签订，一九二七年由法比参谋部逐条加以诠释。该项文件重要点，在如遇与德国连合国家，有对两国中任何一国前方动员或威胁时，则两国按照相互协议，立即下动员命令。比国动员人数至少须有六十万人，法国至少须有一百二十万人。该参谋人员假定比国可能之仇敌为德、荷两国，法国为德、意或西班牙。据称如遇与德国开战时，比国将为法国前线左翼，而极左方面则有英军可以增厚实力。该约有效期限为二十五年，终了后得再续订二十五年"云云，要点似在于此。此消息虽经法、比两国否认，谓荷、德宣传别有作用，然而从连日得来消息看去，谓此约为事实很可令人相信。关于此约，假定是事实的话，简单说来我们应考察两个问题：

1. 法律问题。依《国际联盟规约》第十八条，凡联盟国间自国联成立后，一切条约须在联盟秘书厅登记公布，其条约之未经登记者一律作为无效。

国联此项条文之规定，即系防止国际上的诡秘阴谋，算是想为国际外交辟一坦白大道。法比密约既现在才于无意中发现，则此秘密条款自未为国联所知。又该约既于一九二〇年曾向国联登记，或者法、比但将一九二〇年的条约登记一部分，而重要部分则守秘密。然法、比既各为国际联盟之一国，则无论其全未登记或部分秘密，国联均可宣布其无效。再从《洛迦诺公约》说，在五国互障条约第二条里，德与法和德与比各二国间互相明白承认除自卫与执行国联义务外，绝不侵略对方一国或诉诸武力。第三条又规定德、法、比间遇有冲突时，应以和平手段解决。所以，假如法、比认为《洛迦诺公约》不能保障法、比的安全，则参加为无意义；假如有遵守条约的信守（good faith），又有何继续此项条约之必要。故此项条约之继续，至少是破坏《洛迦诺公约》的精神。

2. 政治关系。依法比密约，比之假想敌为德、荷两国，法之假想敌为德、意或西班牙。德为法、比的共同敌人，凡略知欧战大概者类能言之。从军事上着眼，德国在人力及工业上均具有可畏的力量。尤其是法国畏德复仇的心理，在欧洲和会上，在《洛迦诺公约》上，无不表现净尽。无非在手段上，从《凡尔赛条约》言，法是以摧毁德国取除敌务尽的手段；而在《洛迦诺公约》，则又以较缓和的拉拢方法保障其现有的地位不至为德国推翻罢了。比与荷在地理上极端接近，惟自一八三〇年比离荷独立后，历史上即有不洽；且宗教上荷属新教，比倾旧教，以欧人宗教意见之深，自难和睦。且德、比既为仇雠，而荷在欧战后复翼被德皇威廉二世拒绝引渡，利害既不一致，意见地位冲突。而比在战后复无局外中立之保障，其引法以抗德、荷，自极可能之事。法与意大利之争长，是很显然的。意大利自法西斯蒂党执政后，对外政策无日不以发展国力、开拓土地为事。两国海军在地中海的争霸与在巴尔干半岛同各小国争相勾结，冲突之剧烈，直有剑拔弩张的神气。两方面在欧洲的与国大体上说来，法有比利时（一九二〇年军事协定）、波兰（一九二一年成立同盟）、捷克斯拉夫（一九二四年同盟条约）、尤格斯拉夫（一九二七年互不侵犯条约）。意则与布加利亚、匈牙利、西班牙、希腊等国十分接近。此等国家亦多极力与意拉拢。西班牙与法、意的关系比较既疏法而亲意，而在地理上与法接壤，又在狄克推多的政府之下，法对西自不能无戒心。此密约中最有趣的，是假定法、德开战时极左方面有英国可增助力。以欧战将发时，法海军集中地中海，敢于放弃北海防务让英军独负其责的历史看，以轰动一时的英法海军协定看（按协定虽经英、法公布，而各国颇疑其内容不尽于此），前后贯串，不无令人相信之处。故无论此约之真伪如何，而"空穴来风"亦可见欧陆政局的不安定。至此约所引起的德、意各国嫉视，更不用说。德国施德莱斯曼的外交虽是和缓政策，但德、俄的国交是异常接近的。俄、土，德、土，意、土之间都很表亲善态度，意、俄间亦颇不恶。英、美的争霸，为举世因知的事实。英在大陆政治上态度转变，由抑法助德而抑德助法，而美则与德常持友善态度。最近又有美国遣派代表赴俄的消息。俄国渴望与美恢复邦交，无论在政治、经济上，两国都有提出可能。日、美在太平洋是难于合作的，同时美、日间又时常在若即若离的吊膀子，高唱继续英日同盟取协调政策。故从法比密约一事纵观世界大势，实是一悲观局面。德、意、俄、西、土等国是否因此约而酝酿对抗的组织，英、美及英、俄等国间是否有调和可能，前者正自难说，后者须视英国大选后，执政党有无改变，工党能否胜利了。

现当法比密约新在宣传的时候，一方面德、荷竟传为真，一方面法、比否认其伪。究竟是否事实，将来自有水落石出之日。此时远在消息不灵的中国，自无从遽下判断。不过有一点我们可以肯定地说，欧陆人完全未变其战后的恐惧心理，而欧洲国际的政治尚不失为猜忌虞诈的政治。不然，假使此约真确的话，法、比何必为此？假使实际并无其事，德、荷又何必捏造谣言中伤法、比呢？

刚在非战公约签订后，居然又接二连三地发现了制造大战的协定密约了！战争，我们敢于说，除了康德、黑格尔过去少数人的主张，认战争是促进文化的好方法外，依近世科学的发明，人们已觉悟到科学进步后的文明战争是摧毁人类文化的恶魔而为人道的公敌了。所谓战争，依悲观的看法，骨子里只是争利权的手段。公共幸福才是人类的目的。只顾一己目的不择手段，与夫认贼作父以手段为目的，这便是世上许多悲剧所由开始。欲谋世界和平不在根本上解决而惟"捐弃工具的战争"，是否便终能成功，此为事实问题，要看努力的结果。以每次战争得不偿失的经验说，各国不应再有俾斯麦其人，无非猜忌利得的心理与事实混在一起终至演成不能不战的地步。所以要捐弃工具的战争，在现状之下，须先去国际之间猜忌的心理，非战公约一类的办法便是为祛除疑障的。不过从英法海军协定、美国海军扩张案及法比密约等事看来，非战公约即不论签约者之动机如何，结果总尚不能使各国安然放心减轻军备。知识是经验得来的，国际联盟虽不能解决重大纠纷，非战公约虽然结果失败，然而两者均可说是欧洲大战流血得来的小成绩。西谚说得好："The burning child fears the fire"，世界已饱经战祸的痛苦了，以国际最近大势看来，难道欧战的悲惨经验还不够，再得被火烧一次吗？未来事是很难说的，依列强这样干下去，"自掘其墓"，恐第二局世界大战开始的时期，就是资本主义国家寿终正寝的日子了！

三，一，一九二九。

两日来消息又有法比密约已证明伪造之说，附誌于此，读者留心后报可也。原文已印就，不复修改。国际形势，已略如文中所述，初不因此消息之证为伪造而根本变更也。

三月七日于校稿后

胡佛就职与美国外交 [*]

　　说到民治的国家，差不多就联想到英、美；因为英、美是德谟克拉西政治最成功的国家已成举世公认的事实了。在过去的历史上我们可以看到，英国是欧洲政治的主盟，执海军独霸的牛耳，是缓进国家的代表，是旧式阴谋外交的首要；欧洲的国际政治缺了英国，就好像戏台上缺了一个重要主角，就会演不出那么好看的戏来。美国在美洲各国中，那更不用说，有如狮子入羊群，惟我犹尊莫敢予侮；在世界政治上，自从参加欧战以来，因国内经济力量的充实、国土幅员的广大、人口的繁殖、军备的扩充，早已有乳虎食牛取英地位而代之之概。所以英、美两国不仅过去是民治主义的代表国家，且在最近的将来国际政治的舞台上，除了俄国这个新来角色而外，也差不多就是英、美两国各显身手的独幕剧。

　　现在，一九二九年的戏已经快开幕了。这幕剧结果怎样，莫有人敢绝对肯定地说。在正式开演之前，两个主角国家在行政上具有操纵权能的主要人选都巧逢改选的期会，这不能不说是值得注意的事。英国的大选且不必管它，现在我们简括地先谈一谈美国元首的更迭和外交的情形。

　　凡略习政治制度的人都知道，美国与英国制度不同很要紧的地方不是英国是君主而美国是民主，而在总统制与内阁制的差别。换言之，即英国内阁不向元首负责而向国会负责，依国会之意见为进退；美国则国务员不向议会负责，可不计议会之赞否而惟以元首之意旨为依归。故美国的总统是元首独裁制下的总统，是大权独揽的总统，是实行统治而不是超于政治之上的总统。他不似英、日的皇帝，英王、日皇只是承统而不执政；他不似法国的总统，法总统既非承统又不当权，只是一个赘瘤；他也不似英、法实际当权的国务总理，英、法国务总理是向议会负责，而美大总统如非遇弹劾时，在他的职权范围以内他不特完全不受议会影响而且可以操纵议会。所以美国的总统是

　　* 原载于《认识周报》1929 年第 1 卷第 9 期。

实际政治的重心而不是宪法上的偶像，他的人选的变更可以根本影响到国内的政治，可以完全改变对外的方针；他的外交政策虽受参议院的限制，然而他总是处于主动的地位。他的改选，事实上差不多就等于英、法议会的改选。他的权限是否应该这样大，此是政治理论问题，美国宪法史上曾经过热烈的争论，用不着去管，我们现在只是谈现存的事实。就这个事实上，我们可以看出此次新旧总统更迭的重要。

美国的总统职位虽然这般重要，而当选的人却不必是才德兼备、出类拔萃的人才。选举的时候，往往是富有学识经验的人失败，而当选的往往不是"骄子"（favorite sons），便是"黑马"一个（dark horse）。我们打开美国史一看，从华盛顿以至柯立芝，可以令人称赞的实在就莫有几个。除了华盛顿、林肯、罗斯福等少数人外，大都不过中材。说来也奇怪，胡佛此次的胜利并不是他有何特别的标帜、惊人的见地，而在禁酒与开酒禁之争，更因敌党候选人史密司是天主教徒而讨得便宜。关于对外的政策，差不多两党反都避而不谈。以美国国际地位之重要，而对外政策反不能为竞选的标帜，似乎美国的政党至少表面上都是莫有"远略"。似此，则总统人选的更迭未必便有何特别的政策值得讨论。不过，美国传统的政治思想是"民为邦本"，一句话"The general welfare of the governed, the sole end of government"，政党竞选的时候大家不得不顾虑到人民的意旨。况美国的共和、民主两党在根本上原无什么异同，竞选的胜负要看该党执政时过去的历史、选举时的运动能力与该党提出的主张能否迎合一般人的心理以为断。美国自威尔逊参战后，在欧洲和会上失意而归，美国人士便大多以卷入欧洲政治漩涡自寻苦恼为失策。就以往之经验，美国人对国际政策之宣传殊不感兴趣，一般人的心理惟望执政党能尽力内政，着重经济的发展。故谓美国人民在国外无政治野心或有之，谓新选执政者无值得研究的新政策则不可。两党在竞选时避开此题不谈，不过是两党迎合人民心理的策略。

胡佛在当选前既未透彻地宣布过其国外政策，所以他未来的措施，就美国国际地位说，更值得我们注意。美国传统的对外政策是门罗主义，这是人人都晓得的。原来美国自脱离英国羁绊宣布独立后就定了一个局外孤立的政策，但看其开国元勋华盛顿、杰佛逊及亚当斯等人的演说及其他言论，当知他们立国的对外方针就是以摆脱欧洲的政治牵挂为原则。"为什么要放弃这样特殊的有利地位呢？为什么要把我们的命运与繁荣牵入欧洲的野心、争霸私利和朝三暮四的（政治）漩涡呢?"这便是华盛顿去位时临别演说的一段话，亦是美国人一般的心理。门罗主义一方面自然是杜绝欧洲强国在美洲的野心，他方面亦即代表此种心理；美国人到现在心理上多少总还受着此种传统政策的支配。不过，美国虽口头上处处以遵守门罗主义为言，而实质里却不是画地自限只知保守。抛开土地开拓不必谈，单讲他的经济侵略主义，也就是十分道地的帝国主义作派。至美国人之注重经济，也是匪伊朝夕。一七七六年的革命压根儿就是"袁头"问题，解放黑奴的战争不过是南北各州经济利益的不平等。对德宣战，老实说，也是只为德国打破了他不少的商船。此种说法看来好像笑话，其实在事实上，稍加考究的人也都认为真实。因为欧洲大战，协约国百业停顿苦于物质的缺乏，美国趁此向协约国销售了不少货物，至今列强无力付价成为战债问题。德国因欲断绝敌方供给，故例行潜艇政策，殊知冲撞了爱钱如命的大商家，因此闯下弥天大祸。再看美国对华的门户开放主义、对德的投资与向欧洲索还战债的态度，也都可见美国外交政策的商业化与英国殆无二致，原不愧有盎格鲁撒克逊民族的特点。就上所述，我们可以看出美国的外交政策基本上有两个颠扑不破的信条：1. 不愿牵入欧洲不安定的政治纠纷，为人作嫁。2. 尽力发展经济利益。因此以政治手段保护或开拓经济利益则可，为不关本国利益的政治问题而牺牲经济利益则不可。故因德国潜艇政策破坏其海外贸易而可对德宣战，却不能因欧洲经济破产而轻缓战债的索还；为保护本国海外商业不致因世界第一海军国之封锁政策而失掉贸易自由，不惜尽量扩充海军造成英、美间跃跃欲战的形势，却不愿用其经济力量代欧洲解决经济的困难。这便是美国对外政策的基本原则。胡佛就任后，他的举措之所以值得注意的地方，就是要看他对于这两个传统政策有无改变。有自不必说，假如莫有的话，要看他用什么方式以维护这两个，特别是后一个政策，或推行此政策至何程度。

胡佛与柯立芝虽同是共和党，而在外交上并无积极开展，责仍在胡佛个人。在未尽悉胡氏全盘整个政策之先，有几件事值得注意：1. 胡氏就职时有不加入政治漩涡，如为国联会员等的演说；2. 在胡氏就职之前，在柯氏任内，美国建造巡洋舰十五艘之议案已由上下两院通过，且有立时兴建之议；3. 胡氏南美游历的政治意味；4. 国务卿司蒂姆逊之任命；5. 遣派代表赴俄之传闻。派代表赴俄，其目的不问可知。俄是极欲得美承认的。美欲与俄恢复国交，一方面期望发展对俄商业取得广大的国际市场，一方面美与俄亲则日本在远东便陷于完全孤立地位。我们看一看一个摇旗擂鼓极端资本主义与一个反资本主义的国家联络，倒是件有趣的事情。胡氏曾久居中国，斯蒂木逊原为菲律宾总督，兹被命为国务卿，则胡氏之注重远东问题可知。胡氏历游南美，其目的在联络友谊发展经济利益，欧人在南美有直接利益者，无不侧目而视。"不加入政治活动"与造舰案之通过，是美国此后仍将不管欧洲政象如何，而不放弃其海军扩张政策。此两点似乎不免矛盾，因既不加入欧洲政治漩涡，则对英之海军竞争为何说？在此有两个解释：1. 大战之后，列强因威尔逊的主张偏于理想，故取让步态度。名义上接受威尔逊主张，欲在事实上把美国拉入欧洲政治，望美国能牺牲自己替欧洲解决经济困难，以各为己国之利。美国所谓不牵入政治漩涡，即是避免此种牵挂，不关己事莫劳心，不欲因过问欧洲内部纠纷如何而至替人受累，并不是能断绝欧美政治关系。2. 从经济利益看，此二事是一而二、二而一的。不问欧洲内部纠纷是经济的打算不用说，美国扩张军舰的主要原因也不是政治的而是经济的。因美国经济力量的充实，对外贸易也逐渐增加。然而，一遇战争，即使美国未尝参战，也有被封锁禁制的危险。美国人自己说，军舰之扩充便是欲以实力保障海上商业之自由。因为在拿破仑战争与欧战时代，美都在商业上受了不少的窘迫与损失。关于此点，尚有国际公法专门问题牵连在内。简单两句说，英、法尚守一八五六年的《巴黎宣言》，而美则现主海上自由原则，这也是主张上的一个岐点。[1]美人为保护商业不致受最大海军国战时的威胁而整顿海军，亦犹英国之保持殖民地联络海外运输而欲保持海军霸权一样。他并不要建筑强大海军而为欧人利益打仗的。

胡氏的外交方策，就上述情形看也可得个大概。因篇幅关系，兹不再为详细的推论。就大体形势，我们可以说他着重发展的方面似在南美与东亚，而对欧则取疏隔政策。依此政策之结果，欧美在此两方利益势将冲突愈甚而益生不满，特别是英国。美国的海军商业政策都在在与他起冲突，英、美虽然不乏人提倡同种合作之论，然而疏离总是事实。照此下去，未必便易调和。不过英、美是否定趋决裂呢？现在且不谈，我们再看英国大选结果如何罢。

---

〔1〕 参看 Review of Nations, No. 6, 1928, pp. 56-57。

德国海军秘密文件与东疆问题 *

欧洲的国际关系是自去年八月非战公约签订之后接二连三地闹了不少协定密约的恶剧，虽然结果上未必皆如之坏，而市虎杯蛇"相惊伯有"，国际政局和人心的不安定已经表现得很够清楚了。除了英法海军协定与所谓法比密约而外，又有德国海军秘密文件之泄漏，于是乎德国的朝野又闹得满城风雨。最妙的是这些花样发生得不先不后而独在非战和约初成、口血未干、各国尚未及完全批准的时候，似乎战神蹑足在和平之神后面与和平曙光而俱来似的。这大概就是战后列强对和平的新努力，这大概便是非战合约的真精神罢。

所谓德国海军秘密文件是怎样一回事呢？假如我们留心国际政治，当能回忆去年德国海军的预算含有建筑二〇〇〇〇〇〇元的巡洋甲舰一项。当时德国的社会主义派提议取消，国防总长葛龙勒（General Groener）以去就来争卒得了兴登堡的援助。在此事争持不决的时候，葛龙勒就他对国防上的观点写就了一篇文字，送给各阁员和议会中的重要议员，说明此项海军建筑所以为必要的理由。这篇重要文字从葛氏处发出的共有二十四份，都是编过号码而且受者都受过叮嘱定要保守秘密的。殊知这个文件竟落到英国《评论之评论》的主笔施体德（Wickham Steed）手里，被施氏在该杂志一月号发表了。于是德国朝野大哗，认为此文件之泄露，非"官方"人员中特别是社会党分子有人背叛国家，即系外国有秘密侦探作祟。查办虽无结果，却证明了此文件的真实。

从上述的情形，可以想见此秘密文件内容的重要。因为由此可以看出德国国防的着目点在什么地方，从这个地方更可看出德国与其邻封的国交关系。依葛氏意见，要解决德国国防问题，应先考查四点：一是德对外用兵有些什么可能？二是在此种战争时，德国海军的任务是什么？三是现存旧的战舰与新拟战舰相较，新筑的巡洋甲舰是否更能完成此种任务？四是其他的筑舰理

---

 * 原载于《认识周报》1929 年第 1 卷第 12 期。

由。现在先把该文件重要的地方简单说一说。

关于第一点，首先要认定德国是不能从事大规模的战争的，因为他已被协约国几乎完全解除了武装。其次在关系复杂的现状之下，一国与一国的单独战争也是不能的，因为会受列强干涉。葛氏以为法国外长在日内瓦谓德国的警备军足为列强的危害的说法自然是瞎说，反之，德人中因德国现有军备不足巩固疆域，使欲完全解除军备以省经费亦是错误。国防是不可少的。德国的军力在于自卫，假如毫无准备，是以地委敌而启强邻觊觎的野心；倘力足自卫，则侵略者在侵犯德国之前至少有一种戒惧。譬如空军战争一样，甲、乙二国开仗，甲国有空军而乙国无空军，则甲国飞机对乙国必然为所欲为任意炸毁城市；倘乙国亦有强有力的空军足以自卫，则甲国因恐报复及危险自然就不敢乱动了。依葛氏的说法，在现状之下，德国的警备兵有两种任务：遇邻国侵略时保领土的安全，当列强开仗时稳固中立的地位。所谓防止侵略，葛氏特别单独提出波兰。他说，波兰处心积虑侵占德国领土，将来一定有实行侵略的一天。波兰之垂涎上西勒西亚与东普鲁士土地是公开的秘密。波兰努力欲使其经济的势力侵入德国边界，德政府知之甚明。柏林各派的报纸都有同样的观察。据确切可靠的报告，沿波兰边界地方，人民团体进行军事训练甚力，且德境内的波兰居民亦应召参加，尤足为波有野心之明证。至于保持中立的地位，从葛氏的说法，尤可见欧洲政局的大势。他以为，德自一九一八年后即入于四面楚歌的境地，一九二○年俄波战争，德之不被波及者几稀。意大利与捷克斯拉夫间、意与南斯拉夫间，以及波兰与立陶宛（有苏俄的背景）间国交的紧张，将使欧洲无和平的日子。英、俄的敌对是很显然的。就最近国际合纵连横的局面看，英法派与美国派又有敌对之势。此等敌对的战争不过时间问题，德国以地位的关系便有下列危险：1. 卷入漩涡；2. 中立被侵犯，或经济利益受损害。对卷入漩涡一层，德国在现状之下如非对于胜利有确切把握自绝不轻易加入。不过，无论是加入以争取胜利或退而严守中立，德国在可能范围内军力愈大则愈能措置裕如。故为对付波兰与适应欧洲政治环境计，德国均不可不充实军备。

但是德国能尽扩充军备吗？这便入于第二点的问题了。第一陆军受了凡尔赛条约的束缚，是不能正式扩充的。且从东普鲁士的地理位置说，假如被波攻击，德只能用海军去援助，而德国在现在及最近的将来复不能实行海军政策，其势惟有建造巡洋甲舰。关于东普鲁士被波攻略这个假定的事实，德人既已深有戒心，而比较德在该土内驻兵（一师两马队）及波兰在沿东普鲁士边境驻兵（平时四师）数目，一旦有事，德非增援不可。然东普鲁士与德国本部横被波属柯雷德（Corridor）遮断，增援必难从柯雷德通过，因此海军的任务很重要：它可以运输后援，可以在附海岸处帮助陆军作战，可以掩护陆军不使受敌人海军袭击。且藉海军的力量，一方面既免却陆军后方与侧面的危险，一方面复可挪出一部兵力作别方面的军事动作，实多便利。至遇邻境外国开仗，德不参加时，此项海军即可用以保卫领海主权。如不得已而加入战事，则除上述各便利外，尚可保持从斯堪的纳维亚半岛而来的原料之输运。

德国的国防力量既只能在力足自卫的海军上面预备，所当考究的是现在德国的军舰能力是否可负上述任务？依现在德、波两国海军的比较，德现有的老舰力量虽较波兰舰队强，然波兰一面在外国建造军舰，一面与法有约；一旦有事，法将暗遣一巡洋舰队入波罗的海相助。这样一来，德国舰队便不行了。现在德国的巡舰限于带有六寸口径砲、排水六千吨的战舰，非与强有力的战舰合作不为功。此项战舰必须是：1. 速度很大可以袭击巨舰而不致为巨舰所追及，2. 战斗力很强，虽遇大舰可以致其死命，3. 装甲坚牢，不致为飞机或潜艇所击沉。旧舰不能适合此数种条件，新舰便依此计划兴筑；如此，则波兰即增筑潜艇大舰均不足畏，况波兰在经济上未必便有建造大舰的能力。故倘能实行建造此项巡洋甲舰，德可管领波罗的海的霸权，不特可防波兰的侵略，更因训练的趋越，即俄亦莫能与抗。依葛氏的意见，建造新舰在经济上及训练士气上当有其他益处。这便是德人军事的新计划。

我们在这个秘密文件上并不是要发现德国军事的秘密，而是要从中推求他与邻国的政治关系。从这个文件上，我们可以知道，他现在的军事准备主要不是对法国而是对波兰，不是在西疆而是在东疆。文件中不言对法备战，德国人自可以说他们酷好和平不图报复，而从另一方面看，事实上亦可得两个解释。1. 文中已明明说及，德国在现在情形之下既被解除军备，又困于经济，从事大规模战争在事实上为不可能，而对法备战即不啻准备第二大战。2. 德与法的纠纷为亚、罗两州及莱茵驻兵等事，而德、法在《洛迦诺公约》上均已承认既定事实并有了安全保障。虽然将来未必便无纠纷，现在却不能翻案。反过来看，德、波的情形便又不同了。东疆方面（The Eastern Frontier）虽土地问题也就够冲突，而事实上尚不仅一土地问题，在疆界的决定上尚有民族问题、经济问题及国防联络问题牵连在内。

东疆这些纠纷，推源其始，便不能不追溯到巴黎和会。东疆的问题除梅梅尔（Memel）是与波兰无关系外，柯雷德、但泽、上西勒西亚等地的所属的决定均是德、波间的冲突。在决定这些地方应属德国或波兰时，协约国在巴黎和会上名义上是根据民族自决与通海权利两个原则，不过在应用此原则时协约国是喜怒从心而不能为公正的解决。德、波国交之不能和谐，实协约国造成的局面。如但泽一城，德人占最大多数，依民族主义的原则，其当属德无疑，然而协约国利用威尔逊宣言十四条里波兰应有一通海通路之言，始而法欲径与波兰，终至改为国际共管，事实上该市政治为波兰操纵。至今市民与波兰政府时起冲突，一九二一年至一九二六年这四年间，闹到国联而已经国联决定的案件竟有四十九起。单就这一点看，已可见德人对此的含愤为何如。上西勒西亚本是德国一个最富裕的工业中心地方，凡尔赛条约的最初条约把它割与了波兰，后因德表示抗议，始改原议，用居民总投票自决所属。殊协约国组织的执行票决的委员团又因英、法利害不一致各有偏袒嫌疑，德、波的宣传异常激烈，波兰军队且侵入了投票地方，因此屡经波折在一九二三年三月始得票决的结果。依此结果，七〇七六〇五票愿归德国，四七九三五〇票愿属波兰。以多数对少数，依一般的推想，自然这整个的地方应归德无疑了。殊知协约国在此又变更了计票的方法，以上西勒西亚境内每个市集为单位，以该处赞、否两方之票数多寡而定该处之归于何方。后来划界上虽发生种种纠纷，最后国际联盟卒依此议将富饶的地方划给了波兰，较为贫瘠的地方划归德国。又东疆的柯雷德是一块细长的地方，间于德国本部与东普鲁士之间，原是德国领土。它一方面司东普鲁士与德境的联络，一方面为波兰通海之要道。此地居民最多的既不是德人也不是波兰人，结果波兰分得此地，将德人逐出了几十万，德人财产之被没收者不少，德与东普鲁士的联络亦被隔断。我们看上述德国海军文件，即是因东普鲁士与德境隔断而生出的计划。从东疆这些处理方法而生出的结果，协约国是要负相当责任的。

大战后列强假如明白地宣传其报复主义倒也无甚足责，不过他们要闭着眼睛高唱和平调子。今就和平的观点来看德波问题，至少下列两事是和平的障碍：一是我们看德国东疆的处理方法是解决了将来的困难呢，还是种下了战争的种子呢？波兰之复国，表面上原是利导民族主义的潮流，从人道上着想为波人谋一条出路而免革命和国际的纷扰。不过既以和平正义为前提，便当有个公平的办法。从前德人割波兰地而压迫其人民自是罪恶，现不计德人的意愿而使受波人的管治是不是造乱？以但泽说，波兰所要求的只是通海的经济利权，简单的办法，由协约国监督德、波订一条约，让波人在但泽方面有无条件的充分通海自由，但泽的政治组织即可一仍其旧不必变动。如此，则波兰既可通海，德国亦不至丧失土地主权。这不是办不到的，在德国的汉堡与司德汀（Stettin）两埠即以此种办法使捷克斯拉夫得到出海的通路。假如依此方法，则柯雷德的所属问题亦未始无考虑的余地了。德国境地的联络与波兰通海的需要，至少应该有同等的重要。假和平正义之名而割甲国固有的土地以为乙国通海的出路，为了乙国通海的出路而断了甲国的联络，揆之情理，宁得谓平。德人之不能忘情亦自然必有的现象，我们试一翻欧洲历史，可以看到差不多每一次和平的会议便种下了后来战争的种子。一八一五年的维也纳会议结果造成了一八二〇年到一八七〇年的革命战争与独立战争，一八七八年的柏林条约便伏下世界大战爆发的因子。似巴黎和会的做法，德、波的隔膜便是一个好成绩。东欧成为欧洲和局的大问题，就是协约国对国际和平的厚赐。二是战后强夺城市的恶例。德国海军秘密文件说明，海军准备主要的原因系防波兰的土地侵略。虽德国的军备不必专为防备波兰，此说亦有相当的道理。文件中所述波兰边境的情形自足引起德人的疑虑，而战后以兵力掠夺城池的事实尤有不少的先例。如波兰之占维尔纳（Vilna）、立陶宛之夺梅梅尔、意大利之掠非亚莫（Fiume）均取突然强占的手段以遂其取得土地的野心。波兰在毕苏斯基狄克推多政府之下，尤不难重演同样的动作。此种强占的方法，目的在造成一个既定事实，然后根据这既定的现状以获得交涉的胜利。而国联对于此种行为不特无法制止且往往迁就事实，故德国对波的军备不必为是长期的战争，而是准备有此类强占土地的情形发生时便于抵拒以待国联之处决。从德、波在东疆的争执历史看，德人之顾虑自不是毫无理由，不过因此种争城的恶例以引起国际的猜忌，实是和平的障碍。因为各国既可采迅雷不及掩耳的手段以武力强占土地，有被略危险的国家自然生疑惧的心理；一有此种疑惧心理，自然就闹出各种军备竞争外交秘密的花样了。

自德波秘密文件发表后，在《评论之评论》最近一期又发表了一篇波兰外长 A. Zaleski 对于该文件之波兰态度的解释，大意是说波兰在欧战及对俄战争后不特民生凋敝为恢复国力计酷望和平，即波人亦从无侵略德国土地之心理。并历举波兰对《日内瓦草约》（Geneva Protocol）、一八二七年国联非战宣言及最近非战公约之态度，均足为波兰爱好和平的凭证，且为破除疑虑起见，愿与德订一友好条约互障领土之完整云云。这虽是一个很好解释，却不是与德订约的正式提议。德、波如能订立这样一个条约，东疆的问题自可与德西疆之有《洛迦诺公约》一样，可以暂得一个进一步的段落。不过德国前此既不死心承认现状，而德、波两国境内的少数民族又未完全能相安，何况以德人希望修改东疆疆界之切，我们还不能说他的海军完全"是"防御的准备。保持现状的条约，他未必便能接受罢。

即使此约成功，德国与波兰关系是否因一纸互保领土完整的条约所能变归圆满，诚一问题。国际的和平绝不是先造成了深厚的怨毒，随后在怨毒之上蒙上一张和好的封皮便算成功的。若藉列强战胜之威，强制向战败国加上了许多苛刻条件而责以必守，虽这种保持现状的条约战败国承认订立遵守，则徒于战胜国所获利益增加一层法律保障，反之则又陷于好战的罪名。他只不过是欺负失败者的文章，其为计虽巧，而为祸则大。自一六四八年以还，强凌弱、众暴寡的种种处分，何尝无法律条约的保障，不过条约的效力是基于政治的力量上；政治的纠纷不公平解决，则条约的破坏不过是一时间问题。亚、罗两州不是德法战后德以议和条约取得的吗？波兰不是德、俄、奥三国立约瓜分而为列强所默认的吗？但是在一九一四年以后怎样？所以德国与波兰的问题，不仅是根据一切现状以友好条约祛除德人的疑惧所能完满解决，尚须考虑如何可以平德人的愤怒而慰德、波两国人民的愿望。

战后欧洲各国的高税政策 *

　　二十世纪的国际竞争是一个经济的竞争，一九一四年大战的爆发，导因虽是奥皇子的被刺，而范围扩大大部分是为经济问题，这是大家都知道的。战后各国因社会经济的困顿，欲谋恢复，于是工商业的国家都努力生产，期以生产品交易所得的收入来救济经济的状况。不过一方面在需求上各国战后不及战时消耗之多，一方面各国差不多都走上了同一的路，于是又闹成生产过剩。因生产过剩之结果，各国多余的货物，更极力想向外国运销（特别德国是如此）。于是各国为保护国内工商业计，更厉行高税政策。竞争之烈，以tariff war（税则战）一语形容，故国际经济情形的紧张在关税政策上便可看得个大概。

　　一国对进出口货之征税，本有两种目的：一是增加财政收入，一是保护国内工业。前者谓之 revenue tariff，后者谓之 protective tariff。前者只为税收，在可能范围内以取得最大量的收入为宗旨；后者在增加外国入口货物的卖价，务使其不能畅销于国内市场以与国货争利。原来税则的高低，除少数国家受不平等条约的协定税则所束缚不能伸缩自由外，其他的国家倘非取自由贸易政策都把它当作操纵国内经济情形交换外国有利条件，或抵制外国货品的利器。不管是适用单一税则也好（single or general tariff system，如英、美），还是普通与协定税则并行也罢（the general and conventional tariff system，如德、日），或者是最高与最低税则制度 the maximum and minimum tariff system（如法），非协定税则的国家，主权既未受束缚，即可自由升降进出口货的税率，以适合本国的情形而达其政府的目的。他可因国际的利害，对友好的国家取利益交换主义 reciprocity，亦可向苛待本国货物的国家取报复主义（retaliation），他可在奢侈品上取税多一点，而向必需品少取一点；可重税以限制制成物品，而轻税以广原料的招来；可用分别待遇（discriminatoin）的方法对曾经政府津

　　* 原载于《认识周报》1929 年第 1 卷第 12 期，署名曾仲刚，曾炳钧笔名之一。

贴或在其出产国贵而在外反贱，以希图争夺市场的外国货物、或由第二国运来而非由出产国运来的外货，均特别加以重税，以为本国工业或消费者谋利益。总而言之，关税的高低，差不多各国政府都认为是在国际贸易上竞争的好方法，既可增加国内的富力，复能严防金钱的外流。

各国既以关税为一种竞争国际贸易的利器，因此国际时起关税的战争，因取报复主义而引起的高税率战争，如一八八八年意大利与法兰西，一八九三年法与瑞士，一八九一年德与俄罗斯，一九〇五年奥地利与瑟比亚，此外很多同样的事实难于列举。此等事实的发生其初皆为利益的竞争，结果彼此的商业都大受打击。大战以后各国的关税不特差不多较战前都有增高的趋势，而且增加的数目很大。以美国而论，一九二二年与一九二三年的税则比较，差不多各物都有增加，特别农产品税率增高了一倍上。以英国在战后不特实行殖民地特别待遇（Colonial Preference）办法，而且采更进一步的保护国产方案。如一九二一年的 German Reparationt Act 与 Sate-unating at Industries Act，便是极好的证据。在法国则从一九一六年到一九二一年差不多年有增税，最高与最低税则之相差有至百分之三百者。德国从一九二二年后，议会亦屡有增高关税的议案，到现在欧洲各国差不多都在国境四周立了一道很高的"关税墙垣"（tariff wall），这种墙垣之设立，阻碍了经济的自由发展，各国的经济都受了重大的打击，去年各国国会代表讨论商业的联席会议（The Inter-parliamentary Commercial Conference）在凡尔赛开会时，英国国会议员 Sir Morrison-Bell 作了一个欧洲各国"税垣"高低的比较地理图，依照该图各国税则高低大概的比例数见下表。

国名	比例数	国名	比例数
亚尔班尼亚	一五·〇	奥国	一四·〇
比利时	一〇·〇	布加利亚	一七·〇
法国	一六·五	德国	一五·五
英国	九·五	希腊	一五·五
匈牙利	一九·〇	爱尔兰	一二·〇
拉丁维亚	一六·〇	尼索阿尼亚	一五·〇
意大利	一六·〇	尼柔兰	八·〇

国名	比例数	国名	比例数
捷克斯拉夫	一八·五	丹麦	九·〇
爱索尼亚	一五·五	芬兰	一三·〇
挪威	一二·五	波兰	二二·〇
葡萄牙	一五·五	罗马尼亚	二一·〇
俄	？	瑞典	一三·〇
瑞士	一一·五	西班牙	二六·〇
土耳其	一四·〇	犹哥斯拉夫	二〇·〇

就此可见税率之高各国相差不远。因各国都有此种高税率以阻遏外货，结果欧洲的经济弄成了治丝益棼的混乱状况，同一物品有的地方需求甚大而供给不敷，有的地方出产过剩而无法销售，物价因所在地方之不同亦时有奇贵奇贱的特别现象，如英国之国工人失业，德国之赔钱问题，所以成为复杂难解的问题，都是受了经济原则的支配而与各国税收政策息息相关。

按现代许多经济专家的说法，此种高税的政策，就纯经济的原理看：不见得即是有利的政策。而各国所以实行高税的原因：

第一，恐金钱外溢。此系受了经济上重商主义派学说的影响，此派经济学说的主张认为金银是惟一的最好的财富，一国财富的多寡纯以金银的多寡来定，故富国要道，首在敛财（金银），敛财之法，即开矿亦不如国外通商之有利。不过国外通商之是否得利，要看进出口货之多少，如出口货多于入口货，是表示外国金钱因买本国货而流入了本国，如入口货多于出口货，那就是表示金钱的外溢于本国的不利了。故依此派的主张，国家不特应当阻止金银出口，而且还要奖励国货出口与限制外货入口，限制外货入口的方法，便是提高入口税。

第二，保护新工业。一个新兴的工业尚在幼稚时期，比较上必然是消耗多而获利少，且设备的利用尚未达到有利的最高点，出产品的成本自然较高。若不加以相当保护，则遇外国效率较大的同业战争，势必完全失败。不特本国市场为外人垄断，即国内工业亦且归于倒闭。为保护本国工业起见，即不得不提高税率。

第三，就国家的观点上，立国最要紧的一点在能经济自给，此种经济自给的好处，在平时不致受外国的资本侵略，战时不致受经济封锁的痛苦，因此须奖励本国生产而限制外货的输入。此亦为提高税率的理由。

依近世经济学家的说法，从纯经济的观点第一个理由已经是站不住了，因为首先根本上金钱并不是财富的本身而是交换的媒介。把真正有用的财货拼命送给外人而把交换的媒介保存不用，不啻是为手段而牺牲了目的。何况依贸易的自然法则，金钱绝不能无限地向一个方向流积而不散，国内积金过多必有货物腾贵、贫民生活困难等问题。出超入超之有害与否要看该国是债权国抑系债务国而定，况入超之数，在工业精进的国家可得海外投资的利息、海运费、海外工人之祖国送还金、外人来国内之消费金等以为补偿，入口的货多，不过是表示他购买力强，享受的丰富。

第二、第三两层理由，是政治的理由而非经济的理由，若以消费者的眼光来说，国际贸易是一种地方的分工，同业竞争是消费者的利益。假如从这点看，以世界为单位，欲得经济的消费，便不必用人为的力量去提高税率反使消费者吃亏了。

不过，我们看欧洲各国的关税政策，一方面心理上自然是受了重商学派经济学说的影响，一方面也是政治的关系。实则重商学派的说法，也就是立于国家财政的观点为国家聚财的说法。在现存政局之下各国恐国家经济受外国资本家的操纵，而努力于经济自给，亦必然的现象。要打破这种现状，非各国同时解决不为功。惟各国对专家的意见未必便能采纳，且在实行上合作亦有困难。不过各国均各采关门政策，其害处在：1. 使欧洲经济问题不能得通力合作之整个的解决，2. 使国际更增相互的恶感，亦引起政治上的隔膜。故欧洲政治问题要得满意的解决，还须把经济问题想法解决清楚。不然，各国现在关税的政策就是国际复杂问题的一个难关。末了附带说一句，我们看了上述情形以后，假如以民族经济的眼光把各国此种情形与中国对照，我国既是债务国家，而工业幼稚益发证明了我国在现在情形之下关税自主之为必要。

战后国际裁兵问题 *

国际裁兵预备会在本月十五日又将开幕了。裁兵问题是战后最不容易解决的问题，而又是急需解决的问题。它之不容易解决，因为牵涉的范围太宽广，国际的情形太复杂，先决的问题太困难。它之亟待解决，因为此问题一天不解决，兵备竞争一天不能停止，国际的猜忌一天不能消释，即国际的政局一天不得安定。国际裁兵的重要，理由是很显然的。遏止军备的竞争，在国际关系上具有很大的作用。就政治方面说，第一，军备竞争的本身便是战争的导火线。第二，军备竞争，结果巩固并抬高了各国武人的地位，驯至变成武人政治；武人当政则国际和平更易陷于危险。第三，军备增长足使本国政府有恃无恐、好大喜功，发其侵略的心理；致使其邻邦疑惧阴谋抵制更不用说。就经济方面说，裁减军备是为各国减轻经济的负担。国联一九二〇年召集的财政会议是一个专家的会议，在其决议的说明里，分析各国财政支出指出，各国支出差不多平均有百分之二十是用于军费。依国联一九二五年到一九二六年的军备年鉴，英国在一九二五年的军费预计为一万二千三百一十八万三千镑，法为五千七百七十七万□镑，美为一万二千二百十万镑，日为四千四百九十万镑。又依 Albin E. Johnson 的计算，英、法、美、意、日、俄六国，在一九〇九年间的军备年耗八亿万一千一百法郎，在一九一三年间年耗十亿万一万六千万法郎，而依今年的预算大概至少需十三亿万二万零五百万法郎。如此巨数，令人咋舌！所以裁减军备不特是一个政治问题，亦且是一个经济问题；不特是一般和平主义者的希望，亦为列强所急欲得到解决的一件事体。不过人类社会充满的是矛盾现象：希望与事实往往背道而驰，手段与目的往往不能相成而适以相害。国际军备限制亦是如是。我们看一看国际限制军备过去的事实便更明了了。

国际裁兵运动说起来历史不为不长，它不是世界大战后才发起的。过去

---

* 原载于《认识周报》1929 年第 1 卷第 14 期。

国际间运动小规模的兵备限制，事例颇多。历史上在七年战争以后及一八一五年维也纳会议时均有过此种酝酿，一八三一年与一八六三年法国又都曾经有过国际的限制军备的发动，惟都无结果可言。一八五六年，俄、土亦一度同意限制在黑海内的两国军舰数目。一八九九年第一次海牙和平会议，俄政府在邀请各国与会的通知上以商议减轻军备负担为其集会宗旨之一，国际普遍的裁兵运动当自此始。不过海牙和会结果，在这方面仅有一空洞议案敷衍了事。第二次海牙会议关于军缩的结果亦与第一次和会的一样。而战前各国军备竞争的激烈，自一方面言，是证明了裁兵运动的不能行；从另一方面说，实为军缩失败后始有的结果。

欧战初完，一方面各国饱经战祸亟望和平，一方面财政困难亟欲救济，故裁兵的需要益感深切。国联成立，在它促进世界和平的信誓之下，促进裁兵是它的主要工作之一。在国联公约内且有特别关于裁兵之规定（第八条）。不过美、俄两大强国始终未加入国联，而在国联内各国的主张亦不能一致，故一般人对此事的属望虽殷，而十年以来情形逐渐变更，会议自会议，裁兵自裁兵。事实上除华盛顿会议外，在国际方面，此问题可以说毫无进展。

在国际联盟以外，对裁兵问题较有成绩的只有一九二一年的华府会议。美国当时对海军提案的原则是维持现状主义。当时英、美、日、法、意五国海军主力舰的吨数各为五二七八五〇、五五八九五〇、三〇一三二〇、二二一一七〇、一八二八〇〇吨。故会议结果在主力舰吨数上得到五、五、三、一·六七、一·六七比率的决定。不过会议的成绩在军缩方面也就止于如此。不特空军、陆军的缩减毫无决议，即对海军的潜艇与巡舰亦毫无规定。空军之无限制系各国不愿妨碍了商运航空；陆军与潜艇之无规定，则因法国不同意。法国不同意的原因是他一方面防备德国复仇，一方面自以潜艇在他有特殊需要，且欲藉潜艇的数量以补其主力舰的不足。因法国不愿限制军舰，于是英国又不愿限制巡舰。此中理由无非是大家都又走入武装和平的一条路。

除华盛顿会议外，中美洪都拉斯等五小国经美国的居间，在一九二三年颇得裁兵的相当成绩。在莫斯科方面，苏俄在一九二二年亦曾邀集波罗的海五国军缩会议。南美方面在一九二三年泛美洲会议上亦曾作缩减海军的协议。不过，都不能说成功。在波罗的海各小国的意思，以为他们的军备相比较够小了，如强俄有和平诚意，不如改缔互不侵犯与仲裁条约尚为直截了当。

泛美会议则因巴西、阿根廷、智利三国在海军上不能同意，亦无什么具体结果。

华盛顿会议后，面子上好像有结果，事实上各国的海军竞争不过是变了一个方向，由主力舰的竞争一变而为巡舰潜艇的竞争。演成这种现象的原因，第一是无条约的限制，第二是建筑的费用比较经济，第三是战术进步的结果。据军事专家的意见，战舰的军事用处已因战术之改良而日益减少，以前有多量大战舰纵横海上便可操纵海上霸权，而今则已为不可能。就事实上得来的经验，如大战时德国恃潜艇的力量，英国虽多强大的战舰，对德竟无可如何。故将来的海上战争，巨舰已不如潜艇、飞机之重要。因此各国要想出奇制胜，自然在潜艇上竞争。而经济力量较弱及不甘主力舰之过受限制的国家亦都在巡舰、潜艇上勾心斗角。我们只要一查各国在华盛顿会议后增造潜艇、巡舰的数目，及一九二七年与一九二一年各国所有巡舰、潜艇数目的比较便可了然华府会议后海军的趋势（参看《现代历史》一九二七年四月号三七至九二页）。华盛顿会议之所以等于失败，其原因即在于此。为得进一步的协定起见，英、美、日三国于一九二七年又有日内瓦三国海军会议。此会由美国发起，法、意亦在被邀之列，性质上可视为华盛顿会议的延长。惟法、意两国不愿在潜艇、巡舰上再被限制以陷于海军落伍地位，故均以国防是整个单位、不愿参加单独限制海军的会议为言，结果仅派员旁听。不幸在这个会议里，英、美的冲突过甚，不能调协。主要的争点为船只吨数及其带炮口径的限制与三国辅助舰的比率问题。三国各以己国的需要为前提，同时在其提议中间不免随时流露"损人利己"的计算。譬如美国主张辅助舰吨数总限制的方法，英、美、日仍用五、五、三之比，在吨数限制范围内各国可自定其舰之大小、多寡。英国则主分辅助舰为两级，分级限制其数量；一万吨的巡舰而带有八吋口径炮者可依五、五、三比率之限制，六千吨以下带有六吋口径炮者则可依各国需要不必规定。日本则主张以现在实力为根据，而不拘于五、五、三之比率。各各均有用意。美国以为美在海外无海军根据地，故大的辅助舰美有特殊需要，依英国提议事实上只是限制了美国所独需的舰类；反之英国坚实的商船很多，若改装六吋口径炮，随时都可增加大量的巡舰。至日本根据现在实力上的计划，英、美又都因利害关系不能赞同。此会美、英的争执异常激烈，经过曲折，卒无成议。我们细查会议经过详情，当知各国于此果具若干诚意：缩军会议反成了竞争的手段，则裁兵之希望如何，大家亦可了然了。

在国联方面，我们知道依国联规约第九条的规定，国联应设一永久委员会以利裁军的进行。不过该委员会成立之初，是海、陆、空的专门人员组成，故在一九二〇年国联第一次代表大会时便有人以为此种促进国际和平的大事不应由军人所主持，于是另设一临时混合委员会，以文人、工人代表、专家、军事专家及政治名流如 Lard Robert Cecil 之流组织之。结果人言庞杂，意见分歧；军事家与非军事家、政治名流与工人代表、英国代表与法国代表间各有主张难于一致，仅决定"裁减军备必须普遍实行"一类的空洞原则。中间复因裁兵而牵连到保安问题，在保安问题上英、美的意见又有出入。在方法上如法所赞成的 Draft Treaty 实行对被侵略国与军事协助，麦克堂所拥护的国联协约 The Protocol 主张强制仲裁。在解释上及事实上各有困难，结果均被打消，而军缩的不进展如故。现在的裁兵会议的预备委员会即系代替混合委员会的组织，成立以来仍然与保安仲裁等问题牵扯不清。只是在前年十一月在日内瓦开第四届会议时，苏俄代表李提维罗夫提议在四年之内各国一致完全解除军备，与英、法闹了一场，演了一幕滑稽剧。

战后十年以来国际裁兵运动的经过大略如此。在这次行将开幕的裁兵会议之前，我们看各国的形势怎样呢？我们只要拿出数月来国际上几桩重要事实就够证明：第一，英法海军之协定；第二，美国扩充海军案之成立；第三，德国海军秘密文件之泄露；第四，法比军事密约之谣传。这是否在军事上的竞争，读者可自下判断。再把各强国本年军备预算拿来看，美国今年是六万五千八百万金元，法国二亿二万万法郎，意国一亿三万二千余万里拉，日本四万八千三百二十七万余日金，俄国增加到九万万金卢布，英国为一万二千零六十九万五千镑。与去年比较，美国增加三千万元军费，意国增加了一万九千七百万里拉，日本增加了一千五百余万日金，俄国增加了八千六百七十万金卢布，法国增加了二万七千余万法郎，而海军建造的计划尚不在内。惟有英国比较上略有减少，但亦会有内政上的作用在内。德国一九二四年后军费差不多加增了一倍。单以英、美、法、意、俄、日而论，今年军费预算总支出的数目与六国在一九一三年的军费总数相较，超出了三亿多万法郎。假如我们单以各国军费的多寡来定时局危险的程度，那么，世界第二次大战早已到准备完成的时候了！

裁兵问题是国际上一个最复杂、最难解决的问题，在前面已经略略提到。

有人说军备的竞争不过是一种病象，譬如病人的高温度一样，要想病人得救，还得从病源上下手，病源一去热度自退；不然，单退热是莫用的。这种人的说法自有见地；不过第一，他忘掉了军备竞争的本身亦是一种破坏和平的病症；第二，即使我们承认军备竞争完全由旁的因素造成，能把造成军备竞争的事实根本解决，军备问题即随之而解。这个困难的地方仍在究竟哪些是造成这种病状的因素。这个因素究竟是一元的，如苏俄之所主张的呢？还是多元的呢？国际复杂的状况是一个事实，不是抽象的逻辑问题。要先一一解决旁的问题，事实上很难，且非短时所能奏效，而军备竞争不加以阻遏则大局将益趋危殆。譬如有人跳水自溺一样，急切的办法还是只有把他阻止住。不然，一面让他跑到河干，一面从容讨论他跳水的缘由，有何用处？何况国际事实的复杂，往往互为因果，先后关系根本就难于分别清楚。

关于裁兵的先决问题，说法也有种种：一是，有人说国际裁兵问题之不能解决是国际的各问题未能得到整个的解决，只要各种问题整块地解决了之后，军缩自不成问题了。英国报纸即多持此见。此种说法，过于含混，无益实用。依照此说，根本就可不必谈裁兵问题。二是，有人以为军备竞争根本在于经济的关系，即不谈现在经济的资本制度，例如德国赔款问题不解决就是撤兵问题的障碍，而撤兵问题不解决也是德、法裁军问题的阻障。经济制度根本问题用不着在此处谈。然从各国的军备负担看，军备缩减至少可解决国际经济困难的一部分。三是，有人以为军备问题不得解决是由于各国的安全无保障，使各国都有了安全保障自然就用不着许多兵备了。此种意见，法人在国联内持之尤力，与德国的主张适成其反。一九二四年国联的 Droft Treaty 与 Protocol 都是解决保安问题的办法。在国联军缩预备会里，一九二七年又设了一个与裁兵委员会平行的保安委员会，亦均是为求此问题的解决。不过安全保障在现今国际环境之下，只是一个程度的问题，而且大部分是心理作用。事实上究竟各国兵戈相撞的情形危险呢？还是化干戈为玉帛危险呢？究是先有军备竞争而后无安全保障呢？还是先无安全保障而后有军备竞争呢？对此问题，恐任何人也难作完满的公正答复。况所谓保障如何才是可靠的保障？国际仲裁的条约，现在订立的已经不少，若如法国用缔结同盟的方法以为安全保障，事实上只是回复了旧式的外交，反足引起国际猜忌，危及和平的政局，障阻裁兵的进行。四，有人说裁减军备当须解决国际公法的问题，因为首先，各国军备竞争原是一种备战作用。各国所以不得不备战，是因战争在事实和国际公正上为各国合法的最后手段。故为确保和平计，假如各国均承认战争为非法，则各国彼此都不敢甘冒不韪，战备即可减少了。其次在具体的个别的事件上，如英美海军的竞争亦缘于两国对战时海上自由的主张上不能同意，英国欲保持交战国的封锁禁制权利，美国则力持海上自由之说；一九二七年三国海军会议破裂，此问题的争持亦是一个原因。依 J. M. KenWorthy 说，若欲海军裁减能有进步的结果，此问题非先解决不可。关于非战，则去年各国已有非战公约之发订。关于海上自由，自有相当的难点。惟此种问题不妨与裁兵问题同时解决。

此外尚有其他说法，限于篇幅暂不列举讨论。从上述各种意见，亦可看到此问题复杂的大概，而在实行讨论裁减上尤有许多困难。在现在的国际状况之下，我们看，第一，军备完全裁减事实上是办不到的。苏俄提议四年完全裁减的诚意如何不可知，而各国的反对已足证明其万难实现。在理论上说，至少各国也不能不有维持治安的军警，而各国的态度且认为一国不能不有国防，因此不能不有军队之存在；一有军队之存在，便发生各国需要之多寡的问题。以列强过去的分赃态度说，决定减缩的标准又会发生纠纷。即令大体原则可以决定，在实行决定各国应有军备的实际数量上，如欲为公正的处决，则一国的军备力量之估定（包含工业制造、化学发明、强制兵役等问题在内）与其地理之位置等等专门繁杂问题与夫现有军备如何裁减，及裁后各国能否诚意遵守，均是极端困难的问题。且各国都有观望、猜忌和私利的心理，又不难利用每个裁减的阶段以行其损人利己的策划。

关于如何才是国际缩军的最好办法，应该是专家讨论的问题。大体上就客观的看法，国际裁兵如要成功，一是至少各大强国非一致参加不可；二是非确立一个严格的公平标准不可；三是非在海陆空及各种军备上都有相当限制不可；四是最重要的还非各国都能自行觉悟，开诚布公的讨论，诚意的遵守决议案不可。不过，这又属于人的根本问题了。

国联此次军缩会议，争论的焦点将在后备兵、潜艇、轻巡舰与安全保障诸问题。大致说来，英、美间在补助舰问题，德、法间对后备兵与保安问题，苏俄与国联各国对完全裁减问题是不能融合的。就大势推测，恐未必便有何美满结果。罗素在他所著《人为何争斗》一书里说人类有两种冲动：一是创造的冲动，一是占有的冲动。战争便是占有的冲动的表现。要想免除人类战争与一切纷争起见，"无论在政治和私人生活里面，最高的原则应该是助长创造冲动而减少占有的冲动与欲望"。现在各大强国的态度，大概都是由于占有冲动太强的缘故罢；不然，兵凶战危，为什么痍疮未复各国都又在积极备战呢？假如依照罗素的说法，那么，要实行裁兵恐怕根本还得改造现代的人类。

四·十一，一九二九

新近南斯拉夫的独裁与联治[*]

在世界大战以后，政治制度在好几个国家都已转入、或有转入独裁制的趋势。因有这种现象的发生，有的人便以为民主政治已经到了衰落的末运，政治潮流已经到了逆转的时期，德谟克拉西政治眼见就要崩溃了。有的人又以为这不过是偶然的现象，是到真正全民政治的变相过程；因为现在所有变为独裁的国家原来差不多都不是民治主义发展的国家；而民治主义发展的国家，如英、美、法等国则均无独裁的趋势。这类说法虽各有各的理由，原也不过各为一种看法和推测。将来转变怎么样，最后的定论还得让事实来证明。不过有几点事实是值得我们特别注意的。我们看意大利、俄罗斯、西班牙、波兰、土耳其、匈牙利、阿尔班尼、布加利亚、内乱以前的阿富汗及新行苦迭达的南斯拉夫，从这些独裁制的国家细一观察，归纳起来可以得着几个特点：一是它们多半是民智落伍的国家。意与俄自然比较是例外，但与英、美等国相较又都不免瞠乎其后。其他的国家民智都说不上高，若土耳其与阿富汗则更不能不说是文化低落。二是它们多半先是内政昏浊的国家。如一九一七年前之俄国、如法西斯蒂当政前之意大利、如基玛尔执政前之土耳其差不多全是这样。三是独裁制的国家多半先是党派分歧纠结不解或政局不稳的国家。如意大利、如西班牙、如匈牙利、如波兰、如阿富汗，均是这样如出一辙，而最近的南斯拉夫尤为一个很好的例证。从这几点看来，我们大概可以说，独裁的制度是在特定的政治环境之下为应付特殊的事实而产生的特殊方法；它的作用在排除目前的困难，增加治理的效率以达独裁者特定的政治计划。这种制度的好坏如何，要看我们用什么来做评判的标准。但是有一点我们得认清：独裁的制度，无论是个人的独裁，一党的独裁，或者阶级的独裁，其本身不过是一种手段而不是政治的目的；它之用得当与不当，要看用之者的目标是否正当，其所标的政治计划，是否在其所处的环境之下要得实现只

有采用这个方法，而实现之后是否得足偿失而有余。这些问题，此处不能详细讨论，现在我们且看南斯拉夫政变的事实。

南斯拉夫一月五日晚上的政变，在巴尔干半岛上又增加了一个狄克推多的国家。此项变更，实缘于内政的困难而起，我们要明了此次政变的性质，便不得不先考查其内部的情形与其过去的困难何在。

原来南斯拉夫是三个主要民族组成的国家。此三个民族是塞比族（Serbs），克罗族（Croats）与斯拉夫族（Slovenes）。[1]在其全人口一千二百四十九万人中，塞比人与克罗人共约占百分之七十四。在欧战以前塞比人自为一国即所谓塞比亚（Serbia），战后塞国的五百余万塞人与奥匈帝国内的七百多万的塞比、克罗及斯拉夫[2]三族，依其共同的愿望，大势所趋，联合而成现在的南斯拉夫。因国内人民主要为此三民族所组成，故其国的官称为塞比克罗斯拉夫王国（Kingdom of the Serbs Croats and Slovenes）[3]而不称南斯拉夫（Jugoslavia）。在联合之初，一九二一年讨论宪法的时候斯拉夫人本愿建一共和国家，惟克罗与斯拉夫人之得脱奥匈羁绊，原赖塞比亚鼎力的帮助，且塞比原来的宪法亦能容许人民大量的自由，故卒仍君主立宪的政体。政体问题算是渡过，但当时还有两个重要问题：一是土地问题，一是议事联治问题。土地问题的解决，是用付价的方法，将地主过大的土地转分给农民，而联治问题亦归结于中央集权的办法。主张分治的即是克罗人，代表克罗人的党为克罗农民党（The Croatian Peasant Party）。他们始终如一信仰极深的领袖即系去年六月在议会（Skupshtina）内被政府党枪击而死的罗狄奇（Steahen Raditch）。原来克罗人在奥匈帝国治下的时候，依罗狄奇的领导，早就有了联邦自治的主张，所求不得，大战后始有与塞比的联合。克罗人主张自治分权的理由是基于历史文化的差异与他们共同的愿望。不过此种分治的办法与主张统一的人直接冲突，而联治的主张在南斯拉夫亦有几点特别困难：

第一，用联邦自治的主张，则须组织两个以上的邦。这样一来，不啻是把原来统一的国家，分解成许多小邦，减小了国家对外的力量，增加了行政上分离的倾向。且既成联邦，则依新从奥匈合并而来的人民的传统观念，每

---

〔1〕 Serbs、Croats、Slovenes 今译为塞尔维亚人、克罗地亚人、斯洛文尼亚人。

〔2〕 Serbia 今译为塞尔维亚。——编者注

〔3〕 Kingdom of the Serbs Croats and Slovenes 今译为塞尔维亚克罗地亚和斯洛文尼亚王国。——编者注

邦必可自由加入与退出，因他们对奥匈联邦的观念是如此，故实行联邦制以后，政治上更将多生枝节。

第二，主张联邦制的人多以美国的先例为言，然美国之所以能成功，除旁的原因外，政治上的派别是只有两大党。盖大党的存在亦为美国式联邦国兴盛的要件之一。因联邦与中央集权的差别是在分权，而大政党的作用即可集中国家的力量以补救分权的流弊；反之，若制度是倾向在分权方面而又无大政党以维系全国，则必招分崩的危险。南斯拉夫在一九二〇年的时候，党派在十个以上，如 Radicals Jugoslav Democrats、Croatian Peasant Party、Bosnian Moslems、Serbian Moslem、Slovene Clericals、Agrarians、Socialists、German Minorities、Montenegrin Federalists 等党，派系过多意见分歧，若更采联邦制，势非把统一的国家弄成四分五裂的现象不可。

第三，从改造便利上着想，方在欧战之后，一切事业的举办亦以集权与统一为宜；否则不能截长补短统筹兼顾，即国内不得平均的发展。且在欧战的时候，各地所受的损失不同，若用分权自治的方法，则有的地方虽完好如故，而受祸特深、经济破产的地方必难得通盘筹划的救济。

因有这些理由与联邦本身的弱点，更加以塞比人"大塞比亚"的主张与一般愿归统一的心理，结果阻止了联邦自治的实现。不过联治的问题，在宪法上虽然解决，而事实上始终是一个未决的问题。克罗人要求自治，酝酿得很厉害，他们以为南斯拉夫的政治只是塞比人自私的政治。认为政府不顾克罗人的利益，因此随时都要求宪法的修改。不过他们对塞比人包办的政府虽异常不满时加抨击，然在去年以前尚未取分裂的态度。至去年六月，因在波兰议会里讨论批准奈都诺条约（The Nettuno Conventions）时，罗狄奇及其党人发言时被政府党人枪击以后，克罗农民党人遂实行脱离政府，于去年九月在萨格勒布（Zagreb）另立议会，拒绝与柏尔格雷（Belgrade）政府合作。本来自去夏六月事件发生后，克罗农民党虽死伤多人，罗狄奇当时尚未即死。当时内阁 Vukichevich Minister 虽因是解职，当时的议会亦曾于七月集会宣布此种枪杀的举动纯属个人的行为，但克罗人却一致主张非解散议会另行"公正"的大选不可。读者倘留心国际民族问题，当能记得去秋九月克罗人暗杀 Vukichevich 内阁机关报记者以为报复之事，而罗狄奇亦死于是时。自后，一面克罗人民与政府的恶感益深，且实行对塞比人行经济抵制、示威游行，一面克罗农民党复毫不让步计划实行自主；南斯拉夫的国内情势之混乱就此也可想见。不过，克罗农民党之不与政府合作是不与议会内阁合作，对国王亚历山大仍然表示拥戴。在这种克罗人情感兴奋的两重要求——解散议会与联邦自治——之下，政治差不多陷于无办法。因政府如专用武力压服克罗人，则治丝益棼，势必更增克罗人反抗政府的心理而速其叛；反之，如用合法的手段以满足克罗人的要求，则惟有修改宪法之一法。惟修改宪法又有困难，因假如南斯拉夫政府中人愿听从克罗人的愿望，亦何至弄到此种僵局。在这个地方：（一）要看国王与内阁议会的意见是否一致，因现内阁及议会（Radical Party 占多数）与克罗农民党主张相反是很必然的；（二）假如国王与内阁议会意见不一致，便要看国王对克罗人的主张能容纳至何程度。就这次亚历山大实行狄克推多制废止宪法及其他的举动来说，似乎他一方面要容纳一点克罗人的希望，一方面又不能从联治的主张。而亚历山大的实行独裁，即为解决目前进退维谷的困难政局而用的大刀阔斧的办法。亚历山大在苦迭达以后，有几件事值得注意：其一，他实行解散一切纯为一族、一教谋利的政党组织。其二，他明白地说，他此次的非常手段是因国内政局纠纷的现象无法解决，故迫而出此。其三，他的新阁总理 Zivkovitch 否认此政变是实行仿效法西斯主义，他亦力白此次的最终目的是要实现真正的民治与良好的立法，意即可以另立新宪。其四，他政变后的举措，亦有厉行集权的倾向。就这几点看，他很像是用非常手段以求于相当范围内调容各方的意见。我们即不管亚历山大的诚意如何，而国内政治纠纷相持不决弄得无办法时，则实行独裁亦是解决复杂局面应时而起的一个快刀斩乱麻的途径。所以亚历山大此次实行独裁，除内乱外，论者以为尚有一层外交的经济关系。战后经济的困难，是欧洲普遍的现象。南斯拉夫近来筑港、筑路等发展计划，都因经济力绌未能实行。去年四月英、美银行团曾有许南斯拉夫二千五百万元借款之议，后与二德国公司商议借款亦因国内纷乱不能进行。亚历山大之实行独裁，或者急急整理国内秩序以坚国际信用，而便于借款进行，亦其一种心理。但是由立宪改为独裁，事实上是否便能将国内问题解决下去？记得亚历山大在实行苦迭达之前数小时犹召克罗人领袖 Matchek 商酌调解，Matchek 的要求仍是君主联邦制 Personal Union，殊亚历山大在苦迭达后乃更厉行集权。无怪乎克罗人对亚历山大虽初怀希望而即表失望了。在塞比亚的远史上不以宪法治国而丧失王位的国王已有三个，最后 Obrenovic 且因此身首不保。亚历山大的父亲彼得王 King Peter 在他叙密尔的《自由论》里说，"不能赢得议会制自由的民族不配生存"。亚历山大亦曾屡有以民主政治为极则的表示；以前的事例如彼，其本身的思想如此，则其悍然不顾采行狄克推多制度，或者真由迫于特殊环境不得不用此种过渡办法以渐趋于民主集权的极则。不过克罗领袖 Matchek 在政变后有一段言论很可令人注意，他认为塞比与克罗的分界是很清楚的，他说："塞比亚所梦想的是要攫得在国内永远惟我独尊的地位，他们因不能以议会制度来达此目的，显然又用起专制的手段来了。自然他们不会成功。要克罗与塞比发生关系，只有成立克罗人的议会。我们所要求由是立法与行政的完全自由，我们与塞比公共的事务，只有对外政策的行使。"这完全是一丝毫未要求联邦自治的口吻。在克罗人之意，似非达联治目的不可。他们一方面不满于塞比人之包办，一方面指战前德意志联邦为证以为联治也绝不至弱减国家的力量。这种理论如何，用不着我们去辩论。就大势说，亚历山大的狄克推多制，依这种形势看来，不见得便能消释塞比与克罗之争及集权与联治之争，或者竟至得相反的结果。因为克罗所以要求改正现行宪法，是想修改集权之条文而非不要立法，其反对原来的内阁与议会，亦是要想达联治之目的，而不是徒以取消它们为满足。今亚历山大只是把政府改组过，把立法废掉了，而对于集权则益趋严厉，在克罗人看来自不免认变制为一种愚弄克罗人的手段了。南斯拉南的独裁与联治关系大概如此。亚历山大实行独裁以后，在外交上有两事颇可玩味：一是意与南斯拉夫在一九二四年所订五年友好条约满期后，意藉口于南斯拉夫政府飘摇不愿即行重订。一是南斯拉夫与布加利亚的交通，因一九二七年布人杀害南斯拉夫柯法捷维将军事件而断绝者，亦于二月由南斯拉夫自动恢复，以示好感。南斯拉夫与意、布等国的国交不睦是显著的，特以与意的冲突为最甚，去年南斯拉夫议会里的暗杀事件即由对意关系而起。在巴尔干半岛上，匈牙利、罗马尼亚、土耳基及希腊与意大利均有特别协定，阿尔班尼亦日与意亲，南斯拉夫环顾四周树敌甚多，无与为助。他与捷克、罗马尼亚两国虽系同盟，但只系对奥的同盟，对意则处于孤立，只有与法国可以携手。值此国内多事之秋，而又在欧战祸源的巴尔干复杂环境之下，且与野心勃勃的意大利为邻，则南斯拉夫国势之困难更可见此次政变的关系之重大了。

高纳的《政治学与政府》[*]

Political Science And Government By James Wilford Garner (New York American Book Company. 1928. pp. x. 821.)

我国近数年来，因国内政治的腐败、国际地位的低落与革命思潮的高涨，国人，特别是学生，了然于国内的政治问题不解决、一切社会改造事实上都是用力多而成功少，故对于政治问题渐渐地发生强烈兴趣，不特留心此门学问的人日多，专研究政治的人数亦增加不少。不过，学政治的人数与人们对政治问题的兴趣虽然大大地增加，而为一般力所能及、清浅、详尽、合用的政治学书却很难找。西文高深的专门东西，不特普通人未必便能领略，而在国内各大学图书馆内能够找得出的也未必很多。拿普通入门的东西来讲呢，即使不管读者英文（因吾国一般学校均以英文为第二种语言）程度如何，在这方面的如 Gettell 的《Introduction to Political Science》, Sidgwick 的《Elements of Politics 》, Leacock 的《Elements of Politics 》及 Garner 的《Introduction to The Political Science》均不免稍旧，有许多政治上的新事实和思想上的新倾向都未能包括得住或加以充分适当的讨论；他如 Willoughby & Rogers 的《An Introduction to the Problems of Government》一类的书虽比较新近出版，然性质上偏于批评与分析者多，关于叙述者少，于政治学尚未入门的人，似乎未必便能充分领略。谈到我国政治学书，到而今已出版的只有张慰慈编的《政治学大纲》一部。张先生这本书如何，恐怕在张先生自己看来亦未必便称满意之作。本来也难怪，中国现在的学术界尚未脱秤贩时期，要谈独到的著作，谈何容易。不过中国实行留学政策已数十年，留学生以万计，专门政治的不乏人，而努力于这方面学说的著作和研究者，就吾人所知，除王世杰、周鲠生、钱瑞升先生等少数学者外，似乎更不多见。难道其他专政治学的人们都是参加政治实际工作去了吗？中国厌人取求的政治书籍既少，而一般读者又不知

---

* 原载于《认识周报》1929 年第 1 卷第 16 期。

道如何抉择，无怪乎初学浅薄之流更抱着几本 ABC 或什么薄本大纲一类的小册子就当作天经地义、圣经贤传，以为道在于是而傲然自得了。

书归正传，凡稍为涉猎西洋政治书籍的人，大概都知道高纳其人与其所著《政治学概论》。高纳氏是美国伊利诺大学（The University of IIIinois）的政治学教授、美国研究政治学的权威。现在我所要介绍的就是他新近写成的一本《政治学与政府》。他这部书很像是他所著《政治学概论》的增订本。这本新书内容的组织大概与《政治学概论》相仿。《政治学概论》里"国家的起源"（The Origin of The State，Ch. IV）与"公民国籍"（Citizenship and Nationality，Ch. XI）的讨论，在新出这本书内完全删去了。这大概是作者以为国家起源问题最好让历史社会学家来讨论，而国籍的论述最好归于国际法范围内。《政治学概论》中讨论国家的权限的两章"The Rise of State Functions（Ch. IX）"与"The Sphere of the State（Ch. X）"亦经改纂后缩为一章"The Province of Government（Ch. XVII）"，在新书内改放在讨论政府的部分（Part I Government），因此条理段落更见清楚。作者在新近这本书中所用论述的方法与在前书内所用的大体相同。在每个题目之下，他用他那痛快淋漓的笔墨，上下古今、旁征博引的骈列众说而加以平正的简到评判。在他《政治学概论》的序言里，他就说该书内容包涵广博，不与普通入门的政治学一样。在新出这本书的自述开首又说他写这本书是要预备一内容丰富、材料合时的教材给大学生念的。他的这种说法并不是广告式的吹牛，其实在欧美学术昌明的地方内行人多得很，并不是什么挂着一个博士招牌便可以随便瞎说的。我们只要把他的书读一读便见其内容之渊博，不同于普通入门东西的浅薄干窘了。他这本新出的书虽用了他的《政治学概论》不少的材料，但是增改的地方很大，所以可说它另是一本新著。

这本《政治学与政府》的内容与书名所提示的一样，大体上分为政治学（上）与政府（下）两编，前编共有十二章（pp. 1–302）。从第一章到第三章讨论政治学的性质、范围、方法及政治学与其他科学的关系。四、五两章讨论国家的性质、原素和特点。六、七两章是国家与民族不同的界说、民族主义发达的略史。在此，高纳复比较征引关于单一民族国家与复数民族国家的优劣诸说，从学理与事实两方面讨论民族的自决、生存、语言、风习诸权，兼及国际联盟与各国间处理国内少数民族问题的办法。关于一民族的基本因素是什么，他从血统、语言、地理、宗教、政治希望共同的理想和共同的利益与共同的历史等说法——加以缜密的分析，而以情感（sentiment）为最普遍、最重要的原素。此种说法，不自高纳始，如 Zimmern-Hayes 及社会心理学家如 Mc Dougall 等人均有相类似的说法，到近来已成为公认的说法了。因为从历史的许多事例归纳起来，血统（purity of race）、地理（geographic unity），宗教、语言等虽在很多时很有团结民族的力量，而历史上有许多事实证明它们莫有"一个"是形成一个民族的必要原素，这些因子在许多民族内往往是具于此者缺于彼。形成一个民族必要的原素主要的是一个心理作用。且看高纳说："The truth is, this thing which we call nationality and which is so difficulty to define, is in essence largely a matter of sentiment. If a people have acquired the character of nationality it is because they believe they have a conciousness of being bound together by strong ties and affinities which distinguish them from their neighbors. They have a feeling of common interest and of ideals, their moral ideas are fundamentally the same, they have a common heritage of tradition and of memories of common, sacrifice and suffering or to achievement and glory and they share a common pride in great personalities and heroes."（p. 122）所谓共同历史、共同利益、共同风习礼教这一类的因子都不过是强固一个民族的相爱心理的东西，最重要的还是相亲相爱这种心理（affinity）。虽然也许有人以为相亲爱的心理其本身亦是其他因素造成，故此心理不能说是最后的因素，不过要找一个普遍的、直接的与必不可少的原素便只有这个相亲的情感了。关于主权问题，高纳用了两章来讨论（Ch. II, IX）。他还是一个维持主权论者。本来某派政治学者的主权学说如何常依其对国家的看法如何而定，希腊与中古的时候政治学说与伦理观念混在一起，学者如亚里士多德及中古亚隗那（Thomas Aquinas）及近世政治多元论者如 Duguit 等人以为法律先于国家而存在，应该是高于国家，因此国家的行为亦当依法律为准绳（不过亚氏认国家为人类最高的组织、近于至善的组织）；国家不能任意制定法律，故国家并无最高无限的权能（此处所谓律法，依希腊、中古应有的含义是包有道德的自然法则的意思），即无所谓最高主权之存在。另外，近世的政治多元论者如 Laski 等人与夫基而特社会主义派及工团主义派（syndicalist）因近世人民自由组织以发展工业政治或其他方面的团体日多，社会的组织由个人的集合日变而为团体的集合，认为国家与这些团体，从人民个体与它们的关系看去，应该是立于平等的地位。因这些团体并不是依国家而生存，它们与国家是彼此不相属的，个人之应尽忠诚于他所加入的团体与他之应尽忠诚于他的国家一样。假如两方不能兼顾，他还可以看国家与这个团体哪方面对他的吸引力大便偏向哪方面。国家束缚人民的权力并不能大于其他团体拘束他的权力，故国家对其他的团体是对峙的，而不是最高的。如生产之类的立法，国家不能强为代庖，即其如何管理，国家亦不能过问；因此国家的力量有限，即无所谓国家主权。不过，主张主权论者的说法便与此两派意见不同了。此派人的主张（可以 John Austin 为代表）以为国家是挟有至高权力的人类团体，法律是国家所出的命令，从法律主权说（legal sovereignty），在国家与国家的法律之后是否有自然法则为国家所必遵循直可置之不管，因为那属于哲学的范围不当入于法学的讨论。所谓法律，只是国家的最高权力机关所出的命令。在决定法律之前，立法者自是要依理智的裁判；良好的立法，当然不能违自然的真理。不过单是理智的裁判，自然抽象的法则在未经过国家最高权力机关的正式宣告时不能算为法律。换言之，即除了国家最高的权力机关的命令及得最高权力机关所认可的规定以外无法律，即国家高于法律、先于法律。法律不是旁的东西，只是主权者所发的命令。至政治主权（political sovereignty）与行政主权（effective sovereignty）的说法，其理亦相类似。如在民主的国家，人民整个的全体有共同的力量可以公共民意来支配政府。虽然公共民意亦要受自然法和道德及传统观念的限制，然而除了受这种潜势力暗地的影响外，在法律和表面上依确切方式表现出来的全体民意总是一国最高的权力的来源、政治上最高的命令。所谓行政主权，亦不是说最高行政机关不受立法机关或民意的限制，是说在行政的范围以内，它有最后的决定权及最高的权限。一国之内，法律可以改变，发最高命令的人或机关可以变更，惟国内随时必有发最高命令的一定的人或机关存在。此一定的人或机关便是国家主权所寄的地方，代表着国家的最高意志。一个政府倒了另一政府代兴，不过是主权者的转移，国家的主权不变如故。国家的灭亡是主权的消减，并不是被征服的国家的主权仍然存在而附属于征服的国家的主权之下。一部分人民独立而另立政府，假如原来的合法政府不能征服而又不予承认时，前者不过是叛逆或者事实的政府；假如予以承认时，它便是另一国家了。故一国内不能有两个主权，而且随时必有并只能有一个最高的主权。主权所寄的地方不必定是在一个地方，不过假如一国之内几个机关都能行使一部分主权时——即在某一方面，如立法、行政有最高权力或最后决定权时——并不是主权分割在各机关，是各机关各个代表主权的一部分。至国家与普通团体的组织,其包含亦有广狭之不同。在前面已经说过。依多元主义者的看法,国家只是社会各团体中之一个,它只是一个政治的组织,它的目的只是社会各种目的中之政治的一方面。故社会的范围大,国家的范围小。国家不能包含社会,一切棱威灵帖属于社会全部而不属于国家,故国家无主权。但法律的主权论者把主权与国家都看作法律的东西,故二者的范围广狭相等,而主权为国家所专有。至黑格尔(Hegel)、鲍商奎(B. Bosanquet)等理想派,则把国家看作人民个体最高理想的实现,把主权看作人民合理的意志的产物,自然国家是有主权的组织。依高纳的看法,国家与普通的团体亦并不是立于平等地位,它有它特殊和优越的特性。他以为国家与普遍团体的区别有这么几点:一是普通团体其会员可以自由加入与退出,人民对于国家则不然;二是一个人可以加入许多团体而不能同时加入一个以上的国家;三是国家受地域的限制,旁的团体则可跨在各国;四是普通团体多是为的一种或几种特殊利益,国家则为的是多方面的利益、普遍的利益(故国家是涵盖一切的);五是普通团体的存在是暂时的,是事完则散的,国家的组织是永久的,是含有必然性的;六是最末而且最要紧的是国家有发施命令、强制服从的最高权力——主权,而普通团体则缺乏此种权力。不特如此,普通的团体还得受国家的支配。驳多元论的主张,他以为依多元之说则各种团体既属平行,社会将陷于群龙无首的混沌状况。在此种形势之下,强凌弱、众暴寡将益发引起了"具较高权力的团体"的需要,以调解冲突而维持秩序(如 G. D. H. Cole's Democratic Supreme Court of Junctional Equity);那么,国家真是必需的组织(The State is a necessary association)而国家主权之存在亦自然无疑了。不过在这里还得附带说两句,就是高纳虽然承认主权说,但他以为严格地讲主权只是一个对内权力。他不承认对外主权(external sovereignty)的说法,他以为国际公法学者分主权为对内、对外两"面"的分法不很健全,至少以 external sovereignty 一词形容国家的对外关系不能认为确切;因为依那名词的含义好像国家在其国境之外都有最高的主权似的,太与事实不符。与其说对外"主权"不如说对外"独立",然而一个国家对内即有"最高"权力,则对外自然是独立的了,且对外主权之说还带有危险。他主张政治学同国际法都应该完全不用 external sovereignty 这个名词,大概高纳以为这个名词易为侵略的国家所借口罢。在评关于国家的各种学说时(第十章),如法律说、有机体说、契约说、理想说等,他一面指其谬误,一面估定其价值。至于国家的分类，他说从来分类的说法很多然而却莫有一个科学的原则来分别各个国家根本的特点。各国的法律的性质、根本的原素、主要的目的根本都是一样的，所以我们对各个国家的分别不能像区别实物与化学元素一样的易区别。国家的差别不过是形式上的而不是根本上的。话虽如此说，在后面他仍然依照传统的方法类分国家为若干种，其详见原书十一、十二两章兹不赘述。

此书第二部分完全是讨论政府。在叙述各种政府制度时，有苏维埃制一段亦是前《政治学概论》一书所未有的。他从美国人的眼光看苏维埃制，以为它最显著的特点不特是职业代表制而且完全无所谓分权（Ch. XIV P. 345），接着他就论列各种制度的优劣之点在什么地方。这些讨论有的在他的《政治学概论》一书里已经有了，不过在这本新书里比较更为详尽、更为有条理，能使读者得到一个清切的观念。在讨论制度结尾的时候，他曾涉及什么是最好的制度与将来当以何种制度为最通行两问题。在这两问题内，第二个问题的答案差不多要看第一个问题的答案如何而定，然而两个都是最不容易解答的问题。什么是绝对最好的制度？这一问卢梭已经说是等于问一个不能决定、不可解答的问题一样。要解答这问题，我们首先得看什么是评判的标准；假如标准不认清，则结论就绝难一致。不过说到标准，政治思想史上又各有各的意见，更找不到先天的标准。其次，我们看政治制度的用处，当然是为达到某种目的（也可是复数）；那么，论制度之好坏，我们当然可以看它是否达到了所预期的目的，或达到某种程度即以其成败的程度作为讨论标准了。然而政府的用处究竟在哪些地方？这又是一个意见不一致的问题。德国人对于政府的希望是偏于效率与经济方面，美国人对于政府的希望与德国人相比较是偏于公民训育方面（见原书四三九页，又韦罗贝的《德国政治哲学》、Zimmern 的《民族主义论丛》第一篇等均可为德国人与英美人观点不同的很好的参考）。米尔 MiLL 说政府应该增进人民的德性与智慧，布勒 Pake 说只要治绩最好的制度就是好的制度，汉米尔顿（Hamilton）说最好的制度应该最能产生良好的治绩，卢梭说最增殖人口的定是最好的制度。众说纷纭，莫衷一是。高纳的态度是不承认有一种制度能适合于文化程度不齐、社会环境不一的所有一切民种的。他与米尔和蒲徕士（Bryce）有点相同的见解，他们都以为谈政治总不能忽视"人"这个因素。因为无论你制度怎么好，而政府各部的动作总是要人来干。政府不能同树木一样自行生长，而各部自任其职务不假身外人为的力量。因此我们不得不看推行某种政制的是哪种国民，有的国民需要君主政体，有的需要贵族政体，有的适于民主政体；有的以内阁制为宜，有的以联邦制为妙；适于斯巴达的不见得就适于雅典，宜于英国的不必就宜于拉丁民族的国家；譬如普选虽是好制度，然而在人民能力不到的国家只有把国家弄坏；情形不同，不能一律而论。所以高纳在此未尝有固定的意见，他并不说哪种制度绝对的好。他以为各国人民的需要不同，时代变更人民的需要亦自然变更，故一种制度不特同时不能皆适于各国，且在一个国家适合于现在的亦不必能适合于将来。所以他的意见是某国的制度应该是适合于其时、其地的人民之需要的制度。至于将来当以何种制度为最通行，高纳以为各地情形不同，人民思想异趣，此种情形将来也不会有什么变更，所以大概不会有一种制度能变成普遍的制度。晚近对德谟克拉西政治抱悲观的很不乏人，而事实上许多国家都有趋于狄克推多政治的情势。高纳对德谟克拉西将来的推测是：完全抛弃民治是不会的，而重床叠架的增加直接民治的方法（如在创制复决权之外再增直接民治的很多方法）则因选民担不住过重的担负也不可能。将来的趋势大概是回到比较中和的一种代议制去，国家的集权与联治的命运将来系趋于二者之间，总统与内阁制之分亦有折衷的趋势。原书从十七章以后，便是关于政府的职权与宪法的讨论，其次讨论选举团，而终之以立法、行政、司法三部的论述。对于代表制度，很可看出他不满意于新近职业代表制的主张。他把反对职业代表制的各家之说综合起来，职业代表制度虽有其优长地方，同时至少有下列各缺点：第一，立法为国人全体公共的利益而非为一部分一职业团体的利益，而职业代表制之实行必使人民只谋自己一团体的特别利益而不知公共利益。各个代表亦将只以他为一部分人意见的代表，而不是全国人民的代表。第二，各代表只争团体的利益，彼此冲突至议会变成一个辩论会而不成其为立法机关。如此则议会效率之减小将与有代表的职业多少成反比例。第三，职业代表制亦不是能平均代表各个职业团体之利益的制度，依 Sidney Webb 说英格兰的纺织工人有七十五万人，医生四万人，建筑业的有六千人，似此等利益绝端不同的职业团体除了以人数为标准外，有何原则可以使他们的利益能得比例的代表？然而以人数为标准，则人数少的在立法上自然又争不过人数多的了。

欧战以还，很多欧陆国家不特在政府组织上有了很大的变更，一般人的政治观念亦很多迁变。许多传统公认的见解到现在都受了激烈的攻击，有的要根本推翻原有制度，有的主张彻底修改。处此思想庞杂的时候最主要的是客观的态度和正确的见解，人们不要徒以直觉的、幼稚的思想来主张或反对某种制度和理论。我们最好要先有一番相当的分析研究，然后不致为事实与感情所蒙蔽。我们不是不要主张，我们应该先有充分的知识才不至瞎主张。知识是无穷的，我们须从根本的学起；我们即不为知识而知识，却不可无最低限度的知识。高纳此书的内容包涵很宽，此处不过择要的讲一点，详细内容还请求知的读者们自去探讨。倘因此更引起了读者专门研究的兴趣，那么，这篇粗浅的介绍亦算是收到意外的效用了。

三·十三，一九二九

废止强制军役与我国军备[*]

最近国联军缩预备会在开会，我军代表遇事多与德国取一致态度。德国提有缩减陆军及后备兵应加入军力估计等提案。我国代表亦主废除征兵制，反对强制军役，与德国主张殆无二致。因估计各国军力则非将后备兵加入计算不可，而减小各国陆军，尤非实行废止征兵制停止强制军役不可。就纯理论言之，在今日各国竞争激烈的环境之下，废止征兵，不失为一切要办法：第一，征兵是褊狭的国家主义的表现。征兵之存在是根据"一国的人民生来就是国家的卫士"（All the inhibitants of he State are are its defenders by birth）这一原则（A fundamental Prineiple adopted by Scharnhorsts committee on Militery Organization in Prusia in 1807）。国际公法学家 Vattel 在一七五八年亦说过："每个公民均有唯力是视捍卫和服务国家的义务"（Every citizen is bound to serve and to defend the state as far as he is capable）。在这种立说之下其流弊养成了人民褊狭的仇外心理，只知有国家而不知有人类，只知以武力为护符而不顾正义之存在，甚至流为战前德国式的帝国主义。如德国人只知一个武功显赫的俾斯麦，法国人只知一个南征北讨的拿破仑，意大利只崇拜一个高唱侵略的墨索里尼。虽然这种褊狭观念不必皆是由征兵制养成，而征兵的办法却可增长人民迷信武力的偏见。第二，征兵制之存在，则陆军裁减事实上等于不可能。因为征兵的要义是使举国皆兵，既然举国之内无人不可为兵，则一国军队之多寡只须视其人口之多寡，裁兵只能减去正式入伍之兵而不能裁减实际可以立即成军的人民。战后德国虽被解除武装，而法国因德国人力（man power）远在法国人力之上，对之尚深怀疑惧者以此。假如废止征兵，则既可便于各国兵力之估计，又可祛除国际之猜疑，更可收裁减军备之实效。第三，征兵制从个人主义的眼光看去，是剥夺个人的自由。各国入伍的兵当然不能说人人都是愿意去的；有的虽系受爱国的热情所冲动，有的实出强迫，

* 原载于《认识周报》1929 年第 1 卷第 16 期，署名孙振刚，曾炳钧笔名之一。

不得不尔。各国征兵出战的时候，临时逃避及自行搥石折臂的很不乏人。就这些事实看，实足证明兵役一事很具有国家与个人的冲突，故废止征兵自一方面说，则个人即可少一层自由的限制。

不过理论是一回事，事实又是一回事；此次我国与德国的主张虽然差不多一致，而目标却未必相同。明白言之，即我国偏向在理想，而德国却有特殊的作用。本来军役可分为战时与平时两方面。战时的征兵，则在以武力为后盾的时候，事实上绝不能限制交战国兵力的来源。故所谓废除征兵制，其用处在限制各国平时不能有普遍的强制军事训练之实施。然现在世界的主要国家差不多平时都有强制军役，例外的国家只有英、美、德、布、奥、匈诸国与我国。英、美在战时有志愿兵以补强制征兵制缺陷，而其平时无强制兵役的原因，亦由于国家所处的地位比较是一个超然的位置。奥布德匈诸国则因受战后条约（The Post-war Treaties of St. Germain, Neuilly, Versailles and Trianon）的限制。以此等条约之规定，它们只能有长期服役而以从军为职业的军队若干，必须实行废除征兵制度。反过来看，其他如法、日、意等各大强国殆无不实行征兵制。至我国之不行征兵，则既非受条约束缚，又非有所不宜，完全是由于事实上不去做。德国与我国目标不同的地方，尚可从德国计算后备兵的提案看出。德国依《凡尔赛条约》之限制，常备兵不得超过十万，后备兵则全付阙如，而各国的后备兵以法、意二国为特大。因各国陆军常备及后备兵的数目约计为：美国常备兵为一三三〇六九人，后备兵为三〇一三二四人；英国常备兵为四六七一一二人，后备兵九三九九四一人；法国常备兵六二二六〇〇人，后备兵四六三九〇〇〇人；意国常备兵二四〇二八八人，后备兵三一二〇六一四人；日本常备兵二一〇〇〇〇人，后备兵一六九八〇〇〇人；俄国常备兵为六九八一〇〇人，后备兵八〇〇〇〇〇人。故德国主张计算后备兵，事实上差不多是对法而发。至废除征兵制的办法，当然彼所赞成，因为假如真能通过废除征兵制，则事实上不啻是取消了《凡尔赛条约》的限制一样。因为这样，德国在陆军军备这一方面又与列强立于同等地位了。只要指出各国这些隐微的关系，就可以想象国际军缩事实上究有几多希望。

和平应该是人类共同的愿望，裁兵当然是一件倡导和平的盛事，而废止征兵制度，尤为裁兵的根本办法。然而裁兵之所以成为问题，其困难在办得到办不到一点，而不是应该不应该的问题。假如各国能放弃自私的成见、猜忌的心理，实行废止征兵，自然不特为纳税人轻减了负担，即对世界和平亦产生了一个新期望。不过，我们看，列强裁兵的真诚在哪里？一方面暗增兵备，一方面倡言裁减，则会议的作用至多也不过是适应潮流。他们的提议又都是藉缩军之美名以谋取有利的军备条件。所以废除征兵之议只有英、美、俄、意与我国代表有相同议论原不为奇，使英、美、俄、德的国家地位变一变，也许他们都又发表反对的意见了。此会结果之不能通过，形势甚为明显，普恩嘉莱治下的法兰西，墨索里尼独裁下的意大利，蓄谋侵略的日本，以及旁的以枪杆维持政府生命的西班牙、波兰、南斯拉夫，及其他实行征兵制的国家都不会赞成，而且一定是极力反对的。我国在这个地方有两层步骤应该分清楚：第一，我们最希望的是大同的和平主义。为实现世界和平起见，故当努力于裁兵之实行；假如列强对和平具有诚意，幡然裁兵，我们自是求之不得。第二，我们最低的限度要能自卫。所谓自卫，自然是因有外侮之可能。而外侮之存在与否，即可藉列强之能否彻底缩减军备以为断。假如各国均诚意彻底裁兵，则外侮之可能即大大地消失；我们于外侮消失之时，尚积极讲求自卫，当然是无的放矢。但如果列强蓄意强兵以图一逞，则我和平之望不成，即不可无自全之道。具体一点说，假如列强不能采行废止征兵的办法，我国便有采行征兵制的必要。其实就民族的观点说，征兵制于我国尚有特殊的意义。我们实行征兵初不是有什么穷兵黩武的野心，我国在现在的国际情形之下所以须实行强制兵役，因为是：

一，为整个民族的生存，不得不讲求自卫的手段。我们都知道依近时战术的进步，战争的规模只有增大而不会缩小，我们只要考察战争的历史，就可知作战规模有日益扩大的趋势。我们只消一看欧战时各国全部动员的情形，也当知道国际战争绝不是稀薄的兵力足资应付。且我国所以沦为次殖民地的地位，根本也就是由于自鸦片战争起屡战屡北。帝国主义者的目的虽偏于经济利益，而帝国主义者的声势却赖炮舰维持。空叫打倒帝国主义是莫用的。洋鬼子以机关枪来，我们至少也得用排枪打去。故我国要想恢复并维持国际平等自由的地位与推翻帝国主义者在华的特殊地位，为应付列强的炮舰起见，我们有采行征兵制的必要。

二，彻底破除私有军队的恶习，防止新军阀的产生。中华民国十几年的昏浊政治，可一言以蔽之曰军阀政治。因为政府的命运，完全系诸少数军阀之手，故内政之转变，一依军阀之喜怒利害以为衡。今年闹帝制，明年闹复辟；时而督军团作乱，时而直鲁军讨赤；时而倡联省自治，时而又武力统一。

十数年中国弄得乌烟瘴气、民不聊生，而政治则完全不上轨道！其实中国的军备无论在任何方面都不及各大强国，人人都知道用不着引证。然中国的军阀为什么这样跋扈，而外国则难闻有中国式军阀的产生？这个答案大家也都知道：中国的军队成了军阀个人的私人军队而不是人民共有的军队。因为军队是军阀私人的，故军阀成了太上政府可以为所欲为；因为军队不为人民所共有，故人民供了军队的牺牲，流离转徙！诚然现在北伐早已完成，训政已经开始了，然而军队私有的怪状事实上仍然还是莫有完全打破，有很多军队似乎都只知有直属长官而不必知有国家、不必知有人民利益。因之所有军阀时代的余毒，似均未能铲除尽净，可以自由动干戈、可以自由争地盘、可以自由括饷需、可秘密购军械。此种现象不彻底改变，那么，又何必牺牲数十万健儿的头颅，来换少数人的头衔呢？自然我们很希望现在领兵的各位"劳苦功高"的司令先生们，能够同德一心共同努力打破封建的余习，使政治早上轨道，中山先生的主义能够早日实现。不过徒希望少数的人是莫有用的，中山先生的建国大纲所以要有五权宪法的规划，正为是建国要义，应该注重法治而不当以人治。因为法是不变的，而人是变的。所以不论现在统兵的人如何劳苦功高，如何努力革命，然新军阀的产生不容不防，而预防最善的良法则莫如征兵制度。以前军阀的凶横，是因军队与军阀私人混在一起；以前人民的痛苦，是因武力与民众分离。现在实行征兵制度，就可杜绝产生军阀的流弊，使军队脱离了可以由少数人操纵利用的危险，永远成为国家的军队，使武力永远断绝了私有的可能转与民众联合。这样一来，私人地盘位置的战争当不会再有，与国民利益相反的军阀自不能存在得住，举中华十数年政治上纷扰不清的一个大病源，一下就可斩草除根。现在中央政府不是亦说要"防止新军阀的产生"吗？假如实行征兵的制度，不特新军阀无由产生，即政治上偶有相反的意见亦仅可用和平的方式来解决，不必诉诸武力了。

三，普遍的军事训练对我中华民族有特殊的教育作用。我国人民有两个很显著的缺点：在精神方面是萎靡，在体力方面是孱弱。体力的孱弱，一半是先天的，一半也是环境的养成。自然我们绝不相信各民族之人身体的高低、大小与其民族的文化、智力成正比例的谬说，不过中国人的早熟、死亡率特别高，做事的效率低、持续力小，无一不是与体力衰弱有特殊关系。在竞争激烈的情形之下，要适合生存的条件，才有生存的希望。照中国人的体质这样一代不如一代的下去，而又无普遍的体育训练以为补救，势非召民族的衰微不止。普遍的军事教育，即可作为体育的倡导。精神方面我国人萎靡不振的现象，无处不是颓唐的表现，而缺乏条理，漫无饬序，无一不是团体活动的障碍。普遍的军事教育，恰是振作的，严肃的、注重条理饬序的团体合作的教育。因此我国如采征兵制度，在体力和训育方面都有很大的好处。假如国人对公共一切服务都能以军事的有饬序、有团结的精神出之，则中国什么事业，都可早上轨道了。

四，改良兵的质量并解放多数以当兵为职业的国民，务使其工力得用于生产方面。中国社会里有一个很大的危险现象，就是不能生产、寄食社会的人太多，军队便是很好的一个例。当兵的人无职业，当兵便是他们的职业。所以中国的军队，除开极少数的例外，差不多是无业游民的集团。我们只要看每次内乱沿街招兵的时候去应募的是些什么人，便可知中国大多数军队的原形是什么（自然现有很多为党、为国的青年冒牺牲的精神去革命的，不过总不能占军队的大多数）。以这样的人来负捍卫国家的责任，无怪乎他们都勇于私斗而怯于公战，只知有私人而不知有整个的民族了。在这种情形之下，领兵的又不一定都能为人民谋利益，军队自然很容易流为社会蟊贼而形成一个特殊阶级。假如改行征兵制度，则当兵的大都是有职业的人，且一定也不乏优秀分子，则兵的实质业经改变，而不良的分子亦易淘溶，且无业的游民既不能以当兵为消纳的地方。倘再由政府善为处置，使有正当出路而无作恶机会，他们亦自会变为社会生产的一员而不至更作社会的寄生虫。

五，征兵制度可助长国人相爱的热忱而消释阶级的界线。因为实行强制军役则无贵贱、无贫富、无智恩都应当一律参加，若如阿根廷、瑞士、哥伦比亚、塞北亚及土耳其等可以输欵免役的办法，则不特不能化除阶级界限，反增加了阶级的观念。假如无贵、贱、贫、富都能平居，同起同卧，战时一致联合为共同的利益而外御其侮，共患难，出生入死，则彼此友爱情感的增加，自为不期然而然的结果。此种情形，《管子》中写得很好，用强制军役地方编制的办法则"卒伍之人，人与人相保，家与家相爱，少相居，长相游，祭祀相福，死丧相恤，祸福相忧，居处相乐，行作相和，哭泣相哀。是故夜战则其声相闻，足以无乱；昼战其目相见，足以相识；欢欣足以相死，是故以守则固，以战则胜"（《管子·小匡》）。《管子》中内政寄军令的组织固不能适用于今之世，不过用适当的编制法自亦能得同样的效果。古代斯巴达教民从军的方法，平时分配使若干人共卓而食，战时从军则共食者各成小队即相与共生死。近世日、法、德各国，差不多都采相类的办法，军队各个体间相与连成一气。假如我国也采用此等办法，经过相当的训练，则一盘散沙的中华民族至少也可藉此得到感情上更为团结的功用。以前 Stein 主张德国实行征兵的计划，一部分的原因也是藉此使德国人民益趋团结。

六，最后我们看，实行征兵制还可以减少常备军的军费而增加实际的军事力量。我们看各国的常备兵数，最多是俄、法二国，然均不过六十多万。然而我们民贫财尽的贵国，便有一百几十万之多，还除去川、滇、黔、东北等省不算！我们再把主要各国的国防支出与其总共支出相比较，在一九二六到一九二七年这一年（现在当亦无很大变更），法国总共支出为三七二三三百八十万法郎，国防则为五七二九百五十万法郎；意大利总共支出为一八八一九百八十万里拉，国防则为三一一千万里拉；苏俄总共支出为四○三九百三十万卢布，国防则为六三五百五十万卢布；英国总共支出为八二六百十万英镑，国防为一一九百四十万英镑；德国总共支出为七五七五百八十万马克，国防则为五六九百四十万马克；美国总共支出约为四二一一百二十万美元，国防约为六○二二七万七千美元，占全支出百分之十四有几；日本总共支出为一六三九三八二千元日金，国防为四三九一○二千元日金（去年到今年一年总共支出为一七○九百一十万日金，国防支出为三一九五五千日金）。无论在哪一国，其国防的支出与总共支出的比较，其百分率至多都不出百分之四十以上。在我们贵国则不同了，以全国全年总共的收入只可专供养兵之用！前此所谓财政总长，事实上不过只是为军阀办军需筹军饷。不过虽举全国的财力以供少数人之军用，而士兵们尚不一定能按月支全饷。故我国十几年来徒受兵多之祸，而不得养兵之用。兵队的量多而质劣，常备军额远在各大强国之上而全无后备，因此常备兵的军饷多而实际无可用之兵。以后要打破这种现状，亦惟有实行减少常备兵而行举国皆兵的征兵制。

和平自是我们最终的目的，然而和平并不是单方的希望所能促成。自己无维持和平的力量而徒唱和平的口号，帝国主义的国家必认为是弱者的乞怜而不屑加以注意。

我国现在要紧的问题，假如我们抛开党的纠纷而单谈政治现象，仍然还是一个裁兵问题。当局对于裁兵的愿力如何，我们不得而知。然裁兵会议刚一闭幕之后，接着便是湘鄂之战，近来仿佛又有所谓北方和平的问题。处此谣诼繁兴的时候，实行裁兵已经一时谈不到，改用征兵制，自然为时尚远，但此种现象适足证明了征兵办法之亟当采取。如何实施，属于当局的问题，记得从前亦经许多作者讨论过。本文只是一点理论。何去何从，不能不看国际裁兵的结果如何与我国当局的愿力如何。

浩布士的政治哲学 *

按：本年十二月四日为英国政治哲学家浩布士（Thomas Hobbes，1588-1679）逝世二百五十年纪念。十二月二日天津《大公报》文学副刊已有专篇论述浩氏之学说。今曾君此篇亦为此纪念而作，读者可并观。本报编者识。

在西洋政治思想史上，浩布士的学说，要算是很能圆到的一种，除非你不承认他的前提或界说，不然，你很容易受他的迷惑，不易找出他的破绽。所以你要反驳他，最好先审查他的前提，推敲他的界说。因为他的说法都是从先定下的界说或假定的事实推出来的结果，很像证几何的问题，步步依着演绎的逻辑，你一经承认他的前提，就不得不依从他的结论。举个例来说，依当时流行的思想，一般的假定，国家的起源是人民共同订立契约而产生的，君主的权力是由这种契约授予的，所以君主滥用权力，就是"不公正"。在浩布士却不然了，他一方面主张契约说，却不把君主放在订约当事人里边；同时所谓"不公正"（unjust）只是一种破坏条约的行为。君主既不是订约人，自然就无所谓破坏契约，所以他的任何行为，绝不能说是"不公正"。这样一来，契约却反作了对君主权位的保障。他用了一般公认的名词，却破坏当时一般人心里的结论。在这种推断之下，要反对他的结果，（假如你承认契约说）只有从（一）君主是不是订约的当事人，或（二）"不公正"是不是仅仅包含不守契约的意思两方面着手；不然，（假如你不承认契约说）就只有指出契约说的不合事实或理论上的不可能。后来洛克的契约说，便以君主为契约之一造；卢梭的《民约论》虽亦以君主不是订约人，却以人民的权利并未放弃给君主、是给人民的全体，所以君主本身无最高权力，不能为所欲为。这都是在界说上对浩布士主张的不合。休谟对契约说的批评，便以历史为标准。

---

* 原载于《国闻周报》1929 年第 6 卷第 49 期。

浩氏的政治学说主要的都包括在《巨灵》（Leviathan）一书中。是书共分四部：第一部讨论人的知觉、欲望、性格等问题，第二部是他政治学说的主要部分（从第十七至三十一章），第三、第四两部讨论基督教国与黑暗王国，比较上不很重要。他的全部学说是一最有系统的契约说。他主要的用意是：（一）由国家的起源指明主权者与人民的关系。（二）以人类的天性作起点，说明在自然世界之不适于共同生存与共立契约拥戴主权者之必要。（三）由契约的关系解释主权者无上权力的合法根据，及人民应有绝对服从主权者的义务。更统括一点说，浩氏是主张主权者绝对专制的。要问人民如何应该让主权者绝对专制，浩氏说是依据契约的关系，至于为何有这种契约，是为共同生存上人类受自然规律支配的必然结果。

浩氏《巨灵》一书，开始便分析人类知识的来源、欲望的发动。他的说法，完全是一种唯物派、机械派的说法。人类的知识都是由感觉器官来的，心是脑子里的运动，一切意象都是感觉器官受外界的物的运动之感触的结果，忧乐好恶完全由人脑与心内不同的运动而生。人类行为的动机也就全受这好恶忧乐的支配。美恶利害的标准因人之好恶而不同，绝对的好坏是莫有的。人类既是这样一种机械，他行为的出发点只有一个——"永远不停到死方休的权力欲望"。所以，倘无外界的阻碍，自然只知寻求个人的快乐、不管别人的快乐，只求满足个人的欲壑、不管他人的利害。人性既是如此，故当人类在一种无秩序、无是非、无束缚的自然世界里时，集无数自私自利的份子在一起，结果不用说自然是或用手段，或以武力，互相残杀、互相争夺。在这种境界之下，人人相互间都是敌人，人与人间所争的都是为满足一样的兽欲；大家都唯恐旁人的力量超过自己，个个都只想争胜以博得他人的赞赏。这种说法如何，此处姑且不论。不过浩氏有几个重要的结论，值得特别注意：

（一）人类自然平等，并不是说人人的一切享受权利都应该相等，是说，在自然世界里，各人不能以力得则以智取，人人一样的各自以为绝顶聪明，各对他所分得的智力的一份都同等的自以为满意。但因为智力这样的平等，故大家都起了相等的欲望。

（二）自然世界里无是非的分别；因为人们的行为都是受感情的支配，要说这种感情与那种感情在道德上的差异，尚无标准来决定。要比较行为的好坏，只有在公共遵守的律令成立以后。换言之，就是要在脱离自然世界进入文明社会以后。

（三）并无"公正"（just）"不公正"（unjust）的差异。因为"公正"不"公正"的分别，并不是先天的、自然有的，是在法律成立之后的。然而在莫有一个共同禀服的最高权力以前，法律不能产生。所以，在人人争强的自然世界里当然没有"公道""不公道"的说法。

（四）依同样的理由，在自然世界里各人都无私有财产，各人抢得许多用许多，保得住多久用多久，因为私有财产是根据法律的承认的。

浩氏虽然未讲这种自然世界在事实上是否存在，他却举了许多人类实在的事实，好像是作为证实他的理论在事实上存在的根据。依浩氏说，人们"出门要保护自己，睡觉要锁门，就在屋里也要锁箱子"都是各不相信的表现。如美洲印地安人就很能表示自然世界里人与人间的情况。这种情况，在内地战争爆发时及在武装的国际社会里，都可找出具体的类似的旁证。

假如人类都继续像在自然世界里那样只是互相残杀，人类岂不是会至杀绝不止？不过这是不会的。欲望虽是人类行为的动机，却也要受自然法则的限制。自然法则并不是给与自由的天则，却是限制自由之行使的定律。本来在自然世界里，假如无外界的阻力，理论上人人都有绝对的自由。浩氏之所谓自由，即外界无阻碍存在之谓。应用这种自由，他可用他力所能及的方法，保存他的生命（这即浩氏所谓自然权）。不过这种自由，一方面要受事实环境的限制，一方面要受意志的限制。关于前者，兹可不赘。关于后者，譬如（1）人在船上，本有跃水自溺之自由，然而人却不愿跃水。（2）对于一种权利，每人本有攫取之自由，惟遇有力之强敌，则争夺即有性命危险，宁可退让。此即自然法的意义。从这点看，自然权与自然法相反的一点是：依自然权，人人都有取得任何可以满足个人欲望之权利；依自然法，各人不得不受限制放弃其欲得的权利之一部分。人类既受了这种自然法的支配，则求生的观念和权利的思想权衡轻重，自然世界里互相争杀的人们第一步便不得不出于要求和平与维持和平之一途。不过实现和平依浩氏说，只有一条路——就是每个人都要一律的相互的放弃他对于外物的一切自然权，人人必得互约杜绝其自由的行使。这种互相要约放弃其自然权的办法，便是自然法的第二定则。第三个定则就是契约的实行。换句话说，浩氏认为人类想脱离自然世界里混战的生活是自然的要求，为脱离自然世界生活便不能不出于互订契约之方法，亦系含有必然性的结果。

说到国家的起源，浩氏以为国家有"建设的国家"（A Common wealth by

Institution）与"取得的国家"（A common wealth by Acquisition）两种。前者是由人群自由的意志集合而成的，后者是由外力慑服集合而成立。浩氏所指的社会契约，是叙述"建设的国家"的情况。不过他以为征服的国家仍是一种契约的性质。与"建设的国家"的契约相同之处，是在人们心中都有恐怖的心理；其不同处，在前种状况下是众人恐惧一人或一团体的人，在后者状况下是各人互相疑惧。浩氏还有一个一丝不漏的地方，就是他认为强制的契约不能作为否定契约的理由。

国家组成的原因是由各人共谋安全的生存而起，前面已经说过。社会冲动（social impulse）并不是真正的原因，此处浩氏与千数百年来亚里士多德遗传下的说法大异其趣。依浩氏说，组成的过程先是在自然世界里人人互相不断屠杀争夺，然后才共同订立契约。其约定的方法形式如何（此处为浩氏全部学说的紧要去处），依浩氏的说法，是每个人对其他指定的一人或一团体的人说：

"我在你同我一样抛弃你的权利给他并认可他的一切行为的条件之下，承认抛弃我自己支配自己的权利给这个人或这个团体的人们"（用高一涵译语）。

依照这个方式，应当认清的有最主要的几点：

（一）契约的当事人是自然世界里每个人的个体，不是一群人的团体或总括名词的人民，也不是一个权力高出人上的人。主权者不在当事人之列，他只承认行使众人委托他的一切自由行使自然权的权力，并未放弃他个人的任何自由与权利。

（二）服从多数以拥护主权者，是载在契约的条件，少数人不得反抗。

（三）依照契约的目的，是谋以和平达生命安全之保障，一旦破坏契约，即全体陷入混乱状态，故契约应该继续存在。

一个国家的主权者就是这样产生的。在这里最当弄清的一个问题就是"公正"与"不公正"的问题。在前面已经说过，在自然世界里是无"公正""不公正"之分的。"公正""不公正"的界限依浩氏巧为缩小的意义，只是守约不守约的分别。换句话说，守约者是"公正"，惟有不守约者是"不公正"。在这种前提之下，便有如下的结论：

一、人民无论依何种理由，凡有不服从主权者的行为都是"不公正"，人民另拥新主权者以代替旧的主权者而未得后者之承认是"不公正"，因为这样便是破坏了原来的契约。人民被主权者杀死，依照理论是等于自杀，因为主权者是被各个人民委托其自由行使一切自然权的。

二、人民不能以主权者破坏契约为理由而破坏契约。因为主权者并非契约的当事人，无所谓破坏契约。他一方面既受众人行使权利的委托，一方面他并未放弃其本人的自然权利，故他对人民的一切行为，无论如何，都不能是"不公正"。

三、少数人不能反抗主权者。少数人不能以主权者之选定未经他们同意为理由而反抗主权者。假如他们是订立契约的人，则破坏契约为"不公正"；假如不是，则此少数人与多数人之关系，仍是自然世界互相敌对之关系，即以国家的力量全体屠戮，亦不发生"不公正"的问题。

四、人民对于主权者的身体不能处死或加处罚，因为主权者之行为是代表人民的行为。假使人民因主权者的行为不是而加处罚，不啻是自己犯罪而处罚另一无罪之人。

主权者与人民的关系既是如此，就理论说，主权者当有如下之职权：

一、一切言论意见的审查或禁止权。如有放言高理不顾社会安宁，一如在自然世界时之旧者，官吏便当加以阻止，以免引纠纷或内乱。此处刚与米尔顿的出版自由，成一正反对。

二、一切财产行为的规定权。这亦是最要紧的，假如不加规定，则在自然世界时人人对于一切财货都有自由攫取权的。

三、审判权。此所以解决众人的冲突与纠纷。

四、宣战媾和的全权。这亦是主权者保障安全的责任。

五、其他任官及授予荣誉等权力。

主权者虽有绝对的权力，人民的自由也不是完全莫有的。不过自由要分两层来说：一是外界无阻碍存在可以为所欲为的自由。这个自由，人民在自然世界才有，入国家的团体生活里，已经放弃。二是国家生活内有限度的自由，这种自由有两种：第一种是在主权者——即国家的法律——所不禁的范围内的自由。第二种是从契约的性质上说，人人所不能放弃的自由。由前者说，是主权者能限制人民的自由，人民不能限制主权者的权力。换句话说，我们不能以个人的自由为理由反对主权者的行动。主权者的行动，虽是未经法律的明文规定的，也是合法，因为他并不违反契约。由后者说，人民可以有自卫，不遵主权者的命令而自杀、拒绝重罪的自首。假如有替人的话，还有拒绝从军的自由。因各人订立契约是以谋生命的安全为目的，此种从军等事务即可危及生命，故人民虽不从主权者之命令，可以不发生违反契约"不公正"的恶名。不过此种自由，只以不负违背契约的罪名为止，并不能限制主权者之不强制执行，主权者仍然可以因其不服而加以杀戮。

（未完待续）

浩布士的政治哲学（续）[*]

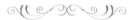

　　浩氏政治哲学中最重要的理论已经如上所述。浩氏对于政体与法律的主张也当说一说，不过这些主张都是从他的主权的根本概念来的。从前两段的叙述中，我们可以知道浩氏所谓主权者是"依国家成立的根本契约，受人民全权的委托，行使最高的权力以保障社会和平的一个人或一群人之团体"。依着这个观念，政体的种类即依主权所寄之人之数目的多寡而定，共可分君主、贵族、民主三种。政体好坏，不能以权力的大小作标准，当以何者最适合于国家之目的为根据。因为就权力说，三种政体的执权者所有的权力都是相等的，故他们的好坏，要看哪种最适宜于这种专制权的行使以达到保障和平之任务。浩氏这样定下标准之后，自然就以君主政体为最好了。君主政体的长处，依浩氏的意见是：

　　一、主权者的公、私利益相同，国家的光荣、财富，就是君主的光荣、财富。

　　二、君主政体最能保持政策的秘密。（这条却不成理由）

　　三、举措较能一贯，政策较少把持不定的现象。多数人的政体恰好与此相反。

　　四、君主只有一人，不能有因嫉妒利益而起的主权者之自相冲突。多数政体，便可因嫉妒利益等纠纷而起国内战争。

　　此外，君主政体也有两个坏处：

　　一、君主对宠幸私人的赏赐偏私。

＊　原载于《国闻周报》1929 年第 6 卷第 50 期。

二、君主愚懦及摄位的纠纷。

不过依浩氏的意见，关于第一个坏处，他以为多人政治的这类事实更多。关于第二点，他以为君主愚闇，可令人摄政。因摄政而起的纠纷，不是君主政体本身的毛病，却是臣民的野心不好。

其次，对于法律的主张，浩氏最主要的意见是惟有主权者的命令才是法律。自然法并不是法律，它不过是"从理智得来的，如何可以保卫生存的结论"。习惯法之得成为法律，亦不过因其曾经主权者之默许。至于法律的解释，人民不得各以其意曲解，须依正式法庭的解释。各个哲学的说法，不能作为法律的权威，因为无论哲学家说得如何天花乱坠，不经主权者的口，他的主张是不能成为法律的。这样一来，自希腊、罗马以来所有一切自然法、神法、刑法、民法，聚讼纷纭究诘的各种说法，都被斩钉截铁地一笔划清。不过依照这种说法，在君主专制时代，只增加了君主专制的权威，小民权利的保障却被剥夺殆尽！

契约说在十七十八两世纪里，是风行一时的政治学说。对于这种学说最有系统的贡献的要算浩布士、洛克与卢梭。所以这种学说的内容也可推他们三人作代表。他们虽同以社会契约作起点，结论却全不一样。浩氏与后二者的差异很值得我们注意。这种差别可分三步说：

一、自然世界。浩氏的自然世界是不绝的战争和劫夺，简直是一个黑暗不安的状况，我们已经知道了。洛克、卢梭的自然世界却与此全然相反。依洛克的说法，自然世界倒是个自由平等、有秩序、有理性的和平世界；卢梭更以为那是一个极乐的天国，独立自由都能充分行使的所在。他们的结论这样的相反，是由于他们对人性的根本观念不一样：卢梭主性善，浩氏主性恶，洛克以为人性是一张白纸。这中间明明是三个阶段。

二、脱离自然世界的原因。浩氏的意见可不再说；洛克的意思是由于不方便需要不能供给、公共裁判人的缺乏；卢梭则以为是人口增加，不得不如此。

三、契约的缔结。他们各人的说法，浩氏是人民每个人与每个人，君主权者并不在内；洛克是人民与执政者（Ruler not Sovereign）；卢梭是人民一人与全体。依浩氏之说，人民的一切权利都放弃给了主权者，主权者并未放弃任何权利，故结果成了专制政体。依洛克之说，人民除抛弃自由保卫自己与直接惩罚凶暴两种权利外，并未放弃任何权利；执政者是订约当事人，故职权的行使受契约的限制，不能超出契约范围以外。卢氏则以为人民个人的权利是交给人民公共的全体，未奉给任何部分的人或个人。故洛克的结论主张有限君权，而卢梭的结论自然偏于主权在民的民主政治。

这种关于国家起源的学说价值如何，可以从两方面看：（一）是当它成历史的叙述。（二）当它成政治哲学的假设。假如当它成历史的叙述，则惟一的标准便是须与事实符合；假如当它成学说的假设，则当看以这个假设为根据的推论是否能贯通一致、不相矛盾或是否合理。

我们试依第一个标准来看浩氏的契约说，所得的结论便当如下：

一、契约说在历史上无事实的根据，这个缺点可以说是契约说的各派所同有的，浩布士更不能例外。自然浩布士并未主张说历史上一定有民约这件事的存在，不过他的话也不是无因而发的。从他的主张看，从他的引证看（如印地安人之类），可以知道他的说法一方面是针对时势的主张，一方面也认为事实上也是有的。依他主张的情形看来，好像当时人民推翻了君主立刻就要恢复到自然世界里人将相噬的形象似的。然而这种契约，史实上却找不出证据。

二、形容人类无束缚时的残暴，浩氏有意过甚其辞，与人性实际的表现不符。本来性善、性恶、善恶混与无善恶的说法都是不易解决的问题，不过即使我们假定人类都是自私自利的，其表现的程度亦是有限度的。倘非 vital interest 有冲突时，不见得处处都非以武力解决不可。如同情心、父母之爱等是先天的或后得的，心理学上虽然是争持未了的问题，然而人类在某种情形之下定会有这种心情的发现，却是不容否认的。所谓在自然世界里人与人间只有极端的残杀争战而毫无同情仁爱的说法，如是纯从假设上推出来的，逻辑上的结论另当别论，谓是事实如斯却令人不能想象。依浩氏之意，人类既是绝对的自私，我们出门带武器、关门锁箱子，都是这种心理的反面证据。那么，杀人于梦寐之中、自庆其兄弟之死（用卢梭说），应当是极普遍的现象，然而我们平心自问，我们是否都愿意、都忍心这样做？赞成浩氏的人也许可以说这种不忍心是养成的，自然世界的人莫有这种习性。这样，我们又要问历史事实的证据在哪里？印地安人也不是恰如浩氏所谓自然世界里到处人人混战的情形一样，欧洲、亚洲是找不出这类史实的证明的。

三、浩氏还有一个不符事实的地方，就是把自然世界里的野蛮人的政治意识抬得太高了。依浩氏的说法，自然世界里的人能够很一致、很整齐地同意一切，自由权利拥戴一个或少数的主权者，而且同意后就大家都能一致遵守契约（假如不遵守便不能成立国家）、服从命令。这样有纪律，非有很高政治修养的人绝难办到；在自然世界里，草野未开、完全兽性的人们是绝莫这样高的政治习性的。

其次，我们再依第二个标准来看浩氏学说，看又如何：

一、依浩氏之说，人类都是自私自利弱肉强食的，以如此贪残无理性之人绝不能与一群互有权利冲突的人自动地联合在一起，也不会安于契约之约束。其理至明。不然，蛮无理性之人，只因契约一订，便能一朝尽变为讲信修睦之"君子"，此种人亦大可惊异。这一变不是变得太快，便是原来的本性不恶，都是与浩氏关于人的说法冲突的。所以依浩氏论人之说，与其说国家的起源是由不通理性的各个人互相结约而成，不如说是由众人屈服于一强有力之个人或团体之结果较为合理。既是取得的国家，则所谓契约亦是人民与主权者的契约，人民个人之间并无契约的关系。

二、在浩氏那种自然世界的情形之下，订立契约之时，这全权者的人选就成问题。依浩氏人类生而平等的意义，大家的欲望都是一样的，即使大家的理智足以知立约之必要，争权逐利的心理也够使他们各不相下。且契约的作用原求保障生命安全，不过众人都放弃了他个人一切自由权利而受一个或一群自私自利、无束缚、无理性的人（因主权者尚是自然世界的人且增多了权力）的制裁，试问安全不安全呢？依浩氏之说，惧别人势力超过自己，乃人人自然之心理。岂有自然世界人智足以知订约以限制各人权力而保安全，乃更授专制权于一个或少数自私自利者之手，而不惧其危害社会，而不限制其权力之行使？如不加以限制，在理论上太说不通；如加以限制，则主权者系承受众人的条件而来，这种条件也就是契约的一部分。换言之，即主权者也是契约当事人，与浩氏主权者非订约人、无守约之义务之说，陷于矛盾。

三、契约说不能解释立宪政体以前执政者与人民之关系。因为假定国家之起源由于契约的成立，则负有遵守契约义务者只是订约者之本身，后代却无此义务。专制政体与立宪民主政体不同的地方是：在立宪民主政体下人民有代表机关，可以知道他们对于约法是自由承认的；在专制政体下人民对于法律的服从是受权力的压迫，并不是契约的履行，且在同一国家内朝代的变迁是很多的，朝代变迁后在主权者与人民的关系上更不能说人民对于主权者有何契约上的纯粹义务。然而浩氏所说的主权者的地位，是概括的指一般的主权者之地位。此在理论上亦说不过去。

四、浩氏以为无论是君主、贵族或民主政体其权力都一样，所以评判政体的好坏当以何者最能运用这种权力以保障和平为标准。而他所谓"和平"，只是一个"人民完全变成主权者的奴隶"的静肃世界，所以君主政体便成了最好的政体。浩氏这种说法是由契约一贯而来，因为依浩氏的意见，契约惟一的作用只是为人民"从相杀的危险（死）换得个奴隶式的安全"。用图来表明：

自然世界人人相杀（死）——契约——众人作主权者奴隶和平。依他的推论法，好像是人群的生活只有这两种——死与作奴隶——不入于此则入于彼。不过他这种推论法是依照他的众人都把绝对的权力放在主权者手里的契约方式而来的。就理论上说，人类（假如像浩氏所写状态）从无秩序安宁的生活变到有秩序安宁的社会，契约也许是过程之一种，然而契约只能换得一人或少数人的专制，这却是武断。依浩氏的说法，和平的需要固然因人类受自然法的限制，不得不如此。然而一切欲望自由，也是人类一切行为的发动机。换句话说，人类的行为，在可能范围内，都应当，而且一定是用"利中取大，害中取小"的方法。我们看，从自然世界到和平的社会，只有一种奴隶生活的可能吗？脱离自然世界以后的国家生活，至少有三种选择：一种是和平生活中大家都能充分满足欲望或得最大量的权利；二是在和平条件下，与权利以较大之限制；最后才是在和平条件下放弃一切权利。在这三种选择之内，浩氏却单单为人民选了最后他们所最不愿意的一种。浩氏既为人民选了最不利的条件，所以政府唯一的任务，只是维持和平秩序。主权者的专制残暴与否，均不必问，只要为人民达到了奴隶式的和平境界便是政府的能事已尽，故于是乎君主政体中了上选。不过我们要回转来说，这种选法是与浩布士的人性观自相矛盾的。依浩氏的人性观，人民便当然取第一种条件。依第一种条件，好政府的标准便当是巩固和平及为人民谋最大多数之最大幸福。因此对于君主政体所得的结论便当如下：（一）君主专制与人民生命财产的安全最无保障。（二）君主与人民的利益不一致。（三）君主最难周知人民的愿望和需要。（四）君主政体最难收集思广益之效。（五）君主地位的争夺最能破坏和平（在欧洲史上君主嗣位的战争不知凡几，与浩氏的结论刚成反对），君主政体成了最坏的政体。

五、浩氏的政治学说，所以得着那样的结论，除在名词的界说上曲解外，完全是在假定的事实上取巧，是先有成见后抉择事实的。这种只依成见不合事实的假定，与王权神授说之类在价值上果有多大差别？与王权神授说相较，尚减低了君主的尊严。无怪乎一方面主张民权的人反对他，一方面主张王权的人在巴黎亦要危害他的生命了！

契约说自十六世纪后，除浩布士、洛克、卢梭外，许多政治学家都曾经有过赞同的意见。如 Hooker、Milton、Grotius、Pufendorf、（　　）、（　　）、[1] Kant、Blackstone、Spinoza、Fichte 等都有此说。不过此说既不符历史事实，又不免有破绽，且以人民与国家政府的关系只解释成一种买卖式的交易合同的关系亦有其危险的地方。故经 Hume、Bentham、Burke、Ven Haller、Austin、Lieber、Woolsey、Maine、Green、Bluntschli、Pollock，Garner 等人肆力抨击之后，差不多被驳得体无完肤，到现在已经是完全立足不住，有名的政治学者莫有人能为它辩护了。但是主契约说的人在政治思想史上自有其不朽的贡献：主张民权的如洛克、卢梭之流不用说，即以浩布士论，他虽主张专制主义，然而归根结底在他的契约说的假定后面，他亦是承认统治者的权力是由人民赋予这个基本原则的。因为要不是从这一点出发，契约说更无从说起。故浩布士的学说，虽然在当时与洛克、卢梭等说对待看算是巧背时代思潮，而与非莫（Filmer）等王权神授直不认有民权一类的说法相较究竟是很有进步。他的契约与自然权等的解释，虽然是错误的，而以人民的承认为政府正当权力的来源（The Governments derive their just powers from the governed）却是民主政治历世不易的金科玉律。以主张专制主义的浩布士对此前提尚不能不承认，亦可见当时民治主义的高潮了。

---

[1] 此处原刊物文字模糊不可辨识。——编者注

劳资关系与德国劳动法庭（上）[*]

　　工业革命在社会上产生的很大影响是资本集中，劳工与资本分离形成的劳资双方对立。而私人资本主义所以能发展到今日的局面，完全是由于自由竞争的放任主义所造成。19 世纪时，一般人在生物学上受达尔文生存竞争学说的影响，在经济上初从重商主义的束缚政策中得到解放，且有经典派放任主义的主张，在政治上法国革命又标出了平等自由的口号，故物竞天择遂成天经地义；政治上虽未能实现平等自由的原则，而趋向总是倾于平等自由方面；经济方面则在私产制度之下，大抵各个国家的立法是承认人人的机会均等、容许法律范围内的经济绝对自由。简言之，即私人一方面有取得、享有及保护私产的权利，所谓私人财产权；另一方面对于他的财产或货物的交易，国家纯任其依天然的法则、供求的定律，以协约方式自由规定一切。

　　所谓自由竞争并不限于大规模的物品贩卖，凡一切经济交易行为均适用之。此种凡一切经济交易纯以个人本身最大利益为前提，在供求规律的支配之下而自由决定其经济行为，以达其得到最大利益之目的，在经济上为自由竞争，就法律的观点看则属于契约自由。而劳资关系，私法上便看作一种财产交易的契约关系；因劳动契约既基于两造之同意，自有双方的允诺由此发生权利义务，遇必要时得由国家的力量去执行，与他种契约并无何等差异。至于工作条件如何，纯由双方协议，依工人之供求关系而定；工作稳定与否，亦不计工人之愿望生活如何，而以工业情形为准。劳工处于此种不利情形之下，为资本家当作货物买卖，于资本家有利则招之使来，否则挥之使去。然而，放任主义既为前此各国的工商政策，资方在法律上便有契约自由之保障，故劳工冤抑无从申述；劳工契约自不容第三者有干涉余地。依契约自由应有之解释，第一，工会至少不得干涉非工会工人的缔约权。换言之，即工会不

　　* 原载于《大公报》（天津版）1929 年 12 月 5 日，第 13 版。

得强迫工人罢工或禁止非工会的工人受雇。第二，雇主有解雇、另雇工人之自由，工人对于雇主不得强迫要挟。第三，法庭当纯依法律的观点承认劳资双方在法律上缔约的平等地位，不得有所偏护。原前英、法各国大都只注意于产业之发达及私人财产权之保障，故各国的法律，不特无保护工人利益之规定，且英国在1799年至1825年、法国在1884年以前，劳工同业的集会均以违法论。

不过劳资关系，假如仅当作普通私法上的契约看，未免太注重事实的表面而忽略了劳资不平等的地位。仅为产业的发展而不计大多数工人极端的苦痛，不特为正义、人道所不许，亦绝非社会不安的适当解决方法。以前一般将劳资关系仅仅当作一种契约关系的看法，其谬处在于将工人的役务看作与普通货品一样，实则在资本集中的工业制度之下，如资本家及社会都把劳工当作"为人致富"的工具，不但在理论上说不过去，而且工人劳力之贩卖较普通货品之出售其所处地位更为恶劣。第一，劳力不能与人分开。普通交易只须交付物品，而劳动契约一旦成立，劳力者便须将其本身交付雇主，因之不得不忍受雇主工厂锢闭的待遇及其劣陋紧张的工作状况。第二，劳力不能待价而沽。普通物品出售时间的迟早，于卖者无多大损益；买者还价不合，卖者可停售居奇。劳力之贩卖则反之，因劳力者皆穷困，一日不得工作则减少一日收入，一周不得工作则吃饭便成问题。第三，劳力不利于转运以求善价。普通物品总是向出价高的地方流转，而劳工则不能。盖劳工不特有家室羁绊，且旅行需费、需时，先有两层损失。故劳工恒有一种地域的固定性（Immobility of Labor）。基于此等原因，故劳力者觅工恒处于迫不及待之势，而雇主则喜怒从心，对于工人之需要不似工人迫于饥寒需要工作之切。故劳资关系虽在法律上可仅以契约关系视之，而两方缔结契约的力量及成约前所处的地位乃完全不平等。

近数十年来，资产既集中于少数人之手，资本者恒利用其经济的雄厚力量、优越的缔约地位剥削工人。工作时间出产物品力求其多，工人薪资、工厂福利的设备则务求其俭。工人迫于生计，在资本势力的压迫之下，以每日的苦工血汗仅能换得仅可维持生活的面包，终岁只有紧张工作，前途毫无光明的希望。此种情况之下，劳资利益处处冲突，劳资关系常趋恶劣。从旁观者的角度看，是劳资关系恶劣；就整个社会来说，可动摇现存社会制度的基础；就产业来说，阻碍生产事业的兴盛；就劳资本身说，增加了许多精神、物质的损失。然而为什么会有此种不安的现象呢？其罪不在工人，也不在资本家的谋利，而在放任主义之实行。资本家有充分的自由来集中资产，而大多数工人生存的自由却几乎因此剥夺尽净。

但是近数十年来，工人的地位亦不是莫有改进。依工业发展的形势、社会环境的变迁、各国劳工的运动和社会主义者倡导主张的结果，各国工人的痛苦逐渐为社会和政府所承认。各国政府渐次修改其保护资产、听由资本者自由压迫劳工的政策。虽然这项工作进展迟缓，但各国政府都在陆续立法以保护贫弱的劳动者；他们寻求改善劳动环境、承认工人的团结、设法消弭和解劳资的纠纷，并谋求满足工人之某些要求和愿望。如英国、法国、挪威等国制定对于特种工人最低工资之规定，各国规定工作时间之限制、工人失业之救济、仲裁机关之设立、工厂法之实施，皆其明显例证。此等措施能否完全解决劳资问题，属于另一问题；惟即此亦可看出放任主义之行不通，改善工人地位、增进劳资关系政府应有实行干涉政策之必要。而各国政府对于劳资关系的态度之渐渐改变，亦于此等处显明。近年德国劳动法庭之成立，誉之者便谓其予工人在法律上一个新地位。

劳动法庭之成立，第一是因劳工纠纷之日多，不能没有特别法庭以处理其案件；第二是因法庭处理劳资的案件，必须于劳动情形与劳动立法具有充分专门知识始能判决平允，而普通法庭之法官则往往不能专精劳动法。从权限范围说，德国劳动法庭是普通法庭之外执行劳动法规的一个独立司法系统。虽然就法律说，在法庭的眼光里终究仍只有契约的权利义务之分辨，法庭的责任只不过是注意于已成契约之履行不履行。但成立新的劳动法庭这一事实，也可表示对劳资案件的两造不能纯如普通法庭一样，仅仅把劳资看作是订立平等契约的原告、被告；而应当把劳工看作劳工，资本者看作资本者。换言之，即劳资的案件不能简单地用普通私法来解决。而其所以不能用普通私法来处理的原因，是由于普通私法上严格的权利义务观念及对于契约的解释不宜完全严格地适用于劳资关系。德国立法机关对于此点，在理论上当亦未尝不承认，只是此种观念在现存司法制度下于应用上有困难而已。劳动法庭的成立对劳工有多大益处自当存在疑问，激进者认为这是一个不彻底的计划，亦不失为一种制度的改良。其组织进行如何，不妨一述以供国人参考。

德国的劳动法庭，也可说是德国以前的工业法庭之扩大和延续。德国境内工业法庭最初在莱茵地方是由拿破仑仿照他所创建的法国工业仲裁会

（Conseils de Prud'hommes）而设立的。故德国之劳动法庭与法国之工业仲裁会在源流上是相同的。不过也有很多异点：第一，前者遍于德之全国，后者仅存在法境之一部分。第二，前者的首席审判是一个不属劳资双方的公正人，后者仅于不得已始请第三者加入。第三，在劳动法庭，调解是"公了"的，在仲裁会则为"私了"的。第四，两造如不服德国劳动法庭的判决，上诉法庭为另一系统的特别法庭；不似在法国，不服仲裁会之决定，其上诉机关为普通法庭。第五，在法国劳资纠纷可延请律师代诉，在德国则低级法庭不许律师出庭。

德国劳动法庭系依 1926 年 12 月 26 日的劳动法庭组织法成立，共分三级，即初级劳动法庭（Local Labor Court）、地方劳动法庭（District Labor Court）与最高联邦劳动法院（The Federal Labor Court）。劳动法庭的职权是执行德国自1918 年革命以来所订立的劳动法规。下列案件均归其处理：（1）一切劳工协约、民事争议，或为订立劳工协约而起的争议，包括工人的集会自由问题。（2）概括说，一切劳工契约上的民事争议，惟于雇佣的专利权为例外，又造船业的争议因有特别处理办法不在此限。（3）工人之间工作上的争议。（4）开除工人的事件。（5）对于德国劳工会议之实施得发表意见。（6）不属于上列各项，而在经济上或法律上与劳动法庭所处理的案件有连带密接关系的案件。（7）凡案件之先有两造特别约定者。不过劳工契约上的争议，虽已在该法庭起诉，假如协约的两造愿将该项争议以仲裁方法解决，尚可撤销诉讼。

从行政系统上说，劳动法庭亦可谓系德国整个司法系统的一部分。劳动法庭之成立，系由地方司法机关经地方最高社会立法机关赞同，并会商地方劳资的经济组织之后设立之。法庭首席法官即由上述两项机关指定，惟无须与资方组织或工会商酌。初级法庭与地方法庭之费用由地方支付，最高联邦法庭由国家担负。故最终此项机关殆属于国立的性质。至于前此的工业法庭是地方的机关，只向地方权力机关负责，同时具有地方的独立性。

劳动法庭的首席审判通常为一熟悉劳动法的法官，现在虽亦容许非专门法律的人充任首席，惟因限制甚严，故事实上新任首席者大都是法界人士。首席审判之任命期限由 1 年到 9 年，可得连任。专任首席审判者可得终身任命，但至少须在服务 3 年之后。大体上，首席审判官大有为终身法官之趋势。在经验上，从未闻有首席审判被撤职者。法庭除首席审判外尚有陪审 2 人，此二人中一代表工会，一代表雇主。陪审任期 3 年，其人选系先由同一法庭区域内之雇主协会及工会各提名若干人，列为提名单，再由上级行政官厅在名单内圈定。且须得地方法庭首席审判官的同意。（原工业法庭的陪审则系选出）陪审有资格的限制，即陪审者必须为德国人，25岁以上，并曾在本地作劳工或雇主1年以上者。公司及工会的职事或代表得有受任资格。雇主或公司管理人不得排斥工人之曾为陪审者。若雇主对一工人因其曾为陪审者而加以歧视，则当受处罚。

德国之工会为数颇多，劳动法庭允许工会代表参与自是承认工会为劳工阶级法律上的代表者。然德国现在仍有工厂协会（Company Union）之存在，而此等协会则在法律上不能为工人代表。无组织的雇主及工人对于陪审之选定均不能参与末议。此种办法，论者谓为剥夺无组织的雇主、工人之权利。法国工业仲裁会之选举则与此不同，工人方面虽由工会操纵选举，而投票则不限于工会工人。德国的办法很明显的是更鼓励工人组织。

劳动法庭之组织有两点应当特别提说：第一，特种职业的特别法庭问题。依德国劳动法庭现行组织法，对于手艺工人及薪工的案件可在劳动法庭内另组织特别分庭处理；不过特别分庭之设不必于有劳动法庭之处均有之。事实上，德国境内有的地方设立特别分庭很多，有的地方很少，或者付诸阙如。而以一种分庭之职任付诸劳动法庭，为特种职工另设特种法庭，原亦德国法律之所许；德国全国铁路雇工即另有特别法庭处理其案件。此种特别法庭在普鲁士、撒克逊等邦殊不多见，揆其原因，也许是鉴于此前矿工法庭结果不良的先例（矿工法庭此前与劳动法庭同时并行现已废止，其职任转由劳动法庭处理。）第二，劳动法庭设立的区域。分配劳动法庭设立的区域与普通法庭一样，此种分配办法在工业发达的地方固属适当，在工业不发达的地方则案件甚少，法庭终日闲时太多。为使法庭不至虚糜时间起见，有两种方法：一是将一劳动法庭管理诉讼的区域扩张，致使法庭案件数量值得用一专任首席审判为度；二是仍照普通法庭的分配区域分配，但劳动审判仅定半日工作。后一办法的好处是便利诉讼者，不致因请求公判而跋涉远道；不过取此种办法，其首席审判往往同时是普通法庭的法官而不是专于劳动法的人。既然为劳动法庭的首席审判，则劳动法的专门知识实为必要。前一方法的好处是审判可以有专门研究，且陪审之选定与夫求法庭行政的效率，必须法庭所管理的区域内有一个雇主工人组织的中心地方始易办到，而在农村区域则雇主工人大都缺乏组织。为补救此等缺陷起见，自以采用前法为宜。关于上述劳动法庭设立的区域问题之解决办法，德国各邦殊不一致。普鲁士、撒克逊、沙尔林基及其他小邦大都采用前法，在此类各邦内劳动法庭的数目约为普通法庭数目的三分之一至八分之一。在德国南部各邦则劳动法庭数目约略与普通法庭数目相等。上诉法庭在德国南部者亦普鲁士等邦为多。

（未完待续）

劳资关系与德国劳动法庭（下）*

　　劳动法庭的诉讼程序甚为简易。原告大都为工人。原告起诉的方法可以用诉呈或到法庭口头起诉，由法庭唤被告到案；于平常开庭的时候两造亦可同时到庭起诉要求解决。审判官第一步的办法是代为调解使互相让步。如调解成功则该案即算完结；否则须正式开审。正式开审时，首席审判及两位陪审均须出席。假如一造自认错误或由两造请求时，判决可由首席审判一人行之。又如开审时一造不到，审判官可为缺席判决，如有异议于3日内可以提出。正式开庭时，两造均可亲自到案或延请代表出庭。工会工人大都由其工会代表；如其所在地的工会规模大，工会往往备有专人以代表工人出庭为任务。如其所在地的工会规模小，可由中央工会（The Central Labor Union）代表办理诉讼事件。雇主方面，多由其管事代表出席。审讯时，两方均不得请律师出庭，惟律师倘系一造专任的常年顾问则属例外。开庭审讯时，如有必要，得传集人证、物证。依照法律，首席审判最好能将一个案件一次审讯了结。此项办法的用意，可说一方面因劳资双方的争执以从速了结为宜，另一方面也是为工人的便利；因争执久延不决，工人精神、物质方面均不免损失。审后如何判决，由首席审判与陪审退庭商议表决后再行宣判。一般人的心理上认为，商议判决的时候，两方陪审既各为雇主工会的代表，必然各有偏袒、求助首席审判官援助对雇主或工人方面为有利的判决；而首席审判则常轻而

　　* 原载于《大公报》（天津版）1929年12月19日，第13版。

易举地掌握转变之枢机。但事实上却常不如此，所有决定往往是一致通过。

如初级劳动法庭所判决的案件涉及金额在三百马克以上，或案情重大得初级法庭的允许，或关系到法律的解释，不服判决者均可在上级劳动法庭上诉。只是于法律解释的上诉，殊不多见。地方劳动法庭（即初级劳动法庭的上诉法庭 Landesarbeitsgericht）完全是根据 1926 年的法律而创设的，此前劳动法庭的上诉机关是普通法庭。地方劳动法庭的首席审判官由地方司法行政的权力机关经社会行政的权力机关同意委任之。审讯由首席审判官及陪审 2 人出席，陪审员之选任办法一如初级劳动法庭陪审例。倘案件系关于团体协约者，代表劳资双方的陪审各方均由 1 人改为 2 人，共为陪审 4 人。地方劳动法庭的首席审判常为普通高级法庭的审判官。只要他在普通高级法庭的审判官之职依旧存在，他在地方劳动法庭的首席审判之职即继续存在。换言之，即首席审判一般为终身任职；因为依照德国 1919 年新宪法的规定，一切普通法庭的法官均有终身任职的保障。地方劳动法庭的首席审判必须于劳动及社会的立法方面具有相当的知识和经验，其任命即以此种知识经验为必备的先决条件。陪审者年龄限制在 30 岁以上，且其必须曾在初级劳动法庭任陪审员 3 年以上者。诉讼两造上诉时虽可因法庭之知照亲自出庭，但不许亲自出庭辩论，而必须请他人代表。代表者一般为律师，惟工会或雇主协会的执事人员亦得代表出庭。诉讼程序大致与在初级法庭时无异，惟设法调解一项业经省略。两造可以辩论，亦可召集人证，惟于新证据的援引则有限制。

最高联邦劳动法院（Reichsarbeitsgericht）为劳工案件的最高上诉法院，地址在利俾瑟[1]的法院（The Palace of Justice at Leipzig），院长为德国大理院的司法官。德国最高劳动法院在组织上除院长外尚有陪审员 4 人。在此 4 人中的 2 人为司法的陪审，2 人为非司法的陪审；司法的陪审员为大理院的法官，非司法的陪审员由劳工部长从劳资双方全国的总机关所提名单中选定之。所有该院的司法人员必须对于劳工及社会事项具有特别的知识和经验。所有陪审员须年在 35 岁以上。普通诉讼在初级法庭判决之后，其案件所关系的金额必须大至一定数额者始得向高等法庭上诉。得在最高联邦劳动法院上诉的案件则可别为二：一是由地方劳动法庭（即高等劳动法庭）的首席审判因案情重要允许上诉者；二是案件所关金额等于或高于普通民事诉讼案件所关金

---

〔1〕 利俾瑟，今译莱比锡。——编者注

额之能在普通高等审判上诉者。在最高联邦劳动法院审讯的案件仅由律师出庭，诉讼审判的程序与在大理院的诉讼程序相似；仅宣读两造诉呈的节要，更无对质辩论。依过去的经验，德国劳资诉讼，劳工在地方劳动法庭力争而不能胜者，在最高劳动法院亦绝无获胜之例。盖最高法院法官深居高拱，与工人隔离太远，不如初级地方劳动法庭尚与工人比较接近。

劳动法庭有权处理劳资团体协约履行上的纠纷，而团体协约如何订立，劳动法庭则无权过问。原前从 1901 年至 1916 年，劳动法庭的首席审判官对团体争议可以仲裁。近 12 年来仲裁事务已另有特别机关处理，劳动法庭仅能于被请求时判断仲裁员的决定是否已由双方履行而已。关于团体协约之执行及解释，本系在劳动法庭的权力范围以内，但亦可因缔约两造之同意移至特别仲裁委员会解决。此等特别仲裁委员会乃半官方式的机关，其决定亦如劳动法庭的判决一样有法律效力。其组织系由劳资双方各派相等人数组织之，如因需要，可加入一个中立委员。此等委员会可以是永久的机关，也可因特定的争议而临时成立。在仲裁委员会所得的结果——协定或公断——须用书面通知劳动法庭；法庭首席审判官即将结果之中可一般地适用于本区内一切工人者公布之。如两造不愿成立仲裁委员会，得因两造之同意，将彼此争议交调解法庭（Conciliation Tribunal）。其结果亦须通知劳动法庭，得由首席审判公布一般适用。两造又得设立机关以仲裁事实的问题，其组织与进行方法与一般解释与执行团体协约的仲裁机关相当。其关于事实问题的认定，劳动法庭认为确切则必须接受。

德国劳动法庭的诉讼案件进行甚速，取费亦贱。此两项条件为穷人计，均为法庭应具备的条件。前此德国工业法庭即兼而有之，而劳动法庭较之尤有进步。一项诉讼所关系的金额如在 20 马克以内者纳费 1 马克；如在 20 至 60 马克之间纳费 2 马克；如在 60 至 100 马克之间，则纳费 3 马克。如此类推，以后于每多 100 马克加纳 3 马克。凡争议已因调解完结者，无论其是否已经在劳动法庭正式审判，均免纳诉讼费。如案之完结系因一造不出庭，或自认错误，或自请撤销控诉者，仅收半费。诉讼费只能在结案后交纳，见证费或其他费用则无明文规定。德国劳动法庭处理案件之迅速无可非议，惟在最高联邦劳动法院案件稍现积压之势。但若能增加开庭次数，此弊便可得到补救。

德国劳动法庭的大概约略如是，单就制度的本身说有几点值得指出：第一，律师在初级劳动法庭的出庭问题。依 Horace B. Davis 之说，德国劳动法庭诉讼之不允律师出庭的规定不啻是前此工业法庭同样规定的延续。而前德国政府于工业法庭所以有此项规定的理由，无非是：（1）可以减少诉讼的费用；（2）无律师出庭，案件之解决较为迅速；（3）使劳资的力量均等（因工人往往无力延聘良好律师）；（4）劳资案件之解决以使双方到庭当面解决为宜。论者以为，此等困难解决甚易，现在均可不成问题。原因是：关于第 2 点，首席审判官有权阻止律师的延宕；关于第 4 点：审判官有权召唤两造出庭。关于节省讼费及平均劳资的势力，亦无问题。因为，如果工人属于工会，自有工会为之代表；此等工会代表固皆精于劳动法者，普通律师对于劳动法尚未必有其娴习。若工人为非工会工人，则政府可为其指定律师助理，如普通法庭指定律师之例。较之不许律师出庭，而使得非工会工人既无工会为之代表、又无律师为之助力者，似乎此善于彼。况且资本者往往雇有常任律师，而此等律师，法律上又列为例外，允其出庭；则所谓不允律师出庭，事实上亦只是限制了无组织的工人，而不能限制资本家。故现在此种不许律师出庭的办法，事实上不过是助长工会的力量而鼓励工人加入正式工会之组织。

第二，关于陪审。陪审的好处是：（1）首席审判官可因陪审更易详悉劳资双方的特别情形。（2）使劳资双方各出代表不失为工业界的德谟克拉西之一种意义。不过此种办法就制度本身说，有两种不可避免的缺陷：其一，陪审者有时可为诉讼者。陪审者为工会或雇主代表，遇其工会或雇主诉讼时，此种事情即有可能发生。德国自劳动法庭成立以来，虽尚无此项事实之发现，惟曾有一案陪审提起上诉。其二，劳资两方的陪审不从同一业界选出。例如，资方代表的陪审原属纺织业，劳方代表的陪审原属制铁业，则凡案件之关系纺织业者，于资方即较有利。因资方陪审对此案各种情形甚为熟悉，而劳方代表及首席审判却往往不能了解通彻，故资方陪审对此案的主张当然更有力。且此案既与资方陪审所代表之本业雇主团体关系密切，而与劳方陪审之本业雇主无关，则劳方陪审或竞争不过资方陪审之偏见，事实上亦有可能。因有此等可能，故德国人中不乏主张特种工业应有特别法庭之设立者，德国法律上亦容许设立此项法庭。如德国全国铁道劳动法庭、手工业工人法庭、商业法庭及柏林五六个特别劳动法庭即为良好的实例。惟此种特别劳动法庭之设立，需费过多，故除上述各种特别法庭外，更不多见。此为德国劳动法庭留下未得解决的一个问题。

　　总括起来，我们看到德国劳动法庭与普通法庭不同的地方是：第一，陪审有劳资双方的代表，而选定两方陪审的方法是偏利有组织的工人和雇主，且因有两方业别不同的陪审，故引起特别劳动法庭的设立问题。第二，劳动法庭在行政上虽为德国整个的司法系统之一部分，而在权限上为专司劳动的案件，其首席审判的任命亦以其对于劳动法规及劳动状况的知识如何为基本条件。第三，初级劳动法庭不许律师出庭，其用意原为增加结案的效率、节省诉讼的费用与平衡劳资的力量，而结果只苦了无组织的工人。事实上殆为鼓励工人加入正式的工会。第四，劳动法庭并不妨害，而且设为便利，以鼓励劳动争议之归于仲裁及和解。至于讼费的低廉及决案的迅速，原属劳动法庭应有之事，非制度上的重要之点。德国劳动法庭不能变更劳资已有的固定关系，只不过就现有的事实求其恢复到双方预定的状况。换言之，即执行劳资已成的契约，而不能增进双方相互的关系。劳动法庭的用处是施于事实已然之后的。德国有权可以规定劳资地位的顾问机关乃是劳资与政府合组的经济会议。

欧战前国际保工运动概观 *

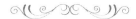

在历史上，十九世纪是民族主义与民治主义两大思潮的盛行时代。自工业革命而后迄于今，交通便利缩短了世界各地的距离，劳资划分形成了一般工业国家内阶级的壁垒。于是，因国际关系之日密，在民族主义的高潮之中渐有国际主义的倡导。因社会不平等现象之日著，在政治民治主义之外更有经济解放工业的民治主义之要求。在这种国际主义的空气笼罩之下，最近欧战后国际上遂产生了国际三大组织：（1）国际联盟，（2）常设国际裁判院，（3）国际劳动组织。而国际劳动组织（The International Labor Organization）便为改善工人生活、适应工人要求，以期确立战后工业和平及世界和平的国际组织。

国际劳动组织的目标，从上面的叙述分析言之，当有两种：第一，从工人本身说，是直接为工人谋生活的改进。第二，从社会方面说，是由工人生活地位的提高以消灭社会的不安和世界的纷纠。而其所取的方法，是藉国际共同的力量以公约草案及建议的方式促进各国对于劳动立法的改善。

国际劳动组织虽亦为国际联盟的一部分，但具有独立的性质。除开国联的关系外，此项组织以每年举行的国际劳动大会为最高机关。凡加入国际联盟的国家皆为劳动组织的会员国，劳动大会即以会员国之政府代表二人、劳资两方组织代表各一人（由政府指定）组成。不过，事实上各国所派代表时有缺乏劳方或资方代表者，或并劳资两方代表俱缺乏而仅有政府代表者。国际劳动组织除立法的职务外，关于报告研究及其他重要事务均由国际劳工局在劳工局理事会的监督指导之下负责进行。

国际劳动组织与国际联盟一样，是依战后和约的规定而成立的（国联盟约载在巴黎和约的前二十六条，国际劳动组织载在凡尔赛和约、圣·宅芒与

---

* 原载于《国立武汉大学社会科学季刊》1930 年第 2 期。

特喇农条约 Treaties of Versailles，St. Germain and Trianon 的第十三条，洛邑里条约 Treaty of Neuilly 的第十二条）。不过在媾和条约中为什么有关于劳工的规定呢？此项规定之得以成立，并不是出于当时欧洲各国政治领袖自愿的有何为工人谋幸福的纯粹动机，亦不是真由民治主义战败专制主义的成功。国际劳动组织产生的由来，有数十年保工运动的背景，有世界各国保工组织的要求，有战时军事的影响，有战后国际政治经济的关系。简单说，系积历史环境种种因子萃合的结果，而为一种时代潮流的反映。如果要明了国际劳动组织本身的一切问题，我们还须得明白其产生的背景。因为劳动组织的工作进行，内部组织与其所遭逢的困难，有许多地方都是由来已久与历史的背景有深密的关系。譬如国际劳动大会有政府及私人的代表，大会立法的决议取公约草案及建议的方式，国际劳动组织对劳动问题的材料的搜集，各国对于公约的批评。我们用这些情形与过去国际保工运动的历史一相比较，即可以知道国际保工运动进展的程度和方向及其根本的困难之点。本文的范围主要仅在对于欧战以前国际保工运动作一个历史的回顾。我们从这个回顾里即可明了国际劳动立法的各种问题。

改善劳工生活状况的立法，须得国际通力合作始能为有效的施行。在百余年前，法国路易十六（Louis XVI）的财政大臣芮克（Necker）已曾有见及此。关于工人星期日休假的问题，他以为如要能维持此法于不敝，非得各国普遍的遵守不可。他说："假如一国废止星期休假，则迫于竞争的他国将不得不采同样行动。"此项意见，虽仅为对星期休假而发，实足见国际一切劳动立法困难症结之所在，固不限于星期休假一项而已。国际保工运动之需要，随各国工业情形之进展而日急，因其有事实的需要，关系社会全部问题之重大，故运动最初虽发起于私人之个人，继遂成为有组织的团体运动，渐为各国政府所不能漠视，终得多数国家内政府劳资各方之一致协力的进行。此中经过情形可分为两方面叙述如次。

A. 私人的努力

劳动立法，其出于保护劳工的动机者，英在一八○二年皮尔（Sir Robert Peel）政府下已有《学徒德行与健康保护法》（Health and Morals of Apprentices Act）之颁布，是为英国第一次保工立法。惟于保工立法实行，作国际运动者当以欧文（Robert Owen，1771-1858）为发起人。谁都知道欧文是一个社会主义的先驱者，欧文之能熟知工人的苦痛与工厂制度的坏处，是因他本身是苏格兰新拉纳克（New Lanark）地方纱厂的厂主和经理人。他的理想是要把新拉纳克工厂改造成一个模范的社会。他相信人的品性是环境造成的，故他的社会改良着重于工人青年的教育，居住的改善，实行老病保险，养成整洁勤俭的习惯。[1]依他的实验，在相当的范围内减少童工的工作时间对于厂主并无若何的损失，而于工人的身心则大有益处。[2]他深知国际工商业的竞争为改善劳工待遇的障碍，故在一八一八年当四国同盟（The Quadruple Alliance，奥、俄、普、英四国）开亚拉什丕尔会议（The Congress of Aix-la-chapelle）的时候，他即陈书各国代表，希望联合各国政府人民共同改善工厂情形。我们知道在一八一八年时欧洲政局的危机并不在国际的敌视，而在大多数人民生活思想的问题得不到一个圆满的解决。当时在工人和自由派的人物间随时有推翻社会现状的暗潮，亚拉什丕尔会议便是梅特涅（Metternich）和英、俄、普国协商如何遏止革命潮流、维持政局现状的集会。欧文向各国代表的建议自是出于人道博爱主义的动机，然当时工厂制度成立未久，工人缺乏立法的保障，工作状况之恶、薪工待遇之劣，实为社会治乱的根本大问题。欧文上书《Two Memorials on Behalf of the Working Classes》各国代表，除述其平素的主张、工厂制度的流弊外，更要求各国合力增高工人的购买能力，施行良好教育计划，以发展工人的德行。他以为劳力的价值因新机器的发明而遭受了破坏，在机器的发明之前，以工资与物价相较，制造的制度正达到使手工得到最高价值的程度，而今生产则因新发明而变得容易了。"目前须得解决的大问题，不是如何可以生产充足的财富，而是将极易产生的过余财货如何可以普遍地分配于全社会以为众人之利，而不至过先扰乱各国现存的办法和制度。"由劳工供求的变动以定工资之高下，在用手工生产的时期其法尚属可行，但在工业革命以后，此法便不能用，而成为劳工苦痛的来源。用国际共同的力量改变此项制度，在欧文看来实属必要。他要求各国代表在会议上能指定一委员会来讨论他的工作和计划，发为建议，以待下次各国会议之采用。欧文此项国际保工意见，在亚拉什丕尔会议上虽然似经讨论过，但结果却无任何具体的影响。欧文在马克思一派社会主义者看来，虽认为非科学

---

〔1〕 参看 G. D. H. Cole，Robert Owen，périgord，International Labour Organization。

〔2〕 参看 B. L. Hutchins and A. Harrison，A History of Factory Legislation，Ch. Ⅱ。

的玄想社会主义者；其社会哲学，论者虽亦不少谓为粗浅。但欧文对于改善劳工生活的功绩，恩格斯（Engels）亦尝承认。恩格斯说："欧文之名，与达到真正进步的一切步骤，与英国一切社会改造运动，于有利于工人阶级之一切立法均属密切相接。"欧文之为时代先驱，倡导国际保工运动特其一端而已。

继欧文之后，主张国际合作保护工人者当推韦勒谟（Louis Villerme，1782-1863）、白兰克（Jerome Adolphc Blanqui，1798-1854）及李阁鸾（Daniel Legrand，1783-1859）诸人。韦勒谟的主张，是他考察法国的纺织业工厂状况后所得的结论。我们知道工业革命最先行于英国，法国及大陆诸国的工业发展都落英国后。法国在十九世纪之初，手工业仍占势力，嗣后工厂逐渐成立，新兴工业因有英国工商业的竞争，故为减轻出品成本计，极力榨取工人劳力而减少其费用，以资补偿。至一八三五年，韦勒谟应法国道德政治科举院之请，调查纺织业的情形，发现工人劳动状况之恶劣至可惊人。故在其调查的报告中，主张改良劳动状况，注重于国际的合力行动。他以为此种改良，单独一个纱厂的厂主因有商业的竞争关系是莫有力量举行的。不特在一地的制造家，即所有他国制造家在同一市场营业者均当联合一致共为工厂弊病的救正，而不当因以取利。白兰克乃法国经济教授，与著名的社会主义者路易·白兰克为兄弟。他首先主张各国用单独定约的方法来保护劳工，他在论劳工立法时说："实行劳工立法惟有一途：即须得相互竞争之工业国家都采用之。迄今列强固常订立条约束缚自身以事杀人也，为何不能取得协定以保全人命，使人生益加富裕耶？"后来一九〇四年法、意的保工条约，瑞士、意大利的保工条约，德、意的保工条约，一九〇五年德奥匈的保工条约，……一九〇六年意、法条约，法、比条约……以至一九一五年德、意战时保工的约定办法，虽不必为受白兰克言论的影响之结果，事实上固皆缘因白兰克建议的保工方法。李阁鸾对于国际保工法运动之努力，殆与欧文相伯仲。李氏为亚尔撒司的制造家，在一八四一年他即以马尔浩司（Mulhouse）地方的各制造家名义上呈法国政府，请求国际会议对于保工问题为适宜之处置。请求虽无结果，嗣后凡有机会他即从事于国际保工的宣传。至一八四一年，法国童工法因无有效的罚则未能执行，李阁鸾即驰书法内阁总理吉佐（Guizot），请其为国际立法倡始。此后，他又将其国际立法的提议上之英国皮尔（Sir Robert Peel）、亚希黎（Lordl Ashley）诸人，惟亦渺无结果。

至一八四七年因经济的危机及社会主义的倡行，李阁鸾以为时机已至，故又建议法、英、德、瑞士等诸国订立特别法律及国际协定，以期保护工人，禁止童工及过分的工作。但因一八四八年的革命，其希望又成画饼。李阁鸾于国际保工立法运动可谓至死不倦者，其最后向各主要工业国建议的方案，内容包含：每日十二时工作，礼拜日休息，女工及十八岁以下工人禁止夜工，禁止十岁以下之童工及十二岁以下之女工，矿工每日八小时工作，强迫初级教育，对于不合卫生及危险工作之规定及以国际立法保护工人之道德和物质的利益等项。欧文、李阁鸾等人对国际保工立法虽具热忱，但因无政治的力量，故言不见用，无直接的大效果。

此外，个人致力于此方面运动者时有其人，如奥地甘（Audiganne）曾于一八五六年发表一书专论国际工业立法；许恩保（Schernberg）亦于一八七一年讨论国际劳动立法问题；法国吴洛斯基（Wolowski）曾于一八七三年，杜马（J. B. Dumas）于一八七四年上呈法议会请致力国际立法以改善童女工之现状；齐爱渠（Thiersch）曾请求德皇召集国际劳动会议。后来国际劳工立法运动之扩大，主要的原因自然是实际的需要，但是我们也可以说一半是由欧文以来上述各个私人提倡之积聚的效果。

私人努力之出于团体运动者，除纯粹工人运动本文不叙述外，可分为两类说明：一为社会主义派，一为非社会主义派。社会主义派的国际组织第三国际成立于一九一七年，取的是不妥协的革命手段，故于立法运动并不视为切要。第一国际（国际劳工联合会 The International Working Men's Association）自一八六四年成立以来，内部派别分歧，意见不一，然主要目的在于工人阶级的解放（The emancipation of the working class）则各派一致。第一国际成立时，马克思的《告工人阶级书》因与各派取协调，其措辞亦较其共产主义宣言大为缓和。一方面力言财富权力之增加只归有产阶级独占，任何工业上科学的应用、运输的改良、移民的方法、新市场的开辟、自由的贸易与夫积此等方法效力之总和不足以解除工人阶级的痛苦；一方面却叙述英国每日十小时工作制不特于工人身心道德均有进步，且亦为一种"原理的胜利"，并以为工人须藉政治的力量以增进工人利益云云。一八六六年第一国际在日内瓦开会，通过许多要求改善劳动状况的决议。主要者如规定九岁至十三岁的童工每日最大限度的工作时间为两小时，十三岁至十五岁的童工为四小时，十五岁至十七岁的工人为六小时；禁止妇女夜间工作及一切有碍工人健康的工作；

除特种工业必要的例外而外，每日最多八小时工作及禁止夜工等。且曾宣言谓相信国际的劳动立法实为一种必要。话虽如此说，惟国际劳动立法不过第一国际附带的目标而已。第二国际自一八八九年由德国社会主义者与法国瞿叶德派社会主义者 Guesdists 主持在巴黎开第一次大会时，一个最重要的讨论题目便是国际劳动立法问题。[1]时正在瑞士邀请各国翌年于伯尔尼（Bern）讨论国际立法请帖发出以后。讨论时，在大会中有人以为劳动立法与社会主义不相合者，惟大会在德国社会主义的势力笼罩之下卒能排除异议，主张扶助瑞士政府的提议。大会中关于国际劳工立法的决议三项是该年二月各国社会主义者在海牙开会议时预备的。三次决议大意如下：

一、新旧大陆的劳动组织与社会党宜为国际劳动立法而奋斗，并扶助瑞士政府召集的伯尔尼国际劳动立法会议。

二、此项国际立法，为保护劳工的生存与自由计，为减少失业计，为减少生产过多的危机计，首先应规定下列各点：（a）禁止十四岁以下的童工，减少十四岁至十八岁童工的每日工作时间至六小时，（b）成年工人的每日工作时间以八小时为限定，（c）工人每七日中应有一日强迫休息，（d）除因近世机器生产之必要得酌量情形决定外，禁止工人夜工，（e）特种有碍工人健康的工业与工作方法加以禁止，（f）订立男女平等国际最低工资。

三、举行工厂监察以期上项立法之实施。其国家及国际监察员由工人选定国家给薪。此项监察员为社会卫生计，并有权监察家庭的制造工业。

第二国际内部后来虽有改进派与革命派之分，工会主义、工团主义，马克思主义，与马克思改正派主义之分，但国际劳动立法，实为第二国际最初一种运动。外此各国的社会主义党在欧战前曾为此项运动者，如一八七七年社会主义者里昂会议之决议，如一八八五年法国社会主义议员曾在其议会有法国商同瑞士政府催促各国政府从速讨论国际劳动立法问题之提议。次年德国社会民主党亦有同样的提议。

非社会主义派的私人或半私人团体从事国际劳动立法的运动，历史上亦由来甚远，一八七六年各国代表在日内瓦组成的日曜休息日国际协会（International Federation for the Observance of Sunday）虽其反对星期日工作，以注重一般的身心道德为言，事实上于工人为有利。但该会运动主要的原因是出于

---

[1]　参看 Louis Lorwin, Labor And Internationalism, p. 70。

宗教的动机；其目标虽在使各国同时实行此项制度，却不是用国际立法的方法。在一八七九年法国里尔（Lille）地方的耶稣教雇主团体，大约是一方面受良心的刺激，觉劳动情形有改善的必要，一方面又不能单独改善劳工待遇以招生产上的失利，曾宣言谓各国政府能够而且应该以磋议的方法对劳动关系有所规定。此种要求不过是该厂主团体一时的主张，却不是一种持续的或集中目标的运动。第一次非社会主义派的私人国际会议以为国际劳动立法之运动者当推一八九七年的布鲁塞尔大会（Congress of Brussels）。在布鲁塞尔大会之前一月，瑞士劳工协会曾于苏黎世（Zurich）召集一国际劳动大会，主张设立国际劳工局，其议程与一八八九年德皇召集的柏林国际劳动大会相似。惟苏黎世（Zurich）大会为工人的国际大会，而非一般私人国际劳动立法运动的国际大会。苏黎世的国际劳工大会一称瑞士大会（Swiss Congress），布鲁塞尔的国际保工大会一称比国大会（Belgian Congress）。参加者各派思想家、制造家、各政府代表均有之。[1] 各国对于此会的态度分两派。德国的报纸颇鼓吹以此会为柏林国际劳动会议的延长（柏林国际劳动会议为德皇一八八九年所召集，其详见后），以为此会与柏林会议相较，各国意见更见接近，实为一种进步云云。其实此会为半私人的会议，而在法、比方面的报纸则以本会无具体结果，对本会及德报纸颇含讥刺，亦可见在此等运动之中，各国尚免不了国家荣誉的自私成见。此项大会对于各项问题只有讨论，不取议决的方式。会中比国代表曾提议由各国的协定以遏止工业上的中毒，此项立法之试行可由国际共同禁止工业内白燐、白铅之采用云。此实为以后一九〇五年各国伯尔尼大会成立制造火柴禁止白燐公约的先声。本大会中虽无成立类似国际劳动局机关之决定，但各国代表均有倾向设立此项机关的意见。在闭会以后，许多代表当另集会议，讨论成立一永久委员会问题。最后以三人组织一委员会，筹备成立一国际劳动联合会，目的在能代表对保护劳工运动有兴趣的各国各派人士，并由委员会先拟具其组织大纲，搜集各国现行保工的法令。结果在一八九八年遂有比国出版的《劳动立法年鉴》（《Annuaire de la législation du Travail》）第一卷。一八九九至一九〇〇年间德有 Baron Von Berlepsch 的

---

〔1〕 参加会议之代表，其代表之国凡十五，即英、法、德、比、奥、匈、俄、荷兰、西班牙、瑞典、罗马尼亚、葡萄牙、卢森堡、美利坚、巴西。参加会议的代表不乏各国知名人物，如法之 Charles Gide 与 Yues Guyet、德之 Lujo Brentans、奥之 Eugen Von Phillipenich、美之 W. F. Willoughby 及 C. D. Wright、俄之 Roffalovich、英之 H. Llewellyn Smith 等。

努力，奥在 Von Phillipponich 的指导之下，瑞士得 Colonel Frey 的倡导，均成立有同样目的之委员会。至一九〇〇年七月集上述四国委员会的委员之努力，遂有巴黎大会（The Congress of Paris）之召集。

巴黎大会之目的，在促成国际保工联合会之成立。会中所讨论者非国家有权干涉劳动契约的理论，而是此种干涉必须如何而可实现的问题。同时承认国家干涉劳动契约之权，将此定为参加会议的一种条件，因倘于此点不承认，则保工立法即无从说起。（此会政府派遣代表参加之国为俄、美、奥、比、墨西哥、荷兰诸国。参加会议者如英之韦布夫妇 Sidney and Beatrice Webb，德之 Gustave Schmoller，美之 Richard T. Ely 及其他各国著名的大学教授甚多。）此次大会标出当时运动的努力范围共分四项：（一）法定每日工作时间的限制，（二）禁止夜工，（三）劳动状况的监察，（四）成立国际立法保工的组织。从大会的讨论中，可以看出当时并不希望各国能有完全一致的保工法律，不过期待各国互相类似的保工立法能日有进展。关于每日最大限的工作时间，当时大致赞成十一小时，以后渐次减至十小时。关系夜工，大致均趋反对。劳动状况的监察，当时亦甚为重视。至于国际立法保工的组织，当时对于官办的国际机关，颇有反对，以为此项组织因有考察国际政治及工商关系的重责，最易引起复杂的问题。但由私人组织一国际保工机关，却大都赞同，故结果遂有"劳动立法国际联合会"（The International Association For Labor Legislation）之成立。

劳动立法国际联合会在组织上包含各私人各团体之与该会具有同样目的而缴纳年费（每年十法郎）者。此会目的，依其会章所规定，共分五项：

一、团结各国对保工立法认为必要的人士。

二、组织国际劳动局，定期用法、德、英三国文字出版各国劳动立法的汇刊。

三、供给会员以现行劳动立法及其在各国之适用的报告，以便于各国劳动立法之研究。

四、研究各项保工法律的合一问题及国际劳动的统计。

五、召集劳动立法的国际大会。[1]

---

〔1〕 见该会会章，载于 Bulletin No. 263 of the United States Bureau of Labor Statistics, August 1920. pp. 228−229。

现在的国际劳动组织，在工作上论者以为是劳动立法国际联合会之延续，其工作亦多相同之处。此会的一切进行由一委员会主持。委员会平时工作由委员会于委员中选出正、副会长及秘书长各一人组织理事会（Governing Body or Bureau）以处理一切。其总会所设于瑞士之 Basel 地方。无论何国，凡有会员至少五十人以上及每年向该会缴纳年费至少一千法郎以上者，俱得设一分会，但其会章必须经总会之同意。至一九一三年，成立分会者凡二十五国，不过实行与该会以经济扶助的国家只有十三。此会之目的即如上述，其主要工作可以说是在以国际私人合作的力量来搜集印布各国的劳动立法，使各国人士明了此项立法在他国之进行状况；在考察工业的情形及研究工业的问题；在根据此等考查和研究草成法规以供各国参考。此等工作，至一九一九年后事实上完全归于国联的国际劳动组织。立法问题曾经该会讨论者有：禁止妇女劳动者从事夜间劳动，禁止用白燐制造火柴，灾害保险，雇用童工之规定，童工夜间工作之禁止，工作日之立法限定，劳动法及工场监察之实施等。该会对于讨论劳动立法问题的策略是集中在某几方面，以便集中社会的注意，容易收实行的效果。如禁用白燐制造火柴、禁止妇女劳动者从事夜间劳动，后来经该会之努力成为国际公约（见后）；侨工与本国工人同等待遇享受工人的灾害保险的权利，后来亦为卢森堡比利时的条约（一九〇五年四月十五日）、法比条约（一九〇六年二月廿一日）、法意条约（一九〇六年六月九日），及法兰西卢森堡条约（一九〇六年六月廿七日）等所规定。德国联邦上议院（The German Federal Council）于一九〇一年、一九〇五年，及一九〇六年亦有此项立法，皆与该会之努力有若干影响。该会自成立至欧洲大战，凡开会十二次，甚得各国工会及各国劳工协会国际秘书厅等之协助。关于专门问题，常与其他国际劳工问题讨论机关合作。如一八八九年成立的社会保险国际常设委员会，如一九一〇年成立的失业救济国际协会等，均其合作之机关。至战后，则国际劳动组织成立，其工作便不复为人注意。

B. 战前国际的先例

在私人发起国际劳动立法运动以后，各国政府亦渐加注意。如一八五五年瑞士格拉里斯州（the Canton of Glaris）对于瑞士的 Cantonal Council of Zulich 的提议，一八七六年瑞士总统弗雷（Colonel Frey）又有邀请各工业国家签订条约以划一各国对劳工问题之规定的拟议。一八八一年时由彼动议，瑞士政府发出会议请帖，惟以各国态度冷淡致会议不成。一八八四年，法议会议员及一八八五年巴黎市参事会（the Paris Munieipal Council）又均有同样目的的动议。劳动立法，原系欲藉政府保育的力量，保护经济压迫下财穷力弱之劳工的福利。在私产制度之下，法律上为以第三者干涉劳资双方的契约关系，故此等保工法非得政府方面之切实进行不为功，其理至明。战前政府方面对国际立法保工的运动亦可分为两方面：一为各国政府的国际会议及因会议而成立的国际公约，二为国与国间单独的条约之规定。

国际劳动立法运动虽首先倡导于私人，而为此项目的而召集之国际会议，则由德国政府召集之柏林会议（the Berlin Conference 1890）当在私人召集的布鲁塞尔大会（the congress of Brussels 1897）之前。至今溯源国际的劳动会议者，均不能不首举柏林国际劳动会议。召集柏林会议这一段历史，说起来也是国际上一件很有趣的事件。先是瑞士政府因一八八一年提议失败，在一八八九年复向欧洲各国发出通启，约请各国于次年五月五日在瑞士伯尔尼地方开一国际会议，讨论劳动立法问题。瑞士政府亦承认关于此方面的国际公约事实上绝难一蹴而就，主张先由各国于禁止星期日工作及雇用妇孺从事危险或伤害健康工作，童工年龄限制及每日工作时间之限制，禁止妇孺夜工，及执行公约的方法等问题先加讨论同意，而后再行订立有国际公法效力的公约。瑞士的动议，除俄国覆牒以各国情形不一为言拒绝参加外，法、比、奥匈、荷兰、葡萄牙、卢森堡等国均覆牒赞同，其他各国亦均未表示拒绝。同时，社会主义者的第二国际成立表示援助此项会议，瑞士亦正为开会的各种准备。会议已渐近成功，忽德皇连敕俾斯麦命其驻英、法、瑞士、比利时等国之大使邀请各国于一八九〇年三月十五日在柏林作相同的会议。德国此等行动近于抢夺他国将成的功绩以为己国荣誉，瑞士因国小力弱，只求于国际立法事实上有所成就，遂不得不牺牲其首先召集国际劳动会议之国家的荣誉，而通知各国取消其预定一八九〇年五月的伯尔尼会议以附和德国的提议。

柏林劳动会议除俄国未被邀请外，派有正式代表的国家凡十五。[1]此会的议定书（protocol）所载者，尽为会议时讨论的结果。德国在会议上提出的会议事项，可分七端：(1)禁止星期日劳动，(2)规定工厂使用之儿童劳动

---

[1] 法，德，奥，匈，英，意，比，荷兰，瑞士，丹麦，瑞典，挪威，西班牙，葡萄牙，卢森堡（奥匈因公约之签订以二国计算）。

者之最低年龄，（3）规定少年劳动者之最大劳动时间，（4）防止特别有害于年少者及妇女劳动者之健康之工作及禁止其从事危险的工作，（5）限制年少者及妇女劳动者之夜间工作，（6）矿山劳动之规定，（7）缔约后之执行方法。

对于上述各项，各国代表曾经长时间讨论。讨论期间继续至十五日之久。各国当时都不愿即行订立具体的条约，故会议结果仅作为希望事项的决议而止。此项决议事项共有六项：

1. 关于矿山劳动

（a）不令妇女及十四岁儿童从事地下劳动。（b）限制有害健康的劳动时间。（c）为保护劳动者的安全与健康起见，须于国家监督下充分使用科学应有的设备，以期达到目的。（d）须讲求发展社会制度的方策。（e）为防止煤的生产中断起见，当预防矿工的同盟罢工。其最良方法为由矿山营业者与劳动者之一方，将争议任意提付仲裁解决。

2. 关于星期日停工

（a）一切工厂均须实行星期日停工，但有技术上的理由或每日继续工作之必要时不在此限。（b）对于例外之点可与诸国政府协定办理。

3. 关于儿童劳动

（a）一切工厂均不准使用十二岁以下儿童（气候暖和之国则十岁以下）从事劳动。（b）工场使用的童工，须受过初等教育。（c）十四岁以下儿童不得从事夜间或星期日劳动。（d）儿童劳动一日不得超过六小时。（e）不得令儿童从事有害健康或危险的劳动。

4. 关于年少劳动者

（a）不得令十四岁以上、十六岁以下的男女劳动者从事夜间或星期日劳动。（b）年少者之劳动除某种工业为例外而外，一日不得超过十小时。（c）限制少年劳动者从事有害健康或危险的工作。（d）保护十六岁以上、十八岁以下之男女劳动者。

5. 关于妇女劳动

（a）禁止夜间工作。（b）一日劳动时间不得超过十一小时，且中间至少须有一点半钟休息。（c）限制妇女劳动者从事有害健康或危险的工作。（d）产后非经过四星期不得令其从事劳动。

6. 关于执行方法

（a）各国政府如采用以上决议时，当各自设置工厂监督官，监督劳动法之执行。(b) 各国当互相交换工厂监督官的报告，及关于此种事项的统计与立法等。(c) 如各国实行此次会议决议时，为修正增补起见，当再开第二次会议。

此次会议最令人失望的地方，就是所议决的条款均不过是一种希望的意见，而不能成为公约或发生任何法律的拘束力。且在事实上，会议以后各国均无实行上述决议者。故从直接效果言，此次会议除使各国因此得到一种意见的交换以外无结果。冠冕堂皇的万国劳动大会如此结束，自亦有其原因在。(一) 当时各国政府最大的注意点在工业的发展和竞争，提高劳工生活状况，不过一种附带的愿望。如德皇与俾斯麦的诏敕起首一方面言改善劳工状况，一方面便言维持德国工业使能抵制外国竞争的必要，亦可见当时各国政府的心理。(二) 国际劳动立法本属广泛艰巨的工作，欲以一次外交会议达此目的，不特各国无此项决心，亦且无此种准备。(三) 英国基尔特或同业社会主义者柯尔论欧文国际劳动立法运动之失败，以为当时各国国内均缺乏劳动立法，故国际的运动不易成功，柏林会议之失败，殆亦有同样情形。(四) 德皇攘他国之功俨然欲享国际劳动立法首倡者的美名，各国心理上亦大都不愿其成功，变成德皇猎取荣誉的工具。不过柏林会议开国际保工合作的先例实促进后来国际立法之成功，其间接的影响实至远大。

此后十余年间，因私人团体劳动立法国际联合会之努力，各国政府对于国际的意见亦渐趋有利，各国渐有保工条约之签订（详后）。至各国的伯尔尼会议，遂有两件保工公约成立。伯尔尼会议（The Congress of Bern）的成功，实缘劳动立法国际联合会活动的效力居多。由一九〇五至一九〇六年共开大会两次。第一次（在一九〇五年五月）赴会者有十五国政府代表。会议的主要目的，即在商议订立禁止用白燐制造火柴及禁止妇女劳动者从事夜工两项公约。此项日常会议依英国代表的要求采取秘密主义。此项会议结果，应当是什么性质，或各国在会议后对于决议是否受其束缚而必加遵守？当时各国代表可以有三种选择：第一是立即草成公约待各国政府的批准；第二是拟成草约待各国政府直接谈判后再改公约；第三是仅成立决议，但于此等决议不负遵守的义务。结果各代表一致采取了第二个方法。关于禁止白燐制造火柴公约，其困难在日、俄两国未加入会议，其能遵守此项公约与否大是问题。倘日本不自动遵守此项公约，而仍用白燐制造火柴，在日本固无守约的义务，而白燐价廉，签约的火柴制造国如英国、挪威、匈牙利必将因公约的束缚不能用价廉的白燐，结果出品成本较高，市场的竞争上必将大蒙不利。在讨论

此问题时，虽经若干困难，结果各国代表同意议定：如到会各国及日本于一
九〇七年十二月二十一日以前交到其公约批准书，同意于三年以后（即一九
一一年一月一日起）将公约实际施行时，则在一九一〇年十二月三十一日以
后，凡运入、制造贩卖以白燐制成的火柴皆属非法。关于禁止妇女劳动者从
事夜间工作一项，情形更为复杂：（1）如公约与适用的范围，（2）如不许妇
女劳动者夜间劳动有无年龄的限制，（3）如夜间的定义其所包含时间长短，
均为当时几经讨论的问题。结果决定使用工人在十人以下，及纯粹农业或家
庭制造厂及其他例外不适用本公约外，妇女劳动者无论年龄老幼，一律禁止
夜间劳动，夜间继续休息时间至少为十一小时（每夜从何时起算由各国斟酌
变更，惟必须也含从下午十时起至次晨五时之间一段时间不得挪动）。不过上
述各点均是暂定的草约，[1]非经各国另行正式谈判商决签字之后不生效力。
伯尔尼第一次会议以后，中间复经瑞士政府发起与各国几经商议。各国形
势如法国政府中人对此约亦甚望其成功，英国政府并有成立国际常设委员会
（A Permanent International Commission）以监督此项公约之实行的提议。[2]至
一九〇六年九月一七日，各国复于伯尔尼开第二次代表会议，此次会议中各
国将前次草约讨论修改后即行通过。约中主要各点并无何等改变，关于禁止
妇女劳动者从事夜间劳动一约，其适用范围为雇用男、女工人十人以上的工
业企业，仅以家属为雇佣者并不适用。除约内提出各种例外而外，无论老幼妇
女均不得雇用于工业场所从事夜工，但欧洲以外气候特殊的国家又当别论。[3]

---

[1] 当时拒绝签字于禁用白燐之草约者为：丹麦，挪威，瑞典与英国。赞成此项草约为德、奥、
匈、法、比、意、荷兰、瑞士、西班牙、葡萄牙、卢森堡。当时已先有法令禁用白燐制造火柴者为：
德（一九〇三年，但定一九〇七年始发生效力），法（一八八八），荷兰（一九〇一），瑞士（一八九
八），丹麦（一八七四）。签订禁止妇女劳动者从事于夜间劳动之国为丹麦、匈、比、德、意、法、荷
兰、瑞士、西班牙、葡萄牙、挪威等国。英国代表声明无权签字，但谓英国政府对于此项公约的精神
具有同情。瑞典代表亦声明此项公约，甚希望其政府在规定的时限以前加入云云。

[2] 法内阁员 Mr. Sarrien 对于此项公约曾表示劳资冲突日烈，足至于工商业发展之害，彼相信现
已达到认真研究防止此等冲突之时……经济问题是世界平衡日益占重要位置，社会问题每有不经国际
协定不能用国家立法解决者……各国现已草成禁止妇女夜工、禁用白燐制造火柴两公约，法政府已于
四月五日宣告无条件地遵守该约……对此等劳动问题的国际协定的范围此后将努力使之渐次扩大。希
望由此在社会经济政治各方面，同时对于国内和平及世界和平有所裨益云云。英国提议成立一国际常
设委员会监督各国公约之施行，其连带的任务为：①对于争点及告诉发表公正的意见。②对于此等事
件考查其事实作为报告。③如争议最后由订约一方请求时，增进其仲裁的程序。④考虑关于工业问题
之会议的议程。此项提议经瑞士政府通告各国之后，德、比、奥、匈四国不赞同。谓解决公约争议之
法当再开会议云云。

[3] 见公约第一条及第七条。

至禁用白燐制造火柴一约，各缔约国均允于批准公约后一九一二年一月一日起，于该国领土内禁止白（黄）燐火柴的制造、输入与贩卖。在此会议中，英国代表复提出于公约内加入组织国际委员会，以监督公约的施行之规定。然此种国际监察法，其他各国代表不少认为有损缔约国的主权，结果仅有十国签订一种决议，设立一委员会，此委员会仅负顾问的职责。不过国际公约之实施的保证，实为一重要的问题，亦为一般国际公约的缺点所在。关于此点，在此两公约内有两个混合的重要规定：

一，规定"各缔约国应负责采用行政上必要的办法，以期于该国领土严厉实行公约的规定"。（见禁止妇女夜工公约第五条，禁用白燐制造公约第二条）

二，在两约中均有近于以道德、舆论及国际信义为制裁的规定，即"各国政府应由外交机关将该国现行或将行的法律及条例之关于本公约之主要事项者通告他国"，并须将实行状况随时报告。（同前）

此两项规定的用意是，经此规定之后，则何国未能实行他国即易知晓，其未实行者亦可因他国之实施状况良好而勇于施行。惟于禁止妇女劳动者从事夜间劳动一约内设为各种例外（见公约原文第三、第四、第七各条）。一方面可见各国政府保护女工亦须以工业的利害为前提，一方面亦可见国际保工立法的实行亦大有困难在。当时签字于禁止妇女劳动者从事夜间劳动之公约（亦称第一公约）者有：法、德、奥、匈、英、意、比、瑞士、丹麦、瑞典、荷兰、西班牙、葡萄牙、卢森堡等国。[1]签字于禁用白燐制造火柴之公约（亦称第二公约）者为瑞士、丹麦、法、意、卢森堡、荷兰、德意志等国。前曾签字于一九〇五年的草约而未签字于公约者共有比、奥、匈、西班牙、葡萄牙等五国，其中奥、匈两国之不签字竟全系以日本未加入公约为理由。

在上述两项公约签订后，一九一三年的伯尔尼会议原欲依一九〇六年的先例，另定：

1. 完全禁止少年劳动者从事夜间劳动及 2. 禁止妇女及少年劳动者每日从事于十一时以上之劳动两项公约。两项公约的草约本已签订，瑞士政府并已邀约各国定期次年九月会议，惜欧战爆发后，各国因准备屠戮之不暇，更谈不到谋工人生活之保障，此会无形中遂归于搁置。

---

〔1〕 丹麦经大会允许得延期至一九一〇年秋将其本国一九〇一年之工厂法修正之后再行登记其批准。英国、瑞典虽未签字于草约却加入公约，挪威则适相反。

欧战以前的国际保工运动，政府方面除几次大规模的国际会议签订公约而外，各国尚随时有两国条约之订立。在前面已经说过，国际保工条约之订立，劳动立法国际联合会的努力，实有不少的影响。一九○二年该会各国代表第二次大会开会于科隆（Cologne）时，法、意两国代表在会内即曾就劳动条约作一度之接洽。在伯尔尼公约之前二年，法意两国即已有互惠的保工条约的规定，此约目的依其前文所述是（一）订约国双方对于工作于其领土内的对方侨工，允给相互的银行借款（reciprocal banking accommodations）及社会保险的利益；（二）保证已有保工法规之相互维持，及进行劳动立法之合作。除约中第二部及第一部第一、第二条对于上述两项有详细规定外，第四条意大利承认在意国境内完成劳动监察的制度以为妇女、幼童劳动法实施的保障；第三条并规定，倘以后遇有国际劳动立法会议，无论其为何国召集，但有缔约之一国接收其决议，他一缔约国必须为原则上的附和云云。[1]自意法条约成立以后，各国相继为保工条约的订立，或于通商条约附加保工条文。如同年七月，瑞士、意大利的商约第十七条有互相监察使彼此侨工在两国内得受社会保险同等权利之规定；十二月德意的商约，次年的德奥匈商约均与瑞意商约第十七条有同样的规定。次年四月，比利时卢森堡又有劳动保险之实施的进一步规定。十二月，德国卢森堡条约亦有相当规定。至一九一五年，意国对奥匈宣战之前，德、意两国对于彼此侨工在两国内应受其社会保险的保护之协定为止，各国此类条约不下二十五件（见下表），而我国与欧美各国订立的条约尚不在内。

一九○四年至一九一五年欧美各国的保工条约

条约名称	缔结日期
法意条约	1904.4.15
瑞士意大利条约	1904.7.13
德意通商条约	1904.12.3
德奥匈三国通商条约	1905.1.19
卢森堡比利时灾害保险条约	1905.4.15

---

[1] 原约摘要见 Historical Survey of International Action Affecting Labor。

条约名称	缔结日期
德意志卢森堡灾害保险条约	1905.9.2
法意条约	1906.1.20
法比灾害保险条约	1906.2.12
法意灾害保险条约	1906.6.9
法国卢森堡灾害保险条约	1906.6.27
法德两国对于调查证据之谅解	1906
德荷灾害保险条约	1907.8.27
英法灾害保险条约	1909.7.3
匈意灾害保险条约	1909.9.19
法意规定	1910.6.10
法意协定	1910.8.9
德国瑞典劳动保险条约	1911.5.2
法国丹麦仲裁条约	1911.8.9
德比灾害保险条约	1912.7.6
德意灾害保险条约	1912.7.31
法国西班牙海员遇险协定	1912.11.30 1913.2.12
意美条约	1913.2.25
瑞士法国保险协定	1913.10.13
德意保险协定	1915.5.12－21

此等条约内容虽多偏于保护侨工，然足见保工之非单纯为一国的立法问题；其构成虽恒以互惠为条件，亦不失为保工的一种国际同情。其力量虽不若公约之普遍和远大，然就国际形势说，亦有几个优点：（一）国际公约不易成立的原因虽不仅一端，然各国借口于各国情形制度不一致，各有其特别的问题，不能以一成不变的条文规定一切国家应采的步骤，常为其重要原因之一种。如一八八九年俄国回复瑞士政府国际劳动立法的提议，且以其国内各部的情形复杂为言；一九〇六年德、奥、匈、比反对英国主张成立国际委员

会，亦基于上述理由。而事实上，国数既多，求其一种立法能对所有的国家都发生相等的利害结果，当然事有难能；应用同样的规定而发生利害的差异，则在工业上因公约而受较大损失的国家必不能轻于赞同，而于本国目前的工业利益必坚持不让。若两国互相立约，则国数既少，自不难发现一致之点，其所规定亦较适合两国状况，而上述困难问题即可免除。（二）易于监察实施。此等条约往往与订约国的侨工有关，如甲国对规定改良一般劳工或他国侨工的待遇延不施行，则必引起乙国的责备或相当的制裁行动，如不以规定之利益给与甲国在乙国的侨工等。（三）国际劳动公约往往因一国不参加，则与该国竞争市场的国家必存观望。如一九〇六年禁用白燐制造火柴的公约，奥、匈两国因日本不加入而拒绝签字便是一例。若用两国订约的方法，则虽在竞争之国，亦未始不可作直接谈判。（四）用两国条约的方法促进国际公约成立，如一九〇三年的法意条约第三条，即明明有此种用意。

至中国与外国订立各项条约，对劳工曾有规定者，在一八六〇年（清咸丰十年）中英续增条约九款中第五款有"一，戊午年定约互换以后，大清大皇帝允于即日降谕诸省督抚大吏：凡有华民情甘出口，或在英国所属各处，或在外洋别地承工，俱准与英民立约为凭，无论单身或愿携带家属一并赴通商各口下英国船只，毫无禁阻。该省大吏亦应时与大英钦差大臣查照各口地方情形，会定章程为保全前项华工之意"的明文。同年中法续约十款，第九款中亦有文字相同的规定。[1]

此项条约仅具备了"保全前项华工之意"的文字，却将特别办法，令各省大吏与英法钦差大臣会定章程。其会定章程的步骤为查照各口地方情形。此项规定虽太不完备，实具有防止当时诱买华工之弊的用意。原来自一八一四年起各国开始禁止贩卖非洲黑奴，至一八四一年时（是时各国关于禁止贩卖黑奴的条约已有二十余件）欧洲五大强国复订有伦敦条约，贩运黑奴者以海盗论。因各国合力禁止的结果，此项非人道的买卖遂大减少。[2]不过黑奴供给减少以后，原前西印度群岛（West Indies）及中南美需用黑奴的地方便需得低廉的贱工来代替。不幸，中国的工人遂成了黑奴的代替品！[3]本来依照《大清律例》，中国臣民离国出境是有干例禁的。不过中国地大法弛，不能

〔1〕《国际条约大全》卷四第 10 页及卷五第 11 页。

〔2〕参看 R. L. Buell, International Relations。

〔3〕W. A. P. Martin, "Cycle of Cathay"; Menair, Chinese Abroad, P. 209.

实行。当时中国工人被运往澳、美两洲的，事实上亦分两种：往加里佛尼亚及澳洲者，大半是自由的劳工，待遇亦颇良好。运往西印度群岛及中南美者，名义上为"契约劳工"（Contract Labor）事实上无异奴隶。此等"契约劳工"工作时所受的待遇完全是非人道的待遇，从中国运去一路所受的痛苦情形完全与黑奴之被贩运无异。当时运送华工的船只，述其事者常称为"海上地狱"（Floating hells）[1]，其黑暗的情形可想。从一八四一到一八七四年间，中国苦力由厦门、广州、香港、澳门运往古巴、秘鲁、智利与夏威夷群岛（Sandwich Islands）的约计有五十万人之多。[2]此等"契约劳工"之招集，在澳门、广州等地由招工者出资，倩人暗中收买。其来路是：（一）在广东土著的私斗中被俘而卖给人口贩运者，（二）乡人或渔夫横被绑掠或遭药酒麻醉运往人口收禁所者，（三）被诱赌博负债难偿以身作抵者，（四）或其他方法诱致而来者。[3]此种工人在出口前，收禁在各个特定地方。其由诱致而来者，则招工者又设为各种盘剥方法，务使此种工人负债累累，无法得到身体的自由而后止。运往古巴等地以后，即行当作奴隶工人使用或从事拍卖。华工在外所受各种虐待，当时我国政府未必能知，惟在我国内口岸的拐卖人口办法，当然非当时中国法律所许。一八五七年三月，香港地方政府曾经破获了几处人口收禁所。一八五九年，广东总督接到不少被拐诉呈，斩了十八个拐犯，又将情较轻者重办了十一人。故一八六〇年中英续约的规定，一方面是允许华工出境，一方面须着各省大吏"时与英法钦差大臣查照各口地方情形会定章程"以为限制。至一八六四年（同治三年）十月，在中国与西班牙所订条约的第十款，除前节文字与中英、中法两续约同项规定的文字相同外，更加上"但不得收留中国逃人及另有拐卖不法情事；如有前项情弊，一经地方官知会领事官即行查出，送还中国究办不得揸留"数语。此等条约对于中国工人只能算是一种消极的保卫。至一八六六年三月五日，清廷与英法公使关于英法人雇用华工事签订三国公约。此约用意，在防止上述各种流弊。在此约中，关于自由及契约劳工均有比较详细和特别的规定。特别关于契约劳工，

---

〔1〕 详细状况参看 H. B. Morse, International Relations of the Chinese Empire Vol. Ⅱ, Chapter on Contract Labor。

〔2〕 Menair. Chinese Abroad. P. 210.

〔3〕 参看 Morse op. cit., Vol. Ⅱ, pp. 167–168; pp. 178–180; 又 Macnair, Modern Chinese History, Selected Readings, Ch. X. Sec. 42, pp. 409–414。

其契约中至少应有的条件，举其要者如：每日工作的时间，每年工作的日数，契约时间的长短，病时的待遇及工人的归国等均有条文拘束。此约虽未经英法政府批准，但清廷曾为下三点之声明：（一）中国政府此后对于中国人民自由出境并不禁止，惟不遵上述各规定而招致华工出境以从事于各种工作者当绝对制止，违者依法严惩。（二）凡诱惑及拐掠中国工人，违反工人的愿意而运往外地者处以死刑。（三）工人出境只能在便于与外国领事会同检察查验的各口地方下船起运。在前面已经说过，华工运往南美古巴、秘鲁等地的都是属于契约劳工一种。华工在秘鲁、古巴等地暗无天日的情形积久渐为清廷得悉，故在一八七四年六月有中秘会议专约之成立。依照该约，"由中国派员前往秘国将华民情形彻底查办"，倘实有受苦华工合同年限未满、欲求申雪者得上诉。倘合同年限已满、愿意回国者，无论在合同上有无规定，应由秘国雇主或政府出资运回本国。同时在中秘条约十九款中第六款规定，除自愿于两国间往来居住以外，对于中国人"别有招致之法均非所准"。并经两国严行禁止，不准在澳门地方各口岸勉强诱骗中国运载出洋。"违者，其人各照本国例从严惩治，至所载之船，一并按例罚办"。据是年十月中国委员赴古巴调查结果报告，[1] 此等华工百分之八十系被拐去者。其同行华工途中因病、因不堪虐待自杀，或因鞭打伤重致死者超过百分之十之多。彼等运抵古巴后，无论卖与私家或工场（卖与私人家庭者占极少数）其痛苦俱不堪言状，营养不足、工作时间过长、锁链非刑毒打，无一非极端苛虐的待遇。工人之服毒、自缢、自刎、投井，或鞭打而死者不知凡几。委员所见各工人中齿被打落、耳被殴缺、肢体残废、头伤眼瞎者触目皆是。[2] 中国工人在南美的状况至是乃为清廷所注意。一八七七年（光绪三年）十一月，中国与西班牙乃议定一华工条约。依照该约，前此一八六四年条约内所定招工立约的办法即行作废（原约第一款），"不准在中国各口或在他处妄用勉强之法及施诡谲之计诱令华民人等不出情愿"出口他往（第三款）。当时华人在古巴年老力衰不能工作者及孤寡妇女自愿回国者，由西班牙出资送回。华工合同期满、原合同内如有"雇主人等应送回国"等语，应督令雇主送回。如原合同无此一条，即由西班牙地方官与中国总领事等商议办法（十一、十二两条）。当时在古巴拘于各处工

---

〔1〕　委员调查时受到华工诉呈八十五件，署名者一千六百六十五人，并有一千七百二十六人的亲供。

〔2〕　当时古巴为西班牙属地，至一八九八年十二月，巴黎条约后，古巴始成为独立国。

所之华人应一律释放（至犯罪未结者不在此限），工期未满之华人，期满后应给与一切回国他往之便利（十四款）。中国人民应由西班牙予以最惠国人民之待遇（第三款）。嗣后，中国即派总领事官驻扎古巴，以便保护中国侨民（第六款）。此外，原约第四、第五、第九、第十等款对于中国愿往古巴之人，又为种种规定以杜流弊。[1]自此约成后，中国侨南美工人，乃稍稍得见天日。此后一八八〇年（光绪六年）十一月中美续修条约四款及一八九四年（光绪二十年）中美会定华工条约六款，对于华工虽有"保护""不得稍凌虐"及"已在美国华工均听往来自便俾得受优待各国最厚之利益"等字样，事实上前约主要的条件是定华工人数的限制，后约为美国一八八二、一八八五、一八八七、一八八八各年禁止侨工（特别是华工）法后，由美国与中国立约"禁止华工前往美国"（原约第一款）。此项禁止华工条约，一方面虽美国意在保护美国工人，一方面不免有种族的成见在内。[2]一八九九年的中墨条约除诱拐华工悬为厉禁外，并规定"此国人民订立合同在彼国承工……应遵照两国妥定章程办理"。至一九〇四年五月中英规定华工在英属各地工作条约，约中保工的条款始渐归严密。如稽查保工事宜委员领事官及华工所在地专官（第二、第六、第九款），以为华工正当利益之保护。如"华工及其眷属等因合同期满，或因按例办理之故，或因疾病，或因受伤而不合工作"须载还回国者之规定（第十一、第七款）。如工人之转移雇主（第十二款），如工人工作地方、合同期满、续约条款、工作时间、工资多少、工资付给等项，均加规定（第七款）。如工人一路疾病医药，未满二十之幼工之雇用，亦均有条文涉及。综观全约，殆为中国与外国订立各项保工条款中之较周密者。[3]惟此等条约所能给与华工的保护，与理想上今日国际劳动立法应予以一切工人的保障相去尚远。与欧洲各国间所订各项保工条约相较，则华工又未得任何特别有利益的待遇，无非解除前次奴隶所受的痛苦而已。此等中国条约虽于国际劳动立法运动未必有多大影响，然至少此等条约所规定或禁止的大部事项足以构成国际保工之一部分有力的理由。因前此各工业国苟能有适当的劳动立法普遍采用，则工业界许多非人道的罪恶当无由于一特别地方继续存在，即古巴

---

〔1〕《国际条约大全》上编卷八。

〔2〕 可参看 Eliat Grinnell Mears, Resident Orientals on the American Pacific Coast, 1928, Chs. I&V; Edith Abbct, Immigration, Selected Documents and Case Records, 1924, Part Ⅱ。

〔3〕 关于英属斐洲招工合同章程等地招工合同章程见《国际条约大全》下篇卷九。

等地契约劳工之事实当不致发生。盖所谓国际劳动立法，其施与保护的对象为工人而非为一特定国家之工人。以劳工乃一国际的因子（international factor），工业罪恶乃一国际的现象，和平的改良办法，惟有采用超国家的国际人道主义，合国际的力量来为劳工谋利益。

欧战前国际保工运动的过去大略如是。国际劳动立法在国际劳动组织成立以后成功至何程度，我们可以从历届国际劳动大会的公约草案之内容及其采用实施的国家之多少研究得之，此处不必深论。在现存生产制度之下，国际劳动立法之必要，从前面的叙述已可概见。简单归结言之，第一是在维持人道的劳动状况，第二是减少劳资因工作待遇而引起的纠纷以保工业的和平，第三是藉国际共同的行动以扫除国际竞争在劳动立法上的障碍。不过积数十年各方运动的结果，到战后始有国际劳动组织这样一个建议研究机关，则国际劳动立法的困难亦可想象。此种进行上的困难，在国际保工运动历史上归纳起来是由于下列问题的存在：

（一）国际劳动立法与各国立法的主权冲突。国际劳动立法最大的困难有两个，内中一个便是各国主权的问题。依照奥斯汀（Austin）以来法律的主权学说，有主权的独立国家对内有最高的权力，对外为独立自主。国际劳动立法如经国际机关或会议决定之后各国便须执行，则不啻是在各国之上有了一个太上立法机关，所有的国际立法不啻对于各国加以奉行某种事项的义务。此种情形，由法律的眼光看来实属侵害国家的主权，与国家的独立自主不能并立。反之，如国际劳动的规定不能为一种立法，各国并无必须实施的义务，则国际保工的立法便不能顺利地进行。所有国际会议的决议，因各国的宪法不同，采用上，单就法律论尚有繁复的困难在；此种困难足使公约的效力为之减轻不少。如巴黎和会中，劳动立法委员会起草和约第十三篇"关于国际劳动公约之采用"一项，以美国有宪法限制遂不能严格规定，因使公约失去很大的束缚效力，至今国际劳动组织在立法的进展上且因之不免受很大的影响。

（二）国际的竞争。国际劳动立法的目的，在前面已经说过，是藉国际合作以扫除国际竞争在劳动立法上的障碍。劳动立法之必须为国际的运动，大部的原因即由于国际工商竞争的关系。不过国际劳动立法运动不特不能完全克服国际竞争的困难，而国际保工运动且因国际竞争而遇到不少的阻障。如伯尔尼禁止白燐公约因日本未加入便引起奥、匈两国之拒绝签字。国际劳动组织成立后各国对国际劳动大会公约草案批准的迟缓，当亦与减轻出产品成本以备国际竞争有多大关系。

以上两点算是国际立法最大的困难地方，此外还有几个问题。

（三）政府的职权问题。在国际保工运动发生之初，各国政府及资本者根据放任主义的原则认为劳资关系应由劳资双方自行规定，不在政府干涉的范围以内。如一八八一年五月瑞士联邦政府向欧洲各国提议讨论国际劳动立法的问题时，法国政府的回复便谓无论取一国或国际的行动，政府对于劳资的契约关系均无权干预。此种见解，到现在虽然因干涉主义及社会主义的流行日趋失势，但在历史上总是国际保工运动的一个难关。

（四）资方的反对和一部分工人的误解。资本者因国际劳动的立法，如工人每日工作时间之减少、妇女夜工之禁止等，足以减少生产出品、减少其工厂营业力持反对。本来资本者方面反对劳动立法，一言以蔽之是为本身的利益关系。不过就工人工作时间减少、休息时间的增多而论，因最近工业上科学管理的进步、生产合理化的讲求，工人效率增加，减少工作时间在生产上已不生减少出品的问题。

在工人方面，亦有一部分人恐国际劳工的立法对于己身反有不利者。如禁止妇女及禁止童工等，在工人家庭上必发生收入减少的困难。且各国的劳动状况及生活程度不一，国际的立法如须划一各国的劳动法，则在工业比较落后的国家对于进步的立法因事实上不易实行必力加反对。结果，所有的立法必为调和的办法，其所规定或较工业先进国现存的劳动状况反有下降之虞。关于前项困难，弗兰克（Dr. Frank, Manufacturer of Charlotter burg）在一八八二年时即持此项见解。不过就国民保育的观点上及为工人家庭从远大处打算，此种立法对于工人均有利无弊。增加工人家庭收入当另有良善方法，不能为微末的收入牺牲幼童身心发展的时间与机会，及戕贼后代国民的母体。关于后项疑虑，在国际劳动组织成立后，国际劳动立法系以改进劳动状况为目的，各国不能因采国际劳动大会的草约或建议而降低工人生活标准，故亦不复成为问题。

（五）各国气候的差异、人民发育的迟速不同。在热带的国家，惟有夜间较凉。如在此等国家禁止妇女夜工，则日间工作也许于妇女为更苦。在热带的地方人民之发育较速于寒带者，如童工年龄限制甚高，则于工人的生活不无妨害。此等事实亦为反对国际劳动立法者的口实，但历来国际关于劳动的规定均未尝不为此等特别情形着想设为种种例外。如伯尔尼禁止妇女夜工的公约第七条的例外，及战后凡尔赛和约第十三篇第二部第四百二十七条对于气候、习惯、经济、机会等的不同亦均明白为一般的承认。

　　本来国际劳动立法困难很多，即在劳动公约成立以后，各国是否实施及违背公约，除道德舆论的制裁外有何有效的制裁，此亦系国际保工运动不易解决的问题。在上述各种问题之中，有的到现在虽已不复成为问题，而根本的重要困难，如国际立法与国家独立主权、公约采用与国家宪法关系、改良劳动状况与生产原费、国际竞争几项，至今还莫得到什么满意的解决法，有的简直是在现存制度下不能解决的问题。不过国际很多的发展，都是积渐演化的结果，有欧战以前几十年国际保工的运动，终有战后国际劳动组织的产生。近二十年来，在现今国际主义的空气笼罩之下，工人组织的力量又复日进无已，因社会情形时代潮流的推进，国际保工的立法已不是一个单纯的人道主义问题，将来的发展殆是可以不言而喻的。法国劳工联合总会的领袖乔豪斯（M. Jouhaux）在第四次国际劳动大会上曾对各国批准八小时工作的公约草案时有一段话说："倘劳动者断定国际劳工局对工人正当的愿望，合于一般利益的正当愿望，不能为之满足，且不能使有低度的满足时，结果将如何？结果将回复到武力的采用，这是说工人将不得不用其组织的力量而诉诸武力。"是的，回顾过去的国际保工运动时，我们不要忘了还有日趋强大的工人组织力量在后面。

评《日本侵略中国外交秘史》*

　　本书的内容是叙述 1894—1895 年间中日战争时外交方面的各种史实。本书的原著者陆奥宗光是日本当时的外务大臣。他著这本书的原因，是因日本战胜取得辽东后复引起俄、德、法三国干涉退还中国，日本国民以外交失败攻击外务当局，谓其在外交上未能事先设法防范，致招三国干涉之屈辱。为向社会解释计，故作此书，叙述当时的外交经过，以明三国的干涉属于势所必至。外交当局虽"以外交上之手段尽力操纵"，"然各强国所取之政略方针往往不能于樽俎之间使之转换"，故不能以三国之干涉归咎于外交当局之疏忽。

　　日本自明治维新以还，即处心积虑抱定向外发展的政策。发展的方向，日本内部虽有大陆及海洋政策的差异，但中日的战争却是大陆派主张的胜利。向大陆发展最适当的地方莫如朝鲜与辽东半岛；因"辽东半岛接朝鲜之背，扼北京之咽喉，国家（日本）将来之长久计上，不可不归我（日本）领有"（见译本第一百页）。而朝鲜位于日本与辽东半岛中间，政治窳败、内乱频仍，随时给与日人以土地侵略的机会。日人要攫取朝鲜，便不能不断绝中韩的宗属国关系，断绝中韩的宗属国关系便莫如先承认朝鲜的独立。认定朝鲜为独立国家，而以巩固邻邦的安宁秩序为名，然后朝鲜内乱，日本出兵即有所借口，可不管中国的态度如何。这是日本蓄意挑衅的第一步计划。

　　不过日本单认朝鲜为独立国，同时中国认朝鲜为属国，则日本可向韩国出兵，中国更可以向韩国出兵，莫有一个解决方法。且当东学党乱初起的时候，韩国更向各国有朝鲜为中国属国的声明，欧美列强亦都"默认"中韩有宗属国关系。故日本要断绝中韩宗属国关系，非强迫中韩两国对于朝鲜系独立国一点自行承认不可；欲强迫中国承认，非促进中日间冲突，以武力压服

　　* 原载于《社会科学杂志（北平）》1930 年第 1 卷第 1 期。
　　陆奥宗光：《日本侵略中国外交秘史》，龚德柏译，商务印书馆 1929 年版。

中国，使中国放弃其在韩国原有的地位不可。但是，用什么方法促进中日间冲突使归于破裂呢？日本在中日之战当朝鲜问题发生时便决定了一个在外交上务取被动地位、在军事上则取主动地位的策略。日本虽具有干涉朝鲜的最后决心，然于行动上则以种种方法陷中国于不能不与日本决裂的地位，一若开衅之责不在日本然者。日人知清廷不愿日本干涉朝鲜内政，即故意向清廷提出共同改革朝鲜政治的提议。见清廷不同意，则以日本将单独行动为威胁。至清廷提议共撤驻韩军队，日本则以军队包围朝鲜王宫，挟持朝鲜政府，使声明不为中国属国，并委托日本驱逐中国军队出境。故中日之战完全是日人先有决战的计划和准备，而陷中国于不能不战的境地。日人的处心积虑，我国人大都知道，不过日人运用各种阴谋手段的经过如何，当然以日人自己的供状为真切，而这本《日本侵略中国外交秘史》便是日本外交当局的一个供状。

是书原名"蹇蹇录"，共为二十一章。从朝鲜东学党乱日本定计出兵起，以至中日开战广岛、马关谈判、俄、法、德干涉退还辽东止，中间日本的外交策略手段，原著者以身当其冲的见地，有详细的说明。译本书后并附有李鸿章与甲午一役有关的电稿。李鸿章在中日之战为中国政府方面的重要中心人物，以李电与原著对照，亦可为研究中日战争史者一种参证。是书是译者七年前译的。译者虽自谓"文字应斟酌之点甚多"，并须抽暇"改译"，但中文亦甚流畅。综观全书，不失为研究中日外交史者一种参考资料。近数年来，国人因日本对我国种种暴行，多倡言打倒日本帝国主义，然日本帝国主义者的阴谋手段如何，则多未暇深究。就这一点说，龚先生翻译这书，对于国民知识的灌输上，亦比普通的"打倒日本帝国主义"的宣传为切实而有效。不过龚先生在弁言上说"中日之战然后有三国之干涉还辽……然后有日俄之战，然后东方有日本代俄强占南满，西方有欧洲大战……以及将来欧亚诸洲无尽数之重大事件皆将由此发生，而推其原因则无非发源于中日甲午之役，是故谓甲午一役为过去数十年及以后数十年历史之发动机，不论何人恐不能异议也"云云。以甲午一役与欧洲大战发生不可解的关系，这一点似乎还须得用事实来证明。至谓甲午一役为现今前后数十年历史的发动机，至少在措辞上亦很有语病。诚然甲午一战之后，因中日国际地位的变更，远东局面为之大变，遂大启列强侵掠中国之机，故该役不特为中国国耻史上一大事件，亦为世界史上一大事件。但我们却不能说甲午之战与世界无尽数的大事件都有因果关系，而为所有此等事件发生的总源。譬如欧战前巴尔干半岛的纷扰、战后德国的革命、法国的进兵鲁尔、意大利法西斯蒂党的专政、国际联盟及第三国际的成立，这些都似乎不能不说是世界上的重大事件，然而推其原因显然都又不能说是"发源于中日甲午之役"。大概龚先生对于甲午一战特别重视，因为要解明该役的重要，故不免说得稍为过火一点。

评柯尔的《英国社会与经济政策未来十年展望》*

这本书是柯尔最近的著作，内容从书的命名就可知道是讨论英国在战后的世界里今后十年间应采取的社会经济政策。[1]

柯尔代表英国基尔特社会主义（一称同业社会主义）的一派，他的主张与霍布森（S. G. Hobson）相同的地方，是他们都认定目前社会的最大罪恶是人类的劳动生活完全由资本所有者支配。他们以为集体主义（collectivism）不特不能消除这种罪恶，而且也许还会加重这种罪恶。因为集体主义只注重生产的效率方面而忽略了生产的人道方面，事实上只不过以政府的少数人代替少数资本家作支配阶级罢了。同时工团主义者（syndicalists）的一切财富生于劳动、惟工人为生产者法、工人有控制工业的全权等主张，他们亦认为过当。他们的办法依照柯尔的说法，"生产的工具应归国家所有，生产的工作应由同业组织 guild 控制"[2]柯尔与霍布森主张的主要歧异地方是：霍布森认为国家在理论上应有最高的权力或主权，不过除关于公共的政策国家可以代表公民的资格实行干涉外，国家对于同业组织应极力避免冲突；柯尔则最初把国家看作代表与生产者对立的消费者的组织。换句话说，就是霍布森认为国家有最高的权力，不过应当容许在它权力下的同业组织有充分的自主，这种自主权是国家授予的；柯尔则以为国家既是代表消费者的组织，而同业组织是代表生产者的组织，故国家与同业组织是各不相属的对等组织。同业组织不能受国家的支配，犹之乎国家不能受同业组织的支配一样，故国家无最高主权，同业组织有自主权，而这种自主权是自有的。[3]柯尔后来因霍布森的攻击，

---

* 原载于《社会科学杂志（北平）》，1930 年第 1 卷第 1 期。

〔1〕 The Next Ten Years In British Social And Economic Policy. By G. D. H. COLE London, Macmillan & Company 1929. pp. 459.

〔2〕 G. D. H. Cole, Self-Government in Industry（Ist edition），p. 109. 又 The world of Labour p. 393 亦有相似的语句。

〔3〕 G. D. H. Cole, Self-Government in Industry（Ist edition），p. 135.

在他所著《Social Theory，Guild Socialism Restated》，及《The Reorganization of Local Government》各书中，于其前此以国家作为消费者的代表之主张又有变更。他不特改变主张以成立他种组织如 co-operative council，public utilities council 之类代表消费者，而且他对于生产与消费前此着重在全国整个的调适 national co-ordination 现则着重于地方的调适 local co-ordination 了。柯尔的主张往往是不能前后一致的，记得有人在西洋某杂志上批评他说，他写东西是动笔先于思想。此话虽未免太过，亦缘柯尔的主张变更不定，所以有这样的批评。我们看，在他新出这本书内，柯尔虽然一再声明书内的主张只不过是一种过渡的办法，并不是完整的社会主义的实现，只是重新说明（restatement）他以前的主张，而不是放弃原先的意见（recantation）。不过他的论点又有迁移，意见又有变更，是显然无疑的。

是书共分二十章，涉及的问题颇广。英国的贸易政策、工人失业的救济、工业的复兴、工会与工业合理化、工业社会化、工人与工业管理、工资与人口、农业与土地、贸易与货价的控制、对外政策、地方政府、教育的改进、产业改造中资本的供给以至于工党政府的财政等问题，均各有专章讨论。在讨论每项问题时，柯尔均有具体提议。

柯尔以为社会主义在实行上当然与纯粹的宣传不一样，他这本书与他以前少年时的著作所以有不同的地方是因为社会主义以前只是空想，现在则已成为当前的实际政治了。欧战前资本制度是稳定的，欧战以后，各国经济的再造都力求回复到战前的原状。不过世界的实际情形已变，各国所能回复的只是以前的方法、以前的组织，而不能回复以前采用的同样方法或组织所可得到的效果。现在资本主义虽无立即崩溃的危险，但日趋于倾圮。故欧战以前社会主义者是在社会安定的状态之下研究以求最善的方法，可以从容讨论，现在则社会主义者不能不起而为事实的应付。柯尔这本书便自以为是工党当政后应付目前问题趋向社会主义的过渡办法。

是书既为实际政策的条陈，我们势不能在这有限的篇幅里将柯尔所有的理论与方法一一缕举，下面就重要的地方随便举两点来说说。

于产业社会化（socialization）问题，柯尔此处又有不同的主张。他以为因资本组织最近的发展如各种联合（combines）之存在，前此所谓产业社会化之说应有严格重新考虑之必要。在一般人的心目中，社会主义可以用"收归国有"（nationalization）一词来包括。其实所谓社会主义者要把交换分配及生产的工具收归国有的说法，从一方面说虽亦无不是，但很易引起误会。社会主义者所要收归国有（nationalize）或社会化（socialize）的不是这项或那项特定的工业，而是全社会经济生活的支配及控制权。[1]要把社会经济生活的支配及控制权收归国有，（1）虽有许多私人经营的事业须得转归国有，但不是要把所有的工业都归国有，（2）也不必由政府去直接管理工业，因为社会主义的主要因素不是工业或公共事业（services）的直接管理，而是政策的控制。[2]社会主义者所攻击的不是每个私人的营业，而是资本制度管理社会生活的事实。只要能够改变社会生活为资本制度所支配的这个事实，改使社会的控制在经济秩序（economic order）中司操纵的机钮就行了。例如煤业，收归国有，不特无利亦且烦难。如由政府设一矿业委员会（Mining Commission）拟具改良方案，厘定各矿出产量、改进贩运方法，监督各业主强迫实行并控制煤的卖价，即已达到社会化（socialization）的目的。柯尔以为假如所有这些办法真正都有效的实行尚不足为社会化（socialization）的话，则社会化亦不过为一习用语而已，不能有事实的存在。然则哪种工业应该社会化，哪种工业不要社会化呢？柯尔以为这可由政府决定，不过决定的理由是要以公共的利益为前提而看将某项特种工业社会化是否有利，并不是为社会化而社会化。[3]我们把这些见解与"生产的工具应归国家所有"的话一相比较，则柯尔此处是否放弃旧主张、抑或为旧主张的新说明，很易明了。本来柯尔在他所著《劳动之世界》（《The World of Labour》）一书中即已提到工业的所有问题困难甚多，归根究底是一个控制的问题[4]；不过他在本书里把此项意见发挥得更透彻。其次，柯尔以为工业社会不必由政府直接管理。因为在前面已经说过，政府的责任在于政策的控制，只要使各种工业在社会整个的经济计划（economic scheme）中各得其所、各尽其职，则政府对于详细管理的干涉愈少愈宜。在社会主义国家，政府的任务太繁重了；工业的进行主要是专家的事务。[5]专家的地位很重要，因为每种工业事务的管理并不是墨守成规照旧进行，须得斟酌技术的进展，随时迅速改变生产的方法。各种工业或大企业

---

〔1〕 原著 pp. 130-131。

〔2〕 原著 p. 134。

〔3〕 原著 p. 133。

〔4〕 Cole, The world of Labour, 1917, pp. 352-353.

〔5〕 原著 p. 136。

各有专门的监督，如煤业有 Coal Commission，电业有 Electricity Board。在这些督办委员会 Controlling Commissions 之上，以一 Power and Transport Commission 与一 Board of National Investment 为节制的机关。此等委员会自 Power and Transport Commission 以下亦都由专家组成。

在专家的管理之下工人的地位怎样呢？工业的控制，依照韦布（Sidney Webb）的区分，可分三方面：第一，生产何物，在何地生产，生产量若干的决定。第二，用何种生产程序来生产。第三，生产的状况，即劳动状况。如工作时间、工资、工作规律均包含在内。柯尔在他《劳动之世界》一书中以为，第一种控制可以由消费者的需求来决定。关于第二项，他以为完全应由工人自主。[1]在他的《英国的劳工》（《Labour in the Commonwealth》）里他说："任何真正改革工业制度的运动必须适合两个条件。第一，此项运动必须是工人自身占取控制权的运动，而非由统治者阶级允给一部分控制权的运动；第二，这个运动必须从工厂及其他工作地方起始，而归结到以工人的志愿，能力、知识能于接收的职能（functions）从现在统治者阶级转移到劳动阶级"。[2]关于第三项，他以为"工业控制之要求与增高工资、减少工时的要求完全不同；前项要求乃一控制工业状况、工业程序的要求"，而工资与工时的控制虽在国营的工业里，工人亦仍可应用罢工的武器。至工业自主的如何实行，依照一般基尔特社会主义者的主张，系以一国内各业的同业总会（national guilds）的组织运用之。在全国同业总会之下有各地的同业会，各地的同业会由工厂的同业组织联合而成。同业工人对于工厂的控制，系由各厂全体工人选出各种委员会来执行。在这本书里，柯尔的说法却大大地改变了。他说这种工业的民治主义是一个乌托邦，事实上完全不可能存在的。此种组织虽然可以成立，但是工作上一定行不通。要叫工人选举很多的委员会来代表他们进行各项职务，并继续注意代表的举措而相监督，则工厂工人群众对于此项问题有个很迅速的自行解决办法，即避免选举之烦而干脆不投票，各项委员会亦将因而有名无实而寿终正寝。柯尔以为此等组织在外有强敌的时候即资本制度存在的时候还可以存在，至资本制度消灭以后就会销声匿迹，而以工业的管理让予能力、嗜好与管理工业职务相适合者。[3]所谓能力（capacity）、嗜好

---

[1] Cole, The world of Labour, p. 363.

[2] Cole, Labour In The Commonwealth p. 131.

[3] 原著 p. 161。

（taste）与管理工业职务相适合者，是指各业的专门家或由专门家组成的委员会，因为工业的进行主要是专家的事务。然则工人在柯尔的社会主义之下，工业既不必收归国有，管理又须专家主持，不用工人自选的委员会控制，则工人不是与前此在资本主义制度下一样同是"工资奴隶"（wage-slave）吗？柯尔在这里亦承认他此处不啻取消了他以前很多的主张。他此时的主张是这样的：工会必须努力变成专门团体，工人不当僭越专家的地位去武断生产的技术程序。不过专家的计划遇与工人的舒适冲突时，工人可以极力抗议得到专家的注意，并在一定范围内有反抗专家与工人劳动状况有关的计划之控诉权。为使工人意见有充分的表达机会起见，可由工人选出 Works Council 一类的组织为经理的顾问团体。这样一来，工人在柯尔政策下的地位比在现存各种 Company Unions 里能够高出多少呢？基尔特社会主义本来就是集产主义与工团主义（syndicalism）的混合。柯尔的这个办法又算是一种生产效率与工人生活的调和了。

柯尔对于英国的商业政策讨论颇为详到。他以为英国的贸易政策应彻底的改变。我们知道，英国自一八四六年废止《谷物法》（Corn Laws）以后即确立了自由贸易的政策。自由贸易的制度建筑在生产的国际地域分工的理论上。所谓生产的国际地域分工的益处是每个国家如生产某种出品比较利益最大，即集中力量来生产该项出品，而以其国内消费之多余的出品向国外交换他项消费的货品。如此，各国的生产均是该国最宜于生产的，各产所宜以交换其生产所不宜，即各国均可得到最经济的用品、最有利的生产。自由贸易的原则之应用以英国为首倡的国家，因英国工业的发达较早。故自由贸易英国便将其最相宜的工业尽力发展，而后起的国家在自由竞争之下起初便不能不在其他的工业上谋发展，而以英国已发展的工业让之于英国。在这种情形之下，英国有工业先进国的便宜，其主要的各种工业在海外的贸易占独霸的地位，因之自由贸易对英国也特别有利。海外贸易既于英国有利，故英国工业的生产计划大都是从世界市场的销售着眼尽力扩张，而其发展又专门注力在几门海外贸易的工业上面。不过有一问题，即近世工业的新机器、新技术随时都在进步。后进的工业国家，特别是德、美二国虽其工业的进程不如英国的长，其工业上的设施前此虽不如英国的完备，但正因如此，正可尽量利用最新的发明、采用最新的机器和生产方法。英国则不然，倘欲采用新式的机器和生产方法则须废弃原有旧的、大规模的设备，资本的牺牲太大。在欧战前几年的时候，德、美二国都渐成英国的商业竞争国家，因外遇强敌，内部生产效率又不很好，故英国煤、铁及其他制造品工业在国外贸易上逐渐失势。为挽回商业的优势起见，英国亦会努力改用新的机器和生产法，且因国外市场的购买力增加，故英国海外商业欧战前虽失掉独霸的位置，而贸易额则有加无减。至大战以后，国际经济情形一变，英国的对外贸易遂成了很大的问题。英国出口货的价值初不因普通货价水平的高涨而成比例的增加，出口的货额单就可以确定言之，实在大见低减。英国的工商业大有衰颓的现象。在这个时候替英国的工商业打算，最当考虑的不是目前贸易平衡于英国是否有利，而是英国工业的专门发展（Specialization）。以前主张自由贸易的人以为是最大利益的来源，在战后世界环境已变之后是否仍然可以有利的继续维持下去。换言之，即英国工商业目前的不振是否可以认为是暂时的现象，或可以藉生产效率的提高为补救，抑或前此使英国工业极端专门化的环境已经改变，此后英国应当大刀阔斧地另行分配其生产的力量，实行生产的改组。在考虑此问题时，可以从英国两种主要工业来看。英国的棉纱工业在欧战前出口货品便见减少，至战后虽英资本家为维持营业起见极力减低货价，而出口的棉纱货物仍有日趋减少的倾向。煤业的问题比较复杂，内部组织太坏，主要的不是一个单纯的直接出口问题。不过英国煤业与棉纱工业有相同的地方，就是目前世界市场的需求比所有的供给少。棉纱工业则近年印度、中国、日本均有粗棉纱工业的兴起，南美各国亦有棉纱制造业的发展。煤业则一方面美、德等国产煤的力量异常大，一方面因近来汽油的应用日多，机器用煤之力求节省，不特使煤在生产程序里失其原来的重要，需求更很少增加的希望。即使需求稍有加增，亦不过引起激烈竞争。在此项竞争里，英国亦只能得一部分的利益，且不能有多大利益。煤、铁不过是两个例，英国其他主要的大工业的情形亦与此相类。同时以英国的情形说，要提高国内的生活标准，必须大大增加食料及原料的入口而激增出口货物，以为平衡的补偿。然而根据上述的事实来推测，英国的出口货物是否能够这样扩张，实属令人怀疑。英国的对外贸易情形既是如此，依照柯尔的意思，英国的生产政策便应彻底改变。以后的生产当以英国国内用途为根据，以种种方法扩充国内市场的购买力。不过英国的国内市场是英国经济家及政治家从来最不注意的；他们还在作恢复海外贸易的希望，不过在这种希望之中有的注意到欧洲的经济之回复与关税的休战，有的注意到殖民地的贸易、想联合各殖民地把大英帝国造成一个经济自给的单位罢了。在这里，我们可以想见目前英国工商业问题的严重，与夫工人失业问题之所以长期不能解决了。

柯尔对英国失业问题，主张成立一国家劳工团（National Labour Corps）。所有失业的工人，除特定的例外而外，在工佣介绍所（Employment Exchange）报名一定期限以后可往此国家劳工团登记。在国家劳工团组织之下，由政府给与此等人各项有益于社会经济之再造的工作（此等工作是应须做，但因利人经营不能得利，故无人做者），付与一定的报酬。关于此项计划的费用，如所经营之事业有税收者可以举债举办，其他用费，可于国家收入项下支付。失业的救济是暂时的办法，根本的办法在力求恢复。工业兴盛恢复工业兴盛的方法，一方面是增进生产的效率，一方面须疏导资本的流动，使发展最有利于社会的工业与事业。工业的改组须注重国内的消费，增加国民的购买力，在前面已经说过了。关于公私资本的流动之疏导与控制，则由一国家投资部（A Board of National Investment）司之。国家投资部与动力运输委员会（Power and Transport Commission）向议会负责，大政方针上受政府的指导。此两项机关，在柯尔的计划之下实为英国未来十年中一切工业政策实施的机枢。

原书涉及的问题甚复杂，此处提出来的不过是关于柯尔主张上及关于英国的经济生命上两个重要的问题。综观全书大都是实际政策的建议，主要的是解决各个问题的纲要而不是根本理论或主义的辩论，亦可称之为柯尔的建国大纲。柯尔主张的移转不定颇有类于我国梁任公先生不惜以今日之我与昨日之我宣战的神气。他写本书所以对于一切问题均重新考虑并不顾忌与以前主张相矛盾的原因，柯尔自己说是外因时势的推移、内受内心的压迫，故只能问主张之是不是，而不计主张矛盾之是否出于个人。

评《产业革命》*

  著书难，译书亦复不易；不过比较起来，仅以介绍为目的译社会科学方面文理浅近的书籍总该不算很难，特别是译"产业革命"这一类的东西，卷帙不大、文字浅显，更不该闹出不可宽恕的种种笑话。王君这本《产业革命》是从 Charles Beard 所著《Industrial Revolution》译成中文的。我对于王君译的这本书，在这里要批评的因篇幅关系也就只限于原书的译文方面；至于原书内容怎样这里暂且不管。

  译社会科学方面的书籍，其主要目的在学理与事实之介绍，只求忠实明达，原不必字字死译、"硬译"或反晦涩不通有失原意（文艺的东西是否应该逐字"硬译"不在本文讨论之列）。不过，最低限度的要求也就是非适合"忠实明达"四字的条件不可。这个最低限度的条件，只要译者对于原书能充分了解，并不是办不到的事体。所谓了解，包含两方面：（1）是对于文字方面。这层很明了，用不着解释。（2）是对于原书内容（contents）方面。譬如原书有叙事的地方，译者对于涉及的事实应有一个明确的知识；原书有说理的地方，译者对于相关的理论应须彻底明了。只要译者学有相当根底，西洋社会科学方面的东西可以译成中文的多得很，只怕译者的知识太幼稚、太粗浅，读书不多、了解力不够，对原书的措辞、命意、理论、事实根本就莫弄清，够不上译书的资格，专门倚靠字典而勉强翻译；结果直译则晦盲否塞不解所谓，"意译"则避难就易以意增改。我们假定上列的译书条件虽不算高，然而事实上似乎还有不少不合资格的译者。这类译者的动机如何，我们不敢轻加揣测。我们因中国学术界的贫乏，对于学术方面的译者毋宁愿加鼓励。不过，瞎译蛮干是不行的。不幸现在蛮译的太多了，若照此下去，只苦了一般判断力不

  * 原载于《社会科学杂志》（北平）1930 年第 1 卷第 1 期。

  本文为译著《产业革命》的书评。比尔德：《产业革命》（lndustrial Revolution），王雪华译，上海亚东图书馆 1929 年版。

强的读者花了钱、费了时光、耗了脑力，所得的只是满纸"胡说"，连篇错谬！

近两年来各大都市新开设的书店很多，各书店出版的书籍亦都不少，就中尤以小说及关于社会经济方面的薄本译书占多数。这种现象，就书的量方面说，似乎不能不说是"我们著作界"（这是引用《产业革命》译本叙文中的语句）很好的一个现象；就质的方面说，我们似乎就不能太乐观了！

王君这本书如何，据译本上一位李先生的叙文说是"文笔畅达非同凡手"。现在我们且把王君的译文举几个例来对照一下：

一、原书第 67 页第一行 "The new machinery had been humming and pounding for a long time before the social conditions which it brought aroused men to the fact that a new world had been created, and before any serious attempt was made to ameliorate the conditions of the workers"。这句话的大意是说：生产改用新机器以后，社会状况发生了剧烈的改变，惟积久以后，一般人始因社会的新状况，觉所居世界已改旧观而认真企图改良劳工状况之计划始有进行。

王君的译文是："在新机械所形成的社会状况引起了人们创造一个新世界，并认真企图改良工人地位之前，这种机械不断地工作历时甚久"（译本第 93 页）。

原文 "…The social coditions…aroused men to the fact that a new world had been created…" 是说社会状况引起人们注意到世界已改旧观的事实，注意到这个既成的事实。王君却把这个浅显的意思弄不清，以为要"引起人们"另外去"创造一个新世界"了。只不知王君所谓"引起人们创造一种新世界"，这个世界现在究竟已经被人们造成功了莫有？

二、原书第 67 页末一句："（5）The idea of society as organism and the new morality which centers around the idea had not yet dawned in the human mind." 这话的大意是说：人们心目中还莫有把社会看作有机体的观念，及以此观念为中心的新道德。这话的意思很明白，然而王君却要绕大弯把它译为（译本第 94 页）：

"人们心目中还莫有社会为有机体的观念，和辅助这种观念的新道德"。要知道新的道德常以新的观念为中心、为出发点，譬如原前中国的婚姻必须要经父母之命、媒妁之言始为合乎礼教的正式配偶，要不经过这种手续，即使男女间有真正爱情的结合也只能谓之不道德的苟合。现在则因为有婚姻以爱情为第一要件的新观念，故徒以父母之命、媒妁之言来强迫子女成婚的反成不道德了。不过这都是有了新观念所以才有新的道德标准；新观念无新道德来"辅助"并不失其为新观念的。故王君这句译语不特不合原文的意义，在理论上尤其说不过去。

三、原书第 70 页第 9 行："The first step in the direction of legislative control of the new industry was made in 1802." 这本书是讲英国的情形，英国的第一次保工立法是 1902 年的 "Health and Morals of Apprentices Act"。原书本段又是讲的工厂立法（factory legislation），故这句的意思是说对于新的工业实行立法的干涉始于 1802 年。这话的内容很简单，译者似乎又莫名其妙了，故他把原句前半逐字死译成（译本第 97 页）："立法支配新产业方面的初步始于一八〇二年。" 我真不知读者阅了"立法支配新产业方面的初步"一行字后可以作何解释？

四、原书第 80 页第 7 行："Along with the struggle for the factory acts there was developing among the workers a sense of the power and desirability of unity. The political economists who regarded society as conposed of a group of independent and warring units did not long occupy the fortress of knowledge unassailed Owen, Carlyle, Maurice, Kingsley, Ruskin the humanitarians impeached in elequent, if not always logical, English the old assumptions. ..." 这话的意思是说：工人在工厂立法的奋斗之中同时渐感到团结一致的力量和需要。一般经济学家前此认社会系由一群各自独立、互相争夺的单位组成者。在知识界不能久占稳固的地位不受攻击，欧文、加莱尔、摩里士、金斯黎和罗斯金这般人道主义者对于旧的假设曾加弹议，其言即不必皆合逻辑，要很流利……" 所谓旧的假设是指经典派的放任主义、自由竞争、天然法则等经济上的基本观念。"developing a sense of the power and desirability of unity" 若参照原文的意义逐字译去，可勉译为：逐渐发出"团结一致的力量和需要"之感觉。依照原意将字句顺序稍加改变即为"渐感到团结一致的力量和需要"。但王君的译文在 a sense of the power...etc 一语，既未将原文弄清（译得恰当与否且不管），于 old assumptions 一词尤译得荒谬绝伦，我们现在看王君的翻译（译本第 111 页）：

"工人于争取工厂条例之外又发展一种权力与联合的意识。一般认社会为由一群独立而好战的单位组成的经济学者不能长久占住知识的堡垒而不被攻击。渴文，喀莱尔，摩里士，金斯黎和纳斯钦这些人道主义者用很流利的——不过不常是合于逻辑的——英语弹劾过去一切僭越的事……"

"过去一切僭越的事"是些什么僭越的事？这些人道主义者为什么要"弹劾过去一切僭越的事"？"一般认为社会由一群独立而好战的单位组成的经济学者"及王君所谓工人"权力与联合的意识"与王君"过去一切僭越的事"有何关联？王君也许会愤然作色曰："僭越的事"是从字典上查出的，难道字典还有错吗？不错，王君的错处就在于完全依赖字典。不过，王君有些妙译是什么书上也参考不出的，那又当别论。

五、原书第 77 页第 4 行："It is thus evident that the Younger Pitt's declaration had its foundation in fact…"王君译为"少年庇得的宣言显然是以事实为根据的"（见译本 106 页）。此处最大的笑话是把 Younger Pitt 译成"少年庇得"。原来 Younger Pitt（1759-1806）名 William Pitt，系袭用其父 William Pitt, First Earl of Chatham 的名字。为避免事实的混淆起见，后人往往称小 William Pitt 为 Younger Pitt，以别于 William Pitt, the First Earl of Chatham。故 Younger Pitt 宜译为"小庇得"，正如我国人对于苏老泉、苏东坡、苏子由称老苏、大苏、小苏一样。小庇得在 1871 年即入国会为议员，在 1782 年曾有改良议会代表法之提议，在 1783—1801 年及 1804—1806 年各年间均又为英国内阁总理。他说英国议会不足代表英国民意的话时，究竟是否在 1783 年当他二十几岁的少年时候，抑或在 1804 年后当他晚年的时候，此时译者莫有时间，未替王君查考。不过不管说这话时是否"少年"，而 Younger Pitt 译成"少年庇得"总是一个缺乏历史常识的大笑话。

六、原书第 75 页，从页底倒数第五行"In 1825…and penalties provided for breach of factory regulation"，这是说"在 1825 年……又有破坏工厂条例的罚则之规定"。然王君的译文含混不清，其译文为："当 1825 年……又遇有破坏工厂条例的即当受惩罚"（见译本第 104 页）。

七、原书第 54 页中间，"The ancient doctrine of paternalism and state regulation was still recognized as still expedient and desirable…"王君译成"亲权与国家限制的旧原则仍被视为有益而适宜的……"。此处大概王君又忘了翻字典，普通字典上 paternalism 一字的解释也莫有"亲权"的译法。本来 paternalism 这个字是从 paternal 一字变来的。paternal 一字普通人都知道可直译为"父亲的""属于父的"。但 paternalism 一字是政治上一个专门习用语，专指政府对于人民如父之于子采取保育干涉之态度的一切理论与政策，可勉译为"政府保育主义"（好像有人译为爸爸政策）。王君把它译成"亲权"，倒是替英文

paternalism 一字创造了一个新义！

八、原书第 78 页最末一段 "In 1867, radical agitation and rioting forced the Tory Government to extend the electoral fanchise in boroughs to householders and certain lòdgers, and to reduce the county occupation franchise. In 1878, the tenement occupier was enfranchised. In 1885, The agricultural labourer became a 'sovereign voter'. The decentralizing local government acts of 1888–1894..."

为使读者明了这段文字的意义起见，有一点事实得略加说明。即英国虽号称是民治主义议会代表制的先进国家，但英国国民的选权，在 1918 年以前，特别是在 1832 年以前是有财产、住居等各种限制的。在 1832 年前各地所出代表人数的分配亦异常不平均，至 1832 年《议员选举改革法》成立以后，始将各地所出代表太不平均的现象大加更动，同时财产的限制亦略加缩小。郡或镇的居民前此无选权、至此得到选权者约计有 50 万人。不过依 1832 年的改革而得到选权的人大都属于都市的中产阶级，至 1867 年第二次国会《议会选举改革法》成立，城市工人阶级乃有得到选举权者。然英国选民资格的限制，在 1884 年的《国民代表法》以前，郡（county）与市（borough）的选民资格并不一致。而 1867 年的改革于郡的选民资格并没多大变更，此项改革的主要规定系使多数市的居民得到了选权。当时英国的农业工人及矿工大都为郡的居民，故农业工人大都不曾从 1867 年的改革得到选举的权利。至 1884 年的《国民代表法》始，又扩张郡的选民名额。凡郡的居民，如其各项资格能适合于市的选民资格者，至此在郡亦得有选举权。因此郡的农业工人此后亦能享有公民选举权利。

上面原书一段文字，因包括很多繁杂的事实，文内各个名词又多含曲折的意义，不易在中文内觅出适当相等名称，故译起来比较困难。如照上面第六例王君依照字面逐字翻译的办法，必又格塞不通。故依照事实和译者的了解，可译为：

在 1867 年，保守党政府迫于激烈的骚扰暴动（按：在 1867 年英劳动者曾有选权普及之要求，并有 Hyde Park 的民众大会与警察大起冲突）不得不对于市民之独宅住居者（householders）及某种分佃人家的家庭（按：即分佃人家而年纳佃租应在 10 磅以上者）给予选举权，且降低各郡取得选权之财产标准。在 1878 年，居住分租之陋屋者（按：此等房屋系专筑以供分租之用，多为贫穷或工人家庭所住）亦取得公民选举权。于 1885 年农业工人进而为"主权的选民"。1888 年至 1894 年……

"to reduce the county occupation franchise" 依照事实当译为：降低各郡取得选权之财产标准（按：此处原书的叙述即不十分确切）。所谓 tenement occupier，系指中产以下贫穷的居民。于 1885 年因已有 1884 年的《国民代表法》，郡的选民资格降而与市的相同，故农业工人亦得投选举票。英国立法的主权在议会，政治的主权在选民，所以本文称选民为主权的选民。但王君对于这些知识完全没有，故或加瞎译或更删改。他的译文是：

"当 1867 年的时候，急进的煽动与骚扰强迫保守党政府扩张各市镇的家长和某种居民的选举权，并减少各州的选举权。至 1878 年，有产业的居民获得选举权。（?）又 1888 年至 1894 年……"

他把（a）"householders" 译成"家长"，

（b）"lodges" 译成"居民"，

（c）"to reduce county occupation franchise" 译成"减少各州的选举权"，

（d）"tenement occupier" 译成"有产业的居民"，

（e）"In 1885, the agricultural labourer became a sovereign voter" 一句，因为不懂，便干脆整个的省掉了！

假如"householders"是泛指一切家长的话，则"lodges"这些"居民"，依照王君的译法来推测，大概是指非"家长"的居民了。不然，谁家无家长，各家的家长既都得到选举权，何以又说到"某种居民"呢？不过"有产业的居民"又怎样解释呢？难道王君前面所谓"某种居民"是指无产而又非家长的居民吗？那么英国的人民无产者倒先得到政治上的权利，则英国在 1867 年已经是无产阶级专政了（因有产业的居民还不能得公民票选权）！依照这么说，则英国 1878 年的改革反是一种"开倒车"，不过在 1885 年农业工人得到选权，应该是无产阶级专政后英国的农工问题之解决了，为何王君凭空把这样重大的一个事实都随便省去了呢？一句内便有如许错误，"非同凡手"的妙译至此"叹为观止"了！！！

以上所举，不过是在书中任意挑出的几个例，该译本中类此的错谬尚不知多少，恕我不能为译者一一校对，读者愿意的自去对照好了。

王君这本书也许不值得这样批评，不过此刻书肆中像王君这种译本似乎更还不少，则我从王君书中举例，亦可说不过以王君的书为他种相类的书的举例罢了！

评河西太一郎著《农业理论的发展》之两种译本*

　　河西太一郎是日本马克思学派中农业问题的著名研究者。农业问题在生产上尤其在所谓"以农立国"的国家，是一个很重要而应当研究的问题。在经济、思想史上原前重农学且以农为惟一的纯生产者，依此派经济学者的意见，所谓纯生产是从生产的结果减去生产时一切消耗的纯余，类于无中生有，此种纯生产的力量是农业所以别于其他一切生产的独特性质。商业转运不过是交易的媒介或变更货品的所在地，不能与农业相提并论自不用说，即以工业而论，除原料之多量消耗外，也不过是改变已有原料的形态罢了，与农业藉自然之力从无生有、从小种子得大植物者不同。此说的错误在：一，不知在农产品中就根本找不出从无生有的纯生产；无中生有或由有化无，依近世自然科学的发展，已证明其为不可能。二，农业也不过将种子土壤中所含的物质与夫生植所需的肥料等放在一起，在适宜的条件之下变更其形态罢了。故农业亦只是对已有物质的加工，而增加其使用价值殆与工业制造同。不过，农业生产的发展是否与工业生产在进程上有同样的趋势呢？关于这个问题依马克思派社会主义者的看法，则有由马克思而至于考茨基的农业发展法则论。河西太一郎此书对于这项理论有一个比较有系统的叙述。

　　我们知道，自工业革命以还，因机器的进步与夫科学知识之充分的应用，工业生产有日归集中的趋势，这种集中的趋势是受生产方法的改变而形成的，其表现于事实的现象为"大经营驱逐小经营"，"大资本家人数之不断减少"。这种现象依马克思的看法，在资本主义的生产制度之下，殆为历史必然的进程。富者益富、贫者益贫一方面森严了阶级的壁垒，一方面"资本独占遂成发达于其下的生产力的桎梏"，结果为无产阶级革命，没收私有财产为社会所

---

　　* 本文是对日本河西太一郎所著《农业理论的发展》的两种译本的书评，原载于《社会科学杂志》（北平）1930年第1卷第2期。
　　河西太一郎的《农业理论的发展》的中译本有二：一为萨孟武译，新生命书局发行；一为黄桔桐译，上海乐群书店印行。两种译本均于1929年出版。

共有。惟农业的生产情形与工业制造相比较，实有特殊的地方。马克思资本制度下生产之集中的看法系一般的看法，此种看法在农业方面是否与工业方面有同样的确切性，这是一个马克思主义者与非马克思主义者都应当研究的问题。

马克思对于资本制度下生产发展的过程的看法既是站在一般的观点上面，故于农业与工业之间并不认为有根本的差别。简言之，在资本主义之下，据马克思的意思，农业也与工业一样，可使大经营发展、小经营没落。至小农经营为何一定要衰落呢？理由很简单：第一，小农因土地面积过小而经营的补助业或副业（家内工业）因大工业的发达而破坏了。第二，"在零碎的私有地，劳动之社会的生产力的发达、劳动之社会的形态、资本之社会的集积、大规模的牧畜、科学之累进的应用，由其性质观之，都是不可能的。土地经过小农式的耕种，地味便渐次消耗，变为瘦瘠。第三，"公有地本为小农经营的后备补充，并用以饲养牲畜，然现在则被大地主横占了"，小农的经济情形自然日趋恶化。第四，小农经营敌不过殖民地农式的或资本主义经营的大规模耕种的竞争，而小农经营所不能应用的农业上各种改良，又常引起农产物价格的跌落。第五，高利贷与租税制度，亦为使小农私有财产没落的原因。故小农经营乃是必受淘汰的生产方法；代替小农经营而起者则为资本家的大农经营。盖小农经营的短处多为大农经营的长处，如累进的应用科学与新技术、分工合作、使用机器实行排水灌溉及其他较大的改良等事，在小农经营为不可能者而大农经营则优为之。不过，在资本制度之下土地所有者和农业经营者完全分开，生产力的发展是常常遇到妨害的。此种妨害可在三种情形之下判明：第一，因田租的关系，地主反对农业技术的改良。据马克思的意见，土地耕种的改良并不如蒲鲁东（Proudhon）所说常是增加田租的原因；反之这种改良转使田租暂时低减。因为耕种"改良了之后，佃农就不必再用较多的劳动以获得较少的收获；在同一的土地，顺次投下的资本，依旧能够生产，所以他们不必再移住于更恶劣的土地"。我们知道经济学上 Ricardo 的地租公律，地租是依在上等地所得的生产，较在最下等地以同样的使用所能得到的生产的多余部分而定。依此定律，土地上生产的限界愈往下移，则地租愈增。今因耕种改良之故，生产不必更移往更恶劣的土地，则佃租自然就不能增加了。第二，因租期关系佃农不肯采用进步的技术。在农业普通行程中比较短时期的投资都出于佃农。这种投资，"可改良土地增加收获，使土地由单纯的物质化成土地资本"。此项与土地合体由佃农投下的资本，一经投下后便成为固定；而佃农租地却有一定的期限，一到契约所定的租佃期间完满之后，这与土地合体的改良便因与土地不可分离而归于地主所有。佃农如欲续租，在新订佃租契约时地主即已与土地合体的资本将其利息加增在原来的佃租之内。因为有这种情形，故地主常欲缩短佃租的期间，佃农常不愿应用新技术投资去改其所佃种的农地。第三，土地为私人所有，则农地之取得除租佃外，便只有购买。租佃妨害农业发展的情形，刚才已说过了，购买之妨碍农业，是因购买土地而支出的货币资本并不能视为发展农业的投资，从而此项支出反可减少农民能够用于发展农业的资本——如农具之改良机器之购置等——且可使农民受制于高利贷。资本制度下生产的这种矛盾情形，依照马克思所说，"一方面使农业合理化——有了这个合理化，农业才能行社会的经营——他方面证明土地私有的不合理；这就是资本家的生产方法之伟大的功绩"。马克思之后考茨基（Karl Johann Kautsky）之前，论述马克思农业的理论者有第一国际的厄卡纽斯（J. G. Ecarius）及初期的德国社会民主党之李普克尼希（W. Liebknecht）。厄氏与李氏的议论不过是就当时英、法等国的农业情形引用统计或列举事实去证实马克思大农经营驱逐小农经营的学说。对于马克思的农业理论，比较能够发挥而有补充的见解者当推考茨基的《农业问题：关于近代农业倾向的概观和社会民主党的农业政策》一书。

马克思关于"大经营驱逐小经营"的说法本来是一种推断的预言，在农业发展的进程上是否与事实相符合，就科学的立场说当然要有事实的证明。当十九世纪末叶时（1889年《农业问题》出版时），在德国社会民主党及欧洲各国社会党之间，关于农业问题已因农业实际进行状态未必能与马克思主义所说的一致而引起了很大的争论。据当时的许多统计，在农业方面不特大经营不能驱逐小经营，且小经营日见繁昌，大经营有失去地盘的现象，故论者遂以为马克思的经济理论不能适用于农业，就是马克思主义的信奉者亦很有信仰上的动摇。考茨基在《农业问题》这一书内便对于上述的怀疑给予一个详细地解释。

考茨基为调和马克思的学说与现实的现象起见，认为以"马克思主义乃机械地把农业与工业的发展法则同视"实为一种错误，他说"农业的发展形态固然与工业不同而有自己特殊的法则……不过我们又不可因此而谓农业的发展与工业的发展是互相背驰，二者不能调和。我们若不以农业与工业为互相孤立的物而为全过程中的共通的分支，那就可知道二者向着同一的目标而进行"。据考茨基的解说，马克思关于资本主义生产方法的理论并不是把生产方法的发展归纳为"大经营驱逐小经营"的一个方式，问题绝不是这样简单。他以为要用马克思的方法去研究农业问题，不宜单讨论农业方面的小经营将来是否存在，必须探求农业在资本主义的生产方法过程中所受的一切变化。资本如何支配农业，如何使旧的生产形态和所有形态不能维持而发生新的生产形态和所有形态。"能够解决这个问题，而后我们才知道马克思的理论可否应用于农业方面；生产要具私有制度的撤废是否不能实现于一切生产要具中最为重要的土地。"考茨基一方面依照马克思主义去解释事象，一方面对于事实上的困难亦是承认的。在讨论近代农业的特征时，他以为"新农业的使命在于展开受封建制度压迫的农业生产力，和创造对于市场需要之更大的适应力"。新农业之发展在于自然科学发达后新知识、新机器的利用，如家畜饲养法的改良、轮栽法的采用等。但因农业的特殊状况，在使用机器时较之工业须克服更大的困难。第一，技术的困难。工厂是人力所筑成，可按机器的要求去建筑；农场则成于天工，必须要机器去适应，然以机器去适合农场不特不易，有时且不可能。第二，经济的困难。在工业方面机器可终年常用不已；农业则有季节关系，只能于短时期内利用机器。故在农业，机器之设置并不经济。第三，社会的困难。在农村内没有能够使用农业机器的劳动者。在工业制造业，普通劳动者使用机器并不感觉困难，且因分工关系常常使用一种机器习成熟练。在农业方面则情形便两样了，农业机器复杂，使用时不特须有高深知识，且使用时期甚短，劳动者不易得技术上的熟练。因之在文化低落的一般农村，得能够使用新式机器的劳动者殊为不易。用农业与工业比较，这三种困难都是农业所特有的。近代农业能够使用新法的，依马克思前面的说法，自然是惟有大农经营。大农经营利用机器虽较工业为难，但大农经营与小农经营比较，前者确乎有利。因为，在大农经营：（1）耕地面积的损耗较少，（2）生产的要具可以节省许多，（3）农具可以完全利用，（4）能够利用小农经营所不能利用的机器，（5）分工容易，（6）可用科学的方法以行有系统的管理，（7）在商业方面无论抵押信用或对人信用，大农业家都较小农民立于有利的地位。在上述这些地方小农经营虽远逊于大农经营，但小农经营是否便没有大农所不及的优点呢？主张小农有利者可以有两说。第一，小农因为有己身利益，较之大农经营的工资劳动者特别勤奋而节俭。第二，小农因为自身利益且经营范围小，故注意力非常周到。关于第一点，密尔（J. Mill）即以经典派的自利 self-interest 的根本观念为出发点，持小农勤恳之说作为小农的长处，且按之实例亦有同时大经营无利小农经营反有盈余者。在这里考茨基以为小农的勤恳不能算为小农经营的优点，因为这不是他们固有的性质而是由于惟恐不勤恳则经营将无法维持。他们要维持小经营，乃不得不作人类以下的悲惨生活。故小农的节俭也不是小农的利益。实例上小农有盈余大农蒙亏损的原因是后者雇工资劳动者耕作，以较多的费用维持雇工生活，前者由自己家族耕作，每人维持生活的费用仅及上述工资劳动者每人所费之半。如使小农的家族生活上亦与大农工资劳动者一样食用良好的食物，则小农将不特无盈余且将蒙更大的亏损。总之，"小农经营的盈余，不是发生于充足的谷仓，乃是发生于饥饿的胃囊"。小农孜孜勤苦，即使有时比之大农经营或有更大的收益，但此更大的收益并非因小农经营的生产力优良而来，我们不能把小农作人类以下的生活与其作人类以上的勤恳视为小农经营的优点，关于小农工作上比大农经营的工资劳动注意更为周到一点，考茨基亦相当承认，不过他以为小农本身的利益虽可使他们对于耕种特别留心，但不良的营养、时间过长的劳动与不学无知，正可妨害他们周到的注意力。反之，大农经营因工资劳动者有较好的报酬、较好的营养、较好的待遇，及分工与分红制度的采用等，均可促进劳动者注意的周到。在这里我们又要问了，大农经营较小农经营既有如许利益，大经营驱逐小经营又为资本制度下生产之历史必然的进程，为什么依据许多统计所示，小农经营日见繁盛，大农经营反有丧失地盘的现象呢？考茨基以为大经营胜利的过程并不是简单的，这个过程未必就表现为小经营数目的减少，有时反见增加。此种交错的反对倾向只是表示这个过程的复杂，不能证明大经营不能驱逐小经营。普通统计家便因此主张小农经营的优势实在是一种错误。然则为什么大经营胜利有此错综复杂的现象呢？这是因为大农经营的发展在资本制度之下要受两重限制，第一，土地因私有关系不能随意增加。于此农业与工业又不一样，"工业的集中运动常是大经营构成的结果而不是其前提。反之，农业则并吞多数的小经营乃为构成大经营的绝对的前提。换句话说，农业只惟牺牲其邻人，才能扩张其经营的地面。然在资本主义的社会，因为土地私有制度的确立，所以往往不能随意购买近邻的土地，反而常遇着极大的障碍"。第二，劳动力的缺乏。要发展大农经营也与发展制造工业一样，须得具备很多必要的条件，如技术、资本、市场、劳力均是。依照价值生于劳动的马克思者的看法，劳动力之需要当然是最重要。无论在工业与农业的生产，纵使一切要件均已具备而无劳力的供给，则此工业或农业均将无法经营。不过在理论上农业和工业所需要的这些条件虽属相等，而事实上二者在完成这些条件上所感的困难则不同。因农业经营与工业经营相比较，除使用机器的困难外，尚有因农民离村而引起的劳动力供给之缺乏。此项困难问题是工业资本家所未曾感到的。在工业社会常有供过于求的所谓"劳动预备军"可以任随资本家的招致；但在"农村则因为在资本主义社会发生了田园逃亡，即农民离开农村而致劳动者不足"。大农为维持其经营得到足用的劳动者起见，必须设法遏止农民离村的趋势，乃每分其土地之一部用贩卖或租借的方法创设多数小农。故小农的繁昌并不是大农不能驱逐小农，而是大农不得不维持小农。就这个关系看来，如考茨基说"农业方面的大经营和小经营并不互相排除，乃互为条件，同资本家与劳动者的关系一样。这样一来，小农遂愈带有无产者的性质了"。资本制度下商品生产的农业之困难统括起来，其原因是：（1）地租，（2）继承法，（3）世袭财产及一子继承法，（4）都会榨取农村，（5）乡村人口的减少。大体的趋势是大农优胜，农业的工业化，同时小农则无产阶级化。农业的发展既是这么错杂，那么，资本生产的农业如何转入于共产的农业呢？这里考茨基以为农业是随工业走的，因为工业不但本身发达，而且是农业发达的动力。近世农业或农村的许多变革都是由工业造成，故工业如果趋向于社会主义，农业自亦不能不趋向于社会主义。"资本家的生产方法，在农村虽不能完成革命阶级的构成条件，然在都市则可促进其完成。"在无产者夺取政权以后，即可依农业的特别情形分农民的大小而个别的对付了。关于大农经营驱逐小农经营，列宁亦有很重要的意见。他以普通统计所示小农繁昌大农失去地盘，其错误还在统计时大小农经营之分类的方法上。各国农业的统计，普遍皆由土地面积或耕地面积以类别农业经营；农政学者遂根据其结果推论农业发展的倾向。然此种根据实不充分，土地面积不能正确表示经营是由于自己劳动或于何种程度内采用雇佣劳动，此其一；这样分类"不能指示由牲畜、机器、种子、栽培方法的改良使投于一定单位面积的资本必须增加的过程"。列宁以为，农业应先区分为自然经济的农业——不以市场贩卖为目的而以一家消费为目的之农业生产——与商业的农业两种。前者在农业方面有很大的作用，只能徐徐的由后者代替。大经营驱逐小经营的法则只能适用于商业的农业。研究农业方面的大经营驱逐小经营时必须"适用合理的研究方法以与农业之特殊性质相适应，并从生产的规模、生产物的货币货值、工资劳动使用的程度和分量以作分类方法"。这样一来，方法的适用每进一步，"则在资本主义社会之下，不但工业便是农业，大生产亦当驱逐小生产"。

以上所论属于由马克思以迄列宁对农业发展的正面看法。至工业方面无产阶级革命的条件成熟时，农民是否与工业都市的无产者一致？又无产阶级当政后对于农民将采何种政策呢？关于前一点，应考察农民的利益和心理。这个考察又与由恩格斯（Friedrich Engels）而至于列宁的农民对付政策论有密切关系。

农民的土地私有欲很强，这是由恩格斯以至列宁都看到的。据恩格斯的见解，"马克思主义的农民政策的中心点，是在使农民脱离大地主的影响和诱惑而使他们协助社会主义"。他的方法是因农民资产等级的差异而分别对付。归纳起来，他主张：（1）对于大地主的土地，立刻施行没收，赔偿的有无视当时情形而定；（2）对于农业工资劳动者，则将抄没的土地委托于其协同合作社，在社会管理之下实行耕种，并用宣传方法以取得其拥护；（3）对于小农绝对不可强制没收其私有土地，但须使知在资本主义下他们必归没落，同时加以援助，诱导他们到协同合作的经营，以适合于社会化的新制度；（4）对于中农及大农的私有地，也可不必强制没收，但使他们自知在资本制度下地位亦难维持而顺从社会主义者的政策，亦可将其诱导到协同合作的经营。考茨基的农民政策是"中立化政策"，他以为社会主义要获得农民积极的赞助虽不易，但使保持中立态度则非不可能，农民所最畏惧的是没收私有土地。他甚至谓由资本主义的农业转到社会主义的农业虽不没收土地亦可成功。列宁的农民政策殆属承继恩格斯的政策而来。在1917年11月8日的"土地布告"里，无代价地没收地主土地所有权，但农民及服务兵役的哥萨克人的土地是例外的。至1918年2月19日"土地社会化的布告"才用法律宣告了一般的土地私有权的废弃。第三国际的农民政策在列宁指导之下，不过是马克思及恩格斯的农民政策的延续发展和具体化而已。

至批评马克思派社会主义农业的发展法则论者，如达德（H. Darde）、桑巴特（Werner Sombart）及戴维（Eduard David）等人的意见，归结起来，约略如次：（1）马克思主义把工业的发展理论如照样适用于农业，实为削足适履，不知二者中间有本质的差异而无视农业的特殊性。（2）马克思主义小经营自然没落的说法与农业情形完全相反，这点已为农业经营的统计所证明。所谓工业与农业本质的差异，依戴维所说，系指二者生产的过程一是机械的，一是有机的差异。因为"农业的对象是有生物的发展，工业的对象是无生物的加工"。不过本质的差异是否便在发展上有不能一致的倾向，这须事实来证明。至于用来证明农业发展倾向的统计之可靠不可靠，一方面要看材料的内容与处理材料的方法是否正确，此属技术问题；一方面要确定马克思主义所谓农业大小经营之分界是否以面积或以其他的经营方法为标准。

综观全书，叙述清晰，条理分明。在我国农民运动以一匹耕牛的所有者为大资产阶级的时候，更是有一读之价值。全书要旨，已为简论如上。至于译文方面，萨孟武先生所译大体均明达流畅。黄枯桐先生译本则殊为艰涩，且文中如 Bourgeois 和 Sweating System，Commune，Bolsheviki 等词均未译出直用原文，这虽是谨慎的办法却亦未免偷懒，这些字都不是难译的。在萨先生译本中，如 Sweating System 则不取"血汗制"的意译而译为"斯威登格制度"似乎亦不妥当。这虽是小地方，替一般读者设想总以改良为善，想来译者一定也会承认罢。

总分会关系问题临时讨论委员会报告 *

本委员会自经大会选出迭经集议之后，认总会与分会关系在会章未经修订以前，不能严密规定，仅就大体上，拟定原则三条。此等原则业经附具理由及同意票，于本年一月二十日分发国内国外所有各会员征求同意。历时四个月，收到会员寄来同意票共三十四件。计对于本委员会原拟三条原则完全赞同者三十二件。就中第一条之赞同者三十三票，反对者一票；第二条之赞同票者三十二，反对票者二票，而于第三条则无投反对票者，依中立者以加入得胜方面论，故此三条遂完全通过，其余文如次：

（1）新会员之介绍。分会介绍新会员须将介绍书寄交总会，由总会按照会章及惯例审查决定之。

（2）会费。无论总会或分会会员，其应行交纳之基金、入会金、常年捐、出版捐均应直接向总会会计委员缴纳，至分会用费应由分会会员担任。

（3）分会对于总会应有下列权利及义务：1. 建议；2. 报告；3. 调查。

关于上述结果，会友中如欲查阅原票者，请莅北平西安门大街社会调查所就曾炳钧处查阅无任欢迎。此外有一点尚须附带报告者，本会创始会员张君弘伯在其所投同意票上，于赞同本委员会所拟定三条之后，复附意见云：

"来书谓在会章未经修订以前不能严密规定，仅提出大纲如左……因是弟思及请杨、樊、曾三委员即行从事修订会章。盖旧章历时已久，应增、应损者甚多，其通知及通过方式，即如此次所行可也。"

本会会宪历时已久应增、损之处甚多，诚如张君所云，惟同人等依大会授予之权限，其职务仅在考虑总会与分会之关系，拟为临时条文，以补会宪之所不备，殊无权修订本会之根本大法，未敢率尔从事。特张君此函，

---

　　* 原载于《青年励志会会务季刊》1931 年第 1 期。

对于本会所观甚钜，并足代表本会一部分人之意见，特郑重提出报告，以资会员考虑。

樊弘　杨锡茂　曾炳钧　仝具

民国廿年六月廿日

曾炳钧自北平社会调查所来函[*]

会友陆君　梅日前曾于东安市场遇及，他说："我正要找你，励志会我很久未到会，其原因是我妻子病了很久又去世了！以后我大概都能到会，请代向会友说明。下次大会通知，想已发出矣？"

---

[*] 原载于《青年励志会会务季刊》1931年第1期会员通讯第52页。

德国经济的复兴 *[1]

　　1914 年欧战将发时，德意志不特在军事方面，即在工商业方面亦居于第一等强国的地位。生产上与英法相较，法国自是望尘莫及，即英国亦渐觉蹬乎其后。就主要工业说，德国钢铁的产量，英国仅及其半。其机器、电气工程出品（electric-technical products）及化学品亦视英出产相倍蓰。所不及英的，惟煤及纺织之出产两项。商船业及对外贸易虽然略次于英而急起直追正在扩张发展。综括简单的说，就世界各国工商业作综合的比较，首屈一指，确为德国所未能及的惟有北美合众国一国。不过，假使 1914 年无世界大战的爆发，则以德国进步之速，美国是否长能保持此种优势而不为德迈乎其前，则亦属问题。

　　到 1923 年，法国进占鲁尔，德国消极抵抗失败，德国整个的经济生活差不多完全破产。它战打败了；依照凡尔赛条约，德国十分之一以上的土地和人民以及它所有的海外殖民地，已都割让了；协约国要求赔款的数目虽是它绝对付不出的数目，也得要它挖肉补疮地赔下去；国内则马克的价值低落等于废止，以前存款巨万的中等富户此时都变作了赤贫；亚罗二州及其他土地

　　* 原载于《社会科学杂志》（北平）1931 年第 2 卷第 2 期。

　　〔1〕 美国哥伦比亚大学经济学副教授安吉尔 James W. Angell 为美国国际关系研究会（American Council on Foreign Ralations）的会员，在 1923 年经该会派遣到德实地考察该国经济状况。他考察之后，根据（1）他与德国政府人员及各工厂关系人员的谈话，（2）他个人的观察，（3）及得自其他公私方面的统计材料，写成《德国的复兴》（《The Recovery of Germany》）一书。内容从 1915 年德国的革命以至 杨格计划都讲的是经济方面的事实。本书虽然有许多地方显然是为美国对外投资的资本家说法，不免像是以美国投资界的利益为出发点，但本书材料系由实地调查所得，而原著者着论处颇谨严，叙述亦很持客观的态度，自不失为留心国际经济大势者一种良好的参考。作者本文之作，原是本书的一个述评，后来因为写得太长了，所以就略加增改，转入本杂志的杂纂栏内，权当对德国经济情形的一个介绍。再是书刻已有中文译本，译者为黄菩生，由民智书局出版。译者翻译的技术之好坏如何先且不必说，我们试把译本倒从末一章起与原文对一对，恐怕我们之不懂黄先生的译文时与黄先生之不懂安吉尔的原文一样。诚然，我们不懂黄先生的文章与黄先生不懂安吉尔的原文其原因不必相质。——作者二十年四月。

的割让摧毁了它基本的钢铁工业，去掉了它强有力的纱厂之一部，丧失了它很肥美的农田；它的商船和海外投资也都被战胜国抢夺了去，在国际经济界里它的信用更完全丧失了！在这种情形之下，无论何人，依照客观地判断，都会以为，而且事实上很多人都已说过，德国的复兴虽不必永远为不可能，而欲求其能复兴到战前的兴盛程度或近于战前兴盛的程度，则绝非短期间可以办到。至若与其他世界主要工业国并驾齐驱，则数十年间在势更属无望。因即使举力支持，德国数十年后虽容或有恢复的可能，但世界工业进步一日千里，恐德国稍苏喘息刚濒恢复的时候，其他工业国又已超越德国迈步前进万里而遥了！

不过很可令人惊异的，不出十年间，德国从死灰余烬里卧薪尝胆，上下振奋，现在竟又成世界第一等工业国。本来自《洛迦诺公约》（Locarno Treaties）缔结后，政治方面，德国的国际地位一天高似一天地增进；从"道威斯计划"（Dawes Plan）实行后，德国的经济状况也一天强似一天的进步。这些事实普通人也都知道，但是一般人心里所贮藏的不过是德国正在复兴的进程上这一个笼统的观念。而德国的复兴究竟到了什么程度？是否已达到，或虽未达到但已近于该国 1914 年欧战前的兴盛境地？该国目前工业在出产、组织和技术上是否能与世界主要工业国家的工业相抵抗？巨额的赔款该国终究是否有力偿付？在该国这几年处境困难的过程中，工人的生活和地位实际怎样？凡此等等，则为一般留心国际局势的人尚待研究的问题。

依照安吉尔教授在其所著《德国的复兴》一书中的叙述，德国进步之速虽未必为畏忌它的国家所传之甚，但亦殊足惊人。在 1928 年后该国钢铁的产量虽略逊于战前，但已远在英国之上。电气工程出品和化学品较欧洲任何国家的出品为多。机器的铸造，欧洲除英国外，他国不能与之抗衡。它的纺织出品恰与战前的产量相等。它的商船又急起直追，一天一天地增加建造，桅樯林立。就一般的状况说，虽经战争和马克暴跌的巨大损失及赔款数额空前的巨大、人民纳税的负担异常苛重，而大多数人民生活提高的程度至少与战前相等，劳动阶级的一般状况则较战前为有过之无不及。"一言以蔽之"，它在欧洲大陆上现已跻于工业的领袖地位，已跻于在工业上任何欧陆国家不能与争的优越地位了。

德国经济现状可从德国的主要工业状况如何去考察。德国几门主要工业的现状是：（1）战前与目前的出产量相对的莫有很大变更。就煤、钢铁、机器，电气工程、纺织和化学品六项主要工业的出产计，德国 1913 年的出产计值 17,000,000,000 马克；而 1927 年的出产则约值 25,000,000,000 马克，较 1913 年的出产量所值约增百分之五十。不过，上述的比较是用出品的价值相比，而战后的物价腾贵，相同的产量在战后可以较战前的价值高出很多。我们把 1927 年的出品因涨价关系而增加的价值之大概数除去，则实际上 1927 年的产量比较 1913 年的高出 15%。

（2）上述六项工业出产品之出口的价值，1927 年的是 3,200,000,000 马克，1913 年的是 2,800,000,000 马克。两年相较，前者高出后者 400,000,000 马克。不过，这里又有物品涨价的关系。假如我们把涨价所提高的数目减去，则可算出出口量实在是降低了。1927 年的出口量不但未较 1913 年增高，事实上仅相当于 1913 年的 85%。不特如此，此外还有一个更主要的事实，即上述各种工业中，如钢铁、纺织及电气工业的出产都得赖国外原料的进口；假如缺乏国外原料的进口，则出产立刻便形减少，出口的减少自不必说。因为德国主要工业赖以生产而形成德国进口之大宗的原料是铁、铜、金属矿产、棉花、羊毛。以这些原料进口的价值与德国出口货的价值相抵，则德国上述六项工业制品净纯的出口（net export balance）尚不及该各种工业制品共通出口总值（total gross exports）之半数，或竟仅及其三分之一。就 1927 年看，德国煤、钢铁、机器、纺织、电气工业产品及化学品的出口总值约为 3,205,000,000 马克，而钢铁、纺织及电气工业的原料进口便值 2,195,000,000 马克。依此项数目估量，则德国工业制造品出口，不啻平均每值 3 马克的货物中，其中便有两马克的价值是属于进口的原料！据观察，1928 年进口的原料似乎是减少了，但减少的程度不能改变德国制造品必须仰给进口原料的事实。德国之缺乏铜与纺织品原料，战前即是如是；钢铁出产之必赖铁矿锚进口则是因战后凡尔赛条约而产生的新事实。

（3）德国各工业生产的技术大多是很高的；各业生产技术水平的平均程度在欧洲任何工业国家之上。德国煤矿、钢铁、化学品及电气工业的生产技术即与美国同门工业比较，德国或且略占优胜；纺织业则德国的技术较美稍次；机器业虽德国汽车的制造拙劣，大体上两国殆属相等。在德国上述各主要工业里，因近四五年内的改组，差不多现存的每一生产单位不是曾经改头换面壁垒一新，便已部分改造；改装设备和扩充过的，其所用的机器普遍都是最新式的。世界上任何国家现用的生产机器的年龄差不多都比德国的为老。

因之德国的生产力很强。虽然目前因需求关系，德国实际的产量仅较 1913 年高出 15% 而弱，但其出产的能量则较 1913 年高出之数远在 40% 以上。

（4）德国实业公司的经济状况大概都是很健全的。假如我们除去特殊的、极端的例子不管，普通公司虽不特别兴盛，但在营业上总得到比较满意的赢利。以德国上述六种大工业合起来说，股份利息约在资本名额的 6% 或 7%，而纯粹的赢利（包括暗中增加的公积金）或者有 9% 至 10%。倘以马克暴跌替公司洗清巨额的债累，与在马克跌价期间公司新建的工厂现在差不多等于无偿取得等事加入计算，则公司所得之利其百分数或者远较上面所计数目为高。不过自 1924 年以后，四五年间，各公司因经济改造借用外资所负的利息、利润，及按年摊还欠款等为数甚巨（至 1928 年末，每年支付外资的利息、利润及摊还欠款约 $ 310,000,000），各公司在马克跌价期间所得的利益不过只好抵补这些新债累的负担罢了。故安吉尔的意见，德国主要工业近年来每年纯粹的赢利仍只是其资本名额的 9% 至 10%。

（5）德国这六种主要工业在市场上的竞争力量，在目前需求的限量上，也并不如外国工商业者所恐怖、所想象的那样强大。德国的工业，如果要竞争销场便不能不减低物品售价，而减低物品售价在目前及最近的将来都很有困难。如各公司所负资本上的利息、利润及摊还欠款之数之大，工人继续要求增高工资与工厂生产能量的过大于实际生产量，依安吉尔的意见，都是为资本家企图减轻物价攫取市场的窒碍。工厂联合制度（cartel system）在出口方面亦足以阻碍物价的减低，德国资本家如减低货价以谋在海外推销出产，在目前形势之下，殆惟有坐受亏蚀。

大体上说来，经济方面，德国强有力的地位殆已与其 1913 年时无若何差异，而内中有的方面则较 1913 年时其力量更为强固。德国于经济破产之余，恢复力量何以如此强大？德国经济的恢复自与道威司计划之实行有很大关系，而其恢复的主要原因是基于两种事实：第一是各国资本的借入，第二是工业合理化的实行。所谓合理化，在德国广义的系指近数年来该国农工商业上大规模的改组。经改组后，工商业采用更有效率的生产计划，采取更能利用现存设备的有效方法，增加更精良的新式机器或必要的建筑，实行标准化（standardization）和分类专门的出产，励行管理和商业方法的改进。且为集中生产于比较优良的工厂淘汰其缺乏效率者并稳定经济状况起见，有时实行全部各工业的改组（regrouping of entire industries），采用联合（combine）或其他方法。合理化的目的系极尽所有的能事，以增加产业界的总效率。德国近数年合理化所采取的方法，常是旧式机器生产的重大改变，这种改变差不多可以说是第二次工业革命[1]。德国因实行产业合理化，生产量加大了；工人的工资加多，但生产的费用减少了；工厂得到了厚利；德国在世界市场里的竞争力量回复了；制造品的出口量亦日渐继续不已地增大了。合理化在德国的经济上的确给与德国不少的利益和力量。至于外资的借入，德国自 1924 年到 1928 年末，据称借入的资本有 18,000,000,000 至 19,000,000,000 马克之多。在这个数目里究有若干是用于经济改造和建设方面虽然不能确说，但安吉尔在其《德国的复兴》中以为大体上可以说多数是用于这方面。在经济改造中，德国在国内筹集的款项虽然远较从外国借入的资本还大，但外资的输入确为德国经济生活起死回生的生命之源泉。当 1924 年德国经济稍稍稳定之后，各工厂感到非常枯竭的即为资本。因有外资的输入，工商业始更呈活动现象。有此外资的周转流通，各业始能发展，其再生的力量、一般社会的经济状况始渐见富裕，其工资赢利乃日渐增高，于是乎私人乃有储蓄或存款。依安吉尔的考察，虽德国国内的储蓄（domestic saving）日见增加，及今输入的外资仍不能从此日趋减少，因为目前工商业的扩张仍继续有输入外资的需要。

讨论德国经济的复兴，最不可忽略的便是该德国工人的经济状况。假如从生产量及国际贸易方面看，德国的经济力量诚然是复兴了，但是工人的生活并不因该国生产及贸易的兴盛而随之增高，或其薪资所入视生活费的提高更从而相对的减少。那么，该国经济上此种表面的兴盛，并不是可以乐观的征兆。因为在盛兴的表面下富有不可救止民生的穷困，与夫因穷困所招致的民族的衰败。如此继续下去，结果至多不过是国富民贫，造成一个"厝火于积薪之下而寝处其上"的必然崩溃的局面罢了。

工人经济上福利的变迁，从工业劳动者的实际收入（real incomes）上看，受三个主要因素的控制：一是劳动人口的数目和组成的变迁，二者对于劳力供给的实际和潜在数量有实在的影响。二是生产量的增减。1923 年后生产量增加乃使劳动者有提高工资的可能。三是劳动团体本身的政策。德国于 1925 年后工人工资得随工业复兴而增加也是团体工业继续力争的结果。

---

　　[1] 原书 p. 78。

我们知道，德国工人在纸币滥发期间因货币购买力的锐减，生活都很困难。在 1922 年时，普通工人所得的实际工资（real wages）依其货币工资（money wages）所能换得的货品（commodities）及役务（services）计，只相当于 1913 年工资高度的百分之七五，而 1913 年工资的高度本就不高；至 1923 年复降至百分之六五，内中有的工人所得工资数也许并此很低的数目还不到。当时工人的生活程度，论者以为或且尚不能抵最低的合理生活（reasonable subsistence minimum）的一半程度。殆德国经济情形稳定以后，货币工资增加颇为迅速。1913 年的工资率，时间以一周计，约为 28.65 马克。1925 年初亦仅 25.57 马克，至 1925 年末遂增至 46.35 马克，而家庭抚养费（family allowances）及其他补助金尚不在内。1929 年初，工资仍稍有增加。1928 年的工资率较 1913 年约高百分之六十二，而较 1924 年直高至百分之八十。不过，生活费在这几年间虽增长不如工资增加之速，但总是增加了。因之 1928 年末的实际工资平均只较 1913 年高出百分之六。有技工人实际工资事实上较战前时期并未增长，而无技工人则较战前高出百分之五十。若与 1924 年初期相较，则工人的真实工资平均已增加百分之四十八。

德国工人近年来实际工资和货币工资率的增加诚然很快，不过假如我们因此便断定德国工人生活水平的提高也如其工资增加的程度一样就未免错误。工人在一年五十二个星期里不能每周都有工做，故每周的工资率虽然也不低，因失业故却不能每周都可以得到。因此为工人的收入打算，与其工资率高而失业时间占多数，反不如工资率较低而全年常有工作之为愈。德国近六年来，失业的人数大部时间都很不少。自 1923 年后工人之失业常因工商业的兴盛、停滞，或凋落而增减，故此失业人数如用图表示当呈一波澜起伏的弧形状态。就中 1923 年初纸币滥发的末期，失业的人数超过德国全劳动人口的三分之一。在 1926 年初因经济的危机单以有组织的工人论，工会工人之失业者已达工会全体人数的百分之二十而强。嗣后除 1928 年因巴黎会议影响德国工商业的关系，失业人数曾一度多外，大体上失业人数殆有日行减少的趋势。不过从 1926 年至 1928 年的二三年间，德国失业人数的平均率，单以工会工人计，已有工会人数的百分之八以上。此项平均失业数量与工人所得于货币工资增加之利益相抵，足以减少其利益之一部。虽德国社会保险及失业救济可与工人以相当之补助，然所能补偿的不过工人损失的一部分而已。

德国近五六年来失业人数之多，其主要原因有二：一是近数年来德国工业的改组或合理化。我们知道合理化最重要之点是增加工厂的机械化（mech-anization of plant），简单生产行程而减少劳力费用（labor cost）。就工厂的观点说，合理化果然是减省了不少的劳力之需用，惟工人的人数众多却不能因其工作之不为工厂所需要而失其存在。故合理化之坏的结果，便为失业工人的数量之增加。此项失业工人，惟有加增生产量以增加工人的需要可以吸收一部分。不过增加生产，自1927年来因资本缺乏，进展迟滞。依安吉尔说德国在最近数年，失业工人，殆仍将为数不少。

德国失业人多的第二个原因，是劳动人口的数量及其组成的变更。在欧战爆发的时候德国人口总数不到67,000,000，战时死者2,000,000万，战后因割地而损失的人口约在6,500,000以上。但因1918年以来生产率超过死亡率，及多量进口移民的关系，德国的人口增加甚快。1925年战后第一次户口调查的人口数又已达63,000,000之多，较1913年仅低百分之六，而土地的面积则较1913年少至百分之十三。仅就表面上看，我们已经可以想见德国人口稠密和职业不敷分配的压迫。但德国人口变迁的情形尚不止此，其人口的组成亦变更过了。德国近年失业人口的众多，系因有工作能力的人口之众多。在1907年德国有工作能力的约为30,000,000万，占全人口百分之四八有半。在1925年人口的数目与1907年无大差异，而有工作能力者约达36,000,000，占全人口百分之五七。因此劳动的供给大，求工的竞争大，失业的人便多了。不过，此种现象自会转变。德国战争期间沙场战死者强半是中年以下及少年的男子，再加以战时及纸币滥发、经济恐慌期间婴孩死亡之大，遂使德国平均年龄加高，目前的幼童须在十年或十五年后始能作工。德国日今幼童人口稀少，足证相当时期后将见有劳工缺乏的时候。如在1925年有工作能力者约为35,900,000人，现在便只有33,400,000了。据估计，虽至1940年，有工作能力者也不过34,700,000人。我们假定德国的工商业会继续发展，则劳工的需求自必相对的增加，故在最近十年至十五年间，失业数量必继续减少。工人的工资率，即使工人不持加薪的政策，也会倾向于增加。

德国的社会保险制亦给与工人不少利益。此制的内容颇复杂，原则系采强迫保险制，由联邦政府监督。有时政府亦补助保险费之一部，以补费额之不足。工人所受的保险有四种，即疾病、灾害、老年，及1927后的失业保险（1927年前有政府的失业补剂费）。雇工的保险费大体上是由雇主与雇工各任其半。工人各项保险费之总和约等其工资率百分之二十，换言之，即工人须以其工资的百分之十作为保险费，而另一百分之十的保险费则由雇主代出。在危险较大的职业里如采矿之类，则保险费额更高，雇主、工人各须出其工资率的百分之十五或十六以作工人之保险费。如 1928 年的保险费总共约有五亿二千万马克（合一亿二千万元美金），在此数中，雇工及雇主出的数目各占总额的百分之四十四（约各二亿三千万马克），政府则出其余的百分之十二。德国工人在社会保险制下所得的偿款诚然很少，但亦可勉维生活。雇主代工人所出的保险费之一部，不啻是为工人谋利而加于雇主的一种特别税。政府与雇主替工人纳在保险费上的支出，不啻是工人薪资的纯粹增加，故德国工人的实效工资（effective wages）事实上当比其实际工资（Wages actually paid）高出百分之十二至十三。如德国工人 1928 年末的每周工资率为 46.35 马克，今将政府与雇主替工人纳在保险费上的数目及分红与其他补助费加入计算，则其工资之总共实效率（aggregate effective rate）当有 58 马克之多。不过此处未将工人失业的关系算进去，如我们假定德国工人总数中至少有百分之十失业，则实效工资率当减至每周 52 马克，或一年 2700 马克。

此外，如工作八小时制的实行、政府对工人住居的改善和房租的低廉等，均于工人福利有相当改进。不过，德国 1925 年后工人工资所得税的按月征收对于工人所加的负担亦重。把所有这些损益关系加起来，则德国工人的经济状况较 1924 年虽大为进步，较 1913 年却未增高多少。若与欧美各国工人经济状况比较，则殊缺正确可资比较的数字。但大体上德国工人的状况却可说稍强于法、比、意三国，远胜于奥、捷克及波罗的海沿岸各国，稍逊于英、荷、丹麦、瑞典与瑞士，而以五十与一百之比远不及美国。

最后我们要问德国的将来究竟怎样？该国此后的进展是否能与她最近五年的进展同其速度、经济的力量也同等的增加？或者反过来说，该国的复兴是否已达到了极度的高峰此后更难进展，而工商业且循将转于颓敝？此等问题与各国在德投资的安全保障、战后赔款及协约国战债之将来等问题均有密切关系，殆为举世瞩目的问题。对于此等问题作详细特定的预断殊属废话，不过就大概的情形和控制德国经济生活的重要因素，可以作未来大势的揣测。[1]

影响德国经济生活的因素，最重要的即为杨格计划之拟定。杨格计划的要点有四，即：①此后德国究须付赔款若干，在此计划内历年相加合共为

---

〔1〕 原书 ch. XI。

121,000,000,000 马克（28,800,000,000 元美金）。支付的年限也确定了，
为五十九年（《巴黎和约》未能决定赔款数目，但定付赔款的年限为三十年，
道威司计划仅订标准年应付赔款多少却未定付款年限）。此 121,000,000,000
马克的总数，初初看去似乎与过去 1921 年赔款委员会（Reparation Commission）
所提出的 132,000,000,000 马克相差无几，不过赔款委员会所定的数目是发
行 A、B、C 三种债务偿付，利息在外，与杨格计划所拟历年支付赔款法不
同。121,000,000,000 马克是历年相加的总数，此项总数的目前价值（present
value）约计为 37,000,000,000 马克（8,800,000,000 元美金），尚不及
132,000,000,000 的三分之一。②德国每年应付的赔款数目较道威司计划所
定者亦已减轻，平均年付赔款数（average payment）仅为道威司计划常年付款
（the standard Dawes Plan annuity）的五分之四。③大多数在道威司计划下成立
的监督和控制机关都经撤废，德国财政上的自主权大部恢复。④付款的"部分
商业化"，于商业化的部分德国失掉前此道威司计划下停付的保障（transfer
protection）。杨格计划对于德国的利害，此处不深论，主要的问题还是在杨格
计划下，德国的将来会如何。对于此问题，须将德国的经济情形综合归结起
来，先看该国经济上的优点和弱点何在，再加推断。德国当下经济上强有力
的地方，就物质的基础说，虽经凡尔赛和约的割削，但仍然保有①欧陆上最
大量的煤之出产和他种工业原料。②大量的劳动人口最富于工作的愿心，并
有从事工业的适应能力。从德国经济生活的实际进行上说，该国最重要的优
点是：①该国及今仍在进展中的工业的改组或合理化之实行。因合理化进行
之结果，工业方面于出产、技术和效率均大见增进。②出口的贸易的进步。
不过德国经济的恢复在这方面尚未达完满程度。③国家银行和币制的健全。
在这方面德国比之今日世界上银行币制最健全的国家并无愧色。④德国最近
五年来国民收入（national income）和国家储蓄（national savings）之大量的增
加，国民收入一项并超过战前数量。此等增加可以储蓄国家经济的力量，以
为未来经济紧迫时的救济。⑤该国在国际金融市场上信用的恢复，及杨格计
划对于该国内外的刺激力（stimulating influence）。

德国目前经济上最显著和最重要的弱点是：①制成品与原料之间价格相
差过大。制成品的价格抬高，则消费者于工业的合理化并不能得到若何利益，
因之货品的推销不易，生产归于停滞且弱减一般人民的购买力。本来世界的
金价值低落，各国均呈战后物价高涨现象，原料价贵，制成品价格自应提高。

不过，德国制成品价高的原因尚不止此。德国贩运方法效率不良，用费颇大，尚须经合理化之改组。而工人继续增加工资，卡特尔（cartel）的组织等（在前面已经提过），亦均为减低货价的阻障。②政府的用费和负担太重。③农业的凋敝。④战后滥发纸币之结果，工业和金融界的资本家得利而中产阶级破产。⑤国内社会主义派与非社会主义派的冲突。此等冲突不仅是德国政治上的一种斗争，而且很影响于德国的经济生活。以上所说都是关于德国内部的事实。

此外，德国经济上最显著或最重要的弱点和困难，是在国际上有长年支付不给（persistent deficit）的巨大数目。此项不能支付之数共由三项形成：一是赔款，依照道威司计划，德国常年应付 2，500，000，000 马克，即依杨格计划，除交付货品（deliveries in kind）外，就该计划初年低率的付款计，亦须年付现金约 900，000，000 马克。二是德国政府或公司 1924 年后利用国外大量资本每年应付的利息利润和分年还款。此项数目年约 1，200，000，000 马克。三是国外贸易入口货总值超过出口总值之数。德国工业生产之必须国外原料的进口，我们在前面已经说到。单以德国六种主要工业而论，必要的原料进口之值已值六种工业产品出口总值的三分之二。不过，德国农业不振，人口与食料对照，呈人口过多食料不足的现象，不得不向国外输入大批食料以维持本国工业人口。查德国每年输入的食料约占全体输入的 33.5%。以原料食料的输入总值再加此外小部的制成品输入的总值，与德国输出总值相比，虽以德国交付赔款的货物之值归于输出项下，德国贸易比称（balance of trade）亦属不利，入超之数在 1924 年至 1929 年期间，年达 2，000，000，000 马克之巨。此项入超虽近年有减少的趋势，但德国欲转变不利的入超为有利的出超则似非短期间可以办到。集入超、赔款及国外借用资本的利息利润，摊年还款等项，德国每年在国际支付不给之数（international payment deficit）在目前及最近期内每年约达 4，000，000，000 马克（约 1，000，000，000 元美金）。弥补此项支付不给的数目，自 1924 年来德国均是仰给于国外的借款。惟借款愈多，则以后每年应付的利息及还款等亦愈多，即不给之数将益趋于愈多。此种局面对于德国及国际的经济大势均有危险的因素存在，是应当设法纠正的。

德国经济上的优点和弱点既如上述，则我们如欲知道德国未来的运命怎样，当然要考量该国是否能够利用她的优点来补救她的弱点。假如这些弱点不能完全补救，则须看是否可用弥缝或掩盖的方法使其无碍于德国经济生活的继续进步。安吉尔以为，假如德国不因赔款及借用外资每年所负利息还款等数目太巨，则德国未来经济上的进展始属毫无问题，一切弱点均可于相当时间内加以救正。不幸，德国在 1924 年后不赖外资以振兴内部则不能有今日的富饶，而欧战赔款又属无可避免，因之赔款与因借用外资而每年须支付的利息还款等项便为关系德国经济盛衰的两个决定因素。于是，德国未来经济的盛兴，便须视其能否担得起这两项重负而仍然不致衰敝。德国解决目前国际支付不给的方法有三种：①增加货品的出口量，挽回入超的颓势，至使出超的价值足以弥补支付不给的数目为止。②增加对外的役务（to increase her exports of services）以吸收一部分外人用款。③沿用 1924 年后借外债的办法。三种方法比较起来，用第二法，如德国近年来极力从事于运输事业之整顿、大事增建商船、招揽外人到德国游历等，虽然得利不少，但比之德国对外的负担究属为数有限。用第三法之不利前面业经说过。最有利和必要的方法还是第一法。我们知道，目前德国的对外贸易是输入超过输出。德国用第一法，非不能成功，不过如欲增加输出成功，输入货物减少，惟一的方法只有减低输出和输入的货价使低于世界市场上同样货品的价格。但减低货价也不能实行太骤。货价骤然减低，依安吉尔说，将不能达预期的目的，只不过降低一般的生活程度，招致一些不良的结果。若渐进的增加出口则不致有骤然减价之坏的影响，而且很有发展的可能。德国此后合理化更加普遍，则制成品的售价自然大可减低。贩运方法不良是可以改进的。工人长此继续要求增加工资足以影响德国工商业的发展，在工人方面似亦有此自觉。而资本利息的下降及国内所得税负担的相对轻减，亦可以增加德国工商业竞争的力量。且该国的工业生产技术正在迅速地进步，为他国所不及。此等进步，一方面可以减少货物原费，一方面可以提高出产品质，即间接地也可增加货物在国际市场上竞争的能力。所以就德国工商业本身的能量讲，增加出口实在是可以乐观的。目前的问题是国际市场的取得问题。德国出口货行销的国家都筑有关税的墙垣，虽税率的高低不一，但对于德国货物的销路上同样地有抑制的影响则毫无疑义。诚然德国与外国商约之商定对于德货行销不无小补，但如德国出口货物大量的增加时，则外国关税的税则必将更有提高的趋势。因有此层关系，德国如纯赖增加出口、减少进口的办法以掩盖其目前在国际上支付不给的弱点，短期间恐难成功。弥补目前的支付不给，殆惟有借债一途。

继续借债之不利，及其在国际经济上的不良影响，前面已经提到了。借债办法的坏处是：①对德国增加此后还债付利的负担，因之可以增加支付不给的数目。②在一特定时间内，国际金融市场上长、短期出借的款项之供给有限。此种供给为数虽大，但不是无穷尽。假如德国年年继续大量借入外款，则国际金融市场将长期呈紧张状况，循成国际金融的危机，德国亦将感举债不易的困难。不过这种情形不是无法避免的必然结果，而且在这种情形之下杨格计划也有远期付款的规定。借款之法对德亦未始无利。譬如德国1924年以来的借款，造成了德国今日经济的强大力量，德国因借用外款而增加的还款还利的负担虽重，但德国所得于借款的利益则不止此。故德国以后的借款其增加的负担，不特可以由用款所生的利益中取得，且用款产生的利益足以抵还款利息等负担而有余。因之以后外国对德国的投资实有利而不至于发生危险，故德国的未来很可以乐观。不过要由增加德国货物绝对的出超以完全抵补目前对外的支付不给，则因国际市场骤然不能容纳，及许多国家始终不愿推销大量的德国货物，而不能不待相当时间的推移罢了。

评《日本的农业恐慌》[*][1]

　　稻村氏兄弟此书系根据统计数字以描绘日本当前农村困厄之概况。原来在昭和二年日本农业经营的总户数为 5,561,608（原书第 3 页），而小农经营占日本全农业经营数 92.4%，日本农业恐慌之所以为严重者，即在众多的小农不胜经济的重压。

　　根据此书我们知道：（1）日本城市工业的不景气及合理化之结果不能容纳多量劳动人口，于是造成农村人口过多、耕地缺少的现象，遂使地价昂贵，因而地租高昂。一方面农村因资本主义生产势力之透入，破坏了自足自给的经济，小农受资本家经营的压迫，甚至不能为工业原料品之生产，于是小农生产之范围益狭，副业减少，可得之利贫微。且以受高利贷之压榨（实则就原书所述，农民借贷实际每年仅付一分以上的利息，以视我国内地高利贷年利三至四分者，苦乐有间也!）。日本农村的课税，事实上是苛于小农（如户口税之征收而土地税则减免），致使小农贫困。（2）因小农耕地过小劳力过剩，只能向单位面积生产量增加努力，然增加的努力受收获递减律之支配，于是小农的收支状况遂呈入不敷出之观，农人平均每家有 806 元的负债! 日本目前之农业恐慌其原因益在于此。

　　日本农业恐慌之直接原因，约言之殆缘下列三事：（1）日本金解禁；（2）美国及世界经济恐慌的影响；（3）生产过剩。

　　由金解禁的影响，日本金货汇兑率腾昂，使在外国市场之日本制造品价格腾贵，在国内市场之外国制造品价格低落，发生两种现象：（a）在外国市场日本制造品的需要减退，（b）在国内市场本国农业生产物感受外国农业生产品之压迫。受打击最大者为日本生丝原料的养蚕业。

　　由美国及世界恐慌的影响，日本的生丝处于停滞之绝境。

---

　　* 原载于《社会科学杂志》1932 年第 3 卷第 4 期。

　　〔1〕 稻村隆一、稻村顺三：《日本的农业恐慌》，艾秀峰译，《大公报社》印行。

由生产过剩的影响，如麦、茧、米等项之出产，茧之收获量大量增加而美国生丝之需要减少。米则供给量 82,650,000 石，需要仅 7,229,000 石，过剩量达 11,650,000 石。

在恐慌过程中，农业方面一般的情形可得而言者：

1. 为农业生产物价格之激落，如茧，如蔬菜果实，如大麦、小麦及大豆、小豆，数月之中价格惨落甚者达原价 50%。计去年各农业主要生产物价格较前年低落的比率（原书 141 页至 142 页）为：（平均低落为 35.0%）

米（10 月）	34.5%	大麦（6 月）	33.6%
白茧（8 月）	46.7%	裸麦＊＊	20.4%
黄茧（8 月）	48.4%	小麦＊＊	27.0%
蔬菜（7 月）	52.3%	大豆＊＊	26.4%
果实（7 月）	29.0%	小豆＊＊	20.0%

2. 为农业生产物价格跌落之速度比较独占资本所支配的都市产业生产物价格跌落之速度为大，于是在工业及农村消费物价格与农业生产物价格之间发生商品贵而农产贱之价格差，更使无力小农入不抵出。

3. 为农业负债之加重。因一般物价下落，货币购买力提高，即无异于货币价格提高，结果负债者所负债额虽不变而负债之实质则增大。例如上述主要农产物价格低落平均约达 35.0%，即无异于货币价值增高 35.0%；似此则前言农民每家平均负债 806 元者，事实上增至 1000 元以上。

4. 此外如利率之腾涨及高利地租及重税之重压，无待细述。然农产物价格之惨落，农家一户收入平均约减 136 元。在这种情形下，无怪乎各地纷起减公租公课的运动，甚而至于有不纳税之抗税运动！

日本农业恐慌情形略尽于此。此书虽为去年所作，然律以今年世界农产品过剩之一般情势，日本农业危机殆无若何减少，此项恐慌如何救济，此为日本当前之严重问题，日本政局之杌隉实与此问题有密切关系。本书著者稻村兄弟以左倾派之立场反对任何提高米价的运动，其主张为取斗争的方式构成无产阶级协同战线以对抗独占资本及土地所有权，废止过去的负债，减低资本利息，及救济农村的事业。不过何者是救济农村失业的具体方法，本书曾无一言，有之，则惟有"贫农大众和都市无产群众的失业者自身团结起来，打开出路"而已。

单从搜求事实方面看，本书确与吾人以深可注意资料，惟小处可以疵议者亦不少。译文清晰可读，特印刷校讹误之处太多耳。

论纸卷烟改税 *

我国海禁大开以来，人民实际生活程度，不见提高，而不必要及无益而有害之消耗，则与年俱进，纸卷烟之吸食，其一例也。

纸卷烟之无益而有害，尽人知之，然近年以来国人自"达官新贵"以至"妇人孺子""贩夫走卒、引车卖浆之流"无不嗜之，其普遍直出人意料。根据我国海关报告，民十九年入超项下，仅纸卷烟与制纸烟之烟叶两项即达五千七百五十余万两，民廿年更进至六千二百余万两，国内烟厂如英美烟公司每年行销额，年在万万以上，数字之巨，骇人听闻！故无论从卫生观点立论，纸烟之嗜好以杜绝为宜，即就经济立场言，民穷财匮如我国乃耗大量金钱于无益有害之麻醉品，更以之铸成对外贸易之当年巨额漏卮，尤为不智。在此两重考虑之下，倘执政者以国计民生为念而毅然奋其大力思有以遏卷烟之流行，即令禁以明令，或苛以重税采寓禁于征主义，期于杜绝而后已，此种政策，国人殆莫得而非议；反之，固忧时远识之士所夙夜馨香祷祝以求，而未之或得者也。

最近我国政府之改订纸烟统税，则不能以禁制麻醉品论。第一，倘此次政府之改订税率在淘汰烟酒商以禁止人民吸食为目的，则纸烟虽为无益之消耗，然在卫生上之害处，固未若其他毒品之甚，目前毒遍全国足召亡国灭种之祸首当严厉禁绝者莫如鸦片，然鸦片固公买流行而政府未暇禁也。第二，政府此次卷烟增税系与火柴、面粉、水泥等统税同时举行，又适当政府岁计竭蹶，借贷术穷，标榜"开源"之会，目的在财政收入，乃显而易见之事。质言之，政府之增税，未尝以寓禁于征为理由，亦不能以寓禁于征为理由也。惟烟酒之商品性质既属于奢侈品类，各国课税亦多取从重征收主义，故吾人于目前纸卷烟之改税，对一般税率之是否过重，不拟讨论。目前华商烟厂所极力抗争者，争点亦不在此；兹所论列仅在考究税率改订后各级卷烟之制造

* 原载于《益世报》（天津版）1934 年 6 月 14 日，第 1 版。

厂商对于新税之负担，是否完全适合公平原则一问题。

查此次改订税则，比较重要之处，凡有三点：（一）税制由三级制改为两级制，国制卷烟五万支售价三百元以上者为第一级，征税一百六十元，每五万支售价三百元以下者为第二级，征税八十元；（二）为防止漏税私烟计，烟厂设置限于沪、汉、天津、青岛四处，其他各地现有烟厂应限期迁移，逾期由政府估价收买；（三）新设烟厂资本必须在五十万元以上。

关于第二、第三两点，法理上可视为政府行使征税权以规定烟厂设立之条件，属于一种规定性质，特由此规定之结果，沪、汉、青、津四地以外之烟厂其资本薄弱者必歇业无疑。惟若政府对于此等烟厂估价收买时，能以持平之态度出之，则商人宜无可反对之处，故此点可暂置不论。

关于第一点，则此为目前华商烟厂所争持之焦点，于此可分为三点论：

第一，此种改订对第一、第二两级之低级烟为增税。就租税性质言，卷烟税虽系一种消费，增税后厂商可以租税之加额转嫁消费者，然依财政学原理之推究，在市场激烈竞争之下此项租税转嫁至少在一时为不可能；藉曰能之，亦必在若干效能低劣而制造两级低级烟之厂商不堪赔蚀至于倒闭，生产减少售价提高以后。换言之，以目前烟业竞争之激烈，欲使租税之增加额转嫁于消费者至少必须经过一烟厂淘汰之阶段。此种淘汰从政府规定新厂开设之资本限定额一点看，毋宁是政府租税政策下应有之义，然厂商则绝不愿坐受淘汰作用无疑。

第二，税既不易转嫁，结果必为厂商负担，第税率之改订非一般的加税，于是负担之轻重遂涉及公平原则的问题。查自卷烟改办通税以来，原分自"头等每五万支售价一千零五十二元以上征税四百零四元"以至"七等每五万售价一二六元以下征税二十九元"之七级税制，嗣改为三级制，至民廿一年复试改为二级制。目前所施行之税率即旧二级制之增改。由民十七年至最近历次修改税率不外两途：宽其等级之划分，增加低级烟之税率而减少高级烟之税率。征收法改变之后，虽侧闻统税收入递有加增，然税率等级划分之不尽允当，实亦未可尽掩。举例言之，上级烟如茄利克、大炮台五万支价在千数百元以上，前此应纳税三四百元者刻仅纳一百六十元，又目前应列第一级之下级烟如买司干前此五万支价三四百元纳税八十一元者，刻亦须纳一百六十元，若按价值计算，上级烟价最高者约值百抽十，而价值最低者则近于值百抽百矣！税率悬绝如此，宁得谓平！且因税率不平之故，对某几级货品一增一减之间，至少在短时期内必使厂商在现存市价之下，竞争力量失其平衡，盖增税之烟即不加价而减税之烟可以减价。审如，则政府改税直不啻为少数厂商制造牟利机会。因有此种理由，故在税制谨严之国，对于某一消费品加税，常注意兼税其代替品，如税咖啡必须兼税可可红茶及烟草之类；不然，税无转嫁之可能，或徒使经营代替品商人得到意外收益而已！此公平租税之所大忌也。

第三，卷烟征税，在民国租税史上最难就范者为英美烟公司，然此次改税抗议之声乃出于华商烟厂而英美烟公司则仅以减低烟价闻。推厥原因，就华商烟厂所称，则英美烟公司制售者多为上级烟，而下级烟制造者则强半为华商烟厂之故。此其为说，吾人初未敢信，然既为该业四十家华厂最近上呈财部之语，谅不至纯为诬枉之谈。夫烟厂之设置是否为我国目前需要而值得奖励之事业，姑且不论。假令卷烟可禁，政府当从禁止输入、禁止制造或增加关税及国内烟厂普遍从重征税为之。若禁之不可，而外有卷烟之输入、内有外厂之制造，则至少当任本国烟商有与外厂竞争之机会，因此究胜于市场由外人独占也。本此理由，吾人虽无爱于华厂，而于政府之不平均的税率亦不能不认为有大可訾议之处。盖依照目前税率之结果，诚令如华商烟厂所云，至少在短期内必为英美烟公司凭空增加若干利润、推广若干市场而使华商烟厂出于不能与争之地位。此种特殊利益，谁为为之，曰：政府不平之税率为之也！是则关税既未能保护华商而内地税复特优遇乎外厂，吾人年来力争关税自主之谓何?！衮衮诸公，独不能计虑及此，实令人有苦笑无从之感也！

关于税率之不平，财部会有以三十万元补助华商之事，此足证改税独苛于华商初非政府之始愿，虽然，畸重其税而复给金以助之，孰若反而平其税率！最近全国财政会议亦通过棉纱卷烟应取从价征税精神，详订税级之议案也。于此吾人当重言以伸明之者，吾人对此事之着重点非税之一般轻重，乃负担之平均问题。

最后，吾人愿借此一述对此问题之整个态度：第一，吾人认卷烟宜禁，然更以禁绝一切毒品为更急切之问题。第二，政府倘能运用外交谈判取缔外籍烟厂，则虽不禁卷烟，吾人亦以为就财政及公共利益之打算，在清廉政府的前提之下，卷烟制造亦改为政府经营事业，此在法、意诸国不乏先例，既可改良品质，调节消费，复可增加政府财源。第三，若上述二者皆未能，则目前纯以财政收入为前提之租税政策，即至少在可能范围内当平租税之负担，不当令一部烟商尤其外籍烟商享租税之特惠！

危机日迫之中国经济现状 [*]

　　战后世界各国的经济关系有一显著之倾向，此倾向为何，即各国由十九世纪的世界经济主义转向于经济国家主义。此项经济国家主义表现于事实者，为中欧新兴诸国之关税壁垒，为美国高税政策下复货币贬值以排斥外货，为俄国建设社会主义国家之国营对外贸易（社会主义的经济制度根本上即与自由贸易不兼容，此处系指俄对其他资本主义国家之经济关系自成一国家经济系统而言），为日本侵略主义下之"日满经济统制"野心。至英国前年放弃其更代相承之传统的自由贸易政策，复举行渥太华帝国会议，以团结英帝国经济关系，积极采用帝国货物特别差别待遇，于是正统派经济学地域分工理论上之利益在欧美诸国实际上殆已全遭唾弃，而不见余丝毫之迹影。

　　各国于经济国家主义之采用，动机不同。然各资本主义国家所抱持之原则不外下列二点：一曰国家经济自给，二曰国家或联合若干国家之市场封锁（即所谓集团经济）。最近伦敦经济会议失败，国际合作之路已穷，各国对于经济萧条之补苴政策益趋于以国家的经济计划为本位。此种国家主义之经济政策对于资本主义未来之运命如何，非吾人此处所愿深究，惟货品在税垣高拱之各国间既无法畅流，国际资本主义制度之自由市场自将局于无关税壁障之工业落后国地带，其争夺把持必将益趋激烈，则工业凋敝关税不足为新工业之保障如吾国者，将何以谋经济的自立，此则因国际大势之推移在当前益成为迫切之问题。

　　在如此迫切的国际经济斗争局面之下，反视吾国工业现状则备极破败混乱之观，不特工业已也，即整个国家经济亦均呈濒于破产现象。

　　第一，请先言年来中央之财政。中国财政自民元以来可以一语谥之，曰破落户借债度日而已，外债数额在民二十年底，本息合计达十五万万元以上，前此因无确实担保之部分常不能按期偿还本息，故外债信用，几于扫地无余。

---

　　* 原载于《国闻周报》1934年第11卷第6期"社会调查所主编经济时事论评"。

政府在民十五六年以还，除去年棉麦借款外所举遂亦仅属内债。单就国民政府定都南京以来连年发行之内债论，共亦十二万万余元：计民十六年发行七千万，民十七年一万四千八百万，民十八年一万九千八百万，民十九年一万七千四百万，民二十年竟达四万一千六百万元，去年又发行爱国公债二千万，华北战区公债四百万，关税库券一万万，共一万二千四百万元。最近立法院又通过财部另发关税库券一万万元之提案，若以历年发行公债额与国家正常收入比较观之，当益可见中国财政之不健全及其困窘之至何状！债累愈多则每年摊还之本息数额亦愈重。民二十年财政支出方面债务费（包含内外债之本息偿还额）达三万四千三百四十万元，民二十一年达二万二千三百余万元，民二十二年亦达二万四千一百八十余万元，计估各该年度岁出百分之三十上下。吾国财政支出向以军费占最大部分，至民二十年债务费之支出乃为军费而上之，与该年军费二万九千六百万合计共占战时的百分之七十以上！收入方面自民十八年施行国定税则后，虽于海关进出口税则屡加修改，并改用金单位税收，故收数稍有增益。然东北沦陷海关被伪国截留，关税损失年约四千万左右，盐税损失亦达千余万元。去年五月中日关税协定满期改行新税则后，全年海关收入可增二千万元之预计，亦当受本年度对外贸易额减退及金价下落之影响。综观中央财政情形，很显明地可以看出三点：第一是财源的枯竭，收入有减少的倾向。第二是负债的递增，以后每年债务费的负担加重。第三是军政费的开支不能减少。至支出方而分配是否合适，此处还不讨论。积此三因，遂使中国财政步步蹈入更见困难的境地。且此后欲仍照前此每年维持财政办法从借债讨生活，则稍知中国金融界实况者殆皆知长此下去为绝不可能。第一，以中国金融界有限之资力，不能年复一年以累万万之资金应政府不断的公债之征募，其理至明。第二，以公债政策为平时财政支出之应付手段是否健全政策，凡稍涉猎财政学原理者类能道之，吾人姑不置论。在事实方面，吾国目前举关税、盐税、烟酒、印花，统税已悉充借款债券之担保，继续举债，担保品即发生困难。目前上海游资虽多，必不能无确实担保而举以借诸政府。第三，自前年内债延期减息新整理案施行以来，内债信用，几见动摇。前年持票人会对于内债宣言，即希望“政府不再向各商业团体举债为内战及政费之用”。于此亦可见社会所能容受之债券额实已差不多达到不能再增地步。第四，再退一万万步谓今后政府长期借款为可能，则日积月累至其极亦必至以整个国家收入，尚不足供摊付历年债务本息，而财政亦必终于破产！关于政府历年债务费庞大之支出，可知挖肉补疮，不止肉皆成疮不止！故此后政府财政将以何法使之平衡实为今日政府之当前最大问题。倘财政破产竟然无可避免，则财政破产后举国军政各方面又将呈何局面亦一大关键。以上不过就大势上论之。兹更从最近两年之中央财政看，上年度据中央政治会议之收支概算数，岁入为六万二千一百余万元，岁出共七万八千八百余万元，不足之数凡一万六千六百余万。本年度概算数支出约达八万二千九百余万元，而收入仅六万八千万元左右，不敷一万四千八百余万，平均每月不敷千余万元。总计此两年度内，每年债务费与军费之负担即几与各该年度内国家固定收入数额相等！上年不敷数额，一部分赖暂时借垫勉强渡过。此项垫款偿还办法，去年已发行关税库券一万万元。本年度每月千余万元之不敷额如何抵补，最近立法院又通过另发关税库券一万万。发行此项关税库券，据财政部当局之表示，虽谓系用以债还中央银行借款，然借款之与军政费支出有关则必然无疑。此项关税库券一万万之发行，依财政部意见为维持公债价格，计拟不使向市面流通，而以之向银行抵押。依照目前情形，政府实得数目殆不过五六千万，以言填补本年度财政支出不敷，去一万四千八百万之数额尚远。此外，棉、麦借款，各方多持督责态度。政府为取信于民及实践"用于生产"之诺言计，自不能作军政费之挪用。刻财政当局预定弥补办法之腾为口说，或已见"试行"（"试行税制"！）者两途：一为原则上"开源节流"，二为试行增加卷烟、火柴、水泥三种统税并举办遗产税与所得税。节流之说，自不可厚非，以英美之国力财富，为平衡预算计，麦克唐纳尚不惜毁党以另立政府，举国呼号图为财政危机之拯救。自紧缩政策施行，财政状况遂见好转。罗斯福甫握政权即于上、下院通过节约法案，樽节费用预计可达美金五万万元。以我国军政界之浮滥劣陋，官多而一事莫办，兵多而不能守土，谓无可樽节，殆事所必无。特政府无此决心、无此毅力，结果恐徒托空言而已。至所谓"开源"云云，当此百业凋敝、民苦苛捐之际，究能再经几重榨取？且再榨取之后又能补助几何？实一大疑问。于此有数事，足为吾人论列政府开源政策之论证：（1）直接税之举征，如遗产税，必须（a）能于人民财产有正确之登记，有通行的新式会计制度。（b）政府权力能在全国疆域内维持其一贯的法令。然目前皆未能；且租界林立，财产税之征收最易逃避。（2）据上月报载，自统税增加后，天津、丹华等六火柴公司以不能维持之故，已自上月五日起实行停工，北平火柴价格陡涨达百分之五十。

据天津《益世报》上月十四日载，火柴新税率"增至一倍以上，最次之货原每箱征税十元者刻增加十一元六角，原征十三元五角者增加十三元五角……"该业十三日向河北省政府请愿呈文有云："……华北火柴纯为国人所营者，从前尚可勉力支持，近数年来因受时局影响，营业已属不振。复以税则不均之故，内受鲁柴之充斥，外有洋货之倾销，以致销路日滞，险象环生。长此以往，即不增捐税，尤恐难以久持，今骤加新税，无异制商等之死命……"按我国火柴事业近年设厂者约百余家（据民二十二年八月三十日《时事新报》火柴同业公会方面消息），每年各厂出品共约百万箱，而全国消费量年仅七十万箱左右，加以外籍火柴输入及在华外籍火柴厂之竞争，本国火柴厂因亏累倒闭者去年八月时已十余家（消息来源同上）。上月全国火柴联合呈财、实两部文有值吾人注意者，谓："外商输入火柴原料入口，关税既低，在国内制造火柴，工本又廉……市上分销之外国火柴，其定价较国货火柴每箱恒减低四元以至五六元不等，火柴售价最高不过四十余元，其贬值指数竟达百分之十，国货火柴何能与之竞争。而我国火柴工厂，为免增高成本计，率不得不维持原有产量以致存货山积，销路滞疲……"此项呈文用意在请求政府对国籍火柴厂另给津贴，兹津贴不可得，该业乃更须另缴原税"一倍以上"之新税！（3）水泥业近年虽能勉强维持，闻日本此项企业之进步一日千里。日水泥近来未能在中国市场畅销者，系由关税、运费等使日货在中国不能较中国售价十分低之故。然国产水泥亦且时受日货减价倾销之影响。查国产水泥年产约三百万桶，每桶原售价五元左右。据去年四月二十一日上海《时事新报》所载，日水泥在华倾销每桶售价仅四元左右。香港之英商青州士敏土厂，因之被迫倒闭。华商因国人抵制日货仅得维持，然亦存货甚多，负债累累云云。今若政府以增加收入为目的而增税，则中国水泥业成本加高负担更重，日本水泥殆将有利用机会掠夺中国市场之可能。从上述几点可知财部开源办法，估计三种统税增加之后年可增加财部收入二千三百万元之说看似太过简单；倘厂商不堪高税之榨取而歇业，则增税所得能有几何，此所谓杀鸡求蛋者也。

第二，吾国金融界之现况，其不健全及可危之程度亦不下于目前之中央财政。于此可从几方面看：第一，内地金融枯竭，现金集中都市形成金融偏枯的畸形局面。吾人试一查上海库存现金数额（银元银两大条合计折合）在民二十年仅二万五千二百九十万元，至民二十一年九月遂增至四万二千三百七十四万元，去年三月最高达四万七千一百八十万元，此后虽略形减少，在九月下旬亦不下四万六千万余元。计较民二十年全年平均数额增百分之八十二有几。如此大量的现金集中上海一隅实为：（1）内地农村不安定，（2）内地对上海市贸易入超，及（3）银行对内地放款收缩之表徵。而后列二点之足使内地市面枯竭，金融窘迫更无待论。第二，中国整个金融界之可危，中国各银行向来重要营业方向均不着重于工商业的投资，而系以公债及地产的投机维持其营业之利润。在百业凋敝中，最近一年间债券市况之兴盛及上海地价之腾贵，皆可为银界资本流入此方向之证明。银行投资于上海地产，因购华界地产者甚少之故，结果只将租界及越界筑路地带之地价提高，为外人增加地租与利润，于中国之生产事业无补。银界以公债利率甚高之故，过去购买大量的政府公债，结果亦只助长政府的浪费，于国家之建设无关。各银行购买公债的确实数量，吾人虽无法深知，然据可信的估计，南京政府发行的公债票，在民二十年时上海各行几保有其半数，此项数额迄今亦当无若何变迁，更益以去年关税库券一万万（今年最近立法院又通过再发行关税库券一万万），银行保有公债额殆惟有增加而无或减少。各银行既以数万万元资金投于政府之公债，政府遂为银行重要债务人，银行的经济地位遂常同政府地位为转移，一遇政局飘摇，银界遂亦如陷污泥急切不能自拔，而常有栋折梁崩，覆者同压的危险。加以银行在中国生产事业方面之若干投资，其投入资本之分配复多局于中国纺织业及面粉业，而该业等年来危机已现，来日大难一旦倾颓，银界立受牵累。依此观察，金融界基础不固，前途实岌岌可危。第三，各地钱庄之倒闭。我国晚近虽有银行之设立，然内地金融活动向以钱庄为脉络枢纽，即在通都大邑银行林立之区，以放款宽纵与紧缩不同之故，钱庄与各地商号常保持有更接近之关系，故中国钱庄在金融界之地位实不下于银行。就其与各业放款之关系，其重要性或且过之。然年来国内钱庄自南而北，如广州、佛山两地倒闭者达三四十家，如汕头素著声誉之源大钱庄、福州开设百余年之慎源钱庄、合肥之慎孚钱庄之倒闭，如江北淮海一带之钱业倒败，如上海自"一·二八"后歇业者有仁亨等九家，如河南开封新昌银号倒闭，济南、徐州钱业牵连被累者比比，如北平万荣祥银号倒闭，平市金融界亦曾一度不安（参看本报本栏第一、二期吴承禧：《中国钱庄业之危机》）。各地钱庄倒闭者既多因牵连一度陷于风雨飘忽地位者尤复不少，其能勉力支持危而不坠者亦大都收缩营业，大有日就衰微之势。此外如近年各地银行挤兑风潮之层见叠出，在在均可看出国内金融界之未臻健全及其地位之飘忽不定。但一且发生政局变动，则上海银行或将不幸牵动而有波及整个金融界，演成全国金融混乱之虞。

（未完待续）

危机日迫之中国经济现状（续）[*]

第三，中国工商业之不振情势尤为明显，最悲惨者莫如丝业，而尤以江浙之丝业为甚。我国丝之输出在距今二十数年前居国际第一，自日丝继起驾华丝而上，在民十五至十八年间我国出口之丝均约仅当日出口丝之三分之一。然就中国丝业本身论，输出之绝对数目并未减少，且尤在兴盛时期。民十九年后丝业情形逆转，民二十年秋间因日丝商以其存货向欧美积极倾销，丝价暴跌，上海市场丝价由每担八百两跌至六百两。按照中国丝商收茧、烘制、税捐、水脚、人工一切开支，一担丝之成本近八九百两。价格跌落至此，丝商不堪赔蚀，故宁多停售而以存丝向银行钱庄抵押维持开支费用。无如丝市就衰，迄难振起，丝价虽偶或上涨，长期趋势乃跌落益甚。上海市价上年十一月时最高货黄厂经只售六百二十余元，白厂经最高价每担五百五十余元，灰经每担则仅值三百七十余元（《时事新报》民二十二年十一月十七日）。丝价下落直接由于海外丝销呆滞。依照近年海关统计，我国经丝、缫丝、蚕茧输出价值总计，在民十五年约一万六千万海关两，民十七年增长为二万九千余万两，民十八年约一万六千五百万两，民十九年减至一万一千九百余万两，民二十年遂仅九千五百余万两，至民二十一年合所有丝类输出连丝织品计算，乃仅值三千五百余万两，尚不及民十八年生丝出口价值四分之一，视民十七年二万九千万两之值，尚不到八与一之比！上年海关报告在作者执笔为此文时尚不完全，以一月至十月之丝类输出总值计亦仅四千九百余万元。丝商至此日暮途穷，自惟相率停工歇业。政府于此亦曾于民二十年发行公债六百万元以救济江浙丝业，并拟更发公债二百万元改良缫丝机器。此在政府方面，

＊　原载于《国闻周报》1934 年第 11 卷第 7 期 "社会调查所主编经济时事论评"。

固亦竭尽能力，惟就丝业本身言，长期的发展固不能依赖外力补助费之维持，即为暂时救济，杯水车薪亦无补实际，故江浙丝业一百八十六厂近年停工歇业者迄先后相承。根据最近消息，丝业凋零实际状况有如下述：（1）最近丝价益跌，目前成本九百三十元一担之丝，价格仅及其半数（《北平晨报》十二月二十六日）。（2）江浙两省丝业存货山积，无法脱售。据上海《时事新报》上月八日所载不完全之调查，上海存丝已达一万一千余担，存茧五万四千包以上；无锡存丝近二千担，存茧三万担以上；浙江存丝亦数百担。（3）无锡今春之四十家丝厂因无法维持宣告停业者达二十家，现在勉强开工之二十家亦因亏累过巨缩小范围减开丝车一半（《大公报》十二月七日）。上海丝厂在丝业兴盛时达一百余家，今年春季开工者仅六十五家，一年之内倒闭又六十三家，现能勉强开工仅余二家而已（《大公报》十二月二十五日）。（4）因丝厂停工歇业，无锡方面丝业失业织工在三万人以上，上海工人失业亦在六万人以上，无锡方面女工工资已由五角减为四角三（《时事新报》十二月五日，《大公报》十二月七日）。以上所述仅系江浙丝业情形。此外，据上年十一月消息，广东顺德丝厂近又续倒五家（《申报》十一月十九日）；山东省府去年发行丝业救济券一百万元（因发行时晚仅二十万元），今年救济周村丝业又继发救济券五万元（《中央日报》上年六月二日），并拟发行公债二十万救济陈丝（《天津益世报》上年六月二十六日）；四川在连年内战及目前恐怖状态下丝业日衰，丝商正呼吁政府救援（《时事新报》十二月六日）。中国丝业所以如此衰颓，原因颇不简单：一是，人造丝织品进步，光泽美观几于真丝无异，虽坚韧耐用不及真丝，然价值特廉故岌岌乎有代替真丝之势。因此，不特中国，即意大利与日本之丝，近年亦大不景气。如我国人造丝之输入不过数年，然发展则异常猛速。以华商丝厂近年采用天然丝与人造丝数量比较观之：民十六年尚无人采用人造丝，民十八年则人造丝之采用达五百三十担，民二十年增至九百五十担；天然丝之采用则由民十六年之三千担降至民十八年之二千五百担，迨民二十年遂仅七百二十担（《商业月报》第十三卷第十二号第二页）。可见两种丝势力之消长情形。二是，我国丝业经营陈规墨守，品质未臻上乘，成本亦较日丝为高，加以缺乏国外推销组织，故海外市场所能承受之生丝，多遭日丝占去。三是，国内市场原可容纳大量之丝织品，有人粗略估计，我国蚕丝年产约五十万担，销于国外者十之二三，销于国内十之七八（《时事新报》十二月十一日）。晚近海外棉毛织物大量输入，邦人趋向，竞尚哔叽呢绒，直接影响绸缎绫罗销路，间接遂使生丝用途日趋狭隘，而丝业遂归不振。四是，世界经济萧条一般价格下落，生丝因世界市场一般的不景气，遂亦陷同一命运。

其次中国煤业之困顿，每因外煤之倾销而益形捉襟见肘。查我国境内开采之煤矿其储量较丰规模较大者，类皆由外人经营。在外国资本宰制之下，如抚顺，如本溪湖，如开滦，如河南福公司，如吉林之穆棱公司皆是。其由我国商办或官府经营者，仅山东之中兴公司、河北之井陉矿务局及正丰、柳江、长城、怡立等公司。山西之保晋公司、河南之中原及六河沟公司、江西之萍乡煤矿、江苏之华东公司、浙江之长兴、安徽之烈山及淮南煤矿等略具规模，然与抚顺及开滦相较无不渺乎其小！即以国煤公司较大之中兴而论，平时生产能力尚不及抚顺或开滦之五分之一。此等由国人资本采办之煤矿公司规模既小，与外煤相遇，平时即鲜竞争能力，加以频年内战，征敛苛繁，债务负担日重，运费之需索甚多，近年外煤更乘势倾销，国煤遂几于无运销立足之地。如前年上海"一·二八"之役以后，日煤在沪倾销，元山块煤在每吨售价为日金四元一毛五，再加运沪各种费用共合华银三两五钱三，而此项煤块在沪码头交货每吨仅售华银四两。日资之抚顺煤运沪各种费用每吨共需五元六角，而在沪售价每吨仅七元五角。如此跌价强烈相争，华煤自惟一败涂地。依照上年五月行施之关税新税则，入口煤每吨征税海关金单位一·八，较前增加一倍有几。抚顺煤因不在财部选定确认为东三省土货的十八件货品之列，亦当按外货进口例征税。此法施行以来日煤进口初若减少，近则又以"大批输华继续倾销"闻矣。倾销价格如池野煤在日价格五两三钱半，在华价格二两二钱半；岩屋煤在日价格八两八钱，在华跌至六两一钱三；神田煤在日售价四两四钱，在华二两九钱三；宫尾煤在日售价九两五钱，在华八两一钱六；大谷煤在日售七两四钱五，在华仅售五两五钱（《矿业周报》第二六六号）。我国全国矿商联合会为此于去年十二月特召大会，集议抵制救济之法。外煤倾销虽为促进华煤矿商破败之直接主因，然国煤之危机根本上尚不尽在乎此。第一，生产方面，开采方法不良出产之成本过高。如中原煤。每吨成本在民二十一年时约计三元六角；六河沟煤每吨成本二元四角；中兴每吨出井成本在民十九年时约三元，最近以每年出产八十万吨为标准每吨采煤成本约二元三角；晋北矿务局大煤、二煤、混煤三种平均每吨成本二元一角至二元五角；阳泉煤矿出产成本大煤每吨二元六角有奇，中煤二元三角；同时开滦五矿每吨成本在一九二八年时仅一元八角（《矿业周报》第二六八号，四三零等号）。此外，更据《矿业周报》所载，萍乡煤矿洗煤每吨矿山成本约五元五角，焦煤每吨成本约十二元（该报第二六六号）；长兴煤每吨七元至十一元之间（该报第七八号）。恐其所谓成本包含费用之项目不尽同，吾人姑不引用，然就开方采法、出产数量、管理经济各方面度之，国煤出产成本必多远在外资煤产之上，则固无可疑。第二，在经济状况方面，国人资本创办之煤厂因经理不善浮滥之开支甚多，且以亏累相循，遂至债累日甚，因此每年利息之负担甚重，营业乃更陷苦境。如中兴煤矿公司民十八年复工，曾向上海各银行借债五百万元；井陉矿务局截至民二十一年上半年止负债即达三百万元。如临城矿务局一九二九年时负债九百数十万元，最后改由河北省政府收归官办；六河沟负银行债务六百万元又负其他债务三百万元，去年十月遂有管理委员会之设由银行方面推派代表负责管理该矿。此外其他国资煤矿公司因负债积年亏累，循至举矿山悉委诸外资经营不止。第三，在运销方面，运费太贵，成本益以加重，故推销不能及远。如阳泉煤由阳泉至上海每吨成本及杂费不及五元，而一加运费则需十八元以上；大同煤成本二元余运至天津合本十元左近运费达七元余，运至上海合本十七元左右，运输各费计达十四五元；六河沟运至汉口运费达七元，反较抚顺、开滦煤运至汉口之费用为高。江西萍矿由安源至株洲一百九十华里，每吨煤二元五角二，焦三元二角八分；中兴煤由麦庄运至浦口虽因与津浦路有合同关系每公吨专价运费约二元六角，然须每年以每吨四元五角之协定价格，供给该路煤约十八万吨，而该矿出产成本除出井成本每吨二元三角外，尚有矿产税、警卫费等，出厂成本即约达四元。国人自办矿公司除上述几项根本弱点外，如内战之蹂躏、饷款之摊派等均常为业务之致命伤。在此种种劣败的条件之下，国人自办之诸煤矿遂日趋破灭衰微之路。如晋北矿务局产量每日曾达一千五百吨，近则日产四百吨而已；保晋公司往年产量每日均在五百吨以上，现在每日仅三百吨左右；阳泉各煤矿、煤栈近年来平均每年亏蚀恒数万元；据山西平定煤矿事务公所之调查，阳泉煤栈原有六十余家，近年迭经倒闭，刻仅存者三十三家而已；六河沟煤公司每日最大产量三千吨，刻仅一千吨，因负债过多，刻由银行组管理委员会管理前已述及。此外，磁州怡立公司最大产量一千五百吨，刻仅三百五十吨；中和公司最大产量二千吨，刻因周转不灵大井停工，每日仅赖小窑产煤（约二百吨）零售维持现况；临城产量一二千吨，刻仅三百吨；正丰产量二千吨，刻仅七百吨，去年六月已入不敷出，且有行将停工之说；贾汪煤矿由华东公司接办后，近年虽略见起色，但最近地面塌陷，且以日煤倾销，销路呆滞，积煤达九万吨；萍乡煤矿营业不振，刻常乏周转资金；中原公司则已进行与英资之福公司合并（《矿业周报》第二四二，二六六，二六八号）。综上观察，中国煤业日在困顿之中，其能勉强维持者亦苟延残喘而已。为救济煤业起见，实部去年亦曾两度召集全国煤矿商代表会议，商人方面为济急起见拟请政府发行救济煤业公债二千万，事虽不果行，煤商之无办法及不能自救而欲惟政府是赖亦于此可见也。

中国棉织业之危机，著见于华商纱厂联合会去年四月十日各厂代表会议一律减工一月之决议。依照此项决议，各厂自四月二十二日起至五月二十一日间减工百分之二十三。惟减工一月对于纱厂的危机并不能减销几许，故五月十日华商纱厂联合会认为"本业艰苦情形日趋严重，断非减工百分之二十三所能救济"，故又公议减工一个月。期满后自五月二十一日起，"各厂停工或减工悉听各厂斟酌本身情形自由办理"。自是之后纱价仍趋步跌，截至去年十一月半，全国停夜工者计有大通、利用、苏伦、纱市等厂；停开之纺锭数，计上海申新九厂及振华、恒大等合共一六一四〇〇锭，无锡之豫康、广勤等约六五六四零锭，武汉方面约一十四万一千锭；合安徽、浙江、唐山、海南、河南各华厂停开锭子数，全国不下五三五九〇〇纱锭。全国华厂总锭子数共二六三七四一三锭，故此项停工锭数约占全国华厂总锭子数之百分之二十强。各厂所以出于减工的原因，由于纱销呆滞，纱价步跌。单以上海一隅计，自民二十一年六月起至华厂纱厂联合会决议减工时止，存纱数额几于有增无减。如去年一月为一二二九六五包，至四月遂递增至一六八六六五包。如以四月份存纱为例，就中除日籍纱约四万三千包外，其余十分之九均为华厂出品。至去年十月，华厂存纱仍在十万包左右。纱价承前年颓敝之势（前年年底十二月份最后一日交易所收盘一百四二两七钱，合一百九十八元六角），去年依然不振。按逐月最低价计，去年五月至七月均为一百八十余元，至八月更跌进一百八十元大关，最近十二月份之纱市价为一百七十元。纱厂减工达五分之一，而存纱之滞集如故。纱价之步跌转趋猛厉，则棉织业之困难，正不知"伊于胡底"！所可异者在正当华厂存纱无法销售一致决议减工收缩期间，上海日本纱厂的纱销，根据华商纱厂联合会的统计乃反有日见增加之势。如去年三月上海日纱厂销往各地之纱共一万九千余包，去年五月乃一跃而达二万九千余包。日本国内纱厂去年计划增加最新式机器,续增一百万纱锭。在华日厂表面上减工,事实上亦在增机、增锭。去年上半年上海日厂业已增加纱锭三十万,青岛日厂亦积极增装纱锭,预计拟达三十万之数。日厂存纱数目在去年五月以后亦迄在减少,至去年十月时合计仅一万五千包左右。依此判断,则棉业统制会收买棉纱以稳定纱价之政策在华商日退而日商益进之局面下是否贤能,实可令人怀疑。华纱不振原因,据华商纱厂联合会呈实业部文,由于(1)日货倾销市场被日纱侵占。(2)农村破产农民无力购买棉纱。(3)纱价日跌,棉价反涨,故纱厂出品成本增重而售价反廉,因此不堪亏折。(4)纱税、棉税不合于保护本国工业之原则。综其所述,虽皆持之有故,惟华商纱厂失败之最要原因为生产效率落后则无可讳言。关于此点,吾人此处无烦为详细、繁重数字之征引,单以在华日厂与华厂比较而论,纺纱方面日厂较华厂生产效率高至百分之三十至四十,织布方面尚不止此数。效率相差如此,成本之差别可知。纵令日纱不为故意跌价之倾销,华厂亦难与日厂比肩而立!为救济华商计,增加关税既不能税及在华日厂,而中国政府对在华日厂复不能单独加以差别之课税,故华商纱厂若不在根本上求生产效率之提高及组织管理之合理化,则一切救济皆属末事,于中国纺织业前途,无多大裨益,可断言也。

此外面粉工业之衰颓,与棉纱业殆遭同一命运。火柴业、水泥业之概况前已约略言之。内地商业之不景气,则号称"模范省"的山西,太原一地去年商家倒闭歇业达五百余家(《华北日报》民二十三年一月)。各省报纸通讯亦连篇累牍常载商业萧条、商家歇业消息。由前述各地钱庄倒闭消息,即可知各地商业为何如。闻上海一隅商家门前终年悬减价拍卖招牌,而门市终鲜顾客。上海如此,他处可知。交通方面,虽铁路运输年来经整顿后颇有进步,全国各省公路亦见增加,而航业因贸易衰落,年来仍极不振。

第四,请更略言我国农村破敝之概况。我国农业人口,据一般估计约在全人口百分之八十左右。中国人口既大多数属于农工群众,则农业之衰落关系于整个的国民经济之轻重可知。不幸,我国号称以农立国,而近二十年来除民八年及民九年两年外,民食之维持乃有赖于大量粮食之进口。根据近二十年海关册报告,民元年米麦各类粮食入超价值凡一千四百万余两;民五年、民六年即达二千四百万两以上;民十一年以后,除民十四年及民十七年两年入超额较少约近六千万两,其余入超额率在一万万左右;至最近四五年,粮食入超价值更见激增，计民十九年达一万三千六百余万两，民二十年达一万六千万两，前年更进至一万八千八百万两，去年就一月至十月计算亦超过一万五千五百万元左右！中国既为农国，历年有如此大量的粮食入超，无怪对外贸易平衡不利之形势亦与年俱进，国益贫，民益困！且年来国内农产品丰收，而国外粮食输入之数量反增大，故经济上讲直接最受打击者厥惟中国农民。市场粮食过多，则谷贱伤农，农民存谷无法售出，经济更见竭蹶。根据国定税则委员会上海物价月报，上海卖售粮食价格以民十五年之全年平均价一百，民二十一年降至八二·五，以去年一月至十一月平均价格与民十五年价格相较更少至百分之三十五有几！中国农业人口，以佃农与自耕农占最大多数，而农村凋敝吃苦最甚者亦为此等农民。此等农民从事于小规模之农亩经营，胼手胝足，终岁汗血辛勤，在普通平靖年间，年终所入不过仅足糊口。如深泽县南营与梨元两村农家，农民大多数为自耕农，每家农场每年平均之盈亏情形，据调查，在梨元村每农场收入总计约三百六十余元，支出约三百二十余元，每年虽约可盈余约四十元，然若在此数中减去投入资本之利息，则每年亏损达九十余元；南营村则每农场收入平均年约二百七十余元，支出年约二百九十余元，收支相抵，不敷约二十元，若再算入资本利益，则每农场蚀利年约一百六十元（该调查详细报告将发表于社会调查所《社会科学杂志》第五卷第一期）！又如据《中国银行二十一年度营业报告》之约略估计：三口之家种田十亩，每年收入可得三百十六元，支出连食用在内约三百三十元，不足十四元。此种估计及上述调查虽不能代表全国一般农民状况，然此种农民必不在少！况中国近年，天灾人祸，重重相逼，经济力薄之大多数农民年年挖肉补疮，而百孔千疮，终必全身溃烂而后止！第一，就灾情方面言，如近数年西北大灾荒，人民死亡枕藉，被灾省份达九省二百五十五县，灾区民众达四千万人。民二十年长江、淮河之水灾，湖南、湖北、江西、安徽、江苏沿江、沿淮地带农民田舍荡然，牲畜财产悉葬泽国。单就上述五省计算，被灾县数达一百三十一，被淹农田八千七百万亩，受害农户达四百二十万家，被灾人数达二千五百二十万人，每家损失平均达四百五十余元，总计农家损失约达二十万万元（金陵大学与全国水灾赈委会调查报告）。去年黄河水灾，豫冀鲁三省灾情亦甚严重。今灾虽过去，而此数千万被灾农民倾家荡产之损失则无法补偿！大多数若非逃转四方，势将坐困以毙。第二，中国年年战争，内战近如民十九年冯阎之战波及豫、鲁、冀、陕等地，绵亘半年；去年川省二刘的斗争，黔省连年毛王之火并；最近的闽变，新疆、宁夏的战争；刘桂堂等股匪之窜扰冀、鲁、豫各省，各地村庄农民惨遭蹂躏征发。加以日军侵华，淞沪战后华北方面，热河、河北悉成战区，人民至今疮痍未复。而豫、皖、冀、赣、闽、湘、蜀七省四五年来战乱不停，农村之残破，更形彻底！吾人试闭目以思，此广大区域之众多农民经兵燹后失其生活所凭依，其将何以"安于畎亩衣食"？第三，中国既年年"四方三战"，然战争之祸犹未若苛捐重税吮精吸髓。如四川省粮税在防区制下一年四五征至七八征不等，如每两粮十七元，年征八次即须缴一百三十六元附加税尚不在内。华阳等县已预征至民五十年，其他有征至六十年者。而各省田赋附加税更率多超过正税，如江苏各县田赋附加甚者至超过正税二十余倍。如江北灌云县农民捐款除"正税芦课"外，尚有"附加户籍捐""普教捐""筑路捐""公安捐""实业捐""保卫捐""农会捐""亩捐"等名目（《大公报》二十二年一月二十七日）。浙江属嘉兴等县附税有所谓"建设特捐""区公所经费""农行基金""积谷捐""教育基金""治虫经费""除虫公债基金""水利经费"。四川垫江"每两粮实纳正税约十七元半，加上附税每两约五十元"。绥定地方"每两粮正附税约四十元，外派军费约二百元，他种杂款三四十元，合计约三百元"。各地税捐既重，催逼"缴款"之法尤为严苛。四川在群魔宰制之下，绥定等地前此田主不堪逼迫榜契于门弃田逃亡者时有所闻，即如去年红军入巴中，亦由农民不堪苛政相率欢迎入境。陕西各县府毒刑逼缴捐款，人民投井自缢及死杖下者不知凡几。前年四五月间，鄂鄜等县农民无力缴纳，曾相约一致赴县府缴纳农具（《独立评论》第二九号）。此种事例不仅陕川有之，特以川陕为更多而已。第四，农民除就地缴纳苛税外，运输亦须另缴重税。四川五步一关，十步一卡，货值百元者由渝至省，纳费亦在百元上下。如福建茶二十五斤成本，二十五元运至汕头，经关卡驻军民团之勒缴保护费，连挑运费即需三十元余。华北北宁路沿线粮食运销有塞北关税、斗捐、车驮捐、进城捐、护路费、保商护送费、船筏建设费、保商团看夜费、河路社捐达十余种。平绥路绥远至包头共有税卡四十八处。此外，湖北、陕西、湖南等省无不关税重重。在农民运售农产品时，此等税捐最后虽未必由其本身担负，然农产品运销外地因之更感困难。农民一方面出产难于销售，一方面各种苛税之催迫征收非用现金缴纳不可，故年虽丰稔而困顿依然！且自海禁大开，各国商品不断流入，农村副业多为工业品代替。如纺织纱布本为中国农妇之职，今则因洋纱布及本国纺织厂纱布之侵入农村，农民纺织悉皆束诸高阁。更加近年中国丝业不振，农民养蚕种桑者无不大受打击，丝商因丝价下落故，收买蚕茧时极力压低茧价。茧价在民十九年及民二十年平均每担五十元，前年落至每担三十元。然鲜茧成本，每担约需四十元。又如中国蛋类输出，因日本近年极力提倡养鸡，亦有减少趋势。茶之输出，自印度、锡兰、日本栽植红、绿茶后，国际市场即一落千丈，近年尤其衰落。凡此皆为中国农村经济上之打击，而政府强迫人民种烟，及贪污土劣流痞高利贷之敲诈剥削在在足使中国农村崩溃加紧其速度。中央政府鉴于农村凋敝，去年曾有农村复兴委员会之设，关于复兴农村方案亦有种种拟议，近且有"剔除农业附加税"之通命。惟中国经济非有整个革新计划，恐复兴农村之单方努力，结果仅为徒劳！

最后，中国对外贸易自一八七六年来即是一贯的入超！至一九一〇年入超值达九千五百万两，民九年达二万五千八百万两，民十九年增至四万万三千三百万两，次年更进为五万万三千八百万两，前年亦五万万五千六百万两，去年从一月至十一月入超额达国币八万三千一百万元。如此大量的年年入超，我国复无海外投资利润等无形收入足资抵补，中国经济结果必至血枯精尽为止。纵观中国经济各方面形势，实渐近水尽山穷之地。照此下去，将立见有总崩溃之一日。读者但看各种事实，当知非作者个人之故作危言。至何者是中国经济的出路，最近"计划经济"或"统制经济"之说曾盛极一时，政府对此方面之全盘计划与执行力如何，迄未十分明白。惟从大体言之，吾人所敢断定者，中国倘不能以政府力量经营对外贸易，指挥国内经济活动，则一切统制委员会之工作终必失败无疑。

曾炳钧留美期间与梅贻琦来往信函及相关资料选录[*]

曾炳钧致函梅贻琦汇报抵美后决定来伊利诺大学的情况

月涵夫子：

临行曾上一函，不知已呈尊览否？生于八月十九日离沪，廿四日到横滨，九月三日抵美。在西雅图留一日，迳赴米西根。觉彼间情形与生不适，爰多方探访各校情况，最后决定来伊利诺，已于昨日到达。伊利诺大学已开课二周。教授在政治方面有 Prof. Fairlie 与 Prof. Garner，经济方面有 Prof. Frank A. Fetter，均一时名宿，生拟在此暂住一年，明年看情形再定去留。此后尚望随时拨冗赐教，不胜感祷，耑此敬候

道安

学生曾炳钧

十月三日

生住址如下（略）

（编者注：推断此函撰于 1935 年。）

＊ 承清华大学档案馆惠助，提供曾炳钧留美期间与清华大学往来信函多封。在此选录其中数封，由白晟对照原件照录，曾约请曾尔恕教授及弟子郭琛审阅、核对，在此致谢。与信函相关的文献以附件形式收入，借以提供背景资料。原件存清华大学档案馆。

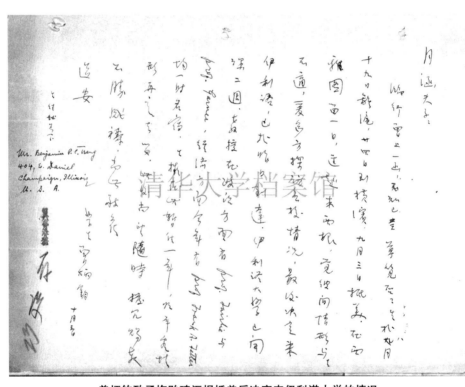

月涵夫子：

临行曾上一函，谅邀鉴及。生等航行九九日，十九日抵檀岛，廿四日到樱滨，九月三日抵美。在纽约因一日，遂往来两地，意终向情形甚是……谒访多方探询情况，最后决定来伊利诺，已抵校……伊利诺大学之间……第二周……经情……

Mr. Benjamin P.C. Tseng
404, S. Daniel
Champaign, Illinois
U. S. A.

……随时……

道安

学生 曾炳钧 十月

曾炳钧致函梅贻琦汇报抵美后决定来伊利诺大学的情况

附件1：梅（贻琦）致函吕剑秋关于曾炳钧留国调查实习工作
（1934.12.12.）

剑秋先生□[1]□：

敬启者，敝校本届公费留美地方行政门考取生曾炳钧君留国调查实习工作，前承惠允指导，无任感荷。兹据曾君送来留国预备意见书一份，业经该门其他二位指导员陈总、沈乃正二先生就近阅过，认为大体尚无不妥。

兹特送请评阅，并乞于曾君实地调查应占时数予以核示。此间拟嘱曾君不日前来尊处，面求指示，届时并希赐予接见，不吝指教为幸。

专此即颂

公安

梅（贻琦）　谨启

十二月十二日

（编者注：原件"送达机关"栏填为：定县；吕县长勋启。原件仅于文末署"十二月十二日"，据相关资料推断为"1934年12月12日"。）

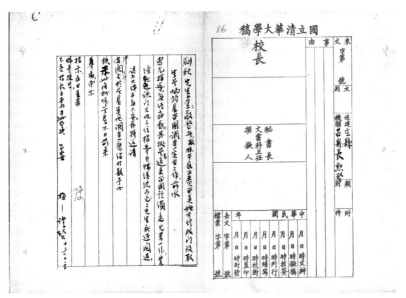

梅（贻琦）致函吕剑秋关于曾炳钧留国调查实习工作

---

〔1〕　文中暂时无法辨认之字以□代之，下同。

附件 2：梅（贻琦）致函曾炳钧，转上密歇根大学来函一件、入学证三份

迳启者：顷接米西根大学来函一件，入学证三份，特此转上，即希詧收，以便应用为盼。

此致

曾炳钧先生

梅（贻琦）启

六．十四

（编者注：原件"送达机关"栏填为：曾炳钧先生；"缮写"栏填为：六月十四日。推断撰稿时间为 1935 年。）

曾炳钧致函梅贻琦申请转学

月涵夫子道鑑：

入意（伊）利诺大学后曾上一书，略陈选习课程概况，谅经呈达。年来华北局势，风雨飘摇，吾师主教清华，对内对外从容应付其间，而母校弦歌之声不辍，□敬佩何可言说！

生在意（伊）利诺一年，m. a. 工作已告结束，并经 m. a. 口试，教授为 Fairlie, Fetter, Story 诸人，对生均极优遇且极佳许，获益不少，此堪为吾师告慰者。刻因课程科目关系，已转学来纽约，决入哥伦比亚。此校的长处，想清华同学陈之迈、李崇仲两先生必能详述，不假生之凿凿道也。抑生之来此，与生个人整个学习计划有密切关系。生学习计划，系以第一届（一九三四年）清华选送来美学社会科学的同学为例，假定年限可以延长到三年，生第一年所着意者为普通行政及市政，于此生选习之课程为：

Prof. Fairlie：（1）Problem in Public Administration，（2）Government of England（行政与政府绝不能分开）。

Prof. Story：Municipal Problem.

Dr. Hyneman ：Government Regulation in Business.

同时论文在 Prof. Fairlie 指导下，题目为英美的预算制度比较，Budget methods in England and the United States。

刻第一年已经过去，第二年计划将着重在财政方面及与财政关联的学科，

第三年（假定能延长）后即以全力研究地方财政及地方财务行政。

Local finance 为地方行政中最重要的部分。同时亦将 follow 英美地方制度的发展。生之所以转来哥校者，哥校财政在 Prof. Haig 主讲之下，闻极有名，且有专设 Seligman Library 便于财政方面之研究。又美国有名之 The National Institute of Public Administration 与哥校已联为一气，生到哥校后拟觅机会到该所实习。此生学习计划之大体轮廓也——课程之选法将视哥校规定为转移，亦须经导师同意，刻尚未开学也。生深深相信，如此学法为生本门研究上最切实、最能深入、最有结果（fruitful）之途径，亦实际上最切于用者也。生前在意（伊）利诺，曾于谈学习计划应当如何学习 Political Science 时，将生学习计划与 Prof. Fetter 及 Dr. Hyneman 分别谈及，Fetter 深以为然（Fetter 系前 Princeton Univ. 经济系主任教授，已退休，上年在伊利诺为 visiting professor），而 Hyneman 尤极热烈赞许。兹学校尚未开学，特缕陈一切，敬乞不吝教言，随时训示俾便遵循，不胜翘企！如吾师对生学习计划有所指示，尤盼早日寄示以免陨越。书成仓促，未尽欲陈，敬请

教安

学生炳钧敬上
九月十日

指导员：

陈岱孙：似可准其转学。

沈乃正：似可许其转学。

（编者注：推断此函撰于 1936 年。）

附件 1：英文转学证明材料 1936. 9. 16. —1936. 12. 11.

CHINA INSTITUTE IN AMERICA

Re Transfer of Ping Chun Tseng

Sept. 16, 1936.

My dear President：

Mr. Ping Chun Tseng of the University of Illinois has come to study at Columbia University. I have just discussed with him at length the problem of his transfer and wish to report to you briefly as follow.

He reported that after considering his studies with some of his professors, he has been advised to come to Columbia to pursue his studies further, principally because public finance has a great deal to do with local administration. Columbia Universityoffers a large number of courses on these two subjects. Furthermore, affiliated with Columbia University is the Institute of Public Administration and Municipal Research which is considered very important in those fields.

Another circumstance is that he was not aware of the fact that he was required to secure permission from the University in order to make the transfer. My personal opinion is that his transfer is compatible with his plan of study and merits favorable consideration. Moreover, he has arrived in New York and it will be quite difficult financially for him to return to Illinois.

In view of the circumstances stated above and also on account of his good scholastic record, I hope will you find it possible to give your permission for his transfer.

Sincerely yours,

Chih Meng,

Associate Director.

President Y. C. Mei

National Tsing Hua University,

Peiping, China.

（编者注：英文转学证明材料原件见下图）

CHINA INSTITUTE IN AMERICA
Incorporated
119 West 57th Street, New York, N. Y.

Cable Address "Huamel"   Telephone: Circle 7-3772

Re Transfer of Ping Chun Tseng

Sept. 16, 1936.

My dear President:

Mr. Ping Chun Tseng of the University of
Illinois has come to study at Columbia University. I have
just discussed with him at length the problem of his trans-
fer and wish to report to you briefly as follows.

He reported that after considering his
studies with some of his professors, he has been advised
to come to Columbia to pursue his studies further, prin-
cipally because public finance has a great deal to do with
local administration. Columbia University offers a large
number of courses on these two subjects. Furthermore,
affiliated with Columbia University is the Institute of
Public Administration and Municipal Research which is
considered very important in those fields.

Another circumstance is that he was not
aware of the fact that he was required to secure permission
from the University in order to make the transfer. My
personal opinion is that his transfer is compatible with
his plan of study and merits favorable consideration.
Moreover, he has arrived in New York and it will be quite
difficult financially for him to return to Illinois.

In view of the circumstances stated above
and also on account of his good scholastic record, I hope
will you find it possible to give your permission for his
transfer.

Sincerely yours,

Chih Meng,
Associate Director.

President Y. C. Mei,
National Tsing Hua University,
Peiping, China.

英文转学证明材料 1936. 9. 16. —1936. 12. 11

送请沈乃正先生审查并签注意见

光旦（签名）

一、曾君在伊利诺大学所选政治与经济普通科目之成绩尚佳。

二、曾君过去未能专门研究地方行政，如予延长期限，应责令拟具详明研究计划，并切实遵行。

右开两项，为审查中所发现之事实，究竟应否延长一年，似宜参照成例决定。

沈乃正（签名）

（编者注：审查文件原件见下图）

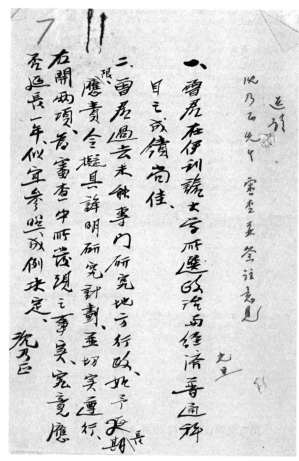

送请沈乃正先生审查并签注意见

Department of Public Law and Jurisprudence

December 11, 1936

The President

National Tsing Hua University

Peiping

China

Dear Sir：

I write to you on behalf of Mr. Ping Chun Tseng who is now a student in the Department of Public law under the Faculty of Political Science. He tells me that his scholarship is about to expire and he desires my assistance in securing an extension for another year.

I earnestly hope that this will be possible. Mr. Tseng seems to be an extremely bright young man and I should anticipate that given adequate time, he should be able satisfactorily to complete the requirements of the Ph. D. degree at Columbia University.

I therefore express the hope, my dear Mr. President, that you may be able to grant Mr. Tsent' s request. With high regards I am,

Yours faithfully,

Lindsay Rogers

（编者注：英文信函原件见下图）

Columbia University
in the City of New York
DEPARTMENT OF PUBLIC LAW AND JURISPRUDENCE

December 11, 1936

The President
National Tsing Hua University
Peiping
China

Dear Sir:

I write to you on behalf of Mr. Ping Chun Tseng
who is now a student in the Department of Public Law
under the Faculty of Political Science. He tells me
that his scholarship is about to expire and he desires my
assistance in securing an extension for another year.

I earnestly hope that this will be possible.
Mr. Tseng seems to be an extremely bright young man and
I should anticipate that given adequate time, he should
be able satisfactorily to complete the requirements of
the Ph.D. degree at Columbia University.

I therefore express the hope, my dear Mr. President,
that you may be able to grant Mr. Tseng's request. With
high regards I am,

Yours faithfully,

Lindsay Rogers

附件 2：梅贻琦致函曾炳钧核准转学事 1936. 11. 30

炳钧同学左右：

前获九月十日来书，藉悉一是。

足下转学事可予核准，惟后务当先行函请为要。

匆复，即颂

旅佳不一

梅（贻琦）　谨启

十一．卅

（编者注：文档登记留有缮写时间记录：廿五年十二月二日；注明由华美社转交。）

曾炳钧致函梅贻琦申请延长公费留学一年

月涵校长夫子道鑑：

顷奉去年十一月卅日手书，准令转学哥校，敬悉一是。母校近况如何？一切运行尚不受时局影响否？至以为念。生到纽约后，阅时未及半载，教授等对生因课堂上之问难及讨论，印象尚均不恶。美国教授一般的似有一种偏见，即对学生之认为可造者，率多希望并鼓励其作 Ph. D. 工作。生目前所处形势，即系如此。此 L. Rogers 教授与夫子书中所以有 Ph. D. 工作之说也。生此次来美目的，以切实多学课程为主，不愿专以致力学位为职志。此项目的可于生选习课程之计划中具体看出。盖生所欲获得者为政治经济之重要理论的系统——近代政治与经济之不可分，其理至明，毋待陈述——应付实际问题之设计与方案，及地方行政之研究方法；学位问题其次焉者也。

生之学习计划大体如前书所陈，系假定以第一届若干留美同学为例可以延长公费一年，循序渐进，第一二年致力于政府（包含行政及地方政府）经济之高等的普通理论，第三年始进而作更专门的地方行政之探讨。基于此种计划，生今年在哥校所选课程（去年在伊利诺所选课程前书已详陈，兹不复赘），在政府政治方面有：

（1）Governments of France and Belgium（Prof. Rogers）

下期选德国政府（英国政府之专门研究，生在伊利诺时已习选）

（2）Federalism（Prof. MacMahov）

下期将改选市政

（3）Modern Ideas of State（Prof. MacIver）

在经济方面有：

（1）Current Types of Economic Theory（M. C. Mitehell）

（2）Statistics（Prof. Chaddoch）

此门功课系近代社会科学生必要的研究工具。

（3）□习经济史一门。

下年（如得母校准予延长年限一年）将集中精力于：

（1）地方行政及地方财政之专门研究

（2）到 National Institute of Public Administration 研究。

关于地方财政，哥校 Prof. Haig 系美国财政学大家，本年休假，下年将返校。哥校并有 Seligman 图书馆关于财政学之书籍，蒐集甚富。此外预算制度专家 A. E. Buck 亦在哥校"行政研究所"。故能在哥校继续研究甚便。关于地方一般行政，则 National Institute of Public Administration 是美国的顶级行政研究机关之一。如能在该处研究，必可得益不少。此外并拟请教授介绍到 Brooking Institute 一看。

然此等研究之运行无论得学位与否，非得母校准予延长公费一年，势将功亏一篑，半途而止。若竟如此，则过去两年之工作，皆大部失其效用。譬如造屋，已树基石樑柱头而不使建顶装壁，则前功尽弃也。母校派生来美留学，意在使造就成材，储为社会建设之用。若令中道而废，当非选送留学之本旨。抑尤有进者，文法两科，年来在政府教育政策上，似有不加重视之倾向，道路传闻清华且有将专办理工之议，因之文法学生延长公费年限之希望亦愈少。此议若果属实，实为失策。想 夫子及母校诸教授先生决不出此！文法学生所习学科内容似较理工学生所习者为空洞，但惟其空洞，则精深之造诣为更难，而在应付中国当前问题上融会贯通之社会科学学生为更见需要。生个人计划即系由博返约以融通与专精为目的。若能邀 夫子及母校诸师长核准，准予延长公费一年使得全部完成，不胜躬祷之至。是否有当，敬侯 钧裁。

尚此缕陈，曷颂

道安

母校诸师长先生教安

学生曾炳钧谨上

一月六日

（编者注：推断此函撰于 1937 年。）

曾炳钧致梅贻琦关于呈请延长求学期限函[1]

月涵夫子道鉴：

不通音候，几阅月矣。近终荣闻休邲，福履绥和，为颂为念！中日战事爆发后，梅夫人暨府上俱偕与南行否？吾师前在南京尚未感受危险惊恐否？母校师长南集长沙者除夫子外不审果有几人？母校一切，目前尚称平善否？新校址已完成否？不胜悬系之至！

纽约清华同学本学期回国者有宋作楠、赵铸二人，戴世光赴欧，新自国内来者林良桐一人。其他无变动。半年来，国难严重。生等虽国事萦怀，痛心疾首，然内省未□责任之重，知国家母校培植人才之不易，故对本身工作亦始终未敢松懈，此可为吾师告慰者。

生到美两年官费终了后，因工作未完，故本学期仍困守此间黾勉后事。先后在哥大 Department of Politic Law（政治系）已将外国语、政治理论及 Ph. D. 预选口试等一切考完通过，论文刻正在赶写进行中。约在今年暑假中可望赶写完毕。近因经济窘迫，特赴华美协进社交涉，先"通融"领出路费一半——生现在哥大可无须交学费，但月需生活费五十余元，藉以维持。[生在清华停止公费后所以决定继续不去者，因预计清华将给与固定五百二十元之路费，又私人筹划可得些须（许），截长补短，够勉强支持完成计划]

据孟先生云母校已在十月中有电，令减少公费生路费为二百六十元。骤闻惊愕，一时颇难为计。查去年八月，生公费终止时，生即曾与孟先生言及支领路费事。孟先生谓非到临离美时，不能支取。因恐生等先将路费用完，无法归国，有□（损?）国家体面。生觉甚有理由，故只请先领一半，因二百六十元已足供归国之用也。孟先生后谓此事宜无不可，惟嘱生如有法维持，先暂不必支路费半数，俟经济困难再作商议。生因遵议停止请领路费半数之说。今事情变异至此，自非孟先生所预料，特在生实整个计划所关，工作垂成，不堪复顿挫矣！

伏念处国势颠危之下，学校经济竭蹶，减少生等路费，自非得已。假如生此时工作已完，当即行回国，则如生前此所言，二百六十元川资，事实上已足敷用到上海，自无须请给五百二十元。又如，母校前此已准生延长年限

无论一年或半年，则生此时经济情形不同，致减少生之路费，生亦可完成工作，毋庸更向母校再作何等请求。惟实际情形如此，生此时工作只差几月时间，势不能功亏一篑。吾师暨母校师长前此既派生到美，此时当亦不愿生功败垂成。向恃吾师爱护，还祈能对生实情曲加体谅，仍照原定路费数额五百二十元发给，并派其先行支领一半［其余一半到临行旅（离）美时发给］，俾使学业完成，当万分感激！抑生此项请求之可加允准，在事例上亦很可充分解释：

第一，生官费停止后在八月，学校减少路费之令发于十月底。

第二，与生同届同学，同与生未得延长年限者如宋作楠、赵镈等为全领美金五百二十元，得延长年限者如戴世光赴英亦已领美金二百六十元（此后当须再领）。

第三，生到美两年，始终认真读书。此时留此，确因只差几月论文工作未完。此凡纽约清华同学人所共知者。

第四，生请发路费全额或原定数额，确因实际需要，非立即回国及无充分经济理由者可比（如生已得延长官费经济上即不发生此项问题。）

有此四者，如母校准生领取路费原定数额，无论任何同学当不得而非议。母校此次减少公费生路费，因不仅适用于生一人，惟就生所处实际情形论，与其他同学相较，生所感受之困难特大。此如国家缴税，无论个人全盘收入多少，一律课以每月月薪之一半，在地主而兼领薪者，固无损其毫末，在月领薪水仅三十元维持一家生活之小学教员，课以半薪，则月入仅十五元而已。个人的"边际效用"不同，小学教员与地主或厚禄者相较，苦乐不可同日而语也。

又生请求发给路费原额，亦非徒为个人打算，毫不代母校经济设想。盖生之所请并不过奢且能在原定规则以内。生固母校所培植所派遣学生之一员，母校在困苦中亦□愿极力设法维持在美其他同学之学业矣，想当亦愿就实际情形着想，在此可能范围内使生学业得以维持终结也。

此等理由原无待生陈述，所以不惮缕缕者，冀以备吾师于决定此事万一疑难时之参考而已。

生之情形已向华美协进社孟先生说明，渠将另函向吾师请训。刻生需要亟为迫切，务之吾师能准生所请，电复或航空快复华美协进社，俾生得先支路费一半二百六十元维持膏火，则工作即得完成皆吾师之所赐也。

临颖神驰，诸维（？）鉴照，敬颂

教安，不尽百一。

学生 曾炳钧谨上

一月十日

（编者注：推断此函撰于1938年。部分原件见下图）

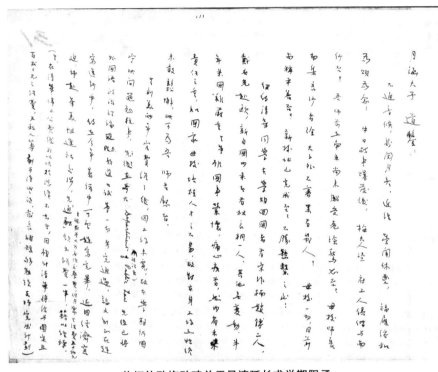

曾炳钧致梅贻琦关于呈请延长求学期限函

《英美预算制度》 目录及摘要*

（《BUDGET METHODS IN GREAT BREATAIN AND THE
UNITED STATES》 1936 年）

TABLE OF CONTENTS

---

* 本文为曾炳钧先生伊利诺伊大学研究生毕业论文。——编者注

INTRODUCTION

Significance of the Budget

A public budget as defined by Buck in his work on "Budgetmaking" is "a complete financial plan for a definite period whichis based upon careful estimates, both of the expenditure needs and of the probable income of the government." [1]

As a plan it suggests at once several important questions: its formulation, authorization and execution on the one hand, the objects and purposes which this plan seeks to achieve on the other.

As different roles have been assigned to government to play in the collective group life in different stages of social development the method of financing that machinery at each stage presents problems different in complexity and varying in importance. During the time when the general trend of opinion was to view government as an evil and to assign to it only the minimum police functions, it is no wonder that least expenditure was thought itself a good and was the only thing looked for. Thus it was said, as the statesman's pocket wisdom, that the very best of all plans of finance is to spend little, and the best of all taxes is that which is least in amount. [2] In English Constitutional history before the Revolution in 1688 it is noticeable that Parliament, while seeking to establish its power over the Crown in financial matters, had in view only the limitation of the total amount that the Crown might demand of the people by means of taxation for governmental purposes. (How the money granted should be spent was not its concern). But with the everbroadening area of government activities and with the changed ideas of social welfare and democracy as times goes on, government financing can no longer be solved with a simple least expenditure

[1] A. E. Buck, Budget-making, p. 2.
[2] J. B. Say's statement quoted by H. Dalton in Principles of Publio Yinance, 1923, p. 7.

formula. It requires more attention for its examination and demands more modern technique for its working out. While the changed condition does not alter the desirability of economy, it takes improved means to put it into effect.

The public budget has assumed its present-day importance in various countries because of the pertinent problems it involves and those it helps to solve.

From a purely theoretical economic standpoint, the effect of the way in which a government is financed goes to the root of the problems of utilizing the community's economic resources. Without going into details of the subject, it may be said that a wise policy in public financing should, as advocated by some authorities. always keep in view the following considerations:

Firstly, Public expenditure should be so distributed that the marginal social advantages of the last increments of expenditure in all directions will be equal.

Secondly. Public expenditure should be carried just so far that the marginal social advantages of expenditure just balance the marginal social disadvantage of all methods of raising public income.

Thirdly. Taxes should be so levied and expenditures so distributed that besides securing equality they might not di scourage people to work and save.

Fourth. Taxation and expenditures should be so arranged that desirable adjustment of social income to need can be effected. [1]

While an ideal financial policy that will meet all the tests mentioned may be only imaginary, it is certain that a country whose government errs in utter disregard of those considerations in handling public money will suffer from the consequences (of the reckless policy) in severity commensurate with the graveness of the blunders of the case. And to such blunders a haphazard system of financial administration is inherently most liable. With a good budgeting system financial evils can more easily be brought into relief and be averted. Frthermore, during business depression, in order to stimulate the market and prevent further fall of prices it has been the policy of the governments of today to start the moving force for recovery through appropriations in the budget for public works to increase the demand. Thus, in the united States in

---

[1] For detailed discussion on the topic, see Hugh Dalton, Public Finance, 1923, part II - III.

1934 the "Emergency Budget" embodying the recovery program was resorted to. [1]

From a political stand-point, the control of the public purse is a very powerful weapon in politics and was the most important political issue in the struggle for democracy in British constitutional history. This struggle, first taking the form of the cry " no taxation without representation," proceeds with the final establishment of popular sovereignty with the Parliament serving as a ready channel to express the public wish. As the Commons has had control of the public purse, it has been easy for it to extend this control to other spheres of government. As the government cannot function without the grant of money, and as the appropriation bills which grant money for the purposes specified should be passed annually by the Parliament, the control of the Parliament over executive policy is here most effective. Much time has been spent by Parliament in debating the government budgetary proposals. The effects of the debate are far-reaching. In case these proposals turn out unacceptable to the House of Commons, an adverse vote there would force upon the Cabinet the issue of either accepting the fate of a downfall or appealing to popular vote for a mandate. The budget, viewed in this light, is the most effective means yet devised for the establishment of control over the public policies if it is properly instituted and administered. [2]

From a social standpoint, a public budget in so far as it embodies the government policy and in so far as it involves raising income from some sources and spending money in other directions has a very important bearing upon distribution of social income. The best illustration of the point is the tax on incomes and the huge appropriations in some countries for the maintenance of the unemployed masses during the recent depression. In ordinary times if say $2,000,000,000 were raised by means of taxation on property and the same amount were spent for the housing of the poor, the incomes of the beneficiaries would be increased in the form of bettered life at the expense of the tax payers. In the Soviet union since the inauguration of the first five

---

[1] See American Economic Heview, March 1934, pp. 53-66, "The Bmergency Budget of the Federal Government," by J. W. Sundelson.

[2] A. B. Buck, Public Budgeting, Ch. 1, p. 3.

year plan, the budget has been utilized as an instrumentality to plan the national e-conomic life of the Union. In authorizing money to finance the different branches of industrial production according to their relative urgency of need and their relative importance, in levying confiscating taxes on private incomes to liquidate private prop-ertyand in adjusting the national resources to the tempo of the constructive program, the Soviet government has her financial balan cesheet in the form of a budget. [1]

Moreover, a well balanced or upset budget usually serves to show the soundness or otherwise of the financial policy of the government on the one hand and the econo-mio oonditions of the great community on the other. An unbalanced budget confronted by governments nearly the world over during the recent prolonged depression tells part of the sad story of the economic distress of these several countries. [2]

Leaving the object and purposes which a budget may be called, upon to a-chieve, we come to the process of budgeting.

The process involves several steps to be taken: in Buck's, words, "the bringing together of estimates covering the multifartous needs of a government, the checking of these estimates against, recorded expenditure data, the calculation of the government's in come in the light of past experience, the preparation of the budget, and supporting measures by the responsible executive or other agency of the government, the adoption of the budget and the enacting of the bills designed to carry it into operation by the legislative body, and finally, the execution of the budget by the executive or, the administrative officers in accordance with the authorization of, 8, the legislative body." [3]

This whole process is an unbroken chain. Each of the steps in, the process in the expenditure side at least constitutes a link. , To the established process of budg-eting in England and the United States we now turn.

---

[1] Consult G. T. Grinko, The Five Year Plan of the Soviet Union; V. V. Ob1o1ensku-Ossinasky and others, Social Economic Planning in the U. S. S. R. , a report of the delegation from the U. S. S. R. to the World Social Economic Congress, Amsterdam, 1931.

[2] See Hugh Dalton, Unbalanced Budgets, 1934.

[3] A. E. Buck, Public Budgeting, p. 4.

英国当前之歧途（译文）*〔1〕

英国政治上所谓的"踌躇稳进"（Muddling Through），是英国人自己惯用的一个名词；一以代表他们对于自己豪满的评价，一以形容对于奖誉他们政治家的矜持聪颖的欣赏。但，按之现代国际政治，这名词所代表的玄妙深远的含义，或许要受到相当的减损了吧。"踌躇稳进"的意思，是说关于一个政策的确定，要随机应变，既不可太拘泥于它的前后一贯，亦不必过分的顾虑到它最后的标的。他们这种自负自信的心理的基点，在于假设地认定了两个事实：（一）在这庞杂无涯的国际政局中，要寻求一些公平正义，这是再妥当没有的途径；（二）在应付新发生的或不可预期的危机时，得有变更行动的伸缩自由。

不幸得很，欧洲国际政局的混乱，虽然每个星期都可以造成新发生的或不可预期的危机，然而它仍然需要一个深谋远虑的一贯政策；而因为英国在欧洲外交领域里所处的特殊地位，这个一贯政策的确定，没有它的参加，便无由着手。

德国在欧洲的一贯和预谋的扩张政策，使人不得不存戒备之心。它军备的重整，大有一日千里之势，并且随着军备进展的速度，立即应用各种武力企图的推进，来表现和确立它在中欧的威力。自从它完成了重占莱茵的美梦以来，跟着从国联手里抢去了但泽的管理，同时，和奥国缔结了一个条约，获得了关于交通联合上的大部利益。恐怕下一个武力推进的步调，将要在捷克斯拉夫的三百万德国人（捷国人口中的少数）身上播些花样。这种种企图背后的雄心，大略已经日趋明显：一方面在巩固它中欧洲的势力，一方面在

---

* 原载于《外交评论》1937年第8卷第1期。

〔1〕 英国在欧洲政局中占举足轻重之地位尽人皆知，而外交政策尤以举棋不定见称。本文对于英国过去数年中助德抑法之政策深致不满，而以战争危机之深刻化为虑。本文原名 Which Way, Great Britain? Will it be France or Germany? War or Peace? 作者 Reinhold Niebuhr, 载于去年11月份之《现代史料》（Current History）。——译者注

向南欧作经济的进行，以遂其"三 B"主义的帝国旧梦。沙赫特博士（Dr. Hjalmar Schacht）同巴尔干诸国以及土耳其所商订的物品交易协定，便是这种经济进冲的起点。如果国社党能够把这种巩固中欧政治地位，进冲南欧经济领域的计划完成，则他们所得到政治上和经济上的优越，更足以维持他们在国内相当长远的治权了。

德国目前的政策是设法避免与法或俄的直接冲突，而从法国手中掠夺过来它欧洲的盟主。这样一来，所谓法、俄携手是防止德国扩张的信念——在美国一种极普遍的看法——已经失去了它妥洽的意义。因为国社党的手法是牺牲欧陆小国的利益，而设法逃避和大国正面的冲突。

对于英国呢，国社党的外交政策是无论如何不侵犯到它，同时极尽方法以分散英、法的联合。唯其如此，英国外交政策的地位，才越使人觉得有举足轻重之感。英、德在海军上的调谐是希特勒向世界的宣示，说它们在一九一四年对英国海军的挑战——他（希特勒）所主张避免的——是当时德国野心家的一个咎误。不过，很有趣的，我们注意到它们现在空军的威力优于海军，却把那海军让步的初意，减损殆半，因而《海军协定》虽然安定了传统的惧心，但并不能使人消释因为它空军扩张所发生的疑虑。

发挥英国的"公平"政策

无论如何，国社党在它各种计划上，已经得到了一般的成功；因为种种关系，在他们铤而走险的诸般企图上，曾得到英国和悦的赞助。英国"公平"政策的传统意义帮了他们很大的忙。在英人看来，重占莱茵和军备平等，都不超出"公正"（Just）的范畴。在对德"公正"的一点上，恐怕像洛希安爵士（Lord Lothian）这一般人启示的最清楚。此外，在英国政治舞台上，还有一批亲德派，亚斯德（Astors，英国保王党中之一派）和伦敦得里爵士（Lord Londonderry）等人为其首脑，亚斯德诸人把持了《泰晤士报》（Times）和《星期评论》（Sunday Observer），而伦敦得里则特许里宾特洛浦（Van Ribbentrop，希特勒的专使）霸占了伦敦得里大楼（Londonderry House）为根据地，好像作成了一个德国驻英外使馆。谣传里宾特洛浦甚至建议谁应该做英国的驻德大使。他在英国纵横捭阖的结果，往往受到本国极热诚的拥戴，甚而连对于希特勒统治极尽抨击能事的智识阶级，亦不得不认为是光荣的胜利。

但是，英国政府不完全盲从亲德派的导引，如军政部长柯柏（Duff Cooper）

以及在野权威丘吉尔（Winston Churchill）等人，便均极反对。然而懦于果断的无能鲍尔温政府，却让亲德派的政策玩弄于股掌之上。伯特兰·罗素（Bertrand Russel）在最近发表的一篇文章里，说明王党阶级的权益或为确立这种政策的主要因素呢。

在英国的一些保王党，无疑认为和法西斯蒂的德国的准联合，对于他们的利益，总较优于同俄国或日趋左倾的法国携手。在这一点上，阶级利益迷醉了如同丘吉尔一般人的显著的帝国意识，虽然他们首先顾虑到德国是他们帝国的祸根。

虽然，我们承认鲍尔温政府并未盲随亲德派的确定路线走，但很值得注意的是，艾登（Anthony Eden）所建议采取积极行动以抗议重占来因兰的主张见弃于内阁了；而乔治（Lloyd George）所谓"英国将来不为奥国而战"的宣示，却不曾受到政府的摒斥。同时，在《泰晤士报》的一篇社论里，公然宣言英国于法国受到他国攻击时所负的责义，不为"法国人"在欧陆的咎庚行为所拘束。总而言之，德国将在欧陆摄取法国的霸权而代之的事实，英国总趋向于相当和善的态度。因此，一般仇德的小国家便感受了这种政策极大的威胁。他们不能确定法国是否能予以协助，而法国又难以捉摸英国是否能帮它的忙。所以，这样一来，德国很可以毫无忌惮的在中南欧继续它的扩张政策。

恐将助桀为虐

英国这种政策的优点，在于几年以内或可避免战争。这种意义上，似乎倒很吻合她的"踌躇稳进"的政策。但是它却造成了两个危机：第一，它恐将助桀为虐，鼓励了德国侵略野心。不过一旦德国侵略的威胁激怒了法国，不得不出而抗战的时候，英国又必反戈相向。自然，法国的农工界对于战争厌恶的心理和他们不为任何法帝国侵略行为而战的信念，或可阻止法政府——特别是过激的法政府——向德国的威胁行动而挑战，尤其是关于德国对捷克的威胁。在这种情形之下，战争或可避免，但又将演成一个滑稽的局面，就是说，允许现在军国主义的德国压迫和平主义的法国，以报复以前军国主义的法国对于和平主义的德国所施予的罪愆。至于法国对于这种政策的俯从，虽不是不可能，但其可能性并不大。而一旦德国的扩张政策使法国忍无可忍，真的和它发生了武力冲突时，虽然英国对德国的暗助是使它扩张的一个原因，然而到那时，英国为了自保自卫的直觉所驱使，定会援助法国的。

英国这种政策所造成另外的一个危机是：纵使以德国不致挑衅的扩张为代价，在五年、十年内可以避免战争，然而英国终难免于卷入漩涡，而以全力应付志满意得气扬的德国。亲德派认为姑许德国一些相当膨胀的"公平"，可以避免战祸，可是这种假设，未曾考虑到政治上的动态，特别是一个法西斯独裁政治的动态。德国无论如何不肯放松任何有成功可能的武力企图，不过，这并不仅仅是一种不平地申冤泄忿而已，而是一些初步的胜利，藉以激励来日的一个更决绝的火拼。

什么时候这个决绝的危机来临，非常靠得住地，英国自保自卫的心理一定会驱使她投到德国敌人的一边去。所以，英国在一九一四年的错误——以踌躇不决的态度暗助德国，而期望得到最后的中立——现时恐有重蹈覆辙的危险；而德国便抓住了这机会，利用种种方法以诱引英国，使其自惑而重演她一九一四年所铸成的大错。在这种意义上，里宾特洛浦的外交，或可媲美柏曼霍尔韦格（Bethman Hollweg），但惟恐得到同样无聊的结果。反过来讲，如果英国不走这条路，竟真的牺牲了社会主义的法国，而同法西斯蒂的德国携起手来，则欧洲政局前途的惨淡，恐将更甚于一战；因为这种联合所造成的绝对优势，或要引起几十年亦平息不了的反动局面。但是，有一些理由可以说明这种联合或者不会实现，其中的一个，便是单单这种联德的步调，恐怕就可以激荡起英国工人革命的抗战；他们虽然孕育着极端反战的情绪，却可以不顾一切的武装来对德一拼，然而很难叫他们联德而向法开火的。

德国的新收获

现在，不论最后的可能性或必然性为何，或许都同我们所预料的相左。但是德国的侵凌，因英国的默助，将在欧陆攫获不少的权益是无可否认的事实了。确言的，德国在最近的将来还不敢向俄国进攻亦是可以确定的；德国军队当局至少在目前似乎还不赞成这种企图；而这种企图迁延愈久，则军力日强的俄国将使这种野心亦必日趋淡薄。其实，俄国的军力，即便不受到德国的威胁，为维护自己的权益计，亦不是不可以先给德国来一个下马威。不过还不至于，《俄捷条约》里有一段很重要的条文，解除了俄国对于波希米亚人（Bohemians）所负的义务，除非法国先去援助他们的话。

不过，英国"踌躇稳进"政策所造成的危机，在事实上，并未曾遭遇到多么严重的打击；仅仅丘吉尔领导之下的一小部分死硬派，和克里波斯（Sir Stafford Cripps）领导之下的一小部分过激实际主义者，一以保守"实践政略"（Realpolitik），一以过激"实践政略"来攻讦政府这种欠妥的措施而已。但一般的舆论仍是属于头脑混沌的国联理论主义者的势力，这包括了教会和政府工党的主张。他们坚信欧洲唯一解救的希望便是集体安全的原则，于是苦口婆心地怂恿政府固守勿移。不幸得很，国联不过仅能替欧洲一般的政局撑一撑腰而已，这虽然是老早便证实了的，而他们似乎仍旧认定它是集体安全最有效的保障。所以，这般理论主义者为了意阿事件，批评政府未能一心一意地维护国联的信条。至于王党阶级呢，为了他们自身的缘故，设使墨索里尼在非洲不过于侵犯了他们的权益时，他们自然亦没有急于制裁他的必要。不过，他们的迟疑宽容，尚另有原因，那便是如果英国对于德国的威胁，不能许法国以更具体的援助条件时，则法国对于制裁墨索里尼一案，自然亦不愿替英国真正的卖劲。所以，对意制裁的失败，乃是英、法在外交上未能完成一个妥协的结果，而这个妥协之所以不能完成，便是因为英国的外交部把德国并还未曾发难的问题，过早地、勉强地肩负起来了。

这或许是英国政治上一个很严重的失策，但绝不像国联理论主义者所批评的那样。他们大多数是和平主义者，反对政府采取的可以引起战争的措施，较比以前反对政府的任何政策都来得起劲。这些国联拥护者一向坚持着制裁不可引起战争；虽然很明显地，不冒这种危险，永远不会得到什么有效的制裁措施。政府为满足这种舆论，于是亦就仅仅引用那些没有战争危险而无济于事的制裁。及至它的无能被揭穿以后，这些国联拥护者反而装腔作势，主张无论如何，制裁非坚持到底不可。他们希望借这个题目，掀起反政府的轩然大波，如同驱逐贺尔（Sir Samuel Hoare）下台一样。但是这次，一般的常识安定了英国的政局。事实上是这些国联理论主义者被一些名词和情绪所眩惑，而这些名词和情绪实际上对于欧洲政局感受到的绝望的混乱是毫不相关的。他们希望借国联之力来安定欧洲不稳的政局，岂不知国联本身却亦被这种同样的不稳——所期望能够避免的——所侵蚀。这是事实，而不是那集体安全的神秘咒语所能变更的。

冲突不致一触即发

过激实际主义者如克里波斯和布雷斯福特（H. N. Brailsford），打算根本重新再造一个国际联盟——欧洲反法西斯蒂的自由主义国家的联盟。他们事实上所指的便是俄、法和斯堪的纳维亚诸国反德、意的联合阵线。不幸他们这种计划，如得不到英国的赞助，便无从实现。至于英国对于这种计划的赞助，除非工党在最近得到一个绝对的胜利，便是不必妄想的；而这种万一的可能性又不能不认为极其渺小。

　　基于以上所论，欧洲普遍的不安状态，目前是很少希望可以消弭的。而在最近的将来，亦是一样的。德国一般的膨胀和它在中欧权威的巩固，不成问题，可以行得通。但这条路的通过，不能避免某些危机；而这些危机当中的任何一个，都可以引发战争。不过，除非是偶然的，在近几年中欧发生战事还不大可能，永久的和平当然更是不可能。其实，目前的危机，或可避免最后的战祸，可惜英国不曾把这些危机承担下来。现在即使英国政治家再想改变态度，恐怕已嫌过迟；德国的武力已经发展得过于强大，使任何回头的策略都不可能了。明日必然的战祸，买到了今日的和平。

捷克之日耳曼少数民族（译文）[*]

中欧问题，德、捷关系实属主要症结之一。德、捷两国，为捷克境内日耳曼少数民族问题，互相争执，陷于水火；而希特勒中欧计划之第一步，即为侵略捷克。本篇原文载于 The Bulletin of International News, Vol. XIII, No. 18. 作者署名 S. A. H，对于捷克境内日耳曼少数民族之现状及其动向叙述甚为详尽，足供读者之参考，因特译之。

译者

今年二月二十二日，日耳曼民族在捷克三个联合起来的政党所谓"行动主义者"（Activists）〔1〕和政府协议成功的结果宣布了。这在日耳曼少数民族（German Minority）和捷克民族间关系的进展上，伏下了一个很重要的步骤。这次谈判正式发端于一月二十七日。当时，行动主义者的领袖们（根据议会中既有的力量，他们代表在捷克日耳曼少数民族的三分之一的势力）呈缴给总理霍特柴（M. Hodza）一个七项要求的备忘录。政府方面，截至最近业经决定了允诺其七项要求中的五项。

汉伦（Herr Konard Henlein）的南日耳曼党人（Sudeten German Party——代表日耳曼少数民族其他的三分之二的力量）不曾加入这次的谈判，因为他们的条件，政府认为和国家的宪法相悖，毫无接受的可能。兹为说明这次新协议和行动主义者运动的重要性，简明阐述日耳曼少数民族的情况，便是极其需要的了。

马撒克总统（President Masaryk）曾说捷克国家的整个问题便是民族问

---

* 原载于《外交评论》1937 年第 8 卷第 5 期。译者署名仲刚，曾炳钧笔名之一。

〔1〕 日耳曼社会共和党（German Social Democratic Party），农民党（Agrarian Party）和基督社会党（Christian Social Party）在一九二六年以前，几党尚互相敌对，但自一九二六年至一九二九年，社会共和党和基督社会党同入政府为议会代表，自一九三二年以后，社会共和党和农民党又同为议会代表，自一九三六年七月以来，三党均入政府为议会代表。

·223·

题。捷克人口共有一千四百七十三万人，〔1〕在它国境以内，包括七百四十四万七千捷克人，三百二十一万八千日耳曼人，二百三十万九千斯拉夫人，七十二万匈牙利人，五十六万九千俄国人，十万波兰人，和二十六万六千的其他民族和犹太人。当我们讨论日耳曼〔2〕少数民族的情况时，有很多的问题应当注意。第一，除了几个讲德语的"岛"（Islands）以外，如同在捷克境内的蒲拉葛（Prague）、伯诺（Brno）和伯拉第斯拉瓦（Bratislava）等处，日耳曼的居民形成了许多连串而密接的集体〔3〕。更重要的是，这些集体绵延而成一条不断的带，恰好铺在德、意的整个边壤上。所以在捷克的日耳曼少数民族大部分是一个边疆的少数民族，在地理上的形势恰好像一个倒转的 U 字，蒲拉葛便位于这个 U 字的中心。这种形态，对于汉伦为了南日耳曼人而推进的自由运动，在物质上，无疑地要受到不少的影响。

最后，但并非最不关紧要，除了上述几个地方以外，〔4〕捷克的工业〔5〕恰好猬集于北波希米亚（Northern Bohemia）地带，那便是在捷克的讲德语的居民的领域，紧连于德国的边境。这种影响非常深远，因为首先蒙受到经济恐慌灾难的便是这些在北波希米亚讲德语的工业居民。于是，很自然地，经济的不景气造成对现状的不满，对现状的不满酿成了政治波动的姿态。这就很难怪他们为他们的疾苦谴责捷克政府，谴责它鼓励一种偏激的爱国主义政策，而在关于失业救济和公共事业诸端，对于德人则有着歧视的措施。他们的怨郁有些的确是公正的，贝尼斯总统（President Edouard Benes）自己亦承认"过去诚有错误，嗣后决不可再演，例如，把企业承办人或工人从捷克或捷德（Czech-German districts）区域招募到遍布失业的德人区域以内"。〔6〕同时，敌视政府的人们亦尽量地利用这些诽怨，过分地设法助长不平之鸣，希图达到某种政治目的。

除了这些因为不景气而激荡起来的经济问题以外，还有关于教育和少数民

〔1〕 据一九三〇年调查统计。
〔2〕 那些少数讲德语的民族，在捷克成立以前，是奥国的国民，而不是现在的德国人。
〔3〕 但是在日耳曼少数民族地带里的许多捷克"岛"中，有三十八万的捷克人口。同时，在捷克的讲德语的区域以外，亦住有七十三万讲德语的居民。
〔4〕 即 Prague，Brno，Bratislava。
〔5〕 值得我们回忆的是这些工业在欧战前曾经供在哈伯斯堡帝国（Habsburg Empire）领域以内五千二百万居民的市场——现在减缩到一千五百万人的市场，所以出口贸易一变而为最重要了。
〔6〕 一九三六年八月十九日在 Liberec（Reichenburg）一次的演说里所说。

族语言的悠久的愤懑。在一九〇九年九月十日的《少数民族条约》(Minority Treaties) 里，对于所有在捷国以内的居民，不论生地、种族、语言、国籍或宗教，统统予以生命上或财产上绝对的安全保障。条约里载明了所有捷克内的各种民族，在法律上都是平等的，并承认各少数民族对于自办的学校有创立、经营、指挥和采用其本国文字的权利。不过，建立国家学校和政府公告，即便在少数民族地带，亦须采用国语。在国家或地方或其他预算内，为教育、宗教或慈善等设施而拨充的公共事业费，少数民族亦有享受和请求的均等机会。

此外，在一九二〇年二月二十九日所公布的《语言法》(Language Law) 中，解释《少数民族条约》如下："凡一地带内，百分二十的人口属于不通国语的少数民族时，他们可以使用自己的语言和地方官吏交涉事件，并可在法庭上申诉或处理法律上的手续。"但是像在蒲拉葛这样的地方，虽然那里有四万的德国居民，但还不够法定的当地人口的百分之二十。

在教育方面，一个少数民族的儿童满四十人时，政府得为之设一小学，满四百人设一中学。但他们没有行政自主权，日耳曼少数民族对于这种规定疾首痛心地抱怨着，认为这是违反《少数民族条约》的意义的。此外，在政府任用国家公务人员方面，如同铁路、邮政等项，他们亦认为政府存有畛域之分，痛加指责。

自一九三三年德国国社党攫获政权以后，捷克的日耳曼少数民族中的激进国家主义者大为雀跃，他们预料到藉此可以抨击政府了。但当一九三三年秋，因极端派的过分活动，结果竟通过了一条法令，宣告捷克境内的国家主义党和国社党为非法而加大压迫。不久以后，在汉伦领导之下的南日耳曼阵线 (Sudeten German Heimatfront) 应运而生，以国家主义和反马克思主义相标榜，很快地进展着，笼络了不少同志，于是和日耳曼社会共和党都加入政府为议会代表，农民党遂被击而一蹶不振。到一九三五年五月十九日的普选，这个新党得到了空前的胜利。原来仅仅希望能在议会中得到二十一二席的，结果却获得四十四席较任何其他党都多的选票，比历史悠远、势力雄厚的捷克农民党 (Czechoslovak Agrarain Party) 仅差一席。

选举的次日，汉伦向总统拍送一电，说明这次他的政党的胜利是选民对于他表示负责和企获一部分政权的答复。他在电报里并代表全党向总统（因为总统是宪法监护人）表示敬意，同时宣称其完成政党使命的方法定在宪法范畴以内觅取。

　　然而他企获政权的希图未得成功；新议会的三百代表中政府仅占一百四十九席，不得不在五月二十八那天辞职了。六月三日的改组，政府党加入了捷克小商人党（Czech Small Traders' Party）的十七席，结果在下院的三百席中占一百六十六席，上院的一百五十席中占八十二席。

　　汉伦自己并不参加竞选，而在议会之外指挥他新党的党务；因为这个新党是在"领袖原则"（Führerprinzip）之下推进的。这种态度让政府非常不满，认为违反共和精神，因而霍特柴博士在近数月之中，几次拒绝和汉伦谈判，原因便是他不参加议会。所以在六月十九日的内阁宣言辩论席中，只好派法兰克参加作为南日耳曼人党的发言人。在宣誓对于国家和政体的忠诚以后，法兰克便要求法律上所赋予日耳曼少数民族一切权利的实现，新党将为这些权利和行政自主而奋斗。他表明他知道责任内阁在准备中，但他们不能满意于仅仅几纸具文。至于外交，他要求一个欧洲集体安全的政策，不过，他宣称那"维系整个德国民族的羁绊是不可分裂的"偏见，南日耳曼人党是绝不会盲从的。他们的威力将为保持他们民族基础之无伤而奋斗。最后，他斥责条约政策，因为它永远得不到和平的保障，而仅能强化国家间的不平等。

　　从此以后，在南日耳曼人党领导之下，以强有力地国内外宣传，不断地有计划地德国报界的赞助，和屡向国联呼吁少数民族条约之未奉导行，结果使捷克的日耳曼少数民族问题一天一天地显著起来。

　　在所有这些时间之中，汉伦一面暗示一些缓和妥协的希企，一面屡发警告；如果他的要求不能满意时，他便不能负责约束他党内的极端者了。他表示如果日耳曼少数民族的现况能够改善，他很忠诚地预备同政府携手。他要求实现在《少数民族条约》内所保障的绝对平等，而指责政府对于政治和经济的不公平的歧视。最后，他要求国家行政人员应按日耳曼人口的比例加以任用，依此，则三万一千个职位应该让给日耳曼人。

　　至于政府对于他的抗议和要求的反应如何呢？政府认为在他们现时所采取的反共和的方法和他们宣传的手段以及他的僚属们种种的活动情形下，他向政府所宣示的妥协和忠诚是无稽的。在他的新党固守一种集权观念，和使人怀疑他们与德国国社党有关系时，则永远不能产生信念，缺少信念，则任用政府官员的问题便无从解决。所以自一九三五年到一九三六年间，日耳曼少数民族问题一直在兜一个迷离而好像不易打破的圈子。

一九三五年十二月贝尼斯博士继马撒克而当选为总统。翌年春，新总统乃设法致力于日耳曼少数民族问题的解决。他承认过去曾经错误，在公共事业、政府契约以及失业救济等项，政府确对于南日耳曼人有着畛域的歧视。政府这种新的态度，受助于所谓青年行动主义运动。这个新兴的运动是由一九三六年以来便赞助并且参加政府议会的日耳曼社会共和党、农民党和基督社会党所推进。这班青年代表觉得积极从事于寻求德、捷民族间关系的一个解决办法的时候已经到了。

到一九三六年五月二十一日，外长克拉福特博士（Dr. Kamil Krofta）发表了一个重要演说，从历史眼光申述德、捷在波希米亚的关系。他说，自从欧战以后，德国政府领袖的消极态度赶跑了参加建造这新国家的日耳曼民族，以致捷克和斯拉夫人不得不认为一九二〇年的宪法以及新国家的建立是他们自己的勋业。虽然如此，捷克的日耳曼族并不仅仅被视为一个少数民族，而是一个有历史特殊使命的整体。他的结论是："我们热诚的希望我们的日耳曼同胞，或者至少其中的大多数，能够了解如何调整他们民族个体的正确企图，来符合他们住在一个捷克斯拉夫人为主体民族的国家里的事实；因为捷克斯拉夫人，在人数与实权上，而且为了他们建国和历史上的勋绩，都不得不承认其为主体民族。如果这种希望能够实现，我们将欣然与日耳曼同胞竭诚合作，以增进我们共同祖国的幸福。"

外长尽管发表他的宣言，可是被选连任为南日耳曼人党领袖的汉伦，好像采取了一个更不妥协的态度了。这种态度究竟是否为了党内的纠纷，和已经采取了多久，不大清楚；但为汉伦的一次比较缓和的公开宣言，曾经引起党内极端者的痛击，公言他有背党的行为。后来，六月二十一日他在切伯（Cheb）演讲时，便要求"承认对于我们民族的一个清切的划分，同时在责任领袖的原则下，重新赋予各民族的主权"。对于这种宣言的解释，是要使讲德语的区域脱离国家，而允许他们一个联邦制下的自主权。关于外交政策，他亦声称他发言的时候已经到了。他说最根本的问题，便是政府应该和整个的日耳曼民族，尤其现在的德国国社党政府，寻求一条新而适当的关系。假如他的党人公开的被迫加入反对阵线时，他们不得不声明他们到底还是日耳曼人。八月间汉伦在聘问英伦之后，更到柏林和希特勒以及国社党诸要人熟商此事。

同时，在六月四日，霍特柴博士宣称：日耳曼基督社会党业经加入了国家联合政府，而其中代表之一的柴捷克（Herr Zajicek）被委为部长，政府的实力因而更加大了。一经此项决定，在讲德语的少数民族各党中，只有汉伦领导的一党不曾加入政府了。

同年八月里，总统曾巡视北波希米亚的讲德语的区域，十九日还开了一个商业博览会，并发表一个重要演说。

他开宗明义便说明民族问题在任何国家是一个内政问题而无例外，所以他否认任何外力关于该项问题干涉的权利，仅仅对于国联可以容许指导。他又说捷克的少数民族的斗争不是"一个生存的竞争，而仅是一个政权和共治的竞争"。所以这个问题要"不施压力和恐怖，而仅希望德、捷民族在一种直接公开或忠诚的讨论中，寻求彼此的合作或契约"，他重述他以前一个演讲里所说的"我非常希望并赞同我们日耳曼的同胞，能在我们国里得到文化和经济的繁荣；但我认为只有在一种逐渐而稳妥的演进的情形下，和共和精神政府的建立之后，这种目的才能达到"。

他认为关于这种事情，并无成例可寻，同时宣称，"我们主张一个合理化的分权制和一个妥善的经济和行政区域化"，并且继续说，"我知道我们的日耳曼同胞蕴蓄着怨郁、希图和要求。语言和教育都不是根本问题，在合理化的执行中都可以徐图改进；至于经济方面，亦是一个合理执行的问题。我绝不迟疑的承认关于这些事过去诚有错误，嗣后决不可再演。例如把企业承办人或工人从捷克或捷德区域招募到布满了失业的日耳曼人区域以内。拥护政府的日耳曼各党，对于这个问题业经熟商，并且今后，即如总理霍特柴博士所宣示的，定当努力从事改善"。

"最困难的是关于政府公务员同其他雇员的任用问题。日耳曼同胞们对于这方面的希求有不少是公正的，但关于本题有一点必须加以考虑，那就是信念的问题。很显明的，一个共和国家不会把他的行政权委诸一些主张法西斯、集权的官吏手中，这无往而不然，对于捷克人或日耳曼人均无不同。我很高兴的是一般日耳曼官吏雇员和士兵都很满意的克尽厥职，大部分的日耳曼同胞亦能效忠于国，而拥护政府的各党尤能牺牲自己，为国效劳。但有一小部人民却利用耸人听闻的词句，挑拨是非，以激起旁人的疑虑。为了这种原因，我非常重视信念。我重视忍耐和时间，我深盼在日耳曼人方面，不要从事于什么公开宣言或私人商讨或采取什么政治手腕，致使捷方人民取得影响他们信念的正当理由，或予人以口实而延缓了德、捷间问题的正当解决。"

八月二十六日汉伦答复总统的演说为，"目前的重大的问题是：我们国内的所有民族能否得到一个公共互尊的和平。我们不希图有取于人，但我们希望我们一向尊重捷人的态度，捷人亦能拿来同样的对待我们和我们的家室。我们一定要坚持我们的家室永远是日耳曼的家室，为了家室而斗争是无可妥协的。为了保持我们民族，我们绝对要求所有关系民族范畴内的自治"。

于是当年秋，汉伦党的态度在德国政府指导下愈趋硬化了，极力反对《捷苏条约》（Czechoslovakia-Soviet Pact），认为捷国的日趋共产化，便是那条约的第一个结果。于是对于政府的外交政策痛加攻击，并要求撤销该项条约，同时声称他们代表全体日耳曼少数民族，仅能对于捷克和斯拉夫人的同样代表团体洽商，谈判只能在民族与民族之间进行。

十二月十八日司法部长德雷博士（Dr. Derer）曾发表一重要宣言，关于政府对日耳曼少数民族问题的态度，节略的撮要如下：（1）历史上的波希米亚帝国决不能分裂；（2）捷政府承认如此庞大的一个日耳曼少数民族——整个德国民族的一部分——是不能同化的；（3）赋予波希米亚的德语区域以自主权是不可能的，因为这是分裂捷克，并且在历史上讲德语的区域从来亦未会形成一个政治或经济的个体；（4）在中央和地方行政机关官员的任用上，日耳曼少数民族的机会将逐渐地增加起来，以至和其人口力量成为适当比例；（5）自一九二六年以来，有些日耳曼政党始终拥护国家意志，并且代表日耳曼少数民族的利益，政府对于它们绝不抛弃；（6）汉伦的政党应当认清日耳曼问题只有同其他的日耳曼政党合作才能解决，并且这个在捷克的日耳曼少数民族问题，是捷克共和国的内政问题。

一九三七年一月二十七日，日耳曼联合政党同青年行动主义者的代表们呈缴给总理一个备忘录，[1]里面提出了如何满足日耳曼少数民族的文化、经济和教育等重要条件。政府经过很同情的考虑，结果在二月二十日[2]公布允诺其要求七项中的五项。其余政府所不能答应的两项，是组织讨论日耳曼民族问题的议会委员会，和准许用德语在议会中辩论。

政府所让步允诺的五项要求是：（1）为公共事业的经常费用和为协助全国各区的政府措施，应当符合于各区的实际需要。对于雇用地方雇员和工

---

　〔1〕　Czech 和 Jaksch 博士代表日耳曼社会共和党，Spina 和 Hacker 博士代表农民党，Zajicek 和 Schutz 博士代表日耳曼基督社会党。

　〔2〕　在蒲拉葛公报上是二月二十一日。

人——特别是在讲德语的区域内——应当严密注意，并通令全国官员对于经济平等的原则恪守勿违。（2）关于社会公益和公共卫生的问题，政府的津贴不应仅按照人口的分配来计算，而应以每个区域失业的程度为根据。（3）承认少数民族的权利是忠于国家的一个必要条件。在这种原则之下，政府应该保证关于国营企业（即铁路、邮政和国营烟草等）中人员的任用，少数民族所得的人数须和全人口的百分数有公正的比例。政府对于宪法第二章第一百二十八节重新申明和保障，在国内法律范围以内，不以信仰宗教和言论的不同而对于服务于公共事业和取得政府职位或荣誉有所歧视。（4）政府保证在绝大多数居民讲另外一种语言的区域里，该区域以及其他官员和郡县来往的公文，应附以当地所讲语言的译文。（5）政府担保对于教育，依其经济能力尽量协助，特别在比例原则之下，要协助少数民族的教育，不只对日耳曼或匈牙利的少数民族，而是所有的少数民族——尤其是波兰；少数民族的文化需要应为设施教育的标准，并且一切设施须证明是对于现有制度的改革。

在这公告的末尾，政府还保证将采取一种绝对公正的少数民族政策，并在国家和少数民族两方面的利益之下尽量使其实现。

虽然这个协议并不曾满足少数民族一切的要求——就是备忘录本身亦没有包括全部要求——在捷克和其他各国（除了德国），都大为欣悦，认为对于少数民族问题有了一个极大的进展。可是在德国和南日耳曼人党中引起了极严厉的抨击，认为这次协议所得到的仅是一种行政的诺言，而缺乏立法的保障。

法兰克博士代表汉伦站在各种立场攻击它。关于参加公共事业的工人和官员，他说应该要求立法的保障，但现在所得到的仅仅是一部分监视执行这原则的权力。捷克政府对于任用公务人员比例化虽然是让步了，但南日耳曼人认为是应得之分，而因此丧失了四万个公务员的职位却只字未提。同样的，关于社会公共事业，政府仅许以增加补助金，而对于正在推进中的立法保障却拒绝了。关于学校和教育，亦是同样的情形。至于原来所建议的少数民族和官员或郡县来往时所用的语言文字问题，在备忘录中未曾提起，关于诉讼程序的语言文字问题亦被忽略了。所以法兰克博士对于语言文字的问题，否认获得了任何实质的进展。

他更指明政府诺言中主要的遗漏，是南日耳曼人党对于有选举权的机关，在法律上仍然有代表的资格。再者，向国家表示忠心是被委为官吏的必要条件，但现在却已经操纵于警察局下级官员之手了。最后，少数民族关于语言文字问题的怨忿仍然未得纾解。所以，南日耳曼人党在一月二十八日所申明的立场，并无理由可以使它变更。他坚持主张政府和日耳曼少数民族一部分的协商，不足以解决南日耳曼人党的问题，并且，只有新的立法，才能保障怨忿的满足。

在德国报纸上对于这次的协议有一个主要的标题说，"蒲拉葛虽然让步了，但没有丝毫的价值"。又说，"蒲拉葛拒绝妥协了"。总之，整个的舆论，表现出极度的怀疑和敌对的态度。

二月二十八日，汉伦在奥斯哥（Aussig）针对这次协议发表了一个演说。他说没有他的政党的参加，交涉永无成功之日。截至现时，日耳曼联合党所收获的仅仅是一片诺言；他将为大家的怨愤诉诸国联。文化或种族的自主是达到任何妥协的先决条件。除了先允许这种自主，才能把这两个民族中间的鸿沟填补起来。最后，他还表明了对于要求普选的立场。

虽然对于政府有着以上强烈的抨击，但是对于日耳曼少数民族的诺言的实现，会对于这问题有长足的进展的。问题的解决总要有一个起点，而如果这次起点的结果能够铸成信念，则政府再度的让步亦未始没有商讨的余地。同时，政府的诺言却用种种方法使其实现，并且对汉伦党的人们亦表示应许他们为忠于国家的公民，因而可以增加雇用员工的人数，以解决北波希米亚区的失业问题。这样看来，极端主义者亦许会渐渐地松了劲，而走入更有开展的途径上去。这全要看政府对于实现诺言的态度如何，和如何运用迅速的手段以纾解日耳曼人民的怨郁了。

但是问题的关键并不仅在捷克本身，而在它与欧洲列强间的关系如何，以及与列强彼此间的关系怎样地演进了。

曾炳钧致胡适信函选录[*]

曾炳钧致胡适信函（1938 年 10 月 5 日）〔1〕

适之先生：

读报得悉　先生已受命出任我国驻美大使，并已行抵纽约，极端庆幸！际此时危势亟，先生以学者出任艰巨，实行救国抱负；牺牲的精神，至深敬佩。除竭诚欢迎外，为默祷　先生外交运用的成功。因　先生之出山为的是救国，先生政策的胜利，便是中华民国的胜利！耑此敬颂。

道安

后学曾炳钧谨上

十月五日

---

　　* 检索历史文献，搜得曾炳钧致胡适信函三通——含影印件，由白晟对照原件照录。文献来源见信函附注。

　　〔1〕 原文选自北京大学图书馆编：《北京大学图书馆藏胡适未刊书信日记》，影印件，清华大学出版社 2003 年版，第 166 页。

适之先生：

读报得悉 先生业受命出任我国驻美大使，并已行抵纽约，极端庆幸！际兹时危势亟，先生以学者出任艰巨，实行救国捨身，牺牲的精神，至深敬佩。除竭诚欢迎外，为默祷 先生外交运用的成功，因先生之出山为的是救国，先生政策的胜利，便是中华民国的胜利，耑此敬颂

道安

后学 曾炳钧谨上

十月五日

曾炳钧致胡适信函（一九三八年十月五日）

曾炳钧致胡适信函（1939 年 5 月 22 日）[1]

适之先生：

华盛顿谒晤以来，瞬月余矣。尊体日进康强否？敬希悉心调摄为国珍卫为荷。

嘱购 John William Burgers：“The Reconciliation of Government with Liberty”[政府与自由的和解]，New York，Scribner，1915，一书，曾两度赴下城，迄未买得，已托 Barns and Noble Co. 代觅，至今亦尚无消息，一俟觅得，当即奉寄也。

国际形势目前显然于我不利，Thomas amendment[2][托马斯修正法案]似难望通过美国会，但望英俄法交亲，迫使德意日关系亦趋密切，美国至少再以对德关税限制方法加于对日贸易，则远东局面终可转趋清明欤！敬叩道安

后学曾炳钧谨上

五月廿二日

曾炳钧致胡适信函（1940 年 11 月 30 日）[3]

适之先生：

本月十七日曾上一书，谅邀鉴察，日来尊体康胜否？钧昨今两日曾两度听美国人的讲演（实系前夜），昨夜系听 Professor & Mrs. Brehard 讲中日的经济现状，今天系听 Mr. George Soule（the editor of the《New Republic》[《新共和》主编] 讲“Economics of Neutrality”[中立的经济]。Brehard 夫妇专门研究远东工业化问题，自一九二六后曾先后到远东三次，曾刊行《Japan's Economic Position》[日本的经济地位]一巨册，他们对于近年特别是最近中国经济建设的努力，甚表惊异，惟对中日战争则作如下的观察：

1. 日人军事的胜利无问题。2. 前此一般人预言日本经济崩溃，只是情愿

---

〔1〕 原文选自中国社会科学院近代史研究所中华民国史研究室编：《胡适来往书信选》（中），社会科学文献出版社 2013 年版，第 414 页。

〔2〕 原文作“amendmeut”，疑为笔误，径改。

〔3〕 原文选自中国社会科学院近代史研究所中华民国史研究室编：《胡适来往书信选》（中），社会科学文献出版社 2013 年版，第 494~498 页。

的幻想，因日本目前得到的是 war boom［战时繁荣］，且因物价统制的关系，物价的膨胀不如人民收入增加来得快，故日本人皆大欢喜。3. 中国游击战的策略，事实上不能如一般人所幻想的有效，从近代的战争设备看，游击战倘无大规模的正面反攻能力，绝难持久，东三省 protective village［警戒村］的成效便是好例。4. 中国军需来源如旷日持久，便煞是问题。5. 日本在中国的"New order or economic exploitation［"新秩序"或经济开发］很有成功的希望。因：a. 绥靖地方的问题，因有飞机及机械化部队，很不费力费事。b. 日人对中国原有的工业财产，事实上等于没收，不需要高的成本。c. 日本人在中国所到之处，工程及工业人材便一同随到，从事接收及开发。此等工厂目前已有复工者，中国人民在无法生活情形之下，不能不开始作工，听从日本指使。d. 日本国内工业，在战时因军需制造的扩张设备，战后可以此等设备改制"生产货财"作工业化中国之用，故不发生战后工业失调、经济萧条问题。e. 日本此后的生产货财及消费货财，因封锁中国市场的关系，可以畅销中国。6. 日本在中国成功，则欧美在中国的利权（编者按：原文如此，疑为"权利"之笔误）必完全丧失。7. 日本唯一的弱点是国际贸易，一方面金准备减少，一方面连年入超。

因此，欲保全美国在华权益，维持门户开放、中国独立及制止日本，只有在日本贸易上着力，以后美国的政策，应该在这一点上着眼。只希望日本人失败或经济破产，事实上是等于梦想。

今天 George Soule 的演讲分三点，而要旨在"Keep America out of war"［使美国不卷入战争］。美国加入欧战的危险一天一天地减少，现在已确知英法事实上也不愿美国加入。又，远东方面因近来必有 Embargo against Japan［对日禁运运动］强有力的进行，美国引入战争漩涡的可能性益大。又，美国是否能"Keep out of war"［不卷入战争］，问题在自身，不在外来势力的影响。关于第二点，他说，强迫日人退出中国势不可能。因有损日人的 honor［自尊心］，东方人谓之 face［面子］，东方人对于"面子"问题极重要，我们必须设法为之顾全，办法为美英法对华订立新约，放弃在华一切权益，但以其他国家照样退出为条件。

我以为这个建议是 sugar-coated［裹着糖衣的］的毒计，因美国在华权利名义上一经放弃之后，美国的舆情便可以起变化，同时美国政府也失掉了"以维持美国在华权益为理由之对日强硬态度"的根据。

关于日本军人 stake everything to save face ［不惜把一切作为赌注来保全面子］一层，我曾加以反问。我说，这不是日本的国民性，历史证明日本人的态度，刚刚与此相反：1. 中日战后，俄、德、法干涉还辽，日本毫无面子，但日本只能俯首就范。2. 一九二七年日本侵华以前，先试探俄国的态度，知俄不能干涉，而后敢于侵华，故日本的侵略政策，完全是视 third power ［第三势力］的态度是强硬抑系软弱为转移。

因此我想到几个小问题：

1. 我国政府或大使馆宜鼓励在美国各地学生，分头参加美国各种演讲辩论会，并须作简单情报（事实的及人物的，关于人物的，譬如我很怀疑此地某 Dr. Kane 借亲近中国同学为名，替日本探听消息之类），此项情报可由中美协进社收齐，再转使馆，由专人研究。

2. 由使馆或指定的人，作美国人物及问题的研究，并作简单报告（或由学生组织研究团体，使馆随时把问题 refer ［提交］给他们，当然须有能力够的人才行）。

3. 指定人对美国政府及社会上有威望的人物所发表的言论（自然是对华问题有关的）作寻章摘句的 key words ［关键词句］的分析，汇集一起，以便为我们本国人在此作宣传时引用，如美国人非战，在某种场合之下，我们与他们论议时，便可引罗斯福"War is not the only means of commanding a decent respect for the opinions of mankind"［战争不是博取人们尊重人类意见的唯一手段］或"There are many methods short of war, but stronger and more effective than mere words"［除了战争以外，还有许多方法，但都比空话强有力而有效］之类。

4. 对于其他作宣传的人，宜有分工合作的 co-ordination ［协作］，各人宜专留心某方面的问题，但宜随时会议商谈，交换意见及见闻。

此皆一时想到，走笔缕陈，未必有当，还祈鉴察为荷。专此，敬候道安

后学曾炳钧谨上

十一月卅夜十时

人治与法治 [*]

中国几千年来的政象，诚如孟子所论是"一治一乱"的周回往复。而在此治乱循环中间，"人存政举，人亡政息"又是极显著的现象。"人"的因素既是这么重要，所以中国历来为政首重在"人"。有了尧、舜、禹、汤、文、武为天子，我们更得到唐虞三代的至治；设不幸这皇冠掉在桀纣及其他昏庸无道的人君头上，我们便不得不倒霉坐看满目疮痍、天下鼎沸了。人之得失关系政治的盛衰，不特在居于行政首长地位的政治领袖为然，辅弼的人也几乎有同等的重要。故尧举八元八恺，舜得禹，汤聘伊尹，文王、武王有周公、太公，汉高帝有萧何、张良、陈平，唐太宗有房玄龄、杜如晦，这种事例我们可以历历可数，一直数到晚近的时代。从来英明的政治领袖对于人才的罗致都是不遗余力的，汤三聘伊尹、汉先主三顾孔明于南阳茅庐，可以不必说了。战国时代燕王想招贤纳士，问计于郭隗；郭隗告诉他，要买骏马须不惜以千金市骏骨。我国历来政治上对于"人"的重视如此。

一

从近代政治学的眼光去看，"人"在政治运用上的重要是不成问题的。西洋许多政治哲学家在政治上的主张不同，往往是因为他们对于"人"的看法不同。单从贤者在位一点来说，柏拉图主张哲学家辅政实与中国历来贤人政治的思想暗相协合。在实际政治上，一部欧洲史上许多重要史迹，也可以说是由少数人造成。亚历山大、恺撒、查理曼、拿破仑、俾斯麦等人的名字是和欧洲的许多重要史实分不开的。

"人"在实际政治里的地位，可以从政治动力与政治机构两方面看：从第一点说，人是政治动力的源泉，政治意志的形成是人。政治的行动，人决定

　＊　原载于《新经济》（半月刊）1942 年第 2 期，第 22-24 页。

其方向；政治的计划与法度，人决定其范畴。这种看法是动态的，也可以说是历史的。从第二点说，人是政治机构中的着力部分及有效部分。他是一切组织机构中的联锁，一切良法美意也必须有人去执行。"徒法不能以自行"，一个庞大的行政机器假如人的配备不得其宜，或人事上起了摩擦，便必然会感到转动不灵及运用不自如的。尤其当政府励精图治的时候，一套新的政策往往非有一整批有操守、学识、经验的人去推行或计划不可。王荆公行均输、青苗、保甲诸法，用意非不善，徒以引用不得其人，又为朝议阻挠，结果失败，至今论者悼惜。罗斯福初上台的时候，为执行复兴法案，特别引用了一批具有新见解的学者，终以联邦最高法院 9 位老者的见解与他本人的政见不能协调，许多复兴的新法一一被法院宣布为无效。中国行政上一个很大的病象是事务不易推动，这个困难的根源，一部是组织问题，一部是人事问题。我们常常听到在国内做事的许多人说，"对事并不难，对人太不容易"，这种苦楚我们对照中西社会的实际情形之后更容易感到。至于党同伐异之见，利害意气之争，更几乎随处都可以看到的。

二

"人"的重要，自不必加以否认，但人事的困难，却是进步的政治科学所不能不设法克服的。假如我们对于政运的隆替只集中希望在人，而又莫有方法必能使能者在位、贤者在职，那么，政轨的脱节是必然的，无怪乎我们历代相承一旦在朝的哲士云亡，便而邦国殄瘁了！

任人而莫有必能得人的保证，是人治制度致命的缺点。法治的国家不敢相信人治之可以为常法，故着意在政治机构与规章程序调整，而不集中希望于天才的圣哲奇才；因为政治生活不可一日中断，而天才奇杰是不世出的。对于人治而言，法治有几个特点：第一，法重经常，故其所规范者为常轨，为众人之所能行，为可历时久而不改。国家立此常轨以为上下共守的准绳，顺乎此常轨者为国家所支持，逆乎此常轨者为国家所禁制。人可变，法不可变；法不敝，则政亦不敝。第二，法重齐一，拘束力是一般的，故无亲疏，无阶级，无贵贱，无贤愚，有功必赏，有过必罚。在国境之内，无地与人的差别，政令是划一的。第三，法重责任，故事有司、职有守、明是非、立权衡，执政者不得越权，或放弃职守，或随事立异以意为轻重，而一切归附于法。法治与人治的不同之点是：人治的标准可以是主观的，而法治则是客观的；人治是人事关系高于一切，法治则纪纲明肃、奉职守法高于一切；人治是"人存政举，人亡政息"，法治则树之规范，政务平流并进不系乎人之存废；人治首重得贤，法治虽不偏重人的因素而绝不妨碍贤者在位。故人治的长处不必即是法治的短处，而人治的短处却正是法治的长处。

近代的国家莫有不崇尚法治的。法治的精神，在宪政的国度里自然不用说了；即使在独裁制的国家，法令的严明亦是政府统治成功的前提条件。墨索里尼的法西斯蒂党专政系依屡次改革议会代表法进行。希特勒的专权根据一九三三年的授权法。凡研究过德国经济统治的人，皆知其法令之周至与其执行之彻底。法治的长处在纳政治于常轨，重齐一明责任而不必倚赖不世出的贤才，我们已经指出过了。此外法治还有两个优点应该提出来说一说：第一，以法建制，则凡行政上可能的缺点，立法者在制度上可设定内在的控制。第二，关于贤才的登庸选任，在法治下不特较少贤路壅塞之虞，而且法定的标准程序便具有选贤任能的功用。关于第一层，制度内在的控制是法治的妙用。譬如美国制宪的前贤怕执政者权力滥用，故采建制衡原则三权鼎立；法国一八七五年的宪法欲使行政部完全在议会控制之下，故规定内阁的解散议会权之行使须得上议院同意。而该国在此次大战之前，政局的不安定由于议会内派别分歧影响行政，论者遂以为如不与内阁以自由解散议会之权则宜改创总统制，使总统在法定任期内可以放手做事（从这点说，贝当元首的改制并不是偶然的）。英行内阁制，内阁向议会负责，但内阁有立法领导权，并有解散议会之权以对抗议会。

凡此皆机构的调节问题，非对人作用，而人的问题亦较少。法治之下不怕政争，惟怕政争之不准乎法。专重人治的国家对于秉政的人要作权力的限制则比较容易引起私人的信任问题与感情作用。而人治不得其人，权力极易被滥用，一旦人事失调，政局动摇，便缺乏制度的补缺。翻开我们的历史看，人臣对于暴戾的君主无合法的控制自不必说了，人君对于专权的大臣除让位外便只有芟除罢逐之一途。历来权臣篡位，及明主杀戮功臣之事，史不绝书，至同僚之间如廉颇蔺相如之始相忌而终相好者百不得一；反之，朋党比周，朝端水火，互相倾轧的几乎无代不有。这都是由于缺乏良好的立法与制度，使国家未得人治之长、反食人事之祸。

关于贤能的登庸，可分为事务人才与政治领袖人才两种。文官考试是我国固有良法，实具有以法选才的精神。欧美法治国家文官考选制度的进步差不多杜绝了事务官倖进的门路，是知法治虽不依人存废，而亦绝不忽视从政的人选。至领袖人才是实际政治的中心。所谓领袖指负实际政治责任的元首或元辅而言。国家的政治生命永续无极，一天国家的政治生命不绝，即一天有政治领袖人选问题。然而领袖个人的寿命有穷时，而政治重心不可以一日不奠定。为求政治的稳定，领袖人才的循序渐进补充实一极端重要问题。我国历来对于这个问题的解决法是期望圣君贤相能举贤以自代，然而事实上是君位传子，往往天子僻幸佞臣，所托非人，遂尔治道日替，驯至乱阶。近代法治国家对于领袖人才之取得行政领袖地位，莫不规定有合法程序。此合法的程序率自身具有两重作用，一是选择的作用，使庸懦者鲜侥幸的可能；一是杜争的作用，使逐鹿者更不得为法外的争夺。故人选变换、政权递嬗之交不影响政局安定而朝野相庆得人。在民治国家里，政治领袖地位之取得赖公开的选择，是取孟子"天下皆曰贤"主义。希特勒事先指定了领袖继承人，墨索里尼亦制定了领袖继承人的程序；他们的办法至少增加了政治重心的安定，虽然他们所指定的人选和办法不必是依照选贤任能最好的办法，而他们的办法，将来是否有效，还是问题。在政治初上轨道或政局安定随时成为问题的国家，必使继任的人从和平的程序中产生实是负责领袖的重大责任。在实际上他对于继位的荐选或须如中国人治时代的尧之于舜、舜之于禹，或如西方法治国家之罗斯福之于华纳士、英国政党政治中党魁之于后起的俊彦。在法制上他必须固定一合法可行的程序，使此项程序可以自动地产生合法的继位人选。物色一特定的人，而使此特定的人由合法程序中选出是可以并行而不相悖的。因如所物色的人果贤，而法定的程序果具选贤作用，以选贤的程序选出贤能的候补者，当然不成问题。

从上面的讨论，法治与人治的优劣，已经不烦言而明，所谓优劣，当然是就两种制度相对而说的。事实上，除原始社会组织外绝找不出纯粹人治的国家，近代法治国家里施政上也免不了"人"的成分。我们说一个国家是法治或人治，实是指任法任人的程度不同，并指为政的精神而言。就精神说，两种制度是相反的；若就取长补短的观点出发，人与法是相成的。时代进化，人事日繁，清静无为、刑轻令简的时期已经过去了。政府职任益多、驭事益广，不有法律准则以提纲挈领，则同一政府之下，各部门、各省县对同类事件可以为相反或歧异的处断；求合理的治理，近代政务实为不可能。那么，近代国家之崇尚法治亦实系时代使然，治事上不得不如此。近代科学有一个基本的假设，以为宇宙现象必有一定的准则可寻，科学的任务是在纷乱中求秩序，从已知的法则中求控制。自然科学如此，社会科学亦是如此。从科学的立场看，法治实为政治上以简驭繁的法则，协合科学上从纷乱中求秩序的原理。科学的世界需要科学的政治，科学的政治则必须以法治为起点。

学术与政治 *

　　学术与政治总被看作两种不同的事情，各有独立的领域、特殊的问题和不同的处理问题的方法。从不同的方面看：

　　第一，学术的问题是知学术在寻求真理，从已知推未知，从已然推未然，从旧经验推新事理，寻求确切的知识。学者的任务，不特要知其然，而且要知其所以然。他研究一种事物不特要确切证实其是否如此，在何种条件之下如此，而且要问其为何如此。牛顿由落地的苹果推出了地心吸力的理论，瓦特由沸水的壶盖研究出蒸汽机的原理，他们只是由求知的好奇作起点。在求知一点上，学者只有一个真理的真伪问题，由发现真理所引起的实际利害则非所问。为主张或拥护真理，过去不少贤哲学者不惜自甘贫困或甚至以生命相殉：在中国如孟子之不枉道而事人，西方如苏格拉底之宁饮鸩毒而不愿改变其独到的学说见解。鞠躬尽瘁，忠于所信。这都是学者应有的立场，应有的抱负。假如不问理之是非，因为一时的利害，曲解事实，公开主张其良心上之所不敢信，那便是伪学者，有失纯粹学者求真的态度，负荷不起学术上求真的使命。

　　政治的问题是行，实际的政治是先承认了若干前提而在这些前提下求原则及政策之实现的。如资本社会里，私有财产是公共认定了的前提；在共产主义的国家，生产工具国有是政治上不容疑问的先决条件；世界未大同以前国家的独立存在又是一切民族国家的组织的基本原则。资本社会不反对私产只求增加私人生产以增加一般的富裕，共产国家索求在大量生产下公平分配以提高人民生活，近代国家在国家至上的前提之下计划它们的国防外交与经济。富裕民生、充实国防是现代国家一致奉行的政策，国家不能执行这两个重要政策，便失掉了政治组织的意义。对于基本的经济制度与国家生存，任何政权都不容许人民去公开地发生严重的疑问，因为国家生存和一个经济制

---

　　* 原载于《新经济》（半月刊）1942 年第 7 卷第 9 期。

度的维持，即依理智的解释，事实上也是主观的共同意志的问题，而不是客观的真理问题。

第二，从第一点的分析我们可以说学术与政治的问题亦代表自由与权威的问题。学术的任务在推进知识。要推进知识，宇宙间便不能有不容疑问的事情，知识上是不容有不可超越的权威及不可打破的偶像的。学术的进步需要自由大胆的探讨，而从自由探讨中寻出新理解、新境界。一个在知识上有贡献的学者，绝不安于承袭古先圣王之教，日惟讴歌先哲，而自甘于捡拾前人之唾余。他必需对于这个宇宙或这个世界的事理，找出新原则或提供确切的新证明，发前人之所未知，补前人之所不及。假如他只是囿于前人之见，对于一个问题，不能有独到的发挥，或因阿时所好对于某种问题不敢去探讨，或因探讨而触冒时忌不能有发表讲说之自由，那么，知识便很难有推进之可能，后学的知识绝难达到超越前贤的境界。好像我国以前经生家抱残守缺，非圣人之言不敢言，非圣人之行不敢行，思想受了桎梏，所谓学问之士，充其量不过能诵说六经作两篇八股而已。学术上理之是非不容混，而探讨之自由则不可少。惟有自由探究，而后理之真伪得明。因理之真伪、非是，自有其客观的论证，不系乎社会的喜怒，更无假于威力之支持。故学术上有举世宗仰之理论体系，却无迫胁服从之真理。

政治所代表的，则恰是一个权力的组织。国家组织与其他团体不同的地方，是国家有最后的强制力。过去虽然有人在理论上把国家看作论理的整体或自由意志的表现，而国家威权之维持，端赖国家的强制统驭能力，则系客观的法律事实。从法律的观点出发，主权者的命令，有凌驾一切的威权。政治上的一切问题总脱离不了权力的运用，运用最高权力的机关之所在，便是最高权威之所在。在法律上最高权威的命令不容反对，最高权威的存在不容怀疑。

第三，学术上所要探究的是亘古的真知，政治上要解决则是如何应付当前迫切的问题，这一点理由是很显然的。学者所要探求的最后真理，假如真是最后的真理的话，必然是放诸四海而皆准，亘万古而不磨的。譬如化学家分析水的组成元素是两个氢一个氧，我们承认这个分析不错，因世界上任何地方的水所含的元素，随时都可证其为两氢一氧。哈维氏发现人体内血液循环的事实，从此医学上便发现了人身循环器官的秘奥，这个循环在古今中外的人体内都是一样的。又如地理上地圆的学说自麦哲仑环游地球一周后，迄今没有一个航海家否认这学说之真确。学术上真理的发现自然很难，然而一经证实之后便可假定其永远真实。

政治上的问题，则与此相反。政治上狂涛骇浪的起伏是变动不居的，昨日之所是今日或以为非，甲地之所拥护的或便是乙地所要打倒的，政治上从古迄今没有一劳永逸或一经解决便永远确定的问题。希腊罗马、中古与现代的政府所遭遇的重大问题绝不是相同的，即遇有相类的问题，其处理应付的方法亦不必一致。希腊的城市国家，罗马的贵族政治，中古以前的政教合一，近代的民族国家主义，晚近的国际社会主义运动，时代不同，政治思潮及政治活动的中心亦随时迁动。假如我们把政治思想看作是实际政治问题的反映，那么，这些政治思想是很难衷一是的。新的问题发生了，旧的问题搁浅了，推陈去新，只见方向的转移，寻不出最后的结论，有时我们甚至看到许多外貌改变而实质相同的问题之重演。假如历史的观察是可靠的，这些都充分地指明政治上的问题只有当前的事实处理，永不能有最终至善的解决。政治上最后的真理有如一个模糊的影子，影子在前面晃着，我们永远在尽力追赶，可是影子终是在前面。政治家所处理的材料，对象是社会。社会是变动的，所以政治也永远是变动的。蹈常习故的政府可以解决当前日常的问题，远见的政治家可能树立百年的政策，败坏的政客自然只能使政象日坏。至若抱崇高理想的理想主义者妄想超越客观时、地、人的条件，以为社会政治一朝依照他的主义编制故事，政治上便从此到达了天堂至善的境地，他结果必然失望无疑。因为他不曾了解政治的历史和社会的变动，两者都是不停留的。

学术与政治大体性质上虽有如此的差异，不过它们至少有一点是共通的，即它们都是人们为满足欲望及应付环境而努力的产品。"人是政治的动物"，自然不能离开政治，同时文明进步的社会必基于昌明的学术。进步的政治必然是不能脱离学术而且发展学术的政治，至少它不当压迫学术或摧残学术。上面我们曾经说过，学术上所要探究的是最后真理。目的尽管是如此，然而我们假如进一步问，现在科学上所知道的原理、原则是否都是真理及最后的真理？这却是很难答的问题。至于我们所有的知识是否即已包括宇宙知识的全部，我们很可大胆地作否定的答复。上面我们说过，真理的发现很难，而一经证实便可定其真实，所谓"假定"自然有修正或变更之可能。我们研究科学史，便可知道现在许多科学上的定理都是以前旧学说的改正。在哥伯尼以前，一般都相信地为宇宙的中心，太阳是绕地的。盖利略改正了亚里士多德物体落地的速度因体重而异的错误。科学上以前论因果律，现在只谈大量平均了。在社会科学方面，理论的变迁和新理论的发展更是不胜枚举。就这点立论，学术上真理的追求与政治上理想的追求有相同处，均无止境。旧的知识既不是不可修正，新的发现还可扩大知识的范围，那么政治的权威者如果阻挠了这个无穷尽的追求便显然阻碍了社会的进步。我们主张政治不应干涉学术，即因干涉便有阻挠进步之可能。所谓阻挠不必是采焚书坑儒的手段，即排除"异端"，学重一统，亦可发生同样不良的效果。因为统制了思想，便限制了思想的活动范围。中国过去几千年的尊孔，及西方中世纪时代教会的压抑自由思想，焚"异端"、严书禁，使哥伯尼的书临死才敢出版，盖利略天文上的发现只换得生前牢狱的生涯，已经给予我们充分的教训了。我们要重申一句：政治的措施是当前的问题，学术研钻是万古的事业，我们不能因一时的利害阻碍了万古的发展。准此推论，现在极权国家内所谓"纳粹的科学""德国的科学家"或者"什么主义的科学"均是一偏的说法，与学术自由主旨是背道而驰的。

政治不当阻碍学术发展，这不只是从学术方面着想；即为政治本身打算，学术的培植吸收和利用亦是极端重要的。蒸汽机、纺织机在英国首先发明利用，使英国著工业化之先鞭，成为十九世纪以来欧洲工业化的宝库。巴士特细菌学上之发现，不特寻出了传染病的来源，亦大有裨于法国的酿酒业和蚕丝业，富裕了法国的国民经济。这些往事足够为学术辅导政治之说明。二十世纪的政治更变成了学术的政治，整个世界已因日新月异的科学新发明而全体改观了。交通革命、生产集中、劳动阶级的形成、贸易的变迁，及由此而生的财富分配、经济萧条、工人失业、疾疫传染等等问题无一不成为今日服务政府的工作对象。而此种种问题的合理解决，非赖政府有充分的近代科学知识不可。此外，如国际经济问题、战时统制经济及杀人利器进步后国防的准备，更需要一部复杂的近代技术知识。假如执政官吏缺乏融通透彻的专门知识去处理这些问题，一定如盲人骑瞎马，未有不折跌的。

我们曾经说过，政治的问题是行，此处说明政治上合理的行动必须是以充分的进步的知识作基础。知的问题解决了，行的问题便迎刃而解。行的最大困难是不知如何行法。譬如保卫国土是现代一切政府的神圣任务，然而近代的战争是一个生产的战争、器械的战争，也就是一个知识的战争。一个国家的人民没有科学知识，自然不能大量生产精良的器械去执行保卫邦土的神圣任务，同时即使有了精良的器械也许亦不知如何运用以杀敌致果。我们常讲到作战的机械化部队，此项部队如要大量使用、大量组织，便非服兵役的民众多数在平时即有相当的科学机械素养不可。故在近代立国，科学知识成了国家生存必备条件之一部分。此项需要，战时如此，平时的行政亦复如此。假如我们没有气象学，便颇难发展航空事业；没有森林土壤学，便不能处理土壤侵蚀的问题；没有采矿冶金学，便无法利用天然富源；无货币银行学，便不能调理国家财政。现代的科学技术进步太快了，如何使政治上的设施能经常适应技术进步所引起的社会变迁，实为政治家所应研究的任务。要使政治与技术的进步相调适，政治设计的人不特要熟知过去学术上研究的成果，而且要能明了科学上一切新近的及可能的发展，而进行筹划此等发展可能引起的社会变迁的正当对策。这个为政的标准自不是轻易可以达到的，此点涉及政治上用人的问题。昔柏拉图曾主张以哲学家当政，从科学的政治说，学术的训练和哲学家的远见，实为近代的政治家所必不可少。现代政府的倾向是政权逐渐侧移于行政部，行政立法逐年有增无已，然行政部事权则大部都操于陈陈相因的事务文官手内。在政府更迭的情形之下，事务官乃政策延续性的连锁，因此他们的无知在长期内便成为进步政治的阻力。故近代的政治，事务官之选择，实为极端重要的问题。如行政部僚不免习为故常、延宕卸责及短视之病，则尤需远见而有学识的政治家负推动决策的责任。至利用"智囊团"或"经济顾问委员会"等组织，则亦不失为利用外界知识的特别机构。总之，科学知识的利用乃现代政治所绝不可少，政治对于学术是不当干涉的，可不是与学术绝缘的。一个国家在国内给与学术的自由愈大，在长期内它对外的权威益亦愈大。

评《花谿闲笔》*[1]

本书命名为"花谿闲笔"，因花谿是吴先生以健康关系在政事余暇作"星末小休"的地方，而本书便是吴先生利用此等星末小休，集十五个星期日就几年从政所感"信笔直书"，整理而成的。（原书六十页）不过读者假如望文生义，因"闲笔"的命名便以为这书是一本吟风玩月、因时记事的诗辞或闲话集，那是一个不幸的误会。实际上本书除起首与收尾时附有几首题壁的诗篇外，完全是一部讨论现实政治的文字。

原书采随笔体裁，不分章。第一节略记吴先生受命主黔赴任时的准备。第二节文字最长，约占全书之半，系叙述吴先生到任后治黔的政见和实际的措置。第三至第六节讨论省县区保行政及中央与地方行政之关联。最末为杂感。就全体内容看，本书重要之点，可分为两部分：第一部分是对于地方建设问题的论断，第二部分是作者对于地方行政组织的见解，后一部分系严格的行政的推进问题。

对于地方行政的设施，吴先生有一个根本的见地，即"不外从人力开发与物力开发二者着手而整理地方财政，发展社会经济以配合之"。因此吴先生在黔几年施政，一切皆向开发人力与物力这个根本目标推进。就物力开发说，吴先生以为农林牧蚕在黔省都很有可以开拓的余地，已设有省农业改进所及区农场，负研究推广之责，并于棉花柞蚕之培植、兽疫之防止办有相当成绩。电业工矿方面已办有贵阳电厂、贵州油厂、贵州缫丝公司、贵州矿务局、梵净山金厂等八九种，分期拟办工厂尚有十几项之多。至于交通则已成黔川、黔湘、黔滇、南龙等公路七条，尚计划有十大干路。此外，清理水道、铺设电信设备，均在分别进行。在上述诸种事业中，有几种是与经济部资源委员会合办的。对于各事业资本的筹集，吴先生设立了一个贵州企业公司，官商

---

* 原载于《新经济》（半月刊）1942 年第 12 期。

〔1〕《花谿闲笔》作者吴鼎昌，1937 年 11 月至 1945 年 1 月任贵州省政府主席。——编者注

合办。公司本身是商业性质，因各种事业都需要长时间的筹划经营，"所以需要一个不受政府人事变动影响的商业机关来主持"以保持事业一贯的继续性。

吾人一谈地方经济建设，有两点必须牢牢把握住：一是适合地方特殊需要，二为协辅全国经济之发展。这个道理很平凡，但以前省地方当局有时对于第二点便似乎完全忘掉。所以我们有时看到以省自足自给为目标的经济计划，及甚至以邻省为壑的贸易政策。主持的人不知这种方法不特不是增加本省财力的有效办法，而且这成为发展中国全盘经济的障碍。吴先生在黔督办的事业则与此相反，除因地制宜外，并处处可以看出是与中央经济建设有密切的联系，此不特可收经济上地域分工的利益，亦且为政治统一上脉络相通应有的布置。

开发人力的办法，吴先生系从量与质两方面着手。原书所述地方人才缺乏之困难，很值得吾人深切的注意。据原书记载，黔省"各县不但很少大学生，许多县份连个高中毕业生都很少"。（七页）而"黔省县长有八十二缺，县府科秘各有四、五缺，县分五、六、七区不等各设一区长，区下共设有联保主任二千五百人，保长约一万五千人，甲长约十六万人"。（四十六页）假如要纯用本省人办本省的事，"区长欲求一高中毕业以上经训练者，乡镇长欲求一初中毕业以上经训练可兼任中心学校校长者"，已"戛戛其难"！把有限的受过中等以上教育的人分配到各级行政机关都远嫌不够，遑论其他建设事业！这是中国政治上一个根本问题，人才缺乏之叹在浩浩乎四五万万众的人群中并不限于黔省。中国全国约二千县，我们试假定某县有一中学校已经办理了三十年，每年毕业学生一百人，截至现在止我们总共也只有六百万受过完全中学教育的同胞，在全国人口总数的百分比里面，每百人中还派不上两个。事实上，现在全国受过完全中学教育的人恐还不到这个估计的数目。人才分配这样的不够，要推动各地各阶层的政务和建设事业，使同时能百废俱兴，自然是不能顺利进行，必至捉襟见肘的。这些客观的冷酷事实告诉我们，中国整个的建国大业在最近二三十年内还非在人才方面努力准备不可。因各省——尤其内地省份——需人的情形与黔省相较，只有程度的不同，并没什么根本差异的。

人力开发除智力外还有体力方面，于此原书所论吾人尤具深切同感。国人体力衰弱实为民族生存发展上重大的问题，尤其文弱的知识分子，积多年伏案辛勤，受国家多方培植，一至学有蕴藏，便已身如朽废。前半生的努力得不到后半生的成果，在个人为可悲，在国家为损失。吴先生以"晚年体力不足以支持其成就"为中国大科学家、大发明家不易产生的原因，实在是观察深到之论。凡亲身经历过西方社会学校生活的学子，都知道欧美的教学者在六七十岁时还是如何的精力健强，孜孜不息。老年学植深厚，自然更易得到累积的硕果。即以从政的人而论，法国贝当元首已年逾八十，英丘吉尔年在六十八岁左右，英前任首相张伯伦退职时亦已超过了七十岁。以他们那样的高龄还能担任那么重大的战时繁重责任，日无暇晷，这是百分之九十以上的中国人所绝不能办得到的！我们比较中国人与西方人体力之后，对于民族的健康不能不发生深远的忧虑。吴先生谓"各种地方行政应以卫生为第一"，切盼地方当局特别注意。这是不错的，注意自必渐有进步。然而严格彻底的卫生行政牵涉到地方建筑、下水道、饮食、习惯、教育及医药设备种种方面，问题却不很单纯。

以上属于建国工作中比较根本的问题，对省、县地方行政，原书尤不少经验扼要之论。依原作者的意见缩小省区，宜于平时，应俟交通建设完成后办理。省府合署办公不成问题，问题在无足用之衙署。省府委员制组织并无不便，为名实相符计，如改省长制而附以省务会议之组织，尤可"收专实之利而可免专断之害"。（第四十页）县长人选是县行政最主要的问题，"得一好县长，实为长官一大幸运，可遇而不可求，必须平时处处留神，试之以事，授之以权，予以倡导，培植之，保护之，鼓励之，能十得二、三为上选，以之倡导，则一省县政方可保持水平线"。（第四十五页）区保基层行政尤为地方行政之根本，地方人才既少而需要区保长之数甚多，封建积习未除，而贪污之风气又极坏，"乃平时要政如生产、教育、卫生，战时要政如兵役、工役，临时要政如禁烟、剿匪，均不能不假手区保长"，当然流弊百出。"若干地方甚至闾里骚然，凡政令于区保有利可图者，大都必行，且必恶化；无利可图者，大都不理，至多敷衍"。洁身奉公，照行法令而无弊端者非绝无其人，"然为数过少，不足以资倡率"。（第四十七页）这是一段基层地方政治的真切写照！

为推动基层地方行政，吴先生自谓引用"若干青年有为之县长及科秘，乘其朝气充满，与恶势作殊死斗，环境已不无多少改善"。全书对于奋发有为的人才之培植，再三致意。吴先生对于官场种种有亲切的认识，书中论老宦巧宦一节，最是精辟。他说：

"老于做官者，以做官不做事为原则，在做官上用功夫，在做事上惜精力；巧于做官者，以承意讨好为原则，凡其所为，皆长官所喜。贪污恶劣者姑无论矣，即此两种做法，已足败坏国家地方政事而有余……盖彼辈善承长官意旨所在，力为因应，而绝对自己不负厉害相关之责任，成则有分，败则无干也……"

书名"闲笔"，内容却有很多治政的大道理。书中所陈，大抵都是作者有感而发，所以内容朴质而亲切。作者认开发人力、物力为地方行政设施的根本一层，实具确定不移的眼光。论行政部分尤为负实际政治责任及留心中国实际政治者，所当细心一读。

评《计划经济与国际秩序》[*]

经济国际主义还是经济国家主义？这是战后经济建设的一个基本政策问题。最近十几年来，吾人习闻计划经济及经济统制之说。以全世界为一整体的计划经济，虽属于经济国际主义，但近十数年来事实上所谓计划经济及各国的经济统制或经济计划，类多不出经济国家主义的范畴。依罗宾斯教授的意见，此等经济国家主义的直接效果，就国际观点说，为窒息了贸易的自由，失却了地域分工之利，政治上则益复激发了资源匮乏而军备力强的国家之领土扩张野心，诱致国际的战争而阻碍各国的合作。罗宾斯教授此书是以正统派经济学家分析的眼光根据国际均衡的观点，对流行的各式经济计划作一个较有系统的总检讨。书中指陈流行各式计划经济的缺失，对于共产式的世界计划经济，各国各种贸易统制政策，下至保护关税，无不一一痛下针砭。书以"计划经济与国际秩序"命名，主旨在阐扬自由贸易及经济国际主义的优长，代表亚丹·斯密以来自由主义者的正统立场而对晚近统制经济的新倾向作一有力的反击。

全书共十一章，除引论与总结两章外，共分三大部分：第一部分论各国个别的经济统制计划（Independent national Planning），第二部分论局部的国际经济计划（Partial international planning），第三部分为全盘国际经济计划（Complete international planning）。

罗宾斯教授以为凡经济行为皆属一种"利之中取大焉，害之中取小焉"的抉择，故皆属有计划的行为。自由经济与计划经济的比较，只是此种计划与彼种计划的分别而不是无计划与有计划的差异。计划经济的特色是政府集

---

[*] 本文是关于《计划经济与国际秩序》（Economic Planning & International Order By Lionel Robbins, MacMillan & Co., London, 1937, pp. XV+330.）的述评，原载于《经济建设季刊》1943年第2卷第1期。

权控制，自由经济的特点则为私产制度下分权式的生产组织。政府集权控制自然是一种计划，私产制度下分权式的生产组织也是一种计划。自由经济的计划是治安秩序的政治之下私人的各种经济计划，可以实现与调和；计划经济的计划，则对于私人计划较多限制。假如计划经济代替了自由经济，那只算是一种经济计划代替了另一种经济计划，而不是有计划代替了无计划。（原书六至七页）

讨论各国个别的经济统制计划时，著者举出了关税保护政策、特种工业国营、投资控制、经济国家主义下的金融政策、移民限制等诸种方式。著者以为关税壁垒、定额分派贸易、资本移动的控制及外汇管理无不具有高度紧缩的作用，一九三一年后世界经济萧条之严重及此后回复繁荣之艰难，实由于此等统制之影响（原书第三九页）。著者对于保护关税的抨击，系根据国际贸易上传统的比较原费理论。认定额分派贸易的办法较关税壁垒尤足使贸易陷于胶着，阻碍经济的变动。

各国个别的经济统制计划自然的倾向是减少国际贸易，从地域分工的观点看来，这是一种牺牲。晚近主张统制经济的人对于此层并不是不承认，他们之不顾此种牺牲主张统制，为的是要换取统制政策下经济的安定。对于此点，罗宾斯教授反对的意见可分四点：第一，著者先假定各国对外贸易均由各国政府专设机关直接统制。在这样的情势之下，贸易成为各国政治的工具。交易的对方形成以地域为区分的工商集团（Geographical Syndicalism），贸易价格将不决于市场的自由竞争而随各国的政潮起伏及垄断政策为转移，波动必趋极端激烈而呈不连续的现象，出口物品的生产，随时将发生不能预期的困难，此不可以言安定。（原书第七七至七九页）第二，贸易由政府统制，则政治的势力牵掣了经济上贤明的措置。生产的组织将不能迅速适应供需上或技术上的变动，生产元素在生产组织调整的期间因资本移动及移民的限制，将发生重大的转动困难。（原书第八二至九〇页）于此原著者以为在第一次欧战后的期间内如移民能较自由，则许多经济困难问题必可大为轻减。第三，消费者丧失了自由廉价购买的利益。第四，贸易政治化、资源匮乏的国家，在举世励行经济国家主义的局面之下，将益增贫富不均之感，发生"富人"（haves）、"穷人"（have-nots）的争执。

对于局部的国际经济计划，罗宾斯教授分三层讨论：一是两国间的特殊个别协议或对等贸易（Bilateral Agreement）及地域集团经济，二为特定工业部门的国际计划，未为工资及工作时间的国际规定。对等贸易为地域的工商集团主义必然的结果，其短处在不能扩展分工之利，与物物交换制度相同。新近各国采行此项办法者实无异回复到重商主义时代的贸利均衡制度（Balance of Bargains System），且各国大规模生产已高度专业化，依多角贸易而存在之后复反其道而行之改采对等贸易制度，此惟有增加生产者之困难。原著者以为英国的关税不特阻遏了来自欧洲大陆的入口货品，且阻障了原料生产国家对英债务清偿的间接通路。各国生产者直接协商分派市场的办法亦为著者所不取，因此为对于原费高昂的生产之保护。于此著者略论赫里欧（M. Herriot）的"欧洲合众国"计划（the United States of Europe）及其他类似的计划，如关税联盟及按经济资源划分国界的拟议等。著者认为此等计划如有实现可能，其长处在能扫除小国寡民自为壁垒的贸易障碍。惟就新区域作经济自给的计划，则是得之于境内分工者转失之于较大的国际分工，理论上说不过去。（原书第一二一至一二二页）

著者所谓特定工业部门的国际计划，乃指同业生产者成立国际协议分派产量以稳定国际价格这类办法而言。此等办法自亦为原著者所指斥反对，因依照此等办法，产品销售虽无此疆彼界之畛域划分，价格一依世界市场决定，较分派市场的方式远为进步，而就各生产部门的资源支配及生产量之决定两点立论，此与划分市场的方式同样是倾于使不经济的生产者之产额过高而使经济生产者之产量比例减小，阻滞工业的调适，在长期内影响经济的进步。

一言以蔽之，一切集中统制的经济计划，凡本书所讨论到的，都是作者彻底反对的。他批评经济计划或计划经济的短处，为的是要阐扬自由经济的长处。可是自由经济在原著者的定义之下，却又是一种经济计划。

至国际自由主义的衰颓，著者认为乃政治上的失败。过去人与人之间在国家法治的和平秩序保障之下可以发挥自由，而国与国之间仍是无政府的自然状态。国际自由主义的世界需要一分权合治的世界联邦国家，对于自由经济制度的弱点，如资源支配之不必能极端经济、生产者预期错误之不可免，及个人财富分配或所得的不平均，著者均一一加以承认。只是他认为，所得的不平均未始不可藉政府的租税政策纠正。就大体上看，自由主义对于人类幸福及自发的活动之保障，实较其他一切主义更属优良而有效。（原书第二六〇至二六八页）在讨论自由主义的世界联邦之后，原著者更有专章讨论统一世界币制的必要，且以为统一货币，即不必在世界联邦之下才应实行，因此为推进世界贸易应有的措置。

　　全书系一理论的分析，从国际分工着眼，立论一贯，为近若干年来讨论计划经济有系统的重要参考文献之一。著者世界主义的立场纯系从经济的观点出发，但以人类福利的增进为鹄的。原著者自谓是与思想上左倾的人士完全一致。关于计划经济之讨论，近年来在欧美方面文献颇多。假如我们的看法不错，讨论的倾向似乎在求发现可以兼有计划经济与自由竞争两种制度之长而去其短的折衷办法。此种企图，罗宾斯教授似乎认为无实现的可能。不过，他的世界联邦的主张事实上至少在近百年内亦将无法实现。因之，我们衡量著者书中的论辩时便亦不能不以各自为谋的国际环境为着眼点。若从此点出发，我们不妨就罗宾斯教授的论辩指出下列几点：第一，国际经济自由主义，必须多数贸易国均能采自由主义，实行贸易自由、移民自由、投资自由，始能划分工及"合理的支配生产原素"之利。换言之，国际经济自由主义不特是互惠的，而且是包含移民与投资自由的。反之，则仍是经济国家主义。第二，新兴工业国家的幼稚工业之需要保护，乃地域分工之原则所许。原著者对于保护政策的攻击，乃指违反经济原则的限制贸易政策而言。第三，一个国家的对外贸易政策之决定，不徒以交易利益之扩大为着眼点，至少同时应顾到国内的就业问题。假如在特种情形之下，在贸易上为得到国际竞争之利而在国内无法解决严重失业问题，则似乎两利相权，牺牲一部分国际贸易的利益以换取国内经济的繁荣与安定，比较上为所失者小而所得者大。第四，最近二十年来各国经济自给的要求，多出于国防的计划。倘国际间无和平及安全的保障，则各国为独立生存起见长此有国防的问题，即作经济的决策时，永不得不以国防自给为计划之目的。这种事态的继续存在，当然是人类很大的不幸，但在国际无政府状态未能变更以前，经济幸福的牺牲恐是无法避免的。

　　统观全书，批评计划经济的部分较回护自由经济的部分，持论更为锋利而有力。原著者虽以"经济计划"一词网罗了许多垄断贸易的流行办法，但对于有系统的经济开发或建设计划，除共产式的计划经济而外，则摒而不论。大概因此等计划，有助长国际贸易的可能（例如，孙中山先生的实业计划，美国的 TVA），不是限制贸易经营的计划。我们还当附带指出的是原著者并不反对政府经营的事业，他只认为在经济事业里不应有政府的独占。

战时中国的工业与商品统制 [*]

一、1937年战争爆发前的经济发展

1937年之前，在国民政府领导下中国在政治与经济方面已经取得了长足的发展。曾经长期阻碍中国现代化发展的国内动荡渐趋平稳，中央之权威在全国范围内日渐增强。1935年货币改革后经济活动快速增长，新兴企业生机勃勃，繁荣景气明确无误。国民政府自身也努力推行大规模的经济项目。诸多建设蓝图勾勒详尽，其中很多已付诸实施。连接全部重要商贸中心和省会城市的公路已完全建成，总计里程超十万公里，更多的公路还在继续建设中。政府建设的铁路里程也在持续增长。1936年9月粤汉铁路全线通车。新建的浙赣线南延南昌，西通衢州，连接粤汉线，通沪杭线于杭州，江南轨道交通运输网已然形成。此外，政府在水利工程、农业、工业和矿业等领域也进行了大量的建设。例如，1935年7月开始实施的经济发展三年计划包括：（1）发展钨锑和钨钢产业；（2）建设马鞍山钢铁企业（预计年产量三十万吨）；（3）建造机械企业，生产马达、机械、机床；（4）建设发电站、硫酸锻厂等；（5）在银川、延长、巴县发展油田建设；（6）以及其他铁、铅、锌、铜、煤矿项目。该计划只是一系列后续计划的第一步。总之，在战争爆发前夜，中国正在致力于经济建设。如果不是受外来侵略的阻挠，政府的各项政策与诸多努力在较短年限内当可全面改变传统中国的面貌。

然而，日本不失时机地在此关键节点上打断了中国的经济实力增长，岛民的入侵至少暂时有效终止了中国的进步。凭借其先进的装备，侵略者迫使中国军队向内陆撤退。历经激烈战斗，沿海主要省份旋陷敌手。中国在军事、

---

* 《战时中国的工业与商品统制》的英文 *Industry and Commodity Control*，原载于 *The Chinese Year Book* 1943，Thacker &Co.，Ltd. Bombay，第480-495页。署名 Ping-Chun Tseng（曾炳钧），前经济部参事。中文译文的译者为郭琛。

经济领域遭受严重的双重打击。

就经济而言，军事上的撤退对中国不仅意味着随着领土大量沦陷而带来的巨额财富损失，更重要的在于她还剩余多少经济力量以应付这场旷日持久的消耗战？战前，中国的绝大多数工业企业都集中在目下尽数沦陷的少数商业中心及其周边。1937 年全国煤产量共计约两千万吨，三分之二产于河北、山东和山西。战前中国的纺织工业总计 510 万枚纱锭中的绝大部分都集中在长江下游和沿海地区。面粉年产量计约 2760 万袋，其中除不到百分之二的极少数产能外也全部集中在沿海城市。其他制造与机械企业规模都很小，且都自然集中于能够提供劳力与利润的沿海工业发达地区。例如，在上海出现了一些新建的酒精厂，而永利钝厂也设在浦口，那里更靠近其产品市场。

中国的工业总产能实属弱小，而内地条件之差就更难以估量。内地几乎没有真正的现代工业。构成自由中国的内地山峦起伏，在 1937 年只生产了240 万吨煤和 60 万袋面粉，而纺织业产能也不过区区 67 000 枚纱锭。

内地落后的工业对于战争无疑为一大妨碍，但困难也不是完全不可克服。事实上，国民政府在战争爆发之初就预想到中国军队势必会向内地撤退，而不得不放弃上海及其他沿海工业品供给中心，全部军民需求最终只能依赖于内地广袤乡村的生产力。有鉴于此，国民政府在 1937 年 8 月初设立了一个委员会，旋即又组建工矿调整委员会以负责安排由战区向内地转移工业企业。上海、无锡、济南、焦作、汉口、大冶、九江等地的工厂实施了搬迁。在转移清单中，著名的汉冶萍钢铁公司的冶金设备首当其冲。战前日本从该公司大量购入铁，对其可谓垂涎已久。

战时的交通运输其凶险难尽于笔墨。尽管如此，通过轮船与帆船，借助铁路和骡马，攀过崇山峻岭，穿越三峡激流，许多重型机械还是被成功运抵内地。个中艰辛不言而喻，损失也自不必提。至 1940 年底，除资源委员会所运营企业外，在政府资助下共计 450 家工矿企业从战区迁至大后方，救出的设备合计约 11.6375 万吨，其中包括 181 家机器厂、29 家电厂、56 家化工企业、10 家纺织厂、3 家冶金厂、5 座煤矿，其余则是食品、玻璃、陶瓷等工厂和若干小型制造企业。依行业划分，内迁企业及机器吨数参见下表。

行业	工厂数	机器吨数
煤炭	5	7457
冶金	3	37 242
机械	181	18 587
电力供应	29	5375
纺织	10	32 116
化工	56	9756
其他	166	6842
总计	450	116 375

11.6375 万吨设备中，9 万吨现已在四川被重新投入使用。这些内迁企业构成当下中国工业总产出的重要部分。内迁机械设备分布情况参见下表。

省份	机械吨位
四川	90 645
湖南	10 714
广西	3428
陕西	10 534
其他	1054
总计	116 375

二、自由中国的经济重建

维持漫长消耗战的同时，中国也致力于推进内地经济重建。在此方面中国政府可谓双管齐下。因为发展工业基础以适应战争需求的同时也是在奠定工业化基础。中国必须赢得这场战争，而当和平来临后，中国尚须拯救其亿兆子民于饥饿。因此，此次战争亦是中国赢得经济自由之战，籍此民众得享体面之生活。中国人民深悉其生活之改善端赖生产之增进，而最终取决于其摆脱外来干预与控制，通过自身努力利用自有自然资源之能力。工业化已属中国不易之国策。战争仅将国民政府的注意力转向于发展内地，那里蕴含着丰富的农业生产、水力和矿业资源。内迁企业不过是自由中国工业产能之一部。在政府推动和战争刺激之下，伴随新道路、新服务及其他公共建设的发展，新兴企业、工厂和制造业中心正如雨后春笋般成长。

本文无暇论及中国战时经济的方方面面，文中所涉仅限于中国的工业进步与国民政府战时统制经济的主要措施。时下，自由中国工业发展可见于下述八大领域：电力、燃料、机器、电器、冶金、化工、纺织和面粉加工。以下逐一论之。

电力

能源是一切工业生产的基础。时下内地各主要制造中心几乎都建有电力设施。新建电厂概均属政府所有，四川有5所，陕西4所，云南、贵州、西康、甘肃、青海、浙江各1所。除此以外，新近还有4所开工建设，其中龙溪、万县、泸州在建的是水电厂。民营电厂数量更多，产能更大，几乎全部建于战前，多数已被增容或扩建。仅重庆电力公司就已有3所运营电厂，但仍不能满足该城市工业增长需求，亟须扩建。与重庆的其他企业相同，它的发电厂都建在防空洞中以防团军空袭。较之1937年，现在自由中国电力设施提供的能源供给增长了216%。

燃料

石油生产系战争创造的新兴工业。政府专设机构开发战前早已发现的甘肃油田。诸多油井中最深的已打到地下450米，同时新建、扩建了一些炼油厂。从美国购买的日炼油63 000加仑的新设备甫抵仰光，便同城市一起陷入日军之手。虽有部分设备被救出，但损失惨重，已无法按原计划安装进行裂化生产，所以不得不增建车间，以蒸馏土法炼油。石油产量逐月迅速提升。虽面临种种困难，但本年度生产计划当可完成无疑，且或似有盈余。事实上，囿于存储设备不足和运输瓶颈，生产不得不被缩减。刻下正在努力加速运输，此问题如获解决则1943年度输出当可增长。

战前中国西部的煤矿生产极为原始。井下采煤、运输全凭人力，且无任何通风设施。煤矿不及深挖便被废弃，生产毫无效率可言。为促进煤炭生产，主要煤矿必须安装内迁之现代设备以求改良。经广泛勘探也陆续开发了一些新的煤矿。战争开始后，自由中国民营煤矿的产量已经翻倍，国有煤矿产量则增长了107倍。政府在此领域的主要活动是为了满足工业和铁路增长的需求。在市场煤储量可以预见并拟建国有工厂的地区，资源委员会统筹协调当地的煤矿生产和发展。现实中，工业建设选址前对特定地区的原材料和煤炭供给都进行了充分的预先测算。

钢铁

自由中国的钢铁工业实现了跨越性发展。在内地，自古以来便以砂岩（做耐高温材料）堆砌土高炉，燃烧木炭以烧炼白铣，但这样产出的白铣无法铸造现代机械。战争爆发后，使用耐火砖和焦炭的现代鼓风高炉被引入以生产灰铣。目前已不再担心灰铣不足以致无法满足机械生产，同时土高炉也被鼓励继续用来生产白铣以为炼钢之用。

资源委员会之下现有 8 个单位从事钢铁生产。其中包括两个轧钢厂、一个炼焦厂、一个地塌钢厂和一个装备了多种规格熔铁炉、鼓风高炉、电炉、贝色麦炉的电工钢厂。轧钢厂可以加工 33 磅重的钢链。嘉陵钢铁厂的铸造车间可以同时生产齿轮、钢管和机械。民营钢厂的生产仍然在钢铁总生产中占有重要比重。其中最著名者为渝鑫钢铁厂与中国兴业公司。前者拥有电炉，可以生产汽锤和轧钢机为己所用。后者建于 1939 年，现拥有自己的煤矿、铁矿、鼓风高炉、电炉和贝色麦炉，所有这些设备都在开足马力全力生产。其他许多民营钢厂正在开工新建，国有钢厂也仍在扩张之中。现今的钢产量仍距目标甚远，仅仅是个开始。

铜、铅、铸的生产也有所增加，且其成就远迈数量，国产铸的纯度较之进口产品毫不逊色。

机器

政府工业建设中最重要的成就是中央机器厂。该厂直辖于资源委员会，是现在中国最大的机械企业，始建于湖南，后迁至大后方。现在它能生产汽轮发电机、水轮机、煤气发生炉、纺织机、车床、钻床、刨床、螺母机、卡车、精密工具、齿轮、刀具及其他各种机械。通过自身努力或与各省政府合作，中央机器厂在四川、江西、广东和甘肃建立了一系列工厂。它们全部都在接受商业订单并大量生产。在战争最初两年，战区的兵工厂经历拆卸、内迁，尚未在内地重新组建的时候，战争所需之轻武器及弹药只能由各机器厂来制造。如今所有兵工厂都早已恢复生产，机器厂也重新恢复生产各种机械。机械生产的总体规模虽仍极有限，但还是为自由中国扩建和新建工厂提供了帮助。例如，许多酒精厂、造纸厂、纺织厂和部分发电厂都主要装备的是国产机械。生产资料生产的逐步增加无疑会加速中国之工业化进程。

电器

中央电工器材厂是战争中建设的另一新企业，包括四个专门工厂。该企业与其他电器厂一起为军队和交通部提供各种产品。电缆、灯泡、电子管、电话机、交流开关、马达、发电机、变压器、电压表、电表、电度表、电机起动器、开关设备、绝缘体、蓄电池和干电池等的生产都在飞速增长。

化工（动力酒精与代汽油）

中国目前短缺物资替代品的生产中最重要的是通过植物油提炼酒精与汽油替代品（代汽油）。战前中国生产了总计两百七十八万加仑酒精做溶剂和医用。但和其他工厂一样，酒精厂都建在沿海城区。在四川，虽然作为炼糖副产品的糖蜜产量丰富，但因为没有本地需求，战前没有任何利用糖蜜提炼酒精的工厂。战争消耗亟须大量汽油生产，替代汽油的酒精生产也随之高速增长。自 1938 年资源委员会建立第一家酒精厂以来，自由中国的酒精生产企业如雨后春笋般大量涌现。内地有充足的糖蜜和谷物供给，因而酒精生产不存在原材料问题。

利用植物油分解汽油替代品是一种新兴工业。通过提炼植物油获得汽油替代品的理论可能性早已为人所知，但正是中国在 1939 年建立了一个实验工厂投入工业开发。目前该厂实验技术已获成功，资源委员会正以其为样板陆续新建工厂。目前生产的汽油替代品已能满足中国汽油总需求的 10%。

自由中国已在各地生产烧碱和纯碱。四川盐储量丰富，内迁的电解厂正在大量生产碱和漂白粉。在四川还发现充足的天然芒硝储量，正在以路布兰法大量生产烧碱。

目前烧碱和纯碱产量仅能满足 50% 的需求，通过定量配给，分别用于造纸、肥皂、染色、植物油分解等行业。电解厂和纯碱厂数量正在增加，预计到 1942 年底产量可以翻倍。但鉴于需求也在不断增长，配给制多半仍将继续。

国有和民营企业还生产各种酸以及其他化学物品。国有工厂中值得一提的有中央工业实验所下属的制革厂、陶瓷厂、硫酸厂、淀粉发酵厂、油脂实验厂等。

水泥

战争爆发时，四川水泥厂刚刚建设完工，是内地唯一一家此类企业。此后长江下游一家水泥厂内迁至湖南西部并于 1939 年开工生产。在其他一些地方又新建了 5 家小型水泥企业,其中 3 家已经投入生产。值得一提的是,除云南一家工厂主要使用丹麦进口设备外,其他新建工厂全部使用国产机械。水泥工业因此有所进步。为补充水泥产量不足,水硬石灰作为替代品被大量生产。

纺织

如前文所述,内地战前的纱锭数只有 67 000 枚,仅占中国纱锭总数的不足 1.3%。而这 67 000 枚纱锭中又有 40 000 枚毁于 1938 年的长沙大火,最终仅余 27 000 枚。如今自由中国的纱锭总数已增长 10 倍有余。一些沿海纺织机械成功迁至内地,此外内地的机器厂也生产了大量的纱锭。鉴于纺织品需求的高速增长以及相应的纺织业增产需要,国民政府鼓励机器厂大量生产纱锭。预计 1943 年内现有产能可增加 10 000 余枚纱锭。

面粉

自战争爆发以来,面粉业发展也获得长足进步。尤可注意之处是其设备大部分使用国产。就地理分布而言,现有 27 家面粉厂中 16 家位于陕西和四川境内。此二省之充足小麦产量使增建新厂完全可能。[1]

上文略陈过去数年自由中国经济重建之大概,文中所涉各行业其生产皆大幅增长。下表系对 1942 年与战争爆发前一年国内诸商品产量之比较,据此可见自由中国生产增长比率。

产品	与 1936 年相比百分比增长
棉纱	404
面粉	245
皮革	850
肥皂	292
火柴	260
煤炭	208
机制纸	1700

---

[1] 包括新旧厂在内,自由中国之面粉厂总计 27 家,其中战前内地既有面粉厂 5 家;战区内迁面粉厂 7 家;战时新建面粉厂 15 家。

续表

产品	与 1936 年相比百分比增长
白铣	151
钢	381
苏打	201
硫酸	3333
水泥	250
马达	9400
车间机械	7000
电力	216

目下自由中国大量生产的许多工业产品在战前内地都无法生产。这些产品包括：灰铣、灯泡、电解铜、干电池、烧碱、酒精、漂白粉、汽油、电缆、润滑油、无线电收发装置、石油、电话机、燃油。

一个值得注意的重要特点是，迄今所有进步均集中于重工业。此乃政府政策使然。如前所述，中国工业重建的主要目的是满足战争需要与奠定工业化基础。据此在政府眼中，重工业实属时下当务之急。尤其随着机械工业发展，轻工业设备与消费品生产未来势必水到渠成。中国工业重建的另一特点是政府之积极主导，此亦属顺理成章。首先，紧急战争需求迫使政府采取行动。当此国家存亡之时，国民政府如秉持自由放任政策，坐视工业自然发展以应战争所需，则时局必糜烂至不可收拾之地步。私人经济之考量，要以短期货币损益为准，实难孚战时众望。且投资战时所需工业可谓风险莫测，收益殊不可期。基于收益预期，私人资本能否发现有益或紧急之公共需求并协调动作以作相应供给，对此国民政府委实难以确信。其次，孙逸仙博士三民主义之社会公正理论主张发展中国国民经济时，工业应被置于公共控制之下。据孙博士教诲，私人资本可自行发展且贡献于整体工业体系，但绝不可任其掌控国家经济生活。为预防接踵工业化社会之种种无法餍足之典型经济病态——收入畸贫畸富、失业和社会动荡——国民政府应随时准备接管应属国有之工业。

经济部资源委员会系掌管国有企业之单位。该机构于 1932 年组建，两年内名为国防计划委员会；1934 年改现名，隶属国民政府军事委员会；1938 年重组，改隶国民政府经济部。授权重组之法律现仍有效，据该法，资源委员会负责"创办与管理国家基本工业、矿业与电力事业"。资源委员会下属职员众多，日常对矿产资源、原材料、工业潜力等进行广泛调查，目前下辖 41 家工厂、43 座矿山、24 座电站计 108 家实际生产单位。

各省政府也参与了各省企业公司的建设和发展。其各公司及注册资本如下：

企业公司	资本（法币）	成立时间
贵州企业股份有限公司	15，000，000	1939
福建企业股份有限公司	35，000，000	1940
陕西企业股份有限公司	20，000，000	1941
安徽企业股份有限公司	10，000，000	1941
广西企业股份有限公司	30，000，000	1941
广东企业股份有限公司	40，000，000	1941
江西兴业股份有限公司	——	——
云南省企业局	——	1941
川康兴业股份有限公司	70，000，000	1941
滇西企业股份有限公司	40，000，000	——
甘肃开发公司	20，000，000	1941
湖北企业股份有限公司	50，000，000	——
绥远企业股份有限公司	5，000，000	1942
西康企业股份有限公司	——	——

政府大力发展国有企业，但并未忽略民营企业。事实恰恰相反。过去 5 年间，国民政府不仅帮助私人工厂安全内迁，而且持续对其给予支持以促其充分发展。

对民营企业的保护政策可见于国民政府保障若干行业利润的一系列立法，根据这些法律，如果这些行业出现亏损，政府将承担其损失。法律保障明确列举的行业可获得 6% 到 10% 不等的年资本收益率。如收益低于最低标准，不足部分由国家财政拨款补偿。由经济部工矿业奖助审查委员会审查，根据具体情况此种保护可持续 5 至 7 年。该法适用范围近乎囊括自由中国所有重要工业部门，国民政府为此每年拨款数以百万计。1938 年政府颁布《关于非常时期华侨投资国内经济事业奖励办法》，该特别法为战时兴建的海外华侨投资超 60% 以上的国内企业提供包括资金与技术支持、免税、国有土地使用、运输优惠等在内的各种特殊优惠。

1937 年组建的工矿调整委员会[1]进一步强化了国民政府促进民营工矿业发展的努力。该机构由主任委员与副主任委员各一人领导。前者现由经济部长翁文灏博士本人兼任，氏亦兼领资源委员会主席一职。工矿调整处在沿海企业内迁工作上已取得巨大成功，但其所谓调整工作远不止于此。根据经济部法案，该处负责工矿企业融资、协调电力与物资供应、重大设备、计划新建、工矿产品分配及诸多归属"调整"概念范围内的其他事务。工矿调整处通过三种方式为民营企业提供融资帮助：首先是直接投资与参股，对象多为必须鼓励发展以打破现有"瓶颈"的生产部门。1942 年度此类投资金额已超法币 1000 万元。此外，另一重要方式是直接贷款，截至 1942 年 6 月直接贷款金额累计约法币 2000 万元。多年来，该处籍此已帮助大量企业应对资金短缺问题，但此种方式囿于其预算所限。因物价持续上涨，所有工业企业始终面临运营资本不足之问题，工矿调整处仅凭其自身无法满足嗷嗷待哺企业日益增长之需求。如无法发出贷款，该处亦可利用其影响，帮助值得资助的企业从四大国有银行获得贷款。事实上，过去数年，这也正是其通常手段。其结果总体尚属满意，因为银行发放工业贷款符合将货币用于生产而反对投机之政府政策。

中国工业目前所面临之困境为熟练劳力短缺与难以获得足量机械及配件以为扩产或替换。为解决第一问题，工矿调整处已在许多工厂建立学徒制度，自 1942 年以来已培养大量熟练技工。针对第二问题，工矿调整处于 1939 年初建立了材料库，随后从海外订购大量亟须之配件与物资。滇缅公路自开通即成为物资输入的重要渠道，仰光存有采自英美的大量物资，通过陆路运入

---

[1] 工矿调整委员会组建于 1937 年 9 月，隶属军事委员会。1938 年 1 月，根据《调整中央行政机构令》，工矿调整委员会缩编为工矿调整处，改隶于新改组的经济部。文中英文"Industrial and Mining Adjustment Administration"，译者根据时间划分，文中内容大致涉及 1938 年 1 月之前的均译作工矿调整委员会，其后均译作工矿调整处。尚祈读者留意。——译者注

内地，但其沦陷使这些物资遭受重大损失。

工矿调整处负责监督民营工厂，以确保其在战时工业总生产中尽职尽责，迄今已在各重要工业中心设立派出机构以执行其命令并代其现地处理地方工业问题。近期，工矿调整处派出一考察团赴西北考察。此西北工业考察团由实业家、银行家、工程师、经济学家和其他专家组成。该考察团是后续开发行动的开端。

三、战时统制

前文从生产着眼，介绍近来中国工业发展情况。当然，生产仅属战时经济之一部，分配则为另一重要部分。所谓分配即基于各种需求而对数量有限商品之使用。合理的分配必然要求根据优先等级进行计划与管控。

自由中国的生产虽已取得显著增长，但仍远不足以自给。海外援助断绝、庞大的预算赤字、纸币发行增高以及随之而来的投机和囤积都导致国民政府目前所面对之难局，其中尤以如何有效控制高腾之物价为甚。以重庆为例，其一般批发价格指数如以 1937 年前六月平均价格为 100 计算，则 1938 年为 136.2，1939 年为 237.1，1940 年为 641.6，而自 1941 年起为 1553。[1]其他城市同期价格变化基本类似。

因此，有效控制物价实乃当务之急，无法回避。迄今所实施的统制基于若干应对特定紧急需要而在不同场合分别制定的特别立法。被统制商品可分为若干范畴，据其所属范畴，其统制目的亦有所不同。

首先，统制商品包括制造业所需的金属与非金属材料、机械与机器配件等物资。这些属于生产物资，对它们的不同使用决定其最终产品的数量与种类。此类统制的第一步是建立全部现有库存的存货清单。相关物资生产商被要求按月呈报产品产出；被管控的交易商必须按月向政府机关报告其库存、销量、新增订单或运输清单。此存货清单使国民政府能够了解整体供给情况，制定物资使用相关政策。采购许可是一种辅助性措施，购买此类物资必须向工矿调整处申请并获得批准。该处根据购买是否符合政府政策做出相应决定。根据各种公共需求紧急程度的优先顺序，对物资进行使用。此范畴内的物资如果主要产自自由中国，则其价格统制以"成本+合理利润"为基础；如来自

---

〔1〕 参见经济部统计局出版之《重庆市物价指数》，1942 年第一期第一卷。

国外，则需求数量被加以限制，从而对市场交易价格产生限定性影响。运输此类物质也需要政府许可，如无许可从事内港运输则会被没收。

其次，一些矿产和原材料也在政府统制之下，以供出口。除去矿产品以外，属于此类范畴之货物包括羊毛、猪鬃、生丝、桐油和茶叶。财政部贸易委员会以固定价格收购这些货物后出口至海外市场。国民政府事实上是此类货物国内唯一买家和海外唯一中国卖家。国民政府接管此类货物贸易以确保获得外汇，偿还到期外国贷款。政府管控的矿产包括钨、锑、锡、汞、锰、铋等及相关化合物。这些矿产全部归属国有，由资源委员会负责开采和销售。管控的目的不仅仅限于换汇。这些矿产均属战略物资，国民政府不希望它们通过走私或其他方式用以资敌。

日用必需品是第三类统制商品。财政部已垄断了盐、糖、火柴、烟草等货物，此外还组建粮食部以管控食品。此类垄断的主要目的是国家岁入，所以垄断并不意味着相关商品价格的降低。粮食部以实物方式征收农地税并负责向地主征收大米。由是国民政府可掌控足够数量的食粮以确保其对谷物市场之决定性影响。

但是，对于其他必需品的统制则更为复杂。1941年2月初，经济部制定《非常时期取缔日用重要物品囤积居奇办法》，规定实施统制的日常必需品种类。迄今此紧急立法仍是政府统制的基础，根据该法，日常必需品被分为四大类：食品、衣物、燃料和其他（包括盐、纸、火柴、菜油）。现在食品、盐、火柴的统制均已建立。其他则由1942年3月成立的物资局负责管理。[1]物资局作为经济部下属部门，享有《经济部物资局组织法》所授予的广泛权力，有权调整生活必需品供需关系，负责建立必需品存货清单并据此进行相关分配。物资局对其所统制的六种商品中的五种限定最高价格并负责调查囤积及其他违法行为。此六种商品为棉花、棉纱、棉布、煤、菜油和纸，其中前四种至关重要。

关于这些必需品的统制细节难以尽述。物资局统制棉布价格政策的两个主要特征值得注意，它们亦可被视为该局统制其他商品一般方法的具体范例。首先，物资局通过控制足量供给来限制棉布价格。其次，物资局通过控制棉布生产原料的方式以统制成品棉布。物资局所致力建设的统制机制核心内容

---

[1] 该局于1943年初被裁撤。

大体如下:

物资局规定其收购棉产区全部棉作物和征发纱厂超过限定指标的多余库存的价格。由此获得的棉花根据配额分配至各纱厂,各纱厂则以其所产棉纱交换,政府将所得棉纱再一次与纺织厂生产的棉布交换。这样最终产出的棉制品就被置于物资局的直接统制之下,其销售价格被固定为成本加合理利润。这一机制看似简单,实际操作则困难重重。要之,如果物资局以持续升高的市场价格作为棉花固定收购价格,棉布价格就无法降低;另一方面,如果物资局过分压低棉花收购价,最终棉花供给来源就会出现问题。在没有其他政府措施的情况下,棉农是否愿意继续种植棉花取决于生产代理商从其他生产途径所获的相对利益。如果其他商品价格未被严格限制,而棉花价格过低的话,毫无疑问生产代理商会转向其他生产,棉花短缺就不可避免。

依赖固定薪金的政府和教育机构职员是物价动荡时期受冲击最大的社会阶层。物资局的职能之一就是通过合作商店以合理低价向这一阶层人员及其家属提供衣物、煤、菜油。为获得这一特殊照顾,所有薪金人员必须加入专设的合作社。他们每月从合作商店获得配给的少数生活必需品。大米的配额根据家庭人口,其他生活补贴则由政府通过相关人员领取月薪的劳资部门进行分配。

由前可见,实际统制权主要由财政部、粮食部和经济部掌握。经济部内部的实际统制权则归于国家资源委员会、工矿调整处和物资局。物资局又有三个下属重要部门负责具体工作:农本局负责棉花和棉布;[1]燃料管理处负责煤炭供给;平价购销处负责以大幅低于市场价格的优惠价向公众出售必需品。同时,社会部负责管理劳力工资;交通部负责管理铁路、水路和畜力运输价格;国家军事委员会下属运输统制局负责卡车运输和液体燃料。外汇问题由财政部下属的外汇管理委员会负责。四联总处负责处理物价平准基金事务,物资局及其下属部门从物价平准基金获取大宗款项以为商品交易开支之用。

在负责统制经济的各政府部门之上是行政院国家总动员会议。该会议由行政院院长、副院长、各部部长、军事委员会参谋总长、副参谋总长,最高

---

〔1〕 农本局现更名为花纱布管制局,隶属于财政部。该机构的功能和组织自组建以来历经巨大变动,目前其权责被大幅缩减,仅限于棉花收购、棉纱交易等。

国防委员会秘书长、行政院秘书长、国民党中央秘书长等人组成，是一个政策制定和协调部门。它负责批准并监督行政部门制定的与战争总动员相关的方案、计划和规定，不负行政责任。国家总动员会议决定由会议首长——行政院长公布生效。该会议成立于 1942 年夏，下设若干技术部门，负责军事、人力、财政、物资供应、交通、调查等事务。在此之前则由行政院经济委员会负责大体相同事务。

随着战争的推进，物价统制法规愈加复杂苛刻，执行也愈加严厉，其发展历经三个阶段。1938 年初，物价之迅猛提升已然清晰可见。但此刻物价变动原因其实更多是各种地方性心理因素而非商品短缺。1939 年 2 月 20 日经济部颁布《非常时期评定物价及取缔技机操纵办法》，寄希望于各业公会的理智和自我约束来平稳物价。在各城镇，地方政府、商会和日常必需品商家共同组建地方性的评价委员会。根据法律，该委员会通过的商品价格协定以各地具体条件和战前各年份物价平均值为基础。如果物价成本是由于战争导致，则商品价格可定为现有成本加上合理回报。但地方贸易商户的自我约束并无效果，亟须更严厉的管控手段。此为物价统制第一阶段。

战争爆发后，政府旋即颁布《战时农矿工商管理条例》，一年之后全面修正为《非常时期农矿工商管理条例》。此后经济部根据该法开始对选定商品实施统制，其目的不仅为促进战时生产，还旨在稳定相关商品价格。由此物价统制进入第二阶段：通过控制供给统制物价。1939 年末，经济部组建平价购销处，开始通过控制供给统制生活必需品价格。平价购销处逐渐在重庆市内和周边建立了连锁供给站，以低价出售沿海口岸输入的各种商品。

物价统制第三阶段，国民政府开始严厉打击商品囤积和投机。1939 年末，物价腾飞之势丝毫未减，商品囤积和投机愈演愈烈。心理及其他因素继续推动物价升腾。一个恶性循环的阴影渐次扩大，笼罩时局。当此关节，经济部颁布《取缔囤积日用必需品办法》，限制投机行为。该办法规定，政府部门对囤积商人建议与警告后，其仍拒绝以合理价格出售所囤积储备物资的，政府得强制购买。1941 年 2 月颁布的《非常时期取缔日用重要物品囤积居奇办法》进一步强化了政府的打击力度。根据该办法，政府得没收被囤积必需品，对囤积居奇者可处以高额罚款或有期徒刑。随着经济委员会的建立，经济警察部队被组建以侦查违反该办法的囤积行为。目前该部队隶属国家总动员会议调查部并与物资局密切合作。

1943 年春，为杜绝囤积居奇，银行监管也开始实施。商业银行必须每十日向财政部或央行汇报其相应期间存、贷款数量及汇票金额。同时，银行监理官可以查阅各金融机构账簿进行检查。财政部也在重要金融中心派驻特派员进行此项工作。而物资局也对银行贷款超 5 万元的重庆各商社、店铺的账簿和业务进行严格检查。如此国民政府可掌握银行贷款的使用情况。诸多囤积投机及其他违法商业行为都被发现并加以处罚。1942 年 3 月通过的《国家总动员法》对牟取暴利的处罚也更加严厉。

当"钱贱物贵"时，正确的补救方法是大量回笼货币。为吸收公众过剩购买力，政府对收入、暴利、自然增值等苛以重税，并向公众大量发行条件优惠的政府债券。政府对银行运营的严密监督对信用收缩也居功至伟。

另组联合国？（译文）*

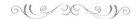

对联合国最感觉失望的人们来说，目前情形很明显，谁也没有办法和苏联合作，但也没有方法把它驱逐出去。他们引用苏联战后的行动及使用否决权，来证明他们的看法并不错误。然而，假如苏联阻碍联合国执行职权，其他会员国有采取两种步骤的可能，而根据这两种步骤，他们仍可为联合国的目的——世界安全与进步——而继续努力。

非苏联集团的会员国，可以尽力发展这些苏联所不能干涉的联合国的效用和权力。假如这步骤失败了，那它们可以集体从联合国退出，再建立一个不包含苏联的同样的机构。

第一个步骤——即在现在联合国机构内，不顾苏联的反抗来工作——需要清晰地了解该机构的目标、能力和限制。联合国的目的——世界和平、安全和进步——已为众所周知，但是它的能力和限制尚未能为人人尽晓。明显地，一般人对联合国是估计过高。那些熟读联合国宪章的人都承认，联合国必须有五强密切的合作，才能维护世界和平与安全。联合国并非一个具有武力足以维持和平的机构。依法理，它根本不能压制五强中任何一强——而纵令无否决权，它亦没有这力量去压制美国或苏联。

既如此，苏联的阻挠战术，并不曾把联合国争取和平的力量剥夺多少。那种力量根本也就不曾存在过。苏联的不合作仅只阻挠了造成世界安全的合作——有或没有联合国都是一样。

否决权问题

在理论上讲，苏联阻止联合国不能实现计划与希望中的政策，只限于在安理会中遇到实质事件时，才能运用否决权。它在联合国大会上、国际法庭

＊ 原载于《时与潮半月刊》1947 年第 28 卷第 4 期上的 "联合国问题专号"，署名仲刚。译自 *World Report*。

中、托管会议中、经济社会会议中或附属机构中，俱无此种权利。实际上，苏联可以稽延或转变这些机构的讨论。然而，无论如何，它不能阻止大多数会员的最后行动。

因此，在许多例子中，苏联的稽延战术，如果大多数会员坚持限制讨论和迅速行动，也就可击破。在这种不出席与否决权不生效的情形下，假如联合国决定这样做，没有苏联也可以照常执行职务。

但是，不顾苏联的反对，我们要在可以运用否决权的安理会中强制执行一件行动时，我们应当怎么办呢？

联合国宪章中载有"区域办法"一章，以备应付与安全有关之事，并明言会员国如遭遇武力侵略时，有单独或集体行使自卫权。除开它们必须与联合国宪章不相抵触之外，对于所谓"区域"及"办法"二词，皆无限制。它们并无须得到安理会的认可。

但是"区域"行动，除非遇到"武装侵略"时候，则必须得到安理会的认可。在这种情形下，"区域"防御的计划，可于安理会采取必要行动维持和平以前，无顾忌地实行。因为每一个有否决权的会员国，都能阻止安理会采取上述行动，所以"区域"自卫的计划，可以无限的不受安理会的干涉。

因此，不顾苏联的继续不合作，联合国各会员尽可组织一个苏联集团以外其他会员的"区域机关"，而如遇必要时，可利用否决权阻止不受欢迎的安理会的干涉。

假如所有非苏联集团的国家都来参加这个"区域办法"，假如它们能保证贡献出集体防御的力量来，假如一致承认任一侵略行为皆为"武力侵略"，这个机构便能产生最大的效力。这种"办法"到底能做到何种地步，主要的还要看苏联把大家激怒到什么程度。

假如苏联继续无限制地阻挠联合国的行政和发展，另外一个步骤便是，所有非苏联集团的国家，都退出联合国，另组一个不包括苏联集团的机构，一直到苏联肯来合作时为止。让我们和前者比较一下看：假如这个新机构和"区域办法"一样，也可以有同样数目的国家参加，有同样的资源，那么从安全的立场上说，这个计划还更胜一筹。它便可不必被限制在防御"武力侵略"上。它也不必偷巧地运用否决权才把安理会的主要作用移至区域办法。它可以成为非苏联集团国家的组织，谋本身一切的利益，解决它们自己的问题，和假如需要的话，防御苏联的侵略。

对苏联今日所可稽延而非阻止的联合国各行政及行动而言，这个新机构相较可以更迅速、更有效地执行职权。这个国际机构的新宪章，可能把旧宪章的缺点改良了。在另一方面，联合国有些活动，如联合国大会、社会经济会议、国际法庭等，其主要价值本在它们的全球性，因此当然略有损失。

不利之点

但是，在由于苏联的始终不合作而考虑全体退出联合国之前，有某些因素是很值得注意的。

联合国是人类为了消灭可诅咒的战争和发展一个安全和进步的世界，所尽的最大努力。若是四十多个国家退出，便证明这个努力失败了。此外，我们得承认，欧洲的和约和复兴，现俱未达到联合国直接关心的地步。当然，苏联对于欧洲问题的不合作，同它在联合国的政策是无所轩轾的，即当联合国将要把它这两种立场视为一物的时候，已经为期不远。也许到那时再看比较好一些。

兹将联合国有没有苏联参加的问题，择要述之如下：

（1）战后，苏联在联合国内或联合国外，俱未与四强合作。

（2）在欧洲局势未明朗化之前，这种不合作至何程度也不易看出。

（3）假如苏联继续使用阻挠联合国的战术、该机构以大多数会员国的行动，可以有效地克服苏联的阻力——除在安全与强制执行的案件上，那是苏联可以运用否决权的。

（4）在苏联可用否决权阻挠有效行动的事件中，非苏联集团的国家，可以大量利用宪章中的"区域办法"来击破苏联的阻挠。

（5）这个"办法"可包括反武力侵略的集体防御和大规模的反侵略协定。会员国可以任意解释"武力侵略"一词，并可依赖在安理会中的否决权对它们认为需要的行动避免安理会的干涉。

（6）在这种情形之下，假如苏联仍保持一个强大的阻挠力，并且变得甚而无法维持联合国的形式，那么所有不受苏联统制的国家，可以都退出联合国，再组织一个新联合国。它们可把大门打开，有一天让自新了的苏联进来。但是除非那一天真正到来，它们应把这个新组织看做是一个军事防御联盟。

我们对学潮的意见 *

武汉大学教授：金克木　张培刚　曾炳钧　邓启东　韩德培　萧文灿 [1]

　　在学潮如火如荼蔓延全国的今天，我们这些从事教育工作的人，鉴于局势的异常严重，已不容安于沉默，无所表示了。我们现以国民的身份，一述我们对当前全国学潮的意见。

　　自五月二十日京沪苏杭等地专科以上学校的学生，在首都举行"挽救教育大危机"的游行，并与军警发生冲突以来，全国各地的大学生便纷纷响应，先后都罢课、请愿、游行。这个学潮，现在已是一个全国性的学潮了。学生们除请求政府改进教育设施、增加副食费而外，另一个最明确、响亮而普遍的要求，便是停止内战，实现和平。经过八年的艰苦抗战，我们国民莫不盼望有一个长久的苏息安定的机会，好让国家走上建设复兴之路。然而，抗战结束，不到两年，大规模的内战，竟以凶猛无比的姿态，在全国过半数的省份，广泛残酷的进行起来。请闭目想想：在今天，每一小时每一分钟之内，有多少善良无辜的男女同胞，在漫天炮火之下，白白的死于非命！因为内战，通货膨胀，物价飞涨；因为内战，交通阻塞，工商凋敝；因为内战，征兵征粮，农田荒废；因为内战，除了少数特种人物而外，生活的压迫使得每个国民都喘不过气来，于是教师"罢教"，工人"罢工"，军人"哭陵"，穷人"抢米"；因为内战，我们的国际地位已一落千丈，不必说什么"四强""五强"，我们早已无分，就说对日本反动势力的潜滋暗长，意图卷土重来，我们虽以战胜国的一员，虽以利害关系最为深切的一个紧邻，也只有坐视我们的"盟国"任意安排，而不敢出一声怨言，提半句抗议。像这样的内战，若继续进行下去，除了杀戮无辜同胞，断送国家前途，把全国国民一齐拖到死亡的边缘而外，还有什么？我们扪心自问——也请有良心的人们扪心自问——我

---

　　* 原载于《观察》1947年第2卷第15期。
　　〔1〕 此为原标题下署名。

们对于这些学生深恶战争、热望和平的心情，有什么充分理由能说他们不是？老实说，在今天，反对内战祈求和平，已不仅仅是他们大学生的要求，而实已成为所有关心国家前途的国民的共同要求了。我们站在教育工作者的立场，当然不愿意看见学生们浪费他们求学的宝贵光阴，去罢课、请愿、游行。我们应该劝导他们赶快复课，并力戒他们感情用事，作任何无谓的举动。然而，我们对于他们反对内战祈求和平的呼吁，却不能不寄以无限深切的同情。

这次学潮发动以后，政府唯一的对策，似乎就是颁发一个"维持社会秩序临时办法"，要以武力加以镇压。我们替政府着想，本深切了解政府不得已的苦衷。但我们从彻底有效的平息学潮方面着眼，却不得不指出：用武力镇压学潮，绝不是一个最妥当的办法。学生们的动机如属纯洁，目的如属正当，而他们的行为，又仅限于罢课、请愿、游行，并未毁坏公私财物，伤害他人身体，或对行政长官实施强暴胁迫，实在尚说不上"行动越轨"或"扰乱社会秩序"，也就用不着"采取紧急措施"，调动大批军警，以如临大敌的阵势，横加干涉，更用不着以木棍、铁棒、皮鞭、水龙或其他武器，对手无寸铁的学生包围痛击。纵然学生们的行动间有失检之处，政府如要执法以绳，也尽可由各地负责治安的当局，依照违警罚法办理，何须特别颁发一个"临时办法"，在"紧急措施"的名义之下，授各地军警当局以生杀予夺之权？青年的感情，是最容易激动的。各地军警当局，措施稍一不慎，便易激起学生的反抗情绪，酿成轻则伤身重则丧命的流血惨案。五月二十日首都的一幕悲剧，就可说是这样演出的。目前政府假如不愿取消这个"临时办法"，却应令饬各地军警当局，对学生的罢课、请愿、游行，必须以极审慎的态度处理，万不可动辄用武力干涉，庶可避免发生意外。我们切盼任意伤害青年逮捕青年的种种措施，不致发生于今日国民政府的统治之下。

说到彻底有效的平息学潮一点，我们觉得政府方面对这次学潮发生的根本原因，应该很虚心地作一番深切的考虑。学潮发生以后，政府高级负责人员往往表示说，这些学生是被"奸人"所"利用"，被"少数野心分子"所"鼓动"。姑且不问这次学潮是否由"利用""鼓动"而起，假定"奸人"或"少数野心分子"居然在数日之内，便能"利用""鼓动"全国这样多的大学生，发动一个这样汹涌澎湃的学潮，那就证明"利用"或"鼓动"的背后，必有一些实实在在可供"利用"、可供"鼓动"的重大事故，值得当权在位者的深切考虑。我们认为这次学潮发生的根本原因，还是在于青年对国事的极度忧闷，对现状的极端不满，尤其是对目前正在剧烈进行的内战的深恶痛绝。当权在位者如果真想彻底有效的平息学潮，断不宜对这个根本的原因漠视不顾，断不宜专从消极的武力镇压上去下功夫，而宜从积极方面，对解救当前国家的危机，认真努力，使得全国学生以至全国国民，都感觉国家前途尚有一线光明，而不致被内战的魔掌推入黑暗无底的深渊。倘能如此，不但像这样全国性的学潮，不平息而自平息，就是全国国民对政府当局的信任，也必可因此而加强。我们现愿乘此机会，一方面恳切的希望全国各地的大学生，必须珍惜自己的学业，赶快复课，不可长久罢课下去，浪费自身求学最可宝贵的光阴，更不可让感情支配理智，作出任何轻率的举动，致受不必要的重大牺牲；另一方面更热切的希望政府负责当局，于慎重处理学潮之外，目前对于以下几点，必须迅速作最真实的努力：

一、以和平求统一，而不以武力求统一。

二、政府应邀同第三方面，力谋与共产党恢复和谈，停止内战，并以最大的忍让，依政协决议，成立联合政府，而共图宪政的实施。

三、切实保障人民的身体、居住、言论、出版、集会、结社种种自由，尤须严禁非法的逮捕和干涉。

四、一切经济措施，必须以人民的福利为前提。必须切实平抑物价，安定民生。必须彻底清除豪门资本、官僚资本，使其不能为害于国家健全的经济生活。必须改组各项国营事业的上层机构，使其政策的决定、业务的经营，能真正以大多数人民的福利为目标。

五、教育经费应确定为不得低于国家总支出的百分之十五。政府应指拨充足数量的外汇，以供购买图书仪器之用。一切党团机关，必须退出学校。学校应有讲学和研究的绝对自由。

五月二十八日

评拉斯基的 《美国的民主》 *[1]

第二次世界大战后美国从 "民主国家的武库" 一变而为 "世界资本主义的最后堡垒"，它的国力发展差不多快到极盛的程度。在最近几十年内，国际政治的演变无疑地将因这个国家的动向为推移，因此这个国家里民主的内涵，是值得一番分析和考虑的。

对于这个内涵的观测，拉斯基教授的推论是：（一）美国的民主主要是中产阶级的民主（页十七）。（二）美国政治民主的形式虽然模糊了经济寡头的社会基础，却掩盖不了这个事实（页十九）。（三）直至一九二七年世界经济萧条的时候，美国政治民主的组织愈充分，经济寡头的权力亦愈强大（页五十二）。这三点说法并列在一起似乎是自相矛盾的。事实是这样：美国是政治平等、选权普及的国家，而共和、民主两大政党都是代表地主、工商业家富室利益的（只共和党完全在资本大亨驱策之下，民主党则在罗斯福总统时代倾向于社会改革稍有不同）。议院是各种利益集团的角逐场所。法院与律师携手同做了有产阶级的保护人。报纸、无线电、电影片等原是民主制度的利器，但都为雄厚的资本所垄断。教育及科学研究机关里亦充满了富商大贾的经济势力。在一个实行普选制的民主国家内，这处处为富室力量所笼罩的局面如何能得到一般人民的容忍和支持呢？原书内似乎可找出两点解释：

第一，美国的历史是一部扩张或开拓的历史。过去在疆域上、富源开发上和科学应用的发展上，美国人都有过伟大的成就，显然有不尽的前途。只要不断有新的领域、新的机会足供开发利用的时候，美国人是会继续向前创造他的新天地，不受到既得利益的窒息的。

第二，心理上因过去新疆域的开展予人以无穷尽的机会，随处都是个人

---

* 原载于《社会科学》1948 年第 5 卷第 1 期。

[1] Harold J. Laski., *The American Democracy: A Commentary And An Interpretation*, New York, The Viking Press. 1948. pp. X, 785. U. S.

努力成功的好例子，这形成了一般人乐观的看法。大家都相信：只须他能努力，人人都有变成福特、爱迪生、林肯的可能。美国的社会是动的、变的、扩张的，个人的态度亦是进取的、活跃的、自信的。他绝不相信他的情况会停留在现阶段。福特、洛克弗勒不是他攻击的目标，倒成了他努力的榜样。奋斗成功超越侪辈只赢得社会的喝彩；趑趄不前、挫折失败是个人的罪过。美国社会这样彻头彻脑地浸润在物竞天择的个人主义里面；向前的希望引导着这个富有生命力的社会不息地向前进路上走。换句话说，美国的富贵阶层，过去不成为一个封闭了的阶级，原来站在社会阶梯下的人们都幻想着能爬上阶梯的顶点。这说明了美国政治民主能够与经济的寡头掺合在一起的原因。

在黄金俯拾即是惟赖个人努力的气氛之下，人民的生活又远超过了任何国家的水准，所以一般的美国人都是和善的不容易接受社会主义或激进主义。同样的原因，美国的劳工运动缺少社会主义的意识，只具备浓厚的工会主义的色彩。

但是，美国人对于他周遭环境的虚幻，也不是不曾意识到或感触到，不过他是迷惘的。辛克莱·路易斯所描绘的巴彼特先生便是许多美国人的性格心情很好的一个写照：

"巴彼特先生的性格是仁慈的、好客的，有的时候他自以为他是能从主宰他的社会习见成规里解脱的。他是一个好丈夫、好爸爸，一心要娇养他的儿女。他很满意他的汽车和他的房子，切望他的太太能够花钱，花钱的力量不要落在普通邻居太太之后。他难得念书，更少有思想，他的周遭绕着一厚层所谓好人的气氛，这蒙蔽了他对于真实的觉察。他能够义愤的，不过当他计算将义愤变成行动所遭遇的牺牲时，他才明白他是一个不敢图逃的俘虏。他安定下来接受了他周遭的成规习见，这些成规习见据说是美国的传统。不过，他不自安地怀疑着，疑心这正是对美国传统的否定。"（页二十二）

美国人的意识里不是没有问题的，尤其在一九二九年的经济危机以后，只是他平时不曾追问、不敢追问罢了。只有在面临一个重大危机的时候，他才能冒巨大的牺牲，才能将他的思维超越到"灌溉自己的家园"以外（页十五，卅八）。在这样的时候，美国人民才能严肃地考虑他们的社会基础的问题。

拉斯基教授这本书包罗宏富，是经了几十年的观察，动笔后又经过几年才写成的。著者博闻强记，下笔纵横。他对于美国的了解是深广的，批评是善意的。原书是美国民主制度的一个诠释，所以不乏辩解的成分，也不免有繁复的地方。但不成问题的是它是继布来士的《美国民主政治》之后第一部关于美国民主的巨著，而且是有历史价值的巨著，是一部关于美国知识的宝库。它说明了美国在资本主义发展到最高度的时候，在政治民主的形式下所蕴含的经济寡头的实质。

全书分十四章，专门讨论政治制度的只占两章。他认为在三权分立的联邦制下，美国的总统已居于领导议会的地位，经济统一的力量打破了邦权分立的藩篱。

著作

国际劳工组织 [*]

弁　言

劳动立法随国际工商业之发展而成为一个国际问题。在国家主权观念几于无法打破的国际无政府状态（International Anarchy）之下，应用何种方式可使超国家的力量去有效地影响各国国内的劳动立法，此属于国际合作的技术问题或设计问题。

国际劳工组织代表国际劳动立法之一种设计。在国际劳工组织的计划之下，因国际劳动立法而生之诸种问题如何解决，作者在本书内曾就所有参考资料企图为相当之说明，此处无需赘语。本书内容计分八章。第一章、第二章略述国际劳工组织之所由产生的背景。从第三章到第六章以《凡尔赛和约》劳工篇及劳工局历年发表之诸种文件为根据，分析国际劳工组织之内部结构及工作进行状况。第七章就劳工组织在保工立法方面的成绩作一粗略的检阅。第八章结论。作者学识简陋，对于这么一个庞大而复杂的组织，观察未到、叙述未周之处自所不免，倘承读者不吝赐教，无任感荷。

作者草成此书，承陶孟和先生校阅一过并承指示，作者应特别感谢。又本书在写成以前有的部分即经好友杨西孟先生看过，并当致谢。最后，作者应特别感谢好友刘桐先与樊止平两先生用了他们宝贵的时间替作者在本书付印前将原稿细阅一遍，并承批评和建议，使作者得到许多启示。本书虽经许多人看过，不过对于本书的内容应当负责的，当然是只作者个人。

作者·一九二一年五月

＊　本文系社会调查所社会研究丛刊第十种，出版于 1932 年 7 月 1 日。

第一章
劳工运动与产生国际劳工组织的环境

欧战以后国际间产生了三个重要机关：一为国际联盟，二为国际常设裁判法庭（或称常设国际裁判院），三即国际劳工组织（The International Labor Organisation）。

国际劳工组织的目标有二：第一，从工人本身说，是直接为工人谋生活的改进；第二，从社会方面说，是由工人生活地位的提高以泯除社会不安的现象，因以减少世界动乱的因子。而其所取的方法，是借国际共同的力量，以公约草案及建议案的方式，促进各国对于劳动立法之改善。

国际劳工组织虽可谓是国际联盟的一部分，但具有独立的性质。此项组织的内部计有三个机关，即：（1）国际劳工大会；（2）劳工局；（3）劳工局理事院。

此项组织的职务可分两方面：（1）成立国际的劳动立法草案以待各国批准。（2）搜集各种与劳动有关问题的材料，整理研究，刊行报告，以供各国立法机关及研究劳动问题者之参考。

国际劳工组织与国际联盟一样，是依战后和约的规定而成立的——国际联盟盟约为巴黎各和约的前二十六条；成立国际劳工组织的公约为《凡尔赛和约》的第十三篇（Part XIII of the Treaty of Versailles）及圣宅芒与特喇农条约（Treaties of St. Germain and Trianon）的相同部分；涅宜条约（Treaty of Neuilly）的第十二篇——不过在媾和条约中为什么有关于劳工的规定呢？此项规定之得以成立，并不是纯出于当时欧洲各国政治领袖自愿地为工人谋幸福的纯粹动机，亦不是真由民治主义战败专制主义的成功。国际劳工组织产生的由来，有近百年保工运动的背景，有世界各国工人组织的要求，有战时军事的影响，有战后国际政治经济的关系。以下我们看一看在国际劳工组织成立以前与此项组织之成立有关的几种重要事实。

I 工会组织的发展

国际劳工组织所欲与增进福利之对象既为工人，则工人数十年来在此方面奋斗的情形，自为吾人首当注意的事实。在一八六四年第一国际的规条之序言里马克思（Karl Marx）曾经说过，工人的解放须工人努力躬自奋斗为之。[1] 平心而论，各国工人在法律上得到现时的地位，在政治上得到一般的重视，亦莫非奋斗的结果。

劳工自求解放，自非劳工本身有强大的力量不可，但劳工力量的强弱仅能依其组织的行动显示之。故吾人亦须就工人组织的进展，以见工人自求解放的力量。工人有组织的行动在工业革命以前，虽有如法国一三五八年的劳农运动（The Jacquerie）、英国一三八一年的社会骚动（The Social Revolt of 1381）及德国一五二四年农民战争（The Peasant's War）等事，[2] 然近代工人组织的运动，则是工业革命附产的现象。工业革命一面促成阶级的划分，一面却使多数工人因同在工厂生产的关系，有了集合的机会。

工人的组合最初为各国法律所不许。英在一八二四年前规定，（1）凡工人共同协定工资及工时之条件要求者，（2）组合以谋增加工资缩短工时及减少工作力量者，（3）凡阻止他人受雇者，及（4）凡召集、出席，或赞助关于工资、工时及其他劳动状况契约之集会者，均属触犯刑章，罪当处罚。[3] 法在一七九一年沙普里法（Loi Le Chapelier）施行后，集会以图决定共同利益者必以严法绳之。至一八八四年瓦尔德克—卢梭法（Waldeck-Rousseau Law of 1884）成立以前，工人组合亦于法禁。[4] 德国则有卑斯麦一八七八年的反社会主义法令（The Anti-Socialist Law of 1878），直到一八九〇年才取消。在此项法令下解散的社团凡332个，就中有95个是工会组织。[5] 奥国一八五九年的工业法规禁止工人及雇主同业的组合，至一八六九年，经过维也纳的骚动以后，工人才稍稍得到一点组合权。[6] 各国工人在未得到法律上组合的自由以前，组织的发展，自不免受强烈的阻碍，不过工厂制度既集中多数利害与共的劳工在一起，工人组织的策划运动，绝非单纯法律的力量所能绝对禁止。如英国在拿破仑战争后十年间，工业不安的状态异常明显，至一八二四年工

---

〔1〕 C. M. Stekloff, History of the First International, appendix, the Preamble.

〔2〕 Ogg and Sharp, Economic Development of Modern Europe, p. 400.

〔3〕 Ogg and Sharp, ibid., p. 403.

〔4〕 Ogg and Sharp, ibid., pp. 438-9.

〔5〕 Ogg and Sharp, ibid., pp. 431-2

〔6〕 Ogg and Sharp, ibid., p. 451.

人暗地的结合到处皆是。法国在十九世纪中工人私自结合变相的团体以对待资方者，亦有工会（Compagnonnages）、朋友会（Mutualites or Friendly Societies）及对抗会（Societes de Resistance, or Societies of Resistance）等团体。至一八六〇年，工人组织异常活跃；此等组织在法律上虽未得合法的地位，然一八六四年后工人罢工，即为罢工而组合者，政府亦不得不承认其合法，不复干涉。[1]

各国工人逐渐得到法律上组合的自由后，组织的发展虽亦时受工业盛衰的影响，大体上总是日趋强固。单以英、法、德、意、美等国而论。英国在一九一四年，工人加入工会的已有 3 959 863 人，工会的数目有 1123 个；在一九一九年，工会成员逐增至 8 024 000 人。[2]德国的工会组织，在一九一四年主要有三种工联：一是社会民主工联，或称自由工联；二是希董工联，即希尔士（Hirsch）与董刻（Duncker）二人所组织之工联（The Gewerk vereine）；三是基督教工联。三种工联之中以第一种为最强大，在一九〇七年加入人数已增至 1 886 147 人之多。同年希董工联亦有 108 889 人，基督教工联有 354 760 人。此外如受资方资助及波兰人工联等，尚不在内。至一九一四年，德国工联组织在法律的地位上和本身的力量上，更是日进无已，工联数与人数均大见膨胀；至一九一九年工人属于工会者，约达 1190 万人。[3]法国工人自一八九五年全国工人联合会（C. G. T.）成立后，该会所代表的人数在一九一〇年已有 357 814 人，在一九一九年有组织的工人有 250 万。意大利的工人组织在一九一四年时亦分三类：即社会主义或中立派工联，基督教工联与工团主义工联。在一九一〇年中，第一派工联（即社会主义派）有 64 万人，第二派（即基督教派）有 108 000 人，第三派（即工团主义派）有 112 000 人；单以三派论，共有 86 万人。至一九一九年，全国有 180 万有组织的工人。此外，奥国在一九〇七年有组织的工人不下 501 094 人。匈牙利的工联之属于其国中央联合会者，在一九〇七年虽仅 130 192 人，而工联主义之运动则继进发展。捷克斯拉夫在一九一九年有组织的工人达 130 万人。[4]美国战前有组织的工人在一九一三年有 272 万余人，至一九一九年达 560 万人以上。约计世界各国工人之

---

[1] Ogg and Sharp, ibid., pp. 440-1.

[2] Ogg and Sharp, ibid., p. 419, 759.

[3] Ogg and Sharp, ibid., pp. 433-438, p. 759.

[4] Ogg and Sharp, ibid., pp. 445-452, p. 759, 关于各国工人数目，上述数字均系近似数。

属于工会组织者，除俄国、中国、日本、巴西、印度、葡萄牙、希腊、墨西哥、波兰等十数国家未计入外，从第一表看在一九一三年不下 1476 万余人，在一九一九年不下 3286 万人。[1]

在大战前，工人除在国内各有组织外，已有国际的组织运动。其偏于政治方面与社会主义者在国际上的联络，战前有第一国际（The First International）及第二国际（The Second International）。至工会方面，自一八八九年七月，英、法、德、意、美、比等国印刷工人的代表在巴黎开第一次国际印刷工人大会，及次年五月，英、法、德、奥四国的矿工总会会议成立一国际矿工联合会后，各国工人逐渐有成立同业工人的国际联合会之倾向。在一九〇〇年业经成立的国际同业工会干事处（Trade Secretariats）已有 17 个，至一九一一年增至 27 个，代表的人数在 368 万人以上。（见第二表）

第一表　各国工联人数[2]
(1913 年与 1919 年)

国名	1913	1919
澳大利亚	498 000	628 000
奥地利	253 000	772 000
比利时	203 000	750 000
布加利亚	30 000	—
坎拿大	176 000	378 000
捷克斯拉夫	107 000	657 000
丹麦	154 000	360 000
芬兰	28 000	41 000
法国	1 027 000	2 500 000
德国	3 572 000	9 000 000
英国	4 192 000	8 024 000
匈牙利	107 000	500 00
意大利	972 000	1 800 000

---

〔1〕　参看下文第一表。

〔2〕　表据 American Labor Year-Book, 1926, p. 382, 略示 1913 及 1919 两年度，世界有组织工人数目之大概。表中数字，如德、英、捷克等国工人数与 Ogg 引用 1922 年 1 月美国 Monthly Labor Review 该国同年工人数颇有出入，读者参看可也。

荷兰	220 000	625 000
新西兰	71 000	100 000
挪威	64 000	144 000
南非	5 000	—
西班牙	128 000	211 000
瑞典	136 000	339 000
瑞士	89 000	224 000
美国	2 722 000	5 607 000
犹哥斯拉夫（西比亚）	9 000	20 000
14 763 000		32 680 000

第二表   1911 年国际各种同业工会干事处及所代表的工人人数[1]

业别	所代表的工人总数
矿　工	—
木　工	320 600
建筑工人	418 590
油漆工	—
石　工	45 000
五金工	970 420
纺织工	—
帽　工	30 200
皮货工	6 400
皮匠及鞋匠	64 400
马鞍匠	18 567
成衣匠	101 500
烤面包工人	63 187
酿酒工人	118 681
烟草工人	50 125
印刷工人	134 700
石印工人	32 260

---

〔1〕 Lewis L. Lorwin, Labor and Internationalism, 1929, p. 111.

书籍装订工人	46 588
理　发　匠	4 100
旅馆工人	28 129
制造玻璃工人	42 450
陶器工人	36 050
工厂工人	267 052
转运工人	821 816
市政工人	64 786
教会雇工	—
钻 石 工	—
各业总数	3 685 601

此外，战前国际的工人组织，更有各国总工联会国际干事处（The International Secretariat of Trade Union Centers，该干事处至一九一三年更名为各国工联国际联合会（The International Federation of Trade Unions）。此项组织，范围较国际同业工会干事处为广泛，其所属工人数目较多，故力量亦视后者为强大。此项组织之运动，由各国总工会中人几经集议之后，在一九〇三年都柏林（Dublin）的会议上正式成立。

第三表　加入各国总工联会国际联合干事处的国家及工人数 [1]

国家	加入工人数		
	1912—1913	1908—1909	1904—1905
加入的各国总工联数	19	18	15
工人总数	7 394 461	4 242 00	2 168 898
德国	2 530 000	1 831 000	887 600
美国	1 943 000	—	—
英国	900 00	695 000	400 000
奥地利	428 00	480 000	204 000
法国	387 000	320 000	320 000
意大利	275 000	250 000	—

[1]　据 Lewis L. Lorwin, Labor and Internationalism p. 111。

瑞典	85 000	170 000	81 000
挪威	61 000	46 000	11 000
丹麦	105 000	96 000	68 000
比利时	116 000	67 000	20 000
荷兰	61 000	37 000	100 000
匈牙利	95 000	130 000	50 000
瑞士	65 000	50 000	30 000
西班牙	100 000	34 000	79 600

此项组织之目的，系欲以各国总工会间共同的意见来处决关于国际工人利益的问题。此项组织主要的任务有三方面：一是收集统计报告的材料，使各国工人借此知道他国工人的情形。二是扶助各国工人的罢工，使其易于达到罢工的目的。三是集中各国工人注意力，使其注意国际的劳工问题。成立之初，此项组织仅有工人 200 余万人（一九○四年的人数），至一九○九年人数增至 400 余万，至一九一三年增至 730 余万（参看第三表）。

Ⅱ 工人组织战时的国际活动

工人既挟强大之力量，其关于国际劳动立法之要求如何？与此，姑且从战时说起［远如一八九七年沮利克的国际工人大会（the Congress of Zurick），见后第二章］。在欧战爆发后，一九一四年十一月美国劳工联合会（The American Federation of Labor）于斐拉德斐亚开大会（Philadelphia）曾为下列一段决议。

"……因战争终了后，各国必举行和会以调节利害纠纷，美国劳工联合会大会准备、并授权执行理事会，于和会开会之同时、同地召集各国有组织工人之代表开一会议，以期各抒建议，采取适当行动，以助成各国工人彼此兄弟关系之恢复、劳动者利害之保护，并借此树立历史较久之和平基础……"

此项决议为战时工人注意到战后要求之第一声。依照同一决议之另一部分，美国劳工联合会的执行理事会应将本次决议全文通告各国工联国际联合会及各国的工联总机关，并约同此等组织合作，以便达到上述决议之目的。[1]次年该会在旧金山开常年大会时，其执行理事会的报告中复谓："工薪劳动者的福利既常因国际的规定受莫大影响，则依照正义，在世界和会的讨论中，工人福利应得加以慎重的考虑。"此等说法比较浮泛，至一九一六年七月协约国工联黎芝大会（the Inter-Allied Trade Union Conference at Leeds）将工人战后的要求表现得更为具体。

黎芝大会最要紧的一个决议，是接收法国代表郁货（Leon Jouhaux）要求战后和约应特别加入关于保工的条款之提议。依照此项决议，"为使工人不受战后资本家国际竞争的剥削起见，关于工人的结合权、移殖，社会保险、工作时间、卫生保护等项，战后和平条约中对各国工人阶级应有道德经济的最低限度的确切保证"。[2]此外，该会并主张黎芝大会终了后，国际上应设立一国际监察委员会以考察各国劳动状况，并设一国际局以蒐集统计的资料。后来国际劳工组织的成立，即不啻是此等要求的实现。

黎芝大会因举行于欧战方酣、各国工人阶级的观念受国家荣誉的心理所隐蔽的时候，故集会的工人代表仅限于协约国方面，且该会对于美国劳工联合会提议在和平会议同时、同地举行万国劳工会议，亦以协约国工人不愿即与德人共同会议为理由而表示反对。黎芝大会之后，中欧联盟国及瑞士、荷兰、丹麦、挪威等国工人以黎芝大会同样的目的，曾几度作举行国际工人大会的运动，惟因各国工人团体意见不一，迁延至一九一七年六月始有百伦大会（Bern Conference）之开议。

百伦大会的目的，可从其主要的两项议程看出：一是讨论迁延各国工联国际联合会（The I. F. T. U.）的总会地址问题，此为战时各国工联国际联合会内部冲突的问题。另一则是讨论在该会"和平的主张"内与工人利益有关的问题。关于后项议程，该会通过了一个大纲。大纲内容除将协约国工人黎芝大会的要求各款重要者均行采入而外，并要求参战各国订立和约时，约中关于经济社会的部分之磋议应容许工人代表参加。又凡涉及国际劳动立法的会议时，应承认各国工联国际联合会为工人发言的代表人等项。在一八一七年因政府改变特种职业人民免服兵役之规定，与工人组织

---

[1] 决议原文见 World Peace Foundation Pamphlets, The League of Nations, Vol. 11, Labor in the Treaty of Peace, p. 276。

[2] Ct. Labor and Internationalism by Lewis L. Lorwin, p. 18t.

商酌时，英国工人发表一战争目的宣言书。该宣言书除列举工人国际政治上的各项主张而外，并申言战后工人失业防止之法及国际协定以实行工厂工时、防止血汗制及不卫生的工作等立法之必要，以为工人利益之保护。[1]至一九一八年美国劳工联合会于所通过战后之再造的大纲中复主张：在一切的活动里，人与人间的关系应遵照民治主义的原则；大战以后，应打破前此工厂主专制的制度；工人的雇佣条件和劳动状况，应使工人有决定的权利。[2]

同年九月，协约国工人代表复开大会于伦敦。会议通过的宣言，除关于国际政治方面系附和威尔逊十四条参战宣言的主张外，关于工人的本身利益，则有几点重要意见的申述。一是社会对于人类劳动者不能当作货品看待，在法律及实行上对此原则均应加以承认。二是除因罪受判决的处罚外，社会上不应有强迫劳役之存在。三是言论、出版及集会、结社之自由权利应有保障。四是海员于船只泊港时，应享有离船的权利。五是凡货物之制造系雇用十六岁以下童工制成者，在国际贸易上一律不予载运或起运。六是工商之基本工作时间，每日不得过八小时。该项宣言并主张各国派遣和约代表时工人应有代表参加，赞成美国劳工联合会的提议在各国订立和约的同时、同地召集一世界劳工大会。[3]

至巴黎和会已指定国际劳动立法委员会（Commission on International Labor Legislation）起草和约中关于劳动的条款后，一九一九年二月，国际工联大会（The International Trade Union Conference）尚有一《国际劳动宪章》（the International Charter of Labor）通过。[4]依照这篇《国际劳动宪章》的文字，"在工资制度之下，资本家剥削工人，惟利是图，其采用之方法，若非有劳动者国际的行动为之限制，在德、智、体三方面必至日陷工人于萎败。劳动者之解放惟有根本废除资本制度始能完全实现，同时工人组织之反抗亦可减轻此项（资本制度下的）罪恶，使工人之健康及其家庭生活、公民教育机会能有保

---

〔1〕 原文参看 World Peace Foundation Pamphlets Vol. I. pp. 178-124。

〔2〕 原文参看 W. Jett Lauck, Political and Industrial Democracy1779-1926, pp. 38-40。

〔3〕 见 Industry, Government and Labor, Record of the International Labor Organization pp. 3-4, (World Peace Foundation Pamphlets)。

〔4〕 原文见 International Labor Office, Official Bulletin, Vol. I. pp. 255-259, 又 Selected Articles on Modern Industrial Movements Compiled by Daniel Bloomfield, 1919, pp. 368-372。此次会议本系与和会同时、同地的会议，因克里蒙梭不许德代表到会，故改地址于百伦。

障……"目前局面的救济，"在于成立国际联盟，适用国际的劳动立法"。故此次工联大会重申前此国际藜芝大会及百伦大会的要求，希望将两次大会所通过的重要条款载入和约，国际适用；要求国联订立一劳动状况的国际制度，以为劳动者利益之国际的保证。此项《国际劳动宪章》，对于改善劳动状况之具体的要求共分十五项。对于童工、女工、夜工、八小时工作制、工人卫生、工业灾害、工人教育、每周三十六小时休息、家庭工业劳动者、工人之移殖、失业救济、灾害失业保险、海员保护法、劳动监察、成立国际劳动立法常设委员会等，均列举办法。此项宪章，国际社会主义者同时在百伦的大会亦曾议决通过。其他附和工人要求者，如一九一九年一月欧美协约各国选民巴黎大会（The Congress of American and Inter-Allied Suffragists）、同年三月国际基督教工团（Christian Syndicates）的巴黎大会等，都还不乏类似的决议。此等决议可以表现当时工人及社会一般的气氛。

Ⅲ　世界大战与工人关系

工人在战时组织的力量及愿望已如上述，则战后各国若于劳动地位无相当改进，结果于现存社会的影响如何，吾人观于下列事实当更不难想象。盖当一九一九年各国政府处大战战后，国敝民贫、危机四伏，在经济的再造中于工人的各种问题，在其政策所能容许的范围内，非有可以满足工人一部分愿望，或改良劳动情形的办法不可。主要的尚有下述两种理由：（1）工人与世界大战的关系；（2）工人活动与世界革命潮流之推进。

在欧战前，社会主义者差不多在历次的国际会议中非战一项均为其主要议程之一。在一九〇七年斯图加特（Stuttgart）及一九一〇年哥本哈根（Copenhagen）的大会，均曾有过下列的决议："如遇战机迫切，关系国的工人阶级及工人议会代表，藉国际社会主义局（The International Socialist Bureau，即第二国际）之助力，必须竭尽能力，采用其最有效之手段以遏阻战争之爆发。惟所采手段，得因各国阶级斗争的激烈程度及该国的政治概况而异。如战争竟尔爆发，则关系国的工人阶级及工人的议会代表必须从中干涉，早结战祸。且须尽力利用因战而发之经济政治的危机，唤起民众而促成资本阶级权力之倾覆。"[1]至一九一四年七月，国际社会主义者尚预备为制止战争的会议。欧战爆发以后，在各国工人间虽非战观念尚不敌其爱国心理，但工人倘采取非战的手段（大战初起时第二国际领袖已准备在德、法、意、比、奥等国作大规模的示威运动，要求停止战祸），则欧洲大战或竟不致爆发，即爆发亦不致迁延四年之久。各国工人之积极参战，比、英、法等国社会主义者或劳动党领袖参加混合的政府，就社会主义者的观念说，诚然是工人的觉悟程度不够，社会主义者的思想行动不彻底。而就各参战国政府说，则胜负之决端赖工人的助力。工人在大战里地位的重要理由有两层：第一，前线负枪陷阵的兵士，最大多数属于工人阶级（如英国参战之初，尽力征募工人从军。以后大感有技工人不足，先后以 160 余万女工及从海外调募之 70 万工人补充从军工人的地位，即其明证）。第二，战斗军用品的制造，须得工厂工人的努力（欧洲大战中各国经济上的损失，每一点钟平均共达 900 万元美金。[2]此种巨大的损失，虽包含建筑、城舍之毁灭等在内，不限于军用品与炮弹之消耗，然军用品与炮弹实为欧战的一种重要消耗，而此等军用品之供给即赖工厂之出产）。盖近代的战争"不仅为一兵戈的战争，且为一工厂的战争；一兵器及军需品之量的出产和分配的竞争；一产业的富裕与能力的竞赛"。[3]工厂的生产既为大战胜负的关键，以工人在生产上之重要，则其在后方的地位更可想见。[4]威尔逊在参战后以劳、资、社会三方代表组织联邦战时劳动局，又为战时劳资关系的特别规定。英国募兵初无适当限制，后感有技工人缺乏，改定限制招募的办法，以保留有技工人用其力于工业生产。在一九一六年又依惠特里委员会（The Whitley Committee）的建议，在每一工业内成立劳资双方各出等数代表组织的工业联合委员会（Joint Industrial Councils）以满足工人要求管理工厂的愿望。此外如德、法等国战时对于"工人供给"（Labor Supply）之精密的支配。法国战时对于工人之保护，特设监察部以防工人为资本家过分剥削，与工人组织维持联络，并接受工人苦痛地告诉。此等事实均足表示战争时间至少在政府眼光里工人关系的轻重。协约国之胜利得力于工人的助力如

---

[1] Resolutions of the Congresses of the International, 1907, 1910, appendised in the "Historical Survey of International Action Affecting Labor", Bulletin No. 268 of the U. S. Bureau of Labor Statistics.

[2] 据 R. L. Buell, Europe, A History of Ten Years, 1928。

[3] 见美国联邦劳动局一九一八年七月的决议。

[4] 参看 Frank Julian Warne, the Workers at War, Chs. Ⅳ−Ⅶ。

何，自属不待言而明。

各国工人当欧战之初即大都以国家战争的利害为前提，对于资本家的斗争，暂行宣告"工业的休战"（Industrial Truce）。不过工人为什么要扶助政府打仗？这便转入了协约国及联盟国战争的目的问题。关于各国参战的目的，这里用不着讨论。不过简单地就战胜国方面说，在威尔逊的十四条参战宣言及路易乔治战争目的演辞中，至少英美战争所标榜的目的是为正义人道、为民治主义、为世界和平。路易乔治的演说论战争的目标如下："政府约请有组织劳工扶助政府维持前线军力时，劳工方面对于效力作战之目的有何疑义，其代表有权要求政府为之解释清澈……百万人民使之忍痛效死，大千民众使陷于战争之苦痛损失，规模之大，旷古无俦，则人民牺牲效死之谓何，当明了其目的安在。此种各国不能以言宣之苦痛使之延长虽一日之短，亦惟有最清澈、最伟大与最合于正义之目标，始得谓为不悖于理。"[1]协约国政府既利用正义人道、世界和平及民治主义等旗帜为号召，美国劳工领袖龚勃（Samuel Gompers）遂以为协约国对德之战系为"人类自由的征讨"。[2]英国工人组织在一九一七年亦宣言其扶助政府系为维持世界民治主义而战（making the world safe for democracy），则协约国战胜之后，一切国际的设施办法就理论上讲，自当度理平情使各国政治经济的势力各得其所，对于工人阶级尤不可无近于正义人道的设施以塞其喁喁之望。盖协约国工人助战既系赞助政府的正义人道主张，若战后各国政府对于工人尚一任其受资本家非人道的压榨剥削当作货品看待，则岂有所谓正义？若显然藉正义人道之美名而牺牲千万工人之血肉，事后更从而压榨剥削之，势必立陷亿万工人于失望的境地，将不能保持社会的和平。故就欧战的经过与协议国战争的目标论，战后工人的境遇必有相当改善，此其一。[3]

Ⅳ 工人活动与世界革命潮流

在前面已经说过，各国工人当欧战初发的两年大都与各国政府一致，惟

---

〔1〕 World Peace Foundation Pamphlets, the League of Nations, vol. 1, p. 125.

〔2〕 See Samuel Gompers, American Labor and War.

〔3〕 参看 speech delivered by Mr. Barnes while presenting the Report and Recommendations of the Commission on International Labor Legislation to the Preliminary Peace Conterence, Official Bulletin, Vol, 1, pp. 287-292。

历时较久以后渐对政府不特有不信任的表示，且更有反对战争的酝酿。此等酝酿虽仅限于比较少数的社会主义者及工人的激烈分子，但其势力则日趋于扩大。如在英国，则独立劳动党自始即反对政府的战争政策，麦克唐纳等主张在议会内的社会主义者代表不应对政府战争的财政预算案件无条件地通过。法、意两国且有所谓"败北运动"（the defeatist movement）。[1]德国在李布克尼希（Karl Liebknecht）与麦玲（Franz Mehring），奥在亚德勒（Friedrich Adler），法在蒙那特（Pierre Monatte）与麦尔吓（A. Merrheim）等人的领导之下均有非战运动。[2]一九一五年九月，经意大利的社会主义者之邀请，各国反对大战、主张阶级斗争的社会党及工人团体更有瑞士晋麦瓦德（Zimmerwald）的会议。从法、德、俄、意、瑞典、荷兰等国来者共有四十二代表。会议之后曾宣言有二：一是唤起同志继续努力和平运动，并强迫政府停止杀人的政策。二是战争之发，纯由政府的秘密外交、雇主的组织、资本家的报纸与教会负其责任，各国工人不分敌友应联合一致共同行动。经此次大会后，成立了一个国际社会主义者的委员会（Zimmerwald Commission），其职务在实现早日和平。次年四月，由上述委员会召集各国社会主义者及工人代表复开会于开恩赛尔（Kienthal）。在一九一五年十二月，德国社会党之一部曾有媾和宣言，且对政府战时财政的预算案投反对票。在法、意两国曾参加晋麦瓦德会议的社会主义者对于晋麦瓦德大会的主张，同时各为秘密或公开的宣传。法国社会主义者与工团主义者且合力促成与军事有关各工业内的工人罢工，极力引起军中不安的状态，并督促法国社会党与德国独立社会党携手，设法停止战争，力致和平。英国社会党及工人的非战运动比较上不似法、德二国的强烈，然造船工、矿工及修造军械工人亦时有罢工的举动。在奥国则又有亚德勒枪击国务总理斯忒尔（Stuergh）的事实。这些事实若无俄国一九一七年的无产阶级革命，尚不成为十分严重的问题。迨俄国革命成功以后，国际的形势便又不同了。

马克思派社会主义者的信条既是工人无祖国，世界工人阶级联合实行阶级革命；苏俄的政策便以完成世界的革命为使命，而完成世界革命的方法则是联络各国工人组织，使之奋力斗争。各国左派的工人在大战期中对于各国

---

〔1〕 Ogg and Sharp, op. cit. ch. ⅩⅩⅩ. Labor Movements and Social Polities.

〔2〕 Lorwin, Labor and Internationalism, ch. Ⅶ. p. 153.

政府及第二国际派的社会主义者，既感失望而加责难，因俄国社会革命的成功自又得到一种新希望。他们因此益觉只要努力于阶级的斗争，最后的胜利一定属于工人，无产阶级当政并不是马克思凭空的梦想；而在战时、战后利用各国政治经济的危机以促成资本阶级的崩溃，实为最好的革命策略。同时苏俄，特别是在一九一九年第三国际成立以后，遣派代表分向各国作工人的革命运动。各国无不极端注意严密防范而心存疑惧。列强对于革命后的俄国干涉无法，继用封锁，自始即视之为世界政治或国际社会的危险分子。因为就理论说，各国现存的社会制度与苏俄世界革命的政策信条根本不能并立。各国政府与苏俄的关系要能融洽只有两条路可走：或者是各国步苏俄的后尘，推翻现存的资本制度而代以共产制度；或者苏俄放弃世界革命的政策，与资本主义国家讲信修好。然而这两种办法在两方面都有难能，或不可能。苏俄虽以世界革命为政策，其步骤策略却不是在苏俄革命胜利以后立即以本国赤军的力量来摧灭各资本主义的国家；目前只是联合扶助各国左派的工人及社会主义者，使在各国内暴动、革命，以促成资本制度的倾覆，而创立工人专政的政府。布尔希维克在世界大战未终了时，曾经有过世界大战之后随即有世界革命的预言，而在欧战将了之时及终了以后，中欧各国的情形起初很像是此项预言的应验，曾与列强以不少的惊恐和忧虑。当时欧洲的现象与布尔希维克主义密切关联而最可注意者，便是德、匈两国革命的情形与意、奥等国左翼社会主义派的活跃。本来德国一九一八年的革命完全是由社会主义者与兵队工人共同努力发起，革命之后独立社会党（The Independent Socialists）在哈斯（Hugo Haase）的领导之下便仿照俄国革命的步骤组织兵工委员会（The Workers' and Soldiers' Councils）。依照该党的想法，此次革命当是社会的革命而不限于政治的革命。极左派的领袖李布克尼希更打出斯巴达卡（Spartacus）的名称，公开号召第四阶级武装起来打倒上层压迫阶级，对于在革命过程中曾经合作的社会民主党［缓和的社会党即爱伯特（Ebert）一派］亦大肆攻击。以共产主义者为中心的社会革命运动，在德国革命后，一九一九年一月至三月之间算是最活跃的时候。在德国的共产主义运动中，苏俄派有人员参加策划。所谓斯巴达卡（Spartacus）无疑是该党的敢死队，在德国柏林、中西两部的工业发达地方、沿海的市镇及海员水手的组织里具有强大的势力，打报馆、运动示威，气焰不可一世。在一月德国国民立宪会议（the National Constituent Assembly）选出以后及三月中旬，该派曾两度实行很强烈的暴动。

政府方面诺司克（Gustav Noske）为国防部长至调大兵以机关枪开战，其形势之严重可想。其次，匈牙利自一九一八年革命与奥分离改建共和而后，亦有苏俄式的兵工委员会（Workers' and Soldiers' Councils）之组织。在加洛里野（Michael Karolyi）政府下，共产革命运动，因有新从苏俄来匈的俄、匈共产运动人员，进行甚急，势力潜滋日涨。一九一九年二月，加洛里野因对协约国的外交失败，退职下野，匈牙利政权便转入共产党领袖孔白拉（Bela Kun）手里。自孔白拉当政后，组红军，设苏维埃政府，施行赤色恐怖，一切仿照苏俄革命后的设施和政策。匈牙利的共产革命，风声势力所播，奥国受了不少影响，奥国共产党继起活动，到是年六月，维也纳的街市也到处悬起了红旗。在意大利则社会主义派领袖如塞拉提、逢巴赛、拉撒赖（Serrati, Bombacci, Lazzari）等人与莫斯科关系密接，从事革命运动，希图步苏俄之后造成无产阶级的专政。当时意大利内部经济情形则因战后物价高涨，工人罢工的事件从一九一八至一九一九年间层出不穷。罢工原因除由于经济的增薪问题外，并常含有政治作用。如在一九一八年十二月意社会党会议之后，不久便有邮政雇员罢工的酝酿。在次年四月十日，罗马工人因拟为赞助苏俄劳工专政的表示经政府禁止，便宣布罢工二十四小时。此等罢工骚扰的用意是在动乱社会经济生活的组织，以便引起社会的革命。一般流行的时论是"不赤化则饿死"（either red, or starve）。工人方面有所谓"赤化联盟"（Red Leagues）、"赤卫军"（Red Guards）、"军事裁判"（Military Tribunal）的组织，与反抗工人行动者之间随时有争斗枪杀事件发生。按照意大利当时社会政治经济情状之乱，与共产党的活动宣传，即许多资本家与中等阶级人士亦大都以为意大利步苏俄后尘行社会革命不过是最近的时间问题。

从德、匈、奥、意等国这些社会革命运动的情形，可以概见在一九一九年一月巴黎和会开幕以来到同年四月国际劳动立法委员会交入其拟具的国际劳工组织的草案时，中欧社会运动潮流的高涨，以及俄国革命给予各国工人及左翼社会党的剧烈冲击。此种革命的趋势，列强当然不愿其滋长，惟欲加防止，绝非压制工人运动的鲁莽政策可以奏功。苏俄世界革命的策略既在联络扶助各国左派工人，故各国防止世界革命之釜底抽薪的办法自惟有协力改善劳工的状况，以减杀左派工人运动的口实和力量，此其二。

战后各国政府不得不稍为工人福利设想，其原因远不止此。盖欧洲大战刚刚结束之后，欧洲各国的工业经济情形均濒于残破状态。如战时军需工业之改造、货品之生产与销售、在工业市场的改动中工人的失业、前线从军退伍工人之安插等，无不是当时经济上至关重要的问题。除开战时、战后的政治关系，单就当时各国的社会经济情形言，政府对于工人一方面必须设法使其能与政府合作从事战后经济之改造，一方面亦须竭其能力稍尽政府的责任，使工人不致因战后经济情形变更的影响更陷于困苦流离。盖各国既皆有谋经济恢复的必要，则在资本制度之下因市场的竞争，资本家必将设法谋出品原费之减少。资本家既谋减少原费，则工人的待遇便成问题。在此种情形之下，若不有较详备的劳动立法为国际共同采用，则资本家为本身利益计，各国政府为本国的工商业计，对于劳动者的保护将不能放手进行，而各国工人劳动的状况必将更陷入不堪。复次，在前面叙述各国工人的组织及德、匈、意、奥等国战后的情形时，我们已看出各国工人组织的力量差不多到战后均有显然的增加，而战后各国代表工人利益作政治运动之社会党的活动，上述者不过是单举与苏俄有关的一方面。法国的党小派多，姑且不论。如在英国，一面工党已实行扩大，吸收知识阶级的分子；一面自一九一八年英国国民代表法（Representation of the Peoples Act of 1918）通过后，选权普及，前此英国选民仅有 850 万，至此遂增至 2100 万以上。在此增加的选民当中，除一部系女子外，其余可以说均属下层阶级。一九一八年的选举后，工党所得议员席数虽不如该党预想的那么多，却也增至 63 之数。此种协约国国内的政治形势与其政府对于劳工的政策自亦不能没有关系，而国际劳工组织便是在此种情形之下产生的。

第二章
战前国际保工运动略史

国际劳工组织的产生虽在战后，然用国际共同合作的力量以保证工人福利的意见，在濒欧战爆发前，酝酿即已将近成熟。自从一八一八年欧文（Robert Owen，1711—1858）向亚拉什丕尔会议（The Congress of Aix-la-cha-pelle）代表上书以后，中间经过柏林劳动会议（The Berlin Conference，1890）之召集，劳动立法国际联合会（The International Association for Labor Legislation）之组成，一九〇六年百伦（Bern）公约之成立，以至一九一三年的百伦会议为止，国际的保工运动已有近百年之历史。关于这战前的历史，可以分作两方面叙述，即个人及团体的国际保工运动与国际各政府间的保工条约。

欧战以前从事于国际保工立法运动，比较重要者，个人有欧文、李格兰（Daniel Legrand，1783–1859）；私人或半官式的国际会议有沮利克（Zurich）国际劳工大会、布鲁塞尔（Brussels）国际保工大会及劳动立法国际联合会等。而社会主义派的国际组织，第一国际及第二国际亦曾有国际保工立法的动议。欧文于一八一八年上书亚拉什丕尔会议代表，希望联合各国政府与人们的力量以改善社会现状及贫苦的劳动者之生活。[1]李格兰在一八四〇年上书德国与瑞士政府，具言保工立法的国际合力之必要。次年彼复以睦尔乌兹（Mulhouse）地方的制造家名义上呈法国政府，请求开一国际会议以讨论保工问题。[2]第一国际一八六六年的日内瓦大会于其议程内十二点讨论中，亦曾为要求实行八小时工作制、禁止妇女夜工及保护童工、妇工之国际立法等决议。[3]第二国际一八八九年七月在巴黎第一次大会时，议程上一个最重要的讨论题目，便是劳动立法问题。[4]开大会前，各国社会主义者曾于该年二月在海牙开会议，并为大会预备关于国际劳动立法的决议三项。

1. 新旧大陆的劳动组织与社会党应为国际劳动立法而奋斗，并拥护瑞士政府召集的百伦国际劳动立法会议（按：此会议因德皇有柏林会议之召集，未成）。

2. 此项国际立法，为保证劳动的生存与自由计，为减少失业计，为减少生产过多的危机计，首先应规定下列各点：a. 禁止十四岁以下的童工，减少十四至十八岁少年工人每日工作时间至六小时。b. 成年工人的每日工作时间以八小时为限。c. 工人每七日中应有一日强迫休息。d. 除因近世机器生产之必要得酌量情形决定外禁止工人作夜工。e. 特种有伤工人健康的工业与工作方法加以禁止。f. 订立男女平等的国际最低工资。

3. 举行工厂监察以期上项立法之实施。其国家及国际监察员由工人选定，

---

〔1〕 参看 C. D. H. Cole, the Lite of Robert Owen。

〔2〕 参看 Paul Perigord, International Labor Organization 1926, pp. 55–57。

〔3〕 G. W. Stekoltt, Hisstory of the First International, 1928, ch. VI.

〔4〕 Lewis L. Lorwin, Labor and Internationalism 1929, p. 70.

国家给薪。此项监察员为社会卫生计，并有权监察家庭的制造工业。[1]

第二国际的内部，虽有改进派与革命派之分，工会主义、工团主义、马克思主义与马克思修正派主义等派别之分，但国际劳动立法实为第二国际一种主要的运动目标，即现在国际劳动大会的工人代表亦常为第二国际派工人领袖所左右。

此后在一八九七年瑞士劳工协会（Swiss Working-men's Society）召集的沮利克（Zurich）国际劳工大会，主张设立国际劳工局。同年布鲁塞尔（Brussels）的国际保工大会（The Congress for International Labor Legislation）参加者除思想家、制造家外，复有英、法、德、美、比、奥等十余国政府代表。会中比国代表曾提议以各国协定之法，从事工业上的防毒，禁止工业内白燐、白铅之应用。时各国代表很有倾向设立类似国际劳工局之机关的意见。闭会以后，许多代表复另集会议，讨论成立一永久委员会的问题。决定以三人组织一委员会，筹备成立一国际劳动联合会，即由委员会先拟具其组织大纲，搜集各国现行保工的法令。[2]至一九〇〇年七月，遂有巴黎大会（The Congress of Paris，1900）之召集。

巴黎大会之目的，在促成劳动立法国际联合会之成立。会中所讨论者，非国家有权干涉劳动契约的理论，而是此种干涉必须如何而可实现的问题。国家有干涉劳动契约之权，该会订为参加会议的一种固定条件；因倘于此点不承认，则保工立法即无从说起。参加会议者有俄、美、奥、比、墨西哥、荷兰诸国。私人如英之韦布夫妇（Sidney and Beatrice Webb）、德之瑟穆勒尔（Gustave Schmoller）、美之葛拉克（John B. Clark），及他国著名学者甚多。其标出该会当时运动的努力范围为：（1）法定每日工作时间的限制。（2）夜工的禁制。（3）劳动状况的检察。（4）成立国际保工立法的组织。关于国际立法保工的组织，因到会人士反对由政府组织此项国际机关，仅赞成由私人组织一国际保工机关，故结果遂有劳动立法国际联合会（the International Association for Labor Legislation）之成立。

劳动立法国际联合会在组织上包含各私人、各团体之与该会具有同样目

---

[1] 参看 Bulletin of the U. S. Bureau of Labor Statistics No. 268, His-torical Survey fo International Action Attecting Labor pp. 213-214。

[2] 参看 Historical Survey of International Action Attecting Labor。

的而年纳会费十佛朗者。此会目的，依其会章所规定，共分五项。

1. 团结各国对保工立法认为必要的人士。

2. 组织国际劳动局。定期用法、德、英三国文字出版各国劳动立法的汇刊。

3. 供给会员以现行劳动立法及其在各国实施状况的报告，以便于各国劳动立法之研究。

4. 增进各项保工法律的一致及国际劳动统计之研究。

5. 召集劳动立法的国际大会。[1]

此会的一切进行由一委员会主持。委员会平时工作由委员会于委员中选出正、副会长及秘书长各一人组织理事会（Governing Body, or Bureau）处理。其总务所设于瑞士之巴塞尔（Basel）地方。无论何国，凡有会员至少五十人以上及每年向该会缴纳年费至少一千法郎以上者，俱得设一分会，但其会章必须经该总会之同意。至一九一三年已成立分会者凡二十五国，但实行予该会以经济扶助者仅有十三个国家。

欧战前国际的保工条约因参加条约国之多寡亦可分两种：一为多数国家因国际会议而成立的国际公约（International Conventions）；一为两国间的条约（Bilateral Treaties）。而在国际间成立任何保工条约以前，召集国际政府间的会议以为保工措置之先例者，则有一八九〇年德国召集的柏林劳动会议。（The Berlin Conference）

柏林劳动会议，除俄国未被邀请外，派有正式代表的国家计为德、法、英、意、比、瑞士、丹麦、奥、匈、瑞典等十五国（奥、匈以二国计）。德国提出的会议事项为女工、童工、幼年工人、休息日、矿工以及保工措置之执行方法等问题。

对于保工各项问题，各国代表曾经以十五日的长时间讨论。惟各国当时不愿即行订立具体的条约，故会议结果仅至通过希望的建议事项而止。计通过之希望事项共有六端。

1. 关于矿工者：应禁止妇女工及十四岁（热带国家十二岁）以下童工；于有害健康之劳动时间，须有限制；保护劳动者的健康与安全，并实行政府

---

〔1〕 该会会章载在 Bulletin No. 268 of United States Bureau of Labor Statistics, August, 1920, Washington, D. C.。

监察；劳资争议应由双方直接谈判，至不得已时，宜提付仲裁解决等。

2. 关于休息日者：一切工人须每周有一休息日，此休息日并宜为星期日。

3. 关于童工者：议决一切工厂，应以不雇用一定年龄下之男、女童工为原则。年龄限制定为十二岁（热带国十岁）。童工劳动，一日不得超过六小时。十四岁以下童工，不得于夜间或星期日劳动。禁用儿童从事有害健康或危险的劳动等。

4. 关于少年工人者：十四岁以上、十六岁以下的男、女劳动者，宜禁令从事夜间或星期日劳动。少年工人劳动时间，应一日不得超过十小时。限制少年劳动者从事有害健康或危险的工作。对十六岁以上十八岁以下之男、女工人，宜在同样精神之下加以类似的保护规定。

5. 关于妇女工者：应禁止夜间工作。一日劳动时间不得超过十一小时。限制妇女工从事有害健康或危险工作。产后须有四星期之休息。

6. 关于执行方法者：由政府设立工厂监督官，监督上列劳动法规之执行。各国互相交换工厂监督官的报告，及关于此种事项的统计与立法。[1]

柏林劳动会议之后，至二十世纪初叶乃有国际保工条约之订立。以下先述百伦会议成立的公约乃至其他两国间的条约。

百伦会议有一九〇五年及一九〇六年两次。第一次（一九〇五年五月）赴会者有十五国政府代表。会议的主要目的就禁用白燐制造火柴及禁止妇女夜工两事举行磋议，藉为公约之缔订。结果拟成草约两件，留待各国政府另行正式谈判决定。至一九〇六年九月，各国复有第二次百伦之集议。

百伦第二次会议，各国将前次议定之草约为根据，讨论修改后，正式成立两项公约。

1. 禁止雇用妇女从事夜工公约：规定雇用男女工人，在十人以上的工业企业以不得雇用妇女从事夜工为原则。

2. 禁用白燐制造火柴公约：缔约国约定于批准公约后，从一九一二年一月一日起，在该国领土内禁止含有白燐火柴之制造、输入与贩卖。

当时签字于前一公约嗣复批准的国家有法、比、英、意、瑞士、德、奥、匈、荷兰、瑞典、葡萄牙、卢森堡等十数国。签字复批准后一公约的国家有德、法、意、丹麦、瑞士、荷兰等国。拒绝签字于后一公约的国家最可注意

---

[1] 决议原文见 Lowe, The International Protection of Labor, 1921, pp. 244–246。

者为奥、匈，其拒绝签字之理由为日本未加入该约。

此次会议中，英国代表主张于公约成立后组织一国际委员会以监督公约之实施。然此种国际的监察，其他各国代表多认为有损缔约国主权，结果仅有十个国家签订一设立顾问委员会之决议。此项顾问委员会的任务在：（1）备公约解释上之顾问。（2）欧洲以外国家或殖民地之加入公约，因地理气候关系对于公约的规定须酌量变更者，委员会得指陈其意见。（3）亦可为召集国际会议的接洽枢纽。

至一九一三年各国复集议于百伦，拟依一九〇六年的先例，另订公约两件：（1）禁止青年工人从事夜间劳动。（2）限制妇女及青年工人每日劳动时间至多不得超过十一小时。惟此次会议仅为草约两件之签订，次年欧战爆发，此事遂归搁置。

至战前两国间的保工条约之订立，在百伦公约前二年（一九〇四年）即有法、意两国的互惠保工条约。两国签订此约之后：（1）订约国双方对于工作于其领土内的对方侨工，应许其享受住在国银行的种种便利，及社会保险利益。（2）保证已有保工法规之相互维持，及进行劳动立法之合作。（3）意大利承认在意国境内完成劳动监察的制度，以为妇女、幼童劳动法实施的保障。（4）倘此后遇有国际劳动立法会议，无论其为何国召集，但有缔约之一国接受其决议，他一缔约国必须在原则上响应云云。[1]自意、法条约成立之后，各国相继为保工条约的订立，或于通商约上附加保工条文。如同年七月瑞士与意大利的商约第十七条，有互相监察，使彼此侨工在两国内得受社会保险同等权利之规定。又，是年十二月的德、意商约，次年的德、奥、匈商约，均与瑞、意商约第十七条有同样的规定。次年四月比利时与卢森堡又有劳动保险之实施的进一步规定。至一九一五年意国对奥、匈宣战为止，各国此类条约不下二十五件（见第四表），而我国与欧美各国订立的条约尚不在内。

第四表　欧美各国的保工条约（1904—1915）

条约名称	缔结日期
法意条约	1904. 4. 15

---

〔1〕　原约摘要见 Historical Survey of International Action Attecting Labor, pp. 170-172。

瑞士意大利条约	1904. 7. 13
德意通商条约	1904. 12. 3
德奥匈三国通商条约	1905. 1. 19
卢森堡比利时灾害保险条约	1905. 4. 15
德意志卢森堡灾害保险条约	1905. 9. 2
法意条约	1906. 1. 20
法比灾害保险条约	1906. 2. 12
法意灾害保险条约	1906. 6. 9
法国卢森堡灾害保险条约	1906. 6. 27
法德两国对于调查证据之谅解	1906
德荷灾害保险条约	1907. 8. 27
英法灾害保险条约	1909. 7. 3
匈意灾害保险条约	1909. 9. 19
法意规定	1910. 6. 10
法意协定	1910. 8. 9
德国瑞典劳动保险条约	1911. 5. 2
法国丹麦仲裁条约	1911. 8. 9
德比灾害保险条约	1912. 7. 6
德意灾害保险条约	1912. 7. 31
法国西班牙海员遇险协定	1912. 11. 30
	1913. 2. 13
意美条约	1913. 2. 25
瑞士法国保险协定	1913. 10. 13
德意保险协定	1915. 5. 12－21

至中国与外国订立各项条约之对劳工曾有规定者，初见于一八六〇年（清咸丰十年）中英续增条约九款中之第五款。

"一，戊午年定约互换以后，大清大皇帝允于即日降谕各省督抚大吏：凡有华民情甘出口，或在英国所属各处，或在外洋别地承工，俱准与英民立约为凭。无论单身或愿携带家属，一并赴通商各口下英国船只，毫无禁阻。该省大吏亦宜时与大英钦差大臣查照各口地方情形，会定章程为保全前项华工之意。"

同年"中法续约十款"，第九款中亦有与此段文字相同的规定。[1]此项会订章程的规定，用意在防止当时诱买华工的事件。

原来自一八一五年维也纳会议禁止贩卖黑奴而后[2]至一八四一年时（是时各国关于禁止贩卖黑奴的条约已有二十余件），欧洲五大强国复订有伦敦条约，贩运黑奴者以海盗论。[3]因各国合力禁止的结果，此项非人道的买卖大见减少。不过黑奴的供给减少以后，前此西印度群岛（West Indies）及中南美需用黑奴的地方便需得低廉的贱工来代替，不幸中国的工人遂成了黑奴的代替品！[4]

本来依照《大清律例》，中国臣民离国出境原属有干例禁。不过中国地大法弛，不能实行。当时中国工人运往澳、美两洲者事实上亦分两种。往加里福尼亚及澳洲者大半为自由的劳工，待遇亦颇良好。运往西印度群岛及中南美者名为"契约劳工"（contract labor），事实上无异乎奴隶。此等"契约劳工"工作时所受的待遇完全是非人道的待遇，从中国运去一路所受的痛苦情形完全与黑奴之被贩运无异。当时运送华工的船只，述其事者常称为"海上地狱"（floating hells），[5]其黑暗的情形可想。从一八四一年到一八七四年间，中国苦力由厦门、广州、香港、澳门运往古巴、秘鲁、智利与夏威夷群岛（Sandwich Islands）者约计有50万人之多。[6]此等"契约劳工"之召集，在澳门、广州等地由招工者出资情人暗中收买。其来路有四：一是在广东土人种族的私门中被俘而卖给人口贩运者；二是乡人或渔夫横被绑掠，或遭药酒麻醉，运往人口收禁所者；三是被诱赌博，负债难偿，以身作抵者；四是其他方法诱致而来者。[7]此等工人在出口前，收禁在各个特定地方。其由诱致而来者，则招工者又设各种盘剥方法，务使此等工人负债累累，以至出卖身体的自由而后止。运往古巴等地以后，即行当作奴隶工人使用，或从事拍

---

〔1〕《国际条约大全》卷四第十页及卷五第十一页。

〔2〕一九一五年六月九日，维也纳会议条约签字，约中包含国际间很重要的 law-making stipulations 四点，而禁贩黑奴即其一端，见 Oppenheim, International Law，§556。

〔3〕参看 R. L. Buell, International Relations, p. 262。

〔4〕McNair, H. F., Chinese Abroad, p. 209。

〔5〕详细状况参考 H. B. Morse, International Relations of the Chinese Empire, vol. 11. Chapter on contract labor.

〔6〕McNair, Chinese Abroad, p. 210.

〔7〕参看 Morse, op. cit., vol. 11. pp. 167-168, 178-180.

卖。华工在外所受各种虐待，当时我国政府或不知之，惟在我国内口岸的拐卖人口办法当然非当时中国法律所许（一八五七年三月香港地方曾经政府破获了几处人口收禁所。一八五九年广东总督接到不少被拐诉呈，斩了十八个禁犯，又将情节较轻者重办了十一人）。故一八六〇年中英续约的规定一方面允许华工出境，一方面须着各省大吏时与英、法《钦差大臣查照各口地方情形会定章程》以为限制。至一八六四年（同治三年）十月，在中国与西班牙所订条约的第十款，除前节文字与中英、中法两续约同项规定的文字相同外，更加上"但不得收留中国匪人及另有拐卖不法情事；如有前项情弊，一经地方官知会领事官，即行查出，送还中国究办，不得掯留"数语。此等条约对于中国工人只能算是一种消极的保卫。至一八六六年三月五日，清廷与英、法公使关于英、法人雇用华工事，签订一三国公约，此约用意在防止上述各种流弊。在此约中，关于自由及契约劳工均有比较详细的特别规定。特别关于契约的劳工，其契约中至少应有的条件，举要者如每日工作的时间、每年工作的日数、契约时间的长短、病时的待遇及工人的归国等，均有条文拘束。惟此约未经英、法政府批准（但清廷曾为下列三点之声明：一是中国政府此后对于中国人民自由出境并不禁止；惟不遵上述各规定而招致华工出境以从事于各种工作者，当绝对制止；违者依法严惩。二是凡诱惑及拐掠中国工人，违反工人的意愿而运往外地者，处以死刑。三是工人出境只能在便于与外国领事会同检查察验各口地方下船起运）。前面已经说过，华工运往南美、古巴、秘鲁等地的都是属于契约劳工的一种。华工在秘鲁、古巴等地暗无天日的情形积久渐为清廷所悉，故在一八七四年六月有中秘会议专约之成立。依照该约，"由中国派员前往秘国将华民情形彻底查办"，倘实有受苦华工，合同年限未满，有痛苦申雪者，得陈诉。倘合同年限已满，愿意回国者，无论在合同上有无规定，应由秘国雇主，或秘国政府出资运回本国。同时在中秘条约十九款中，第六款规定除自愿于两国间往来居住外，对中国人"别有招致之法均非所准"。并"经两国严行禁止，不准澳门地方各口岸勉强诱骗中国人运载出洋，违者，其人各照本国例从严惩治。至所载之船，一并按例罚办"。据是年十月中国委员赴古巴调查结果的报告，此等华工百分之八十系被拐去者，其同行华工途中因病或因不堪虐待自杀，及因鞭挞伤重致死者，超过百分之十之多。彼等运抵古巴后，无论卖与私家或工厂（卖与私人家庭者占极少数），其痛苦俱不堪言状。营养不足、工作时间过长、锁链非刑鞭打，无一非极端苛虐的待遇。工人之服毒、自缢、自刎、投井，或鞭挞而死者不知凡几。委员所见各工人中，齿被打落、耳被殴缺、肢体残废、头伤眼瞎者触目皆是。中国工人在南美的状况至是乃为清廷所注意。一八七七年（光绪三年）十一月，中国与西班牙乃议定一华工条约（当时古巴尚为西班牙属地，至一八九八年《巴黎条约》后，古巴始成为独立国）。依照该约，前此一八六四年条约内所定招工立约的办法，即行作废（该约第一条）。"不准在中国各口或在他处妄用勉强之法及施诡谲之计，诱令华民人等不出情愿"出口他往（第三条）。当时华人在古巴年老力衰不能工作者及孤贫妇女自愿回国者，由西班牙出资送回。华工合同期满，原合同内如有雇主人等应送回国等语，应督令雇主送回。如原合同无此一条，即由西班牙地方官与中国总领事等商议办法（第十一、第十二两条）。当时在古巴拘于各处工所之华人应一律释放（犯罪未结者不在此限）。工期未满之华人，满期后应给与一切回国或他往之便利（第十四条）。中国人民应由西班牙予以最惠国人民之待遇（第三条）。嗣后中国即派总领事官驻扎古巴以便保护中国侨民（第六条）。此外该约第四条、第五条、第九条、第十条等款对于中国愿往古巴之人，又为种种限定以杜流弊。[1]此约成后中国侨居南美工人乃稍稍得见天日。此后一八八〇年（光绪六年）十一月中美续修条约四款及一八九四年（光绪二十年）中美会订华工条约六款，对于华工虽有"保护""不得稍凌虐"及"已在美国华工均听往来自便，俾得受优待各国最厚之利益"等字样，事实上前约主要的条件是规定华工人数的限制，后约为美国一八八二、一八八五、一八八七、一八八八各年禁止侨工（特别是华工）法施行后，由美国与中国立法"禁止华工前往美国"（原约第一条）。一八九九年的中墨条约，除诱拐华工悬为厉禁外，并规定"此国人民订立合同在彼国承工……应遵照两国妥定章程办理"。至一九〇四年五月，中英规定"华工在英属各地工作条约"，约中规定稽查保工事宜委员、领事官及华工所在地专官之设立（第二条、第六条、第九条），以为华工正当利益之保护；"华工及其眷属等因合同期满，或因按例办理之故，或因疾病，或因受伤而不合工作者"须载送回国（第十一条、第七条）；此外如关于工人之转移雇主（第十二条），如工人工作地方、合同期限、续月条款、工作时间、工资多少、工资付给（第七条）、工人一路疾病医药，以及

---

〔1〕《国际条约大全》上编卷八，后中国又有限制劳工往秘鲁办法九项，原文亦见下编卷九。

未满二十之青年工之雇用等，亦均有条文涉及。[1]此等条约虽与今日之保工公约性质不同，于国际劳动立法运动，不必有何影响，然至少此等条约所规定或禁止的大部事项，足以构成国际保工之一部分有力的理由。因前此各工业国，苟能有适当的劳动立法普遍采用，则工业界许多非人道的罪恶当无由于一特别地方继续存在，即古巴等地契约劳工之事实当不致发生。

因在欧洲有近百年来国际保工运动的历史与劳工团体的种种活动，于是欧战后在巴黎和会中乃有成立国际劳工组织之议。此项组织的实况如何，此为后此各章的责任。在本章所述各项保工运动中有一特别着重之点当特别指出者，即国际之合力的行动。劳动立法之当着重于国际的一致行动有两层理由：（1）工业罪恶是近代国际间的普遍现象而非某特定国家独有的现象，故立法的保护应当遍及各国的工人而不仅限于特定国家的工人。（2）各国保工立法不易有进展的一个重要原因，在于工商业竞争的关系。此层在第一章里已经提及。各国为竞争的缘故，资本家借口于减轻生产原费，不肯提高工人待遇，政府承中世纪重商主义之遗策，遂宁愿以工人生活之苦痛去换取国外市场的金银。故必国际一致为同样之保工立法而后保工的措置方易发展。基于前项理由，因有第一国际及第二国际之国际保工的要求及战时各项工人组织要求保工的活动。基于后项理由有欧文及李格兰等保工的运动；德皇召集柏林会议，在召敕中亦以抵制外国竞争之必要为言；[2]而一九〇六年奥、匈两国以日本未加入禁用白燐公约为理由，拒绝在该约上签字，更为此项理由最显明而有力的反证。

第三章
保工原则与会员国

在第一章已经说过，国际劳工组织的成立直接系根据《凡尔赛和约》之第十三篇，至和约该篇的来源则系根据国际劳动立法委员会（Commission on International Labor Legislation）的报告。

---

[1] 关于英国非洲等地招工合同章程，见《国际条约大全》下篇卷九。
[2] The rescript of the German Emperor addressed to Bismark, dated Feb. 4, 1890, quoted by Lowe in "The International Protection of Labor," 1921, pp. 28-29.

巴黎和会于一九一九年一月二十五日的预备会中议决："以由五大强国各派之代表二人，合其他参与和会国家共同选出之代表五人组织一委员会，从国际方面考查雇佣状况，考虑应采取何种必要之国际方法以期于关涉雇佣状况之事项取得共同行动，并建议一（国际）常设机关应取之方式，俾与国际联盟合作而在国际指导下继续此项考查和考虑。"[1]

依此决议，由英、美、法、日、意五强国各出代表二人。其余五个代表由参与和会的其他各国于同月二十七日会议决定比利时出二人，古巴、波兰与捷克斯拉夫各出一人。各国人选如下。

美国	龚勃（Samuel Gompers，美国劳工联合会会长）
	赫烈（Hon. Edgar N. Hurley，美船运局局长）
	代替人：鲁滨孙（Hon. Henry M. Robinson）
	夏特卫尔（Prof. James T. Shotwell）
英国	班兹（The Rt. Hon. George N. Barnes，英国会议员战时内阁阁员）
	代替人：蒲脱勒（Harold B. Butler）
	德勒贵（Sir Malcolm Delevingne，内务副大臣）
法国	柯利亚（M. Colliard，劳工部长）
	代替人：亚塔尔方顿（Arthur Fontaine）
	鲁育（Louis Loucheur，工业改造部长）
	代替人：郁货（Leon Jouhaux）
意国	普隆社（Baron Mayor des Planches，意大使，移民事务督办）
	卡布尼（Mr. Cabrini，意最高劳动理事院副院长）
	代替人：柯勒蒂（Mr. Coletti）
日本	落合谦次郎（日本特派海牙全权大使）
	冈实（日本前农商务省工商局长）
比国	樊特费（Emile Vandervelde，司法部长）
	代替人：亨利方顿（Henri La Fontaine）
	马亥（Mr. Mahaim，教授）
古巴	蒲斯塔曼（Antonio S. de Bustamante，教授）
	代替人：奥提兹（Raphael Martinez Ortiz 全权）
	白朗克（Mr. de Blanck 全权）

---

[1] Official Bulletin, vol. 1, ch 1.

波兰	卓尔特斯基（Count Zoltowski），后改为 巴特克（Stanislas Patek）
	代替人：苏加尔（Francois Sokal）
捷克	本涅兹（Edouard Benes，外交部长），后改为 布洛兹（Rudolph Broz）

以上诸人依和会上述决议组织而成之委员会是为国际劳动立法委员会。此项委员会（委员长为美代表龚勃，副委员长为英代表班兹及法代表柯利亚，秘书局长为亚塔尔方顿）从二月一日至三月二十四日，开会凡三十五次。至四月十一日，以该委员会会议结果向和会的大会提出报告。此项报告包含产生国际劳工组织的公约草案第一、第二两部分。第一部分为国际常设机关的组织法，第二部分为改善劳动状况的几个原则之确定。此项草案在和会中经讨论修改后采入和约，即为对德和约之第十三篇，对奥、对匈和约的相同部分及对布和约之第十二篇，成为国际劳工组织之法律的根据。

《凡尔赛和约》第十三篇（以后简称和约第十三篇）的草案，在国际劳动立法委员会讨论的过程中，依照原来英国代表的提案仅有关于国际机关的组织一部分（即第一部分）。惟据当时委员会中人的意见，国际保工立法机关的组织虽经拟定，而保工的原则在和约中仍须有指明之必要，于是乃有第二部分的加入。按照第二部分经和会修改后的内容，订约各国承认：

（1）不应将劳工仅仅当作货物商品看待。

（2）应尊重雇佣双方合法的组合权。

（3）雇工的工资应依照时地足维持工人一种合理的生活程度。

（4）尚未实行采用每日八小时、每周四十八小时工作制度的国家，应以此项工作制为鹄的。

（5）应采用每周休息至少二十四小时制，休息时间应包含礼拜日。

（6）废止童工，对于少年工人应加特别限制，俾能继受教育，确保身体的正当发育。

（7）相等工作应有相等报酬，男女应当平等待遇。

（8）各国订立劳动状况的标准，对于依照法律侨居该国的工人应予相当注意，俾受经济的公平待遇。

（9）每一国家应采用监察制度，并应引用妇女参加，以保证劳工法规的实行。[1]

和约第十三篇第一部分规定成立的国际常设机关的组织应包含：（1）会员国代表大会；（2）国际劳工局；（3）劳工局的理事院。

此项规定成立之国际常设机关即国际劳工组织。国际劳工大会虽容许各会员国之非政府代表参加，但构成国际劳工组织的会员是以整个的国家为单位。和约第十三篇第三八七条谓："国际联盟之原会员国，应为此项组织之原会员国，此后国际联盟之会员国同时应为此项组织之会员国。"故凡国际联盟的会员国皆得为国际劳工组织的会员国。不过于此可发生下列问题：第一，上项规定仅见于和约劳工篇，同时在国际联盟盟约内并无此项率直的规定。因之对于国联的会员国应即为国际劳工组织的会员国一点，在和约的签字国虽无问题而在非和约的签字国，倘因该国之自愿，是否可以加入国际联盟而不加入国际劳工组织？第二，曾因加入国际联盟而为国际劳工组织的会员之国家，是否因退出国联同时即丧失其国际劳工组织会员国的资格？第三，未加入国联的国家是否便无加入国际劳工组织的可能？关于第一点则有萨尔瓦多（Salvador）一九二〇至一九二一年之争执。原来依照和约第四一二条，各会员国应于和约生效后六月以内任命产业上有经验者三人（一为雇主代表，一为劳工代表，一为居中立地位者），以备选任为劳动考察委员会（the Commission of Inquiry）委员。[2]在一九二〇年四月十二日劳工局邀请萨尔瓦多政府提出上项备选人名，该国政府复谓该国虽加入国际联盟盟约，而国际联盟盟约又为整个《凡尔赛和约》之一部，但该国并不认其因此应受《凡尔赛和约》的束缚，对于该约第四一二条自无履行的义务云云。又据和约劳工篇的规定，除劳工大会代表之川资旅费外，国际劳工组织之一切费用应由国际联盟就其经常费中支拨。[3]国联的费用，向由国联会员国分担，因之萨尔瓦多政府在一九二一年五月致书国联秘书厅拒绝负担关于国际劳工组织费用之部分，所持各理由中亦以该国未签字于国际劳工组织所根据之条约为言：此等事实明白表示该国拒绝参加国际劳工组织的意愿。惟国际联盟与国际劳工组织无论就事实或法律的解释上，自始即自认系二物一体，认劳工组织为国际联盟之一部分。关于劳工之保护，国联盟约亦有第二十三条之规定如下："国

---

[1] 参看和约原文劳工篇第二部。
[2] 参看本部分第四章。
[3] 和约第三九九条见本部分附录。

际会员国愿勉力在其本国及其工商业关系所及的国家，为男女工及幼童获得并维持公平人道之劳动状况。且为此目的，应设立及维持必要的国际机关。"依此条文，于是劳工局长对于萨尔瓦多之答复，以为国联盟约中所谓"设立及维持必要的国际机关"即指国际劳工组织之机关而言；不然，则所谓维持"必要的国际机关"必将出于另一完全不同方式。实则除和约劳工篇所规定而外，更无其他实践盟约第二十三条的协定之方法存在。因之国际联盟盟约的解释与和约第十三篇密相联系，故国际联盟的会员与国际劳工组织的会员资格不能分开。关于萨尔瓦多拒绝负担劳工组织经费一项，经国联与该国磋商结果，但将分配数目改异，该国于劳工组织费用之负担已不成为问题。[1]

至曾为国联会员国继经退出的国家，是否因退出国联以后同时即丧失国际劳工组织的会员资格，关于此点已有的先例是退出国联并不定须连带退出国际劳工组织。哥斯达尼加（Costa Rica）于一九二六年十二月退出国联以后，国联劳工组织虽因其未能积极参加，遂在会员国的名单上将该国名字略去，但于一九二八年第十一届国际劳工大会时，劳工局长在其报告中曾注明"……除哥斯达尼加政府自行正式宣告外，并无合法权力机关能宣告该国在法律上已不复属于国际劳工组织者……"[2]西班牙与巴西前于退出国联时曾声明，愿继续为国际劳工组织的会员国。西班牙已回入国联组织。巴西则迄今仍未加入国联，但同时仍继续为国际劳工组织的会员国。

关于未加入国际联盟的国家有无加入国际劳工组织资格一问题，事实上有德、奥及芬兰等国之先例。在华盛顿大会时，德、奥之得许加入国际劳工组织。依照当时大会一般的意见，系因协约国与德、奥进行和议时，已承受容许该二国早日加入劳工组织的意见，并将此意转知劳工大会而建议容许两国加入。故大会认协约国与德、奥之谈判为和约之先决条件，遂以为根据和约而设立之劳工组织不能不许二国加入而决议通过。关于芬兰等国加入的问题，第一届劳工大会曾组一审查请求入会之委员会（Commission on Application for Admission）讨论。该委员会关于芬兰加入的多数报告以为依照和约的字句，即非国联的会员国亦得加入国际劳工组织。因和约无"非国联会员不得加入劳工组织"的明文，且劳动立法有国际合力行动之必要。大会虽未将上

---

〔1〕 参看 Official Bulletin, vol. v, pp. 391-405, v1 pp. 442-449。

〔2〕 International Labor Conference, 11th Session, Report of the Director p. 5.

述多数报告通过，但经长时间的辩论之后，决议抛开法理问题，欢迎芬兰代表参加华盛顿劳工大会。原来非国联会员的国家是否应许加入劳工组织，因着眼点之不同，可以得到相反的结论。从保工立法的工作而言，国际工商业的竞争既为国内保工立法之绝大障碍，劳工组织即在集合国际力量以克服此困难，则劳工组织本身之性质已含有尽量扩充会员国之需要。故大会讨论德、奥加入问题时，法国劳工代表郁货以为敌国（指德、奥）加入，事实上须予容许。倘劳工组织不许德、奥正式参加合作，则任何国际劳动立法在欧洲推行便会产生大困难。而上述特别委员会对芬兰加入问题的多数意见亦以为无论任何国家，如正式请求加入劳工组织而愿接受会员国应有之义务者，大会皆得允许之。反之，如采严格的法律观点，则大会容许非国际联盟会员国加入劳工组织，依照和约第十三篇第三八七条以外的条文，解释上颇有难处。因：（1）在前面已经说过，依和约规定，劳工组织之一切费用除劳工大会代表之川资旅费外，应有国际联盟就其经常费中支拨。国联此项支出由其会员国划分担负。因之，若劳工组织会员国可以为非国联会员的国家，则是此等国家可以不负劳工组织财政上任何义务，理论上说不过去。（2）许可非国联会员国之加入由大会决定，惟大会通过加入会员国涉及大会是否有此项权限之问题。关于此点，和约中自无明文。假定大会具有此项权限，则自然惟有以表决方式处决。而关于此事之表决，和约中并无票数之限制。依和约劳工篇第四零三条的字句，凡未经该篇条约明文另行规定者，"一切事项由（大会）出席代表过半数之可决通过之"，以涉及劳工组织根本之会员事项而仅由大会出席代表过半之多数可决之，亦绝无此理。（3）和约第十三篇所以定国联之会员国应即为劳工组织之会员国者，因国联与劳工组织原系二物一体。和约中除关于劳工组织之会员及经费而外，尚有其他重要规定可以显示此种原则。如劳工篇第三九二条明白规定："国际劳工局应设于国际联盟所在地，而为其全部组织之一部。"此外，如关于主要工业国之选任为理事有问题时，应由国联行政院决定。又如和约劳工篇本身之修改除须得会员国四分之三的批准外，并须得所有在国联行政院有代表的国家批准。[1]凡此等重要事项，无不有国联之干预存在。[2]总此以观，劳工组织实为国联所维持的机关而为

---

〔1〕 见后第五章。

〔2〕 关于两机关的关系简要的叙述可参看 C. Howard-Ellis, the Origin, Structurd, and Working of the League of Nations, 1928, pp. 231-233。

国联组织之一部，故其正式会员亦应属于国联的会员。

国际劳工组织的会员国共五十五个。中国系在一九二〇年七月十六日加入。该组织的会员国可以一览如下表。

阿尔斑尼（Albania）	巴西（Brazil）
阿根廷（Argentina）	英国（British Empire）
澳大利亚（Australia）	布加利亚（Bulgaria）
奥地利（Austria）	加拿大（Canada）
比利时（Belgium）	智利（Chile）
玻利非亚（Bolivia）	中国（China）
哥伦比亚（Colombia）	立陶宛（Lithuania）
古巴（Cuba）	卢森堡（Luxemburg）
捷克斯拉夫（Czechoslovakia）	荷兰（Netherlands）
丹麦（Denmark）	新西兰（New Zealand）
多米尼加共和国（Dominican Republic）	尼加拉瓜（Nicaragua）
爱西屋皮亚（Ethiopia）	挪威（Norway）
爱沙尼亚（Esthonia）	巴拿马（Panama）
芬兰（Finland）	巴拉圭（Paraguay）
法国（France）	波斯（Persia）
德国（Germany）	秘鲁（Peru）
希腊（Greece）	波兰（Poland）
危地马拉（Guatemala）	葡萄牙（Portugal）
海地（Haiti）	罗马尼亚（Romania）
洪都拉斯（Honduras）	萨尔瓦多（Salvador）
匈牙利（Hungary）	暹罗（Siam）
印度（India）	南非洲联邦（South Africa）
爱尔兰自由邦（Irish Fress State）	西班牙（Spain）
意大利（Italy）	瑞典（Sweden）
日本（Japan）	瑞士（Switzerland）
拉特维亚（Latvia）	乌拉圭（Uruguay）
来比利亚（Liberia）	委内瑞拉（Venezuela）
	犹哥斯拉夫（Yugoslavia）

第四章　国际劳工大会

国际劳工大会（International Labor Conference）为国际劳工组织内考虑和通过保工立法的机关。此项大会如遇必要得随时特别召集，平常每年开会一次。大会决议事项，如合约中未特别规定者，依出席代表之多数取决；但投票人数不到赴会代表人数全体之半时，其表决为无效。[1]

Ⅰ. 大会的代表问题

国际劳工大会出席代表如何分派，在大会的构成上至关重要，亦为研究此项国际组织者首当注意的问题。

第一，国际劳工大会的代表所代表的是什么？于此，吾人单看劳工大会的工作或职务是什么，当可与吾人了解上以相当的帮助。劳工大会的工作为成立国际劳动立法案。在目前国际状态下，国际劳动立法的主要困难在：（1）如何可以顺应劳工的愿望而不至在资方发生过度的困难；（2）如何可以使各会员国政府采用同一的保工立法。此两点吾人前已约略言之，故劳工大会的工作非得各国政府的积极参加不为功，其理甚明。而在私产制度之下，如何可以提高工人生活？而提高工人生活所需于资方的费用不至于超过工业所能支付的力量，则深知劳资双方利益者事实上无过于劳资本身了。故和约劳工篇规定大会的代表之全体应由各会员国的政府、雇主、劳工三方面的代表组成。其派遣方法由各该国政府任命，惟关于非政府代表（即雇、劳两方代表）的人选之决定，应以能代表该国的雇主及劳工为标的。关于此点，和约第三八九条又有下列一款规定："会员国约定，如其国内有最能代表雇主或劳动者之产业团体存在时，应与该团体协议任命各非政府代表及其顾问。"

以会员国劳、资两方代表直接参加国际立法会议，誉之者谓为"大胆的革新"。因此等代表虽经政府任命而来，然所代表者仅各为劳资团体私人的利益。以私人利益的代表竟于国际会议席上与其政府代表立于对等地位，对于各问题得各以独立意见与政府不相谋而迳立于赞、否两方面，且因此决议可

---

[1]　会议地点如上届大会以三分之二通过，得改他处，否则须在国际联盟所在地。

使其国政府陷于某种国际政策及条约之束缚，此种办法实系国际会议上仅见的创举。盖此种协调劳、资的办法虽未能满足急进派人士的希望，而在主权观念几于无法打破的国际现状之下，以公法的眼光观之，此种代表法不啻打破了国家意志统一或权力统一的假定，故为国际上一种打破先例的改进。

其次，劳工大会之目的既在：（1）调融国与国间工业上不同的利益，及（2）各国资方与劳方的利益，其出席代表的力量之分配在精神上亦可看出一个势力均等的原则，即：（a）使政府代表的力量与非政府代表的力量均等；（b）使劳工代表的力量与雇主代表的力量均等。其平衡政府代表与非政府代表力量之方法，在代表人数的分配上，令每一会员国派遣代表四人，以二人代表政府，余二人一代表雇主、一代表劳工。〔1〕使雇劳两方势力平均的方法，则除代表人数之指定外，更进一步。如会员国于指派非政府代表时，仅指定劳工代表而缺雇主代表，或仅派雇主代表而缺劳工代表，则被遣赴会之非政府代表于会议席上仅有发言权而无表决权。〔2〕于此，第三届劳工大会上曾发生一特别问题。此问题的要点是：会员国之非政府代表如有雇主或劳工一方曾得其所属雇主或劳工团体的训令，其任务为仅仅讨论议程上的某几问题，则大会讨论其他问题时该国非政府代表之另一方是否因无本国对方之参与而失其投票权？原来第三届大会时，因法兰西政府反对议程中列入农业事项，引起了国际劳工组织是否有权讨论农业劳动者的立法问题之争论。法国雇主代表受该国雇主团体限于讨论农业以外的事项之嘱咐，将不出席讨论议程上关于农业的项目，故发生法国劳工代表讨论农业事项时之表决权问题。对于本事件，资格审查委员会向大会报告，认为法国的劳方代表不能因该国赴会雇主代表不出席讨论农业事项而影响其讨论农业问题时投票的权利。因各会员国派遣代表赴会是为出席全会，并非仅出席讨论大会议程上某一或某二事项，和约第三九零条之限制不能适用于本问题。〔3〕

第三，非政府代表之指派，既以确能代表该国劳资双方的意见为指归，但在每一会员国里雇主及劳工团体往往不是仅有一个而止。如在雇劳两方组织派别分歧的国家，则代表之指派最易引起争执问题。在这种情形之下，有无消融异派争执之法而使各派均有参与会议的同等机会？于此，合约上有如

〔1〕 见本部分附录合约第十三篇，第三八九条。
〔2〕 见本部分附录合约第十三篇，第三百九十条。
〔3〕 International Labor Conterence, Third Session, Proceedings, p. 612.

次的规定：“各出席代表均得随带顾问，其人数按照议事日程，每项议案不得超过二人，倘劳工大会议及女工问题，其顾问中至少须有一人为女子。”

近代劳动立法往往涉及专门问题，出席代表不必能有专门的研究，故不能不赖专家顾问以收“集思广益”之效。然此办法适足调剂雇劳（特别是劳方）组织派别分歧的国家之异派争执。如在雇劳组织系统不一的国家，政府任其一派为代表，便可与各团体协议加派异派的分子为顾问。如此，则非代表的异派工人团体对于大会所讨论之问题亦有参加机会。依照和约劳工篇及大会会议规则，顾问员以顾问之资格，在大会中虽无表决权，且在发言上有限制，但如经代表请讬代理出席，则代理者权利与代表同。至代表被选为委员会委员时，若一代表同时隶属于几个委员会，则事实上尤非请顾问出席不可。委员会会议时，顾问除无表决权外（代理正式代表者地位与代表同），亦与其他出席代表享有同等权利。在英国工人方面，如依照大会议程涉及某项问题，则顾问人选大都系由与该项问题关系较密之工联提名。[1]在荷兰，派代表时属于工会国际联合会（The I. F. T. U.）的工人团体与属于基督教社会主义者工会（Christian Socialist Unions）的工人团体对峙，不能相下，更采两派工人轮流派遣的办法。[2]

第四，和约中虽有派遣顾问之规定，然此项办法不必然能完全解决雇劳团体的异派争执。如荷兰政府在第一、第二两届大会时任命荷兰工会总会（the Netherlands Federation of Trade Unios）推定的人选为代表，至第三届大会改而任命天主教工会联合会（the Federation of Roman Catholic Trade Unions）的塞拉棱氏（P. J. S. Serrarens），而以荷兰工会总会的人选为顾问。[3]荷兰工会总会坚持反对，于是非政府代表之选派法根本涉及和约第三八九条的解释上之疑义。

于和约第三八九条上的致疑之点，简单言之即：（1）所谓“最能代表雇主或劳动者之产业团体”一语，是专指各国唯一最大的工人或雇主团体而言

---

〔1〕 参看 Howaard-Ellis, the Origin Structure and Wording of the League of Nations, p. 245.

〔2〕 E. Beddington Behrens, International Labor Office, 1924, p. 125.

〔3〕 荷兰重要工人组织有五，其中荷兰工会总会的人数最多，1921年有218,956人。天主教工联会次之，同年有155,642人。其余各亦数万人。塞拉棱氏系由天主教工联会及其他两大工人团体推出经政府任命者。天主教工会与其相与之两大工人团体合有工人数，则多远于荷兰工会总会所属之工人数。

呢? 抑或该国多数的较大工人或雇主团体均亦适合于此条之意义而须政府与之协议以任命"非政府代表"呢? 如多数雇主或工人团体亦适合于"最能代表雇主或劳动者之产业团体"的意义, 则（2）政府此等团体协议以任命"非政府代表"时, 其人选是否必须尽得此等团体之协同的意见呢? 关于第一点, 由前之说, 荷兰劳工代表应属于该国工会总会; 由后之说, 则塞拉棱氏系由多数工人团体共同提名, 所代表工人总数较工会总会单独代表之工人数为更多, 故应为出席劳工大会之该国工人代表。关于第二点, 如答案应为正面的, 则塞拉棱氏之任命显然未得荷兰工会总会的同意; 如答案应为反面的, 则工会总会之反对应不能成为问题。国际常设裁判法庭对本问题的意见, 于第一点采取后种解释, 于第二点则作反面的答案。[1] 盖（1）如将"最能代表雇主或劳动者之产业团体"解作专指单独最大的雇主或工人团体, 则一国内可有多数工人或雇主团体, 各个单独代表的人数虽较单独最大之团体所代表者为少, 但联合后之力量可远过于后种团体之单独的力量。若代表力量较大而反无提出意见之权, 在理为不平。（2）若政府与产业团体协议而派遣代表必须尽得所有团体的同意, 则一遇争执, 代表之选派将因各团体之彼此反对而成为无结果。

第五, 倘会员国内雇主或劳工的团体不发达, 或无最能代表雇主或劳工的产业团体存在时, 该国任命非政府代表当取何种手续, 合约对此并无束缚。惟从第一届大会至第五届大会, 日本命无组织工人选举代表之法, 亦常成为大会中的问题。大会中工人方面, 以为此种办法实足鼓励工人组织不发达的状态。

非政府代表参加国际间含有外交意味的会议既为劳工大会的特点, 则此等非政府代表之选派是否便属会员国内"最能代表该国雇主或劳工团体"同意之人选, 此层于大会的重量上显然有重要关系。于是大会有资格审查委员会之设, 以审查非政府代表之资格。非政府代表虽经会员国政府任命, 但如遭受国内外雇主或劳工团体反对,[2] 由资格审查委员会向大会报告后, 大会得以出席代表的三分之二之多数表决拒绝之。翻开劳工大会历次的记录看, 从华盛顿第一届大会直到最近第十五届大会, 无届不发生非代表政府资格的

[1] Official Bulletin, Vol, No. 7, Official Documents, Decision of the Court Concerning the Interpretation of Article 389 of the Treaty of Versailles.

[2] 关于 admissibility of protest against the nomination of delegates 请参看 Report of Director, 1927, Vol. Ⅱ, pp. 22-23.

争议问题。如第三届大会的荷兰工人代表，第一届至第五届大会的日本工人代表问题，已述过了。此外，如第五届大会中西班牙雇主联合会（The Spanish Employer's Federation）反对该国的雇主代表；第八届大会上印度的雇主代表，因非印人，曾引起印度雇主的抗议，其代表性亦成疑问。意大利在法西斯蒂党党治下，所谓工人"组合"（Corporations）是在政府强大压力之下，由法西斯蒂党党人一手组成。且此等组合，从意大利的法规看去，显然是包含有雇主在内的混合体，工人自动组织的工会有不为法西斯蒂党党化者，事实上不能有合法的存在。[1]因之意大利自第五届国际劳工大会起，至最近一届大会止，历次派遣法西斯蒂组合联合会（Confederation of Fascist Corporations）的会长罗西尼（Rossoni）及法西斯蒂全国农业工会联合会（National Confederation of Fascist Agricultural Workers Trade Unions）会长拉扎（Razza）等代表工人出席，无一次不遭本国工人或各国工联国际联合会及到会工人代表团的坚决反对，引起大会开会时的激烈争辩。此等争执，在意国的代表以为是大会中社会主义派对法西斯蒂党的仇视与为难，而在反对方面则以为：（1）意国工人"组合"既属有雇主的组织，则由此项组合所派出的工人代表不过是一半工人代表。换言之，即工人仅有二分之一代表。（2）国际劳工大会所以规定有工人代表的原因，是尊重工人本身的意见。意大利工人在法西斯蒂党党治下，直被剥夺了自由；御用的工人代表不能代表意国的劳工。

综合自第一届大会以至第十五届大会关于非政府代表的资格问题，不下四五十件，每届大会均有此项问题。最可注意的是此项问题的最大多数都是关于工人方面的代表。

和约劳工篇虽规定会员国派遣非政府代表须与国内最能代表劳工或雇主之团体协议，却无法阻遏会员国之不派"完全代表"（complete delegation）。因大会中投票权的分配是采代表"一人一票"制，而不是沿用一国一票制，故会员国之不派完全代表，事实上更打破了大会里对等代表的均衡状态，于大会的进行上亦常发生困难。自劳工大会在华盛顿开第一届大会以来，赴会之代表不"完全"，已成为经常的显著现象。从第一届直到第八届劳工大会，派遣"不完全代表"的国家，恒达与会国家三分之一以上！（见第五表）

---

[1] See, esp. Proceedings of International Labor Conterece form fifth to eighth sessions.

第五表　历届劳工大会的不完全代表

某届大会	与会国数	有完全代表之国	仅有政府代表之国	他种形式的代表不全之国
第一届大会	40	24	14	2
第二届大会	27	16	7	4
第三届大会	39	25	14	0
第四届大会	39	20	17	2
第五届大会	42	23	16	3
第六届大会	40	24	14	2
第七届大会	46	29	13	4
第八届大会	39	28	8	3
第九届大会	38	27	8	3
第十届大会	43	32	8	3
第十一届大会	46	35	8	3
第十二届大会	50	35	13	2
第十三届大会	34	22	9	3
第十四届大会	51	33	16	2
第十五届大会	49	—	—	—

Ⅱ. 大会的组织

劳工大会的组织，大体上很简单，可分四方面简述如下。

第一，从组成分子说，组成大会者为各国政府与非政府代表。此在前面已经说过了。

第二，从大会中政府与非政府代表的组织说，有各代表团的团会议。此所谓代表团，非各国的代表团，系指到会的政府、劳工、雇主各代表，依其代表的利益之不同而分别组合之政府代表团（Government Group）、劳工代表团（Workers' Group）及雇主代表团（Employers' Gorup）而言。各代表团（Group）的团会议任务在：（1）提名大会的副主席；（2）提名本代表团在提案审查委员会（Selection Committee）应有的代表人选；（3）提出其他委员会的候选名单；（4）选举本代表团在理事院应有的理事人选；（5）处理由提案审查委员会或大会交来的事项。[1]综合言之，各代表团会议的主要任务在于提出该团对于大会应选出的任职人员之候选人。此项代表团的划分，殆含两层意义：（1）从劳工雇主方面言，为承认产业团体的国际团结（International Solidarity）。（2）以政府代表与两种非政府代表相对待言，则因政府代表恒为劳工代表或雇主代表人数之二倍，三方代表的实际投票权不均等，故关于选举事项不能不分团推举。

第三，从任职员的设置言，大会的秘书职务由理事院指令劳工局职员担任，[2]劳工局长为大会法定的秘书长。大会设主席一人，副主席三人，其人选由大会推选之。副主席应由政府、雇主、劳工代表团各提名一人，但国籍不得偶同。[3]

第四，就大会工作的进行方面说，有各种委员会之设置。其数目多寡及负责事项视大会的议程如何而定。大会中比较重要的委员会有下列几种：

（1）提案审查委员会（The Selection Committee）；

（2）资格审查委员会（The Credentials Committee）；

（3）起草委员（The Drafting Committee）；

（4）大会议事规程委员会（The Committee on Standing Orders）；

（5）第四零八条委员会（The Committee on Article 408）；

（6）其他临时特别委员会如失业问题委员会（Committee on Unemployment），防止工业灾害问题委员会（Committee on Accident Precention），职业病问题委员会（Committee on Occupational Diseases）等因大会有该项议程而成立之委员会。

上述各种委员会的性质，除第六项各临时委员会性质显明，无须叙述外，第四零八条委员会系依合约第四零八条有"各会员国约定，将其因加入各项公约及实践公约所规定而采用之办法，每年编制报告，送交国际劳工局。此

---

[1] Standing Orders of the Conference, Article 21.

[2] 参看本部分第六章。

[3] 在第四届大会时，劳工代表团与雇主代表团因提出的副主席人选同隶法籍（劳方为 M. Leon Jouhaux，资方为 M. Pinot），两方均不让步，结果该次大会仅选出政府代表提出的副主席一人。为避免此项困难起见，于是大会会议复有政府、雇主、劳工代表团顺次提名的规定。各代表团所提人选提出的先后由第五次大会抽签决定，历届轮流。此后无论某代表团提出的人选，倘与他代表团提出的人选国籍相同者，则后提出的人选即归无效。

项报告须依理事院所指定之程序及项目编制，劳工局长并应以该年报告之提要报告于下次劳工大会"之规定，故劳工大会设立委员会以审查此项报告，而称此审查报告之委员会为第四零八条委员会。起草委员会的职务为专门起草大会的公约草案，建议案及其他决议案使其文字合于法律形式，并使此等决议的英、法文字句一致，以便于各会员国整个的采用编入法令。起草委员会不必为大会的代表或代表顾问，而常为劳工局的法律专门人员。[1]大会议事规程委员会考虑国际劳工大会议事规程的修改问题。资格审查委员会人数规定为三人，政府、劳、资代表各一。最重要的委员会是提案审查委员会。此项委员会的任务是：根据大会的意见拟定大会工作的程序；订定全会会议的日期及每次会议的程序与议案之分配；决定各委员会的人数。各委员会的人选须经该会提出，惟除起草委员会的人选由劳工局的法律专门人员充任外，其他委员会的人选，须斟酌大会的政府、劳工及雇主代表团三方推荐的名单顺序推选，以能充分代表各关系方面的意见为原则。该委员会的组织，经大会议事规程定为由政府代表团推出十二人，劳工代表团与雇主代表团各推出六人。在每一代表团推出的人选中，不得有二人或二人以上隶属同一国家的代表。于各委员之外，大会得派遣专家加入各委员会。惟此等专家只立于辅助地位，无表决权。各种委员会对于大会的工作很有帮助。尤以提案审查委员会为大会工作进行之枢纽。此等委员会的功用在节省大会中冗长无结果的讨论，防止草率而无深切考虑的决议，依分工的方法增加会议效率，便利大会的进行。

Ⅲ. 大会立法的方式

大会关于劳动立法通过的议案，分公约草案及建议案两种。某种议案究应为公约草案或建议案，由大会斟酌决定。惟无论公约草案或建议案，须经大会出席人数的三分之二通过方能成立。大会公约草案与建议案之决定，同样的对于会员国并不立即发生条约的束缚效力。此等决定是否生效，须视会员国对于此项公约草案或建议案是否批准或采用以为断。

---

[1] 又大会各委员会内均应有一特别起草委员会，如该委员会对大会有任何公约草案或建议案之提出时，则其所属特别起草委员会应即为大会起草委员会之一部分。

公约草案同建议案不同之点在：（1）手续上，建议案经会员国采用后，该会员国只须将其实际的措施通知国联秘书长。公约草案则经批准后，该会员国必须将正式批准书寄交国联秘书长，"且须执行必要之措置，以使本公约各项的规定发生效力"，并应每年向劳工局报告实施状况。（2）公约草案包含比较详细而严格的法律条文，适于各国一致整个地逐条采入该国法规。建议案则大都不过是一些原则的拟定，希望采用的国家在立法上整个地或部分地依此原则实行。（3）在法律的性质上，公约草案对于业经批准的会员国有束缚力，且此项业经被会员国批准的公约，如一般国际条约例，必须依和约第十三篇第四零六条及国联盟约第十八条（因国联的会员国即为国际劳工组织的会员国）的规定，由国联秘书厅登记；而建议案则经采用之后，采用之国只在保工一贯的精神上有实现建议案所举事项之道义的责任，而无条约上的义务。（4）在制裁上，批准公约的会员国于公约不遵守时，和约第十三篇有自第四零九条至第四二零条的规定，于建议案则因其既无条约的束缚力自说不到制裁。

不过于此有一要点，即在联邦国政府，其缔结关于劳动事项的公约之权受有宪法限制者，对于公约草案得作如建议案处理。和约第十三篇第四零五条第九款说："在联邦国，其加盟于劳动事项的公约之权受有限制者，该国政府得依其裁度，于'适用该限制'之公约，仅作如建议案处理之。在此等情形下则适用本条关于建议案的规定。"据此，则公约的采用对于受宪法限制的联邦国家即不能发生国际条约之束缚的作用。

此款规定之用意，在国际劳动立法委员会的会议讨论过程中，系特以调融美国宪法上的困难。[1]原来关于公约草案的拘束力，依英方提出的和约劳工篇草案，凡劳工大会以出席代表三分之二通过之公约草案，如在一年期间未经会员国立法机关之明白否定者，会员国应于上述期限内将该约之批准书寄交劳工局长并采取所有必要步骤实行该项公约。照此规定，则美国加入劳工组织殆有特别困难。第一，依照美国的政治制度，上议院有审议及批准条约之职权。如使劳工大会可以三分之二出席代表之通过成立公约，遂使美国受其拘束。此在美制衡制度之下，涉及关于缔结此等条约之分权问题。第二，在美国联邦政府应有的规定权限之内，联邦议院为其立法机关。美国政府与

---

〔1〕 参看 Official Bulletin, Vol. 1, Proceedings of the Commission on International Labor Legislation。

他国成立保工条约后，须议院为立法之规定，以使保工条约生效。然必须在一定期间赞成或否决此种法案，联邦议院不能受此项规定的拘束。第三，一般保工的立法不在美国宪法赋予联邦政府的权限之列。依照宪法修正案第十条（The Tenth Amendment）的明文，凡未经宪法赋予联邦而又未禁止各邦行使之权限，概由各邦或人民保留。因之，即使美国联邦政府决定加入国际劳工大会的保工公约，然各邦政府是否能成立必要之立法以实行公约的规定，联邦政府不能确定。[1]第四，美国对外成立的条约在国内虽与该国其他立法案在效力上处于同等地位，然美国联邦法院随时有宣布该国的立法案或对外条约之规定为不合宪法（unconstitutional）之权。即使各邦有实行公约规定至立法案成立，而法院在审判具体案件时，是否不宣布此种立法案或此等保工公约之规定为不合宪法，美国联邦政府对此事前更无把握。[2]因此几项理由，美国代表反对英方提案关于公约拘束力之条款。于是国际劳动立法委员会除将公约生效之条件改为须得会员国正式批准外，并于和约劳工篇草案内加入第四零五条之第九款，意在解除美国的特殊困难以便该国自动采用劳工大会保工的规定。

Ⅳ. 议程的规定与会外的保工协定

大会通过的公约或建议案，视其内容属于何种事项，则劳动者在该方面即可望因其国之批准或采用而得到一种保护。譬如公约规定工业灾害的补偿，则工人因灾害而发生危险或受伤时，假如本国能遵行该约，便可得到法定的赔偿，即在该方面得到一点保障。然每届大会应成立何种公约，须视该届大会所讨论者为何方面之问题；而大会应讨论何种问题，则有议程为之规定。故每届大会议程的如何选定，不特与会员国的工业利害有关，尤与工人的福利有密切关系。在第三届大会时，大会议程上有关于农业的事项，经法国政府坚持反对，卒交国际常设裁判法庭审判，问题始得解决，然则选定议程之重要显然可见。

---

[1] 关于保工的事项，美联邦政府虽可就宪法赋予之其他权力采用间接方法达到保工目的，但一般的保工立法属于各邦保留权限之列。

[2] 关于美国制衡制度与对外条约之控制，读者可参看 Quincy Wright, The Control of American Foreign Relations, 1922。

决定大会议程者通常为理事院。惟"会员国政府，或为第三八九条之目的，业被承认之代表团体，所提出关于会议事项之各案，理事院应审理之"。[1]大会对于下届会议议程中应列入何项议题亦可自行决定，但须经出席代表三分之二通过。此处三分之二的限制，其用意大概在防止滥行提出议题。会员国对于大会的议程可以提出反对，此层于上面述及法国反对第三届大会议程时已经提及。此项规定使在理事院无代表的国家可以反对理事院议程的拟定，不过反对意见的提出须有详细理由之说明。[2]又无论议程上某一议题，虽由会员国政府经一定手续提出反对，如原项议程得大会出席代表三分之二之通过，赞成讨论，则大会仍得考虑该项问题。

对于大会议程项目之提出，和约中虽设为限制的规定，但于大会通过的公约草案之外，如会员国间以保工之目的自行彼此订立条约或公约，则和约上不特本无限制且不能限制，更从而寓有鼓励的用意。和约劳工篇第四零七条明白表示说："凡劳工大会最后讨论之公约草案，未得出席代表三分之二以上之同意时，本常设机关会员国间，仍有自行订立该项公约之权。"

此外，又如大会上某一公约草案未经通过，大会议事规程上并有可以将该项未通过的公约复交委员会审查改为建议案的规定。[3]此种用意亦系谋重要公约不能成立后的补救。

V. 立法讨论程序

国际劳工组织自成立以来，于华盛顿第一届国际劳工大会通过公约草案及建议案各六件；热那亚第二届大会通过公约三件，建议案四件；日内瓦第三届大会通过公约七件，建议案八件。至此，大会共开三次，而所通过的公约凡十六件，建议案凡十八件，共三十四件。三年之间，立法成绩可谓不少！不过国际劳工大会虽可尽量从事于保工的立法案之成立，却无法强使此等立法案必为会员国所采行。因此国际保工运动的成功与失败，不系于国际劳工

---

〔1〕 第三八九条规定有"会员国约定如其国内有最能代表雇主或劳动者之产业团体存在时，应予团体协议任命各非政府代表及其顾问"。

〔2〕 合约劳工篇第四零二条第一及第二款。

〔3〕 See International Labor Organization, Constitution and Rules, Edition of Sept. 1928, Standing Orders of the Conference, Article 6, Par. 12.

大会成立公约或建议案的多寡，须视采用公约或建议案的国家的多寡。在一九二二年以前，国际劳工组织的会员国共有五十一国。假使每一会员国对于三次大会成立的公约十六件都能批准，则此等公约共可得到批准书八百一十六件；如能有过半数会员国批准，尚可得到批准书四百一十六件；如有三分之一会员国的批准，亦可得批准书二百七十二件。但事实上此等公约案在一九二一年四月仅得批准书三十件，至次年同月亦仅得到五十一件。似此大会成立的公约草案虽多，而会员国之采用者太少。将如何使公约不至成为一纸空文，或国际劳工大会不至循成空言无益的机关？国际劳工大会于此只有两方法：一是力促会员国批准所有的公约。二是减少并慎重成立立法案。

力促会员国批准所有的公约虽为最好的方法，殊乏有效的途径。故国际劳工大会于一九二二年后即在减少并慎重成立立法案。在这方面国际劳工大会曾经实行或考虑下列各种方法。

1. 停止立法案之通过。如于一九二二、一九二三、一九二四各年中，第四、五、六各次大会之未成立公约草案是。

2. 修改和约第三八九条"至少每年开会一次"之规定为"至少每二年开会一次"。如理事院于第四届大会所提议者是。

3. 每年开会，但间一年成立公约草案或建议案，即以一年预备、以一年议决立法案，预备及议决两种性质之大会依年轮次举行。如国际劳工大会第四届大会时之宪法修改委员会（Committee on Constitutional Reforms）所建议及该届大会所决议者是。[1]

4. 于公约内附增一款，规定会员国得请求大会之允可，改易公约内次要而不适于该国之点。如此，公约之规定因可改动较有韧性，则会员国之批准较易。如一九二二年因劳工局长多玛氏（Albert Thomas）之建议，经大会中公约修改程序委员会所讨论，卒为大会所否决者是。[2]

5. 二读法。大会当公约案逐条通过后，即为一临时总表决。如该案已得三分之二多数的可决时，得俟下届大会由劳工局收集各会员国所有修正案之后作最后的表决。如一九二四年七月一日大会所通过的暂行二读法规程所规

---

[1] Fourth Session of the Conference, Proceedings, pp. 299-322, 506-507. 又 pp. 608-9, Resolutions Adopted by the Conterence。

[2] Fourth Session, Proceedings, pp. 372-375, 582-586, 又 p. 611。

定，及一九二五年所实行者是。[1]

6. 重复讨论程序。停止通过公约既不可以为常，修改合约条文及改变会议性质，在保工运动上过于让步，且其方法过于呆板。第四法复足以减轻公约的力量。二读法更多会议进行上的困难。故第八届大会中修改议事规程而有重复讨论程序之规定。[2]

重复讨论程序，自第八届大会通过定于第十届大会采用[3]后，在第十二届大会复有修改。其所定讨论步骤，得为划分如下。

1. 理事院在议程上选定某项议题之后，开会时劳工局须向大会交一报告（灰皮报告 gray report），叙明关于此项议题的各国现行法律与习惯。报告中虽不必包有一询问书，但须尽量举出所有应向各国政府就询之点。此项报告在开会前须寄给各会员国政府，以资考虑。

2. 对于此项问题，本届大会仅作大体上的讨论，先就对此问题是否宜于成立公约草案或建议案作初步的决定。

3. 如大会于初步的决定，认此问题可以成为公约或建议的题目时，其次即决定对于各国政府应行就商之诸点。

4. 大会再依合约第十三篇第四零二条第三款以出席三分之二多数的可决，将此项问题列入下届大会的议程。

5. 劳工局在大会闭会后一个月以内，根据大会的决定，草成询问书（红皮书 red book）送交各会员国政府。

6. 劳工局得到各国政府回复后（各国政府须及早作复），再根据各国的答复，草成最后的报告（蓝皮报告 blue report）寄送各国政府（最好能于距下届大会开会三个月以前到达）。此项报告内得有一公约案或建议案的拟草。

7. 下届大会开会时，对于劳工局的报告是否采用为讨论的根据，大会可以自由决定。此届大会对于本问题最后通过的公约案或建议案，即为正式的公约草案或建议案。[4]

---

[1]　Seventh Session of the Conference, Proceedings, pp. 676-677.

[2]　8 th Session of the Conference, Proceedings, pp. 188-201. Report of the Committee on the Double Discussion Procedure 载于该届大会文件 pp. 357-363。

[3]　8 th Session of the Conference, Resolutions, p. 430.

[4]　第十二届大会修改后的 Standing Orders，参看 I. L. O. Constitution and Rules, Standing Orders of the Conference, Amendments by the Conference at its 12 th Session, 17 June, 1929。

从这个叙述里，我们当可看到"重复讨论程序"手续之繁重。此项繁重程序的采用，用意即在节制草率和速成的公约草案或建议案，防止法案太多反致积压、不易推行的流弊。

VI. 实施问题

关于实施问题可分为如下几点。

（1）关于公约之批准与采用。在前面已经说过，公约草案或建议案经大会通过之后并不立即发生效力，而须会员国批准或采用后始能见诸实行。故会员国批准或采用大会立法案与否，乃一最关紧要的问题。于此，合约规定会员国之义务如下："各会员国约定：于劳工大会闭会后一年以内，将该建议案或公约草案交付主管机关以为立法上之执行或其他之措置。倘因有特别情事，于前定期间不能交付时，须尽先办理，且至迟不能逾大会闭会后十八个月之期限。"[1]

换言之，凡会员国无论其代表在大会中对通过的公约草案或建议案是否立于赞成方面，而一经通过之后，该国政府至迟于十八个月内必须将此等公约草案或建议案交付该国主管机关作最后决定。所谓会员国的"主管机关"，从国际劳动立法委员会的纪录看来，殆系偏指民主代表国内的议会。[2]因此，一会员国对公约及建议案之批准或采用与否之最后决定，可说是系于该国籍其代议士而表现之人民的公意。[3]不过不问是公约草案或建议案，倘未经会员国主管机关批准或采用时，会员国便不负任何责任。故劳动立法在国际劳工组织内，虽为国际合力的运动，而立法案之是否见诸实行，则除法案本身亦与有关系外，依然视各会员国国内的政治情形如何而定。其在政党政治的国家，则其关键又在注重劳工福利之党之势力消长如何。

（2）关于公约之解释。国际劳工大会公约之通过，用意原在保护劳工或改善劳动者的生活状况，如八小时工作公约、限制十四岁以下童工公约等，均其显例。不过假如在有的会员国中，工作时间早已限为每日七小时，或童工年龄限制先已定为十五岁，是否此等会员国批准八小时公约及限制十四岁

---

〔1〕 和约劳工篇第四零五条。

〔2〕 Minutes of Proceedings of the Commission on International Labor Legislation，Nos. 17–18.

〔3〕 Behrens，International Labor Office，p. 32.

以下童工之公约后，因须实行公约的规定便须将七小时之工作时间限制改为八小时，童工的年龄限制十五岁降为十四岁？于此合约第四零五条第十款及第十一款有如次之解释：“无论如何不得因劳工大会采用某项建议案或公约草案之结果，而要求任何会员国减轻该国现行法律业经给予劳动者之保护。”

依照此项规定，所有公约均不能用为降低劳工待遇之解释。即会员国在劳动立法上原有工作七小时之限制者，不得因采用八小时公约而增为八小时；原曾定童工年龄为十五岁之限制者，不得因批准限制十四岁以下的童工公约而降其年龄限制为十四岁。和约此项条文是遇公约与会员国现行劳工法令两者规定条件不符合时，为解释上概括的指导原则。因此公约仅能有提高劳工待遇的作用而不能用为减低劳工待遇的借口。

（3）关于实施的状况。各会员国批准公约后，除在该国本土外，公约之适用的地域范围，依和约第四二一条包含各国“所属无完全自治权之殖民地、保护国，及属地……”。至于委任统治地，则和约本篇内并未提及。但于国际劳工组织内，涉及委任统治地的劳动事项，理事院有土著劳工专家委员会之设，在劳工局则归外政部第三科办理。惟各会员国对于其所批准的公约是否实施，或实施状况是否可以令人无遗憾，此层亦关系国际劳工组织保工工作之成败。如何可以明了此种情形？则依和约第四零八条之规定，会员国须年具指定程式项目的报告。[1]惟此等报告内容繁浩，即每年劳工局长的提要报告因全文过长，前此大会尚未能充分注意，对于各国繁重的报告之本身更无待论。自经第七届大会爱尔兰代表建议得理事院采纳后，第八届大会乃有每年大会应设立一委员会，审查报告之议（即第四零八条委员会）。此后除每年大会设第四零八条委员会外，并由理事院另设一专家委员会（即第四零八条专家委员会），利用会员国报告，征集附加材料，向理事院作成报告，附于劳工局长的每年报告之后提交大会。[2]不过，专家委员会之成立虽可使各国实施公约的状况由此研究而大明，惟会员国如于公约所规定未能切实施行，则

---

　　〔1〕　和约第四零八条规定，“……此项报告须依劳动理事院所指定之程式及项目编制……”。参看本部分附录。

　　〔2〕　Report of the Director, 1927, Second part, pp. 257-261.

此委员会殊不负监督评判之责。[1]

VII. 公约的修改问题

各公约的修改在法律和技术上均属国际劳动立法上一个重要问题。自华盛顿劳工大会后至第十二届大会以前，各公约采用一"例定条款"（Standard Article），规定："在十年期间，国际劳工局理事院至少须一度向大会交一关于本公约施行状况之报告，并考虑宜否将其改订（revision）或修改（modification）问题列入大会议程。"

换言之，每公约施行至迟到十年的时期，理事院便须讨论其是否须得修改。本来依据和约，理事院与大会均可以规定大会议程中应有任何项目。假如大会可以修改公约，则所谓大会议程项目应亦指有公约之修改问题在内。今各公约中更夹入本条文字的原因，[2]时限上重要之点即为"在十年期间……至少须一度……"一语，而使理事院于此规定期间，不得不从事考量该项公约之修改问题。

不过，于此发生两个问题：第一，定期的修改，论者以为在公约的实施上可以影响公约之稳定，在预定的修改期间可以引起行将批准本约的国家在立法上的迟疑。[3]第二，国际劳工大会本身的权力问题。大会通过的公约草案，前面已经说过，并不是经大会通过后便能拘束所有的会员国，而是经会员国批准后只能拘束批准本约的批准国。故国际劳工大会的公约草案在作用上虽具有国际劳动立法的意义，而在法律的性质上却缺乏国际立法的力量。质言之，劳工大会虽有拟草公约之权，而各国当用何种法律条款为工人福利之保障，其权仍操诸各国，由各国自行决定；其各国之采用劳工大会的公约者，殆不过各国意愿与公约规定之事项偶合而已。循此立论，公约之经会员

---

〔1〕 如各政府自愿依理事院第四十七次会议的决定，得派代表列席专家委员会解释其本国之报告（于此，劳工局长在第十四届大会报告中，复特别声明此种办法之用意，仅在增加专家委员会对于各国公约实施状况之了悉，避免专凭报告的误解，绝不含超国家的法庭传讯会员国以辩护其行径之意味）。

〔2〕 International Labor Conference, Washington Session, Proceedings, p. 179, Remarks of Hudson, Legal Advicer, in presenting Report.

〔3〕 关于本问题的详细讨论参看 International Labor Review, Vol. XX, No. 6, Emest Mahaim, Some Legal Questions Relating to International Labor Concentions。

二国以上批准者，已成批准国间之所有事，理论上劳工大会殊不能取其条款而易之。故大会对于业经会员国批准之公约无修改权；有之，则所修改后之稿本已成另一公约草案，对于会员国之批准旧约者其能否"舍其旧而新是从"更无把握。至此劳工大会虽可对于同一事项以成立新公约的方式去修改旧公约，又发生会员国采用上的新困难。第一，假如新公约成立后而旧约仍旧存在，则对于同一事项而有规定不同之两项国际公约，其效果将使会员国对于工人采取两种不同的保护，与劳动立法须国际一致之根本原则不符。第二，欲免除上述困难，莫如使二约不能同时存在，规定新条约成立后，即行废止旧约（以何方式为废止之规定姑不论）。但如前缔约国解除旧约之束缚后，拒绝批准新公约，则修约徒招废约的结果。改订劳工之保护条件在此等国家适成取消已有之劳工保护条件，此举将与国际劳工组织增加劳动者法律上的保护之旨相悖。似此，公约是否可以不修改？不修改则有不能适应情形转变之危险。依国际公法，情形改变且得为撤废条约之根据，劳工大会在公约规定中关于此问题近乃采用一新程序，即：（1）规定公约"于生效后若干年期满时"理事院须考虑其"全部或部分的修改问题"。至"若干"年数目之确定，则与公约实施满期之年限规定相同，或视其他情形而异，要不适用前此例定十年之板滞办法。（2）规定如大会采用新公约以为旧公约之全部或部分修改时：（a）批准新公约者，即为脱离旧公约；（b）停止旧公约之批准；（c）前此批准旧公约国家如未批准新公约时，旧公约对于该会员国仍然有效。[1]

Ⅷ. 制裁

关于制裁亦可分为两层：一为会员国对于公约草案或建议案不遵照合约第四零五条采取必要措置时之制裁。二为批准公约会员国不遵守公约所规定之制裁。关于前一项，系指会员国政府不于规定期间将公约草案或建议案交付主管机关考虑等事项而言，于此依照和约第四一六条，他一会员国有得将此事件提交常设国际裁判法庭（Permanent Court of International Justice）之权。[2]

---

〔1〕 International Labor Conference, Twelfth Session, Preoceedings, pp. 809–811, 717–780. Official Bulletin, 30, Sept., 1930.

〔2〕 和约第四一六条，见本部分附录。

至会员国批准公约而不遵守或不切实执行其规定者，依和约第四零九条，凡雇主或劳工所组织产业上之团体得向国际劳工局为上述情形之申告；依同约第四一一条第一款"各会员国对于他会员国，认为不能确实履行彼此……共同批准之公约时，有提出诉说于国际劳工局之权"；复依同条第四款，出席劳工大会代表亦得提出同样的诉说。劳工局于接到此等诉说或申告时，理事院得采取下列各种办法。

（1）将申告书或诉说转知被告国之政府，请其提出该国政府认为适宜之辩明书。[1]

（2）如理事院于相当期间，未经接到该国政府之辩明书，或经收到而认为不满意时，得公布此申告书或辩明书。

（3）请求国联依《凡尔赛和约》劳工篇所规定，设立劳动考察委员会（Commission of Inquiry）以考虑及审查此事件，并拟具适当的处理方法。[2]

劳动考察委员会对于会员国被控之事项，考量审查之后，应将结果著成报告。如于被诉国政府有适当的经济制裁手段，该会认为其他政府可以采用者，依和约第四一四条的规定，"亦应于报告书中指示之"。其他会员国对于劳动考察委员会之报告及建议是否采用，由该会员国政府等斟酌决定。倘此等会员国政府不采用劳动委员会之报告及建议时，得将该案提交国际联盟常设国际裁判法庭处决。常设国际裁判法庭对于前此劳动考察委员会之事实认定或其劝告办法得确认、变更或废弃。该法庭对于劳工组织会员国提诉之问题的决判，即为该问题的最后决定。

劳动考察委员之组织包含雇、劳及中立者三方代表，精神上殆与劳工大会出席代表之分配同。惟大会出席代表之分配各国政府（代表中立地位者）得有两席，雇、劳双方各仅一席。而劳动考察委员会则各国雇、劳与中立地位者各均一席。依和约第四一二条："各会员国……应任命产业上有经验者三人，一人为雇主之代表，一人为劳动者之代表，余一名为居中立地位者。劳动考察委员会即由上述被任者名单中选定之。上述被任命者之资格由理事院审理之，理事院认其资格不合于本条之要件时，得以出席代表者三分之二之多数表决拒绝承认。"

---

[1] 参看本部分附录和约第十三篇第四零九条。
[2] 参看本部分附录和约第十三篇第四一一条。

国际联盟秘书长遇有劳工局理事院之请求时，应即就上述名单中选派代表劳工、雇主及中立地位者各一人，组织劳动考察委员会。惟遇会员国被诉时，倘被任命之委员即被诉国或告诉国之代表，则此等代表是否能公正从事不致偏袒呢？关于此点，和约上并规定组织劳动考察委员会以考察会员国不遵守公约之案件时，凡与该案有直接关系之国所选派的代表不得选作该案之劳动考察委员。[1]

第五章　理事院

在国际劳动组织内考虑国际劳动立法的最后决定机关为每年的国际劳工大会，而主持国际劳工组织事务之进行者为劳工局。在劳工局之上，则有理事院（Governing Body of the International Labor Office）。

依和约第三九三条"国际劳工局应置于理事院之下……"，又第三九四条规定，"国际劳工局置局长一人，由理事院任命之，局长承理事院之巡示，负执行劳工局事务及其他委托事务之责任"。故理事院更为劳工局的指导机关，劳工局局长系向理事院负责而不是直接向大会负责。

然则理事院与大会的关系如何？理事院是否于大会负责？或大会对于理事院是否有控制权？对此，和约第十三篇内殊无明白规定。关于此点，就和约已有的规定可以从下列两方面看。

一，大会是否可以任意变更理事院的组织？这个答案很简单，即大会不能任意变更理事院的组织，也与其不能任意变更大会本身的组织一样，因理事院的组织与大会的组织同样是由和约第十三篇规定的。依和约第四二二条，大会以出席代表的三分之二之多数可决。虽然可以修改和约的规定，但是此项修正倘使不能得到"国际联盟行政院有代表之各国及全体会员国四分之三之批准时"不能生效。换言之，即大会于理事院的组织虽然可以创议变改，但不是有最后决定权。

二，大会对于理事的选任是否有绝对的控制？对于此点，可分三层说。其一，依照和约第三九三条，理事院的理事虽然有一部分由大会选出，但不是全部都由大会选出。其二，理事中由大会选出的理事，也不是由大会全会

---

〔1〕　和约第十三篇第四一二条第四款。

选出，而是由政府、雇主、劳工各代表团分别选出。[1]其三，经大会选出的理事，任期三年，而大会代表人选每年更变，更无从发生固定的控制关系，大会代表对于理事院的理事也不能发生信任或不信任的问题。故本问题的解答，可以直率地说，大会对于理事院的人选不能控制。

不特此也，公约的讨论及可决权虽属于大会，而大会议程的选定则操诸理事院。虽然大会也可以自行决定议题，但是和约上也定有出席人数三分之二以上之同意的限制。故纯就法律的观点以分析和约上此项条文，是大会应议何种劳动立法问题。虽大会本身的决定非有出席代表三分之二以上之同意，其决定之分量尚不敌理事院对于同一问题的意见（反对理事院的议程之意见，仅能由各国政府提出）。观此，则与其说大会可以控制理事院，尚不如说理事院在指导大会。华盛顿大会中有一决议说："国际劳工大会授权国际劳工局理事院采取必要之办法，以使大会之决议发生效力……"[2]其时和约尚未经关系国家批准，说者谓此决议为理事院所以成为大会的执行委员会的来源，而就和约所规定之理事院的职务和理事院自定的议事规程看去，理事院虽似是国际劳工组织的最高执行机关，却不是得由大会控制的机关。

理事院的组织，依照和约劳工篇现行第三九三条，应有各国代表二十四人。就中代表政府者十二人，代表雇主及劳工者各六人。雇主及劳工的代表由大会的雇主及劳工代表团分别提出人选。

至代表政府的十二人之选派，甚为特别。依照和约同条的规定，这政府代表十二席的分配，是会员国中八个主要的工业国家各占一席；由八国以外其余的会员国政府代表在大会内选出四国分领其余的四席。至八个主要的工业国家应当谁属，有问题时则由国际联盟的行政院决定。理事的任期三年。理事院的院长及副院长由理事院在理事中自行推选。其议事程序及会议日期由该院自定。常会每三月集议一次，院长认为有必要时得召集临时会议。惟遇有理事十人[3]以上之书面请求或某团理事（即同为劳工代表团、雇主代表团或政府代表团的理事）六人连署之书面请求时，必须召集临时会议。代表

---

〔1〕 附录和约第三九三条，又 Standing Orders of the Conference，Article 20，Election of the Governming Body of the International Labor Office.

〔2〕 International Labor Conference，First Session，Proceedings，p. 277.

〔3〕 一九二二年修正和约第三九三条的修正案，因理事人数增加，改为十二人之书面请求。

劳工或雇主的理事，在任期内虽遇本国劳工或雇主团体的反对，其理事的地位并不发生动摇。因为他是代表在国际劳工组织内国际劳工或雇主团体的总体，而不是代表其本国的劳工或雇主的单纯的利益。

主要工业国家在国际劳工组织的理事院应占八席之规定，殆与国际联盟盟约内"主要协约国应为国联行政院常任委员，由国联大会（The Assembly）选出四国为非常任委员"之限制，同一是使强大的国家享有优越的特殊权利。不过主要工业国之说尚是调和之结果。原英国代表最先提出的草案，是将常任理事以列举国名的方法，固定为主要协约国的五大强国。此种规定显然不合平等的公理。国际劳工组织之设立，其目的在人道与公正原则之维持，若五大强国挟其战胜之余威，在维持人道与公正的原则之组织内，利用和约之保障而永远立于特权地位，则国际劳工组织之所谓维持人道与公正云云者，其本身组织基本上即无公正之原则存在。此项显然是以政治武力为轻重的规定，经小国激烈反对之后，于是乃有八个主要工业国应在理事院各占一席的更订。因为在国际劳工理事院的理事席之分配，假如应当给与某种国家以优先权利的话，则应当享有优先权之国应当是国际劳工组织所决定的事项与之关系最大的国家，而不是恃有强大武力的国家。

但是何国应为主要工业国家，何国非主要工业国家的问题如何确定呢？第一届国际劳工大会的组织委员会（The Organizing Committee）凭借的是下列七个决定的标准。

（1）全体工业人口的多寡，包括矿工及运输工人。

（2）工业人口与全部人口的比例。

（3）马力的总量（水力与蒸汽力，但车头与轮船马力不在内）。

（4）人民平均每人可得的马力量。

（5）铁道的全长。

（6）领土平均每平方公里内所有铁道长度。

（7）商船的发展。

适用此等标准应当是"主要工业国"的国家。华盛顿大会决定为：比、法、德、英、意、日、瑞士与丹麦（代美国）八国。当时对此项决定向组织委员会提起抗议的有波兰、瑞典与坎拿大。荷兰、印度则各将抗议交于国联秘书厅。嗣坎拿大与波兰经当选为非常任理事，瑞典亦因其工人代表被选为理事撤回抗议。印度则据和约第三九三条第四款的条文，将此事于一九二〇年正式提交国际联盟行政院。国联行政院接到印度的申诉以后，以为理事既经选定，在目前三年任期内不宜变更，惟决定在一九二二年以前将"决定标准"审虑清楚。于是在一九二二年第二届理事选举以前，遂指命成立一委员会。此项委员会由理事院理事四人及由国联秘书长检选专家二人组成。在所谓"决定标准"方面，委员会最初拟改为下列八项绝对的及相对的标准，谁应为主要工业国，应依此标准决定。

此等标准是：

绝对标准

（1）须受国际劳动公约或条约之保护的工人的数目。

（2）出口或入口移民的工人数目。

（3）总纯生产量的价值。

（4）出口及入口货物的价值。

相对标准

（1）国家工人数与成年人口总数的比率。

（2）出口及入口移民的工人数目与人口总数的比率。

（3）平均每成年人的纯生产量。

（4）各种特殊工业产量的价值与总纯生产产量的价值之比率。

不过此种标准在战后情形至不安定的时候，因不能得到必要的材料，其应用乃不可能。结果该委员会仍沿用华盛顿组织委员会的标准。但在依此标准去考查某会员国应为"主要工业国"时，采用较近及较正确的材料。

国联行政院以华盛顿组织委员会的标准为根据，复因美国无加入国际劳工组织的可能，遂于一九二二年决定在理事院应有一席的"主要工业国家"为比、法、德、英、意、日、印度及坎拿大八国。[1]

理事院组成另一个引起不满的问题，是欧洲的国家及欧洲以外的国家的席数之分配。华盛顿大会中由古巴及其他中美各国发起，有下面一个决议：[2]"国际劳工局理事院理事二十四人，而为欧洲国家之代表者不下二十，大会对该理事院之组成，表示不能同意。"

至一九二一年，第三届大会采纳提案审查委员会的提议，请理事院于下

---

〔1〕 关于八个主要问题，参看 Official Bulletin, Vol, Ⅵ., Nos. 19-25, pp. 545-591。

〔2〕 International Labor Conference, First Session, Resolutions, p. 277.

届大会议程上，置入修改和约第三九三条的议题，且对大会内政府、雇主及劳工代表团于一九二二年理事的改选，作如下的建议。

（1）于理事院政府代表十二人中，应有四席属于欧洲以外的国家。

（2）于雇主代表六席中，至少应有一席属于欧洲以外的国家。

（3）于劳工代表六席中，至少应有一席属于欧洲以外的国家。[1]

修改和约关于理事院之组成的条款（即第三九三条），至此在国际劳工组织内已形成一般的意见，于是遂有一九二二年第四届大会对于和约第三九三条的修正。此项修改的要点有二。

（1）理事院理事人数之增加。理事由二十四人增至三十二人，政府代表十六人，雇主、劳工代表各八人。

（2）规定欧洲的国家及欧洲以外的国家在理事院内代表人数之分配。于政府代表十六人中，规定应有六人为欧洲以外的国家的代表；于雇主及劳工代表八人中，规定各应有二人为欧洲以外的国家代表。

关于代表政府的理事十六人内应有八人由会员国内八个主要工业国家指派一层，修正后的条款对原条所规定在实质上并无更改，不过文字上英文本将由八个主要工业国家"提名"（nominate）改为由八个主要工业国家"指派"（appoint），比较上更与国家主权的观念谐和。[2]本来关于此条依照理事院草拟的修正条文及宪法修改委员会（The Commission on Constitutional Reforms）讨论决定的修正，是仍回到和约劳工篇起草时英代表最初所提草案的办法，将"八个主要工业国"的规定，改用列举国名之法，推定法、德、英、意、日、美六国为理事院常任理事。[3]理由是八个主要工业国在确定上有困难，而法、德、英、意、日、美则无疑均系世界主要工业国。此项提议首遭坎拿大及印度代表的激烈反对，因为假如主要工业国在确定时有困难而此项规定应予删去，则删去后即当代以平等的和"德谟克拉西"的办法，将所有三十二席理事均归大会选举（按：宪法修改委员会内曾有提议将规定法、德、英、日、美为常任理事之款，一并完全删去），不应再订此大、小国待遇不平的条款。若谓法、德、英、意、日、美无疑的是世界主要工业国应享

---

[1] International Labor Conference, Third Session, Proceedings, pp. 551-500, 863-865.

[2] See Part XIII of the Treaty of Versailles, Article 393, and its proposed amendment.

[3] International Labor Conference, 4th Session, Proceedings, pp. 500-502.

特别优遇，则据坎拿大代表拉卜安蒂（Mr. Lapointe）所述，依照国联行政院一九二二年的决定，在八个主要工业国内坎拿大位于第四，[1]此则法、德、英、意、日、美六国应为常任理事之修正，所谓在工业上重要之说更失去其唯一有力的论据。因此则凡可用以攻击前此和会中英国草案规定五大强国为常任理事之论点，对于此项改订办法同样适用。故结果大会仍终于采用拉卜安蒂的修正，以不修改原约规定之法来解决当时改本款所引起的争议。

此项理事院人数的增加和重新分配，因系和约第三九三条的修改，在前面已经提及，系以先能得到"国际联盟行政院有代表之各国及全体会员国四分之三之批准"为发生效力之必备条件。因之，此项修正之款，以会员国数计，若有会员国四十二国批准，而于四十二国中包含所有国联行政院有代表的国家时，便可生效。不过此项理事人数之增加与分配，虽在第四届大会时即认为当前急待解决者，迄今历时九年之多，而于一九三一年理事院之改选，竟尚不能适用修正案的规定。依劳工局局长一九二九年的报告，当时业经批准此项修正的会员国已有四十，如再得意大利与委内瑞拉（Venezuela）之批准，则和约第三九三条之修正者，仅意大利与委内瑞拉两国。惟在国联行政院有代表的国家年有更迭，至一九三〇年，智利在国联行政院的地位为秘鲁所代替。因智利已批准此项修正而秘鲁尚未，[2]故此项修正案的生效须得批准之国数事实上遂由四十二增为四十三。何以此项修正迄今尚不能得到批准国家的必须国数，其重大的困难并不在当选于国联行政院占有非常任席的国家之常年更迭，而在于该院有常任席的意大利之延不批准。意大利历次派遣出席劳工大会的劳工代表常遭反对，我们在上章里已经说过了。国际劳工大会中劳工代表团之攻击意国代表者，不仅攻击其非政府代表之本身，且常涉及法西斯蒂党政府，故意国政府与国际劳工组织关系不能圆满。且意国政府在大会中已备受劳工代表团之攻击，今理事院理事增加，劳工代表亦增加，则增加理事之结果宁非在理事院内为意政府增树仇敌？意大利之所以不批准第

---

〔1〕 International Labor Conference, 4th Session, Proceedings, pp. 259-260.

〔2〕 按：秘鲁刻已于一九三一年七月六日，将批准书交国联秘书厅登记，据 Industrial and Labor Information, Vol, 39, No, 6。

三九三条的修正者，亦即在此。[1]故修正案之不能实行，为之阻碍者实际只是一意大利。

　　一九三一年理事院的改选既不能适用第三九三条的新规定，于是第十五届大会又为一要求理事院努力促成会员国批准此条的决议。不过依照现在状况看去，实行和约第三九三条的修正既非得意大利的批准不可，而欲得意大利法西斯蒂党政府批准，则至少在最近的将来亦殆为不可能。

　　关于理事院理事席之国籍的分配至此已大体明了。关于非政府代表的理事推选法，在法律上还有一重要之点，即每遇大会改选理事时，雇主或劳工代表团举出的人选是否必须为到会的代表或顾问始能当选呢？换言之，即代表雇主或劳工的理事是否必须从到会的雇主劳工代表或顾问中选出呢？关于此点，仅劳工大会的议事规程（Standing Orders of the Conference）第二十条有下面含混的规定：[2]

　　"每三年后，于开会时，大会应依照《凡尔赛和约》第十三篇之规定，进行劳工局理事院之选举。"（第一款）

　　"雇主及劳工代表分别集会各选其代表六人参加理事院。上项参加理事院之代表，应按人名选举之。"（第三款）

　　此处所谓"应按人名选举"系对于政府代表选举理事应按国名选举而言。又未出席大会而当选参加理事院之理事席者，在事实上，自华盛顿大会以来，亦往往而是。[3]惟就和约第十三篇的全部条文及上述大会议事规程简单的辞句推论，如此选举是否与和约精神协合不悖？则在第七届国际劳工大会（一九二五年）意国政府代表提议修改大会议事规程以前，其法律的蕴义尚未大明。依意代表米雪里（Mr. De Michelis）的提议，在大会中选举理事，非政府代表举出的人选，其必为该此大会的雇主或劳工代表或顾问。他主张修改

---

　　〔1〕 参阅 Report of the Director, 1930, First Part, Ch. 1, pp. 26-27 又依照和约第三九三条的旧规定，一九三一年理事院的改选，已于第十五届国际劳工大会中选出，改选的结果为：（1）有政府代表的八个主要工业国为：比、法、德、意、日、印度、坎拿大。（2）大会政府代表组选理事四国：巴西、波兰、西班牙与丹麦。（3）由雇主代表组选出代表六人为：干米尔（Cemmill）（南非）、李播（Lambert-Ribot）（法）、厄斯特德（Oersted）（丹麦）、阿力维提，（Olivetti）（意）、瓦特孙（Forbes Watson）（英）、福吉尔（Vogel）（德）。（4）由劳工代表组选出代表六人为：海德（Hayday）（英）、约翰孙（Johanson）（瑞典）、郁货（Jouhaux）（法）、麦延（Mertens）（比）、穆尔（Moore）（坎拿大）、米勒（Muller）（德）。见 Industrial and Labor Information, Vol. 38, No. 12。

　　〔2〕 I. I., O., Constitution and Rules, 1928.

　　〔3〕 Report of the Director, 1926, p. 43.

大会议事法第二十条第三款，使其意义更为确定如下："雇主及劳工代表应分别集会，各选其代表六人，参加理事院。上项参加理事院之代表，应于举行选举之该届大会中，就雇主或劳工之代表或顾问，按人名分别选举之。"

依此项提议，则代表雇主或劳工的理事，如非从该届到会之代表或顾问中选出者，当归无效，此为应有的含义。米雪里此项修正有下列理由。

一，和约第三三条的原文和修正案，除谓代表劳工及雇主的理事应由到会的劳工及雇主代表自行选举外，虽另无明文细定此等理事如何选法，[1]惟不能因此条规定的粗疏，遂解释为雇主及劳工代表团选举理事时在选举上有绝对的自由。如因选举法规定的缺漏而可解释为理事之选举非政府代表绝对不受限制，则选举结果理论上当选为理事的人选将有不属于会员国国籍的可能。如此，显然与和约第十三篇精神抵触，宁非矛盾可笑。

二，依照和约，国际劳工组织的组成分子不是私人，也不是产业团体，而是会员国。虽然劳工大会中包含半数的非政府代表，但非政府代表却不能徒以其为雇主或劳工团体的代表者之资格，便能参加大会。其能参加大会者系因有本国政府派遣出席的正式任命。国际劳工大会因此仍含有外交会议的性质，所有代表的一切权能，均发源于各会员国的政府。国际劳工大会是各会员国政府设立的，经费亦是由各会员国政支付。大会如此，由大会产生的理事院和劳工局亦然。因之和约第三九三条关于理事院之选举，在解释上必须以该机关这种外交的特性为根据。故雇主或劳工代表团选举理事时，虽有相当选择的自由，惟此等被选人员必须以曾经会员国政府任命出席大会者为共当选之必备条件。不然，则选举后，即不必发生当选者属于非会员国国籍的可笑结果，而不属于"会员国所承认为最能代表该国产业团体"之人，亦有当选为理事的可能。如此，则理事院理事有为其本国政府所不能承认该国产业团体之代表人的人选，将无以解释国际劳工组织之外交集体的特征。

三，和约劳工篇未详细规定理事选举法，大概因和约劳工篇的起草者认为理事应就到会代表或顾问中选出，其理至明，无须规定。大会议事规程系和约第三九三条的注脚，据该议事规程第二十条第三款，所谓"各选其代表

---

[1] 参看本部分附录。

六人参加理事院"，此"其"字当系理事应由出席代表互选之一旁证。[1]

此项修正提出后，大会付理事院考虑，经理事院反对，结果未能通过。反对的意见，主要约可举出下列两点。

一，严格来说，理事院并不是劳工大会的执行机关。理事院的任务，依和约所规定在指导劳工局事务之进行，在组织系统上理事院与大会并无隶属关系。理事院的理事，亦非纯由大会以全会的资格便可指派，大会里各代表团理事之选举系各代表团执行和约所规定的职务。且理事任期三年而大会的代表年有更迭，大会与理事院间在势亦不能确立固定的关系。故理事院的理事，固可以不必为选举理事时曾经到会之代表或顾问。

二，劳工大会含有外交会议性质之说，不能用作改变理事院的组成之论据。因在理事院并无外交会议性质之存在。就非政府代表的理事席，由大会的劳工或雇主代表团选举一点，即可见理事院性质与大会完全不同。理事院内劳工及雇主代表的权能，并不是得自各国政府。此种事实无论吾人赞同与否，乃系直接根据和约第十三篇的规定。故大会于理事院中非政府理事之改选，固无须就到会之雇主、劳工的代表或顾问中选举。[2]

自经此次大会议事规程第二十条的修正案之讨论后，大会里法律上一个可疑之点，因以辨明。非政府理事可不必自大会到会代表中选出，至此已成定案。

理事院的职务，大部分从前面的叙述里便可看到，在选任劳工局局长、监督并指示劳工局事务之进行、决定国际劳工大会议程、于会员国不遵守其业经批准之公约时接受该国产业团体或其他会员国之申诉、审定劳工局编制的国际劳工组织预算，而促进国际劳动立法的推行。

理事院设立之研究委员会，俟在下章叙述。其他与理事院一般进行有关之委员会，如关于劳工组织之财务者，则有财务委员会（Finance Committee）；考虑劳工组织之会议法者，有议事规程委员会（Standing Orders Committee）。

理事院自成立以来至最近第十五届大会中理事院的改选凡五次（一九一九年、一九二二年、一九二五年、一九二八年、一九三一年），集会凡五十三

---

[1] International Labor Conference, Seventh Session, Proceedings, Third Part, pp. 695-699.

[2] Report of Director, 1926, pp. 43-44.

次。[1]开会地点除因会员国邀请并由该国担负一切费用可以改动地点外，均在日内瓦。[2]

第六章　国际劳工局与国际委员会

国际劳工局（International Labor Office）系国际劳工组织的常设机关而为其事务之进行的枢纽，在前章里已经说过了。劳动立法在今日已成为专门问题。成功的国际劳动立法以经过详密的考虑而切实易行为必备的条件。观于劳工大会公约之成立何以改用重复讨论的手续，此理显而易明。惟在国际劳工组织里，劳工大会每年开会一次，理事院每年常会亦仅四次，且会议时间均甚短促。似此集议既难，而每年大会代表的人选又非固定，故大会与理事院对于国际劳工立法之微妙问题，欲为细密的研究，在势究属有所不能。然为劳动立法而求各国之必能实行，固非主持立法者至少于相关之点具有相当的必备知识不可。故由何使对于国际劳动状况不必了悉而常年更迭之立法者得到相关事实之可靠的报告，此则有赖于劳工局之研究，而劳工局之工作遂形重要。劳工局的工作即为国际劳动立法成功的重要因子，凡会员国与劳工组织间关于产业和雇佣问题的文件又皆以劳工局为出纳的机枢，故劳工局实为国际劳工组织的事务中心机关，在劳动立法的进行上占异常重要的位置。

劳工局正常的任务，依和约第三九六条的规定，列举之为：

（1）搜集并发布关于国际上劳动状况与工业生活之调剂的一切材料。

（2）研究拟交大会讨论以订结国际公约之各问题，并准备大会之议事日程。

（3）执行大会指定的特别调查。

（4）依和约第十三篇所规定之条款执行其关于国际争议的任务。

（5）就有国际利害关系之产业及劳动问题，以英、法文或其他文字编辑发行定期刊物。

---

〔1〕　Industrial and Labor Information，Vol. 38，No. 6.

〔2〕　Report of the Director，1922. p. 647. 按：理事院第一次开会在华盛顿，第二次巴黎，第三次伦敦，第四次热那亚（Genoa），第八次斯德哥尔摩（Stockholm），第十二次罗马，第十三次因脱拉根（Interlaken），第三十七次柏林，第四十二次瓦萨……余在日内瓦。

（6）办理大会委托的其他事务。

基于上述的规定，劳工局的实际工作，可归纳为下列四项。

"一、准备理事院及大会之议事日程，并执行其议决案。

二、研究劳工经济各项重大议题，包括劳动立法、失业、移民、工业安全、工业卫生、社会保险、农业合作、技术教育、劳工统计等。

三、刊行各种关于社会及劳工问题之定期与不定期书报，藉以发表劳工消息与各种劳工问题研究的结果。

四、与世界各种劳工问题有关之公私机关会社联络，搜集关于劳工经济之一切时闻及材料。"[1]

为办理上述工作起见，劳工局内部的组织分为四大部——外政司、研究司、访问交际司与总务司。

外政司（Diplomatic Division）

局长及副局长不在时，外政司主任负局内全部责任。本司办理：（1）大会及理事院开会之预备，及其文书事务；（2）涉及和约第十三篇之适用上及解释上的通信；（3）其他关于公约之批评及解释等事项。本司下分四科及一移民事务处。科下各分若干股（Group）。

A. 第一科（First Section）。本科之下计分三股，分别担任下列各种事项：（1）负理事院及其所属各种委员会之文书的责任；（2）遵照和约第四零八条的规定，负责提要报告公约的实施状况，司大会记录，预备劳工局官报（Official Bulletin）；（3）办理关于公约之批准的一般问题。

B. 第二科（Second Section）。本科下分三股。第一股准备每年大会事宜。第二股办理劳工局与政府间往来正式公文函件，特别是关于和约第四零五条的事项之文件，关于和约第三九七条及第四一二条的通信，关于加入新会员国财务、经济、封锁等事项的通讯及与其他机关如国际联盟的通讯等。第三股办理公约的海事问题。

C. 第三科（Third Section）。职司：（1）殖民地，保护领、属地及委任统治区域的劳动状况，土著劳工，奴隶问题等事；（2）依据和约第四二一条经会员批准之公约在其所辖殖民地、保护领等之通用状况如何；（3）远东劳动

---

〔1〕 见国际劳工局中国分局编《国际劳工组织之概要》。

状况。

D. 法律科（Legal Section）。备咨询时发表法律方面的意见。专门研究之关于法律方面者，由本科协助研究。本科原称法律事务处（Legal Service），一九二九年至一九三〇年间始改组为科。

E. 移民事务处（Migration Service）。办理关于移民及保护侨工的事务，收集有关移民的情报，如移民律及其他有关移民之国内法等，并预备关于移民的材料出版。

研究司（Research Division）

本司任务包含：（1）搜集世界各国劳动立法的全文而分期发表之；（2）研究成立保工公约的相关诸问题；（3）征集与成立劳工公约及国际方面之社会改良有关的必需资料。本司内分十组。

（1）第一组（First Section）。从事有关劳工之统计的研究；收集关于物价、工资、生活费及其他有关劳工事项之统计资料；研求统计及图表的方法，期于各国一致，藉便为比较的研究。本组与国际联盟统计实务股（The Statistical Services of the League of Nations）合作。[1]

（2）第二组（Second Section）。从事各种劳动立法的研究；就各国关于劳动问题之立法，行政及司法程序加以探讨和比较。用英、法、德三国文字迻译并刊布所有世界各国比较重要的法令和行政统系。记载各国的社会立法。就国际的观点比较研究各国关于劳动的法律和判例，并研究团体协约及和解仲裁等问题。

（3）第三组（Third Section）。关于劳动状况除统计及法律两方面由上述两组研究外，其他方面不仅属于统计或法律问题者由本组研究。如关于知识劳动者、女工、童工、夜工、工人空间时间之利用、技术的训练（包含预备学徒、职业指导、技能教育等项）等问题。

（4）第四组（Fourth Section）。就与劳动有关之各种经济因素作大量的研究。

（5）第五组（Fifth Section，前称失业事务处 Unemployment Service）。准

---

〔1〕 关于统计方法问题，至一九三一年五月止，劳工局曾召集国际劳工统计专家会议（International Conference of Labor Statisticians）四次，目的即在求劳工统计上一致承认的原则，希望各国均采用此原则取同一标准，以作劳工事项之统计，藉便比较。

备与失业有关的各种技术问题之比较研究。如统计方法、失业赈济及保险方法、寻求工作的方法、救济工作等。就经济的一般理论周期及季节等关系研究雇佣的各种问题与事实。与国际联盟经济部（The Economic Section of the League of Nations）合作。

（6）第六组（Sixth Section，前称 Social Insurance and Disablement Service）。研究社会保险的各问题（如疾病、灾害、老、死、产育等）及关于因欧战或工业灾害而致残废的士兵、工人其补助费之计算、给付问题，重施职业训练问题、寻求工作问题、工资问题等。

（7）农业问题组（Agricultural Service）。研究农业劳动者的问题，农业的技术教育、农业的合作问题。与罗马的国际农业研究所（The International Institule of Agriculture，Rome）协作。

（8）工业卫生组（Industrial Health Service）。研究关于工业卫生之各问题，对于各种不合卫生的职业加以一般的或特别的考察。本组主任遇他组的研究有涉及生理或病理方面时，为其专门技术顾问。本组研究问题时常与国际联盟的卫生组（Health Organization of the League of Nations）合作。

（9）工业安全问题组（Safety Service）。研究工厂视察员关于防止工业灾害的报告，及其他执行安全设施的组织之报告。作各工业国工厂视察组织的比较研究等。

（10）苏俄研究组（Russian Service）。研究苏俄社会和经济的各问题，如劳动状况、职业组织及出产量等。

访问交际司（Intelligence and Liaison Division or Relations Division）

访问交际司主要的任务在与各国的或国际的雇主劳工团体或其他与劳工问题有关之公私机关维持联络，兼管各种时闻资料之收集。内部分第一、第二两科。

A. 属于第一科（First Section）者：

（1）雇主组织事务处（Employers' Organization Service）。除与国际及各国雇主组织维持联络外，并从事准备关于此等雇主组织的消息报告。

（2）工人组织事务处（Workers' Organization Service）。除与各国际职工联合会及各国工会运动等维持相当关系外，并从事准备关于此等工人组织的消息报告。

（3）合作组织事务处（Co-operation Organization Service）。与各种合作运动维持联络，并预备合作运动的情报。

（4）图书馆（Library）。

B. 属于第二科（Second Section）者：

（1）访问处（Information Service）。本处准备各国劳工重要事件的消息报告。审查各国出版之书籍与刊物视其对于劳工局出版品曾否利用。答复各政府雇主、劳工及其他组织征求情报之请求。此外，关于搜集情报之通讯、与各国劳工局通讯处之一般通讯、出版物之交换与供给、准备劳工局工作概况的叙述文字或簿页本等，均属于本股的事务。

（2）文件处（Documents Service）。司定期刊物之订购和流通，报纸剪下材料之流通与分类，集中劳工局所得各种消息与情报。

总务司（Administrative Division）

本司系近年新设，襄助副局长综理劳工局内部行政一切事宜。在本司管辖之下为旧有之总务科（Administrative Section）与编译科（Editorial Section）

A. 总务科。职司劳工局内会计收支、职员登记等行政事务。

B. 编译科。负局内一切出版品之翻译、审查、发行之责任。本科与总务科原系直接向副局长负责。刻因总务司成立，由总务司综理（co-ordinate）两科工作。副局长实际管理局内行政事务，遇局长不在时，代理局长职权。局长对内在各司之上总摄一切，对外代表劳工局，可经由会员国在理事院之政府代表直接与该国掌管产业及劳动问题之机关通信而不必经各外交部之转折。[1]局长又为大会秘书长，出席理事院会议而受其监督，在财政支出方面向国联秘书厅负责任。局长下复置局长机要处（Director's Cabinet）及局长书记室（Director's Private Secretariat）。劳工局内一切事务，均以局长机要处为转枢机关。该处对于一切事务之处理承局长之命，视察其执行。本局任职人员由局长负责选任，以公开考试之成绩为去取之标准，惟在不妨碍局务成绩之限度内。依和约规定，局长应尽力选任国籍不同之人员，且在各项人员中应有若干

---

〔1〕 和约第三九七条规定："凡会员政府之机关，有掌管产业及劳动问题者，均经由在劳动理事院该政府之代表者直接与局长通信；无代表时得经由该政府为此而任命之相当官吏为之。"

名须为女子。[1]劳工局人员现约共四百人，代表三十六个国籍。[2]为直接与各国接洽及便于就近视察起见，劳工局并在法（一九二〇年设巴黎）、意（一九二〇年设罗马）、英（一九二〇年设伦敦）、美（一九二〇年设华盛顿）、德（一九二〇年设柏林）、日（一九二〇年设东京）、印度（一九二〇年设德利）、中国（一九三〇年设南京）设有分局，并在奥、匈、比、西班牙、捷克、波兰、罗马尼亚及巴西等国设有专员通讯。

劳工局的组织大体如是。从前文里我们已经知道，劳工局的工作以研究为至关重要。劳工局的研究工作，不特可以供给大会以必要的材料和报告，且使劳工局成了世界各国关于劳动事项流通消息的中心。劳工局对于问题的研究以客观、实用为主。该局所研究的问题，其范围及内涵如何，可于该局刊行的出版品中见之。以下略述该局收集材料及供给消息的工作。

材料的收集

劳工局研究的材料得自四个主要的来源：一为劳工局图书馆。该馆以购自国际联合会的图书馆的劳动立法为基础，一九二九年复买失业防止国际联合会（International Association for Combating Unemployment）的图书馆藏书，且每年添购及会员国赠送者甚多。以是，该馆所藏工业劳动问题的书籍异常丰富，论者谓为世界第一。[3]二为访问交际司的文件处。由此处流通而来自五十五国的定期刊物约有二千种。三为各分局及各国特设通讯处。由此等分局或通信处之通讯，劳工局可以知悉各国工业及劳工事项之进展情形，得到直接的可靠材料。四为遇必要时，以询问书的方法而举行之通讯调查，或竟派专员直接调查。[4]

消息的供给

劳工局对于消息之供给，其道有二。

第一，答复各国政府及其他公私团体关于特定问题之探询。关于工业劳

---

[1] 参看本部分附录和约第三九五条。

[2] International Labor Organization, 1919 – 1929, published by International Labor Office, 1930, p. 9.

[3] Behrens, International Labor Office, p. 156.

[4] 参看 Report of the Director, 1922, Third Part.

工情形向劳工局探询征求答复者，自劳工局成立以来，此等函件数目之增加与年俱进。在一九二二年时为数不及二百，至一九二八年则在一年之间已逾千数。此等请求函件的来源，为各国政府及政府所设之机关、各国雇主团体与劳工组织、各国国会议员及其他私立机关团体或私人。各政府之请求供给消息者，大都为预备立法之参考。

第二，刊布消息和研究结果的发表。劳工局所搜集的材料和研究的问题，大部分都可从该局刊行的出版物中看出。该局自成立以来出版品实是不少，且因主持研究者多为对于工业劳动问题有专门研究的专家，故出版品内容甚为充实。不过劳工局的研究工作是在辅助国际劳工大会立法的进行，而劳工局又是一个官立政府机关，故其历来研究的方针是对于劳动问题为国际劳工组织当前应取办法（Immediate Action）之参考而研究，历来发表之研究的结果亦大都是事实的敷陈，很少评论的意见。

该局的出版品，一是三种定期刊物。即：（1）劳工局公报（Official Bulletin）。载有该局的纪事、理事院会议报告的摘要及其他重要文件消息，为国际劳工组织的历史经过之重要官书。（2）产业劳动周报（Industrial and Labor Information）。载有各国社会经济最近重要事实的报告，各种国际产业团体的会议略述。（3）国际劳工杂志（International Labor Review）。该刊主要目的，系关于该局正在进行考究的问题供给其消息。所载文字，或为该局研究的结果，或为各国社会劳动问题专家的投稿。

二是两起随时出版难得而有用的汇刊。一为法令汇刊（Legislative Series），辑载各国与劳动有关的重要法令之原文和译本，为研究比较劳动立法者所必不可少的参考。与法令汇刊相辅而行者，该局自一九二六年后，尚年有各国劳动法判例要览（International Survey of Legal Dicisions on Labor Law）之刊行，藉示英、法、德、意各国法庭对于该国劳动法所下之解释，使研究此等国家之劳动立法者不徒知各国有何项保工之条文法令，且可就其法庭解释出入轻重之间于该法执行状况藉此得窥其真际。二为研究报告汇刊（Studies and Reports）。劳工局自成立以还出版研究报告汇刊达百数十卷，已出者共十六种，就该局所已研究有结果报告的问题，视其关于"产业组织""经济状况""雇佣与失业""工资与工时""残废""工业卫生""福利设施与工人住所""合作""童工与女工""职业教育""农业""技师""社会""保险""统计""移民""海员"等某项问题，而别其专刊为一种。因其尽属专题研究的报告，故内容属辞比事率皆朴实纯厚。在研究报告汇刊外与该刊性质相类者另有特别报告（Special Reports）一种，为劳工局特别调查之结果的报告。如苏俄劳动状况、国际海员法规、失业调查、工厂检察、匈牙利的工会状况、生产调查等特别报告均属之。此外，该局出版书报如《产业安全要览》（*Industrial Safety Survey*）、《移民月报》（*Monthly Record of Migration*）、《国际劳动指南》（*International Labor Directory*）及《国际劳工大会文件合编》（*Documents of International Labor Conference*，包括 *Annual Report of the Director*）等，除《国际劳动指南》比较属于切用普通性质，《国际劳工大会文件合编》系依每届大会出刊一次外，余均为专门的定期刊物。

国际劳工组织内除劳工大会理事院及劳工局三项固定机关外，其经理事院任命而设立之各种国际委员会亦甚重要。劳工局工作之成绩得力于此等委员会之协助者不少。此等委员会依其组成委员之不同可分为三类：[1]（1）纯由理事院理事组成者；（2）由理事院理事和专家及其他机关代表组成者；（3）纯由专家组成者。此等委员会的名称概要如下。

1. 纺织工业劳动状况委员会（Committee on Conditions of Work in the Textile Industry）。一九二八年大会曾经决议举行纺纱业内男、女童工的工资、工时、卫生情形及其他工作状况之考查，请理事院考虑其问题。依此决议，理事院在其第四十二次会议上决定成立本委员会，任务为讨论此项调查应有之内容及其范围。本委员会由政府、雇主、劳工三方理事各出四人组成之。

2. 语言问题委员会（Committee on the Language Question）。国际劳工组织的正式官用语言为英、法二种，惟常有人主张增用他国语言为正式官用语言之说。第三届大会时已有增用德语的建议，至一九二八年大会复有请理事院考虑此项问题之决议。[2]本委员会的任务即在从技术及财政经济的观点（正式通用语言多，则劳工局出版品除用英、法文外，更必须多用他国语言之复本，在大会开会时亦须多用译员）考虑国际劳工组织内正式官用语言的整个问题。本委员会由理事院选派理事九人组成；政府、雇主及劳工代表各三人。

3. 分局委员会（Committee on Correspondents' Offices）。关于劳工局设立

[1] Report of Director, 1926, 1927, 1928, 1929, 1930.
[2] 见各该年 International Labor Conference Proceedings。

分局各国通讯处问题，理事院应采取何项基本原则以为其政策之指导，本委员会即在考虑此问题以为理事院建议。本会系在一九二九年成立，委员计有政府、雇主、劳工三方面理事各二人。

4. 工资及生活费考查委员会（Committee on Investigations Concerning Wages and Cost of Living）。本委员会于一九二九年经理事院第四十五次会议决定成立，考虑在何种条件下接受二十世纪基金董事长费纶（Mr. Filene, President of the Twentieth Century Fund）捐助调查各国真实工资及生活费的捐款美金二万五千元。该委员会已于一九二九年九月与费纶协议决定组织一关于生活费及真实工资的考查。

5. 矿业工作情况委员会（Committee on Conditons of Work in Coal Mines）。本委员会之设，原系监督前此劳工局所举行之矿工工资及劳动状况的考查。委员人数由六人增至九人，由理事院政府、雇主、劳工三方理事中各出三人。

6. 社会设施费用考查委员会（Committee on Social Charges）。于一九二六年经理事院第三十三次会议决定成立，协助劳工局考查计算各国社会设施之费用。委员六人，政府、雇主、劳工代表理事各二。自一九二九年五月至一九三〇年已开委员会二次，最初有主张本委员会之职务应仅限于社会保险费用之研究者，至第二次会议委员会乃一致决定其本身研究工作应不限于社会保险之范围，而当包举其他"社会设施之费用"（Cost of Social Services）。所包举之社会设施大致以合于下列标准为范围。

a. 此等设施系关于下列各项之一者：工业灾害、职业病、疾病、产妇、残废、养老、死亡、失业、家庭用度等。

b. 此等设置系为扶助工资劳动者及"以非雇佣性质之工作为生而收入甚微之人"而成立者。

7. 失业问题委员会（Unemployment Committee）。由三人组成，政府、雇主、劳工代表理事各一人，协助劳工局进行失业问题的工作。

以上为属于第一类之委员会。

8. 海事混合委员会（Joint Maritime Commission）。本委员会于一九二〇年成立。此项委员会之成立，不特于国际劳工大会关于海事之决议在实行上加以协助，且曾使国际海运联合会（The International Shipping Federation）与国际海员联合会（International Seafarers' Federation）间，经本委员会的疏导成立互让的谅解。本委员会之组织由理事院出代表二人，船主及海员两方面代表各已增至七人。

9. 农事咨询混合委员会（Mixed Advisory Agricultural Committee）。由理事院理事和国际农业研究所（International Institute of Agriculture）及其他专家组成。由劳工局及国际农业研究所轮流邀请开会。每次开会被邀列席之专家人选，依会议所讨论之事项而异。讨论事项为农业劳动者之职业教育、农事合作、农产贩运等。

10. 常设移民问题委员会（Permanent Migration Committee）。在理事院下，前此本有移民委员会之设，惟多年之后该委员会进行殊觉迟缓。至一九二六年六月世界移民会议（World Migration Congress）在伦敦举行，提议设立国际移民局，置于国际劳工局管辖之下。一九二八年春移民关系国国际大会（International Conference of Countries of Emigration and Immigration）亦有"加紧日内瓦国际组织的移民工作"之要求。于是一九二九年遂有移民委员会之改组而为本委员会，以理事院政府、雇主、劳工三方代表各四人和专门家组成之。

11. 知识劳动者咨询委员会（Advisory Committee on Intellectual Workers）。由理事院理事三人和国际知育合作委员会（International Committee on Intellectual Cooperation）代表二人及其他专家组成之。

12. 工业卫生通讯委员会（Correspondence Committee on Industrial Hygiene）。原由专门家组成，后理事院于第三十九次会议决定加入理事六人。

13. 工业灾害预防通讯委员会（Correspondence Committee on Accident Prevention）。本委员会原仅为工业卫生通讯委员会的工业安全分委会（Safety Sub-Committee），经理事院于其第四十七次会议改为独立委员会，由理事和专门家组成。

14. 自动连接机器灾害研究委员会（Committee on Automatic Coupling）。本委员会之设，缘于一九二八年劳工大会曾经决议请求理事院设一混合委员会，以研究自动连接机器的灾害问题。本委员会委员共二十七人，就中代表理事院者三人，由该院理事政府、雇主、劳工代表各提一人。其余委员二十四人中代表政府者八人，德、法、意、日、波兰、瑞士、坎拿大，各一人。代表雇主者八人，德、法、英、意、瑞典、瑞士、西班牙、匈牙利各一人。代表劳工者八人，德、法、英、意、坎拿大、匈牙利、瑞士、瑞典、荷兰各一人。

15. 内河航运联合委员会（Mixed Committee on Inland Navigation）。在国际联盟之交通组织（The Communication and Transit Organization）下，有河航法

规统一委员会（The Committee on the Unification of River Law）之设置。该委员会之任务为设法促进河航法规的统一。该委员会以此项工作与劳工组织之职权有关，故与劳工局商议而有本委员会之组织。本委员会由理事院出委员三人和国际联盟之交通组织（The Communication and Transit Organization）出代表三人组成。

16. 雇员咨询委员会（Advisory Committee on Salaried Employees）。本委员会经理事院于其第四十六次会议决定成立。本委员会之任务为与雇员团体维持联络，遇与雇员团体有利害关系之问题时，为征询雇员团体意见之媒介。

以上为属于第二类之委员会。

17. 社会保险专家委员会（Committee of Experts on Social Insurance）。本委员会于一九二一年成立，由各种保险（疾病、残废、老年、生命）专门家组成。年来有扩大组织的拟议。

18. 土著劳工专家委员会（Committee of Experts on Native Labor）。本委员会经理事院在其第三十二次会议决定于一九二六年成立。任务为研究各未开化区域内之土著劳工及契约劳工问题。

19. 第四零八条专家委员会（Committee of Experts on Art. 408）。本委员会于一九二七年成立。任务是审查会员国对于公约的实施状况之报告：（1）注意其是否有报告不充分之点。（2）注意批准公约的各会员国对于公约的解释是否一致，或有何歧义之点。（3）将结果报告理事院时附具专门的意见。[1]

20. 货船装卸工人防险专门委员会（Technical Committee on the Protection Against Accidents of Workers Engaged in Loading and Unloading of Ships）。本委员会系理事院应大会的要求，经其第四十六次会议决定成立，由专门家三人组成。任务是对工人在货船装卸货物时如何预防灾害之发生，草拟若干标准的规定，以为各国对于同一目的之劳动立法的模范，而使其立法与大会之货船装卸工人防险公约相合。

21. 欧洲国际河道劳动者工作情况专家委员会（Committee of Experts on Conditions of Work on European International Waterways）。本委员会曾经内河航运联合委员会向理事院建议成立。任务在研究关于欧洲的国际河道：（1）目前以何项问题最宜于有国际的规定。（2）此等规定应适用于何等区域。（3）如

---

〔1〕 Report of the Director, 1927, Second Part, pp. 260–261.

国际规定不可能，则须考查何者为立法上的不能一致之点，藉便设法消除之。本委员会由专家九人组成，内河行业联合委员会的代表得列席本会。

以上为属于第三类之委员会。

此等委员会大多属于顾问性质。委员会的寿命殊无一定，须视事实上的需要如何。此等委员会对于劳工局工作之协助有两方面：一是专门知识方面的协助；二是某种委员会之设，常因该方面问题须充分征求关系方面的代表意见。如海事混合委员会、雇员咨询委员会之设立即系基于此种需要之显例。虽以各项专家委员会而论，其人选亦不必皆属专家而常有利益代表掺杂其间。用组织委员会以讨论特定问题的方法，因有关系方面参加，对于劳工局研究及预备立法之工作进行有莫大便利。因如此更使劳工局对于特别问题拟具的办法易为关系方面所接受，而不至发生捍隔之虞。

第七章　立法的成绩

产生国际劳工组织的历史环境与国际劳工组织的内部概况，在前几章里已经说明了。此等历史上种种因子的活动，和国际劳动组织叠床架屋的结构，都集中在一个问题，曰"保工立法"是。国际劳工组织自经成立，迄今已十有二年了，我们现在要进而问国际劳工组织这十余年来保工立法的成绩是些什么？[1]

Ⅰ．大会所通过的公约与建议

在本部分第四章，我们已经看到国际劳工组织立法的方式分公约草案与建议案两种。现在我们先看一看劳工大会成立了些什么公约与建议。

（一）公约

国际劳工大会已成立的公约件数有多少及此等公约给予工人的保障是什么，此为国际劳工大会保工立法成绩的第一个考验。我们看劳工大会为什么采用繁重的重复讨论手续，当知国际劳工组织对于国际保工的立法是采取稳

---

〔1〕　本部分所谓劳工大会的保工立法，系取保工公约之作用近似国际立法的条约而言，非谓劳工大会果有国际立法的权力也。

慎进行的步骤。此种稳健政策采用之结果，就重复讨论程序看，第一是对于公约所规定的事项之审慎，第二即为公约成立件数的减少。在这种稳健政策之下，国际劳工大会迄其第十五届大会止，成立的公约共有三十一件。其各届通过公约的件数，可一览如下。

国际劳工大会	成立公约件数
第一届	6
第二届	3
第三届	7
第四届	0
第五届	0
第六届	0
第七届	4
第八届	1
第九届	2
第十届	2
第十一届	1
第十二届	2
第十三届	0
第十四届	2
第十五届	1
总　　计	31

就上表观察，可知第三届大会以前为国际劳工大会成立法案最多的时候。自第四届大会起，国际劳工大会政策显趋转变，仅开会议而不作公约之可决者达四次之多。以每届大会论，在历届大会中虽以一九二一年之第三届劳工大会可决公约草案件数为独多，但紧接该届大会后，经第四、第五、第六各次大会，劳工大会不从事于公约之通过者凡历三年。嗣后则一九二五年之第七届大会通过公约达四件。过此则除第十三届大会无公约之成立外，其余每届大会成立之公约常不过一二件之间。故佐以前此之叙述，复从此表依年代的顺序看去，截自一九二二年后，历届劳工大会通过的公约草案件数之稀少，当更可指示国际劳工组织在国际保工立法方面自该年起所采严格的渐进政策。现在我们再看各项公约所规定的内容事项如何。

从第六表看，将劳工大会通过的公约依类归纳起来，我们可以得到此等公约内容的一个简单观念：计关于限制工作时间者五件，关于工资者一件，关于灾害与疾病之防御或救济者八件，关于失业救济者三件，关于保护童工及女工者八件，关于侨工与移民者两件，其他三件。此等公约，单从项目上看，自然不能说已将劳工问题包举无遗。如以工厂检察、工资标准及男女工人报酬平等数端而论，各为和约劳工篇的九项原则之一，大会均未能以公约的方式去规定。即以公约曾经涉及之事项而论，除因各业特别情形而有之规定外，各公约亦类多仅适用于此业工人而不能适用于彼业工人，或仅能适用于彼业劳动者而不能适用于此业劳动者。如幼年工人之医药检验，仅规定于航船之幼年工人，而于工业之幼年工人则无此种规定。其他如关于妇工产育时之休假、关于工人之组合及关于每周休息日等公约，大都类是。不过此种情形，在国际劳工组织保工立法继续进展的过程中，吾人殊不必置重。为进一步明了公约的内容起见，将各约规定的事项就其条文作一个提要的叙述如下（见第六表）。[1]

第六表　公约件数分类

公约规定事项分类	公约件数
Ⅰ. 限制工作时间	5
日限八小时[2]（工业，商业机关，煤矿）	3
每周休息日（工业）	1
禁面包工厂夜工	1
Ⅱ. 关于工资	1
成立最低工资决定机关	1
Ⅲ. 关于灾害、卫生与疾病	8
a. 灾害	
赔偿（农业，工业）	2
预防（码头工人，包捆重量）	2
b. 工业卫生	
禁止白铅作建筑涂料	1

---

〔1〕 据劳工大会文件各公约原文。
〔2〕 为煤矿工时限制公约，为便利起见，列入日限八小时项下。

c. 疾病赔偿

疾病保险（工商业，农业）	2
职业病	1
Ⅳ. 失业救济	3
成立职业介绍所（一般的，海员）	2
海员失业赔偿	1
Ⅴ. 关于劳动组合	1
农业工人组合权	1
Ⅵ. 女工与童工	8
a. 女工	
产育时之休假（工业）	1
禁止夜工（工业）	1
b. 童工	
年龄限制（工业，航船，农业）	4
c. 幼年工人	
禁止夜工（工业）	1
医药检验（航船）	1
Ⅶ. 侨工与移民	2
侨工平等待遇（灾害保险）	1
移民船上之监察	1
Ⅷ. 其他特种工人之保护	3
禁止强迫劳动	1
限制海员契约条款	1
海员解雇运送回国	1
合计	31

1. 限制工业劳动者工作时间公约——缔约国约定：工业劳动以一日不得超过八小时，一周不得超过四十八小时为原则。"工业"二字的范围除制造、采矿等大体上由本约规定者外，其工业与商业或农业之严格的分界，由各缔约国主管机关自行斟酌划定。

2. 失业预防及救济公约——缔约国约定：设定免费公共雇用介绍机关，任命此等机关的顾问委员会，且顾问委员会应有雇主及劳工代表。如缔约国先有此种公私雇用机关存在时，该国政府应设法统一规划之。各国不同的制度由劳工局与关系国协议调节其进行。

3. 保护产妇公约——本约规定：工商业内妇工生产，于其临蓐后六个星期内应禁止工作，在将产之六个星期内，如得医生证明者亦得允其休假。凡妇工在上述休假期间得于保险制度下或公共基金内享受相当之抚恤，恤金多寡须足充分维持产妇及婴儿之健康，其确数由各缔约国主管机关决定。

4. 禁止雇用妇女从事夜工公约——缔约国约定：工业上妇女，应无年龄长幼分别，在夜间继续十一小时期间内（包括晚十时后，晨五时前一段时间）以禁止雇用工作为原则。

5. 童工年龄限制公约——以工业上禁止招纳雇用年在十四岁以下之童工为原则。"工业"二字包括的范围大致与第一、第四两公约同。

6. 工业上禁止使用幼年工人从事夜工公约——原则上于工业内禁用十八岁以下幼年工人从事夜工。但玻璃、造纸、原料糖等之制造，其制造程序的性质必须日夜继续者，夜间得雇用十六岁以上幼年工人从事制造工作。"夜间"所包括的时间，大要与前约同。

以上第一届国际劳工大会通过。

7. 海上雇用童工之年龄限制公约——缔约国约定：除兵船外，禁止一切航船雇用十四岁以下的童工。但如船上所有工人均属同一家族者，不在此限。

8. 海员失业赔偿公约——缔约国约定：海员从事工作之船舶，如浸水或沉没，船舶所有者或与海员订结契约之人，应予每一海员以因船舶浸水或沉没而失业之赔偿。此项赔偿费应按契约规定之工资按日付给，但赔偿总额以两个月工资为限。

9. 便利海员求工公约——原则上禁止需索用费的海员职业介绍机关。并应设立免费的海员职业介绍机关。

（以上第二届国际劳工大会通过）

10. 农业上限制童工年龄公约——十四岁以下幼童在每日上学时间内不可雇用以从事农业工作。其在上学钟点外雇用者，亦应以不妨害学业为原则。

11. 农业劳动者应有组合权利之公约——农业工人应与工业工人享有同等集会、结社权利。缔约国应废除一切旧有禁止农业劳动者组合的法令。

12. 农业劳动者伤害赔偿公约——倘农业劳动者因工作关系身体遭受伤害时，应如其他工业工人受国家灾害赔偿法之同一的保护。

13. 禁止使用白铅作建筑涂料公约——除铁道车站及工业建筑经缔约国内

主管机关与雇主及劳工组织商同认定为必要外，禁用白铅或白铅化合物作建筑涂料之用。

14. 工业上雇用人员每周至少须有二十四小时休息公约——原则上工业雇用人员每七日间至少须有二十四小时继续休息时间。倘因特别关系停止或减少此项休息时间，缔约国应尽于可能范围内规定补偿的休息时间。

15. 航船上雇用伙夫及装配货物工人之年龄限制公约——除印度、日本沿海或因特别情形，十六岁以上青年工人身体检验合格者不在此限外，规定航船上伙夫及装配货物工人的年龄限制为十八岁。

16. 航船雇用幼年工人之身体检验公约——航船雇用幼年工人未满十八岁者，须有医生给与检验合格证书。

（以上第三届国际劳工大会通过）

17. 工业灾害受伤工人应受赔偿公约——本约适用于各业工人雇员及学徒（于农业工人，第三届大会另有公约规定）。其因工作伤害者应给予抚恤，如有因伤死亡者则偿恤其家属。

18. 工人职业病补偿公约——关于工人因职业致陷死亡或残废者，缔约国应照工业灾害例为赔偿之规定。至所谓职业病，依该约第二条包含水银及铅之中毒与脾脱疽热。

19. 侨工与本国工人待遇平等之公约——缔约国约定：关于工业灾害受伤工人应受赔偿之规定，如有缔约国工人在他缔约国工作者，应与该国工人受同等待遇。

20. 禁止面包工厂夜工公约——禁止烤制面包及饼饵类（大规模的饼干制造除外）的夜间劳作。所谓夜间包含晚七时后晨五时前之十小时中，至少七小时一段连续时间，但斟酌情形缔约国政府得为例外之规定。

（以上第七届国际劳工大会通过）

21. 移民船上监察公约——本约目的在使移民船上之监察简单化，装载移民船只原则上视该船所悬为何国国旗，应只由该国政府单独派遣监察员以为移民的保护。

（以上第八届国际劳工大会通过）

22. 关于海员雇佣契约条款公约——规定海员与轮船所有者间之契约至少应具之条款项目，且此等契约必须经政府主管机关存案。本约目的在防止雇主以不正当手段诱致海员订立有伤人道的契约条款或规避国家保护海员法令的规定。

23. 关于海员运送回国公约——海员解雇应由原船送载回国，送回该员受雇之港埠或该船开航之地点。其因服务受伤，非该员自愿之犯病、原船沉没或因该员不能负责任之理由而被辞退者，送回之费用不能由海员担负。

（以上第九届国际劳工大会通过）

24. 工商业工人疾病保险公约——本约适用于工业及商业上之手艺及非手艺工人及其学徒，又居家作业之工人及仆役等。缔约国应依据本约规定各该国上述工人的疾病强迫保险法令。被保险工人因患病致陷工作"不能"时，除业已享受法律上他项补助金，或未受停给工资之损失，或不遵医生之指示及被保险人应守之规则，或由本人故意过失而患病者，得全部或部分停止其保险补助金外，应自"不能"之第一日起，在其继续陷于"不能"的初起二十六个星期内享受现金的补助。

25. 农作工人疾病保险公约——本约除仅适用于农作工人外，规定大致与工商业工人疾病保险公约同。

（以上第十届国际劳工大会通过）

26. 最低工资公约——缔约国约定为保护或扶助工资特别低微，或不能用团体协约方法规定工资率之各业工业起见，成立最低工资决定机关。此项机关组织的性质与方式，经缔约国政府与关系的劳资双方协议后，由各国政府自行决定。惟组织上须依平等原则，有劳资双方同数参加。此项机关决定的工资率不得以私人协定方法变更。

（以上第十一届国际劳工大会通过）

27. 输运捆载货物标明重量公约——航船装运捆载重件货物（凡重量在一千克以上者），应由起运所在地之国负责监督标明重量，用意在藉此减少船上运货工人因货物过重所引起的灾害。

28. 码头工人灾害预防公约——缔约国约定：采取必要的预防步骤，防止船坞码头工人起卸货物时，失误坠跌等灾害。

（以上第十二届国际劳工大会通过）

29. 禁止强迫劳动公约——缔约国约定：自批准本约后在最短期间内禁绝一切方式的强迫劳动。但关于兵役、完全自治国家内公民一般的役务、犯罪罚作苦工的惩罚、战争及水火瘟疫等紧急时期内的征役、为地方公共利益的人民应有的役务等非为私人利得者不在此限。[1]

30. 规定公私机关及商业雇员工作时间公约——缔约国约定：凡在本约适用范围内的公私机关及商业之雇员工作时间，以每周不得过四十八小时，每日不得过八小时为原则。工作时间的含义，是指雇员由雇主支配的规定办事时间，休息时间不在内。

（以上第十四届国际劳工大会通过）

31. 煤矿工作时间限制公约——缔约国约定：规定硬煤及褐煤矿工人工作时间。地下矿工人工作时间以每日不得过七时四十五分，星期日及公共休沐日不得工作为原则。地上矿工人工作时间限制，大体上使用华盛顿大会限制工业上工作时间公约之规定。

（以上第十五届国际劳工大会通过）

各项公约的规定大略已见于此，为便于会员国之个别的采用起见，故每项公约的题目范围极狭小，主要事项极单纯。各公约的条文，虽因主要事项的单纯规定已很确切，惟此等公约经会员国批准后，在实行时除约中已有规定外，其相关的重要事项仍多有待于各该国主管机关为详密的补充规定。于讨论公约在各国保工立法所生实效以前，我们再看一看大会所通过的建议案如何。

（二）建议案

建议案虽不似公约草案之重要，但亦为国际劳工大会保工法案之一种。国际劳工大会截至第十五届大会止，共成建议三十九件，会员国建议了下列各事。

1. 失业补救采失业保险制，取缔取费的私人职业介绍机关，国外招工应由关系国协定。

2. 关于福利规定及组合权，本国工人与外国工人相互平等待遇。

3. 羊毛上煤毒之防御。

4. 禁止雇用妇女与幼童从事有受铅毒危险之工作。

5. 设办政府卫生事业，保障工人健康。

6. 采用一九〇六年百伦公约，禁用黄燐制造火柴。

（以上第一届劳工大会通过）

7. 限制渔业工作时间，以八小时制为鹄的。

---

[1] 参看本章第十四届大会关于间接压迫、劳动之防止等两建议案。

8. 内河航行工作时间，以八小时制为标准。

9. 由政府编纂海员雇用条例，使海员了解其应有之权利及义务。

10. 采用海员失业保险制，以为海员因船破及其他原则失业的补救。

（以上第二届劳工大会通过）

11. 关于农作失业的防御并条陈，采用近代技术方法及发展合作社等办法六项。

12. 农业女工产育前后之保护，适用第一届劳工大会保护工商业产妇工人公约之规定。

13. 取缔农业妇女夜工。农业妇女工人在夜间应有九小时安息。

14. 农业青年及幼童夜工之取缔。十四岁以下童工夜间应继续有十小时安息，十四岁到十八岁幼年工人应有九小时继续时间的安息。

15. 发展农业专门技术教育。

16. 改良农工居住（特别着重清洁、分榻、室内温度等项）。

17. 农业的社会保险。凡适用于工商业工人之疾病、残废、老年等保险制亦应使适用于农业工人。

18. 商业店铺采用每周休息一日的规定。

（以上第三届劳工大会通过）

19. 以关于移民之统计及消息报告劳工局。

（以上第四届劳工大会通过）

20. 实行工厂检察及其应注意的原则二十三项。〔1〕

（以上第五届劳工大会通过）

21. 发展利用工人工余时间的便利。

以上第六届劳工大会通过。

22. 工业灾害，工人应得赔偿的最低限度。

23. 关于工人赔偿纠纷的诉讼管辖。

24. 关于工人职业疾病赔偿疾病名单的补正。

25. 关于灾害赔偿事件外国与本国工人同等待遇，应有相当法律上的措置，以便利公约之实行。

---

〔1〕 国际劳工局中国分局出版之"国际劳动消息"第一卷第一期，以此项建议案为第四届大会通过而谓第五届大会无建议，实误。

（以上第七届劳工大会通过）

26. 出国妇女在船上应有女管理员为之扶助。

（以上第八届劳工大会通过）

27. 海员运送回国公约应同样适用于船主及学徒。

28. 海员工作状况检查的原则。分检查的范围、检查的组织、检查主管机关的报告、检查员的权利义务等四项。

（以上第九届劳工大会通过）

29. 疾病保险的原则，如病时补助费必须足敷需用等。

（以上第十届劳工大会通过）

30. 关于成立最低工资决定机关（一译为"成立最低工资决定办法"）应注意的事项。如须为相关事项的调查，须有劳、资两方对等代表及中立者参加等。

（以上第十一届劳动大会通过）

31. 预防工业灾害应注意的办法。如：①从各方面研究灾害原因；②会同相关方面的组织以教育设备等方法预防灾害；③须有法令为防险之规定；④奖励防险的发明等。

32. 关于机器安全之责任。凡机器非有法律所规定安全之设备，应在禁止设置之列。

33. 码头工人灾害预防公约。会员国批准后，应召集会议为互相承认检查证书的协定。

34. 订立装卸货物工人安全之规则。应征询工人及雇主团体之意见。

（以上第十二届劳工大会通过）

35. 间接压迫人民劳动之防止。如发展经济事业时须注意本地人口的劳动能力、不可骤变其生活习惯、不可增加人民过重的经济或租税负担，使其不能不流而为工业劳动者，及不妨害或限制劳动者之择业自由等。

36. 关于强制强迫劳动及不得已不能废除强迫劳动时，应注意之事项五项。

37. 各国政府对于旅馆、饭店及同性质之营业的雇员工作时间，应设法采用商业雇员工作时间公约之规定。

38. 对于戏团及其他公共娱乐场所雇员工作时间，设法采用商业雇员工作时间公约之规定。

39. 对于医院、疗养院、疯狂院、救贫院雇员工作时间，应采用商业雇员工作时间公约之规定。

（以上第十四届劳工大会通过）〔1〕

由上可知，历届大会的建议案多数内容大都与各公约所规定的主要事项相类，特适用范围或不相同及所采原则又大都为各公约实施时之补充而已。单就此等立法案的数量和规定的内容尚看不出劳工组织保工立法实际的成绩，我们还须看一看此等立法案对于各会员国保工立法所生的影响如何。

Ⅱ. 会员国对于公约之采用

从本部分第四章我们知道公约与建议案在形式和效力上都有重要的差别。效力上的差别在：（1）公约草案须经会员国批准，且批准后对于批准的会员国有束缚的效力，而建议案则否；（2）公约草案经批准后，如批准国对公约不执行其义务时，和约上有制裁的规定，而于建议案则否。故国际劳工组织之保工立法的成绩，最重要的是大会成立的公约。且以往建议案的内容既大体与各公约所包含的事项相去不远，或为各公约条文之补充的办法，因之欲看大会的保工立法案对于会员国发生保工的影响如何，只须看公约方面发生的影响如何，即不难推知大概。考察公约的效果如何，第一步粗略的方法，便是看所有劳工大会成立的公约得到若干会员国之批准。劳工大会成立公约的件数为三十一，国际劳工组织的会员国的国数为五十五，假如所有国际劳工组织的会员国都能批准所有劳工大会的保工公约，则国联秘书厅收到的批准书件数，目前一共应有一七零五件。退一步说，在公约三十一件中，其由第十一届大会以后通过者成立时间较短，各国批准须有相当准备时间。不过假如我们除去此等公约不计，则第十届大会以前通过的二十五件公约亦应于五十五国中得到批准书一三七五件。虽公约中如关于海事等公约有不必由所有会员国批准者，惟即使吾人于应有批准书总数中更减去其此等不必计入之数，则批准书件数（或节称批准数）约计亦当达千数以上。在这点上，国际劳工组织保工努力的结果，使我们颇感失望。因截至最近止，集所有劳工大会成立的公约所得批准书之总数，亦不过四百四十件，差不多仅为可能的

---

〔1〕 第十三及第十五届劳工大会无建议。

批准数一七零五件的四分之一，尚不到上述应有一三七五件的三分之一！

第七表　公约批准数〔1〕

公约名称	批准数（即批准国数）	公约名称	批准数（即批准国数）
侨工平等待遇公约	27	移民船上监察公约	14
航船伙夫年龄限制公约	25	农业童工年龄限制公约	13
失业预防及救济公约	24	海员契约条款公约	13
童年工人身体检验公约（海上）	23	海员运送回国公约	12
禁用幼年工人夜工公约	22	保护产妇公约	11
海上童工年龄限制公约	22	灾害恤偿公约	11
农业工人组合权利公约	22	工人疾病保险公约	11
禁雇妇女夜工公约	20	最低工资公约	8
职业病赔偿公约	20	农业工人疾病保险公约	6
便利海员求工公约	19	禁止面包工厂夜工公约	5
禁用白铅公约	19	捆载货物标明重量公约	5
每周休息日公约	19	禁止强迫劳动公约	3
童工年龄限制公约	18	码头工人灾害预防公约	2
赔偿海员失业公约	17	工作时间公约（商业等）	
八小时工作公约	15	煤矿工人工作时间公约	
伤害赔偿公约	14		
		总件数	440

观上表，则各约单独所得批准数稀少的情形更属显然。在诸约中，以侨工平等待遇公约得到批准国家二十七，其批准国数为最多，尚不及国际劳工组织会员国之半数。以下得到批准国数较多者，则仅有公约十二件得到会员国总数三分之一以上的批准。除此则各约的批准国数均不到会员国三分之一，且大多数所得批准国不过会员国四分之一。至若第十二届劳工大会以后通过之公约（《煤矿工人工作时间公约》因系最近通过，自尚不能有国家批准），其得有批准者《捆载货物标明重量公约》仅五国，《禁止强迫劳动公约》与《码头工人灾害预防公约》则不过二三国而已。

---

〔1〕　本表及本章以下各表据劳工局 Chart of Ratifications，September，1931.

复次倘吾人以各会员国为主体而考察其批准公约件数之多寡，则批准数太少的形势尤可大明。且保工公约在各会员国内的影响如何，亦可藉此粗窥一二。兹依各国批准公约件数的多寡顺序列为下表（见第八表）。

依据第八表有一显属令人发生惊异的现象，即国际劳工大会通过的公约三十一，而会员国中不特有不曾批准任何一约之国，且此种会员国之数目竟达二十国之多，几为全会员国的五分之二！此种现象，似只能勉强以下列两层关系解释：（1）国际劳工组织的会员国不皆是自愿加入的会员国，而系强以参加国际联盟的国家为会员国。因此，多数国家之加入国际劳工组织，原出于不得已，故对于国际劳工大会保工的立法无积极的兴趣。如萨尔瓦多之不愿负担国际劳工组织经费，更其显例。（2）此等国家大多是于工业上无若何重要的国家。不过关于第二点我们须注意，国际劳工大会通过的公约对于工

第八表　　各会员国批准公约件数

国　名	公约批准数	国　　名	公约批准数
卢 森 堡	27	立 陶 宛	5
保 加 利 亚	25	葡 萄 牙	5
爱尔兰自由邦	21	澳 大 利 亚	4
比 利 时 *	20	坎 拿 大 *	4
犹哥斯拉夫	19	南 非	3
爱 沙 尼 亚	18	中 国	2
英 国 *	18	来 比 利 亚	1
法 国 *	17	亚尔班尼亚	一
拉 特 维 亚	17	阿 根 廷	一
古 巴	16	玻 利 维 亚	一
德 国 *	16	巴 西	一
意 大 利 *	16	可 伦 比 亚	一
波 兰	16	多米尼加共和国	一
罗 马 尼 亚	18	来 比 利 亚	一
西 班 牙	15	危 地 马 拉	一
匈 牙 利	14	海 地	一
希 腊	13	洪 都 拉 斯	一
瑞 典	12	新 西 兰	一

奥 地 利	12	尼加拉瓜	一
芬 兰	12	巴 拿 马	一
尼 柔 兰	12	巴 拉 圭	一
捷克斯拉夫	11	波 斯	一
印 度*	11	秘 鲁	一
日 本*	11	萨 尔 瓦 多	一
智 利	8	暹 罗	一
丹 麦*	8	乌 拉 圭	一
挪 威	8	委 内 瑞 拉	一
瑞 士*	6	总件数	440

（表中有＊者系曾被认为八个主要工业国之一的国家）

人的保护固不限于工业劳动者，此层只须复阅上述各公约的规定便可知之。即以通过较早之公约论，禁止使用白铅、禁止面包工厂夜工及其他关于农商业的公约均非为工业劳动者而设。如华盛顿大会通过关于失业之预防及救济公约，约中雇佣介绍机关之规定亦非纯为工业劳动者而系为普通工人。又如最低工资公约乃用以保护任何事业内工资特别低廉之工人，批准此等公约者应不必为工业国。除此等未批准任何公约之国外，在其余三十五会员国中，约三分之二的国家批准的件数在十至二十之间，约三分之一的国家批准件数在十件以下，此种情形可以归纳之如下表。

批准公约件数	国 数
26 以上	1
21–25	2
21–26	11
11–15	10
6–10	4
1–5	7
0	20
	55

会员国对于公约的批准数之少，实为国际劳工组织立法工作不能加速进展的根本原因。然严格言之，倘吾人将此等已属少数之批准看作国际劳动立

法进展之尺度，则此项尺度尚只能表示各项立法案在各会员国内应有若干国同意施行；以言劳工大会保工公约迄今在会员国内所生的实际立法效果，则犹不逮此。第一，会员国尚不乏批准公约而未实行或延不实行者。第二，会员国对其批准的公约所规定多在大会通过该约之前先有相当的立法或其他措置者。就第一点言，则批准国的工人与未批准国的工人一样，实际上并不曾得到国际劳工大会此等立法之保护；就第二点言，会员国于工人的保护固不皆因批准公约而后始采相当之措置，实际上多已先有相当措置而后始批准公约。由是言之，则国际劳工组织保工的努力，在会员国立法上所生之影响亦更有限。各会员国对于劳工大会成立之公约，其批准数目与批准而确已实施之数目比较，相差若何列如下表（见第九表）。

依据下表，则会员国对于公约之批准数凡四百四十，而已实行者仅三百五十三。两数相较，相差已近一百件之多。公约未实施之批准数，约占全批准数之五分之一。惟下表所列尚未实施之批准数中，会员国固不乏正在进行立法以为实施之准备者。故依时间的进展，上述差数，关系亦尚不严重。盖促进各国原有绝对自由，倘各国无实行公约之决心，应不必强为批准。故理论上会员国批准后实施与否应不能成为严重问题。但事实上亦有如古巴政府批准公约件数凡十六，而数年来无一见诸实行者。

第九表　会员国实施公约件数

国名	批准数[1]	实施批准数	国名	批准数	实施批准数
卢森堡	27	24	奥地利	12	11
保加利亚	25	15	芬兰	12	12
爱尔兰自由邦	12	11	尼柔兰	12	11
比利时 *	20	20	捷克斯拉夫 *	11	11
犹哥斯拉夫	19	18	印度 *	11	11
爱沙尼亚	18	18	日本 *	11	9
英国 *	18	14	智利	8	7
法国 *	17	14	丹麦 *	8	8

---

[1]　实施批准数系指批准公约的国家对于约中规定已采相当措置之公约批准数。

续表

国名	批准数[1]	实施批准数	国名	批准数	实施批准数
拉特维亚	17	14	挪威	8	8
古巴	16	—	瑞士*	6	6
德国*	16	16	立陶宛	5	—
意大利*	16	14	葡萄牙	5	5
波兰	16	14	澳大利亚	4	1
罗马尼亚	16	11	坎拿大*	4	4
西班牙	15	9	南非	3	2
匈牙利	14	9	中国	2	—
希腊	13	13	来比利亚	1	
瑞典	13	12			
总件数				440	353

就各国批准之公约并已实施者论，各国对此等公约固多已先有（指公约经大会通过以前而言）同样之立法或措置，因公约所规定与已国前此立法相同，故而批准之。在此种情形之下，公约对此等批准国并不发生影响。严格言之，殆与其对不批准之会员国同。在上述各公约批准数中，此种批准却为数不少，共一六四件，其详情可一览如下表（见第十表）。

第十表　各会员国实施公约件数与其在大会通过该约前先有相当措置之批准数之比较

国名	实施批准件数	先有相当措置之批准件数	国名	实施批准件数	先有相当措置之批准件数
卢森堡	24	24	奥地利	11	5
保加利亚	15	6	芬兰	2	3
爱尔兰自由邦	11	6	尼柔兰	11	7
比利时*	20	7	捷克斯拉夫*	11	10
犹哥斯拉夫	18	14	印度*	11	5
爱沙尼亚	18	4	日本*	9	4
英国*	14	7	智利	7	1

续表

国名	实施批准件数	先有相当措置之批准件数	国名	实施批准件数	先有相当措置之批准件数
法国 *	14	2	丹麦 *	8	2
拉特维亚	14	1	挪威	8	3
古巴	—	—	瑞士 *	6	2
德国 *	16	13	立陶宛	—	—
意大利 *	14	8	葡萄牙	5	5
波兰	14	3	澳大利亚	1	1
罗马尼亚	11	1	坎拿大 *	4	4
西班牙	9	1	南非	3	3
匈牙利	9	5	中国	—	—
希腊	13	—	来比利亚	—	—
瑞典	17	7			
总件数				353	164

依据上表以推测劳工大会保工公约在各国给与工人现有的保障，则迄现时止，就各国因有公约后而采取保工之措置言，其数更属有限。先有公约而后采保工措置之会员国其公约实施件数之属此类者，当仅如下表所示（见第十一表）。

第十一表 　各批准公约国在成立公约后始采
相当措置之公约实行件数

爱沙尼亚	14	日　　本 *	5
比 利 时 *	13	挪　　威	5
拉 特 维 亚	13	犹哥斯拉夫	4
希　　腊	13	匈 牙 利	4
法　　国 *	12	尼 柔 兰	4
波　　兰	11	瑞　　士 *	4
罗 马 尼 亚	10	德　　国 *	3
保 加 利 亚	9	捷克斯拉夫	1

芬　　兰	9	卢　森　堡	一
西　班　牙	8	古　　巴	一
英　　国*	7	立　陶　宛	一
意　大　利*	6	葡　萄　牙	一
奥　地　利	6	澳　大　利　亚	一
印　　度*	6	坎　拿　大*	一
智　　利	6	南　　非	一
丹　　麦*	6	中　　国	一
爱尔兰自由邦	5	来　比　利　亚	一
瑞　　典	5	总　件　数	189

上表各国实行公约件数，因系在公约成立后（指经劳工大会通过而言）始采相当措置，吾人姑且假定其采取相当措置之原因，由于受劳工大会成立公约之推动，则此等批准数以其数字相加，其总数数目适足代表所有劳工大会保工公约在会员国已产生立法效果的公约"批准数"，计一百八十九。倘与前面实施批准数并列观之，则仅为后者之半数而强。

综合看来，国际劳工大会积十二年之努力成保工公约三十一件。此三十一件公约在五十五个会员国中应得到批准数一七零五，而实际批准数仅为四百四十，已实施公约所规定之批准数又仅三百五十三。至此等已实施的批准数中，其目前保工措置之缘于公约影响者为数更属寥寥，仅过于三百五十三之半数而已。

Ⅲ. 主要工业国与保工公约

劳工大会保工的立法在会员国内产生之立法上的效果，以上仅就公约的批准方面约略概括言之。至此等公约在会员国内，于工人幸福实质上影响所及，或在立法上所产生的工人福利之总量，则吾人虽可就上述公约之批准书件数或"已实施公约所规定之批准数"等数字略窥大概，而绝非上述数字所能确切表示。第一，劳工组织的组成分子虽以每一国家为单位，但各会员国的工业化程度不齐，劳动人口数量上相差很远，因之各会员国之批准某项公约，每国的批准所代表之力量不同。第二，各届劳工大会所通过的公约，每约的重要性不同。如华盛顿大会通过工业劳动者八小时工作制公约与第十四届大会规定公私机关及商业雇员日限八小时工作公约，在意义上和重要性上显然大有差别，因之两约对于其批准国之劳动者在影响上轻重亦各不同。第三，各项公约在其所规定的事项之性质上，对于各批准国因各该国情形互异而关系亦各有轻重。如关于农业劳动的公约，对于主要农业国与其对于极度工业化国家大部食料均赖自国外输入者其相关之轻重，殆不可以数计。又如关于海员之各公约，英、日、荷兰等航运发达的国家批准此等公约与否殆不可与波兰、立陶宛、奥、匈、保加利亚等国之批准各该约否相提并论。此外各国在劳工大会公约成立前对于同一事项的立法状况，及其实行公约后的结果等事项，均为连带应当决定的重要问题，牵涉过多，此处不欲多所讨论。不过粗略说来，保工立法本属工业革命后因制造状况改变始形特别需要的东西，则此等立法对于主要工业国家的劳动者自当更为重要。因之，在各会员国中，所谓主要工业国对于公约的批准及实施情形如何？此层很值得我们注意，不妨略为提出讨论。

所谓"主要工业国"，吾人可即依和约第三九三条之规定，姑且定为在理事院有当然席位的国家。此等国家目前计为英、法、德、日、意、比、印度、坎拿大，和前曾一度被选为"主要工业国"之丹麦与瑞士共为十国。此十个国家对于大会一般的公约，比利时批准独多，计二十件；其余除坎拿大批准最少仅四件外，大多数批准之约亦均在十件以上至二十件之间。各国业经实施的公约件数亦尚与批准数相差不远。惟在所有实施的批准数中合计各国在公约成立前先已有相当措置者几已达其半数。故在所谓主要工业国，积所有十国与劳工大会保工公约内涵相同之措置，其成立亦仅半数为直接受劳工大会公约案之影响。

第十二表　　主要工业国采行保工公约件数

国　　名	批准公约数	实施批准数	公约成立前先有立法之批准	公约成立后始有立法之批准
比利时	20	20	7	13
英　国	18	14	7	7
法　国	17	14	2	12
德　国	16	16	13	3

意大利	16	14	8	6
印 度	11	11	5	6
日 本	11	9	4	5
丹 麦[1]	8	8	2	6
瑞 士*	6	6	2	4
坎拿大	4	4	4	1

　　复次，倘吾人再就重要的公约看，则主要工业国受劳工大会比较重要公约之影响尤少。劳工大会成立的公约虽为三十一件，然成立时间最早而在工业上关系较大、在劳动立法上一般视为特别重要者，应推三件公约：第一为限制工业劳动者工作时间公约（或八小时工作制公约），其次为禁止雇用妇女从事夜工公约及童工年龄限制公约。此三项公约不特成立时间均在第一届国际劳工大会，为时很早，且其包含之事项更为历史上来源甚远的一般要求。盖八小时工作制在一八八四年已为美国工人运动目标，自一八八九年第二国际在巴黎成立采"五一"为国际的工人运动纪念日后，更为国际工人及社会主义者强烈的要求。禁止雇用妇女从事夜工，则一九〇六年的百伦第一公约已有内容相似的规定。而童工年龄限制公约，则在一八九〇年柏林国际劳动会议中，已有限制童工年龄为十二岁之拟议，本约中年龄限制十四岁的规定视一九一八年协约国工人伦敦大会的宣言所定尚低两年。[2]且工作日限八小时及废止童工，更为和约第十三篇的九个原则之一。[3]然此三约行之十年以后，十个"主要工业国"为无条件之批准者，妇女夜工公约仅比、法、英、意、瑞士、印度六国；童工年龄限制公约仅英、日、比、瑞士、丹麦五国；而八小时工作制公约则更仅有比利时与印度；且批准禁止妇女夜工公约的六个主要工业国除印度外，均为一九〇六年百伦第一公约之签字国（见本部分第二章）；批准童工年龄限制的五个主要工业国，英、比、瑞士事实上早已有保护童工之措置。[4]至八小时工作制公约，则在前面各公约批准数目表中批准该约的十五国内原来仅有十个国家是无条件的批准。奥、法、意、西班牙、

---

〔1〕 丹麦、瑞士一九二二年后不复为"八个主要工业国"之一。
〔2〕 参看本部分第一及第二章。
〔3〕 参看本部分第三章。
〔4〕 参看 C. W. A. Viditz，"Child Labor Legislation in Europe"，U. S. Bureau of Labor Bulletin No. 89，1910，p. 94.

拉脱维亚五国虽亦批准该约，但以其他特定的国家之批准同约为条件。如奥以英、德、比、法、意、匈、波兰、瑞士、捷克、犹哥斯拉夫十国批准为条件，法以英、德、法、意四国批准为条件。最有趣者为拉特维亚之附加批准条件；其条件为依和约劳工篇第三九三条之意义，所谓"主要工业国"能有三国批准该约，拉特维亚即施行该约。[1]该国为此项声明而向国联登记其批准时间在一九二五年，去今已越六载，而此六年间主要工业国能如比、印二国为无条件之批准者卒不可复得。如法与意之条件的批准而不生实施之效果，殆与未批准同，于是拉特维亚亦迄不负实施该约的义务！吾人于此所当注意者非拉特维亚之实施该约与否的问题，而为以劳工大会的第一重要公约乃竟未能得其所谓"主要工业国"之会员国中任何三国的批准，则仅就此点立论，劳工大会保工立法过去之效果，殆实不容乐观。

在八小时工作制公约之条件的批准中，为诸国之共同的批准条件者厥为英、德二"主要工业国"。德国对于该约，其政府代表在一九二七年第十届大会席上谓当先努力使其国内立法之规定与该约之内涵一致始有批准之可能（时该国正在进行其必要之立法 The Labor Protection Bill）。在一九二八年，该国政府表示将努力在国际间打破该约不能得到一般的批准之僵局。[2]故单就此层看去，倘英国能批准该约，德国似亦无多大问题。因之，英以工业先进国的地位，其批准该约与否乃为法、意、西班牙、拉特维亚等国实施该约与否之关键。其实，该约之不能得到多数工业国的批准，英国的态度如何久已成中心的问题。英在一九二一年即曾声述该国碍难批准该约的实情，建议修改该约。英国所谓困难之点，在该约规定与该国现有法律习惯颇多不相调协之处：第一，"工作时间"一词之译义，依照英国习用的解释系指佣工得受雇主支配的一段时间，而在其他国家则系指有效工作时间（hours of effective work）。因此，在其他国家工人虽费了十二小时的时间，在此十二小时内由雇主支配，但以有效工作时间之计算法得计其工作时间为八小时，而在英国则必计为十二小时。第二，英国有"每周工作五日四十八小时"（five-day week of 48 hours）的运动，若批准八小时工作制公约，则每周五日工作的制度将无由实现。第三，原约对于补足休假日工作之规定太游移。第四，永续性生产

---

〔1〕 Report of the Governing Body of the International Labor Office Upon the Working of the Convention Limiting Hours of Work in Industrial Undertakings to Eight in the Day and Forty-eight in the Week, 1931.

〔2〕 Report of the Governing Body on Eight Hours Convention, 1931.

程序（continuous process）的解释问题，在他国认为系永续性生产程序者在英国则不属于此项程序之内。第五，批准本约，则超过规定时间的特别办法将成为不可行。第六，英国颇多团体协约之条款与该约之规定不能一致，且不相容。后来一九二四年比、法、英、德四国劳工部长的百伦会议，一九二六年由英邀集的五国劳工部长伦敦会议（英、法、比、德、意），即在排除上述困难，拟于该约条文之解释等项成立谅解以便共同批准。[1]因两度会议结果未成功（会议后仅比利时无条件批准该约；至一九二七年法国承认批准，但以英、德两国批准为条件；英国仍碍难批准），至一九二八年二月理事会会议时，英政府代表复有将修改该约问题列入次年大会议程之提议。[2]至一九三〇年九月理事院将第一、第二两届大会通过的八件公约考虑其实施状况以后，决定该约仍以不加修改为宜。[3]依此项情势观察，则英国之批准最近期间殆属不易。而在其他意存观望的国家，则该约之实施自亦连带成为问题。

第八章　结　论

国际劳工组织之所由产生，与其内部组织概况，及保工立法进行已如前此各章所论。在目前国际状况下保工立法之须得国际一致的行动，吾人在此更不必详为之说。溯自工业革命后，劳动者与生产工具之所有权分离，生产工具为资本家所专有，工人除身体以外无财产，不得不以本身之劳力为货。因劳力与身体之不可分，于是货其劳力遂不得不并其身体而暂时付诸资本家管辖之下。且机器日益改良，人工大部为机器所代替，技巧益失其前此之重要，在供求原则下劳工常有过剩之势而陷于贱价求售地位，迫于生计更不得不延颈企踵竞相承奉资本家之整个条件，在污浊、紧张、疲乏、机械而单调的状况之下，终日劳瘁，不遑宁息，所谓休假时日，几仅能于老病失业时之穷愁中得之。因此工人心境的全部，遂完全为目前生活的需要与前途的渺茫两重恐惧所占据。此种事实自十九世纪以来殆为一般工业国家内显著而可悲的社会病态。以减少生产费用及与国内外同业生产者竞争市场的缘故，资本

---

〔1〕　Report of the Governing Body on Eight Hours Convention.

〔2〕　Official Bulletin, Vol. XIII, No, 1, p. 12, 又 No. 3, p. 103.

〔3〕　Official Bulletin, Vol. XV, No. 3, p. 100, p. 106. 理事院于公约中仅以禁止妇女夜工公约之部分修改列入第十五届大会议程。

家与政府即有改善劳工生活之意愿而亦不敢放胆为之，虽欲不相率而减低工人待遇而亦有所不能，故就人道和社会的见地，在现存制度下欲减除劳动者生活之苦痛而改善其地位，自非合国际力量打破各国彼此观望和推诿的形势不可。

国际劳工组织既为企图以国际合力为劳工增进福利之机关，于其成立已十有余年之后，吾人从各方面观察约可结论下列诸点。

第一，就保工运动言。国际劳工组织承劳动立法国际联合会之后，成立于战后世界改造的空气之下而为保工立法的国际推动机关。虽其产生为时代推移之结果，然因此使国际的保工运动更由散漫的变而为统一的，由不稳定的进而为稳定的，由迂缓的进而为比较锐进的，[1]则和约第十三篇要足为保工运动历史上进步之表示。

第二，从国际政治的见地言。成立国际劳工组织的目标除改善工人生活外，尚含有稳定现社会秩序的作用。此点就和约第十三篇前文的语句很可概见，吾人在第一章里已约略言之。当国际劳动立法委员会向巴黎和会预备会交入和约劳工篇草案时，比代表樊特费谓"吾人所感举世刻正发动之社会革命，达到之法，凡有两途：一为英国方法，一为俄国方法。国际劳动立法委员会之成绩为英国方法之胜利，余因宁取英国法，故余愿和会接受国际劳动立法委员会之建议"云云，[2]和会上一般人士的用意不啻为樊特费一语道破。劳工组织之成立，既在以保工立法之和缓方法代替流血的革命，而对于保工立法之进行系国际合作的力量以打破各国互相观望和推诿的形势。[3]故吾人于论劳工组织的保工立法之成绩时，吾人主要着眼点不在计算劳工局之工作量，而在考察运用劳工局之机关以合力为国际之保工立法，此种方法在战后十余年间其成功至何程度。惟由劳工大会公约之推行成绩观之，则劳工组织之成立似未能克服国际劳动立法之根本困难。所有会员国在此十余年间因保工公约之影响而施行之保工措置，仅相当于批准数的百分之四十三，而为"可能的批准数"（一七零五）的百分之十一，且八小时工作制公约复不为主要工业国家所采用。此等事实指明，在劳工局的推动之下，对于保工事项的

---

〔1〕 劳工大会规定每年至少开会一次，且以第一、第二、第三最初三届大会通过的立法案之多很可看出劳工组织成立时的锐进精神。

〔2〕 摘译大意，原文见 Official Bulletin, Vol. 1, The Proceedings at the Preliminary Peace Conference, Sitting of I 1, April, 1919, pp. 297-298。

〔3〕 参看和约第三十篇前文。

国际合作仍未能突破各国间工业竞争之阻障。

第三，就保工公约的性质言。劳工大会既非国际间的太上立法机关，所通过的公约草案，其效力亦不能成为超国家的国际立法。因照和约第十三篇的规定，劳工组织的会员国对于公约之采用与否，自始即保留有广泛的自由行动之余地。吾人前此称劳工大会保工之公约为保工立法者，殆取其近似而言，与公法学者对于国际条约之分类称其类条约为立法的条约[1]属于同一意义。实则劳工组织之一般会员国（非公约批准国）政府对于劳工大会所通过的公约草案之义务，仅在于至迟十八个月内必须将公约交付主管机关考虑其批准与否一点。此等公约草案在未经会员国批准以前，就其力量言之，与其拟之为国际的立法案，毋宁谓其为国际的劝告书。因其未尝与会员国以必须奉行之限制，其能得会员国之自愿随行与否须视其是否与会员国之意愿偶合为前提。

第四，就推行公约的力量言。和约中由第四零九条以至第四二零条对于不施行公约的"公约批准国"有制裁之规定，此层就法律的观点论之，固为推行公约之较有力量的条款。制裁的方法和约中虽未加确定，然玩味第四一四条的意义，殆属于经济的抵制无疑。惟在今日复杂的国际经济关系之下，苟非陷于战争状态，欲使各国对于某一特定国家施行经济上的压迫，则各国与该国间相互之利害关系不同，必将因事前步调之难于一致而使制裁方法在事实上不能实行，从而使制裁的条文失其意义。特别如不遵行公约所规定之义务者为一军事强国时，制裁的条款更绝难有引用的可能。此层由国际联盟对于最近中日的战争事态所采态度及处理此事之经过可以见之。日本违反国联盟约，破坏中国领土主权之完整，不顾国联理事会之决议，取不宣而战之手段侵略中国——国联会员国——土地完全构成适用国联盟约第十六条之条件，而国联方面乃始终采取盟约第十六条——经济制裁——以外之方法以应之，足见《凡尔赛和约》中所谓经济制裁之规定，实际上且不能倚为该约本身之实施的保证。此等规定，殆只有在强国的重大利益受侵害时，始有引用的可能。

第五，就组织的精神言。劳工大会以会员国之政府代表及等数之非政府

---

[1] 参看 International Labor Review, Vol, XL, No. 6, Ernest Mahaim, Some Legal Questions Relating to International Labor Conventions。

代表组成，而理事院之组织则又以大会各代表团选出之人选或国家和所谓"主要工业国"组成之。此种办法在大会中予政府以较大代表力量，在理事院中予主要工业国以较稳固之代表地位，自一方面言因劳工组织之政策须得各国政府特别是主要工业国政府之拥护，故此种代表法或更利于公约之推行；然从另一方面观之，此种办法就理事院政府代表席言，所以采取此种分配法之原因实予强国以特殊权利，此层已在第五章论之。[1] 就大会代表言，实予政府代表以操作一切之力量，盖即使大会中各国均派完全代表，则政府代表已占全代表人数之半，况多数会员国不派完全代表已成大会经常之现象。于是任何公约草案倘不经多数政府代表之赞助，将无通过大会之可能（雇主方面代表除特别情形外，对于提高劳动状况之公约因利害关系立于反对地位）。因此对劳工组织，论者得谓在组织上、骨子里含有两重不平等的因素：第一是强国的地位优于弱国，第二是政府代表的力量可以压倒非政府代表的力量。

第六，就劳工局的研究工作言，则劳工局之成绩殊无人可加否认。此点劳工局出版品之数量及内容已足充分为之说明，吾人在此更无须辞费。

以上所论，系偏就劳工组织之过去言之，至劳工组织将来之发展如何，则半须视世界经济和政治状况之变迁如何以为断；惟无论劳工组织之发展如何，而国际保工的方法必将益趋于进步，此点则从可断言。

附　录
凡尔赛对德和约第十三编

第一部　劳动机关

兹因国际联盟原以确立世界和平为目的，而世界和平必以社会正义为基础方能期其确立。

又因劳动现状对于多数人民之不公、困苦及穷乏，大足酿成不靖，而危及世界之和平协调。此种情形，亟应改良。如制定劳动时间，一日或一星期不能过若干时，劳动供给之调剂，失业之防止，制定适当生活之工资，保护因工受伤及疾病之劳动者，保护儿童青年及妇人，并规定老年及残疾之设施，

---

[1]　参看本部分第五章。

保证国外受雇劳动者之利益，承认结社自由之原则，组织职业技术教育及其他各种办法，皆为当今之急务。

且因无论何国不采用人道的劳动条件，即为其他各国力图改良其国内劳动状况之障碍。缔约各国望确保世界永久和平，故以正义人道为主，而协定各条如下。

第一章 组 织

第三八七条

为欲实行前交记述之目的，特设一常设机关。国际联盟之原会员国应为前项常设机关之会员国。此后国际联盟之会员国，同时应为前项常设机关之会员国。

第三八八条

常设机关之组织如下：

一，会员国代表大会；

二，国际劳工局由第三九三条所载之理事院管理之。

第三八九条

会员国代表者之劳工大会遇有必要，得随时召集会议，惟至少每年须开会一次。劳工大会以会员国各选出代表四名组织之，其中二人为政府代表，其余二人为各该国雇主及劳动者之代表。各该代表均得随带顾问，其人数按照议事日程，每项议案不得超过二人。倘劳工大会议及女工问题，其顾问中至少须有顾问一人为女子。

会员国约定，如其国内有最能代表雇主或劳动者之产业团体存在时，依与该团体之协议任命各非政府代表及其顾问。

顾问除有该代表之请求及大会议长特别许可外，不得发言，并不得投票。

代表得以通知书通知议长，指定顾问一名为自己之代理人。该顾问于代理中得发言投票。

代表及其顾问之姓名，会员国政府应通知国际劳工局。

代表及其顾问之委任状应交劳工大会审查，依本条任命之代表或顾问，劳工大会得以出席代表三分之二之多数表决，拒绝其列席。

第三九零条

各代表委员，于交议于劳工大会之一切事项，有单独投票之权。

会员国如于其所当任命之非政府代表少派一人时，其他非政府代表得出席于劳工大会发言，但不得投票。

依第三八九条劳工大会对于会员国之一代表拒绝其列席时，该代表应作为未经任命，并适用本条之规定。

第三九一条

劳工大会之会议应在国际联盟所在地，或于上次会议以出席代表三分之二之多数表决，在其他地点开会。

第三九二条

国际劳工局应设于国际联盟所在地，而为其全部组织之一部分。

第三九三条〔1〕

国际劳工局应置于劳动理事院管理之下，该理事院依照下列之规定，指派二十四人组织之。

劳动理事院应组织如下：

代表政府者十二名。

由劳工大会选出代表雇主者六名。

由劳工大会选出代表劳工者六名。

代表政府之十二名中，八名须由主要工业国之会员国选派之，其余四名应由该八国以外政府代表为此目的而选定之会员国选任之。

何者为主要工业国之会员国，致发生问题时，应由国际联盟之行政院决定之。

---

〔1〕 本条于1922年经劳工大会修正，但未经会员国四分之三之批准，暂不实行。其修正原文如次：国际劳工局应置于理事院管理之下，理事院应以三十二人组织之。代表各政府者十六人。代表雇主者八人。代表劳动者八人。在代表各政府之十六人内，八人须由有最大工业关系之各会员国选派，其余八人则由到会各政府代表为此目的选出之会员国选派之，惟前指前八会员国之代表不在其内，而十六会员国中须有六国为欧洲以外之国。如以何会员国为有最大工业关系发生争议时，则应由国际联盟行政院解决。代表雇主及代表劳动者之人，由到会各雇主及劳工代表各自选派。其雇主代表及劳工代表中，应各有两名属于欧洲以外各国。理事院每届三年改选一次。凡补充缺额选派候补人员方法及同样性质之他种问题，得由理事院决定，惟须经大会之核准。理事院应随时在会员中选出一人为主席，并应自行规定议事规程，自行决定集会时期。如有理事院理事十二人具书请求时，应开特别会议。

劳动理事院任期为三年。其缺额补充方法及其余类此事项由劳动理事院规定之，但须得劳工大会之承认。

劳动理事院应随时就理事中推举一名为主席，制定议事规则及其会议日期。如有会员十名以上之书而请求时，应开临时会议。

第三九四条

国际劳工局置局长一人，由理事院任命之。局长承劳动理事院之训示，负执行国际劳工局事务及其他委托事务之责任。局长或其代表人应列席于理事院之一切会议。

第三九五条

国际劳工局之职员由局长任命之。该局长应以不致有碍局务之成绩为限，尽力选任国籍不同之人员充之，且此项人员中须有若干名为妇女职员。

第三九六条

国际劳工局以蒐集、分配关于国际调剂劳动者生活状况及劳动条件之一切材料为职务，而以研究拟交大会讨论以订结国际公约各问题以及执行大会所交之特别调查为尤重要。

国际劳工局应准备劳动大会之议事日程。

国际劳工局应依本约本编所规定之条款，执行其关于国际争执之任务。

国际劳工局就有国际利害关系及劳动问题，应以法文、英文及劳动理事院认为适当之文字编辑、发行定期刊物。

除本条所定之职务外，国际劳工局更应有受劳工大会所委托之一切权能及任务。

第三九七条

凡会员国政府之机关，有掌管产业及劳动问题者，均得经由在劳动理事院该政府之代表者直接与局长通信。无代表时，得经由政府为此而任命之相当官吏为之。

第三九八条

国际劳工局得将应受国际联盟秘书长襄助之事项，请其襄助。

第三九九条

出席于劳工大会或劳动理事院会议之代表、顾问或其代表者之川资及旅费，由各该会员国支付之。

国际劳工局并劳工大会及劳动理事院会议之所余一切费用，应由国际联盟秘书长就联盟之经常费中提交于局长。

局长依本条规定所领各款之正当开支，对于国际联盟秘书长应负责任。

第二章　手　续

第四零零条

劳工大会一切会议之议事日程，劳动理事院决定之。会员国政府或为第三百八十九条之目的而承认之代表团体所提出关于会议事项之各案，劳动理事院应审议之。

第四零一条

局长应担任劳工大会秘书长之职务，且应将议事日程在劳工大会开会前四个月送达于各会员国。其已选任非政府代表者，即由该会员国转送之。

第四零二条

会员国政府对于劳工大会会议事项，有反对列入某种项目之权。其反对之理由应记载于说明书中送交局长，局长应转送于组织本常设机关之各会员国。

前项反对之项目，若劳工大会依出席代表三分之二之多数表决，议决应付讨论时，该项目不得更自议事日程中删除之。

劳工大会依出席代表三分之二之多数表决，议决某种事项，须交大会讨论时（与前项相反），该事项应即列入于下次会议之议事日程。

第四零三条

劳工大会得自定会议手续，及选举议长。又因各种事项，为审查报告，得组织委员会。

除本约本编有特别规定外，一切事项，由出席代表过半数之可决通过之。

表决之总数少于劳工大会出席代表之半数时，其表决为无效。

第四零四条

劳工大会得以专门委员，分隶于其所组织之各委员会，惟该委员只可参加讨论而无表决权。

第四零五条

劳工大会关于议事日程中之某种项目，已可决其提案时，就该提案决定：（甲）用建议案之形式，交由会员国熟加考虑，依国内立法或其他方法实行之；或（乙）用国际公约草案之形式，请求会员国批准之。

劳工大会末次表决采用前项建议案或公约草案时，均须经出席代表三分之二之多数表决。

劳工大会拟具通用之建议或公约草案时，对于气候状态不同、产业组织尚未完全发达或因其他特别事情，致产业状态极有差异之国，应有相当之注意，并应提示认为适合此种国情所必需之修正。

建议案或公约草案，由劳工大会之议长及局长署名，交由国际联盟秘书长收管之。该秘书长以其校正之誊清本，送交于各会员国。

各会员国约定于劳工大会闭会后一年以内，将该建议案或公约草案交付主管机关，以为立法上之执行或其他之措置。倘因有特别情事，于前定期间内不能交付时，须尽先办理，且至迟不能逾大会闭会后十八个月之期间。

各会员国对于建议案，应将所执行之措置通知于秘书长。

各会员国对于公约草案，经主管机关之同意后，将其正式之批准通知秘书长，且须执行必要之措置，以使本公约各项规定发生效力。

建议案不能依立法或其他之措置使之实行，又公约草案不能得主管机关之同意时会员国不另负他种义务。

在联邦国，其加盟于劳动事项公约之权受有限制。该国政府得依其裁度，视适用该限制之公约草案为建议，并准用本条关于建议之规定。

本条应依下列之原则解释之：

无论如何不得因劳工大会采用某项建议案或公约草案之结果而要求任何会员国减轻该国现行法律业经给予劳动者之保护。

第四零六条

依照前条批准之一切公约，应由国际联盟秘书长注册，但只能拘束批准该约之会员国。

第四零七条

凡劳工大会最后讨论之公约草案，未得出席代表三分之二以上之同意时，本常设机关会员国间，仍有自行订立该项公约之权。

照前项采用之公约，应由关系各政府，通知国际联盟秘书长，应即注册。

第四零八条

各会员国约定将其因加入各项公约而采用之办法，每年编制报告，送交国际劳工局。此项报告，须依劳动理事院所指定之程式及项目编制之。局长应以该年报告之提要报告于下次劳工大会。

第四零九条

凡雇主及劳动者所组织产业上之团体，对于国际劳工局申告会员国内之某国在其管辖境内不为确实履行所订结之公约时，劳动理事院得移送其申告于该国政府，且得请其提出认为相当之辨明书。

第四一零条

劳动理事院于相当期间内，未经接收该国政府辨明书，或对所接收之辨明书认为不满意时，有公表此项申告书及辨明书之权。

第四一一条

各会员国对于他会员国，认为不能确实履行彼此依照前条共同批准之公约时，有提起异议于国际劳工局之权。

劳动理事院得依其裁量，于将该异议按照下文所订付诸劳动考察委员会以前，准照第四百〇九条所定之方法与彼异议之政府接洽。

劳动理事院认为该异议无须与该政府接洽，或既经接洽、于相当期间未接受认为满意之辨明书时，得要求设立劳动考察委员会。以考量此异议，著为报告。

劳动理事院得依其主动之意见，或劳工大会代表之异议，为同一之手续。

劳动理事院审议因适用第四一〇条或第四一一条而发生之问题时，被申告或被提异议之政府倘在劳动理事院未曾派有代表，应有权指派委员参加关于此事之审议。其审议日期，应于适当时期通知该国政府。

第四一二条

劳动考察委员会依左列规定组织之。

各会员国于本条约实施后六月以内，应任命产业上有经验者三人；一名为雇主之代表，一名为劳动者之代表，余一名为居中立地位者。劳动考察委员会委员即由上述被任命者名簿中选定之。

上述被任命者之资格，由劳动理事院审查之。理事院认其资格不合于本条之要件时，得以出席代表者三分之二之多数表决，拒绝承认。

国际联盟秘书长，如遇劳动理事院请求时应选派三人组织劳动考察委员会。此三人应由前记名簿之各部各选一名，并于其中推定一名为议长。惟三名均不得为直接与该异议有关系之会员国所任命者。

第四一三条

依第四一一条规定，异议交劳动考察委员会时，各会员国约定不问其与该议有无直接关系，均将所有资料提出劳动考察委员会，以供参考。

第四一四条

劳动考察委员会将异议审查完毕时，应做成报告书。该报告书应记载认为与解决各方面争执问题有关系之一切事项，并对于该异议应行采用之办法及其实行期限，提出适当之劝告。

劳动考察委员会对于被诉之政府，如有适当的经济制裁手段认为其他政府可以采用者，亦应于其报告书中指示之。

第四一五条

国际联盟秘书长应将劳动考察委员会之报告书送交与异议有关系之各国政府，并须公表之。

受前项报告之各国政府是否采用劳动考察委员会报告书之劝告，若不采用时，是否有就该异议请求国际联盟常设国际法庭裁判之意，须于一月以内通告于国际联盟秘书长。

第四一六条

会员国中关于建议案或公约草案有不遵照第四百条之办法者，他会员国有请求国际常设法庭裁判之权。

第四一七条

国际常设法庭对于四一五条或四一六条请求裁判之异议或其他事项，其所为之判决，即为最后决定。

第四一八条

国际常设法庭对于劳动考察委员会之事实认定或劝告办法，得确认变更，或废弃之。又对于被诉之政府，如有适当的经济制裁手段认为其他政府可以采用者，亦应于其裁判中指示之。

第四一九条

劳动考察委员会之报告书或国际常设法庭之判决中有劝告之记载者，会员国不以其劝告于所定期内实行时，其他会员国得对之执行前记报告书或判决中指示，为适当的经济制裁手段。

第四二零条

被诉之政府，无论何时，得将遵行劳动考察委员会劝告或国际常设法庭判决中之劝告而采用之必要办法通知于劳动理事院。且得请求劳动理事院转达国际联盟秘书长，组织劳动考察委员会查核之。遇此种情形时，应适用第四百十二条乃至第四百十五条、第四百十七条及第四百十八条之规定。

如劳动考察委员会之报告或国际常设法庭之判决有利于该政府，其他政府即停止其经济的制裁手段。

第三章　普通规定

第四二一条

会员国约定，将按照本约本编规定所批准之各公约适用于其所属无完全自治之殖民地、保护国及属地。但：

（一）因该地方之状况不能适应之者，不在此限；

（二）为使公约之规定适合于该地方之状况，不妨加以必要之变更。

会员国对于本国所属无完全自治权之殖民地、保护国及属地所施之措置，应以之通告国际劳工局。

第四二二条

本约本编之修正案，由出席劳工大会代表三分之二之多数表决通过之。该案如得国际联盟理事院有代表者之各国及全体会员国四分之三之批准时，应即发生效力。

第四二三条

本约本编及以后由各会员国根据本编规定所缔结之各项公约，解释上若有疑问或生有争议时，应交由国际常设法庭判决之。

第四章　暂时规定

第四二四条

劳工大会第一次会议应于 1919 年 10 月开会，其开会地点及会议事项应照附属书内之规定。

第一次会议之召集及组织由附属书内指定之政府准备办理。该政府于提出大会所需各项文件之筹备，应由按照附属书所组织之国际委员会助理之。

第一次会议之经费及此后在国际联盟定有经常费以前，各项会议之经费，除代表及其顾问之经费外，应按照万国邮政联合总理局经费分担之比例，由会员国分摊之。

第四二五条

按照以上各条所有应交国际联盟秘书长之一切文件，在国际联盟成立以前，由国际劳工局长保管之，届时再行转交国际联盟秘书长。

第四二六条

按照本编规定，应由国际常设法庭判决之争议，在该法庭成立以前，应向国际联盟行政院选任委员三人所组织之法庭提出之。

附属书

1919 年第一次劳工大会会议

会议地点在华盛顿。

会议之召集，委托北美合众国政府行之。国际组织委员会由北美合众国、大英帝国、法兰西国、意大利国、日本国、比利时国、瑞士国所任命之委员七人组织之。该委员会认有必要时，得向前记以外之会员国请其任命代表者。

会议事项：

（一）适用一日八小时，或一星期四十八小时原则案。

（二）失业防止或救济之问题案。

（三）雇用女工案：

（甲）产前产后（内含产妇保护金问题）；

（乙）夜工；

（丙）有害康健之工作。

（四）雇用儿童案：

（甲）允许工作之最低年龄；

（乙）夜工；

（丙）有害健康之工作。

（五）扩充及使用一九〇六年百伦国际协约中关于禁止女子夜工及禁止制造火柴使用白燐案。

第二部　一般原则

第四二七条

缔约国承认产业上靠工资为生活者之体育上、德育上、智育上的幸福为最重要国际问题。为达此高尚目的起见，特随同国际联盟之机关按照第一款之规定组织常设机关。缔约国虽承认因气候、风俗、习惯、经济、机会、产业惯例之不同致使严行统一劳动条件难于即时实施，然缔约国既认劳动不应仅视作商品，则一切产业国自应就其特殊情形所能尽量实施者亟谋改善劳动条件应行之方法及原则。

缔约国承认下列各项为以上所揭各方法及原则中之特别紧要者：

第一，如前所述，劳动不应仅视作货物或商品之基本原则。

第二，雇主及劳动者为达一切合法的目的应有立会结社之权利。

第三，劳动者之工资应按照国情及时势公认为适足维持相当生活之程度者给与之。

第四，采用一日八小时或一星期四十八小时制度，其尚不能实行此制者亦应以此标准为趋规。

第五，采用每星期至少有二十四小时休息之制度；且应设法将星期日包括在休息时间内。

第六，幼童劳动应废止之；又对于幼年劳动者亦应加以限制，俾得继续受教育，并可确保其身体之正当发育。

第七，对于同等价值之劳动，不分男女应予以同样报酬之原则。

第八，各国以法令规定关于劳动条件之标准，应确保对于合法居住于其国内之一切劳动者与以经济上平等的待遇。

第九，为保证实行保护劳动者之法令起见，各国应设监察制度并应准许妇人加入之。

缔约国对于上列之方法及原则，虽不敢认为十分完善或确定不易，然确信此种方法及原则实足以指导国际联盟之大政方针。果能为国际联盟加盟国之各产业国所采用，于事实上设立强有力之监察制度保障之，则世界靠工资为生活者必因此而受永久之福利矣。

曾炳钧文集

中部

主　编　曾尔恕

副主编　白　晟　张琮军

中国政法大学出版社

2022·北京

中部目录

文 章

著　作

中国国家与法的历史讲义（第一册）
奴隶、封建社会部分

文 章

关于县各界人民代表会议迅速代行
县人民代表大会职权问题[*]

我参加了华北事务部筹备县长会议的山西观察组。经过一个月的调查研究，我们进一步知道山西的民主政权建设工作确有成绩。就会议的召开说，各县今年召开各界人民代表会议少者一次，多者二三次，各县都已普遍召开。有的县如阳曲、榆社，在常委会的工作上且有特殊经验。在这些地方，人民提案的处理、会后决议的贯彻、常委会与代表的联系都较能认真而且系统化。会议中亦能发扬民主的精神，每次开会，领导上都能特别努力诱导代表尽量发言，使能"知无不言，言无不尽"。不过，一般地说，干部对于人民代表会议这一基本制度，认识尚不明确；代表选举，在有的地方尚形紊乱；特别是各县在"代行职权"问题上进度显然迟缓。

"迅速代行人民代表大会的职权"，这是政务院今年四月的指示。依照中央人民政府组织法和共同纲领的规定，"中华人民共和国政府是基于民主集中原则的人民代表大会制的政府"，"在普选的地方人民代表大会召开以前，由地方各界人民代表会议逐步地代行人民代表大会的职权"。所以，各界人民代表会议代行人民代表大会的职权是过渡的形式，但是最适合于现阶段发展的地方人民政权的组织形式。

我们说这是过渡的形式，因为人民代表大会是新民主主义阶段必须建立的根本制度，人民代表会议"在不久的将来就要直接地过渡为各级人民代表大会"。

我们说"代行职权"是最适合于现阶段发展的，因为在目前阶段上各县民主建政的进行方向，不外是下列三种可能：一是维持各界人民代表会议的现状而不迅速代行人民代表大会的职权。这是落后于实际需要的，同时也是

---

* 原载于《光明日报》1951 年 10 月 5 日。

不符合政务院指示精神的。

二是召开人民代表大会，但要召开名实相符的人民代表大会即必须进行普选。进行普选通常又是划定选区、登记选民，按人口比例用"普遍、平等、直接、无记名投票"的方法选举代表。立即进行这样的选举是与我们今天的实际情况很不适合的。刘少奇副主席曾指示过，我们今天的"劳动人民还不识字，过去没有选举的经验，他们对于选举的关心和积极性暂时也还不很充分。如果在这种情形下就来普遍地登记选民、机械地制定选区、按人口比例一律用无记名投票的办法来直接选举各级人民代表大会的代表，根据我们过去在若干地区实行过的经验，这种选举反而是形式主义的"。这样普选（因为要普选，便不能不分区登记选民，按人口比例普遍平等投票选举），"在中国目前的情况下还不能，因而也不应该一下采用"。

三是由各界人民代表会议代行人民代表大会职权。这一方式的优点在未召开人民代表大会时人民民主精神同样得到发展，同时无须从事在目前是形式主义而且结果徒给人民添麻烦、损害人民积极性的普选。不仅如此，因代表由各界选举，又能照顾各阶层、各职业、各团体、各民族的代表分配。换句话说，这样能确使工、农、商、学、妇女、青年、少数民族、宗教团体、党与非党人士在会议中均有适当比例的代表。目前各界代表的适当分配不是普选的繁重机械手续可以得到的。所以，目前由各界选举代表的各界人民代表会议在实质上是最适合于当前情况，有更大代表性，因而也是最民主的。目前有的地区不采取这一办法而径行"普选"人民代表大会，办理选举长达七个月，反而是不合乎人民利益的。

山西的建政问题之一，在于有许多县份本已可以代行人民代表大会职权而未积极创造条件迅速代行。直至八月初旬我们离开太原的时候，山西已经代行的只有晋城、榆社、兴县三县。有许多县份已开过六七次各界代表会而尚未准备代行。这正如山西省府去年十一月的指示中所指出的"一般召开五六次会议的县份，已具备代行人代大会职权的条件，但仍满足于现状，逐步提高的精神不够"。

县各界人民代表会议代行人民代表大会职权后与不代行的差别何在呢？正如榆社县的某代表所了解一样，代行后代表的任期固定了，各界人民代表会议不仅可以听取政府工作报告，反映人民要求，而且有权审查政府工作报告，通过预决算，决议县政兴革事宜，并选举县长、副县长及县人民政府委员会。换句话说，代表会议由协议咨询机关变成了人民权力机关。这是一个大的变动。同时在制度树立以后，人民的观感也自然有大的变动。如榆社某村老汉张镇长说："现在我们选自己的代表检查政府工作，还要选自己的县长给咱们办事，真是人民当了主人了。可是美帝国主义还要侵略我们破坏我们的好时光，我情愿拿出五斗小米、三斗麦、二斗豆、一只羊，买飞机、大炮。"代表张五则说："政府花钱，取之于民，用之于民，还得给咱们报账，以后我们作出决议要政府办事，政府便得照办，与建议又不同了。"人民着眼的问题是代表会"顶事不顶事"。让代表会有权并能行使它的权力，自然群众便认为它"顶事"，便会对它更加重视，对政府也就会更加热爱。所以代行不只是政务院指示了的，也是人民急切需要的。

华北五省除绥远尚未完成土地改革的新区外，代行人民代表大会职权不是条件具备与否的问题，而是思想认识问题。刘副主席在北京市第三届人民代表会议上的讲话中说："在反革命已经肃清，土地改革已经完结，人民大多数已有组织，各级人民代表会议和人民政府已能完全履行自己的职权时，那时军事管制就成为不必要了。"刘副主席在这里虽然讲的是军事管制与实行民主的关系问题，不过我体会到"反革命已经肃清，土地改革已经完结，人民大多数已有组织"这三项就是各界人民代表会议代行人民代表大会职权的前提条件。具备了这三项，也就是县人民代表会议已能完全履行自己的职权（包括代行人民代表大会职权）的时候。如果这一体会是对的话，那么这三项条件就山西说，各县是都具备了的，应该争取迅速代行。如要求过高或机械规定若干条件，都会影响代行，这对于进一步巩固与提高人民代表会议制度是有妨碍的。例如某些县份于召开几次会以后发生的"停步不前"状态，即与未能迅速代行有关。特别是经过抗美援朝、镇压反革命等伟大的政治运动，人民的政治觉悟已大大提高，再加上经济生活的日益上升，人民的民主要求日益增长，人民对于现在召开的人民代表会议已感到不满足，因此迅速代行人民代表大会职权，就成为推动人民代表会议前进一步的重要环节。否则，照旧开下去，干部与群众均将产生"平淡"之感，代表会便很难继续开好，并可能到某种时候"一次不如一次"。如霍县开前四次代表会议都还开得好，但到第五次会议时，由于领导满足于现状，再加上不重视提案的处理等原因，代表一百一十五人中仅到五十三人，不及半数，改开座谈会。开第六次会议时事前曾派出二三十个干部分头动员代表，但缺席的仍有三十人。是否代行职权后各界人民代表会议便可免于消沉，这中间还包含其他因素，我们虽然在这里不能简单下一断语，但人民的民主要求在日益增长，不代行就将限制人民政治积极性的发扬，是可以无疑的。

我们山西各级干部同志忠心耿耿、忍苦耐劳为人民服务的精神是全省人民所共喻的。我们民主建政工作"逐步提高的精神不够"，原因是在干部的思想认识上尚有若干问题。有些县虽了解"少数人做不如多数人做"，能相信群众，并能在贯彻中心任务时将政策交给群众掌握，但对于人民代表会议是国家基本制度这一点大都认识不明确。因此，往往遇着重大问题不是以通过各界人民代表会议的方式来处理。如平遥县今年七月发动群众镇压反革命，确实做到了大张旗鼓由群众掌握政策的地步，虽然各界人民代表会议的代表都曾参加，但决定处刑的会议却是另以"抗美援朝代表会议"的名义召开的。这样一件重大显赫的工作，不响亮地打出各界人民代表会议的牌子，工作成绩虽好，如从人民代表会议形成制度的观点来看，不能不是一个美中不足。

总括地说，我们的地方民主建政工作，特别是山西的建政工作，是努力的而且著有成效的。工作中虽有若干缺点，但这些缺点是发展中的缺点，是可以克服而且必然会被克服的。因为我们的政权本质上是人民的政权，我们的干部是有革命锻炼、充满了为人民服务赤忱的干部。我们新民主主义的政治制度是极其优越的制度，在共产党毛主席的英明领导下，必将不断地"就现有基础提高一步"。

必须优先发展重工业 *

我国发展国民经济的第一个五年计划是"实施国家过渡时期总任务的一个重大步骤"。这一计划的基本任务，概括地说，是要为国家建立社会主义工业化的初步基础，为农业、手工业的社会主义改造打下初步基础，并为资本主义工商业的社会主义改造建立基础。这是一个我们前人所没有做过的伟大事业。

我国第一个五年计划建设规模之大，从下列数字就可以看出来。建设单位包括：限额以上的一千六百个，限额以下的六千多个，共有七千多个。投资共达七百六十六亿四千万元，折合黄金七万万两以上。在这样大规模的建设计划中间，我们的主要力量将集中于发展重工业。无疑的，根据我们国家的内外条件，这一方针是完全符合于我们国家发展的最大利益的。

我们知道，重工业是工业的基础，一个国家如果没有重工业或重工业不发达，便没有工业稳固的基础，工业便发展不起来。所谓重工业是些什么，具体地说，就是我们五年计划中的电力煤矿工业、石油工业、冶金工业、机器制造工业、化学工业等基本工业，亦即生产生产资料的工业。一个国家的工业发展程度如何，要看它在这些工业部门的发展程度而定；这些工业部门的发展愈齐全、愈迅速、愈有力，工业生产便愈发达，工业力量也就愈强大。道理是很明显的。假如一个国家虽有许多纺织厂，但不能生产装备纺织厂的机器，那么，它的纺织业的发展是没有可靠的基础的；因为它要补充和更换新机器都必须仰赖外国。同样的，有了机器制造厂还必须有足够的炼钢厂和炼铁厂，还必须有足够的动力工厂。如果煤、铁的生产不足，要发展大规模的机器工业便必然是困难重重，假如不是不可能的话。总之，近代工业生产是互相牵连的，而基本的环节在于重工业。所以列宁说过，没有重工业，"我们就不能建立什么工业，没有重工业的国家就注定了不能成为一个独立的

---

* 原载于《教学简报》1955 年第 12 期。

国家"。

优先发展重工业是社会主义国家工业化的方法，是最科学的方法，也是发展生产力最迅速的方法。这与资本主义国家工业化的方法根本不同。资本主义国家的工业化，因为目的在于追逐利润，所以总是由轻工业开始。到轻工业发展到一定程度，发展重工业可以为资本家提供足够的利润时，才去发展重工业。这是一个自发的，缓慢的过程。英、美、德、日，大都是经过了一百年或至少五十年才达到工业化。社会主义国家苏联按照马克思主义扩大再生产的理论，运用生产资料优先增长的原则，从一九二八年起，经过两个五年计划便建成了社会主义社会。按照我国第一个五年计划规定，到一九五七年，我们的电力工业、煤矿工业和石油工业的产量都将大大增加；我们将有强大的现代冶金工业和机器制造工业，将能生产各种类型的车床、机器，并能制造汽车、飞机。同时，我们将生产差不多三倍于一九三七年产量的煤，接近日本一九三七年产量的钢，两倍于日本一九三七年产量的铁，和其他相当数量的重要工业产品。我们工业增长的速度超过了历史上任何资本主义国家的发展速度。我们的发展所以能够这样迅速——在这三个五年计划之后便基本上完成社会主义工业化——除了因为我们有共产党的领导，建立了新的生产关系，能够掌握经济发展的客观规律条件外，还因为我们实行了优先发展重工业这样一个唯一正确的方针政策。

在讨论发展国民经济计划的投资比例时，有人提出"为了提高人民的生活，应先发展轻工业"。不错，为了适应人民不断增长的物质生活与文化生活的需要，适当地发展轻工业是完全必要的，而我们的五年计划，对于这方面也是充分注意到的。但就纺织业来说，限额以上的建设单位即有五十三个。如果过分强调发展轻工业，甚至优先发展轻工业，那就是轻重颠倒了。因为轻工业是生产消费资料的生产，而重工业是生产生产资料的生产。斯大林同志说过："生产资料的增长所以必须占优先地位，不仅是因为这种生产应当保证自己的企业以及国民经济其他一切部门的企业所需要的装备。而且是因为没有这种生产就根本不可能实现扩大再生产。"假如不适当地强调发展轻工业，实质上就是要降低重工业发展的速度，也就是要降低我国工业化的速度，结果是使我国轻工业的迅速发展也成为不可能。另外，还应该看到，目前我国现有的轻工业设备，有许多还没有充分利用，这主要是因为原料供给不足。在轻工业的原料问题没有获得解决以前，大量地增加轻工业的投资发展轻工业，也是不可能的。

也有人这样提出：既然轻工业的原料供给感到不足，那我们是否可以先发展农业呢？这也是一个错误的想法。我们是要发展农业的，而且将要大大地发展。这个发展将包括两方面，即组织的发展和技术的发展。前者是要把个体农民组织起来，将分散的个体所有制改变为集体所有制，为技术的改造准备条件；后者是要用近代技术把农业装备起来，而要做到这一步，没有强大的重工业是不可能的。因为要从技术上彻底改造小农经济，就必须用大量的农业机器、化学肥料以及开动拖拉机的汽油和电力供给农民，而这些东西只有在我们的重工业发展起来之后才能办到。由此可见，离开了优先发展重工业这一唯一正确的路线而来谈发展农业，事实上不是发展农业，而是阻碍发展农业，不只是不可能让农业进步，而且是要拖着整个国家退步。散布这种议论的人，可能有一部分是出于认识不足，不然便是别有居心，企图离间我们的工农联盟，并使我国长期停留在经济落后的地步，"把我国变为资本主义体系的附属品"。

优先发展重工业，对于巩固我们的国防也具有十分重大的意义。不应忘记，帝国主义者对于它们在我国的失败是不甘心的，它们不但采取封锁、运禁、派遣间谍特务等方法来破坏我们，并且积极策划战争。在美帝国主义支持下的蒋介石卖国集团还盘踞在台湾，妄想复辟。在这种情况下，如果我们不大大加强自己的国防力量，那么，我们国家的独立、我们的社会主义建设事业，就没有可靠的保障。而为了增强我们的国防力量，就必须大大发展我们的工业，首先是发展重工业。只有当我们有了强大的重工业，我们才有可能以最优良的装备来武装起我们的军队、巩固我们的国防。赫鲁晓夫同志在今年一月十二日关于增加畜牧业产品生产的报告中，曾严厉地批判了那些满足于重工业发展水平，因而认为苏联可以集中力量发展轻工业的人们。他要大家懂得帝国主义国家正在疯狂地加紧准备战争，他说："党全力以赴的一个重要任务，过去是，现在仍然是加强苏维埃国家力量，因而也就是加速发展重工业。因为重工业是整个国民经济和不可摧毁的国防力量的坚实基础，是不断提高生活水平的源泉。"我们发展国民经济第一个五年计划中所体现的中国共产党的整个政策也正是如此。

我国国家机构的民主性质 *

一、中华人民共和国的国家性质

"中华人民共和国是工人阶级领导的以工农联盟为基础的人民民主国家。"这样一个人民民主国家，是中国工人阶级在革命发展过程中运用马克思列宁主义无产阶级专政的理论结合中国具体情况所创建的国家形式，它反映了我们现在阶级力量的对比关系，它的历史任务是要完成中国的社会主义革命。

无产阶级革命的基本问题首先是夺取国家政权的问题，在掌握政权以后便是巩固这个政权并利用这个政权，以便根据当前的形势采取适当步骤来消灭剥削和贫困，以逐渐过渡到社会主义和共产主义社会。在这个前提之下，政治组织的形式和革命过渡的方式是可以因具体历史条件而有所不同的。

关于向社会主义的过渡，马克思在《哥达纲领批判》中曾经这样说过："在资本主义与社会主义之间，横着一个从前者达到后者的革命转变时期，同这个时期相适合的也有一个政治过渡时期，而这个时期的国家则只能是无产阶级专政。"（注1）俄国的十月革命和欧洲各人民民主国家的革命实践都切实证明了这一点，但这不意味着所有民族向社会主义的过渡都必须采取同一形式。

列宁教导说："各国共产主义工人运动的国际策略之一，不在于消除多样性，不在于取消民族差别（这是目前可笑的幻想），而是要运用共产主义的某些原则（苏维埃政权、无产阶级专政），使这些原则在局部方面有正确的形式上的变动，使这些原则能正确适应于民族的和民族国家的特殊情形。"（注2）

以毛泽东主席为首的中国共产党创造性地运用马克思列宁主义关于过渡时期的理论来解决中国的社会主义革命问题。毛主席曾经指出："中国共产党领导的整个中国革命运动，是包括民主主义革命和社会主义革命两个阶段在

---

* 原载于《北京政法学院第一次科学讨论会论文集》，1956年。

内的全部革命运动；这是两个性质不同的革命过程，只有完成了前一个革命过程才有可能完成后一个革命过程。民主主义革命是社会主义革命的必要准备，社会主义革命是民主主义革命的必然趋势。而一切共产主义者的最后目的，则是在于力争社会主义社会和共产主义社会的最后的完成。"（注3）他又说："完成中国资产阶级民主主义的革命（新民主主义的革命），并准备在一切必要条件具备的时候把它转变到社会主义革命的阶段上去，这就是中国共产党光荣的伟大的全部革命任务。"（注4）中华人民共和国成立标志着中国工人阶级领导的第一阶段的革命已在全国获得了决定的胜利，而从这一天起，由于工人阶级掌握了政权为社会主义革命提供了必要的条件，革命的性质便由前一革命阶段转入了后一革命阶段，即开始了向社会主义过渡的阶段。

中华人民共和国——这"工人阶级领导的以工农联盟为基础的人民民主专政的国家"的建立是从新民主主义革命阶段的斗争中"团结工人阶级、农民阶级、小资产阶级和民族资产阶级，在工人阶级领导下，结成国内统一战线"发展而来的（注5）、工人阶级领导和以工农联盟为基础标志着我们中华人民共和国和资本主义国家是完全不同性质的国家。工人阶级的领导确定了中国人民所要走的道路，工农联盟（当然是工人阶级领导的共同向社会主义前进的联盟而不是别的性质的联盟）为基础说明它代表占全国中最大多数的被剥削劳动人民的民主。它在性质、任务及职能上与第一发展阶段上的苏维埃国家及中欧、东南欧人民民主国家是完全没有二致的。

我们的中华人民共和国在国家的性质、任务和职能上都属于社会主义的国家。主要有以下几方面原因。

第一，在人民民主专政制度下的中华人民共和国是中国人民在中国共产党领导下彻底消灭了国民党八百万的军队、毁弃了反动派一千几百万人的官僚机构、废除了反人民的伪法统和司法制度并捣毁了反人民的监狱和警察——简单地说，即彻底粉碎了反动派的全部国家机器之后建立起来的。

第二，它是由工人阶级领导以达到革命最终目的，它代表广大人民最大的利益。

第三，它在国内对于反动阶级、反动派和反抗社会主义革命的剥削者实行专政，对外则在巩固与其他国家无产者间的关系上是"朋友遍于全世界"。它一贯是反对殖民主义、反对帝国主义、反对侵略的坚强力量，并已成为亚洲和远东的巩固的和平堡垒。

第四，它保证消灭阶级和剥削，即保证过渡到社会主义。

中国的人民民主专政在过渡时期的任务和作用，与第一发展阶段上的苏维埃国家基本上是相同的。（注6）只是在对待资产阶级问题上有方式方法的区别，而这种区别是由中国历史的具体条件决定的。中国工人阶级领导的人民民主革命是在以苏联为首的社会主义阵营强大存在的国际环境之下取得胜利的。中国民族资产阶级由于本身的软弱性，在解放前曾受到帝国主义、官僚资本主义和封建主义的压迫，在新民主主义革命中已经被吸收到革命方面成为人民民主统一战线的组成部分；在中国社会主义经济不断发展，人民民主政权无比坚强的阶级力量对比之下，愿意接受国家的利用限制改造政策，服从工人阶级的领导；经过三反五反以及镇压反革命等运动之后，逐渐割断了与帝国主义、官僚资本主义、封建主义的联系。所有这一切表明中国的民族资产阶级在不同的客观环境下，和十月革命后俄国资产阶级对工人阶级革命政权的反应，显然有所不同。同时，工人阶级在长时期革命斗争中已与农民阶级结成了兄弟的联盟，城市劳动者于解放后更是巩固地团结在工会组织周围。这样，又使中国广大的城乡劳动者离开了中国的资产阶级。中国工人阶级的先锋队根据本国的特殊情况和特点，对中国资产阶级和平改造的可能作了正确的估计，因此采取了最有利于社会主义经济发展的和平改造政策以达到消灭资本主义的目的，事实证明，这是行动中的创造性的马克思主义，是完全正确的。

在向社会主义过渡中，不可缺少而且具有决定意义的条件是以工人阶级先锋队为首的工人阶级的政治领导。（注7）无产阶级专权也就是"无产阶级对政策的领导"。（注8）工人阶级领导的人民民主政权是无产阶级专政在中国的形式。几年来中国人民民主专政已经取得了光辉的成就。体现社会主义工业化的第一个五年计划即将提前完成。全国一亿一千万农户中截至一九五六年三月已有一亿零六百六十八万户或百分之九十的农户加入了半社会主义的农业合作社。（注9）全国各城市的资本主义工商业基本上已纳入了国家资本主义高级形式，实现了全行业的公私合营。（注10）全国人民正满怀信心地向社会主义迈进。于此可见，我国的人民民主专政与俄国十月革命后的无产阶级专政在阶级领导和专政作用上没有什么不同。但直至宪法公布后还有人不了解人民民主专政的实质，只从形式上看问题。他们看到中国资产阶级通过国内统一战线的组织参加了人民民主政权，便以为中国的人民民主专政是各民主阶级的联合专政，模糊了过渡时期中华人民共和国的阶级本质。这种看法是完全错误的。同时，又有一部分人以为，中国既已进入社会主义革命的阶段了，对资产阶级就应该是只有斗争用不着再行联合了，这也是错误的。中国民族资产阶级在过渡时期，对于国家经济的恢复和发展还有重要的作用，有一定的贡献，在政治上也有一定地位。由于中国的具体历史条件，中国资产阶级在过渡时期参加了人民政治协商会议和人民民主政权，这确是无产阶级革命史上一项富有意义的措置。但这丝毫不影响中国人民民主专政的社会主义本质。因为工人阶级统一战线政策的作用不是为了保存资本主义及资产阶级，或将中国的新民主主义社会长久保持下去，而是在中国的具体情况之下使具有两重性的中国资产阶级更容易了解国家的政策和接受国家的改造，亦即更有利于促进资本主义剥削制度的消灭。事实已经证明了这一政策的效果，它大大便利了中国的社会主义建设事业的推进。根据目前中国社会主义革命顺利进展的形势，我们可以明确地说，既团结又斗争的方针是中国工人阶级在过渡时期根据本国情况对待资产阶级灵活性与原则性相结合的政策，这一政策的胜利丰富了无产阶级革命斗争的经验。它在国际无产阶级革命运动中，特别是在殖民地附属国的无产阶级革命运动中，进一步提供了新的斗争方法的可能性。列宁说得对："由资本主义过渡到社会主义当然不能不产生很多和复杂的政治形式，但在本质上却不免是同一的无产阶级政权"，（注11）这一原则在中国又一次得到了证明。

以中国共产党为指导和领导力量的中华人民共和国人民民主专政体系不仅包括国家机构，还包括职工会、青年团、合作社及人民民主统一战线等组织。但国家机构是我们人民民主专政最主要的工具。

二、中华人民共和国国家机构的社会主义民主精神

中华人民共和国是属于社会主义的国家。与国家的根本性质相适应，中华人民共和国的国家机构体现着最大多数人民的民主，它有效地发动和组织了全国人民来完成社会主义革命的任务。

中华人民共和国的人民民主同资产阶级国家的所谓民主是有本质的区别的。资产阶级国家的所谓民主是假民主，是少数人的民主，是以少数压迫多数人为基础的；中华人民共和国的民主，和苏联及各人民民主国家的制度本质上一样，是真民主，是多数人的民主，是以多数人反对少数人为基础的。（注12）

基于国家的社会主义本质，中华人民共和国的国家机构在组织上具有它无比的优越性。这具体表现在它的人民代表大会制度上。

人民代表大会制是中华人民共和国的基本制度，是一个"适合于革命阶级在国家中的地位、适合于表现民意和指挥革命斗争"的制度。毛主席在1940年就提出过，"中国现在可以采取全国人民代表大会、省人民代表大会、县人民代表大会、区人民代表大会直至乡人民代表大会的系统，并由各级代表大会选举政府"。（注13）这一制度在建国后早已规定在1949年《共同纲领》中的第十三条中，现在复具体体现在过渡时期的宪法里了。《宪法》第二条规定"中华人民共和国的一切权力属于人民"，而人民代表大会制即完全体现了这一基本原则。

以人民代表大会制为基本制度的中国国家机构，包括国家最高权力机关，国家元首，国家最高权力机关的执行机关，人民法院及人民检察院以及地方国家机关。为了便于问题的阐明，这篇短文将不特别讨论地方国家机关而集中注意于国家最高权力机关和它的执行机关以及国家的元首和司法机关，对于中央与地方机关的关系，只在讨论民主集中原则及民族平权原则的时候，作一些概略的论述。

为什么说中华人民共和国的国家机构具备了社会主义国家机构的民主优越性呢？主要有以下几方面原因。

（一）人民代表大会制体现了国家一切权力属于人民这一基本原则

第一，人民代表大会的代表由人民选举，是代表人民利益的。中国工人与农民阶级占全国人口百分之八十至九十，这些劳动人民在解放前被压迫、被排挤、不能参加政治生活，没有政治权利，现在则"不分民族和种族、性别、职业、社会出身、宗教信仰、教育程度、财产状况和住居期限"具有从未有过的选举权和被选举权。民族资产阶级政治上也有一定地位，同样享有选举和被选举的权利。只有精神病患者、依法尚未改变成分的地主及其他依法被剥夺政治权利的分子（包括反革命分子、严重犯罪分子）才没有选举权和被选举权，但这类人仅占中国人口的极少数。所以中国的人民代表是真正代表广大人民的。如果说目前中国的城市和乡村应选代表具有不同的人口比例的话，这是因为城市是政治、经济、文化的中心，是工人阶级所在，是工业所在，这正是"反映着工人阶级对于国家的领导作用，同时标志着我们国家工业化的发展方向"。（注14）这是合于我们国家目前实际情况的。在第一次普选中，在选举地区登记的选民占选区十八周岁以上人口的百分之九十七点八，参加投票的选民占登记选民总数的百分之八十五以上，（注15）选民在参加投票时表现的踊跃和热情在任何资产阶级国家选举中从不曾有过。资产阶级国家的广大人民对于他们国家中由少数人操纵的选举已经广泛地存在着一种消极厌倦态度，他们在选举中多采取"不参加投票"的办法来对付。如美国在一九四八年约有选民九千三百万。但在该年的总统选举中参加投票的不过四千八百万人，只占选民的百分之五十一。一九五〇年的国会选举，参加投票的仅约四千万人，还不到选民的半数。这种情况在资产阶级国家普遍存在着。为了掩盖选民对选举冷淡这一事实，有的国家甚至实行强制投票，对不参加投票的选民加以处罚。如比利时早在一八九三年起至今一直是如此。资产阶级国家广大人民对"选举"表示的消极态度，丝毫不足为怪，因为他们的选举实质上正如列宁所说"不过是每三年或二年一次解决统治阶级什么人应当在国会充当人民的代表者和压迫者"罢了，（注16）这与我们人民在选举中选劳动模范、选"社会主义带路人"是绝对不能比拟的。

第二，代表受选民及原选单位的监督，原选举单位有权依照法定程序随时撤换它所选出的代表。这样保证了代表必须按人民的意志行事，不能在选举后脱离人民群众或者营私舞弊为所欲为。这与资产阶级国家代表和选民关系的奇特现象完全两样。在资产阶级国家内，代表为了获取选票，在选举的时候向选举人卑躬屈节阿谀逢迎，表示对选民的忠实，作出种种悦耳的约言承诺，好像他完全依靠人民；当选为代表以后，他对选民的态度便完全不是那么一回事，在下次选举以前他可以不依赖人民了，他可以干不清白的勾当，"任意打筋斗"，"从一个营垒转到另一个营垒中去"。一九三〇年英国工党的麦克唐纳和斯劳敦辈便是极其显著的例子，美国会议员在选举前后的一般情况更是如此。其代表的这种反人民的欺骗行径是社会主义民主制度下不能容许的。

第三，我们的人民代表大会是真正的权力机关，我们国家的行政机关从国务院到地方各级人民委员会"决不能脱离人民代表大会或违背人民代表大会的意志而行动"。以中央组织为例，人民行使权力的全国人民代表大会是最高国家权力机关，它保证了人民的意志的贯彻。它的权力是最高的。这具体表现在以下几方面。

（1）它是行使国家立法权的唯一机关，它有权修改宪法及制定法律。法律的规定事项，执行机关必须执行。国家执行机关的一切决议和命令不得与法律相抵触。法院进行审判只服从法律。

（2）它选举或决定国家领导工作人员，包括中华人民共和国主席及副主席、国务院总理、最高人民法院院长、最高人民检察院检察长、国防委员会副主席和委员等，并有权罢免这些人员。

（3）作为最高国家行政机关的国务院是它的执行机关，对它负责并报告工作。行使国家审判权和检察权的最高人民法院及人民检察院亦对它负责并报告工作。它的常设机关——全国人民代表大会常务委员会监督国务院最高人民法院和最高人民检察院的工作，常务委员会有权"撤销国务院的同宪法、法律和法令相抵触的决议和指令"。（注17）

（4）它决定国家的一切重大政策和措施，如战争与和平、国家预算决算、国民经济计划及大赦等，并行使一切它"认为应当由它行使的其他职权"。（注18）

由此可见，我们国家的全国人民代表大会拥有的权力是至高的、无限的，同时它又是彻底民主的。在权力上它是唯一最高的机关，在它的上面没有任何更高的机关，更没有任何限制它的权力的机关；它是彻底民主主义的制度，因为它的代表是由人民选举产生，得由原选举单位撤换，代表人民的长远利益，并按照人民的意志行动。人民代表大会是中央和地方各级国家机关的枢纽。地方各级人民委员会除须对上级国家机关负责并报告工作外，对于同级人民代表大会的关系，与最高国家行政机关对于最高国家权力机关的关系相同。所以我们的"人民代表大会制是我们国家的基本制度"。

无论在实质上、权力上、组织形式或活动范围上我们的全国人民代表大会都与苏联的最高苏维埃相似，与资产阶级国家的国会则是绝不可以相提并论的。资产阶级国家的国会名义上是人民代表机关，但实际一般是为资产阶级所利用的政治机构，每常与行政部的官僚机构"同恶相济"，徒具"民主"的外壳。"真正的国家工作是在后台办理，是由阁部、官厅、参谋部执行的。"假如资产阶级掌握下的国会与行政部门有意见龃龉的话，那只是政客与官僚之间争权夺利的争吵，这里关心的不是人民的利益，而只是自己的钱袋。如以美国的国会为例，它的所谓"立法"如偶尔不合垄断资产阶级的意旨，便有被总统否决的可能，但它对于总统及行政部门的措施事实上却无权过问。

又如英国的议会也是为垄断资本的代言人所把持的，在形式上，议会下院的多数决定内阁的去留，实际上下议院的多数控制在多数党的党魁的手里，议会只是内阁的遮羞布，而内阁党魁又不过是垄断资本的臣仆而已。这种目的在于愚弄老百姓的国会，实际上既不是国家最高权力机关，更不是能代表广大人民的代表机关。至于旧中国在北洋旧军阀时期的所谓"国会"或在国民党反动政府时期的所谓"立法院"，皆不过是大军阀和四大家族豢养奴才的垃圾机关，秽德彰闻，为人民所唾弃，那就更不足齿数了。

（二）中华人民共和国的国家元首是集体元首，由全国人民代表大会选举产生，根据宪法和全国人民代表大会的决定行动

元首的职权由"全国人民代表大会常务委员会与中华人民共和国主席结合起来行使"，"同时，不论常务委员会或中华人民共和国主席，都没有超越全国人民代表大会的权力"。（注19）"集体元首"是苏联国家元首的组织方式，在人民民主国家中如保加利亚、罗马尼亚等都是采取集体元首的组织形式。中国的国家元首是集体元首，在这一点上中国与苏联的组织原则是一致的，但在形式上中国的宪法专有中华人民共和国主席的规定，这是结合了中国革命时期政权建设及新中国成立以来的实际经验发展而来的。

我们说中华人民共和国的元首是集体元首，这在宪法条文中具体表现在某些属于国家元首的权力如任命权、特赦权、任免对外代表权、发布动员与发布戒严权都是由主席与全国人民代表大会常务委员会（以下简称常务委员会）联合行使。中华人民共和国主席在公布法律法令、授勋和大赦等问题上都要根据全国人民代表大会及常务委员会的决定而行动，派遣对外代表、批准条约亦是根据常务委员会的决定行事。国家主席虽然是国防委员会主席，但战争与和平的问题由人民代表大会决定，宣布动员、戒严，以及宣布战争状态，都是由常务委员会决定。所以他绝无超越全国人民代表大会的权力，他与全国人民代表大会及常务委员会必然一致，而不是处于对立的地位。

但我们不能由此得出结论说：中华人民共和国主席只是一个象征统一的崇高名义，主席行使职权是一切等待"人民行使权力的机关"决定好了，他只消极顺从地照办便完了。恰恰相反，他是全国人民的领导，他对整个国家机关和全国人民都有实现他的领导的政治责任，这项领导是全国人民所期望的。

他如何实现这项领导呢？作为中华人民共和国主席的国家领导者，他的领导方式并不是个人决定问题，而是基于对情况的了解，是集体讨论与认识的一致。但主席本人的修养经验，他对客观规律的掌握，他的预见以及他的威望等使他的意见必然得到尊重，在解决重大问题时有极其重要的影响，这也是毫无疑问的。《宪法》第四十三条规定："中华人民共和国主席在必需的时候召开最高国务会议，并担任最高国务会议主席。最高国务会议由中华人民共和国副主席、全国人民代表大会常务委员长、国务院总理和其他有关人员参加。最高国务会议对于国家重大事务的意见，由中华人民共和国主席提交人民代表大会、全国人民代表大会常务委员会、国务院或者其他有关部门讨论并作出决定"。

我们宪法中的这一条规定和其他规定一样，是从实际经验总结而来的。根据这一条规定，我们看出如下内容。

（1）对于任何国家重大事务，在主席认为必要的时候便可召开最高国务会议，他的照顾是全面的。

（2）会议除主席、副主席、委员长与总理外，并吸收有关人员参加，这使会议的讨论更能结合具体情况，结合相关部门的意见。

（3）问题的处理不是由他的个人决定或与会的人最后决定，而是将会议的意见由主席提交全国人民代表大会、常务委员会、国务院或其他有关部门讨论并作出决定。这个反复讨论以得到事情的正确解决的程序正是民主集中原则的灵活运用，体现了集体领导的原则，同时也是群众路线的领导方法。刘少奇同志在宪法草案报告中说："我们国家的大事不是由一个人或少数几个人来决定的。"（注20）实际的情形正是如此。

（4）最高国务会议最后的意见还要经过全国人民代表大会等相关部门讨论并作出决定，但最高国务会议的意见的形成是经主席正确的领导，根据各方面的意见、客观情况的了解、事实的分析，理论结合实际审慎讨论得来的。在化领导意见为群众意见的过程中，领导意见的正确性经全国人民代表大会等相关部门的讨论将愈显著，这样的讨论将有助于认识的一致，更保证了意见的贯彻执行。

这便是中华人民共和国主席的领导方法，这是伟大的马克思列宁主义的领导工作方法，也是毛主席教导干部和他自己行之有素的科学的工作方法。（注21）

中华人民共和国主席的领导方法，从毛主席所创议的《1956年到1967年全国农业发展纲要（草案）》的讨论中可以得到一个极其生动的说明。农业合作化运动得到毛主席"积极领导全面规划"的指示以后在全国范围内进入了高潮。为了进一步发挥群众的社会主义积极性，毛主席于一九五六年一月二十五日召开了最高国务会议，商讨中共中央政治局提出的《1956年到1967年全国农业发展纲要（草案）》。这一草案给农业生产和农村工作的发展指出了远景，不仅鼓舞了全国农民、对全国农业发展给予了积极的指导，而且推动着工业、科学、教育，交通、卫生等各方面为配合这一发展而加倍努力。这草案的拟定是经毛主席亲自了解农村当前情况，发现问题，两度同各省、各市、各自治区的负责同志商量，再经中共中央政治局的筹议，复经邀集首都各界人士一千三百七十五人分组讨论，一再斟酌改订才提出来的。该草案还提到要将原案"发给各省（市、自治区）专区（自治州）、县（自治县）区、乡（民族乡）的党委及各有关部门研究并征求意见。同时广泛征求工人、农民科学家和各界爱国人士的意见……以便提交……中国共产党第七届中央委员会第七次全体会议（扩大）讨论和通过，作为向国家机关和全国人民、首先是农民提出的建议"。草案的拟定经过如此慎重的过程，草案拟定的奋斗目标洽和人心而又完全切实可行，而且恰在适当的时候提出，它能得到人民的衷心拥护与国家机关的努力执行当然是无可怀疑的了。从群众中来又到群众中去，这就是中华人民共和国主席创造性地运用马克思列宁主义的领导方法。

从上面的分析可知，我们中华人民共和国主席领导全国人民的重大积极作用。但这个巨大的作用并不建立在他个人的特殊权力上，而是基于他的正确领导，人民对他的完全信赖和他领导方法的彻底民主。他与全国人民代表大会常务委员会一起形成我国的集体元首，与全国人民代表大会不可能是对立的。他没有超越人民代表大会的权力，但全国人民代表大会对于重大问题的决定亦必然与他一致，因为他的领导是正确的。我们这个具有中华人民共和国特点的集体元首制度是无比优越的制度，是彻底民主主义的制度，是资产阶级国家内不可能有和不能实行的。作为国家元首的美国总统在组织原则上是和国会立于对抗地位的，事实上他凌驾国会之上为垄断资本服务，他的反人民实质不是所谓"三权分立"的谎言所能掩盖的。法国总统由国会选举，法定权力不如美国总统的大权独揽，但与我国的集体元首迥不相同，与中华人民共和国主席更无从比拟。作为垄断资本的工具，他压迫人民的本质与美国总统毫无二致。我国宪法公布以后国外资产阶级的报纸把我们国家的主席和美国与法国的总统对比，好像我国的主席不同于此便同于彼似的，这真是"坐井而观天"。

（三）中华人民共和国最高国家行政机关——国务院由全国人民代表大会决定人选，对全国人民代表大会负责并报告工作

国务院对各级地方国家行政机关统一领导，并得"改变或者撤销地方各级国家行政机关的不适当的决议和命令"。它的职责和苏联的部长会议相似，在中华人民共和国整个国家机构中的地位相当于苏联部长会议在整个苏维埃联邦国家机构中的地位。它是全国人民代表大会的执行机关，而不是与全国人民代表大会处于对立的机关，更不是凌驾于全国人民代表大会之上的机关。

它处理行政具体事务、主持国家日常工作、贯彻国家行政政策，作为一个国家的行政机关在整个国家机构中占突出的地位。它负有管理国家的实际责任，是国家实际政治生活中的重要关键。（注22）封建专制国家的行政大权，人民是不得干预的，即在所谓资产阶级民主国家，行政阁部、官厅后台的营谋策划亦非所谓民选的代议机关所得与闻。正是为了保证我们国家行政机关的领导是人民的代表者，所以国务院的领导人选必须由全国人民代表大会决定并对它负责，"我们国家行政机关，绝不能脱离人民代表大会的意志而行动"。

全国人民代表大会有权罢免国务院总理、副总理、各部部长、各委员主任、秘书长。这是全国人民代表大会最后的权力，自然它没有必要也不应该轻易使用这一权力。但全国人民代表大会的代表有权向国务院或者国务院各部、各委员会提出质问及批评，这项权力是便于行使的，受质问或批评的机关是必须负责作出答复的。（注23）

从一年一度的全国人民代表大会的会议中我们可以看到，继国务院总理的政府报告之后，人民代表在讨论时每常在同意政府报告的前提下从各方面就各行政部门的工作提出各种意见和批评。自然，批评的意见不必都是正确的，但这就使各部门不能不倾听群众的意见、进一步检查自己的工作、纠正缺点，期于最大限度地满足人民的正当愿望。这就使我们国家行政机关的工作更能迅速地不断进步，更能密切和人民群众的联系，得到人民的拥护。

在资产阶级国家，行政管理由官僚把持，官僚是"脱离群众而驾于群众之上的特权者"。所以列宁认为"资产阶级国会制是把民主制（不是供人民享用的）与官僚制（反人民的）联成一气，而无产阶级民主制则会立即采取办法来根本铲除官僚制……一直把官僚制完全消灭，把供人民享用的民主完全实现为止"。（注24）毫无疑问，在中华人民共和国的行政机关内，正大力贯彻着全心全意为人民服务的原则，再不容许有官僚习气的存在。周恩来总理在一九五四年九月二十四日的政府工作报告中说："假公济私、贪污诈取、任用私人、欺压群众这些旧机关的传统恶习，在我们国家机关里是完全不允许的。事实上，在我们绝大部分的国家工作人员中已经绝迹了。人民第一次看到了廉洁的、认真办事的、艰苦奋斗的、与群众共甘苦患难的自己的政府。"（注25）这是我国今天的实际情形。与榨取民脂民膏残民以逞的国民党反动统治相反，今天的人民政府与人民群众的休戚祸福是息息相关的。政府所劳心焦思日夜筹维，没有别的，只是如何有利于国家有利于人民的问题。北京地区骤知有寒流袭来了，公安派出所半夜专人四出沿户报告以防居民受冻；寒冬大雪，内蒙牧民阻陷在穷荒草地，饥寒可虑，政府即出动航空力量空投接济；水涝荒旱，政府或抓紧时机领导增产补种，或安排赈济，务使灾区人民各得其所。此外，如领导人民造林、打井、防洪、扫盲等是行政部门常年工作的一部分，政府对于人民的生活真处处是"害至而为之备，患生而为之防"。这绝不是"脱离群众而驾于群众之上"的官僚特权政府所能想象的。

中华人民共和国国家职能中的一部分是经济组织和文化教育工作，这是建设社会主义社会的重要工作。特别是从一九五三年起，"经济建设工作在整个国家生产中已经居于首要的地位"。与我们国家这种职能相适应，国务院下四十一个部和七个委员会中有六个委员会和三十五个部（即国家计划委员会、国家经济委员会、国家建设委员会、国家技术委员会、体育运动委员会和民族事务委员会，财政部、粮食部、商业部、农产品采购部、对外贸易部、冶金工业部、化学工业部、建筑材料工业部、第一机械工业部、第二机械工业部、电机装造工业部、煤炭工业部、电力工业部、石油工业部、地质部、建筑工程部、纺织工业部、轻工业部、食品工业部、地方工业部、铁道部、交通部、邮电部、农业部、林业部、水利部、劳动部、文化部、高等教育部、卫生部、城市建设部、城市服务部等）都是直接或间接管理经济文化建设工作的。（注26）这可看出我们的国家机关中绝大部分不是"治人"而是"治事"的机关，即为改善社会物质文化生活"关注社会利益"的管理机关。这是我们社会主义国家机构的一个特色，与重床叠架纯为镇压劳动人民的资产阶级国家机构恰是一个鲜明的对比。这亦说明我们的民主制才是实现供人民享用的民主制。

（四）中华人民共和国的人民法院和人民检察院贯彻着人民民主法制的原则

人民民主法制属于我们社会主义国家的上层建筑部分，对于我们国家的经济基础起巩固和推进的作用。我国宪法所定"保卫人民民主制度，镇压一切叛国和反革命的活动，惩办一切卖国贼和反革命分子"的任务主要是通过我们国家的人民武装部队及人民司法机关来执行的。

中华人民共和国的人民民主法制的精神是制裁一切犯罪分子，保障每一个公民的合法权利。它的一个基本原则在于人人必须遵守法律。《宪法》规定："中华人民共和国公民在法律上一律平等。"这项规定的切实保证在于我们的人民民主制度是一切权力属于人民，国家保证"消灭剥削和贫困"，而目前我们国家已经基本上消灭了剥削制度并且预计在三个五年计划内即可完成社会主义工业化了。在中华人民共和国人民民主法制下，不问职位高低，绝不容许任何人站在法律之上或法律之外。我们人民法院及人民检察制度在这方面提供了可靠保障。人民对于国家机关工作人员的违法失职有权向各级司法机关提起控诉，对其所遭受的损害有权要求赔偿。国家机关工作人员和公民是否遵守法律以及各"地方机关的决议、命令和措施是否合法"，有各级人民检察院"实行监督""行使检察权"。各级人民法院在处理案件时，"独立进行审判，只服从法律"。同时，法律是人民的集中意志的表现，它是通过全国人民代表机关制定的。所以中华人民共和国的公民只要不违反法律，他的自由权利是有充分保障不受任何机关或任何人侵扰的。

为了慎重保障人民的自由权利和慎重对待人民的刑事案件，我们国家的公安、检察机关和法院采取了分工负责、互相制约的制度，分别执行侦查、起诉和审判的职权。公安、检察机关负责侦查。公安机关逮捕人犯必须经过人民检察院的批准。检察院发现有犯罪事实存在时得进行侦查或交给公安机关侦查，并对公安机关的侦查活动是否合法实行监督。如检察院认为罪证不足时，对公安机关提起的刑事案件得决定不起诉。但在检察院决定起诉后，确定被告人是否有罪或应如何处办，须由法院裁判，而法院在诉讼活动中必须研究事实和证据，并保证被告人享有辩护权利。法院审判时必须有陪审员参加和公开进行。最后，被告人如不服判决，还有权提起上诉。同时，检察院对于本级人民法院第一审案件的判决或裁定认为有错误时亦可提出抗诉。因此，一项犯罪案件的处理，必须经过三个机关和人民陪审员的积极参与。这样慎重处理刑事案件防止了主观臆断滥用权力以至冤屈无辜的可能。这是我们国家人民民主法制的一个特点。

必须指出，我们这种分工负责互相制约的制度与资产阶级国家所谓"三权分立"的制衡制度是绝不相同的。前面已经说过，我们的制度体现的是一切权力属于人民这一原则，人民的权力机关是人民代表大会。在这一原则之下，最高人民法院之于全国人民代表大会的关系，不是分权对立的而是负责的，地方人民法院和省县市各级人民代表大会的关系亦是如此。由于工作的性质，各级检察院是中央垂直领导的系统。地方各级检察院的检察长及检察员均由中央批准任免，但检察机关的最高领导机关——最高人民检察院是向全国人民代表大会负责的。如前所述，最高人民检察院的检察长亦是由全国人民代表大会选举并必须经全国人民代表大会始能撤换的。总括地说，中国人民权利的确切保障在于我们有优越的社会经济制度，在政治组织上贯彻了一切权力属于人民的原则，而在计划执行上又配合了分工负责互相制约的细密制度。我们这里的特点是精密分工而不是分权。这个分工负责制度之所以能发挥它的优越作用，根本在于检察机关和法院等一系列司法机关都是人民掌握的，为人民服务的。

在所谓西方"法治"国家，资产阶级垄断了国家一切权力，却用"三权分立"的谎言来掩盖他们的阶级专政的事实。在他们中间散布着一种理论，以为这种分立便形成所谓"司法独立"，便为人民解除了暴虐专制，这完全是梦呓。如帝国主义的美国是所谓"三权分立"的典型国家，今天在美国国内黑人由于肤色种族的差异仍然受到私刑殴打、非法排斥和三K党的种种摧残，根本谈不上什么平等权利。一切正直进步的人民在联邦调查局、非美活动委员会等法西斯组织统治之下亦都是言论行动不得自由，往往遭到拘捕囚禁甚至杀戮的迫害。和平战士卢森堡夫妇在特务组织贿买伪证的陷害下横遭惨杀即是一个极其显明的例子。可知在剥削国家内所谓"三权分立"并没有给人民什么权利保障，至于旧中国在反动派专政下承袭西方"三权分立"的衣钵，宣扬了"五权宪法"二十年，同时却明目张胆地用特刑庭、集中营暗杀屠戮等种种手段对人民实行无法无天的血腥统治，更是我国人民亲见的经历，尽人皆知的了。

由上可见，中华人民共和国的国家机构与资产阶级的国家机构对比起来，不仅在本质上、职能上不同，所反映、所维护的阶级利益不同，而且在组织原则上也是根本不同的。资产阶级国家的国家机构，不管是所谓"三权分立"的总统制，或所谓"议会主权"的内阁制以及五权宪法的"五院制"，不论是中央集权或联邦制地方分权以及中央与地方均权，总是利用"民主"的外壳来愚弄老百姓，实际上"国家是握在资本主义经济手中"，"真正的国家工作是在后台办理"。官僚机构的大权独揽，在英国形成了资产阶级学者休瓦特勋爵所谓"新专制主义"。（注27）在美国则政治的法西斯化日益显著，人民动辄被指为有"非美活动"，无论进行经济的斗争，还是持有倾向进步的政治信仰或维护和平的行为，都被认为是"颠覆活动"的嫌疑分子，受到特务组织联邦调查局的压迫和威胁。所谓"民主"政治，在今天的美国已经是空瓶子上的招牌，不过是骗人的把戏罢了。和苏联及其他人民民主国家一样，中华人民共和国从根本上消灭了官僚制度，国家机构掌握在人民手里，一切工作从社会整体利益和人民获得更大的自由出发。所以我们的国家是人民的国家，我们的制度才是人民民主的制度。

三、民主集中原则与民族平权原则

从上可知，我们国家机构的组织精神充分体现了社会主义民主的优越性。社会主义的民主是有领导的、最便于广大人民参加，而又最能激发人民群众积极性的行动中的民主。在行动中它经常是自上而下的领导与自下而上的支持相结合的。中华人民共和国国家机关在经常的工作中，尤其在重大措施上，都发挥了领导与群众相结合的强大威力。为了更好地了解我们国家机关的此种力量，必须进一步了解它所实行的民主集中原则。同时，由于我们是一个多民族、地广人众的国家，我们还必须说明我们国家机构中的民族平权原则。我们亦将附带谈到前文所未及的中央与地方机关的关系问题。

（一）民主集中原则

在中华人民共和国国家机关的组织与活动原则中，最基本的一个原则是民主集中原则。按照《宪法》第二条第二款的规定，"全国人民代表大会、地方各级人民代表大会和其他国家机关，一律实行民主集中制"。这是有领导的民主原则，它是"民主的又是集中的"。在前面已经部分提到，这一原则在国家机关组织上的具体体现是：（1）国家机关工作人员，特别是领导工作人员的选任和撤换制度；（2）执行机关服从国家权力机关，向国家权力机关负责并报告工作；（3）在国家权力机关及集议机关内少数服从多数，在国家机关组织系统内下级服从上级，实行请示报告制度，地方机关统一服从中央；（4）中央的法令，地方保证遵守执行，但地方在执行法令时得结合地方情况作出决定，发挥主动精神。（注28）

民主集中原则适用在中央与地方关系的具体规定是：全国人民代表大会的代表由下一级的地方人民代表大会选举，得由原选举单位撤换，同时全国人民代表大会常务委员会有权"改变或者撤销省、自治区、直辖市国家权力机关的不适当的决议"，国务院有权"改变或者撤销地方各级行政机关的不适当的决议和命令"。在地方国家机关上下级之间，"省直辖市、县、设区的市的人民代表大会代表由下一级人民代表大会选举"，县级以上的地方各级人民代表大会有权"改变或者撤销下一级人民代表大会的不适当的决议和下一级人民委员会的不适当的决议和命令"，地方各级人民委员会都对本级人民代表大会和上一级国家行政机关负责并报告工作。总之，地方国家机关服从中央法令、指示，在中央统一领导下可以按照当地具体条件处理职权范围内本地区的一切事宜。

中华人民共和国国家的最高权力集中在全国人民代表大会，最高国家行政机关是国务院。我们的国家机关有高度集中的权力，这是不错的。这理由是：为了战胜强大的敌人和为了能集中处理国事，人民民主专政或无产阶级专政是要求国家权力的高度集中的。因为人民的国家机构越有集中的力量，"它就越有能力保卫人民的利益，保卫人民的民主权利，保障社会主义的建设"。（注29）毫无疑问，我们的集中与官僚制的集中或少数大封建地主或资本家的集中是完全不相同的。官僚制的集中或少数大封建地主或资本家的集中是为了压迫人民，而无产阶级领导下的集中是为了最后在物质上和精神上解放人民。在这个目的下"无产阶级却是要利用自己的专政条件，实现共产主义，实现人类大同，让自己的专政逐步地消灭下去，因而就要尽量发挥人民群众的主动精神和积极作用"。（注30）所以我们的高度集中必然是和高度的民主相结合的，是"民主基础上的集中"或者说是"以高度的民主为基础"。

在中华人民共和国的民主制度之下，是反对片面地强调集中的，更是反对领导者脱离群众的个人突出或个人崇拜的。因为片面强调集中、强调领导者个人的作用，违反社会主义的民主精神，并且必然要阻碍群众积极性和创造性的发挥。因此，中华人民共和国的民主集中制特别强调集体领导和群众路线的原则。

如何实行集体领导呢？这就是"一切原则性问题的决定，必然是在全体领导成员深刻研究和全面讨论的基础上作出的，是在发挥党内外群众智慧的前提下作出的。在集体领导的原则下，不能允许个人包办代替和片面决定问题"而是要"把全体领导成员的知识和经验投入集体事业中"，使每个成员"充分提供自己的知识和经验，同时吸取别人的知识和经验以补充自己的不足，使领导核心不断获得进步"。（注 31）

中华人民共和国的国家机构贯穿着集体领导原则，主要体现在以下几方面：（1）在人民代表大会的组织上；（2）在集体元首制上；（3）在中华人民共和国主席的领导方法上；（4）在国务院组织、地方各级人民委员会、各级人民法院和各级人民检察院的组织上。

集体领导的机构在全国人民代表大会是常务委员会，主席则可召集最高国务会议。国务院有国务院全体会议与常务会议，地方机关有各级人民委员会，各级人民法院有审判委员会，各级人民检察院有检察委员会。此等组织在职权范围内有责任对重大问题展开讨论并得出结论。

不容怀疑，以个人的决定来代替集体的讨论与决定是破坏集体领导制的。即事前无充分必要准备，形式主义的集体讨论与决定，或由领导者以征询意见的方法通过重大的决议，亦违反了集体领导精神。（注 32）因为这样的做法实质上仍然是个人决定问题，它取消了对问题集体思考、互相启发、逐步深入的可能。

集体领导制集中多数人的智慧，加强领导的力量，减少了工作的错误。它所以反对领导者个人专擅决定，是因为个人的决定很难完全避免主观片面的因素，尤其"当他不是把个人放在党和群众之中，而是相反地把个人放在党和群众之上的时候，他对于国家的事务就会丧失全面的洞察力"。（注 33）这样，他就不能作出正确的决定，就可能犯重大的错误，导致严重的后果。

中华人民共和国国家机关的集体领导原则是防止领导者个人错误的一个保证。

必须指出，集体领导并不是要"取消分工领导和个人负责"，国家机关中集体讨论与分工负责一长制是相辅而行的。领导者绝不能借口于集体的意见而推卸他应负的责任，而必须依靠多数人的知识和经验，永远要发挥集体的创造和智慧。他不应使自己与集体对立，他个人不能随便决定重要问题。

马克思列宁主义并不否认个人的贡献和领导者的个人作用。在共产党的教育之下亦只有经过严格考验的优秀工作者才得跻身于领导的行列，中华人民共和国的政权组织中实际情况便是如此。但问题是"完全不犯错误的人在世界上是从来没有的"。领导者在工作显有成绩，开始注意到个人作用的时候，往往容易犯迷信自己、狂妄自大、脱离集体、看不见群众的毛病。这样，在领导工作中便易发生以个人代替集体，民主集中制下片面地强调集中，以致滥用威权作出错事。所以，保证群众路线和集体领导的贯彻实施，不仅是一个思想重视与否的问题而且是一个制度化的问题。（注34）

"群众路线"是和集体领导制分不开的一个工作原则，是民主集中制下发扬民主的领导方法。按照马克思列宁主义的看法，"人民，只有人民，才是世界的历史动力"。革命工作干部应全心全意地为人民服务，一切从人民利益出发，坚决相信人民，和人民打成一片。这就是中国共产党的群众路线、政治路线及阶级路线。（注35）为了贯彻党的这种群众路线原则，《宪法》第十七条规定："一切国家机关工作人员必须依靠人民群众，经常保持同群众的密切联系，倾听群众的意见，接受群众的监督"。第十八条又规定，"一切国家机关工作人员必须……努力为人民服务"。

民主集中制下群众路线的领导方法是"从群众中来又到群众中去"的方法。中共中央一九四三年关于领导方法的决定中说："在我党的一切实际工作中，凡属正确的领导，必须是从群众中来，又到群众中去。这就是说，将群众的意见（分散的无系统的意见）集中起来（经过研究，化为集中的系统意见），又到群众中去宣传解释，化为群众的意见，使群众坚持下去，见之于行动，并在群众行动中考验这些意见是否正确。然后再从群众中集中起来，再到群众中坚持下去。如此无限循环，一次比一次更正确、更生动、更丰富。"（注36）这一方法也就是我们国家机关的工作准则。它是根据党的政策、群众的长远利益，并和当时、当地实际情况及群众思想水平相结合的。它不是主观臆断、强迫命令或包办代替，而是根据国家方针、群众要求，启发群众自觉，让群众积极行动。中华人民共和国成立以来，土地改革、镇压反革命、三反五反、爱国卫生运动等一系列的重大改革和政治措施都是靠深入发动群众，并得到人民群众的积极支持来推进的。事实证明，人民思想发动了并行动起来了，革命事业便正常地、蓬蓬勃勃地顺利前进了。《1956 年到 1967 年全国农业发展纲要（草案）》的讨论和中华人民共和国制定宪法的过程，具体表明了群众路线领导方法的运用。关于全国农业发展纲要的讨论，我们在前面已经提到。宪法制定的过程是：中华人民共和国宪法起草委员会在毛泽东主席主持之下，于一九五四年三月接受了中共中央提出的宪法草案初稿，随即在北京和全国大城市组织各方面的代表人物八千多人对初稿进行了认真讨论，起草委员会根据讨论的意见对草案初稿作了必要修改后，由中央人民政府委员会公布草案交付全国人民讨论。全国各地参加宪法草案讨论的群众达一亿五千多万人，提出修改和补充的意见一百数十万条。宪法起草委员会再根据这些意见的整理对草案再度作了修改，最后才提交全国人民代表大会讨论修正通过，成为中华人民共和国宪法。我们宪法的制定经过这样郑重的程序，体现了全国广大人民建设社会主义的共同愿望，所以它是我们国家过渡时期的一部完美的宪法。这种民主集中的领导是我们国家机关群众路线工作方法的典范，它绝不容有草率的决定，也不同于简单地由群众多数表决（如某些资产阶级国家内的所谓"复决"），而是综合各方意见，反复细致研讨，斟酌至当，全面考虑问题。这样优越的民主方式是任何资产阶级"民主"国家所想象不到的。

在通常情况下，人民直接参加国家机关工作，除派遣代表参加各级人民代表大会外（在一九五三年基层选举中即选出了基层代表五百六十万九千一百四十四人），还可被选为人民陪审员（人民陪审员在执行职务期间是"他所参加的审判庭的组成人员，同审判员有同等权利"）。各级国家机关为倾听群众意见，一般都设有人民意见箱和接待室，欢迎并鼓励人民的批评和建议。

群众路线的工作方法是发扬群众积极性和创造性的民主方法，也是防止领导者官僚主义、主观主义和右倾保守主义的有效方法。在社会主义的前进道路上，官僚主义、主观主义和右倾保守主义的危害是用不着说明的。而此等不良倾向的产生往往是因为思想落后于现实与领导落后于群众。任何个人或者甚至一个领导集体，尤其在工作有某些成就之后，很容易有主观自是的倾向，往往成就愈大，主观自是的倾向也就愈大。自己思想落后于现实而不自知，因此所引起的危害亦愈大，而且要纠正这种不良倾向也就愈难。按照马克思主义的方法，最要紧的是让这些领导者们面对现实、面向群众、调查研究、倾听群众的呼声、与群众"共命运、同呼吸"。但这不是能期望人人可以做到的，所以群众路线的工作制度有积极的重大意义。它使人民群众的思想好恶能无滞碍地、经常地反映到领导者的面前，使领导者主观主义的计划能得到及时纠正。这对于国家机关的管理工作，对于革命事业的推动有莫大的益处。

在农业合作化运动中，我们各地不少领导者，由于不走群众路线，只在富裕农民的思想倾向范围内打圈子，看不见大多数农民愿意走社会主义道路的积极性，存在着严重的右倾保守主义，对刚刚发展起来的几十万个农业生产合作社即已认为"超过了实际可能""超过群众的觉悟水平"，甚至采取坚决收缩方针一下子就解散了成万个合作社。这种脱离群众的主观主义措施引起了群众和干部的很大不满。而这种偏向、这个几年来争论不休的合作化问题，只是在毛主席调查研究、全面分析了材料、掌握了事物的本质和主流之后亦即在经过群众路线的工作之后提出批判，才得到了纠正和正确的解决。事实正如毛主席所指出的，农村中正酝酿着合作化的社会主义高潮，领导落在群众的后面了。在这种情况下，假如没有毛主席的调查研究并提出积极领导的方针，农业合作社运动便会继续受到很大阻碍。事实是毛主席作了深入群众的了解，扭转了偏向，全国大多数农村的大多数农民目前都已加入农业生产合作社了。这一胜利亦代表着马克思主义群众路线工作方法的胜利。(注37)

民主集中原则是领导与群众相结合，是高度的集中和高度的民主相结合。毛主席在农业合作化问题的报告中说："我们应当爱惜农民和干部的任何一点微小的社会主义积极性，而不应当去挫折它。"国家和各级领导者对于一切人民的社会主义积极性亦应当是如此。事实证明，官僚主义与群众的积极性是不相容的。发扬民主、发挥群众的积极性和创造性便必须展开批评与自我批评。官僚主义的领导者"仅仅满足于坐在机关中写决议、发指示，只注意布置工作，而不注意深入下层去了解情况和检查工作"，(注38)单纯命令主义，轻视来自下面的倡议，使群众主动精神不能发挥；或者掩饰缺点、蒙蔽敷衍，使错误不能得到认真纠正；最坏的是打击异己、压制批评，在所领导的地区或机关内形成独立王国，使正气不得上升，养成阿谀奉迎、唯唯诺诺的风气。为了肃清此等官僚主义的侵袭，过去两年我们国家曾有过反官僚主义的斗争。由于展开了群众的大胆批评，各种不同形式的官僚主义作风受到揭露，群众的政治热情和工作热情得到进一步发扬。所以，刘少奇同志指出，"批评和自我批评是我们民主生活的一种极重要的表现"，"压制批评在我们的国家机关内是犯法的行为"。（注39）

中华人民共和国国家机关对于推进一切重大工作采取的基本原则是领导与群众相结合，而贯穿在国家一切组织中的民主集中制从制度上保证了此项原则在一切问题中的充分实现，使国家行动有力、人民的民主爱国热情不断得到发扬，使群众在建设事业的各方面都能积极发挥他们的主动性，这也就是我们的制度的无比优越之处。

（二）民族平权原则

民族平权原则对于团结各族人民推动社会主义事业具有重大意义。"中华人民共和国是统一的多民族国家。"全国人民除汉族外有数十个少数民族。少数民族人口共约三千五百三十万人，分布地区多在边区国防地带，占全国面积的百分之五十以上。中华人民共和国成立以后少数民族与汉族人民一起不仅获得了解放，消除了民族压迫，而且在政治上、法律上已经保障了各族人民的平等权利，包括平等参加国家机关的权利。

民族平等和民族团结是我们人民民主制度的一个基本原则，只有在社会主义民主制度或人民民主制度下才能实现这一原则。因为只有工人阶级的党和它所领导的政府才能彻底反对剥削、反对民族压迫。工人阶级的党坚决相信"压迫其他民族的民族是不能够自由的"。

我们解决民族问题的基本办法是"必须让国内各民族都能积极地参与国家的政治生活，同时又必须让各民族按照民族区域自治的原则自己当家作主，有管理自己内部事务的权利"。（注40）

在宪法"各民族一律平等"及"中华人民共和国年满十八岁的公民，不分民族、种族……都有选举权和被选举权"的规定之下，我国兄弟少数民族参与国家政治生活，首先是在各级人民代表大会。各少数民族人口共约占全国人口的百分之六，在第一届全国人民代表大会代表的总数中少数民族代表约占全体代表的百分之十四点四四，同时在各级人民代表大会亦各有相当数量的少数民族代表。（注41）为了更好地处理我们的民族问题，全国人民代表大会设立有民族委员会考虑有关民族问题的议案。事实上，民族委员会主要由少数民族代表组成。（注42）此外，国务院设有民族事务委员会，（注43）省、市、县各级人民政府亦得"依据辖区民族工作的需要，设立民族事务委员会"。各级人民政府民族事务委员会是各级人民政府管理民族事务的行政部门，在各级人民政府统一领导下，其职务是检查和监督关于民族事务的各项法令和决议的执行，协助关于逐步发展各少数民族政治经济和文化的事宜，以及办理其他关于民族事务的工作。委员会的组成，原则上在中央是各少数民族至少均应有代表一人，人口较多的少数民族则按人口增多的数目酌量增加代表人数；在各地方则视各该区域内各少数民族人口多寡情况，依上述原则确定辖区内各少数民族应有代表的人数（同时依据工作需要，亦得派任汉族人员为民族事务委员会委员）。

关于民族区域自治问题，宪法的规定是，"各少数民族聚居的地方实行区域自治。各民族自治地方都是中华人民共和国不可分离的部分"。民族区域的自治是中国共产党运用马克思列宁主义解决中国民族问题的基本政策，它是在中华人民共和国领土内、中央人民政府统一领导下的，以少数民族聚居区为基础、遵循宪法的规定道路、和全国人民一致前进的区域自治。（注44）依照《宪法》第三条和第二章第五节，民族区域自治的地方分别建立自治区、自治州、自治县，并建立民族自治机关。各民族自治机关除行使普通地方国家机关的职权外，"依照宪法和法律规定的权限行使自治权"。按宪法同条的文字，这就是说，依照法律"管理本地方的财政"，"依照国家的军事制度组织本地方的公安部队"，"依照当地的民族的政治、经济和文化的特点，制定自治条例和单行条例，报请全国人民代表大会常务委员会批准"。各自治机关在执行职务的时候，使用当地民族通用的语言文字。至于"自治机关的形式"，"可以依照实行区域自治的民族大多数人民的意愿规定"。区域自治充分发扬了各民族当家作主的精神。全国在目前已经有二十七个少数民族在自己的聚居区内建立了两个自治区二十七个自治州，四十三个自治县。西藏地方在今年四月亦成立了西藏自治区筹备委员会，云南有白族自治州的筹备委员会。党和国家一贯的政策是尽速贯彻"自治机关的民族化"，并大力培养各民族自治地方的民族干部，目前已经有了显著的成效。例如至一九五五年年底内蒙古自治区各级党和政府机关中蒙古民族干部已占主要部分，云南省西双版纳傣族自治州的民族干部已从一九五三年前的百分之五上升到一九五四年终的百分之六十八。

中华人民共和国国家机构在组织上体现了民族平权原则，国家机构本身即是党贯彻民族平等、民族团结方针的有力工具。几年来，为了贯彻上述方针原则，改变少数民族"事实上的不平等"和落后状态，国家先后采取了相应的有效措施和步骤。对于历史遗留下来的带有歧视或侮辱少数民族的称谓、地名、碑碣、匾联等分别予以禁止、更改、封存或收管；为了改善少数民族地区的经济生活，曾不断调整对少数民族交易商品的比价，加强少数民族地区商品的供应，在少数民族地区建立的国营商业机构在一九五四年已有二千三百四十一个；先后发放无偿铁质农具（一九五四年在西南地区发放了共值七百八十八万元的无偿铁质农具）、拨给贷款、兴修水利、防治兽疫、改良品种、发展交通，并在有些从来没有工业的少数民族地区建立了工厂和工业基地（已经建立了四百二十三个现代化工业基地），逐步改善了少数民族的经济状况；在改善少数民族的卫生状况方面则拨专款，派遣医疗防疫队，截至一九五四年底已在少数民族地区设立了医院六十五所、卫生院三百四十五所、区卫生所七百余所；在少数民族的教育方面，从来没有一所学校的少数民族地区现在设立了学校，全国共设立了六个民族学院（已有毕业学生一万一千余名），一九五四年少数民族小学校共二万六千余所（共有学生二百五十万人），专设民族中等学校二百七十三所（学生近二十万人）。（注45）此外，还为约一千一百余万没有文字而有独立语言的少数民族人民研究创造了文字，如彝文、僮文、柯尔克孜文。

在国家这样一个民族平权的指导原则之下，各族人民的团结进步是很自然的结果。少数民族的人民说，"过去我们没有家，现在毛主席给我们安了家"，"过去我们打仗也争不来的东西，毛主席给我们了"。（注46）这是只有社会主义国家才可能有的事情。正如刘少奇同志所说，"我们的国家是工人阶级领导的人民民主国家，所以我们的国家能够用彻底的民主主义和民族平权的精神来解决民族问题，建立国内各民族之间的真正合作"。（注47）目前在三千五百万少数民族的人口中已经有大约三千万人口的少数民族地区进行了社会主义改造，有二万人口的少数民族地区在进行民主改革。各少数民族与全国人民一道，在思想觉悟上有显著的提高，全国各族人民有了几千年来不曾有过的民族大团结。

在西藏自治区筹备委员会成立大会上，昌都地区人民解放委员会的工作报告中有这样一段话："昌都地区内藏族人民已深刻体验到只有在统一的祖国大家庭内，在中国共产党、中央人民政府和毛主席的领导下，才能把藏族地区建设好，走向美好的将来。昌都地区的藏族人民对我们伟大的祖国、对中国共产党和毛主席有着无限的热爱。"这是少数民族人民今天共同的心情，是实行党的民族政策和国家的民族平权原则的结果。当然，这只有在实行社会主义民主的国家才是可能的。

四、共产党的领导

总括起来，我们国家政治制度的优越在于它体现了社会主义民主或人民的民主。这是全国各族人民最大多数人的有领导的民主，是真民主。这个民主制度保证我们依靠国家机关、社会力量，消灭剥削和贫困，过渡到社会主义社会。但所有这一切是以工人阶级的领导为不可缺少的前提条件的，而工人阶级的领导是通过它的先锋队——中国共产党来实现的。没有共产党的领导便根本不可能有革命的胜利，更谈不到我们现在的国家组织形式和我们的人民民主制度。

正如毛主席所说，"领导中国民主主义革命和中国社会主义革命这样两个伟大的革命到达彻底的完成，除了中国共产党之外，是没有任何一个别的政党（不论是资产阶级或小资产阶级的政党）能够担负的。而中国共产党则从建党的一天起，就把这样的两重任务放在自己的双肩之上了"。（注48）共产党的领导是中国人民不断取得胜利的可靠保证，是我们整个国家不断前进的推动力量。

为什么没有中国共产党的领导就根本不可能有革命的胜利，有了共产党的领导中国人民的胜利前进就有了保证呢？

首先，中国共产党不同于其他任何资产阶级的政党，它是工人阶级的先进的有组织的队伍，它是以马克思列宁主义的理论武装的、能密切联系人民群众并采取批评与自我批评的方法的布尔什维克式的党。由于它是工人阶级的党，它是大公无私的。毛主席说过"共产党是为民族为人民谋利益的政党，它本身决无私利可图"。它具有忘我精神，所以它是大仁大勇的，不因私人的利害得失而影响它对待重大政治问题的正确态度。在政治上重要关键的时候，尤其在革命进程中，当敌我力量悬殊、敌强我弱困难艰险的时候，只有它才能以坚韧不拔的精神和毅力坚持斗争保证胜利，这是被中国人民的革命实践所证明了的。近百年来中国的维新、立宪、革命运动都相继失败了，只有在共产党的领导下中国人民才得到了解放。

其次，中国共产党是以马克思列宁主义理论武装的党，而"马克思列宁主义的威力在于掌握历史发展的规律，依靠千百万群众的革命意志，对实际生活进行科学分析，拿出真凭实据，说明历史，指导现在，预见将来。马克思列宁主义者不仅需要看到地平线上已经出现的东西，而且需要当地平线上略有征候便能看见将要大量出现的东西，随时发挥群众的积极性和创造性，提供历史前进的行动计划"。（注49）中国共产党在毛泽东主席理论联系实际的方针引导之下善于以马克思列宁主义的普遍真理与中国的具体情况相结合，能判明局势，能了解周围事变的内在联系，能预察事变的进程，所以它能指引人民前进的道路，领导中国人民在一切斗争中战无不胜。它天才地制定了持久抗战打败日本侵略的方案；指出中国的革命分两步走；戳穿美帝国主义纸老虎，击退它在朝鲜战场上的进攻；规定了社会主义建设与资本主义工商业、农业、手工业的社会主义改造的道路；它指出了社会主义民主的必然趋势，并领导人民实现了社会主义民主；它在国际关系上英明地采取了和平共处的原则，团结了亚洲和全世界爱好和平的人民，使中国成为远东和亚洲坚强的和平堡垒。

中国共产党对于国家机关的领导主要体现在政治路线的规定上。中华人民共和国成立初期，人民政治协商会议的共同纲领便"包括了共产党全部的最低纲领"。刘少奇同志在政治协商会议第一届全体会议上曾经指出："……这个共同纲领包括了共产党的全部最低纲领，共产党的当前政策，就是要全部实现自己的最低纲领。这个最低纲领既已全部为人民政治协商会议所接受，因此，中国共产党拥护人民政治协商会议并为实现它的共同纲领而奋斗乃是当然的事情。"（注50）同样，中华人民共和国宪法是党所确定的过渡时期的总路线的法律体现，单这一点便可作为党的领导是发扬我们的社会主义民主不可缺少的条件的全部有力说明。此外还可举例，如发展国民经济的第一个五年计划草案是在党的中央委员会和毛主席的直接领导下编制完成的，全国的农业合作化运动亦是在经过毛主席的指示和党中央第六次全体会议（扩大）的决议之后才在全国范围内普遍展开的。总括地说，几年来政府所施行的总方针、总政策亦即是贯彻党的总方针、总政策，政府的纲领亦就是执行党的纲领，各级国家机关、各部门的工作都是通过机关中党的组织根据党的确定指示行事的。政府颁布的法律、命令都是党的创意，中央人民政府许多重要文告都是先由党拟定初稿，不经过党的准备考虑是没有的。（注 51）在苏联列宁说过："在我们共和国内不经过党中央的指示，任何一个国家机关不能解决任何一个重要的政治问题或组织问题。"（注 52）中国的情况亦是如此。事实证明，党的一切政策路线是完全正确的。

如果我们进一步更具体地追问，为什么说中国政治制度的民主是和共产党的领导分不开的呢？回答是：因为大公无私的共产党是全心全意为人民服务，并以人类的彻底解放为目标的。它的最高理想的实现将不仅是阶级的消灭，而且是国家的消亡、政党的消亡与民主的消亡。这一境界的达到将是一个长远的过程，也必然是人民群众自己解放自己的过程。在最后目标达到以前，亦必然是加强民主的过程。共产党人深信："民主制愈完备，则它变成赘物的时候便愈逼近。由武装工人所组成的'国家'——即已'不是原来意义上的国家'——愈民主，则任何国家也就开始消亡得愈迅速。"（注 53）所以彻底发扬民主与无产阶级的领导并不矛盾，在实际上是统一的。因为民主制不完备的时候共产党的任务是在促使它完备，而民主制度成为赘物的时候党也就没有存在的必要了。在经常的政治生活中，党绝不可能脱离群众的思想意志而行动，而只能是"善于把全国人民的智慧集中起来，并且把这种智慧表现为统一的意志、有纪律的行动"，党的领导方式本身便是实行民主的原则。在中国目前阶段，自然谈不到民主制度的消亡及国家消亡的问题，而是发扬民主的问题及强化国家机器、粉碎帝国主义战争威胁的问题。但我们的制度愈民主，我们和共产党奋斗的目标将愈接近。因此，我们的国家机构发扬的民主精神正是党的根本政策，这是很显然的。

我们目前阶段的任务是建成社会主义的社会，为了保证这一任务的胜利实现，除了要强化国家机器并完备我们的制度外，还须加强对于"人"的教育改造。因此，党的领导又体现在教育人民。

社会主义社会必须是在有自觉努力、积极合作、自觉服从集体利益的广大群众的基础上建成的。群众的这种品德的养成，必须有长期共产主义的教育陶养。中华人民共和国成立以来，在人民中间已经涌现了勤劳奋发、维护公共利益、公而忘私的新风气，绝大部分国家机关工作人员已经树立了为人民服务的精神，这是我们国家短时期内能够在各方面取得重大成就的一个重要因素。我们国家这种风气的转变，必须归功于解放以来党对于群众的思想教育或思想改造。毛主席在《论人民民主专政》中曾经指出，有了人民的国家，人民才有可能在全国范围内和全体规模上，用民主的方法，教育自己和改造自己，使自己脱离内外反动派的影响，改造自己从旧社会得来的坏习惯和坏思想，不使自己走入反动派指引的错误的路上去，并继续前进，向着社会主义社会和共产主义社会发展。几年来，党一直坚持这个方针，付出很大的辛劳并获得了显著的效果。党的成员在群众中树立的艰苦朴素、全心全意为人民服务的作风起到了卓越的示范作用。中华民族在党的教育下已经由一个带有暮气的民族变成一个朝气蓬勃、发扬蹈厉的年轻民族了。这种正在进行的风气转变是我们社会主义民主制度优越性的又一个见证。而思想作风的转变又将进一步提升我们的民主政治制度，巩固我们的社会经济制度。

中华人民共和国的社会主义在短短几年间已经有辉煌的成绩，中国人民正在为他们的社会主义乐国而不断创造，并以有这样一个自由民主的祖国而感到自豪。他们民主政治生活的切身经验都证明：中国工人阶级的先锋队——共产党的领导是彻底实现中国社会主义民主制度的必要前提。

一九五六年四月

附注

1. 《马克思恩格斯文选》（两卷集）第 2 卷，莫斯科外文书籍出版局，第 31 页。

2. 《列宁文选》（两卷集）第 2 卷，人民出版社，第 755 页。

3. 《毛泽东选集》第 2 卷，人民出版社，622 页。

4. 同注 3。

5. 毛泽东：《论人民民主专政》。

6. 参见斯大林：《列宁主义问题：关于无产阶级专政的三个基本方面》，莫斯科中文版，第 175 页。

7. 赫鲁晓夫：《苏联共产党中央委员会向党的第二十次代表大会的总结报告》，人民出版社，第 40 页。

8. 同注 2，第 657 页。

9. 参见《人民日报》，1956 年 3 月 30 日。

10. 陈叔通：《关于资本主义工商业的社会主义改造的报告》，人民出版社，1956 年，第 1 页。

11. 《列宁文选》（两卷集）第 2 卷，人民出版社，第 190 页。

12. 参见斯大林：《列宁主义问题》，第 58 页。

13. 《毛泽东选集》第 2 卷，人民出版社，第 648 页。

14. 邓小平：《关于"中华人民共和国全国人民代表大会及地方各级人民代表大会选举法"草案的说明》。

15. 《人民日报》，1954 年 9 月 15 日第 6 版。

16. 同注 11，第 198 页。

17. 《中华人民共和国宪法》第三十一条第六款。

18. 同注 17，第十四款。

19. 刘少奇：《关于中华人民共和国宪法草案的报告》。见《中华人民共和国宪法》，人民出版社，第 53 页。

20. 同注 19。

21. 参见《毛泽东选集》第 3 卷，人民出版社，第 919-924 页。

22. 参见《斯大林全集》第 4 卷（俄文版），第 366-367 页。转引自弗拉索夫：《苏维埃国家机关》，第 6-7 页。

23. 同注 22。

24. 同注 11，第 259 页。

25. 周恩来：《政府工作报告》（1954 年 9 月 23 日），第 23 页。

26. 参见周恩来：《政府工作报告》，《中华人民共和国国务院组织法》。又《时事手册》，1956 年第 11 期。

27. 参见休瓦特勋爵：《新专制主义》（英文版）。

28. 参见《中华人民共和国宪法》第五十八条、第六十条。

29. 同注 19，第 54 页。

30. 参见《人民日报》编辑部：《关于无产阶级专政的历史经验》，《人民日报》，1956 年 4 月 5 日。

31. 《人民日报》社论《认真贯彻集体领导制》，《人民日报》，1953 年 11 月 28 日。

32. 同注 31。

33. 同注 30。

34. 同注 30。

35. 参见刘少奇：《论党》，第 37-57 页。

36. 《毛泽东选集》第 3 卷，人民出版社，第 919-924 页。

37. 参见毛泽东：《农业合作化问题》。

38. 参见毛泽东主席 1953 年 2 月 7 日在中国人民政治协商会议第一届全国委员会第四次会议上的指示。

39. 同注 19，第 55 页。

40. 同注 19，第 58 页。

41. 参见《中华人民共和国地方各级人民代表大会和地方各级人民委员会组织法》（1954 年 9 月 21 日第一届全国人民代表大会第一次会议通过）。

42.《中华人民共和国宪法》第三十四条，又《国务院组织法》第二条。

43.《各级人民政府民族事务委员会组织通则》，《民族政策文献汇编》，第 188 页。

44. 汪峰：《西北各民族人民两年来在毛泽东旗帜下团结前进》，见注 42。

45.《新华月报》，1955 年 11 月号，第 40-43 页。

46. 1953 年 9 月 9 日《人民日报》社论。

47. 同注 19，第 58 页。

48.《毛泽东选集》第 2 卷，人民出版社，第 623 页。

49. 陈毅：《毛泽东同志关于农业合作化问题的报告是理论和实践相结合的典范》，《人民日报》，1955 年 11 月 13 日。

50. 刘少奇：《在政治协商会议第一届全体会议上的讲话》。

51. 董必武：《论加强人民代表会议工作》。

52. 同注 2，第 714 页。

53. 同注 2，第 249 页。

从争论中发现真理，推动真理 *

开展"百家争鸣"是有思想顾虑的，扫除这种顾虑是很必要的。依我个人意见，"百家争鸣"就是为了实事求是，追求真理。有的怕"争鸣"会在立场观点上出问题，其实只要是从人民群众长远利益出发，从事实出发，立场、观点"虽不中，不远矣"。我们国家人民的长远利益是确定的。因此，只要在这个立场上站得稳，看得清，为了追求真理，实事求是，立场观点就不会有错的。而要追求真理，要"百家争鸣"，就不要以教条主义对待马克思列宁主义，否则是不解决实际问题的。"百家争鸣"与马克思列宁主义的立场观点是一致的。从争论中发现真理，推动真理，正是辩证唯物主义的发展。同时，要推进政法科学，也和其他科学一样，要在时间和材料上创造条件。

我对政法学会有两点希望：（1）学会应组织问题、发现问题、提出问题供大家来"争"，这也是领导；（2）在讨论论文时有不同意见，可与论文一起发表，这样才能从发表文章中看出不同意见，刺激思考。

---

* 本文是作者在 1956 年 8 月 29 日中国政治法律学会座谈会上的发言摘要，原载于《政法研究》1956 年第 5 期的"关于在法学界贯彻'百家争鸣'方针的问题"。在此标题下，刊物的编者按写道：中国政治法律学会于本年 8 月 29 日召集了一次座谈会，到会者四十余人，讨论了关于在法学界如何贯彻"百家争鸣"方针的问题。现在发表的只是经记录整理的发言摘要（按发言先后为序），和作者自己写的书面意见的摘要（按收到先后为序）。

我们应该先钻研较小的问题 *

中国法制史的研究，或中国国家与法的历史的研究，是一项艰巨的工作。法学研究工作者必须端正态度、掌握方法，并群策群力、分工合作来进行，才可望真正有所贡献。因为要用马克思列宁主义的立场、观点、方法来批判旧中国的国家与法的历史，总结新中国在法制方面的经验来为我们的人民民主制度服务，要求我们不仅须掌握辩证唯物主义的武器，更必须有充足的历史知识和专门的法学训练，这个要求是相当高的。

中国有几千年有记载的历史，文献浩如烟海，历史的分期问题还有争论，同时又缺乏一部系统、详明的经济史。在不同历史时代的社会经济基础问题没有得到很好解决以前，要写出一部完整的"国家与法的历史"不是没有困难，或者还不能不有所等待。

但目前政法院系迫切需要一部综合的"中国国家与法的历史"教材。讲授这门学科的目的，在于就中国的经历，从国家与法方面来阐明历史发展的规律。由于讲授时间短促及本门学科的当前进展情况，目前的讲授还很不深入。要提高质量，很需要科学研究工作的配合。正如通史必须以专门史、断代史为基础一样，一部综合的中国国家与法的历史，必须根据许多专题的研究或专门史的研究。我觉得我们应该在专门问题或专门史上多加努力，先钻研较小的问题或较短的一段时期，我们才能更细致地对具体问题作具体分析，更深入了解，更容易有发现。譬如，就整个理论体系来说，国家与法是不应该截然分开的，但为了更细致地探讨，我们便不妨专门研究如中国考选制度的发展、中国的地方制度史、中国的刑法发展史，或某一朝的某一种法律或某种制度。这样，不仅能帮助阐明历史规律，也更便于批判地接受中国的历史遗产。我们在专门研究方面有了积累的成绩，对综合性的国家与法的历史也就比较容易写、更有把握写得好了。

---

* 原载于《政法研究》"中国法制史问题座谈会发言摘要" 1957 年第 1 期。

　　正因为以上这些情况，系统的分工合作是很必要的。分工合作问题不仅应包括各院校、各研究机关、各相关业务部门，更须包括不同类型的法学工作者，以便取长补短；不仅在研究的内容上应分时期，同时也应区分问题的各个方面。这样，我们才能加速工作的进展，更快地达到先进的世界科学水平。在分工合作问题上，政法学会应该起组织的作用。

关于法的继承性问题 *

在"百家争鸣"的方针指导下，中国法学界最近展开了法的阶级性与继承性的讨论。本着自由争辩的精神，我愿就法的继承性问题提出几点个人的看法，期待法学界同志们指正。

一 法的阶级性与继承性不是互相排斥的

法的继承性问题，主要是资产阶级的法律规范是否可以为工人阶级专政下的人民民主法制部分地批判吸收的问题，在解决这一问题时，是应该与法的阶级性一并考虑的。

法体现统治阶级的意志，具有强烈的阶级性，这是不容怀疑的，但法的阶级性并不排斥它有继承性。有人以为法的阶级性与继承性是互相排斥的东西，因此认为工人阶级当政的国家如果要对资产阶级当政时期的法律规范有所继承，便必须修改马克思列宁主义。这种看法太把问题简单化了，是值得商榷的。相反，另外有人肯定了法的继承性，但同时却否认剥削国家的法律有统一的阶级性，并认为剥削国家的法律有的是体现被统治阶级意志，具有被统治阶级的阶级性，有的本身是正义的或超阶级的，这种看法我认为是一个错误。

事实是，在某一阶级当政的时代，一切为统治阶级所制定认可或适用的法都属于这个阶级的意志的体现，都是统治阶级有效的统治工具的组成部分，整个说来，都是直接或间接有利于统治阶级政权的巩固的。因此在阶级社会里，任何法律规定都不能没有阶级性，更不能说是带有更强烈的被统治阶级的阶级性或体现了被统治阶级的意志。资产阶级的所谓"保护劳工"的立法也是如此。资产阶级总愿意认为法是没有阶级性的或反映被统治者的意志的，

---

* 原载于《政法研究》1957 年第 3 期。

这样他们便可以将严重危害人民利益的法律说成是人民的意志。如十七世纪浩布士维护执政者的绝对权力便采取了这样的逻辑。按照这个逻辑，他得出这种奇怪的结论：反抗专制是人民的背信弃义，革命者被杀害实际等于自杀，因为执政者是按照人民永远放弃一切权利而据说又对他们有利的卖身契约来行事的，被迫害原来就是人民自己的意志！我们不能说法律体现被统治阶级的意志，这是原则问题，也是一个事实问题。

但法既然体现统治阶级的意志，不同于一般文化现象，那么，工人阶级执政后如何可以继承某些旧法的规范呢？那是不是便继承了剥削阶级的意志呢？

认为法无继承性的人所根据的理由就在于此，他们征引经典作家作为他们推理的佐证。我们应该看看经典作家在这方面的有关议论。马克思、恩格斯在《共产党宣言》中有资产阶级的法学不过是体现于法律的资产阶级的意志的说法（据莫斯科外文出版局马恩选集英文版），恩格斯在另一地方又说，法律就是资产阶级"所持有的实力的果实，是为保护它本身和保护它的利益并经过它的同意所颁布的"。列宁指出："若没有一个能够强迫人们遵守法律规范的机关，则所谓法便等于零。"

从这几段话中我们至少可以得出两层理解，即：（1）从资产阶级革命以来资产阶级政治理论家惯常所谓体现于法的公共意志不过是统治阶级的意志而已，在剥削阶级的法中并无所谓公共意志。我们应该注意上面马克思、恩格斯在宣言中所说的这段话是在驳斥资产阶级责难无产者不当废除财产私有权而发的。（2）一切法律规范都是通过统治阶级的意志表示而得到强制执行的。第（1）点是指法的实质。法是统治阶级用以保护自己的利益的。从法的观点来看，旧国家政权被革命消灭了，代表这个国家统治阶级的意志的法也就中断与无效了。第（2）点是指法的效力依据，是说明法律规范之所以有拘束力是由于有统治阶级的意志表示而以它的国家力量为后盾，统治阶级的同意是必要的。在旧国家政权消灭以后，中断与无效了的法如要继续有效，必须是以新的统治阶级的意志为依据。换句话说，在新旧政权绝续之交，照推理上讲，法是可以因沿用而延续的，但被推翻的统治阶级的意志则不可能是延续的。此时旧法虽被沿用，它的目的、根据和功用已经不同了。事实上法是贯彻统治阶级意志的一种工具。工人阶级政权与资产阶级政权具有完全不同的本质和意志。因此，即使作为新统治阶级的工人阶级的政权承袭了旧法的某些部分，它也是从这些工具是否对它有用的观点出发的，并不意味着它便承继了旧的统治阶级的意志。在巩固自己政权的立场观点上，它吸取被推翻的阶级的一些东西，"即以其人之道还治其人之身"，利用敌人的工具来达到自己的目的，有什么不可呢？工人阶级的理论基础是辩证唯物主义，不是机械主义。在一定的历史条件下，只要有客观实际的需要或有利于人民的革命事业，旧社会遗留下来的有用的东西，不管它曾经被剥削阶级以何种方式利用过，执政的工人阶级都是可以有选择地吸取利用的。化腐朽为神奇，这不仅对于一般文化遗产如此，对于旧的某些法律也是如此。

二　对于"继承"的理解

法是否有继承性涉及对"继承"二字的正确理解问题。在这个问题上，多数人的意见是一致的，即"继承"不是整个的搬运而是有批判地吸收采用或发展。整个的搬运，似还不曾有人主张过，历史上即在剥削阶级内部改朝换代的旧法继承也并不如此。

从历史的发展来看，我同意有的同志的看法，继承是一种连续的或先后相关连的现象，有了前者然后有后者，不理解前者也就无法完全理解后者。前后的现象是千丝万缕地直接、间接相关的。这是历史发展的陈迹，可以当作历史的自然现象看待。但从继承的过程来说，它必然经过选择的作用，它不能仅是一种自然现象，尤其工人阶级在继承着过去阶级社会的历史遗产的时候更是如此。因为工人阶级用以指导行动的思想不只要认识世界，而且要改造世界。先进的工人阶级掌握历史发展规律的自觉运用，它对一切事物的认识评价总是要经过"去粗取精，去伪存真，由表及里，由此及彼"的过程的。在这里起唯一决定作用的不是被推翻的统治阶级的"意志"，而是新兴的统治阶级的"意志"；因为决定取舍的是新兴的统治阶级，被推翻的统治阶级不能决定它的"取"，也和不能决定它的"不取"一样。因此，深闭固拒地认定法不能有继承性，这只是作茧自缚的消极说法。企图斩断历史，对于革命法制的建设只能是一种外加的限制。

法有无继承性的问题是工人阶级对旧法是否有批判吸收的需要问题，或者说，即旧法对工人政权下的法制是否能提供被批判吸收的成分的问题，并不是法统继承的问题。这问题的答复只能是肯定的。

三　为什么法能有继承性？

否认法有继承性的人只强调法的阶级性这一方面。不错，法体现统治阶级的意志，整个说来，是为统治阶级服务的。但归根到底，法还是一种统治工具。具体分析起来，在任何阶级社会里，法的组成包括由统治阶级认可或制定的两部分，其中有些部分是基于社会习惯的行为规范而为统治阶级所认可和执行的。这种习惯法也可能是从原始社会遗存下来的，如恩格斯所说在原始社会中每天重复着的生产分配和交换生产品的行为需要"用一个共同规则囊括起来，设法使个人服从生产和交换的一般条件。这个规则，首先表现为习惯，后来便成法律"。

剥削阶级另外的法律除十分显著地压迫人民的立法，如国民党的戡乱时期危害国家紧急治罪条例、美国臭名昭著的塔虎特—哈特莱法案、蒙特反共法案等外，其他大部分则是在有利于统治阶级的基础上调整一般社会关系的。

于此，我们应该看到一件事实，即在它们制定的法律中，剥削阶级在立法上也不是可以为所欲为的。它们制定的法律在一定范围内不能不受到几方面的影响和限制，否则不能行之有效或者甚至影响它的统治。这几方面包括：（1）一般社会倾向和人民反抗的压力；（2）一般经济条件或规律；（3）一般的自然法则等。

除物理的自然法则不依统治阶级的意志为转移，统治阶级只能因势利导无须解释外，关于经济规律，马克思在批判蒲鲁东认为当局的专断与裁夺乃社会经济生活的决定性原因时，曾经指出：在任何时代，当局总不能不屈从于经济条件。恩格斯在《论住宅问题》中亦曾说过，如果国家的法律照蒲鲁东所想象的是完全任意的命令，在社会经济面前，只能是一纸空文。他说："在蒲鲁东看来，最容易不过的就是颁布法令——如果他拥有这种权力的话——把利息率降低为一厘。可是，既然其他一切社会条件照旧不变，于是这个蒲鲁东主义的法令也就只是一纸空文了。不管有怎样的法令，利息率将照旧是由现在支配它的经济规律来调整。有信用的人将仍如先前一样依照情况按二厘、三厘、四厘和更高的利息率借取金钱，不同处只是食利者将非常谨慎，只把金钱借给那些不会弄出讼案的人们。"蒲鲁东不能用法令降低利率也和资产阶级不能用法令来任意提高商品价格一样。类似的例子还有很多。

这可说明统治阶级对于若干社会经济法则不是能够任意违抗的。如货币银行制度、价值法则、供求律等在一定条件下，即在社会主义社会也还有它们的作用。

一般社会倾向和人民反抗的压力，更是剥削统治阶级不能不加考虑的因素。资产阶级剥削压迫人民，但也不是在任何情况下都能一意孤行地施行人民大众所坚决反抗的法令。在人民的强大压力下，他们便不能不作某些让步，历史上许多事例可以说明统治阶级不能不估计到当时阶级力量的对比形势。所以，我们可以把法看作是阶级力量对比关系（通过统治阶级的意志）的反映。明显的例子是英国在十九世纪中叶宪章运动以后，议会代表法方面便不能不有一系列的改革，因而产生了此后各次相应的改革法案。八小时工作制是资产阶级所不愿实施的，但经过工人阶级的不断斗争，目前一些资本主义国家亦已有法律规定了。

必须强调，过去在阶级社会里，无论是结合社会习惯、因应自然法则社会经济法则，或屈从于人民压力之下的立法，整个说来，都是对剥削阶级的统治起稳固和便利的作用的，是为统治阶级服务的，同时也就是统治阶级意志的体现。特别是屈从于人民压力之下的立法，剥削统治阶级所以这样做不是以人民的意志为意志，而是这样做了才能稳定它统治下的社会秩序。

同时，依照上面的分析，我们还要重复指出：统治阶级的法律命令在一定程度上不能不顾及自然、历史、社会、经济的种种条件。他们不能完全无视这些条件，否则便要失败，甚至丧失了自己的统治。不顾人民反抗情绪的激昂，一六四八年英国国王查理一世的头颅落地了。十八世纪英国统治阶级一意孤行地对美颁行《民宅驻兵法案》和征收印花税法，不就是激起北美独立革命的导火线么？

法体现统治阶级的意志。但由于一切剥削统治阶级的立法在一定程度内都不能不服从自然的、社会经济的和人民群众压力的影响和限制，因此，资产阶级的法律系统中就不能不包含着进步的、科学的和大众的成分。而这种成分的存在，便构成了我们所谈的法的继承性的事实根据。

不错，资产阶级在某些法律中所标榜的民主进步是麻痹群众欺骗人民的。但其所以能欺骗，正缘其中含有一定的积极因素。资产阶级在其上升时期得到人民群众的支持，曾标榜过许多民主自由的原则，不过此等原则后来被资产阶级践踏破坏了。这些被资产阶级践踏破坏了的东西，正是人民政权必须注意吸收的东西，使其成为人民的财富而加以发扬光大。譬如"王子犯法，与庶民同罪"，中国在战国时代便有这样的法律原则，不过在封建统治下此种原则不能认真施行，后来为议亲、议贵的条款所代替。欧洲资产阶级革命后也有"法律之前人人平等"之类的条文，不过资本主义社会里不可能有法律的平等，也和它在经济方面不能提供机会均等一样。到有了工人阶级专政的国家，人民在法律上一律平等的规定才有真正的内容和保证。但我们不能说社会主义国家内人民在法律上平等的规定和历史上的法律现象无关。前后正反相承，历史的辩证发展正是这样的。我们没有必要也不应该否认历史的联系。否认这种联系会滋长我们无视过去的倾向，阻碍我们在法制建设问题上的视野，会引导我们放弃对吸取历史经验的努力。这对我们的工作是没有好处的。

四 必须从社会生活的客观实际出发

有人提出了这样一个问题，即如果社会主义社会可以继承资产阶级社会的某些法律规范的话，如何在法律问题上解释基础与上层建筑的关系呢？

这是一个复杂问题。简单说，法律为社会的基础所决定，主要是指整个法律体系的主导精神而言。譬如资本制度下的劳动立法是为了维护资本主义的剥削、缓和工人阶级的反抗的，因此对劳动的保护便不可能彻底，而且必须把这种法律与保障资产阶级特权的各种立法对照来看才能了解它的真谛。在社会主义制度下，为了劳动人民的彻底解放，其立法精神便完全不同了，劳动者的劳动、教育、休息等权利不仅在法律上规定详备，而且还有可靠的物质保证。这便是基础决定上层建筑的简单意义。事实上，在矛盾统一的上层建筑中本来就存在着矛盾的因素。因此，在否定之否定的发展过程里，积极因素便又融合在新的上层建筑中了。

资本主义社会和社会主义社会的经济基础迥然不同，但社会生活是不能一下斩断的。工人阶级政权从革命的需要出发，创建人民民主法制来巩固和推进革命事业，但它的创制不是在真空里进行的。法律的规定必须依据客观实际，即使社会经过经济制度的变革，复杂的社会生活在许多方面还不能立即完全两样。虽在社会主义时期，历史遗留下来的社会不良现象的消灭也还要经过长期的过程。只要社会生活中有工厂劳动的事实存在，对于劳动状况的某些规定虽然整个精神不同，必然还有某些基本的相似。例如关于工厂卫生、职业病的防止、女工产前产后的休假等，只不过在新的社会里，一切规定比较旧时代又更加发展了。此外，如关于婚姻的立法，在经济基础不同的社会，法的精神也就有差异，总的说来，在封建社会它巩固着封建婚姻，资本主义下它维持着商品买卖婚姻，社会主义时代它贯彻男女平等的婚姻制度，但夫妇的配偶关系总是存在的，因此相互间的某些法律关系便不能没有相似的地方，后一时期只较前一时期更前进了一步。又如禁止侵占公有财产、禁偷盗，在各时代的意义和作用都不同，但事实的对象是相同的，旧法的规定至少提供了法律的资料。

从与经济基础的关系来说，整个法律体系及其主导精神必然是随基础的变革而变革，但法的个别和部分的规范，只要在客观事实上还有根据和需要，便有可能被新的统治阶级酌量引用与发展。被吸收后，这些规范的性质便不同了，在内涵和精神上都可能有了变化了，又是为新的基础服务的了。

从资产阶级的旧法中究竟可以继承些什么？这是需要进一步研究的问题。概括地说，包括一切有用的东西，尤其在资产阶级上升时期的一些东西。此中包含对于敌对阶级专政的某些部分，历史相传社会习惯需要的部分（如关于承诺的信守），人民在反动统治下斗争赢得的部分（如关于劳动保护、人民权力原则等），属于因应社会与自然规律的部分（如防疫卫生、交通规则等），及其他有用成分（如关于教育、财政、金融管理的某些规定等）。就法律部门来说，在宪法方面如宪法至上，代表制度，权力属于人民，普遍、平等、直接、秘密的选举规定；刑法方面的公开审判、罪刑法定、无罪假定原则、辩护制度等，以及其他法律部门的某些规范等。但这不是一个简单的搬运问题，需要我们根据实际情况作进一步的具体分析研究。

我国在解放后，为了肃清反动统治在人民群众中的恶劣影响，人民政府明令废除伪法统伪六法，并随即进行司法改革，清除司法界暗藏的敌人，反对敌我不分的旧法观点，这些都是很自然的、必要的、适合于我国当时的客观情况的。但在废除伪法统伪六法后，并不排除用无产阶级的立场、观点、方法，从旧法中批判吸取有用的因素并加以改造或发展。也正是在废除伪法统的法律前提之下，我们才更能有分别地来考虑吸收旧法中的有用因素。一九一七年十二月二十日苏俄政府颁布的第一号有关法院的法令，直接指示法院的活动除以苏维埃政府的命令和决议为指南外，并以那些同无产阶级专政原则、革命信仰及革命法权意识不相抵触的旧法为指南。这个临时适用旧法的时间很短。但关于苏俄民法典的起草问题，列宁在给库尔斯基的一封信中指示说，西欧国家的文献和经验中有利于劳动人民的一切东西，都必须吸取。目前在人民民主国家内，波兰和民主德国利用了部分经过修改的旧法典（当然，这不等于沿袭旧法统）。只要不违反对于革命有利的前提，工人阶级政府按照当前的实际情况将旧法中某些成分加以有选择地吸取利用或发展，这在精神上和明令废除伪法统伪六法是一致的，同是符合于马克思列宁主义原则的。

一九五七年四月十日于北京

中国封建刑律中的"八议"*

　　"八议"是中国君主专制时期曹魏以后各代王朝在刑律中对于八类权贵人物犯罪所规定的特殊优遇。根据《唐律》"八议"条，"一曰议亲，二曰议故，三曰议贤，四曰议能，五曰议功，六曰议贵，七曰议勤，八曰议宾"。所谓"亲"是指皇室的某一范围内的亲属；"故"是指皇室的某些故旧；"贤"是朝廷认为"有大德行"；"能"是"有大才业"；"功"是"有大功勋"；"贵"指"职事官三品以上、散官二品以上及爵一品者"；"勤"是"有大勤劳"；"宾"是"承先代之后为国宾者"。[1]

　　这八种人犯罪时，除"十恶"罪外，按当时刑律规定，应特别从宽议处。如按隋《开皇律》："其在八议之科及官品第七以上犯罪，皆例减一等，其品第九以上犯者听赎。"[2]《唐律》规定："诸八议者犯死罪，皆条所坐及应议之状，先奏请议，议定奏裁。流罪以下减一等……"犯罪处罚上的优待不只是对这八种人本身，而且还扩大到他们的家属。如《唐律》名例第九条，"……应议者期以上亲及孙……犯死罪者上请。流罪以下减一等"。[3]

　　"八议"之制，本于《周礼·秋官·小司寇》"以八辟丽邦法"的记载。八辟即"议亲之辟""议故之辟""议贤之辟""议能之辟""议功之辟""议贵之辟""议勤之辟""议宾之辟"。郑锷释云："先王制刑，一定不易，有罪者必丽于刑书，而犯刑之人或有不可加以刑如兹八者，与众议之……八辟以待八议之人，俟其已丽于邦法乃附之于刑罚，是谓无一定之制也。"又说，"辟，法也。不谓之法而谓之辟者，制法谓之辟，八辟盖近于法而未丽于法，自是然后制焉耳"。[4]这是说，刑制虽有一定，但遇"八议"人犯刑，亦为他

---

* 原载于《法学研究》1981 年第 2 期。

〔1〕《唐律疏议》。

〔2〕《隋书·刑法志》。

〔3〕《唐律疏议》。

〔4〕孙诒让：《周礼正义》。

们开方便之门，须进行特别咨议为之临时制刑，无异是一人一事一法。

《周礼》一书，殆不可能是周公所作，但在战国时业已出现，记载周时制度，当有所本。秦用商鞅变法，强调"一赏、一刑、一教"，"刑无等级，自卿相、将军以至大夫、庶人，有不从军令、犯国禁、犯上制者，罪死不赦"。[1]在这样严格的原则下，对于特殊人给予特殊优待的"八议"制，秦时自然就不能完整地存在了。由汉至隋各朝都没有完整的律典保存下来与"八议"有关的诏令。据史籍所载，汉高帝七年，有令："郎中有罪耐以上，请之。"在宣帝、平帝、光武时有类似的诏令。东汉时在刑罪问题上间有引用周礼八辟之议的言论，[2]但以"八议"明文入律是从曹魏始。此后自晋、宋、齐、梁、陈、后魏、北齐、北周以迄隋、唐，"八议"皆载于律。唐以后宋、辽、金、元、明、清的刑律中都载有"八议"之条。[3]

自西周以来迄于清末的漫长时期内，人在法律上的地位，是按身份决定的。"刑不上大夫"载在曲礼。"八议"的规定，正是体现按身份的不同而区别对待这一封建主义的法律原则。它给予"八议"者的特殊优待在于处理犯罪时（除"十恶"外），可以通过议、请、减、赎的途径为"八议"者及其亲属尽量开脱，以期免除或减轻他们真正的刑与罚。这是很明显的维护地主统治阶级利益的特权条款，与法律面前人人平等原则是不相容的。

由于律文散失，从魏到隋的"八议"制我们知道得很不具体。唐以后律文载籍，相对地较容易查考，我们从现有文献中略可窥见这个制度在各朝规定的梗概。从律文规定上看，对于"八议"者的优待，隋就《开皇律》而言与唐相近，唐宋宽于明清。隋《开皇律》谓"其在八议之科及官品第七以上犯罪皆例减一等"，这是说，无论犯罪轻重、死罪或非死罪，皆可不经请、议，即可依例减等。《唐律》则是"诸八议者犯死罪"皆"先奏请议，议定奏裁"。犯"流罪以下减一等"。《宋刑统》承袭《唐律》，只是在《唐律》"诸八议者犯死罪"这一文句中去掉一个"死"字。《明律》相应的规定在文字上对《唐律》改动较大，主要是去掉了"流罪以下减一等"一句。这就是对死罪必须先奏请议，且流罪以下不予减等了。《清律》规定与《明律》同。但这类差异还是细微的。

──────────

〔1〕《商君书·赏刑》。
〔2〕参见程树德：《九朝律考》。
〔3〕参见《历代刑法志》及《明律》《清律》等。

在"八议"规定的实施上，我们虽未详考，但有例证表明，唐宋与明清的政策精神是很不相同的。唐宋的君主比较上还是重视优待勋贵的。如唐贞观二年，太宗对于岐州刺史郑善果的犯罪囚系，提出善果官品不低，不应与诸囚为伍，并指示"自今三品以上犯罪，听于朝堂俟进止"。又如广州都督党仁弘尝率乡兵助高祖有功，封长沙郡公，后贪赃犯法，罪当死，太宗念其老且有功，贷为庶人。[1]宋则在政和间有贵品官犯罪，不得加讯与常人无异之诏，因为宋王朝恐招致人们"有轻吾爵禄之心"。[2]对比之下，明清皇朝是另一个极端。明朝的实际情况，这里用清史学家钱大昕的话来概括，"明名例律虽载八议之条，乃戒狱官不得引用"。[3]鉴于有明一代大量诛戮功臣及廷杖厂卫虐遇群臣的记载，则"八议"的不引用是不足怪的。清沿袭明律的"八议"律文，但据雍正六年的诏谕说，"……八议之条……我朝律例于此条虽载其条而实未尝行者，盖有深意存焉"。[4]这证明，清也是绝不引用的，所谓"深意"就是要求显贵们率先遵奉法律。明清刑律实施中的这一情况，绝不是偶然的。

封建刑律中的"八议"条款，在"八议"者与平民之间发生刑事纠纷时，必然使平民重蒙冤屈，权贵者获得宽纵，原是极不公平的。历来统治者对这一点并非不清楚，但为了封建统治的利益却一直视为当然。金史载金宣帝兴定元年曾与宰臣谈及此事，认为"八议"可能使贵戚有所恃以虐民，将使民不堪命，但金仍遵循"八议"之制如故。清雍正六年的诏谕提出了"刑法之设……无容意为轻重者也。若于亲故功贤人等之有罪者故为屈法以示优容，则是可意为低昂而律非一定者矣，尚可谓之公平乎？"[5]这一责难，用以批判"八议"制是不错的，而清室遂用此为不实行"八议"的理由，但实际上统治者的"深意"并不在此。按当时历史情况，这只表明两朝最高统治者的权术策略，反映了两朝统治阶级当权派之间，即君臣之间因时代发展而突出的客观矛盾。问题是明清在中国历史上处在封建末期，在政治上是君主专制主义发展到了极度的时期。而在封建制度下，君主集权的伸张，必然是以

---

〔1〕《新唐书·刑法志》。

〔2〕《宋史·刑法志》。

〔3〕参见钱大昕：《十驾斋养新录》，第六卷。

〔4〕《东华录》雍正六年三月。

〔5〕《东华录》雍正六年三月。

剪除或削弱位高势盛的私家巨室为条件的。两朝都保留了"八议"条文，用意仍在笼络群臣，而实际又绝不引用，则是为了进一步抬高皇室，决心削弱权贵的私家势力。

《历代冤案平反录》序言[*]

这本小书是北京政法学院法制史教研室的同志们合力编选的，旨在贯彻"古为今用"的原则，借鉴历史，来配合当前社会主义民主和法制的教育。本书所选古代平反冤狱的案例起自西汉，迄于明清，均取材于历代史籍和法律文献，一般说是信而有征的，与稗史、杂记、传奇小说的故事有所不同。

冤、假、错案是一种社会历史现象，在阶级社会中是不可避免的。在我国长达两千多年的封建社会里，冤、假、错案更是大量地普遍存在，而且极少得到平反。造成冤、假、错案的原因，就本书所选的案例而言，执法官吏迎合上官喜怒，不辨是非，滥施淫威者有之；自以为是，偏听偏信，轻率臆断者有之；不调查研究，但求破案，刑讯逼供，囚徒不堪痛楚，因而诬服者有之；贪赃枉法，草菅人命，罗织罪名，锻炼成狱者有之。但究其社会和阶级根源而言，应该看到制造冤、假、错案是封建统治阶级实行阶级压迫、维护其统治的必要手段，是皇权至上和封建专制的必然产物，是唯心主义、形而上学思想体系占统治地位的历史条件下造成的严重恶果。

当然，冤、假、错案的充斥，势必危及地主阶级的长治久安。正由于此，孔子就说过"刑罚不中，则民无所措手足"，提出了刑罚确当与否对社会治乱的重大影响。历史上头脑比较清醒的皇帝和官吏为了维护本阶级的根本利益，不得不在某种程度上重视立法、执法和守法，防止冤、假、错案到处充斥，不可收拾。《尚书·吕刑》载，周王告诫其臣下说，殷人有罪，我说给以处罚，你不要就加刑，我说应赦免，你不要就释放，唯一必须做到的是罪与罚的处置得当。汉文帝、唐太宗求治心切，尊重司法官吏的正确处断；张释之、戴胄等人刚直不阿、不避权贵，都是读史的人所熟知的。在这类皇帝与大臣执政时期，能比较注意实事求是，以法律为准绳，史称"治世"，冤狱较少，平反亦较容易。在其他时期，特别是所谓"乱世"或"末世"，冤案就多，

* 此文为曾炳钧为 1981 年知识出版社出版的《历代冤案平反录》所作序言。

纠正亦难。历史事实说明，冤案的严重情势往往是政治兴衰的晴雨表，是社会文明程度和社会生活安定与否的重要标志之一。如岳飞的冤案，南宋自毁"国家干城"，岳飞死而南宋偏安之局不可复振。明朝宦官干政，特务横行，冤狱遍于国中，天下骚然，直接间接地激起了明末农民起义，明室终于倾覆。这类史实是读史习律的人所应特别记取的。

"前事不忘，后事之师"，这是中国的古语。在粉碎林彪、"四人帮"以后，党中央领导全国人民贯彻十一届三中全会和五中全会的精神，颁布了一系列法律，落实了各项政策，平反了大量冤、假、错案，从而调动了亿万群众的社会主义积极性，为实现四个现代化而奋斗。在这样的大好形势下，认真总结历史经验，对于加强社会主义民主与法制，以保障社会主义现代化建设的顺利进行，是十分有益的。如果从本书中可以得到什么启发的话，我以为至少有以下几点。

——要不断肃清封建专制主义的影响，反对个人专断，反对以言代法；维护法律的严肃性和司法机关的独立审判权；反对任何人在法律上享有特权，实现法律面前人人平等。

——要建设一支通晓法律、刚直不阿、廉洁奉公，敢于以身殉职、以身殉法的无产阶级司法队伍；反对屈从权势，徇私舞弊，贪赃枉法。

——要在审判实践中开展唯物主义与唯心主义两条思想路线的斗争，坚持从实际出发，调查研究，重证据不轻信口供；反对先入为主，主观臆断，草率从事；严禁逼、供、信。

我们相信，在党中央正确路线的指引下，依靠加强社会主义民主和社会主义法制，依靠加强党内民主和党的纪律，今后冤、假、错案必能减少到最低程度，使林彪、"四人帮"横行时期那样的历史悲剧永远不再重演。

对任敢同学的片段回忆 *

　　任敢原名举丰，1925 年考入清华大学，一年后专攻教育心理，学习成绩优良，甚得教师赏识。任敢沉毅有志，明敏笃实，遇事独抒己见，侃侃而谈，不畏强力，不喜阿附，故改名任敢。好读书，尤喜读罗素著作。有文才，每有写作，构思成熟，即奋笔疾书，短时立就，不多改易，而明畅曲达，文采斐然。

　　任敢既善于学习，又干练多才，待友诚信，以此为同校学友所推重。与同年同学牟乃祚、汤象龙、刘心铨、曾炳钧、袁翰青等尤友善。任敢在学生时期无党派，只加入当时校中一二学术友谊团体，如"青年励志学会""弘毅学会"。参加编辑《弘毅》会刊。1928 年，与曾炳钧、徐士瑚、牟乃祚等创办一知识性刊物《认识周报》，并曾先后担任总编辑。该刊虽刊行不久，但在读者中反映良好。当时清华大学著名教授翁文灏、吴宓及北京大学教授陶孟和等对该刊均交口称誉。

　　任敢在清华学习时，正值第一次国内革命战争，革命的学生运动风起云涌。任敢此时注意力虽集中在学习，但经常参加进步的学生运动。1926 年 3 月北京学生发起了反抗军阀，向段祺瑞政府请愿的运动，遭到武装镇压，发生了"三·一八惨案"，死伤学生数十人，同年级学友韦杰三烈士中弹牺牲，汪燕杰（振儒）受伤。任敢当时是在请愿队伍中亲历险境的幸免者。任敢在校内还积极参加了驱除腐恶势力，改革学制的学生运动。

　　任敢在大学时期专攻教育和心理学，大学毕业后，把毕生精力都献给了祖国的教育事业。1930 年回湘任长沙明德中学教务长，约三年返清华任校长室秘书。抗日战争时期在清华大学及清华校友的广泛支持下担任重庆清华中学校长。解放后，回到北京，历任北京第十一中学校长、北京四中副校长、北京师范学院教育教研室主任……为祖国培养了大量青年，几十年来在发展我国的基础教育方面，作出了切实的贡献。任敢的逝世使我们感到无比的伤痛，是教育界的一大损失！

1982. 2. 12

---

　　* 原载于《真诚的教育家傅任敢纪念文集》，首都师范大学出版社 2013 年版。

"八议"*

"八议"制度是中国封建刑律对八种权贵人物在审判上给予特殊照顾的制度。对于这些权贵人物来说，就是一种特权。

"八议"包括议亲、议故、议贤、议能、议功、议贵、议勤、议宾。"亲"指皇室一定范围的亲属；"故"指皇帝的某些故旧；"贤"指朝廷认为"有大德行"的贤人君子；"能"指"有大才业"，能整军旅、莅政事，为帝王之辅佐、人伦之师范者；"功"指"有大功勋"者；"贵"指执事官三品以上、散官二品以上及爵一品者；"勤"指"有大勤劳"者；"宾"指"承先代之后为国宾者"（《唐律疏议·名例》）。这八种人犯了死罪，官府不能直接定罪判刑，而要将他的犯罪情况和特殊身份报到朝廷，由负责官员集体审议，提出意见，报请皇帝裁决。这八种人犯流以下的罪，都要减一等论罪。唯一例外是，如果他们犯"十恶"，则不适用上述规定。

"八议"制度起源于周代。《周礼·秋官·小司寇》有"以八辟丽邦法"的记载。辟即法，八辟即议亲之辟、议故之辟、议贤之辟、议能之辟、议功之辟、议贵之辟、议勤之辟、议宾之辟。秦用商鞅变法，强调"一赏、一刑、一教"，"刑无等级，自卿相、将军以至大夫、庶人，有不从王令、犯国禁、乱上制者，罪死不赦"（《商君书·赏刑》），因此没有在刑律上对特殊人规定特殊照顾的"八议"制度。汉承秦制，也没有"八议"制度，但有对高级官吏犯罪给予特殊照顾的事例。汉高祖八年（公元前199）"春，令郎中有罪耐以上，请之"（《汉书·高帝纪》）。以后在宣帝、平帝、光武帝时都有类似诏令。东汉时屡有"八议"的议论（《九朝律考》）。在律典内明文规定"八议"，是从魏开始。晋、宋、齐、梁、陈、北魏、北齐、北周、隋、唐、宋、辽、金、元、明、清都有"八议"。但各朝规定不尽相同。大体说来，隋较唐宽，宋抄袭唐，明、清则转趋于严。唐、宋的君主比较重视"八议"的

* 原载于《中国大百科全书·法学》，中国大百科全书出版社1984年版。

规定，为的是防止人们"有轻吾爵禄之心"（《宋史·刑法志》）。唐贞观二年，岐州刺史郑善果犯罪拘囚，太宗提出善果的官品不低，不应与诸囚为伍，并要求自今三品以上犯罪听于朝堂俟进止。宋政和间有品官犯罪、不得和常人一样加讯的诏令。明、清则不同。清钱大昕《十驾轩养新录》载："明名例律虽载八议之条，乃戒治狱官勿许引用"，《大清会典》有"八议之条……不可为训"的话。清雍正六年三月，世宗给内阁的谕旨说："八议之条……我朝律例虽仍载其文，而实未尝照此行者，盖有深意焉。"所谓深意，实际是要求显贵率先奉法，一切听命于皇帝。历史表明，在封建国家发展的过程中，王权伸张总是通过剪除或削弱权势炽盛的达官显宦来达到的。封建末期的明、清王朝，要竭力巩固君主专制权力，因此不重视以维护达官显宦为目的的"八议"制度，是很自然的。

"十恶"[*]

　　"十恶"是中国封建时代十类重罪的总称。这十类罪行是谋反、谋大逆、谋叛、恶逆、不道、大不敬、不孝、不睦、不义和内乱。这些罪行被封建统治者认为是最重的罪，故称"十恶"。"十恶"是从秦汉起逐渐形成的。秦律有不孝、不敬等罪名。《唐律疏议》说："汉制九章，虽并湮灭，其不道、不敬之目见存"；谋反、大逆、不孝、内乱也有案例可资考证。到南北朝，"十恶"的各条大致都有了。北周"不立十恶之目，而重恶逆不道、大不敬、不孝、不义、内乱之罪"。北齐律把反逆、大逆、叛、降、恶逆、不道、不敬、不孝、不义和内乱，列作重罪十条。隋《开皇律》就北齐刑制加以损益，创设"十恶"名称，即后来的"十恶"。

　　按唐律注释，"十恶"的内容是：（1）谋反，"谓谋危社稷"，即图谋推翻封建王朝的统治。（2）谋大逆，"谓谋毁宗庙、山陵及宫阙"，即图谋毁坏皇帝的家庙、祖墓及宫殿。（3）谋叛，"谓谋背国从伪"，明、清改为"谓谋背本国，潜从他国"，即图谋背叛国家。（4）恶逆，"谓殴及谋杀祖父母、父母，杀伯叔父母、姑、兄、姊、外祖父母、夫、夫之祖父母、父母者"。（5）不道，指灭绝人道，如杀死一家三口，而被杀者都不是应判死刑的；或用肢解的手段杀人；或用蛊毒的方法，企图使人中毒致死。（6）大不敬，指对帝王不尊敬的言行，如盗取帝王祭祀用的物品或帝王日常穿戴的物品，盗取或伪造皇帝的玺印，为帝王配制药物有错误，为帝王做饭菜误犯食禁，为帝王建造的车船不牢固，咒骂帝王，无理对待帝王派遣的使者。（7）不孝，指对直系尊亲属有忤逆言行，如控告或咒骂祖父母、父母；祖父母、父母在世时别籍异财（分居），不予供养；居父母丧时嫁娶作乐，脱去丧服，改着吉服；闻祖父母、父母丧，匿不举哀；诈称祖父母、父母死亡。（8）不睦，指谋杀或出卖缌麻以上亲属，殴打或控告丈夫、大功以上尊长和小功尊亲属（见服

　　* 原载于《中国大百科全书·法学》，中国大百科全书出版社 1984 年版。

制）。（9）不义，"谓杀本属府主、刺史、县令、见受业师，吏卒杀本部五品以上官长；及闻夫丧，匿不举哀，若作乐，释服从吉，及改嫁。"（10）内乱，"谓奸小功以上亲，父、祖妾，及与和者"。从上述内容可以看出，"十恶"主要是维护封建皇帝的专制统治和君臣、父子、尊卑、上下的封建伦常关系。

　　封建统治者对"十恶"的严厉态度表现在：（1）在名例律中立下"十恶"专条，强调这些罪行的严重性质。（2）犯"十恶"罪的人即使属于八议的范围，也不得享受议、请、减的照顾。（3）"十恶"为"常赦所不原"（见赦免）。（4）对"十恶"罪规定了很重的刑罚，对谋反、谋大逆的处罚尤重。唐律规定，谋反、谋大逆，犯者皆斩，家属缘坐，父子年十六以上皆绞。明、清律规定，犯者凌迟处死。"祖父、父、子、孙、兄、弟及同居之人，不分异姓，及伯叔父、兄弟之子，不限籍之同异，年十六以上，不论笃疾、废疾，皆斩。"史籍记载，初唐时期州县地方出现犯"十恶"罪时，其主管长官州刺史有因而受弹劾者。

古希腊的法治与民主（上）[*]

　　法律是统治阶级维护其统治的工具。它的作用在于能体现统治阶级的意志维护社会的生活秩序。运用得当，有利于政治的稳固和社会经济的发展。因此，依靠法律进行统治（本文简称"法治"）从来是有远见的统治者们所乐于采用、也习于采用的治国方法。这个方法的特点是利用了法律的客观性、统一性、稳定性及其在人民中被宣扬的公正性，在政治上可以取得事半功倍的稳固效果。它确立了行为的是弃标准、严明赏罚，易于赢得人民的信心，鼓励人民进取和遵纪守法。历史上法制修明的时代总是生产发达、政治安定、社会进步的时代，这绝不是偶然的。

　　法治问题，作为一种方法，初不必与民主有什么不可分的关系。历史上不乏"任法"而专制的国家。西方近代资产阶级国家所谓"法治"，把人民的承诺作为立法的依据，于是法治问题才成了人民民主自由权利的基本保障问题。

　　古希腊是西方古代文明的中心。希腊人重视法治的精神表现在他们政治法律的实践上以及希腊思想家们对于法律和法治所阐明的深刻而精辟的创见和理论上。古希腊的制度在荷马时代以后，大体上经过君主、贵族、僭主暴君，最后进入民主政治（斯巴达则停留在贵族统治下），民主与法治亦形成了重要联系。鉴于古希腊文明对于后代特别是西方社会的深刻影响，探讨古希腊法治与民主的传统具有现实意义，可以使人深受启发。这篇短文偏重谈谈法治方面，兼及其与民主关联的问题。全文只是一个概述，在今天全国上下加强法律问题的研讨中，不过是对这一问题的初步探讨而已。当然，我们必须牢记：法治体现统治阶级的意志，属于国家的大政、方针、政策，直接牵涉国家的立国根本。它虽然是阶级统治的工具，却不能仅被看作是一时的权宜之计，或视作具文；那是法治的反面，因为法行禁止正是为政威信所关。

---

* 本文是曾炳钧 1985 年 4 月提交给中国政法大学法制史教研室的论文，未发表。

· 449 ·

有法不行，则"民无信不立"，贻患无穷，这是不用说的。

古希腊人对于法治与民主的贡献有两个方面。一是在实际政治上对法的实践，一是在理论上对于法学和政治思维的开拓和发展。我们从法谈起，然后连带谈法治与民主的关系。

在实际政治上，希腊城邦引人注目的一个政治特色是流行着一种宪政主义。在公元前千年左右，希腊半岛上已经有许多以一个城为中心由氏族部落组织发展起来的城邦，各城邦有各自从原始社会氏族部落组织沿袭下来、共同遵守的习惯规则。这些规则一般是杂乱的、不成文的，以后逐渐成为法律。随着社会的发展、阶级矛盾的演变、政治上的起伏，这些城邦国家经历了由君主制转变为贵族制，及至僭主暴君，终至民主制的过程，法律亦相应起了变化，并增加了成文的部分。例如梭伦改革的立法便是成文法（雅典最早的成文法典是德拉柯在公元前 624 年提出的法典）。古希腊城邦在我们今天看来不过是一些地狭、人稀、力弱的小政治集团，但它们从不倾向融合，从来都是自成一统、各自为政，各有其政治制度及规定其政治和社会制度的法律。如亚里士多德的《雅典政制》所示，雅典在倾覆前经历过多种宪法，包括梭伦时代的宪法、德拉柯以前的宪法，直至更古老的塞修斯时代的宪法，以及梭伦以后许多修改的宪法。希腊其他城邦的宪法大概如此，它们的制度的演变倾向一致。大抵在公元前 750 年至 650 年，君主制一般都已消逝了，至 6 世纪后又都卷入民主潮流，唯保守的斯巴达人还同时保有两个国王，但削弱了君权实际是贵族在执政。

希腊城邦在这么早的历史时代便这么突出了法的作用，这是希腊文明的一大特色。当然，古希腊时代所谓法还比较杂乱，绝大部分是不成文的，包括宗教仪式、敬奉鬼神、道德规范及地区习惯等。据近人马克西的诠释，希腊人用以表示"法"的意思的三个词各有不同的含义，或指命运、自由，或指正确、公道，或指公众的习惯或政府的规定，而皆译为"法"。大抵古代社会里法与礼仪、神教、道德等是分不开的，所以古希腊的法律是杂有政治、宗教、道德等规则律令的汇集体，而宪法则是其中涉及政治和社会制度的根本规定。以今天的眼光来看，古希腊城邦的法律内容是比较原始的，如民刑事案件的分类、罚款与损害赔偿的区别，在案件处理上不免混淆不清等。考虑到当时的历史时代和法律科学在创始的初期，这些都是可以理解的。

我们这里要着重讨论的中心问题还在于古希腊人尊崇法律的精神，这一点很重要，是法治问题的核心。因为有法而不重法，法不起作用，等于无法。只有人们真正尊崇法的约束时，才有可能切实维持法的尊严或不可触犯性，才能期望所有的人无条件地遵守法律，从而保障当时的经济政治秩序不被扰乱，并促进社会的不断前进。

但讨论这个问题比较困难。首先是年代久远，我们对于古希腊这方面的知识很有限，希腊城邦的法律状况也有许多差别。对这一问题的系统研究，亚里士多德曾收集过大量材料，除《雅典政制》外，后世无传。我们只能就人们所熟知的一二城邦记籍有征的具体事例，根据史家的论证说明我们的看法。我们将简单地提到斯巴达，更多地分析雅典，这似乎也是一些历史学人的倾向，大概也不太背离历史的实际吧。

斯巴达与雅典是希腊半岛上两个主要的城邦，各有其立国的精神和特点，又都有若干盟国的拥护，各代表希腊城邦中的保守和民主势力倾向的联盟。从这两个城邦的倾向，亦可窥见两个联盟城邦的大略倾向。

就斯巴达来说，希腊历史学家希罗多德（Herodotus）在他的《历史》中记载了一个斯巴达流亡者与入侵希腊的波斯王塞热斯（Xerxes）的谈话。这位流亡者在回答塞热斯询问斯巴达人在没有国王威力的情况下是否还能对波斯抗战时说："斯巴达是自由的，但不是在一切方面都自由。法律是他们的主宰，他们之畏惧法律甚于臣仆对王之畏惧。"这是说一般斯巴达人是严格执法与守法的，他们能依从法律的指导和要求而临危不乱，以法律指导自己的行动，捍卫自己的城邦。斯巴达自纪元前9世纪末莱克古士（Lycurgus）改革以后，虽然在政权组织形式上有由全体公民参加的人民大会，实际上国家大权一直掌握在贵族垄断的执政官和贵族院手里。政治上保守、精神上尚武、法纪严明、信赏必罚，人民从幼小时起即经受严格的军事锻炼，在严酷的教育熏陶下重法守纪的观念深入人心。这是容易理解的，而从这一对话里亦可引申出一个推论，即在当时的斯巴达，法的权威不下于国王的权威。在当时的希腊，不遵守法律僭夺君权的国王便被称为暴君，这是当时的公论。

上面所论只是就法言法，略谈希腊一般法律发展的片段和作用，还未涉及法治与民主的关系，以下将较详细地考察雅典的法治问题。在这里法律与民主的交互关系明显突出，即民主制度从根本上加强和保障了法治，而法治则足以巩固民主秩序。这个近代国家的法治原则，雅典时期人们已经预见其端倪了。

　　需要说明的是，在政治制度上，近代所谓民主主要是指每个公民在政府执政人选的变更和抉择上有投票的权利，即所谓人民当家作主的权利。在希腊时代，民主的内涵对于公民来说比近代更确定、更充实。希腊人是如何看待民主的，我们从希腊历史学家希罗多德的《历史》中评价民主的语言就可以确切地了解。雅典的制度从梭伦时代才有了民主根基，经过暴君篡政，至纪元前 5 世纪在克里塞尼斯（Clisthenes）执政后才把民主制逐步巩固下来。希罗多德的年代（484B. C. — 425B. C. ）正是雅典民主稳定上升的时代。希罗多德叙述了一段波斯人在诛戮了暴君以后几个贵族商讨建立何种制度的问题，他们把君主、贵族、民主制度的利弊都讨论到了。一位向往民主制的奥坦理斯（Otenes）对于民主制是这样说的："说到群众的统治，这个名称就很美了。它在法律面前人人平等，它用抽签的方法解决官吏的轮换问题，让官吏负责、受监察，它把一切应该考虑的事情统统带到集体中来。"希罗多德在这里把法律面前人人平等和责成官吏对人民负责作为民主制度的要点是很有意义的，这涉及政治团体的根本组织原则和社会公平的必要条件，是进步的政治法律制度的基本出发点。希罗多德这个故事近似神话，但它所提出的主张毋宁是作者通过异国故事中人物的语言来表达个人看法或者当时流行的公论，因为这里所说的民主制度实际上是和雅典民主制度的内涵等同的。我们这里所要特别注意的恰是法律平等和官吏负责、接受监察的问题。

　　我们已经提到，雅典的平民政治或民主政制是经过长期的阶级斗争形成的。属于民主制内涵的法律平等、官吏负责、接受监察就是雅典人民斗争得来的重大成果。就法律平等而论，道理很明显，具体说就是法律对于每一个雅典公民在法律上不得有歧视的对待，即不得违反公平原则，无端压制或亏待某个人或某些人，而偏袒、偏利某个人或某些人。这并不是要求在一切方面人人都要绝对平等，那是不可能的，也是不公平、不合理的，因为人不可能在一切方面都平齐划一。它只是要求每一个公民都能受到法律的同等保护，使他的权利不受非法侵犯，但他也同等地受法律约束、不得违法或侵犯他人权利，否则便要受法律的同等制裁或者惩罚。这个保证公民不受歧视、也不得有特权的平等原则，就是近代资产阶级民主革命以后大肆宣扬的法治主义原则。它在纪元前几百年的雅典民主制下早已被提出并付诸实践了，但它不是偶然发生的，或者来自什么人的恩赐，而是阶级斗争的产物，代表了平民的迫切要求和社会生活的理想。从来专制君主和贵族的统治无一不是特权统治，他们利用出身门第、土地财产和军事力量的特殊地位，垄断了国家的政治和其他种种权力，可以任意无视、侵犯人民利益。在冤抑不平的驱迫下，人民急迫的最低要求首先就是法律能给予他们以平等保障，取消特权。我们可以看到，雅典政治民主化的过程就是雅典平民对当时的贵族统治阶级要求平等和取消特权的过程。没有法律的平等，就没有民主。政治法律上的平等实现了，雅典民主的大门才算真正打开了。这差不多是古今中外的通例。而平等的关键是在于取消特权，不容许有任何人不受法律制约或自居于法律之上。即便在平民当政之后也是如此，或者应该说更当如此。否则，就又回到贵族统治的特权时代去了，只不过换了一批新门第、新面孔罢了。

关于官吏负责并受人民监察是一个非常重要的问题，曾有人这样说过：不管在什么国家、什么制度下都有"治者"与"被治者"的问题。这是说，国家必须有职司公共管理的官吏，官吏实际就是"统治者"，其余的人就是"被治者"。统治者与被治者地位不同就有矛盾，我们应当看到这个矛盾，不能无视这个矛盾。资产阶级民主革命时期，卢梭的学说即试图在理论上解决这个矛盾。他的理论主要是证明在君主国家里人民既是被统治者同时也是主权者即统治者，两种资格集于公民一身，服从法律是"自己服从自己"，矛盾似乎得到统一。由于近代国家地广人众，民主制只能是人民代表制，即必须以让代表人民的政府向人民负责的方法来体现民主，不能有别的更好的办法。在这种条件下，官吏向人民负责是理所当然的。而卢梭（自称日内瓦公民）的个人理想和感情，更倾向于小国寡民希腊城邦式的民主国家。希腊城邦的民主不同于近代的代表制而是直接民主制，公民确是兼有治者和被治者两重资格。这样，是否还有官吏负责和受监察的问题？从希罗多德的历史故事来看，对照历史，使人作出如下理解：第一，希罗多德叙述奥坦理斯所说民主制下官吏向人民负责、受人民监察是当时希腊城邦民主国家现实存在的法律制度。它表明当时流行的民主制的这项基本内容不同于君主的专制和贵族的擅权；在民主制下执掌大权的长官亦从属于人民，必须听从人民的公意和呼声，接受人民的批评和纠弹。无论他们的职位有多高都不得不遵循法纪，不得一意孤行、为所欲为、高居于人民之上。第二，官吏对人民负责的说法不单是一项客观事实的叙述而已，而是道出了民主制所必须具备和不可丧失的一个条件。具备这项条件才有民主制，没有或丧失这项条件，民主制便不复存在。历史上不少的人依靠了人民大众的力量成功地反抗了当时的暴政压迫，而在推倒了旧政权跻身高位以后又千方百计地摆脱人民的控制，一变而为新贵族或暴君，鱼肉人民。此前希腊政治上反复的政变，往往如此。民主制下作为官吏而不向人民负责，这是不可想象的。当人民的官吏心目中没有人民，认为自己可以背离人民追求自己的特权时，他们在国家机器中已变得"尾大不掉"，如果人民没有能力扭转这种倾向，民主法制也就名存实亡了。如果民主法制不能维持这一条根本原则，那么，法律平等的原则亦将不能维持。

雅典直接民主制的极盛时代，在贯彻法律平等和官吏对人民负责这类原则上是不成问题的。在这个时期，雅典由全体公民组成的人民大会是国家权力的中心，是国家的最高政治权力机关。它发布最高行政命令，对于所要过问的一切事项有最终决定权。由于每一个公民都是人民大会的当然成员，在大会上有参与对一切政务作出决定的权利，可由抽签决定担任轮换的官吏或担任司法陪审，因此公民真正成为国家的主人。这样，不可能有什么政治势力阻碍法律对人民的平等对待和官吏的服从民意、尽职守法了。但是，如前所述，这种政治局面的形成、人民权利的伸张，是经过平民长期、反复的斗争才争取到的。且不必说在梭伦改革以前的贵族寡头专政，梭伦改革虽然摒弃了贵族权力的世袭制，但设置了选任官吏的财产条件，即按公民财产的多少将公民分为四个等级，权力最大的高级职位只能从财富最多的等级公民中选任。财富等级较低的只能充任职位较低的官吏，而财富条件最差的则不得充任任何官吏。当时的人民大会虽有广泛的权力，但它的活动受四百人会的限制，而四百人会又是从财产最高等级的公民中产生的。一般贫苦的农民和工商业者虽然具有出席人民大会的公民权利却不能任官，并且迫于生计也不能经常出席大会。因此，政治实权仍操纵在贵族和新兴的富人手里，其结果导致产生篡夺整个国家权力的暴君，又回到寡头暴政统治。

直到纪元前五百年左右，雅典摆脱了暴君专制，恢复了原来的宪政，又经克里塞尼斯改革，分散了贵族集团的力量，平民的势力得以伸张，同时引进了一条新的立法，让公民对其不信任的政治领袖得投票决定予以放逐，以防止野心家破坏宪法事件的重演。这大大加强了大会对于政府官吏的监察和控制，进一步巩固了雅典的民主法治。后来雅典逐渐放宽以致解除任官资格的财产条件，公民出席大会或陪审法庭都给予津贴报酬，直至最后人民大会大权独揽。据亚里士多德在《雅典政制》中的叙述，雅典宪法的第十一次修改时起，"人民大会的权力一直在增长，人民使自己成为一切的主人。用命令、用人民当权的陪审法庭来处理任何事情，甚至议事会所审判的案件也落到人民手里了。他们这样做显然是做得对，因为少数人总比多数人更容易受金钱或权势的影响而腐化。关于出席大会给予津贴的问题，该书写道："最初，出席民众会有给制的建议被否决，而普律塔里斯不断用种种方法诱导大众来参加举手批准决议，所以菊里乌斯最初给一个俄勃尔，在他以及……给增加到两个……而……又给增加到三个俄勃尔。"

这是平民与贵族之间从极度不平等的政治法律地位转变到完全平等地位的演化，是一个历史久长不断斗争前进的过程。达到了真正的法律平等，雅典的政治民主就真正实现了。雅典的历史表明，社会的和平与进步需要公平与民主的法律秩序，而民主与法治又是互相为用的。没有公平合理、严禁特权的法律制度，便绝不能有民主；没有执法官不徇私的民主精神，法律便只能是一纸空文。平等对人的民主法律，要求人人平等遵守。平民不守法，扰乱了法治；官吏知法犯法，不只破坏了法纪更危及民主，因为这可能导致特权统治的复辟。

为了维护法律至上，希腊城邦一般还有一条原则，即政府的命令不得与法律相抵触。如果有人在人民大会上煽动大会通过违反法律的决议或命令，他在一年内有可能被控违法，在法院受到检举。这颇近似现代美国的复核制度，但美国是三权分立的联邦制度，根据宪法至上的原则，最高法院的司法复核对各州与中央、政府各部门间以及人民与政府间的矛盾起统一平衡的作用。希腊的这一原则亦起到了法律统一的作用，这在任何有组织的近代国家都是必要的。在疆土辽阔、民族复杂的国家，为了防止各方利害分歧、意见不一、政出多门，更是绝对必要的。希腊城邦政府的命令和决定不得与法律相抵触的原则充分表明了希腊城邦的法律至上主义。值得特别提出的是即使人民大会的一般命令和决定也不例外。而人民大会在雅典这样的民主国家是最高权力机关，这个原则实际对最高权力机关的权力也加上了一重限制。尽管这个限制不很重大，因为法律亦是要通过人民大会这个公民全体接受的，只不过法律的采用其所经过程或程序比一般的大会命令和决定更要慎重罢了。希腊人对于法律的尊严如此重视，我们还可以从雅典政治活动家德谟森内斯（Demosthenes，385B. C. — 328B. C.）对一个雅典公民陪审团的一段演说辞中看出他们的用意。他说："雅典公民们！人们的一生，不管他们是居住在一个大城或小城，总是要受法律和自然天性约束的。在这二者之间，自然天性是不规则的、不等齐的，并且带有个人独特的属性；而法律则是规则的、普遍的，而且对一切人都是一样的。自然天性也可能是堕落了的常发生邪恶的人欲。因此，你们往往发现这种人堕落于错误之中而不能自拔。法律所切望达到的是公平、是荣耀、是效益。这是法律所追求的。当公平、荣耀和效益的原则被人们发现时，就被记载下来作为一般的遏令，对一切人都是同样的、无差别的。这就是法律，它基于种种理由应该被所有的人遵守，特别是因为每一项法律都是神灵的一个发明和赠予，是智者的决定，是错误——包括故意的与无意的错误——的纠正，是一切属于这个国家的人们应当作为生活的准则来遵守的全国公约。"这清楚地表明，希腊人——特别是雅典人——尊崇法治，不但因为他们相信法律是公平的、明智的和神圣的，而且他们还认为人性是有弱点的，人的欲望可能是邪恶的。这种弱点不只在一般平凡人中屡常发现，在执政者中亦不少见。可知"人治"不如"法治"。在专制政体下平民自然要争取平等合理的法治，即在人民民主政权下有远见的政治家们也应当注意厉行民主法治，因为法治有利于保持和促进民主的发展。

整个说来，希腊人重法的精神、法律制度的发展都证明了他们的智慧。但必须指出的是：他们的整个法律体系都是为奴隶主阶级的利益服务的，他们所谓的法律面前人人平等并没有把奴隶包括在"人"之内，甚至也不包括居住在城邦而没有公民资格的本地人和外来人。所有这些不在公民之列的人加在一起，在数量上往往超过公民，但都得不到法律的保护。如果他们没有当地公民的荫庇的话，这就既不是公平的，也不是民主的。

著作

中国国家与法的历史讲义[*]

第一册

奴隶、封建社会部分

---

[*] 与薛梅卿合作编写，北京政法学院 1963 年铅印出版。

第一编 中国奴隶社会的国家与法

第一章 夏商西周春秋奴隶制国家与法

(约公元前 2100 年—公元前 476 年)

第一节 中国国家的起源

与反动的资产阶级历史学家断言中国不曾有过奴隶社会的说法相反，"中华民族的发展（这里所说的主要是汉族的发展），和世界上别的许多民族同样曾经经过了若干万年的原始公社的生活。而从原始公社的崩溃，社会生活转入阶级生活那个时代开始，经过奴隶社会、封建社会，直到现在，已有了大约四千年之久"。（《毛泽东选集》第二卷，中国革命和中国共产党，592 页）

中国原始公社时期无阶级无剥削的生活，周秦时代曾经有过不少人颂扬和追述过（如《礼记·礼运》），不在国家与法的历史所要讲述的范围。而从国家与法的历史的观点来说，中国社会转入阶级生活的时候，也就是中国史上出现了奴隶制的时候，也就是中国国家起源的时候。

这一转变究竟发生在什么时候呢？

根据历史的记载，与地下考古的发掘相印证，殷商已经是奴隶制的国家。由商上溯，虽然缺乏确凿的记载，但传说中的"尧舜禅让"，可以作为原始公社时期氏族组织的领袖须由推选产生的说明，而到禹以后，古籍流传下来的一些事迹，便又说明情况已发生根本变化了。

夏代继禹之后从启到桀在历史相传的四百多年间，所发生的一系列变化，可以说明，氏族社会的时代已经结束，奴隶制国家已经在中国夏代形成。

夏朝经历着氏族社会的解体和奴隶制国家的形成，这可以从下列的历史发展情况来判断：

第一，夏代的生产力比原始公社时期已经有较大的发展，生产有了剩余。

这有各方面的旁证，如孔子说"行夏之时"，足知夏人对天时有了比较准确的知识。这非到农业生产有高度发展时不可能。又如相传"禹恶旨酒"，而"旨酒"是粮食酿造的，禹时既然有旨酒，可知粮食生产有富余了。

第二，有了私产，出现了剥削，产生了奴隶。相传禹时已有因债务沦为奴隶者。这足为已有私产和剥削的直接说明。

第三，"夏传子"，而且夏代的王位自启以后是几经争夺才最后稳定的，这清楚地表明，这时原来氏族首长已经变成了凌驾于社会之上的权力者了。它已经成为强有力者争夺的对象。事实表明，国王已逐渐成为奴隶制国家的最后统治者。

第四，夏代不只是有了阶级，有了债务奴隶和俘虏的奴隶，存在着阶级矛盾，而且阶级矛盾已到了不可调和的程度，如夏桀以太阳自比，而被压迫的群众，对于他却诅咒地说："时日曷丧，予及汝皆亡！"（意思是说："这个可恶的太阳，为什么还不完蛋，我要你和我们一样活不成！"）群众要和他同归于尽，矛盾的不可调和是再明显不过的了。

第五，古史所载，夏代许多事例都足以说明夏时已有国家。甲，已经实行按地域划分的统治，"禹贡九州"即表明统治地域的划分；乙，已对农业实行赋税性质的征收，孟子所谓"夏后氏五十而贡"（每人分田五十亩，把收获的一部分交给国家和贵族）；丙，夏代已有刑罚监狱，历史有禹见囚人的流传，《左传》谓"夏有乱政，而作禹刑"，刑罚已经是国家的镇压反叛的工具了；丁，禹时起对外已经是采取暴力慑服的手段，如史传禹会诸侯于涂山，防风氏后至，便遭到了禹的杀戮。

从以上各种事例看来，夏代国家的形成经过了长时期的渐变过程，我们可以说，从夏禹传子起这一转变便开始了，而至迟在桀灭亡以前，夏的统治已经完全具备了国家这一阶级统治工具的一切标志和属性。在这个时期里中国的第一个奴隶制国家已经完全确立了。

第二节　奴隶制时期的社会概况

一、历史概况

中国社会从夏时起便进入奴隶制时期，中国古史的夏商周三代几乎都全在这个时期以内，因为周在动迁尤其进入战国以后，便已名存实亡了。夏由禹到桀，历十四世十七王，确立了以私有制为基础的传子制度。商汤灭夏，奴隶制度更加发展和巩固，经过十七代三十一王又灭于周。周代在平王东迁后，经过"春秋"以至"战国"时期，由于生产力的发展，社会基本状况产生变化，奴隶制的经济基础破坏了，奴隶制的国家也就为封建制国家所代替。

在这整个时期里，关于周代我们知道得较详，记籍亦最多，关于夏代我们知道得最少。商代则除古代的记籍外，几十年来殷墟的发掘，使我们得到许多实物材料。甲骨文的考订亦使殷商历史重新有了可靠的印证。

夏族活动的区域初在黄河下游，即今河南、河北、山东毗连的地方，后来逐渐西迁，到河南西部和山西西南部。畜牧业和农业在禹前即已发展，当时的耕种还用木石工具。但从商代青铜器制造的精美程度和晚近出土的相当于夏代的青铜器来看，夏代也已经使用铜器了。由于黄河流域是黄土壤，便于耕种，又兼在禹领导下有了广泛的水利工程，对农业提供了便利的发展条件，农业、手工业已有分工，所以夏代生产力较前有显著提高，这使夏代有阶级分化和奴隶制剥削的可能。

商代农业和畜牧业较夏代又有提高，农业在生产中占最重要的地位。手工业如青铜器、骨器、陶器等生产已很精致。青铜器的工艺技巧发展到了很精美的程度。从著名的司母戊鼎和其他精美的殷商出土青铜器，我们可以概见商代劳动人民所创造的灿烂的青铜文化。商业交换比较发达了。当时的大邑如"天邑商"便是贸易的中心。

周之先人，后稷、公刘、大王皆以农业兴盛。武王灭殷后，农业更是主要的生产，达到了很高的水平。诗称"乃求千斯仓，乃求万斯箱，黍稷稻粱"，可以想见周时农业收获的繁盛。手工业、商业、畜牧业亦有相应发展。但总的说来我国古代奴隶社会的生产力，在商代和灭商前的周族社会内还没有充分展开，而促使新的封建制生产关系得以产生的物质条件——生产力，在商代和灭商前的周族社会里还没有具备，因而商朝的灭亡和周朝的建立，也就和商灭夏一样，只能是奴隶制国家的改朝换代，而不是奴隶制的灭亡。

为了了解周代的制度，我们还必须扼要地回顾一下周初的政治形势。原来商族活动的地区在现在的山东、河南、河北等地，而周族则是从陕西由西向东发展的。当殷都陷落殷商覆亡的时候，只是周人向东发展的初步成功，商朝的许多与国并未向周臣服，商人在黄河下游还保存着相当的势力。

当时中原地区诸民族的情况颇为复杂。周族以原仅百里的小国入主中原，如何妥善地对付这些异民族，尤其是商族，为数最多，势力最大，是个头等重要的问题。对于商族，太公甚至主张把他们全部杀绝，但周朝终于采用了周公以殷制殷的策略，这个策略是维持商人原来的阶级矛盾、阶级斗争，所谓"使各居其宅，田其田"，也就是说，原来殷人的土地占有者和奴隶主都还是照旧占有原来的土地继续做奴隶主。

武王的具体措施是：攻下殷都后，没有占据殷都和殷王畿，而封纣子武庚为诸侯，以贯彻对殷遗民的统治。又分商地为三部，命自己的兄弟管叔、蔡叔、霍叔各居一部，监视武庚，称为三监。这就是既利用殷人以统治殷人，又用周国亲信重加控制的办法。

武王灭殷二年后病死。子成王幼弱，周公以武王的同母弟的身份辅王摄政，三监不服，扬言周公辅政"将不利于孺子"。武庚乘机串通三监，联合东方的徐、奄、蒲姑等国，发动复国战争。周公东征三年，才把这场大乱平定，杀了武庚和管叔，攻灭了奄等十七国。

当时周都镐京（称为宗周）偏在陕西。为了加强周王室在东方的控制力，周公在洛阳建筑了一个宏壮的东都，称为成周，并把一大部分"殷顽民"迁到那里，就近统治。派八师兵力驻守（一师二千五百人），监视顽民。除宗周和东都外，周公把商旧都及畿辅之地封给文王的少子康叔，国号卫；把商丘一带及一部分殷遗民封给纣的庶兄微子启，"以存殷祀"，国号宋；把奄国旧地封给周公之子伯禽，国号鲁；又封功臣太公望（姜姓）于齐；封同姓召公奭的儿子于燕。都是取商朝旧有诸侯国而代之的。武王、周公、成王先后封宗室子弟、姻戚、功臣，建立了诸侯国凡七十一国，其中武王的兄弟十五人，同姓四十人。周贵族一般都得到封地，做了大、中、小诸侯。这种封建国实际上是一种比较原始的武装的部落殖民。每一诸侯国都是统治氏族的据点。周初就是这样逐步扩展了周人的实际有效控制范围。

西周时期（公元前 11 世纪——前 771 年，即周在迁都洛阳以前的时期），周室相对强大，保有天下共主的威权，诸侯国共有尊奉王室，不得自相兼并攻伐。但积久，宗周在戎族威胁下，平王动迁洛邑。王室衰弱，不再有控制诸侯的力量。而原较宗周落后的诸侯国，经过长期休养生息逐渐兴盛起来，于是诸侯放恣，互相兼并，齐、晋、秦、楚、燕为大国，出现了春秋以后的诸侯割据、战争不息的扰攘局面。至周元王元年即公元前 476 年时，中国社会由于生产力的发展，生产关系的改变，便进入了封建时期。

二、经济和阶级关系

从夏时起，社会主要生产已经是农业，而作为农业主要生产资料的土地，则为代表奴隶主贵族阶级的国王所有。孟子说殷王对土地和奴隶的所有情况是"尺地莫非其有也，一民莫非其臣也"；《诗经·北山篇》说，"溥天之下，莫非王土"；《礼记·王制篇》说"田里不鬻"（不能买卖），这些都可证明。

商周都实行井田制，所谓井田，即方块田。有完整的灌溉系统和准确的亩制。井田耕种的劳动是集体劳动，从事劳作的是奴隶或沦为奴隶状态的市民或公社成员。就当时生产工具落后情况来看，耕作是沉重的劳动，需要集体协作是很自然的。耕作用耦耕的协作方法。在这样一个背景下就易于理解《诗经》上所描写的"千耦其耘""十千维耦"的大规模集体劳动的场面了。

从周朝的情况来看，井田制度和宗族分封制是密切联系的（关于宗族分封，下面将有说明）。周朝奴隶主贵族施行井田制，除灌溉系统问题外，有两层作用，对诸侯和百官说，是作为俸禄的等级单位；对于直接耕种的被役使的奴隶来说，是奴隶主便于督课奴隶劳动的管理单位。

夏商周时期社会阶级的划分主要是奴隶与奴隶主阶级。

关于夏代奴隶的一般状况，文献不足，我们只知道禹时已有债务奴隶。有扈氏被启征服并罚做牧奴等。商时奴隶制显著发达，奴隶工作有专业的分工。有农业奴隶、畜牧业奴隶、手工业奴隶和家内奴隶。甲骨文里被称为"众"或"众人"，在《尚书·盘庚篇》被称为"民"或"畜民"的是农业奴隶。他们除在商王和奴隶主贵族的井田上进行大规模的集体劳动外，还需担负繁重的土木劳役，以及在田猎和战事中充当徒役。甲骨文里称"刍"或"刍刍"，称"多刍"或"多马刍"的是牧业奴隶，同时为奴隶主从事田猎。被称为"工"的是各种手工业作坊中工作的奴隶。此外，有臣、妾、奚、仆等，则是贵族的家内奴隶。奴隶是殷代被统治被剥削的对象。他们不被奴隶主当作人看待。奴隶不只要受奴隶主的残酷剥削，而且还可以随时被奴隶主当作牲畜来买卖或者任意杀戮。甲骨文中有许多把人与牛羊犬豕一起用作祭牲的记录。殷墟发掘中发现大量人殉的尸骸。解放后在安阳武官村的北面发现商代贵族的一座墓葬，被杀殉的人骨可以计算的即有二百三十五架。

周朝的奴隶同殷一样被用于农业手工业和家内劳动。当时农业生产者称作"庶人"或"庶民"，是奴隶主贵族的农业生产奴隶，"牧""圉"是牧畜奴隶，"小臣""阍人""寺人""驭""舆""台""皂""隶"等为服役奴隶。另外有"百工"是从事手工业制造的手工奴隶。妇女婢妾从事采桑养蚕的叫蚕妾，从事纺织或其他手工的叫工妾。到目前为止我们虽还没有发现周代用奴隶大规模殉葬或用作牺牲祭祀的证据，但周时任意处死奴隶的例子还是不少的。对奴隶的买卖还设有专门官吏管理。至于用奴隶来作赠送或赏赐的事例则尤其多。奴隶们的日常工作繁重，在奴隶主专职的官吏如司工、工正、车工、陶正等的监督下进行劳作。农业奴隶则受田畯的监督。

夏商周三代奴隶的来源有几种情况。

（1）战争中的俘虏，这在夏商周三代都有不少记载。周代记载尤详，如晋景公把狄人的俘虏一千家赏给有战功的荀林父。把俘虏做赏赐，自然是用作奴隶了。

（2）被灭亡的国家的社会成员，包括统治阶级和被统治阶级。

（3）因债务或犯罪而沦为奴隶的，债务奴隶相传在禹时便早已产生了。至于触犯了统治阶级和最高统治者被罚为奴的，更是屡见不鲜的事情。如殷纣时，"箕子为之奴"，便是显明的例子。

（4）宗族或显族，降为奴隶的，如晋叔向对晏婴诉说晋国的情况，说晋国显族"栾、郤、胥、原、狐、续、庆、伯，降在皂隶"，这种社会变化，当然不是晋国独有的现象。

此外农村公社成员或宗族成员，在农村公社或宗族组织的形式下从事农业劳役，虽然没有蒙上舆台皂隶的名称，但所受的剥削和压迫，实质上也是奴隶。

中国奴隶制的一个特点在于有宗族奴隶（或称种族奴隶）的大量存在。因此三代的奴隶制国家也可以称为宗族奴隶制或种族奴隶制国家。因为这时国家一方面是由一整体氏族所统治，在殷则由子姓氏族所统治，在周则由姬姓氏族所统治；而另一方面，大量的奴隶都属于这统治氏族所有，故当时以殷王或周王为首的统治集团即氏族贵族就成为宗族奴隶主；而所有的奴隶和实质上处在奴隶地位的农民，则都是这个宗族奴隶制国家的奴隶。

三代的统治阶级是夏商周的宗族奴隶主阶级。代表这个阶级的是国王以及诸侯、卿、大夫和士。这就是当时所谓"治人"的但是"食于人"的"君子"阶级。

第三节　中国奴隶社会的国家制度

夏商周奴隶制国家是夏商周奴隶主阶级镇压奴隶阶级的统治工具。它是中国原始社会有了阶级分化后开始出现的暴力机器，是维护奴隶主阶级的阶级利益的，是为奴隶制剥削的生产关系服务的。

一、夏商周奴隶制国家的特点

夏商周奴隶制国家的特点主要有如下几点。

第一，在经济基础上，它是土地王有制，而作为农业生产资料的土地，其所有权一切属于作为奴隶主阶级的总代表者国王。国王以下的奴隶主们对土地只有占用权而没有最后的所有权。而土地王有和对奴隶制的剥削具体体现为井田制，夏商周三代都是如此，这在前面已经说过了。

与这个土地王有和对奴隶制的剥削的经济基础相适应，夏商周的国家制度都是国王专制的制度。国王专制表现在以下两方面：

甲、国王对于臣下握生杀予夺的无上威权。在夏如禹戮防风氏，在殷如纣杀比干、囚姬昌、醢九侯、脯鄂侯。在周如厉王之淫刑滥杀。

乙、国王地位由原来的氏族组织首领蜕变而凌驾乎一切之上。这一点最突出地表现在殷周国王对待臣下的专断态度上，要他的臣下一切服从"余一人"。如盘庚告诉反对迁都的贵族说，"汝无老侮成人……勉出乃力，听余一人之作猷"，又说，"无有远迩，用罪伐厥死，用德彰厥善。邦之臧，唯汝众，邦之不臧，惟余一人有佚罚"，开口闭口，余一人如何如何，"罚及尔身弗可悔"，臣下只有服从。这恰好说明殷周国王正是马克思说的"在大多数基本的亚细亚的形态里面，那高居在这一切小集体之上的结合统一体以最高的所有者或唯一的所有者的资格而出现"的人物。

第二，依靠神权统治。这一点在殷特别突出，孔子也称殷人尚鬼。殷人所以尚鬼，为的是要凭借神鬼的威灵，愚弄距原始社会不久、蒙昧无知的人民，来加强奴隶主阶级的统治，这具体表现在两个方面：

甲、祭祀的繁重和隆重。祭祀有禘祭、周祭等繁重的祭法和规定，每祭粢盛丰备，往往杀牲至数百头。"国之大事，在祀与戎"，把祭祀与打仗相提并论，殷周统治阶级对祭祀的重视，由此可以想见了。

乙、一切托之与神，几乎每事必卜，以卜筮的结果来决定事情的从违去取。《尚书·洪范》说："汝则有大疑，谋及乃心，谋及卿士……谋及卜筮。"凡有作为，龟从筮从，便认为有好结果，违反卜筮，便是断乎行不得的。神是不可违反的，王是代表神的，因此国王也就是违反不得的了。

第三，实行宗室分封制度。夏商两代，据史记所载，亦都各有封国。如夏的斟寻氏、杞氏、缯氏、辛氏、冥氏，商的来氏、空桐氏、北殷氏、目夷氏。但到周时，这些封国已经湮没无闻了。与这种情况相反，周代所封宗室诸侯国大部是西周到东周时期的主要诸侯国，而且分封制度的概略亦历历可考。所以中国奴隶制国家的宗室分封制度可以周为代表，亦以周为最突出。这一制度的作用是和当时的宗族奴隶制相适应。《左传》对此有相关记载。

"昔武王克商，成王定之。选建明德，以藩屏周。故周公相王室以尹天下，于周为睦。分鲁公以……殷民六族——条氏、徐氏、萧氏、索氏、长勺氏、尾勺氏，使帅其宗氏，辑其分族，将其丑类，以法则周公……

分康叔以……殷民七族——陶氏、施氏、繁氏、锜氏、樊氏，饥氏、终葵氏……聃季授土，陶叔授民，命以康告，而封于殷墟。

分唐叔以……怀姓九宗，职官五正，命以唐告，而封于夏墟……"

所谓"殷民六族""殷民七族"及"怀姓九宗"均属殷的遗民而被分别分配给周的宗室作为周宗室的宗族奴隶。这些宗室分封的目的明白的是要"屏藩"周室。这就是说要巩固和强化周室奴隶主阶级对奴隶阶级的统治。如上所述，周代从武王起共分封这样的诸侯国七十一个，其中同姓国五十三个。

二、宗法与诸侯国的分封

三代奴隶制国家的分封制度是与宗法制度密切结合的。

宗法本来是以血缘关系为纽带的氏族组织残余。在宗法制下，宗族组织的世系，是依嫡长子一系相承的关系，有所谓"大宗""小宗"的分派。这一制度是周朝制度的一个显著特点。周王室自武王以下，王位长子世袭，周王这一世系的世世代代都是姬姓氏族的天下大宗，而王室诸王子则为小宗；诸王子分封为诸侯国君的亦是长子世袭制，他们对周王室为小宗，而在其所封国内的宗室则为大宗。同样，诸侯国宗室的卿大夫长子继承，对国君公室为小宗，而在本氏室的宗族关系中则为大宗。因此周王与同姓诸侯及宗室卿大夫的关系有一脉相承的宗支血缘关系，同时政治上又是上下君臣关系。诸侯国君与他的宗室卿大夫关系亦是如此。这样，在周王室下，宗法统治是一个以血缘为基础的宝塔式的组织。在这个宝塔式的统治体系里，周王是塔的顶点，为天下的宗主，是统治的最上层。其次为诸侯国君，是一国所宗，但对周为臣属，为统治的第二层。再次为国的卿大夫，臣属于国君而各有其宗庙采邑，是其采邑的统治者。其下为士，士有田，是下层统治者。这宝塔的底层便是力田的庶人和奴隶了。《国语》："公食贡，大夫食邑，士食田，庶人食力。"说明了这个宝塔式的组织的剥削关系。

国王所直接统治的是王畿。周代的王畿以镐京和洛邑为两个据点。王畿之地，在周人的估计中是大约一千里见方，王畿之外，则为许许多多的诸侯国。

三代的诸侯国，夏商不详，周代的诸侯国就其起源说，可分为四类：一是开国之初，王室把新征服或取得的土地，分给宗亲姻戚或功臣而建立的，如鲁、卫、齐、燕等国。二是周开国已久之后，王室划分畿内的土地赐给子弟或功臣而建立的，例如郑、秦。三是把商朝原有的土地封给商朝后裔的，属于此类的只有宋。四是商代原有的诸侯国归附于周的，如陈、杞。四类诸侯中以第一、第二类为多。非同姓国间，又多历世结为婚姻，因此，王室与诸侯的血缘关系，不是叔伯，便是兄弟甥舅。

三、国家机关

（一）国王和王朝官吏

国王。国王是夏、商、周奴隶制国家的最高统治者，为天下的共主。入周以后，其地位更加明确地超越一切国家官吏之上。如王死称"崩"，王的特殊葬礼有"邃"，王对臣下的赐赠，臣下必须拜受。相传自禹以后，三代国王都保有九鼎作为他统治天下的象征。他的命令和统治是不可违抗的，他对于臣下可以拘禁、流放、杀戮。所有天下人皆是他的臣仆，所有的土地亦都是他的土地。他所以有这样的威权，据统治者宣称，是因为他"受命于天"。故《尚书·太甲》说，"顾諟天之明命"，《诗经·商颂》说，"天命玄鸟，降而生商"，因而国王称"天子"，郊祀天地是国王的特权和职任，旁人不可越俎代庖。所谓"国之大事，在祀与戎"，其意义就在此。假托天命，本是中国历代王朝共同的愚弄人民的统治方法之一，上述殷人尚鬼，只是说殷人更特别笃信鬼神罢了。周以后的天命之说，则是把神权统治理论化和抽象化了。王位继承法，夏与周都是父死子继，而且是嫡长子继承，商代则前一时期多是兄终弟及，后来才主要是父子相承。

王朝官吏。王朝官吏在殷代即有冢宰、尹、保衡等，权位极高，职司天下大政。又有巫、史、卜祝等，掌管祭祀宗庙事务。因为他们是神权的掌握者，也有左右一切的权力。此外有射、戎、师等官吏军事的职官，有管理"众人"（奴隶）和管理农事的"小众人臣"和"小错臣"，管理工奴的"工"官，管理室内奴隶的"宰"等等。

周代奴隶制国家的职官设置较殷更为系统完备。首先，协助天子统治天下的有太师或太保，为天子辅弼。如史称周公辅成王，周召二公夹辅周室，便是这称"师""保"的显明例子。他们是"相王室以尹天下"的人。当时职务大概很重视三个方面，所以《诗经》讲到周的职官时提到所谓"三事大夫"。所谓"三事"指的是三种官吏，即：（1）常伯，或称牧，常伯是"牧民之官"，因为庶民奴隶，不过是统治者的牲畜，所以管理民事叫作"牧民"，这种官就称"牧"。（2）常任，亦称任人，他是选人任官的职官，所以称为任人。（3）准夫，他是管理司法官吏。当时所谓"尹三事四方"是指司理这三种职务以平治天下的意思。这三种职务用今天的话说就是属于民政、人事和司法行政的职务。

周王朝的"卿事寮"（即卿士寮）组织有六卿，即所谓"六大"，六卿随侍在王左右，所以称为左右卿士。分三左三右，三左是大史、大祝和大卜；三右是大宰、大宗和大士。这些都是很显要的职位，任职的是很有势力的人，如召公为保兼领大宰，毕公是大史，卫侯曾是六大之一，郑伯为平王卿士。

六卿外的重要职官有司徒，亦称"司土"，管农事；有司空，亦称"司工"，管百工；有司马管军赋，有司寇，管治安，"掌邦禁"，还有管理奴隶买卖的官吏——"质人"。

（二）诸侯国

1. 王朝和诸侯国的关系

商周的统治，畿内畿外是有差别的，统治者对畿内外的要求亦是不同。所以畿内称为内服，畿外便是外服。卿士寮是畿内的职官，为内服官，诸侯则为外服的官，外服是由诸侯执政的。诸侯的"侯"，以前有人认为是五等爵的爵级，实则名称亦表示一项职任，有负责斥候的意思，他的职责是捍卫王室或"屏藩"王室。

天子对于诸侯，有领导、赏罚予夺和监督的权力。如《孟子》所谓"天下有道，则礼兵征伐自天子出"。至于天子能不能做到这一步，就要看他的实际力量了。诸侯对于天子有拥戴、纳贡、朝聘及从征的义务。诸侯是否真这样做，这也要看实际情况的推移。但无论如何，在理论上，王是天下共主，天下诸侯对他都应该臣服尊崇，这在当时是为一般所承认的，否则，就不会有春秋时代齐桓晋文的所谓"攘夷尊周"还要"挟天子以令诸侯"了。

王朝对于诸侯的分封，其相互关系的主要作用还在于加强奴隶主阶级的相互支持，严密对奴隶阶级的管理控制，稳固奴隶制国家的统治。周代王朝用分封办法来镇压被收服的种族奴隶（或宗族奴隶），在成王封鲁、卫，封齐的时候，用意最明白不过了。如前面所提到的，《左传》称成王"分鲁公以……殷民六族"，"分康叔以……殷民七族"，"分唐叔以……怀姓九宗……"在分封这几个诸侯国的时候，他还指示这几个国君，要随地区民俗所宜，用夏商管理的办法来管理这些奴隶，而绳之以周的法纪或戎人的法纪，即所谓"皆启以商政，疆以周索"，或"启以夏政，疆以戎索"。

2. 诸侯国的国君和寮属

诸侯国君在他本国内是最高的统治者，在王朝则有的并兼王朝卿士。在诸侯国相互间，比较强大的国君，有的在尊奉天子的名义下，成了一个区域的诸侯长，如史称殷时纣赐西伯昌弓矢斧钺，使专征伐，春秋时齐晋称霸，大抵亦系因袭了这样一个传统。诸侯国一方面对于王室有义务，但在强大的国君成为"霸主"的时候，他同样亦接受小国和与国的"赋"与"币"，而在出兵征讨时亦得责成小国出兵支援从征。平时则诸侯国间更有一套岁时聘享、庆吊、访问的制度。国君在国内的最高地位，表现在：（1）他可以土地田邑赏赐他的卿大夫臣下，并亲予委任或夺去臣下的封邑，免去他们的官职。（2）主持国家的祭祀。（3）出征时指挥全国军队。（4）接受国内各氏室的贡赋。正如天子是天下范围的奴隶主一样，他是代表一国奴隶主阶级的大奴隶主。

大多数列国诸侯的朝廷，像王室的一样，有各种官吏协助他进行统治。主要的官吏有司马掌军政，司寇掌司法和警察，司徒掌赋税、徭役，司空掌工务（即城垣、道路、宗庙和修筑）。而在这些官吏之上更有他的主要辅佐，称为相，如孔子为鲁相，齐管仲相桓公，或称尹、令尹，如楚的令尹子文。

诸侯国的卿、大夫，如前所述，也和诸侯国君一样，是世代相承的。他们也各有封地，并各有私属官吏。他们是诸侯国里的氏室。氏室官吏中有总管大夫家务的冢宰，即相当于王室和公室的太宰，有祝，有史，有管理商业的贾正，有典兵的司马，有代卿大夫治理地方的邑宰（如孔子称冉有说，"求也，千室之邑，百乘之家，可使为之宰也"）。这些官吏都受大夫禄养。宰在职时有食邑，去职则把邑还给大夫或交给继任的人。这些任邑宰、祝、史等氏室官吏的人也就是当时统治阶级中属于士这一阶层的人。如孔门弟子中的子路、冉有。邑这一级便是直接统治奴隶的国家机器。

3. 国、乡、都、鄙的划分

这里所要说明的是奴隶制国家在统治奴隶上的行政区划问题。从周的情况来看，奴隶制国家中阶级对立的形势也表现在都鄙的对立上。

从先秦的古籍上往往可以看到"君子"与"野人"的区别，"劳心者"与"劳力者"的区别，这就是统治阶级与被统治阶级或剥削者与被剥削者的区别。这些劳力的"小人"或"野人"是当时的生产奴隶，而那些"四体不勤，五谷不分"的治人而"劳心"的"君子"是当时的奴隶主阶级。这两大对立阶级，不仅利害不同，地位不同，即所居处的地区也是不同的。

直至春秋末期，各国都有所谓"国""邑""都""鄙"的划分。"国""都""邑"都是人们聚居筑有城堡的地方，一般都可称之为邑，不过，"都"是大邑，是"有宗庙先君之主"的邑，"国"则是诸侯的国都（自然，国的另一通常意义是指一个国家的整体）。住在"国"里的是所谓"国人"，这包括"贵者""贤者""能者""服公事者"，和宗族的平民。而从事于农业劳动的奴隶、"庶民"，则居住在一般的邑或在边邑即"鄙"，受所在地官吏的统治。"邑""都"和"国"的大小是有一定比例的。一般来说，都邑的城，不能大于"百雉"（雉是长三丈高一丈，百雉即三百丈），因为太大，便是对"国"的威胁。国与邑、鄙的关系也就是统治与被统治的关系。所以《国语》称："制城邑，若体性焉，有首领、股肱，至于手拇、毛脉。大能掉小，故变而不动。地有高下，天有晦明，民有君臣，国有都鄙，古之制也。"假如"大都耦国"便会"尾大不掉"，也就是"国之害也"。一般说邑是比较小的，"千室之邑"，则算是较大或很大的了。小的可以小到仅有"十室"。

邑是比较小的住着"庶民"奴隶的城，因此我们常见国君以多少邑赐给臣下的记载。而这些赐给大夫的邑便是所谓"采邑"。管理邑的吏胥有邑宰、里胥、邻长等，他们是直接役使"庶民"为奴隶主劳作的。《汉书》有一段吏胥率邑里庶民劳作的记载。

"春，令民毕出在野，冬则毕入于邑……

"春，将出民，里胥平旦坐于右塾，邻长坐于左塾，毕出然后归。夕亦如之。入者必持薪樵。

"冬，民既入，妇人同巷相从夜绩，女工一月得四十五日，必相从者，所以省费燎火，同巧拙而合习俗也。"

这些号称为"民"的农业奴隶是在奴隶制国家的基层吏胥监管着共同居住劳作的。春耕的时候被集体赶到田野，早出晚归，出入都有里胥和邻长在出入口处监视，早晨，"晏出后时不得出，暮不持樵者不得入"，而怠于农事是要被处罚的。妇人冬日工作时间每天长达十八小时。

"国"下分"乡、州、党、族、闾、比"等基层组织，由乡大夫，州长，党正，族师（上士），闾胥（中士）和比长（下士）率之。

四、中国奴隶制国家的军队

在原始共产主义社会里，并没有专门的军队。人人是平等的，互相扶持保卫。遇到外来侵凌的时候便一同御侮。到社会分化成为阶级以后，出现了阶级统治的暴力工具——国家，而直接镇压人民反抗的武装力量，就成了国家重要组成部分。从来的统治者都清楚地知道，要贯彻统治阶级的意志，维护政权的继续存在，非赖有强大的军队不可。

夏启承继王位，赖他有能战败"干位"的有扈氏的武装，少康复国由于他"有众一旅"，商汤伐夏事前已"十一征而无敌于天下"。现在殷墟甲骨文中有极多殷王武装活动的材料。他的军队有左、右、中三师。由于"国之大事，在祀与戎"，他对军队有牢固的掌握，不仅典兵常用他的妻妾和亲信，而且往往亲自领兵南征北讨，追捕逃亡。

奴隶制国家的军队组织，经籍记载于周为最详，然而说法则颇不一致。亦未必尽属可信，姑举其概略如下。

周代王室和诸侯国都各有军备，贵族和平民都是军队中的军士。"王六军，大国三军，次国二军，小国一军"，亦有说是"天子六师，方伯二师，诸侯一师"的。

军队分两部分，即"虎贲"与"六师"。前一种是王的卫队，是职业兵。如武王伐纣，有"虎贲三千人"。尚书中所称"虎臣"，铜器铭文中所称"左右虎臣"，就是"虎贲"队里的头目。"虎贲"是国王最得力的武装，所谓"王之爪牙"。虎贲的组织在氏族军事酋长时期原系围绕在军事酋长周围的亲兵群，这个亲兵群，如恩格斯所指出，起提高军事酋长权力的作用，而在奴隶制国家出现以后，便变成完全凌驾于人民之上的统治阶级的爪牙了。

六师是周王朝的普通军队，它由壮年农民组成，它的成员平时从事农业生产，有事则作战杀敌。它的编制，依照《周礼》所记，是基于六乡的划分。每乡之下，平时以五家为比，比有比长（下士），五比为闾，闾有闾胥（中士），四闾为族，族有族师（上士），五族为党，党有党正（下大夫），五党为州，州有州长（中大夫），五州为乡，乡有乡大夫。有事则每家出一人，组成军队组织的基层组织"伍"，五"伍"为"两"，"两"二十五人；四"两"为"卒"，"卒"一百人；五"卒"为"旅"，"旅"五百人；五"旅"为"师"，"师"二千五百人；五"师"为"军"，"军"一万二千五百人。六军是从六乡来的，乡可能是原来的一个部落，六个乡可能是周原系六个部落组织的部落联盟，所以周的"六师"可能是从原始公社时期"自行组织为武装力量的居民"演变而来的。社会性质变了，这种武装力量已经掌握在奴隶主统治阶级手中便成了阶级统治的工具，但它还在编制上沿袭了旧有组织形式。而"州长""党正"等在有军旅之事的时候也就成为军队的率领长官了。

周时各国军队的制度各不相同，军事力量亦大小不一，所谓"大国三军，次国二军，小国一军"的说法，实际常有出入。大抵随时间的转移，周室日衰，诸侯势大，到春秋末年，齐、晋、楚、秦的力量已经远在王室之上了。各国制度如楚的乘广，晋的新军，古籍所记，语焉不详，齐的作内政寄军令则与《周礼》所载的军制，很相近似。据《国语·齐语》："管子于是制国，五家为轨，轨为之长，十轨为里，里有司；四里为连，连为之长；十连为乡，乡有良人焉。以为军令：五家为轨，故五人为伍，轨长帅之；十轨为里，故五十人为小戎，里有司帅之；四里为连，故二百人为卒，连长率之；十连为乡，故二千人为旅，乡良人帅之；五乡为帅，故万人为一军，五乡之帅帅之。三军……春以蒐振旅，秋以狝治兵，是故卒伍整于里，军旅整于郊，内教既成，令勿使迁徙……"这也是把乡里区划与军队的编制联在一起的。

关于兵种和兵器，当时车兵是战斗中的主力，武王东征时用了"戎车三百乘，虎贲三千人"。乘在车上的是甲士，车下左右是徒兵。每兵车一乘，有马四匹，甲士十人，步兵十五人。甲士三人立车上，中立的驭马，右立的用矛，左立用弓矢，其余甲人七人随车步行，步兵十五人在车后。另有专门管理辎重的步兵五人。兵器是铜制，《国语·齐语》说"美金以铸剑戟，试诸狗马"，所谓美金，即指铜器。当时的兵器盔甲车马平时都是集中于国君的武库里保藏，战时才分发给军士作战。

总括起来看，殷周奴隶制的国家组织是镇压奴隶阶级的暴力工具。殷周国家大圈套小圈的层层组织，最后是把奴隶们牢牢地绑在奴隶主贵族的统治下，把他们严密地监视着并残酷地榨取他们的血汗。无论天子、诸侯、卿、大夫或士，无论是"食贡""食邑"或食田，他们归根到底总还是吃奴隶们的血汗，靠榨取奴隶的劳动来养活的。所以奴隶制国家一切制度文物最后都依存于这一剥削关系并巩固这一关系。国家制度本身正由于它有巩固和维护基础的作用，在统治阶级看来是极端重要，动摇不得的。国家制度如果遭到破坏或动摇，剥削的基础也就要遭到破坏和动摇了。正因为如此，所以统治阶级除必须有强大的武装力量来维护国家的一切制度外，还必须有一套法律规定来禁止或镇压对国家基础和上层建筑的任何破坏。

第四节　中国奴隶制国家的法

晋叔向在写给郑子产反对他铸刑书的信里说："夏有乱政，而作禹刑；商有乱政，而作汤刑；周有乱政，而作九刑。"假如这个说法可靠，这也是夏商有国家的证明，不过信中所说三种刑罚的内容，无从确知。

关于周王朝法律制度的材料虽较商为多，也还是极其贫乏，而且在许多问题上还有待探讨。以下主要就周王朝的法略加叙述。

一、周王朝法的本质和基本内容

周王朝的法是奴隶主阶级意志的体现，是镇压广大的奴隶和平民的，是为奴隶主阶级的统治服务的。西周还没有完整的成文法典。法的渊源主要是周王的誓诰，如泰誓，大诰，康诰，召诰等。金文中每有周公对臣属"勿废朕命"（大盂鼎）的告诫，可见其受重视。同时诸侯卿大夫在封邑颁布的命令也是法的渊源。

西周的法，基本内容如下。

第一，镇压危害奴隶主统治的活动。西周初年，由于接受商朝灭亡的教训，刑罪比较慎重，以后，刑罚便加重了。根据《尚书》，穆王时制定《吕刑》，五刑之属三千条，大辟（死刑）二百条。这些禁令的内容虽然不详，但大都是针对"犯上作乱""非君者无上"或"罪莫加于不孝"的。奴隶们本来过着牛马般的生活，可以由奴隶主阶级任意杀戮买卖，而在三千条严刑峻法的淫威下，则更是动不动就要受到割鼻、去势、削足、砍头的惩治了。

第二，保护奴隶主阶级的所有权。首先就是周王对全国的土地所有权。《诗经》上说"溥天之下，莫非王土"，周王可以任意"授民授疆土"（大盂鼎），对臣下可以"锡之山川，土田附庸"，可以"十田""五十田"赐给亲信，这些都是合法的，但臣下就不得买卖，因为"王田不鬻"。同时周王又可随时收回赐田，如《左传·鲁隐公十一年》，王取邬、刘、蒍、邘之田于郑，便是明证。

对于周王以下的土地占有权，法律也是保护的。据"鬲从盨"，交换田邑也有契券。据"矢人盘"，矢赠送散氏田，首先要矢宣誓一定要交出土地，然后仍立"执绥"，即券契。有了券契，土地占有就得到了保证。与此相联系，土地上的收入也就受到合法保护。如果奴隶或平民私自占有就要受到刑事处分。奴隶贵族若彼此有侵占，也要负赔偿责任。如《曶鼎》载，匡季带着自己的奴隶抢了晋的禾，经晋控诉，匡季被罚加几倍赔偿了事。

除此之外，周对所谓"寇攘奸宄，杀越人于货"是在所不赦的，《尚书·费誓》："逾垣墙，窃牛马，诱臣妾，汝则有常刑。"在奴隶社会里，什么人才有臣妾、牛马、垣墙呢？当然只能是奴隶主了！

第三，保护奴隶主的特权和尊卑关系。贵族侵犯了平民利益是不受刑的，因为"刑不上大夫"。《周礼》说"凡命夫命妇；不躬坐狱讼"。贵族等级的特权还表现在下列的事例上。如大贵族犯下了不赦之罪，必须用刑，则亦不得用宫刑，"不剪其类也"。而在用死刑时也不可公开执行如一般的"刑人于市"，而应秘密处死，以维持奴隶主的威严。

在尊卑关系上，"不孝不友"被看作是最重的罪，是"元恶大憝"（《尚书·康诰》），如果杀伤尊亲属，要处以"焚"的刑戮（《周礼》）。同时，儿子不能与父亲诉讼，"父子将狱，是无上下也"（《国语·周语》）。奴隶社会和封建社会一样，把孝弟作为人人必须遵守的礼来推行，"出礼"便"入刑"，此中道理在论语上说得最透彻，《论语》上说，"其为人也孝悌，而好犯上者鲜矣，不好犯上而好作乱者，未之有也"。

总起来说，奴隶制国家的法是公开主张不平等的。这个公开的主张概括在周礼的"八议"之说，所谓"八议"，即"议亲""议故""议贤""议能""议功""议贵""议勤"与"议宾"。从这些法定的特权来看，奴隶制国家的法律锋芒指向什么阶级和阶层也就十分清楚了。

二、周王朝的诉讼制度和刑罚[1]

关于诉讼审判，《周礼》记载了一些情况，值得我们注意的是，当时已注意人证物证，如关于人事的诉讼，以讼者的邻居为证人，关于土地者以其邦国之舆图为标准，关于借贷者根据证券，关于买卖者根据约剂。而关于刑戮则有"三刺之法"，即国君在执行杀戮前须询近臣、询群吏甚至询国人。在审判的过程中，担任审判的小司寇要察言观色，以"五听"听讼。所谓五听，即指辞听，"观其出言，不直则烦"；色听，"观其颜色，不直则赧"；气听，"观其气色，不直则喘"；耳听，"观其听聆，不直则惑"；目听，"观其眸子，不直则眊"。

在审判中还有所谓"三宥""三赦"的规定，所谓三宥，即对于（1）不知道的人，（2）过失致误的人，以及（3）非不知但遗忘致误的人不判罪。所谓三赦，即对于（1）幼弱的人（如七岁以下），（2）老耄的人（如七十以上）和（3）"惷（蠢）愚"（即智力不健全，今之所谓无行为能力者）的人不加罚。

此外，《周礼》"八议"之法，前面已经说过，它是统治阶级的特权赤裸裸地在法律制度中的体现。《周礼》虽不尽可信，但不能说都是后人向壁虚构的。

至于刑罚的种类，奴隶国家的刑罚是残酷的，商时有"炮烙""烹""脯""胫""剖腹"等严刑。周朝主要的刑罚是五刑，所谓五刑即前面所说的墨刑（刺颊）、劓刑（割鼻）、刖刑（刖足）、宫刑（男去势，女禁闭）和大辟（死刑）。此外并有关于拘役和监禁的规定，即把罪犯按其罪之轻重，"坐诸嘉石（狱）"或"置之圜土（牢）"，加以桎梏，或定期劳役。

从以上的概略我们可以看到周朝的法的精神实质，在于保证奴隶主阶级的剥削，维护奴隶主的统治和巩固奴隶制社会的秩序。在这个精神指导下，

---

[1] 关于周代的诉讼审判，《周礼》虽不可据为信史，但其所载必有所本，亦不应全加否定，本段所举周代审判制度的材料一部系采自《周官》，可供参考。

奴隶制国家统治者不只在严刑峻法的时候，即使在所谓"刑赏忠厚"的时候，目的都是同一的，即维持现存的社会秩序于不敝。只要奴隶制的社会秩序是稳固的，奴隶主阶级的剥削利益也是稳固的。这样，奴隶制国家一方面有"八议"之法，同时也还有所谓"三宥""三赦"，说什么"庶狱庶慎""明德慎刑"，也就是不难索解的了。

第二编　中国封建社会的国家与法

前　言

中国封建社会从公元前 476 年开始到公元 1840 年止，共延续了二千三百多年，经历了战国、秦、两汉、三国、两晋、南北朝、隋、唐、五代、两宋和辽金、元、明、清，各个朝代。

毛主席在《中国革命和中国共产党》一书中，对古代封建社会的经济、政治特点，曾作了深刻而概括的论述。他指出，中国封建时代的经济制度和政治制度，是由以下的各个主要特点构成的。

第一，自给自足的自然经济占主要地位。农民不但生产自己需要的农产品，而且生产自己需要的大部分手工业品。地主和贵族对于从农民剥削来的地租，也主要地是自己享用，而不是用于交换。那时虽有交换的发展，但是在整个经济中不起决定的作用。

第二，封建的统治阶级——地主、贵族和皇帝，拥有最大部分的土地，而农民则很少有土地，或者完全没有土地。农民用自己的工具去耕种地主、贵族和皇室的土地，并将收获的四成、五成、六成、七成甚至八成以上，奉献给地主、贵族和皇室享用。这种农民，实际上还是农奴。

第三，不但地主、贵族和皇室依靠剥削农民的地租过活，而且地主阶级的国家又强迫农民缴纳贡税，并强迫农民从事无偿的劳役，去养活一大群的国家官吏和主要是为了镇压农民之用的军队。

第四，保护这种封建剥削制度的权力机关，是地主阶级的封建国家。如果说，秦以前的一个时代是诸侯割据称雄的封建国家，那么，自秦始皇统一中国以后，就建立了专制主义的中央集权的封建国家；同时，在某种程度上仍旧保留着封建割据的状态。在封建国家中，皇帝有至高无上的权力，在各地方分设官职以掌兵、刑、钱、谷等事，并依靠地主绅士作为全部封建统治的基础。

中国历代的农民，就在这种封建的经济剥削和封建的政治压迫下，过着贫穷困苦的奴隶式生活。农民被束缚于封建制度之下，没有人身的自由。地主对农民有随意打骂甚至处死之权，农民是没有任何政治权利的。地主阶级这样残酷的剥削和压迫所造成的农民的极端的穷苦和落后，就是中国社会几千年在经济上和社会生活上停滞不前的基本原因。

封建社会的主要矛盾，是农民阶级和地主阶级的矛盾。

而在这样的社会中，只有农民和手工业工人是创造财富和创造文化的基本的阶级。

地主阶级对于农民的残酷的经济剥削和政治压迫，迫使农民多次地举行起义，以反抗地主阶级的统治……中国历史上的农民起义和农民战争的规模之大，是世界历史上所仅见的。在中国封建社会里，只有这种农民的阶级斗争、农民的起义和农民的战争，才是历史发展的真正动力。因为每一次较大的农民起义和农民战争的结果，都打击了当时的封建统治，因而也就多少推动了社会生产力的发展。只是由于当时还没有新的生产力和新的生产关系，没有新的阶级力量，没有先进的政党，因而这种农民起义和农民战争得不到如同现在所有的无产阶级和共产党的正确领导，这样，就使当时的农民革命总是陷于失败，总是在革命中和革命后被地主和贵族利用了去，当作他们改朝换代的工具。这样，就在每一次大规模的农民革命斗争停息以后，虽然社会多少有些进步，但是封建的经济关系和封建的政治制度，基本上依然继续下来。

这种情况，直至近百年来，才发生新的变化。（《毛泽东选集》第二卷，人民出版社1951年版，第593-596页）

毛主席对中国封建社会的分析，对于我们研究中国国家与法的历史具有极重要的指导意义。

中国封建国家是封建地主阶级对农民实行专政的工具，在政体上则采取专制主义中央集权制。"专制主义"指的是君主个人独裁统治，即皇帝独揽国家权力，对人民实行专横的统治而没有什么民主的形式。"中央集权"指的是国家统治权力统一集中于中央，它是相对于地方分权或地方割据而言的。专制主义中央集权也就是统一、集中的君主专制政体。

中国封建国家的专制主义中央集权制是适应于地主经济的特点和封建统治的需要而采取的。中国封建地主经济既不同于土地王有的古代奴隶社会，也不同于土地所有权"私化了"的欧洲封建领主经济；它是以土地私有，可以自由买卖为重要特点的。因此，地主阶级虽占有绝大部分土地，但每个地主却不能囊括一定地区的全部土地并长期稳固地占有。与此相联系，地主经营土地的方式基本上是租佃给农民耕种，进行以实物地租为主的剥削；农民对地主有从属关系，但由于土地经常易主及采取租佃制，地主难以牢固地控制着他们。既然地主不可能稳定地占有固定地区的全部土地和农民，也就无法直接建立起个人的政治统治权。于是他们就需要建立起驾乎其上，而又代表其意志的统一、集中的政权机构，以便有效地统治农民，保护地主的经济政治利益。但是地主，特别是豪强地主占有大量土地，役使大量农民，他们又必然是"武断乡曲"形成地方割据势力，而封建社会的国家制度，一方面一直采取专制主义中央集权制，另一方面又在某种程度上保留着封建割据的状态。

封建社会有其形成、发展和衰落的过程。封建社会不同时代的经济关系、阶级斗争的发展特点，以及各个王朝所采取的相应的统治方针、政策，决定了当时封建国家制度和法的发展变化特点。因此，各个封建王朝的国家和法，一方面都表现维护封建统治的共同本质和体现君主专制的共同特点，另一方面也各自具有一些特点。

战国秦汉是封建社会的早期，也是封建专制中央集权的国家制度和法的形成和确立时期。

战国时，封建制度战胜了奴隶制度而在社会上占主导地位。在国家制度上，当时各国新兴地主阶级通过变法，改革了奴隶制国家，建立了中央集权制的封建国家。这表现在：郡县制代替贵族的私属武装，君主集权代替贵族割据统治等方面。在法律上，各国开始颁布了成文法典来作为实行封建专制统治的有力工具。

秦统一后，创建皇帝制度，建立以丞相、御史大夫、太尉为首的中央官僚机构，确立郡县制度，这就在全国范围内确立了专制主义中央集权制。又颁布法律，统一了封建法制。

两汉时，随着封建经济和阶级斗争的发展，以及地主阶级初步积累了统治经验，专制主义中央集权制在秦的基础上进一步巩固和加强：在中央官僚机构上，三公九卿制发展到尚书台专权，作为监察组织的御史台正式建立和发展起来；在地方行政建制上，西汉前期郡县制和封国制经过了激烈斗争而前者取得最后胜利；在官僚制度上创立了一套选拔和培养统治人才的制度，如察举制度、征辟制度、设立太学等；在军事制度上，则继续实行征兵制并分步兵、骑兵、水兵，东汉时，还改征兵制为募兵制，废除地方兵制以加强中央集权；西汉时还确立儒家思想作为正统思想，从而为历代封建专制统治奠定了理论基础。在法律方面，两汉王朝不断增补法律，篇章条目繁多，对人民实行严密的统治。当时的罪名、刑名尚较杂乱，说明封建法制尚处于创建阶段而未定型。

三国两晋南北朝是封建士族门阀势力统治的时期。士族门阀统治是两汉以来由于土地兼并发展，豪强地主势力日益强大所形成的。士族地主在经济上利用宗族形式，比较稳定地占有大量土地，组成庄园经济，并比较牢固地控制着大量依附农民（佃客、部曲）和奴婢，从而成为地主阶级中的垄断阶层。与经济上相适应，士族地主统治在国家制度上所表现出的特点主要是：通过九品中正制垄断政权；家兵世兵制度的形成；门第等级制度的森严；以及地方割据性的加强和中央集权制的削弱等方面。当时，由于士族地主富有割据性以及民族矛盾复杂尖锐，国家的统一局面被破坏了。但是，各个割据政权的政体仍然采取专制主义中央集权制，而且在组织制度上有了进一步发展，中央官僚机构中三省制（尚书、中书、门下）的形成是其中最重要的表现。这时期的法律，在维护君主专制、封建统治的经验上又有了积累和发展，出现重罪十条、"八议"的规定，为隋唐法律的完备创造条件。同时这时期的法律也表现出士族统治的特点，如优容士族、重视"清议"（根据士族地主的舆论而科刑）等。

隋唐时，国家重新统一。这时士族地主势力在农民起义，特别是隋末农民大起义的打击下，已经衰落，代之而起的是一般地主经济，农民对地主的人身依附关系相应地有所松弛；商品经济也比以前活跃。这种经济、阶级关系的变化，削弱了地方割据性而又利于中央集权制的加强和官僚政治的发展。同时，隋末农民大起义严重地教训了唐初的统治者，使他们一方面被迫对人民作出一些让步，而另一方面又竭力强化军事官僚机构，完备政治法律制度以加强政治统治。加之战国以来长期的封建专制统治经验的积累，这一切使得隋唐时期（主要是唐前期）的专制主义中央集权的国家制度和法发展到比较完备的新阶段，在封建国家和法的发展史上起着承先启后的作用。这在国家制度上表现为：三省六部制的确立；对前期混乱的地方行政机构的重新整顿；御史台组织的扩大和内部三院的明确分工；科举制度的建立等方面。此外，隋唐初承袭北周所建立的府兵制，虽是在特定历史条件下实行的，没有为后代所沿袭，但在当时也有力地加强了封建国家的威力。在法方面，隋唐统治者从当时统治需要出发，在总结前代封建立法经验的基础上，多次编纂修订了法典。现存唐《永徽律》为我国第一部完备的封建成文法典。唐律篇条简明，内容周详，罪名明确，刑罚又适"得其中"，从而能严密地统治人民，最有效地维护封建制度。封建法律至此，已发展到定型和完备的阶段。

唐中叶后，阶级矛盾尖锐，藩镇跋扈，唐王朝走向衰落，终于出现了五代十国的暂时割据局面。

宋统一后，为了削弱地方割据势力，对付阶级矛盾，便竭力加强君主集权。在分散事权、加强皇帝对百官控制的政策下，宋的官僚机构沿袭隋唐而又有所调整：如三省制向一省制（中书省）过渡，中书省的宰相职权为枢密院、三司使所分；御史台的权位进一步提高等。在军事制度上，宋统治者更采取种种措施来加强军事镇压力量和军权的集中，如收天下精兵于中央，实行更戍法和兵将分离、内外相维原则，并实行养兵制度等。这样，专制主义中央集权制到宋时又有了进一步的发展。宋代的法律承袭唐律，但刑罚偏重而且注重以皇帝的"敕"来补律之不周，致使宋代法网更加严密；这也是君主专制加强的表现。

两宋时代，北方少数民族政权——辽、金、元先后崛起。金入侵中原，长期与南宋相对峙，元则最后灭宋而统一全国。辽、金、元在其政权的建立和发展过程中，由于受到汉族文化的影响而迅速封建化。在国家制度和法方面，也基本上效仿唐宋，但又带有落后统治和民族压迫的特点。

明清是中国封建社会的末期。这时，社会经济进一步发展，土地占有高度集中，工商业更加发达，并出现了资本主义萌芽。与此相联，阶级斗争空前激烈和复杂；农民起义次数之多，规模之大，口号之鲜明，前代所无；而且，市民的反封建斗争也开始兴起。这表明封建社会已出现了瓦解的趋势，处于死亡的前夕。同时，元明之际和清代的民族矛盾也十分尖锐。在这样的情况下，明清王朝为了维护腐朽的封建制度，清为了加强民族统治，便千方百计地强化国家机器，加强君主集权专制统治，因而，使得明清的专制主义中央集权制度，发展到历史上的最高峰。在中央官僚机构上，明取消了中书省宰相而代之以内阁，清又设立军机处以便皇帝专权；明清的监察机构也有所扩大和加强。在地方行政机构上，明取消了省级的最高行政长官而以三司共掌政务，三司互不隶属，统一受命于中央；清又置巡抚总督以利于满族贵族专权；同时明清的基层行政组织也进一步严密。在明一代，宦官擅权下的特务统治空前横暴，这是君主专制加强的突出表现。而且，明清时的军队也空前庞大。此外，科举制度也更加完备，实行八股取士以加强思想统治。明清的法律基本上沿袭唐律，但为加强专制统治，除制定成文法典外，还十分重视汇编条例，作为断狱根据。明清在"用重典治乱世"的方针指导下，刑罚苛重，许多被唐律删除的野蛮刑罚重新施行，并增加了一些新的刑种。清朝为了镇压人民的反清斗争和钳制思想，还大兴文字狱。明清法律在严厉镇压人民的同时，也严禁百官结党、擅权；明代创立廷杖之制。这表明：明清的法律也体现了君主专制高度发展的特点。清朝原是由满族贵族所建立起来的，因此，清朝的国家制度和法，尚具有鲜明的民族压迫色彩。

中国封建专制中央集权的国家制度和法的发展线索大致就是这样。

在中国封建社会的多次农民起义和农民战争中，曾建立了与当时封建王朝对立的政权。这种政权的性质是农民专政性质或者仍然是封建政权，目前意见不一，尚无定论。

第二章　战国秦汉国家与法

（公元前 476 年—公元 220 年）

第一节　社会概况

一、历史概况

公元前 476 至公元前 221 年，是我国历史上的战国时代。从春秋后期开始，由于铁器的发明和牛耕的使用，生产力获得巨大发展，使生产力与奴隶制生产关系的矛盾尖锐化起来。在奴隶和平民的激烈斗争下，以井田为主干的奴隶主贵族土地国有制逐渐瓦解，从而代之以地主土地所有制；奴隶主贵族的统治开始崩溃，新兴地主阶级则登上了政治舞台。战国前期，各国先后进行了变法。这是由新兴地主阶级的政治家领导进行的封建性社会改革运动。其中以秦国的商鞅变法为最系统、彻底。通过变法，地主阶级确立了封建经济制度，进一步取得了政治统治权并建立了中央集权的政治制度。这标志着中国历史进入了封建社会的新时代。

春秋战国时期诸侯割据，经过长期兼并到战国时形成七个大国：秦、齐、楚、燕、韩、赵、魏。最后秦先后消灭六国，于公元前 221 年建立起空前统一的专制主义中央集权封建国家。秦的统一是当时历史发展的必然趋势。因为随着社会经济的发展，各地联系加强了，汉民族（当时称华夏族）已初步形成。人民饱受割据战乱之苦，迫切要求统一。同时新兴地主阶级也要求天下统一，以便建立更有力的封建集权统治。秦的统一在全国范围内巩固了封建制度，结束了长期的诸侯割据局面，从而为社会经济文化的发展，创造了条件。

但是，秦王朝对人民进行了残暴的统治。公元前 209 年（秦二世元年）爆发了陈胜、吴广领导的农民大起义。陈胜、吴广失败后，项羽、刘邦继续领导进行反秦斗争，终于在公元前 207 年推翻了秦王朝。

公元前 202 年，刘邦消灭项羽力量，建立了汉王朝，建都长安，史称西汉。汉初，统治者由于受到了秦末农民大起义的教训，为了缓和阶级矛盾，恢复当时极端凋敝的社会经济，采取了与民"休养生息"的政策：轻徭薄赋、组织生产并宽简刑罚。经过了七十年的休养生息和劳动人民的辛勤生产，西汉的社会经济逐渐得到恢复、发展，出现了繁荣景象。这就是历史上所谓的"文景之治"。

汉武帝在汉初经济发展的基础上，加强了专制主义中央集权制，又罢黜百家，独尊儒术，确立了儒家思想在封建社会中的统治地位。武帝时期是西汉的鼎盛时期，但是从武帝时开始，由于土地兼并的发展，统治阶级对人民压迫、剥削的加紧，社会危机步步加深，农民起义日益发展。公元8年，王莽改制以图解救封建统治危机。但是王莽统治集团的本质及其改制违反历史规律，因而不仅行不通，反而加重了人民的灾难，从而引起了以赤眉绿林为主的全国农民大起义，新莽政权迅速覆灭。

公元25年汉宗室刘秀篡夺了农民起义果实，再建汉朝，建都洛阳，史称东汉。东汉时期，豪强地主势力进一步发展起来。同时从和帝时起，外戚宦官迭相秉政，互相争夺权力，党争激烈，政治腐败，这更加重了农民的苦难，使社会矛盾日益尖锐化。公元184年，黄巾大起义爆发。在黄巾起义打击下，东汉王朝瓦解，各地封建军阀、豪强地主乘机发展割据势力，互相混战，最后形成魏、蜀、吴三国鼎立局面。

二、经济和阶级关系

从春秋战国时井田制瓦解，土地私有制形成开始，土地兼并随之日益发展，以致"富者田连阡陌，贫者无立锥之地"。绝大部分土地逐渐为地主阶级所占有。皇帝是全国最高统治者，也是最大的地主。皇帝除以政府名义控制全国荒地和部分田地外，还拥有大量私人田产。贵族和大官僚一般有封地（国或邑），封地内的国家租赋收入归他们使用。除封地外，他们的私田多到成百成千顷。这些私田或是由皇帝赏赐的，或是仗势霸占和购买的。一般非贵族官僚的地主豪强和中小地主，也巧取豪夺大量土地。东汉时，豪强地主势力进一步发展，他们"连栋数百，膏田满野，奴婢千群，徒附万计"，拥有私人武装，世代占据高官要职，成为后来士族门阀势力的前身。

在土地兼并过程中，自耕农民大量破产。失去土地的农民或"耕豪民之田，见税十五"，做了佃农；或成为地主佣耕，做了雇农。佃农、雇农对地主有人身隶属关系，而且随着豪强地主势力的发展，这种隶属关系日益加强，农民除受地主剥削外，还负担封建国家沉重的赋税徭役。秦朝收"泰半之赋"，还有无度的徭役。西汉政府除收田赋外，还有人头税（成年人叫算赋，儿童叫口赋）。在地主阶级和封建国家的残酷压迫下，农民生活十分贫困、悲惨。他们"常衣牛马之衣，而食犬彘之食"。因此，农民常被迫进行武装斗争来反抗封建压迫和剥削。

随着奴隶制向封建制的过渡，"工商食官"，即工商业为奴隶主贵族垄断的局面打破了；私营工商业发展起来。但政府仍经营着一些大规模的手工业。在官私营手工业组织中，奴隶劳动占重要地位。除了大规模手工业外，还有独立手工业和作为农业副业而出现的家庭手工业。家庭手工业在手工业中占最大比重，当时农民的日常用品主要靠自己生产来实现自给自足。

由于商业的发展，出现了富商大贾的势力集团。大商人多兼营手工业，又利用资财兼并土地，成为豪强地主。商人盘剥农民、侵蚀农村，和封建统治集团有一定利害矛盾。因此战国秦汉的统治者对商人采取压抑的政策，但这不能阻止商人势力的发展。到东汉时，官僚贵族地主和商人逐渐结合成一体。

基上所述，当时封建统治阶级包括皇帝、贵族、官僚、一般地主和大工商业者。被统治者主要是农民（包括自耕农、佃农、雇农），还有奴隶和小手工业者。地主阶级和农民的矛盾是社会的基本矛盾。

封建国家就是以上述封建经济制度作为经济基础，以地主豪绅作为阶级基础而建立起来的。

第二节　中央集权封建政权的建立

春秋战国时代，随着井田制崩溃，土地私有制确立，以贵族等级分封、世袭统治为特点的旧奴隶制国家制度，便失去了经济基础而无法继续存在下去。适应着封建地主经济发展的需要，新兴地主阶级要求变革旧国家制度，建立起君主专制中央集权的封建国家，以便进一步打击旧奴隶主贵族的势力，有效地统治农民，维护封建制度。正因为这样，当时各国变法都以发展封建经济和改革国家制度作为中心内容。如秦商鞅变法，宣布废井田、开阡陌，民得自由买卖；废除世卿世禄制度，依军功定等爵；实行什伍编户，互相连坐告奸；建立县制；实行征兵制度。这都属于上述两方面内容。

通过复杂激烈的斗争和一系列的社会改革，各国的新兴地主阶级在确立封建经济制度的同时，也建立了封建专制中央集权的国家制度。

国家机构组织一般分中央、郡、县三级。

国君是封建国家的首脑，地主阶级的最高政治代表。他掌握着国家的全部权力。除楚国外，他们在先都是称公侯的，后来才都慢慢改称为王。这种名称的改变，不仅仅反映着君主权力的集中，还表示各国不再是周天子下的一个从属诸侯国，而是独立的封建政权。

王之下设有丞相（亦称相、相国），是王的辅佐，为文官之长。有将或将军，统率军队，为武官之长（只有在楚国，仍沿袭春秋时代的官职，称令尹、柱国或上柱国，相当于相和将）。又有尉（如国尉、都尉等），是次于将的官。有御史，属于国君的秘书性质，助王处理一些事务工作：如接受别国使臣国书，担任记录等。此外，各国还设有名称和职务不尽相同的许多官职，如理或大理（或廷尉）掌司法、内史掌财政、主客掌接待外宾、郎中负责保卫国王等。

郡、县是各个集权的封建国家的基本统治组织。郡县和过去的卿大夫封邑，有根本的区别。郡、县是直属于中央的地方政府，官吏由国君任免，军政税收事务，国君可以直接命令指挥，而在封邑里，卿大夫占有全部土地和臣民，经济上和政治上的统治权统一由贵族世袭掌握。他们在封邑内实行割据统治而不受上级奴隶主贵族——诸侯的直接干涉。郡、县地方制度是逐渐形成的。先是以县制代替封邑。郡起初只是设在边境要地，主要为了巩固国防，后来成为中央和县之间的一级机构。个别国家不用郡、县名称，如齐国的都邑，是旧名称，但实际的内容已与过去不同而和郡、县一样。郡设守或太守，为一郡之长。县设令和丞。县以下有乡、里组织。乡中的官吏有三老、廷掾等。里有里正。最基层的政治组织细胞是按户口编制的什伍组织。这样，封建国家就有从中央到郡、县、乡、里的系统严密的统治网，控制着整个社会和全体人民。

所有中央和地方的官吏由国家任命。国君根据"尊贤上功""见功而兴赏，因能而授官"的原则，选拔能为地主政权服务的有才能的人来担任各级文武官吏；又可随时解免他们的官职。因此，韩非说，"明主之吏，宰相必起于州部，猛将必发于卒伍"（《韩非子·显学篇》）。这就打破了过去贵族世袭把持政权的局面。在过去世卿制度下，卿大夫不仅统治着自己的采邑领地，中央的官吏也由他们世代兼任的。与官吏的任免制度相适应，官吏的俸禄制度代替了世禄制度。俸禄是给付粮食，有时赏给部分钱币或黄金。俸禄是由国家统一支给的，这表面上好像是国君出财物雇佣官吏来为他服务，即所谓"主卖官爵，臣卖智力"（《韩非子·外储说右下篇》）。于是，所有的官僚都成为国君的御用臣仆，必须忠于国君，对国君负责、绝对服从和执行国君的意志和命令。

当时，国君对各级行政官吏有严格的考核制度。行政公文用玺（官印），国君用御玺，大事非有御玺为凭不可。官吏上任时由国君发给印玺，免职时收回。官吏要定期向国君报告政令执行情况和民户税收数字，把一年税收预算数字写在木券上，剖而为二，国君执右券，官吏执左券，国君就根据右券在年终考核官吏，予以升降。这种制度叫"上计"。上述官吏的任免、俸禄和考核制度，就是战国时代新官僚制度的基本内容。这种官僚制度贯穿君主专制中央集权的精神，服务于新兴地主阶级政治的需要。

战国时代的军事制度，也发生了重大变化。春秋时代各国军制基本上仍沿袭西周旧制，除君主有直属军队外，卿大夫都有自己的私属部队。部队的主要成员是"国人"（平民），贵族的宗族家臣充当骨干。奴隶不能充当正式的士兵（车兵），而只能作为徒、卒，即徒步随从作战，或服劳役。因此，当时各国的军队人数是较少的。像晋、齐这样的大国，也仅有约八百乘、共三万人左右的兵力。但是到春秋末期和战国时代，井田制的崩溃使得奴隶转化为农民，又由于郡县制代替封邑制，以及兼并战争需要扩大军队，因而各国都逐渐以郡、县为单位实行征兵制度。征兵的对象主要是农民。应征年龄大约从十五岁到十六岁。从而军队人数迅速扩大，各国都拥有一支人数从十万到上百万的庞大军队。除一般由服兵役者而组成的军队外，各国还有类似常备军的特殊武装，如魏国的"武卒"，齐国的"技击"等，这是经过考选和专门训练的精锐部队，人数不多。各国的军队在中央有将来统率，在地方则归郡、县官掌握，兵统一归国君控制，而不再是贵族的私人武装了。军队的调动，一般都要有兵符。兵符分两半，一半在国君那里，一半归将领执掌，发兵时要合符。没有国君的那半个兵符，任何人都不能调动军队。出土的"新郪虎符"载明，"右在王，左在新郪"，用兵在五十人以上，必须合符。紧急情况，可以机动处理。各国集权于中央的庞大军队是用来镇压农民反抗和进行兼并战争的工具。军队的主力是步兵，骑兵次之，车兵已退居无足轻重的地位。战争规模空前扩大，各国之间的大战往往起倾国之师，出动兵力最多时达六十多万。

综上所述，郡县制代替封邑制，官僚制度代替世卿世禄制度，以征兵制组织起来的国家军队代替贵族的私属武装，君主集权代替贵族等级分权的割据统治，这就是战国时代形成的封建国家制度和奴隶制国家制度的主要不同点。这种中央集权的国家制度以系统的庞大有力的官僚军事机构，把社会捆围得紧紧的，对农民实行残暴的专制统治来迫使他们匍匐于封建制度之下，任凭统治者奴役、压榨。然而这种国家制度在当时是有进步意义的：它打击了奴隶制度，促进了封建制度的巩固和发展，同时也促使国家从分裂割据走向统一。

第三节　秦汉的国家制度

战国时代各国虽初建了封建君主专制政体，但这种政体还不够巩固，在具体制度上各国之间也不划一，而且就全中国来说，当时还处在封建割据的局面中。及秦统一六国，才在全国范围内确立了统一的专制主义中央集权封建国家制度，两汉继之并加以巩固发展。兹将秦汉的国家制度分述如下。

一、中央机关

（一）皇帝

皇帝的称号创始于秦始皇。秦始皇统一全国后，认为"王"的称号不足以表示其无上尊严和至高权位，乃改称"皇帝"。"皇帝"名称来源于远古传说中的"三皇""五帝"。秦始皇妄图把帝位"万世一系"地传下去，故自称为始皇帝，后世以计数如二世、三世等为名。还规定，皇帝的"命为制、令为诏，天子自称曰朕"（《史记·秦始皇本纪》），臣民对皇帝的姓名必须避讳。

汉时对有关皇帝的称号作了进一步的规定："汉天子正号曰皇帝，自称曰朕，臣民称之曰陛下。其言曰制诏，史官记事曰上。车马、衣服、器械、百物曰乘舆，所在曰行在所……所进曰御。其命令一曰策书，二曰制书，三曰诏书，四曰戒书。"（蔡邕：《独断·卷一》）这些称号规定基本上为后世历代所继承。

对皇帝称号的专门规定是表示皇帝的至尊身份，反映了皇权的至高无上。

皇帝作为封建国家的首脑，独揽着国家的全部权力，实行着个人独裁的专制统治。各级政府组织是作为皇帝的御用机构而设置的，所有的官僚都是皇帝的臣仆。军队由皇帝直接控制，财政权也由皇帝掌握。法律以皇帝个人名义颁布，皇帝的诏书、命令也就是法律。皇帝操天下生杀予夺之权，对文武官僚也可以随意惩处。皇帝对国家政事可独断专行而不必通过任何机构决议。史载秦始皇时"天下之事，无小大皆决于上"（《史记·秦始皇本纪》）。那时皇帝有时也召集群臣议事，谓之朝议。但群臣的意见只是作皇帝的参考，最后仍由皇帝决定。从秦汉起的历代封建国家机构中，从没有任何具有代议性质的机构。君主专制的程度表现得十分深刻。

适应着巩固君主专制制度的需要，汉武帝时代形成了一套系统的理论，把皇权神圣化、神秘化。这就是以董仲舒为代表的新儒家思想。董仲舒把孔儒思想和阴阳五行学说紧密结合在一起，主张天下一统，宣扬皇权天授思想。他把皇帝说成是"天之子"，是受命于类似上帝的"天"来统治人民的，他说"受命之君，天意之所予也"，（《春秋繁露·深察名号》），因此，人民就必须顺应天意，绝对服从皇帝专制统治，"故屈民而伸君，屈君而伸天，春秋之大义也"（《春秋繁露·玉杯》）。董仲舒竭力宣扬三纲五常等封建伦理观念，并把忠君视为三纲之首。这样，封建皇权披上神学的外衣，具有很大的欺骗性。

皇帝的无上权位和被神秘化，归根结底并不是由于皇帝个人的独裁野心而造成的，而是出于地主阶级专政的需要。地主阶级之所以需要皇帝，一方面是为了集中国家权力对农民实行有力的专制统治；因为在封建社会的历史条件下，除了个人独裁方式以外，没有其他方法能更有效地实行中央集权。另一方面是为了欺骗人民。因为皇帝凌驾于群臣万民之上，他是以社会上各阶级的主宰者和代表者的姿态出现的，而且在理论上又被奉为"真命天子"。这使被统治者难以看穿封建皇权的阶级本质，而且容易把皇权看成是永恒的、神圣不可侵犯的现象，从而有利于封建统治的维护和巩固。因此，封建时期的皇帝是地主阶级的最高政治代表，他的统治体现着地主阶级的强力统治。

（二）三公、九卿

秦和西汉前期的中央机构中最重要的官职是丞相、太尉和御史大夫。

丞相是皇帝下面的最高行政官长。有左右之分，但非定制，有时只设一人。丞相为皇帝的"股肱"，其职责是"掌丞天子，助理万机"（《汉书·百官表》），即统领百官，总理政务。丞相虽秉承皇帝意志行事，但他的职权相当大。可保荐和任命卿以下官吏；直接掌管国家户口和赋税；受领地方官吏的"上计"；还握有一定的杀人权。其他行政、司法事务，也无所不理。国家军政大事，由丞相一人向皇帝奏议决定。太尉负责全国军事。御史大夫是副丞相，主要职责是"典正法度"，即负责监察百官和司法工作，还掌管图书文件。

以后，丞相、太尉、御史大夫改名为大司徒、大司马（东汉又称太尉）、大司空，称为三公。从西汉成帝时开始，丞相的职权为三公所分，三公职权相等。东汉时九卿分属三公。三公的职权大体是大司徒负责民政、司法、外交；大司马仍主军事；大司空则掌管财政、生产、土木营造、皇室奉养。国家大事也由三公共同商议。这种变化，一方面是为了由更多的人担任政务，增加统治效能。何武在建议设立三公时说，当时"政事烦多……而丞相独兼三公之事，所以九废而不治也"，因此主张建三公"分职授政，以考功效"（《汉书·薛宣朱博传》）。另一方面，为了削弱丞相权力，加强专权。

九卿为封建国家行政机关的各个部门。秦有卿官，汉因之，名称有些变更。时人总称为九卿。汉的九卿即：

太常（秦名奉常）：掌宗庙祭祀、封建仪礼，又兼管考试。

光禄勋（秦名郎中令）：掌守卫宫门。

卫尉：负责警卫整个宫殿。

太仆：掌管皇帝的车马。

廷尉（或称大理）：掌司法。

大鸿胪（秦名典客）：掌朝廷与诸侯国、边地少数民族来往事务，类似外交官。

宗正：管理皇族事务。

大司农（秦名治粟内史）：掌国家财政、农田水利。

少府：管理山海地池泽之税，以供皇帝私奉养。

九卿本来全归丞相统辖，改制三公后，太常、光禄勋、卫尉由大司马统辖，太仆、廷尉、大鸿胪由大司徒统辖，宗正、少府、司农由大司空统辖。

除九卿外，尚有列卿。列卿无定额，有执金吾（秦名中卿）：负责卫戍京师；将作大匠：管理宫室、宗庙等处的修筑工程；水衡都尉：管理皇帝的园圃等。

上述三公、九卿的各个部门都有属官，少者几十人，多者数百人。如翟方进的相府有三百余人（《汉书·翟方进传》）。足见秦汉的中央官僚机构已相当庞大。

(三) 尚书台

秦汉之尚书，由战国时之"主书"（魏）及"掌书"（齐）发展而来。尚书本是小官，属于少府，掌图书、秘籍、章奏等事。但由于尚书是皇帝的近侍，因此，从汉武帝时代开始，为削弱、剥夺丞相、三公的职权，加强君主专制统治，就逐渐扩大尚书的职权。组织也随之扩充，总谓之尚书台。到东汉时，行政大权就完全集中于尚书台，三公形同虚设。据《文献通考》载，东汉尚书的职权是"出纳王命，敷奏万机，盖政命之所由宣，选举之所由定，罪赏之所由正，斯乃文昌天府，众务渊薮，内外所折衷，远近所禀仰"，可见，东汉的尚书台实际上已变为国家的主要行政机关了。

尚书台的领导，一般由太傅、大将军等内朝大官（皇帝的私人高级顾问、侍从在宫廷内办公，谓之内朝）兼任，称录（平或领）尚书事。这是因为尚书权高而职低，故以兼领来解决这个矛盾。除录尚书事外，具体掌握全台事务的则有尚书令和尚书仆射（副尚书令）。下分曹（科）办事，东汉光武帝时发展到六曹。六曹即：常侍曹，管理公卿之事；二千石曹，管理刺史郡二千石官吏之事；民（户）曹，管理百姓上书事；三公曹，管理司法审判之事；客曹，分南主客曹和北主客曹，管理外国和边地少数民族事务。尚书台在两汉组织上仍属少府，居九卿之下，经魏晋南北朝到隋唐，发展成为三省六部制度，从而成为主要的中央政府机构。

两汉尚书台的发展，是皇帝把政权从中央政府移向宫廷内部机构的结果。目的是防止大权旁落，加强君主集权，从而有利于巩固封建统治，实际上也曾起了一些作用。但政权转到宫廷后，却又为宦官、外戚等皇帝近臣窃权创造了便利条件。降至东汉末叶，外戚、宦官，迭起秉政，皇帝反而变成了他们的傀儡，至于灭亡。可见，封建社会的阶级矛盾以及统治集团内部的腐朽、倾轧，使得封建专制统治不可能长期稳定，即使把政权集中到宫廷也无济于事。

（四）御史台

御史台是监察的机构。

战国时代的御史，是近侍君主、掌记录的官吏，不负监察责任。到秦汉时，适应君主专制的需要，御史发展成为主要负责监察的机构，为皇帝手中控制百官、统治人民的重要工具。

御史组织早先以御史大夫为首，属官有御史中丞、侍御史等。御史大夫改为司空，不负监察责任后，御史中丞成为御史台的首脑，下设有侍御史、诏书侍御史等数十人，并改属少府。

御史的主要职责是监督执行封建法制、纠察百官。《汉书·百官公卿表》说御史中丞"受公卿奏事、举劾按章"。由于监察和审案断狱联系密切，同时当时封建国家机构的分工也不是很明确，因而御史也兼管司法。御史监督百官，一方面是为了防止官僚越职专权，危害皇权；另一方面是为了提高封建国家机构的统治效能，加强对人民的镇压。西汉后期和东汉时，阶级矛盾尖锐，御史中丞常奉命督州郡捕"盗贼"，加强对农民起义的镇压。汉武帝还设置了"绣衣直指"官，归御史大夫领导，负责"出讨奸猾，治大狱"，即直接领兵讨伐，惩办起义的农民。这样看来，御史的活动锋芒，终归是指向被统治阶级的。

秦汉尚有专门监察地方的官吏。秦有监御史，监察所属郡县。汉废之。武帝时为加强对地方的控制，分全国为十三部（州），每部派刺史一人以进行监察，其中监察京师及京师附近各郡的称为司隶校尉。部刺史归御史中丞统一领导。刺史监察的内容规定有六条，主要是地方豪强田宅逾制、以强凌弱，郡国官长不奉诏命、违法乱纪等。部刺史还直接行使"断治冤狱"的司法权。司隶校尉的权更重，连三公也可纠察。

御史等官，是皇帝的耳目，对于维护封建君主专制统治，起着重大作用，因此，他们为皇帝所倚重，在国家机构中占重要地位。光武帝特别下令：御史中丞、司隶校尉、尚书令朝会时三官专席独坐，以示其权位之显要。

二、地方机关

在秦汉的地方行政建制上，中央集权的郡县制在与封建割据的封国制经过了反复的严重斗争之后，才巩固下来。

秦统一六国后，丞相王绾等认为燕、齐、楚等地离京城很远，不分封侯王很难控制，秦始皇把这建议交群臣讨论，他们都表示同意，只有廷尉李斯反对。认为只有郡县制才能保证国家统一和安宁。秦始皇采纳了后者的意见，在全国统一建立郡县行政制度。

在反秦的农民大起义中，有些六国贵族乘机恢复自己的地位，据地称王。项羽入关东归，又大行分封，共封五十八个，项羽自称西楚霸王，为诸侯王之盟主。在楚汉战争中，刘邦也以分封来笼络其重要将领为他争天下。因此，到西汉统一时，刘邦迫于既成事实，不得不保存和新封了一些异姓诸侯王。这些异姓王的存在对封建中央政权十分不利。后来刘邦逐渐加以剪除。

但是汉初统治者以为秦之速亡，除了虐用其民等原因外，未能分封同姓子弟为王，也是重要原因。因此汉高祖在消灭异姓诸王的同时，又大封同姓王。然而在王国封地和中央直辖区域仍实行郡县制，从而形成封国和郡县并存的情况。

汉高祖所封的同姓诸王国有九。封地共领有三十九郡，而汉中央政府直辖的只有十五郡，这些王国的权力很大，可以征收租赋、铸造钱币、任免官吏、握有军队，形成独立的割据势力。他们妨碍了汉朝政权的统一并窥伺着皇帝的宝座。于是西汉中央政府与之进行了尖锐的斗争。

汉文帝采纳贾谊的意见，"众建诸侯而少其力"，把王国分小以分散其力量。景帝时采用晁错"削藩"的建议，逐步削夺王国的一部分土地，归中央直接统辖。于是引起了诸侯王的激烈反抗。景帝三年（前154年），以吴王刘濞为首，吴、楚、赵、胶东、胶西、济南、淄川等国联合发动叛变，史称"七国之乱"，由于叛变得不到人民的支持，"七国之乱"只经过三个月就被平定。之后，景帝下令不再让诸侯王治其国，把王国的行政权和官吏任免权收归中央，王国的独立地位取消了。汉武帝继承打击王国的政策，采取种种措施把封国的割据力量基本上消灭，于是中央集权制得以巩固。此后，封国在名义上虽仍存在，但实际上和郡县一样（王国与郡相等、侯国与县相等）。

这样，秦汉的地方组织基本上是郡、县两级制。东汉末，作为中央常驻地方的监察官部刺史改为州牧，州成为一级地方行政组织。郡、县两级制遂变为州、郡、县三级制。这个改变，是黄巾起义后，东汉中央政府为加重地方权力，以加强镇压起义军而采取的措施。

郡设太守（王国称相），为郡的行政长官，另有郡尉（汉称都尉，王国称中尉）主军事。秦汉的地方政府权力较大，郡守可任免所属官吏，并有一定的杀人权。这是隋唐以后大部分时期地方长官所没有的。

郡是中央直属的地方机构，其任务主要是：在其所属范围内，管理人民、实行司法镇压，组织军队防备和镇压农民起义，督促农民生产，征收赋税上缴，考核所属官吏，并推举统治人才。可见郡是秦汉封建国家控制地方、统治和剥削人民的重要工具。

县的行政长官，万户以上称令，不满万户为长，国侯则置相。又设丞为助理并掌管司法审判，设尉掌管军事。县的职责与郡大致相同，"皆掌治民、显善劝义、禁奸罚恶、理讼平贼、恤民时务、秋冬集课，上计于所属郡国"（《后汉书》志第二十八）。县令虽是一个下层的地方官吏，但在统治和镇压农民方面也可胡作非为，草菅人命。如秦的范阳令在十年之内竟然"杀人之父，孤人之子，断人之足，黥人之首，不可胜数"。充分暴露了封建国家机器专制统治的残暴性。

乡以下的乡村基层行政组织是乡、里。乡有三老"掌教化"，啬夫"职听讼、收赋税"，游徼"循禁盗贼"。里有里魁或里正。他们都由当地豪强或有封建德行的人担任。又设有亭的组织专门"求捕盗贼"。亭设亭长，由退役军士担任。乡、里、亭是封建国家机构中直接控制农村、剥削农民、维护封建统治秩序的组织。还实行什、伍户口编制，以相监察。又有相当严密的户口管理制度。户口簿上登记每人的年龄、性别、社会关系以及土地财产，作为征收赋税和征发徭役、兵役的根据。户籍上一般还登记了身长、肤色等状貌，作为人民逃亡时缉捕的材料。人民不得任意迁徙。西汉政府规定：每年八月，官府要查核一次户口。由于农民是封建国家统治和剥削的基本对象，因而，统治者对户口制度十分重视。如萧何入关，首先就抓秦的户籍。同时户口管理情况是考核地方官政绩的一项重要内容。

这样，秦汉的封建专制中央集权的地方行政制度在战国的基础上进步、巩固和发展了，从而对人民的统治也更严密了。

三、官吏的选拔任用制度

战国时所形成的官僚制度，随着秦专制主义中央集权国家建立而得到进一步确立。但秦还没有一套选拔官僚的制度。到汉时，统治者为了搜罗地主阶级的人才、扩大统治基础，以适应封建专制集权统治的需要，才逐步建立了一套选拔和培养官僚的制度。

首先是察举制度。汉初，朝廷大官多出于郎官。郎官是皇帝的侍从。充当郎官的途径有二：一是"任子"，即二千石以上官吏，任满三年可以保举子弟一人为郎。二是赀选，即纳钱（赀）十算（十万钱，汉景帝改为四算）以上，又不是商人者，愿做官的可以为郎。由于郎官的选任为少数贵族、官僚和大地主所把持，妨碍了更广泛地吸收地主分子参与封建政权，不利于官僚政治的发展。因此，武帝以后，主要以察举方法选拔官僚。早在刘邦建立汉朝后，为要"定有天下，以为一家，欲其长久，世世奉宗庙"，就下令征召"贤士大夫"，责成中央和地方官吏推举人才。文帝而后，开始有"贤良方正"和"孝廉"之选。汉武帝时规定郡国每年察举"孝廉"人数按人口比例，每二十万举一人，此后成为两汉的经常制度。除"孝廉"外，封建统治者还时常下令察举贤良、文学、有茂材异能的人。中央和地方官吏推选人才，是根据皇帝所规定的科门和标准进行的，推举时要结合乡里评议，即要听取当地地主分子代表人物的意见。被选出的人由察选官吏送中央甄别录用，而"贤良"一科，必要时皇帝还亲自"策试"，"策试"时如得到皇帝赏识，就可被任为高官。如晁错、董仲舒等著名封建政治家、思想家，就是这样走上政治舞台的。由此可见，察举制度既能广泛网罗人才、又有严格的政治标准和审查程序，对于发展封建官僚政治，加强封建国家机器和专制统治，起着有效的作用。

其次是征辟。这是皇帝或公卿、州郡长吏聘任士人为官的一种办法。皇帝特聘叫征召，大臣聘任叫辟召。东汉时辟召制度盛行，这与豪强地主势力的发展有密切关系。那时，豪强地主逐渐垄断了政权，占据中央和地方要职，他们利用辟召方法，聚植私人政治力量，发展割据势力。为他们所辟召任属吏的人，成为他们的"故吏"，有着"君、臣"的从属关系。

皇帝除征召一些名士外，有些人上书给皇帝，提出建议，皇帝认为满意，也可任其为官。

再次，汉统治者还创设了"太学"来培养选拔官僚。汉武帝采取董仲舒建议，在长安设立太学，为博士官置弟子五十人。由太常选择十八岁以上的青年作为弟子。又由郡县选拔好文学和有封建德行的青年到长安和博士弟子一同受业。他们学的是为封建统治服务的经学，一年考一次，合格的可作官吏，成绩优秀的还可以作郎。太学生后来陆续增加，至东汉顺帝时达三万余人。同时，在郡国也设立学校教授生徒。"太学"之设，不仅建立了宣传儒家正统思想的基地，加强了封建思想统治，同时使封建国家的统治人才，得到有计划有步骤的补充和训练。公孙弘在太学创设后不久，就说："自此以来，公卿大夫士吏，彬彬多文学之士矣！"（《汉书·儒林传》序）太学收效之显，可想而知。

此外，还有卖官爵的制度。如武帝时，为解决财政困难，规定商人、地主捐纳一定数量的奴婢和羊的可以为郎。又定武功爵十一级可卖与人民。东汉后期，政治腐败，卖官现象尤甚，连公卿大官也可用钱买得。卖官制度为地主，特别是富商进入统治机构开辟了方便途径，使地主、商人、官僚三者进一步结合在一起。

基上所述，可见两汉时候，封建国家为地主阶级开辟了比较广阔的仕途。官僚政治向前发展了一大步。这一方面加强了对人民的统治，同时对于进一步打击贵族政治制度、促使中央集权制的加强，有一定的积极作用。

秦汉的官僚有明显的官、爵等级制度。官位等级表示官职的高低，以薪俸为标志。如西汉分大将军三公（号万石）、中（满）二千石、二千石、比二千石、千石、六百石……斗食、佐史等十六级。爵位表示身份的尊卑。秦汉的爵位因袭商鞅所定的二十等爵，不过西汉初封诸侯王，因而增加了一爵，共二十一等爵。汉武帝因卖官以补国库之空虚，又置武功爵十一级。不同的爵位享有不同的经济、政治特权。官爵等级是封建社会公开的尊卑、贵贱等级制度在官僚制度上的反映。

官僚是地主阶级的政治代表，是维护封建皇权的核心力量。因此，封建国家给他们以优厚的待遇。他们不仅有薪俸，而且免除各种赋役。西汉时，六百石以上官，全家人免一切徭役，只有军赋不免。下级官吏和博士弟子本人终身免役。第九级爵五大夫及第七级武功爵千夫以上，本人终身免役。至于贵族大官僚，还在其封地内享有食租税的经济剥削权。皇帝还时常赏赐给官僚们一些土地和财物。封建国家就是这样用农民的脂膏来豢养大批官僚反过来成为统治农民的工具。

四、军队

军队是国家机器中最主要的部分。秦汉国家有一支庞大的军队。

秦和西汉实行征兵制。男子二十三岁到五十六岁（史料未见秦的终止服兵役的年龄），要服兵役二年。一年为正卒，由本郡管辖，即当地方军。一年为戍卒，守卫都城或戍守边境，即当中央军或边防军。但这只是制度上的规定。如果遇到对外用兵、对内镇压农民起义而兵力不足时，封建统治者就征发不属于服兵役对象的人来补充兵源。如秦始皇时，由于北筑长城，南戍五岭，兵不足用，便征发了罪人、有市籍的商人、贫苦农民等七种人去当兵。陈胜、吴广起义后，秦二世赦免了在造骊山墓的"奴产子"（奴婢所生之子），把他们编入军队去镇压起义军。汉武帝也经常征发罪人、"贱民"以应大举对外用兵之需。此外，从武帝开始，还初步采用了募兵的办法。

西汉的地方军，在山地或少马的地方多步兵，叫作"材官"；平地或多马的地方多骑兵，叫作"车骑"；近水的地方多训练水军，叫作"楼船"。每年八九月间要举行一次检阅，叫"都试"。中央有南军和北军，是轮番守卫皇宫和京都长安的。南军和北军，分别由卫尉、中尉统领。汉武帝时，由于"用兵四夷、发中尉之卒，远去南粤，恐内无重兵，或致生变"（《文献通考》卷一五〇·兵考二），为加强对京城的防卫、对付农民起义，于是招募士兵，扩大北军，增置七校尉，又把中尉的属官中垒改为校尉，共八校尉，各掌兵七百。中尉改名为执金吾，统率北军。又恐北军偏重，不易节制，便设立期门、羽林军，以加强对皇帝的直接禁卫。期门、羽林军都是选拔西北的所谓"良家子弟"组成的，归郎中令统领。后来，武帝又训练战死军士的子弟，养羽林中，叫"羽林孤儿"。期门、羽林军是职业军，北军中招募而来的也是职业军。这支中央职业军的建立，是巩固封建专制中央集权国家的重要措施。

秦和西汉的军队，都由皇帝直接控制。平时主管军事的，中央有太尉（大司马），地方有郡尉（都尉）。遇有战事，皇帝以虎符征发各地之兵，临时委派将帅，战罢将帅归任、士兵回乡。

东汉时候，为了加强中央集权，废除了征兵制度和地方制度，所有的轻车、骑士、材官、楼船士和军假吏，都调散还乡，参加生产。原来的正卒和戍卒都改由招募而来的中央职业军担任。中央军仍分南北军，只在组织上略有改变。政府还常常用减罪的办法，招募犯罪的人戍守边疆，后来随着豪强地主势力的发展，地方政权为当地豪强所把持。他们把依附农民组成私人军队，称为部曲，发展成强大的地方军阀势力。而中央则由于职业军人数不多，力量薄弱，失去控制地方的能力。因此黄巾起义爆发后，东汉政府不得不主要依靠地方军阀豪强的武装来进行镇压。而在镇压起义过程中，军阀割据势力进一步发展，终于把历史推向长期的政权分裂、割据局面。

秦汉的军队的主要任务是：对内防范人民反抗、镇压农民起义；对外扩大领域、防御外敌侵犯。在镇压农民起义中他们对起义者进行了血腥的屠杀。如汉武帝发兵镇压关东农民起义，"斩首大部或至万余级"（《汉书·咸宣传》）。东汉在镇压黄巾军中，仅皇甫嵩所率领的官兵就屠杀了黄巾军二十余万人。秦汉王朝对中国边境少数民族统治者所进行的战争，一方面劳民伤财，加重了人民的灾难，另一方面保卫了秦汉边境人民的生命、财产的安全，维护了汉族人民的先进农业生产，促进了边境少数民族和汉民族的经济文化交流，客观上起着积极的作用。

综上所述，秦汉专制主义中央集权国家是以封建经济为基础而建立起来的，是地主阶级专政的工具。其基本特点是：有系统而庞大的官僚军事机构，对人民进行严密的专制统治；中央集权，皇帝有至高无上的权力；开始确立以儒家思想为指导思想。秦汉专制主义中央集权的国家制度对中国封建社会产生了深远的影响。秦汉以后各个朝代的国家制度，不论其组织制度的举行形式如何，其基本特点都与秦汉相同，是秦汉国家制度的演变和发展。

第四节　战国秦汉的法

一、概述

战国秦汉的法是封建地主阶级意志的反映，是巩固专制主义中央集权封建国家，维护地主阶级经济、政治利益的工具，是镇压广大农民的武器。

战国时代新兴地主阶级的政治家多主张"法治"，即主张颁布法律，以严刑峻法来进行专制统治，从而打击贵族、镇压农民、推行社会改革，建立中央集权的地主政权，巩固封建秩序。因此，他们被称为"法家"。当时各国都颁布了一些法律。其中最系统、影响最大的成文法典，就是魏国李悝所编著的《法经》。

李悝在任魏相国时，集各国法律之大成，著《法经》六篇：《盗法》《贼法》《囚法》《捕法》《杂法》《具法》。前四篇是惩办"盗""贼"和加以"囚""捕"的法律，即是镇压农民反抗、起义的。因为封建统治者深知"王者之政，莫急于盗贼"（《晋书·刑法志》）。《杂法》中有淫禁（禁止荒淫）、狡禁（禁止盗窃符、玺和议论国家法令）、城禁（禁止越城）、嬉禁

（禁止赌博）、徒禁（禁止群众集聚）、金禁（禁止贪污）、淫侈逾制（禁止所用器物超越等级制度）等内容，这都是维护君主专制和封建统治秩序所必要的，其中徒禁更是露骨地防止农民进行有组织的斗争。《具法》是规定加重或减轻刑罚的法律。《法经》奠定了封建法制的基础。

秦在过去商鞅实施和发展《法经》的基础上，在全国范围内颁布了统一的法律，秦法严酷，人民的思想、行动，稍稍触犯统治者的利益，就要受到严惩。以致"赭衣塞路，囹圄成市"（《汉书·刑法志》），被罚在骊山造墓的刑徒就有七十万之多。

刘邦初入关，为收买民心，争夺政权，宣布废除秦法，与民"约法三章"：杀人者死，伤人及盗抵罪。但在建立汉朝后，统治者很快感觉到"三章之法不足以御奸"，御史丞相萧何吸取秦法中合乎当时统治需要的内容，在《法经》六篇的基础上，增加了《户》《兴》《厩》三篇，制定有名的《九章律》。《户律》大体是规定户籍、赋税、婚姻之事。《兴律》规定兴发徭役、城防守备、管理监狱等事，《厩律》规定车马乘传之事及逮捕、告反、告急等事（由于这些事需骑马乘车，故亦在此篇规定）。

西汉前期封建统治者实行"休养生息"政策，并宽简刑罚。但从武帝以后，随着阶级矛盾的日益尖锐，统治者为加强镇压，逐渐增补修订法律，到后来，律令增至60篇、359章。其中死罪409条1882目。东汉的法律基本上是沿袭西汉。

从《法经》到汉律，所规定的基本上是刑事镇压的内容，实际上就是刑法典并包括逮捕、断狱等诉讼法内容。至于民法，没有专门的法典。这是因为封建社会的经济剥削关系、宗法制度，都是靠公开的政治强制力来维护的，刑法、民法的内容密切联系、交织在一起。因此统治者没有必要来制定专门的民法典。

所有成文法典都是以皇帝个人名义颁布的。皇帝还可以随时颁布诏令修改旧法律，或对某些问题和具体案件作出指示和决定。汉时皇帝颁布的诏令很多，据《晋书·刑法志》说，有三百多篇。皇帝的诏令就是绝对的法律。当皇帝的诏令与现行法律或过去皇帝的诏令有矛盾时，必须以前者为准。西汉酷吏杜周断狱，完全根据皇帝的意旨而不顾原有法律，有人责问他，他回答说："前主所是著为律，后主所是疏为令，当时为是，何古之法乎？"（《汉书·杜周传》）。这正说明了封建法律和司法的君主专制特点。由于皇帝的诏令和指示可针对当时阶级斗争形势而随时颁布，它不受任何束缚，便于更好地镇压人民。

在汉代，除了律和皇帝的诏令外，可以根据断狱而起法律作用的尚有如下形式。

第一，判例：史载，西汉的死刑判例就有 13 472 个。其中还有所谓"腹诽"罪的判例。

第二，经书：武帝时董仲舒、公孙弘创以"春秋"等经以断狱，此后，引经断狱之风盛行并得到封建政府的鼓励。如隽不疑以春秋决一大狱后，皇帝和大将军霍光表扬他"专用经术，明于大谊"。这为官吏任意断狱，滥施刑罚，打开方便之门。

第三，法律解释：汉时政府没有对法律作统一解释。由一些当代的权威学者作解释。这些解释也有一定的法律效力。东汉末解释法律的有叔孙宣、郭令卿、马融、郑玄等十余家，每家数十万字。这些解释适用于判罪的有两万多条，773 万余字。后来由于"字数益繁，览者益难"，妨碍了法律的统一适用和镇压效能的发挥，于是曹魏时规定以郑氏的解释为标准。

这样，封建统治者既有律令为主要法律，又有判例、法律解释以至经书作为补充，这就使得他们能完全根据阶级斗争形势的需要，灵活运用法律来镇压人民而不致为法律束缚自己的手足。

战国秦汉的法律文献均已散佚，现在我们只能根据一些片断的材料来了解当时法的基本内容。

二、刑法

封建统治者把一切反抗封建制度、侵犯君主专制制度、损害地主阶级经济政治利益的言行以至思想，宣布为犯罪，严加惩罚。

（一）严厉镇压人民的政治反抗和起义斗争

战国秦汉的法莫不以防范和惩治"盗贼"为首要任务。秦法规定"诽谤者族，偶语者弃市"，至于公开反对秦的统治，更要受到野蛮的镇压。秦始皇时发现有人在陨石上写"始皇死而地分"几个字，就把附近村庄的人民全部杀光。汉律中最重的罪就是"贼"律中的"大逆无道"（造反），犯罪者本人要斩，父母、妻子、兄弟姐妹不分少长皆弃市。当农民起义时，镇压更疯狂。

藏匿起义者要弃市，连供给过路起义者饮食的也要处死。史载汉武帝镇压关东农民起义时，以法诛"通行饮食，坐相连郡，甚者数千人"（《汉书·杨仆传》）。为加强镇压，汉武帝时作"沈命法"，严办镇压不力的官吏，规定："群盗起不发觉，发觉而弗捕满品者，二千石以下至小吏主者皆死。"（《汉书·咸宣传》）。同时又作"见知故纵、监临部主之法"，规定官吏审判"盗贼"时，如有纵容嫌疑，就要处死，而冤枉无辜，则可以无罪。

（二）为维护君主专制中央集权制度，对于侵犯皇帝权力、尊严和人身者，均严加惩处

如矫诏者、盗窃虎符、擅发兵者皆处死。群臣私交诸侯者弃市，附下罔上者死。结党营私的受严惩。臣民对皇帝"诽谤"，"祝诅"和"不敬"者，也要处死刑或其他刑罪。为加强中央集权，秦汉中央政府对于一些横行郡县、违法犯上的地方豪猾，也进行了惩办。

（三）严惩侵犯封建国家和地主阶级经济利益的行为，保护封建剥削制度

汉律规定，私铸铁器、煮盐者，砍掉左趾，没收其器物；私铸钱、伪造黄金者处黥刑或弃市。以保证封建国家对这三项关系国计民生的经济事业的垄断。又禁止侵占、买卖公田，以保护国家对土地的占有。战国秦汉法律对于盗窃财物均规定了重刑，秦汉法律规定"盗马者死，盗牛者加"，而对无故入人家舍，则允许格杀无论。又规定不履行契约义务的要受法律处分。这些都是保护地主阶级的财产所有权的。

（四）一切侵犯封建宗法关系和家庭婚姻制度的，都被认为是必须严惩的罪行

为了维护封建家长制，汉律规定：殴父母和不孝者处死刑，杀父母则以大逆论。另一方面，子女为父母报仇杀人，可减刑。东汉并有《轻侮法》，规定如子杀死侮辱其父的人，则可免罪。

夫权统治是封建婚姻制度的基本特点。法律允许男子纳妾。同时丈夫可以种种理由随便抛弃妻子，即所谓有"七弃"理由：无子、淫佚、不事舅姑、口舌、盗窃、嫉妒、恶疾。而妻子不能随便与丈夫离婚。汉律规定：私自改嫁者弃市，夫死未葬而改嫁也同前罪。又规定：妻与人通奸处死，而夫与人

通奸只处徒刑。

此外，凡违反封建礼仪和贵贱等级制度（如官吏衣服用具超越制度等）；破坏封建社会治安秩序（如一般杀人、殴伤）；官吏枉法渎职，妨碍封建国家统治效能（如贪污、推举人才不当、断狱错误）等，都要受到惩罚。

据上所述，战国秦汉法律所规定的犯罪相当广泛，反映了封建法制的阶级本质和特点，但还比较杂乱，罪名也不明确。不像后来唐律"十恶"规定那样系统、明确。

战国秦汉的刑罚，基本上沿用周的五刑而有所增减。名目繁多，极其残暴。具体如下。

死刑：见于史料的在战国和秦主要有腰斩、弃市（杀之于市）、车裂、枭首（悬首示众）、磔（裂其肢体而杀之）。还有阬（活埋）、戮、凿颠（凿脑壳）、抽胁、镬煮（下油锅）。而汉经常使用的死刑是腰斩和弃市。战国秦汉的死罪很多，稍重的犯罪都要处死。史载西汉武帝时死罪法律有 409 条，1882 事，还有许多判例，到成帝时增至一千条以上。以致"大辟之计，岁以万数"（《汉书·路温舒传》）。

更残暴的是族刑。族刑就是把犯罪者的家属以至宗族、亲戚都杀掉。族刑通常是灭三族，也有至于五族、七族、九族的。灭三族有两种解释，一是把犯罪者父母、妻、子女、兄弟姐妹上下三代人处死；二是把他的父族、母族、妻族都杀掉。汉初曾下令废除族刑，但不久就恢复了。

秦时还有所谓"具五刑"的刑罚。"当三族者，先黥、劓、斩左右趾。笞杀之，枭其首，菹其骨肉于市。其诽谤詈诅者，又先断舌，故谓之具五刑。"（《汉书·刑法志》）此项酷刑汉初仍沿用。彭越、韩信即受到这种残酷的惩治。高后时才废除。

肉刑：有黥（刺脸）、劓（割鼻）、刖左右趾、宫（残害生殖机能）、笞（先时笞背，西汉景帝改笞臀）。西汉文帝时，废除黥、劓和刖左右趾，改处笞刑、徒刑或死刑。这是秦末农民大起义教训了封建统治者的结果，也是统治者宽严相济的统治手法的表现。

徒刑：有城旦舂（四岁或五岁刑）、鬼薪白粲（三岁刑）、耐（或称司寇作，二岁刑）、罚作（一岁刑）。这些都是罚服劳役的刑。因此，刑名以劳役种类称之。如城旦是男子早起修筑城墙，舂是女子舂米，鬼薪是男子打柴祭宗庙，白粲是女子选择正白的米；司寇是备守"寇虏"。较重的徒刑还要割其须，称"髡"；以铁束颈，称"钳"。

又有籍没为奴的刑罚。即罚为官奴隶。如商鞅变法规定"事末利（工商业）及怠而贫者，举以为收孥"（《史记·商君列传》）。汉亦有"罪人妻子没为奴婢黥面"及"坐父兄没入为奴"的规定。这是封建社会里作为处罚犯罪的一种特殊手段，亦可以说是奴隶制的残余。

此外，还有"徙边"、没收财产、罚金等刑罚。

为了更好地保护贵族、官僚、地主阶级的特权，更有效地统治人民，封建政府还有一些定罪量刑、进行司法惩罚的原则和制度。

（1）议贵，即贵族官僚犯罪，受到特别优待。西汉法律规定：官爵五大夫、官位六百石以上及其他一些官僚有罪，可不入一般牢狱而有特殊照顾。身份更高的贵族官僚犯罪受肉刑或城旦舂者，减刑为鬼薪白粲。又规定六百石及大夫以上贵族官僚犯罪，必须上请皇帝决定，以便由皇帝来"恩免"其罪。这明显表现了封建法的公开阶级不平等的特点。

（2）赎罪，即犯罪后可出钱减免刑罚。死刑也可以赎。如汉武帝令纳钱五十万，减死罪一等。这无异为贵族官僚地主豪富肆意横行、盘剥百姓而不致处罪，提供了护身符。

（3）严惩"首恶"，宽免"自首"，如西汉刺史孙宝"谕告群盗，非本造意渠率，皆得悔过自出"（《汉书·孙宝传》）。汉律还明文规定"先自告，除其罪"（《汉书·淮南衡山济北王传》），这是封建统治者分化、瓦解农民起义和其他反抗力量的阴险恶毒策略。

（4）"矜恤"老弱，《法经》"具法"篇曾有老幼减刑的规定（见董说《七国考》）。西汉惠帝诏令，七十岁以上，不满十岁的人犯罪当处肉刑的减处徒刑。景帝时也规定对八十岁以上，八岁以下，怀孕妇女及乐师、盲医、侏儒等人的犯罪从宽处理。所以这样规定，一方面是由于这些人对封建统治的危害不大，另一方面是为了维护封建礼教和伪装"仁道""爱民"。实际上，当封建统治者认为农民起义侵犯到他们的根本利益时，他们就以"连坐法""族刑"来整族、整村地屠杀而根本谈不到什么"矜恤"老弱。

以上这些有利于封建专制统治的刑事镇压原则、制度，为后来历代统治所沿袭发展，并在唐律中得到了总结性的系统规定。

三、司法机关和诉讼制度

法律必须有国家强制机关的保证，才能得到执行，否则等于一纸空文。为了镇压人民，保证封建法律的施行，战国秦汉的封建国家逐步建立了一套系统的司法机构。

战国时代各国的司法机构，由于史料缺失，已不知其详。秦汉的司法机构在中央有廷尉（大理）为九卿之一，专掌审判处理重大案件和地方移送的疑难案件。御史大夫及御史中丞所领导的御史台，作为监察机构，主要是侦察、检举臣民犯法，但也参与重大疑难案件的审判。后尚书台组织职权逐渐扩大，其中设有三公曹，主断狱。

在地方，部刺史及司隶校尉是监察州郡的官，也直接"断治冤狱"。郡、县的行政官长兼掌司法，郡还设有决曹、贼曹属吏来办理司法。

县以下的乡、里、亭等行政组织负有追捕"盗贼"、禁"奸"和"诉讼"的职责，因此，实际上也执行司法任务。

由于司法机构直属于行政机构，成为行政机构的组成部分，因此，司法机构的上下领导关系与行政组织完全相同。中央的司法机构由最高行政长官——丞相、三公领导，并最后由皇帝控制。这种体现专制主义中央集权的司法机构组织原则一直沿袭到明清而不变。

封建统治者深知司法机关是统治人民的锐利武器，因此十分重视，并派一些以残虐人民而称著的官吏来掌握。史载，秦始皇专任酷吏。汉武帝提拔张汤、赵禹、暴胜之这些以残暴镇压人民为能事的刽子手来担任廷尉、御史大夫等职。

监狱是保证执行刑事镇压的另一重要暴力机构。西汉时中都洛阳有监狱二十六所。京都长安有狱二十四所。监狱之多，可想而知。

秦汉的诉讼制度大体是这样的：国家机关和官吏查知犯罪，必须追办，人民得知犯罪，必须举发，否则，就受到处罚。秦商鞅变法时规定连坐法，一家有罪，九家连举发，否则连坐，又规定不告奸者腰斩。汉律也规定：见知犯罪而不举劾，要受同罪处罚。刑讯是规定于法律的一般审讯方法。受审者在严刑拷打下，就不得不胡乱招供认罪，连当时的官吏路温舒也说："棰楚之下，何求而不得"（《汉书·路温舒传》），判决是完全由官吏任意决定的，"所欲活则傅生议，所欲陷则予死比"（《汉书·刑法志》）。据记载，在西汉案件的判决在告知犯人后，如果他表示冤枉，允许"乞鞫"，即请求复讯。同时对疑难案件有逐级转送的制度：疑案县移郡，郡不能决移廷尉，廷尉不能决奏报皇帝决定。但是封建官僚的压迫人民的本质和主观臆断的审判作风决定了他们不可能实事求是地查明案情。同时封建政府所要求的"正确"断狱，也就是指对案件的处理，要最有利于封建统治，发挥最大的镇压效能。这一切明显地表现了秦汉诉讼制度的阶级本质和残酷、野蛮特色。

第三章　三国两晋南北朝国家与法

（公元 220 年—公元 589 年）

第一节　社会概况

在三国时期，曹魏割据中原、关中等地，各方面条件都比蜀、吴优越。曹魏针对当时社会经济严重破坏的情况，在黄河流域实行了屯田制。招募农民在大量无主的"公田"上耕作，称为屯田客。屯田客虽然被严密束缚在土地上，不能随便离开，但是只按成向官家缴纳地租，不服兵役和徭役，比一般贫苦农民生活较有保障，所以生产情绪较高。除民屯外，曹魏还实行军事屯田，不仅使军事重镇附近的荒废土地得到开垦，也部分地减轻了人民养兵运粮的负担。同时，在屯田区大兴水利，注意耕作技术，提高单位面积产量。于是，就使社会经济得到较快的恢复，奠定了统一的基础。公元 263 年，魏兴兵灭蜀。公元 265 年，曹魏有名的世家豪族司马氏，在世家豪族的拥护下，消灭了拥曹的势力，夺得曹魏政权，建立了西晋王朝。公元 280 年，西晋兴兵灭吴，全国统一。

西晋在经济上实行占田制。曹魏后期，由于统治者贪得无厌和日益腐化，屯田的租率加重，还经常对屯田客征发徭役，屯田客不断逃亡和反抗，生产大大降低。同时，官僚世家大族的经济发展，又暗中分割屯田区的土地和劳动人手。所以公元 264 年，曹魏取消屯田制。西晋在公元 280 年颁布了占田制的法令，对农民按户规定应占田地的数量，不管实际上占田多少，都必须按规定的比例交租，这也就是逼迫农民尽力开垦荒地，从而使国家的剥削得到保证和增加。占田制对官僚地主，则规定按官品占田、荫客、荫亲属，这是封建国家正式用法律保障官僚的这种特权，从而就使士族集团拥有大量的土地、佃客和依附农民，势力比三国时更加巩固和发展。

西晋政权是建立在世家豪强地主的基础之上的。由于西晋王朝的建立没有直接受到农民大起义的震撼，因此，一开始剥削压榨、兼并土地就非常厉害。在过着极端奢侈腐化生活的基础上，统治集团内部又争权夺利、互相攻战。公元 290 年爆发了"八王之乱"，人民痛苦非常。这样就激起了各地的流民和农民起义，特别是东汉以来内迁的西北各族的反抗。结果，西晋王朝仅统治了 50 余年，到公元 316 年就覆亡了。

西北各族，就是匈奴、鲜卑族、羯、氐、羌。他们被汉统治者看成"非我族类"，遭受比汉族农民还要厉害的压榨与奴役。西晋末年，他们纷纷起兵反抗，公元 311 年、公元 316 年先后攻陷洛阳与长安，俘虏了西晋的怀、愍两帝。

在反抗的过程中，这些少数民族的领袖都利用本族人民对汉族统治者的仇恨心理，使之转化为对汉族和其他族人民的仇视和压迫。他们疯狂屠杀汉人，"流尸满河，白骨蔽野"（《晋书·食货志》）；大量掠夺土地和财富，拼命压榨剥削汉族农民；又模仿汉制，先后在北方建立了许多国家，相互间展开了一百多年的兼并战争，形成了"五胡十六国"的混乱局面。所有这一切，就使中国北部经济遭到严重破坏。黄河流域又一次遭受毁灭性的长期大破坏。

与北方各族相互混战的同时，晋宗室依靠北方流亡大地主和南方土著大地主的支持，公元 317 年在长江以南建立了东晋王朝。这一小撮腐朽的统治者，只满足于利用国家政权残酷地剥削南方人民，根本无意收复中原，对当时"鹄立南望"的汉族人民及其英勇斗争，丝毫不予支持，这样就使南北割据状态长期存在，得不到统一。

公元五世纪初，东晋王朝为刘宋王朝所代替，以后又历经齐、梁、陈各朝，史称南朝；而北方混战各国，则为鲜卑族拓跋氏所统一，建立了北魏王朝，以后又分裂为北齐与北周，史称北朝。这样，又使南北对峙长期保持下去，一直延续到公元六世纪末。

在这几百年中，从东晋开始的南方社会和从北魏开始的北方社会，相对来说还是比较稳定的，在农民的辛勤劳动下，中国社会经济渐次得到一定的恢复与发展。公元 485 年，北魏为了巩固自己的统治，实行均田制，把国有荒地分配给无地的农民耕种，规定一部分土地归农民私有，统一收取赋税，这对增加耕地、恢复生产起了一定的作用。同时，劳动人民的生产经验也更丰富了，北魏末贾思勰著《齐民要术》，曾详细记载了农业种植和家畜饲养等方法，也促进了生产率的提高。而在南方，从东晋开始，由于大量北方流民的南移，增加了劳动力，他们从被剥夺土地的流亡状况转为在地主的土地上作为佃客进行生产，是具有一定生产兴趣的。再加上他们带来了北方先进的生产经验，这样就帮助了南方的开发，提高了农业生产。与此同时，手工业、商业也有一定发展，在某些方面还超过了北方。不过总的说来，当时南方经济还是低于北方的，后来南朝被隋朝吞并，这是一个客观条件。

在这几百年中，封建社会还是往前发展的。但是在北方，由于北魏鲜卑拓跋部一开始还处在牧业经济的奴隶社会的初级阶段，所以北魏政权建立以后，就大批掳掠奴隶，进行奴隶制的剥削与统治。奴隶制统治是违反社会发展规律、阻碍和破坏社会经济的发展的。随着农业经济迅速成为北魏统治的社会经济基础，以及各族人民不断起义的反抗，北魏统治者不得不改变剥削与统治的方式。魏孝文帝从公元471年到公元499年，实行了一系列的汉化政策，实际上也就是封建化的改革。颁布均田令和租调制，确定以农业为主的封建剥削制度；颁行官吏的俸禄制和基础政权的三长制，模仿汉制建立中央集权君主专制的国家；此外，还改鲜卑姓为汉姓，不许官吏说鲜卑话、穿鲜卑服。命令鲜卑贵族与汉族大地主通婚，以便使鲜卑贵族与汉族地主进一步结合起来。魏孝文帝的改革，不仅表明各民族的融合发展的必然趋势，也表明了落后的制度总是要被先进的制度所代替。

在这几百年中，南北方的统治者，都极残暴地压榨、奴役和虐杀各族人民。在北方，少数民族统治者联合汉族豪强地主进行统治。他们掠夺人口、圈占土地，强迫农民缴纳赋税和服徭役、兵役，使百姓怨苦，民不堪命。公开进行民族压迫，随意屠杀汉人，对汉人的所谓"大逆不道"，不仅本人"腰斩"，还要"夷三族"，"诛同籍"。豢养僧侣贵族，迫使人民充任佛图户或僧祇户供其奴役，僧侣贵族还利用僧祇粟放高利贷，重利盘削附近居民。北方豪强大地主卖身投靠，北朝广占田宅奴婢，扩充部曲、佃客，强迫农民提供高额地租，驱使农民服无偿劳役和兵役，甚至横行乡里、杀人越货。在南方，不论是北方流亡大地主，或南方土著大地主，都是一丘之貉，他们骄奢淫逸、腐化堕落，利用政治特权大量兼并土地、霸占山泽田宅、残暴剥削佃户。南朝政府的压榨也非常厉害，赋税多而繁重，连农民桑长一尺、田进一亩、屋上加瓦，都要抽税（《宋书·周朗传》）；赋役之重，据说一年之内"殆无三日休停"，弄得人民"残刑剪发（为僧）要求复除，生儿不复举养，鳏寡不敢妻娶"（《晋书·范宁传》）。南北方的残酷统治，阻碍了中国社会经济的发展，激起了各族人民不断的反抗。

在这几百年中，农民为了生存，纷纷揭竿起义。在东晋，最有名的有公元399年的孙恩农民起义。在北朝，起义连绵不断。北魏孝文帝时，是统治比较巩固的时期，也有十余次较大规模的起义。北魏末年，更爆发了以葛荣为首的农民大起义，参加人数达百万以上。这些农民起义虽然都先后失败了，但是却迫使后来的统治者不得不减轻剥削，缓和阶级矛盾，这也就或多或少地推动了生产的发展。

南北朝之间曾进行几次战争，但是由于势均力敌，仍然是南北分立，未能统一。公元577年，北周灭掉了北齐。公元581年，北周政权又为深受鲜卑影响的汉族大臣杨坚所夺，建立了隋王朝。隋王朝，是以汉族地主阶级为主体，并吸收了一部分汉化的鲜卑贵族和其他少数民族统治者参与而建立起来的。这时，以汉族为中心的民族大融合进入了一个新的阶段，南北方政权的民族差别也逐渐消失。由于北周实行了许多有利生产的政策，隋王朝经济力量比较雄厚，于是在拥有强大府兵的基础上，公元589年兴兵灭陈，分裂近四百年的中国复归统一。

第二节　国家制度

就国体而论，三国两晋南北朝时的国家，仍然是封建地主阶级专政的国家。尽管西北各族进入中原以前的社会性质，仍处在氏族或奴隶占有制阶段，但进入中原以后，受到封建生产关系的影响，统治者迅速转化为地主阶级，因此，建立起来的国家，也都是维护地主阶级利益和镇压农民的工具。

在这一时期里，虽然就整个中国说来，基本是封建割据的，但就每一王朝的政体而言，却都是采用中央集权封建君主专制制度，仍然是以皇帝享有至高无上权力的方式对农民进行统治。

不过，由于总的形势是封建割据，南北朝的政权，都是依靠豪门士族建立起来的，加以当时阶级矛盾和民族矛盾错综复杂，统治阶级争夺统治权的斗争非常尖锐，所以地主权势较重，甚至具有一定程度的半独立的性质；在北朝，主要是北魏和北齐，还具有民族压迫的特点，这些，在国家制度中，也都有所反映。

一、中央机关

（一）三公、丞相、相国

东汉徒具空名的三公（太尉，司徒，司空）到三国时仍然存在，名义上地位极高，"然皆无事，不与朝政"（《文献通考·职官考二》）。晋时又增太宰、太傅、太保、大司马、大将军，谓之"八公"，地位极其显赫，以后南北基本相沿不改，但也是"特假以名号，不必尽知国政"（《钦定历代职官表》）。

这一机构继续存在的原因，首先是因为三公由来已久，虽然在制度上不再让他们参与朝政，但终究他们是富有统治经验的，为了加强封建统治，有必要保留下来，以备皇帝咨询。其次，它也便于皇帝对权重大臣明升暗降，即明予重位，暗夺其权。

这时还有丞相、相国之官，也是徒具虚名的，不握实权，和三公略同。所以《通典》说：丞相、相国"或为赠官，或则不置"，"其真为宰相者，不必居此官"。

（二）三省：三省制，即尚书台，中书省和门下省，到三国两晋与南北朝时逐渐形成

这一时期，继承汉代制度，在尚书台（后改尚书省）设录尚书事，由其他官员兼理。他是尚书台的最高长官，为皇帝亲信，正式称作"宰相"，权力很大，"职无不总"（《宋书·百官志》）。当时重臣必录尚书事然后有实权。南朝刘义康录尚书事，"事决自己，生杀大事以录命断之，凡所陈奏，入无不可，方伯以下，并委义康授用"（《宋书·彭城王义康传》）。北魏拓跋详录尚书事，"军国大事，总而裁决，每所敷奏，事皆协允"（《魏书·北海王详传》）。录尚书事成了皇帝之下最高官员，实质上就是协助皇帝更周密地来管理封建国家事务，镇压广大农民的工具。在不设录尚书事时设尚书令，其地位、职权相同。

为了协助录尚书事、尚书令处理事务，尚书台还设有左右尚书仆射。在录尚书事、尚书令、仆射统率下，具体执行全国事务的则为左右丞、各曹尚书及其属官。在这一时期里，各曹尚书的设立尚处于变化之中，曹名、曹数，各王朝都不同，如北魏一度各尚书有二十余。虽然如此，在其后期，大抵一共分为六曹，即：吏部——掌全国封建官吏的铨选。左民——掌全国户籍、土地、屯田、缮修工役等。度支——掌全国赋税、钱粮、财政收支。祠部——掌全国礼仪、祭祀。五兵——掌全国军政。都官——掌官吏的工作得失兼掌司法。南朝曾设有"起部"，掌皇帝宗庙宫室之修建，为隋唐工部之

本，但不常置，故仍为六曹。每曹均设尚书为长官。在每曹尚书之下，根据事务繁简，又各分若干（小）曹，最后固定为 36 个。这些表明，尚书省的各曹，无论就它的分工或组织而言，都比汉代发展了一步，也就是说，统治人民的效果更加强了。所以封建统治者非常重视。北魏孝文帝对诸尚书说："尚书之任，枢机是司，岂惟总括百揆，缉和人务而已，朕之得失（即封建统治之得失），实在于斯"（《魏书·广陵王羽传》）。

这一时期新建立的中书省和门下省，分割尚书省的权力，也成为宰相机构。

中书省设中书监、令为长官。中书在秦汉时仅掌宫中书记，以宦官充之，地位极卑。在曹魏设中书监、令，职权主要是具体"起草诏命"，故多以文学之士充之。由于中书监令接近皇帝，逐渐就由起草诏皆发展为参与诏旨，即军国大事之商议，侵夺了尚书令的权力。《通典》说："中书监、令常管机要，多为宰相之任。"后来更扩大为中书省，直属官中书侍郎、中书舍人等。晋荀勖由中书令改任尚书令，甚怅惘，或有贺者，答曰："夺我凤凰池，诸君贺我邪？"（《晋书·荀勖传》）。

门下省设侍中为长官。侍中本奉丞相史，以其往来殿内东厢奏事，故谓之侍中。本小官。汉因之，唯职权变为侍从皇帝，备一般顾问，如天象、文学、封建礼仪等。多选旧儒高德、学问渊博者充之。然迄汉之世，侍中并未掌握大权，也无屡官，名义仍属少府。在三国两晋之初，侍中仍备一般顾问，但因经常近侍皇帝，逐渐被咨询重要事务，以后并被直接委任参与军国大事之商议，于是尚书省之权力遂为侍中所侵夺。晋任恺为侍中"政事多咨焉"，"事无大小，多管综之"，对尚书令贾充，"每裁抑之"（《晋书·任恺传》）。北魏多以侍中辅政（《通典》），"故侍中成为宰相"（《钦定历代职官表》）。在组织上侍中也扩大为门下省，置属官黄门侍郎、给事中等。侍中地位，至此遂重。

中书省、门下省的设立，遂使尚书省权力大为削弱。《通典》说："自魏晋重中书之官，居喉舌之任，则尚书之职，稍以疏远，至梁陈举国机要悉在中书，献纳之任又归门下，而尚书但听命受事而已。"所以发生这个变化的原因有二：第一，当时封建统治者为了更好地商议、决定军国大事，统治人民，感到有必要扩大宰相机构。第二，增设中书省、门下省，牵制尚书省的权力，可以加强皇权，进一步巩固封建君主专制的统治。

（三）九卿与列卿

九卿与列卿，仍为具体执行皇帝意志的机构，变化不大，但因尚书机构的完备，它的权力渐弱，所以晋时曾有人主张把它们并于尚书省。这一时期的九卿与列卿有：

太常卿：与汉代同，掌宗庙祭祀、礼仪、学校。但一部分权力为新设的祠部尚书所分。

光禄卿：魏晋以来，光禄之属官诸郎官已废除，原保卫皇帝宫殿门户之责任已由宿卫兵担任，由中领军统率（详见后）。故光禄卿官名虽存，职权已大变，至北齐转为承办皇帝的筵席、酒醴之官。

卫尉卿：随着保卫宫城之权移于中领军，其职权仅为掌兵器的保管、冶铸等。

宗正卿：仍管理皇帝亲属的事务。

太仆卿：仍掌管皇帝车马。

廷尉卿：仍掌管司法，但一部分权力已移于都官尚书。

鸿胪卿：仍掌诸侯及外交事务。

司农卿：仍掌全国农田水利、赋税收入，但一部分权力已移于度支、左民尚书。

少府卿：这时除主要分出尚书、侍中、御史等机构外，仍掌皇帝之供养。至梁更分出太府卿，专掌钱粮，而少府遂成专掌管手工业之官。

将作大匠：仍掌宫殿、宗庙、官衙、城郭之修建。

都水使者：汉之水衡都尉至魏改掌全国舟船航运，汉太常卿属官有都水长丞掌全国河渠灌溉，至晋，并水衡都尉与都水长丞为都水侍者。南北朝相沿不改。

执金吾：随着保卫京城之权移于中军，执金吾遂为闲官，至东晋遂废。

（四）御史台

秦始皇统一后，立御史大夫为副丞相，一方面掌天下文书，一方面掌监察。西汉沿其制，西汉末，其掌文书之职由尚书台代替，其监察之职，则别立御史台以司其事，至此，单纯的监察机构才算树立起来。东汉以至南北朝，大体相沿袭。但迄汉之世，御史台名义上均受少府节制，至魏晋才发展为皇帝直接掌握的独立的监察机构，号称"天子耳目"。

御史台的长官仍为中丞（北魏称中尉），职权甚广，"自皇太子以下，无所不料"（《通典》）。开始不能纠尚书，后来也能弹劾。南朝谓之"南司"。齐明帝对御史中丞江淹说："今（君）为南司，足以震肃百僚"（《梁书·江淹传》）。在北魏，御史中丞"出入千步清道，与皇太子分路，王公百辟咸使逊避，其余百僚下马驰车止路旁，其违缓者，以棒棒之"（《通典》）。其受封建统治的重视是很明显的。另一方面，如果群臣有罪，御史中丞失纠，则要免官。同时，大世族不得为中丞，怕他们徇私和照顾亲友。封建统治者加强监察机构，也是出于统治经验的积累，他们认识到，必须使官僚机构按照统治阶级的意志办事，才能加强镇压人民的效能。

中丞下设若干御史，人选比汉代严格，负责监督中央和地方官吏，但名目繁多，如治书、殿中侍御史、侍御史、禁防、检校、督运、监军等御史，职权不很清楚，多因事设置。

汉代的地方监察机关，至魏以后不复置，对地方官吏之监察，由中央随时派御史出任，这也是加强中央集权的一种措施。

汉代的司隶校尉，魏晋之初仍存在，与御史中丞"分督百僚"（《通典》）。但却逐渐向行政官转化。至东晋，并其行政权于扬州刺史（东晋京师在扬州），并其监察权于御史台，司隶校尉遂废。司隶校尉是汉代皇帝为控制臣下临时设置的，与御史台职权重复，在御史台职权加强后，它也就没有存在的必要了。

二、地方机关

（一）州、郡、县三级地方政权

东汉末年，已形成州、郡、县三级地方政权组织，三国两晋南北朝沿袭不改。

州是地方最高统治机构，长官为刺史，下设别驾、治中等属官。为了适应频繁战争环境和及时镇压人民起义，刺史多被皇帝委以兵权，叫都督诸州军事（北朝叫总管），并开府置属官长史、司马等。都督权重的，有杀人甚至杀二千石以下官吏之权。另一方面，为了防止由此产生的封建割据，皇帝又极力控制地方。首先，刺史多选亲信或子弟担任。其次，为了限制刺史权力，有时特命刺史属官（别驾、治中、长史、司马等）代刺史掌大权，叫"行事"，有时则在刺史之下配备另一些亲信——典签官，进行监督活动，定期向皇帝报告情况。宋时，"典签皆出纳教命，执其枢要，刺史不得专其职任"（《资治通鉴》卷一二八）。齐武陵昭王晔任江州刺史，忤典签赵渥，"至镇百余日典签赵渥之启晔得失，于是征还……"（《南齐书·武陵昭王晔传》）。尽管采用这些措施，但也无法从根本上防止地方割据。士族豪强地主，大量兼并土地，以宗族为骨干，极力扩大部曲、佃户，建筑坞堡，拥有私兵，俨然是事实上的大小皇帝。两晋南北朝，既然都依靠士族豪强地主进行统治，也就只能承认这种既成局面，对其中实力强大者并委以地方要职。

中国封建社会，"自秦始皇统一中国以后，就建立了专制主义的中央集权的封建国家；同时，在某种程度上仍旧保留着封建割据的状态"（《中国革命和中国共产党》）。中国封建社会的割据性，是由基本上能自给自足的小农经济和地方大地主要求割据所决定的。在东汉以后，两晋南北朝时期，由于战事频繁，地方豪强地主势力的扩张，所以反映在地方政权的割据性，就比较突出和明显。

在北魏，刺史、太守、县令，都设有三职，其中一人为拓跋宗室，另外二人为非宗室的鲜卑人或汉人，以便在地方上加强民族统治。

县下有乡、里，同汉制。北魏初期，由于基层政权中三老一类的官已不起作用，曾建立宗主督护制，即在坞堡组织的基础上，委任豪族大地主作宗主，以替换基层政权。宗主督护制，是一种临时性的基层政权，因为它是以宗族为单位来建立统治，这一方面使强宗豪族的势力更加扩大，另一方面更使在宗主势力薄弱的地区有大量的隐漏户口。公元 485 年，北魏政权比较稳定，遂废除宗主督护制，恢复三长制。三长制是五家一邻长，五邻立一里长，五里立一党长，其职责是检查户口、征收租调、征发徭役和兵役，是传统的封建基层政权。三长制是地主阶级更有效的统治和镇压农民的机器。

这一时期，地方政权机关镇压人民的本质非常明显。以北魏为例，规定：县令能静一县"劫盗"者，兼理二县，即食其禄；能静二县者，兼理三县，三年迁为郡守，食二千石；能静二郡者，兼至三郡，三年迁为刺史。可见，镇压人民起义是地方官吏的主要任务。

（二）封国制度

西晋鉴于魏帝室孤立而灭亡的教训，大封皇族子弟为亲王，并多兼任州职。东晋和南北各朝，大都沿袭了这种制度和措施。在王国之内，具有相对独立的政权、财政和武装。比如西晋，封 27 人为国王，规定大国设上、中、下三军，兵五千；次国设上、下两军，兵三千；小国一军，兵一千五百人。文武官吏均由诸侯王自己任用和罢免，即使他们在中央任职，军政大权也仍由其直接掌握。封王制度本来是企图平衡地方割据势力，以便屏藩帝室，但结果，更培养和助长了地方割据势力，加剧了争夺中央政权和帝位的斗争，生产遭受破坏，遭殃的自然还是人民。

三、官吏的选拔任用制度——九品中正制

公元 220 年，魏文帝（曹丕）为了争取豪族地主的进一步支持，接受吏部尚书陈群的建议，实行九品中正制，承认士族有做官特权。两晋南北朝既然都是依靠士族地主进行统治，所以都沿用了九品中正制，并不断充实、发展。

所谓九品中正制，就是在郡设小中正官，在州设大中正官，挑选忠诚而有经验的人充任。中正官的任务是品第人才。即先由小中正官根据家世、德行、才能，把所辖区的人才定为九品（等），然后报大中正核实，最后上报中央吏部，中央吏部根据皇帝意旨，再考核品第高下，决定录用与否以及地位高低。这也就是"门选"。不过只要有品第，一般是可以做官的。只是评为上品的，做官极高，升迁极快，评为下品的，做官较难，只能做小官。

九品中正制，实际上是汉代察举制的补充和发展。东汉的察举辟召一般都以名士主持的乡间评议为主要根据。但是在长期战乱之后，士人漂流异乡，乡举里选的办法，事实上已无法进行，考察士人不得不采取访问采择以评定等第的办法。由于中正官要由中央和地方的大官推选，并由现任官充任，主要是大地主阶级——士族的代表，品评是"高下任意，荣辱在手"，总是偏向士族，压抑寒族（中小地主），所以就造成"上品无寒门、下品无势族"（《晋书·刘毅传》）。

九品中正制进一步巩固了士族制度，加强了士族和非士族的界限。这是士族经常被评为上品的必然结果。而士族制度确立以后，也就使九品中正制又发生了变化。过去中正官三年一品第人才，后来不常品第了。选拔人才也主要不是品第，而是依靠士族的身份。就是皇帝也不能干预高级士族做高官的特权。凡是士族弟子，均可做大官，非士族子弟只能做小官。过去"寒族"侥幸还能升上品，做大官，这时这点希望都没有了。由此可见，九品中正制是封建地主阶级选拔统治人才的方法和手段。

四、军队

这一时期的军队，因各朝具体情况不同，名称、制度均有特点，但是它们的基本性质，都是镇压农民反抗和实现封建割据战争的主要工具。

魏晋的军队分中军（中央军）和外军（地方军）。曹魏的中军主要有武卫、中垒、中坚、领军、护军各营和东汉以来的五营兵，均由领军将军统领。晋以后的中军主要有七军五校。七军即左卫、右卫、前军、后军、左军、右军、骁骑。五校，即汉之五营、屯骑、步兵、长水、射声。均由中军将军统率。魏晋中军的数目达十万人。中军的任务，除在京师镇压人民外，比汉代更多地在全国范围内镇压人民和进行割据战争。魏晋南朝的外军即州郡兵，由都督各州军事统率。晋初为加强统治，一度设王国军，大国五千人、次国三千人、小国一千五百人，均由中尉领之。因八王之乱，逐渐转为州郡兵。

北魏在中央也设有宿卫之兵，叫羽林、虎贲，在孝文帝时扩展到十五万，由左右卫、武卫等将军分别统率，总领者则为将军。北魏的外军有州郡兵，由州之都尉、郡之都护统率，而在沿边要隘之处，则设有镇兵。镇兵是北魏的重要制度，主要是为防御北方外族蠕动而建立的，当时最有名的有六镇，即武川、抚冥、怀荒、柔玄、怀朔、沃野。镇兵是集中地、长期地戍守并在边塞巡逻，数目很庞大。《魏书·薛虎子传》载，仅彭城一镇，"在镇之兵，不减数万"，他镇当亦仿佛。镇兵不属州郡管辖，而由专门军事机构统率。这个机构最主要的镇将（都大将、都将、大将、将），其中还有副将、监军、长史、司马等，数目也很大，如北方沃野一镇，仅镇将以下军官就有八百余人（《魏书·源怀传》）。镇兵后来也设立到内地了，主要任务则由抵御外族变为对内镇压起义人民了。《魏书·韩均传》云"广河泽在定、冀、相三州之界，土广民稀，多有寇盗，乃置镇以静之"，是其证。

除了镇，北朝的军事组织还有戍与防。戍主要也是边防组织，它比镇小，地位也低，但比镇密而多。戍设戍主、副戍主统率若干兵士戍守。戍在有镇之处受镇领导，在无镇之处则受州的指挥。防也称坊，魏末已存在，而在北周大为盛行。它比镇小，但比戍大些。每防设防主、副防主。防有一个特点，就是它主要不是边防性的，而是为了镇压农民起义和进行统治阶级内部兼并战争而建立的，所以魏末的大防，都是在都城洛阳附近。《北周书·苏绰传》载"致令贫弱者或重徭而远戍，富疆者或轻徭而近防"也反映戍远在边塞，而防却在内地。

这一时期之初，大抵主要仍沿用东汉以来的募兵制，同时也实行强制割据战争中之降民、俘虏为兵的办法。后来比较普遍实行的是世兵制。一经为兵，世代相袭，父死子继，兄亡弟代。晋刘卞："本兵家子，卞兄为太子长兵，既死，兵例须代，功曹请以卞代兄役"（《晋书·刘卞传》），这是兄亡弟代。《宋书》卷一百："伏见西府兵士，或年几八十，而犹伏隶，或年始七岁，而已从役"，八十老兵可能是没有子孙，故需至死方休，而七岁小儿，只可能是继父为兵的。凡是世兵，其家称军户或营户，有特殊户籍，与民户区别，不受州郡管辖，而由专门几门机构节制。它们的地位是低下的，几乎和奴隶同等看待。曹魏时，兵士刘整与郑象，有功阵亡，魏帝诏曰："今追赐整、像爵关中侯，各除士名，使子袭爵。"（《三国志·三少帝纪》）。刘宋时，孝武帝大明二年正月诏"军户免为平民"（《宋书·孝武帝》）。这两例中，前例追赐爵禄是极个别现象，但都可看出，军户只有有功或经皇帝特旨恩赐，才能升为平民或享受爵禄待遇，在一般情况下，显然地位是低下的。正因为如此，士兵不许与一般平民通婚，魏明帝诏："录夺士女前已嫁为吏民妻者，还以配士……"（《三国志·明帝纪》引《魏略》）连已嫁也要追回，可见其严。这一方面反映统治者要保证士兵的来源，使军户可以代代继续下去，另一方面也反映了兵士比吏民社会地位低。也正为保证兵源，当时法律规定：如果兵士逃亡，是要受严厉惩罚的。曹魏时，兵士宋金逃亡，"金有母妻及二弟皆给官，主者奏尽杀之"（《三国志·高柔传》），另一兵士逃亡，对"始适夫家数日，未与夫相见"的妻子，"大理奏弃市"（《三国志·卢毓传》），连全家都要处死，可见其残酷。总之，世兵制是封建地主强迫人民服兵役，以保证兵源、巩固统治的制度。

与世兵制同时，募兵制仍存在，东晋淝水之战打败苻坚的军队就是招募的。此外，曾以奴隶、罪人为兵，必要时仍大发平民（良人）为兵。宋文帝时，"以兵力不足，悉发青、冀、徐、豫、二兖三州三五民丁"（《文献通考》卷一五一），三五民丁就是每户五丁要发三人为兵。晋裴秀"大发良人为兵，有不奉法者便至死……"（《晋书·裴秀传》），更是用法律保证了。总之，封建统治者在这一时期主要为了镇压人民，也为了适应割据战争，是竭尽一切办法来加强军队这一统治工具的。

北魏军队主要由鲜卑人充当，实行征兵制，而边疆之镇兵，则行世兵制，称为"府户""兵户"。其与南朝不同之处是，开始镇兵地位较高，他们或者出身"中原强宗子弟"，或者是"国之肺腑"（《北史·魏兰根传》），他们留在京城或内地的同宗同族的，往往是"上品通官"（《魏书·广阳王传》）。这是统治者为了保证军队的忠实可靠而实行的办法。但是后来由于战争频繁，一般贵族不愿意当兵，而大量罪人又被强迫至边塞为镇兵，因此，"府户""兵户"的地位便逐渐低下，"役同厮养，官婚班齿，致失清流"了（《北史·魏兰根传》）。北魏末下诏书："……诸州镇军贯之非犯配者，悉免为民……"（《魏书·肃宗纪》），这就是说，除了罪人为兵的，其余镇兵都升为平民。由此便可看出兵与民地位的高低了。

到西魏与北周时，为了进一步加强军队镇压人民和进行兼并战争的职能，他们创建了府兵制。西魏时，宇文泰仿周官六军之制，改十二军鲜卑禁旅为六军，并把关陇地区豪强地主武装并入其中。后由八个柱国分掌禁旅，完整的府兵制度就正式建立了。府兵制的形式，起源于鲜卑的部落兵制，府兵中的八柱国，就是模仿鲜卑八部来的。宇文泰是八柱国之一，又总领诸军，和其余柱国地位不同。还有一个柱国是西魏宗室，没有实权。所以宇文泰之下实际领军的是六柱国，六柱国各督两个大将军，每个大将军督两个开府，每个开府领一军，一共二十四军。一军两千人，共四万八千人。府兵人员不列入通常户籍，没有另外的赋役。周武帝时（560年立），北周进入强盛时期，把府兵的军士改称侍官，表示府兵从属于皇帝，作皇帝的侍从，因此，他们对于柱国的从属关系，也就大为松弛了。周武帝还大量招募普通汉人充当府兵，这使府兵制的鲜卑部落形式更进一步消失，因此，它能够在经过改造以后，成为隋唐的军事组织形式。

第三节　三国两晋南北朝的法

一、立法概况

三国两晋南北朝时，皇帝颁布了无数的诏令、指示，同时每朝都积极修改与编纂法典。

蜀诸葛亮制定汉科（律），作为蜀国的法度。《三国志》说诸葛亮"科教严明，赏罚必信"，又说他"刑政虽峻而无怨者，以其用心平而劝戒明也"。诸葛亮是善于运用法律来维护封建统治的封建地主阶级的杰出政治家。曹魏明帝时，依据汉《九章律》，删节《汉律》60篇为《魏律》18篇。即比《九章律》增加劫掠、诈伪、毁亡、告劾、系讯、断狱、请赇、惊事、偿赃、免坐等十篇；删掉厩律篇，并将《具律》改称《刑名》，冠于篇首。也就是"于正律九篇为增，于旁章科令为省"（《晋书·刑法志》）。晋代于泰始四年（公元268年），在汉律、魏律基础上，继续"蠲其苛秽（不适合统治利益的），存其清约（适合统治利益的）"，制定《晋律》，篇目虽增至20篇，但内容更为精简。晋武帝时，据说曾抄录死罪条目，在亭、传（旅舍）悬挂（《通鉴》）。这当然是威胁人民、巩固其统治的一种手段，但也多少减轻一些动辄得罪、轻重无准的威胁。刘宋完全沿用《晋律》。齐曾拟制法典，但除留下了主其事的王植撰定的草稿外，并未批准施行。梁代整理《晋律》与王植草稿，成《梁律》二十篇，其与《晋律》不同处，除篇目删一《诸侯》、增一《仓库》外，仅内容略有损益而已。陈代虽定律，篇目一仍《梁律》之旧，唯增条文的三分之一，可说无大变化。

北魏统治者自入中原，对法律非常重视，一面沿用汉魏律，一面适应新的统治需要，不断改定。太祖时诏"三公郎中王德定律令，申科禁……吏部尚书崔玄伯总而裁之"（《魏书·太祖纪》），世祖时，"诏司徒崔浩改定律令"，后来又"诏太子少傅游雅，中书侍郎胡方回等改定律制"（《世祖纪》）。至高祖（孝文帝）时，曾两次定律，第二次高祖并在大臣李冲的参谋下，亲自下笔，为前代所未有，由于感到旧律"施于时用，犹致疑舛"，不很满意，为了"循变协时，永作通制"（《魏书·刑罚志》），就再次编纂法典。公元505年左右，制定了《北魏律》20篇，它的篇目今已不详，仅知是根据汉律，并吸收西晋律与南朝律而编定的，故基本内容应是相同的。在《北魏律》基础上，公元564年，北齐又制定了《北齐律》12篇949条，即名例、禁卫、婚户、擅兴、违制、诈伪、斗讼、贼盗、捕断、毁损、厩牧、杂律。《北齐律》是大量吸收了这一时期封建统治经验制定的，据说"科条简要"（《隋书·刑法志》），极为后代统治者所赞许，成为后来的著名封建法典——唐律的基础。北周曾定律25篇，精神与北魏北齐律相同，只是后代统治者认为它体裁凌乱、条文繁复，不被重视。

与律相配合，这一时期的单行令极多，魏有郡令45篇、尚书官令、军中令180余篇，西晋令有2300多条，梁令有30卷等，违反了也要受到严厉的法律制裁。这一时期仍以比附断事，只因两汉以来数目太庞大，内容太混乱，连官吏也弄不懂，对统治者也有不利之处，因此曾多次整理，但到隋统一前，数量仍极其浩繁。以春秋和古经义决狱，这时继续存在，封建统治者仍然不放弃用这种办法镇压人民。

曹魏规定，仅用郑玄的法律解释。至晋感到只用一家有些"偏党"，不见得完全符合统治阶级的利益，因此允许不同的法律解释并行。当时有封建官吏张斐与杜预两家解释，同经皇帝批准，歧异都很大，据说是"同注一章，而生杀永殊"（《南齐书·孔稚珪传》），极便官吏在不同情况下根据统治利益适用。现存的张斐的法律解释的大要，对于许多问题进行了概括，例如何为故意、何为过失、何为造意等，反映了统治经验的积累，也反映了对人民镇压的加强。

以春秋和古经义决狱和利用不同的法律解释，是封建法典还不完备与严密、君主专制尚未高度发展时期封建统治者采用的办法。隋唐以后，特别是宋代以后，随着法典的完备与君主专制的加强，这些办法就基本不采用了。

二、法的基本内容和特点

三国两晋南北朝的法律，尽管比较精简，但其阶级统治的内容，却是非常鲜明的。

（一）严酷的阶级压迫和民族压迫

魏晋南朝沿汉之旧，对反抗封建统治的人，仍是"动辄灭门"，夷三族的刑罚比汉代用得更多。北朝的法律，阶级压迫和民族压迫是紧密结合在一起的。北魏的法律条文，关于所谓"叛逆""谋反"各项，规定得分外严密而惨毒。对于汉族人民，较之对其他各族更严酷、周密。北魏统治初期曾设酒禁，原因就是汉人"多因酒致酗讼，或议王政"，也就是防止汉人一起批评和反抗鲜卑贵族的统治。"酿、沽、饮皆斩之"，（汪士铎：《南北朝刑法志》）。对于任何反抗，动辄全家、全族处死，叫"门房之诛""族诛"，甚至规定"谋反之家，其子孙虽养他族，追还就戮"（《魏书·源贺传》）。孝武帝时，怀州人伊祁、荀初三十余人"谋反"，统治者竟"欲尽诛一城人"，靠白泽进谏方罢（《北史·张衮传》）。所以《魏书》作者也承认北魏统治百余年中"任刑为治，蹉跌之间，便至夷灭"（《魏书》卷四十六）。清赵翼也说，北魏"专以刑杀为政令""冤死者已不可数计矣"（《二十二史札记》卷十四）。

北朝法律规定：鲜卑人可以任意杀死汉人，不算犯罪；汉人杀死鲜卑人则处死，还要连累妻子，以致"门房之诛"。这更鲜明反映了民族压迫的特点。鲜卑贵族统治者之所以规定这样的法律，当然不是放松对鲜卑人民的压迫，而是有意识地制造民族矛盾，分化人民之间的团结，以便巩固其统治。

鲜卑贵族对汉族奴隶大地主也是防范极严，毫不留情的。道武帝晚年，"每朝臣至前，追其旧恶，辄杀之，其余或以颜色动变，或以喘息不调，或以行步乖节，或一以言词失措，皆以为怀恶在心，变见于外，乃手自殴击，死者皆陈天安殿前"（《二十二史札记》卷十四）。崔浩是道武帝第一号谋士，立了很大功劳，太武帝时也遭到猜忌，被借故杀死，"自浩以下僮史以上百二十八人皆夷五族"（《魏书·高允传》），"清河崔氏无远近，范阳卢氏、太原郭氏、河东柳氏，皆浩之姻亲，尽夷五族"（《魏书·崔浩传》）。由此可见，鲜卑贵族虽然依靠汉族大地主进行统治，但在巩固少数民族统治者的独裁统治上，是丝毫也不放松的。

（二）保护君主专制制度

魏晋南北朝，都极力用法律来保护皇帝不可侵犯的尊严。规定：凡侵犯皇帝权力者，以及矫诏、大不敬、祝诅、诽谤、附下罔上、诬罔等，均处死刑。宋时曾下诏：臣下"自非临军战阵，不得专杀"，"犯者以杀人罪论"（《宋书·武帝纪》）。连齐永嘉太守王瞻因"诣阙跪拜不如仪"，也被"付廷尉杀之"（《齐书·王玄载传》）。北魏有一规定："魏故事，后宫产子将为储贰（太子），其母必先赐死。"（《魏书·刘皇后传》），这是为了防止妇女干政，外戚专权，危害君主专制的。

这一时期还流行一种质任制度，就是官吏以子弟、家眷向君主作抵押品，叫质子、任子。在奴隶制末期和封建社会早期小国对大国，外族对汉族，为表示依附，就要送抵押品——质子、任子，以示诚意。东汉末年，战争频繁，大封建主之间时和时战，下属对他们也时从时叛，因而也普遍推行了这种制度。这时，就进一步被推行到皇帝与臣属的关系上，以保证君主专制，防止封建割据。曹魏时，边郡如果重要，太守就必须"送任子诣邺（魏都城）"（《三国志·王观传》）；晋武帝泰始元年诏"……罢部曲将，吏长以下质任"，咸宁三年诏"降除部曲督以下质任"（《晋书·武帝纪》），这说明将吏是有质任的。《十六国春秋》前赵录载："刘曜既据长安，安定太守贾疋及诸氐羌，皆送质任。"可见在各族统治者间也是实行了的。从此，这种制度就在不同范围内沿用于后代封建社会。

加强封建国家机构的统治效能，魏晋南北朝也是继承汉律的。如率军出征后军期者、逗而不前者，均处死。地方官管辖区内，"劫（盗）发而不禽"，免官（《齐书·陆登传》）。北魏规定：边塞州镇主将知容"寇盗"而不纠者，要受惩罚（《魏书·世宗纪》）。官吏推荐人才不称职者，"获滥举之罚"（《齐书·武帝纪》）。官吏一年一考察决定黜陟，如考察不实者，处罪。而一般公事犯了错误，根据情况，也要免官。这些法律都贯穿着一个最终目的，就是根据统治阶级的利益和政策，来加强封建国家的统治机构。

（三）保护封建统治阶级的利益

首先是保护封建土地所有制。如西晋诏令，允许官吏占田十顷至五十顷（《晋书·食货志》），刘宋允许官吏与地主占山地一顷至三顷，并规定"若先已占山，不得更占，先占阙少，依限占足"（《宋书·羊玄保传》）。这些法令规定，不仅是承认私家的土地所有权，也是在培植大地主的势力。正是在这样的法律保护下，私家地主大量兼并土地，并远超过法令限制。如西晋王戎"广收八方园田水碓，周遍天下"（《晋书·王戎传》）；东晋刁逵"有田万顷，奴婢数千人"（《晋书·刁逵传》）；刘宋孔灵符"于永兴立墅，周围三十三里，水陆地二百六十五顷……"（《宋书·孔灵符传》）等。对于国有土地，法律也是严格保护，如东晋壬辰诏书规定："占山护泽"，即侵占国有土地湖泽，水土一丈以上"皆弃市"（《宋书·羊玄保传》）。既然允许私家地主可以占田，这样的法令实质只能是对付农民的。

在北朝，法律本质完全相同。北魏实行均田制，把国有荒地分给农民，但这并不侵犯地主的私有土地，而且在均田过程中，为了取得私家地主的支持，又规定奴婢也可以分得土地，实际上占有大量奴婢的当然是贵族官僚士族地主，所以这又是保护私家地主的土地，特别是大地主的所有权的。

这一时期的法律，都严惩所谓强盗罪。晋律注确定"加威势下手取财为强盗"。凡劫盗，本人斩首，亲属强迫补兵。宋时规定："凡劫，身斩刑，家人弃市"（《宋书·何尚之传》）。晋羊聃为太守，"疑郡人简良等为贼，杀二百余人，诛及婴孩，所髡鬃复百余"（《晋书·羊聃传》），更为残酷。北魏一般也是"坐盗弃市"（《魏书·韩显宗传》）。北周规定："持杖群强盗一匹以上，不持仗群强盗五匹以上"，均处死刑（《北周·书武帝纪》），又允许

"盗贼群攻邑及入人家者，杀之无罪"（《隋书·刑法志》）。至于盗御物、盗官物，甚至盗马、盗牛也均处死刑。南齐有小儿十岁，偷刈邻家盗一束，县官孔琇之即"付狱诏罪"，有人相劝，琇之说"十岁便能为盗，长大何所不为"（《齐书·孔琇之传》），可见对私有财产保护得是如何周密了。

（四）保护封建贵族的特权

魏法律开始正式规定了八议之名，即周礼中的亲、故、贤、能、功、贵、勤、宾。这八种人，犯了罪可以减罪或免罪。这是保护封建贵族残酷剥削、压迫人民而不受惩罚的。宋雍州刺史张邵残酷掠夺人民，大量贪赃，依法当死，谢连上表说"邵，先朝旧勋，宜蒙优贷"，后来果只免官（《资治通鉴》卷一二二）。南齐巴东王杀僚佐，戴偃静说"天子儿过误杀人，有何大罪"（《齐书·戴偃静传》）。这些都反映了封建主的特权。《晋律》规定"公侯有罪得以金帛赎"（《资治通鉴》卷一一一），这样就便于任意压迫和掠夺人民。不过整个说来，这时八议之内涵尚未明确规定（如功臣子在晋属八议，而唐律非），直到北齐才明定如犯十恶"不在八议论赎之限"。

另一方面，人民伤害贵族官吏则要加重惩罚。宋刘秀之认为"民敬官长，比之父母"，在他建议下，诏令规定，杀官长者即使遇赦，也处重刑，要"长付尚方，穷其天命"（当官奴婢），宋制也要补兵（《宋书·刘秀之传》）。

赎刑在这时继续使用，并更加制度化。汉代何罪赎金若干，经常变化。至南北朝遂按罪等规定金额，赎死罪，金二斤。这只有地主官吏才能办到。此外，陈代已有"官当"，即以官当罪，一官可当二年罪。但尚未分公罪、私罪，亦未分不同官阶当罪。这些均至隋唐才完备。

梁武帝时，贵族官吏犯罪，都尽量减罪或免罪，而人民有罪，"皆案之以法"。"由是王侯骄横益甚，或白日杀人于都街"，"而贵族之家，不法尤甚矣"。一个老人对梁武帝说："陛下为法，急于黎庶，缓于权贵，非长久之术"（以上均见《隋书·刑法志》）。应当说，这是代表这一整个时期的情况的。

（五）保护封建尊卑、良贱关系

曹魏法律规定"夫五刑之罪，莫大于不孝"（《三国志·魏志》卷四），杀继母同于亲母，处死。殴兄姊比汉代的重，五年徒刑。晋代不孝罪，弃市。宋律，"伤殴父母，枭首；骂詈，弃市；谋杀夫之父母，亦弃市"（《宋书·孔季恭传》）。宋明帝时大赦，但规定"唯子杀父母，孙杀祖父母，弟杀兄……不从赦例"（《宋书·明帝纪》）。北齐更把不孝、不义等列在十条大罪中，虽八议犹不减罪，为唐律开辟了先例。在刘宋以前，判决父母罪，须子孙当庭同意，至宋，认为子孙同意父祖之罪，"亏教伤情，莫此为大"（《宋书·蔡廓传》），遂废此制。北魏允许单丁养亲，犯死罪者（非谋反、谋大逆），如父母、祖父母年七十以上，无人奉养，可以上请减罪；如犯流刑，可直接鞭笞留养。这时，维护尊卑关系还有一个手段，就是"乡议"所贬，国家也"发诏弃之，终身不齿"（《隋书·刑法志》）。但总的说，这是法律保护尊卑关系尚未如后代的周密，如晋父母杀子，也处死，北魏减为五岁刑、四岁刑，也比隋唐为重。另一方面，维护尊卑关系的目的是在巩固封建统治，因此这是法律已规定，尽管家长对卑幼享有特权，但如果违反法律，损害了封建主利益也要加重处理，如晋代庚寅诏书规定"举家逃亡，家长斩"（《晋书·刑法志》）。这样，就是用强制力迫使卑幼服从家长，同时又迫使家长服从法律，维护封建秩序，保护封建利益。

魏晋时期，良人被掠卖或贫穷自卖为奴婢者甚流行，法律基本不禁止。国家也没俘虏、罪人为官奴婢。奴婢是地位低下的，只值六斗米钱，主人只要报告官府，就可以任意杀死奴婢。

（六）保护封建婚姻与继承制度

这时的婚姻特别强调家世。世族与寒族之间、士庶之间、贵贱之间均不通婚。梁世族王源与卑族满氏联姻，沈约向皇帝控诉说"王满连姻，实骇物听"，要求"免源所居官，禁锢终身"。而良贱通婚，则一定要受法律制裁。这种婚姻制度，完全为了保护地主阶级，特别是大地主阶级的门阀，巩固其团结，以加强对人民的统治。

这时的婚姻完全为父母包办。"指腹为亲"，甚为流行。婚礼则要"以下聘为正"。下了聘就具有法律效力。但当时的下聘完全是买卖婚姻，其风甚盛，颜之推说是"卖女纳财，买妇输绢"，而且在聘礼上争论不休，"比量父祖（家世），计较锱铢，责多还少，市井无异"（《颜氏家训·治家篇》）。封建婚姻的丑态很清楚。

娶妾是合法的，连晋令也规定贵族可纳妾一至八人不等。实际上远不止此数。据说，宋南郡王义宣"多蓄嫔媵，后房千余"（《宋书·南郡王义宣传》）。这是反映封建统治阶级玩弄妇女的严重性。

在继承上，仅属嫡子，庶子一般没有，嫡庶之别，南朝稍松，北朝甚严，据说庶子是"不预入流"的。这是封建统治阶级维护正统的一种手段。但争夺继承权问题，在封建阶级内部是非常厉害的，常是："身殁之后，辞讼盈公门，旁辱彰道路"（《颜氏家训·后娶篇》）。

（七）残酷的刑罚制度

这时的刑罚，肉刑、宫、刖、劓、黥实际上仍在使用，唯有时为鞭杖、笞刑代替，鞭杖、笞有一定数目，刑后注意休养后可复原，不像肉刑终身不复，统治者认为这是利于缓和人民的愤怒的。但实际上鞭笞也很残酷，特别是鞭刑，当时分制鞭、法鞭、常鞭三种。制鞭、法鞭都是生皮草制成的，制鞭还有"廉"（棱），打上以后，"残剥肤体，彻骨侵肌，酷均脔切"（《隋书·刑法志》），故至隋为缓和人民反对，在法律上就废止了。族刑和连坐依然使用。宋谢庄说，人民常是"身遭鈇锧之诛，家婴孥戮之痛，比伍同闬，莫不及罪"（《宋书·谢庄传》）。可见，一人犯罪，不但全家处死，而且牵连邻里。梁时也是"其缘坐则老幼不免，一人逃亡，则举家质作"（《隋书·刑法志》）。在北魏，由于残存落后民族的风气，也为了镇压人民的反抗，刑罚更为残酷。车裂之刑经常使用。并有夷五族之法。在死刑上开始增加了绞刑，而在非死刑中则增加了补兵与流刑，为后代刑制之本。补兵与流刑，源于秦汉之徙边。补兵即至边远地方当兵。流刑即流放远地，北周定为五等，自2500 里至 4500 里不等，唯不当兵。在当时交通困难条件下，补兵与流刑可把地主阶级认为危险的人物，徙之远方，对封建统治是有利的。

三、司法机关和诉讼制度

中央司法长官主要仍为廷尉。曹魏时，根据卫觊建议，为了增加当时司法官吏的法律知识，提高统治效能，乃在廷尉下增设法律博士一人，专门从事这项工作。至北齐，廷尉扩大为大理寺，增加了属吏。除卿、少卿和正、监、平外，增加或新设的有律博士 4 人、明法掾 24 人、槛车督 2 人、掾 10 人、司直与明法各 10 人（《隋书·百官志》），比过去多了不少，大大加强了对人民进行镇压的司法机器。三公曹在南北朝仍然存在，归吏部尚书领导。地方司法权仍属行政官吏。宋以前县判案后，郡派督邮按验，然后执行，宋改为县判案后将案卷犯人一并送郡，由郡太守复判，然后执行。如仍不能决，则送州刺史，刺史仍有疑，则送廷尉。这样，审级比较分明。但由此也可以看出，和汉代一样，地方官司法权是比较大的，一般州郡都可自决，只是疑惑不决的才送廷尉。

杀人权，一般仍掌握在皇帝手中。如北魏规定："诸州国之大辟，皆先谳报，乃施行"（《魏书·刑罚志》）是其证明。南齐征东将军王敬则嘱山阴县令杀某刺史之妾，为人告发，山阴县令刘岱坐弃市刑。皇帝问王敬则"人命至重，是谁下意杀之，都不启闻"（《齐书·王敬则传》）。后来刘岱得到赦免，王敬则也只罢官。由这里一方面可以看出，杀人权按规定是属于皇帝的，另一方面也说明，地方官是经常任意杀人的，如果无人告发，也就不会被追问，而且即使告发，除非严重影响君主专制利益或涉及统治阶级内部矛盾，常常得到轻微处罚甚至赦免。这也是封建统治的一种方法。

这一时期的审判机关都是任意屠杀人民的。他们"昏心狠态，吞剥氓物，虐理残其命，曲文被其罪"（《齐书·孔稚珪传》）；或者是"奸吏招权，巧文弄法，货贿成市，多致枉滥"（《隋书·刑法志》）。人民痛苦非常，监狱也是暗无天日的，南齐"郡县狱相承有上汤杀囚"（《齐书·王俭虞传》），即借犯人有病的机会，以治病为名，用药把犯人毒死。类似这种办法的屠杀还很多，它体现了封建审判机构和监狱野蛮、残暴的本质。

封建的统治者对人民的诉讼是实行限制的。北魏规定，"诸告事不实者，以其罪罪之"（《魏书·韩熙传》）。所谓实不实，完全由封建官吏决定，人民当然冤无可诉。北魏并规定，禁止子孙告父母、祖父母，违者死，以维护封建尊卑关系。

在审讯上，这一时期仍实行刑讯。梁代一度以断食逼犯人招供，断食三日（女及老小一日半）方许家人进粥，如此至十日。陈代更在法律中明定刑讯之制，凡犯人如不招供，需戴沉重的手铐脚镣，每日从清晨至半夜立在一个高空地面仅容两足的土垛上，痛苦已极，而且七日实行一次鞭杖。连都官尚书周宏正也无法否认："起自晡鼓，迄于二更，岂是常人所能堪忍，所以重械之下，危堕之上，无人不服，诬枉者多。"（《陈书·沈洙传》）在北魏，刑讯时，皆"为重枷，大几围，复以缒石悬于囚颈，伤内至骨，更使壮卒迭搏之，囚卒不堪，因以诬服，吏持此以为能"（《魏书·刑罚志》）。此外，刑讯工具还有大棒、束杖、车辐、鞋底、压踝、杖桄等，以至"立之烧犁耳上，或使以臂贯烧车釭，既不胜其苦，皆至诬伏"（《隋书·刑法志》）。

在判决上，仍由封建官吏任意决定。在北齐，"大理明法，上下比附，欲出，则附依轻议，欲入，则附从重法"，随心所欲地镇压人民（《隋书·刑法志》）。

第四章　隋唐五代国家与法

（公元 581 年—公元 960 年）

第一节　社会概况

公元 581 年，大官僚地主杨坚篡夺北周政权自立，建立隋朝。

由于到南北朝末期，经济逐渐恢复发展，民族联系逐渐密切，人民迫切要求统一，新兴的地主垄断集团也极力支持统一的中央集权制，因此，实力比较雄厚的隋朝重新统一了中国，结束了三国两晋南北朝的封建割据局面。

隋初实行了许多巩固中央集权国家的措施，如检查户口、搜刮劳动力、实行北魏以来的均田制、兴修水利、相对地减轻徭役等，因而使农业生产有了一定的发展。同时，又整顿货币、统一度量衡，加以当时南北统一、市场扩大，就又促进了手工业和商业的发展，隋的国力因而迅速上升。"户口益多，府库盈溢"，形成强大的中央集权国家。

但是，隋统治者在政权初步稳定后开始残暴起来，加紧了对人民的剥削和压迫，日益暴露其腐朽性。后期的隋炀帝则更为暴虐，修建宫殿、修筑长城、三征高丽等，耗尽了全国人力财力，剥夺了人民无数生命。再加上战争的失败，贵族官僚地主兼并土地、任意掠夺，使"耕稼失时，田畴多荒"，广大农民、工奴、奴婢被推向痛苦死亡的绝境，激起了轰轰烈烈的隋末农民大起义，隋的残暴统治也终于被摧毁。隋朝统治共历 38 年。

隋太原留守贵族李渊及其子李世民在农民大起义的高潮中乘机兴兵反隋，打败各支起义军和其他割据势力，最后攫取了胜利果实，于 618 年建立唐朝。

唐初统治者为了缓和阶级矛盾、恢复生产，在经济方面采取了一些重要措施。

首先是继续实行均田制。武德七年（624 年）公布了处理官田、无主地和荒地的法令，规定了分配土地的办法，凡丁男 18 岁以上授田 100 亩；老病残废者给田 40 亩，寡妻妾 30 亩，如自立户头的增 20 亩；在宽乡的工商业者减丁男之半授给。官吏按其官阶大小授田。皆以 20 亩为永业田，余为口分田。永业田归农民私有，可以继承，在一定条件下可以买卖。口分田仍归国家所有，不许买卖，身死后，国家即收回。这样使唐政府增加了赋税收入，同时，大批的劳动力取得了一定数量的土地。

其次实行租庸调法。唐政府按均田制授田数向农民征收赋税，规定每丁年纳租粟 2 石，叫作"租"；输绸绫（或绢绸） 2 丈、棉 3 两，若输布则 2.5 丈，麻 3 斤，叫作"调"。服役 20 日，闰月加 2 日，每年最多不超过 50 日，不应役的则每日纳绢 3 尺，叫作"庸"，并规定民年 50 可免役输庸，有事加役 15 日的免调，加 30 日的调租俱免。这样，唐朝赋税徭役较隋末有所减轻。

通过这些办法，加上兴修水利，禁止官吏贪赃枉法等，就在一定程度上刺激了农民的生产积极性，使唐前期的农业生产有较大的发展，到开元天宝年间，耕地大量开发，户口也从 300 万上升到近 900 万。

手工业也有所发展和提高，专门管理机构增多，生产规模较大，分工较细，官营手工业中的官奴隶也逐渐转为定期上番的小手工业者，提高了生产兴趣，并出现了行会组织。在商业方面，国内外交通以长安为中心，设有公路通往主要城市，商业相当繁荣，长安市上就有 220 个行业，沿江城市贸易也呈现"弘舸巨舰，千舳万艘，交货往还，昧旦永日"（《旧唐书·崔融传》）的盛况。

随此，中央集权君主专制政治也进一步稳定和发展，在唐的统治前期，曾出现"贞观""开元"之治，并且以强大的兵力进行了频繁的对外战争和活动。这样，唐代就成为中国封建历史上领土广阔、国力强盛（超过汉代）、闻名世界的王朝。

唐代土地占有形态主要有国有和私有两种。政府营田（屯田）、牧地、职分田、公廨田以及"均田"中的口分田，都属国家，由无地或少地农民耕种。国家和租佃农民仍保持佃耕关系，即普遍采取租佃制剥削形式。少数大官僚地主和僧侣贵族大商人强占的民田，以及国家授给官吏的永业田、赐田等都属于私田。这种封建地主土地所有制，随着八世纪以来土地兼并的盛行和"均田制"的破产而迅速发展起来，这不仅加深农民痛苦，而且带来地方势力增强、唐中央权力逐渐削弱的后果。此外，由于初唐实行均田制，使多数农民占有少量土地，也属于私有的一种形式。但是，政府授给人民的田地，只限于政府所能掌握的部分和一些荒地，至于地主阶级的土地根本没有还授，特别是法律明文允许在迁移和供葬情况下，可以买卖永业田，这就又给土地兼并打开了方便之门，因此广大农民仍然是无地少地的佃耕者。

唐代社会阶级结构：地主阶级的当权派仍然是大官僚贵族地主。但是魏、晋、南北朝以来的士族门阀势力，到隋以后，特别经过农民起义的打击以后，势力逐渐削弱了。隋杨广用明经和进士两科取士，一般庶族地主通过科举可以爬上统治地位，魏、晋以来通过九品中正制由豪门大族把持政权的局面也已有所改变。唐承隋制，继续施行科举制度，庶族地主有较多机会爬上统治地位，特别是经唐太宗、武则天，给豪门贵族以打击，所以唐初庶族地主的势力也逐步有所壮大了。被统治阶级主要还是农民，另有少数类似农奴的部曲和相当于奴隶和半奴隶的奴婢、杂户、官户以及小手工业者。唐时在地主庄田里佃耕土地的农民叫"庄客"，他们是和地主订有佃耕契约、依附地主的农民，没有自己的土地。但这种契约关系及其规定的地租额和缴纳地租的方式，使得庄客的人身依附关系比过去的部曲、佃客削弱，减少一些无偿劳役，对农民生产积极性有促进作用，但是佃农仍然遭受地主的压榨和剥削，并不能摆脱贫困、饥饿、破产和死亡的状态。

特别是唐中叶以后，土地兼并日益剧烈，统治阶级日益腐朽，阶级矛盾激烈发展。公元755年统治阶级内部又爆发了争权夺利的"安史之乱"，延续了九年之久。此后，继续发生宦官集团、官僚集团之间的矛盾与斗争。而藩镇之间、藩镇与中央之间更是互相攻战不已。所有这些，使社会经济遭到摧残，人民受尽祸乱之苦，同时，苛捐杂税又极其繁重，逼使农民衣食无着，忍无可忍，只有纷纷逃亡起义，到公元874年便发展成以王仙芝、黄巢为领导的全国性农民大起义。起义军斗争长达十年之久，遍及十余省，并于880年攻占了唐朝都城长安，建立"大齐"政权，使唐的"王业于是荡然"。907年，唐军阀朱全忠（朱温）废唐哀帝，唐至此覆亡，开始五代十国先后并列的局面。

黄巢起义之后，唐的藩镇互相攻伐，据地自雄，纷纷独立割据，起义军叛徒朱全忠依靠镇压起义军而扩大了势力，废唐帝自立，建立梁朝。至此，南方各地节度使也先后称王称帝，形成五代十国分裂割据的形势。（五代十国，即指后梁、后唐、后晋、后汉、后周，吴、南唐、前蜀、后蜀、吴越、南汉、楚、闽、南平和北汉）这种分裂割据局面前后延长达50多年。在这期间，地主阶级政权分别在局部地区短暂地先后嬗递，实际上也就是唐末藩镇割据的继续。北方五代和江南各国对内加深镇压和剥削人民，对外屈节投降（后晋石敬瑭向契丹称臣并割燕云十六州），相互之间又争夺地盘、混战不已。政府腐败，赋税繁重，加以连年水旱、虫疫灾害蔓延，人民受尽灾难和疾苦，死徙流亡，十不存一，反抗日益频繁。

直到951年郭威建立后周，进行了一系列改革，如废除严刑酷法、减轻牛皮税、严惩贪官、改官田佃户为平民等。到周世宗柴荣即位，继续并扩大了这些改革，并且开始了统一全国的事业。至此，专制主义中央集权的统治进一步稳定，并为北宋统一中国奠定了基础，到960年北宋建立，长期分裂的五代十国局面遂告结束。

从上述经济和阶级状况说明：一方面，由于唐初阶级矛盾略有缓和，社会生产、经济状况日益恢复和繁荣，政权也逐步稳定，使得唐的政治、法律制度在政权相对巩固的基础上，得以进一步发展和完备。另一方面，随着封建社会的发展，阶级矛盾和阶级斗争总的说来更加深刻了。因而唐统治阶级必须进一步强化国家统治、健全政治法律制度，更"高明"地运用暴力和欺骗两种手法，以便有力地对农民实行专政，有效地维护封建剥削制度。加以一般中小地主势力的要求和千余年封建地主阶级的统治经验，以及隋朝中央集权国家的统治基础等，这些，就使得秦汉以来的封建专制主义中央集权国家，到了唐朝就更加加强和完备，即所谓"盖姬周而下，文物仪章，莫备于唐"（《唐律疏议》序言）。因此，唐的国家制度和法集中代表了中国封建国家的特点，在中国封建国家发展史上起着"承先启后"的作用。

第二节　国家制度

一、中央机关

（一）三师三公

东汉的三公和晋的八公，至隋又改名为三师（太师、太傅、太保）、三公（太尉、司徒、司空）。品位极尊，但更无实权，不管事，不置府僚，往往作为对有功大臣的"赠官"或成为皇帝对权重大臣明升暗降的工具。唐的三师、三公性质与隋相同，《唐六典》也记载"三师，训导之官也"，"三公论道之官也"，没有具体职权，拜三师、三公者"皆不视事"，"但存其名位耳"（《唐六典》卷一）。

（二）三省

东汉以来的尚书台，发展为魏晋南北朝的三省，到了隋唐才真正从组织到职权方面确定和完备起来，成为掌握实权的最机要的中央政府机关。

中书省。隋设中书省为内史省，唐又改回称中书省。是掌管机要、决策国事的最高出令机关。中书省设中书令为长官，其主要职责是领导中书省，根据皇帝意志起草下行文书，如诏旨、制敕、玺书、册令等。负责处理尚书省及其他中央、地方机关的奏章、公文，并有"参与机密"，研究军国大事的权力。因此，中书令是皇帝的重要助手，"盖以佐天子而执大政者也"（《唐六典》）。中书令之下设有中书侍郎为辅佐，中书舍人负责草拟，还有其他属官若干。

门下省。门下省的长官是门下侍中。其地位与中书令、尚书令相等，有"参与机密"，研究军国大事之权，分有一部分宰相的职权。门下省负责审查中书省所草拟的法令，如果认为不便施行，可以封驳奉还，让皇帝作最后裁决。中央和地方各部门上奏的文书，由中书省提出处理意见后，送门下省审核、副署、交付执行。这样，门下省和中书省能相互牵制，并能对皇帝起更好的参谋作用。门下省属官有辅佐侍中的门下侍郎，具体负责封驳的给事中，还有谏议大夫、起居郎等官。

尚书省。长官仍为尚书令，但已把一部分宰相权力分给了中书令和门下侍中。尚书令"总领百官、仪刑端揆"，除了参与机密、研究军国大事之外，主要是领导尚书省，具体执行中书省颁下的皇帝诏旨（还有太子、亲王、公主的命令等），和经门下省审阅、皇帝批准的各种奏章。

尚书省是隋唐中央政府对内掠夺和镇压的实际执行机关，随着封建统治的加强、事务的增多，其组织也更加扩大，除尚书令外，有左右仆射为辅佐，有左右丞具体管辖、检查各部各司的事务，其属官有左右司郎中、左右司员外和都事郎等。

（三）六部

尚书省的总办事处称都省，上述尚书省官吏即掌管都省的一般省务。但尚书省下面还有分工直接管理全国有关政务的各部、司，这是由三国两晋南北朝的六曹和三十六小曹进一步发展而来，隋唐制定为吏、户、礼、兵、刑、工六部和部下的二十四司，自此，历代的封建国家皆沿用不改。

吏部，掌全国文官的任免、升降、考核、赏罚等，下有吏部、司封、司勋、考功四司。

户部，掌全国户口、土地、赋税、钱粮、财政收支等。下有户部、度支、金部、仓部四司。

礼部，掌全国礼仪（包括外藩朝见礼仪）、祭祀、教育、科举等。下有礼部、祠部、膳部、主客四司。

兵部，掌全国武官之任免、升降、考核赏罚及军事行政等。下有兵部、职方、驾部、库部四司。

刑部，掌全国的司法行政及审判等。下有刑部、都官、比部、司门四司。

工部，掌全国农林、水利、工匠管理及城池、宫殿之修建等。下有工部、屯田、虞部、水部四司。

六部都设有尚书、侍郎为正副长官，廿四司都设有郎中、员外郎为正副长官，还有其他属吏若干。

总之，三省共同行使宰相职权，即"佐天子，总百官，治万事"（《唐六典》），是皇帝的最高辅助机构，各领导本省事务，分别负起草、审核、执行之责，共同商议军国大事。宰相在门下省（后改在中书省）议事，设立政事堂。最后决定权则属于皇帝。这样，一方面加强了封建最高管理机构的统治效能；另一方面三省分散宰相权力、互相牵制，又进一步巩固了君主专制。

初唐以后，三省制度有所变化。中书令，门下侍中及尚书令已不常置，其宰相职务均由各部尚书或侍郎等兼理，由皇帝指定参加政事堂会议的其他官员也称宰相，叫"同中书门下三品"或"同中书门下平章事"，当时执行宰相职务的通常达四五人，最多甚至达十余人。这种改变的目的是：便于皇帝根据统治需要和更有效地商议军国大事，而随时增减宰相数目；由于宰相多兼理，可以经常罢免更换，以防专权；特别是鉴于三省长官名位太高，为削弱其威望，不授予宰相职权，以维护君权。

自唐玄宗以后，机要大权又由外相移到学士院，渐以学士掌内命和表疏批签，称为"内相"。代宗时，又设有枢密使，由宦官掌授表章奏文，并握有兵权，这样宦官参与了机要，势力逐渐扩大，宰职更加削弱。到五代后梁又改枢密院为崇政院，起用士人。后唐庄宗时，将枢密使由宰相兼领，于是宰相职权又重。

由此可见，宰相制度的变化，无非是为了加强中央集权君主专制的封建统治，其权力调整的实质也正是反映皇帝贵族和地主豪强各个集团加强对广大农民剥削权的控制。

（四）御史台与谏官

随着中央集权君主专制的加强，隋唐时期的御史台也进一步完备（唐初为一台，武后时曾分为左右肃政台，后又合并）。台设御史大夫一人领导，御史中丞二人为辅佐。御史大夫的职权是"掌邦国刑宪典章之政令，以肃政朝列"（《唐六典》）。御史台是最高监察机关，有弹劾官吏、参与审讯、监督府库出纳等权，是隋唐封建国家的重要机构。

隋唐将魏晋以来因事设置，职权不甚明确的御史分为三类，并设三院以统之。

台院，设侍御史若干人，在御史中地位最高，掌纠弹中央百官，并参加大理寺审判，和审理由皇帝制敕（勅）交付的案件，另设属吏若干人分掌台务。

殿院，设殿中侍御史若干人，掌纠弹百官在宫殿内违法失礼事，巡视纠察京城及其他朝会、郊祀等，主要是维护皇帝的威权和尊严。

察院，设监察御史若干人，主要监察地方官吏。当时全国分为十道（后为十五道），道为监察区，每道设监察御史一人（叫巡察使），专掌对所属州县官吏的纠察，设判官二人佐之，在必要时还可增设支使。初时，监察御史仍按汉代"六条问事"进行纠弹，之后随着统治阶级的需要，加强官吏对皇帝的忠实和人民统治的效能，也就"推而广之，无不包矣"，权力大为扩充。此外，为提高尚书省的统治作用，监察御史还有权"分察尚书六司，纠其过失"（《唐六典》）。

为了保证御史不受牵制地进行弹劾，隋唐将御史人选权改为吏部掌握，不由御史台长官选任，御史进行弹劾，不需预先报告御史台长官，也不需真凭实据，允许"风闻言事"，从而加强了御史的权力。但是御史必须更加服从皇帝，唐中宗诏"每弹人必先进内状，许乃可"（《隋唐嘉话》），即必须经皇帝同意，才能公开弹劾，这样更加强了皇帝的控制权。

此外，唐代还有谏官之设。谏官即左右散骑常侍、左右谏议大夫、左右补阙、左右拾遗等，分属中书省、门下省。谏官主要任务是研究国家决定的政策、法令、重大措施、制度（如刑赏、赋敛等），如认为不妥，可向皇帝规谏，唐统治者鉴于这种规谏关乎封建阶级利益甚重，是帮助皇帝监督宰相工作的重要方法，因此，设专官掌之。

总之，御史台和谏官对巩固隋唐中央集权君主专制起了重要作用。

（五）九寺五监

隋唐沿北齐制，把各卿改为寺，但将梁代的太府卿置于此称太府寺，而将过去的少府卿移于少府监。九寺的性质、作用与过去的九卿基本相同，为了适应管理庞大国家的需要，扩大了机构。

五监也是具体执行皇帝意志的机构，大多数监以前都是小机关，只有随着中央集权国家的扩大加强才逐渐发展起来。

国子监：迄南北朝，学校均受太常卿领导，至隋为了大量培养人才，乃单独设立国子寺，唐改为监，作为专门管理学校教育事宜的机构，监设祭酒、司业、博士、助教等官。

少府监：由梁的少府卿扩大而成，设监与少监领导，管理官营手工业事宜，如织染、冶炼、铜铁、铸钱、制造供皇帝用的日用品等。

将作监：由将作大匠发展而来。设大匠、少匠领导，管理全国宫殿、宗庙、城郭、官衙的修建。与工部的分工是：工部掌管程式制度，将作监掌管具体的修建工程。

军器监：汉代少府卿属官有考工与尚方，掌管造兵器，历代沿袭不改。唐为适应大规模的对内镇压和对外战事的需要，乃扩大为军器监。设监与少监领导，专掌弓弩、甲铠与兵器的制造。

都水监：即过去的都水使者扩大而成。设使者领导，专掌全国川泽、河渠、堤防、桥梁的修建以及公私舟船的管理等。

二、地方机关

隋统一全国以后，根据存要去闲、并小为大的原则，合并一些州郡，取消郡一级地方组织，把州、郡、县三级制改为州、县二级制，唐仍隋制。

州设刺史以及司仓、司户、司兵、司法等官，州刺史相当于汉的郡太守，掌管全州政务，但魏晋以来由地方行政长官带将军号而开的军府至此取消，另设与州行政区划不同的折冲府掌军，由专官统率。县设县令、县丞、司户佐、司法佐等官，县令掌管一县政务。州县官吏一方面必须负责镇压人民，另一方面也要进行所谓"德化"的宣扬，即"抚和齐民，劝保农桑"，以诱使农民固着在土地上，忍受地主阶级的奴役。县下有乡、里，每百户为里，里有里正，里下有村，村设村正，并有严密的邻保组织，乡官必须"递相督察"，邻保"如有远客来过止宿，及保内之人有所引诣，并语同保知"（《唐令拾遗·户令》）以加强对人民的控制和监视。这样从州县到乡里，有一套严密的组织来统治人民，搜刮民脂民膏。

为消除地主封建割据局面，隋政府将任免地方属官权力收归中央，规定九品以上地方官一律由吏部任免，并每年由吏部考核一次，刺史、县令以下地方官三年一换，不得重任，并尽量任用外地人充当。从而加强了中央对地方的控制。唐初，地方官职权同样被削弱，没有军权，不得任免僚属和决定死刑等，同时地方官也不被重视，人选"多是贬累之人"，或"京官不称职者"，如无罪调外官，都尽量想法不去，这种"重内官、轻外职"的现象，正反映唐朝中央集权君主专制的加强。随着阶级斗争的尖锐，为了对人们进行严密的统制，唐睿宗、唐玄宗等统治者则又屡次下诏强调地方机关的重要性，规定地方官人选应是"才干堪理人者""宏才通识，堪致理兴化者"（《唐大诏令集》），而且赴任前还必须面受皇帝的指示，作为统治人民的准绳。

为了监督地方工作，初唐以后分全国为十道（后改十五道），每道设巡察使，开始时由中央临时派遣监察地方，后来就固定在地方，负责监察每道州县长官，实质即加强统治效能。以后还设有营田使、转运使、户口使、租庸使等官，负责财政，这样，道的巡察使就逐渐演化为高于州的一级行政组织。

唐统治者为了镇压西北被征服民族的反抗和防御侵扰，在边塞设有都督府，掌管军事。府设大都督（都督）为长官，还有长史、司法等属吏。唐高宗以后，将带使持节的大都督改叫节度使。唐睿宗时则专设节度使，管辖若干州的军事，不能过问行政。到唐玄宗时，则置有平卢、范阳、河东、朔方、陇右、河西、剑南、岭南、北庭、镇西十节度使。中唐以后，阶级斗争激烈，节度使遂由边塞逐渐移于内地，"镇重军雄，切于绥抚"（《唐大诏令集》）。特别是"安史之乱"以后，节度使更凌驾于州县之上，兼管行政大权，"既有其土地，又有其人民，又有其甲兵，又有其财赋"（《新唐书·兵志》）。因而，成为唐朝皇帝镇压人民的"股肱心膂"。同时，也成为强大的地方封建割据势力。

三、官吏的选拔任用制度

魏晋以来大地主垄断仕进的九品中正制，日益受到中小地主的反对，同时也不利于君主专制的集权统治，到隋朝便改为科举制度。在地主阶级中较广泛地选拔官吏，把任选统治人才的权力从士族豪强手中集中到中央。唐因隋制，但更加完备。以后封建各代都沿用不改。

唐初，科举考试科目分秀才、明经、进士、明法、明字、明算、道举、童子等八科。每年在长安举行。其中以明经、进士最受重视，因显官要职多出身于进士，一经考上，被视为"登龙门"。到武则天时更进一步发展了科举制度，诏命下级官吏和一般中小地主富裕家室可以自举，并创"殿试"制度，增开"武举"科目。

考生来源主要有两个方面：一为国子监和地方学馆的生徒；二为在州考试合格保举到中央的"贡士"。考生先由礼部考试，再由吏部考试。礼部考的是经书、诗赋和时务策，吏部考的是体貌、言词、书法、文理和封建的德、才。吏部考试合格后才能任官。

除了明经、进士等科举考试外，唐朝还有制举制度。这是由皇帝亲试的，考试日期和科目由皇帝临时确定，是专门"网罗非常人才"的一种方法。

隋唐科举制度打破了魏晋以来士族门阀垄断政治的局面，为一般地主参政开辟了道路。这一方面反映了随着经济变化而日益发展的中小地主的政治要求，是中小地主和士族门阀地主斗争的结果，另一方面反映了中央集权君主专制的加强，取消大地主、大官僚士族门阀垄断仕进和任选官僚的权力，防止他们结党营私的可能。同时使隋唐国家能更广泛地搜罗地主阶级知识分子来充实统治力量，扩大统治的社会基础，以进一步加强官僚机构，如唐太宗看到新进士鱼贯而出时，曾得意地说"天下英雄入吾彀中矣"，这正说明科举制度是统治者笼络地主阶级最有效的办法。

科举制度调整了封建主内部大中小地主之间的矛盾，便于有效地进行封建统治，因此，后来历代封建统治者都相继采用。当时，广大劳动农民在残酷剥削的社会制度下，完全被剥夺了读书和考试的权利，而实际上选拔统治人才也不可能不根据门第的高低，因而它对人民大众有很大的欺骗性，特别是考试以儒家经义为准则，不容许发挥自由思想，并使应考人长年累月集中毕生精力于科举考试，脱离现实，所谓"三十老明经，五十少进士"的谚语，正反映统治者利用科举考试以达到加强思想统治的目的。因此，科举制度是隋唐加强政治统治和思想统治的一种重要手段。但是在当时历史条件下，科举制度有助于削弱士族门阀势力，对改革腐败政治、巩固和加强中央集权制度，起了一定的积极作用。同时，也相应地推进了隋唐社会文化的发展。

四、军队

隋唐的统治不仅依靠一套官僚机构，还依靠一支庞大的军队来支持。唐太宗曾认为：即使在平时"甲兵武备，诚不可阙"，因而尽力加强军事统治。隋唐沿袭西魏和北周的府兵制，并且更加完备。

隋统一全国后，文帝下诏，把全国各府的军队编入民户，实行"平时垦田、战时出征"的制度，并在中央设置十二卫，其长官掌管全国军民活动。唐时，分全国十道为 634 府，称折冲府（军府）。专管军事，与行政区划不同。府分三等：上府 1200 人，中府 1000 人，下府 800 人，每府设折冲都尉与果毅都尉统率。府下有团（200 人），设校尉统率，团下有旅（100 人），设旅帅统率，再下为队（50 人）、火（10 人），各设对正和火长统率。诸府由中央十六卫分别管辖。各卫设上将军、大将军各一人、将军二人，平时负责管理府兵轮番宿卫事宜，并统率卫兵保卫皇帝；战时，如经皇帝任命，可统率临时征调的府兵出征。盛唐时全国设有 600 多军府，60 余万府兵，其中驻在关中中央所在地区的就有 261 府，20 多万府兵，这种内重外轻的军力部署，目的是在于维护封建统治中心地区的安全，加强中央政权所谓"举关中之众以临四方"。由府兵的编制和军力的布置可见，唐的武装力量相当雄厚，军事权力相当集中。

府兵制是一种封建性兵农合一的军事制度。府兵叫卫士，由军府挑选所在州县的壮丁和退伍军人充当。年 20 入伍，60 免役。平时在家生产，农闲时受军事训练，每年轮番到京城宿卫；战时由中央临时委派将帅统率出征，战罢"将归于朝、兵归于府"。府兵的装备粮食自备，还要缴纳税赋。因此，府兵制是在均田制基础上建立的，国家不需增加财政负担而又能组织一支庞大军队的军事制度；是统治阶级强迫依附于土地的农民自备粮秣、武器当兵，反过来作为镇压屠杀农民的主要工具。

实行府兵制，曾使唐王朝的军事力量加强，国家获得了广大兵源和足够数量的军队，从而加强了对内的镇压力量和对外战争的用兵；大量劳动力参加生产并自备戎装、缴交赋税，不仅轻减国家养兵之费，还增加财经收入；而"居重驭轻"和"将不专兵"，又可对付地方割据势力和防止武人专揽军权，巩固了中央集权君主专制的统治。

但是，府兵制是建立在均田制基础之上的，因为只有农民分得了土地，进行生产，才能自备衣装、粮食、缴纳租税，充当府兵。府兵的负担却比一般农民更为沉重。特别是初唐以后，土地兼并日益剧烈，农民大批丧失土地，府兵自备戎装、粮食更加困难。唐令规定，每一府兵需自备弓一、矢三十，以及横刀、衣装等；麦饭九斗、米二斗；每伙府兵需共备大驮马或驴（骡牛、帐幕、戎具等）；同时对外战争和防守任务又极为繁重，兵役愈益繁多，出征时间又长，甚至终身不还，家里却仍不免赋税，真是"一人就役举家便废"。因而士兵逃亡反抗的日多，高、武以后，轮番制度也逐渐废弛。随着均田制的破坏，府兵制便无法实行，终于为募兵制所代替。

早在唐初，在主要实行府兵制的同时，也有募兵制。唐太宗时就曾募兵十万以伐高丽，到唐玄宗开元十一年（723年），这种募兵制则普遍实行于宿卫中央的兵士，称为"骑骑"，其后的中央禁军（即左右羽林军、左右龙武军、左右神武军、左右神策军、左右神威军等十军）基本也是招募的，到开元十五年（727年），又在边防军中普遍推行，下诏允许各节度使就地募兵，从此，府兵制便瓦解了。这一方面加强了对国内人民反抗的镇压，也捍卫了边疆、防御外族侵袭；另一方面使节度使长期统率固定的兵士，逐渐形成了强大的地方割据势力。唐玄宗时，安禄山反抗中央，代宗以后，各节度使拥兵自重，相互之间或与中央之间展开兼并战争，都是与拥有庞大的招募的军队分不开的。

唐前期，阶级矛盾相对缓和，封建政权比较巩固，唐统治者便以其强大的兵力向外进攻，加强对外活动，打败了当时边境民族东突厥、西突厥统治者，征服了西域与回纥、吐蕃、南诏等族，建立了更密切的联系，这对保障当时国家人民的安全、促进民族融合起了积极作用，同时，唐政府还向高丽发动了侵略战争。到唐后期，阶级矛盾尖锐化，农民起义不断爆发，唐统治者则调动大批军队予以镇压，对于边境民族统治者的入侵与掠夺，不仅不加抵御，反而互相勾结，共同镇压和屠杀起义军。庞勋、黄巢等农民起义都是这样被镇压下去的。在镇压农民军的过程中，反动军队进行了血腥的屠杀，并乘机掠夺民财，蹂躏百姓，大肆抢劫，以致在起义军反攻时，荷重不能逃。

五代十国是唐末藩镇割据的继续，各国君主多为唐末节度使，出身于武人世家，因此，武人在五代权势极大，当时将帅拥兵自专，据兵私有，往往别立许多名目如"帐前银枪军""横冲都""落雁都"等。他们所掌握的军队主要任务是镇压人民反抗和进行争夺地盘的军阀割据战争。为获得兵源、防止逃亡，多是强拉人民当兵。梁朝还在士兵面上黥字，军士黥面自此成为制度。到周世宗柴荣继位，进行了一系列改革，也整顿了军队，如挑选精锐者当兵、改编和加强国家军队、取消藩镇私兵、整顿军纪打击骄将。此外，还进行了一系列统一国家的武力，如败契丹、征南唐、出兵意图夺回石敬瑭献给契丹的幽云失地。这些不仅对巩固国防起了积极作用，而且为北宋的统一奠定了雄厚的军事基础。

总之，在新的历史条件下，隋唐统治者建立起一套比较强固、完整的国家制度。从中央到地方官僚军事机关庞大、完备；各级政权严密，分工明确；监察范围扩大，钳制作用加强；任官制度周密，官僚政治进一步发展。秦汉以来的中央集权君主专制制度自此更加巩固、受到加强而臻于完备。从而加强了对农民大众的统治和镇压。而与此同时，官吏也日益增多，官员更趋于官僚化，吏治日益腐朽，军事制度日益败坏，从而又激化了阶级矛盾，也促使统治集团内部矛盾不断尖锐，在中央集权制度下逐渐出现了地方藩镇割据的局面。

继之而起的五代十国，总的来说政局混乱、吏治腐败，暴君残忍荒淫，官吏横征暴敛，统治危机深刻、严重。直到后周，中央集权统治才逐渐趋于稳定和统一。

第三节　隋唐五代的法

一、立法概况

隋统一中国以后，根据北齐、北周的法律，编制了新律，使封建法律得到进一步发展。隋律主要有文帝时编纂的《开皇律》，共十二卷（名例、卫禁、职制、户婚、厩库、擅兴、贼盗、斗讼、诈伪、杂律、捕亡、断狱）。条目较为简明，为唐律蓝本。到炀帝时，在《开皇律》基础上编纂了一部《大业律》，共十八卷。

到了唐代，自高祖开始即极注意法律典章的制定。在隋的基础上又更进一步完备。

唐代法的形式有四种，即律、令、格、式。《唐六典》明确规定："凡律以正刑定罪，令以设范立制，格以禁违正邪，式以轨物程事。"（《唐六典》

卷六）可见律是规定犯罪和刑罚的法律；令规定国家的各项制度（如组织机构、赋税等）；格是经修改、整理的各种皇帝敕令的汇集，比较零散，只是系统的法令的补充；式是规定国家机关的公文程式、办事细则等。似乎令、格、式相当于行政法规，律则相当于刑法典，总之，凡违反律令格式的，都要受到惩处。

唐初编纂了武德律令格式，后来增修了贞观律令格式、永徽律令格式等。其中《贞观律》是唐太宗命大臣长孙无忌、房玄龄等编修的，吸取隋《开皇律》《武德律》及历代封建法律的基本内容，结合当时统治需要，编成唐律500条，编目同于《开皇律》，于贞观十一年（637年）颁行。《永徽律》则是唐高宗永徽二年（651年）在前律基础上，由长孙无忌、李勣等编纂和颁行，共502条，十二篇。为了使唐律的条文有统一解释，以利于对人民的统治，高宗还命长孙无忌等于653年专门为唐律编撰了"疏议"（解释），经皇帝批准，同样具有法律效力，与唐律合称《唐律疏议》，共30卷。此外，唐玄宗时曾制定一部行政法典，即《唐六典》，共30卷，是关于官制、礼仪、行政制度等方面的法规，是我国历史上最系统的一部行政法典，对以后封建各代的立法也有很大影响。唐朝立法多散佚无存，现今尚存而完整无缺的仅有《唐律疏议》（《永徽律》）和《唐六典》。

五代除后汉以外，其余各朝都制定有法典。主要有：《大梁新定格式令》103卷（后梁）、《新集同光刑律统类》13卷（后唐）、《天福杂敕》31卷（后晋，崇文总目又作30卷）、《大周续编敕》及《大周刑统》（后周），还有南唐的《升元格》，吴也曾删定格令。其中以《大周刑统》条目较简要，释意较明确，对《宋刑统》影响颇大。但这些法典多已失传。

隋唐五代时期的法，以唐律为主，它既能代表这一时期的法的精神，又承先启后、集中国封建法之大成。

二、唐律的基本内容

唐律是唐的主要成文法律，也是我国封建社会保存下来的最完备的一部法典。它的产生是中央集权君主专制国家更加发展、阶级斗争形势更加深刻、封建统治阶级进一步加强对人民的统治和进一步积累经验的结果。其内容较完备，条目较简要明确。篇目凡十二，其中《名例》主要是规定十恶（谋反、谋大逆、谋叛、恶逆、不道、大不敬、不孝、不睦、不义、内乱）、五刑

（笞、杖、徒、流、死）和八议（议亲、议故、议贤、议能、议功、议贵、议勤、议宾）等内容。其他各篇则周密而详尽地规定各种危害封建统治、侵犯封建秩序的罪行和惩罚手段以及告发、逮捕、审判等司法程序。唐律篇目不分民刑，即反映中国封建法律民刑立法不分的特点，但主要是刑法方面的规定，户婚等民事案件也以刑罚解决。因此，唐律实际上是刑事镇压的立法。

唐律的基本内容如下。

（1）维护君主专制，严厉镇压人民的反抗。

北齐的十大罪在隋、唐法律中正式定名为"十恶"，即侵犯封建皇室统治和家族制度的所谓"不忠不孝"的行为。唐律规定"十恶"为最严重的犯罪行为，处以最严厉的刑罚，不得请议、收赎或减轻，是"常赦所不原"的罪。而其中"谋反""谋大逆""谋叛"等人民反抗封建统治的行为，又为十恶之首。规定"诸谋反及大逆者，首从皆斩，父子年十六以上皆绞、十五以下及母女妻妾（子妻妾亦同）、祖孙、兄弟、姐妹及部曲、资财、田宅并没官……伯叔父兄弟之子皆流三千里"。谋反即使"词理不能动众、威力不足率人"，也皆斩，父子母女妻妾并流三千里。至于谋反的处刑基本相同，并规定人民对这种罪不告密也要处绞刑。为了预防人民反抗，唐律还规定不许私人有"禁兵器"，如有甲三领、弩五张者，即处绞刑。这些规定明显地体现了唐律维护封建地主阶级专政的本质。

由于皇权是封建政权的体现，为进一步维护皇权尊严、极力加强君主专制制度，唐律这一方面的规定更为细致周密。唐律严禁触犯皇帝尊严和人身的行为，规定盗窃皇帝用物、盗或伪造皇帝印玺、为皇帝配药误未按原药方、修建皇帝舟船误不牢固、发言诽谤皇帝、对抗皇帝委派的特使、不尊敬皇帝的命令等，都属于大不敬罪，列入"十恶"之中，加重惩罚，皆处死刑。对于擅入宫门、殿门、上阁以及皇帝停留所在，或向这些地方射箭、放弹、投石以及借服御物"犯律"等，均处不同刑罚，直到死刑。为了保护至高无上的皇位和皇权，对于夺取皇位和侵犯皇帝军政大权的行为，严加惩处，唐律规定：擅发兵十八，徒一年，百人者一年半，千人者绞；应由皇帝判决的死刑罪，如在刑前臣下未"三复奏"，则流二千里；一般行政事务按规定须向皇帝请示而未请示者，杖八十。为了利用神权保护政权和皇权的巩固，加强对人民的思想统治，唐律还规定凡盗大祀御物也列为十恶之罪，流二千五百里，弃毁大祀御之物，各以盗论。

唐律之所以严密保护君权、神权，归根结底是为了巩固对人民进行统治的封建君主专制制度。

唐律规定，犯"十恶"罪者，十五以下及祖孙、兄弟、妇女不处死刑，似乎比前有所减轻，其出发点当然是为了封建统治阶级的利益。唐朝统治者所以这样规定，首先是由于受到隋末农民起义的压力，为缓和阶级矛盾，不得不减轻一些刑罚。其次，儿童妇女不予论罪，在统治者看来危害性较小，而祖孙兄弟在一定条件下可以不加牵累，也是为免招致更多的反抗者，于统治不利。

（2）维护封建土地所有制和封建的经济利益。

法律完全承认并保护以皇族为首的地主土地所有权，规定妄认、盗买卖、盗耕种公田和私田者，处笞刑直至两年徒刑。对于破坏均田制、漏报户口、虚报年龄逃亡、躲避赋役或不按期纳租佃、服徭役等行为予以惩罚。规定里正不按令授田、收田和征课赋税者，处笞刑或徒刑，家长徒二年，有关里正和州县长官则酌情处笞刑直至三年徒刑；又规定农民出卖自己的口分田者受笞刑，而且地还本主，财没不追。唐初，为防止私家地主兼并土地，影响国家赋税收入，还规定占田过限者，也受笞刑或徒刑。但随着阶级斗争的尖锐，国家为求得地主阶级的更大支持，乃允许土地兼并，并且为了保障兼并的土地，还规定土地买卖必须立契约、有中人，使农民无法反悔。

为保护地主其他经济利益，巩固封建私有财产制度，唐律规定买卖奴婢、牲口、典雇、雇工、雇牲畜、贷款（或贷丝绢）都要有契约，如贩卖劣货则应受刑罚，以保障买方利益。在借贷方面，规定负债违契不偿的也酌情受罚。"一匹以上，违二十日，笞二十，二十日加一等，罪止杖六十；三十匹加二等，百匹又加三等，各令备偿"，以保障地主高利贷者的利益。而对"强盗"和"窃盗"则更采取严厉镇压的政策。凡强盗罪，虽不得财也徒二年，得一尺布，徒三年，得十匹布及伤人者绞，如持武器，五匹即绞；凡窃盗，虽不得财，笞五十，得布一尺就杖六十，得五十匹流放。对于地主的奴婢，如掠取、利诱、或藏匿、买卖逃亡的奴婢，或偷卖奴婢子孙，也以强盗论罪。中唐以后，阶级矛盾激化，用刑更为残酷，甚至"窃盗计赃至钱一贯以上，处极法"，"窃盗……百钱以下毙踣"（《唐会要》卷三十九）。

政府为了垄断盐、茶、酒等专卖权，加强对人民的剥削，对于私自生产或买卖盐、茶、酒的百姓也滥施刑罚，如规定：盗卖盐一石者处死，茶商私贩茶三次，每次三百斤以上者处死，凡私人酿酒者"一人违法，连累数家"。此外，唐律对于恐吓取财、诈欺取财、私铸钱、决堤冲毁、纵火、甚至毁坏官私物品及树木稼穑，在他人土地中得宿藏物及拾遗物隐而不送等，都要处刑，甚至流放三千里。

这样，由于封建地主残酷压榨剥削而为穷困所迫的无辜农民，在严格保障私有财产不受侵犯的法律迫害下，大量地蒙受冤屈和被杀害。

（3）维护封建等级制度和不平等的关系。

首先，唐律露骨地保护封建贵族特权。规定凡皇亲、贵族、官僚犯法，只要不属"十恶"范围，可按其职位身份高低，得用"议""请""减""赎"的办法受到宽大处理的优待。"议"即八议，凡是皇亲、皇帝故旧，"有大德行""大才干""大功勋""大勤劳"、三品以上的官以及前朝贵族等类人，犯流罪以下可减一等，死罪可由官吏集议减罪，报皇帝批准。"请"即皇太子妃、应议者的亲属以及五品以上官犯法者，流罪以下减一等，死罪得上请皇帝考核。"减"即七品以上官及应"请"者的亲属犯法者，流罪以下可减一等。"赎"即应议、请、减者和九品以上官以及七品以上官的亲属犯法，流罪以下可用钱赎罪。

不仅如此，法律优待还推及唐朝的全部官吏，依照唐律规定，官吏犯法都可用"官当"（以官抵罪）、"收赎"（以铜赎罪）来代替受罚。五品以上官吏可抵公罪三年徒刑，私罪二年徒刑；九品以上官，一官可抵公罪二年徒刑，私罪一年徒刑；如有几个官衔，则先以高者抵罪，再以低者相抵，不够，还可以历任之官抵罪，如果罪小官大，抵罪后有余则留官收赎，如罪大官小，则余罪收赎。如因"官当"去官，一年以后即可降原官一等再被任用。以上所有封建贵族官僚犯罪，一般在询问时还不受拷打。这就是封建法维护统治阶级特权的鲜明表现。

但是，唐律对人民侵犯封建贵族和官吏的利益则要加刑。规定杀害管辖自己的长官（刺史、县令），称为"不义"，列为十恶之一，处死刑，任何情况不予减罪；殴打管辖自己的长官者，徒三年，折伤者绞；而殴普通人只笞四十，折伤者只徒一年；殴伤九品以上的官，视官品大小而加罪，至少较普通人加二等，可见用刑的轻重极其悬殊。这样严密地保护封建等级制度，就更便于封建贵族官僚肆无忌惮地剥削、迫害广大劳动人民。

其次，唐律还公开地维护封建良贱、主奴、尊卑、男女的等级关系。如在良贱关系上，唐代民间贱人分二等，即部曲（类似农奴）和私奴婢，官府贱人分三等，即杂户、官户及官奴婢。良贱界限严格不可逾越。如良贱通婚要处刑罚，贱人娶良人女为妻者，徒一年半，疏议认为"人各有偶，色类须同，良贱既殊，何宜配合"，甚至奴娶部曲女为妻也要徒一年，又如贱人侵良人利益或殴伤良人要加罪一等，反之则减罪一等。在主奴关系上更不平等，如规定主杀奴及部曲，一般处杖刑，过失杀者或因部曲奴婢有过错而杀者，均无罪，反之，部曲奴婢即使殴打或过失杀主，便处死刑。甚至因被主人压迫太甚而告主，也绞。同时规定，部曲或奴婢与主妇及其他亲属和奸者，须处死刑，比一般和奸处二年徒刑重得多。

为了维护封建的族权和夫权，刑律还规定了尊卑、男女之间的不平等关系。而且较历代法律更为详尽。规定凡以卑犯尊，被称为"恶逆""不孝""不睦"，列为十之罪。如父母在，子孙供养有阙或别籍异财（即分家）、居父母丧身嫁娶、作乐、穿吉服都要判刑；如子孙骂祖父母、父母处绞刑，殴者斩，告者也绞；反之，祖父母、父母殴杀子孙，只徒一年半；故杀者二年半，最多徒三年，过失杀者无罪。其他各种尊卑关系也同样有加罪、减罪的区别。又规定夫殴伤妻减罪二等，反之加罪三等；妻杀夫，甚至夫死妻不举丧都属十恶之罪，反之，妻死夫不举丧则不属十恶之例。

以上这些规定，主要是为了巩固封建主对被压迫阶级的统治，便于他们进行任意的剥削和虐待；是为了巩固封建家庭关系和家族制度，以便维护封建社会秩序。同时，唐律上述的规定也鲜明地表明：唐律贯穿着儒家的伦理道德思想，封建的"礼"和"法"至此更紧密地结合为一体，成为地主阶级维护封建秩序，巩固封建统治的有力工具。

（4）保护封建婚姻制度和继承制度。

唐律仍然遵循秦汉以来的封建原则：早婚制度，"门当户对"的等级制度，父母包办和聘礼纳财的买卖制度等。唐太宗时规定"男年二十，女年十五"，玄宗时规定"男年十五，女年十三"为婚姻法定年龄；婚姻须依父母之命、媒妁之言，父母可以强迫守寡女儿改嫁；婚姻必须要有"聘财"，"嫁娶必多取资"，婚姻是买卖性的。对婚姻还有种种限制，唐律规定，除了同姓、近亲、贵贱不得结婚外，与逃亡妇女、庸人也不能为婚，妇女犯"七出"（无子、淫佚、不事舅姑、口舌、盗窃、妒忌、恶疾）必须离婚，否则必受刑罚。不仅如此，还规定夫可随意休妻，妻如随意离开夫家，则要徒刑二年，因此改嫁徒三年；夫可娶妾，妻如有不端行为则要受严厉惩罚；此外，唐律还肯定封建蓄妾制度，允许男人任意玩弄婢女，公开规定"婢为主所幸，因而有子，听为妾"。

在当时这种封建婚姻制度之下，妇女痛苦特别严重，唐代诗人白居易沉痛地写道："人生莫作妇人身，百年苦乐由他人。"（《太行路》）确实反映了唐代社会封建婚姻的情况。

在继承方面，基本与历代法相同，实行嫡长子继承制，特别是封建贵族身份的继承，权利只属嫡子。唐律规定，如庶子冒充嫡子继承者，徒二年，如果非子孙而冒名继承者，流二千里，不依法立嫡者，判徒刑，甚至养异性男、养杂户男都要处徒刑，即严格保护封建家庭的继承权。

（5）加强国家机构的统治效能。

为使官僚有效地进行封建统治，唐律除上述一些规定外，还专设"职制"篇对官吏违法失职行为作了详细规定。如漏泄"潜谋讨袭""收捕谋判"的机密（即对人民进行镇压的机密）处死刑；军队出征，如调拨兵马和物资有所耽误者，即便出于过失，也处死刑；起义人民攻城，军官不固守而弃城，或守备不设而失败者，处死。并且对官吏不按期赴任、不按律令格式办事、未请示报告有错、接受皇帝命令犹疑不行、任意增添属官、推荐不可靠人员等等，都规定了不同程度的处罚。

此外，为了缓和阶级矛盾，深恐官吏过分贪赃枉法导致农民起义，不利于封建统治，唐律还规定贪污罪的惩罚，如官吏受财枉法，一尺杖一百，一匹加一等，十五匹者绞，如不枉法一尺杖九十，二匹加一等，三十匹加役流。并且不许官吏受所辖范围人民的财物，不许私自役所辖范围的百姓或向他们借贷，违者均以贪污论罪。唐律的这些规定，在一定时期内起了巩固封建统治的作用，然而封建统治集团必须依靠官吏作为支柱，剥削阶级的本质也决定了官吏的贪婪性，因此，唐律并不能取缔贪污。即使贪官污吏犯案，也常不闻不问，特别是对大官僚贪污更加放纵，或不处刑或减其罪，如太宗时，广州都督党仁弘贪赃一百余万，罪当死，"而帝哀其老，且有功，因贷为庶人"（《旧唐书·刑法志》）；玄宗时，武强令裴景仙贪赃绢五千匹，罪当死，但"以其祖父裴寂，曾预经纶，佐命有功"而减罪（《旧唐书·李朝隐传》）。总之，惩处贪污主要是以对整个封建统治的利害而定。

（6）关于刑罚制度。

唐承隋法，把历代酷刑简省为五种，即笞、杖、徒、流、死（分绞、斩两种），删除过去一些野蛮刑罚，并规定判后可酌情不执行，允许以钱赎罪，自笞十下至死刑，赎金为铜一斤至百二十斤不等。另外，唐初的一些缓和阶级矛盾的措施在唐律中也予以肯定。这一方面是农民起义教训了唐统治者的结果，同时也与儒家主张"以礼制欲"、以"仁政"治天下的思想影响有关。其目的无非是劝统治者不要过分纵欲残暴，以减少阶级矛盾的激化因素，从而更有利封建统治的巩固。因此，唐律比前代律令是有些宽缓的因素。

但是以上仅是法律规定而已，事实上酷刑仍然存在，如杖刑就有重杖、痛杖、一顿杖之别，重杖实际是死刑，专打背脊的脊杖，常数未满即死，又如流刑，也常附加杖刑一百，以致虽非死刑，也大半殒毙。而死刑中的野蛮刑罚更为惊人，如武则天时，王懿宗"按抚河内诸州"，"所过残酷"，"有犯法应死者，必生取胆，然后杀之，虽流血盈庭，言笑自若"。这就是吃人的封建刽子手的面貌。随着中唐以后阶级斗争的尖锐，腰斩、枭首、夷三族等酷刑也不断出现。唐末，对犯罪者亲属"无问亲疏，孩稚无遗"，这与唐律的规定，是同一镇压本质在不同条件下的体现。

（7）关于刑法原则。

唐律中规定的刑法原则主要有如下内容。

①关于自首，规定"犯罪未发自省的，原其罪"。共犯逃亡时，如轻罪捕重罪自首，则可免罪，但知道别人要控告而自首的不能免，只予减罪。以此分化罪犯，更好地进行镇压。

②关于首从，一般为首处重刑，从犯减罪一等，但对危害统治阶级利益最大的如谋反、谋大逆等罪，则不分首从同等治罪。总之，加重处罚多属严重侵损封建统治利益的，而其从轻惩治也是为了分化、欺骗，以便更有效地进行统治。

③关于故意与过失，规定故杀、谋杀以及斗殴而持刀杀。都属故意，处斩刑，只有"耳目所不及，思虑不到"的才属过失杀人。殴杀人，虽无杀心，也仍处绞刑。

④关于宽恕老幼废疾，规定70岁以上、15岁以下及废疾者犯罪可减刑，或处赎刑或不加刑。犯罪时未老疾或处年幼，事发后已老疾或成长，则各依老疾或幼年从宽处理。这是由于老幼废疾对统治的现实危害性较小，同时也

是避免招致更多的反抗力量，以缓和阶级矛盾。

⑤关于公、私罪，唐律规定得更为明确。公罪即官吏"缘公事致罪，而无私曲者"，可减刑；而死罪主要即官吏"不缘公事私自犯者"，或"虽缘公事，竟涉阿曲"者，不得减刑。这也是以区别对待来维护统治阶级利益的。

⑥关于类推。如规定凡"断罪无正条"，则采用类似条件判决，"举重以明轻"或"举轻以明重"，便于统治阶级随意镇压而不受法律限制。

⑦关于累犯，采取加重原则，如规定强盗罪，三犯徒者，流二千里，三犯流者处死，以胁吓人民，动摇其反抗的坚决性。

⑧关于并合论罪，唐律确定"二罪以上俱发，以重者论"。这样，既加强了镇压而又不致使刑罚无度。

以上这些原则的明确，反映了封建统治的司法经验的丰富和法制的进一步完备，从而对人民的统治更有效力。

关于诉讼制度，唐律也作了周密的规定（详后）。

综上所述，唐律鲜明地体现了封建地主阶级的意志，集中地体现了封建的阶级专政本质，严密地保护了封建地主的经济政治利益，反映了封建社会的经济政治特点。渗透着儒家的政治思想和等级宗法观念，并表现了统治者在残酷镇压的同时，又辅以"宽刑"手法，以便进行政治欺骗，缓和阶级矛盾。因而能严密地统治人民，有效地维护封建政权和封建社会秩序。换句话说，唐律的性质和内容，都适合于封建地主阶级的统治。所以历代封建学者宣扬它"得古今之平"，是"古今律之得其中者"（清沈家本语）。同时，唐律内容较前代周详，条目较为简明，又是中国封建法臻于完备的表现，即所谓"集众律之大成"（清薛允升语），因而唐律不仅是唐统治者实行专政的重要工具，而且成为后来历代封建王朝法律的蓝本，如宋元明清的法典就是基本沿袭唐律而制定的。同时，唐律对于东方各封建国家的立法也有一定的影响。这也说明了剥削者国家和封建王朝之间，由于其解决本质相同，因而法律可以相互继承和利用。而无产阶级和劳动人民则绝不能继承剥削者国家的法来为革命专政服务。

三、司法机关和诉讼制度

随着封建统治阶级镇压人民的经验的积累，隋唐司法机关也进一步完备和发展。在中央设有大理寺、刑部和御史台三大司法机关。

大理寺，沿魏晋以来旧制。设卿、少卿、正丞、司直、评事与属吏200多人，负责中央百官犯罪及京师徒刑以上案件的审判，流、徒刑判决定后须送刑部复核。死刑则判决后须直接奏报皇帝批准，其对刑部移来的地方死刑疑案有重审权。

刑部，由过去的都官和三公曹合并而成。负责司法行政，可复核大理寺流刑以下及州县徒刑以上的案件。如在复核中发现可疑者，流徒以下可驳令原机关重审或径行复判，死刑则须移交大理寺重审上报皇帝批准。

御史台主要是负责监督大理寺与刑部，遇到重大疑案，也可参与审判。

凡遇到特别重大案件，则由大理卿、刑部尚书、御史中丞共同审理，如意见不一致，则上奏皇帝，这叫"三司推事"制度。必要时，皇帝还可命令非司法机关参与审判。对于地方上特别重大案件，如不送中央审判，则派监察御史、刑部员外郎、大理寺评事即"三司使"前往审判。从汉魏到隋唐，中央司法权由一个机关分而为三，收互相牵制之效，这正式反映了封建君主专制中央集权的加强。

地方司法机关仍为行政机关统一。但辅助行政官专门负责司法的属吏较多，州设有司法参军或法曹参军，县设有司法佐，具体掌握司法审判，县下的乡官、里正、坊正、村正等都负有检举人民反抗活动和违法行为的职责，对于婚姻、土地等案件也有审判权。刑事案件则不经乡官而直接由县审判。这种司法直属于行政的组织形式，与资产阶级国家伪装"三权分立""司法独立"，以掩盖其国家和司法的阶级本质有所不同，也是地主阶级公开专政——封建政治特点的表现之一。

隋唐司法机关一般没有杀人权，杀人权归皇帝掌握，死刑必经皇帝批准。唐太宗规定，在处死刑时，执行官必须向皇帝"复奏"，地方案件须"三复奏"，在京案件须"五复奏"，以加强皇帝集权，同时便于皇帝再三考虑作出更有利于封建统治的决断。但犯谋反、谋大逆、谋叛、恶逆及部曲、奴婢杀主等反抗封建统治之罪时，只须一复奏，这就明显地说明了统治者所谓"慎刑"的意图，只不过是为了更有效地对人民进行司法镇压。

隋唐因袭旧制，在审判机关内还附设有监狱，中央监狱设于大理寺，有狱丞四人及狱吏等若干人。京师及全国各州县均有地方监狱，设典狱若干人。凡犯人入狱，视罪名轻重而带枷（颈）、钳（颈）、扭（手）、鏁（脚）等刑具。监狱看守极严，纸、笔、金、刃、钱物、杵棒都禁止携入，以防传递消息和越狱逃跑。

五代的审级基本与隋唐相同。

为了维护封建主的利益，隋唐统治者还采取了周密的诉讼原则和制度。

根据唐律规定，关于控告，规定任何人发现徒刑以上案件，必须立即报告，违者给予惩罚。对谋反、谋大逆罪不告者处死刑，以便于统治者搜索"罪犯"及时镇压，另外，又规定八十以上、十岁以下及笃疾者、在狱中的犯人，均无控告权，子孙及奴婢不能控告尊长和主人，违者酌情惩处，直至死刑。但是谋反、谋大逆罪则例外。可见人民的诉讼权利是受限制的，同时又是以封建统治利益为转移的。

唐律还进一步具体规定了封建的审判制度。司法机关对一般犯罪，在控告后需对控告人审问三次，并要控告人具写甘结，以保证控告忠于封建统治；对于"谋反"以上罪，则须驰奏皇帝并立即逮捕，否则与知而不告同罪，司法官吏处死。在逮捕囚禁罪犯的过程中，如被告拒捕，加罪一等，如持械拒捕或逃走，逮者可格杀不论，捉住后不论原来有罪无罪皆流二千里，以便于迅速和坚决地镇压人民的反抗行为。

为保证审讯和判决有利于统治，还规定有审讯时的回避制度、判决必须符合律令格式的制度等，违者处罚。被迫诬服后必须亲写口供书以免反复。另外也规定罪犯不服时可以上诉，而实际上，上诉后的"更审"很少改判，即使改判，也是完全以封建统治阶级的根本利益为出发点的。

审判制度的残酷野蛮性，主要表现为严刑拷打，主观臆断等方面。刑讯逼供是法定的审判程序和手段，规定司法官可拷囚三次（七十以上、十五以下及废疾者可例外），数至二百，在此限内拷死者不论，在此限外拷死者，法官最多只处徒刑二年，实际上常赦无罪。因此在实践中刑讯更为残暴。如韩滉为地方官，审判时以"情涉疑似，必置极法，诛杀残忍，一判即剿数十人，且无虚日"（《旧唐书·韩滉传》）。武则天时，酷吏来俊臣、索元礼等，"每鞫囚，无问轻重，多以醋灌鼻，禁地牢中，或盛之瓮中，以火围绕炙之"（《旧唐书·来俊臣传》），并特制监狱大枷，"又令寝处粪秽，备诸苦毒"（《旧唐书·刑法志》）。在这种情况下，"楚痛切心，何求不得"，人民除被拷死外，常常诬服。而司法官吏为迎合统治集团的意志，窃取升官发财的途径，多是审讯严酷，判案从重，就是被誉为所谓"刑法宽简"的唐太宗，也承认："今之法司，复理一狱，为求深刻，欲成其考。"执行刑罚时也多故意加重，常杖数未满，犯人已死，甚至死刑之前还要先决杖。拷讯上的野蛮还在于拷满无口供，则要反拷原告，受刑不了就应承认诬告，反被判刑。

唐律规定在审判时要考虑证据，但实际上全凭法官主观武断、任意假造或诬陷，与拷讯相结合遂形成极端黑暗、野蛮的审判作风。如武则天时"巨奸大猾伺隙乘间……构似是之言，成不赦之罪，皆深为巧诋，恣行楚毒，人不胜痛，便乞自诬，公卿士庶，连颈受戮，道路藉藉"（《旧唐书·韦思谦传》）。这不仅是隋唐，也是整个封建社会国家审判真相的具体反映。

至于五代"用刑多偏严刻""自朱温僭逆删改事条，或重货财轻人命，或自徇枉过，滥加刑罚"（《册府元龟》卷六一三）。五代乱世本不重刑章，视人命"如草芥"，对于科罚窃盗、强盗及奸非罪，除一二朝以外，多采用重典。如晋法规定："凡关强盗捉获，不计赃物多少，按验不虚，并宜处死"。汉法规定："窃盗一钱以上皆死。"

为了加强对人民的统治，以维护纷乱政局，五代用刑极其残酷，如判"族诛"刑，则罪人的父兄妻子孙并出嫁之女无一得免，比唐律规定更重。此外非法的刑罚还有腰斩、断舌、断筋、折足等酷刑，"或以长钉贯穿人手足，或以短刀脔割肌肤"（《旧五代史·刑法志》）。并创有刺面、凌迟之刑（据陆游《渭南文集》）和"静狱"之法。"高祖尝以生日遣逢吉疏理狱囚以祈福，谓之'静狱'，逢吉入狱中阅囚，无轻重曲直悉杀之，以报曰：狱静矣"，（《新五代史》卷三十《苏逢吉传》）。封建统治阶级的荒诞淫威、草菅人命的狰狞面目，至此可见。不仅如此，五代的地方官也可任意制定刑罚杀人，如汉臣刘铢即放肆横行，暴虐无端，"每亲事，小有忤旨，即倒曳而出，至数百步外方止，肤体无完者，每杖人，遣双杖对下，谓之合欢杖，或杖人如其岁数，谓之随年杖"（《旧五代史》卷一零七《刘铢传》）。审判上"以轻附重"、禁锢过时也极为普遍。甚至不复奏、"或蒙赦宥，已被诛夷"，而且罪多连累，有十个人只为一人抵死的。甚至幼童儿戏也判重罪。

总之，隋唐五代的法及司法实践都是为了保证封建统治者的意志得以贯彻施行，是残酷镇压广大劳动人民、维护封建地主阶级统治的专政手段。在这种封建法的严酷统治下，人民"冤不得理，屈不得伸"，受尽暴政迫害和封建剥削的农民大众，只有不断地掀起反封建的武装革命。

第五章　宋辽金元国家与法

（公元 960 年—公元 1368 年）

第一节　社会概况

一、历史概述

公元 960 年，赵匡胤夺取后周政权，建立宋朝，定都汴京（河南开封），史称北宋。北宋初期实力比较雄厚，先后兼并各地割据势力，于 979 年基本上统一了全国。由于封建经济剥削的残酷、中央集权制统治的加强和腐朽，北宋的阶级矛盾始终十分尖锐，农民起义不断爆发。

与宋建国的同时，辽、西夏、金等国也先后崛起于北方。在 916 年，契丹族就建立了辽国，到天祚帝（1101—1125 年）时，被辽奴役的女真族逐渐强盛了起来，1115 年，女真首领阿骨打称帝，建立金国，并于 1125 年灭辽（辽国凡历 9 主，统治共 210 年）。北方这些邻国的日益强大，不断南下掠夺和侵犯北宋，造成严重的民族危机。

在阶级矛盾和民族矛盾交织的情况下，宋统治者曾进行了庆历变法、王安石变法，谋图“富国强兵”，挽救统治危机，但先后失败，统治危机也更为加深。到 1127 年，金兵南侵，汴京失陷，徽、钦二帝被俘，北宋政权遂告结束。

南渡的宋朝官僚在岌岌可危的情况下，拥立宗室赵构重建政权，称帝于临安（浙江杭州），史称南宋。与北方金国形成南北对峙的局面。到 1279 年，腐败的南宋就被新兴的元朝所灭（宋朝凡历 18 主，前后统治共 320 年）。

13 世纪初，成吉思汗（铁木真）领导蒙古族建立了蒙古国，先后灭掉西夏和金（金统治历 9 主，120 年）。1260 年忽必烈称帝于开平（称上都，即北京），1271 年宣布改国号为元。元朝在 1279 年灭南宋，统一中国后，对广大人民实行了落后、野蛮、残酷的阶级压迫和民族压迫，使得阶级矛盾、民族矛盾贯穿了整个统治时期，经过 1351 年爆发的红巾军农民大起义的震荡，终于 1368 年被朱元璋领导的一支起义军所推翻。元政权从统治中国到崩溃凡 89 年（从其建国至此，共历 15 主，163 年）。

二、经济和阶级关系

由于宋初统治者采取了以下一些措施：清理户籍、兴修水利、鼓励垦荒、推广踏犁的使用、扩大稻谷的播种面积、减轻一些佃户和手工业者的封建束缚，扩大商业活动区域……因而，当时的阶级矛盾稍有缓和，社会经济也得到一定的恢复和发展，在真宗天禧时耕地面积增长的比例，最高额曾达到175%，像苏州一带农田，每亩能产米二石到三石；商品经济也进一步发达，手工业作坊和商业的行会组织有了发展，分工较细，规模较大，10万户以上的城市比唐朝增多30余个。随此，两宋时期的封建土地制度也进一步发展。按宋代户籍，可分有土地的主户和没有土地的客户两大类。北宋中期以后，由于地主做官不须负担劳役，又出现所谓"官户"。主户中的三等以上户和"官户"是地主阶级。主户中三等以下户实际是自耕农民，占有少量土地。客户是社会的最下层，和地主保持一定的依附关系。虽然北宋初期，由于黄巢大起义对封建统治秩序的打击，客户对地主的人身隶属关系有所松懈，从而影响到自耕农相应地扩大。但是，北宋统治者为笼络五代时的旧军阀和部下将士，大量赏赐田地钱财，又形成大批地主，同时富商大贾随着土地移转的频繁，也广置田产，加以官僚不断增多，优厚百官的放任政策，又促使地主、商贾、官僚三位结为一体，从而地主集团迅速扩大。随着土地兼并的发展，自耕农贫困破产沦为逃户、客户的现象更形严重，客户几乎占全户数的一半以上，在南宋主客户比数中，客户还曾达2/3左右。因此，在当时占总人口10%左右的官僚地主占有土地80%上下，有的甚至拥有几万亩以至几十万亩。如南宋时大将张俊一家就拥有田庄20个，分布在十二个县，每年收租米达6000万石。而这些田连郡县的大地主都是"赋租所不加者，十居其七"，国家赋税徭役都压在人民身上。在这样惊人的土地集中和赋税不均的情况下，广大农民日益陷入悲惨境地，促使两宋阶级关系处于紧张状态，北宋建国十几年后，就开始连续不断地爆发了王小波和李顺领导的农民大起义、方腊和宋江起义、钟相和杨么起义等，而且"一年多如一年，一火强似一火"。在南宋统治153年间，武装起义就达200多次。这些农民起义声势浩大，并且第一次提出"等贵贱，均贫富"的革命口号，改元建政，对两宋政权统治的影响和打击很大。

辽金元的社会性质基本上是封建制，又带有浓厚的奴隶制因素，并保留氏族社会残余。契丹、女真和蒙古的贵族、诸王大臣及部族首领、寺院主、富商等都是统治阶级，占有大量土地，除拥有官田以外，还不断额外自取汉人田地。如金世宗时宰相纳合椿年一人占田就达 800 多顷，与其同族 30 多家共占田 3000 多顷。元朝的大承天护圣寺占地竟达 30 万顷以上。南方建宁路崇安县五十都的土地，六分之五都是大地主所占有。而汉族地主阶级分子由于政治上的投靠也形成"宋亡富尤甚"的情况。这些土地，都是使用奴隶生产和汉人佃耕，金的"不课役户"，元的"驱丁""驱户"，实际是以汉族为首的处于农奴地位的各族农民，其人身依附关系比宋代佃户更加强化。同时辽金元的统治阶级又是大量官私奴隶的占有者，具有封建主兼奴隶主的双重身份。他们可随意将战俘、欠债者没为奴隶，甚至可用政治强力抑农民为奴，"动辄百千家，有多至万家者"，如元朝的贵族官僚阿里海牙就强占降民 3000 多户没为家奴，金世宗未即位前，就有奴婢万数，女真族猛安谋克户上层分子也各拥有成百到六七百不等的奴隶。这些奴隶主要用以从事繁重的农业生产，其地位同于牛马货财，成为主人的私产。而买卖奴隶也极为普遍，甚至出口贩卖。至于被搜集到官营手工业工场中的工匠，实际上也成为工奴，没有人身自由，婚姻和子女都得受官府的支配。

此外，辽金元的大汗或各部落首领处于经济政治的统治地位，猛安谋克制形式的保留以及带有浓厚的野蛮军事掠夺的统治，不注重农业发展，生产力较为低下等等，都反映出保有不少氏族社会的残余和影响。

由于辽金元统治者实行落后的经济剥削、野蛮的军事统治和残酷的民族压迫，使得当时广大农民经常掀起武装斗争，并带有民族矛盾的性质。金统治北方时，汉族人民的反金斗争始终不息，如八字军、五马山寨义军、钟相、杨么领导的农民义军等都进行了英勇的反抗。元统治时期，反元的人民起义更是不断爆发，仅元世祖至元二十年（1283 年）到二十六年中就由 200 多处增为 400 多处，到顺帝至正十年（1350 年）起义烽火已弥漫全国。红巾军全国性农民大起义就是在这种基础上顺利发展起来的，规模达到十余万人，并建立"大宋"政权，终于北伐胜利，推翻元朝。这些都表明当时阶级矛盾和民族矛盾的进一步尖锐、发展和深刻。

综上所述，可见辽金元的经济结构和阶级关系较为复杂，但是当时社会的基本生产关系仍然是封建制，阶级关系仍然是农民与地主两大阶级相对抗的关系，被统治阶级主要是以汉族农民为主的各族劳动人民，还有为数众多的由各族劳动人民构成的奴隶；统治阶级则由契丹、女真和蒙古的宗室贵族、猛安谋克的上层分子以及各族的地主分子所构成。

宋辽金元的政权就是与上述经济基础和阶级关系相适应而建立和发展的，基本上是承袭前代封建国家的传统，但又各有特点。

根据当时阶级矛盾、民族矛盾，特别是统一于割据矛盾十分激烈的形势，地主阶级军阀将士巩固统治地位的要求，以及宋统治者在后周的基础上又有历代封建统治经验的积累，宋代建立了高度专制主义中央集权的国家。在建立政权之后，宋统治者一方面害怕将帅叛变，官僚专权，割据势力再起；另一方面又要依靠和利用这些统治工具，巩固和加强对农民的专制统治。因此，采取的基本方针是"防微杜渐"，高度集权中央；重内轻外，加强地主阶级专政。即专力巩固中央政权，而一切措施又具有对内严防的性质。因而造成内政腐朽，外患频仍，成为中国封建历史上最可耻而怯弱的一个腐败政府。

辽金元等少数的贵族统治者在统治中原地区的过程中，采取了严厉残暴的阶级压迫和民族压迫相结合的方针政策。一方面实行汉化，以促进封建制度的发展：在经济上逐渐重视农业生产和采取封建剥削制度，在政治上和以汉族为主的各族地主阶级士大夫密切合作，采纳历代汉族封建地主阶级的国家制度和统治经验，调整统治阶级的内部关系，加强统治机构，巩固中央专制集权，以便更有效地统治全国人民。另一方面又采取民族歧视和民族压迫的政策：如辽国采取"以国制治契丹，以汉制待汉人"分而治之的政策；金国则普遍建立猛安谋克组织以监视汉人，严禁蓄发、汉装，对蒙古、契丹等族采取分化和"灭丁"政策；元朝在统一中国以后更人为地将全国人分为蒙古、色目、汉人、南人四等，规定他们在经济、政治上的不平等地位，严禁汉人、高丽人持有兵器、马匹，不许习武打猎和集众结社等，同时依靠和利用各族上层分子压迫和剥削下层人民，以分化各族人民的团结力量，防范人民的反抗活动。

上述统治方针，在宋辽金元的国家制度和法方面得到具体的体现，并使之具有一些特点。

第二节　国家制度

宋的基本方针在国家制度及其统治方面的具体体现是：一方面竭力缩小、

分散文武官僚的权力，把军权、政权、财权一齐收归中央，以扩大皇权；另一方面给官僚以优厚的物质待遇和政治特权，放任他们恣意剥削压迫劳动人民，以团结统治阶级内部力量。又采取高压措施，直接加强对农民反抗或暴动的防范和镇压。对外族进攻则采取纳贡、割地、称臣等屈辱求和的办法以求苟且偷安。因此，实行这种加强专制主义中央集权的两面政策，国内统治腐朽，对外丧权卖国，乃是宋朝统治的特点。辽金元在继承宋朝封建传统的基础上，又具有野蛮的军事统治和鲜明的民族压迫等特色。

一、中央机关

（一）两宋的中央机关

赵匡胤曾认为唐末五代战斗不息、国家不安，在于"节镇太重，君弱臣强"，因此，在中央机关方面基本保留隋唐以来的台、省、寺、监、院等机关名号和职官品秩，但却分散机构以分割权力，使之徒存空名，"任非其官"，互相牵制，达到高度集权于皇帝的目的。

三师三公：宋初承袭唐制，政和以后改三师名为三公，废去原来的三公，设立三孤（少师、少傅、少保）。宋的三师三公只是宰相、宗室、亲王和使相加官赠官的称号，都不常置，多半是"开国元勋""累朝耆德者"，如赵普、文彦博等特拜授官，被特拜者不预朝事，更无实权。

宰相和三省制：宋初沿唐三省制，宰相仍叫同中书门下平章事，副相叫参知政事。为使大权总于天子，宰相也不专任，无专责，无定员。三省的门下、尚书并列于外，中书特设于禁中，是为政事堂，与枢密院分掌军政大权，借以分割宰相权力加强皇权。神宗元丰改制，恢复三省为相的制度，三省长官因官高都不增减人员，但以尚书省右仆射兼中书侍郎，执行中书令的职责（也就是宰相）。于是三省制逐渐向一省制过渡。两宋时三省制向一省制变革，并没有加强宰相权位，相反地，由于枢密院三司使分割宰相权力，因而哲宗元祐时，因文彦博、吕公著位居太师、司空，"老臣硕德"，特授命为"平章军国重事"（或称同平章军国重事），设于宰相之上，以示宠信。到南宋时，孝宗乾道八年改左右仆射为左右丞相，政权又归于丞相，连三省长官的虚称也被删除。宁宗时韩侂胄拜为平章军国事，省去"重""同"，权力更广而专，尊宠日隆，宰相权位更形缩小。

枢密院：宋承唐朝五代制，设置枢密院。由于宋代外患频繁，阶级斗争尖锐，特别重要的军事行政权就从宰相手中（直接掌握者是兵部尚书）移于枢密院。一方面削弱宰相权柄，有意使枢密院与宰相"互相牵制"，以防专权。另一方面与统兵将帅相互掣肘，使握兵权与调兵权分离。宋统治者惟恐原来握有全国军权的二司（殿前、侍卫亲军）权柄过大，将调兵权分出由枢密院掌领。总之，是为加强军事机务的官吏，以便有效地进行军事统治。枢密院是由枢密使领导，另有枢密副使，分掌正职的权力。其职责是："掌军国机务，兵防边备戎马之政令，出纳密命以佐邦治，凡侍卫诸班直内外禁兵，招募阅试迁补屯戎赏罚之事皆掌之"（《宋史》卷一六二《职官志二》），即辅助皇帝管理军务的主要机关，与中书省对掌文武大政，号称二府，互相牵制，直接向皇帝负责。宋皇帝通过这两个主要机关集中了全国的政权和军权。

三司使：建国初，沿五代制，设立三司使。合盐铁、度支、户部为一级机关，号为"计省"，总理全国财计。由三司使领导，三司副使辅助。地位略低于二府，但恩数禀禄与二府相同，因此，也称为"计相"。由于分掌宰相的财政大权，三司使在国家机关中的地位显著提高。熙宁二年（1069年），神宗在三司之上特设"制置三司条例司"机构，由王安石主持，领导变法，企图以理财为中心，进行全面改革，后因变法失败被罢止。元丰五年，神宗改革官制时，撤销三司，并入户部。

监察机关：承袭前制也分三院，执掌监察，大事廷辩，小事奏劾，并设有谏院，谏议论诤。但随着皇权的加强，宋的御史制度也具有不同的特点：

（1）台、谏职权扩大，宋以前的御史和谏议是截然分开的，到宋，御史可兼领谏职，谏院也可由他官兼领，或领他官而不管谏议。因此事权混乱，职务不专，台谏合一也就由此开端。但是由于互相兼职，御史又可兼任弹奏，职权无形扩大。

（2）御史地位提高。宋初基本与唐一样采"虚大夫制"。到钦宗时，一反过去御史"进退违从皆出宰相"之风，确定御史的任命要依皇帝诏旨，宰相不得任命，准许御史据风闻弹人，限定御史到任百日内必须奏事，每月必须奏事一次。这样，御史台、谏官的地位大大提高，终于形成台省并重、互相争权的局面。其目的是监视官僚、预防臣属朋比为奸和大臣专擅权力，以巩固皇权。正因如此，随着台谏官地位的提高和权重势横，监察组织本身还又受到严密的监察，宋规定尚书省兼有"掌奏御史失职"的职责，神宗时还在尚书省设三都司御史房，专管弹劾御史按察失职事宜，并有专门记录，比较考绩，这使得御史的言行更加拘忌，便于皇帝控制。

为了加强对地方的监督，宋政府还派遣转运使、观察使、按察使、外任御史、通判等官兼任监察地方的职务。总之，监察组织的进一步加强，严密纠察、监督百官臣僚，使皇帝手中的官僚机构成为得心应手的专政工具，这对于集权中央、有效地统治人民、巩固封建政权方面都起到应有的作用。

此外，宋官僚名分还有"官""职""差遣"的分别，这特点在宋代政治制度上特别突出。"官"就是台、省、寺、监、院等的职官，依品级领受俸禄，无职事可做，是没有实权的虚名。"职"是特别优待学士院中的学士以及皇帝左右的文学侍从之臣，担任高级官僚的名义。宋在中央机关就设有不少馆阁学士，所选多是"英俊"有"文学才华"之士，备皇帝顾问，其职责是议论、校对、勘误，或成为讲经说书之官，不掌握实权，但一经此职就成名流，地位显贵。"差遣"是皇帝临时派遣的官员，也才是真正负实际责任"治内外之事"的官僚。无论中央还是地方各级官僚机构都由皇帝命令"差遣"任事，造成"官无常职、职无常任"或官居尚书而任为知州的现象。这就是宋代实行的官职分离、名与实分的政策，这种办法使得官僚任命权直接操于中央皇帝，又使官僚担任"差遣"这种临时性职务，不至于长期握取权力与地方势力结合而不利于中央专制统治。其他还有阶、有勋、有爵，也是仅受俸禄的一种名义。总之，宋统治者设立或调整中央机构或分散削弱其权柄，目的在于高度集权。为了严防官僚擅权，一般机关多由他官兼职主判，虽有正官，没有皇帝命令也不能管治本衙门或本职的事。以致造成官不常置、不专任、无定员、无专职的现象，"居其官不知其职者，十常八九"。而中央的实权只属中书（掌政务）、枢密（掌军权）和三司（理财政）。

（二）辽金元的中央机关

辽国按初制，事简职专，官僚机构不繁，到太宗时兼管中原汉人，一方面仿效唐宋的汉制，实行中央集权君主专制制度，另一方面保留旧的方法采取"以国制治契丹，以汉制待汉人"的政治制度。官分南北两面：北面官制沿旧俗，又分北南两院，是其本色官，治理契丹宫帐部族属国的政事。南面官制因袭唐宋，治理汉人州县租赋军马事宜。

中央重要机关是在北面的北南两宰相府，统领北南面各机关，便于皇帝掌握。宰相府设有左右宰相、总知军国事、知国事等官，佐理军国大政，由皇族国舅世选任官，权势最重。北南枢密院分掌契丹族的军事和民政，（实际上北枢密院同兵部，南枢密院同吏部）。并设有大王院（户部）、宣徽院（工部）、夷离毕院（刑部）、敌烈麻都司（礼部），分掌六部职权，有六部之实而无六部之名。此外还有掌皇族政教的大惕隐司，掌文翰事宜的大林牙院等。南面机构仍设有三省、六部、台、寺、监、院等组织，但"位号张皇，掌寄纷杂"，职务不等，也不固定，或暂置于一时，或偏设于一地，权势也较北面官为轻，表现了民族统治的特点。

金国结合女真族封建化的过程，适应统治中原地区的需要，在金熙宗时，进行了行政制度方面的一系列改革，废除金初以来的"勃极烈"贵族会议制度及女真宗室贵族、部族首领做官的等级，仿照辽宋，建立了一套从中央到地方的专制集权的统治机构。

中央最高机关是尚书省，总管国政，尚书令职权同宰相。自省而下分设六部总理行政。设都元帅府（后又改为枢密院）管理军政。下分院、台、府、司、寺、监、局、署、所等级。中央机构逐渐完备。其中监察御史职权较重，要求很严，除纠察百官之外，皇帝坐朝维持秩序，察帐（稽核财政）出使都属其职权范围，并专设有审官院审查官僚。御史人选必须年资60岁以上才能充当。御史台奏，其他官员必须回避。因此，监察组织得到进一步发展，对于振作当时官僚腐败的恶习，巩固金的统治起到一定的作用。

元统一中国以前，元太祖开创之初，未定官制，惟有用万户统军旅，设断事官，名"札鲁忽赤"，专掌政刑，有生杀权，位在百司三公之上，权位最尊。当时所任各官不过是一二亲贵重臣。到入主中原以后，元世祖便命汉族地主阶级分子刘秉忠、许衡等仿照唐宋制度，制定官制。

确立大汗为最高统治主。大汗过去形式上是要经过"忽里勒台"（部落首领会议）推举，带有浓厚的氏族制残余。元世祖废除"忽里勒台"制，确立大汗的最高统治权，改大汗的推举制为世袭制。

为了辅助大汗统治全国，在中央机关方面废除门下、尚书两省，仅存中书省，是总揽一切政务的最高机关。设中书令掌管百官、治理庶务，由皇太子兼领，因而臣下没有被任命为中书令的。事实上，其下设的右左丞相，才是统率六官百司的真宰相，有权代理中书令帮助皇帝管理全国政务。自此，三省制转变而来的一省制完全确立。中书省下属有六部，是具体管理全国事务的执行机关。此外，中央机关还有枢密院、御史台以及其他院、寺、监、卫等机构。

此外鉴于孔儒宗教对加强中央集权、控制人民作用很大，元统治者还在中央机构方面专设集贤、宣政二院管教育和宗教事务。集贤院主管学校教育、召集贤良等事，但也管阴阳祭祀、占卜等宗教之事。（邓之诚：《中华二千年史》卷四）；宣政院主要掌握宗教事务，并兼管吐蕃地方事宜。宣政院官职人选是僧俗并用，寺院僧侣备受尊重。由于崇信喇嘛，宣政院的权势颇大。可见宗教官的地位比前代重要得多，这表明元统治者加强宗教统治以麻痹、欺骗人民，来掩盖和配合其军事野蛮的统治。其他机构还有管驿站的通政院，管工匠的将作院等，而且管理工艺和理财的属官极多，系统也紊乱。

二、地方机关

由于中央集权进一步加强，中央对地方的控制也加强，因此，这时期的地方机关也有所变化。

（一）两宋的地方机关

宋仍然承唐制，实行地方三级制度。但在宋初，原是州统县的两级制，州分节度州、刺史州、不设正官，后来为了加强中央对地方的严密控制，防范专擅，增设诸使，于是沿用三级制。在管理上与唐有所不同：地方行政区域是路、府州军监、县。路同于唐的道，作为分治区域，以监督地方行政为主，设经略安抚使掌军事（南宋时称帅司）；转运使掌财赋，实际上各事无所不总，权力较大（南宋称漕司）；提刑按察使掌司法（南宋称宪司）；提举常平使掌赈济（后与提举茶盐司合并，南宋称仓司）。这样，前代地方最高长官总揽军民大政的权力，至此分散为四，而且还相互兼任，不同时设立，以防地方长官权力独揽。府、州、军、监是同一级，都直属京师，府州沿袭于唐，与秦汉的郡类似，但府位较尊；军在唐原管兵戎，宋时逐渐变为行政区域；监仅管物务，不管民政（多属矿区），成为行政单位，也是从宋开始。府州都领有县，军监有领、有不领的，诸府设知府事一人，州军监同样。因此，府州军监是输送赋税、制驭人民、巩固统治的一级重要地方机构。至于县一级，仍然是统治的基层组织。

宋的三级地方组织的长官，大多是中央派遣的临时"差遣"或由中央直接任命，州县官带中朝职事官的很多，有二品以上的文武官参为知州军事的，有带中书、枢密院、宣徽使职事出任某府州军监的。这是中央对地方严格控制的标志之一，也是历代地方制度发展上的显著变化，成为宋代地方机关方面的一大特点。

除上述严密控制以来，宋太祖赵匡胤采纳了赵普的建议："稍夺其权，制其钱谷，收其精兵"，即将政权，军权、财权一齐收归中央的集权原则。还采取以下削弱地方藩镇势力、集权中央的措施：第一，在各州设通判，以分知州权柄，通判对兵民、钱谷、户口、赋役、狱讼听断等事，无所不管。又有监督知州、事得专达朝廷之权，地方官吏行事，必须经过通判签署，这就大大削弱知州把持州政的可能。第二，下令各州，除必要的度支经费外，各种税收都得送交中央。并以转运使主掌一路财赋，或派文臣监督。第三，恢复判死刑必须呈报中央复核的制度，禁止地方处理死刑案件。第四，为防止地方实行武装割据，一方面召集节度使"会于京师赐第以留之"，使节度使、大都督徒拥其名，解除地方武人的军权；并且选择地方精兵送京都，充实禁兵，削弱藩镇军力。另一方面实行文官制，由中央直接委派文官出任地方知州知县，防止武官统驭地方而叛乱，同时借以削夺地方人事权。第五，取消藩镇辖领支郡制度，于977年开始下令所有节度使，不领支郡，直属京师，以缩小地方藩镇的辖区。此外，明令规定当地人不能做当地官，地方官三年一换，以防止当地官与当地人民结合，树立地方势力。这样达到"兵也收了，财也收了，赏罚刑政一切都收了"。正是"一兵之籍、一财之源、一地之守，皆人主自为之"（顾炎武语），从而进一步消灭了分裂割据局势，防止地方势力再起，大大加强了中央集权。但是统治阶级内部力量的这种调整其实质无非是为了有效地统治人民以加强阶级专政。

（二）辽金元的地方机关

辽金的地方组织是逐渐完备严密的。辽基本实行州、县二级制，外设五道，宗主外戚大臣还常筑城建堡称为头下州军。最高的州设有节度使或观察使、防御使、团练使等官，并在辽阳设有辽阳大都督府。金在重要地区设置行台尚书省（简称行台或行省），临时代中央行使职权。地方机关沿袭宋的路、州、县制，下有镇城堡寨的设置，城厢有坊，乡里有社，加上猛安谋克下至村寨的组织，形成自上而下层层控制和镇压人民的严密体系。猛安谋克原为女真族氏族社会末期部落联盟之下的组织，猛安是部落单位，谋克是氏族单位，每一猛安包括八至十个谋克，首领都称为"勃极烈"。随着氏族制解体，女真族向封建制转变，猛安谋克的组织和性质也有变化，以户为单位（三百户为一谋克，十谋克为一猛安）成为既是军事组织，又是生产单位，同时也是封建国家控制人民的地方行政基层组织。平时练兵生产，治理部众，战时作为军事单位打仗。金统治者为监视各族人民，在全国农村广泛建立这一组织，并厉行邻保制度，将汉人按五户为邻、五邻为保编制起来，使互相检查户口，监视居民活动，若一家"藏匿奸细盗贼"则全保连坐。

元的地方机构分行省、路、州（府）、县各级。县、州、府组织职权基本与前代相同，只是州的节度使、防御使、团练使等都废除，一律称尹或知州。路设有总管府，管理全路政务。路府州县都设有掌握实权的蒙古长官，叫"达鲁花赤"，其他地方长官可由色目人、汉人充任，不过是实际上的副职。元地方职官与前代还有不同的是代表中央分治地方组织的加强：在中央和地方机构之间，有行中书省、行枢密院、行御史台的设置。元统治者入主中原后，在战争期间，为加强控制各族人民，设立这三个临时派出机关，后来由于有利于中央集权的贯彻，便变为常设的行政组织。行枢密院（行院）专管军事，事毕就置入行中书省；行御史台（行台）是巡行地方、视察"民事钱谷、官吏奸弊"的政务机构，分道设立，统治各道宪司、总于内台，这一制度，成为后来明清督抚制度的渊源；行中书省（行省）原是中书省的分设机构，设有丞相（蒙古贵族担任）及若干属官，下管路府，"钱粮兵甲、屯种漕运、军国重事无不领之"（邓之诚：《中华二千年史》卷四），因此权力极大。为了便于中央控制地方，元统治者逐渐将行省固定为行政区划。当时全国除直属中书省的"腹里"地区外，分设为十一个行省，在边疆地区又建置四个行省。行省制的创设，一方面加强了元政府对地方和边区的控制，另一方面在客观上也起了密切中原和边区各族人民的政治、经济和文化联系的作用。同时，也是中国历史上实行"行省制"（划分行政区域）的开始。

此外，元统治机构还深入城市乡里。为加强直接控制人民，设立村疃里甲作为最基层的行政组织。把五十家编为一社，利用汉族地主、绅耆为社长，同时，又派遣蒙古军、探马赤军与民共同编社，监视人民。把二十家编为一甲，设甲主由蒙古、色目人担任，甲主对人民有无上权威，任意虐害勒索，"饮食衣服唯所欲"，妇女往往不甘受侮辱而自杀或宁当舟妓，因舟人不设甲主。可见，元朝对地方控制的严密和对人民统治的蛮横。

辽金元封建国家的中央与地方机关，除了具有以上阶级专政的性质外，还有浓厚的民族压迫色彩。金国的官吏中女真、契丹、汉人都有一定比例，高级官多由金人担任，只某些专门技术官如翰林学士院、司天台等，汉人则较多。辽国基本上也都是用本色官，但为了收买汉人，也还特设吏员（低级胥吏）算为正班官的制度，以扩大统治阶层，协力镇压各族人民。元的各机关正职长官也都由蒙古贵族担任，色目人、汉人上层分子仅能任副职或次要职位。次官如分左右，汉人不得居右（蒙古贵右），而南人更"不可为相"，不准任御史或各道廉访使，规定御史大夫必须用国姓（顺帝时，汉人贺惟一得到特殊待遇，任御史大夫，但却赐姓为"拓跋"，更名为"太平"），这样，一方面加强蒙古贵族在政权控制上的优势。另一方面促使色目人在政权机构中牵制汉人，加强民族统治。但是在民族歧视政策下，阶级统治仍然是根本的，如契丹人耶律楚材就曾为中书令。汉地主阶级分子杨维中、史天泽、贺惟一等也曾以"元勋宿望"做到中书令、左右丞相以及御史大夫等高官的。到后来由于江淮农民起义，为了收拾人心，军政大臣也召用汉人、南人上层分子。不过军机密要仍不得与闻。

三、官吏的选拔任用制度

宋辽金元官吏的选拔和任用基本上继承了唐的科举制度，这是当时任选官吏的一种主要方法。

宋的官吏来源主要是科举出身的进士和恩荫出身的任子。

随着土地的集中，地主数量增加，他们迫切要求通过政治权力和官的身份来保证土地的兼并和对农民的压榨，而国家也需要扩大统治基础，加强封建统治。因此宋的科举制度进一步发展，并更加宽泛。科目一再增加，录取名额比唐多几十倍，通常达到十与一之比，并改用考卷弥封誊录办法，以凭文章取士。这就为地主阶级做官开辟了宽广便利的途径，削弱了门阀把持的可能，从而使得大量封建知识分子觉得前途有望而不死不休，起到笼络和欺骗的巨大作用。另一方面，为了削弱考官与士子结成密切的师生关系，防止树立危害皇权的政治集团，宋太祖曾下诏禁止士子向主考官称门生，并创设殿试，由皇帝亲策，这也是适应高度中央集权君主专制的统治需要，在科举制度上的一种发展。此外，为扩大官僚集团，笼络统治人才，也设有"博学鸿词科"召试馆职，以特别优待天下材杰、文学之士，还设有"特奏"制度，

"举送"制度等。可见科举考试制度也确实成为宋封建国家扩大统治基础的重要工具，因而在当时由科举考试出身的官僚逐年增加。

不仅如此，宋朝廷为了恩待贵族官僚大地主还实行特荫、恩荫制度，大开仕途。他们的子弟都可由"荫补"做官，直接由皇帝任命。一人入仕，可荫几十人，不只是当朝官僚子孙、亲属、朋友以至门客医生都可得官，享受各种特权。而且前代三品以上官僚，"先圣""先贤"的子孙也都能得官受俸。所以说历代"荫子……未有如宋代之滥者"（《二十二史札记》卷二五），此外，还有买官制度，富家巨室多由此进入官场。宋统治者就是通过这些方法大大扩展了官僚集团。土地比汉唐更小的宋代，官僚规模却超过汉唐。

为了巩固和加强中央集权统治，在对待官僚方面还采取放任政策，尽量优厚百官、给予种种特权，以团结内部力量取得官僚对集权专制统治的支持，加强官僚机构对人民剥削和镇压的职能。皇帝公开纵容将官搜刮掠夺、多积金银、购好田宅。官吏的俸禄极为优厚，从官俸禄米直到厨料茶汤钱等，大小职官一律按时支取，而且俸禄极高。因此，一入仕途，一生"丰衣足食"，享受不尽。此外还有退职恩待、过节赏赐、免除一切赋役的特权，甚至贪污枉法也受到朝廷的保护。赵匡胤立誓不杀大臣（反叛除外），宽待百官，从宋初开始就成为定制，南宋高宗、秦桧就专喜用赃官，官吏不献贿赂就不能得官升迁。因此，大小官僚对上行贿，对下暴敛极为普遍，无须隐讳。对这些官僚的豢养、扩大和纵容，以及他们财产的不断增长，必然直接加重对广大人民的掠夺和剥削，这正是"恩逮于百官者惟恐其不足，财取于万民者不留其有余"（《二十二史札记》卷二五），形成宋代政治制度上的又一特色。

辽金元的科举考试是随着封建化而渐趋完备的，因袭唐宋科举学校选官等制度，也是辽金元汉化的内容之一。为了加强封建统治争取汉族地主分子的支持，辽金元统治者大力提倡"尊孔崇儒"，给汉族地主分子以政治地位和经济特权。辽初官职本由帐院举选，不设科举，圣宗时国家统治基本稳固才开科取士，三年一次，但也是专为汉人而设。金统治北中国以后，曾下令"自今本国及诸色人量才通用"，为了笼络有"才华"的汉族地主分子和抚辑新附的汉族上层分子，还特设制举宏词科，或给予特恩、恩例授官。此外还规定进士和终场举人（连考四次的），可补吏员缺，形成大批低级官僚，加以荐举既宽又滥，仕途也大大扩展。元朝的官吏有出身学校、"宿卫功勋之家"的，有荐举、荫叙、买官而进入仕途的。其科举考试则多重经义、罢诗赋，不容许士子发挥自由思想，严防思想反抗。同时，为加强中央集权政治，忽必烈时逐步限制了蒙古贵族在封地自行派遣官员的权力，废除长官世袭制，并规定官俸。但是因为要依靠官僚机构镇压人民，实际上，恩荫世官、纵容官僚压榨人民并未消敛，元中叶以后，衙门林立，机构愈益臃肿重迭，贪官污吏愈益庞杂，从而导致政治更加腐败，阶级斗争更加尖锐。这些充分表明了辽金元任选制度的阶级本质。

除此之外，辽金元的任官制度也鲜明体现了民族压迫的特色，如辽的科举只由汉人投考，契丹人另有优待，朝廷对科举也不重视。金对汉人进士的监试极为严密，考试时政府派遣亲军、官吏进行监督和弹压。至于元朝的民族歧视更为明显，如对官吏的荫叙，规定蒙古、色目人与汉人、南人完全不同，可特优一级，降格，则蒙古人例外。科举考试，蒙、色人为一榜，汉、南人作一榜；蒙、色人如愿试汉、南人科目，中选的加一等。在同样考试中，蒙、色人只考二场，汉、南人须考三场，题目和范围也有难易之别。几次考不取的举人分发到各地做学官，也有年龄上的差别。学校中的考试也不相同，考试制度对蒙生宽，色目生稍严，汉生则全科场之制，还有蒙古人看守，监察御史二员临场监试。

但是这种民族歧视，并不排除各族地主阶级分子进入统治集团，如前所述各族上层分子还得到一定的特权和恩待，尽力服务于地主政权。因此民族压迫还是服从于阶级专政的。

四、军队

（一）宋的军事制度

历代封建王朝统治的经验和唐末五代以来"兵权所在，则随之以兴；兵权所去，则随之以亡"的情形，使宋统治者认识到掌握军权是维护封建统治和防止政权分裂的关键。因此，加强中央集权的最重要措施，就是加强中央政府直接掌握的军队。其目的固然是革除"五代以来，禁兵骄横，藩镇跋扈"的弊病，但基点则是加强防范和镇压农民的反抗和起义。宋的军权集中，除了表现在上述中央与地方有关的改革以外，还采取以下种种措施：

（1）组织一整套军队、扩大军队。把全国军队分为禁兵（中央常备军、皇帝的禁卫军）、厢兵（各州守军）、乡兵（选自户籍或土民应募守卫乡土的地方武装）和藩兵（归顺部落充当的边防守军）四种。南宋依江淮边地又扩充水军（招募"善舟楫者"充当）称为凌波楼船军。其中乡兵藩兵不常有，而且是数量不多的分散力量，厢兵没有军事训练和战斗经验，仅供官厅役使。唯有禁兵则是维护封建政权的主力，防卫京城、戍守边疆、对外作战、对内镇压劳动人民，无一不靠禁军。为了扩大军源，宋采用募兵制，多招募饥民、无赖、罪犯和营伍子弟，同时借口防边，经常下令借民为兵，按户搜抽壮丁黥面当兵，老幼亦所不免。这样，宋中央就拥有一支庞大的武装力量，作为镇压人民的工具。

（2）调回地方精兵，加强中央禁兵。宋统治者实行强干弱枝、守内驭外政策，收夺地方武将军权，将地方精兵"聚之京师"由皇帝控制，从而各州郡借以抗拒中央皇室的实力被削弱。而对中央直接掌握的禁兵则不断提高其质量，扩充其数量，从招募的农民和厢兵、乡兵中，选拔"才力技艺过人者"充当，训练较严，装备较精，良赐优厚，人数也最多，往往占总兵额的百分之五十或六七十，成为全国最精锐的部队。或驻守京城，轮流到外就粮，或守戍边防要地与重镇。这样，加强皇帝对重兵的掌握，既巩固了中央的集权统治，又加强了对人民镇压的专制统治。

加强禁兵，集军权于皇帝的另一主要措施，是解决禁兵旧将领兵柄的问题，分散军权。宋政府采用优厚的物质待遇和经济特权的办法，夺取了禁兵旧将领石守信的兵权，公开纵容他们"多积金帛、田宅以遗子孙，歌儿舞女终天年"，换得空头节度使之职，同时将禁兵交给"易制者"将领掌握，撤销原有的"殿前"正副"都点检"，设立"三帅"（殿前都指挥使、侍卫亲军马军都指挥使和侍卫亲军步军都指挥使）分别统领禁军的步骑政令，互相牵制，便于皇帝从中总揽军事全权。

（3）实行更戍法和内外相维的军事布防。宋统治者规定禁军必须按期轮换戍守各地。一方面企图使士卒"习山川劳苦，远妻孥怀土之恋"，以加强军队战斗力；另一方面以"习勤苦均劳逸"之名，使士兵经常往来跋涉，不能长期驻留，达到"兵无常帅，帅无常师"，"将不得专其兵，兵不至于骄惰"（《宋史》卷一八八《兵志二》）的目的。以进一步防止地方割据势力的形成和兵将叛变。

同时在军队的布置上，又把京师驻兵和以戍边为主的各地驻兵均匀分配各占二分之一，"使京师之兵足以制诸道，则无外乱，合诸道之兵足以当京师，则无内变，内外相制，无偏重之患"（《续资治通鉴长编》卷三二七），即利用内外军力势均力敌互相牵制，防范兵变，稳定统治。其他皇城内外，京师内外，京城府畿之间的军力配备也是采取这种"内外相维"的制衡政策。

宋统治者实行以上措施，主要是防止叛兵叛将，削弱地方势力，达到收军权于中央的效果的一个方面，也是宋军事制度的种种重要表现和特点。

（4）实行募兵养兵制度。这是集权专制军事制度的另一个重要表现和特点。宋政府害怕丧失土地的农民年年增加，壮大被统治阶级的力量，于是每逢凶年饥岁便召募大量破产流亡在外的农民（"亡命""流民"）当兵，企图达到"收国内犷悍之徒，以卫良民（地主）"的目的，即将足以成为反抗地主阶级的力量组成保卫地主阶级利益的武装。这是把阶级敌对力量转化为统治工具的阴险毒辣政策。赵匡胤认为这样是"百代之利"的好办法，这一制度也是宋朝直接加强阶级镇压的重要军事制度。

以上种种措施的实行，对于集权中央、巩固地主阶级政权起到一定的效果。

宋代军队的任务和布局，主要是用于对内镇压。宋太祖之后，北宋大部分兵力分布在国内各地，太宗曾认为："……外忧不过边事，皆可预防，奸邪共济为内患，深可惧也。"因此，一贯实行守内虚外政策，平时对农民加强军事统治，防范暴动，在农民起义时则进行全力围剿和血腥屠杀，如镇压王小波、李顺起义时，在成都杀了三万人，在进攻方腊起义军时，调动禁兵及京畿关右河东藩兵15万（后陆续增兵达数十万）全力围剿，采取逢人便杀的手段，断绝义军的一切接济，仅宦官童贯领军，在450日中，便屠杀农民军15万、群众200万以上。在后期，甚至对进行抗金斗争的爱国人民也肆意杀戮。

在重内轻外基本方针指导之下，加以军事制度腐败，兵将分离，兵力分散，而且随意大量招兵（宋初军队不到40万，一百年内即达120万），又缺乏训练，使得冗兵迅速增加，战斗力薄弱。因此宋政府养兵百万，却无力抗击外敌。统一全国后，曾两次发兵北伐辽国，想夺回燕云失地，但都大败而归，和契丹、西夏统治者之间进行的战争中，也一次次损兵折将，最后总是丧失土地，加强"岁赐"以求苟全。即使在太宗到仁宗历时60多年的所谓北宋鼎盛时期也不例外，如1004年辽军南下，宋虽获小胜也屈辱议和，订立"澶渊之盟"。不仅如此，当人民纷纷组织忠义民兵抗击金兵南侵时，宋政府也是一面调回岳飞军队镇压钟相、杨么领导的起义军，解除爱国将领的兵权，杀害了坚持抗金的岳飞，同时又与金订立了割地、称臣、纳贡的和议。这种种退让妥协表现了统治阶级及其军队的腐朽。这种屈辱投降的政策，军事上的败退，既祸国殃民，又助长外敌步步侵犯，加深了民族危机。

军队的无能，冗兵激增，军队开支浩大（英宗治平年间即 1064—1068 年的军费就占总开支的六分之五），加之外纳贡"岁赐"俱增，必然直接加重对人民的经济剥削，从而更激起阶级矛盾的尖锐化。

在军事财政日益衰竭，统治危机重迭的情况下，北宋神宗时王安石实行变法以挽救统治危机。变法中所提出的整军设施，主要内容如下。

（1）保甲法——十家组成一保，五保组成一大保，十大保组成一都保，选有财产、有"才能"的户主充任各级领导，凡一家有两丁以上的，出一人为保丁，农闲时集中进行战斗训练，平时维持地方治安。

（2）置将法——选择将官负责训练驻军，不再更戍，使兵将相知，改革宋代兵将分离的军事弊制。当时全国共置将 92 员，分布各路和边地，并设有副将，以加强军队训练。

（3）保马法——把官马责民收养，以节省国家养马费用。

（4）设军器监法——设军器监，集合各地工匠，从事军器制造以改进军器质量。

新法的实施在于增强北宋政府的军事力量，节省军费开支，抵御外敌进攻，镇压人民起义，企图挽救危亡。特别是保甲组织，更是监视统治人民的凶暴工具。元丰以后，民兵得到发展，募兵日衰，不久，新法被废止，民兵也日益衰弱。到了南宋还设有御前五军和三宣抚司，军事实权仍操在诸帅手中，后来又改归枢密院。但兵虽多，不知用，往往不战而溃，这是宋代逼于辽、败于金而亡于元的因素之一。

（二）辽金元的军事制度

辽金元的兵役制以征兵为主，进入中原以后以募兵为辅，军队基本来源是部族，征发调遣较灵便，但兵锐将勇又野蛮落后。

辽国正式军队是部族军，兴起于部落，因而举部皆兵，全国军队有：大首领部族军，是亲王大臣在征发时置立的私甲，大的有千余骑，小的数百人，国家有战事则借用三五千骑，是部族的根本武装力量；众部族军，分属于南北府，凡 44 部，守卫四边；五京乡兵，由辽国农民或土著之民充当，保卫地方，不常作战；属国军，有事就征召，名额不定。此外为了拱卫天子，加强宗室力量，还设有御前亲军，选拔精锐士兵充当，其中皮室军和属珊军共五十万，宫卫骑军十余万。辽国的征调制规定：凡民年十五以上，五十以下，皆隶兵籍（《辽史》卷三四《兵卫志上》），装备铁甲自备，不给粮草、自打草谷，国家既拥有军队，又省军费军需。

金初部众壮者皆兵，有事下令部内遣使征兵，军事单位是猛安谋克，大的称千夫长（猛安），小的称百夫长（谋克），猛安上设军帅、万户、都统，后来又改都统为元帅府（后又改为枢密院），废止万户官。猛安谋克的兵，初多为东北部族人，灭辽之后，兼收汉人。为进行民族统治，常用猛安谋克组织监视和镇压汉人、契丹人，以便内外相维。到熙宗时，为防汉人等族掌握军权，又废辽东汉人渤海诸部猛安谋克承袭之制。猛安谋克分上、中、下三等，以宗室为最高，于是军事权力又移归女真贵族（国人）手中。金国兵种有禁军（皇族近亲所领的亲军）、地方军（各路州府召募的，或充杂役，或管防筑、察扑等事）。此外，还有边军，镇戍边防。为补充老疾伤亡，金兵是间年一征发。到宣宗时，由于采用将帅世袭制，军事制度腐败，金统治者又创立签发汉军的制度。每有征发及边警，就下令签军，主要以不能负担课役户的家户军，以家产高下规定应出丁数。这种签发军制既减少金兵死伤，节省国家军费，又免汉族乘机起义，危害其政权。它标志着部族军制进一步向封建的国家军队的转化，同时也是金统治者对汉族、契丹人特别是下层人民奴役和军事统治的加重。

蒙古贵族是凭借军事暴力征服了各族人民建立元政权，同时也是依靠军事暴力维持、巩固和加强其对各族人民的统治的。

元军队的组织和布防是逐渐严密的。自成吉思汗以来的蒙古军，就带有浓厚的部族兵性质，蒙古各部 15 岁以上、70 岁以下的成年男子都要服兵役，"十人为一牌，设牌头，上马则备战斗，下马则屯聚收养"（《元史》卷九八《兵志》序）。领兵的官位以兵数多少定其高下。有万户、千户、百户，都是各部世袭的首领。

初入中原时所收编的汉军将校多是世袭，也带有部曲家兵的色彩。元世祖即位后，即着手整编扩充军队，将军队主要分成宿卫的禁兵和驻防各地的镇戍军。到全国统一以后，元的军队则以蒙古军（蒙人组成）和探马赤军（各部族军队）为主干，还有由汉族地主武装和强迫汉人当兵所组成的汉军，以及由原来南宋投降的官兵所组成的新附军。这些军队构成遍布全国的镇戍网：蒙古军、探马赤军分驻黄河流域河洛山东等腹心地区；汉军和新附军杂屯其间，分镇各地，主要是江淮一带南海沿岸。全国各行中书省和要镇以至州县都派有蒙古军诸王和将领率领的蒙古军或探马赤军留守驻防，并以各族人民反抗最为强烈的江南地区作为镇守重点。

在军队的统辖方面，元世祖时保留军职世袭制，但确立军民分治原则，使军职不预民事。在内统辖宿卫亲军的有五卫，卫设亲军都指挥使；有的卫和元帅府也由大都督府管领，设有大都督、副都督三人。在外统辖镇戍军的有总管（在万户之下）、总把（在千户之下）、弹压（在百户之下）。而将全国一切军队的调遣、军队的人数、军职的迁调，统一由枢密院总领，对大汗直接负责。这种军权的统一，加强了中央集权的力量，而宿卫军在内，镇戍军在外，内外相维，又能制衡轻重的局势，巩固专制统治。

为了加强军事控制，又在各处遍设旨在"通达边情宣布号令"的"站赤"，即驿站制度，在北方腹心地区设有 198 处，江浙湖广等行省设有 262 处，以便及时了解人民反抗动向，迅速集中力量加以镇压，特别是在农民起义的地区，专设元帅府，从事镇压。元顺帝时，全国农民起义风起云涌，曾先后在福建汀漳二州、山东沂州（临沂）、登州、湖南等地设立元帅府，分区围剿起义的人民。

同时，为了加强对汉族地主武装的控制，防范汉军叛变，在汉军和新附军中则派有蒙古军和探马赤军监视，规定汉官不得参与军机，不得知兵数，宫廷宿卫只用蒙、色人担任，汉人、南人不得授充。汉军的官不全由汉族地主担当。汉军新附军不作战时解除武装，禁止执兵器，武器归库，敢藏兵器者死。但驻扎各地的蒙古军和探马赤军则随时武装着，以便及时扑灭人民反抗和意外叛变。并规定：蒙色军不经常更戍，"戍地百年不改"，而汉军、新附军则随时变动，这些表现了元统治者既要依靠和利用汉族地主反动武装来共同镇压人民，又处处对汉军、新附军的将领士兵加以防范监视和压迫。这是民族统治在军事制度上的反映。

但是在执行阶级镇压的任务方面，汉军、新附军和蒙古军、探马赤军同是元统治阶级的凶暴工具。平时蹂躏庄稼树木、糟蹋人民，特别是世袭军官多与当地富户结党作奸，掠夺人民田产和财物，无所不为。而对人民起义的镇压则更加残酷，采取屠燎无遗的政策，如攻占红巾军地区即实行"屠城"，或"举火焚烧，残荡殆尽"，甚至对俘虏的起义人民使用肢解惨刑，或当作物品赠送，尤其是汉族地主反动武装、寨堡势力顽强，给义军造成极大伤亡和困难，红巾军起义就是在蒙汉反革命武装进一步勾结下被镇压下去的。元代农民起义之所以次数虽多，而规模较小，总归失败，元的军事统治极其严密野蛮可以说是其原因之一。

综上所述，宋辽金元的国家制度体现了封建专制主义中央集权统治者的意志，本质上都是地主阶级（以及奴隶主阶级）对各族劳动人民专政的工具。

宋实行中央集权的方针和具体措施，有效地削弱了地方藩镇势力，加强了皇权，这在初期对于巩固国家的统一、防止分裂割据局面的再起、安定社会秩序、抵御外侮，起了一定的积极作用。但是这些措施弊害多端，又是促进削弱专制主义封建统治的对立物。由于冗官、冗兵激增，冗费巨大，各种税赋也加倍增加，如茶税由仁宗时的 30 万贯增到徽宗时的 400 多万贯，正税之外，还有"支移""折变""宽剩"等等苛捐杂税名目。"下至果菜亦皆加税"。南宋时更变本加厉，正税比北宋又增七八成。连当时维持封建统治的理学家朱熹也不免感叹："古者刻剥之法，本朝皆备。"在宋王朝和地主的残酷剥削下，农民的处境每况愈下。统治者原想凭着这些"防微杜渐"的措施来"长治久安"，但是结果却更加深了阶级矛盾和民族危机，走向了它的反面。

辽金元以外族统治中原人民，其统治本质是以契丹、女真、蒙古等族贵族为首的联合各族上层分子，对以汉族为主体的各族劳动人民的专政，但又带有浓厚的民族压迫因素。统治机构庞杂，贪官污吏猖獗，人民赡养寄生阶层的负担日益加重，如 1034 年元成宗时，一次就发觉贪污官吏 18 473 人，赃钞 45 865 锭，冤狱 5176 件，有势的大赃官还未计算在内。官吏搜括成习，上下贿赂公行，括钱的名目也极其繁多，有拜见钱、撒花钱、追节钱、生日钱、人情钱、常例钱、齐发钱、公事钱等，不一而足，公开向人民勒索，因此阶级斗争和民族斗争交织进行，日趋尖锐。

第三节　宋辽金元的法

一、法的沿革和编纂

宋建国之初主要沿用唐的律令格式，并参考五代后唐及后周的法典。宋太祖建隆四年（963 年），由窦仪编《宋刑统》，共 30 卷。其篇目、内容基本上抄袭唐律。以后又陆续修改重编，但内容无多大区别。同时宋代经常定期汇编皇帝的"敕"以补不足。到神宗时，"以律不足以周事情，凡律所不载者，一断以敕"（《宋史》卷一九九《刑法志一》），因而变更唐的律令格式为"敕令格式"，使律的作用几乎等于空文。

辽正式编纂成文法典开始于辽兴宗，由于辽初法令轻重不伦，不足以适应当时统治的需要，于是在重熙五年（1036 年）由枢密直学士耶律庶成与枢密副使耶律德纂修太祖以来的法令，编定《重熙新定条例》共 547 条，到道宗咸雍六年（1070 年）又颁布《咸雍重修条例》，条目极繁。这两部法典都已佚失。

金初法制较简易，以后制定《皇统新制》《正隆续降制书》《大定重修制条》等，都是兼采唐辽宋法律制度，其中较著名的是《泰和律令敕条格式》，由司空完颜襄、萧贡编定，完成于泰和元年（1201 年）。篇目和唐律相同，只有赎铜加倍，徒至四年五年增为七，条款略有增减，共 563 条，30 卷。

蒙古建国初期也没有法典，百官断狱是循用金律，元太祖时的刑法也仅规定重罪死，其余杂犯量情笞决。从世祖统一中国以后，受到汉族法律文化的影响，及稳固统治的实际需要，才有法典的编纂。元代先后编修的主要法典有：世祖至元二十八年的《至元新格》，仁宗时的汇集有关风纪条例的《风宪宏纲》，英宗时的《元典章》前集 60 卷，共 373 目，每目都各分条格。体例上不同于唐律。英宗至治三年（1323 年）颁行的《大元通制》共 2539 条（纲目有诏制、条格、断例三项）以及顺宗时重新修改编定的《至正条格》等，这些法典是以唐律为基础，并酌纳宋金的法律制度，实际上多是判例的编辑。

二、法的基本内容和特点

宋辽金元国家的统治本质决定这一时期的法典内容和原则精神都出自唐律，但由于各代现行统治的需要也具有不同的特点。

（一）刑法

刑法严酷，对人民反抗的镇压进一步加强。宋辽金元的刑种基本因袭隋唐五刑，辽则删除笞刑，只有四刑。总的说来，由于两宋承继紊乱的五代十国之后，辽金元国家又是落后民族统治中原，为巩固和加强集权的专制制度，既保留野蛮的旧习，又吸取汉族封建统治者的经验，两者相互掺杂，因此，宋辽金元各朝在用刑方面都比较严酷，有的还带有军事统治的性质。

宋在刑罚种类方面，除《宋刑统》规定的五刑（死刑只有绞和斩二种）以外，还沿袭前代的黥刑，并盛行凌迟刑，这是不同于唐制而又对后来辽金元明清都有影响的。宋的黥刑是加杖、配役、刺字三者合一的刑罚，"既杖其脊，又配其人，而且刺其面，一人之身一事之犯，而兼受三刑也"（丘濬：《大学衍义补》），这是宋统治者对充军配役犯施用的重典，轻于死刑，重于流刑，目的在于防范罪犯逃跑，并使之终生蒙受耻辱。南宋时黥配之人，所在充斥，反映宋代施用黥刑极广。凌迟，又叫作剐，系将人犯零割之后再死。先是对荆湖杀人祭鬼的和"劫盗"施用，到神宗时，更成为国家通用的极刑。此外还有腰斩、磔、枭首等死刑并用。

宋代对犯罪的处分也比唐更重，如，"强盗再犯，虽为从论死"，民家藏有兵器不送官，而匿"不以闻者"也判处斩刑。

辽的刑罚更加残酷奇异，依辽律死刑只有绞、斩、凌迟。但太祖初年，为惩治诸弟逆党和破坏统治秩序的行为，曾施用过许多惨刑，或投高崖杀之，或五车轘杀之，或以熟铁锥桩其口杀之，出师祭祖还有射鬼箭（将死囚一人朝向出师方向，用乱箭射杀）。此外又有枭磔、生瘗、腰斩、炮掷、支解、戮尸等酷刑，以镇压和防范反抗。后来虽然一度改轻，但到天祚帝即位，因统治危机深刻，阶级斗争尖锐，"救患无策，流为残忍"，刑法又加严急。不仅恢复了投崖、钉割、齑杀等刑，而且还增加分尸五京和取心供献祖庙等残酷刑罚，其他杖、徒、流刑更是普遍施用，而杖在五十以上的还特规定用沙袋抽决，并用木剑、大棒、铁骨朵等刑法。还有籍没犯人家属和家产入官的籍没法。至于黥刑原为流徒刑的附加刑，后来逐渐就成为窃盗等罪累犯的加重刑。金律死刑根据旧俗，规定凡杀人或盗劫的"击其脑杀之"，对于强盗用凌迟或"锯灼去皮截手足"。

元代的刑罚制度，死刑有斩、绞，罪大恶极的处凌迟，笞杖由十减为七，但仍保留杖、流、黥刑，枷刑死罪的重二十五斤，徒流二十斤，镣、连环重三斤，徒罪白日还须戴镣作苦役。

宋辽金元刑罚的严酷，虽然也是针对官僚臣属地主分子有不利于巩固集权专制统治的行为，但其主要锋芒都是指向广大劳动人民，加强对人民反抗的镇压。除"十恶"的规定完全依照唐律严加惩处以外，《宋刑统》详细地规定了人民要负告发谋反、大逆等的犯罪责任："诸知谋反及大逆者，密告随近官司，不告者绞，知谋大逆、谋叛不告者，流二千里，知指斥乘舆及妖言不告者，各减本罪伍等……"并普遍规定："即同伍保内在家有犯知而不纠者，死罪徒一年，流罪杖一百，徒罪杖七十……"民家藏有兵器或侵犯地主财产的"窃盗"则是属于施用重刑和累犯加重的罪。对于黥刑的施用则规定"命官有犯徒罪者，免予杖刺"，"主殴佃客致死者，不刺面配邻州"，但是"民犯窃盗赃满五至十贯者，决杖黥面配役，十贯以上乃死"，"奴婢盗主财物杖脊黥面配牢城"。辽律规定：谤讪朝廷的或写谤讪朝廷书的以及读者，都要弃市。犯"内乱罪"的"叛逆"家属兄弟要连坐。特别规定，官吏军民不能"聚众私语及冒禁夜行"，违抗的处重刑。金律规定：犯"内乱"罪的诛杀首恶，其余的杖百，家属和财产没官。"凡称本朝人及本朝言语及番"的就要处杖刑。元对于危害君主专制的行为也是严厉镇压，《大元通制》规定"指斥乘舆、乱言犯上，处死仍没其家"，"谋危社稷者诛，诸无故议论谋逆为倡者处死，和者流，诸僣谋反乱者处死，安主同两邻知而不告者同罪"，谋反有反状的，为首和同情者都凌迟处死，为从的处死，知情不首的流远，并没其家。尤其是对人民一切活动严加防范和禁止，《元典章·新集》有禁治集场祈赛等罪条规定聚众罪："鸠敛钱物、聚众装扮、鸣锣击鼓、迎神赛社……有违反者为首正赛者笞决五十七下，为从者各减一等。"假借名义聚众结社或鸣铙作佛事祈祷的，各按轻重治罪，即严禁群众集会结社活动。对人民言论的禁止，规定凡妄撰词曲和其他文字，意图犯上恶言的处死刑，凡乱制词曲语言讽刺的处流刑，妄谈禁书的处徒刑。凡写匿名文书，如所言重者处死刑，所言轻处流刑，这样完全剥夺人民言论自由权利。另外禁止人民以宗教形式进行反抗活动。《大元通制》规定："诸僧道伪造经文犯上或众，为首者斩，为从者各以轻重论罪。"民间私藏兵器要处死刑，人民不得藏铁尺、铁骨朵及含刃的铁拄杖，神庙仪仗只准用土木纸綵，不得用真兵器，私藏铁甲全副处死刑，不成副按多少治罪，防范人民进行武装斗争。其他如练习武艺、打猎、养马、在夜禁时间内的一切活动都为法律所禁。

（二）所有权

保护国家与地主奴隶主的经济利益，严格维护农奴制和奴隶制残余。宋辽金元国家的经济基础，是地主土地私有制，国家和法律公开肯定并保护私有权（自皇帝以下至小土地所有者），如宋在初期企图以确定私有权来奖励垦荒时，曾诏令"垦田即为永业"。《大元通制》规定：诸锄获宿藏之物，在他人地内的要与地主中分，在官地内的一半纳官，在己地内的即同业主。但更主要的是露骨地严格保护着皇室贵族、大官僚、大地主、富商等拥有的大量官庄、私田、猎场、牧地以及对佃户、奴隶的占有。如金的女真贵族在分得土地之外还可"限外自取"、随意圈占，政府分配给屯田户土地时有"拘刷良田"的明文规定，对于已经分配的土地，如果土质瘠薄，还可由政府下令和民间良田互换。凡猛安谋克户，都得按人口耕牛分配土地，五六口一户可占地百亩左右。为了巩固大地主所有制、防止不动产随意转移买卖，《宋刑统》规定，家长在，子孙弟侄等不得随便卖出奴婢、大畜、田庄等财产，违者"物即还主，钱没不追"，虽因"骨肉不合有分辄将典卖者，准盗论，从律处分"。为了防止私人兼并国有土地、侵犯国家专卖权、影响国家赋税的收入，宋对农民出卖口分田和"盗卖公私田"等的处分全依唐律，并加重对贩卖私盐、私矾、私茶罪的惩罚，私贩盐、矾三斤以上的都是死罪，而结徒持杖、贩易私茶遇官司擒扑抵拒者也是死罪，《大元通制》也有同样规定。至于保护地主高利贷者的经济利益，还表现在对侵犯地主、奴隶主及国家财产"窃盗""强盗"的加重惩罚（详见刑法部分）。元太宗谕条令就曾规定"盗马一二者即论死"，《大元通制》规定，"诸盗库藏钱物者，比常盗加一等，赃满至五十贯以上者流"，"诸盗乘舆服御器物者，不分首从皆处死"。应该指出，元律对业主虚涨高价或欺昧不交的买卖关系，典雇妻子、夺人子女为奴的以及高利贷者多取利息等方面，也作了相应的禁止，但这是鉴于过分的剥削、欺诈将不利于统治，从整个地主、奴隶主阶级利益出发的。

特别是宋辽金元法律公开保障封建人身依附关系和奴隶主占有奴隶的关系。宋的封建人身依附关系虽然有一定松懈，但是主客法律地位却仍然有显著的区别。哲宗元祐五年（1090年）曾规定"佃客犯主，加凡人一等，主犯之，杖以下勿论，徒以上减凡人一等……因殴致死者不刺面，配邻州"，可见佃客的社会地位是低于凡人一等的，地主打死佃客不致判死罪，相反，佃客侵犯地主就要罪加一等了。元律规定：地主打死佃客只罚杖一百零七下，赔"烧埋银"五十两。佃农儿女要供地主奴役，婚姻要缴纳钱帛礼物、经过地主允许，实际上元的佃客和家内奴隶身份没有多大差别。正是，"农民被束缚于封建制度之下没有人身的自由。地主对农民有随意打骂，甚至处死之权……"（《毛泽东选集》第二卷第617页）。对于奴隶占有，元律规定：奴主无故杀奴婢只杖八十七下，因醉酒而杀，可减等，奴主奸淫奴婢和奴妻无罪，因奴婢反抗打骂奴主、主人殴伤奴婢至死的，都可免罪。至于奴主对奴婢任施以刺面、铁枷、钉头、劓鼻以及各种私刑，都不受法律处分。就是"良人"（普通百姓）杀死别人奴婢的也只罚赔"烧埋银"五十两，杖七十七下或至一百零七下而已。但是，奴（奴隶或农奴）不管任何情况杀伤或控告奴主者，都要严处死刑：奴杀主人凌迟处死，奴奸奴主女处死刑。奴骂奴主要受杖刑，罚苦役。可见奴隶的生命毫无保障，更谈不到人身自由，奴隶的法律地位最低，身价几乎等于牛马（元律规定私宰牛马杖一百），奴隶只不过是值银五十两的"会说话的工具"而已。这些不仅赤裸裸地反映了宋辽金元社会等级的不平等，而且充分体现了农奴制和奴隶制占有关系还得到法律的保障。

（三）伦理等级关系

公开维护封建家庭婚姻、继承制度，封建的伦理道德，上下、尊卑、贵贱等级关系得到保障。宋律禁止西北边缘各州民和内属戎人婚聚，士族家不得和雇佣之人联姻，禁止以财冒士族，娶宗室女；婚姻的成立和限制与唐律相同。但离婚条件却超出"七出""义绝"的规定，更加广泛，"不肖无赖"、身有恶疾、家贫冻馁、丧服相仍等都是解除婚约、离弃妇女的条件。辽律也禁止边民与番部为婚，横帐三房不得与卑小帐族为婚，不准命妇再嫁。金的婚姻法对良贱为婚的限制方面较之前代宽懈，这是金律的一个特点，但是它反对少数民族自由结合的风俗，规定：违者以奸论。并且公开准许置妾，实行一夫多妻制，妻的地位是低于丈夫的，夫殴妻致死，非用器刃的不加刑。元律在婚姻解除方面，没有"七出""义绝"的条款，但《大元通制·户婚》却详细规定了女子许嫁已报出或多聘的不能退悔，否则笞三十七，父母丧期结婚的杖八十，离婚没收聘财；职官聚娼为妻、奴收主妻、兄收弟妇的都要受笞杖刑。

在继承制度方面，沿袭唐律，但宋律规定绝后的财产继承，出嫁女只得1/3，姑姊妹在家的减男财一半。元律禁止奴婢过房"良民"，这些都鲜明反映了婚姻继承制度的封建性、妇女地位的低贱和上下良贱区别的悬殊。

宋辽金元法律上有关尊卑伦理方面规定：遗弃亲属罪"父母在，别籍异财者，论死或弃市"（宋律），子孙与别人发掘祖宗坟墓盗取财物的，以恶逆论罪，虽然遇到有大赦，也得刺字，迁徙远方屯种。谋杀祖父母、父母处凌迟，殴伤祖父母、父母的处死，"妇人背夫其舅姑出家为尼者，杖六十七，还其夫"，"妇殴舅姑者处死"（元律），这些"罪行"被称为"大恶"或"恶逆"，与"不孝""不睦"同列为"十恶"罪之内。

特别在贵贱等级方面，法律公开维护封建贵族官僚、僧侣等统治阶级的特权。宋辽金元上层分子仍然可以"八议"赎罪，或用官当的办法来逃脱法律制裁。元不仅根据种族差异严格分人为四等，而且依职业不同，分人为十等（一官、二吏、三僧、四道、五医、六工、七匠、八娼、九儒、十丐），前四等比后六等为尊贵，各等级不得有所逾越，对于僧道极为优待，尽力提高他们的政治、法律地位，以加强其迷惑、麻痹人民的作用。不仅儒释道有免役特权、地位受到国家的保护和提高，而且僧道宗教徒在法律上也享有特权，他们的任何罪行不受通常法律的制裁。元律规定"詈西番僧（喇嘛）者断其舌"，"殴西僧者至截手"，"僧道儒人又争，有司勿问"，司法机关只能过问儒道犯奸、盗、诈、杀伤人命等重罪案件。所以，僧道极受国家重视，成为封建统治的重要组成部分。但是，如私撰经文"犯上惑众"则要处斩。信奉白莲教等民间宗教者，则被诬为"妖邪"给予其残酷的镇压。这正说明元统治者以法律保障宗教的目的，是在于发挥宗教欺骗人民的作用。这种"宗教的统治只能是统治的宗教，政府意志的崇拜"（马克思），如果违反朝廷利益就该坐犯上之罪了，对人民宗教活动的镇压也正是基于此。

（四）民族压迫

法律上的民族压迫色彩极其鲜明。辽金元统治者对于以汉族为首的各族人民进行强力统治，还依靠其法律来维持。辽初就有意贵辽贱汉，对契丹和汉人采取不同的法制，契丹和汉人相殴致死，法律惩处轻重不同，后来圣宗也感到"若贵贱异法，则怨必生"。为缓和阶级和民族矛盾，经道宗修改，法典的规定才有所平均。元朝法律更是露骨地维护民族不平等。元律规定：蒙古、色目人可以占汉人南人为奴婢，反之，不许可；蒙古人杀死汉人不抵罪，蒙古人与汉人争，或殴打汉人不准还手，可以指出见证，到所在地官司起诉，否则从重判罪，蒙人因争吵及乘醉殴杀汉人，只罚出征和赔偿"烧埋银"。但汉人、南人杀死蒙古人，则除赔烧埋银之外，还要处死刑并夷族。色目人对汉、南人的待遇也同样。蒙、色、高丽人犯盗窃罪都免用黥刑。这样在各民族之间，进行分裂和歧视，以便于维护蒙古统治者在政权中的优势地位。同时，法律还禁止江南地方汉人、南人在"夜禁"期间活动，汉人不得聚众与蒙古人斗殴（群众性反抗），汉人不得田猎习武、持兵器等，以防止汉人团结进行反抗。

然而透过这种法律上的民族歧视，不难看出其阶级压迫的性质。首先所谓蒙人、色目人的特权，实际上不过是他们中间的贵族、官僚、上层分子所享有，如占有奴婢的特权，蒙古人、色目人的下层人民本身就有沦为奴隶的危险，根本谈不到占有他人为奴。其次，蒙古统治者规定这些特权也是为了制造蒙古、色目人和汉族等各族劳动人民之间的矛盾和隔阂，以便达到统治本族和各族人民、巩固其专政的目的。最后，汉人、南人中的官僚地主上层分子，虽然在一定程度上也受到蒙古统治者的压抑和歧视，但对于劳动人民来说（包括蒙古族），他们仍然是法律所保护的统治阶级，享有种种特权。

（五）司法机关和诉讼制度

宋初为分散司法机关权力，使大理寺的群断官和检法官由他官兼理，审判之事也随之转移，大理寺几同虚设，审判的实权操在御史台。到元丰改革官职，又恢复大理寺职权，设置卿、少卿等官，主掌断狱审判事宜。

太宗时，为加强皇权，一方面收夺了刑部对各州大辟案的复核权。另一方面特设审刑院于宫中，复核大理寺、刑部所断的案件，上奏中书以达于天子论决。真宗时，还设有纠察刑狱司纠察复查京师的重大案件。到元丰时才撤销审刑院和纠察官，并归刑部，恢复刑部职权。至于刑部、大理寺所断狱轻重枉直，不当罪则由门下省纠正。

辽初判案，由南北两院办理，北院治契丹人，南院治汉人，有关复奏事宜，由翰林学士给事中政事舍人掌管，后来也设置大理寺，并有与刑部相当的"夷离毕"。金同宋制，也是有三大司法机关。

元在成吉思汗统治时，司法和行政方面制度同样简陋，只设立"断事官"，记录"札撒"（习惯法），并依据"札撒"处理民、刑诉讼案件。统一中国以后，中央审级如宋制，设有刑部、御史台，有所不同的是废大理寺，改设大宗正府，有断事官，叫"札鲁忽赤"，掌管诸王驸马棱官等蒙古、色目人所犯一切公事，及汉人奸、盗、诈伪、诱掠、逃驱等罪，后来，断事官增加到42员，刑部等于虚设。泰定帝致和元年又分权将地方案件归刑部掌管，上都大都及重要站镇的案件归宗正府处断。而蒙古人犯罪则专由宗正府审判，所以宗正府始终是元朝的主要司法机关。

宋的基层司法机关在县一级，长官是县令。上有府州军监长官和通判，再上是路一级的提点刑狱官。在太祖时，曾效仿五代，在各州又设有司寇院（后改司理院），长官为司寇参军（后改为司理参军），"掌狱讼鞫勘之事，不兼他职"。辽处理地方案件的是军、县、城、堡、上有府，此外有绥察诸道刑狱使（路）、分决诸道滞狱使（道）等官。金设有提刑司，专管一路州县狱讼事宜。元的地方审级有县、州、路、省。行省的肃政廉访司是地方最高级的司法官，监督各路的司法，申奏宗正府或刑部与御史台断决，各路有推官专管刑狱，州县的"达鲁花赤"掌管司法。基层的社长也有权处罚本社罪犯。由此可见，宋辽金元司法机关，层层严密、上下完备。

宋辽金元的诉讼审判制度，基本继承唐制，但也有所不同。宋的州县官，必须亲自听审，不许委吏讯问，徽宗曾下令如果违抗的徒二年，这是创立州县官亲自鞫讯制的开始，为后来元、明、清所承袭。辽在诉讼权的限制方面比较宽大，准许奴婢告发盗窃两贯以上的掌内藏库官。元的蒙、汉人分别审理，蒙人犯罪，由宗正府专门审判，凡重案，蒙官犯法，必由蒙古大臣决断施行。僧徒有涉理争讼的权力，也是元代司法上的特色。

至于拷囚刑讯制度不仅承袭隋唐，而且更加严厉残酷，宋虽拟废刑讯，但统治阶级"监司郡守擅作威福……非法残民"的本质使其没有也不可能实行，在审判实践中，对犯人采取野蛮的私刑逼供方法，"或断薪为杖，掊击手足，是名曰掉柴"，或木索并施夹两胫名曰"夹帮"，或缠绳于首，加以楔曰"脑箍"，或反缚跪地，短坚木交辘两股令狱卒跳跃于上，谓之"超棍"，痛深骨髓，几于陨命……"（《宋史·刑法志》）用这些残忍手段来"限时勒招，催促结款"，甚至户婚民事讼案也都收禁。人民不仅受酷刑拷打，而且常有不给饮食饥饿而死的，有横遭狱卒凌虐而死的。这种黑暗残暴制度，一直保留到清。辽刑讯同样酷暴，据《辽史·刑法志》记载，拷讯之具有分粗细杖及鞭烙法等，被告诸事应伏而不服者，以此拷讯。元代虽然形式上规定"非强盗不加酷刑"，重案囚犯需要拷讯的也较谨慎，拷讯刑具只用杖，比起各代有一定限制，但是实际上刑吏断案，都不问案情虚实，不论律条，但问贿赂轻重。劳动人民无贿或贿赂少的每令裸立于寒冰烈日之中，赤身危坐于粗砖顽石之上，并施以铁枷、钉头、禁锢等各种私刑。对被告的拷掠每至肋骨断折，五内残伤，还连根株逮，动辄至于什佰，系累满途，"囹圄成市"。

特别是在"收捕反叛"时，更"罗织平民"残害百姓。至于蒙人犯法，其至犯死罪、监禁都不得拷打，审问官如把蒙古犯人刺面则罚杖七十七，革官，还得平去犯人面上的刺字，这又是民族统治特色在审判刑讯制度上的反映。

以上所述，充分反映了宋辽金元的法律制度的本质，它完全体现了皇帝、贵族、官僚等地主奴隶主阶级的意志，牢固地维护封建主、奴隶主的利益，是统治人民的阶级压迫的暴力工具之一。同时也充分反映了宋辽金元司法制度的腐败和残暴、司法统治的黑暗和蛮横。其锋芒又主要是指向劳动人民，统治阶级是可以免受刑讯或赦宥获释而超然法外的。

第六章　明清国家与法

（公元 1368 年—公元 1840 年）

第一节　社会概况

公元 1368 年，在人民反元斗争胜利的基础上，朱元璋建立了明封建政权。明朝前期，社会生产有了极大的发展，在成（化）弘（治）之际，曾出现过空前的繁荣景象。明国家的中央集权君主专制统治也逐步巩固和强化，并日益趋向腐朽和反动，从而促使阶级矛盾不断地尖锐和激烈。到公元 1644 年，李自成所建立的大顺政权旋即被明守将吴三桂和大清的联合军所镇压，入关的满洲贵族便在汉族地主阶级的支持下建立了清朝的统治。清统治者对各族人民施展了野蛮的军事征服和阶级的、民族的双重压迫，为了反抗这种血腥的统治，以汉族为主体的各族人民进行了长期顽强的反清斗争，沉重地打击了清朝统治。到 1840 年鸦片战争以后，清政府就逐渐变成了半殖民地半封建国家，中国历史从此进入了近代阶段。

明清时期已是中国封建社会的末期，从明初到鸦片战争共历 472 年，这时期的经济和政治特点主要表现如下：

一、土地急遽地高度集中，资本主义生产关系开始萌芽

明清时期的土地所有制仍然有封建土地所有制，但是随着商品经济的进一步发展，这一时期的皇庄、官庄以及"圈地"不断扩大，土地集中的现象急遽地发展，达到惊人的程度，这也是明清土地兼并的具体特点。如明代武宗即位"逾月即建皇庄七处，其后增至三百余处"，仅京畿庄田占地已达200 900 余顷，诸王皇亲贵族动辄就占田一两万顷，地主豪强也都田连郡县，仅南京附近权豪巨族就占地 62 300 余顷，在另外一端则是"民田不过十五分之一"（顾炎武：《日知录》）。清政府在入关后就颁布了"圈地令"，公开允许满族统治阶级侵占民田，或化为牧地，或没为官田，被圈土地最高额达到993 707 垧（每垧约七亩），这种法令延续了 40 年之久，使得当时"一邑之中有田者什一，无田者什九"。因此，明清的土地集中，从其规模和速度看，都

超过前代。

这时期的手工业商品生产的规模和技术也都有很大的进步，分工较细密，开始使用手工机器，特别在苏松一带东南沿海地区和某些生产部门如纺织业、冶铁业、采矿业等较发达的手工业中开始出现雇佣劳动，这表明了"中国封建社会内的商品经济的发展，已经孕育着资本主义的萌芽"（《毛泽东选集》第二卷："中国革命和中国共产党"），中国封建社会经济开始没落。

二、阶级斗争空前尖锐，阶级矛盾和民族矛盾错综复杂

这一时期的农民与地主仍然是两个对立的基本阶级，农民与地主的矛盾仍然是基本矛盾，并且更加尖锐。

明清封建地主的巧取豪夺，极为横暴，大肆兼并土地之外又加重苛捐赋役，明初永不起科的土地都先后起征，原来一亩的钱粮负担增加为十四亩的钱粮田赋，还另有加派，如明末"三饷"（辽饷、剿饷、练饷）加征就一共增赋 1695 万两，其他加"金花银""火耗"等名目繁多的捐税杂役，都强加在农民身上，使得广大农民陷入悲惨境地，"佣丐衣食以度日，父母妻子啼饥号寒者十室八九"（《明实录·英宗实录》卷三十四），大批农民被迫四处流亡，清代乾嘉之际，仅北京一地就聚集乞丐 10 万人以上。在这种残酷的经济剥削和暴政统治下，广大农民展开了尖锐的斗争，其中较大规模的有 1444 年和 1448 年的叶宗留、邓茂七起义，1464 年的刘通、石龙领导的荆襄流民起义，明武宗时期的刘六、刘七起义，清嘉庆年间天理教林清领导的农民起义等，这些起义都是"几危宗社"的革命暴动，大大震撼了明清的专制统治。特别是李自成、张献忠领导的明末农民大起义，规模巨大、地区广阔、时间很长、并有较高的组织纪律和较明确的"均田免赋"纲领，获得了人民的广泛支持，推翻了明封建国家，在北京、四川分别建立了"大顺""大西"政权，实行了一系列军政、经济措施，严重地打击了封建社会秩序和剥削制度。这反映了封建末期农民战争的高度和阶级斗争尖锐的程度。

随着工商业和城市的发展，市民阶层也逐渐崛起。但是，由于明清统治阶级对工商业和萌芽的资本主义采取了抑制政策，特别是明朝纵使矿监税使到处搜刮、肆意盘剥，激起市民极大怨恨，酿成蓬勃的反封建斗争，从 1559 年到 1614 年，在武昌、云南、苏州、江西、辽东、福建等地，先后爆发了大小数百起的反抗；在清朝康雍年间还发生过煤窑工人、菱草工匠等反封建剥

削和人身奴役的罢工。这些规模较大的市民反抗和罢工斗争，给当时封建统治的打击也很大。

在清的统治下，这些阶级矛盾使得各种反清斗争自始至终不曾停止过，如 1796 年白莲教组织领导的人民起义等不断爆发，有力地动摇了清政权的统治基础。

总之，明清时期的阶级斗争是错综复杂而又深刻尖锐的。

三、明清中央集权君主专制的封建统治进一步腐朽和反动

与封建末期的社会经济和阶级斗争变化相适应，作为上层建筑的明清国家的统治特征，具体表现为：明中叶以前由高度中央集权发展到皇帝独夫专政，即皇权空前提高；明中叶以后，极端君主专制统治进一步腐朽、残暴，出现宦官擅权、特务政治空前强化的局面。清的统治是因袭传统的封建地主阶级专政，又充满民族压迫特色，其统治的基本方针是：（1）因袭保守明制，尽量适应并保持封建秩序不变；（2）实行民族分裂和分化政策，在保证满洲贵族特权和政治控制的基础上，采用"以汉制汉"方式，勾结汉族地主和各族上层分子进行统治；（3）采取以屠杀、镇压为主与欺骗、麻醉相结合的政策，以分化和打击抗清力量；（4）采取矿禁、海禁和闭关锁国政策，以防止人民反抗，稳定封建秩序。因此，这一政权是明朝和元朝统治的进一步发展，也是集中国封建历代君主专制和民族压迫之大成。

明清中央集权君主专制之所以极端强化，其具体原因如下。

第一，明清初期社会经济的恢复和发展，使得生产力进一步提高，全国各地经济联系日益密切，从而巩固了专制集权的统治。而各种经济的发展和土地的高度集中，使得明清政府拥有大量物质财富和皇庄官田，这些就为明清国家的加强提供了物质基础。

第二，宋元以来，阶级矛盾和阶级斗争发展到从未有过的尖锐和复杂，人民反元大起义、明代大小农民起义和市民斗争，以及连续不断的人民反清斗争都显示出了巨大的威力，震惊了明清统治者。因此，巩固封建政权、加强对人民的镇压，乃是明清君主专制封建统治强化的根本目的。

第三，明初，被降服的蒙古、色目贵族官僚和某些汉族官僚常谋叛乱，一些豪强地主、士大夫也采取不合作态度（由于初期政策对他们有些不利），特别是丞相胡惟庸和大将蓝玉谋叛案发生，使得明统治者对臣属深怀猜忌，

严加防范。而满族贵族统治者入主中国后，也需要对明末遗臣官僚加紧制驭，防范满汉官僚朋党纠结，以加强满人皇室贵族的特权统治。因此，统治阶级内部矛盾的日益剧烈，也要求强有力的集权专制，以防"取而代之"的危险。

第四，明建国之初，被赶出塞外的旧元残余势力经常侵扰北方边境、企图复辟，倭寇也不断扰害沿海地区，造成海防威胁，因此，明朝为防御残余元军和倭寇侵犯，清廷为加强对外用兵，平定内外分裂统一的叛乱，也必须高度强化集权专制，以加强国防力量，巩固新建的封建政权。

此外，吸取和积累了历代封建统治者的经验，继承了唐宋中央集权专制主义封建国家的基础，也是明清统治建立和加强的条件之一。

由此可见，明清中央集权君主专制的极端强化，并非偶然，而是历史发展的结果。

以上明清的统治特点、方针政策及其本质都具体表现在国家制度和法的方面。

第二节　国家制度

一、中央机关

（一）皇权空前强化

明初，国家制度多承袭唐宋。但为加强皇权，自洪武开始就着手一系列的改革，将行政、军事、司法大权以至整个国家机构严格控制在皇帝手中，君臣关系进一步发展为主仆关系。由于太祖猜忌文臣武将跋扈，防止"取而代之"，一面分封诸子镇守各地，"外卫边陲，内资夹辅"（《明会要》卷四）以保卫皇权；一面大兴胡、蓝大狱，诛杀元功宿将竟达五万人之多，企图以大屠杀来"削光棘杖上的刺"，以解除对皇权的威胁。特别是鉴于丞相权力太大，在洪武十三年（1380年）明太祖以左丞相胡惟庸私通蒙古和倭寇的罪名，乘机废除明初曾设过的中书省和丞相，把丞相大权收归皇帝独揽，从而达到中国历史上皇权绝对专制的局面。这一制度试行了十几年之后，明太祖又下诏："国家罢丞相，……以后嗣君毋得设置丞相，臣下有奏请设立者，论以极刑"（《明会要》卷二九《职官志一》），自此遂为定制。清政权虽然根据当时阶级斗争形势和民族统治的特点，调整了封建统治的某些环节，但基本上仍然承袭明制而稍加损益。皇帝权力仍然高于一切，终清之世，也不再有宰相之名了。

（二）内阁、军机处的设立

明太祖废除丞相之后，为协助皇帝管理政务，乃设殿阁大学士于左右，作为皇帝顾问。仁宗之后，以六部尚书入阁兼大学士衔，直接执行皇帝命令、办理军国重事，阁职渐崇，阁权日重。世宗嘉靖之后，明统治危机加深，农民起义激烈。为缓和阶级矛盾、巩固统治，不得不稍限制宦官擅权，将支持皇权的中心转入内阁，自此，内阁正式成为最高行政机关，位于六部之上。于是，习惯上称为宰相的机构——内阁就确定下来了。据《明史·职官志》记载，内阁对六部及院、寺的决议有裁决权。但实际上，大学士只不过是照旨起草皇帝诏令，下达诸司，审阅下面奏章，提出意见，上奏皇帝决定，然后交六部执行，即"上委之圣裁，下委之六部"而已。因此，在职权上和组织上，明代内阁都不如历代宰相。它只是接近皇帝的最高秘书或咨询机关而已，这是当时皇权加强的必然结果。

清皇太极时，即开始进一步完善中央集权。在1631年曾仿明制设立形同内阁的内三院（国史、弘文、秘书）。到康熙时，合并三院，正式改为内阁。乾隆年间，遂以三殿三阁为定制（保和殿、文华殿、武英殿、体仁阁、文渊阁、东阁），内阁设满汉大学士各二人，满汉协办大学士各一人，以及属官若干人。其职权是传递谕旨奏章，但比明内阁更无实权，重要国政和军事活动的决策，全归由皇帝主持的满洲贵族组成的"议政王大臣会议"，它是清初实际上的最高政务机关。

到雍正帝即位设立军机房（雍正十年正式更名为军机处）之后，议政王大臣会议的权力被逐渐削弱。乾隆五十六年（1791年）议政处最终被废止，军机处成为全国最高的军政机关。其设置的原因，一方面是西北边疆告警，为了镇压少数民族反抗，加强西北用兵，即为军事的民族统治的需要，设立军机处，以严密机务。另一方面主要是为了加强皇权，防止诸王贵族专擅权力和拉拢汉族地主分子。军机处之设虽仍是秉承皇帝意旨、寄发皇帝谕示，但军机大臣既为天子近臣，日居宫禁，赞襄机密，位居枢要，于是政务的中心，遂亦渐离内阁而移于军机处。

军机处由军机大臣主持，军机大臣通常是四五人，由皇帝在亲王、满汉大学士、尚书、侍郎等大臣中选任，"掌军国大政，以赞机务"，甚至兼有任免高级官员的大权。下设军机章京若干人，从各机关调用，掌缮写谕旨、记载档案、查核奏议等事。满汉人员各两班，每班八人，各设一领班，称为"达拉密章京"，有参与机要、草拟旨意的权力，又俗称"小军机"。军机大臣每天入值，随时由皇帝召见，商议国事。

军机处是清皇帝下的主要决策机构，但又与议政处的性质显有不同。首先，议政处的议政王大臣是满洲诸王贵族专任的特缺，例由诸王贵族中遴选，是入关前诸贝勒大臣共议国事的传统之继续；而军机大臣则都由皇帝指定，不受任何约束。其次，议政王大臣有决策军政大权，称为"议政王大臣决议"；而军机大臣则只能秉承皇帝意旨办事，没有实际决策之权，这又表明军机处和内阁同样具有皇帝的秘书厅或咨询机关的性质。至此，中央权力完全集中于皇帝一身，皇帝政令直接由军机处"廷寄"下达地方督抚，各地督抚也直接将军政大事径寄军机处，交皇帝批审。这样，皇帝就能"乾纲独揽"，达到历史上中央集权君主专制的最高峰。

（三）六部地位提高

六部地位提高由皇帝直接控制是明清国家机关变化的特点之一，也是君主专制极端强化的又一表现。

明初，六部隶属中书省。废除中书省丞相制度以后，六部的管理作用大大提高，代替以前的三省，分掌全国政务，直接对皇帝负责。到嘉靖以后，六部虽为内阁的隶属机关，分别执行内阁的决定，但实际上也不受大学士任何指示的约束。由于六部权力只偏于一个方面，所谓"权不专于一司"，而每部又各设尚书、侍郎、郎中等若干官员，分散权力，从而使君主专制得到进一步巩固。清代六部地位与明相同，所不同的是满汉官员各半，实权却操在满官手中。而且六部的尚书、侍郎都对君主负责，两者之间如有争执意见，侍郎也可单独奏请皇帝裁决。同时，六部虽为中央行政机关，但对地方督抚没有指挥监督权，只能奏请皇帝颁发下达命令。特别是在军机处掌有大权指挥，六部更无实权。

此外，明清的六部尚书，除行使本部专管职权外，还可参加大狱的审判，明朝称为"圆审"，清代谓之"九卿会审"。

（四）监察机关加强

为加强封建国家统治机构的效能，明统治者很重视监察制度。太祖曾说，"国家立三大府：中书总政事，都督掌军旅，御史掌纠察，朝廷纪纲尽系于此，而台察之任尤清要"（《明会要》卷三三《职官五》），所以监察机构至此得到进一步发展。洪武十五年，太祖改御史台为都察院，设左右都御史、左右副都御史领导。到宣德十年增设监察御史为110人，分掌13道，扩大了监察机构，增强了监察力量。御史的职权扩大，监察范围极广，有监察行政、礼仪、考察上下臣民、弹劾大小官吏、会理重大刑案等权，并且直接向皇帝负责。御史的人选必须由进士举人出身，成祖曾对吏部明令，"御史为朝廷耳目之寄，宜用有学识通达治体者"，一般吏员不得任用。而且还得经过"考选""行取"和试职后才得实授。为加强官僚机构间的互相监督和牵制，明统治者还在六部中设六科给事中一职，与御史平权，可以互相纠举。此外，还特别重视御史代表皇帝分巡全国的制度，如派遣巡按御史、巡抚提督、总督等（总督、提督都可兼巡抚），以便进一步控制和弹压地方。这些原非常置的官，到后来就逐渐演化为清代的督抚制。

清的监察制度基本沿袭明朝，并在明的基础上又发展了一步，自雍正以后，将六科给事中并入都察院，台谏合一，裁去明朝的左右金都御史。左副都御史由满汉各一人充任，正副右都御史全由各省督抚兼衔，都察院的全权操在左都御史手中。清还设科道制度，加强对各科道的监督，都察院直辖的有六科十五道。给事中负责六科，分察京内各部政务，可以上章言事；监察御史负责十五道，纠察京内各部院及京外各省事务。此外，清代御史弹劾的对象主要还是汉人官吏，反映了满洲贵族的民族统治特点。

总之，明清监察机关的进一步加强和发展，加强了皇帝对百官的控制，使之充分地发挥作为封建国家的统治工具的作用。

（五）府、司、院、寺的变化

这一时期，辅助皇帝处理行政、军事事务的还有一些府、司、院、寺等中央机关，其中变化较大或新增设的主要有：

五军都督府。明初，最高军事机关是大都督府。后来，太祖忌大都督府权重而将它废除，改设五军都督府（左、右、中、前、后各军）分掌领兵权。每府统一军，总于皇帝，征调权则由兵部掌握。遇有战事由皇帝任命将领带兵出征，战罢，主帅还印，兵归卫所，即一切军事大权由皇帝掌有。实行这种分散军权、兵将分离措施的目的，乃是加强皇权，使"内外并分隶五府……俾免前代权臣握兵之害"，防止武人擅权跋扈，便于皇帝支配军权。

宗人府。由元大宗正府演化而来。掌皇帝宗室事宜，从九寺中抽出，成为专办优待皇族事务的特殊机关，而且置于其他国家机关之上，以表示皇帝的至高无上。长官叫宗令，要在诸王侯、勋戚大臣中特别选任。

通政使司。设通政使为长官，掌收受内外臣民的奏章，凡陈情、建言、申诉或告不法等事得经通政司直接奏达皇帝，再分发有关部门，以便"关防奸党，通达下情"，及时了解情况，加强统治。太祖曾说"政犹水也，欲其常通"，以防止事积太久、措施不及而招致人民反抗。

翰林院。由掌院学士主持，主要掌管秘书著作，如编修国史、记载皇帝言行、向皇帝进讲经书以及起草立封告之类的文章等。为了培养封建统治人才，进士之优者可入翰林院，叫庶吉士。明清大官僚阶层多由此出身，是为封建国家储备人才的机关。

此外，清代为适应民族统治需要，又另设有理藩院，由尚书主持，其成员专用满、蒙人充当，掌管藩属（蒙古、西藏、青海、新疆）政令及一些涉外事宜，实质上是清统治者镇压少数民族的机构。另外设有八旗都统衙门，有满、蒙、汉军八旗都统八人，管理旗务。

二、地方机关

（一）明的地方机关

明的地方组织为省、府、县三级制。明初，保留元制，在各省设行中书省，置平章政事和左右丞。洪武九年（1376 年），鉴于行中书省职权太重，明令废除"事无不总"的丞相，保留行省，仿宋制在省一级设三司：承宣布政使司，有左右布政使各一人，管理民政、财政；提刑按察使司，管理司法；都指挥使司，管理军政。三司共商一省政务，但互不相统属，各受中央有关府、部管辖，以收互相牵制、集权中央之效。省之下有府（知府）和县（知县）或州（知州）衙门，总管府、州、县的民政、粮谷、刑狱，受三司统辖。州县是直接统治人民的政权组织。此外，随着封建国家对人民统治的加强，中央在各冲要重镇还派有巡抚（一省）、总督（一省或数省）负责纠察、弹压，以统制地方，军事终了即行废除。到明中叶以后，由于用兵繁多，这种临时性的兼衔逐渐固定为地方常设的长官，位于三司之上，到清时就成为定制。

明统治者为加强基层统治，还实行里甲制度。在县下编里甲，城中称坊，近城称厢，乡村称里。110 户为一里，设里长 10 人，推选丁粮多的地主充当，轮流为首，10 年一轮。其余 100 户编为十甲，设甲长一人，负责地方民政、"教化"、赋役。又规定每税粮万石为一区，选交粮最多的地主一人做粮长，专掌田赋的征收。

这样，明地方机构的改革和进一步严密，一方面削弱了元代行中书省无所不统的权力和一定的独立性，使地方割据难以实现；另一方面也改变了宋代地方权势过于缩小的局面，加强了地方各级对人民的统治力量，从而使皇权在加强控制地方的基础上又进一步提高和集中，明朝对劳动人民的专政又得到进一步巩固和加强。

（二）清的地方机关

清的地方机关是四级制，即省、道、府、县。省设总督、巡抚，废除都指挥使，将布政使（又叫藩司）和按察使（又叫臬司）隶属于督抚之下。清初督抚多由满人担任。是代表皇帝的地方最高长官，掌握省的一切军政大权。这是仿照元制、适应清朝民族统治和中央集权的需要的。其目的是加强对汉人的监视和镇压，并企图在满汉民族隔阂之下防止地方割据的再起。道是省与府之间的机构，其管辖范围不定，有辖若干府县的，也有不分辖区而以职务为限的（如粮储、盐法、海关、兵备各道）。管辖府县的道员，称为分巡道（主管钱谷）、分守道（主掌刑名），各省无定员，主要辅佐布政使、按察使处理道内政务，兼有弹压察举所属官吏等权。此外，在人民抗清斗争剧烈的地区，还设立地方特别区，如顺天府（北京）、盛京（沈阳）等区，设置将军拥兵镇守。清的最下层政权除了沿袭明代的里甲之外，还创设保甲组织。其编制是：十户立一牌，设一牌头，十牌立一甲，设一甲头，十甲立一保，设有保正。清的里甲组织专管赋役，保甲任务则主要是警察，从上到下严厉控制人民的思想言行。

（三）明清中央政府与少数民族地区的关系

明清统治者为了加强民族压迫，在当时的西南边疆（川、广、云、贵等地）少数民族地区还继承了元朝以来的土司制度。对少数民族土著上层分子如酋长、贵族等给以官号衔称，赐以土地人民，并有世袭的特权，称为土司。使他们"易为统摄，奔走为命"，听凭封建统治者的驱调、利用和依靠他们统治各族人民。属于土官的有当地府、州、县长官及土吏等文官，属于土司的有宣慰、宣抚、安抚、招讨、指挥等使，多是武官，由各族归降的而又有武功的酋长、贵族担任，比土官的地位略高。之后，在苗、瑶、僮（壮）、黎、彝等少数民族与汉族人民长期错居、密切联系的基础上，明清统治者又逐步推行了"改土归流"政策，以中央派往的"流官"为正官，直接由中央政府控制。力图使少数民族的政治、经济、文化乃至风俗礼教全部纳入封建中央集权组织体系之内。因此，这一政策的实质即强制民族"同化"，便于有效地进行封建统治。但是，它也是我国政治制度发展史上的一个重大改革，在客观上对于削弱各族人民之间的隔阂、增进团结起了一定的积极作用。

其他各少数民族地区与明清封建国家中央朝廷的政治关系也有了进一步发展，如在新疆、内蒙、青海、西藏等地都设置了地方组织。西藏元有吐蕃之地，在唐代就和中原有密切联系，到元代正式直接归入元的版图，并设有吐蕃宣慰司都元帅府和驻藏宣慰使管辖，确立政教合一的制度，成为元政府的地方行政区域。到明清时期继续并发展了这种政治关系。自明洪武起，就在藏族地区设立都指挥使、千户所等机构，中央任命藏族首领为各级官吏，并陆续册封当地政教领袖为法王、佛子、国师等，发给诏令，规定官职的继承和册封必须由皇朝批准，并须按期进行朝贡贸易。清顺治九年（1652年）又正式确立达赖喇嘛的封号，此后并派遣正、副驻藏大臣二人率兵分驻前、后藏，议定章程，明确规定驻藏大臣"督办藏内事务"，地位与达赖、班禅平等，有约制军、政、财及对外交涉等权。可见西藏地方受明清中央统辖极为明确。因此，历史证明西藏地区自古以来就是我国领土的一部分，并有地方政府与中央朝廷的政治关系，这是不容辩驳的史实。

三、特务机关

明代极端君主专制突出表现之一，就是宦官擅权和特务政治获得空前发展。

明初，为了保卫皇权，太祖就建置了锦衣卫、镇抚司等封建侦查机构，监视和镇压臣民。又由于接受历史教训，对宦官参预政事曾有严格禁例："内臣不得干预政事，犯者斩"，宦官人数也较少。成祖之后，宦官开始擅权预政，特务统治也进一步强化。这是由于：

（1）随着商品经济发展的影响，明统治者日益贪婪、腐化和残暴，激起人民强烈的反抗；特别是英宗前后，阶级矛盾更加尖锐，一般的集权专制制度已不足以巩固其垂危的统治，为了控制臣民，就要广置耳目来加强监视和镇压。

（2）在废除丞相之后，深怀猜忌的皇帝需要一批亲信，辅助其处理军国重事；特别由于皇帝日渐昏庸、腐化，不问政事，经常一二十年不见朝臣，跟随左右的内臣（宦官）逐渐得到皇帝的宠信而掌握了大权。作为皇帝耳目的特务机关也由宦官来执掌。因此，明的宦官专政与特务统治是紧密结合、相互加强的。

成祖永乐开始，因争夺皇位需得到宦官援助，宦官权势渐重，"多所委任"，有"出使专征、监军、分镇、刺探臣民隐事诸大权"（《明史》卷三〇四《宦官传序》），人数也增多。至于真正控制大权，实际成为皇帝的替身，则大致是从英宗时的王振开始。此后，宪宗时的汪直，武宗时的刘瑾、谷大用，神宗时的冯保，熹宗时的魏忠贤等都权极一时。他们及其下属特务爪牙，掌握全国军、政、经大权，并有生杀予夺、随时告密的特权，是最高特务机关的首脑，也是全国的政治总枢纽，即所谓"立地皇帝"。

宦官组织及其所掌握的特务机构极其庞大，在宫中自成一个系统，俨如政府，并按活动的性质和范围设立了许多衙门。

宦官组织有十二监、四司、八局，总称二十四衙门。由司礼监领导，直属于皇帝。司礼监设掌印太监一人，管理内外奏章；秉笔太监若干人，管理皇帝批硃；提督太监一人，督理皇城内的礼仪刑名，以及大小宦官。司礼监的实权超于中央任何机关之上，在政治上"无宰相之名，有宰相之实"，也是特务系统的实际指挥者。其隶属的衙门大小不下千百，宦官特务爪牙的总数约在 40 万以上，广布全国各地，进行各方面严密控制。举凡镇守边地、统率京营、行政兴革、官吏升削、立法制令、主持会审以及经理仓场、提督营造、采珠开矿、市舶织造等无不插足。因此，二十四衙门实际是宦官特务的大本营。

由司礼监统领的特务机构可分为三部分：一是分驻各地的，即所谓镇守太监，遍设于全国各省及各重要城镇，其任务是镇守地方、侦查各地的官吏军民；一是驻在京师的，最为著名，就是厂卫（详后）；一是临时派遣的，极为广泛，军事上有监军、大将、镇守、守备等太监监督军队官兵；经济上有矿监、税使等征收赋税、搜刮民脂民膏；此外还有提督京营、监督仓场工程和采办货物等事的太监，他们也都负有侦查任务。各部门宦官特务的调遣升降都由司礼监呈请皇帝任命，他们的权限活动只听命于皇帝，超然于一般国家纲纪法律之外。

厂卫是明代的主要特务机构。是皇帝严密控制臣民、维护极端专制统治的最凶恶的一种工具，由皇帝最亲信的宦官指挥。主要有东厂、西厂、内行厂和锦衣卫等特务组织。

（1）东厂——成祖永乐时，"以北京初建，尤锐意防奸"，因而广布特务，专管缉访，以便保卫皇权。但又疑忌外官不可信任，宠任宦官，作为心腹耳目，于是设立东厂。由掌印太监（简称"提督东厂"）领导，直接受皇帝指挥。下设掌刑千户、理刑千户各一员，还有掌班、领班、特务"档头""番子"共一千多人，都是挑选锦衣卫最凶狡的人充当，是明代最大的一个负责侦缉和刑狱的特务机关。

（2）西厂——宪宗成化时，由于人民起义的不断爆发，明统治者深感原有的厂卫组织还不足以充分发挥镇压作用，于是又增设西厂。由太监汪直提督，侦查范围不仅限于京师，各地王府、边境重镇以及省府州县都广布爪牙，"缇骑"（特务）比东厂多一倍。

（3）内行厂——明朝腐朽政治发展到武宗时，独裁皇帝不仅镇压臣民，而且还加强对特务的监督。武宗起用刘瑾之后，就设立内行厂作为特务的监督机构，纠察东西厂和宦官的行为，并督促他们执行对臣民的镇压任务。因此，其活动比东西厂更为猖獗酷烈。

（4）锦衣卫——太祖洪武十五年设立，到成祖以后更进一步加强。是皇帝私人卫队"上十二卫"中最亲信的一卫，由指挥使领导，不受都督府和宦官统辖，直接受皇帝指挥。下有 17 所和南北两镇抚司，北镇抚司是专理诏狱的机关，权势极大。世宗嘉靖年间，卫队的缇骑人数由原来的 500 人增至十五六万人，"其众自为一军"，与正式军队一样，"操练如制"。这样庞大、精编的特务组织，其荼毒人民的罪恶暴行当可想见。

厂卫的职权活动是刺探"民间情伪""不轨妖言""缉访叛逆"，即负责侦查、缉捕和刑狱，锦衣卫还有廷杖时行杖、与法司会审的任务。厂卫可以随时告密，任意施行最残酷的刑讯而"不尊常德"，罪无轻重，不是杖死就是戍边或枷锁发遣，枷重甚至有达 150 斤的，带上的不日即死。一人有事，全家被累，邻里皆坐。特别是诏狱用刑和惨杀更为酷烈，陷入诏狱的不仅自身难保，而且牵连极广，有"诛及十族"或"村为里墟"的。而被指控为"妖言""叛逆"的行为更为广泛，"弥勒降生"的宗教宣传是被禁止的"妖言"，竞渡龙舟也被认为是"叛逆"而遭斩首抄家，"所缉访无论虚实辄糜烂……民间偶语，辄被擒僇，甚至剥皮刲舌，所杀不可胜数，道路以目"（《明史·魏忠贤传》）。有时也将罪犯提交司法机关，但都"先严刑具称案""法司不敢平反""无敢擅改一字"。因此，滥施酷刑、残害臣民，是宦官特务横行的主要表现。

由于明封建国家层层布置这些特务网，分遣爪牙啰卒，四出侦查横行，肆无忌惮地摧残广大劳动人民和社会各阶层，实施极端腐朽的君主专制暴力统治，使得当时"天下皆重足屏息，嚣然丧其乐生之心"（《明实录·武宗实录》卷三九），官民冤死无数，全国陷入极端黑暗的恐怖状态。

宦官特务的横暴腐化另一突出表现是敲诈勒索、鱼肉人民达到极其惊人的程度。如刘瑾家产有金 20 多万锭，银 50 多万锭，玉带 80 束。王振被抄家后搜得金银 60 余库，玉盘 100 面，六、七尺高的珊瑚 20 余株，其他珍玩无数。至于派往各地的矿监、税使也是奸淫掳掠，无所不为。从万历年（1596年）开始到派出这些爪牙后的第五年，全国就"如沸鼎同煎，无一片安乐之地。贫富尽倾，农商交困。流离转徙，卖子抛弃。哭泣道途、萧条巷陌"（《御选明臣奏议》卷三三），真是"三家之村鸡犬悉尽，五都之市丝粟皆空"（《明史》卷二二三《王宗沐传》）。

明朝实行这种虐杀人民、敲骨吸髓的暴政，就迫使广大人民如火如荼地掀起反对封建暴政的斗争，大大地打击了封建统治。随着阶级斗争的尖锐，皇帝专制独裁和宦官排除异己的淫威日益发展，统治阶级内部矛盾也日益表面化。地主阶级不同利益的集团各结徒党，逢迎和依附宦官，互相倾轧，"党争"和藩王与中央的封建内战愈演愈烈，东林党反对宦官专权，江西宁王朱宸濠起兵反武宗等，都是统治阶级内部争权夺利日益炽烈，发展到正面冲突的表现，也就是宦官特务统治空前发展的结果。这些，一方面表现了明封建国家的极端强化和反动，也表现了统治阶级内部的空虚、腐朽和衰落，孕育着促使反动派自身灭亡的深刻矛盾。

清自顺治开国，"鉴明代之失，裁汰宦官"以加强皇权。因此，改二十四衙门为十三衙门，领有八监、三司、二局，后因内监还能"恣意妄行"，于是在顺治十八年（1661 年）严禁宦官窃权干政，将十三衙门尽行革去，改为内务府，设总管大臣主持，设有专员，主要掌管内府上三旗事务，康熙以后成为定制。至此，宦官势力有所削弱。但是，特务政治仍然继续发展。雍正时，特务爪牙不再由宫内宦官充任，而是专门豢养大批职业特务来侦缉、镇压全国官民的言行，以巩固和加强日益腐败的封建专制统治。

四、官吏的选拔任用制度

明清继承宋元旧制，选任官僚仍然以科举制度为主，但更加发展完备。规定参加科举考试的士子在乡试前就须经过岁考、科考等，取得"生员"或"秀才"资格，然后参加乡试（中试的称举人），而后会试（京试）、廷试，按成绩优劣分为一、二、三甲等名次。一甲三人名状元、榜眼、探花，赐进士及第；二甲若干人赐进士出身；三甲若干人赐同进士出身，然后量才录用。举人会试三次未录取的得赴吏部候选官职。科举考试内容采用八股取士制，"其文略仿宋经义，然代古人语气为之"（《明史》卷七十《选举志》）。文章必须逐股对偶，依四书五经题义代圣贤立言拟，不许发表个人见解，其目的是以封建教条麻醉文人，禁止自由思想，使之成为封建统治的忠实人才。因此，八股取士的规制比唐宋以诗赋取士、培养官僚、进行文化思想统治更为严紧。

除八股科举考试外，清政权为笼络人才，也设"博学鸿词科"，钓诱不满清统治的明末遗臣和汉族地主知识分子，以便减少统治障碍，并使之合作，帮助统治人民。

明清官僚出身有进士、举人、贡生、荫生等。重要官职多由进士出身；"贡生"是从生员中选拔成绩"优异"和年资较深的充任，经过考试后授官；荫生即恩荫做官。除科举考试和恩荫制度外，明清官僚的任选还有"行取"制、保举制、铨选制、"特简"制、"题调"制、捐纳买官制等，特别是清咸丰、同治以后，为军需河工、营田筹款而大开捐纳之例，买卖官职成为做官捷径而公开盛行。任官途径如此之广，腐朽的封建官僚之多当可想见。

明清的官僚和分封的宗室都享有厚禄和特权，单明朝宗藩岁禄就多达 853 万石，政府和各省每年收入的粮米还不够宗室岁禄的半数，其他官僚俸禄还未计算在内。这批贵族官僚全凭特权势力，尽力榨取掠夺，因此，官僚贪污腐化日甚，苛捐杂税繁多，使广大人民愈益陷入悲惨境地。

此外，在清代的任官制度上还充满民族统治色彩。从中央到地方统治机构基本采用满汉复职制度，有一员满官，也有一员汉官，但是实际大权都操纵在满官手中，汉官则"相随画诺"而已。中央大权由皇室亲信的军机大臣所控制，地方督抚也多由满人担任，以便保证满官在政权中的优势地位。州县官由汉人充任的也是为了达到"以汉制汉"的目的。为防止汉官势力增长，还给满人以种种优待：科举考试，八旗生员独处友谊，补缺升官也更方便；依民族等级分类，规定"专制官缺"制度，不许混淆，金库、军器库等重要官缺只许满人专任，严禁汉官补缺；另外制定"回避制度"和"知府保举连坐法"，以防止汉官和地方势力及人民力量联系而扩张权势，进行对抗。可见，这些民族歧视的实质归根结底还是为了达到"以汉制汉"、杜绝人民反抗的目的。在清朝任官的汉族官僚虽然在政权地位上受到一定限制和歧视，但是毕竟还是清政府所联络、依靠的社会支柱。尽管满汉地主阶级之间有一定矛盾，但在压迫人民、破坏人民革命力量、保存反动势力、维护封建统治这一点上，他们都是统一合作的。可见，明清的官僚制度也无非是操在皇帝手中的为封建地主阶级专政服务的工具。

五、军队

（一）明的军事制度

明封建国家拥有一支二百多万人的庞大武装部队，从京师到郡县都立卫所。中央军有卫军和京营两种，卫军即"上十二卫"（后增至二十六卫），是皇帝亲军，由皇帝直接指挥，不受都督府统率，负责保卫皇帝宫禁。京营分三大营——五军、三千、神机三营，总于五军都督府，后改为团营制，由十团营增至十二团营，是宿卫京师的劲旅。地方军有卫所兵、乡兵、边兵、江防海防兵（沿江、沿海各地的水路戍兵）以及狼土兵（湖、广等地少数民族土官所属的士兵）等。其中卫所兵是明朝的主力军。

卫所兵的编制和驻防：分卫、所两级，防区在一府之内的设所，一府以上的设卫。大抵五千六百人为一卫，设指挥使领导，下分五个千户所，各一千一百二十人，由千户领导，下领十个百户所，各一百一十二人，长官为百户，百户下又有二总旗（各五十人）、十小旗（各十人），大小连比以成军。各卫所分统于各地的都指挥使司，上属于五军都督府，总于皇帝。驻在京师的京营配备极为集中、精锐而且庞大，一般常额保持近四十万，洪武初年甚至达到七十万至八十万，由各卫所轮番值班。其他全国州县、战略要地和边防都布满卫所兵、边兵。平时分驻各地，"征伐则命将充总兵官，调卫所军领之。既旋则将上所佩印、官军各回卫所"（《明史》卷八九《兵志序》）。实行将不专军、军不私将的制度。

卫所兵的兵役制：与唐宋不同，明代采用军户制。为了强制人民参军，防止士兵逃亡，以保持相当数目的固定军队，明统治者将全国一小部分人户列入特殊军籍，世代从军，不许擅自脱籍，冒入民户。其来源有四：一是从征，即朱元璋起义时的基本队伍；二是归附，即削平各地割据势力所得的部队和元朝降军；三是谪发，即因犯罪而被充军的人；四是垛集，即按人口一家五丁或三丁抽一而征的兵。军户制与屯田政策结合，所以军户既要出军差，又要从事生产，缴纳田赋。

这样，卫所制度既为封建国家提供了常备兵固定兵源，又解决了生产劳动力，增加财经收入，保证了军备的给养，从而加强了明封建国家对内、对外的统治；同时，特殊军籍形成的军事贵族集团又成为巩固和保卫皇权的一支重要力量；更其重要的是卫所制度的军事组织和驻防极其严密，便于明国家更加集中和直接地使用军力。一方面在国境上尤其是北方和沿江沿海边境集结军队防守，借以巩固国防，另一方面能把主要力量用于对付农民起义，便于皇帝及时地征调大量的和各种的兵力进行血腥镇压，如荆襄流民（逃亡的农民）起义，刘六、刘七农民起义时，明统治者即调动官兵、土兵、京营、边兵等全力围剿，实行"兵刃之加，无分玉石"的大屠杀，使得"死者枕藉山谷"，起义军民被惨杀无数，地方人民也受尽官兵剽掠之苦。

到中叶以后，宦官勋戚专擅军权、占役虚冒、苛索贿免、苦役虐待种种弊病发生，京营仅存空名，卫所兵大批逃亡，在军的也因缺乏训练而丧失战斗力，废弛不可用。加以兵制败坏，明统治者为挽救其垂死政权，曾于正统末年，实行募兵制，派朝官四处招募年力强壮者当兵，以代替卫所兵制，同时也企图达到"猛键豪鸷之材，笼而驭之，毋使流为奸宄盗贼"（《客座赘语》卷二）的目的。但是募兵日多，国库日绌，缺乏训练，也与卫兵制一样腐败，明朝的军事力量也就日益衰弱。不过，这支封建武装力量的对内职能，始终不曾削弱，特别到了后期，阶级矛盾更加尖锐，统治危机更加深重时，地主阶级武装甚至勾结清军来共同镇压农民反抗。因此，这支庞大的军队乃是明统治者保卫皇权、镇压人民、维护封建国家统治的重要暴力机器。

（二）清的军事制度

清的常备兵主要有八旗兵和绿营兵。

八旗兵：满族入关之前的社会组织是以旗为单位。每 300 人为一队，设牛录额真（佐领）一人，五个牛录设甲喇额真（参领）一人，五甲喇设固山额真（都统）一人领导，以黄、红、蓝、白、镶黄、镶红、镶蓝、镶白为八旗，固山为一旗之首。八旗男人都需当兵，并实行世袭兵役制，因而叫八旗兵。可见，八旗是满人军政合一的社会组织。起初，只有满八旗，后来降服较多，又编有蒙、汉各八旗，旗色、设官均与满八旗相同，合为廿四旗，这样，以旗统人、以旗统兵就成为清朝的定制。

八旗兵是清政权的主要军事力量，其中满八旗又是最基本的骨干。在中央的有亲军营（皇帝亲军）、骁骑营、前锋营、护军营和步军营等，每营都有统领管辖，负责保卫京城，在地方的由将军领导。

绿营兵：是满人入关以后，由招募汉人或投降的汉族地主武装改编而组成的，因以绿旗为标志而得名。分马兵、守兵、战兵等种，驻守各地和关隘。各省设提督统率，下有总兵、副将、参将等官，受地方总督或巡抚的节制。

为了用军事力量征服各族人民，清统治者严密地组织了军队，在全国布有五道（长城、黄河、长江、运河和东南沿海）重要防线和据点，加强军事控制，并且京城内外各重要关隘、城市，全由八旗分驻，配以绿营兵守戍，直接镇压人民。为了提高皇权，防范军队反叛，八旗、绿营之上，都不设总领导，各省、各营的统领、将军、提督、总督只掌握一部分军力，互不隶属，直接受皇帝制约，这又是清代军制上的特点之一。

此外，满洲贵族为控制军权，防止汉兵叛乱，在八旗与绿营的组织制度和防务分布上都有不同的对待：首先，加强满八旗维护清统治的特殊作用。以满军为骨干，在数量上占总八旗的一半以上；装备和政治待遇上优异于绿营和蒙、汉八旗；全国最重要的地区全归满八旗把守；规定绿营中重要官职为满缺，由满人武官充任，各地驻防的八旗兼有监视绿营和牵制地方官的权力，以钳制汉人势力的增长。其次，严格控制绿营兵。绿营兵粮饷只抵八旗兵的 1/3，训练装备也差，并且听任绿营腐朽腐败，公开允许绿营军官克扣军粮、兵饷，扩大官兵矛盾，以削弱其战斗力，防止叛变。这些又是军事制度上民族统治特色的鲜明反映。

但是，这种民族歧视的待遇，还是为了巩固阶级专政，并不改变绿营兵是清朝的有力工具这一性质，并不削弱它血腥屠杀、扰害人民的作用。因此，八旗和绿营兵同为维护清朝封建地主阶级专政的反动武装。在清军征服和统治过程中，"扬州十日""嘉定三屠"以及对各族人民的大屠杀、大洗劫，都是清军的暴行。清军所过之处，烧杀掠夺无所不为，人民受尽糟蹋、蹂躏，生产遭受极大破坏。绿营和八旗在加强极端君主制和民族压迫的清朝统治中，同样起到主要作用。

总之，明清时期的国家制度表现在专制和集权方面较前代更加强化和严密，组织也更加庞大完备，官僚军事统治更加腐朽和反动，并反映出以下一些特点：

（1）一切权力集中于皇帝，各机构之间并无分明的从属或依靠关系，各院部寺监或部门内部各成员之间都互相牵制和监视，唯一的首长和最后的裁决者就是皇帝。

（2）宦官专权和特务政治在明代空前发展，集中表现了封建国家的极端腐朽和反动。

（3）具有鲜明的民族压迫性质，清政权一方面加强对汉族地主的利用和依赖，标榜"满汉一体"，另一方面又对其极不信任，给以限制和压制，贯穿着民族特权和民族不平等的精神。

第三节 明清的法

一、立法概况

明清的法典是以唐宋为基础而加以发展完备的。为了巩固极端君主专制国家，明清根据历代法典，进行了新法典的编纂工作。

明太祖为了"明礼以导民，定律以绳顽"，在吴元年（元至正二十七年）冬开始编定明令145条，律285条。继而修订明律。《大明律》经过三次修改，在洪武三十年更订颁布，共30卷，460条。在体系上改十二篇为六部，概括为七篇，即名例律、吏律、户律、礼律、兵律、刑律、工律，是明代一部主要法典。

与此同时，由于"徇私灭公"的风气日益滋长，"峻法屡加，而犯奸接踵"，太祖为了扩大严刑酷法的威吓作用并补充法律之不足，又手定《御制大诰初编》及续编、三编、武臣各一卷（即《明大诰》），《御制大诰》是从刑事案件中采辑官民过犯编纂而成，是一部收集有关惩治贪官污吏、地方豪强案例和镇压百姓的记录，对各罪案的惩处多采用严刑，也就是所谓"用重典治乱世"（太祖语）。

此外，还有孝宗、武宗、世宗和神宗各朝重行杖刑的会典、问刑条例等。

清在入关前，"俗淳刑简"，法令刑罚只有鞭扑、斩决而已。入关初期多沿用明律治罪。后来随着中国封建社会的发展，阶级斗争和民族矛盾的尖锐化，"抚临中夏，人民既众；情伪多端"（《清史稿·刑法志》），沿用简化旧律已不足以维护和加强其统治，于是着手编纂法典。顺治三年（1646 年）编定《大清律集解附例》，是清代第一部法典。经过康、雍、乾三朝修改，编成《大清律例》，简称《大清律》。它是以唐、明律为蓝本，参酌满洲制度而制定的，即适应其极端君主专制和民族压迫统治的实际需要而产生的，是一部镇压各族人民的封建法典，共 47 卷，千余条。

清统治者还根据唐、明会典，参酌满制而编成一部《大清会典》。是由《康熙会典》，后经雍正、乾隆、嘉庆、光绪诸帝多次修改汇成，共 80 卷。主要规定清国家的行政机关组织权限等，也是清的一部行政法典。

为了便于统治者时宽时严的统治，以"整饬人心风俗"，清还采用"例"，到后来更是一部一事都有"例"，使律几乎成为空文。也就是说，统治者可随时采用有效的法律形式、原则来巩固君主专制，维护封建社会秩序和民族统治。

此外，明清的法律还有皇帝的诏令、谕旨等。

二、法的基本内容和特点

与明清时期社会经济和阶级斗争形式以及政权性质相适应，作为统治阶级意志的明清律，主要就是保留唐宋法律的基本精神，并极力巩固和强化集权专制的统治。

（一）加重刑罚和严厉镇压人民反抗

明清律沿袭唐律的五刑，其中死刑除斩、绞以外，还有凌迟、枭首、戮尸、夷族（族刑）、挫首扬灰（将人头放在大口的釜中烤成灰烬，然后将灰飞散掉）等极重的刑罚，这些残酷的刑罚主要是用于犯有所谓"十恶"重罪的，如犯谋反、谋大逆、谋叛、不道等罪的要处凌迟或枭首，大逆还要挫首扬灰，已死的则要戮尸，不仅犯者本人受酷刑惨死，就是有关的人也都要连带受刑，即施用夷族或缘坐刑，甚至有夷灭三族、九族、十族乃至"瓜蔓抄"造成乡里为墟的。

至于刑罚的野蛮残酷，除上述刑名之外，实际施行的还有墨面文身、挑筋去指或去膝盖、枷带铁捍石墩、剁指断手、刖足以及随统治者心欲所创造的断脊、洗刷、刺心、抽肠钩背、红绣鞋、滚油入肛门等几十种，这些严刑峻法都规定在《大诰》中或在司法实践中滥施，因此，明清刑罚种类的繁多和残刻超过历代，也充分反映明清国家对臣民统治的进一步加强。

不仅刑罚残酷，明清律还采取重罪加重原则，如在唐律上规定犯罪者本人斩、亲属绞的罪，明清律就加重为本人凌迟、亲属斩。其他如规定"奴婢斗主者斩"（唐绞），盗窃三次犯徒的绞（唐流二千里）。同时，牵连的范围也比唐律规定得更为广泛。如犯谋反、谋大逆者，16岁以上本人处死刑的，其父母、祖孙、伯叔父、兄弟姐妹、妻妾子女（未嫁）、甚至外祖父、妻父、女婿、同居人等都要受刑或处死，一案株连，动辄几十人，无罪的也科以重刑。而且，滥用极刑，如据清律规定，戮尸不只限于谋杀祖父母、父母，凡是杀死期亲尊长、外祖父母、丈夫、夫之祖父母的也都要戮尸。明清律的这些刑法规定，就连清朝官吏也认为是任意妄为，"唐以前无此名目"或"历代刑制俱无此法"（沈家本语）。

明清律对"十恶"罪和妻妾杀夫、奴婢杀家长、强盗、妖言等真犯死罪规定为大赦不宥之罪。凡是人民群众反抗专制集权的思想和言行，被压迫者向地主阶级和封建制度进行斗争的行为都以"十恶"罪、强盗罪、妖言罪处死。如规定人民图谋起义、被苛索掠夺的仆人进行反抗、部民杀死本管地方长官、士兵杀死本管百户、千户、奴婢殴家长、雇工人杀死家主或家主期亲，都不分首从，一律处以凌迟或斩；凡杀伤人、纵火、打劫牢狱仓库、干系城池衙门并积有百人以上的，以及执有弓矢军器、白天邀劫道路等人民聚众"劫富济贫"的行为，都属于应枭首的强盗罪。甚至规定辱骂原问官的也要"用一百斤枷，枷号一月发落"，罪人因拒捕而殴伤或杀人的处绞、斩，"罪囚反狱在逃"和"劫囚者"皆斩。为了巩固封建政权，明统治者在明《大诰》中还规定严格取缔"游民"（因官府敲诈勒索而破产失业流亡的农民），允许邻里亲戚诸人等拘拿"游民"赴京问罪，否则"逸夫（游民）处死，四邻迁之化外"，以防范无业农民聚众起义。镇压起义的农民则采用"铲斗会"、磔、剥皮等法律条文规定以外的酷刑，甚至皇帝还将皮制蹬，亲自乘骑以期恫吓。可见，明清律对人民专政的锋芒是极其鲜明的，对人民群众的镇压和统治是极其严酷的。

（二）严禁臣属结党，紧防百官擅权，加强君主专制独裁

明清律除遵循历代封建法典极力维护君主尊严和专权以外，还增设朋党罪专条，加重对危害封建皇权行为的惩戒，规定："若在朝官员交结朋党、紊乱朝政者皆斩，妻子为奴，财产入官"，"若犯罪律该处死，其大臣小官巧言谏免，暗邀人心者亦斩"。确定任命官员之权只属皇帝，"若大臣专擅选用者斩"。而且只许对皇帝歌功颂德，"若有上言宰执大臣美政才德者，即是奸党，务要鞠问，穷究来历明白。犯人处斩，妻子为奴，财产入官"，该大臣知情则同罪。若地方百姓挽留调走的总督巡抚也要治重罪。雍正时，为强化绝对专制，更亲自撰写《朋党论》，明令禁止各宗藩与官吏交通，严禁满汉官僚结党和树立集团，规定臣下和社会舆论应以"朝廷之赏罚""君心之好恶"为是非标准。并且用"赐死"、锢禁、放逐等措施，屠杀党徒，打击结党活动，以此巩固君主的专制统治。

皇权淫威滥施的另一突出表现是自明太祖开始创用的廷杖，它是由司礼监监刑、锦衣卫施杖的一种加强皇权的刑罚。明统治者对百官心怀猜忌，官吏略有触犯立即诛戮，当廷杖责致死或残废，明代死伤于廷杖之下的不计其数，如武宗时，朝臣因谏阻武宗下江南游玩而被杖者就达146人，死11人。若皇帝认为廷杖不够泄意，还得交锦衣卫打下诏狱。因此，当时京官每日入朝必与妻子诀别，日暮无事，则互相庆贺多活一天，这充分反映专制暴君随意滥杀、压制臣下所造成的恐怖状态。

（三）加强思想文化上的专制统治

明清君主专制统治的极端强化还集中表现在大兴文字狱上。凡是一字、一诗、一书略有忌讳嫌疑，就被指控为触犯皇上，以不满封建专制的谋叛行为论罪，如明太祖时，杭州教授徐一夔作贺表，用"光天之下，天生圣人，为世作则"等语，被认为写皇帝"做僧""光头""做贼"处以斩刑，其他文字中略带"生""则""帝扉""法""道""殊""雍""止"等都成为任意屠杀文人的理由，以此得杀身之祸的不计其数。清的文字狱还具有民族压迫

的性质，规模更为广泛，如康熙时的庄氏史狱和南山集狱，雍正时的查嗣庭案和吕留良曾静案等有关汉人明臣思故案件，每狱被残害的都达几十或几百人，而且用刑都极残酷，有凌迟处死、处死寸磔、剖棺锉尸、斩首抄家等，不胜枚举，企图以此来消灭反抗君主专制和民族统治的思想。

以上法律规定，保护和巩固了明清皇权的绝对专制，也加强了明清整个地主阶级的统治力量。

（四）进一步维护封建主经济利益和封建伦理道德关系

明清封建国家和皇帝本身拥有大量的官田皇庄，诸王、公主、勋戚、宦臣以及豪绅、地主、官僚都可凭借封建特权、政治势力，通过"赏赐""乞请""投献"等方式占有民田，并且依例减免赋税，这实际上就是得到法的保护。而清政府所颁布的"圈地令"、关于开矿、下海的禁令等，也就是保护封建土地所有制、抑制工商业、维护封建主利益的公开律文。

至于明清律中的所有权、佃权和债权，则规定得更为明确：如"……旗民自首私恳余地，……准业户作为己产，售卖听其自便"，"民人租佃旗地……如佃户实系拖欠租银，许地主撤地另佃……"，负欠私债违约不还的，按情节轻重施以笞杖，每一月加一等，并追还本利给债主，甚至在所有权方面还规定奴婢可以被主人作为财产出卖或转让。这些就严格保护了封建地主所有权和高利贷者的利益。为了保护封建国家和地主阶级的经济财产，特别加重了对犯"强盗"和"盗窃"罪的惩罚，规定强盗不得财就要杖一百、流三千里（唐律只徒二年）；已得财，不论多少，不分首从皆斩，窃盗三犯就处绞（唐流），盗窃祭神和御用物品及各衙门财物的都处斩。并且规定，除上述应枭首的强盗罪以外，凡"强盗伤人未得财""匪徒在市场抢劫、纠伙不及五人者"，应发配充军或为奴，到配后还应系带铁杆和石墩，就是窃拔田野谷麦、菜果的也依盗窃论。这就是以国家法律的强制力来极力巩固其封建经济基础，保护私有财产不受任何侵犯。

另一方面，明清律在维护封建婚姻继承制度、身份等级制度、上下良贱关系上，完全承袭唐律精神，界限严明，不可逾越。属于"八议"的官僚阶层，仍然享有特权，并以"不孝""不道"等罪名，来进一步维护封建社会的族权、夫权和神权。

（五）严惩贪官污吏，限制养奴蓄婢

在明清初期，根据当时阶级力量对比的关系和经济发展、阶级斗争的形势，为缓和人民的反抗情绪，以巩固新建的封建政权，曾抑制豪强过分掠夺，禁止官吏横征暴敛，规定以低价买物、强行借贷等都要惩罚。特别是对贪官污吏严加惩治，朱元璋自称"用重典治乱世"，专制《大诰》，以禁阻官吏贪污腐化，并规定人民可直接向皇帝控告贪官污吏。贪污较轻的或罚劳役，或戍边疆，赃满60两以上的枭首示众，并剥皮装草。洪武四年还曾令：凡官吏犯赃罪者不赦。这在一定程度上起了整顿吏治的作用，减轻一些人民的负担。但是这种严刑峻法并没有、也不可能禁阻官僚的腐败和贪污，事实上明清的贪赃枉法依然公行，到后来还更加严重。

此外，为了适应新的历史条件和阶级专政的需要，明清律也限制养奴蓄婢，规定不得诱骗和略卖良人为奴婢，违者杖一百、流三千里，贵族功臣之家虽准许使用奴婢，但最多不得超过二十人；至于"庶民之家"则任何人不得蓄养，有存养的必须放还，否则治罪。这在当时对解放劳动力、恢复和发展社会生产有一定积极作用，但是，并未彻底实行，权贵士大夫家奴仍有多至千百的，买卖人口也依然得到法律的承认。

上述规定都是从地主阶级整个的根本的利益出发，其目的是加强皇帝为首的专制政府对人民进行集中的搜括和盘剥，以便更有效地巩固封建统治。

（六）清朝的法严格保护满人特权，具有鲜明的民族统治特色

清律中的"八议"主要是保障满洲贵族官吏的特权，规定满族权贵只要不犯"十恶"，在"八议"范围内就具备享有免刑、宽刑优待的条件。法律约束力对他们而言是微不足道的。普通旗人犯罪也有"换刑""减刑"的特权。清律"犯罪免发遣条"规定："凡旗人犯罪，笞、杖各照数鞭责，军流、徒免发遣，分别枷号，徒一年者枷号二十日，每等递加五日。流二千里者枷号五十日，每等亦递加五日；充军附近者枷号七十日，近边、沿海边外者八十日，极边、烟瘴者九十日"，宗室觉罗犯笞杖枷号照理折罚责打，犯军流罪也照旗人折枷日期、满日开释，屡犯军流罪只发盛京、吉林等地圈禁而已。至于死刑，虽不得换刑，但可减等，斩立决改斩监候，斩监候改绞。对于旗人军官、军人犯徒流罪的，原改为充军，后又改为免发遣，鞭责完事，不流也不充军了。其目的是为"巩卫本根"，保障清政府的主要暴力机器——满洲

世袭的八旗制，以免于解体。在量刑轻重上也规定，"凡重囚应刺字"，"凡私行买赎……旗人枷两日，鞭一百，民人杖一百，流三千里"，即汉人与旗人的法律待遇显然不同。不仅如此，旗人还可凭借权势和地位掠夺汉人土地房屋，霸占汉人妻妾子女，蹂躏汉人坟墓，鞭打汉人官员，实行种种暴行和高压。这是民族不平等在法律上的反映。但这些并非清律的实质内容，所谓与旗人有别的"民犯""奴仆""民人"主要是以汉族为主的各族广大农民。所谓享有优待的"八议"也还有一部分惠及汉族或其他各族的地主阶级上层分子，因此，真正不平等的严格区别还是存在于封建贵族地主阶级和广大劳动人民之间。

此外，明清社会处于封建末期，封建经济趋于没落，资本主义关系萌芽的特点在法律上也有相应的反映。明政府在万历十六年（1588 年）首次对"雇工人"这一法律术语下了定义："今后官民之家，凡倩工作之人，立有文券，议有年限者，以雇工人论……"，此后清代法典继承这个定义并作了几次修改和补充，总的是逐步缩小雇工人的范围。明清法律对"雇工人"的罪行判刑都有专条规定，原则上是与"凡人""奴婢"分别对待，但却与家主的子孙卑幼和奴婢相类似，在法律上的地位是一个特殊的社会阶层，这些规定在某种程度上反映了一些资本主义关系的萌芽。但是"雇工人"与雇主之间的身份地位并不平等，还只是从属的人身关系，即封建的主仆关系，甚至赋予其伦理关系的内容，因此，明清时期的"雇""佣"并不等于资本主义制度下受资本家阶级剥削的工资劳动者，雇工人与雇主之间也不是资本主义制度下的雇佣关系。这是代表明清统治阶级意志的法典所肯定了的。

三、司法机关和诉讼制度

明清的司法机关审级，在地方由州县层递至督抚，在中央总归三法司，具体设置如下。

州县是第一审级，由州县兼治狱官，州县之下的里正负有解讼的责任。明朝的各州县还设有申明亭剖理词状。府是第二审级，知府掌理讼狱，并设有推官佐理。省的按察使是第三审级。清的总督巡抚是第四审级，也是地方的最高司法机关。地方各级的职权主要是接受和审核下级上诉案件及判决，但只能决定徒刑以下案件，对流刑以上案件，仅能提供意见呈报中央裁决。

中央刑部是第五审级，受理国内重大刑事案件，主管刑狱政令，审核各地衙门判决。但仅能决定流刑以内案件，且须受都察院监督，大理寺复核（都察院和大理寺也属中央司法机关）。全国最高审级是三法司和九卿会审。凡大狱重囚经刑部审核后，还有三法司——刑部、都察院、大理寺共同审理，会稿具奏皇帝裁决。如遇特别重大案件则由三法司合吏、户、礼、兵、工各部及通政使司共同审理，称为"九卿会审"，最后仍须呈送皇帝决定。

至于与前代不同的，则是明朝厂卫和镇抚司、诏狱等特务机关都有直接审讯、处刑判狱的司法权，甚至案件往往不经三法司，或"先严刑具成案"才送交有司的。因此是"杀人至惨而不丽于法"的机关。而清朝审级又还具有民族统治色彩，设有专管旗人诉讼案件的特定司法机关审级，在京普通旗人归"步军统领衙门"审判；内务府所管的旗人付"内务府慎刑司"讯决（徒以上送刑部）；外省旗人则由将军、副都统审理（流以上须申请于中央）；盛京旗人由盛京将军、各部府尹会同审决；八旗民事地亩讼案由户部"现审处"审理；至于宗室觉罗犯罪，则由宗人府会同户刑两部审问，犯徒罪死刑者都由宗人府拘禁。一般审判机关不得受理旗人案件，反之，这些特定机关却可审判汉人及其他各族的案件。就是监禁旗人罪犯的监狱也是特别设置在宗人府、内务府等衙门内，不入普通监狱，犯人待遇也比一般更优越。

总之，明清时期司法机关的特点是：司法机构更加完备严密；宦官特务组织成为权势重大的特别司法机关；地方司法权力更加削弱，中央权力相对增长；中央司法权力分散，皇帝权力更加集中和强化；司法审级具有浓厚的民族统治特色。

关于明清的诉讼制度，基本与唐代一致，但直诉制度的限制方面更加严格，范围更加缩小，规定只有重要而又迫切需要解决的案件才能直诉，凡军民词讼，都须自下而上陈告，若越本管官司"辄赴上司诉者，笞五十"，这种严禁越级诉讼的规定，就是迫使人民蒙受冤枉难以申诉。在传唤和拘提方面，对"八议"者、京官和军官都有特别规定，必须奏阅请旨，一般司法机关不得擅问，鲜明地反映了封建的阶级性和等级性。

特别是刑讯逼供，更野蛮残酷。厂卫遇有刑狱就随意榜掠，无贿赂或贿赂不足的，要受全刑，即镣、械、棍、桚（音札、夹指的刑罚）、夹棍五种同时施行。此外，还有挺棍、脑箍、掌嘴（用皮鞭打嘴部）、烙铁、灌鼻、钉指、跪炼（红火炼）、数百斤三四人立枷等名目，都是例所未见的酷刑。一般狱吏恶官，为了取得口供，罗织成狱，也都仿用这些惨刑，因此任意屠杀人民之事，在在皆是。人民受尽煎熬，不胜苦楚，"五毒备具，呼暴声沸然，血肉溃烂，宛转求死不得"，死伤者很多。对于农民起义，更是"捕获无虚日"，采用"拷掠成狱""除根剪蔓"等办法，痛加惩治。这是封建社会历代刑讯制度更野蛮惨刻的发展，也是封建末期司法制度极其黑暗腐败的表现。

不仅如此，明朝宦官特务还有权发号施令，制定立法规章、假造圣旨、可以随意监督三法司审案，称为"听记"；访辑各官府衙门，称为"坐记"；随意密告臣民言行，称"打事件"；突入民家搜索、严刑拷打，痛苦十倍于官刑，称为"千榨酒"……总之，司法程序极其紊乱，法律在宦官特务横行之下，实际成为具文，明清统治者对人民的镇压，实际几倍于法律的残酷。

此外，清的诉讼制度，在满汉对待上也各有不同。京城旗人诉讼向该管佐领、汉人向该管衙门起诉，外省旗、汉人之间的讼事，经州县官审理后，如认为汉人无理则依常处分，如旗人无理，则取具口供附添审拟意见送"理事厅"（旗人审判衙门）听候处分，这又是民族歧视的反映。

综上所述，无论是明清法律条文的规定，或是司法实践，也都充分反映了明清司法审判极其专横腐朽，同时也表明中央集权君主的极端发展，对人民的镇压与剥夺的更加严酷。

附表一
中国通史年表

原 始 社 会	约 50 万年—4000 多年前
奴 隶 社 会	约公元前 21 世纪—公元前 475 年
夏	约公元前 21 世纪—公元前 16 世纪
商	约公元前 16 世纪—公元前 11 世纪
西周	约公元前 11 世纪—公元前 770 年
东 周 春 秋	公元前 770—公元前 476 年
封 建 社 会	公元前 475—公元 1840 年
战国	公元前 476—公元前 221 年
秦	公元前 221—公元前 207 年
西汉	公元前 206—公元 24 年
东汉	公元 25—220 年
三国	公元 220—265 年
魏	公元 220—265 年
蜀	公元 221—263 年
吴	公元 221—280 年
西晋	公元 265—316 年
东晋	公元 317—420 年
南北朝	公元 420—589 年
南朝	公元 420—589 年
宋	公元 420—479 年
齐	公元 479—502 年
梁	公元 502—557 年
陈	公元 557—589 年

北朝	公元 386—581 年	
	北魏	公元 386—534 年
	东魏	公元 534—550 年
	西魏	公元 535—557 年
	北齐	公元 350—577 年
	北周	公元 577—581 年
隋	公元 581—618 年	
唐	公元 618—907 年	
五代十国	公元 907—979 年	
宋	公元 960—1279 年	
	辽	公元 916—1125 年
	西夏	公元 1038—1227 年
	金	公元 960—1279 年
元	公元 1271—1368 年	
明	公元 1368—1644 年	
清	公元 1644—1840 年（道光二十年）	

附表二
四至五世纪各族建国分合表

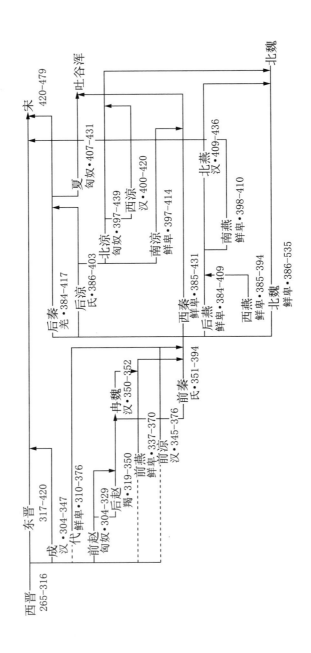

附表三
五代十国表

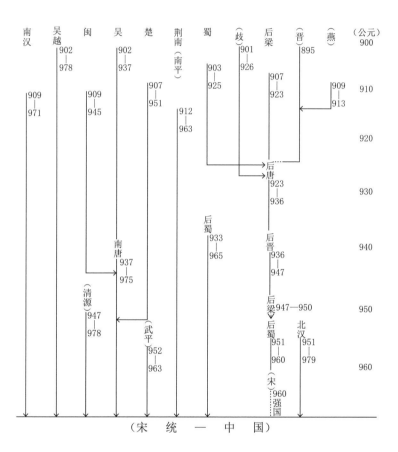

附表四
殷 代 官 制 简 表

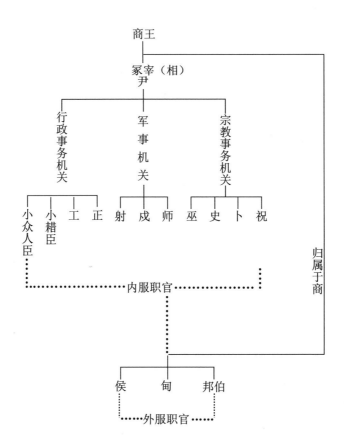

附表五
西 周 官 制 简 表

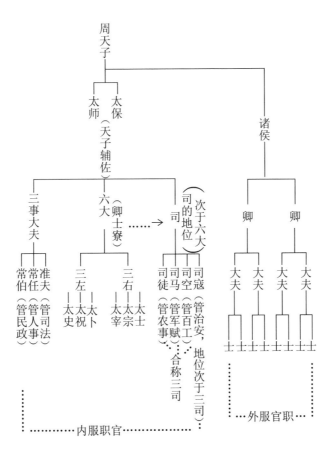

附表六
三国两晋南北朝中央政府机构

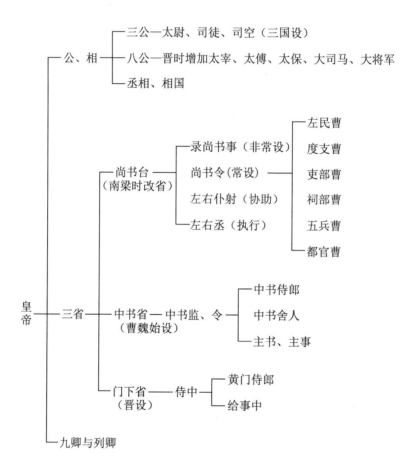

附表七
秦的中央政府机构

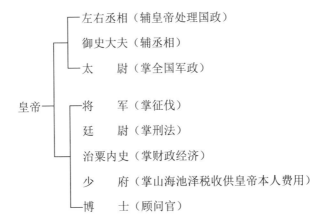

皇帝
- 左右丞相（辅皇帝处理国政）
- 御史大夫（辅丞相）
- 太　　尉（掌全国军政）
- 将　　军（掌征伐）
- 廷　　尉（掌刑法）
- 治粟内史（掌财政经济）
- 少　　府（掌山海池泽税收供皇帝本人费用）
- 博　　士（顾问官）

附表八
汉的中央政府机构

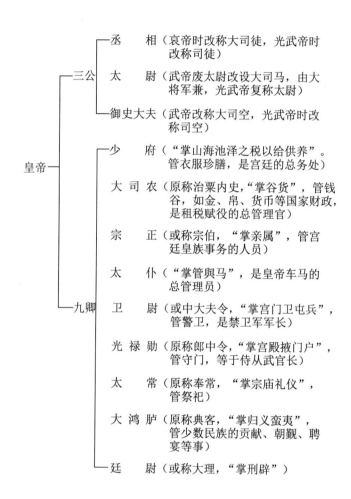

皇帝

三公
- 丞　　相（哀帝时改称大司徒，光武帝时改称司徒）
- 太　　尉（武帝废太尉改设大司马，由大将军兼，光武帝复称太尉）
- 御史大夫（武帝改称大司空，光武帝时改称司空）

九卿
- 少　　府（"掌山海池泽之税以给供养"。管衣服珍膳，是宫廷的总务处）
- 大 司 农（原称治粟内史，"掌谷货"，管钱谷，如金、帛、货币等国家财政，是租税赋役的总管理官）
- 宗　　正（或称宗伯，"掌亲属"，管宫廷皇族事务的人员）
- 太　　仆（"掌管舆马"，是皇帝车马的总管理员）
- 卫　　尉（或中大夫令，"掌宫门卫屯兵"，管警卫，是禁卫军军长）
- 光 禄 勋（原称郎中令，"掌宫殿掖门户"，管守门，等于侍从武官长）
- 太　　常（原称奉常，"掌宗庙礼仪"，管祭祀）
- 大 鸿 胪（原称典客，"掌归义蛮夷"，管少数民族的贡献、朝觐、聘宴等事）
- 廷　　尉（或称大理，"掌刑辟"）

附表九
隋的中央政府机构

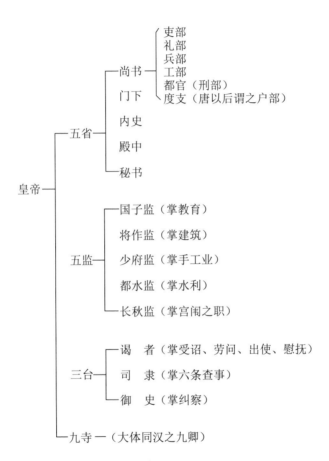

附表十
唐的中央政府机构

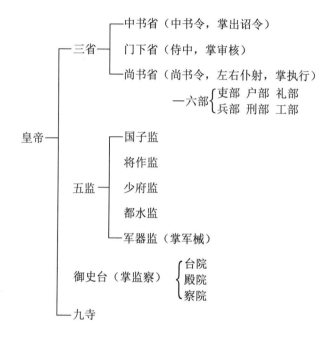

附表十一
宋的中央政府机构

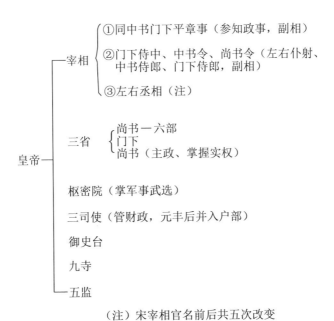

皇帝
- 宰相
  - ①同中书门下平章事（参知政事，副相）
  - ②门下侍中、中书令、尚书令（左右仆射、中书侍郎、门下侍郎，副相）
  - ③左右丞相（注）
- 三省
  - 尚书—六部
  - 门下
  - 尚书（主政、掌握实权）
- 枢密院（掌军事武选）
- 三司使（管财政，元丰后并入户部）
- 御史台
- 九寺
- 五监

（注）宋宰相官名前后共五次改变

附表十二
宋的中央政府机构

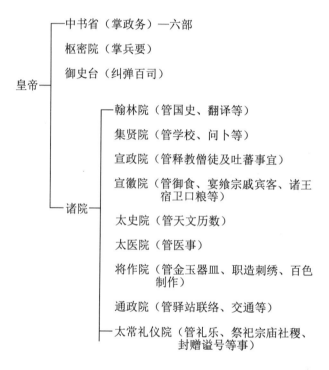

中书省（掌政务）—六部

枢密院（掌兵要）

御史台（纠弹百司）

皇帝

诸院

翰林院（管国史、翻译等）

集贤院（管学校、问卜等）

宣政院（管释教僧徒及吐蕃事宜）

宣徽院（管御食、宴飨宗戚宾客、诸王宿卫口粮等）

太史院（管天文历数）

太医院（管医事）

将作院（管金玉器皿、职造刺绣、百色制作）

通政院（管驿站联络、交通等）

太常礼仪院（管礼乐、祭祀宗庙社稷、封赠谥号等事）

附表十三
明的中央政府机构

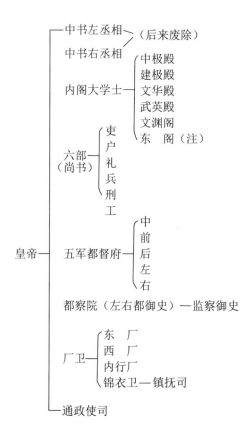

（注）（洪武初设殿阁大学士，只备顾问，至成祖才令其参
　　　预机务，于是有内阁之名。仁宗后，大学士专任票拟，
　　　事权益重，班次在六部之上，而尤重首揆，但以尚书
　　　为重，其署衔：某部尚书兼某殿阁大学士。）

附表十四
清的中央政府机构

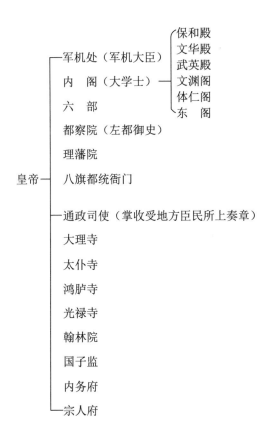

附表十五
秦汉以后历代地方行政区划沿革表（一）

朝 代	地　方　等　级			
	第 一 级	第 二 级	第 三 级	第 四 级
秦	郡（守）	县（令或长）		
汉	州（牧或刺史）	郡（守）	县（令或长）	
曹魏	州（刺史）	郡（太守）	县（令或长）	
晋	州（刺史）	郡（太守）	县（令或长）	
南北朝	州（刺史）	郡（太守）	县（令或长）	
隋	州（刺史）或郡（太守）	县（令）		
唐	道（巡察使）都督府（节度使）	州（刺史）或郡（太守）	县（令）	

附表十五
秦汉以后历代地方行政区划沿革表（二）

朝代	地 方 等 级			
	第 一 级	第 二 级	第 三 级	第 四 级
宋	路 ⎰经略安抚使 转 运 使 提刑按察使 提举常平使⎱	府（知府事） 州（知州事） 军（知军事） 监（知监事）	县（知县事）	
元	行省（丞相）	路 （达鲁噶齐总管） （注） 散府 （达鲁噶齐府尹）	州 （达鲁噶齐州尹） 属府 （达鲁噶齐府尹）	县 （达鲁噶齐县尹）
明	省 ⎰承宣布政使 按 察 使 都 指 挥 使⎱	府 （知府） 散州（知州）	县 （知县） 州（知州）	
清	总督 ⎱ 布政使 巡抚 ⎰ 按察使	道 ⎰分巡道 分守道⎱	府 （知府） 直隶州（知州）	县 （知县） 州（知州） 厅（同知或通判）

（注）达噜噶齐官名，蒙古语官长之义。又译为达鲁花赤。

附表十六
中国封建王朝律系表

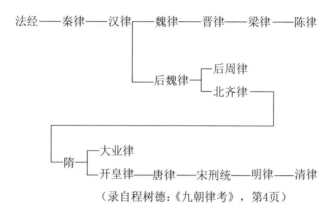

（录自程树德：《九朝律考》，第4页）

附表十七
中国历代封建王朝主要刑律篇目简表

朝代		律名	篇名
战国 （魏）		法 经	盗 贼 囚 捕 杂 具 律 律 律 律 律 律
汉		九 章 律	盗 贼 囚 捕 杂 具 户 兴 厩 律 律 律 律 律 律 律 律 律
曹 魏		新 律	刑 盗 劫 贼 诈 毁 告 系 断 请 名 律 略 律 伪 亡 劾 讯 狱 赎 擅 惊 偿 户 捕 囚 杂 免 兴 事 赃 律 律 律 律 坐
晋 朝		泰 始 律	刑 法 盗 贼 诈 请 告 捕 系 断 名 例 律 律 伪 赎 劾 律 讯 狱 杂 户 擅 毁 卫 水 厩 关 违 诸 律 律 兴 亡 宫 火 牧 市 制 侯
南 朝	宋	沿用晋律	
	齐	沿用晋律	
	梁	梁 律	篇目与晋律同，惟将诸侯一篇改为仓库，贼律改为贼判、请赎改为受赎
	陈	陈 律	篇目与梁律同

续表

朝代		律名	篇名
北 朝	后魏	后魏律	不可全考
	北齐	北齐律	名 禁 婚 擅 违 诈 斗 贼 捕 毁 厩 杂 例 卫 户 兴 制 伪 讼 盗 断 损 牧 律
	北周	后周律	刑 法 祀 朝 婚 户 水 兴 卫 市 斗 劫 贼 毁 违 关 诸 厩 杂 诈 名 例 享 会 姻 禁 火 缮 宫 廛 竞 盗 叛 亡 制 津 侯 牧 乱 伪 请 告 逃 系 断 求 言 亡 讯 狱
隋		开皇律	名 卫 职 户 厩 擅 盗 斗 诈 杂 捕 断 例 禁 制 婚 库 兴 贼 讼 伪 律 亡 狱
		大业律	名 卫 违 请 户 婚 擅 告 贼 盗 例 宫 制 赋 律 姻 兴 劾 律 律 斗 捕 仓 厩 关 杂 诈 断 律 亡 库 牧 市 律 伪 狱
唐		永徽律	篇目与隋开皇律同
宋		刑 统	篇目与隋开皇律同
元		元典章	诏 圣 朝 台 吏 户 吏 兵 刑 工 令 教 纲 纲 部 部 部 部 部 部
明		明 律	名 吏 (职公) 户 (户田婚仓课钱市) 例 律 (制式) 律 (役宅姻库程债廛) 礼 (祭仪) 兵 (宫军关厩邮) 刑 (贼人斗 律 (祀制) 律 (卫政津牧驿) 律 (盗命殴 骂诉受诈犯杂捕断) 工 (营河 詈讼赃伪奸犯亡狱) 律 (造防)
清		大清律例	篇目与明律同

附表十八
秦刑名简表

刑　名	备　考
榜　掠	《史记·李斯列传》："赵高治斯，榜掠千余，不胜痛，自诬服。"
鬼　薪	《史记·秦始皇本纪》：九年，"轻者为鬼薪"。注："集解"：应劭曰："取薪给宗庙，为鬼薪也。"如淳曰："律说，鬼薪作三岁。"
黥为城旦	《史记·秦始皇本纪》：三十四年，"令下三十日不烧，黥为城旦"。注："集解"：如淳曰："律说'论决为髡钳，输边筑长城，昼日司寇虏，夜暮筑长城。'城旦四岁刑。"
谪	《史记·秦始皇本纪》：三十三年，"徙谪实之"。注："索隐"："徙有罪而谪之……故汉七科，谪亦因于秦。"
籍　没	《史记·秦始皇本纪》：十二年，"自今以来，操国事不道如嫪毐、不韦者，籍其门，视此"。 注："索隐"："谓籍没其一门，皆为徒隶。"
连　坐	《史记·商君传》："相牧司连坐。"注："索隐"："牧司谓相纠发也。一家有罪，而九家连举发。如不纠举，则十家连坐。"
弃　市	《史记·秦始皇本纪》：三十四年，"有敢偶语诗书者，弃市"。
戮	《史记·秦始皇本纪》：元年，"六公子戮死于杜"。又"李斯列传"："公子十二人，僇死咸阳市。"
腰　斩	《史记·商君列传》："不告奸者腰斩。"
车　裂	《史记·秦本纪》："惠文君立，鞅亡。因以为反，而卒车裂以徇秦国。"
阬	《史记·秦始皇本纪》：三十五年，"于是使御史悉案问诸生"，"四百六十余人皆阬之咸阳"。
磔	《史记·蒙恬列传》："十公主矺死于杜。"注："索隐"："矺与磔同，磔谓裂其肢体而杀之"，又"始皇本纪"："二十年，荆轲刺秦王，秦王觉之。体解轲以徇。"
凿　颠	《汉书·刑法志》："秦用商鞅……增加肉刑、大辟，有凿颠、抽胁、镬烹之刑。"

续表

刑　　名	备　　　　　　考
抽　　胁	见上。
镬　　烹	见上。
戮　　尸	《史记·秦始皇本纪》：八年，"将军壁死，卒屯留蒲鶮反，戮其尸"。
枭　　首	《史记·秦始皇本纪》：九年，"毒等败走"。"二十人，皆枭首"。注："集解"："蠲，县首于木上曰枭。"
具 五 刑	《汉书·刑法志》："当三族者，皆先黥、劓、斩左右趾，笞杀之，枭其首，菹其骨肉于市，其诽谤詈诅者又先断舌。故谓之具五刑。"
族	《史记·秦始皇本纪》：三十四年，"以古非今者族"。"蒙恬列传"："公子高欲出奔，恐收族。"
夷 三 族	《史记·秦本纪》：文公二十年，"法初有三族之罪"。注："集解"：如淳曰："父族、母族、妻族也。"《汉书·高帝纪》：九年，"罪三族"。注：张宴曰："父母兄弟同产也。"

（录自邓之诚：《中华二千年史》卷一第 23-24 页）

附表十九
汉刑名简表

刑名	解　　　释	备　　　考
夷三族	父族、母族、妻族	《汉书·高祖纪》：九年十二月，"捕赵王敖下狱，诏敢有随王，罪三族"。
要斩		《汉书·隽不疑传》：一男子自称卫太子，坐诬罔要斩。
磔	谓张其尸	《汉书·景帝纪》：中元二年二月，"改磔曰弃市。"
弃市	杀之于市	同上。注：师古曰："取刑人于市，与众弃之也。"
腐刑	宫刑也。丈夫割势，不能生子，如腐木生实。又曰"下蚕室"。	同上。中元四年夏，"赦徒作阳陵者死罪；欲腐者许之"。
髡钳	髡。割须也。钳。以铁束颈也。	《汉书·高祖纪》：九年十二月，"郎中田叔、孟舒等十人自髡钳为王家奴"。
完	不加肉刑。髡鬓也。	《汉书·惠帝纪》："民年七十以上，若不满十岁，有罪刑者完之。"
城旦舂	旦起行治城。舂者，妇人不豫作徭，但舂作米。皆四岁刑也。	同上。"有罪当刑及当为城旦舂者。"
鬼薪白粲	取薪给宗庙为鬼薪。坐择米使正白为白粲。皆三岁刑也。	同上。"皆耐为鬼薪白粲。"
耐	耐与通。轻罪不至于髡。完其耐鬓。一岁为罚作。二岁刑以上为耐也。	《汉书·高祖纪》：八年，"春，令郎中有罪耐以上，请之。"
罚作	一岁刑	《汉书·文帝纪》注。
笞	先时笞背。景帝改笞臀。	《汉书·刑法志》。

附表二十
唐律中之五刑、十恶、八议

五刑

一、笞刑分五等，即：一十（赎铜一斤）；二十（赎铜二斤）；三十（赎铜三斤）；四十（赎铜四斤）；五十（赎铜五斤）

二、杖刑分五等，即：六十（赎铜六斤）；七十（赎铜七斤）；八十（赎铜八斤）；九十（赎铜九斤）；一百（赎铜十斤）。

三、徒刑分五等，即：一年（赎铜二十斤）；一年半（赎铜三十斤）；二年（赎铜四十斤）；二年半（赎铜五十斤）；三年（赎铜六十斤）。

四、流刑分三等，即：二千里（赎铜八十斤）；二千五百里（赎铜九十斤）；三千里（赎铜一百斤）。

五、死刑有两种，即绞、斩（赎铜一百二十斤）。

十恶

一、谋反（谋危社稷）。

二、谋大逆（谋毁宗庙、山陵及宫阙）。

三、谋叛（谋背国从伪）。

四、恶逆（殴及谋杀祖父母、父母，杀伯叔父母、姑、兄、姊、外祖父母、夫、夫之祖父母、父母者）。

五、不道（杀一家非死罪三人，支解人，造畜蛊毒、厌魅）。

六、大不敬（盗大祀神御之物，乘舆服御物，盗及伪造御宝，合和御药，误不如本方，及封题误，若造御膳，误犯食禁，御幸舟船，误不牢固，指斥乘舆，情理切害，及对捍制使，而无人臣之礼）。

七、不孝（告言、诅詈祖父母、父母；祖父母、父母在别籍异财；供养有阙；父母丧，身自嫁娶、作乐、释服从吉；闻祖父母、父母丧，匿不举哀；诈称祖父母、父母死）。

八、不睦（谋杀及卖缌麻以上亲；殴告夫及大功以上尊长、小功尊属）。

九、不义（杀本属府主、刺史、县令、见受业师；吏、卒杀本部五品以上官长，闻夫丧，匿不举哀、作乐、释服从吉及改嫁）。

十、内乱（奸小功以上亲、父祖妾及与和者）。

八议

一、议亲（皇帝袒免以上亲，太皇太后、皇太后缌麻以上亲，皇后小功以上亲）。

二、议故（故旧）。

三、议贤（有大德行）。

四、议能（有大才业）。

五、议功（有大功勋）。

六、议贵（职事官三品以上、散官二品以上，及爵一品者）。

七、议勤（有大勤劳）。

八、议宾（承先代之后为国宾者）。

附：简要注释

一、杀一家及死罪三人：在一家之中杀死三人，其中有一人应该死的，虽为死罪，但不列入十恶。或杀一家三人，但罪不至死，亦不列入十恶。

二、支解人：将人支解而死或死后支解者。

三、造畜蛊毒：制造毒药或以牲畜传染毒物害死人者。未害死者，虽有罪，但不入十恶。

四、厌魅：用邪法使人受尽痛苦而死。

五、缌麻：五服中最远的亲属。

六、大功、小功：均五服之一。

七、袒免：高祖同父的亲属。

中国国家与法的历史思考题

奴隶、封建社会部分

一、夏朝的奴隶制国家是怎样产生的？

二、从商、周国家机关和军队看商、周国家是奴隶主贵族对奴隶专政的工具。

三、商、周宗法分封的内容和实质。

四、从商的神权统治和周的制礼看统治者的统治手法。

五、中国奴隶制法的阶级本质。

六、中国奴隶制国家是怎样瓦解的？封建制国家是怎样建立起来的？两者在国家制度和法上有什么不同？

七、统一的专制主义中央集权国家建立的原因。

八、如何理解秦汉时期郡县制和封国制之间的斗争？

九、汉朝建立了哪些选拔、培养官僚的制度？它的主要精神是什么？

十、秦汉军队的制度和作用。

十一、秦汉法的基本内容，汉初宽减刑罚的实质。

十二、魏晋以来建立三省制的原因和基本内容。

十三、三国两晋南北朝时期形成长期割据局面的原因。

十四、九品中正制的产生原因、基本内容和所起的作用。

十五、西魏和北周的府兵制。

十六、三国两晋南北朝法律的主要特征。

十七、唐朝国家制度与法完备的主要原因。

十八、隋唐中央机关的发展。

十九、隋唐科举制度的基本内容，它对地主政权的作用。

二十、唐朝采用府兵制的原因、府兵制对唐国家的作用。

二十一、唐律的基本内容和特点，如何理解唐律是封建法的典型？

二十二、两宋统治的基本方针政策。为什么采取这些方针政策？

二十三、宋朝防止地方势力增强的主要措施有哪些？

二十四、宋朝在军事制度方面怎样加强中央集权？

二十五、宋朝任官制度的特点。

二十六、元国家制度和法怎样体现民族压迫的特色？它的实质为什么是阶级压迫？

二十七、明朝实行极端专制主义中央集权的原因。

二十八、明清中央国家机关有哪些主要变化和发展？

二十九、明朝卫所兵及其作用。

三十、明朝特务政治发展的原因，特务组织的活动及其反动性。

三十一、清朝国家制度方面民族压迫的表现和实质。

三十二、明清的法有哪些特点？

曾炳钧文集

下部

主　编　曾尔恕

副主编　白　晟　张琮军

中国政法大学出版社

2022·北京

下部目录

译 著

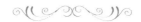

当代世界政治理论*

---

* 本译著在编入本文集时有删减。——编者

附　录

译

著

当代世界政治理论 *

[美] 爱·麦·伯恩斯　著

曾炳钧　译

---

　　* 《当代世界政治理论》(*The Political Theories of the Contemporary World*，W. W. Norton & Company. INC.，New York，1960)，曾炳钧译，商务印书馆1983年版。

原版说明

　　二十世纪是形形色色的政治思想层出不穷的世纪。从这个世纪已经过去的大半时期来看，由当权人物执行的政策而产生的政治理论固然相当多，在哲学家、法学家、经济学家、文学家乃至社会学家、人类学家和心理学家等的影响下而得到发展的政治理论也不少。这些政治理论大多已有专著分别加以论述，但把它们综合起来加以阐述的著作为数尚少，本书则是其中之一。

　　本书原名《冲突中的各种思想：当代世界各派政治理论》。作者爱德华·麦克纳尔·伯恩斯是美国历史学家和政治学家，在美国一些大学从事教学和研究工作多年，著有关于世界文明、西方文明以及政治思想的著作多种。伯恩斯擅长从广阔的哲学观点研究历史学和政治学，他在本书中把二十世纪作为一个特殊的范畴来加以考察，将这个世纪世界各派政治理论代表人物的生平作了扼要的介绍，并对他们的政治理论进行了阐释、分析和比较，同时还论述到十九世纪甚至更早时期的政治思想史，范围广泛，论述概括，提供了比较丰富的资料；这对了解和研究当代各派政治理论的基本内容和特点有一定的参考价值。

　　作者声称，他"不是为了维护任何论点或任何政治学派而写本书的"。实际上，作者并不能掩饰其对资产阶级民主自由的偏爱，甚至从其论述中不难嗅出一些宗教气息。他强调"宽容和自由的价值"，认为本世纪出现各种各样的政治派别是这个世界"思想基本健全的标志"，对各派政治理论则进行西方学者惯常的分类，这些都表明了作者的阶级局限性。至于对马克思主义，书中当然更不可能作出正确的阐释。

原版前言

　　本书的目的是要概括和诠释大约 1900 年到现在的主要政治学说和思想运动。为了比较或者分析或者开阔眼界，不得不上溯到 19 世纪甚至更早时期，但本书的时间范围基本上是 20 世纪。这样短促的一段时期，似乎是思想史中一个小小的切片，但这在很大程度上是由于我们还处在这个时期里。我们不把我们自己的时代看作历史，我们也不停下来想一想我们这个世纪早已过了一半并已有值得注意的成就。很明显，并不是每半个世纪的时期都在政治思想史上很丰富，足以构成用一本书来阐释和分析的理由，但是有几个这样的时期已经受到这种考验。柏拉图和亚里士多德时期就是一个例子。霍布斯、哈林顿、西德尼、洛克的时代又是一个例子。威廉·邓宁在其关于希腊以来的政治思想的著名三卷集中，使第三卷只包括卢梭到斯宾塞不到一世纪的时期。威廉·戴维森认为从边沁到约翰·斯图尔特·米尔这段时期也足够写一本篇幅颇大的书。

　　未来的历史学家回顾 20 世纪时完全有可能认为，它在人类历史上是最关键的一个世纪。毫无疑问，他们将为它编造一些简明的特点，称它为世界冲突时代、革命运动和反革命运动时代、思想意识竞赛时代，或者，更简单些，称苦恼时代。它不仅可以用所有这一切说法来加以形容，而且还可以加上许许多多。由于是一个多难时期，它可以异乎寻常地产生多种政治思想。大多数政治学说从来就是在混乱和冲突中诞生的。比如，我们可以引证古代中国的战国时代、古希腊城市国家的崩溃时代、近代的 17 世纪和 18 世纪以及美国历史上所谓关键时期的成就。不过，要假定每个危机时期都会有高度的政治思维，那是错误的。罗马帝国在逐渐衰亡的一些世纪里就并没有多少这类成就。事实很清楚，多难时期必须不是一个绝望时期、意气消沉时期，或者从现实世界向消极领域逃避和向另一个世界逃避的时期。我们这个世纪到目前为止以这样活跃的程度参加思想意识的冲突，鼓励政治问题的新观点和新研究方法，这一事实便是思想基本健全的标志。不管悲观主义的乌云如何围绕着我们，我们中间的大多数人显然还有信心认为终究会找到补救和解决的方法。这种以知识和理解为依据的信心是取得卓越成就的先决条件。

20世纪一大部分政治学说并不是政治学家的创作。其中有许多是从实际当权人物——无论是政治家或江湖骗子——的政策中产生出来的。也有一些是由于下列一些人而得到了发展，如杜威和罗素等哲学家，霍布森和海克等经济学家，维贝尔和杜尔克姆等社会学家，弗洛伊德和弗罗姆等心理学家，埃利奥特和赫胥黎等文学家，甚至帕雷托和索列尔等工程师。但上述情况并非20世纪所特有。政治学说从来都是来自各种各样的泉源。亚里士多德是生物学家和哲学家，约翰·洛克是内科医生，孟德斯鸠是法官，卢梭是散文和小说作家，斯宾塞是工程师和发明家，约翰·密尔是英国东印度公司的高级官员。政治学说从来就是由其他知识部门育种和滋养的。由于各门科学之间的界限变得愈来愈模糊，这种情况在20世纪也就变得愈来愈多。现在，要让一个人类学家或经济学家来作出政治上的理论判断，同让一个政治学家来作这样的判断几乎是一样合乎逻辑的。

本书并不是为了维护任何论点或任何政治学说而写的。不过，如果作者装作没有一点看法，那是愚蠢的。他看到当代世界为理论冲突所分裂，这种冲突似乎变得一年比一年尖锐。这种冲突和人们所熟知的民主制度与极权主义之间的两极化并没有必然的关系，它产生于更广泛的分歧。一方面是这样一些哲学，它们对于人性采取乐观的看法，承认进步的可能性，接受转变的普遍性，欢迎调查实验，视之为知识源泉，并且强调宽容和自由的价值。另一方面是一些悲观主义的哲学，它们糟蹋人性，否认凭借人的努力而获得进步的可能性，反对科学，视之为虚妄的救世主，美化传统和权威，并且赞美高压胁迫是社会不可缺少的手段。本书作者毫不迟疑地站在前一类哲学的立场上。

如果没有许许多多人的帮助和建议，这本书就不可能完成；没有什么赞赏的言辞可以充分反映他们所做的工作。作者最感激的是同事尤金·米汉博士，这位同事字斟句酌地审阅了全部原稿，提出了细致的修改意见，大大提高了本书的质量。作者还要感谢道格拉斯学院的尼尔·麦克唐纳教授和以前在斯坦福大学后来任纽约大学应用社会研究中心所长的艾尔弗雷德·德格拉齐亚博士，他们二位都审阅了大约 1/3 的篇章并提出了有价值的修改意见。其他读过部分原稿或者就原稿提出有创见的建议的有拉特格斯大学的本杰明·贝克、西德尼·拉特纳、诺曼·斯坦普斯和亨利·温克勒教授及伊利湖学院的菲利普·拉尔夫。道格拉斯学院的爱德华·坦南鲍姆教授就法国的整体民族主义提供了有用的资料。特别感谢拉特格斯大学研究学会提供基金，接连几年请了两位研究助手森诺·白夫人和克努德·拉斯马森先生协助收集事实材料和参考书目并核对资料来源。作者特别感激第二位助手拉斯马森先生在完成职责以外的工作方面表现出的兴趣和热情。还有些研究人员作出了超过他们可能作出的贡献，特别是参加作者讨论会或为讨论会宣读论文的研究人员。在这方面，夏洛特·韦尔弗里茨夫人提供了关于存在主义的材料，马丁·伯恩巴赫和约瑟夫·汉普顿博士分别对了解新弗洛伊德派和让—保罗·萨特的政治哲学作出了贡献，作者特此表示谢忱。对于拉特格斯图书馆工作人员的工作，特别是参考部成员在核实材料和回答问题方面认真而有效地满足要求，也应在此表示谢意。最后，作者如果不感谢他的妻子的辛勤劳动，那就太疏忽大意了，她打出打字稿，校对清样，核对资料来源并编制索引；此外还应当感谢她的忠心、忍耐和自我牺牲。没有她作出的贡献，本书就不可能写成。

新泽西州新不伦瑞克

爱德华·麦克纳尔·伯恩斯

第一编　自由与民主学说

第一章　民主主义的高潮

在 20 世纪初，似乎没有任何政治理想比民主的理想更为深入人心。在大多数资产阶级的自由主义者、知识分子和社会主义者中间，民主的理想被奉为福音教义。坚持反对它的看来只是一些死硬的保守派、心怀愤懑的冷嘲派以及顽固维护直接行动的人们。自从十七八世纪几次伟大的革命以来，在所有对专制主义和封建主义的残余——它们在许多国家还阻碍着进步——感到不满的人们中，民主的理想已被当作一种教义而接受了下来。当时对于民主的信念如此强烈，以致即使在西班牙、俄罗斯和土耳其这样一些落后的国家里，它也取得了若干进展。法国在 19 世纪接连经历了好几次革命，每次革命都伴随着旨在扩大民主的宪政改革。虽然英国是"通过同意"而不是通过暴力来完成它的多次革命的，但这些革命在推进民主运动方面还是很有成效。当时美国的运动走得最遥远最极端。它把大部分职务定为由人民选任，实行轮流任职的政策，在 19 世纪和 20 世纪之间，它并已采用创制、复决和罢免等直接民主方法。

一、黄金时代的先知

很少有别的词汇比民主这个词汇所被赋予的定义更混乱更多样化的了。按字义说，它几乎意味着一切人可以做一切事情。有一个故事谈到一个巴拉圭外交官新到美国时所遭遇的困难。他观察到他所出使的国家的境况，又听到人们称许民主是导致这种境况的源泉和感召力量。他深深地感到困惑，因为他曾经被引导相信：民主就像"我们巴拉圭的情况那样"。实际上，政治民主在整个历史上获得了两重主要含义。一方面，它主要意味着一套以多数统治原则为依据的政府制度。在这个意义上，它和人民的声音即上帝的声音这一观念一直是同义语。在表达这一声音时，多数的意志是至高无上的，而且是分辨政治是非的最高裁判者。少数总是错误的。除生存的权利和争取变为多数的权利以外，少数不能要求任何权利来与多数对抗。这就是被卢梭所发展的民主概念，它也基本上是民主党杰克逊及其在美国的许多追随者的理论。

但是，民主还有一个较广义的意义。这个意义最初是由斯多亚派提出的，经过约翰·洛克的阐释而更加明确和具体。在这个广义的意义上，民主几乎与一些作家所说的自由主义等同起来。这就是说，它是基于确信这样一点：一切权力都有危险性，因此，唯一公道的政府只能是一个权力有限的政府。多数人的绝对主权并不比专制君主的或贵族统治的绝对权力更加可以信赖。为了使少数人和个人得到保护，一切政府都必须受到制约和限制。这些限制部分地采取机械的方法来防止滥用权力，但主要还在于保障公民和个人的权利：洛克把这些权利看作是自然法中的基本组成部分；约翰·斯图尔特·密尔把它们看作文明进步所绝对需要的特权；其他人则把它们看作维护人的尊严所必不可少的，或者认为它们是由于人是人而不是禽兽这一事实而使人具有的属性。大凡属于这种类型的民主，关切较多的是自由而不是秩序；它关切个人尊严的程度至少和它关切社会公益的程度一样。

大约 1900 年到 1918 年这一段时间，可以说是民主政治的黄金时代。在这段时间里，一般说来，民主制度是从上面所讲的第一种观点来设想的。多数统治被公认为历来所有的政治组织中最好的形式。民主制度假如说有什么缺陷的话，那都是可以治疗的，但治疗的方法不是采取某种相反制度中的一些因素，而是发扬更多的民主。这就是詹姆斯·布赖斯（1838—1922）、劳伦斯·洛厄尔（1859—1943）和戴塞（1855—1922）等著名人士在他们的著作中有力地表达出来的看法。布赖斯在他那个时代是美国公民心目中一位最受崇敬的英国人。他在议会里长期工作和在牛津大学任民法教授之后，以 1907 年至 1912 年出任驻美大使而达到他毕生事业的顶峰。他 1888 年出版了《美国共和政治》（*The American Common Wealth*），1921 年出版了论述更加透彻的《近代民主政治》。他对民主政治所下的定义是"一种由多数有资格的公民的意志实行统治的政治制度……"[1]他自己几乎没有在什么地方关心到个人的基本权利。虽然他曾劝告民主国家要珍视自由，把自由看作"一种赋予生命的精神"，但他并没有说自由能够自动限制政府的权力。他在《美国共和政

---

[1]《近代民主政治》（第 1 卷），纽约麦克米伦公司 1921 年版，第 22 页。

治》中用了一章的篇幅讨论"多数的专制",但他的目的主要在于斥责阿列克西斯·德·托克维尔的门徒们在并无神怪的地方见神见怪。依照布赖斯的看法,多数主权原则并不是美国制度的污点,甚至它的西部城镇也是自由的乐土。就整个美国来说,很难想象人们还可以有更完全的自由在法律的广阔范围内发表个人的意见和按照个人的意愿采取行动。[1]

在布赖斯勋爵的哲学中,最重要的考虑是如何才能使人民的统治更完善和更有效。他相信这一点,虽然他有一种贬低人类的似乎矛盾的倾向。他认为群众是懒惰而被动的,他说:"给予他们什么,他们便甘愿接受什么,因为他们除了接受便再没有什么可做的。"[2]他承认有一种寡头政治的铁律。这一铁律将永远堵塞众人实际管理政府的通路。不过在民主制度的结构下,这种少数统治绝不是由一种凭资财或门第的寡头来进行统治,而是由那些在品质和机会上得天独厚的人来进行统治。此外,人民手里还将始终保持最关紧要的三种必要的职能:他们能够规定政府的目的;他们能够选择政府的领袖;他们能够反抗以致挫败官吏计划要采取的政策。有时他们甚至能够提出替换的政策,并使这种政策得到采纳。因此,政府虽然可能不是"民治的",但它常常能够是"民享的"。[3]

至于用什么方法才能使人民的主权尽量接近现实,布赖斯只能提出有限的建议。一个建议是更好地教育群众。他断言提供教导是必须的,因为每个人都必须有机会最好地发挥其天赋的才能。但仅有知识是不够的。头脑里塞满了事实而在如何作出判断进行思考上没有经受过训练的人同完全没有受过教导的人相比,在担负公民义务方面并不具备较好的条件。从这样一个结论出发,这位知名的英国人便顺理成章地转到了他的第二个具体建议,即主张复兴一种近似美国新英格兰州城镇选民大会的做法。他声称这一制度具有巨大的优点,能鼓舞公民对社会事务发生兴趣,通过经常讨论了解社会的需要,并学习了解人和判断人。

布赖斯勋爵毫不犹疑地提出了一些民主方案,虽然他的许多同行并不认为这些方案是值得尊重的。方案中显著的一项是坦率地承认政党政治。当然,

---

〔1〕《美国共和政治》(第2卷),纽约麦克米伦公司1922年版,第242~243页。

〔2〕《历史和法学研究》(*Studies In History and Jurisprudence*),纽约牛津大学出版社1901年版,第469页。

〔3〕《近代民主政治》(第2卷),纽约麦克米伦公司1921年版,第550页。

他希望不要堕落到多党制度。他惋惜"劳工"政党的成长，他天真地设想，这些劳工政党比一些较老的和较正统的敌对党派更加强调一个阶级的利益。然而，在他看来，政党制是不可避免的，还没有人说明代议制政府在没有政党的条件下怎么能够运转。很少有人认真考虑任何切身利益以外的问题。因此，假如没有政党把问题提出来，促使人们讨论问题，并引导人们表示同意或反对，那么，公众舆论便将流于空泛而不起作用。政党使国民的思想保持活跃，使事物摆脱混乱而趋于条理化。在议会制政府下——布赖斯对议会制政府一般是赞成的——尤其需要政党。否则，内阁部长们将无法及早知道是否有机会使立法机关通过他们的提案。如果得不到议会内有纪律的协调一致的政党的支持，内阁便只能是五日京兆，没有长期掌权的保证。

布赖斯不仅赞成政党政治，甚至也赞成某些形式的直接民主制度。他不喜欢创制立法制，因为创制立法的提案常常起草仓促因而内容混乱，因为这种提案往往也包含狂妄或不够慎重的想法。不过，他认为，如果要求提案人在起草以前取得法律专家的协助，创制立法是可以做得相当成功的。布赖斯在维护复决制方面说了许多话。他赞美复决制，特别把它看作是在政治上进行实际教育的一个无与伦比的工具。因为它迫使公民思考和分析问题并自问自答，这个提案在原则上是健全的吗？它行得通吗？布赖斯似乎没有想到很少投票人喜欢作这样广泛的推敲。在面对着不是最简单的立法提案时，许多人投票赞成或反对都是出于盲目，正和他们按照政党标签投票或对不知名的人竞选不显要的职位进行投票一样。

如果期望一个像布赖斯这样敏锐的观察家，毫无条件地接受民主制度，那是过奢了。首先，他认为民主制度不是适合一切民族的政治制度。它对俄罗斯、土耳其都是不适宜的，对印度当然也不适宜。他争辩说，这些国家的居民甚至不需要有自治；他们只不过怨恨统治他们的人施加于他们的真实的或想象的压迫。但是，即使在政治上最先进的国家，民主制度也远未达到完善的地步。它未能在世界各民族中间树立一种兄弟感，从而消灭民族主义的弊害。它没有拔除阶级战争的魔怪或消除革命的危险。它没有使政治纯洁化，或使政治有尊严些，或根除贪污。它没有罗致质量最高的领导或足够的最聪明的人才来为国家服务。不过，虽然有这些不足之处，以多数意志为基础的政治制度还是一定会盛行起来的。"因为接受它的决定是代替使用武力的唯一办法。"无论对民主制度可能进行的指责如何严重，民主制度的朋友总可以回

答说，"你能提供什么更好的选择吗？"〔1〕

劳伦斯·洛厄尔是民主的黄金时代三位早期倡导者中的第二人。他生于19世纪中期略后几年，毕生在波士顿的上层社会度过。他从哈佛大学毕业后，从事法律研究和律师事务长达20年。1897年他回母校任政治学讲师，1900年升为教授，1909年任该校校长。他担任校长职务达24年之久。1889年他的第一部著作《政治学论丛》（*Essays on Government*）出版，1913年他的较有名的《公意与平民政府》（*Public Opinion and Popular Government*）出版。

乍看起来，洛厄尔似乎是民主制度一个犹疑不定的维护者。他在《政治学论丛》中的论述好像认为政府的职能应该主要限于消极的措施方面。现有法律太多，对人民的事业心和主动精神也干扰得太多。他赞赏美国的宪法及其对立法的所有限制。他特别称颂最高法院在防止多数侵犯少数的神圣权利方面所具有的权威。他惋惜社会主义和父权主义的增长，这种增长表现在甚至对个人私德也加以规定的倾向中。他认为君主不像多数人掌权那样对一国民众实行横暴的专制。他承认君主受公众舆论的约束，也为担心叛乱的心理所限制。"而一个民众的多数或者一个拥有绝对权力的代表大会，由于本身便是公意机关，除了它的成员所投的票以外，它就没有什么要考虑的了。"〔2〕

不过，照洛厄尔的情况来说，他属于民主主义倡导者前列中的一员，这是无可怀疑的。他把民主制度和私人权利的神圣性区别开来，把它们看作相互独立的原则，如果不是不相协调的原则的话。照他的定义，从政治方面说，民主制度是"由人民大众行使权力的平民政治"。〔3〕他在后来写的著作中没有谴责多数主权，但他的描述方法抛弃了它原来的许多意义。当他说到多数主权的时候，他指的不是数目上的多数，而是有效的多数。照他的概念，有效的多数是这样一批人，他们对于政府组织的宗旨和目标有一致的见解，而且由于深信他们的主张应该获得胜利而联合在一起。为了使他们的意见能够有效地贯彻，他们必须构成公民的大部分。但是光靠人数并不能拥有统治权威，没有共同利益或共同目标的一大群公民，不能简单地由于暂时依附一个胜利的政党而拥有控制政府的权力。因为这个理由，洛厄尔主张限制入境移民，以排除不易同化的异族分子。他认为全部人口都能有共同的目标和愿望，

---

〔1〕《近代民主政治》（第2卷），纽约麦克米伦公司1921年版，第390页、第608页。

〔2〕《政治学论丛》，波士顿霍顿·米夫林公司1889年版，第66页。

〔3〕《公意与平民政府》，纽约朗曼斯公司1913年版，第57页。

都能有共同的政治传统，那将是可取的。他宣称，"缺乏质的统一，一个民族可能是伟大的，但它很难成为一个成功的民主国家"。[1]

洛厄尔对民主理论的两项最重要的贡献，无疑是他坚持专家在政府里的重要性和他对政党任务的想象。他争辩说，保持罗马帝国国祚长久并使它的影响能够远播的主要因素，在于古罗马充分使用了有训练的官吏。他认为在现代政府里，这种需要更大。他指出，我们不再假定，一个人由于作为农业家或工业制造家得到成功就因而有资格经营一个银行或管理一条铁路。有什么更好的理由使我们假定一个没有训练的政客有能力来管理财政、指导教育或者净化一个大城市的用水呢？照他解释，这并不意味着主要行政长官和各部首脑都必须是专家。但这的确意味着他们的主要下属官员必须从有教育的文官人员中挑选。他认为，可惜的是美国竟成了唯一的这么一个大国，它拥有平民的政府，却没有受过与其工作相适应的专门训练的常务副部长。关于政党作为说明问题所在和引导舆论的工具的重要性，洛厄尔和布赖斯的意见是一致的。除此以外，他还把政党看作稳定的势力。他认为政党基本上是保守的，其作用是遏制政治上发生变化莫测的事情，在极端之间保持平衡。把一个议会划分成有组织的若干政党，这就使它不易受煽动家的蛊惑性宣传。同样，一个有组织的反对派继续存在，也是对专制主义的一种抑制。

洛厄尔和布赖斯一样，敏锐地觉察到民主政治的缺陷，他也一样地乐观，认为补救的方法是可以应用成功的。他觉得民主政治的倡议人习惯于进行过多地尝试，期望延长民众的统治来达到千年盛世。这一点在他们提倡直接立法、轮流任职制和直接预选制时表现得特别明显。对洛厄尔来说，这些做法似乎基于群众无所不知这一假定。他还指出，他那个时代的代议制度有些方面是很不理想的。他承认人们对议会越来越不信任，他把这种情况归咎于议员们把社会利益从属于地方政治的倾向，结果形成同恶相济的分赃立法。每一议员认为自己的职能是充当自己选区的使者，是为自己选区从国库里尽量骗取经费以建立尽可能多的水坝和邮局。洛厄尔相信，最好的补救方法是废除私人提案制度。他说，美国是把本来只影响地方的问题投入全国立法旋涡的唯一国家。在欧洲大陆上，这类问题被看作行政事务，因此是由行政部门决定的事。在英国，这类问题必须通过特殊程序，这种程序和用于公共法案

---

[1]《公意与平民政府》，纽约朗曼斯公司1913年版，第36页。

的程序完全不同。虽然洛厄尔没有指名提出有限选举制，但他肯定赞同这种选举制的目标。他相信如果需要选民投票来选举的人不那么多，国家的官吏将会提高质量。他的态度被归纳为这样一句格言："你需要技术时，任命；你需要代表时，选举。"[1]

20 世纪民主制度的早期著名倡导者的第三人是戴塞。同布赖斯或洛厄尔比较，戴塞在民主理论的创造方面贡献较少。他在三人中也是最偏重于法制主义的。他毕业于牛津的巴利奥尔学院，1863 年在伦敦加入内寺法律社，从事法律教育和律师事务几达六十年。他是第一个澄清大英宪法的"惯例"，特别是英国内阁制所依据的"惯例"的法学家。但是，有一种怪癖成为他的大部分生平的特点。他对英国政治的各种新倾向一般不表同情，他带着有偏见的眼光看待人性。他断言，人是模仿性的生物，对发现错误漠不关心，过去怠惰，所以不肯耗费精力去追求真理。而发明和创见是"最罕见的才能"。[2]此外，他对立宪政治的评论夹杂了一些基本上与民主理想不相容的教义。首先，他是一个历史决定论者。按照他的看法，19 世纪的一些大改革并不是由于更加开明或对群众困苦更加同情，而是由于历史条件发生了变化。第二，他采取了一种"文化落后"的论点。他说，立法者保持着青年时期所养成的成见和思想习惯。因此，当他们立法的时候，他们所贯彻的是只适合于过去二三十年的观念。由于这个原因，也就常常发生这样的事情：当一个理想或一种意见的力量早已消失，它在社会上早已经变成陈腐的东西时，它才被定为法律。

最后，应当注意到，戴塞在他的著作里极力突出政治中的非理性因素，强调他所谓的"本能的赞颂"或者"感情的赞颂"。他认为这一点表现为英国人民在 19 世纪与 20 世纪之交所获得的帝国伟大感。这种情感带领他们度过了布尔战争，给他们倾注了一种用理性主义者的词句不能解释的新精神。它使这样一种理论有可能容易得到接受，即小国时代已经过去，大帝国有必要维护自由社会。

不过，如果认为戴塞在多么大的程度上是反民主的，那就错了。再没有什么人对舆论的力量阐释得更能使人信服的了。事实上，他几乎走向极端，把每一个政府都描绘为基本上是民主的，因为他坚持说，任何一个统治者的

---

[1]《公意与平民政府》，纽约朗曼斯公司 1913 年版，第 260~261 页。
[2]《英格兰的法律和舆论》（*Law and Opinion in England*），伦敦麦克米伦公司 1905 年版，第 436 页。

权威不管看来多么有力，归根到底总是要靠人民的支持。他同意大卫·休谟的这一说法："力量总是在被统治者一边。"此外，他只赞扬英国的议会制。按照他的想法，在法律至上的原则下，英国议会制把贯彻多数意志和保障个人权利完善地结合起来了。他发现，这是因为"议会只能通过议会的法说话"，而议会的法立即变成要经司法解释的东西。而由于法官们训练有素，他们又总是按照过去流传下来的伟大的自由传统来作出解释。[1]或许首先戴塞赞美民主制度是由于它所发生的保守影响。虽然民主制度的机构对于迅速变革提供了便利，他相信群众对彻底革新是抱怀疑态度的。他认为，意味深长的事实是，英国国教在 1904 年所占据的地位比一百年前还牢固些，而贵族的传统一般来说仍然是根深蒂固的。

二、进步党的民主

如果有任何一个运动可以概括说明民主制度的黄金时代，那就是 1905 年至 1924 年美国盛行的进步党运动。诚然，它在当时不是完全新颖的或者创新的。这一运动从 19 世纪 90 年代美国民粹主义者那里已经发出震撼的响声。他们主张直接选举美国参议员，主张建立创制、复决和罢免制度，直接预选制，分级累进所得税，铁路、电报和电话收归国有。他们的杰出代言人威廉·詹宁斯·布莱恩发展了一个实际上等于是多数拥有神圣权利的民主概念。在他看来，群众所要求的是政治和道德权利要有无可非议的标准。后来在 1926 年斯科普斯进化问题的审判案上，[2]他发展了他对群众主权的信条，把科学领域也包括了进去。

除自由铸造银币理论以外，进步党人差不多采纳了美国民粹主义者的一切主张。但是这两个运动的性质根本不同。美国民粹主义只在美国中西部和南部流行，进步主义则传播到美国南部以外的每一地区。美国民粹主义的阶级基础在农村；进步主义的阶级基础则更为广阔。它是各种不满的结晶，这种不满不仅发自农民，而且来自一些世家、小城市居民、律师、教士和知识分子等各种人的混杂集合体。这些人感到那些鄙俗的猪肉包装商人，铁路大

---

[1] 《宪法的法律》(*The Law of the Constitution*)，伦敦麦克米伦公司 1893 年版，第 335 页。

[2] 指 1925 年美国田纳西州代顿一位教生物学的教师约翰·斯科普斯被控违反州法规在公立学校讲进化论一案，当时形成两派，引起轰动。斯科普斯被判有罪，罚款一百美元。后来田纳西州最高法院以技术原因搁置罚款处分。——译者

亨和煤炭、石油及钢铁大王等的财势剥夺了自己的地位。进步党人除了从民粹主义者那里继承过来一些理论之外，还有自己的具有重要意义的新理论。他们赞成比民粹主义者的建议更为有力的汉密尔顿主义中的因素。在进步党人看来，国家不是一个不可避免的罪恶，而是在增进繁荣、提高生活水平和促进美好生活等公共福利方面的一个有力的工具。更具体的是他们要求限制垄断；禁止童工；对疾病、失业和工业灾害实行保险；有养老金；有禁止贪污行为的立法；削减法院权力作为加强代议制政府的手段；实行市自治以使市脱离州立法院贪婪的钳制。还有一些领导人醉心于亨利·乔治主张对地产的无劳增值实行单一税的想法。还有很多人主张主要官员选举制及比例代表制。他们赞美前者可以减轻选民的负担，因而使选民的抉择更明智。他们维护比例代表制带着这样一种希望，即比例代表制会削弱因循守旧的政党，而使像他们自己那样明智的政治超然派在政府中得到与他们的投票力量相当的发言权。

进步党的杰出人物散布在美国社会生活的各个方面：参议员如罗伯特·拉福莱特、乔治·诺里斯、威廉·博拉和希拉姆·约翰逊；州长如约瑟夫·福克和查尔斯·埃文斯·休斯；市政改革家如汤姆·约翰逊、弗雷德里克·豪和林肯·斯特芬斯；教育家如威斯康辛的查尔斯·范·海斯和斯坦福的戴维·斯塔尔·乔丹；参加文化运动的人物如哲学家约翰·杜威、《新共和》(*The New Republic*) 编者赫伯特·克罗利和沃尔特·韦尔；以及伍德罗·威尔逊总统。还必须提到西奥多·罗斯福，这不仅因为运动达到最高潮的时候，他是进步党提名的总统候选人，还因为他为进步主义的理论体系贡献了撤销司法判决的主意。不过，在发展进步党大部分理论上值得称赞的两位领袖或许是拉福莱特和威尔逊。

拉福莱特 1855 年生于威斯康辛州丹恩县的一间小木房里。他最初是穷困的拓荒者，后来到 1901 年成为该州州长。四年后他被选入联邦参议院，并三度连选连任。1912 年他为使西奥多·罗斯福获选为进步党总统候选人而让路，1924 年他终于成为复兴的进步党的旗手。虽然他大力进行了竞选活动，并获得选票总数的六分之一，但他的健康经受不住这种紧张而于次年逝世。

拉福莱特的民主理想基于他对人民的道德智慧非常信任。有时他说，似乎普通人的常识就可以满足政府的全部需要；但是在他那一般称为"威斯康辛计划"的纲领中，他好像又同这种说法矛盾，因为他坚持该州大学的才智要为州的立法机关及各种行政机关服务。不过，还是人民才能从贪污的党魁们那里和从罪恶的政党组织那里把政府拯救出来。照他的看法，一切改革的最高目的在于恢复选民对政府官吏的完全控制。为了做到这一点，必须采取许多措施。第一，包括联邦法官在内的一切职务都必须经过选举。第二，司法复核的权力〔1〕必须废除，或者最低限度也必须大为削减。第三，创制、复决、罢免权的行使应不限于州和地方的范围，在联邦范围内也必须适用。第四，无论多么激进和非常规的意见，都应容许有无限制的讨论和传播自由。他主张把最后这一点不作为公民的自然权利，而作为防止爆炸所必不可少的安全哨。他争辩说，坏思想是"不能在野外的空气里或无拘束的自由讨论阳光下生存的。但是如果你要设法压制它们，如果你迫使它们钻入地下道，如果你把它们置于不能给予答辩的地方，那么，它们就可能造成损害"。〔2〕

虽然拉福莱特在 1924 年的竞选运动中接受了社会党人的支持，但他并不同意他们的基本前提。他在很大程度上信仰集体主义，并不是把集体主义本身视为美德，而是把它作为对私有制度缺陷的改正。1920 年左右，他声言愿意给个人主动精神的旧理论一个公平的机会，但是如果这一试验失败，他将进而主张由政府经营一切主要工业。同时，他将力主政府控制并经营交通运输等事业。他认为把公用事业公有化，在世界上一切有公平机会得到试行的地方都取得了成功。同时，他从来没有主张过土地集体化或者马克思主义纲领中一切生产资料社会化、无产阶级专政和最后实现没有阶级的社会等这一类带有根本性的教条。

威尔逊比拉福莱特小一岁，1856 年生于弗吉尼亚州斯汤顿城一个长老会牧师的家庭。他的早年是在两个卡罗来纳州及佐治亚州重建时期的恐怖中度过的。他在普林斯顿大学及弗吉尼亚州立大学的法律学院毕业后，做律师失败，于是进入约翰斯·霍普金斯大学为以后在高等学校教书进行准备。1886 年他获得哲学博士学位，先后在布林马尔、韦斯利和普林斯顿等院校教书。1902 年普林斯顿大学推举他作该校校长。8 年后新泽西州民主党的老政客们听人劝告，承认威尔逊可以作为州长的"理想候选人"。他经过吃力的竞选后

---

〔1〕 指联邦法院宣布议会所通过的法律为违宪的权力。——译者
〔2〕 《国会记录》（*Congressional Record*）（第 59 卷），1920 年版，第 506~507 页。

当选。由于他同党的老板们的斗争和对一系列重要改革方案的推进都很成功，这就使他成为 1912 年总统提名选举中当然的竞争者。民主党在巴尔的摩全国大会的第 46 次投票时通过他作为总统候选人，而共和党的分裂保证了他的当选。威尔逊担任总统后，把第一任期用于实现进步党的原则。他促使通过了童工法、州际铁路法、8 小时工作法和约束垄断资本的克莱顿反托拉斯法，还促使建立了联邦农场贷款组织、联邦贸易委员会和联邦储备制度。他自豪地把这一整套纲领叫作"新自由"。不过由于对德战争的威胁遮暗了天空，到 1916 年改革就过早地中止了。从那时起，对威尔逊来说，政治理想就是在一个保证维持现状并加强集体安全原则的国际组织的保护下进行民族自决。他实际上为这个理想献出了自己的生命，1919 年他支持国际联盟的运动使他精疲力竭，因而突然中风，至 1924 年悲伤绝望而死。

威尔逊的民主理想在一些方面与拉福莱特十分不同。首先，他所想象的国家作用更为有限。他的经济理论当溯源于路易斯·布兰代斯的个人主义，而不是来自任何集体主义。虽然他接受了分级所得税，为这项课税是削弱大富豪的方法而辩护，但他从没有主张任何形式的国有制度。联邦贸易委员会和联邦储备制度主要只是制定条规的工具。对于纯粹政治性的改革，他也是比较保守的。他支持直接预选制度，但他对创制、复决和罢免制不大感兴趣，他对法院的权力就更不是持那么尖锐的批评态度了。更有意义的是他和拉福莱特在民众选举问题上的鲜明对照。拉福莱特主张由人民直接投票选举尽可能多的官吏，威尔逊则赞成只选举少数主要官吏的制度，抱怨他本人在他那个普林斯顿小城市里还不能从选票上所列的大批人名中作出明智的选择。还应当指出，威尔逊是较晚时期才归附改革运动的。在他 1886 年出版的《国会政府》（*Congressional Government*）那篇博士论文中，他公开诋毁由于政府的立法部门与行政部门的分立而造成的坏处，指责国会各委员会的权力。但他从那时直到他被提名为新泽西州州长，对于政治变革的倡议基本上不怎么关心。至少有一次他曾对布莱恩的"邪说"表示鄙视。

由于威尔逊积极从事的事业变化不定，期望他对民主的一般概念简单明了或者甚至前后一贯，那就要求过高了。他早年很强调习惯、传统和习俗，因此给人的印象是，他大概是亨利·梅因爵士或者甚至是埃德蒙·伯克的门徒。他争辩说，只有"高度发展和自我觉醒的社区"才能有自治政府。它们必须通过长期演进的传统而获得一种"共同利益和共同生活幸福标准"的感觉。[1]一切都表明，他认为人设计政治组织的新形式来改进社会的能力是很低的。他写道，"宪法并不是富有创造性的东西，它们并不能创造我们的自由。它们的根深植于生活、事实、情势和环境里"。宪法不是我们的自由的来源，而是它的表述。民主的事实发生在先，制度只不过是它的体现而已。[2]他在某种程度上甚至受到北欧日耳曼民族主义者及其他倡导种族神秘主义的人们阿谀的影响。他认为，有深刻意义的事实是"只有在美国，在一些有英国种族遗传的其他政府和在像英国一样坚持条顿民族习惯的瑞士"，民主制度才成功地开了花结了果。[3]这因为条顿种族是通过习惯来解决政治制度的。所有其他种族都是过早地匆忙建立了政治制度。他们采用了民主制度，而没有培育民主制度。

但是，威尔逊还有许多其他言论表明，他对民主制度的几乎所有方面都是倾心向往的。在1901年所写的一篇文章里，他把民主制度描述为"全世界所尝试过的一种最健全最适于生活的政治制度"[4]。在他前进到面临"新自由"目标的时候，他放弃了种族主义理论，而日益注意平等、人民主权和增进普遍福利等理想。他开始颂扬普通人，说从普通人的行列中涌现的天才才是使民族增强精力和返老还童的灵魂。他把代议制政府等同于多数党政府，并把它描述为"已知的唯一自治办法"。他把理想政府贬低为仅仅是防止个人互相侵害的警察。他就社会日趋复杂这一点唤起人们注意，并警告说，只是应付旧的情况是不够的，法律必须进行干预，创造旨在使生活更适宜更好过的条件。但这种努力必须是出于正义，而不是出于慈善。仁慈绝不能锻炼出一个强有力的人物或者一个自由的国家。提高社会的方案必须是"基于自由人有生存和呼吸纯洁空气的权利；基于妇女有生育子女而不负担过重从而损

---

〔1〕《美国的宪政制度》（*Constitutional Government in the United States*），纽约哥伦比亚大学出版社1908年版，第26页、第51~52页。

〔2〕参见贝克与多德合编的《威尔逊的公务文件：大学及州部分》（R. S. Baker and W. E. Dodd, eds., *The Public Papers of Woodrow Wilson*; *College and State*）第2卷，纽约哈泼公司1925年版，第428~429页。

〔3〕《一个老手及其他政论集》（*An Old Master and Other Political Essays*），纽约斯克里布纳公司1893年版，第118页。

〔4〕帕多弗编：《威尔逊的理想》（S. K. Padover, ed., *Wilson's Ideals*），华盛顿美国公众事务委员会1942年版，第16页。

害健康陷于疾病的权利；基于儿童有苗壮成长和身强力壮的权利"。[1]同时，他对民主制的自由意志方面也没有忽视。他和他的许多同代人抱着一样的看法，认为镇压是危险的。对一个骗子或者一个捣乱分子最明智的办法是，鼓励他们租用一个会堂，把他们的丑恶面貌示众。"什么也不如公开暴露更能制止荒谬。"什么也不如压制郁抑的情绪、不让它发泄出来更能使这种情绪有机会毒害人的心灵。[2]不幸的是，在对待德布斯案件[3]以及对待1919年至1920年布尔什维克党人和工团主义者的煽动时，他似乎把这个明智的劝告忘记了。

三、晚近的维护者

在20世纪20年代期间，民主制度遭到了来自各方面的大量怀疑和诽谤。保守主义和对正常状态的追求，把除了彻头彻尾的反动以外的一切好像都看成几乎达到危险的过激程度。愤世主义、禁酒运动和青年的反叛运动煽起了无政府个人主义的火焰，使民主的理想主义显得陈旧了。心理学上的新发现提出了人性的非理性因素，对人管理自己的能力发生了怀疑。在这个时期结束的时候，螺旋性发展的萧条使经济猛然下降，这使惶恐急躁的人对民主丧失了信心，而要求采取独裁主义的措施或者让专家管理政府。有些人把希望寄托在技术政治上，而其他人则把他们渴慕的眼光转向社会主义，或者转向各种各样的计划化和分享财富运动，而这些形式却与法西斯主义令人讨厌地相似。不过，当地震般的经济震动引起的初步惊惶平静下来时，西欧人和美国人总的说来解除了恐惧，而去努力拯救旧的传统。结果，民主按照现代的需要复兴了。当法西斯主义向自由社会横蛮挑战而最后使世界陷入战争时，民主甚至加强了。

在经济萧条的年代里，最卓越的民主维护者是富兰克林·罗斯福（1882—1945）。作为新政的缔造人，他确认民主政府有力量并足够应付当时的需要。无论什么样的风暴袭击，他炽热的乐观主义毫不动摇。他在第三次连任总统

---

〔1〕《新自由》（*The New Freedom*），纽约达布尔戴公司1913年版，第19~20页、第218~219页。

〔2〕《美国宪法政府》（*Constitutional Government in the United States*），纽约哥伦比亚大学出版社1980年版，第38页。

〔3〕德布斯（E. V. Debs）是美国社会党领袖，因反对第一次世界大战并称之为帝国主义战争而被投入监狱。——译者

的就职演说中，欢呼民主制度是"一切类型的人类社会中最合乎人情的、最先进的和最不可征服的"。他赞誉人民"通过自由投票而表现出来"的力量，是防止削弱这个共和国基础的外来运动的最可靠的保障。[1]

但在罗斯福看来，民主并不仅仅是实行普遍选举权和平民意志得到自由表达。它在人民日常生活中必须是一种积极而富有建设性的力量，并能满足政治和经济的需要。如果人们被迫在自由和面包之间进行选择，他断言人们将选择面包。民主制度在一些欧洲国家崩溃的真正原因不是由于人民不喜欢民主，而是因为他们"厌恶失业和不安全，不愿看到他们的子女挨饥受饿"。[2]虽然罗斯福认为民主政府不违反宪法所保证的任何自由权利便能做到恢复经济公平所必需的一切，但他对多数主权受到的一些固定的限制很不在意。他尊重前十项宪法修正条款中对个人权利的维护，但他没有重视私有财产的神圣性或分权原则的不可侵犯性。在把试验和权宜之计作为主要政策来维护这一方面，没有哪位美国总统比罗斯福走得更远的了。

在第二次世界大战危机期间，罗斯福的副总统亨利·华莱士（1888—）[3]也担负起了民主的诠释任务。华莱士对民主的概念一部分以社会福利为依据，一部分把它作为对个人的权利和尊严的一种保卫。在第一种意义下，他的概念包括经济民主。他对经济民主所下的定义是："提高人民的生产率，在不破坏工作推动力的限度内尽量平均分配生产所得，用这种办法来推进稳定而上升的公共福利。"关心社会福利还必须有种族民主，也就是要使不同种族和少数集团有平等的机会。他认为英美人在这方面的纪录是特别可耻的。事实上，他相信，如果一切西欧国家仿照俄国人的范例，在对待有色人种方面把优越态度冲淡一些，那对它们是会有利的。按照华莱士的想法，民主的最终要素是教育。他接受多数统治的原则，但有一个条件，即人民应该有充分的机会得到所需要解决的问题的情报。[4]

对华莱士来说，也和对罗斯福来说一样，民主是和保障个人的权利及个

---

〔1〕 参见塞缪尔·罗斯曼编写的《罗斯福的公开函件和演讲录》（Samuel Rosenman, ed., *Public Papers and Addresses of Franklin D. Roosevelt*）第 13 卷，纽约兰多姆书屋出版，1938～1950 年，第 322 页。

〔2〕 出自 1940 年 4 月 14 日的"炉边谈话"。

〔3〕 亨利·华莱士于 1965 年去世。——译者

〔4〕 《自由的代价》（*The Price of Freedom*），华盛顿全国图书馆基金会 1940 年版，第 31～32 页；《平凡人的世纪》（*The Century of Common Man*），纽约雷纳尔—希契科克公司 1944 年版，第 37～39 页。

人的神圣分不开的。他坚持，民主的整个信念必须尊重个人的这一权利，即运用他的才能去充分实现他心中所想的任何"伟大而光荣的概念"。他还主张有"容忍和幽默的雅量来承认一切人可以有分歧的权利"；主张言论、出版、艺术、科学和宗教的自由；主张"安定、秩序并避免暴力、流血及无政府状态"；主张"对进步的未来有愉快的信心，这个未来是以全体人民为公共福利进行聪明的并富有建设性的努力为基础的"。他声明确信：如果在科学、艺术和宗教方面有才能的人"对未知领域是作为事业来探讨的"，而不是被迫为了某一特定的暴君、种族或国家的光荣，那么，人类进步的无限可能性是能够变成现实的。[1] 不幸的是，他未能看到西方国家的自由民主制度与苏俄的假民主制度之间的任何区别，因而使他自己许多崇高的自白受到玷污。也许他是被苏维埃人的宣传或苏联宪法的纸上保证所蒙蔽了……

　　自然，以为晚近时期民主理论的发展仅是出于一些身居高位的人，那是错误的。学术专家们也做了重要的贡献。最有名的一个人是查尔斯·梅里亚姆。他生于 1874 年，从 1902 年直到 1953 年去世以前，他一直在芝加哥大学讲授政治学。他还腾出时间担任芝加哥市参议员的职务，竞争市长，任两位罗斯福总统的顾问，应用他的才能作美国忠诚审查委员会、胡佛委员会和国家资源计划委员会的成员。他从政治理论到政党以至公共行政，差不多对政治学的每个方面都有著作，而且卷帙浩繁。梅里亚姆把民主诠释为"不仅是一种形式……而且是可以用来实现人类最高理想的手段"。他鄙视把民主管理当作没有效率的同义语的理论。波旁王朝的国王们和俄国的沙皇们所犯的过错比平常在民主国家中可以发现的远为严重得多。甚至 20 世纪的独裁者们，尽管拥有一切科学技术的便利，也还是不能避免灾难性的错误。梅里亚姆相信，要让民主制度发挥充分的效能，就必须把它"流线型化"。在民主制度和在目前工商业正在应用的最高水平的科学管理之间，他看不出有什么不相容的地方。他写道，"自由和效率并不是互相对抗的东西，而是可以相辅相成的"。[2] 他建议用来改进民主制度的策略，包括把立法部门的权力缩减到仅限于决定重大问题及决定政策，集中统一的预算制度并规定总统在预算案中拥有剔除单项项目的否决权，政府的行政部门更大量地使用技术人员。

---

　　〔1〕《自由的代价》（ *The Price of Freedom* ），华盛顿全国图书馆基金会 1940 年版，第 31~32 页。

　　〔2〕《在民主制度的议事日程上》（ *On the Agenda of Democracy* ），坎布里奇哈佛大学出版社 1941 年版，第 5 页。

梅里亚姆以救世的热忱撰写维护民主的文章。他认为这个理想随着近代知识的新发展而改变了形象，它对引导人类进入一个自由富裕的希望之乡提供了实际上无限的可能性。在民主制度的保护下，科学将有力量把人类从战争、饥荒、贫穷和疾病的重担下解脱出来。梅里亚姆把达到这些目的当作民主制度的主要任务之一。按照他的判断，经济繁荣乃生死存亡所系，其重要性不是任何精神上的满足所能充分代替的。事实上，前者在很大程度上是通向后者的钥匙。因为经济繁荣不仅意味着更多的舒适和便利，而且意味着更好的教育，更多的文化机会，以及摆脱个人和社会的挫折。污陋、秽浊和无知绝对提高不了人的尊严，而往往是滋长迷信、狂热、种族仇恨和非正义的沃土。梅里亚姆毫不犹豫把民主等同于平等——不是把高的降低的平等，而是一律提高的平等。他不企求达到马克思主义把全部人口转变为无产阶级的目的；相反，他期望消灭无产阶级。得到正确阐述的民主制度并不埋没人才，倒是会最大限度地鼓励利用人才，并排除实践上的障碍。由于它的性质，民主制度必须根据下面这一前提："国家的利益基本上也就是大众的利益，因此就应当尽可能迅速地把国家利益分给创造这些利益的大众。"[1]

哥伦比亚大学的社会学家和政治理论教授罗伯特·麦基弗（1882—）[2]倡导一种更为克制的民主哲学。他是在爱丁堡大学和牛津的奥里尔学院受教育的。1915年他任多伦多大学政治学教授。1927年他任巴纳德学院社会学教授。两年后，他成为哥伦比亚大学政治哲学的利伯讲座教授。麦基弗把民主制度主要看作是考虑多数人愿望同时保护少数人权利的工具。它并不意味着多数统治或者群众统治，因为暴君和独裁者毫无疑问在某些情况下也得到多数臣民的支持。它不是一种治理方式，不管这个多数在人数上多么庞大，它"主要是一种决定由谁来治理和大体上要达到什么目的的方式"。[3]民主制度从根本上说要求三件事：即普选权、自由讨论政治问题和政党有充分机会从事争取人民选票的竞选活动。在任何其他制度下，公民都不能成为政府的主人，因为在任何其他制度下，都不可能确定公民要求什么。凡是对政策问题没有自由表示意见的地方，凡是没有合法方式使不断改变的思想潮流表现出

---

〔1〕《新民主与新专制主义》（*The New Democracy and The New Despotism*），纽约惠特尔西书屋1939年版，第37页。

〔2〕罗伯特·麦基弗于1970年去世。——译者

〔3〕《政府的结构》（*The Web of Government*），纽约麦克米伦公司1947年版，第198页。

来的地方，要把一种制度叫作民主制度，那是十足的混乱。

　　同布赖斯和威尔逊一样，麦基弗并不认为民主对一切民族都合适。但他比他们二人中的任何一个人都把例外放得更宽一些。在人民由于种族或人种的差异而严重分裂的地方，在群众由于无知或贫困而不能参加社会生活的地方，民主是不能兴盛起来的。在危机和长期不安定的条件下，它也不能成功。当人们在失望、困惑和为恐惧所苦恼的时候，一遇到诡谲的煽动家答应把他们从苦难中解放出来时，他们差不多肯定会成为牺牲品。麦基弗与梅里亚姆成鲜明对比，他不使民主同任何经济改革发生直接联系。民主的要义在于它不得与任何纲领或任何信念绑在一起。民主制度下的人民可以赞成集体主义经济或者不赞成这种经济。他们无论选择什么都不失为民主。因为民主本身是一种政治形式，而不是一种经济制度。通常与集体主义等同起来的"经济民主"，是一个错误的名称。如果给予恰当的规定，它将意味着，在具体的企业或工业中，工人选举经理和董事会，并参加决定业务上的大问题。

　　麦基弗坚持民主是一种政治形式，同纲领或意识形态没有任何必要的关系；这种调子似乎至少有一些不协调。他认为一个民主的国家经常是一个有限的国家，于是便寻找这些限制在什么地方。在有成文宪法的国家，问题还简单，在英国这样的国家，问题又是怎样呢？在这里，他只能说，保护少数是依靠不成文法或者神圣的传统，即"某些原则，无论体现在普通法律里或者宪法条文里，都对政府有约束力，是政府无权背弃的"。[1]可以肯定，这些原则很难认为是属于一种政治形式的东西。

　　林赛这位有名的学者和英国工党的柱石，是近代最深湛、最有见识的民主理论家之一。他生于 1879 年，在大学读书时期便加入了费边社。他 1906年在牛津担任经典著作辅导教师，1911 年任哲学的乔伊特讲座讲师，1924 年任巴利奥尔学院院长。随后他被任命为牛津大学副校长，在 1952 年逝世前几年晋封爵位，称为比克尔的林赛勋爵。他的政治哲学主要以亚里士多德和卢梭为依据。他与亚里士多德共同的地方在于主张国家的主要职能是"为社会服务，而在这项服务中使它更多地成为一个社会"。[2]与亚里士多德另一相似的地方是，照他的教导，这个目标能够主要靠教育方法来达到。因此，国家

---

　　〔1〕《政府的结构》（*The Web of Government*），纽约麦克米伦公司 1947 年版，第 203～204 页。
　　〔2〕《近代民主国家》（*Modern Democratic State*），纽约牛津大学出版社 1947 年版，第 245 页。

的活动应当大部分作为教育机关来活动，不仅教育少年，也教育成年人。林赛相信，卢梭提供了正确理解民主真谛的线索。民主社会不能仅仅依据计算选票来进行工作。照卢梭和林赛的看法，当一个人投票时，他做了两件事中的一件：或者他投票是为了增进他的特别私利，或者他投票是为了支持他所认为的公共利益。只有当他作了后一选择时，他才是表达了公共意志，而这是民主的精髓。至于如何劝说公民使自己的私人利益服从公共利益，林赛没有解释，可能他认为这将是教育的一项任务。

林赛认为，即使为了公共利益，除投票以外，也还必须做许多其他事情才能构成真正的民主制度。首先必须有发表意见和进行讨论的充分自由。除非公民可以经常获悉正在发生的事情，并有充分机会提出询问、批评和抗议，否则民主统治是无法进行的。第二个必备条件是必须有法治的政府。拥有最高权威的必须是宪法——而不是人们基于危机或临时需要而发布的命令。民主社会也必须是大同性质的。它不能承认种族、信仰或者阶级的区别。它信仰的不单是英国人或美国人的权利，更是所有人的权利。不仅如此，它还必须是国际的。一个国家在它只是通过感情而不是通过教育和讨论把人们联合在一起的情况下，就是民主的对立面。最后，照林赛的意见，民主制度必须充分实行专家管理。近代政府不再可能用简单的老经验或普通的常识来管理业务，但这并不意味着普通公民在政治事务中不起重要的作用。在政府政策面前他们毕竟是首当其冲的人。他们不仅知道什么时候鞋夹痛了脚，而且比其他任何人清楚在什么地方鞋夹痛了脚。为了设计一种方法来校正鞋夹脚的缺点，必须有经过训练的专家。但是仍然为普通人发挥其聪明才智和健全的判断力而保留了一定的余地。这样的一些品质不是来自书本或技术研究，而是从经验、担当责任和深谙生活现实中得到的。具有这些品质的人应该有权对政府进行最后的控制。不过，他们不应当做实际管理工作。那是只能由专家来实现的任务。

虽然林赛是一个社会主义者，但他是一向主张这种理论的作家中最不死守教条和最少发表意见的一个。他接受这样一种思想，即工业革命产生了阶级分化并加剧了阶级之间的对抗。他甚至承认国家是阶级统治的工具这一谴责的部分真实性。但他绝不同马克思主义革命理论、无产阶级专政或共产主义必将到来打交道。他甚至不同意公有制会成为治疗经济弊病的万应灵膏。他甚至更强烈地斥责极权主义的一切建议。他所想象的理想国家是一个有限的国家。它所拥有的权威远不能指导社会的全部生活。它的职能不是强加美好的生活，而是保持一些必要的条件来使它的公民能够过美好的生活。林赛并不赞同软弱的政府，但他坚信主要的依靠不应当是力量，而应当是以理解和智慧为基础的同意。他承认在特殊和严峻的情况下，公民甚至可能有职责不服从国家和反抗国家。至于那些旨在改变社会民主性质的具体提议，除了英国自由社会党人偏爱的两项规划以外，他对其他任何建议都没有表示什么热心。这两项规划的一项是发展工会的分支机构、基尔特合作会议、工人教育班和可能有助于把暴民变成负责公民的各种讨论小组。另一项规划则是确立全国有保障的最低标准，以消除失业和不够维持生活的工资，并阻止任何工业在不利于公共福利的条件下继续经营。

四、当代的批评家

在第一次世界大战前后一段时期，涌现出一大批理论家，他们把民主制度放在天平上加以衡量，发现了它的缺陷。他们之所以受到人们欢迎，大部分是由于帝国主义的对立、战争本身以及战后媾和会议给人们带来了愤世主义和失望。这也是战争期间美国陆军士兵进行智力测验暴露了许多事实而带来的后果，例如，美国人民中大约有一半人的智力年龄不超过正常的 14 岁儿童的智力年龄。人们问道，在这种情况下民主制度如何能够成功呢？

一些新的民主制度批评家，是一些较晚的社会达尔文主义追随者。有时是弗里德里希·尼采的门徒。尼采认为民主制度是对弱者和堕落者误表同情的表现，因为弱者和堕落者总是阻碍人类向高级进化的。另外一些批评家则是崇尚托马斯·卡莱尔的英雄崇拜和杰出人物统治论的。对于这类思想家说来，只有那些由于击败同伙或由于爬到成功阶梯的最上层而出人头地的被挑选出的少数人才适合于做统治者。还有一些批评家是生物学家或者伪生物学家，他们发现了大量的遗传事实，以致把人变成了冷酷的家庭世系下无能为力的牺牲者。倡导这种理论的最出名的人可能是艾伯特·威加姆，他是一名普及科学著作家和美国赫斯特报系的专栏作家。他在其《科学的新十诫》（*New Decalogue of Science*）一书中，板着教主的面孔说，"生物学警告我们，差不多世界上一切幸福和一切苦难都不是导因于环境，而是导因于遗传：人的差异主要是由于产生他们的精子细胞的差异"。于是他得出方便的结论，贵族和不平等乃"自然的安排"，是法律所不能废除的。

20 世纪中反对民主制度最激烈的是杰出人物统治论者和权威主义者。他们发现很少——假使有的话——可以为平民政治说好话的地方。他们的思想将在以后的章节里讨论。还有一些其他较温和的理论家，他们发现民主制度有严重的缺陷，不过没有全面谴责民主制度。他们中间可注意的有威廉·麦克杜格尔（1871—1938）、格雷厄姆·沃拉斯（1858—1932）和沃尔特·李普曼（1889—）。[1]麦克杜格尔是在英国生长和受教育的，曾在牛津教书，第一次世界大战期间在英国医疗队服务。后来他应邀到哈佛担任心理学系主任。1927 年他任杜克大学心理学教授。麦克杜格尔反对民主，乃基于他的人性理论。他认为人的天性主要是非理性的。人的行为主要是由本能推动的。他发现人的本能不下十一种，例如，好争、逃跑、好奇、性欲、自以为是、贪得、好群都是。他认为，每一种主要的本能，都伴随着一种相关的情感，如好争与愤怒，逃跑与恐惧，好奇与惊异，自以为是与得意，等等。这些本能以及伴随的情感乃人性的根本实质。因此，"人只不过有一点点理性而在很大程度上是十分非理性地盲动着"。[2]应该指出，麦克杜格尔并不认为人性就是邪恶的。尽管人性可能与动物有相似之处，但它有一定的固有的从善倾向。十一种本能中有一种是建设的本能，母爱的本能则是仁爱与慈善的渊源。麦克杜格尔把诸如废除奴隶制、为老年和不幸者的利益而采用的社会立法等成就都溯源到上述母爱本能。不过他坚持文明陷入了由于人类具有先天缺陷而产生的危险，他在其 1921 年出版的《民主在美国安全吗?》一书中对美国表示特别关切。他否认任何国家能够安全地把控制公共事务的责任托付给一些主要受本能和情绪支配的无见识的公民。他似乎认为人的本能已为遗传所固定，并且认为通过教育和改善环境来增长智力的可能性是很少的。

比麦克杜格尔博学而不如他极端的是英国的政治学家、费边社会主义者格雷厄姆·沃拉斯。他受教育于牛津，作为伦敦市教育委员会和伦敦县议会成员而获得了实际政治经验。1914 年他成为伦敦大学教授。在他的著作中，《政治中的人性》（*Human Nature In Politics*）和《伟大社会》（*The Great Society*）两书实际上已经成为政治理论的经典著作。沃拉斯认为人性是由理性因素和非理性因素两部分组成。照他说，后一部分不能为改进社会提供基础。文明

---

[1] 沃尔特·李普曼于 1974 年去世。——译者
[2] 《社会心理学导论》（*An Introduction to Social Psychology*），波士顿卢斯公司 1921 年版，第 11 页。

的唯一希望在于取得人类理性的胜利。不幸的是，普通形式的民主并没有给予这一胜利多大帮助。公职的候选人发现，利用群众容易上当受骗这一点对自己有利。抓选票变成主要是摆布人们的下意识心理。充满情感内涵的文字和图像被政治演说家精明地加以利用。投票程序很少取决于客观权衡事实和问题。相反，投票人在巧妙的口号或者特别有吸引力的标语的诱惑下，往往为感情的冲动所左右。在立法议会中，特别是在人数较多使普通议员的作用降低到无足轻重的地位的议会中，非理性因素的影响是有的，只不过不那么明显罢了。

要解决政治中由于非理性因素占支配地位而引起的问题，照沃拉斯看，有两个方向。首先，他建议用更可取的口号图像代替那些俗气的而现在流行的口号图像，并使它们充满感情的力量，这样会带来一些好处。但他更深切关怀的是政治和社会结构的改革。他主张推广教育以提高选民的智力水平，并使政党有可能由具有高度公民觉悟的人来管理。他主张在选举日作出一切实际可行的努力来唤起人们的责任感和对这个日子的严肃感。他主张让公民受到教导，要他们投票以前衡量审查证据，就像他们担任陪审官时所应当做的那样。他主张减轻选民的负担，减少被选举的官员数目，使选民能够作出更明智的判断。为了鼓励进行更多的讨论和思考，立法机关应当缩小，把它们更多的工作交给一些委员会。他主张把英国的贵族院改变成皇家委员会、调查委员会之类的组织，以从事调查和收集情报。他希望用这样一些方法来给民主制度一个成功的机会，尽管人的天性有一些缺陷。

第三个有见识有辨别力的批评家是美国的新闻学家和哲学家沃尔特·李普曼。他 1908 年在哈佛得到学士学位后，继续作了一年哲学研究生。1917 年他成为美国作战部部长助理，后来担任美国出席 1919 年和会代表团顾问。在许多年里，他都是《新共和》杂志的副主编及《纽约世界报》(The New York World) 的主编。他的著作很多，在范围和时间上，从 1913 年出版的《政治绪论》(A Preface to Politics) 到 1955 年的《公共哲学论丛》(Essays in the Public Philosophy)，包罗颇广。李普曼不是主要对心理学有兴趣，而是一个向往由杰出人物管理政府的晚近的柏拉图主义者，他所想象的中坚人物是消息灵通并能献身于把人提高到文明水平的伟大理想的人物。李普曼在其早年事业中，对民主制度有时曾表示过崇敬。他至少有一次提到，说它是"一种开明的政府方式"，不仅提供了"一种对付无知暴君的保障"，而且提供了"一种防止产生仁慈的专制者的保险"。它最大的价值在于教育，在于把人民的才智传达给他们的领导者，而迫使领导者学会考虑人民群众的利益。[1]但在《公共意见》（*Public Opinion*，1922）和《好社会》（*The Good Society*，1937）中，他就不那么乐观了。民主制度看起来又只适合于小而单纯的社区。多数公民要以现有的知识来成功地管理复杂的近代国家，那是完全不够的。主要的问题是，他们的知识只是一些刻板的陈套东西或者"我们脑子里的图画"。理想的社会绝不能是一个由"有主权而不称职的人民"所统治的社会，也不能是一个把自己专断的意志强加于人民的暴君所统治的社会。相反，它要有一个权威有限的政府，人民的作用大部分限于表示同意，执政者的权力则受由习惯沿袭而来或者写在宪法里的根本法的制约。

1918 年后，作为占统治地位的政治理想的民主主义衰落了，这有若干原因。最主要的原因是第一次世界大战和它遗留下来的失望、怨恨、挫折和经济萧条。当这些最后带来独裁政体和第二次世界大战时，这个循环便完成了。但所有这一切因素在很大程度上都是一个早先的影响的产物。这个影响就是民族主义。民族主义唤起了恐惧和嫉妒心理，这种心理对于 1914 年大战的爆发负有大部分责任。第一次世界大战结束并没有使这些感情平静下来，而是比以往任何时候更加强烈地煽动了这些感情。在这样的环境下，不可能期望民主制度兴旺起来，特别是在猜疑和争霸发展为贸易战争并引起经济民族主义狂热的时候。最后这两个因素加上战争带来的分崩与破坏就会产生经济灾难，这种情况似乎使要求权力主义统治成为唯一的补救办法。

但是民主主义衰落的部分责任还必须放在民主主义的一些主要倡导者身上。他们当中有许多人对它所能完成的事情期望过高。这种态度特别是布莱恩、拉福莱特和布赖斯子爵等人的特点。大体上说，他们全部接受有时被人称之为雅各宾主义或多数主义的民主。虽然他们有几个人对普通公民的明智疑虑不安，但他们相信群众有权管理自己，有权判断最复杂的公众问题。特别是布莱恩和拉福莱特，他们假定一种一般人所不能达到的智力和公益心水平。他们要是能从杰斐逊的著作中讨教就好了，杰斐逊教导说，群众的职能不是治理而是选择从事治理的人。民主的较晚近的使徒们，至少提出了防止民主主义更加衰落的令人感到有希望的建议。他们通过更有效地利用专家管

---

〔1〕《政治绪论》，纽约米切尔·肯纳利公司 1913 年版，第 115~116 页。

理政府的办法对民主制度作流线型的修理。他们将减少选民负担，使民众选举限于立法部门和行政部门的高级官吏。最重要的是，他们将设法防止人们对民主制度失望，其办法是利用政府作为一个增进公共福利的积极机构。他们将使民主制度的性质不仅具有一种体现宪法上规定的权利和特权的政治理想，并将使民主制度具有机会均等、就业权利和劳动报酬公平等因素。总之，他们将使经济民主与政治民主具有同等的重要性。

第三章　实证主义者、相对论者和唯实主义者[*]

　　人类历史上有几次是在一个信仰的时代之后随着出现另一个新时代，在新时代里，科学代替了宗教，怀疑主义排斥了信仰，唯物主义和愤世主义大部分代替了期望和理想。文艺复兴就是这样一个新时代，它用人文主义对世俗和自然的爱好代替了基督教中世纪的精神世界和超自然主义。另一个这样的新时代是 1880 年以后的时期，在那一年，世界史上最大的科学革命完成了，或者似乎完成了。进化论者几乎有了一个清晰的领域，来对付那些维护圣经本本主义和上帝创造万物论的人们。神学家们不得不更多地集中注意力于"社会福音"，强调人的价值超过强调精灵的价值，以此来掩护他们的退却。由于日益发展的工业制度越来越多地满足实际需要并刺激人们对舒适和奢侈的渴求，唯物主义兴盛起来。正如文艺复兴时代一样，随着科学的成长及哲学和宗教态度的转变，政治学说也有了同样的发展。理想和绝对的东西被抛弃在一边。自然科学中的严格客观被宣告为政治研究的目标，对待问题采取的相对主义态度代替了追求最后的答案。在许多这种态度后面是一种对人性带讥讽性的蔑视，一种不承认人们会由高尚的动机驱使的否定态度，一种正如马基雅弗利所表达的信念，即"无论谁想建立一个国家并给它制定法律，必须从这样的设想出发：一切人都是坏的，他们一旦发现有合适的机会，就会立即露出邪恶的天性"。

　　在近代哲学中，一般都把实证主义的创建归功于奥古斯特·孔德（1798—1857）。实证主义哲学建立在他的这一基本原则上：有价值的知识只能是实证的知识或者由客观研究得来的知识。他摒斥形而上学，认为它完全是空谈；没有人能发现事物的潜在本质，例如说，事情的发生为什么就是像实际发生的那样，或者生存的最后意义和目标是什么。我们知道的只是事物是怎样发生的、控制事物发生的法则有哪些、事物之间存在着什么关系。这样的知识也许不能解答所有扰乱我们的梦想的问题，但它是人的头脑所能做到的极限。

---

　　[*]　原书第二章在编入本文集时删去。——编者

照孔德的概念，世界历史是经过一系列阶段前进的，每一阶段总比前一阶段优越。第一个阶段是神学阶段，在这个阶段里，神人或精灵的力量被认为是控制事态发展的主宰。第二个是玄学阶段，在这个阶段里，思想或哲学原则代替了不可思议的力量。最后到了实证或者工业阶段，这时候科学居于最高的统治地位，人们致力于学习实际有用的知识为社会谋福利。一般说来，孔德比他以后的门徒更要乐观一些。他没有假定人是完全自私的，他教导说，人也受利他主义的冲动或对他人的感觉的影响。他主张，一切社会教育的最高目标应该是抬高利他主义来压倒利己主义。

一、帕雷托、莫斯卡和米歇尔斯

20 世纪实证主义从一些意大利和德国哲学家那里得到最有力的阐明。这些哲学家可能更多地被人称为评论民主的批评家和主张少数统治的理论家。其中作品最丰富而在年代顺序上最早的是维尔弗雷多·帕雷托。帕雷托 1848 年生于巴黎，父母为意大利北部热那亚人。他在校学习时，数学历史经典学科的学习成绩优异，在事业的选择上，他追随他的父亲成为一名工程师。他在意大利铁路上工作了几年，然后放弃了这一工作，准备教授经济学。经过十二年的努力，他终于得到洛桑大学的聘请，任该校的政治经济学教授。1917 年他完成了四卷著作，并译成英文，书名是《精神与社会》（*The Mind and Society*）。1923 年逝世前不久，他接受了王室的任命，成为意大利参议院的议员。

帕雷托坚持把科学方法严格地应用到一切知识部门。对他来说，事实就是事实，不管它是在什么领域内被发现的。发现事实和发现存在于事实之间的关系是社会学家或经济学家的任务，就像它是物理学家和化学家的任务一样。所谓定律只不过是"实验一致"的另一种说法。政治经济学或社会学的定律和其他科学的定律没有丝毫差别。表面上的差别是由于绝大多数政治经济学和社会学的教授仍然过分喜爱紧抱着形而上学的或宗教的前提。帕雷托和通常被当作哲学的演绎思维方法毫无关系。他无情地斥责一切自然法、社会契约、正义以及公正理性的理论家。他断然说，纯粹的懒惰和迷信使这些人看不到实际知识。他指出，推想自然法比发掘不同国家在不同时期的法典里实际上规定了些什么要容易得多。空谈上帝的意旨和它对人间事有什么关系也是很悠闲的事情。但究竟是什么上帝呢？是基督教的上帝呢？穆斯林的真主呢？还是印度教的主神呢？帕雷托只接受能够经受考验、测量和证实的原理和主张。其余一切只能归于寓言或者可能性或者盖然性，根据它有无证据的支持而定。逻辑教科书中有名的三段论法："一切人都是不能免于死的；苏格拉底是人，所以苏格拉底是不能免于死的。"这项论断要改说成这样："所有我们已经知道的人都不能免于死；我们对苏格拉底的知识使我们把他归入这样的人；因此苏格拉底很可能是不能免于死的。"[1]

　　如果帕雷托在坚持自己的说教上有更大的一贯性，无疑我们就可能更认真地对待他。他想做一个硬心肠人，有时显露出来的成见并不比人们信仰的自然法或社会契约理论有更多的依据。他认为民主是做不到的，社会主义是欺骗，而人道主义则是一种圈套和一种妄想。在他看来，人类的绝大多数都是软弱而堕落的生物，既无管理自己的技巧，又没有控制他人命运的才能。实际上，他把人的行为区分为他所谓的核心或恒定因素及转化因素两类。[2]所谓核心或恒定因素，他指的是一些感情或者本能的表现。例如，苦行主义就是自我惩罚的本能或冲动的一种表现。转化因素是恒定因素的合理化。举例来说，作为有组织的军事远征，十字军乃是原始移民或游荡的冲动的表现。但是它们却被合理化，说成是为了拯救巴勒斯坦圣地的崇高事业，使它免受土耳其人的破坏。在帕雷托看来，人的推理绝大部分是由这些合理化解释或者"不合逻辑"的行为所构成的。除了在少数天才的头脑里，领悟并不增多。在群众中，成见和迷信并不减少，它们仅仅改变形式。但各种教义、各种意识形态和各种形而上学哲学也都属于不合逻辑的范畴。唯有科学才教给我们真理。

　　帕雷托除坚持把科学方法应用于一切知识部门以外，他的主要贡献在于他关于阶级的结构和变动的详尽学说。他认为，每个社会都是由狐狸型和狮子型这两种类型的人组成。狐狸型的人大胆，有冒险性，他们把"谨慎"二字抛在九霄云外，靠狡诈和机灵过日子。在经济领域，他们投机倒把，为了最高额的利润而甘冒风险，迷恋于创新的计划。狮子型的人则踏实、保守，珍视传统和旧习惯，对家庭、教会和国家忠诚，喜欢倚重实力，不大依靠机

---

　　[1]《精神与社会》，纽约哈考特公司1935年版，第5页。
　　[2] 帕雷托认为人的政治行为大多是属于非理性的，而非理性的行为决定于两类因素，一类是世代相沿很少改变的，一类是常变的。前者叫作核心或恒定因素，即不变因素。后者叫作转化因素，即可变因素。——译者

敏。在他们的经济生活里，他们是有固定收益者——谨慎、节俭、满足于"稳当"投资的小量收入，不愿进行赌博。这两种类型中任何一种类型的个人都可能上升，这要看当时哪一种恒定因素占优势。当第一类恒定因素占优势时，狐狸型的人就成为统治者，因为这类恒定因素是"趋向组合的恒定因素"，代表对制度和思想进行创新、篡改和组合的倾向。另外，第二类恒定因素占优势时就把狮子型的人推到了前台。这类恒定因素是"保持群体的恒定因素"，代表崇拜、保护和捍卫现存秩序的冲动。在第二类恒定因素占巨大优势的情况下，文明退化。但是，如果这些恒定因素不足够的强化，民族就可能变得太软弱而不能保卫自己。需要的是在鼓励创造和支持忠诚与稳定的两类恒定因素之间有一个适当的平衡。但这种平衡除在一个短时期外是很难保持的。

按照帕雷托的说法，每个社会也是由两个主要阶级或群体组成的，即杰出分子和非杰出分子。杰出分子依次又分为执政的和非执政的杰出分子。非执政的杰出分子只是在社会各种职业和阶层中上升到顶端的成功分子。因此，有律师的杰出分子，有技工的杰出分子，甚至有扒手的杰出分子和娼妓的杰出分子。这些杰出分子不是固定不变的，而是几乎在经常地循环。每一社会里都是个人不间断地从下层升到上层，因此，每一个杰出分子注定最后归于消灭。"历史是贵族社会的坟地。"[1]然而有时人们企图延缓或者甚至阻止杰出分子的循环。结果是社会停滞和凝固化，最后则是不可避免的毁灭。罗马在阿德里安[2]时代以后经历过这样一个时期。第二、第三和第四世纪做过有目的的努力，使罗马社会从发挥个人独创性的制度转变为承袭地位的制度。农民被束缚在土地上。手艺工人或商人的儿子被强迫走他父亲的老路。

帕雷托自称在近代社会里发现了类似的倾向，他认为工会正在变得更有限制性。向新国家如美国和澳大利亚移民受到严格的限制。几乎每个地方的政府都在扩大它对经济事务的控制和扼杀私人的主动精神。多数人把日益沉重的租税负担强加在富裕的少数人身上。结果毁掉了刺激，引起资金外流。帕雷托相信杰出分子的循环同人们积累财富的轻易程度成正比，所以他认为一个自由企业的资本主义制度最有利于社会的福利。

---

〔1〕《精神与社会》（第 3 卷），纽约哈考特公司 1935 年版，第 1430 页。
〔2〕罗马皇帝（117—138）。——译者

当然，帕雷托所最关心的是执政的杰出分子。他甚至把这类分子也分作两部分：一个掌握实权的核心集团和一个具有威信的外围集团。帕雷托提到了斯巴达的督政官、威尼斯的十人会议、专制君主的宠幸大臣和近代民主国家的政治首脑，并把这些作为实际掌权者的例证。所有执政集团都是兼用武力和承诺来进行统治的。但他认为占首要地位的必定是武力。由于群众的臣民性质，他们得到的承诺几乎总是用贿赂、欺骗或诡辩来取得的。执政官总想用绥靖少数人的方法来换取服从。最初这种办法可能取得了成效，但长期的结果是灾难性的。当政府放弃用武力维持社会秩序的正当职能时，臣民自己通常便以这样或那样的方法来填补这个真空。随着政府强制执行法律的权力增强或削弱，私家族姓间的仇杀便相应地减少或增多，这是人所熟知的历史事实。当中央政府的权力衰落到近于虚设的时候，封建主义或者私家行使公共权力的其他方式必然会出现。大国家里形成小国家，社会分成小社会。所以帕雷托说，当一个统治阶级背弃它的职责到不能用强制来进行有效统治时，它就应该被推翻，而由另一个愿意并能够使用武力的阶级来代替。这个新的阶级不仅推翻了蜕化变质的懦夫式的旧杰出分子，而且还杀戮了他们中间的一些人，在这一点上"执行了一件有益的公务，这好像是为国家去掉了一场有害牲畜的黑死病"。[1]帕雷托十分坚信在某种情况下诉诸武力是正当的，所以他衷心赞成工人们在罢工时使用武力。在击毙走私犯以使海关保护税的受益者收取利润的政府行动和拿起武器来维护工会工资定额的工人行动之间，他看不出有什么不同。

帕雷托在反对迷信、虚伪和成见上和在提倡社会科学中的客观态度上都起过十分重要的作用，因此后来被看作法西斯主义的一个先驱是令人遗憾的。他并不是法西斯主义者，这从他维护罢工权和坚持言论自由为发现真理所必不可少的条件这两点上可以看出。至于他以讥嘲的语调来谈论帝国主义，包括意大利的帝国主义，这一点就更明显了。他写道："如果一个英国人、一个德国人、一个比利时人、一个意大利人为他的国家战斗而死，他是一个英雄。但是如果一个非洲人胆敢防卫他的国家而抗拒这些国家中的任何一个，那么，他就成了可鄙的叛逆和奸细。"欧洲人自称执行一项神圣任务，说他们把文明带给了愚昧民族。他们以惊人的伪善声言，为了臣服者的幸福而压迫或灭绝

〔1〕《精神与社会》（第4卷），纽约哈考特公司1935年版，第1532页。

这些臣服者。他们把这些可怜的野蛮人从本地的专制统治下解放出来，为了把后者变得更自由些，就把他们多杀掉一些，把其余的降到一种几乎是奴隶的地位。"猫捉住老鼠而且吃掉它；猫并不说这样做是为了老鼠的福利，它并不宣扬什么一切动物平等的教义，也不伪善地抬头望着天，向我们一切人的天父表示崇敬。"〔1〕

不过在民主时代，帕雷托确实容易被人误解。因为除少数人外，他轻视一切人的智力，因为他为暴力辩护，因为他维护大辟的刑罚（因为这可除掉社会的凶杀犯），因为他仇恨社会主义、和平主义和人道主义，因为他嘲笑民主制度，认为它与贪污、政党包办和匪徒行为分不开。此外，他以完全否定的态度来看待社会进步。他有一句典型的格言是："每当向西锡拉宣战时，索多姆、莱斯博斯和奥南之风却更盛行了。"〔2〕但是，这些态度大部分可能是出于一种避免感伤的愿望。他好像相信最能达到客观现实主义的方法是避免软弱和一切妇女式的同情。他在下意识里似乎把和平主义、社会主义、人道主义以及民主制度等与理想主义联系在一起，而理想主义不是别的，不过是虚伪的另一名称。此外，强烈的民族主义在意大利的成长也使这样一些概念几乎站不住脚。帕雷托不是一个极权主义者，也许应该把他划为实证主义者和唯实主义者一类。他极力避免走到实证主义和唯实主义的反面，结果变成了一个愤世嫉俗者。〔3〕据一些权威人士的意见，帕雷托有些思想来自其同胞加埃塔诺·莫斯卡的教义。虽然莫斯卡比帕雷托小十岁，他的杰作《统治阶级》（The Ruling Class）比帕雷托的《精神与社会》早写出二十多年。因此，不能摒弃这一可能，即用借喻的说法，老年人也许曾拜在年轻人的脚下。莫斯卡1858年生于西西里，在巴勒莫大学受教育。后来在巴勒莫、都灵和罗马大学讲授宪法和政治理论。从1908年到1919年，他任众议院议员，代表保守党。1919年，他被任命为参议员。他在法西斯时代继续担任这一职位，直到1941年去世。

莫斯卡的哲学和帕雷托的哲学有很多相似的地方。他们同样坚持科学方法的优点，虽然莫斯卡的努力只限于把科学方法应用于政治，而帕雷托则把它扩展到社会问题的全部范围。他们同样反对民主制度，在把社会划分为少

---

〔1〕 《精神与社会》（第2卷），纽约哈考特公司1935年版，第626~627页。

〔2〕 《精神与社会》（第2卷），纽约哈考特公司1935年版，第1282页。

〔3〕 帕雷托实际上谴责了他所认为的实证主义，因为孔德哲学中包含着巨大的人道主义因素。

数统治者和绝大多数被统治者这一点上，他们的概念是类似的。二人都强调政治行为属于无理性的性质，总的说来，他们都说，智力活动由少数杰出人物垄断。二人都为战争辩护，认为革命是不可避免的。二人都着重说明阶级变动和统治集团交替的重要性。虽然莫斯卡与帕雷托一样有防止国家解体的补救办法，但二人对这些办法能否有机会被采用差不多同样悲观。

但是，两个理论家重要的相似地方到这里就终止了。莫斯卡几乎是专一无二的政治科学家。帕雷托则是一个社会学家兼心理学家，他对人类行为出于本能冲动而又冒充合理的过程作了详尽的阐释。莫斯卡并不同帕雷托一起厌恶理想主义和人道主义，他也不特别反对帝国主义。一个更鲜明的对照看来是他们对待武力的态度。帕雷托认为武力是有效统治必不可少的工具。照他的判断，任何政治阶级如果不敢使用武力，就是老朽了，再没有资格进行统治。莫斯卡则强调服从习惯、宗教和爱国主义等更微妙的影响力量。他争辩说，上述任何一项都可以在个人身上唤起一种为公共福利效忠甚至牺牲的精神。不过宗教效力的大小，须看宗教在多大程度上决定着这个社会的方向。

莫斯卡和他同时代的许多人特别是欧洲大陆的人一样，抛弃了从柏拉图和亚里士多德以来政体分类的传统方法。他认为，把一切政体勉强装入君主、贵族、民主三种削足适履凿枘不容的框框里是可笑的。所有存在过的政体只是一种类型，这就是寡头政治。"在所有一切社会里，从很不发达、刚在文明萌芽时期的社会，直到最发达、最强有力的社会，只有两个阶级的人——一个是统治阶级，另一个是被统治阶级。"[1]第一个阶级经常是少数，但垄断了权力并享有权力所带来的利益。第二个阶级包括社会的大多数，受第一个阶级的指挥并受它合法的或者专断的统治，他们为统治者提供生活资料，提供为维持国家所必需的工具。构成统治阶级的公民所占的百分比是很不固定的。大体上说，它和居民的人数成反比例。人口多的国家，统治阶级所占百分数小；反之则大。但即使是最小的统治集团，也不能是绝对的主权者。它经常有必要对多数的愿望作一些考虑。不管什么样的政治组织，人民大众总要发出自下而上的压力，这种压力对统治者的意志很少有不发生一些影响的。尽管莫斯卡的理论是少数统治，寡头政治无所不在这一点也许终究主要还是一个形式问题。诚然，寡头们统治着，但同下面加到他们身上的压力是相适应

---

〔1〕《统治阶级》（*The Ruling Class*），纽约麦格劳—希尔公司1939年版，第50页。

的。归根到底，这是否就使多数变成主权者了呢？

　　统治阶级的地位，或者像莫斯卡所谓的政治阶级的地位，绝不是永远不变的。不管它如何不断地努力把它的权力变成世袭的，结果还是一样。莫斯卡认为，甚至在民主国家，当选的官吏通常也是其他当选官吏的亲属。此外，承袭关系还可以诉之于超自然的力量或诉之于动听的哲学原则。不过，从长期来看，失败总归是这一切方法应得的命运。旧的统治阶级最后被赶下台后，新的统治阶级来代替并接受同样的命运。照莫斯卡的看法，原因并不难找。执政者失之于未能提供必要的服务，或者虽已提供了必要的服务，但由于新知识的增加，由于新宗教的传播，或者由于弥漫在一个特定社会中的巨大社会力量发生了一些类似的变化，他们提供的服务失掉了价值。在这样的变化过程中，政治阶级经历着结构上的变动。足智多谋、野心勃勃和卑鄙无耻的人由下面钻到上层，僭据了旧领袖们的地位。这一革命运动一旦开始便势不可挡，它必将继续到新贵们巩固了自己在政府中的地位，掌权和统治的艺术有了发展才算完结。这时这个被统治的伟大阶级将逐渐顺从地安于他们在政治阶梯中处于底层的地位。习惯的保守力量又将缓慢地席卷整个社会，凝固这一新秩序。

　　但是，还有一个对任何政治阶级的有效统治都是必要的因素。他争辩说，这就是政治公式。在每一个有适度文明水平以上的社会，执政者为他们拥有权力辩护并不仅仅根据占有权力这一事实，"而是试图为它找出一个道德的和合法的依据，把它说成是一般承认并接受的信仰和教义理所当然的和必然的后果"。[1]政治公式不一定体现绝对真理。它可能仅仅是一个似乎有理而为人民所接受的神话。即使这样，它也不应当被认为是统治阶级精心制造的骗局来骗取群众的服从。相反，它照顾一定的社会需要。它满足人们一个深切感到的要求，即对人的统治应当依据某些道德原则而不仅仅靠物质力量。此外，政治公式的根本价值还在于统一政治制度，统一不同民族，统一各种文化。莫斯卡非常怀疑，没有这样一个道德的凝合因素，各种社会有多大团结一致的可能。

　　虽然对莫斯卡说来极其清楚的是，每个政治组织最后都必然要被渐进的或暴力的革命所推翻，但他仍然相信应该尽可能长期地保持稳定。为了阻止

––––––––––––––––

　　[1]　《统治阶级》（*The Ruling Class*），纽约麦格劳—希尔公司 1939 年版，第 70 页。

暴力革命，他建议逐渐变更政治制度，以适应公众舆论的变化。他认为还有一点也是重要的，执政阶级应当随时从群众中吸收最优秀的分子到自己的队伍中来。英国统治集团早已深刻地记取了这些教训，因而一直存在到 20 世纪。法国旧政权拒绝注意这些，因此在 1789 年革命中遭到了毁灭。莫斯卡主张他所谓的社会力量平衡，以防止政治阶级的权力遭到逐步的腐蚀。所谓社会力量，他指的是有社会意义的任何活动或影响势力——金钱、土地、军事力量、宗教、教育和科学。一个政治组织愈能多代表这些力量就愈坚强。如果它能够代表所有这一切力量，它的地位实际上就会是不可动摇的。但是，由于实际上不可能这样完美无缺，因此必要的折中就是建立力量平衡。要做到这一点，首先，必须不能容许单独一种社会力量占特别优势。此外，宗教和国家必须保持分离，以防政府措施变得不容人提出疑问。最后，必须采取步骤促进广泛分配财产。在一个发达的社会里，财富集中必然导向最坏的暴政形式。

虽然莫斯卡的哲学充满反民主的成见，他绝不比帕雷托具有更多的法西斯主义色彩。诚然，他为战争辩护，但不是为了征服。他担心，没有军事冲突，或者至少没有准备，民族将会停滞下来并变得软弱。它们将不再有爱国心、愿望或能力来捍卫自己。而且废除常备军会导致削弱中央政府，使私人军队再次出现，使西方文明回到封建战争时期的状态。莫斯卡真正希望的统治制度是立宪政府，在这种制度下，由向国家元首负责的内阁部长们执行实际统治工作。国家元首任免内阁部长并保持决定政策的最后权力。这种政府制度的典范是德意志帝国。莫斯卡争论说，这样一个制度培育最大限度的自由，因为它使社会力量可以达到最完美的均衡。民主制度只迎合一种社会利益，即没有财产的多数的利益。因此它是不利于自由的。结论似乎很明显，即莫斯卡属于卡富尔、俾斯麦和黑格尔保守派而不是属于极权主义派；他所敌视的民主是卢梭的绝对主义的民主，而不是瑞士、英国和美国实际存在的自由主义民主。

在哲学基础上和帕雷托、莫斯卡二人相似的是罗伯托·米歇尔斯。米歇尔斯 1876 年生于科隆，在巴黎、慕尼黑、莱比锡、哈雷和都灵等大学上过学。他离开德国时还是一个青年，游历过许多地方，对意大利文化有强烈的爱好。他第一次教学是在都灵大学，从 1914 年到 1927 年他任巴塞尔大学的政治经济学教授。1927 年他任芝加哥大学客座教授。次年他被墨索里尼召唤到佩鲁贾大学担任政治社会学讲座。他于 1936 年去世。米歇尔斯虽然宣称帕雷托的杰出人物循环论是"近代历史哲学中最可注意的一种理论",但还是对它作了修改来适合自己的结论。他认为循环与其说是一个阶级对另一个阶级的调换或代替,不如说是新成分长年不断地与老成分融合。老的贵族不是消灭或者变得无产化了,而是被迫把他们的权力分给了从较低等级爬上来的野心暴发户。他注意到有许多商人、银行家、知识分子和官僚不断渗入古代的封建贵族。然而封建贵族在许多时候仍然保持其名义上的权威,仅仅是外来的力量把他们的权力减弱了。即使旧统治阶级的成员陷进了不幸,他们也很少一沉到底。相反,他们的下降在中途就停下来了。他们进入"地下"一个时期,直到他们能够重新获得自己的财富的时候,他们就又回到昔日的地位。米歇尔斯对上层阶级的才能十分崇拜,对人民大众则十分轻视,所以他不能接受贵族给无产者让位的思想。

米歇尔斯赖以出名的学说是他的寡头政治铁律论。他宣称这是"历史铁律中的一种,这一铁律是最民主的近代社会和这些社会中最先进的政党都没有能够逃避的"。[1]他发现构成这项铁律的基本因素是组织的成分。在近代社会的条件下,没有任何运动或政党可以希望不要组织而获得成功。但是"组织"完全是"寡头政治"的另一种说法。由于运动或政党的规模愈来愈大,必然要委托一个内层的官员和领袖担当起愈来愈多的职能。同时普通成员也就变得愈来愈不能够亲自支配和控制他们所挑选的官员。结果这些官员获得行动自由并在地位上获得既得利益。他们拼命抱着他们的新利益和特权,差不多变得不可动摇了。在工人阶级政党和无产者运动中尤其如此……

在寡头政治的成长上几乎具有同等影响的是群众心理的特殊性质。据米歇尔斯说,人类的大多数是感觉迟钝的、懒惰的和有奴隶劣根性的,他们永远没有能力自治,必须经常依赖别人的指示和领导。他们容易受骗,喜欢阿谀,在实力面前表现胆怯并卑躬屈膝,甚至愿意舔压迫者的靴子。领袖们发现很容易利用这些品行来使他们自己继续当政。他们使用一切演说上的诡计来煽起追随者的感情。他们培养国会议员的技巧来压制和瞒骗反对者。他们装作必须忍受迫害、侮辱,有时还要受监禁的殉道者姿态玩弄群众的同情。

---

[1] 阿尔弗雷德·德·格拉吉亚译:《米歇尔斯政治社会学的第一演讲集》(Alfred de Grazia, *Roberto Michels' First Lectures in Political Sociology*),明尼阿波利斯大学出版社 1949 年版,第 142 页。

由于这些因素在加强寡头政治的力量，社会改良运动的进程几乎变成一种讽刺。"如果通过法律来约束领袖们的统治，逐渐受到削弱的将是法律而不是领袖们。"〔1〕国家除是一个少数集团的组织外，绝不能是任何别的东西。改革运动家可以为社会改良的崇高纲领而奋斗，但是远在他们达到目的以前，一切领导集团所共有的罪恶将袭击他们并把他们征服。他们将变成职业的领导者，唯恐失掉他们的权力和特权，于是急于保持和扩大这些权力和特权……革命确实发生了，暴君有时也被赶下台了；但是新的专制又跟着出现，并往往与旧专制的残余联合起来，这样，世界还是和从前一样地运行着。"历史上民主的潮流好像连亘不断的浪头。它们总是在同一暗礁上破碎了。"〔2〕在无疑地将亘古不变的残酷的角逐里，这种循环将一次又一次地重现。

尽管米歇尔斯确信民主没有真正成功的机会，他还是承认民主制度的优点。他说，我们必须选择民主制度，它是邪恶中最轻的邪恶。它比世袭君主制有无数的可取处。世袭君主制"甚至比最令人恶心的以煽惑为能事的独裁制还要低劣"。他承认，没有疑问的理想政治制度是以德性智能为基础的贤人政治，但是，他问道，在什么地方能够找到这样的贤人政治呢？当然不能存在于任何世袭贵族的阶级里。他认为，唯一的出路是尽可能地纠正民主制度的缺点。主要的困难在于人民大众太无知和太无可救药。他们智力的低下使他们不可能评价领导者采取的行动的重要意义。结果在他们还没有弄清究竟发生了什么事情以前，他们就已经堕入了陷阱。他们的教育水平必须提高，以使他们能够了解并在一定程度上能够控制他们自己阶层中寡头政治的倾向。这两项目标没有一项是能够充分实现的，但可以希望取得适度的成功。根据一些权威的判断，米歇尔斯在瑞士度过那么多年的职业生涯，竟没有认识到民主制度在瑞士的巨大成就，这是应受批评的。不过，当他强调作为大众统治必要条件的高度教育水平的重要性时，他心中蕴藏着的似乎很可能是瑞士的例子。

---

〔1〕《政党：近代民主制度寡头倾向的社会学研究》（*Political Parties: A Sociological Study of the Oligarchical Tendencies of Modern Democracy*），伊利诺伊州格伦科自由出版社 1949 年版，第 406 页。

〔2〕《政党：近代民主制度寡头倾向的社会学研究》（*Political Parties: A Sociological Study of the Oligarchical Tendencies of Modern Democracy*），伊利诺伊州格伦科自由出版社 1949 年版，第 408 页。

二、实用主义者

正如本章标题所提示的，实证主义在近代哲学中往往和相对论看待问题的方法是一致的。实证主义者本身，由于否定玄学并尊崇科学，也常常被引到这样一个结论，即最终真理是不存在的。甚至所谓科学定律也仅仅是对我们假定为普遍而完全正确的东西的一些估计。但是，由于新的发现不断引出至今被人忽视或不够强调的事实，所以科学也在发生变化。实证主义者因此不得不承认，他们所据有的真理大多只是外貌的表述，或者只是一些盖然性。但只要条件继续不变，它们在实际运用上就是确实可靠的，可以作为进一步研究时推断的依据。不过它们不是绝对的或者最终的真理。如果条件改变了或者新知识被发现了，那么，过去假定是确实可靠的结论就不得不加以修改或者完全放弃。它们不是固定的永恒的真实，而是与当时的条件及人类知识进步的阶段相对相应的。

20 世纪主要的相对论者都是在实用主义的旗帜下前进的。实用主义的名称是从这样一个教导得来的，即凡能产生实际效果的思想必须被承认为真实的，当然，除非它和经验相抵触。换句话说，如果信仰自然法或信仰政府神命论可以对任何个人产生道德上或精神上的满足，这个信仰对他便是真实的。实用主义者嘲笑一切企图发现绝对真理或企图决定现实的最终性质的努力。他们摒弃了认为没有用处的玄学，教人应该追求知识，但不是为了知识本身，而是作为改进世界状况的工具。还应该注意的是，实用主义者否认一切形式的决定论，无论是从精神的或物质的概念来说。他们摒斥一切把人降为只相信一些僵硬原则的奴隶或者把人置于命运的万能权力所摆布的地位的世界观。他们拒绝承认一个"铁板一块的世界"，或者一个盲目的宇宙机器。

查尔斯·皮尔斯大约于 1875 年在美国为实用主义奠定了基础，席勒把它传到英国，汉斯·法伊欣格尔把它传播到德国。但实用主义得到最流行最全面的表述是出之于两个著名的美国人威廉·詹姆斯（1842—1910）和约翰·杜威（1859—1952）。詹姆斯青年时体弱而富于想象力，所受的教育是不连贯和不规则的。他的父亲是一个瑞典斯韦登伯格[1]神秘主义宗教的信奉者，他

---

[1]　斯韦登伯格（Emanuels Swedenborg，1688—1722），瑞典科学家、哲学家及宗教作家，其信徒组成新耶路撒冷教派。——译者

深受父亲的乌托邦主义和神秘主义的影响。他在欧美学校进行各种各样的学习以后，27 岁时在哈佛医学院获得医学博士学位，但因患重病而未能从事医务工作。1872 年他开始教学，在哈佛任解剖学和心理学讲师。若干年后他的兴趣转向心理学。1889 年他改任哲学教授。他最有名的著作是《实用主义》（*Pragmatism*）、《信仰的意志》（*The Will To Believe*）、《宗教经验的种类》（*Varieties of Religions Experience*）和《真理的意义》（*The Meaning of Truth*）。

詹姆斯深信哲学是一个情感与感觉的问题，因此他几乎可以被看作是反理智的。他劝告他的追随者要"完全地断然地并且再无反顾地"放弃逻辑推理，而代之以"实际、生活、经验、具体、亲近事物"。他说，思想只要是在与事实及日常生活经验有直接关系的范围内，就具有真理的性质。真理不是寄存在一种思想里的某种呆滞的东西。相反，思想变成真理；它们是被事态发展变成真理的。真理不断地发生变化。在一个时期"成功"的或者能取得实际效果的东西，在另一个时期可能完全没有价值。基于这个理由，我们必须准备"今天用我们今天所能得到的真理来生活，并准备明天又把它叫作荒谬"。[1]詹姆斯认为这在政治哲学中和在任何其他哲学部门中一样必要。他拒绝把任何形式的政治制度看作是所有的人在所有的条件下的理想制度，或者把任何社会争端看作是已经最后解决了的问题。他对于把国家看作是神在历史发展中的显示或者看作是权利的来源或体现等观念不同情，绝对主权和无限权威的理论也和其他绝对的东西一样，对他来说都是讨厌的。

詹姆斯的多元主义支配了他的政治哲学。他反对单一和划一。连一个单一的宇宙的观念对他来说都是可怕的。他宁愿设想一个复合的宇宙。变异，多样化，才是生命的气味，才是孕育自由的母体。詹姆斯把这个观点特别应用到他的社会概念上。从一切实际效果看，他是文化多元主义的奠基人。文化多元主义也就是这样一种学说：推动一个民族的文明进步的最好方法是容许甚至鼓励多样化。詹姆斯像怀着宗教热忱一般地相信这个政策。他可以容忍无政府主义者、虚无主义者、自由恋爱者、单一税倡导者、社会主义者、禁酒运动者以及反对活体解剖者——这里只略举一些。所有这一切都可以互相竞赛，用实际的试验来帮助解决什么样的政策才对全社会最有益处。在竞

---

〔1〕《实用主义》，纽约朗曼斯公司 1928 年版，第 223 页。

赛中，那些异想天开的想法一般会被芟除淘汰。但是偶尔会有天才提出新的概念，它可以使知识界革命化。不这样完全容忍一切思想——无论多么激进或古怪——是不能保证有这种结果的。詹姆斯十分确信自由交换思想的重要性，所以他反对强迫医生必须有开业执照的规定，唯恐这会导致医务界的显贵们坚持一种严格的正统观念。虽然他对执照制度所排斥的精神治疗者和自然疗法操作者没有信心，但他惋惜抹杀"这些特殊的人"正在取得的"极端重要的经验"。[1]

从文化多元主义和排斥绝对概念来推论，必然得出个人主义。在詹姆斯看来，社会完全是原子般的，除它的成员的福利外，就没有什么重要的了。他的教导是，除通过个人的主动性，人类就不能进步。但普通个人必须由智力最高的人指引和领导。除非有天才的启发和鼓舞，群众将一事无成。必须有伦勃朗一类的人物向他们说明光明和黑暗的斗争，有华格纳一类的人物教导他们欣赏音乐里的戏剧性境界，有埃默森一类的人物在他们心中点燃道德的火焰。詹姆斯问道，如果罗伯特·克莱夫[2]像他在马德拉斯企图的那样自杀了，大英帝国的前途会是怎样的呢？如果俾斯麦婴儿时期就死在摇篮里，"德国人便会仍然满足于自视为戴眼镜的绅士学者和政治上的草食动物这样一个种族"。[3]一个民族的领袖如果给这个民族指出了一条特定的道路，它就可以顺着这条路走下去；如果没有指出，它就找不到这样一条道路。有些民族比其他民族进步快，其原因完全在于天才。伟大的文明时代出现，可以说是由于在一个有限的时期里异乎寻常地汇集了一批杰出的领袖。詹姆斯没有区别他所选定的领袖类型。对他来说，一个拿破仑或者一个加里波第好像和一个达尔文或者一个约翰·斯图尔特·密尔同样值得崇敬。

詹姆斯信仰个人与民族均应享有最大限度的自由。因此，帝国主义或战争完全不合他的口味。他憎恨一切形式的大的东西，同情弱小民族维护自己独立的斗争。在十九二十世纪交替之际，他批评美国在菲律宾实行帝国主义，

---

[1]《信仰的意志》，纽约朗曼斯公司1897年版，第207~208页；亨利·詹姆斯编：《威廉·詹姆斯的书札》（Henry James, ed., The Letters of William James）第2卷，波士顿大西洋月刊出版社1920年版，第67页。

[2] 罗伯特·克莱夫（Robert Clive, 1725—1774），原为英国东印度公司官员，后通过武力战胜法国势力及印度力量而控制印度，成为英驻孟加拉第一任行政长官。1767年返英，后因议会辩论其在印度的行为而自杀。——译者

[3]《信仰的意志》，纽约朗曼斯公司1897年版，第227~230页。

希望南部非洲布尔人会把英国人"气恼"。在他主张"代替战争的道义措施"的著名辩论中，他试图把和平主义放在一个健全的心理基础上。他把战争看作是好斗的潜在本能和爱光荣爱刺激的结果。在文明的人性后面隐藏着野蛮的兽性，一有机会便会突破而出。我们祖先教养的好斗性格深入到我们的骨髓，就是有百代和平时间也不足以把它连根铲掉。人们要战争，对长期和平的沉闷乏味会感到腻烦。除非找到代替的东西——使人感到振奋，使人惊心动魄，激发人的英雄主义和自我牺牲精神这些本来在军事冲突中才会产生的效果，否则，和平主义的基础将是脆弱的。和平主义将会失败，而且也应该失败。因为，在詹姆斯看来，尚武精神的长处还必须保持，以防止一个民族演变得男人都带女子气。他抱着这样一个目的，呼吁采取"代替战争的道义措施"，用普遍兵役的形式征集全部青年同罪恶和困苦作战。一些纨绔子弟可以被征调到煤矿里工作；其他一些青年可以洗碗碟、修马路或者修隧道；还有些青年则可以去翻砂厂、锅炉房、装运场，在严冬时节到渔船队去。所有这些人都要"打掉稚气"，"回到社会时具有较健全的同情心和较清醒的思想"。[1]詹姆斯相信通过这种方法可以不用流血而得到战争和军事生活的益处。但是他带有不少多愁善感的情调，以致把过去的战争浪漫主义化了。以往的军事冲突成了使某些最伟大的文明幸事得到维护和滋养的"血淋淋的护士"。战斗之神在锤炼民族团结和决心使崇高理想赢得胜利方面，其重要性不下于和平的君主。

由詹姆斯描绘得十分清晰的实用主义哲学，经过杜威又有了发展。杜威是新英格兰的美国佬，在弗蒙特大学和约翰斯·霍普金斯大学受教育，毕生从事教书和撰述，曾短期涉猎政治。他先在密执安、明尼苏达和芝加哥等大学教授哲学，后到哥伦比亚大学任教，历时四十余年。他是著名的哲学家和心理学家，有进步教育之父的盛誉（在一些人当中名声不好）。杜威透露了他与伟大的实用主义派先辈有一些重要的不同之点。詹姆斯被指责为"把灯光弄暗了以给神灵一个机会"；杜威则相信，人利用自己理性和经验的源泉，不要任何神奇的帮助就能够解决自己的问题。杜威否认或者至少无视蛮性因素，而詹姆斯则自称蛮性因素是他在人性中的新发现。杜威还比詹姆斯更有力地强调哲学的实际目的。的确，他的特别教义后来在实用主义派中被称为工具

---

〔1〕《回忆与研究》（*Memories and Studies*），纽约朗曼斯公司1912年版，第276~292页。

主义，就是由于他坚持哲学要当作工具来使用，这工具一部分为改善人本身，主要则是为了改善社会。

杜威的政治哲学同詹姆斯甚至有更为明显的不同。首先，杜威是一个民主派，不是只重知识的贵族政治的倡导者。他想象的民主几乎与平等是同义语。虽然他没有片刻主张过人类没有天才和白痴的差别，但他认为一般的智力足够使每人都能作出一些有价值的贡献，这是民主教义的一个部分。他断言民主的目的只能用民主的方法来实现，这些方法是普选权、定期选举和对选民负责。他认为，这些民主因素是依据这样一个信念："没有一个人或者有限的一批人那么聪明睿智或者那么完美无缺，以致可以不经过别人同意而进行统治。"[1]民主方法的重要性还在于其教育价值。民主方法牵连到协商和讨论，这些有助于扩大眼界和澄清论点。最后，根据杜威的看法，民主体现着实验的概念。民主的意义必须不断地发掘。"它必须有人经常去发现和再发现，再造和重新组织。"[2]而体现这种概念的制度也不得不重新建立，以适应公民们在发展新需要中所发生的变化。

杜威和詹姆斯都是个人主义者，但二人的个人主义如此不同，以致几乎不能设想他们可以并立在同一名称下面。在20世纪30年代初期，社会极端不安的浪潮冲刷着资本主义经济的基础。这时杜威发表了他的《新旧个人主义》。他在这本书中为19世纪放任的个人主义举行了葬礼。他唤起注意一个组合社会在成长，它正毁灭着主动精神和独立性。大规模资本组合的出现、工业的机械化以及一切经济活动的一体化，把个人降到了机器中一个齿轮的地位。他指出，甚至犯罪也变得组织化和辛迪加化了。面对着这些变化，认为至高无上的个人在自由竞争的制度之下靠单纯的主动精神、勤劳和本领就能走向顶峰的旧概念，已经丧失了它的意义。对个人主义来说，考虑变革了的社会中的生活要求的时候已经到了。不能再听任一个公民游荡在一个陌生的世界里踽踽独行，茫无依傍，不知所措。必须用群体的集合智慧来使他摆脱恐惧和不安。只有这样，才能把他从正在摧毁着他的独立的强大压力下拯救出来，才能使他再次走上通向机会平等的道路。

杜威的所谓自由主义包含很大程度的组织化；实际上它所牵涉的问题是

---

〔1〕 拉特纳编：《近代世界的智慧：杜威的哲学》（Joseph Ratner ed., *Intelligence in the Modern World*；*John Dewey's Philosophy*），纽约现代图书馆1939年版，第401页。

〔2〕《公众及其问题》（*The Public and Its Problems*），纽约霍尔特公司1927年版，第206~207页。

把自由降到一个次要的地位，以期达到安全和经济机会平等的首要目的。他强调用他的所谓积极的自由代替旧的消极的自由，旧的消极的自由是在只要不妨害他人行使同等自由权利的条件下，容许个人有为所欲为的权利。杜威积极的自由的概念包括公民需要用来发展自己的潜在能力并对社会作出贡献的那些自由形式。但这种自由在任何意义下都不能被看作是绝对的。个人不能宣称它是一种权利；它只有在对社会福利有用的限度上才是一种权利。例如言论自由可以看作是一种积极的自由，因为没有这种自由，公民便没有机会发展他的智力到最大限度，因而也就不能尽他最大的能力来为社会服务。

杜威认为对个人主义有必要的组织化，大部分采取通常称作社会工程的形式。这一理论的起源颇为隐秘。孔德在叙述社会的实证阶段系受客观研究方法支配时，他的教导便先投下了这一理论的影子。这一理论又被美国社会学家莱斯特·弗兰克·沃德（1841—1913）大大发展。科学是社会工程师的上帝，而科学方法是他们的圣经。他们争辩说，自然是一体，整个世界是受同一法则支配的。指导天文学家、物理学家或者化学家进行研究的一切原理原则，都可以充分应用到社会、政治和经济领域。不过，只用科学方法来发现知识是不够的，知识还必须通过不断的计划而应用于公共福利。

杜威以一种来自确信的喜悦接受了上述论点。他认为自由企业已经失败，集体控制已经落到我们身上。剩下来的唯一选择是，或者我们接受业已存在的资本主义控制，或者建立一套用于公共利益的新控制。虽然有一个时候杜威曾抱着希望把眼光投向苏俄，盼望它是可以提供启示以拯救世界免于崩溃的国家，杜威认为，在计划化的社会和不断计划的社会之间存在着巨大的差别，前者要求有一个由上面交下来的固定蓝图，后者牵涉通过不断地调查研究发现最优良的方法，以解决当前和未来的问题。前者引用过去思想家的、教派的或者宗教的僵死的智慧；后者认为一切学说和知识的积累都是属于试验性质的，都是需要经过科学调查来证实的。

在社会工程师中，杜威和他的大多数先驱者不一样，他没有建议什么新奇的政治制度来担负不断计划的工作。相反，他认为民主制度适合于达到这一目的的程度已经很值得赞赏了。他说，民主的程序必然要牵涉到实验、调查、分析和测定结果——换句话说，十分接近科学方法。武断地决定政策，或者按照某种教条或过去的传统来决定政策，这是权威主义而不是民主制度。

杜威认为已经有足够的知识可以用来科学地处理诸如犯罪和战争的问题。但是多数人思考这些问题时还继续用"科学以前的道德词汇"。他们把国家和个人都分类为"好的"或"坏的"两种,希望把好的都拉到他们一边,惩罚那些坏的。不过惩罚、复仇和报复都是一些没有科学依据的陈旧概念。在杜威看来,迫切的需要是训练民主国家的公民,使他们能够欣赏和理解科学态度。只有在这样的时候,三百年前开始的科学革命才能完成。过去的一些社会转变虽然很大,但"它们与我们对科学方法的信念体现在社会工作中时将会出现的社会转变,是无法相比的"。[1]

三、当代的唯实主义者

与实证主义和实用主义紧密联系在一起的还有一种当代哲学,它号称唯实主义,或者有时叫作新唯实主义,以别于古代和中世纪的唯实主义。实际上,当代唯实主义与实证主义及实用主义有很多相似的地方,很难把它们截然分开。三派都承认科学的重要,三派都反对形而上学。三派都承认人类知识的有限性。然而彼此有差别。虽然唯实主义者强调科学第一,但他承认从理性推演出来的知识也可能是真实的。还有一点,他不是相对论者,他信仰客观真理,不管它如何不完全和不能令人满意。他做梦也不会说出像威廉·詹姆斯所说的话——一种思想对于保持这种思想的人有"兑现的价值",它就是真实的。他抛弃一切带有神秘主义气味或带有依靠神奇气味的东西。最后,唯实主义者与实证主义者和实用主义者的分歧,还在于他的悲观主义的程度以及他的悲剧感触的深度。他想象,科学使人类面对一个冷酷而陌生的世界,把人本身描绘为只是一束原子,人的不朽天才可能并不多于与多少世纪的尘埃混在一起的特权。然而面对这样一种无能为力的情景,应有的态度不是绝望或者诉苦,而是泰然的献身精神。人仍然能够生活得高尚,尽力所能及好好地进行一场克服邪恶的战斗。他要采取这样一些做法来使自己至少能够保持自尊:努力把自然力量导向为他的同伙和他自己谋福利,避免采取任何可以引起他人痛苦的行动,怀抱"崇高的思想以使他的渺小日子变得高贵,蔑视命运的奴隶拜倒在亲手建造的圣坛前那副懦夫般的恐怖样子"。[2]

---

〔1〕《哲学与文明》(*Philosophy and Civilization*),纽约明顿与巴尔奇公司 1931 年版,第 330 页。

〔2〕伯特兰·罗素:《神秘主义与逻辑》(Bertrand Russell, *Mysticism and Logic*),纽约朗曼斯公司 1918 年版,第 57 页。

新唯实主义的政治和社会态度最好用当代世界两个著名的公民来说明。一个是英国人伯特兰·罗素（1872—），[1]另一个是印度人贾瓦哈拉尔·尼赫鲁（1889—）。[2]罗素是有名的1832年改革法案之父约翰·罗素勋爵的孙子，1931年他承袭了爵位。他在剑桥大学的三一学院受教育。他一生的大部分时间，除开一个短时期在北京大学外，都在英美各大学担任讲师和教授。虽然很久以来他就被公认为近代第一流的逻辑学家和数学家之一，他曾几度不得不忍受那些不喜欢他的社会主张的人的排斥。第一次世界大战期间，由于他的和平主义活动，他被剥夺了三一学院讲师的职位，被拒绝发给出国护照，使他不能赴哈佛讲学，最后并受到六个月的监禁。近在1940年，他受聘去纽约市学院讲学，也因为他在婚姻和宗教问题上持非正统意见而遭到美国国内一阵狂热的反对。

作为一个政治哲学家，罗素几乎把十八九世纪一切自由主义的和激进的思想潮流都集中到一个焦点上。他本身便是代表启蒙思想的理性主义、实用可行的功利主义、实证主义派的物质主义和科学主义、社会主义者的集体主义和经济命定主义以及实用主义派的怀疑主义和反玄学态度的化身。然而，把所有这些思想运动加在一起也不能代表他的全部思想。举一个例说，虽然他的意见有时古怪反常，但他是一个坚定的民主主义代表人物。他认为，任何为少数人所操纵的政府都不能保证它的全体公民享受到他们的幸福所不可缺少的权利和特权，或者不能对经济资源提供社会安全所需要的组织和管理。他坚持"美好的生活是以情爱相鼓舞和用知识来指导的生活"。[3]贵族社会对于这样的理想是不会感兴趣的。富裕悠闲的绅士们，自以为天生高人一等，他们鄙视人类大众，认为最坏的地位对大众也不为低。这样一种态度恰恰是爱与仁慈的反面。不过，必须指出，把罗素的民主概念与杰斐逊和卢梭的民主概念相比，罗素更与杰斐逊的民主概念近似。他信仰民有和民享的政府，但不是民治的政府。他赞美的是人民的主权而不是人民的统治。同时，至少在一个方面他和杰斐逊的理想是背离的。杰斐逊的信念是普通人民有能力选择德才兼备的人来掌管政府。罗素则要求人民大众本身有能力来判断并评价他们的统治者的行为，有能力来批判和查究他们的过失。他相信，达到这个

---

〔1〕 罗素于1970年去世。——译者
〔2〕 尼赫鲁于1964年去世。——译者
〔3〕 《我的信仰》（*What I Believe*），纽约达顿公司1925年版，第20页。

目标的重要条件是某种程度的教育及思想和讨论的充分自由。他不主张对思想和讨论的充分自由规定任何限制。言论自由和组织宣传的权利，"即使有助于煽动暗杀或暴力革命"，也是保存民主制度所必不可少的。[1]

罗素在拥护民主制度的同时，还主张实实在在的集体主义。他认为信仰私有制是人类进步的最大障碍之一，他要求毁掉私有制作为改善世界的一个前提条件。他争论说，围绕南非布尔人先后建立的共和国[2]开发金矿和金刚石矿发生的许多事实说明，一切财产都来自暴力和盗窃。尽管有这样的信仰，他并不接受马克思和列宁的学说……他更不同意把国家当作阶级统治工具，把国家看作全部人口转变成单一的工人阶级时便要消亡的马克思主义国家理论。在罗素看来，在作出一切阶级的利益所必需的立法规定方面，国家是一个有用的和必要的制度。只要社会需要一种有组织的生活，国家就不能废除……

有一时期，罗素对暴政的恐惧使他赞同多元主义的理论，因为多元主义者宣称国家只不过是为了社会管理而制定规章的许多主权团体中的一个。在这个阶段，他似乎认为一切法律和政府都是罪恶，它们只是在防止出现更大的罪恶这一目的下才能找到存在的理由。照他说，一切形式的强制都是自由和个人活力的障碍。这些强制抑制了创造，而创造是人类幸福的最高源泉。对罗素具有极强引诱力的集体主义类型，是20世纪20年代基尔特社会主义者所主张的类型。基尔特社会主义者提议一种制度，在这个制度下，国家占有生产资料，代表消费者的利益，而工厂、矿山、铁道、商店等的管理和经营则由基尔特或工人的行会进行。他们希望用这种方法来防止暴虐的官僚主义滋长，因为在官僚主义下，对工人们来说只不过是一批主子换来另一批主子。和基尔特社会主义者一样，罗素把权力看作一种毒品。对于任何一种形式的权力，除非它是在明智和同意的情况下产生的，他都不信任。在他的眼里，每一个官僚等级必然要包括这样一批人，"他们的全部本能将驱使他们走向暴政"。[3]主要由于这个理由，他斥责革命；他觉得革命差不多必然要把权力授予这样一个独裁的少数派，这个少数派在疑惧心理的支配下，决心采用

─────────────

〔1〕"自由与政府"，载鲁思·南达·安申编：《自由：它的意义》（"Freedom and Government," in Ruth Nanda Aushen, ed., *Freedom: Its Meaning*），纽约哈考特公司1940年版，第254页。

〔2〕指1854年建立的"奥伦治共和国"和1856年建立的"德兰士瓦共和国"。——译者

〔3〕《自由之路》（*Proposed Roads to Freedom*），纽约霍尔特公司1919年版，第128页。

一切它认为必要的残暴手段来维护它最高的地位。只有在政府十分残暴从而不能通过宪法程序和公众舆论来废止或修改法律的情况下，罗素才承认革命的权利。罗素真正渴望的是民主制度限制下的社会主义。但是，如果民主与社会主义二者不可得兼而要他在二者中间接受其一，那么，他的选择是民主制度，即使它和有缺陷的经济是联系在一起的。

只叙述罗素对民主和集体主义的热忱还不能完全概括罗素的许多理想和目标。他很像杜威，也坚决相信教育的效力可以使人从自己天性的缺陷中解放出来，可以纠正由于不幸的环境而产生的罪恶。他认为，恨与嫉妒以及人们对待别人的不人道都主要起源于恐惧心理。在理解自己和理解环境方面施行教育，是唯一可以铲除恐惧心理的特效剂。比恐惧心理更明显的人类痛苦原因是过高的出生率。罗素实际上是一个新马尔萨斯主义者；在他看来，对于折磨着这个世界的绝大部分苦难，节制生育是一个最好的医治办法。限制生育可以帮助减轻穷困，减少国家的不安全，并有助于消除对战争的恐惧。他对这个医治办法非常热心，因此他不仅要让国家提供节制生育的普遍教育，而且还要处罚"那些生育孩子太多的人"。[1]

罗素是一个热心的国际安全倡议者。虽然由于他相信法西斯主义的胜利将是世界上最坏的坏事，因此他在第二次世界大战中支持同盟国的目的，但他厌恶战争，认为战争纯系罪恶。在各国唯恐失掉好处或者损害国家安全的时候，互相之间便攻击起来。除非建立一个国际政府，拥有强大军事力量以击败任何可能的国家联合，战争仍将继续发生。国际联盟没有维持这样一支武装力量，联合国宪章也没有这样规定。罗素认为，要避免战祸，只有成立一个代表世界人民而不是代表那些主权国家的政府的世界联邦；做不到这一点，就找不到避免战争的方法。

印度的哲学家和政治家贾瓦哈拉尔·尼赫鲁与罗素的兴趣和原则是相似的。虽然尼赫鲁有一个辽阔的国家要管理和强大的竞争集团要调和，他继续紧密地依附五十多年来作为他生命中的指路明星的社会主义、唯物主义和不可知论的教义。尼赫鲁是一个富有的克什米尔贵族的儿子，在英国的哈罗和剑桥受教育。1912 年他加入律师协会，但只当了几年律师。第一次世界大战

---

〔1〕《对变动中世界的新希望》（*New Hopes for a Changing World*），纽约西蒙—舒斯特公司 1951 年版，第 40 页。

后，他协同他的父亲和甘地把自己的才力几乎全部专注于印度国大党运动。1929年他当选为印度国民大会主席（印度国民大会实际上是印度致力于争取独立的政党），以后又连选连任三次。他几度被英国人判处长期监禁，他就利用这个强加的空闲时间来熟习马克思主义理论并发展自己的哲学。当1947年印度获得独立的时候，尼赫鲁十分合适地成为第一任总理。尽管国内某些部分存在着失望和混乱，他仍然似乎（经过十年多的统治后）是唯一具有足够的威望使国家统一的纽带不致破裂的政治家。的确，他主要关切的问题之一似乎是阻止他的人民过分阿谀。当他们设法要把他作为民族救星加以神化的时候，他严厉斥责他们。几年以前，他竟然在加尔各答的一家新闻报上发表一篇匿名文章警告他们，他有变成独裁者的危险。他写道："像贾瓦哈拉尔一样的人们，用一切能力来从事巨大美好的工作，在一个民主国家里并不是安全可靠的。他把自己叫作民主派，叫作社会主义者，毫无疑问，他是真心这样做的……但是稍稍歪曲一点，他就可能转变成一个独裁者。"[1]

有三种主要影响力量决定了尼赫鲁心灵上的发展，一是他所受的西方教育；二是甘地的哲学；三是马克思主义。作为哈罗和剑桥的学生，尼赫鲁接触到民主、工业制度和科学的西方传统。结果他抛弃了印度的一切东西——否定了传统印度教式的神秘主义、悲观主义和禁欲生活。印度对精神和形而上学的偏爱以及它对世俗和物质的蔑视，都不能吸引尼赫鲁。他变成一个理性主义者、人道主义者、一个笃信科学和笃信工业和技术进步的价值的人。他说，"当人们在饥饿和死亡的时候来谈论上帝，是愚蠢的行为"。[2]他认为，工业化和生育节制是印度亿万人脱离贫穷愚昧和污秽的长年负担的唯一出路。他要提高印度生活水平的决心是他在对外政策中执行所谓中立主义的一个主要解释。他强烈地感到，他绝不可以卷入国际实力对峙的绊网而危及他所要达到的主要目标。

在臭名昭著的阿姆里察大屠杀案（有四百名印度人死在由英国将官率领的一团士兵的枪弹下）以后，尼赫鲁于1919年成为甘地的追随者。从此这个未来的总理就离开了国民大会党的温和派，宣布自己属于激进派，要求完全独立。不过尼赫鲁避免采纳甘地的全部哲学，他用不着他的导师的精神世界

---

〔1〕《走向自由》（*Toward Freedom*），纽约约翰·戴公司1942年版，第437页。

〔2〕《尼赫鲁讲演集（1949—1953年）》（*Jawaharlal Nehru's Speeches* 1949—1953），印度政府新闻广播部1954年版，第361页。

理论、虔诚主义和禁欲主义。他也憎恶甘地的不开化主义，因为不开化主义有可能把印度拉回到自给自足的乡村经济，使它没有比纺纱车和手工织布机更复杂精巧的技术。甘地轻视科学，情愿取消一切交通运输上甚至医药卫生上的现代化改进以表示其对西方文明的敌视，这都是尼赫鲁所不能赞同的。另一方面，在维护民族主义、反对帝国主义以及对非暴力抵抗原则的信仰上，他们二人都是一致的。不过，尼赫鲁为必要时使用暴力作了辩护，他还在第二次世界大战期间因为甘地坚持甚至在日本人入侵时也绝不能进行暴力反抗而批判了甘地。

马克思主义在尼赫鲁身上的影响在某些方面是最为深刻的。这在很大程度上是使他反对帝国主义和不同情权威主义统治的原因。这不仅给他过去的哲学涂上了一层色彩，还使他现在和将来掌握一种"光谱分析"。他把一切历史看作是可以从中发现规律和目的的记载。为理解历史提供线索的是辩证的进程；在这一进程里，生产力决定每一个阶段的统治和社会类型。"机器和工业制度的胜利意味着控制着机器的阶级的胜利……控制着生产资料的阶级是实际统治的阶级。"[1]虽然他在理论上拒绝接受绝对的命定论，但他承认自己的一些原则是他一生的事态发展铸成的，而且他始终不渝地信仰未来会更加光明的不可避免性。

近年来，尼赫鲁修改他的集体主义学说至少到这样的程度，即宁愿选择英国工党的社会主义而不要严格的马克思主义者或共产党的社会主义。换句话说，他主张民主的计划化，由政府公有的只是基本工业而不是像俄国那样对一切私有企业来一个革命的破坏。不过他仍然相信资本主义是世界上许多种罪恶的原因——贪婪和不公正的原因，经济萧条和战争的原因，富裕中有赤贫的原因。他想，帝国主义如果没有资本主义的培育是绝不能发展起来的。他还认为法西斯主义是帝国主义的令人讨厌的但不可避免的恶果。他争论说，它们之间只有一个差别，即帝国主义是在殖民地附属国中实行的一种暴虐制度，而法西斯主义是在本国也实行的同样制度。因此，要在世界上建立自由，单摧毁法西斯主义是不够的；帝国主义也必须同样清算掉。不过，他的想法似乎是，资本主义完全消灭可以推迟到将来的某个时候。有重要意义的是，经过尼赫鲁的 8 年统治之后，所有的土地和大部分工业还保留在私人手里。

---

〔1〕《世界史一瞥》（*Glimpses of World History*），纽约约翰·戴公司 1942 年版，第 347 页。

他愈来愈多地谈论一个乌托邦，在那个乌托邦里，印度将领导世界走向某种渺茫的平等理想，在那里没有国家或阶级能够进行剥削。但是他又梦想印度站在一个中立国家集团的首脑地位，维持一个两极化世界的力量平衡。他也许感到，要成功地担任这样一个角色，他的国家应该避免过分地委身于任何一边的意识形态。

在近代世界的一切政治哲学中，相对论和唯实主义似乎最正确地反映了当前时代的态度和理想。它们与由于工业化和城市化的推广而变得更加流行的人道主义、科学主义、怀疑主义、唯物主义以及世俗主义等能够很好地配合。实证主义也和这些态度和理想的大部分很一致。但是实证主义和被唾弃的权威主义太直接地联系在一起了，因而对许多西方人民没有吸引力。它也太深地浸透了一种命定的悲观主义。唯实主义也有它的悲观主义属性，但这种属性不是一种堕落的绝望。它是对生活悲剧的一种理解而不是自认失败。虽然人在唯实主义者看来可能注定是湮没无闻的，但他并没有放弃他的骄傲和自尊。

如果设想实证主义、相对论或者唯实主义或者它们中间的任何组合将会对人们的思想具有普遍的影响力量，那将是愚蠢的。无论科学有多么辉煌的业绩，仍有一些人不能从实证主义者或唯物主义者对政治和社会问题的解答中得到满足。他们将拒绝把国家看作世俗的制度。他们将要求在上帝的意志中或者宗教的道德教义中找法律的源泉。他们渴望正义和权利有永恒标准，不会随每一消逝的时代或衰微的文化而发生变化。这些观点的代表在今天和在过去的时代里一样是很多的。他们排列起来，从世俗的保守主义者刘易斯·芒福德等到宗教的理想主义者莱因霍尔德·尼布尔、约翰·哈洛韦尔、克里斯托弗·道森和雅克·马里顿等。无论他们的前提怎样不同，他们对理性主义、人道主义和伦理的绝对主义都有共同的信仰。他们争辩说，实证主义、怀疑主义和科学主义削弱了把人看作一个由上帝赋予良心和推理能力的道德实体这样一种人的概念，而把他看作只不过是他的环境的产物；在他们看来，这些哲学因此就损害了人的高贵，并使民主制度成为不可能实现的东西。

第四章　变化中的法律概念

　　在 20 世纪谈论变化中的法律概念，几乎像是向煤城送炭或者为夕阳增辉。法律概念从来就是变化不已的。的确，这些概念再没有做什么别的事。亚里士多德把法律说成是"不受欲望影响的理性"。在这样写的时候，他似乎抱着凌驾于个人意志之上的绝对正义的形而上学体现这一观念，因为他说，"谁让法律来统治，可以说是只让上帝和理性来统治，但谁要让人来统治，那就要加上兽性的成分"。显然，这种法律在习惯法中得到了最好的表现，因为亚里士多德认为习惯法在一切规则中是人们可以遵循的最安全的规则。留待西塞罗和斯多葛派来做的工作，就是把亚里士多德关于法律是理性和正义的体现这一概念加以扩张和更加清晰地阐明。他们实际做到的是表述更高的自然法理论。这个自然法是宇宙秩序的产物，它可以由人的理性去发现。西塞罗给它下的定义是，"真正的法律是正确的理性，它是和自然调和的，散布在一切人们中间的，不变的和永恒的……要制定和这种法律相违反的立法为宗教所禁止，它甚至连一部分也不可以废止，我们也没有力量通过元老院和人民来解除它对我们的统辖"。

　　斯多葛派表述的更高的法律理论，比西方世界任何其他法律理论历时更为长久。这种更高的法律为中世纪早期基督教哲学家所采用，把它和上帝的神法等同起来。13 世纪它又被圣托马斯·阿奎那重新提起，当时他对法律所下的定义是："由社会培育的人所公布的谋求公共福利的理性命令。"它从中世纪导源通过理查德·胡克的媒介而注入十七八世纪自然权利哲学家的学说。对约翰·洛克和他的追随者来说，这种更高的法律就是在建立政府以前的自然状态中统治和指导过人们的法律。作为这样的法律，它包括在自然秩序下属于一切人的基本权利。到政府组成的时候，这些权利对于作为有理性的动物的人的生活，是那么重要，以致它们没有被转让而被保留了下来，作为对统治者的行为的一种自动的限制。这就是包含在法国人权宣言、英国权利法案以及美国独立宣言和美国宪法里的理论。这种理论有时仍被美国联邦最高法院引用来推翻那些为联邦国会或各州议会所通过但被认为与正义或权利的某种基本原则相抵触的法律。在弗莱彻对佩克一案中，首席法官马歇尔以与"我们各种自由制度共有的一般原则"相抵触为理由宣布佐治亚州议会的一项法案无效，树立了这种做法的先例。近在 1935 年，首席法官休斯在佩里对美国案件中宣称，当一个政府订立一项合同时，它负的责任与私人订立合同所应负的责任相似。虽然在这些案件中控诉政府的原告得不到法定的补偿，但休斯断言，责任仍"对主权者的良心有约束力"。

20 世纪以前很久，作为正义和权力的体现的真正法律理论，就被迫与另一个完全不同的概念竞赛。这就是实体法的概念，也就是把法律看作国家的命令或者主权者的意志表现的概念。古罗马法学家发展了一种权力无限的国家观。人民由于一种不能废除的契约而把他们的权力委托给了国家。由于这样，他们授权给政府机关发布具有法律力量和效果的命令。在拜占庭帝国统治下，这一理论被用来为专制政治辩护。查士丁尼的《法令大全》宣布，凡是能够博取君主喜好的就有法律效力，因为人民已经把所有的权力都委托给他了。在十二三世纪中，由于对罗马法的研究重新兴起，这一学说便不可避免地赢得支持。为了对抗教皇要求拥有世俗权力，如果不是为了其他原因，当时断言皇帝的意志有法律力量还是合宜的。到 16 世纪已经有可能使马基雅弗利实际上认定这样一个当然的概念：法律是任何统治者有权力执行的命令。17 世纪托马斯·霍布斯提出了一个相似的看法。此后一百多年，把法律看作可以被理性发现的自然产物这样一种相反的法律理论又占了优势。但是，到 1762 年卢梭讥讽普遍正义的观念，他宣称法律是公共意志的表现，或者换句话说，是掌有主权的人民的命令。

近代对实证法最明确的阐述来自英国功利主义派约翰·奥斯汀（1790—1859）的论著。虽然他在许多方面是杰里米·边沁的追随者，但他在德国就学多年并受到德国法家权威主义理论的强烈影响。奥斯汀的法律概念完全限于实证法的范畴。他的法律定义是上级对下级所发的命令，它的约束力是靠上级强加的惩罚力量。所有其他规则他都归入外围的实证道德之列。这些其他规则包括所谓国际法、英国宪法的原则和先例，甚至在很大程度上也包括英国不成文法所代表的习惯性。国际法并不是法律，因为没有主权者强制执行它。英国宪法的原则和先例也处于类似的不利地位——它们从来不是一个确定的主权者所制定的。英国的不成文法只有在一个限度内才被奥斯汀承认为法律，即某些不成文法业已为英国议会的立法所接受并让它具有法律效力。

在奥斯汀看来，法律只来自确定的某个人或某群人明白的或含蓄的命令，这个人或这群人不服从任何上级其他人却因怕受惩罚而习惯地服从他或他们。奥斯汀的学说是一个狭隘的、权威主义的概念，与自由民主制度的理想不相容，更不用说它和旨在成立国际政府的许多计划相抵触了。虽然如此，这个学说在文明世界几乎所有的国家里得到广泛的采用。直到今天，它是自称为法律的实证主义派的靠山，这派有别于自然主义派，后者紧抱着绝对正义的理想，认为绝对正义是人的理性能够被发现并运用来为社会谋福利的。

一、多元主义

法律性质和法律渊源的理论几乎不可避免地牵涉到国家组织和国家权威的理论。例如，实证主义者坚持把法律认作是主权者依靠制裁来执行的命令，他就很可能主张一元主义的国家观。换句话说，既然近代国家是设有警察、监狱、行刑队和军队的唯一组织机构，他就可能感到一种引诱力，使他把国家划为唯一的这样一个组织机构，即唯有它才真正能够是法律的渊源。但是，这并不是一个必然的推论。如果实证主义者愿意把制裁或惩罚看作实体以外的东西，那么，他也可能很容易地采纳一个多元主义的国家观。这就是说，他可能承认，不只是国家而且国家内的许多其他组织也是法律的渊源。按照这个观点，一个医药协会禁止会员刊登营业广告的规定，就和政府的任何法令一样具有法律性质。这种规定的后盾不是罚金或监禁的威胁，而是道德压力的有力制裁或者甚至是开除的威胁。

特别在法律的性质上，多元主义者这一名称很可能与自然主义者是同义语。这就是说，多元主义者可以把政府的法规和法令看作只是法的一个部类。他还可能信仰一种来自上帝而在教会的敕谕中或许表现出来的更高的法律。或者他可能把历时长远的习惯当其被某些社会或职业团体采用的时候看作是法律的根据。他甚至可能想到某些抽象的东西如正义、权利观念或者仁慈的社会目的，认为是法律的必要基础。总之，多元主义者在对待法律的态度上，既可能是实证主义者，也可能是自然主义者。一元论者信仰一个权力无限的国家，承认只有一个主权者，因此也就无例外地是一个实证主义者。

多元主义把国家看作只是现代社会的成员所依附的许多主权机构中的一个，这派思想在 20 世纪的前四分之一时期盛行一时。不过它的根源回溯到 19 世纪后期奥托·冯·吉尔克（1844—1921）和梅特兰（1850—1906）的理论。

简短地归结起来说，吉尔克和梅特兰的学说把产生于无论什么社会内出现的那些带永久性的社团，都看作具有真正人格的属性。每个这样的社团都有一种集体意识和独立于它的一些成员的思想和意志之外的意志。而且，在发展法律上，每个社团都是创始的机关。这是说，没有得自国家任何事先的授权，每个社团起着机关的职能，一些带法律性的普通信仰通过这样的机关就变成了法律规则。在这个过程里，国家起着主要作用，但国家在这里的作用远不是独占的。吉尔克和梅特兰那样写的主要动机是希望主要的社团在它们的法人组织的特权、义务和权利方面得到承认。他们主张个人并不是组成社会的唯一单位。他们争论说，联络感情的、宗教的和职业的团体也是有人格属性的，因此也应该得到和公民相同的地位。

在否认国家的万能和权力无限上，大多数多元主义者把他们的注意力集中在职业团体和经济团体的主权和权利上。约瑟夫·保罗—彭古尔（1873—）[1]和哈罗德·拉斯基（1893—1950）显然就是如此。前者在他活动的年月里是法国最杰出的政治家之一。他在1932年、1933年到1934年以及1938年，都曾任法国外交部长。1932年他还在一个历时6周的内阁里担任总理职务。他在建立国际联盟和联合国方面提供了帮助，是主张组织国际宪兵以遏制侵略的热心倡导者之一。保罗—彭古尔十分重视职业的和专门的团体，例如医学会、学术团体和同业公会等。他认为这些团体在一切国家里是自发产生的，它们迅速发展到可以强使其成员接受它们所定的规则，并对社会的其余部分规定条件。它们对其成员的关系，而且有时对其成员以外的人们的关系，虽然原来是契约性的，但也倾向于变成强迫性的。他希望不仅为经济组织取得法律的承认，而且还能使它们在民主的进程中起重要的作用。他争辩说，人民主权制度所根据的是这样一个假定：人民中的多数承认并理解全体公民的共同利益，而且有能力本着这项利益而采取行动。但是他认为这一假定与事实相反。一个国家的多数人并没有使他们看到并设法满足全体人民利益的知识和能力，简单的理由是，这些利益并非在所有的方面都是共同的。因此，有多数偏袒特殊集团的危险。要防止这一点，就应该有特别的主权者来决定特殊经济集团所严重关切的问题，而让普遍主权者，也就是国家，只拥有解决真正属于共同利益的问题的职能。举例说，是否应该把工会的基金拿出来

---

[1] 约瑟夫·保罗—彭古尔于1972年去世。——译者

支持一个政党的问题，确是工会本身最关切的。不过，它也是一件公众关心的事。不仅保罗—彭古尔而且任何其他多元主义者，也都从未能设计出令人满意的方法来严格区分管辖的范围。

哈罗德·拉斯基以一些更加突出的方式提出了类似的论据。在信奉多元主义时期，拉斯基强调的不只是近代社会中主权的规范性方面，而且包括实际方面。这就是说，他否认一元主义理论符合实际。相信近代国家的权力无限和万能，等于把一个人的信念依附于神话。他举例说，第一次世界大战期间，英国政府不愿对威尔士矿工强制执行军火法案中禁止罢工的规定；美国铁路工人兄弟联谊会要举行全国罢工的威胁，迫使美国国会在 1916 年通过了亚当森法。他问道，当国家被非政治性的强有力集团强迫承认它所反对的政策的时候，如何还能认为国家是唯一的主权者这种说法是正确的呢？他作出结论说，社会基本上是联盟性质的。国家在争取公民效忠时必须与教会、工会、雇主联合会、商会、律师协会和医药协会等竞赛。同这些团体比较，国家本身并没有特殊的长处。当它们之间发生冲突时，是否应该给予国家优越地位的问题，完全取决于在那一事件中国家能否显示出它在道德上有更大的优越性。他写道："我对之有效忠义务的唯一国家是我在那里能够发现有充分道德的国家……我们的首要义务是忠实于我们的良心。"〔1〕但是他用左手赐给的东西又差不多用右手拿回去了。他提到"国家最后保留的力量"；他承认，由于国家成员资格的强制性质，国家不同于其他社团；他还承认，为了满足共同需要，国家"必须控制其他社团到能够从中获得这种共同需要所要求的服务"。〔2〕

由于基督教从一开始就主张拥有独立于国家之外的地位，这就不可避免地会引起一些多元主义者陈述这样一种理论：教会是一个主权实体，在一些情况下具有比国家还优越的权威，并且有权分享公民的忠诚。这项任务特别由内维尔·菲吉斯（1866—1919）试担起来了。菲吉斯是一个英国牧师，因他的研究著作《王权神授论》（*The Divine Right of Kings*）而闻名。菲吉斯在历任若干英国圣公会教区的副牧师后，转任英美一些学校包括剑桥大学、哈佛大学和普通神学院的讲师。他一生的最后十年是作为圣公会复活修道士会成员度过的。

---

〔1〕《政治典范》（*A Grammar of Politics*），纽黑文耶尔大学出版社 1925 年版，第 249、289 页。

〔2〕《政治典范》（*A Grammar of Politics*），纽黑文耶尔大学出版社 1925 年版，第 62 页、第 69~70 页。

　　虽然菲吉斯坚持一切重要的社会集团如工会、高等学校和家庭都各有不可侵犯的领域，但他主要关心的是教会的独立。他认为教会优于国家，单是这一原因，教会就应该享有崇高的地位。不仅如此，他还提出教会作为一个具有特殊人格的法人社团的观念。他说，教会必须被承认"为一个本来就有自我发展权力的、行动像一个人一样有其自己的心灵和意志的社会结合体"。[1] 作为一个法人，它和个人享有同样的权利和特权。它存在的目的和国家的目的一样重要，它对有关自己成员的事情应当完全控制起来。菲吉斯说，旨在控制教会的世俗运动，像俾斯麦的文化斗争那样，在伦理上和精神上都是错误的，因为这种运动根据的是国家有权垄断它的公民的忠诚这一假定。但是菲吉斯或任何其他多元主义者似乎都未能清楚地意识到，在世俗和教会的职能之间划一条界线是困难的。甚至在中世纪教会远比目前强大的时候，它和一个又一个的世俗君主发生冲突，最后还是失败了。也许菲吉斯会争辩说，这是由于国王和皇帝跨越了他们应有的权力界限，但是谁能够断定像契约、结婚和离婚以及教会财产免税这类社会关切的事项纯属教会的管辖范围呢？

　　我们最后遇到的是一群主要关心其理论的法律含义的多元主义者。他们中间为首的是莱昂·杜吉（1859—1928）和雨果·克拉勃（1857—1936）。杜吉任波尔多大学法学教授 42 年，并不时到美国、阿根廷、埃及和欧洲各国讲学。虽然他有时被划为实证主义者一派，但这只有在哲学的意义上说才是正确的。他关于法的渊源的理论，既不是实证主义的理论，也不是自然主义的理论。作为一个哲学家，他力求发展一个完全以客观资料为依据而排除一切形而上学观念的国家理论。不过，他拒绝把国家看作法的源泉。国家甚至不能享有主权的资格，因为它不过是由一群本身就受法律限制的执政官吏组成的。他认为，历史的证据表明，法先于国家而存在，它对国家是外在的。法是作为人们中间的社会关系的一套准则而开始存在的。当某些领袖决定宜用制裁来支持这些准则以保证它们得到遵守时，它们就变成了法律。这些领袖本身不一定是统治者；他们更为普遍的是一些医师、僧侣或者长老。他们创制的制裁办法与其说是实体强制的威胁，不如说更可能近似迷信禁忌之类。

　　按照杜吉的看法，国家与法并没有必然的关系。诚然，国家发布的命令和作出的决定都是它的绝大多数公民通常所遵守的。但是，这些实际上是否

---

　　[1]　《近代国家中的教会》（*Churches in The Modern State*），伦敦朗曼斯公司 1913 年版，第 99 页。

就是法律，他说，这不取决于它们发源于国家，而取决于它们固有的性质和它们所为之服务的目的。从根本上说，法律是行为的规则，如果要维持社会不解体的话，它们就必须得到遵守。很久以前人们就发现他们不能作为孤立的个人生活。即使只是为了生存下来，他们也得在氏族里或部落里成群结伙。随着他们的知识和经验的增长，他们逐渐得出结论：他们的群体再加以扩大，他们还能生活得更好些。这样就形成了由执政官吏和臣民组成的国家。执政官吏的统治在某些情况下建立在实体力量的基础上，在另外一些情况下则建立在财富或者智力的优越上。但是法律继续独立存在，完全不依存于国家或国家的统治者。大多数法律来自国家形成以前即已存在的社会目标中。其他法律代表政府所同意并支持的习惯性规则。但是要具备法的性质，所有这一切规定，无论是不成文的或者具有立法的形式，都必须促进社会团结的目的。对杜吉来说，这一点是极端重要的，因为无论社会或个人都不能离开这一点而存在，随之而来的结论是，任何无视或阻碍这一目的的所谓法律，无论它后面有多大有组织的强制或者有多少人忠实地服从它，都根本不是法律。法律的合法性并不取决于它的来源或起源，而取决于它所服务的目的。一个违反了社会团结这一目标的国家，无论是通过立法机关的法案、法院的判决或者行政的命令，它的行动都是非法的。

在一个重要方面杜吉的法律概念和大多数自然主义者不同。他自称并不信仰有一种更高的自然法为宇宙秩序所固有并包含不可废除的个人权利。他并不关注法律的合理性或者法律可能反映的正义的性质。为了决定法律的合法性，唯一需要提出的问题是它是否与社会团结的目的一致。这一考验同正义或者理性有很小的关系或者没有关系。这也倾向于使杜吉的学说适合于集体主义的程度超过适合于个人主义。虽然照他的判断，法律高于国家，但它也高于个人。他并不承认，由于个人是人类的成员或者由于他的人格上的自尊和价值，而有一套属于个人的神圣权利。如果言论、集会或出版的自由与社会团结的目标抵触，这些特定的自由就不能不给社会的利益让路。在社会需要与个体公民的财产所有权和使用权发生冲突时，也适用这一原则。

克拉勃是莱顿大学的公法教授，著有《现代国家观念》（*The Modern Idea of the State*）。他和杜吉同样深切关心维护法的优越地位。他和他的法国同时代人一样，认为法律先于国家，认为法律不在任何意义上从属于主权者的意志或命令。但是，他不同意法律的目的是它的合法性的唯一准则。相反，他给法律下的定义是"发源于人们的正义感情或正义意识的各种一般的或特殊的规则，无论是成文的或者不成文的"。国家的职能在于发现何种社会规则符合人民的正义理想，从而赋予它们以法律效力。作为法律，它们变得不仅对公民有约束力，而且对政府也有约束力。没有任何统治者或任何其他人能够置身于法律之上，因为法律只是正义的具体表现，而正义有其客观的和永恒的存在，并不依人类的意志或命令而存在。克拉勃完全拒绝了奥斯汀派国家制定或创立法律的观念。国家并不尽任何职能，除非是赞同并协助执行本来就已存在的法律，因为法律是正义的体现。他也否定了国家的权威依靠它有权力把自己的意志强加于它的臣民的学说。国家的权威寓于法律的权威，只有国家的行动符合法律，它才有要求人民效忠的任何合理权利。

克拉勃为国家指定的范围比杜吉所想象的更为有限。两位哲学家都信仰有限权力的政府，但是杜吉认为，公共权威几乎可以向任何和普遍福利一致的方向伸展。他的唯一要求是政治行动必须与社会团结的目的协调。他显然会欢迎国家发展为一个庞大的社会服务机构。此外，克拉勃坚持把国家的行为限制在发现和维持法律的狭窄范围内。他的理论的含义是民主的，因为他认为没有任何专横暴君或寡头执政者能够发现社会的正义意识。他争辩说，只有社会本身或者它所授权的代表才能准确地决定这一点。在意见不一致时，多数的信念在正常的情况下是起决定作用的，虽然他承认多数的信念有时也可能被代表社会利益的法院在有训练有经验的判断中加以修改。不过他仍然认为国家的权力范围不能延伸到法律统辖范围以外。国家的真正性质不能在送电报、修铁路和运河或者把年金付给失业者或老年人或残废者工作中表现出来。他要把这些职能委托给谁去执行还不是很清楚的。但是他对公共法人团体作为达到这些目的的手段似乎估价颇高。他争辩说，很多符合这项条件的组织已经存在。各国的邮政储蓄银行、电话电报系统、国立大学和公共保险管理当局都已发展成为公共法人团体，它们或多或少地是对政府独立的。克拉勃认为，这种制度只需要扩展到能够实现近代社会的一切基本要求。

多元主义到现在实际上已经绝迹 20 年。也许它留下没有解答的问题太多，许可的漏洞太大，所以通过这些问题和漏洞，国家的绝对主权能够再获得它的生命力。毫无疑问，它使一些人感到吃惊，使他们认为这很接近无政府主义，或者对国家的完整威胁太大，以致可以导致国家的解体。民族主义、爱国主义、对侵略的恐惧以及要求有一个普遍福利的代理机构，所有这一切加在一起，把多元主义推到过去的时代。只要人们觉得需要有无限权力的国家来保卫一种生活方式以抵制外人的敌对阴谋，多元主义的复活在任何时候似乎都是绝无可能的。不过，多元主义作出了一些贡献，这些贡献值得受到比它们一般所受到的还要好的倾听。它揭露了主权者既制定法律又受法律约束这种老法家理论的荒谬。它显示了这种假设的粗野：国家的本质是权力，国家一切命令无论如何残暴和无理性都一样具有合法的效力。由于把理性、正义、权利或者仁慈的社会目的作为法律的基础，它提供了保障个人良心的方法而不致引起反抗或革命。特别是像克拉勃所发挥的，多元主义为一个世界共和国提供了一个合乎逻辑的基础，而且是大有希望被接受的唯一基础。克拉勃所建议的是，国际政府将限于一个单一的职能，即批准世界社会的正义意识，并让它发生效力。如果他活到 1948 年，他必然会为联合国通过了一个体现文明人的公平和正义概念的普遍人权宣言而感到高兴。为完成克拉勃的理想而有待于一个世界政府采取的重大步骤，是使这些概念具有法律效力。

二、实证主义派法学

在本章的第一节中，我们注意到法学的实证主义者相信法律是由国家制定的，相信法律的效力来自国家惩罚违法行为的权力。法学的实证主义者站在与自然主义者相反的另一端。自然主义者教导说，法是表现权利与正义的理想的，法的效力来自它实际体现这些理想的程度。法学的实证主义有时被称为法学的唯实主义，特别是它的代表者否认除了具有国家命令形式的法律以外还有任何其他法律存在的时候。

虽然实证主义法学或者从实证主义观念来阐述的法律科学，至少可回溯到约翰·奥斯汀，但除在德国外，直到 20 世纪以前它没有成为重大的流派。它在德国的维护者有卡尔·格尔伯（1823—1891）、格奥尔格·耶利内克（1851—1911）和保罗·拉班德（1838—1918）。他们的基本目的是发展法治国家的论点，也就是国家在法律统治下尽它的职能的论点。他们强调，保障公民福利的最好办法是遵照法律形式和司法程序。虽然他们承认只有国家才能制定法律，而国家的每一项拥有主权的命令都是根据事实本身而有效力的，但他们把国家的特性看成只是潜在地拥有无限的权力。虽然国家的主权没有限制，但有些事情是国家要避免做的。它之所以如此，是由于它具有最高地体现了人类的社会目标这样一种性质。例如，它不会不给补偿便去剥夺个人的财产。此外，国家的主权也不能引申为国家统治者的主权。统治者不是国家的主人，只是国家的仆人，要受那些控制普通公民的法律的约束。整个法治国家的概念是建立在法的政府而不是人的政府的假设之上。国家在它自己的目的的限制下，要订立并发展控制国家官吏行为的法典。公民的权利和特权也会有清楚的界说。治理的程序将大部分属于管理的问题，由专业的官吏严格遵照正式法典的内容和程序作出决定和发布法令。

在 20 世纪，实证主义法学及其支派唯实主义法学，在美国特别重要。它在美国最早的先驱是约翰·奇普曼·格雷（1839—1915）。格雷在哈佛教授法律四十余年，成为他所处的时代研究物权首屈一指的权威。1909 年他 70 岁时在《法的性质和渊源》（*The Nature and Sources of Law*）中阐明了他对法学的观点。他的主要论点是：真正创造法律的是法官。法官从许多来源，从传统、先例以及哲学家和法学家的教导，特别是从作为他们的情感构成部分的道德信念中得出他们的意见。所有这些来源，在没有包括进法官的正式意见以前，没有一项是法律。甚至法规和宪法修正条文，在法官判定它们的效力或诠释它们的意义以前，也还不是真正的法律。实际上格雷是说，法官说什么是宪法，什么就是宪法；法院执行什么，什么就是法律。格雷在形成他后来的同时代人的信念方面有多少影响，我们不知道，但必然是相当大的。至少他的某些意见和霍姆斯法官的一些意见很近似。

我们已经把霍姆斯法官作为实用主义者、社会达尔文主义者和浪漫主义者进行了考察。他的哲学疆界甚至还有一个更广阔的领域。尽管他相信，在资本主义殊死竞争下群众得到了他们应得的部分，但他还是一个社会集体主义者或者是着眼于社会的。这就是说，他把社会看得高于个人。对于他，社会就是目的，个人只是达到这个目的的工具。他宣称自己断然反抗"康德把每个人本身看作目的而不看作手段的指令"。[1] 照霍姆斯的意见，宇宙是一部盲目的机器，对人的命运是不关心的。生活的法则是斗争，胜利属于那些最强的和最不择手段的人。理想主义和对弱者的怜悯是不真实的和无用的。"如果有一个人在深海中站在一块只能载重一个人的木板上，而另一个陌生人抓住了这块木板，他将推开这个陌生人，如果他能够的话。当一个国家发现自

---

〔1〕 马克斯·勒纳编：《霍姆斯法官的精神和信念》（Max Lerner, *The Mind and Faith of Justice Holmes.*），新泽西州新不伦瑞克交易出版商 1943 年版，第 392 页。

己处于类似的境况时，它也将作出同样的事情。"[1]

作为一个法的哲学家和法律家，霍姆斯紧紧掌握着他的社会达尔文主义概念，极力从法律中消除道德上和感情上的一切理想主义痕迹。他认为，如果能剔除法律中有道德意义的每一个字，把对立法、先例和宪法规定是外在的东西清除净尽，这将是一个进展。他争论说，所有我们关于道德和真理的结论，不管怎样，总不免是武断的，归根到底，解决根深蒂固的分歧的唯一因素是武力。人们为了他们相信是自己的权利的东西而战斗，同兽类为了碎屑食物而争斗一样。但是，除了国家创立和赐予的以外，这些权利并不存在。霍姆斯驳斥了自然权利和自然法的学说，认为是可爱的虚构。他坚决认为，没有一个国家不愿牺牲个人的福利来保持自己的生存。

对霍姆斯来说，法律的实际意义是无可辩驳地简单的。他在接近自己事业的顶峰时，把法律界说为"对于法院事实上将要做什么的预测，仅此而已"。[2]直到他生命的尽头，他仍然坚决相信，法官不是法律的发现者，而是它的创造者。因此，在一个很实在的意义上，法律就是法院要强制执行的东西。它不是有法律学识的人能够拉下来用于具体案件的"笼罩在天空的无所不在"。相反，它是法官本身的意向和感情的产物。由于有这样一个看法在心头，梦想正义和权利这类绝对的东西是枉然的。不可能发生不公正的决定这样的事情，虽然可以有不称职的或者错误的决定。然而，测验的尺度不是按照形而上学的或者神学的正义和善良标准，而是听从社会的意志。法律家的职责是采取过去相传下来的规则和先例，并按照当前的需要加以塑造。"一部健全的法律的首要条件是它应当符合社会的实际感情和要求，无论是正确的或错误的。"[3]要决定社会的感情和要求，首先要依靠立法机关；霍姆斯相信，在审查人民代表的行动时，明智的法官会自我克制。虽然这样，他从来没有放弃他的假定：最后的权力在法院手里。

在假定社会的需要和要求是法律的最高根据时，霍姆斯并不是说法律可以随便地或不合理地加以解释。不过，他同意法律可以广泛地解释。他的司

---

[1] 马克斯·勒纳编：《霍姆斯法官的精神和信念》(Max Lerner ed., *The Mind and Faith of Justice Holmes.*)，第 59 页。

[2] 马克斯·勒纳编：《霍姆斯法官的精神和信念》(Max Lerner ed., *The Mind and Faith of Justice Holmes.*)，第 75 页。

[3] 《普通法》(*The Common Law*)，波士顿利特尔—布朗公司 1881 年版，第 41 页。

法克制学说意味着法官应该假定立法者有智慧和经验来理解社会问题，并且假定他们一般地会采取合理的行动设法解决这些问题。除非有证据证明行为是武断的或不合理的，法院不应当加以干涉。就是这一类前提使霍姆斯在一些案件中得出一些结论，如他在联邦对戴维斯案里支持波士顿市的这一法令：禁止任何没有得到市长允许的人在波士顿公地上演讲；如在科佩奇对堪萨斯州案里，他不同意最高法院多数的这一意见：撤销堪萨斯州对受雇工人不得加入工会的雇用契约加以禁止的立法；如在德布斯对美国案里，他同意对这位著名的社会党领袖判刑，因为他在第一次世界大战期间发表过反战争反军国主义的演说；又如在巴克对贝尔案里，他赞成弗吉尼亚州法律容许低能养育院对住院者实行绝育手术；还有在其他一些同样重要的案件中，他也作出了结论。他的哲学实质上是：国家可以在它认为必要的时候采取任何行动来捍卫它本身的生存，增进它的公民的健康、安全、良好道德和公共福利，但它的行动不得武断或者超出合理范围。此外，任何妨害它的生存或它的目标的威胁，必须是直接的和即刻的威胁，否则对于这一威胁不能加以处罚，以保护社会进步所需要的自由交流意见和争论。

唯实主义法学家认为法官是法律的创造者，这一论点得到各方面的支持。查尔斯·埃文斯·休斯有一次宣称"法官必须而且实际也在制定法律"。杰出的英国法学家弗雷德里克·波洛克爵士扬言，"没有一个慧敏的律师会在今天佯称法院的判决没有增补和变动法律"。另一位英国法学家戴塞断言，"法官制定的法律是真正的法律"。美国哲学家马坤嘲讽他所谓的"留声机法律理论"，这种理论把法官看作只不过是一套世代相传的硬性而机械的原则的代言人或喉舌。但我们这个时代唯实主义法学最激进的代表是杰罗姆·弗兰克（1889—1957）。他受教于芝加哥大学，1912 年在芝加哥开始当律师，后来转到纽约。1933 年罗斯福新政开始时，他被任命为农业调整处总顾问。1937 年他成为证券交易管理委员会成员，两年后任该委员会主任。从 1941 年到他去世，他一直任联邦第二巡回审判区上诉法院法官。他写过一些引起争论的书籍，如《法律与现代心理》（*Law and the Modern Mind*）、《假如人是天使》（*If Men Were Angels*）、《命运与自由》（*Fate and Freedom*）和《法院审讯》（*Courts on Trial*）。

弗兰克法官给人这样的印象：他是霍姆斯法官的虔诚崇拜者。他赞誉霍姆斯是一个"完全成熟的法学家"。不过他似乎忽略了这个最高法院法官的大多数弱点。他忽视了霍姆斯对战争的"神圣诏示"的吹捧、他的毫无批判态度的社会达尔文主义、他对改革家的轻蔑以及他对社会主义和群众为了挣脱贫穷困苦的镣铐而进行的斗争所抱的成见。弗兰克保留了霍姆斯的相对论和怀疑主义，但不接受他把变化看作宇宙的唯一法则这一命定论信仰。弗兰克坚决信任人的能力能够牢牢掌握这个不成熟而有缺点的世界，并按照科学教导他的样式改造世界。最后，应当注意的是，霍姆斯基本上是一个演绎的哲学家，没有多少科学方法的概念；而弗兰克却认为，科学家决心发现真理而不管它对陈旧的传统有什么后果，这是改进社会最好的希望。虽然二人都崇敬威廉·詹姆斯，但弗兰克更接近杜威的理想。

为了解释法律的真正性质，弗兰克提出："对任何特定的普通人来说，关于任何特定一类事实的法律，都是法院对这类事实的决定……在法院对这类事实作出判断前，关于该问题的法律还不存在。"[1]他承认这并不是法院和律师界的多数成员下的定义。他们的多数把法律看作被法院运用于各个案件的一套固定不变的原则；在长虹一端的某个地方有一套盛在金罐子里的法律，法官和律师只要肯辛勤地寻觅就能够找到它。但是照弗兰克看来，所有这些确定性和永恒性都是神话。法律和任何其他社会现象一样，它在不断地变动。法院造法又毁法，其放肆程度几乎与立法机关在修改和废除法规时的工作特点一样。但是，法官不是承认这一事实，而是采取回避问题的态度和婉转迂回的说法。其结果是，哄骗公众相信权利、资格、义务和惩罚拥有远远超过实际情况的准确性。不过，这种欺骗并没什么阴险或恶毒的成分。法官们骗别人是因为他们自己也被骗了。他们没有调查或者多加思考就把神话当成了真理。

但是，为什么这样保护神话并传播神话呢？据弗兰克看来，解释是深深藏在心理学的真理里面的。它来自这一事实：人类把童年时代的梦想和愿望的满足带到成年生活中。小孩渴求的是安全。他从对双亲的依靠中发现了安全：双亲供给他的需要，回答他的问题并提供他可以紧紧依靠的安全靠山，特别是父亲变成力量、权威和一贯正确的象征。随着年龄和经验的增长，孩子发现父亲也不是能够命令太阳不动或者阻遏星球运行的有力量和有智慧的典范人物。但是，这并不减少他对安全的渴求。他发明了一个代替品——一个父亲拟像，于是转而崇拜一个国王或独裁者，或者转而尊奉某种似乎在这

---

〔1〕《法律与现代心理》（*Law and the Modern Mind*），纽约布伦塔诺公司1930年版，第46页。

个苦难世界的恐惧和不安中可以提供安全保护的抽象东西。在弗兰克看来，法律正好适合于成为这个父亲拟像。法律是一套规则，制定法律显然是为了确切无误地决定什么是正确的和什么是错误的，为了处罚那些蓄意的违反者——换句话说，这恰好是一般归之于父亲的那些职责。因此，法律在热望安全可靠的人们心目中人格化为父亲的替身。这就建立起一种感情上的障碍，它使律师和法官以至普通人在思想上发生混乱，使他们不能唯实地和客观地对待进入法律范围内的问题。

弗兰克在科学中找到了治疗这个把法律神化为父亲形象的毛病的办法。他教导说，研究法律必须有科学精神，"它企求的不是安全而是风险，不是确定无疑而是冒险尝试，它的兴旺是靠实验、发明和创新，而不是靠缅怀绝对的东西"。[1]最重要的是律师和法官都必须经受过心理学的训练，使他们在心理上能理解自己和别人，这样他们才能够深刻地觉察到自己的成见、偏见和反感的根源。在像法律这样重要的部门，最大的需要是感情上的成熟。近代文明需要不受父亲统治的心灵。"只有我们充分认清隐藏在法律权威后面的父亲拟像并停止受它的控制，我们在文明的司法行政上就不能迈开第一步，即承认人不是为法律产生的，而是法律由人制定的，并且是为人制定的。"[2]

法律的实证主义者和法律的唯实主义者有时被指控对武断的政府和暴力的统治敞开了大门。由于他们教导法律是人定的，否认像理性和权利这一类绝对事物的现实，他们就被认为实际上是说容易犯错误的人类可以篡演上帝的角色，可以自行决定什么是道德和正义。由此而断言，这只是用武力把某一统治集团或统治阶级的信仰强加给人类其余部分的步骤。不过，这样说是对大多数实证主义者和唯实主义者的学说的曲解。特别是从约翰·杜威那里得到暗示的人，他们并不同意法律就应该是当权者的命令和法令。相反，他们强调知识、训练、眼界和卓见的重要性。虽然法官不受臆想的自然法的限制，但他们从另外一些方面受到同样有效的制约作用，如在科学态度上的忠诚，在客观态度和对人性的理解方面受到的训练，以及对法律是增进公共福利的工具这一原则的坚信。

---

〔1〕《法律与现代心理》（*Law and the Modern Mind*），纽约布伦塔诺公司1930年版，第98页。

〔2〕《法律与现代心理》（*Law and the Modern Mind*），纽约布伦塔诺公司1930年版，第252页。

三、社会法学派

一些应当划分为实证主义者或唯实主义者的法学家，通常被看作是社会法学的代表。霍姆斯法官尤其是这样，尽管他对社会科学和一般的事实搜集缺乏耐心。实际上，他与社会法学家的所有共同点是他相信演化变迁和容忍社会实验。诚然，社会法学可以和实证主义法学有相似之处。两派都承认科学研究方法的价值，并主张法律和法律制度要适应变化中的社会情况。两派都教导说，法律是功能性的，它要用它的目的而不是用它的根源来作解释，它的运用和效果比它的抽象的法律内容更重要。此外，社会法学家并不一定同意实证主义者关于法律是由法官或者主权者的其他任何代理人所创造的说法。他们至少可以从并不和任何一代人的愿望或意志有关的哲学原则里找到法律的一部分。

要准确指出社会法学的起源或者把功绩归于某一个人而把他作为它的奠基者，那是不可能的。在鲁道夫·冯·耶林（1818—1892）和路德维希·龚普洛维奇（1838—1909）的理论中可以广泛地看到对这一点的预示。前者是巴塞尔、罗斯托克、基尔、吉森、维也纳和戈廷根等大学的教授，是19世纪以最博学而闻名的德国法学家。他的著名著作《为法律而奋斗》（*The Struggle for Law*）被译成20种文字。在耶林的时代以前，大多数法学理论都是个人主义的。法律被看成是个人用来与社会对抗以保卫他从自然状态中得来的权利的东西。耶林提出一种社会法律理论。他主张法律是社会创造的。它的目的与其说是保卫权利，不如说是让公民能够在社会认可的限度内享有他的利益。龚普洛维奇是波兰的社会学家，在格拉茨大学教书，提出人类行为只有在与群体的关系中才有意义的学说。他把文明史看作无休止的斗争，首先是在原始的种族之间，然后当一个种族征服其余种族以后又在国家与国家之间，最后在每一个国家内的阶级与阶级之间。他认为法律是社会群体之间进行斗争的结果。他把个人放在十分不显著的地位，几乎不看作一个实体。

自从路易斯·布兰代斯在1908年的马勒对俄勒冈州案中向最高法院提出辩护状时起，社会法学就被认为已经在美国诞生了。这个辩护状充满了辛勤研究所积累的事实材料，是利用社会科学资料来支持一个法律论据的辉煌范例。在发起反对大亨运动方面，在维护自由竞争和集体订约方面，在主张有保障的按年计算工资方面，布兰代斯整理事实和数字的做法更加近似一个社会改革家或统计学家，而不太像为利特尔顿案件而求助布莱克斯通或柯克的旧时法律家。1916 年布兰代斯被任命为最高法院法官，继续采取社会学做法，终于从首席法官斯通、法官本杰明·卡多佐和费利克斯·弗兰克福特那里找到了勇敢的同盟者。

　　不过，社会法学最系统的阐述者并不是一个法官，而是一个法学院长、一个在法律哲学方面卷帙浩繁的作家。这个人是罗斯科·庞德（1870—），[1]他的影响超过任何其他在法律理论和实践方面晚近的注释家，惟有霍姆斯可能是例外。庞德在农民互济会和纸币党运动的不安定的日子里成长于内布拉斯加州，在去哈佛大学法学院读法学士学位前，在州立林肯大学学习植物学，甚至在哈佛学习以后还回到林肯大学考哲学博士学位。他还曾在西北大学及芝加哥大学任法律教师，1910 年任哈佛大学的斯托里讲座教授，1916 年任法学院院长。他当院长的 20 年是他一生中作品最多的时期，他写了许多书以诠释法律的起源和性质，力求从现代生活的实际情况这一角度赋予法律新的生命和意义。他最为人所熟知的著作有《普通法的精神》（*The Spirit of the Common Law*）、《法律哲学导论》（*Introduction to the Philosophy of Law*）、《法律史观》（*Interpretation of Legal History*）和《美国的刑事审判》（*Criminal Justice in America*）。

　　庞德把社会法学诠释为这样一个运动，它要求采用实用主义的哲学；“要求调整原则和学说以适应其所要掌握的人类条件，而不是假定一些基本原则；要求把人的因素放到中心位置，而把逻辑降到作为一种工具的本来位置”。[2]他尖锐地对比了新旧法学。他解释说，19 世纪的法学家设法从形而上学和历史方面推论出基本原则。新法学设法劝说负责制定和应用法律规则的人们“更多地注意和更明智地注意社会事实，这些事实是法律的依据，也是法律适用的对象”。过去的法学家抽象地研究法律，新时代的法学家则坚持研究制度和学说的实际社会效果。19 世纪的法学家主张比较法律是明智的立法的最好依据，20 世纪的法学家则认为对法律进行比较还不够，更重要的是考察和理解它们的社会运用。19 世纪的法学家感兴趣的主要是制定法律；新时代的法学家则认为更有价值的是集中于使法律规则发生效力的手段。照庞德的看法，

---

〔1〕　罗斯科·庞德于 1964 年去世。——译者
〔2〕　“契约自由”，载《耶鲁法学杂志》（“Liberty of Contract”，*Yale Law Journal*），第 18 卷（1909年）。

这些基本差别构成 20 世纪法学的精神。"就是在这样的精神下，法律的推理将被用来处理我们已有的司法材料，以使它们成为在当前世界里实现正义的工具。"〔1〕

庞德院长对于 17 世纪以来美国法律体系的发展特别持批判态度。他承认美国法律体系由于其普通法的背景而具有一个巨大的有利因素，这使它有弹性和便于处理具体争端。在这些方面，美国法律体系优于它所谓的拜占庭法，〔2〕因为拜占庭法建立在用法典固定下来而法院必须机械运用的条规的观念上。

即使承认这些优点，庞德仍然认为美国法律系统有严重的缺陷。它太不关切社会正义而过分关切个人权利。它把有最大社会意义的问题只当作张三和李四之间的私人诉讼纠纷来审理。此外，它还太深地陷在自然法的形而上学观念里。照庞德的说法，这些缺陷由于限制国家实行公益措施的权力而造成无可估量的损害。它们用不现实的世界产生的理论去代替普通法的实用主义成分，而这些成分是经过许多世纪适应不断变化的条件演化成的。

另外，在庞德看来，美国法受到清教徒的深远影响。由于清教徒占优势的中产阶级利益，他们抬高个人的独立地位，这特别表现为进行经济工作时不要国家干涉。无疑，一部分是由于上述原因，清教徒还强调有真正信仰的人在道德上应有独立的地位。一个上帝选中的倔强的人，有权利服从自己良心的命令，这种权利是最神圣的权利。由于服从良心常常引起同政府的冲突，清教徒主义就逐渐变成一种反抗国家的宗教。最后，在庞德看来，还有一件不好的事必须归之于清教徒影响，那就是它使美国刑法充满了复仇雪恨的信条。

除了清教徒主义造成的损害，庞德还发现有各种各样的因素对美国法律的缺陷也要负责任。他说，一个因素是把德国制度和德国法律理论作为基础。庞德相信我们现在的法律比德国法律本身还要德国化。德国的思想很重视严格遵守法律条文。结果把诉讼当作一场游戏，不幸的人是稍微背离了一点规则的竞赛者。对偶然事件没有考虑，对违约者或者甚至强制或欺骗的受害者没有宽恕。人类每一成员都被假定为成熟的和有理性的生物，他参与讨价还价时是睁着双眼的，因此必须承担一切风险。

---

〔1〕《普通法的精神》（*The Spirit of the Common Law*），波士顿马歇尔·琼斯公司 1921 年版，第 212~213 页。

〔2〕 指查士丁尼的《法令大全》。——译者

照庞德的意见，另一对形成美国法律体系有影响的是 17 世纪的政治学说，这个时期的政治学说对美国思想的影响比成熟较晚的任何思想更为强烈。生活在我们的法律体系奠基时期的美国人，大多数是 17 世纪来到美洲大陆的先辈们的下一代。他们所知道的英国是米尔顿〔1〕、西德尼〔2〕、哈林顿〔3〕和洛克〔4〕时代的英国。结果给美国思想留下不可磨灭的印象的是更高的自然法的效力，这个法自动地限制了政府的权力。

影响美国法律制度发展的最后一个主要因素是 19 世纪前半期美国大部分农业生活中的拓荒者的情况。在孤独的边疆地区，个人就是霸王。虽然他可能要忍受社会习俗的压力，但他享有从黑暗时代以来无与伦比的不受法律拘束的自由。事实上，他自己往往就是法律。

照庞德的判断，这些形形色色的因素的基本效果是赋予美国法律一种几乎是无政府主义的属性，并使它蒙上一层形而上学的矫饰，这种矫饰和近代社会的基本要求十分不相称。庞德提议用结构上和理论上的改革作为补救办法。他主张废除选举法官制度，认为这种制度是美国法院多数判决质量低劣的原因。他主张为司法部门设置参考处和实验室，任用研究学者、社会学家、心理学家和经济学家。这些机构将提供明智裁判所必需的事实背景。他主张撤销审判和管理的严格界限，使司法组织更有弹性。他主张让法院有权组织行政管理机构。一些机构搜集事实以支持聪明的裁判。另一些机构则在判决以后予以执行。这样，每个法院将变成一个司法局，它将不仅是一个碾出司法意见的磨盘。也许最重要的是他主张把法律绝对理论和政治绝对理论一股脑儿送入废品堆。前者以为不管社会情况的变化如何，某些法律原则是永恒不变的。后者认为具有主权的政治当局可以采取任何行动而不受限制，除非自行加以限制。据庞德估计，二者没有一种是符合近代世界的现实情况的。

剩下的就是把社会法学派放在法律哲学的分光镜下来分析了。正如已经指出的，在关心积累事实资料和强调法律目的而不强调法律的来源或性质这

〔1〕　米尔顿（John Milton，1608—1674），英国著名诗人，著有《失去的乐园》等。——译者
〔2〕　西德尼（Sidney），英国著名世家，最著名的有：亨利·西德尼（Henry Sidney），爱尔兰行政长官；阿尔杰农·西德尼（Algernon Sidney），英共和派领袖，因与辉格党领袖密谋反叛而被处死；菲利普·西德尼（Philip Sidney），英国诗人，政治家。——译者
〔3〕　哈林顿（James Harrington，1611—1677），英国政治理论家，倡导乌托邦国家思想。——译者
〔4〕　洛克（John Locke，1632—1704），英国哲学家，被称为"英国经验主义之父"。——译者

些方面，社会法学派和实证主义派有一些共同的地方。它在一定限度内和历史学派也有相似之处，这就是它把过去法律的发展看成是现在运用它时具有一定重要意义的指导。它和约翰·奥斯汀建立的分析学派毫无共同之处，分析学派把法律限定为主权者用制裁来强制执行的命令。尽管社会法学家反对绝对的法律原则，他们与形而上学派并不是完全不协调。虽然他们否认自然法和自然权利，他们仍然很重视法律的规范成分。例如，对罗斯科·庞德来说，法律上的"应当"和"是"同等重要。换句话说，法学所要考虑的不仅是法官如何判决，而且是他们应当如何判决，以使法律制度和社会本身可以前进。

不过必须承认，在庞德的哲学里，这个规范成分并不是来自上帝的法律或者任何更高的永恒正义和绝对权利的法律。相反，它是对社会需要的普遍承认的产物。有理性的人很快就会领悟到有秩序的社会只以武力为基础是不能维持下去的。如果不能保护自己而免于忍受顽固统治者的专断行为，那就简直不值得生活。建立某种社会控制的制度是需要的，因为这样才使它有可能为最大多数人做最多的好事。冲突是必然会发生的；没有一个人能够得到他所想要的一切。因此，一个法律制度有必要进行"关系调整和行为安排，以使生存的财物——也就是使人们有权享有实物和进行事务的手段——能以尽可能少的阻力和浪费让人人都分享到"。[1]

上述法律概念并不等于任何理想的或绝对意义上的正义，而是社会法学家所解释的正义。同时，它和法律就是法院强制执行的东西这一理论有南辕北辙之别。庞德院长和他的追随者把国际法看作一切法的一种典型。虽然它不是可以用制裁来强制执行的，但它体现了社会认为什么是合理的和适当的意志。它常常受到嘲弄，有时似乎处于一种黯然失色的状态，但是，作为表示文明世界所考虑的什么是应当支配各国行为的准则，它仍然是有价值的。国内法直到演变成目前有效的形式以前，在一个长时期内也遇到过类似的困难。发展更适当的机关来运用这些准则，将会在世界规模上完成这一演变。

四、"纯粹"法学理论

与社会法学及实证主义法学至少表面上有联系的是所谓"纯粹"法学理

---

〔1〕《通过法律的社会控制》（*Social Control Through Law*），纽黑文耶鲁大学出版社 1942 年版，第 65 页。

论。这个名称来自它的发起人要从法律中摒弃一切"不是法"的性质的东西，包括伦理、宗教以及形而上学。在这方面，它颇像实证主义，因为实证主义要把法律缩小为表示主权者意志的指令和立法。但"纯粹"法学与社会法学也有关系。两派都跨在绝对主义和相对主义之间的墙上。"纯粹"法学论者提出法律的一个他们假定比较静止的基本形式或类型。同时，他们承认特定的法是经常变化的。庞德院长和他的追随者采取一种类似的立场。他们承认在一代左右的短时期内实际上等于正义和权利的绝对标准的东西。不过，在较长的时期内，没有什么能够被认为是不变的。随着社会情况的类型徐徐演变，理想和标准经历着发生、变异和死亡。

正如已经指出的，"纯粹"法学理论把基础建立在这样一个论点上，即有一个原始的类型或基型为一切法律的基础并决定一切法律的性质。同柏拉图的观念相比，这基型并不是法律，而是把法律造成它之所以为法律的那个形式，正如人的实体存在是"人"的观念所创造或者是"人"的观念的副本一样。基型至少是半永久的，虽然法律的具体表现永远发生着变化。照"纯粹"理论家看来，试图从人类经验范围内产生的法律中发现绝对的东西是徒劳的。对任何人在任何情况下都永远有效的自然法或者普遍的正义和权利法律是不存在的。这样的法律只是在不同世纪里不同民族所表示的希望，因此随着时间环境对人们的利益的改变，这些希望也必然改变。只有超越物质世界的基型——当然从来没有人看到过——是持久不变的，不受外来影响的。只是这个基型为什么是必要的和它是为什么有价值的目的服务的，却经常是不清楚的。

"纯粹"法学理论的主要先驱者是鲁道夫·斯坦姆勒（1856—1938）。他是神学和法学博士，任马尔堡、吉森、哈雷和柏林等大学教授多年。除了纯粹法学的许多理论是由他创始的以外，他还是新康德运动中最可注意的法律哲学家。

康德假定宇宙分作两个世界。一个属于实体性质的领域或者现象世界，可以用科学方法或理性方法来发现；另一个属于最终实在的领域或本体世界，只能通过信心、直觉和精神的确信才能领会。斯坦姆勒和其他新康德主义派把这个两分的世界和知识理论移植到法律领域。他们假设一个超越物质世界的"法律观念"具有绝对的效力。照斯坦姆勒的说法，"法学思想确实有各种纯粹形式，作为任何法律内容的安排原则来说，这些形式是无条件地必要的"。[1]

斯坦姆勒并不满足于假设一个法律的理想类型远在天上的什么地方。他认为，至少在某种有限的意义上，法律的观念可以变为人们心里内在的东西。当社会的成员听从一个规定以达到他们全体的共同目的时，他们可以说是领会了"法律的概念"。实际上，照斯坦姆勒看来，一个规定或者法规不符合这样一个目的就绝不是法律。他把公正看作多数意志的和谐，把任何一种愿望界说为根本正确的，如果它是和谐地适合整个社会汇总起来的目标的话。不过他对法律内容不如对法律形式那么有兴趣。他的公正的观念是一个抽空了特定内容的纯粹形式的观念。换句话说，它不包括保障或权利，只要求凡是接受法律的人都应该按照一个集体意志行动。这个意志所含的成分或目的没有什么不同。他相信，法律的实质远不如它被有效地和公平地加以执行更为重要。程序几乎是一切，内容关系很小或毫无关系。另外，他的公正的观念，甚至在这个狭义的意义上，也不是永恒的。它是"一个时代的理想"，主要是有时间限制，但也有地点和人的限制。

一般承认，"纯粹"法学派现存的主要代表是汉斯·凯尔森。他 1881 年出生于布拉格，后在维也纳、海德堡、科隆、布拉格和日内瓦等大学受教育。第二次世界大战以前，他在维也纳大学和科隆大学以及日内瓦高级国际研究所担任教授。同时，他还腾出时间从事奥地利共和国宪法工作，充任宪政法院成员，并担任《法律公论杂志》（*Zeitschrift für Öffentliches Recht*）的编辑。1940 年以后他就留在美国，大部分时间在哈佛大学和加利福尼亚大学任法学教授。他的主要著作包括《国际关系中的法律与和平》（*Law and Peace in International Relations*，1942）、《通过法律达到和平》（*Peace Through Law*，1944）和《法与国家通论》（*General Theory of Law and State*，1945）。

凯尔森力求以一种完全科学的方法来解释法律。因此，他排除了一切道德上和精神上的考虑。他甚至不承认公正是法律的一个基本属性，因为他认为没有人能够给公正下一个科学的定义。他对自然法或者任何其他更高的抽象权利的法不感兴趣。对他说来，法律是一个合法性的问题。这就是说，法

---

〔1〕 转引自哈洛韦尔：《现代政治思想的主流》(J. H. Hallowell, *Main Currents in Modern Political Thought*)，纽约霍尔特公司 1950 年版，第 345 页。

律要有合法性就必须由一个拥有权威的机关发布。并非每一项命令都是法律，无论站在它后面强迫人们服从的力量是什么。没有哪个法律家会承认一个拦路行劫的匪徒持枪威胁叫交出钱包的命令符合法律的必备条件。对于单凭暴力或威胁进行专横统治的暴君的法令，也必须持有同样的看法。要具有法律的地位，法规和法令必须是一个"法律秩序"的产物。这个意思是说，它们必须派生于一个已被接受、被支持并被承认为社会统一的合法工具的既定法治制度。在凯尔森看来，这个法律秩序是许多规范的一个等级。每一项条例或法令必须以符合一项法规为其合法性的依据。依次，一项法规的合法性也决定于它能否符合宪法的相应规定。而宪法又必须遵照立于法律秩序顶端的"基本规范"。这个基本规范是什么呢？它肯定不是渗透在这个宇宙或寓于上帝心中的，像中世纪精神崇尚者的自然法那样。大致说来，它是一个假设；有这样一个假设才使法律秩序的其余一切成为可能。正如凯尔森所说的，一切次要规范之所以合法有效是"由于而且也限定于，它们是按照基本规范所定的方式制定出来的"。[1]

要理解基本规范的性质，必须明白凯尔森的宪法和革命概念。他说，每一个国家都有某种宪法。它可能是成文的或不成文的，简短的或详细的，有弹性的或严格的。无论它是什么性质的，它是一个根本法，它的根源在于人们公认需要法律秩序。这一需要表现在"创业先人们"的行为和意见里。既然他们的意志是要建立一个法律秩序，这些行为和意见就成为基本规范。这就是说，它们广泛地和一般地构成一套标准，当时被普遍当作国家法律和国家制度的可取的基础而接受下来。但是，假如以后一个革命发生了，这个基本规范又怎样呢？一个革命如果是真正的革命而不仅仅是一批统治者代替另一批统治者，它就会带来一种新型的政治体系和一些当作社会政策工具的新的法律概念。也许一个君主制度要让位给一个共和国，或者一个资产阶级共和国将为社会主义民主制所代替。无论在哪一种情况下，一种完全不同类型的假设前提变成了时尚。原来创业的先人们的思想和行为被否定了，完全不同的行为和概念取代了它们的地位。结果是用新的基本规范代替旧的基本规范。但是无论是新的基本规范或者任何其他规范，都不是由于它的内容而获

---

〔1〕　"集权与分权"，见《权威与个人》（"Centralization and Decentralization", in *Authority and the Individual*），坎布里奇哈佛大学出版社 1937 年版，第 213 页。

得合法性的。"它是合法的，因为它是被假设为合法的，因为没有这一假设就没有人类行为能够被说成是法律行为。"[1]

凯尔森的国家论也是有些形式主义的。照他的看法，国家只同法律对象有关，同其他一切都无关。它既不是一个社会服务机关，也不是促进民族繁荣的工具。它的唯一职能是按照法律治理，以维持秩序与和平。此外，它不被仅仅当作是武力工具。托尔斯泰错误地把国家形容为"带电报机的成吉思汗"。凯尔森说，"甚至社会学家也承认国家与抢劫匪帮之间有差别"。[2]实际上，国家是法律秩序的人格化。它不能被确切地指定为法律后面的力量，因为这暗示存在两个单独的实体，而实际上只有一个。法律和国家只是法律秩序的不同体现。由此而来的推论是，国家的基本属性是合法性。它并不像实证主义派所主张的那样创造法律秩序，而是在法律秩序里行事。实际上，它是法律秩序的起作用的机构。它的权威只有在这样一个限度内才是合法的和有约束力的，即它要遵照那些构成法律秩序的规范行事。

照凯尔森的看法，传统的国家分类法把国家划分为君主制、贵族制和民主制的国家，并没有科学的理由。掌握主权的人的数目是一个表面的分类标准。国家之间的根本区别产生于公民同法律秩序的关系。如果他参与了这一秩序的创立，这个国家便是民主制国家。如果他只是接受和支持这个法律秩序而没有参与创造的权利，这个国家便是专制的国家。这些是极端的分类，并不存在纯粹的这类国家。但每一个国家在或多或少的程度上都是这两种类型的混合。它最后被划分为民主或专制，决定于哪类因素占优势。除了否定国家的三类经典划分法（君主制、贵族制和民主制），凯尔森还反对传统的三权分立。他认为，划分立法、行政和司法三个部分是矫揉造作的和不确切的；因为他认为司法是行政的一部分。他和大多数其他法学家共同的一点是他不重视行政管理，尽管行政管理在许多近代国家里是作为政府的一项主要职能出现的。对凯尔森说来，行政管理只不过是行政权力的一个方面。

当凯尔森讨论自由的时候，他几乎完全是以卢梭派的意识来对待它。卢梭在《社会契约论》（*Social Contract*）里提到两种自由：一种是天赋的自由，

[1]《法与国家通论》（*General Theory of Law and State*），坎布里奇哈佛大学出版社1945年版，第116页。

[2]《法与国家通论》（*General Theory of Law and State*），坎布里奇哈佛大学出版社1945年版，第187页。

这是人们在自然状态里所享有的；另一种是公民的自由，这是人们作为国家的成员而获得的。前者不过是遵从本能驱使的动物自由，后者才是真正的自由。因为人进入政治社会并接受它的义务才得到安全和服从自己制定的法律的特权。像卢梭一样，凯尔森不同意和国家对抗的旧自由观念。他说这种自由是无政府表现。社会意味着秩序；而秩序牵涉到种种限制。根本问题是这些限制的来源问题。如果限制是另一个人的意志强加的，它们就意味着暴政。但如果是全体人的意志强加的而且是为了公共利益的，它们就是自由的精髓。在实践上，全体的意志必须指的是多数的意志，否则一个单独的个人就可以否决大部分公民的利益。不过多数统治并不意味着多数对少数的专政。正是多数统治的原则包含少数的存在和少数有权去影响公共舆论，去争取足够人数的转变以使自己变为多数。为了保证这样的权利，必须有思想自由和言论、出版及宗教的自由。还应该加上这一点，即凯尔森十分重视现代的自由民主制度，所以他主张用罢免和至少有限制地运用创制和复决来保障这个制度。他还主张保护少数的权利，用比例选举来保证他们在立法机关里的发言权。

到目前为止，凡是有关凯尔森政治学说的论述，都属于国内或一国的范围。在国际领域，他也是几乎同样有名的哲学家。事实上，他认为二者之间的差别并不是根本性的。他认为国际社会是真正的社会，国际法是真正的法律。国际社会是分权的。这里没有一个单独的国家像它在一国的背景下那样体现法律秩序的人格化。其结果是，国际社会的意志必须由组成国际社会的各个单位或国家来执行。这就使国际社会的性质在许多方面令人想起原始社会，在那里，私人报复取代了国家管理司法。然而，照凯尔森看来，国际法律秩序是存在的。它有它的规范或者一般所接受的理所当然的教义，它们和国内社会的规范与教义相似。不错，它们在战争时期往往被抛弃；但甚至最不择手段最不负责的政府通常也都援引它们。例子是禁止海盗的条规和禁止没有征召入伍的人从事战争行为。由于这类控诉通常是由声称受害的当事者方面进行裁判和解决，国际社会实质上仍然是原始的。它不是一个国家而是许多国家的联合。在可预见的将来它将变成一个国家，这一点在凯尔森想来似乎并不可能。他显然甚至并不认为这一点是可取的，因为他只期待发展这样一个机关或组织，其集权程度"并不超过能够和国际法的性质相协调的程度"。[1]

　　虽然"纯粹"法学常常同实证主义法学及唯实主义法学联系在一起，实际上它是十分不同的。它确实是以科学的客观性为目的，而且正是为了这个原因，它排斥公正和绝对权利的观念，认为这些观念不是科学地可知的。它对法律的内容也持某种不重视的态度，但强调权威和合法性的重要。换句话说，一项法律被认为合法有效，并不是由于它内在的优点，而是由于它是在适当的权威下发布的。不过，要把"纯粹"法学论者仅仅划归形式主义者一类，那也是错误的。不错，凯尔森确实说国家的每一行为都是合法的行为；但有必要记住他所指的国家是什么。他对国家的界说是法律秩序的人格化，而法律秩序是由规范组成的。这些规范，特别是基本规范，包括尊重并为公共福利承担义务的意识，这和技术性地遵守法律形式相去很远。此外，凯尔森对自由民主制度及对国际法和国际秩序的关切，进一步证明了一种理想主义，这种理想主义和卑下地效忠于程序的形式也有所不同。

---

　　[1]《国际关系中的法律与和平》（*Law and Peace in International Relations*），坎布里奇哈佛大学出版社1942年版，第28页。

第二编　集体主义学说

第六章　民主集体主义[*]

大约在 19 世纪和 20 世纪交替的时候，传闻英国保守党的一个政治家曾经说："现在我们都是社会主义者了。"他的意思是，几乎每个人都认为下述措施是可取的：煤气和供水事业收归市有、用法律规定妇女和儿童的劳动，以及诸如工厂检查和养老金等。但这些措施都不是社会主义。甚至扩大到铁道和一切事业公有化、累进的所得税和遗产税以至社会保险，也不一定要对经济和社会制度作任何根本的改变。如果它们竟然根本改变了经济和社会制度，那我们就应该把俾斯麦时代的德国划为社会主义国家了。社会主义与主要工业国有化并不是同义语。社会主义也不等于瑞典的"中间道路"、印度尼赫鲁的混合经济或者美国的福利国家。正确地加以界说，社会主义的真谛是废除私人企业，为了整个社会的利益而代之以至少对主要的生产、分配和交换工具实行集体所有和集体控制。它牵涉摧毁私人投资和利润制度，牵涉采用一个全新的分配财富标准。社会本身，通过它的政府机关，必须提供资本；而这项资本的全部收入，在剔除了维修和企业发展、卫生教育等必要的扣款以后，必须用于劳工的报酬。

一、"民主社会主义"

把前面的定义作为标准，就可以明显地看出通常叫作社会主义的各种运动并不属于社会主义范畴。我们已经看到所谓基督教社会主义，至少从它最普通的形式看，就是如此。对罗斯福的新政和田纳西流域管理局的"爬行社会主义"来说，也是如此。这一判断也可以——虽然不那么断然地说——适用于许多被指为"民主社会主义"的运动。这个运动的名称本身几乎就是一

---

[*] 原书第五章在编入本文集时删去。——编者

个矛盾。分别地实行民主制度或社会主义是可能的，但把二者合在一起就困难了。社会主义需要在个人生活习惯上作十分重大的改变，所以为了保证它的成功并压制它所必然要引起的反抗，采取独裁手段可能是必要的。也有这种危险：它可能成立非常庞大而复杂的官僚组织，以致民众完全不可能控制。此外，作为民主制的一个重要特点，它要求公民有自由在敌对政治团体之间进行选择。但是由一个反社会主义的政党来接替一个社会主义政党是很难导致社会主义制度顺利运行的。下述情况很容易发生：反社会主义的政党重新获得权力以后，将着手消除社会主义政党所已取得的成就。或者一个社会主义政党的政府，为了决心使它的胜利成果永久化，会受这一诱惑，即把反对党宣布为非法，或者至少严峻地限制选民的选择。

近期一个最典型的"民主社会主义者"是英国工党政治活动家埃文·德宾教授。他是这样的少数人中的一个，即不把民主制度视为当然的制度，但力求解释他的民主概念，并力求表明如何使民主制度与社会主义经济合拍。他生于1906年，是一个浸礼教牧师的儿子，肄业于牛津，获得哲学、政治和经济学科的最优成绩，后来成为伦敦大学讲师，写了几本关于经济理论和国家政策的书，又是《个人的侵略性与战争》这篇论文的作者之一。[1]他的事业过早地结束于1948年，那年他在康沃耳海滨沐浴时溺死。他死时是议会议员，又是克莱门特·艾德礼工党政府的一员等级较低的大臣。

德宾的政治理论主要包含在他的《民主社会主义的政治》一书里。他观察到当代世界社会经济改革的一些主要倾向，发现它们远不能令人满意。他认为福利国家所有的一些计划纲领正在直接导致有组织的垄断和有限制的生产。它们以损害社会利益来使劳工和某些财产所有者得利。美国新政及类似运动的租税政策正破坏着主动精神与事业进取心，并吸尽企业扩展所必需的资金——如果要让现在的经济制度继续繁荣的话。同时，社会服务的推广使各级政府财政负担加重，更需要增加额外收入。结果是发展了"像不断增加密度的丛林一样的不协调的政府管制，它的主要目的是限制，而它的主要结果是垄断代替了竞争"。[2]但德宾认识到这类纲领必然是受人支持的，因为这

---

〔1〕参见德宾、约翰·鲍尔比：《个人的侵略性与战争》(E. F. M. Durbin and John Bowlby, *Personal Aggressiveness and War*)，哥伦比亚大学出版社1940年版。
〔2〕《民主社会主义的政治》(*The Politics of Democratic Socialism*)，伦敦劳特莱奇—保罗公司1940年版，第136页。

类纲领使大部分人得到短期的利益。它们提供就业，稳定物价，因此促成一种明显的繁荣。没有一个执政党会对这类问题采取相反立场而使其财富甘冒风险。然而，德宾认为这类倾向是"经济躯体的病态"，它们肯定会继续使病人虚弱。

照德宾看来，社会主义大大不同于改革纲领或和缓措施。它包括这些办法，但采用这些办法是在工业社会化以后而不是在这以前。为了使国家能有它所需要的权力为全体利益来组织并管制国民经济，工业社会化是最必要的。社会主义的战略将包括尽可能迅速地实行国有化，给予工厂、矿山、商店、银行、公用企业和交通事业的所有者全部补偿。在一些情况下，无须实行强迫赎买便可以取得控制。但重要的考虑是权力的转移，国家掌握了权力才能处理任何其他影响国民福利的事项。

按照德宾的说法，如果没有"平等的措施"或者使巨额收入消亡的措施，社会主义是不完全的。他为这一目的所作的建议是征收资本税和遗产税。他欣赏一种特别形式的遗产税，累进率不仅按财产多少，而且同这项财产在第一次被征遗产税以后留传的次数成比例。他想象用这种方法社会就可以"取消自己的大富豪"，把不劳而获的收益削减到消逝点，而"不致在任何时候使特定的人或某些代的人承受苛刻的负担"。[1]

没有什么言词能比德宾要把社会主义与民主制度紧密连在一起的坚决主张更加断然有力。事实上，他确认"民主的方法是社会主义的一个与生俱来的部分，是和它不可分的"。[2]他在为他的民主概念作界说时也用了同样断然的口气。他说，民主可以用三种特殊的习惯或制度来区别。首先最典型的是人民有选择政府的权利。这并不是指一个主权者决定国家该是共和国还是君主国这样一些原始的权力，而是指具有主权的人民一直沿用的特权，可以选择他们的执政官，并且只要——而且只有——这些执政官遵循大多数选民认为满意的政策，就让他们继续执政。在这个意义上，民主制度也就是英国人所指的"责任"政府。第二，按照德宾的意见，民主制度就包含政党制度的存在。如果责任政府不是一种虚构，选民就必须经常能够进行真正的选择。

---

〔1〕《民主社会主义的政治》（*The Politics of Democratic Socialism*），伦敦劳特莱奇—保罗公司1940年版，第297页。

〔2〕《民主社会主义的政治》（*The Politics of Democratic Socialism*），伦敦劳特莱奇—保罗公司1940年版，第235页。

除非至少有两个对抗的政治团体，每个都准备执掌政权，选民就不能进行真正的选择。每一政党都必须能自由批评和反对它的敌对党，同时必须有这样一种谅解，无论谁在竞选中胜利，被击败的政党将不阻碍政权和平地转移给胜利的政党。最后，民主制度还意味着，在互争政权的政党之间必须有一个将不互相迫害的共同默契。如果对这一党或另一党企图违反这项默契有疑虑，民主政府就会完全垮台。民主制度首先就意味着对反对者的宽容。

不过到了把这项哲学应用到具体问题上时，德宾就摇摆不定了，而且不是一点点摇摆不定。应该不应该对共产党人和法西斯党人宽容呢？是否应该不让他们既有结社权利又有言论自由呢？在德宾心里似乎没有疑问，前一种权利是应该禁止的，他写道："我们应当不断提醒我们自己，民主的敌人在道义上没有权利享用民主制度的特权；这样一个时候可能将会到来，为了捍卫我们自己就必须禁止他们的政治组织。"读者可能感到迷惑不解，这样选民面对真正选择的必要条件变成什么了，特别是德宾还跟着建议说："社会党人和保守党人的职责很可能是联合起来反抗共产党人和法西斯党人，以捍卫和保存他们自己中间的民主。"但对于极端派持不同政见者来说，言论自由问题甚至更有关系。德宾是否会不让反民主派享有在海德公园演讲的权利呢？他没有明确地这样说。不过，他把言论自由和结社自由的权利用括弧括在一起，而又谴责共产党人和法西斯党人不承担产生这些权利的义务。他们不是"产生政治自由的那个契约的当事人"。那么，他问道，"他们为什么应该享受它呢？"[1]这种矛盾的地位说明了任何坚持要把社会主义和民主制度结合一起的企图势将容易碰到的困难。

在通用英语的国家里，晚近时期杰出的集体主义哲学家可能要推哈罗德·拉斯基。虽然他不容易归类，但把他放在民主社会主义党人一类似乎和把他放在别的任何地方一样合乎逻辑。在他一生的大部分时期里，他既是一个民主派，也是一个社会主义派。不错，在 20 世纪 30 年代的一个期间里，他实际上对于不采取暴力措施的社会主义所取得的成就感到失望。例如，在《国家的理论与实践》里，他谈到"革命作为社会变革的接生婆的不可避免性"[2]。但是，1941 年他放弃了这个立场，又提出了"取得同意的革命"思

---

[1]《民主社会主义的政治》（*The Politics of Democratic Socialism*），伦敦劳特莱奇—保罗公司 1940 年版，第 275 页、第 276 页、第 278 页。

[2]《国家的理论与实践》（*The State in Theory and Practice*），纽约瓦伊金公司 1935 年版，第 119 页。

想。他设想"特权和群众之间的伙伴关系"在英国可能形成并很可能是持久的。[1]他的不同态度引起很大的争论，以致英国右翼社会党人攻击他是共产主义者，而共产主义者则谴责他是社会民主党人。

拉斯基1893年生于曼彻斯特，是在一个犹太正教的家庭里长大的。他早年就放弃了家庭的传统，18岁时和一个非犹太的女子结婚，并几乎把他的全部注意力倾注在科学和社会不公正问题上。他在牛津成功地进行优异成绩竞赛，然而他还能抽出时间来加入费边社并参加它的许多活动。毕业后，他有一个时期曾任工党全国机关报《每日先驱报》（Daily Herald）的社论撰稿人。当1914年战争的阴云笼罩在天边时，他仍在这样工作着。虽然他主张总罢工来阻止战争制造者。但战争爆发时他自愿登记入伍，由于心脏衰弱没有入选，他到加拿大接受了麦吉尔大学的讲师职位。两年后，他加入了哈佛的教授会。1919年到1920年，他替波士顿警察罢工及被迫害的过激分子辩护，引起哈佛当局和一些排斥犹太人的学生的不悦。不久以后他便辞职，返回英国担任伦敦大学经济政治学院教授。在30年的时间里，他的机智和从不消退的焕发的才华为这个著名学府的讲授厅增加了光辉。他除了学术工作，还在公共事务方面进行了大量活动。他替工党竞选，替表达能力比他差的政客写演说稿，支持工会在1926年的大罢工，去莫斯科、日内瓦、巴黎和美国的许多大学讲学。1940年他成为工党的决策机关全国执行委员会的成员。1945年他被推为全国执行委员会主席。他的身体经常处于脆弱状态，患慢性支气管炎、偶发性的昏迷和心脏衰弱。1950年他由于劳累过度、支气管炎和肺脓肿等多方面影响而去世。

要理解拉斯基的哲学，似乎首先要看到，他对阻挠个人在经济机会上获得自由和公正的每种障碍都反对。他愿看到愚昧、贫穷和苦难被消除，他热忱相信彻底改变社会制度将是包治一切的好办法。他成年时曾对他的父亲说："我是一个不可知论者，不是犹太教人。我既不能把迈梦尼第[2]与米尔[3]

----

〔1〕《我们将从这里走到何处去?》（Where Shall We Go From Here?），纽约瓦伊金公司1940年版，第132页。

〔2〕迈梦尼第（Maimonides，1135—1204），西班牙犹太哲学家，信仰意志自由，谴责禁欲主义。——译者

〔3〕米尔（James Mill，1773—1836），苏格兰哲学家，被称为哲学激进主义奠基人。——译者

贯通，也不能把《安·维罗尼卡》〔1〕和摩西律调和起来。"从那时起，他反抗一切意味着黑暗、迷信或受陈腐的过去所束缚的东西。〔2〕他把自由几乎变成一个偶像，他厌恶极端专制的国家，将其视为人的主要仇敌。正如我们所看到的，这种态度是他的多元主义理论的例证。但是，甚至他对马克思主义的忠诚也是部分地依据这一假定：它将导致一个没有阶级没有强制性国家的乌托邦。平等和博爱在他的理想分类编目中也占很大的位置。例如，在他看来，宗教是"向一切受苦难、一切由于经受不起的悲剧性痛楚而灰心失望的人寻求友爱关系"。〔3〕

拉斯基政治哲学的演变可以粗略地分为三个时期。第一个时期是多元主义时期，大约从 1916 年至 1930 年。1930 年标志着从个人主义反国家的理论向革命的马克思主义教条的过渡。那一年拉斯基出版了《现代国家中的自由权》，他在这本书里采纳了一个几乎完全是消极的自由概念。他给予自由的界说是没有束缚。他宣称，他完全不能理解，一个人把他按照自己判断来行事的权利从属于另一部分直接否定他的判断的人，如何会更加自由。实质上，他是把自由看作个人服从自己良心的权利。他承认良心"对于我们多数人来说是一个不好的向导。它是古怪的，它是愚蠢的，它所具有的一点知识和社会传统的价值比起来是很小的。尽管它古怪、愚蠢、无知，但它是我们所有的唯一向导"。〔4〕他说，有些人明知命令错误可还是接受，这就使另外一些人更容易地发布错误的命令。他坚持不能对表达任何意见的人加以惩罚，无论多么有煽动性、离经叛道或者淫秽不堪。如果可以听任政府处罚一个宣传革命反对既定制度的人，政府也可以同样轻易地处罚另一个说那个制度并非天赐神授的人。他希望有可能用科学方法来考虑一些争论的问题如节制生育、婚后另恋、同居试婚等，他否认在"两千多年前制定其条规的东方游牧民族"的标准所产生的法律制度内能够做到这一点。〔5〕他对任何种类的言论可以考虑的唯一限制是霍姆斯法官的明显的当前的危险这样一个标准。甚至这一标

---

〔1〕《安·维罗尼卡》（Ann Veronica）是英国小说家赫伯特·乔治·韦尔斯所著的一部抗议性的社会小说。韦尔斯倡导女权。——译者

〔2〕金斯利·马丁：《拉斯基回忆录》（Kingsley Martin, Herold Laski: A Biographical Memoir），纽约瓦伊金公司 1953 年版，第 3 页。

〔3〕《美国的民主制度》（The American Democracy），纽约瓦伊金公司 1948 年版，第 320 页。

〔4〕《现代国家中的自由权》（Liberty in Modern State），纽约哈泼公司 1930 年版，第 76 页。

〔5〕《现代国家中的自由权》（Liberty in Modern State），纽约哈泼公司 1930 年版，第 92 页。

准他也认为不及杰斐逊的教规，即应该让意见完全不受束缚，除非构成犯罪行为，而到那时候，要加以惩罚的就是行为而不是意见了。他并没有排除战时情况或者其他紧急情况。他认为，对于麻烦的争论，公民们应该听取双方的意见；在危机时期，这一点就更加重要了。

拉斯基尽管坚决维护个人自由，但在《现代国家中的自由权》里引进的一些概念，预示他将以革命的马克思主义者身份出现。他一开始就断言，"没有经济安全，就配不上自由"。他又把这一点加以引申，说任何社会如果不平等地分配经济活动的果实，"就会被迫否认自由，这是它的存在的规律"。他还宣称，他不知道历史上有任何先例，一个掌权的阶级曾"自动放弃它的特权"。〔1〕他有远见地看到，革命者在把一种生活方式强制改变为另一生活方式的过程中，也会保持独占特权而把自由抛弃。这种情况曾经发生在克伦威尔时期的英国、革命时期的法国和共产主义的俄国。他没有说明他是否相信，当革命最后取得胜利的时候，他们会把自由恢复起来。

拉斯基学说发展的第二个时期是革命的马克思主义时期，从1931年到1940年。正如前面指出的，他现在已经相信，不用暴力手段就不可能建立社会主义。把他引导到这个结论的事态发展，可能是经济大萧条和工党在1931年大选中遭到的屈辱性失败。他在这个时期最有代表性的著作是《国家的理论与实践》。他在这本书里阐述的国家和国家职能的学说，几乎完全是马克思主义的。和马克思一样，他对国家所下的定义是阶级统治的工具。他坚持说，在现代的所谓民主国家里，国家是维护和扩展资本家阶级利益的机构。国家绝不是中立的；它不是站在相互竞争的各阶级之上。相反，"它完全是一种强制权力，被用来保护一个经济关系过程中的权利义务制度，使不受另一阶级的侵犯，而这另一阶级则为了有利于另一经济关系过程而力求改变现存的经济关系"。〔2〕掌握着现代国家权力的资本家阶级，将采取任何手段来保持它的最高统治地位。它必要时将进行战争以阻止国内的崩溃或保护国外的投资。第一次世界大战不过是相互竞争的帝国主义之间的斗争，美国参战就是因为美国资本家给同盟国的贷款和信贷使自己牵连太大，经不起同盟国在战争中失败。设想可以用裁军和国际协议来防止战争的和平主义者必须认识到，资

---

〔1〕《现代国家中的自由权》(*Liberty in Modern State*)，纽约哈泼公司1930年版，第4页，第220~221页。

〔2〕《国家的理论与实践》(*The State in Theory and Practice*)，纽约瓦伊金公司1935年版，第100页。

本家即使不一定要战争，但他们所坚持追求的那些目标，从长期来看却不是没有战争就可以达到的。

但战争并不是资本家阶级决心保护自己的利益而可以采取的唯一最后权宜办法。另一权宜办法是法西斯主义。拉斯基承认，随着资产阶级取得最高统治地位，民主制度也会蓬勃发展。不过他坚持，普选权、部长责任制和权利法案之类的东西，只不过是用来贿买群众，使他们心满意足，同时他们的主子却可以尽情享受特权和权力的实惠。当群众显然即将认真试图改变政治和经济权力的基础时，他们的统治者就以废除民主来回答。这就是在意大利和德国业已发生的事态。因为，照拉斯基的说法，法西斯主义只不过是残忍的资本家为了保障他们垂死的制度使其免被推翻而进行的一种努力。旧秩序的受益者绝不会不经过战斗就投降，而且他们不会认为有什么武器太野蛮而不包括在他们的武库里。因此，依照拉斯基的说法，群众就应该为了革命的最后一个步骤做好准备。当他们进行和平取得政权的努力因民主制废除而遭到挫败时，他们没有别的选择。在事态发展达到这个阶段的时候，"阶级之间的矛盾只能用暴力来解决"。[1]虽然拉斯基在这个时候还继续高唱良心的颂赞并强调在服从法律时个人有判断的权利，似乎有理由怀疑他主要关切的事是为革命权辩护。

拉斯基的政治思想发展的第三阶段是从 1940 年到 1950 年时期。这时候他表现出来的敏锐的洞察力和广博的理解，都不是他早期阶段所常有的特点。虽然他仍旧是一个马克思主义者，他认识到时代的症结并不单纯是阶级剥削的结果。他的主要贡献之一是对风靡现代世界的一次大革命的描述——这次革命"基本上具有的重要意义和造成罗马帝国衰落、随着宗教改革而产生的资本主义社会或者 1789 年中等阶级戏剧性地崛起取得政权的最后一章的那些革命一样"。[2]作为一个马克思主义者，他自然看到这次革命附带产生的结果，即财产关系和生产力之间日益增长的不平衡。他还注意到许多其他事情：被征服民族爆发了反对帝国主义的起义；全世界要求提高生活水平，足以保证在健康、教育和舒适方面有一个体面的最低标准；过去一直为现世的缺陷提供来世补偿的宗教衰落了；广泛地要求计划和经济扩展；并有这样一种反

---

〔1〕《国家的理论与实践》（*The State in Theory and Practice*），纽约瓦伊金公司 1935 年版，第 123 页。

〔2〕《当代革命论》（*Reflections on the Revolution of Our Time*），纽约瓦伊金公司 1943 年版，第 1 页。

抗国家主权的运动，它把国家主权看作战争的一个主要原因，看作是繁荣和有效地利用世界资源的重大障碍。

拉斯基把俄国革命看作是世界革命一个重要的顶点，也是指导其他国家的灯塔。入侵和入侵的威胁注入这个国家一种不安全的情绪，使它的统治者面临失败和毁灭的危险。拉斯基相信，其他没有被这种危险包围的国家能够安全地仿效俄国社会和经济革命的例子。它们的革命将不需要这么激烈，因为晚近的经验已经表明，有可能把权力真正转移到群众手中而不必连根带杆地灭绝一切形式的私人生产。不过，土地是必须集体化的，还有运输、燃料、动力和进出口贸易，也必须如此。同等重要的是国家对资本和信用的控制。这就使银行、保险公司、建筑贷款组织的国有化成为必要了。即使所有剩余的经济因素还留给私人企业，经济权力的根本基地将转移给社会。照拉斯基看来，这是首要的考虑。

在拉斯基的新观点中同样有重要意义的是，他相信"革命取得同意"的可能。他的研究和观察使他确信，目的和手段之间是有关系的。他写道，暴力革命必然导致民主的中断。如果这种革命成功了，如 1789 年在法国和 1917 年在俄国那样，随之而来的将是一个铁的时代。如果它失败了，它将带来严酷压制和血腥报复的黑暗反动。因此，还是采取——虽然很缓慢——和平方法的政治行动好得多。让群众组织自己的政党、提高自己的阶级觉悟、利用科学革命提供给他们的光辉机会，并充分利用在劳动力缺乏、不景气和战争时期有产者阶级遇到的种种困难。拉斯基认为，第二次世界大战的情况为实现"取得同意的革命"提供了极好的基础。它产生了一种深深搅动人们感情的酵素，提出了许多关于未来的令人不安的问题。几乎每个人都了解到，他素常熟习的世界正在被粗鲁地破坏着，一个新的时代就要到来。许多人的心里都有一种感觉：应该采取激进的步骤来保证新世界不再是旧世界惨白的幻影。拉斯基对 1945 年他自己的国家发生的温和革命是否完全满意，这一点是不清楚的。不过，1945 年以后所做的许多改变肯定得不到他的赞同。

二、保守集体主义

英国某些地区常有这种说法："中左派经常右倾。"也许这样说更正确些："中右派绝不会左倾。"因为没有任何一批思想家比 20 世纪三四十年代的一批英国经济学家在英国以及总的来说在西方国家里产生的影响更大，而这些经济学家在政治光谱中所占的位置是中间偏右。他们拒绝放任主义，认为是过时的和不可能的，但他们也否认社会主义。他们相信，资本主义虽然有它的各种过错，但同极端集体主义的任何规划相比，仍是一个导致公平和富裕的较好手段。因此，他们反对在已为私人主动精神占领的任何经济活动领域里用政府公有制来代替私人企业。他们当中有少数人在绝对必要时准备走向社会主义，但只是作为最后的办法。这主要是因为，他们相信控制了投资、货币和信用就能够对一个萎缩的经济制度注入新生命。他们没有把消除无劳增值或者把劳动的全部产品分给劳动者作为他们的目标。他们主要关切的是防止一种"繁荣和破产"的经济并做到充分就业。他们是经济萧条的主要原因乃储蓄和投资之间不平衡这一理论的创始者和主要倡议者。他们还是政府实行赤字预算政策的主要建筑工程师。

保守集体主义的高级宣讲者是约翰·梅纳德·凯恩斯（1883—1946）。凯恩斯有显赫的双亲（他的父亲是知名的经济学家和哲学家，母亲是剑桥市长），他上剑桥大学以前在数学和经典典籍上已受过严格的训练。当他只有23岁的时候，就在文官考试中名列第二。假如不是经济学分数低，他的名次当是第一。他在印度事务局度过了两年，后回到剑桥大学任讲师。在1919年的巴黎和会上，他是英国代表团首席经济顾问。会议上最有力的成员们的无知和漫不经心的态度使他感到震惊，他在使他赢得世界承认的《和约的经济后果》（*The Economic Consequences of the Peace*）一书中斥责了这些人。战后他在剑桥继续教书，但也能抽出时间从事积极的实业活动：担任保险公司主席、投资托拉斯经理和英伦银行董事。他积累了一大笔财产，大部分用于提倡艺术。虽然他仍旧是一个自由党人，但1942年丘吉尔政府授给了他勋爵的封号。

尽管凯恩斯相信资本主义制度"加以明智地管理"，可能"在实现经济目标上比任何另外拟定的代替制度有更高的效率"，但他摒斥了亚当·斯密、马尔萨斯和李嘉图的那些为资本主义制度提供主要辩护理由的经济理论。[1]正统经济学假定，经济的自然法则如果不受阻碍，任其发挥作用，就会实际上保证最大多数人的最大福利。这些法则将为经济的繁荣和萧条提供校正。生

---

[1] 《放任主义与共产主义》（*Laissez-Faire and Communism*），纽约新共和出版社1926年版，第76~77页。

产过剩时减少消费。而在生产下降到正常水平以下时，它们又会带来需求的上升。这些法则所起的作用还可以成为解决失业的有效补救办法。生产下降时，劳动力就变得很充裕。因此，工资会一直下降到雇主认为重新开工又可以获利的时候。这样终于恢复了平衡。有时会出现商业特别兴旺的时期，有时也会有商业特别不景气的年景。但是就像在埃及法老著名的梦里所见到的，七头肥母牛绝不会吃掉那七头瘦母牛。[1]相反，据假定，在大多数时间里，经济活动是正常的，就业情况如果不是全部的话也是良好的，生产和消费是相对平衡的。

凯恩斯对这个令人愉快的假定进行了争论。他提出一个相反的假定：繁荣和充分就业只有通过采用考虑周密的公共政策才能得到保证。这一政策将由几个因素组成。首先，它将包括投资的社会化。这也许采取国家预算有意不平衡的方式，为未来进行预借，以便取得基金进行公共工程建设来抵消私人投资的下降。它也可能采取对事业资本和利息资本实行不同税率的方式或者规定有利于事业资本的利率。如果有什么阶级为凯恩斯所轻蔑的话，那就是以利息为生的阶级。这一阶级的成员拒绝使自己的资本甘冒投入新事业的风险，而向不需要什么新资本的现成企业的债票或其他有担保的证券进行投资，以取得"安全的"收入。他倾向于惩罚这一阶级，对他们的所得实行的税率要高于对事业资本的收益所征收的赋税。他讥笑那些认为富人的储蓄为国民经济提供了主要滋养的思想。储蓄本身纯粹是消极的，它只不过是花费的反面。虽然它对个人利益来说毫无疑问是可取的，但它并没有为国家的繁荣增加什么。他认为这个事实在战争时期得到了充分的说明。并不是由于人们购买了战时公债和战时印花才生产出坦克和飞机来击败敌人，而是国家开支的积极行动才生产出这些东西。平时除非国家或者公民个人用存款来购买货物，成立新企业，或者修理或扩展旧企业，否则储存的货币就和《圣经》上讲的藏着不用的钱一样不起什么作用。

凯恩斯促进繁荣和充分就业的政策还有一个因素，那就是货币管理。就国内市场的条件来说，他主张建立通常所说的通货管理，按照经济的需要用收缩和膨胀的政策来规定货币的价值。这样就可以保证繁荣，也就没有一个

---

〔1〕 埃及法老梦见七头肥母牛，又见七头瘦母牛。后来七头瘦母牛吃掉了七头肥母牛。预兆七个丰年之后将有七个大荒年。故事见《圣经》。——译者

国家会被诱导去追求有利的对外贸易平衡来"使它的邻国乞丐化"。最后，人口的增加必须加以控制，因为凯恩斯认识到，人口给予生存线的压力对提高生活水平的危害最大。

凯恩斯勋爵的经济理论作为形成西方的积极国家概念的几乎一切事物的象征，仍然屹立在许多人的心中。这个理论在很大程度上是那个概念的源头。例如，当商业无生气，身体健壮的人流浪街头无法找到能够养活其家人的工作时，国家却采取不干涉的政策，这种做法已经由于凯恩斯的理论而变得过时了。这位大经济学家教导说，如果必要的话，让适当数目的人从事先挖洞然后又把洞填起来的工作总比让一大部分人失业要好些。[1]没有什么比这个对比更能够尖锐地说明它和老的消极国家概念的不同之处。老的消极国家概念不仅被指望要遵循放任的原则，而且被期望要尽量减少开支，以免实业界人士被吓得失去了信心。很多政府在经济萧条后采取的财政政策反映了凯恩斯的学说，尽管据报道，这位大师对一些门徒的经济学程度并没有多么高的评价。一个杰出的美国经济学家曾说，凯恩斯的主要著作《就业，利息与货币通论》对经济分析和经济政策的冲击，比李嘉图的《政治经济学》（*Political Economy*）以后的任何书籍都要大。[2]

仅次于凯恩斯的一个重要的保守集体主义代表是威廉·贝弗里奇爵士。他 1879 年生于印度，父亲是印度文官制度下的一个官员。不过，他完全是在英国受的教育，最初在查特豪斯公立学校学习，后来在牛津大学研读。他本来专门学数学和天文学，但得到的是法律学位。毕业后，他的兴趣愈来愈转向经济学和社会学。1908 年当时担任贸易大臣的丘吉尔给了他一个政府职位。1919 年至 1937 年他任伦敦经济学院院长。1941 年他被任命为劳工部次官。1942 年他向英国政府提出著名的《社会保险及其相关义务报告书》（*Report on Social Insurance and Allied Services*）成为当时的畅销书。虽然他同情工党及自由党的主张，但他绝没有使自己参加到任何政党中去。

贝弗里奇和凯恩斯的理论有许多相似的特点。他们之间典型的一致之处是：突出充分就业的重要性，强调国家为了公民的福利有采取积极行动的义

---

〔1〕《就业、利息与货币通论》（*The General Theory of Employment Interest and Money*），纽约哈考特公司 1936 年版，第 220 页。

〔2〕西摩·哈利斯为阿尔文·汉森《凯恩斯入门》写的"序言"（Seymour E. Harris，"Introduction" to Alvin H. Hansen，*A Guide to Keynes*），纽约麦格劳—希尔公司 1953 年版，第 X 页。

务，坚持每个国家在试图努力改造世界以前有责任先把国内的事务管理好。但二人的理论也有很多不同的地方。贝弗里奇几乎不谈货币政策，这或许是因为他假定这类问题已经解决了。他所关切的与其说是克服经济萧条，不如说是要不断地采取一贯的政策来消除经济萧条。更重要的是，他似乎比凯恩斯更重视保持个人自由和其他个人价值。他把这些价值描述为"比充分就业本身更珍贵"，他把它们界说为包括"信仰、言论、写作、研究和教导的自由，集会结社的自由，选择职业的自由和经管个人收入的自由"。[1]不过，似乎矛盾的是，他比凯恩斯还更宽容社会主义。他坚持，在私人企业下实际上是能够做到充分就业的，但他承认，如果以后的经验表明这个意见是错误的，他将准备建议废除生产资料的私有制。

原来的《贝弗里奇报告》提出了一个广泛的每个人"从娘胎到坟墓"或者照另外一些人说的"从精虫到蛆虫"的社会保险计划。而他用《一个自由社会里的充分就业》发表的报告续篇使他赢得了更大的声望。所谓充分就业，他不是绝对地指每个能够而且愿意工作的人将不间断地受到雇用，他认识到季节或阻力因素总会造成一些失业。[2]有些工业和职业肯定是有季节性的，而在另一些行业里，由于改组工作或由于一个地区的工厂停工而另一地区的新厂开设，也会有不可避免的变动。按照贝弗里奇对充分就业的界说，它意味着劳动市场应该经常是出卖者的市场而不是购买者的市场——这就是说，工作的空额应该经常超过失业人数。他认为，如果正在进行寻找工作而暂时找不到工作的人不超过劳动力的百分之三，就算是有了充分就业。他设想在这种情况下，从失掉一个工作到找到另一工作之间通常出现的间歇将是很短暂的。这种间歇容易用失业保险来弥补，不致发生使工人失望或丧气的危险。

贝弗里奇认为充分就业是使一种经济秩序保持公正和效能的首要措施。在他看来，人们由于找不到工作而无所事事，被迫处于一种次等公民的地位，这是不光彩的。一个人被迫无所事事，即使得到任何长期的救济，也会使人的灵魂受到腐蚀。它使人们显得无用、没人要，使他们在恐惧中过日子并从恐惧中产生怨恨。它是仇视外国人、反对犹太人以及两性间产生恶感的主要

─────────

〔1〕《一个自由社会里的充分就业》（*Full Employment in a Free Society*），纽约诺顿公司1945年版，第21页。

〔2〕"阻力性失业"指劳工供给上由于缺乏流动性或转业性而导致的失业。《一个自由社会里的充分就业》附录 D，第408~409页。

根源。只要大量失业存在，每个人在疯狂地争夺工作时，就都好像是另一个人的竞争者。而只要是争夺工作，工人们就用有组织的行动来限定他们的产品、抵制技术改进或设置一切同行相嫉的限制以阻止新成员参加他们的行业，你哀叹也无济于事。[1]贝弗里奇确信，除战争外，在造成败坏的和灾难性的后果上，没有哪一种近代的弊病能超过大量失业的罪恶。他认为，战争与失业二者造成的最具有毁灭性的后果是使人的精神上最善良的一切转变为仇恨、恐惧和报复。

贝弗里奇虽然把充分就业看作公共政策的主要目标，但并没有把它看作唯一的目标。他对重新分配收入也深感兴趣。这样一种重新分配在鼓励增加消费和减少储蓄上将有助于充分就业，但他认为重新分配的重要性也在于作为消除繁荣和萧条的一种手段。降低巨额所得使群众能有较大的购买力，这将为工业产品提供一个稳定的市场，以代替生产总是倾向于超过消费的市场。但贝弗里奇不相信仅仅增加大多数消费者的购买力就是万应灵丹。这并不能保证他们将明智地使用他们的剩余购买力，或者使用得有利于萧条工业。他们可能购买啤酒而不购买家庭用具。结果，有必要使国家负担起按照社会应优先考虑的事项控制支出的最后责任。国家"必须既不完全采取消费的论点，也不完全采取投资的论点，而必须就全部可能的开支项目，根据情况自由调整政策"。[2]贝弗里奇所要求的是一种为了全社会的利益而又不牺牲基本自由的引导、指挥和控制经济职能的全面政策。

三、福利国家

乍想起来，上节所说的保守集体主义可能像是福利国家的另一名称。它们确有许多相像之处，特别是把威廉·贝弗里奇的"全面政策"的某些含义作为例证的话。但是即使与贝弗里奇纲领中的任何建议相比，福利国家也要广泛得多。它包括的不只是一个为了实现社会目标而引导、指挥和控制经济职能的政策，而且是一个在几乎任何方面为了几乎任何目的运用国家机器来扩大公民福利的政策。它建立在这样一条原则上，即国家是为积极增进所有

---

〔1〕《一个自由社会里的充分就业》（*Full Employment in a Free Society*），纽约诺顿公司 1945 年版，第 248 页。

〔2〕《一个自由社会里的充分就业》（*Full Employment in a Free Society*），纽约诺顿公司 1945 年版，第 187 页。

人的福利而存在的。与保守集体主义者不一样，福利国家的倡导者并不回避鼓吹政府所有制，或者作为私营企业的补充，或者以较低的价格使公众得到好处。他们一般主张不只征收高额的分级所得税，而且征收几乎等于废止继承权的"死亡税"。他们的纲领也很可能包括经济计划、广泛的社会保险制度、某种形式的"社会化医疗"，以及旨在扩展和加强工会工人的集体议价和其他特权的立法。与此同时，福利国家的维护者毫不犹豫地提出限制农业和工业商品生产的措施。这类例子在 30 年代有美国的工业复兴法和农业调整法，有英国和法国关于农产品控制和贩运的法律。所有这些旨在造成限制生产以保证利润的经济方案是凯恩斯和贝弗里奇等经济学家所诅咒的。

19 世纪后期和 20 世纪早期，几乎在每个西欧国家都能找到说明福利国家的事例。甚至俾斯麦的社会保险、最多工作时间法、工厂检查和老年退休金的纲领，也一部分是贵人对弱者和不幸者应当采取高尚行为的容克概念驱使的。这位铁血宰相本人表示过一个愿望，即较卑微的公民应该"在人生大道上不要遭到脚踩践踏"。别的欧洲国家仿效了德国的先例。20 世纪初，返老还童的英国自由党提出的纲领是最全面的。它不仅包括关于疾病保险和老年保险及最多工作时间的法律，还包括有关萧条工业工人的失业保险和最低工资的法律。晚近的事例有美国的新政、法国的人民阵线政权（1936—1938年）和英国的工党政府（1945—1950 年）。

福利国家理论与民主社会主义更为相似。但它们之间的差别也是显著的，而且是根本性的。福利国家的拥护者仍旧是资本主义者。如果他们主张一定程度的政府所有制——他们中间一些人也确是如此——他们的动机并不是摧毁资本主义制度，而是把资本主义制度扶持起来，使它能为较多数人的利益更有效地服务。他们的其他改良要求在性质上和严厉的程度上可能与民主社会主义者的要求相同，但目的总是不一样的。福利国家的理论家们认为改良是改进现有制度的权宜办法。而对民主社会主义者来说，现有制度是邪恶的。他不信奉用暴力革命来摧毁它的信条，但他的确坚持，终究要取消它并以某种较好的制度来代替它，这是绝不可以忘记的目标。在承认改良的价值上，他不向任何人屈服，但他认为，从事改良而没有某些使生产手段社会化的初步措施，那就可能弊多利少。这种改良可能促成垄断，造成人为的繁荣，牺牲整个社会而只使某一小部分人得到好处。对他来说，也和对福利国家的拥护者一样，改良是权宜之计——但这种权宜之计是为了在遥远的将来实现一个完全转变了的社会。

在发展福利国家理论上，美国大多时候都是前驱。发展思想似乎比实现思想容易得多。美国的福利国家理论可以回溯到罗杰·威廉姆斯和托马斯·潘恩。在美洲殖民地以维护宗教自由而闻名的威廉姆斯也发表过一些政治看法。他把国家看成是一个公共服务组织，是供给人民需要的人民仆人。因此，他主张按家庭平分土地，在供应不足时规定生活必需品的价格。他认为政府应该负起责任，不仅照顾贫穷残废和孤儿寡妇，而且使身体健壮的人得到工作。

托马斯·潘恩在《人权》（*The Rights of Man*）一书里主张无劳收益征收累进税和实行高额分级遗产税。税收用来为幼儿和老年人提供补助，为救济失业兴办公共工程，并为教育提供款项。在题为"土地的公平"（*Agrarian Justice*）的一篇较短的著作中，他建议实行一种特别土地税，这种税和无劳增值的税收相似。他提议拥有已开发的土地的每个人都向社会缴纳一笔地租，作为他由于拥有并非他所创造的财富而向社会作出的贡献。

在整个19世纪，还有一些美国人也倡导过不那么全面但同样激进的学说。例如，亚伯拉罕·林肯虽然在许多方面是一个顽强的个人主义者，但他声称，政府的合法目标是"为人民整体做好他们需要做好而以他们单独的、各个人的能力则根本不能做或者不能做得那么好的事情"。[1] 在19世纪80年代和90年代中，纸币党和民粹党的运动曾从几个方面致力于使国家执行积极的仁政政策。两项运动的领袖鼓吹征收所得税，把铁道和电报线收归政府所有，为了使负债阶级得到好处而实行通货膨胀。此外，民粹党人还要求对劳资争议进行仲裁，对公司进行执照登记和控制，银行存款须有政府保证。

直到20世纪前，无所不包的福利国家理论还没有得到发展。西奥多·罗斯福的进步党运动，除了关于通货的规定而外，采纳了纸币党和民粹党的政策纲领，并把这些纲领扩充到包括对工人进行补偿，禁止童工，规定女工童工的最低工资，并对疾病、失业和老年实行保险。威尔逊及其进步党的追随者对控制垄断企业和防止不公道的经营行为有更多的兴趣。不过，威尔逊作为总统成功地获得通过州际铁道八小时工作的法律，禁止州际商业转运童工

---

〔1〕 参见尼古拉和约翰·海编写的《林肯全集》（J. G. Nicolay and John Hay, eds. *The Completeworks of Abraham Lincoln*）第2卷，纽约弗朗西斯·坦迪公司1905年版，第186~187页。

产品的童工法，比商业银行较易向农民提供信用贷款的联邦农贷法，以及稳定银行体系和使通货收放更有弹性的联邦储备法。然而，只是到新政开始以后，"福利国家"才成为家喻户晓的口头禅，才作为一个必需的和可取的纲领而获得广泛的接受。最努力于促成这种结果的莫过于新政的伟大旗手富兰克林·罗斯福。

对罗斯福来说，福利国家与安全几乎是同义语；当人们考虑到他就任总统时国家的情况，这一点就毫不足为奇了。但是他并没有从狭义的养老金和失业保险的角度看待安全，而是使它同群众的普遍信念取得一致，即他们无须忧虑失掉自己的家、衣不暖食不饱或者成为救济的对象。安全还意味着即使最贫困的美国人也会有受教育和享受"合理的闲暇和娱乐"的充分机会。尽管罗斯福在这个问题上发表了很多演讲，但他绝没有越过这个简单而雄辩的概念。在1940年竞选末期，面临着第二次世界大战要使美国卷入漩涡的威胁，罗斯福描绘他对未来的美国抱有的理想时，所用的词句仍然流露出他对社会和经济安全的深切关注。但这些是他的演讲。他的政策和他在任期内取得的成就才是他的理想所具有的力量更具体的见证。罗斯福时代在通向福利国家的道路上初步创建了这样一些里程碑，如联邦存款保险公司、证券交易委员会、田纳西流域管理局、农业调整管理局、瓦格纳法、联邦社会安全法以及公平劳动标准法。

富兰克林·罗斯福担任第四任总统时期提出的福利国家思想，有一大部分来自他的下属，甚至来自批评他的人。在后一部分人中为首的是查尔斯·比尔德（由于罗斯福领导美国投入第二次世界大战，比尔德转而痛恨罗斯福）。他1874年出生于印第安纳州，在德坡、哥伦比亚和牛津几个大学受教育。他曾写过大约三十部著作，赢得眼光远大的学者名声。他连续当选为美国政治学会及美国历史学会的会长。1917年他因与学校当局冲突而从哥伦比亚大学辞职，他的教学生涯是短暂的。

不能否认比尔德在美国思想家中的杰出地位。他的福利国家概念主要强调计划思想。他认为现代文明的基本因素是工艺学；他不承认缺乏计划而能充分利用工艺学上的进步。教育、研究、鼓励基础科学和资源利用——这一切都必须有计划，如果一个国家要使它的工艺潜力全部开花结果的话。

比尔德并不停留在只是宣传一种思想上。他接着提出了实施方法。他建议由国会设立一个国家经济委员会。参加委员会的是所有高度集中的大工业，还有农业、劳工、批发和零售商等各种各样的组织。委员会特有的职能是作为一种全联邦性大会，起草一个经济宪章，交由选民批准。为了便于确立这一纲领，一切反托拉斯的现存法律都将废除。高度集中的每种工业都划为"影响公共利益的"事业一类，并同样受到公用事业所已经受到的那些法定限制。同国家经济委员会联合工作的有一个战略与计划局，它的主要任务是测量国家的资源和能力，并计划生产。参加国家经济委员会的每种工业，还成立自己的组织，作为它下面各企业的控股公司。股利将受到限制，任何盈余将用来支付奖金和为失业提供储备。

虽然比尔德非常重视一种与马克思运用的十分近似的历史唯物主义，但他并不是社会主义者。他的社会计划化方案想用现存的实业公司作为生产手段的所有者和经营者，他只不过劝诱或者要求现存的股票持有人把股份换成年利三厘的债券，然后向这些公司的董事、经理和雇主发行新股票。除了消除懒惰的缺席的股票持有人而外，现存经济的性质基本上没有改变。还有，比尔德不同情俄国实行的那种严厉的经济和社会改组。他写道，"如果资本主义由于共产党归之于它的所有罪恶而受到诅咒的话（而它是有许多长处的），美国人民经过公平和自由的评价，仍然会以一百对一的多数投票赞成保持它，而不愿使自己被奴役于那种在前沙皇的土地上进行统治的政治和经济的专制主义"。[1]

比尔德的所谓孤立主义是和他的国家计划化方案紧密结合在一起的。他并不主张建立一个封闭国家，对国际贸易设置无法通过的障碍。相反，他认为国家计划化将导致对外国货物更大的需求。"充分利用美国的天然条件将会创造巨大的国民购买力和对外国优异商品相应的需求。"[2]他的目标是真正的大陆主义，把注意力集中在西半球，集中在建立一种合乎美国情况的文明。他并不摒斥同其他国家进行和谐的协作，只要它们的政策是开明的与和平的。他真正反对的是强权政治，在这种政治下对外贸易是用军事力量或者隐蔽着军事威胁的较有礼貌的外交手段促成和扩展的。他建议美国采取一种克制的程序，不参加贸易战争，不追求帝国，不干预欧洲和亚洲的事务。美国不应参加列强的掠夺活动。它应当在发生战争的时候不给它们贷款，不卖给它们

〔1〕《美国面对未来》（*America Faces the Future*），波士顿霍顿·米夫林公司1932年版，第122页。
〔2〕《国内的门户开放》（*The Open Door at Home*），纽约麦克米伦公司1934年版，第214页。

枪炮。它应当永远放弃这个"愚蠢的信念"——它应当不顾风险地保卫美国人在国外投资的每一美元。它应当避免这些可悲的错误而去树立一个"管理得好好的家园"这样的榜样，以此来"给予最有效的教训——一种不言而喻的教训"。[1]

在罗斯福总统主张福利国家的僚属中，有两个人应当特别注意。最坚持己见的也许是杰罗姆·弗兰克，他的法学理论前面已经讨论过了。弗兰克为新政效劳，从 1933 年到 1935 年是农业调整管理局的总顾问，从 1939 年到 1941 年任证券交易委员会主任。虽然他是罗斯福总统狂热的崇拜者，但他至少在一个重要问题上不同意他的上司的意见。他坚决反对不试图增产而只对现有的收入进行重新分配。他把这种做法称为法西斯程序。他的做法是把生产提高到 1929 年的水平以上，以后再逐年提高，并把增产的大部分分配给收入微薄的人们。像比尔德一样，弗兰克主张设立一个经济议会或委员会，以便通过它能够同实业界在计划未来的生产上进行必要的合作。他还主张采取一些补充措施经常降低物价，政府兴办公共工程，政府用收购和分配的办法弥补不足的收益和工资。他相信用这些权宜办法就有可能为所有的美国人提供美好的生活，而不会削弱政治民主，不会摧毁小企业生产者的财产，甚至不会影响"庞大公司中普通投资者"的财产权。他争辩说，只要运用智慧就能够不断地减少大多数公民的工作时间，而达到类似托马斯·莫尔爵士所梦想的那种悠闲的社会这一目标。他承认有这样一种遥远的可能性，即闲暇太多将会削弱社会的组织结构。如果真出现了这样的情况，他就准备主张征调男女青年，照威廉·詹姆斯建议的方式，向自然的罪恶和艰苦作战。[2]

在新政时期，美国政府中与福利国家思想关系最深的部门可能是农业部。其中设置了这样一些机构：农业调整管理局、联邦农贷公司和农村电气化管理局。为该部制定政策的人不仅是弗兰克，而且包括两位有名的搞富经济的鼓吹者莫迪凯·伊齐基尔和雷克斯福德·特格韦尔。主管该部的是亨利·华莱士，他的名字在公众心目中几乎同罗斯福的名字一样象征着新政。

---

〔1〕《国内的门户开放》（*The Open Door at Home*），纽约麦克米伦公司 1934 年版，第 319 页。

〔2〕《首先拯救美国》（*Save America First*），纽约哈泼公司 1938 年版，第 250~251 页、第 342~343 页、第 357 页、第 373~374 页、第 401 页；《命运与自由》（*Fate and Freedom*），纽约西蒙—舒斯特公司 1945 年版，第 194 页、第 201~202 页。

华莱士出自农业专家世家。父亲是哈定和柯立芝两位总统任内的农业部长。父亲和祖父都是《华莱士的农民》（Wallace's Farmer）的奠基人和发行人。亨利·华莱士在出任罗斯福的内阁席位以前曾致力于植物育种和农业报刊工作。很少有人比他更了解农民的问题。他甚至在 20 年代的丰年就已看到农业陷入萧条的泥坑。随着时间的消逝，他愈来愈确信农业问题和整个经济问题是不可分割地联系着。虽然他很尊重"一生耕耘"的农民，渴望找到拯救他们的办法，但在绝大多数情况下，他认为农民的不幸是命中注定的。由于农业工艺学的进步，"拖拉机耕掉了"他们的农场。机械化的农场迅速地增加着它们在农业总产量中所占的百分比，而把大批勉强种植的人所耕种的田地远远抛在后面。华莱士争辩说，为了克服农业的萧条，最好的办法是在工业中设置 6000 万个工作岗位。这个办法不仅会增加对农产品的需求，而且会吸引多余的农民离开土地，从而使留下来的农民有更多的机会。不仅如此，通过提高 1000 万最贫穷的农户的经济地位，将会保证有一个每年销售 150 亿美元货物和劳务的市场。

华莱士在 1948 年的总统竞选中同共产党人的联系不应该使人看不见这一事实，即他同马克思主义相距之远大约和历来的任何其他改革者一样。他在 1943 年声称，"自由竞争的精神将会而且必须继续成为我们的一种主要推动力"。华莱士把这种精神或者非常近似这种精神的东西说成同霍雷肖·阿尔杰[1]一样，"在美国并没有死亡而且绝不会死亡"。[2]不过，他认识到障碍已经建立起来，阻挡了某些形式的自由竞争的通道。他列举了两种障碍：边疆的封闭和垄断的成长。罗斯福似乎认为美国经济的极盛时代已经过去，不再能提供什么发展机会；[3]华莱士则不同，他显然不太相信一种成熟的和停滞的经济的想法。他似乎坚信到 1950 年就能够在工业中设置 6000 万个工作岗位，而结果证实了他的信心。他承认，要达到这项目标必须进行相当多的计划化工作

---

〔1〕 霍雷肖·阿尔杰（Horatio Alger, 1832—1899），美国儿童作家，著有一百多种儿童读物，如《幸运和勇气》（Luck and Pluck）、《衣着褴褛的汤姆》（Tattered Tom）等。——译者

〔2〕 参见拉赛尔·洛德编写的《普通人的世纪》（Russell Lord ed., The Century of the Common Man）第 57 页。

〔3〕 罗斯福 1932 年在旧金山联邦俱乐部的演讲里说，我们的工厂是齐全的，我们未来的任务"不是发现或开发自然资源，或者有必要生产更多的货物"。相反，"在更严肃但不那么戏剧化的管理已有资源和工厂的工作中"，在重新建立国外市场、按照消费来调整生产以及"更公平地分配财产和产品"的工作中，政府都必须起主要作用。

和少量的组织化工作，而他不承认二者中的任何一种足以使我们有理由感到不安。他认为重要的问题不是政府控制经济事务这一事实，而是"由哪个集团控制政府，这个集团是否为一些不可告人的目的服务"。[1]

无论在福利国家方面或者任何其他方面，华莱士从没有把自己看作是一个激进派。虽然千百万好人失业和自然资源遭到破坏与浪费使他感到惊骇，但他并没有提出严厉的纠正办法。他信仰基督的登山训众，幻想这样一个美国，在那里所有的人都是中等阶级成员，甚至最卑微的公民也将享受暖气集中供应、电气冷藏、假期旅行和子女能受大学教育等布尔乔亚的优遇。他的计划化建议，除了有关自然资源和紧急状态下少数特殊化部分的国民生活以外，并没有触及经济制度表皮下深层次的地方。他主张让政府管理关税和货币制度，控制铁道利率，鼓励采取的物价和生产政策要能维持农业、工业和劳动三种收入的平衡关系。他还主张政府必要时利用其信贷资源使经济摆脱不能转动的停滞点。

华莱士虽然认识到多少自由的国际贸易旧制度已经一去不复返，并承认美国能够接近于做到自足自给——只要付出代价——但并没有主张经济的国家主义。相反，他提出一条中间路线："我们沿着这条前进的路线就可以使关税税率降低到每年再输入价值五亿美元的货物"，同时永远不再种植 2500 万英亩好田地。[2]无论他是否曾经建议——像假定他曾经建议的那样——让每个霍屯督人[3]每天得到一夸脱牛奶，他充分认识到，没有一个国家能独自生存，美国的繁荣同世界其他部分的繁荣是不可分割地联系在一起的。

在英国，最有眼光的福利国家思想的鼓吹者或许是理查德·亨利·托尼。虽然他一度把自己当作基尔特社会主义者，可是他在促进人类福利方面最有创见的贡献与其说是国家所有制理论，不如说是国家干涉的广博学说。他1920 年写《渴望的社会》（*The Acquisitive Society*）时要求建立这样一个制度：不为社会服务就得不到报酬。严格取消支付一切红利、利息、地租、矿区使用费。支付报酬将根据职能作用而不是根据所有权。这个制度接近人人靠工作而不是靠所有权生活的马克思主义理想。但托尼在以后的著作中冲淡了这种社会主义，而主张集体化仅限于垄断性的工业和为国民经济的健康繁荣而

---

〔1〕《六千万个工作岗位》（*Sixty Million Jobs*），纽约雷纳尔—希契科克公司 1945 年版，第 17 页。

〔2〕《美国必须选择》（*America Must Choose*），纽约对外政策协会 1934 年版，第 27 页。

〔3〕霍屯督人是西南非洲一个身材矮小而粗壮的民族。——译者

必需的工业。他所将采用的方法不是没收、阶级战争或强迫收买，而主要是调节、累进税和工业民主。简言之，就基本原则来说，他后来的建议和其他倡导福利国家者的意见并没有多大差别。

托尼 1880 年出生在加尔各答，是一个英国官员的儿子。在拉格比和牛津受的教育。他的毕生事业是从事教学和著述。从 1931 年到 1949 年他是伦敦大学的经济史教授。他以其三本最重要的著作而赢得举世的称赞，这三本书是《渴望的社会》《宗教与资本主义的兴起》（*Religion and the Rise of Capitalism*）和《论平等》（*Equality*）。他虽然被列为工党成员，但从未竞选议员，也没有积极参加过任何纯粹政治性活动。不过，他曾在许多顾问部和委员会任职，并于 1942 年任英国驻美大使馆的经济和社会问题顾问。他被认为对工党及费边社发生过起节制作用的影响。和其他费边社成员不一样，他深切关注的是维护公民的自由权利。

托尼对人类福利的兴趣不限于为没有特权的人获取较高额的收入。事实上，他认为迄今为提高群众购买力而设计的一切方案，都未能为群众获取他们应该享有的福利。高额所得"不会使全人类免于霍乱、伤寒和愚昧，更不会为他们取得享有教育机会和经济安全的积极利益"。[1]他就是天天加班加点地工作，普通工人也得不到这类东西。原因是社会已经发展得极其复杂并互相依赖。文明已成为一个集体的产物，而且是一个极其昂贵的产物；只有社会的总和力量才能提供健康、教育、娱乐、安全和美好的生活，而这些是不仅富有者而且社会的一切成员都应该有权享受的。对医院、学校、图书馆、研究中心、公园和公路的需要是一个不断增长的需要，绝不是个别企业所能够满足的。只有国家通过累进税和没收遗产而得到的社会收入才足以达到这些目的，也只有国家通过这些方法才能把少数富有者剩余的个人所得转化为社会收入。如果不这样转化，这些剩余所得几乎肯定要被浪费在钻石、昂贵的汽车、别墅和游艇这类豪华的特殊消费品上。

对托尼来说，福利国家并不限于开明地使用社会收入。他相信福利国家还应该包括工业民主。如果解决严重影响雇佣条件和工人生活这类根本争端而毫不考虑工人的愿望，在他看来，这似乎是对人权的极大侵犯。他所想的不只是为了决定工资和工作时间或许还有退休金和残废保险这类处于边缘的

---

〔1〕《论平等》（*Equality*），伦敦艾伦—昂温公司 1952 年版，第 134~135 页。

福利而进行集体交涉。这些当然都是非常好的，但还远远不够。在一次类似布兰代斯法官所作的论辩中，他坚持在关闭浪费的工厂、引用新机器和新技术以及惩罚职工方面也应该同工人磋商。他认为，工人们"有权利希望看到组织是有效率的和管理是最新式的，正如管理方面有权希望看到工人们已挣得他们的工资一样"。[1]托尼坚决否认管理和劳工的合伙关系将导致由无能的人来处理复杂问题。他争论说，现有董事会十分之九是外行人组成的。他们对生产和工厂管理的错综问题并不比许多聪明的工人有更多的专门知识。那么，为什么在解决对工人有重大关系的问题上不让工人代表和管理方面有同等的发言权呢？两方面都将需要有专家的意见作为指导，而劳工和管理方面一样能够按照自己对可取的政策的考虑而进行投票。

民主集体主义直到今天仍然是铁幕以西最成功的政治和社会改造运动。事实上，它超过了任何其他运动。尽管在美国有人谴责其为"爬行社会主义"，但在可以预见的将来似乎不能想象任何国家将重新实行一种漫无规定的自由企业经济。无论是用民主社会主义、保守集体主义或者福利国家的形式，民主集体主义似乎已经永远扎下了根。要推崇任何相反的制度实际上是在努力把时钟拨回到这样一个较为简单的时代：日益成长的经济制度的强大生命力能够随时抵消个人的贪婪和愚蠢。但在大多数经济学家看来，由于我们所处的时代的复杂性，再这样做已经不可能了。

不管民主集体主义者如何成功，他们很难被认为是无可批评的。无论是着迷于马克思主义的教义或者由于其他一些原因，他们中间的大多数似乎过分地强调了经济决定论。他们一直最着重于设法为工人阶级在国家财富的分配中争取到更大的份额。而他们是以货币所得来衡量国家财富的。他们把社会正义几乎变成高工资和高消费能力的同义语。如果说他们主张集体交涉，那主要是为了让工人能够提高工资额或者减少工作时间。这样做会得到几个结果。高工资转变成高昂的生活费用，这将既影响工人也影响业主，对以固定收入为生或缺乏集体力量来提高工资的人则影响尤其严重。工资高和工时少意味着生产成本高，因此构成一种内在的涨价因素，从而使供求作用受到干扰。由于把生活同消费等同起来，西方国家，特别是美国，在竭力占有物质的过程中几乎把自己弄得精疲力尽，耗竭了它们的自然资源遗产，并依赖

---

[1]《论平等》（*Equality*），伦敦艾伦—昂温公司1952年版，第199页。

世界其余部分来弥补它们的不足。然而，除托尼外，确实很少有民主集体主义者认识到积极的国家还能够提供至少与货币收入同等重要的其他有价值的东西。

第七章　极权主义反应[*]

几乎人人都会同意，当代世界极权主义的每种形式其基本性质都是反作用的，最终当然都走向残暴的专制。意大利法西斯主义是对 19 世纪自由制度的反应，自由制度被谴责为未能使意大利取得它作为世界强国、作为伟大的古罗马的继承者而应有的地位。德国纳粹主义是对凡尔赛和约的所谓不公正，对魏玛共和国"软弱的民主制度"未能使德国摆脱严重的经济萧条的一种反应。它也是对社会主义者和犹太人的抗议，抗议他们的所谓叛逆不忠，指控他们在国家为生存战斗时从背后向国家刺了一刀。

但极权主义远非只是对当时各种条件不满的表现。人们几乎一致认为，这些极权主义来自深藏在 20 世纪的文化、社会和经济历史中的一些因素。但这些因素究竟是什么却没有普遍一致的认识。倾向于从心理学的角度看问题的专家认为，极权主义是现代人心理不平衡的结果。他们争辩说，现代文明由于其复杂性和矫揉造作而使很多人感到愤懑、受挫和不安全。这种情感下的受害者力图摆脱这些情感而转嫁于别人。他们设法用侵略、压制和残暴的手段来达到这个目的。个人太怯懦不敢单独进行掠夺，他们便加入暴民集团或私人军事组织去欺凌或迫害可怜无助的少数人。社会学家在评价极权主义的原因时，可能强调他们所谓的现代生活中的社会反常现象，他们使用这个概念是表明再没有什么迫使个人自我克制的社会压力和信仰了。一个人摆脱了这些约束，就会变成一个不认什么法律和不管什么良心的真正野兽。[1]

一些经济学家把极权主义设想为工业革命迅速发展所造成的巨大变化的产物。这些变化包括垄断集团的成长、追求作为国家工业保护手段的经济自

---

* 本章在编入本文集时有删减。——编者

〔1〕 参见哈里·阿尔珀特:《埃米尔·杜尔克姆及其社会学》（Harry Alpert, *Emile Durkheim and His Sociology*），纽约哥伦比亚大学出版社 1939 年版，第 206 页。另参见塞巴斯蒂安·德格雷齐亚:《政治社会:社会反常现象研究》（Sebastian de Grazia, *The Political Community: A Study of Anomie*），芝加哥大学出版社 1948 年版，第 3~42 页、第 134~183 页。

给、长期失业的威胁、经济萧条的日趋严重、工人沦为装配线上微不足道的螺丝钉地位、联营企业的成长威胁到独立店主的生存、自由市场和自由国际汇兑的崩溃。这些具有威胁性的发展给群众一种绝望的感觉，结果是吵嚷着要求建立一个由"经理"阶级来统治的强有力的国家，而这样一个国家所关切的主要是成功和效率，而不是法律的神圣或者私人权利的保障。

其他比较倾向于从历史的角度看问题的观察家一向强调纯粹政治的因素。他们指出，相当长时期以来，有一种走向极权主义国家和走向要求权力和安全而侵蚀自由的趋势。他们看到民族主义从解放运动演化为遵奉国教主义和国家崇拜，结果导致沙文主义和追求帝国。他们还从战争、军国主义和对新战争的恐惧看到对极权主义力量的有力支持。在这些观察家看来，极权主义的出现主要是长期努力遏制自由民主前进所达到的顶点。用亨利·华莱士的话说，极权主义主要是对"人民革命"的一种反叛，这种"人民革命"是从1688年英国确立议会最高地位而开始的，经过18世纪美国和法国的革命得到了加强，再经过自由和民主政治取得的各种胜利而到我们这个时代。毫无疑问，极权主义和所有这些事情都有关，也许还有许多其他因素。某些形式的极权主义将来可能证明具有进步性因素。不过到目前为止，几乎压倒一切的证据似乎表明它的性质是倒退的。

一、意大利法西斯主义

意大利法西斯主义政治学说最早的先驱是一批采用黑格尔哲学而作了某些离奇的修改的知识分子。他们把国家是上帝在人世间的最高表现这一黑格尔思想作为基本前提，要求意大利人把他们的个人利益和阶级利益都从属于使国家复兴光大的联合努力。他们声称意大利负有一项光荣的使命——给文明世界以光明，就像它在罗马帝国时期和伟大的文艺复兴时代所做的那样。他们的口号是"没有什么是为个人的，一切为了意大利"。一些未来派信徒还传播一种甚至更加疯狂和更无理性的教义。未来派最初是一个文艺运动，但很快就具有重要的政治意义。它喧嚣的使徒谴责一切屈从过去的形式。他们斥责自由主义、民主制度、和平主义、清静无为、游山玩水、"色迷"以及他们所说的意大利元老政治家们特别偏爱的所有其他态度和理想。此外，他们把战争美化为"世界上唯一的保健方法"，是使民族返老还童和使"生活丰富多彩、使愚昧略增一点才能”的必要手段。[1]

　　在意大利法西斯主义的著名哲学家中，第一个是吉奥瓦尼·金蒂雷（1875—1944）。他生于西西里岛，就学于比萨大学，曾任比萨大学哲学教授，最后任罗马大学历史哲学教授。1923 年墨索里尼委托他修订法西斯国家教育方案，不久他又被任命为法西斯文化研究所所长。金蒂雷是黑格尔的门徒，他把他的导师的唯心主义几乎推演到神秘主义的地步。他的目的是要统一“人和自然的无限变化到一个绝对变化，在其中人即是神，神即是人”。[2]他摒斥现代文化的科学的和实证主义的倾向，甚至批评柏拉图的哲学不够唯心。至于他自己的哲学，他自豪地形容它是反理智的。虽然他很少谈到具体的政治问题，但他帮助千百万同胞在思想上准备了毫无疑问的服从态度和蔑视理性的态度。他否认个人和国家之间存在发生对抗的任何基础，他还说，“最大限度的自由和最大限度的国家力量是一致的”。[3]他赞美为了国家的利益而使用暴力，即使是法西斯主义分子黑衫党使用暴力。这是“上帝的意志，所有相信上帝、相信秩序和相信法律的人们的意志，而法律是上帝为了世界而肯定具有的意志”。[4]

　　在发展法西斯哲学方面有贡献的第二个作家是朱塞普·普雷佐利尼。他 1882 年出生在佩鲁贾一个爱好文化和文学的家庭。但是，他显然对受正式教育没有热忱，因而没有取得学位。他博览群书，积累了丰富的知识，但直到 1903 年会见那个伟大的理想主义者浪漫诗人吉奥瓦尼·帕皮尼（1881—1956）以前，他没有发现人生的目的。从 1903 年到 1907 年他和帕皮尼在佛罗伦萨创办并合编文艺批评刊物《利奥那多》（Leonardo）。从 1908 年到 1916 年他任《呼声报》（LaVoce）的编辑，致力于唤起意大利的民族主义。第一次世界大战爆发后，他又致力于促使意大利加入协约国方面参战。战后他不再积极参加政治活动。有一个出版家请他写一部关于墨索里尼传记，他提出的条件是

　　〔1〕　施尼德尔：《法西斯国家的缔造》引文（H. W. Schneider, *Making the Fascist State*），纽约牛津大学出版社 1928 年版，第 8 页。

　　〔2〕　《论心灵作为纯行动的理论》，卡尔译（*The Theory of Mind as Pure Act*. trans., H. W. Carr），伦敦麦克米伦公司 1922 年版，第 265 页。

　　〔3〕　“金蒂雷版的法西斯主义”（“Gentile's Version of Fascism”），见施尼德尔《法西斯国家的缔造》，第 347 页。

　　〔4〕　“金蒂雷版的法西斯主义”（“Gentile's Version of Fascism”），见施尼德尔《法西斯国家的缔造》，第 348 页。

同时写一部关于墨索里尼的主要政敌吉奥瓦尼·阿门多拉的传记。1923 年两部书都出版了。两年后，普雷佐利尼写了一本对意大利法西斯主义表示同情的书，该书专有一章颂扬墨索里尼。

普雷佐利尼对法西斯理论的影响遵循着一个十分近似于金蒂雷的模式。二人都是黑格尔派的理想主义者，把国家提高到超越个人的地位，蔑视议会机构，把 19 世纪自由民主的传统贬斥为对民族力量的威胁。普雷佐利尼欢呼法西斯主义为意大利的"真正宗教"，为"爱国精神最崇高的概念"的体现。[1]他认为，1922 年向罗马进军既是不可避免的，也是可取的。旧领导人不称职、贪污腐化，并且在采用自由和民主制度时强迫国家进行假冒欺骗。意大利一直是"反改革的"——"反动的而不是革命的，天主教的而不是自由思想的"。意大利人随身带着的是"藏在衣袋里的暗箭，而不是扛在肩上的明枪"。意大利绝不能成为"一个具有盎格鲁撒克逊宪法的工业资本主义国家"。[2]据普雷佐利尼的说法，社会主义、工会主义和布尔什维主义这些外来的激进思想，是意大利人民所深恶痛绝的。它们使一个阶级反对另一个阶级，鼓动违法乱纪，煽动骚乱和罢工而造成严重的损失。在议会制政府面对这些罪恶表现怯懦和被动的情况下，必须采取直接行动对房屋进行一次彻底的大扫除。不过还应该补充一点，普雷佐利尼不同于金蒂雷，他并不为黑衫队使用蓖麻油和铁腕的各种手段辩护。他承认发生了过火行为。但这是不可避免的，因为运动具有很广泛的吸引力，它吸引了一切类型的人——青年的理想主义者和忠诚的爱国者，以及到处不合用的分子和潜在的罪犯。

墨索里尼作为意大利法西斯运动的发动者和蛊惑人心的代言人而在历史上得到了他应得的下场。他的性格和背景使他在意大利政治中很巧妙地担任他所要扮演的角色。他是一个高不成低不就的人，而且是一个叛逆者，由于穷困和不能在生活中获得满意的地位而深感苦恼。他生于 1883 年，父亲是一个做铁匠活的社会党人，母亲是学校教师，墨索里尼由于尊重她的愿望而选定了同样的职业。但他安定不下来，不满现状，很快就离开意大利到了瑞士。他在瑞士用一部分时间学习，其余时间则乞讨面包和为社会主义报纸撰写文

[1]《法西斯主义》，凯思林·麦克米伦译（Fascism, trans. Kathleen Macmillan），伦敦梅休因公司 1926 年版，第 34 页、第 35 页。
[2]《法西斯主义》，凯思林·麦克米伦译（Fascism, trans. Kathleen Macmillan），伦敦梅休因公司 1926 年版，第 90 页。

章。最后他因为在工厂里煽动罢工而被驱逐出境。他回到意大利后，又把办报作为一个确定的事业，终于成为主要的社会主义日报《前进》（*Avanti*）的编辑。1914 年 8 月第一次世界大战爆发时，墨索里尼坚持意大利应该保持中立。但他刚刚采取这一立场就开始鼓吹参加协约国一方。早在 1914 年 10 月他便已经完全跑到干涉派的壁垒里面去了。他被剥夺了《前进》日报的编辑职务后，创办了《意大利人民报》（*Il Popolo d'Italia*），用该报的专栏鼓动战争狂热。第二年春天政府决定参加协约国方面，他认为这是他个人的胜利。1915 年 9 月他入伍成为一名士兵，最后晋升为班长。1917 年 2 月被迫击炮炸伤，又回到他在《意大利人民报》的编者职位上，鼓舞意大利人民逐渐低落的热情。从此他为法西斯热心地工作着。1922 年 10 月，他领导了他那次成功地向罗马进军。他作为独裁者统治意大利一直到 1943 年他被废黜。1945 年同盟国在意大利取得胜利前不久，他和他的姘妇一起被游击队员私刑处死。

　　墨索里尼的早期思想是多种互相矛盾的极端主义理论的混合物。他自称是马克思主义社会主义者，但他把他的社会主义和取自法国工团主义者乔治·索列尔的理论混在一起。事实上，索列尔有一次提到他时把他当作一个最有前途的门徒。似乎清楚的是，墨索里尼在这个时期并不是一个真诚和经过理性思维而达到确信程度的激进派，因为没有一个有确定哲学的人会常常改变自己的主张。他不仅谴责他后来十分热心实行的帝国主义，而且在 1914 年前还不时侮辱教会，糟蹋国王，把意大利的国旗叫作"该插在粪堆上的破布"[1]。然而，当他更接近于领导一个成功的运动时，他就变得愈来愈保守了。1919 年法西斯党的竞选纲领要求普选权、废除上议院、征收资本捐、重征遗产税，而 1921 年的竞选纲领略去了一切改革的说法，只空洞地主张"维护"为之而战的那些原则和笼统地谴责"政客们"的社会主义。

　　墨索里尼成为独裁者后的思想是法西斯运动所具有的反动性质的见证。他完全抛弃了社会主义而代之以从工团主义得来的经济组织模式。他把这样的结构称为社团国家。这样的结构让劳资双方的代表参加国家控制之下的辛迪加和劳资协会，以消除劳资之间的一切冲突。他公开否定民主制度，不承

---

　　〔1〕　关于他早期与较晚的教义之间的矛盾，参见高登斯·麦加罗：《演变中的墨索里尼》（Gaudens Megaro, *Mussolini in the Making*），波士顿霍顿—米夫林公司 1938 年版。

认"多数由于它是多数这一简单事实就能够指导人类社会"，而确认"人类不变的、有益的和富于成果的不平等"。[1]他还否定自由主义，把它说成是19世纪的一种转瞬即逝的风尚。据他说，自由主义在1830年以前还未产生，而大约二十年后随着1848年革命的失败便开始衰退了。他对国家的歌颂同他否认这些原则是一贯的。他认为国家是绝对的，相比之下，个人和群体只不过是相对的。他把国家神化，认为它是民族内在精神的体现，是人民在才智和德性方面的教育者及人类文明的传授者。最后，他否定和平主义，不承认永久和平是可能的和符合人们的愿望的。只有战争能使人类更优越更高尚。"所有其他考验都只是代替办法，这些办法绝没有把人们放在不得不作出重大决定即生和死的抉择的境地。"[2]此外，他认为战争还是民族成长和扩张成为帝国的手段。帝国主义是生命力的一种本质上的表现，放弃它是一种软弱和死亡的标志。对个人来说，生命就是职责、斗争和征服；他认为，对国家来说，情况甚至更是如此。

二、德国纳粹主义

不像意大利法西斯主义那样，德国纳粹主义在哲学上并没有直接的先驱。墨索里尼好读马基雅弗利和索列尔的书，而希特勒则除涉猎一些反犹太的和其他种族主义者的疯言狂语而外，似乎读书不多或根本不读书。希特勒并不重视国家，认为它只不过是一套装置或机器。他美化的不是国家，而是民族或者国民。至于是否可能有其他哲学先驱，很难得到证据。曾经有人做过努力试图从尼采的哲学中发掘纳粹意识形态的基础。尼采毫无疑问是一个虚无主义者，而且对基督教道德是一个反叛者。但他既不是民族主义者、军国主义者，也不是反犹太的种族主义者。他轻蔑普鲁士人，看不起那些叮当响的将军，而且称誉犹太人是"欧洲最健壮最顽强的种族"。[3]他对纳粹党人的原始主义和反理智主义可能会感到可怕。只有这样看，即他是一个社会达尔文主义者，他美化在残酷的生存斗争中适者生存，才可以说他对纳粹的残暴

〔1〕《法西斯主义的政治和社会理论》，简·索姆斯译（*The Political and Social Doctrine of Fascism*, trans. Jane Soames），伦敦霍格思公司1933年版，第14页。

〔2〕《法西斯主义的政治和社会理论》，简·索姆斯译（*The Political and Social Doctrine of Fascism*, trans. Jane Soames），伦敦霍格思公司1933年版，第11页。

〔3〕《善与恶之外》（*Beyond Good and Evil*），纽约麦克米伦公司1907年版，第185页。

意识形态发生了任何有意义的影响。

事情似乎很清楚，纳粹主义主要不是哲学影响的结果，而是从德国人民的屈辱和绝望中产生的，从他们认为几乎任何变动都只会变得好些这样一种感觉中产生的。德国作为欧洲工业化程度最高的国家，在经济萧条时期吃了很大的苦头。1932 年失业人数上升到 600 万的高峰，批发价格猛跌，贸易和生产萎缩到几乎陷于停顿。各阶级的人都在惶惑和恐怖中摸索。有史以来民族的前途从来没有这样黑暗。大多数人虽然还不是纳粹党，但已灰心失望到愿意接受几乎任何救世主，只要答应把他们从混乱恐惧中解脱出来。甚至在较早一些时候，飞速的通货膨胀已经使大批属于中产阶级的人沦于贫困的境地。在许多人心目中，这些受害者遭到的困苦，农民处于债台高筑的苦境，失业者绝望，似乎都是神秘的魔鬼的安排。这些魔鬼逐渐被辨认出来，他们是两个集团的成员。第一个集团是协约国中的德国仇敌，第二个集团包括犹太人。

卡尔·施密特生于 1888 年，在柏林、慕尼黑和斯特拉斯堡大学上学，先后在格赖夫斯瓦尔德、波恩、科隆和柏林大学任法律教授。从 1933 年到 1945 年他任普鲁士邦参政员，虽然他对德国人所认为的政治科学作出了重要贡献，但他在遵守原则上是有缺陷的。他对权力不加批判的态度，使他支持几乎任何允诺扭转颓势的运动。在两次大战中间的动乱年代里，他改变政治信仰的次数甚至比墨索里尼还要多。1919 年他实际上是一个共产党员。以后他接连改变为社会民主党人、民主党人、天主教中心党人、国民党人，而最后成为一个不折不扣的国社党人。1927 年他发表了一篇题为"'政治'的概念"（*The Concept of The Political*）的文章。这篇文章后来扩充为一本书，变成纳粹教义的一部基本著作，被希特勒的奴才们广泛阅读和引用。

这部著作阐述的施密特政治理论是根据这样一个信条，即政治上唯一重要的区别是敌和友的区别。尤其国家，总是在这两个类别中不属于此便属于彼。这个区别同善与恶、美与丑、利与害毫不相干。同样，它和经济上的竞争也没有关系。同敌人在贸易上打交道甚至可以是有利的。那么，敌国的性质究竟是什么呢？依照施密特的说法，从政治的意义上说，一个敌国只不过是一个有些令人不安或令人恼火的奇怪或者异样的国家。它的奇怪"构成对人们那种生存的否定，因此必须加以遏止或对它进行斗争，以保持人们自己的生活方式"。[1]结论是斗争必须被承认为国与国之间的生活法则。而斗争并不意味着智力的或经济的竞赛。相反，它的本质是战争，对人类进行肉体屠杀。战争在逻辑上就是敌视达到了极端地步。任何国家得出结论认为一个邻国的怪异情况已使它不能再忍受时，战争必然要发生。

艾尔弗雷德·罗森堡作为纳粹哲学家比施密特更有名，但洞察力和创造力不及施密特。他是俄国雷维尔（现在的塔林）人，生于1893年，祖先是德国人。他在莫斯科大学毕业，是建筑学家和工程师，但他的生平似乎主要是当新闻记者。布尔什维克革命后，他逃到慕尼黑，终于作为一个反犹太人的斗士而卖身投靠德国工人党。他见到希特勒后，向这个元首热情洋溢地描述了胜利的德国情景，说在德国的白面孔蓝眼睛北欧人将尊崇他们的老种族祖宗的做法。希特勒听得着了迷，把他安插在党的等级组织中一个比较好的位置上。1923年啤酒店起事失败后，这个未来的独裁者被监禁在兰茨贝格要塞，当时罗森堡每天都去探视他。不久罗森堡成了纳粹党机关报《国民观察家》（Voelkischer Beobachter）的编辑，1930年被选入国会下议院。据说希特勒是他在全德国唯一的朋友；不过毫无疑问，只要这个朋友继续掌权，有这么一个朋友也就很够了。1946年罗森堡被带到纽伦堡国际军事法庭受审。他以应"对一切被侵略国家遭到劫掠"负责的罪名而被判处绞刑。

罗森堡从15岁开始受哲学教育，那时他读了豪斯顿·斯图尔特·张伯伦的《十九世纪的基础》（Foundations of the Nineteenth Century）。他被这本书吸引住了，以后用该书的一些部分作为他自己的作品的基础。这部作品的题目是"二十世纪的神话"（The Myth of the Twentieth Century），是从张伯伦、戈宾诺、斯宾格勒、尼采、伯恩哈迪和特赖奇克等人的思想中抄袭而成的奇特的大杂烩。它的核心是北欧日耳曼民族主义。照罗森堡的说法，由于北欧日耳曼民族的优越，才有过去一切伟大的文化，包括希腊和罗马的文化。一切衰落和腐败则是由于优越民族的血液里渗入了劣等民族血缘。罗森堡认为这一思想非常重要，以致他极力主张德国人民把北欧日耳曼民族主义作为宗教以代替基督教。他的狂热的北欧日耳曼民族主义观念导致激烈的反犹太信条。他认为犹太人是文化没落的化身。不仅如此，他还认为他们是破坏德国人的

---

[1]"政治的概念"，载《社会科学与社会政治文献》，第28卷（1927年9月），威廉·埃本斯坦译（"The Concept of 'the Political'"，Archiv füt Sozialwissenschaft und Sozialpolitik, Vol. XXVIII〔Sept., 1927〕，translated by William Ebenstein）。

北欧日耳曼民族纯洁性的主要阴谋分子。

罗森堡作为纳粹党人从一开始似乎就把自己置身于该党的右派。他反对斯特拉瑟兄弟（格雷戈里和奥托）强调纳粹党纲的社会主义性质。他认为英国是德国的天然同盟国，并争辩说，两国注定要瓜分世界，因为两个民族都是北欧日耳曼血统，这保证了他们的优越性。最后，他是最反对布尔什维克的人之一。他认为苏维埃制度是一种老朽的野蛮制度，主张德国设法和西方国家和解而向东面扩张。俄国的肥沃土地远远胜过西欧人口稠密的任何地区，它会提供给征服者更丰富的奖赏。此外，亚洲的野蛮人没有权利统治文明的德国人极其需要的土地。希特勒终于决定侵入俄国，这可能表明罗森堡的思想战胜了豪肖弗和其他德国将军的思想，这些人担心向俄国进攻将导致重演1812年拿破仑的惨败。[1]

如果说纳粹运动最活跃的领导人是一个政治哲学家，那将是招人嘲笑的。不过阿道夫·希特勒充满激情的饶舌，的确为其追随者的感情和目标提供了一套语言。希特勒生于1889年，父亲是奥地利文官制下的一个海关小官员。他早年的生活是不快活的和精神失调的。他从童年起就不受管束，放荡不羁，似乎总是胸怀愤懑，抑郁失意。他把上学的时间浪费了，最后决心做一个艺术家。但他在维也纳学院的入学考试中失败了。以后四年，他迫于生计而做临时工，并绘制写生画和水彩画，有时拿去卖给一些小艺术商店。第一次世界大战爆发时，他住在慕尼黑，当时他虽然还是一个奥地利公民，但在德国的巴伐利亚军队那里应募入了伍。经过四年战争的服役，他足够地显露了头角，得到铁十字奖章并晋升为班长。战后他成为德国国家社会主义工人党的领袖，这个党是在他的协助下组成的。1923年他因参加一次推翻政府的暴动而被判处五年徒刑，但不到一年便被释放了。他逐渐吸引了许多半受教育的流氓歹徒来追随他，后来又增加了大批德国失业者。1933年1月，兴登堡总统在工业家、银行家和容克贵族这样一批反动分子的建议下任命希特勒为德

---

〔1〕　某些权威认为戈特弗里德·费德（Gottfried Feder）是纳粹思想的一个重要来源。但有夸大他的影响的危险。费德是一个市政工程师，是一个小团体（德国工人党）的创始成员，这个小团体变成纳粹运动的核心。他专门攻击"非生产性的"资本主义，把这种资本主义与犹太人的金融活动等同起来。希特勒有好几次听到他的演讲，并得到很深的印象。大约1920年，费德起草了一个党的纲领即二十五点计划。这个纲领要求托拉斯国有化，把百货商店分散为小商店，没收一切"没有工作或困难"而获得的收入。虽然纳粹分子把这个纲领作为"不可变更的纲领"采纳了，但一直没有作过任何努力来实现它的"反资本主义的"规定。

国联邦政府总理。两个月后，他废除了魏玛共和国，同时宣告了第三帝国的成立，而以他本人为独裁者。他作为独裁者的事业是够清楚的，这里用不着重复了。1945 年 5 月，这个曾宣称要把帝国千秋万代传下去的帝国元首，为了不让自己被已经突破柏林防线的俄国人俘获而自杀了，他的事业就此结束。

希特勒差不多所有的理论性言论都包括在《我的奋斗》（*Mein Kampf*）中，该书的大部是他在监狱中写的。他的理论很多，多数又太烦琐，这里不能讨论。在较有重要意义的理论中，以下一些似乎是值得注意的。

（1）民族主义。希特勒在反对国际主义的意义上是一个民族主义者。他把民族而不是把国家神化。在他看来，民族是一个"同族人民"共同体，它在种族上是纯一的，是一种同族的兄弟关系，所有的成员在这种关系中进行合作以实现共同的命运。他认为国家主要是维护种族完整和灌输人民具有命运意识的工具，它也是促使优秀民族取得胜利和迫使劣等民族屈服的工具。

（2）领袖学说。既然国家的使命是把世界给予最优秀的人民，它的组织原则就必须是由天然领袖来统治，而不是实行根据生而平等的教条由多数进行统治的民主原则。"同族关系的"国家没有通过多数投票决定问题的代表机关。它在领袖或副领袖的身边设立咨询委员会，但权力总是自上而下的。"因为人类的幸福从来不是来自群众而是来自有创造力的首脑们。"〔1〕

（3）种族主义。希特勒的种族思想是从奥地利反犹太分子那里特别是从罗森堡那里抄袭来的，不过他用"亚利安人"这个名称代替了"北欧日耳曼人"。他似乎认为只有德国人、荷兰人、斯堪的纳维亚人和英国人才是真正的亚利安人。他把地球上的民族划分为文化创造者、文化传播者和文化破坏者三类。第一类包括亚利安人。第二类包括像日本人这样一些民族，他们模仿亚利安人的成就。第三类包括黑人和犹太人。和罗森堡一样，希特勒也相信文化进步的基础在于种族的纯洁，他坚持说，"过去所有伟大的文化毁灭，只是由于原来有创造力的民族血液中毒而衰亡了"。〔2〕由于似乎完全相信条顿民族的传说，他更加强烈地相信亚利安各民族的伟大。

（4）反犹太主义。希特勒蔑视犹太人，认为犹太人对保持亚利安至高无上地位和完成德国民族使命都是最不共戴天的敌人。他以儿童的轻信接受了那个

〔1〕《我的奋斗》（*Main Kampf*），纽约雷纳尔—希契科克公司 1940 年版，第 665 页。
〔2〕《我的奋斗》（*Main Kampf*），纽约雷纳尔—希契科克公司 1940 年版，第 396 页。

臭名远扬的赝品《锡安山哲人会谈记录》(*The Protocols of the Wise Men of Zion*)。这个伪造的会谈记录据称是关于 1897 年犹太领袖们在布拉格的墓地上一次会议的记述。会上策划了一个阴谋,要破坏社会,推翻政府并摧毁基督教。希特勒一方面谴责犹太人是国际银行家,另一方面又控诉他们是布尔什维克和社会主义者。他以某种方式想象,俄国革命是要利用俄国的资源和人力实现一个为犹太金融征服世界的庞大阴谋。犹太人没有任何创造文化的能力,他们只会堕落和破坏,别无所能。

(5)生存空间。任何民族最重要的资产是生存空间。生存空间必须充裕,以保证不仅有充足的食物供给,而且在城市人口和健壮的农民之间保持适当的比例。希特勒相信,由中小土地占有者构成的坚实农民力量,是防御社会骚动的最好的保障。他赞赏农民不仅因为他们奉行保守主义,而且因为他们在民族的公民中是最多产的。但生存空间之所以必要还出于安全的理由。希特勒教导人们说,挤在小块领土上的民族,同占有能够进行纵深防御的领土的民族相比,总是更迅速地遭到军事失败。而许多据有这种有利条件的民族并不配据有这些条件。照希特勒的说法,地球上最好的土地应当属于那些有精力据有这种土地并有智慧有效地耕种这些土地的民族,这是大自然的意向。

(6)扩张主义。希特勒是一个扩张主义者,而不是通常意义的帝国主义者。他嘲笑攫取殖民地领土和海外帝国。他把许多欧洲国家比为塔尖朝下倒立的金字塔,这是说,这些国家在欧洲大陆上的领土和它们的海外属地比起来小得滑稽。对德国来说,他主张几乎只在欧洲扩张,"赢得安居的土地以扩大祖国本身的区域"。[1]在实现这个梦想时,他想到的主要是俄国;和罗森堡一样,他主张同英国结成联盟,作为向东侵犯以前解除后顾之忧的一种手段。他争辩说,为了得到英国的支持,什么牺牲都不算大,包括放弃殖民地、放弃海上权力以及同英国工业停止竞争。

就像希特勒及其纳粹追随者的教义中所表明的,德国的法西斯主义十分近似意大利的变种。两个运动都是集体主义的、权力主义的、民族主义的、军国主义的、中坚人物统治主义的和反理智的。不过也有一些不同的地方。意大利法西斯主义绝没有把种族作为基础。不错,1936 年罗马—柏林轴心形成以后,墨索里尼发布过一些反犹太的法令,但其中大多数似乎都没有很严

---

〔1〕《我的奋斗》(*Main Kampf*),纽约雷纳尔—希契科克公司 1940 年版,第 950 页。

格地执行。对照之下，德国法西斯主义却把种族因素作为其理论的中心支柱。第二个差别是纳粹主义有一种特别的农民气味，这是意大利法西斯主义所没有的。有一把钥匙可以通向纳粹理论的重要部分，它包含在"血液与土地"这一短语里面。"土地"这个词所表示的不只是对美丽乡土的深深崇敬，而且是对被认为体现了德国种族最优品质的农民的永恒感情。最后一个差别是这一事实，在德国法西斯主义下，没有社团国家这样一个精心构成的理论。诚然，希特勒废除了罢工权，把一切经济活动置于国家的控制之下；但他并没有让各种经济利益在政府中都直接派代表的计划。结果是德国众议院的议员继续按照地区的划分来选举，而国家仍然保持它的独一无二的政治性质。

第三编　保守主义学说

第八章　理想主义派和浪漫主义派

思想不死，从历史上看，这几乎是毫无疑义的事。有时一些被对立的思想以排山倒海之力埋葬了一个时期，但过后往往复活并再度富有活力，去适应某一新时代的需要。一个具有这种特点的例子就是理想主义哲学。这种哲学创始于柏拉图，在斯多葛派、伊壁鸠鲁派和怀疑主义哲学的压力下趋于湮没，但它又被基督教复苏，变成天主教和新教两派神学的一个组成部分。在17世纪思想革命时期它再度失势，但18世纪它又出现，而在法国革命以后的反动时代，它比过去任何时候更为有活力地兴盛起来。这时理想主义变成一种工具，用来抗议被认为造成恐怖时期和随着旧制度让位而来的过火行动的一切事物。教士用理想主义来维护宗教。权威主义者把理想主义看作抗击自由的手段；在他们看来，自由实质上等于无政府。保守主义者把理想主义看作预防民主的解毒剂，因为他们通过理想主义可以美化国家而把个人降低到只不过是机器上的一个齿轮的小齿。或许最重要的是理想主义符合了随着拿破仑的征战而来的民族主义的需要。为了补救失败的惨痛，民族主义者要求统一、遵从、忠诚不渝和个人从属于团体。他们把国家神圣化，使国家具有自己的人格和意志，或者把它等同于上帝在历史中的前进。在普鲁士，对约翰·哥特利布·费希特和乔治·威廉·黑格尔这样的领袖们来说，为了实现民族的命运，必须把国家当作民族精神的人格化来崇拜。

浪漫主义作为反抗形式主义和矫揉造作的哲学，虽无古代的渊源可溯，但作为一个否认理性的能力和要求依靠信心、直觉、情感及情绪的反理智运动来说，它的根也可追溯到某些早期的基督教思想家。德尔图良[1]的著名格

---

[1]　德尔图良（Tertullian）是基督教神学家，接受当时新兴的蒙台尼教派的教义（Montanism），主张严格禁欲原则。——译者

言"我相信它就是因为它荒谬"（Credoquiaabsurdum），概括了浪漫主义的一个主要观点。马丁·路德的某些教义也是这样，如他攻击理性是"魔鬼的娼妇"，严令他的追随者"谨依神示不必理解"。同理想主义一样，浪漫主义在思想革命时代，尤其在启蒙时代也偃旗息鼓了，但大约在18世纪中叶卢梭又赋予其新的生命，并从此成为近代世界一个居于支配地位的力量。法国革命后，它多次与理想主义结合起来反抗过激主义和怀疑主义。它还经常与理想主义联合起来颂扬民族的成就并崇拜国家为民族命运的体现。事实上，像费希特和黑格尔这类理想主义者经常被称为浪漫派理想主义者。不过，不应当假定所有的浪漫主义者都是崇拜权威、一律性和服从的。像拜伦勋爵、珀西·比希·雪莱以及威廉·戈德文这样一些人则是自由、个人主义，甚至无政府主义的狂热信徒。浪漫主义者的共同维系在于，忠实于情感而不是忠实于理性，这是度过生活危机的准则。

一、新理想主义

理想主义包含的成分非常多，要给它下一个简明的定义几乎是不可能的。首先，它是一种反物质主义哲学。它断定精神或者理想是最高的实在，它或者否认物质世界的存在，或者把它贬低到一个不重要的地位。其次，理想主义是一种集体主义哲学，它把教会、国家和社会推崇在个人之上，强调义务和责任比权利更为重要。理想主义者通常敬重传统和权威，否定革命，坚持变革的到来必须通过宇宙间某种精神目的的逐渐展现。最后，理想主义是反经验主义和反人本主义的。它依恃纯粹的理性、直觉或圣灵启示，或者它们的某种结合，作为它的知识论，而不是依恃经验或者感官的知觉。它把人想象为圣灵安置在这个人世间以推进精神目的的工具。无论在什么意义上，它都不承认个人有权利追求自我扩张或者像一个动物那样追求世俗的幸福。

当代世界的理想主义主要是由英国的T. H. 格林、F. H. 布雷德利和伯纳德·博赞克特发展起来的。它一般被称为新理想主义，以区别于它所依据的康德、费希特和黑格尔的学说。

托马斯·希尔·格林1836年生于约克郡。他的父亲是英国国教会的牧师。这位未来的哲学家格林毕业于牛津，后来的岁月也都在那里度过，最后被任命为道德哲学的怀特讲座教授。他的主要著作《伦理学绪论》（*Prolegomena to Ethics*）和《政治义务原则讲演集》（*Lectures on the Principles of Political Obligation*），都是1882

年他去世后才出版的，直到很久以后才引起很大的注意。

　　格林在新理想主义派中最具有自由主义倾向。事实上，他有时被认为是20世纪自由主义的真正祖先。自然，这个派别的自由主义与19世纪的自由主义有很大的不同。它所关切的主要不是个人的生活、自由和幸福的追求，而是整个社会的福利，特别是社会中没有什么特权的成员的福利。格林从其英国前辈的自然权利、放任主义的哲学中几乎没有继承什么。他不承认根据自然法或者由于作为人类的成员而隶属于个人的那些权利。按他的界说，权利是一个人为了自己的目的而行使的权力 "——为了他所设想的有利于自己的东西——是社会假定它的行使有助于社会利益而赋予个人的"。[1] 换句话说，除了社会所赋予的权利之外，个人实际上并没有权利；权利的行使也不是为了自身的利益，而是为了增进公共福利。诚然，个人确有追求自己的目的这样一种权利要求，但它更近似一种特许权而不是一项权利，而且如果不是为了追求公共利益，它也就不存在了。

　　据格林看来，国家是社会的最高形式，是社会观念的体现和实现。没有国家，也就无所谓个人。个人无权对抗国家，因为 "作为社会关系的支持者和协调者……它的法律必须对他有绝对的权威"。[2] 格林更不承认国家是一种依据社会契约或自愿承诺的人为的创造。同时，他也否认国家完全依靠暴力。他争辩说，国家的真正基础是意志。人们因为有为了共同目的而共同行动的符合理性的共同意志，才默许服从国家。只有在偶然的情况下，这种意志才需要有强制力量的支持。而使用强制力量的时候，必须为了一定的目的而采取一定的方式，这就是，"遵照成文或习惯的法律和为了维持权利"[3]。行使专断或专制的权力，将会否定国家的真实性质，也许会因此解除公民服从的义务，虽然格林并没有这样说。

　　不像17世纪和18世纪自由主义者的先辈那样，格林并没有把国家看成是少不了的邪恶。虽然他很少想象政府采取的行动是积极的，但他并不认为管理得最少的政府就是最好的政府。他主张国家的巨大职能是消除那些足以妨害社会关系的平等与和谐的障碍。他想象的社会是，每个个人都有充分的机会在他力所能及的限度内享受并参与社会所提供的文化利益；而他感到苦

---

〔1〕《政治义务原则讲演集》，伦敦朗曼斯公司1941年版，第207页。
〔2〕《政治义务原则讲演集》，伦敦朗曼斯公司1941年版，第148~149页。
〔3〕《政治义务原则讲演集》，伦敦朗曼斯公司1941年版，第136页。

恼的是，在他那个时代英国却不是如此。他写道，"一个伦敦工厂的吃不饱的公民"分享到的英国文明并不多于一个奴隶在古代雅典享有的部分。对于社会和谐和文化享受的主要障碍，他列举了无知、酗酒和穷困。他认为国家有职责用立法或任何其他足以加强公民道德自由的方法来消除这些障碍。他争论说，经典的自由主义把国家的职能局限于一个警察的职能，这跑得太远了。虽然在用什么方法来消除他所十分惋惜的障碍上，他远远没有提出什么具体的建议，但他至少对养老金、疾病和失业保险及累进遗产税这类福利国家的因素敞开了大门。

奇怪的是，当牵涉私有制领域的时候，格林几乎死命依恋着个人主义理论的老教义。他承认每个公民实际上拥有积累财富的无限权利，但有一个条件，财富的不平等不得造成一个生活悲惨而经常处于被剥削的危险中的无产阶级。但他认为发生这种情况的可能性不很大。一般说来，他认为一个人积累财富的无限自由并不会妨碍他人同样的自由，因为财富不是一个固定的数量，劳动生产率的不断增长将会使财富也不断增加。此外，他坚持，可能除了无知和纵欲以外，没有什么东西能够阻止普通人大量积累财富。工人完全有机会变成小规模的资本家，如果他们运用一点智慧并避免比较突出的邪恶的话。那么，为什么还有那么多贫困呢？格林在土地分配不公平上找到了答案。他指出，土地财产同任何其他形式的财产比起来是独一无二的。工业财富不固定，它在不断地增大，但土地的供给却是有限的。没有人能够用他的勤劳或节俭来扩大土地的供给。如果他想多得到一些土地，他必须用从其他方面辛苦赚得的财富来购买土地。最初地主是征服者，他们把占有的土地作为独占的家产一代一代传下去。从这些前提来看，格林似乎应当主张对无劳增值征收重税，但他否定了这个思想，认为它太复杂，太容易削弱个人"尽地力"的积极性。[1]似乎令人感到奇怪的是，格林虽然那么有集体主义倾向，但在纠正土地分配不良的主张上，他甚至还不能像某些功利主义者（特别是米尔父子）那样走得那么远。

新理想主义伟大的三杰中的第二个成员弗朗西斯·赫伯特·布雷德利，是对政治学说最不关心的一个。他生于1846年，在牛津的大学学院受教育，毕业后不久被选为默顿学院的研究员。由于健康不佳，他没有教课，但作为

〔1〕《政治义务原则讲演集》，伦敦朗曼斯公司1941年版，第229页。

研究员，他把以后的时间都用于思维、研究和撰述。他是一个学者绅士的化身，在英国维多利亚时代早期繁荣的养育下，过着经院式的幽闭生活，把他的精力用于追求真理。他于 1924 年去世。

布雷德利对于个人在社会中的地位的理论归结在一篇以"我的岗位及其义务"（*My Station and Its Duties*）为题的论文里。他在该文中否定了把社会看作由谋求利己的个人组成的集合体的功利主义概念，而代之以强调社会的重要性。他宣称，一个人"之所以成为他那样一个人是由于社会和靠社会的力量……'个人'离开了社会就成了抽象的东西"。人只因为是社会的，所以才是真实的。[1]布雷德利在《我的岗位及其义务》中并不主张一个严格分层的社会由一些不能相互混杂的世袭的等级组成。但他确信社会有不同的职位或职务，而每种职位或职务都有它的义务和责任。个人由于填补了这样一个职位并执行了它的义务而做到了"自我实现"。但没有一个人注定一生就在某个岗位上。布雷德利的意思似乎是每个人总是在一个特定的岗位上，无论这一岗位当时是什么，都有必须完成的责任。解脱一个特定岗位的途径在于提高道德，努力改善自己和改善自己的世界。这在性质上几乎是一个中世纪的社会概念，它对多数人来说有一个地位等级制度，对圣哲和神秘主义者来说则有一个逃避到较高阶层的道路。

当我们研讨博赞克特的哲学时，我们接近了把个人从属于社会利益或者从属于国家要求的逻辑上的极端。伯纳德·博赞克特生于 1848 年，是英国国教一个牧师的儿子。他经过哈罗学校进入牛津的巴理奥尔学院，在那里受到格林的影响。毕业后，他在大学学院当了十年研究员和导师。从 1903 年到 1908 年，他在苏格兰圣安德鲁斯大学任道德哲学教授。他 32 岁时继承了大宗财产，后到伦敦居住，除在圣安德鲁斯待了短时期外，到 1923 年去世前一直住在伦敦。他写的最重要的书是 1899 年出版的《哲学上的国家理论》。

博赞克特的哲学与黑格尔的理想主义有那么多近似的地方，以致他往往被称为新黑格尔派。除了国家所赋予的权利以外，他不承认有权利；除了由于个人利益泯没于社会较大利益而得到的自由之外，他不承认有自由。像卢梭一样，他争辩说，个人能够"被迫自由"，这是在这样的意义上说，即政府能够强制他们成为他们在良心上知道自己应该成为的样子，这与他们"偶尔

---

〔1〕《伦理学研究》（*Ethical Studies*），牛津克拉伦顿出版社 1927 年版，第 168~174 页。

自私"的懒惰和无知截然不同。[1]虽然他没有把国家描绘为神圣的，但他诠释国家是绝对物质力量的体现，他甚至使国家摆脱了道德领域。他否认国家进行战争时——无论战争的原因和目的如何——能犯谋杀罪，否认国家进行没收或吞并时能犯偷窃罪。这类行为是一个最高权力的行为，它"作为监护者负有保护生活方式的最后责任"。任何人无权过问它所选择使用的手段，也无权把适用于个人道德的标准来评判它的行为。国家也不能为它的代理人的残酷或不公正行为负责。这些代理人本身是可以受指责的，但国家的行为是公共行为，是公众意志的表现，不能够用普通的道德教条来判断。这个论点危险地接近于国家不可能有错这样一种教义。假如博赞克特今天还活着的话，他显然会抵制武装侵略和灭绝种族是违反国际法的犯罪行为并应受到世界社会联合力量惩罚的原则。[2]

此外，博赞克特显然也不主张法西斯主义或极权主义。虽然他批评格林在限制国家职能上"谨小慎微"，但他绝不承认统治者拥有指挥并控制臣民生活的每个方面的绝对权威。像格林一样，他想象国家的大权主要是消除障碍的权力。他说，在"阻止"对公共福利或最美好的生活的"障碍"时，国家是在它的职权范围以内采取行动的。它为了防止文盲和纵酒，而使教育带有强制性和对酒的买卖加以规定，是有充分理由的。但是，他不很肯定，国家是否应该兴建公共工程以阻止失业，或者是否应该提供大量的公共住宅以克服卫生条件恶劣的过分拥挤现象。在每个这样的问题上，必须提出的问题是："拟议的措施是真诚地局限于阻止一个障碍呢，还是试图用强力来直接增进公共福利呢？"由强力指挥或强加的任何一种人类行为，在高级生活中都是要自动消除的，"用强力来增进道德……是一种绝对自相矛盾的事"。[3]他接着争辩说，为原来居住破旧房屋的家庭提供美好房屋，只有在这种情况下才是正当的，即这所破房妨碍"正在努力使自己涌现出来的较好的生活"。[4]换句话说，同其他理想主义者一样，他坚持国家行动必须用道德上、精神上和文化上的

---

〔1〕《哲学上的国家理论》（*The Philosophical Theory of the State*），伦敦麦克米伦公司1899年版，第127页。

〔2〕《哲学上的国家理论》（*The Philosophical Theory of the State*），伦敦麦克米伦公司1899年版，第326页。

〔3〕《哲学上的国家理论》（*The Philosophical Theory of the State*），伦敦麦克米伦公司，第191~192页。

〔4〕《哲学上的国家理论》（*The Philosophical Theory of the State*），伦敦麦克米伦公司，第199页。

目的来维护。仅仅健康和幸福、就业和经济安全本身是不够的。

　　现代设法用理想主义来阐释政治理论的唯一知名的美国人是乔赛亚·罗伊斯（1855—1916）。美国内战后，由于个人主义和物质主义日益发展，把国家抬高为上帝而把人类降低为仅仅是国家达到目的的工具这样一种哲学，已不受欢迎。甚至罗伊斯到后来也感到不得不放弃把国家神化的一切企图。这个未来的美国理想主义者生于加利福尼亚州的金矿区。他原来的壮志是研究工程学，16岁时即抱着这一目的进入加利福尼亚大学。后来他的兴趣逐渐转移到文学和哲学方面，毕业后到德国莱比锡和格廷根研究这些科目。1876年他作为第一批研究员之一回到约翰斯·霍普金斯大学，两年后获得哲学博士学位。他在加利福尼亚大学教英文四年后，转到哈佛大学成为哲学系的一名成员，他在那里任教直到逝世。他的政治学说主要包括在《忠诚的哲学》（*Philosophy of Loyalty*）、《种族问题、地方主义及其他美国问题》（*Race Questions, Provincialism and Other American Problems*）及《大家庭的希望》（*The Hope of the Great Community*）中。

　　罗伊斯是美国哲学家中最难以定型的一个，至少在他那个时代是这样。他认为个人只有把自己沉没在对社会的忠诚里才能得到拯救。他不同情从19世纪末期很流行的社会达尔文主义当中滋长出来的愤世主义和悲观主义。相反，他认为人远远不仅是一个有智慧的动物。他深信永恒不变的真理和由仁慈主宰的宇宙。他紧紧抓住绝对主义的玄学，强调理想作为上帝意志的显示的重要性，而不信服威廉·詹姆斯和约翰·杜威这类哲学家的实用主义和实验主义。他对机器，对新的投票办法，对新的解决社会问题的制度和机关，都没有什么信念，他宁愿孤注一掷地依靠理想的力量来改变人们对邻居的态度，而逐渐使他们对整个人类具有一个整体的感情。他几乎唯一能与他的同代主要人物一致的地方是他接受根本法学说。他认为这一法律是自然和社会的基本原则，是圣灵的宇宙计划的一种表现。

　　罗伊斯与欧洲的理想主义派不同，他不曾把国家夸耀为人在这个地球上的全部生活。他对民族国家实际上怀有戒心，因为他认为它可以受到暴民的影响，因此可能为煽动家或暴君所控制。他宁愿要他所谓的"地区主义"而不要民族主义。所谓"地区"，他指的是"国家领域中的任何一部分，它在地理上和社会组织上都足以统一起来以具有自我一体的真实感，具有对自己的理想和习俗的自豪感，并具有一种与国家其他部分有所不同的感觉"。[1]

照罗伊斯看来，个人得到拯救和社会得到进步的关键在于他所主张的忠诚原则。他教导说，人能够克服本性的卑劣而提高自己，途径在于投身到一种事业中去，协助人们解除痛苦、征服疾病或者提高文化教育。首先是对自己家庭忠诚，其次是对自己的地区忠诚，对自己的国家忠诚，对整个人类忠诚。而高于一切的是"对忠诚原则的忠诚"。罗伊斯相信这最后一项忠诚将是对一切病患——对犯罪、贪婪以及甚至战争——的万应灵膏。他说，假定你的敌人对自己的事业像你对自己的事业一样坚持不渝，那就要称赞他的忠心，称赞他甘愿牺牲自己以维护他所相信的正义事业。就动机而论，他的忠诚所依据的伦理基础与你自己的同样健全。尊重你的敌人的忠诚就是对忠诚原则的忠诚。散布和普遍采用这一原则是对和平的最好的希望。在任何其他基础上都不可能建立一个各国的社会。罗伊斯的特点是他拒绝把强制作为国际秩序的基础，这同他在区域和地方秩序上不主张强制一样。他对一个"强制和平联盟"或者用军事和海军制裁来惩罚侵略的计划没有信心。伦理上的自愿主义是他在改进个人和改进社会方面的建议的核心。

二、新浪漫主义

浪漫主义在 19 世纪后期和 20 世纪早期的发展，与其较早时期的形式有很大的不同。浪漫主义与启蒙思想相抗衡，它关切的主要是自由及个人自我主张和自我表现的权利。诚然，卢梭和他的一些门徒区别开了他们所谓的动物自由与真正自由即在服从法律的条件下的自由。但这些哲学家，至少在群众的思想中，已被等同于赞成个人有自我断定自由的阐释者。后期的浪漫主义者倾向于降低个人的地位，或者甚至把个人完全置于从属的位置，而强调国家的力量和光荣，强调阶级的福利，强调维护种族的纯洁，即强调超等人种的产生。卢梭及其门徒是古朴主义者，他们赞美纯朴和自然。但这种观点在现代浪漫主义中没有怎么留存下来。纳粹党人努力把农民神化，他们这样做主要是由于农民的生育能力，由于一种对无产阶级表示轻蔑的愿望。几乎不可能想象一个现代浪漫主义者会对沃兹华斯的下述思想产生共鸣。

---

[1] 《种族问题、地方主义及其他美国问题》（*Race Questions，Provincialism and Other American Problems*），纽约麦克米伦公司 1908 年版，第 61 页。

　　春日林间的偶感，

　　会教你更多地领悟人，

　　领悟道德上的恶与善，

　　超过一切圣哲之所能。

　　最后，现代浪漫主义者赞扬使用武力甚至使用暴力，不是单纯作为手段，而且作为目的。他们争辩说，对压迫进行回击可以使人们更加高贵，使他们的心灵有如钢铁，并培育英雄主义和忠诚的德性。早期的浪漫主义者赞同革命，但他们也维护民主和人权。虽然他们普遍认为只有为了自由的事业才能洒鲜血，但他们绝没有争执说，屠杀对进行屠杀的人有治疗效果。

　　在19世纪后半期，最大胆的浪漫主义倡导者是弗里德里希·尼采。直到今天，在很多人心中，他都象征着残忍无情、蔑视道德和一个反基督分子的其他一切可怕的品性。尼采生于1844年，是一个路德教派牧师的儿子。在莱比锡和波恩受古典经籍教育。他24岁时成为巴塞尔大学的哲学教授，十年后因患重病而被迫退休。他以后的十年是在痛苦中度过的，从一个休养地流浪到另一个休养地，徒劳地希望解脱疾患。如果我们能够相信他的叙述，那么，他每年有200天在痛楚中挨过。1888年他陷于无望的精神错乱状态，这样的情况一直持续到1900年去世。

　　尼采的哲学包括在他的这样一些著作里，如《查拉斯图拉如是说》（*Thus Spake Zarathustra*）、《道德的家谱》（*A Genealogy of Morals*）、《善与恶之外》（*Beyond Good and Evil*）以及他的未完成杰作《攫取权力的意志》（*The Will to Power*）。除了作为一个梦想超人降生的浪漫派诗人，他还是一个社会达尔文主义的信徒。不过，他异常强调的是公共政策对于种族所起的非优生作用，因为公共政策所保留的往往是愚昧卑劣者而不是高尚优良者。尼采的主要目标是要完成"对各种价值的重新估价"，要把现在普遍认为是德行的那些品性如怜悯、谦让、同情、克己、牺牲等贬为恶行，而把力量、勇敢、忠诚和荣誉等古日耳曼品质推崇为德行。他给善所作的界说是"一切能使人提高权力感、权力欲以及权力本身的东西"。他认为恶的特点是"来源于软弱的一切"。[1]要实现他在价值方面所要求的革命，就必须推翻基督教和犹太教的道德统治

---

〔1〕 转引自辛格尔：《近代思想家与当前的问题》（E. A. Singer, *Modem Thinkers and Present Problems*），纽约霍尔特公司1923年版，第204页。

地位。尼采断言，这两种宗教是东方的迷信，它们美化奴隶和其他被践踏的人的德行。它们试图强加给强有力和自由的人一种只适合于胆小鬼和脆弱者的奴隶道德。由于这样做，它们阻止了不适者的淘汰而保存了他们，让他们把退化的血液注入这个种族的血管里。

尼采同大多数浪漫主义者一样，首尾一贯并不是其哲学中的王冠宝石。虽然他崇拜力量，但他对国家的态度差不多是一个无政府主义者的态度。在《查拉斯图拉如是说》中，他把国家说成是"装模作样的狗"，说起话来"扬眉吐气，大声吼叫"，设法把自己装扮成"世界上最重要的动物"。国家是为"多余的人"设计的；当超人出现的时候，它就不再是必要的了。尼采虽然赞美"白脸金发碧眼的野兽"配得上拥有践踏弱者和卑劣者的特权，但他喜欢把自己想象为"一个真正的欧洲人"，而把普鲁士人鄙视为一种"畜类"，他真愿意他是在法国出生的。他嘲笑军国主义者，但他在大赞超级种族的诗篇中也对战争高唱了赞歌。

对你，我劝告的不是工作，而是战斗。对你，我劝告的不是和平，而是胜利。让你的工作是一场战斗，让你的和平是一个胜利……你说美好的事业甚至使战争神圣？我对你说：美好的战争使样样事业神圣。[1]

尼采政治学说的基础是深深地鄙视他周围的社会。他贬斥一切人，无论是统治者或被统治者，只要他们无助于发展一个"还不存在的民族……地球的统治者"。他以同样的感情否定个人主义者和集体主义者，因为据他估计，二者更加关切的都是自由而不是权力。

在20世纪到目前为止这段时期，浪漫主义已由各种确属政治性质的运动作了说明。首先，它表现为乔治·索列尔（1847—1922）的工团主义。索列尔原是法国工程师，大约在1905年把注意力转向政治理论，并撰写了《对暴力的看法》（*Reflections on Violence*）。他认为使用暴力是唯一可靠的办法使工人得到信心和勇气，并使他们对自己的事业充满自豪感。他教导人们必须进行不懈的斗争，直到把资本主义和资本主义国家摧毁并把社会改组为生产者联合团体。这一斗争必须采取公开战斗的形式，战斗并不要泄恨或报仇，但

---

〔1〕《查拉斯图拉如是说》（*Thus Spake Zarathustra*），纽约现代图书馆出版，无出版日期，第62~63页。

要有英勇的决心征服敌人。索列尔之所以是一个浪漫主义者也在于他培育"神话"来代替理性。一个索列尔式的神话是表示决心采取行动。它不必是真实的，但是有价值的，价值在于它给了工人们一个光辉未来的想象，从而激起他们如狂的热情，使他们有甚至牺牲生命以追求达到目标的意愿。它对虔诚的信徒们具有天堂般的召唤力。

我们这一世纪的浪漫主义也可以用未来派的例子来说明。未来派是在意大利发展起来的，它是一个反抗自由传统和布尔乔亚尊严的革命运动。未来派的信徒怒斥理性、调和、和平主义、民主主义和清静无为。他们喧嚷要有行动、英雄气概和战斗姿态，高唱暴力美妙的赞歌。未来派的学说在法西斯主义——特别是意大利法西斯主义——那里找到了它的天然根据地。墨索里尼曾经一度是索列尔的信徒。法西斯主义不仅赞美暴力、赞扬战争乃人类的幸事，而且否定理智的做法，要求主要用意志和对国家及其领袖的神秘信仰来代替理性。

正如本章已经指出的，浪漫主义与理想主义有密切的关系。确实，要在它们之间划清界限往往是困难的。用信念、直觉或强烈的信仰来补充理性的理想主义者，与浪漫主义很接近。理想主义者没有把理智完全放在从属的地位，因为他仍然承认理性的力量。不过，由于很重视感情和情绪，他具有反理智的倾向这样一种危险。这种倾向的一个典型的例子是本内德多·克罗齐（1866—1952），他经历了从黑格尔的理想主义和贵族的保守主义以至尊崇墨索里尼的过程。克罗齐生于阿奎那省，是一个富裕地主的儿子。他被送到天主教会寄宿学校读书，获得了所有科目的优异学习成绩，也染上了对自由主义的蔑视。他 17 岁时，在一次地震中，父母和一个姊妹死亡，他也受了重伤。他到罗马同他的叔叔一起生活，并在大学里学习法律，但他很少上课，也从不参加考试。由于得到一大笔遗产，他把时间用在读书和研究上，27 岁时便写出了第一篇哲学论文。

克罗齐的后期经历包括文学研究和政治活动。1903 年他与吉奥瓦尼·金蒂雷合编一种文史哲杂志《评论》（*La Critica*）。在 1903 年到 1917 年之间，他发表了四卷《哲学：一门精神科学》（*Philosophy as a Science of Spirit*）。1917 年他被选进意大利上议院，为该院最年轻的议员，不久便成为保守派领袖。1913 年他发表了《实践家的哲学》（*Philosophy of the Practical*），书中支持马基雅弗利的权利学说，同意宗教法庭是在政治中合法使用威力，并认为强权即公理，正义即胜利。同年他发表了索列尔的《对暴力的看法》译本，并在译本中写了一篇赞美的序言。1914 年他反对意大利参战，在举行和会时，他又批评国际联盟是共济会〔1〕纲领的残余和 18 世纪的心理状态。1922 年法西斯主义的胜利使克罗齐抱着这样一种希望，即意大利正在否定它的资产阶级自由主义的过去，法西斯蒂党将给政府注入精力和纯洁。1924 年马特奥蒂被杀以后，他和墨索里尼破裂了。1929 年墨索里尼与梵蒂冈签订和好的条约以后，他的批评就变得更尖锐了。墨索里尼对他采取的报复是剥夺他在大学里的教授职位，把他逐出研究机关，并禁止《评论》在学校中流传。1941 年他撰写了《历史：自由的故事》（History as the Story of Liberty）。这本书是对新自由主义的呼吁，但它对人民大众没有流露出多少信念。作者主张，数量绝对不能代替质量，以免为蛊惑行为敞开大门，最后导致专制与独裁。1943 年墨索里尼被推翻以后，克罗齐与斯福扎伯爵一道，鼓吹由巴多格里奥元帅摄政作为拯救君主制的最好办法。他设想君主制是恢复安定和宪政制度所必需的。

虽然克罗齐常常被当作新黑格尔派，但他高度尊崇德国这位辩证法的伟大阐释者似乎只有很短的一个时期。他是 1905 年发现黑格尔的，他宣称，钻进黑格尔的书中似乎是钻进自我之中。几年后他写道，就像卡塔拉斯和莱斯比亚〔2〕恋爱一样，离开或不离开黑格尔，他都不能生活。他发现他最不能接受的黑格尔哲学要素是其辩证过程的概念，即代表上帝在历史中展现的概念。按照克罗齐的看法，宇宙的进步或者退步不是生活以外的力量干涉的结果。相反，"要在生活本身中找它们——事实上，它们就是生活本身……生活的各种形式永远是独特的，而在这些形式的圈子里可以找到它的统一性"。〔3〕虽然有一个时期克罗齐赞同黑格尔的权力超道德概念，并赞同他的强权即公理，但后来他批评这两种观念是"穿着制服的仆役们和宫廷小吏们的卑鄙感情"。他还否定了黑格尔派崇拜国家的倾向，称之为"愚蠢"。国家的伟大目的是

---

〔1〕 共济会（Freemason），18 世纪欧洲的宗教运动，主张人们在兄弟友爱的基础上团结起来。——译者

〔2〕 卡塔拉斯（Catullus，84~54B. C.），罗马诗人。莱斯比亚（Lesbia）是卡塔拉斯的情人在其抒情诗中的名字。卡塔拉斯将工人的爱情悲剧写成爱与恨的抒情诗，卡塔拉斯被誉为罗马最伟大的抒情诗人。——译者

〔3〕《历史：自由的故事》，西尔维亚·斯普里格译（History as the Story of Liberty，trans. Sylvia Sprigge），纽约诺顿公司 1941 年版，第 56 页。

"为发展最高的精神成就提供安定的必要条件"。[1]国家是文化和文明的工具，在某种程度上是文化和文明的泉源，但它并不高于文化和文明。

可是在其他问题上，克罗齐的著述肯定令人想起黑格尔或者他的浪漫理想主义先驱。他同意黑格尔所说的历史是一部自由的历史。正如黑格尔发现自由的形式只有在少数几个民族中变得显然不同（在古代的东方，只有一个人自由；在经典的世界，一些人有自由；在日耳曼世界，一切人都自由），克罗齐发现自由"纯粹地、无敌地和自觉地存在于少数精神人物身上"。这些人是大哲学家、大诗人和其他伟大的人以及那些能够理解他们的人。自由并不是人民大众的成就，或进行反抗压迫斗争的被剥削阶级的成就。它与反叛或革命都无关。自由的真正代表者是那些出类拔萃的精神人物，他们为"高尚的和有价值的事物"而奋斗，他们"用他们的工作带领人类前进"。对于政党也可以这样说。那些从事于"创造新的更丰富的生活形式"的，那些不只是乌合之众或派系的，才既是真正自由的工具，又是真正自由的人格化。例如，共产主义就不能代表真正的自由，因为它远不是为"高尚的和有价值的事物"而奋斗，而是把平等作为它的目标。[2]最后，作为一种伦理的理想，自由无论同幸福或者同因幸福而引起的乐观主义和悲观主义都没有关系。自由并不以快乐、恬静或逃避痛苦为目的，它努力追求"实现清楚、一贯而毫不含糊的创造理想，只有在那样的理想里，我们才能生活"。"为了尊崇职责和人的尊严"，[3]善良的人们牺牲他们的幸福，甚至他们的生命。

克罗齐对战争和暴力的态度同样反映了黑格尔和浪漫主义派的观点。他宣称战争的性质是超道德的，不赞成企图用道德的原则来判断战争的方法。他坦率承认，"除了战斗以外，战斗不知道有法律"，"它的唯一裁决是它将产生的实际结果"。[4]按克罗齐的说法，战争只是同生活本身分不开的苦痛和悲

〔1〕《历史：自由的故事》，西尔维亚·斯普里格译（*History as the Story of Liberty*，trans. Sylvia Sprigge），纽约诺顿公司 1941 年版，第 167 页。

〔2〕《历史：自由的故事》，西尔维亚·斯普里格译（*History as the Story of Liberty*，trans. Sylvia Sprigge），纽约诺顿公司 1941 年版，第 61 页、第 227~228 页、第 242~243 页。

〔3〕《我的哲学及其他关于我们时代的道德和政治问题的论文集》，克利班斯基选编，卡里特译（*My Philosophy and Other Essays on the Moral and Political Problems of Our Time*，selected by R. Klibansky, trans. E. F. Carritt），伦敦艾伦—昂温公司 1949 年版，第 31 页、第 104 页。

〔4〕《我的哲学及其他关于我们时代的道德和政治问题的论文集》，克利班斯基选编，卡里特译（*My Philosophy and Other Essays on the Moral and Political Problems of Our Time*，selected by R. Klibansky, trans. E. F. Carritt），伦敦艾伦—昂温公司 1949 年版，第 237 页。

剧的反映，绝没有"生而无死，美而无丑，真而无误，得而无失，善而无恶，乐而无苦"。战争和暴力以及其他种种邪恶对人类进步都是不可缺少的。梦想永久和平是愚蠢的，因为其目的不下于削弱人类活动的原动力，这种原动力的根源就在于痛苦和危险。暂时的和平是可取的，但它必须是最终导致战争的和平。这种和平才是仅有的"可行的和真正和平，世界精神所容许和规定的唯一一种和平，一种能够驯服战争的和平，但它不能绝对阻止战争以其固有的凶残一再爆发，如果这是上帝的意志的话"。[1]克罗齐的浪漫主义的典型表现是，他能够在为战争辩护的同时，又尖锐地批评战争的某些直接后果，特别是军国主义和不负责任的独裁政治。这个宣称战争是历史进步不可缺少的因素的克罗齐，也能够在自由主义的意识形态基础上大做文章。

亨利·柏格森（1859—1941）的哲学产生了一个稍微不同的浪漫主义派别。在克罗齐看来，信念和理性实际上是等同的，而柏格森却把理性贬低到一种明显的从属地位，并教导说事物的真正性质是用直觉来领悟的。亨利·柏格森生于巴黎，父母是盎格鲁—犹太人。他在贡道塞中学取得辉煌成绩之后，就学于高等师范学院。他曾先后在安耶中学和克莱蒙中学教哲学，后又在巴黎的亨利第四中学、高等师范学校及法兰西学院教哲学。第一次世界大战后，他完全放弃了教学，投身于国际事务，担任一个赴美使团的领导人和国际合作委员会的会长。1927年他获得诺贝尔文学奖。他被认为对乔治·索列尔和艾米尔·杜尔克姆以及其他一些信仰不同的作家都产生过影响。的确，他在政治学说上的重要性主要是他产生的影响，而不是他自己的任何建设性贡献。

柏格森的哲学是一种怀疑论，同时又是一种神秘信念论。他极为重视各种科学家的结论，即物理学、化学、天文学等的所谓定律只不过是在现象中观察到的一些关系，实质上不过是一些方便的假定或设想。他从这些结论引申出这样一条道理，即各种科学的经验主义得不出最后的真理。他对理性主义哲学也同样敌视。他争论说，理性是一个彰明昭著的骗子。它可以受到偏见、野心和自我利益的影响。自以为在用纯粹理性来解决世界问题和社会问题的哲学家，可能被最有利于他自己和他的阶级的先入为主之见所蒙蔽。看一看柏拉图或者亚里士多德的例子，前者雄辩地为一个知识统治的贵族制度

---

[1]《我的哲学及其他关于我们时代的道德和政治问题的论文集》，克利班斯基选编，卡里特译（*My Philosophy and Other Essays on the Moral and Political Problems of Our Time*, selected by R. Klibansky, trans. E. F. Carritt），伦敦艾伦—昂温公司1949年版，第119页、第124页、第205~206页。

辩护，后者为奴隶制撰写了有力的辩护词。对柏格森说来，到达真理的途径在于调整人的智力，使和宇宙的生命力相适应。单有智力只不过是生物性适应的一个因素，它在生存目的上和对环境的控制上有实际价值。但是，智力与生命力协调起来才有助于宇宙最高目标的实现。进化是一个不断创造的过程。它不仅仅是一个天然淘汰的机械过程。它具有目的性，而且是由生物体本身拥有的生命力所引导和指导的。用感官来察觉这个力量是不可能的。它只能用直觉来领会。而柏格森认为直觉是接近于本能的一种官能，它比理性更深地藏在人的心灵里。我们凭直觉发现的真理比凭理性和科学工具发现的真理更为基本。我们的感官显示给我们的不过是物质世界，一个静态的没有生命的世界。要透过生命、运动和持续性的真正世界之谜，就有必要测知宇宙的深邃，"通过使用一种智力的听诊方法"摸到"它的精灵的脉搏"。[1]

对现实进行神秘的刺探或摸索，它在柏格森的哲学的一切部门随处可见。他完全信赖非理智方法，竟相信精神感应拥有压倒一切的证据。1913 年他担任心理研究社社长。因此，他在工团主义者中的一些门徒竟把"少思想，多行动"当作自己政治理论的实质，也许就不足为怪了。柏格森的宗教实质上是对生命力的崇拜。上帝，就他想象的上帝而言，实际上就是生命本身。上帝既不是全能的，也不是全知的。他受到痛苦地挣扎着克服其缺陷的事物所施加的限制。作为造物主，上帝一直在努力向完美的目标前进，他的努力得到人们的协助，因为人们有着使自己更强有力、更好一些的热望。对柏格森来说，道德实质上是一件个人努力追求更高级、更满意的生活的事情。他把这种努力取得的成功大体上与自由的扩展等同起来。他认为进化的倾向有利于轻便的和机动的生物种类。恐龙的盔甲让位给鸟类的危险的自由飞翔。动作迟缓和有厚实东西保护自己的长毛象和乳齿象，已经为小而有感觉力的哺乳动物所代替，这些哺乳动物除了机智和运动敏捷而外没有别的防御。"在生命的进化中，正如在人类社会与个人命运的演化中一样，最大的成功属于那些接受了最重大的冒险的人。"[2]因此，对柏格森和对其他浪漫主义者一样，美好的生活不在于思维或理解，而在于活动，在于冒险，在于追求冲动和激情。

---

〔1〕《形而上学入门》（*Introduction to Metaphysics*），纽约普特南公司 1912 年版，第 14 页。

〔2〕《创化论》（*Creative Evolution*），纽约霍尔特公司 1911 年版，第 132 页。

在美国政治思想中，乔治·桑塔亚纳（1863—1952）是浪漫主义最好的代表。他生于马德里，父母是美籍西班牙人，9岁时被带到美国。他从父母那里得到有力的智育启发。父亲是个退休文官，是把塞尼卡语[1]翻成西班牙韵文的译者。母亲对知识有广泛的兴趣。桑塔亚纳在柏林大学研习过希腊文学，但他的正式教育多半是在哈佛受到的，他在哈佛得到三个学位。1889年他成为哈佛的哲学讲师。1905年至1906年，他发表了五卷《理性生活》（*Life of Reason*）。1911年他在哈佛任教22年后，因继承了一大笔遗产而辞去教职。他在英国度过五年写作和思考的生活，1923年移居意大利，在罗马一家不知名的旅店里住了16年。最后，由于老态龙钟，而无际的战争乌云又在扩大，1939年他避居在一个由蓝衣修女主办的疗养院，后来就死在那里。

桑塔亚纳并不是一个不接受所有其他说教的浪漫主义者。有些权威认为他完全不是一个哲学家，因为他的意见变化无常，而且十分乖僻。他企图调和天主教和异教，唯物主义和唯心主义、古典主义和浪漫主义。虽然他常常是讥嘲的，但他对生活的悲剧性和神秘性有深刻的感触。他写道，"自然中的每一事物就其理想的本质来说都是可歌的，就命运来说是可泣的，就存在来说则是可笑的"。尽管他有一种粗暴的怀疑主义，但他是一个审美家，赏识这个世界所能提供的任何诗歌和色彩。他斥责新教徒抛弃了基督教的美，特别是忽视了圣母的神话所包含的热情和人情味。他自己的宗教见解被或多或少准确地描述为建立在这一教条上："并没有上帝，玛丽亚就是他的圣母。"他认为幸福——或许主要是以美的享受的形式——是人生的主要价值。他宣称，"在幸福消失了的地方，生存就只剩下狂乱和可悲的感受"。[2]与一般的浪漫主义者不同，他没有什么强烈的信念。他憎恨意识形态论者、宣传家和狂热者。1944年第二次世界大战进入最高潮的时候，记者访问他，他对法西斯主义或共产主义拒绝表示赞成或不赞成，虽然他承认两者都可能有一些优点。

桑塔亚纳尽管对一般事物抱着怀疑和批评的态度，但并不是没有成见，而在一些政治问题上他又出奇地天真。他是一个君主派，也是一个贵族政治论者，认为王权是家族父权的当然引申，而贵族政治则是针对大众愚昧无能的一剂必要的对症良药。他设想，一个宫廷和一个统治集团，仪容华贵，富

---

[1] 塞尼卡语是美国纽约州西部的少数民族塞尼卡人使用的语言。——译者
[2] 《当代传记》（*Current Biography*），1944年4月号，第589~594页。

丽堂皇，将"人类的生存从鄙俗的景象中挽救出来，至少容许有的人在这个地球上可以高傲地迈着得意的步履"。[1]他竟放肆到宣称，所有伟大的社会和文化复兴都是由征服带来的，而不顾对罗马的野蛮征服以及文艺复兴和启蒙运动的发展并无任何征服这类相反的证据。他教导说，在一个完全合理的世界里，每天一两小时的手工劳动就足够满足人们的物质需要，剩下的大部分时间则可以用来从事知识和美学工作。一个有趣的对照是，托马斯·莫尔爵士曾经设想，每天必须从事六个小时的劳动，即使是在乌托邦里。

桑塔亚纳的天真和变化无常有一个更为明显的例子，那就是他对种族的态度。虽然他嘲笑由于本身的原因而尊重种族，但他坚持"有些种族显然优于其他种族"。他不承认保持种族纯洁这样的目标，但他强调避免和劣等种族通婚的重要性。他宣称，"理性同本能一样地抗议种族混合，例如白种和黑种民族的混合"。他坚持，要造成这种混合的企图将会迅速地遭到失败，因为他们灵魂里的真正差异将会很快变得清清楚楚，而"一种不可抗拒的冲动"将使这些群体隔离开来。[2]

桑塔亚纳的政府概念在某些方面近似托马斯·霍布斯的概念，而在其他方面又近似17世纪主张王权神授的罗伯特·菲尔默的家长政治理论。桑塔亚纳与霍布斯一样，认为人是孤弱无助的。因此，政府的产生不是由于它有用或者仁慈，而是由于这是不可避免的。没有政府，人们的生活就没有和平或安全。在一种意义上，政府只不过是"变相的战争"，或者更确切些说，是"潜在的战争"，在这个战争里，反对或不忠诚就是死罪。"每个政府本质上是一支在它自己的领土上无尽无休地进行着战役的军队。"在这个意义上，政府总是一种邪恶；但是，像战争本身一样，它有时也是一件好事。[3]但政府并不是纯粹建立在威力上，人的孤弱无助，导致默认强权，默认能够维持秩序并提供安全的个人统治，就和小孩子服从严厉的父母的管辖一样。所以，自然的天性就会自发地产生一种仁慈的专制，如家庭和家长式统治的部族那样。

---

〔1〕 "社会中的理性"，见《理性生活》（"Reason in Society", *The Life of Reason*）第二卷，纽约斯克里布纳公司1936年版，第73~74页。

〔2〕 "社会中的理性"，见《理性生活》（"Reason in Society", *The Life of Reason*）第二卷，纽约斯克里布纳公司1936年版，第167~168页；《统治与权力》（*Dominations and Powers*），纽约斯克里布纳公司1951年版，第357页。

〔3〕《统治与权力》（*Dominations and Powers*），纽约斯克里布纳公司1951年版，第79~80页。

按照桑塔亚纳的说法，理想的政府制度并不是民主制度——尤其不是在多数绝对主权意义上的民主制度。他担心他所谓的暴民的鄙俗激情不受其优越者的智慧和教化的约束。人民大众"拥有蚯蚓的胸怀和蛟龙的利爪"。任何能够杀掉这样一个妖物的人就是英雄豪杰。[1]对这种暴民的绝对民主制度，治疗的方法是某种形式的由最杰出的人治理的政府。它可能是一种开明的君主制度，或者更好是一种"泰谟克拉西"制度（timocracy）。在后一种制度下，每个人都有同等机会尽量发挥他的才能，但只有最优良的人才能升到最高的位置。这种贵族制度将是开放的贵族制度，而不是世袭的贵族制度。它的血统将来自民族中最优良的血统。按照桑塔亚纳的意见，即使是独裁制度，也比无产阶级民主制更可取些，如果独裁者是专家而不是冒险家的话。1950年桑塔亚纳在给科利斯·拉蒙特的信中表示，意大利在墨索里尼统治下比它过去任何时候都是"一个更强大、更幸福和更统一的国家"，特别是比它在法西斯革命之前"乱七八糟的社会主义"下好一些。他说，40年代降临到这个国家的破灭命运是好战的对外政策和帝国主义冒险主义导致的结果。[2]

桑塔亚纳尽管容忍独裁制度，但他却是个人主义经济的忠实维护者。他承认政府的第一职责是让自己的臣民吃得饱，但他争辩说，一个同样重要的职责是控制人口，把它保持在生活资料的限度以内。像正统的经济学家一样，他担心一切活着的人们大量增长的倾向将造成愈来愈多的种种苦难。像正统的经济学家一样，他似乎也相信自私是普遍的善行。他争辩说，人们替自己追求奖励，其有利于别人的程度，超过他们在任何其他方式下可能做的。对个人成就不提供奖励的社会制度将不能鼓舞人们进行多大的努力。我们从希腊、罗马、意大利和英国所得到的几乎一切都应归功于个人主义。因为这些理由，桑塔亚纳不同意限制财富的积累或转移。他坚持在充分的平等机会下，任何人能以毕生的努力积累一份多于中等能力所能得到的财产将是极端幸运的。因此，不应该限制这种努力。另外，也不应该剥夺个人把自己所有的积累遗留给别人的权利。如果财富不能转移或者不能用来建立大家族，财富就会失去它"主要的富于想象的魅力"。桑塔亚纳坚持，财富的转移对于培养上

---

〔1〕 "社会中的理性"，见《理性生活》（"Reason in Society", *The Life of Reason*）第二卷，纽约斯克里布纳公司1936年版，第127~128页。

〔2〕 丹尼尔·柯里编：《桑塔亚纳的书札》（Daniel Cory, ed., *The Letters of George Santayana*），纽约斯克里布纳公司1955年版，第405页。

流阶级来说也属必要，没有这种培养，社会上就没有教养的平衡局面。"每个人将会在其旅舍里恣意张腿伸臂，衣襟散乱，除了自己想怎么就怎么而外，就不顾及较有教养的意见或行为了。"〔1〕但究竟如何把平等的机会与不平等的财富继承调和起来，作者没有说清楚。

桑塔亚纳的浪漫主义也许从他对战争的矛盾态度上可以得到最好的说明。一方面，他找不出什么好的言词谈论战争。他说，战争的一切光荣都是"血腥的、精神混乱的和充满罪恶的"。战争是一切坏事的根源，说战争一向存在因而我们束手无策，这是极端的瞎话。但在另一个时候，他又得出颇为不同的结论。他声称，争斗是一种极端的本能，一种原始的需要。"如果人们没有别的事情来争斗的话，也会为了语言、幻想或者女人而争斗，或者由于互相讨厌相貌或者在相反的方向散步时相遇而争斗。"〔2〕生命要成长、发展或成为任何确定的形式，就不能不挤掉、粉碎或吞没其他一些形式的生命。唯一持久的和平是两个真空之间的停滞和平。每当两个活着和正在成长的生命体走到彼此力所能及的距离时，就有发生战争的危险。虽然战争消耗了一个国家的财富，杀伤了男子的精华部分，把未来留给了弱小和残废，但冲突是宇宙法则中所固有的东西，它兼有好的和坏的作用。

当桑塔亚纳探索他的感情深处时，他看不到废除战争的途径，除非是创立一个有能力把自己的意志强加于世界上所有国家的全世界政府。国际联盟或联合国都不够，他也不相信有可能建立一个世界共和国。他心里所想的近乎波斯王赛鲁斯大帝的征服或者罗马帝国强制下的和平。"正如一个大皇帝铲除一些海盗部落的巢穴，在他们中间用司法的制裁来代替武装的制裁一样，只有由某个帝国主义强国征服了所有的交战国，才能建立普遍的和平。"〔3〕他注意到，罗马人取得这样的成就是由于他们拥有庞大的压倒一切的力量。但是今天没有一个国家处于可以与罗马的成就相媲美的地位。唯一有一点渺茫的机会能够这样做的国家就是苏联；这不仅是由于它的力量，而且是由于它

〔1〕 "社会中的理性"，见《理性生活》（"Reason in Society"，*The Life of Reason*）第二卷，纽约斯克里布纳公司 1936 年版，第 135~136 页。

〔2〕 "社会中的理性"，见《理性生活》（"Reason in Society"，*The Life of Reason*）第二卷，纽约斯克里布纳公司 1936 年版，第 81~82 页。

〔3〕 "社会中的理性"，见《理性生活》（"Reason in Society"，*The Life of Reason*）第二卷，纽约斯克里布纳公司 1936 年版，第 87 页。

是国际主义的，它在种族、民族、教育和宗教方面表现出有趋于完全中立的倾向。桑塔亚纳尽管那样尊崇力量，但对军事力量强制下的和平可能导致的单调一律是心怀恐惧的。不过，他不能避开这种感觉，即战争是浪漫的，它有时是进步的工具，它使武士富有生活气息，而且它使人们能够保持并加强自由。他发觉自己还被一种死亡的诗意吸引住。他写道，"当死亡习惯于被蔑视时，一切奴役、一切人生的卑贱也就不足道了"。[1]或许只有一个富于哲理的隐士才能悟出这样一个神秘的玄理。

在我们 20 世纪的科学时代，理想主义和浪漫主义这类哲学竟然仍有广泛的吸引力，这似乎是奇怪的。但科学和理性在人们心中还从来没有具有无可争辩的最高地位。在第一个伟大的科学时代，约从纪元前 300 年到公元 100 年，反理性主义的各派哲学如怀疑哲学、费罗[2]哲学和新毕达哥拉斯[3]哲学等的流传，就同从批判的探讨和经验的分析中所取得的最优良的成果同时盛行。意大利文艺复兴的特点不仅在于伽利略、哥白尼和达·芬奇划时代的科学成就，而且在于有新柏拉图哲学和萨服那洛拉[4]的歇斯底里这样的非理性思想表现。真实的情况似乎是，解决人生问题的理性主义的和科学的方法是一个使许多富有思想的人反感的方法，就像 16 世纪的埃拉斯穆斯[5]一样，他们把它看成是对人本主义和精神的破坏。他们感到它把人降低到动物的水平，并侵蚀了宗教的基础。由于这个理由，当代一些杰出的科学家把科学和宗教划分为完全不同的范畴，认为对前者有效的方法与解决后者的问题没有关联。

或许大多数近代科学的批评者认为科学是伦理学和美学的大敌。他们争辩说，艺术是对灵魂最深处的想望的反应。艺术只能通过本能的感觉、直觉和情感来理解和领会。按照这一观点，伦理学是一个价值问题，而价值是良心、圣灵启示或者精神感觉的表现。科学不能给我们提供道德行为的规范，或者告诉我们为什么应该遵守这些规范。因此，对于不能满足于归纳和批判

〔1〕《统治与权力》（*Dominations and Powers*），纽约斯克里布纳公司 1951 年版，第 207 页。

〔2〕费罗（Philo），2 B. C.—30A. D. 时期犹太哲学家，他认为犹太人是人类智慧的总和。——译者

〔3〕毕达哥拉斯（Pythagoras，公元前 571？—497），古希腊哲学家，宣传人的灵魂转生的宗教信条。——译者

〔4〕萨服那洛拉（Kirolamo Savonarola，1452—1498），意大利宗教改革家。——译者

〔5〕埃拉斯穆斯（Desiderius Erasmus，1466？—1536），荷兰学者。——译者

推理的人们来说，诉诸人的"更高的"官能，那些不是依靠感官知觉的官能，来弥补这些方法之所不足，似乎就是必要的了。他们愿意冒这一危险，即根据感情、直觉或"精神"上的渴望而得出的结论，有可能导致为战争、暴力、法西斯主义或种族主义辩护。确实，他们已经特别倾向于宽恕暴力的方法，因为对他们来说，理想是值得以任何代价来实现的。

第九章　对理智的反抗

对理性进行诋毁或否认并不是晚近才有的现象。神秘主义者和圣灵启示论者甚至在耶稣纪元以前就争辩说，如果人们要掌握真正的真理，理性能力必须辅之以其他认识方法。古代的诺斯替教[1]教徒否认宗教的真理能够用理性发现或者甚至能够使人理解。除非具有上帝直接传授的秘密神灵知识，没有人能够知道这些真理。新柏拉图派相信，只有通过一种神秘的人神感通才能获得最后的真理。一个人要达到这种入迷的状态，必须通过长期的冥想和不惜躯体的自我磨难把自己从物质的束缚中完全解脱出来。这两种哲学在推动耶稣教的神秘形式和其他非理性形式的发展方面所起的影响是人所共知的。

耶稣教的发展在其早期历史上主要是一个非理性的宗教，直到 12 世纪和 13 世纪中世纪的经院哲学才给它提供了唯理论体系。不错，它是一个假借亚里士多德的权威来支撑着的唯理论；但是它的代表者坚决相信，除了神学上难解的奥秘如上帝化身为基督的理论，必须从信念上接受而属于可能的例外而外，没有任何真理不能使之屈服于理性力量。但经院哲学的堂堂体系只有有限的最高权威。它在 14 世纪被唯名论削弱了。唯名论者争论说，只有我们能够看见、听到和触及的各个事物才是真实的，一切知识来自经验。如果要接受具体经验领域以外的任何事物，只能从信念上接受。

唯名论为近代科学开辟了道路。从 17 世纪的科学革命以后，理性主义只为少数人所接受，在启蒙时期它有一个短期的复兴，但那是把感官知觉尊为一切知识的原始基础的唯理主义。到 19 世纪末，作为一种与自然世界不相关联的思维探索形式的哲学，实际上已经不存在。当然，宇宙的问题并没有得到解决，人们也没有失去准确推理的能力；但与其说是纯理性的方法不如说是科学的方法，被普遍接受为达到真理的唯一可靠的指导。较晚近时期，人们看到了一些哲学的再生和日益流行，而它们是既否认理性又否认科学的。

---

　　[1]　诺斯替教（Gnostics），1 世纪至 6 世纪时用波斯、希腊的神学哲学说明基督教教理的宗教。——译者

一、反理智主义的类型

对理智的反抗有各种各样的形式。一些反抗的领导者曾是神秘主义者或先验论者。另一些人是权威的崇奉者或传统的崇奉者。还有一些人则是唯物论者和怀疑论者，他们否认理性的一切或几乎一切的能力，要求把哲学完全放在可以验证的事实或经验的基础上。最后提到的这一派的典型是实证主义者，他们的教义在前一章中已经讨论过。实证主义者强调，只有从科学得来的知识才是我们仅有的可靠知识，在这种知识范围以外的问题必须作为不能解决的问题而搁置起来。这种看法尤其是著名的意大利实证主义者维尔弗雷多·帕雷托的特点。不过，帕雷托尽管尊崇科学，但十分鄙视人的理智，所以他认为大多数人类都没有能力进行任何真正的思维。他争论道，实际上他们所做的一切只是把自己的本能、成见和要求"合理化"。只有有才能的少数人心中在领悟上才有进展。在人民大众中，迷信的量几乎是不变的。它绝没有减少，只不过改变了形式。帕雷托对人的理智这样轻蔑，以致他甚至不能把科学看作行动的指南。他写道，"对求知来说，按逻辑推理进行实验的科学是唯一有价值的东西"。至于行动的目的，他断言，"远为重要的是顺从情操的引导"。[1]

工团主义的著名创始人乔治·索列尔，是另一个强调把非逻辑的信仰作为行动指南的人。他虽然没有发挥关于真理的详尽哲学，但他的认识论与帕雷托的理论相似。他是一个顽固的唯物论者，把宗教和社会政治的理想主义摒斥为做梦的材料。然而，他却把"神话"美化为行动的主要动机，而"神话"没有事实的真正基础，必须寄托于希望和一厢情愿。他这就不啻预示弗洛伊德强调的本能行为和下意识意向的重要，并为后来帕雷托分析行为的"恒定因素"和"转化因素"理论的先驱。虽然他看不起普通人，认为他们不过是羔羊和只适宜于做追随者，并承认相信天然领导者集团，但他摒弃了领导者必须是知识分子的思想。他问道，"什么政府能比学究们的政府更可怕的呢？"[2]第一次世界大战前，他与一小撮贩卖仇恨的帝制派法国行动党在一个时期有联系。他显然看不出帝制主义和他那工人阶级的工团主义哲学有什

〔1〕《精神与社会》（第3卷），纽约哈考特公司1935年版，第1241~1242页。
〔2〕转引自理查德·汉弗莱：《乔治·索列尔：没有荣誉的先驱者》（Richard Humphrey, *Georges Sorel: Prophet Without Honor*），马萨诸塞州坎布里奇哈佛大学出版社1951年版，第125页。

么矛盾，虽然他最终否认了他的帝制派同盟者的方法。后来他对墨索里尼和列宁都表示赞美，但他在 1922 年去世，这使他对法西斯主义和共产主义未能形成更确定的意见。

有助于形成索列尔的思想体系的是两位最有名的教师亨利·柏格森和艾米尔·杜尔克姆。柏格森在上一章作为浪漫主义者已讨论过。杜尔克姆也反映了类似的态度，但他更倾向于缩小个人理智的能力。他 1858 年生于法国埃皮纳尔的一个犹太家庭。他在埃皮纳尔高等学校、巴黎路易大帝学校及师范学校完成了学业以后，在法国高等学校教书五年。1887 年他被聘为波尔多大学社会学讲师，九年后任社会科学教授。1898 年他创办了《社会学年报》（Année Sociologique）并成为该年报的主编。他的生命的最后岁月是作为巴黎大学教育学教授度过的。他在 19 世纪 90 年代有名的德雷福斯案件[1]中大力支持德雷福斯，并在第一次世界大战时期为法国政府做了热情的宣传工作。

杜尔克姆的著作给人的印象是，他是一个用理智看待问题的坚强维护者。他认为社会是一种自然现象，可以用自然科学家在研究物质与能量时所表现的客观态度来进行研究。他要求追随者根除头脑中的"一切先入为主之见"，并要他们警惕成见的狡猾性质，因成见使人们对现实只能有一个有限的观察力而又警觉不到这种局限。他宣称，他赋予理性一个"相当大的角色"，并且很尊重科学。[2]但是必须了解这些词句对他意味着什么。作为个人心理的一种功能来说，他对二者当中的任何一项都不感兴趣。他强调，"科学不是个人的事物，它是社会的事物，显然和个人无关"。而理性，正确地理解，"也只是科学，道德的科学"。[3]

杜尔克姆这样争辩的目的显然是要在文化进步上把主导作用给予社会。

---

〔1〕 德雷福斯（Alfred Dreyfus，1859—1935），法国犹太人军官。德雷福斯案件指一著名冤假错案。1894 年有人在一废纸篓中发现一张机密信件，被认为像德雷福斯笔迹而将其逮捕。陆军部长因此事有损于陆军名声，乃编造了秘密档案，不许法庭公开。德雷福斯被判处终身监禁。因系冤狱，反对呼声强烈，但反动势力不许重新审查，后引起政治危机，不得不再次开庭，经多次审讯，最后才宣告撤销该案，恢复了德雷福斯的军职。——译者

〔2〕《社会学方法的规程》，S. A. 索洛韦和 J. H. 米勒译（The Rules of Sociological Method, trans. S. A. Solovay and J. H. Mueller），伊利诺伊州格伦科自由出版社 1950 年版，第 31 页；《社会学与哲学》，D. F. 波科克译（Sociology and Philosophy, trans. D. F. Pocock），伊利诺伊州格伦科自由出版社 1953 年版，第 20~21 页、第 66~67 页。

〔3〕《社会学与哲学》，D. F. 波科克译（Sociology and Philosophy, trans. D. F. Pocock），伊利诺伊州格伦科自由出版社 1953 年版，第 66~67 页。

他坚持，社会是历史过程中业已产生的一切革新的来源。他相信一种社会"思维"，它比个人的论理推断更加重要得多。社会创造了许多"典范"，它们是个人心理之间的作用和反作用带来的结果，但不是直接来自个人心理。每一"典范"是集团思维的综合，是这一集团的作业，因此它比个人的作业优越，正如全部比部分优越一样。"毫无疑问，每一个体都占一部分，但整体不能在任何一个体中发现。"〔1〕杜尔克姆心中的所谓"典范"，显然是指一个特定社会中的传统、风俗和理想。他使用"社会"这个词和埃德蒙·伯克赋予"人类"的意义和目的基本上一样。正如伯克认为个人愚蠢而只有人类才是聪明的一样，杜尔克姆认为个人的思想是肤浅的和转瞬即逝的。只有社会的传统和规则才体现了具有永久价值的智慧和深意。

就杜尔克姆的理论得益于较早的渊源来说，它从卢梭和康德的哲学所受的影响比从任何其他哲学为多。例如，他对社会奉承的程度与卢梭对国家的崇拜一样大。离开了社会，个人便什么也不是。他认为他能作为文明人存在，也是由于他与其同类人联合。文明是人们经过世世代代在社会中的合作才取得的结果。"社会造成了它，保存它，并把它传播给个人。"〔2〕社会有它自己的意志，这与它的成员们的意志完全不同。社会有它的思想、感觉和行动，这与它的成员作为孤立的个人时思索、感觉和行动的方式完全不同。最重要的是，社会是道德的创造者。它决定是非的标准并产生义务和责任感，以作为实施这些标准的一种约束。个人与道德的创立无关，除了也许可以帮助他所生活的时代"更了解它本身、它的需要和它的感情"。但杜尔克姆摒斥了个人有权以自己的理智或良心来反抗社会的集体意志这一想法。他不同意亨利·索罗〔3〕认为一个人正确也比多数人错误好得多的理论，也不同意易卜生认为"少数可能是对的——多数经常是错的"这样的论点。他称赞苏格拉底是因为他表现出"适合于他的时代的道德，这一点比他的裁判者们更明确"，但更推崇苏格拉底是因为到头来他服从了社会的最高意志。〔4〕

〔1〕《社会学与哲学》，D. F. 波科克译（Sociology and Philosophy, trans. D. F. Pocock），伊利诺伊州格伦科自由出版社 1953 年版，第 26 页。

〔2〕《社会学与哲学》，D. F. 波科克译（Sociology and Philosophy, trans. D. F. Pocock），伊利诺伊州格伦科自由出版社 1953 年版，第 54 页。

〔3〕亨利·索罗（Henry Thoreau, 1817—1862），美国作家和哲学家。——译者

〔4〕《社会学与哲学》，D. F. 波科克译（Sociology and Philosophy, trans. D. F. Pocock），伊利诺伊州格伦科自由出版社 1953 年版，第 64~65 页。

对杜尔克姆来说，社会功能有这样无上的重要性，以致他尊崇社会到把它当成宗教的程度。在他的心目中，社会不只是上帝的工具，它就是上帝。他写道，"信徒在他的上帝面前作揖，因为他相信是由于上帝他才保有他的存在，特别是他的心灵、他的灵魂的存在。我们在集体面前有同样的理由来抒发这样一种情感"。他看到的神灵"只是改变了形象和象征性地表示出来的社会"。就像康德坚持信仰上帝作为道德法则的基础是绝对必要的一样，杜尔克姆主张一个"特别有别于个人"的社会，否则道德就没有目标，义务就没有根据了。[1]由于采取这样一个立场，他就没有为良心和理智的发挥留下多少余地。最后的效果是把二者都辱没了。

但杜尔克姆作为反理智主义的倡导者还没走到他那年龄较长的同胞古斯塔夫·勒蓬（1841—1931）的目标距离以内。虽然勒蓬受过医生的训练并博览理论物理学、考古学和人类学方面的书籍，但他不仅蔑视个人的理智能力，还蔑视群众的理智能力，而从民族和种族的特性中去寻找文明进步的关键。他生于1841年，他的一生度过了革命、危机和战争的90年。或许普法战争、拿破仑三世的倒台、巴黎公社以及德赖弗斯事件这类事变给他的洞察力染上了色彩。无论他的成见出于什么根源，他似乎从不需要荣誉和朋友。他死时是巴黎大学心理学及其相关科学的教授和科学哲学图书馆的馆长。他钦佩的人当中有法国的萨迪·卡诺总统、美国的西奥多·罗斯福和查尔斯·道威斯。

勒蓬的声名主要来自他对群众心理的研究。他给群众下的定义是在实现某种目标的激情支配下的人们的聚合。群众具有完全不同于它所包括的各个人的特点。勒蓬相信一群群众的心理状态比其普通成员单独行动时的心理状态低劣。它不是一种自觉的心理状态，是各类参加者的下意识心理互相掺和而产生出来的。它绝不是理性思维的成果，而是一些潜在意识的原始冲动和愿望的汇集。其结果是，群众能够采取极端行为，而这是作为群众的成员在单独行动时所不会梦想尝试的。虽然人们就个人而论可能成为有修养的高尚人物，但联合成群众时就没有什么野蛮或残暴的过分行为是做不出来的了。另一方面，暴民行为并不经常是野兽般的和犯罪的，它甚至可能是英勇壮烈的。有时群众也会因为采取了个人望而却步的英勇或蛮干行为而闻名。重点

---

〔1〕《社会学与哲学》，D. F. 波科克译（*Sociology and Philosophy*，trans. D. F. Pocock），伊利诺伊州格伦科自由出版社1953年版，第51~52页、第73页。

是人们在大众中间会对每个人外表下盲目而本能的冲动作出反应。个人单独行动的时候，由于担心社会的惩罚，往往对这类冲动有所约束。但是暴民所包括的成员，由于人多势众，再加上旁人的示范壮了胆，就觉着自己强大到可以抛开这些约束了。于是他们采取行动时就像被催眠了一样，顺从当时领导者可能给予他们的任何野蛮的提示。

虽然勒蓬暗示一种集体的虐待狂是暴民行为的特征，他似乎并没有完全理解这一现象。虽然他笼统地指出群众反应的非理性性质，他没有看到进行私刑的暴民们在大街上拖着赤身露体的受害者并残害肢体等等时全身感到的性的兴奋。他率直地说，明显的事实是，在群众中间，人们从没有把理性作为行为的基础。甚至由许多杰出的个人组成的大会，其决定也"不是明显地优越于一群低能儿集合起来所通过的决定"。对于这一点的解释是，人们"对于处理中的工作所能给予的共同影响只是每个普通人生来具有的那些凡庸品质。在群众中，积累起来的不是天生的智慧而是蠢笨"。[1]他的意思似乎是说，当许多不同背景的人聚在一起时，每个人和其余的人一样具有一个主要因素，那就是对他自己特殊利益范围以外的一切都无所知。因此，无知就变成形成集团决定的主要因素。勒蓬把群众的无理性看得严重到这样的地步，因此他对于文明的将来也几乎感到绝望……

勒蓬从群众心理中发现了许多政治和社会问题的答案。群众心理告诉他为什么这么多的历史都是痴人说梦——为什么狂想、幻想和迷信在决定人类事务的发展上有那么大的分量。它说明了宗教的狂热、无理性和不容忍，说明了例如命定论那样"令人厌恶的愚蠢"。它给他的心理带来一幅清晰的革命画图是，暴民采取狂乱行动时把一切束缚抛到九霄云外，被恐惧缠绕着的领导者则企图煽起大众的暴乱以掩盖他们的弱点。他教导说，革命是完全无理性的运动。它们从一个极端摆到另一个极端，而到头来一事无成。有些收获表面上是从法国革命当中产生的，实际上是由文明进步完成的。政府并非被推翻，而是"自杀"。"我们愈多研究革命历史就愈发现，实际上革命除了改变标签而外，什么也没有改变。"[2]国王和大臣的象征意义多于实际意义，他们垮台没有什么关系。照勒蓬的说法，一个国家的真正统治者是它的行政官

〔1〕《论群众》（The Crowd），伦敦欧内斯特·本公司1896年版，第29页。

〔2〕《革命的心理》，伯纳德·米奥尔译（The Psychology of Revolution, trans. Bernard Miall），纽约普特南公司1913年版，第54页。

吏、部门首长和政府办事人员。这些官吏虽然无名，却长期在职，他们构成国家的一种秘密力量。由于他们拥有知识和经验，人人必须听从他们。没有他们的效能以及他们的稳定努力，政府就不能存在下去。

除了各种罪犯，文明的废品，每一社会还包括各种不安定和不满足的人物，他们经常准备背叛现存的秩序。驱使他们的并不是什么比仅仅爱好反叛更为利他主义的动机；所以，如果由于某种奇迹他们所有的目标都能够实现，他们也还是要再反叛的。他们中间还有许多人是这样一种疯人，他们在不能用其他方法表现其狂乱时将转而对他们自己采取狂乱行动。不过，领导者不能形成暴民；相反，他们是由暴民形成的。这样，神圣的暴民权就迅速地代替了神圣的王权。勒蓬日益惊愕地看到大众提出要求愈来愈多的特权和权力的主张。他认为，不把社会推回到原始共产主义的时代，他们是不会满足的。他指责他们要求把工厂、铁道、矿山和土地国有化，以及"一切产品平均分配"[1]。他完全忽视了这一事实，即甚至在他的国家里，大众和他们的任何统治者在依附私有制方面差不多是同样坚定的。甚至在雅各宾派和法国革命的其他激进派中间，确是很少有人要求社会化。他们大多数人所要求的不是废除私有制，而是扩充私有制，以使每个成年男子可以成为一个小农场或一个商业场所的所有者。在勒蓬自己的时代，法国社会主义者的趋势强烈地倾向于修正主义一方，他们的目标与许多资产阶级改良派的目标没有什么显著的差别。

同样蔑视大众而又惧怕大众的是勒蓬的德国同代人奥斯瓦德·斯彭格勒（1880—1936）。斯彭格勒生于萨克森的布兰肯堡，上过哈雷的拉丁学校及哈雷、慕尼黑和柏林的大学。他几次尝试写诗未成功，便先后在杜塞尔多夫、汉堡和慕尼黑的大学预科学校当教师，并终于升为校长。他34岁时完成了不朽的著作《西方的没落》（*Decline of the West*），但不能找到一个出版的地方。这部著作最后在1918年发表时赢得了战后德国人当中悲观失望的一代人的高度赞扬。在其他许多国家里，也有足够多的愤世主义者使这部著作具有一种国际性的吸引力，它被译成许多种文字。这部著作虽然处处流露出北欧日耳曼人优越的自满情绪，但其中有丰富的知识，更不用说有创见的理论和解释了。该书作者把历史看作各种文化的连续，每种文化都有它的产生、发展、

---

〔1〕《论群众》（*The Crowd*），伦敦欧内斯特·本公司1896年版，第16页。

衰落和死亡阶段，与有生物的形态学相像。他发现西方文明约从 1100 年起就经历着一个缓慢的衰落过程。在他看来这种衰落，不亚于罗马在奥古斯都时代以后所遭受的衰落，而且反映了同样的城市化、怀疑主义、扩张主义和在煽动家乃至暴君领导下大众兴起这一系列的影响。虽然斯彭格勒同意国家社会党的许多基本教义，但他并没有成为一个纳粹党人。他鄙视希特勒和他的同事，把他们看作鄙俗的暴发户，他差不多同样地轻蔑法西斯主义和民主主义。如果有一个比其他制度更为他所憎恨的制度，那就是苏维埃共产主义，在他看来，这一制度是大众的无知和煽动家的专制这二者的最高体现。

斯彭格勒的政治和社会哲学令人回忆起伯克和尼采的学说。像他们一样，斯彭格勒崇拜祖先和传统，憎恨个人主义和人文主义，并尊重产权和继承。他和尼采一样美化战争和取得权力的意志，他赞扬人是肉食兽，他要求对价值进行彻底的重新估价。但他有一点不像尼采，他不需要浪漫主义。他谴责浪漫主义"正和理想主义及唯物主义一样是一种唯理论者妄自尊大的表示"。[1] 在他看来，浪漫主义者是一些感伤主义者和脆弱的人，他们受不健康的改良社会的思想驱使，认为这个社会太刚强太健壮了。他不同任何太柔软和女人气的东西打交道。他教导说，人生就是战争，生存下来的种族是服从了它的战斗和征服的本能的种族。

除了崇拜传统，斯彭格勒崇拜贵族社会某些文雅的东西，崇拜一种武士道或战士中的道义条规，还尊崇弱肉强食的丛林法则。他把对弱小民族的屠杀和压服辩解为取得权力的方便途径，摈斥道德主义者及和平主义者不过是牙齿残缺不全的肉食兽。他强调生殖力对民族和个人的重要性。他叹惜传宗接代的愿望已经消失，他把子女众多说成是种族健康的主要标志。他宣称，一个民族是否伟大，要看它能够更新自己的速度。人口不断扩张是民族光荣的真正基础，集中体现了北欧日耳曼人对集体永生的渴望。他争辩说，但是这种扩张不应该用增加寿命的方法来实现。需要有一个严厉的淘汰过程来除掉那些不适合生存的人。为了这一原因，不应该鼓励医药科学进一步发展，以免作为自然的天然选择工具的疾病变得无效。他故意把野蛮和种族力量等同起来。

---

〔1〕《决断的时刻》，C. F. 阿特金森译（*The Hour of Decision*，trans. C. F. Atkinson），纽约诺夫公司 1934 年版，第 11 页。

一个哲学家这么强烈地坚信无情和粗暴的兽性主义而鄙视理性主义，这并不奇怪。他实际上走得更远并公然抨击所有形式的理智主义。他当能同意卢梭的这一名言，"一个用思想的人是一个堕落了的动物"；[1]或者同意法官霍姆斯在怀疑"宇宙之间是否有一种思想比肚子更重要"[2]时所表示的愤世主义。斯彭格勒谴责理性主义归根到底只不过是批评，"而批评者是创造者的反面……他的工作矫揉造作、毫无生气，而接触到实际生活时，它是摧残的"。他把现代理智主义描写为"人行道上的杂草"。一种没有生根的暴民所形成的牵强附会、没有生命力的东西。[3]它与旧农民家庭——他们听从自己的本能，遵照自己的传统，并尊重优越者——深沉的智慧没有共同之处。文化必须完全建立在后者的基础上；因为斯彭格勒坚持，文化是一种发展的东西，它反映种族慢慢积累起来的经验。它绝不是城市知识分子从温室里生产的产品，城市知识分子从没有生命力的知识的肤浅背景想出的是矫揉造作的理论。"从来在历史上有重要意义的就是生命并且只是生命——种族品质、取得权力的意志的胜利——而不是发现真理或者金钱的胜利。"历史经常袒护强权和种族而牺牲真理和正义，"而且把死亡的命运降到"那些认为真理比行为更重要、正义比权力更重要的民族头上。[4]斯彭格勒最博学的著作《西方的没落》最后坦白供认这些反理智观点似乎有特别重要的意义。

对理智的反抗总是把其信徒们扫到反民主思想的主流中去。斯彭格勒的情况就是这样。他对多数人的明智或个人的权利都不表示同情。他诠释"自由的"宪法"就是无政府状态变成了习惯"，诠释民主制度、议会制度、民族自治是"真正的国家不存在"。甚至一个共和国也不过是一个把自己放弃了的君主国的"废墟"。他要求多数人服从"自以为是天生主人"的领袖，以取代人民的主权。他宣称，一个民族"不能统治自己就和一支军队不能统率自己一样"。而二者都不能不接受统治，只要它们的成员有健全的本能，"他们

〔1〕《论不平等的起源》（*A Discourse on the Origin of Inequality*），纽约达顿公司1913年版，第181页。

〔2〕马克·狄沃耳夫·豪编：《霍姆斯—波洛克通讯集》（Mark De Wolfe Howe, ed., *The Holmes-Pollock Letters*），马萨诸塞州坎布里奇哈佛大学出版社1941年版，第11~12页。

〔3〕《决断的时刻》，C. F. 阿特金森译（*The Hour of Decision*, trans. C. F. Atkinson），纽约诺夫公司1934年版，第10~11页、第88页。

〔4〕《西方的没落》（*Decline of the West*）第2卷，纽约诺夫公司1934年版，第507页。

将情愿接受统治"。[1]斯彭格勒在提到美国民主时特别挖苦刻薄，认为这种民主是无政府势力的典型。他肯定地说，在美国，既没有一个民族，也没有一个国家，而只不过有一群从一个城镇流浪到另一城镇肆无忌惮地猎取美元的"设置陷阱者"居民。没有一个美国人遵守法律，除非他太愚蠢或太软弱以致不能违抗法律。尽管表面上有差异，美国和苏俄战争是一模一样的双生子，二者都有其独裁制度，这两种独裁制度指挥并规定公民生活的每一细节，他们必须穿什么、想什么、读什么以及享受什么娱乐。一个国家的独裁者是党而另一个国家的独裁者是社会，这在斯彭格勒看来关系不大。他争辩说，两个国家在经济组织上也是相似的。两个国家都有庞大的托拉斯把生产和销售的每一细节加以标准化和控制。他完全忽视了这一事实，即美国的托拉斯是私人机构，有时可以成为支持政府的权力，而不像在苏维埃国家那样作为政府或党的代理人。

斯彭格勒一生中念念不忘的一件大事是世界革命的威胁，他想象这个威胁有两种形式——一个是白种人的世界革命威胁，另一个是有色人种的世界革命危险。关于白种人的革命，他十分紧密地追随着勒蓬的结论，勒蓬提到社会渣滓时把他们当作翻腾不已的嫉妒和不满的储备库。斯彭格勒把白种人的革命家描写为"早产儿，破产了的学者、罪犯、娼妓、游手好闲和智力低劣的人"联合起来反抗比他们优越的人的"伟大而高贵的世界"。[2]但他并不是只说这些下流话，他还谴责劳工领袖、每周四十小时工作制的倡导者、社会保险的提议者以及鼓励大众期望有奢侈的工资和尽可能少的工作的改良家。他歪曲马克思主义，把马克思主义的信徒说成是只对体力劳动者的福利感兴趣的人。

虽然斯彭格勒承认不喜欢工业资本主义和金融资本主义，他维护所有权，认为它是成熟的文化所必需的。他说，财富不是优越的原因或基础，而是它的结果和表现。但是他心目中的财富不是证券市场投机者的纸上财富，而是原有的长期所有的财产，它或者是从祖先承袭而来或者是通过辛勤努力的工作积累起来，加以珍惜和生财，以传给子孙后代。这种在大保守派中间为人

---

〔1〕《决断的时刻》，C. F. 阿特金森译（*The Hour of Decision*，trans. C. F. Atkinson），纽约诺夫公司1934年版，第34页、第36页、第59页。

〔2〕《决断的时刻》，C. F. 阿特金森译（*The Hour of Decision*，trans. C. F. Atkinson），纽约诺夫公司1934年版，第93页。

所喜爱的观念，使得斯彭格勒能够既攻击无产阶级又攻击金融资本家，认为二者在反对具有中等资产和以家世自豪的人们的革命中是同谋者，而这些被反对的人正是社会价值的保护者。

在斯彭格勒的眼光中，白种人的世界革命实质上是阶级战争；有色人种的革命自然是种族战争。但他对种族有一个奇特的概念。在世界"有色"居民中，他不仅包括黑人、马来亚人、蒙古族人，而且包括伊斯兰民族、印度民族和俄罗斯人。他争辩说，俄罗斯已经堕落成一个亚洲的、"蒙古式的"国家。他教导说，有色人种的革命已经进行了很长的一个时期，在18世纪英国人雇用美洲印第安人对反叛的白种殖民者进攻、焚烧和剥取头皮时，雅各宾党人动员海地黑人为人权而进行战争时，这种革命就开始了。第一次世界大战期间，当全世界有色种族集合在欧洲土地上为白种人打白种人时，这种革命达到了最高峰。他们归去时深信自己的力量和高加索种人的软弱。第一次世界战争中失败的不是德国人，"而是西方，因为它失掉了有色人种的尊重"。[1]他断言，此后的大危险在于这两种革命可能汇合，阶级战争和种族战争可能合在一起。结果将是白色人种文明中每项有价值的东西遭到破坏。要防止这一大灾难，富有生命力的北欧日耳曼民族最优良的代表者至少采取一种好战的立场才行。斯彭格勒相信，德国是生就最适宜担当这一角色的国家。因为自1500年以来，在历次大战和海外的冒险事业中，历史对德国的使用都是很珍惜的。因此它才能保存它可贵的鲜血和精力。斯彭格勒要是能活到看见第二次世界大战结束时德国的一败涂地，可能会完全陷入灰心绝望的深渊。

二、存在主义

在最有意义和最引人注意的近代哲学态度中是那些列入存在主义的哲学态度。存在主义产生于19世纪初，直到20世纪30年代很少引人注意，到第二次世界大战前仍没有得到广泛的接受。从那时以后它在法国和德国才特别流行起来。这派哲学主要的意义来自这一事实，它概括了近代许多占支配地位的思想潮流。它把浪漫主义、虚无主义、怀疑主义、实用主义，甚至百年来乌托邦主义的某些东西都糅合在一起。它主要强调在一个变得令人不能忍

---

〔1〕《决断的时刻》，C. F. 阿特金森译（*The Hour of Decision*, trans. C. F. Atkinson），纽约诺夫公司1934年版，第210页。

受的世界里，人有寻找一种逃避方法的需要，在这样一个意义上，它是一种救世主义哲学。除了个人为了满足自己而创造的价值以外，它否认一切价值，在这一点上，它又是一种虚无主义哲学。它还是一种相对论和怀疑派哲学，因为它在真理领域内也和在道德领域一样，摒斥一切绝对的东西。它的代表者似乎差不多决心要把宇宙变成真空，要从虚无中塑造一个上帝。他们想象，在一个辽阔的和冷漠的宇宙里，人是完全孤独的。近代科学完全剥去了过去曾支持人的祖先的那些希望和安慰。不过人并不是无能为力的。他无需屈服于绝望。通过"卷入"或者参与人生事务，通过蔑视失败主义和蔑视听天由命的态度，通过在愁苦和无意义的人生中尽力而为，他是能够拯救自己的。存在主义者，如罗素，尽管否定不朽的价值，但承认一种普罗米修斯对恐惧和绝望挑战而拒绝降服的气概具有最高的价值。

在对理性的反抗中，不难给予存在主义一个突出的地位。除了带有强烈的神秘性质和浪漫性质的哲学以外，很少有什么哲学这么彻头彻尾地反理智。照存在主义者的说法，人是一种"激情的"而不是有思想的动物。因此，真理完全建立在一种主观的基础上。一个人所谓合理的结论几乎纯粹是他的情感、成见、情绪和经验的产品。绝对的真理是不存在的；的确，不存在甚至对两个人或者三个人是共同的任何真理。甲的情绪、成见和经验完全不同于乙的情绪、成见和经验。其结果是，甲的真理将是甲的人生情感的总和，它绝不能与乙的人生情感一模一样。

但是在提到人生的情感和经验时，存在主义者绝没有人生是有意义的或有重要性的这样一种含义。一个人的生命并不比一条蛇或一只蛤蟆的生命具有更多的固有的重要性。它只具有个人经过选择而给予它的那种意义。是与非以及真理与错误的原则都不能独立于个人或离开他们的人生经验而存在。各种价值是自己选择要按照这些价值来生活的特定人所创造的，这些价值对别的任何人没有重要意义。有些作家认为，存在主义者推崇自由，把自由作为人类努力的目标和理想。实际上，大多数存在主义者把自由看作人生的一个基本特点，一个来源，但不是福利或幸福的来源而是痛苦的来源。不错，在近代一次最有名的为自由而进行的斗争中，即 20 世纪 40 年代在法国反抗德国暴政的抵抗运动中，他们中间有些人作为领导者出了名。但是这种活动可以看作是"卷入"的例子，反映了个人维护自尊的决心。

存在主义的起源，一般回溯到 19 世纪早期的一个丹麦神学家索伦·基尔克哥（1813—1855）。其父笃信宗教，基尔克哥被送入哥本哈根大学准备作教士。虽然他愿学文学和哲学，最后还是以神学毕业。但他从未接受牧师职务，而宁愿永远做一个学生。他继承了一笔充裕的财产，这使他摆脱了谋生的问题。他终身因感到他父亲有罪孽而苦恼，并觉得父亲的罪孽自己也有份。没有人知道是什么性质的罪孽，但它像一只信天翁那样一直在他的脖子上。毫无疑问，这至少是使他的哲学充满抑郁和绝望气息的部分原因。虽然他多年爱着一个令人尊敬的少女，最后他还是撕毁了婚约，部分原因是他有犯罪的感觉，但也由于他恐怕他为自己设想要担任的超凡道德典型这一特殊角色，她将不会理解。他的主要著作是《或此或彼》（*Either Or*），出版于 1843 年。

虽然基尔克哥的主要兴趣或许并不在神学上，他对耶稣教的命运是深为关注的。他认为到他的时代耶稣教堕落了，它已经变得形式化和机械化，并且太紧密地依靠国家的扶持。但在他看来，更可悲的是它已经变得过分理智。它的领袖们浪费时间在教义的枯草中反复搜索，企图用理性来证明耶稣教的不可思议。他认为再没有比这更徒劳无益的了。照基尔克哥的意见，无论耶稣教的真理或者任何其他真理都不是理性的产物。真理是主观的，是从人心里最深邃的渴想中生长出来的。它不是像地理课那样客观地研习的。上帝的存在既不能证明其真，也不能证明其假。从逻辑的观点来看，相信耶稣是为了拯救人类的罪恶而死在十字架上的神人，这是荒诞无稽的。那么，为什么人们相信它呢？照这位丹麦哲学家的说法，这是由于"绝望"。只是因为人们已经用尽了一切其他的方法，再没有什么可以依靠的了，他们才真正相信，确实而真诚地相信，上帝是他们的救世主。他们深知惟有这样一种信仰才能使人生有意义。科学和逻辑与这种信仰是毫不相干的。

像神秘主义派及浪漫主义派一样，基尔克哥对于他那个时代的理性进展估价很低。知识的进步比他认识到的迅速得多。当它在人们的心灵里居于统治地位的时候，它并没增加他们的绝望，而是给他们带来了自信。甚至当 20 世纪令人悲哀的事态发展摧残了人们的希望的时候，他们的绝望并没有一定把他们转到信仰耶稣方面。相反，他们中间有许多人似乎宁愿相信民族的、种族的和阶级的部落之神。也许有意义的是，基尔克哥的一个晚代门徒马丁·海德格尔发现纳粹的军号声迷人到难以抵抗的程度。

虽然今天的大多数主要存在主义者都是无神论者，他们从其丹麦先驱者那里得到的帮助是极大的。自然，他们否定了信仰耶稣的迫切必要性，但他们全部接受了基尔克哥的真理主观性学说。第一次世界大战后他的理论在德国复苏了，得到埃德蒙·胡塞尔和马丁·海德格尔的刻意培植。他的理论通过这些人传给了 1933 年至 1934 年在德国学习的让-保罗·萨特。命定成为当代存在主义首要信徒的萨特，1905 年出生在巴黎。他在高等师范学校以最优秀的成绩毕业后，先后在勒阿弗尔的一个学校和巴黎的贡道塞学校任哲学教师。他的第一部小说《恶心》（*Nausea*）代表胡塞尔和海德格尔两个人的综合思想。1943 年萨特写出剧本《苍蝇》（*The Flies*）后一举成名。在德国征服者鼻子底下发表这一剧本，是对为自由事业而起义的一个雄伟的辩护。同年他还发表了他的存在主义主要著作《存在与不存在》（*Being and Not Being*）。虽然这派哲学的名称是基尔克哥发明的，萨特所贡献的也许是最简明的定义。他说，所有存在主义者的共同点"是这样一个简单的事实，即他们都相信，先有存在才有物质——或者是，如果你愿意的话，我们必须从主观开始"。[1]

从以上的讨论应该明显地看出，萨特和他的存在主义运动中的同事们并没有力求解释世界或者要解决形而上学中任何奥妙的问题，他们力争的毋宁是解释人并帮助人发现一些方法来应付他的世界并使其人生成为可以忍受的。萨特说，"我们所讲的存在主义是这样一个学说，要让人生是可能的，此外，它宣告每一个真理和每一个行动都含有人的背景和人的主观"。[2]存在主义者深深感到不安的是个性愈来愈磨灭。他们看到人被贬低成许多物件中的一个物件，在宇宙中只不过是一点微尘。他们认为，这样贬低人的地位不只是科学和工艺学要负责任，整个复杂的近代工业制度也有责任，更不用说机械论和理性主义的哲学了。照他们杰出的阐释者之一所表述的说法，存在主义是"人的哲学对过分的思想哲学及事物哲学的反动"。[3]存在主义者提议把人从作为命运的傀儡的地位——现代世界的那些命定主义哲学所强加的——拯救出来，并使他恢复作为一个自由的和负责的人的地位。他们不相信人性是生就的；相反，他们回到更原始的学说，即人是自己造成的。他不是霉菌或菜花，严格地决定于环境条件。他能够选择而把自己造成立意要成为的人。

〔1〕　让—保罗·萨特：《存在主义》，见莫顿·怀特《分析的世纪》（"Existentialism：Jean-Paul Sartre," in Morton White, *The Age of Analysis*），纽约霍顿·米夫林公司 1955 年版，第 122 页。

〔2〕　《存在主义》（*Existentialism*），纽约哲学图书馆 1947 年版，第 12 页。

〔3〕　伊曼纽尔·穆尼哀：《存在主义各家哲学》（Emmanuel Mounier, *Existentialist Philosophies*），伦敦罗克利夫公司 1948 年版，第 2 页。

在强调个人的自由和责任上，存在主义者并没有声言他们能够让人幸福。他们所能应许的最多是他们将使人有尊严。他们把人从命运的玩物这一地位提高以后，希望赋予他自豪和自尊。不过，他们认识到自由将带给人被遗弃和苦痛的惩罚。人是被遗弃的，因为他在宇宙里是孤独的。依萨特的看法，上帝并不存在；甚至像卡尔·贾斯珀斯和加布里埃尔·马塞尔这样的基督教存在主义者，显然也不相信有一个天祐的、干预人事的上帝。因此，人完全要靠自己。他不是上帝创造的，上帝也没有指令他的良心或者向他提供一套道德法则。个人完全有自由作出自己的选择，因此他的罪恶和失败只能责怪自己而不能责怪任何人。伴随自由而来的痛苦是从这一事实产生的，即个人在作出每项决定时都知道，他不只是为自己作出决定，而且是为旁人作出榜样。他知道他行动时必须像是全人类的眼睛都注视着他去做什么，并以此来确定他们的行动。有趣的是，萨特批评康德必须把人当作目的而不是当作手段的教导，却采用了实际上等于康德确定的做法，即做事经常"好像你的行动准则会由于你的意志而变成普遍的自然法则"。[1]

萨特有时写的东西好像把自由当作一种本身尊崇并值得尊崇的主观价值，但似乎更可能的是他把自由当作人性固有的一种品质。它是一种应予解放并应予维护的本能。它是把人区别于生根的菜蔬或不能与海底分离的海绵的东西。正如萨特所主张的，"人是判定要自由的。这是因为他不是自己把自己创造出来的，但又是无拘无束的，而从他被抛进这个世界那一时刻起，他就要对自己的所作所为负责"。[2]那么，个人为什么要关注自己以外的任何人的自由呢？因为照萨特的说法，他发现自己的自由依存于别人的自由，而别人的自由也依存于他的自由。因此，他爬上防栅，进行战斗，以便为所有的人取得自由。但是照萨特的判断，自由是具体的和社会的，因此它和行动是同义语。不存在纯粹的思想自由或道德自由这类东西。他看不起佛教徒和斯多亚派的所谓自由，因为这种自由把自己表现成清静无为。真正的自由要求"卷入"、参与世界事务。只有这样，个人才能实现自己的本性，才能取得属于他作为人的尊严。

存在主义的政治学说由于德国对法国的征服和占领而受到了深刻的影响，

---

〔1〕伊曼努尔·康德：《实践理性批判》（Immanuel Kant, *Critique of Practical Reason*），纽约朗曼斯公司 1909 年版，第 39 页。

〔2〕《存在主义》（*Existentialism*），纽约哲学图书馆 1947 年版，第 128 页。

如果实际上它不是由于这些情况才产生的话。在 1940 年到 1945 年漫漫的长夜里，法国人民忍受了剥夺和耻辱。参加过反抗运动的年青知识分子开始深入探求人生的意义，向自己提出如何能为自己所扮演的角色辩护的问题。他们反对显然无用的生存，摸索能使他们怀着对同志们的尊重并勇敢而高尚地对付痛苦和危险的某种公式或原则。他们愈来愈担心折磨和死亡。萨特写道，正是敌人的这种残暴，迫使他们向自己提出一个人们在和平时期绝不考虑的问题。而最主要的问题是，"如果他们折磨我，我能保持缄默吗?"这样他们就认识到最基本的问题——自由及与同胞的团结。他们认为这些问题是一个人所能具有的最深刻的知识的概括。因为一个人的秘密不是他的伊底巴斯〔1〕变态心理或者他的自卑感，而是他自己的自由限度，他抵抗痛苦和死亡的能力。〔2〕

　　萨特对自由和团结的强调使他成为一个社会主义者，并使他在一个时候很靠近共产主义。他倾向在自由与平等之间画等号，把所有的人都向下拉到无产者的地位。他认识到，要达到这一目标，就需要摧毁一切特权；但他并不从这一结论后退，因为他认为特权是由威力和习惯强加的。甚至大部分所谓权利，特别是与财产有关的权利，实际上是伪装的特权。对萨特来说，唯一可以拥护的目标是把所有的人合成一个单一体，容许被压迫阶级吸收并同化压迫者。只有这样才能实现人类的真正团结，把一切人联合成一个单一体。但萨特或许是世界上历来最奇特的社会主义者。他禁不住赞美马克思主义者在抵抗运动中的热忱，但他否定了他们几个最基本的假定。

　　同等重要的是，萨特不相信进步或者某种未来千年盛世的乌托邦迷梦。他曾说，他不知道俄国革命将要导致什么。他认为无产阶级在苏维埃的土地上比在其他任何地方都扮演着更为重要的角色，但他拒绝承认一个没有阶级的社会将必然到来。他只是说他将尽一切力量来使它发生。除此以外，他什么也不能倚靠。与此同时，他自认有一种超越的哲学，而这种哲学似乎至少可以令人忆起托洛茨基的不断革命论。萨特认为个人永远不能满足于他的当前境况，而且是在不断地努力克服它并越过它。一个批评萨特的人认为萨特

----

　　〔1〕　伊底巴斯（Oedipus），希腊神话中的神，误杀父并娶母，发觉后自刺双目，流浪而死。——译者

　　〔2〕　梅乔瑞·格伦：《可怕的自由》（Majorie Grene, *Dreadful Freedom*），芝加哥大学出版社 1948 年版，第 98 页。

这个革命家是一个可怜虫，他的基本天性要求的是破坏他所创造的价值，"他超越他为之而活一生并为之而冒险蹈死的自由，以达到自由本身以外的某种境界——然后再超越它，并永远这样下去"。[1]不过，萨特显然不相信包括一切的自由能够实现。鉴于社会的复杂性和人们性格的复杂性，经常会有某些境况需要去超越。他还指出，"说一个自由人不能希望得到解放，这是不确实的。因为他对同一事物不是既自由又受束缚的"。[2]

直到 1956 年 11 月共产党人镇压匈牙利叛乱以前，萨特并没有最后与共产党人破裂。而他们以前发生的一些镇压事例没有给他很大的印象，这倒是确实令人惊异的。或许他认为俄国人施加于其他俄国人的残暴行为是一种特殊情况。无论如何，这种行为并没有使他对苏联共产主义不表同情和不称赞它为近代世界主要的解放力量。近在 1954 年，他还是苏联发起在东柏林召开的世界和平理事会上的一个发言人。他似乎还只是模糊地感觉到马克思列宁主义和他自己的哲学设想之间的根本冲突。由于他是一个极端的个人主义者，他还在继续传播存在主义和人本主义这个实际上是同义语的说教。很难想象，有什么比萨特主张的"人是自我造成的"和马克思主义学说主张的人是环境造成的这两种概念更为对立的了。既然萨特的理论认为人性是固定的，它就没有为进步或者改进留什么余地。得救的方法就只能是学习勇敢而尊严地面对人生的苦痛和悲剧。对比之下，马克思主义的概念认为人的一切困难都能够随着环境的适当改变而消失。萨特从没有告诉我们怎样才能在这样矛盾的深沟之上搭起桥梁。也许他觉得，只有感谢共产党人对抵抗运动的忠心耿耿才是妥善的回答。或者可能在他亲共产党期间，他对剥夺上层阶级的特权真正感到的兴趣比他在为个人的自由和尊严而进行的运动中感到的兴趣更浓厚。

对理智表示反抗的各种哲学在 20 世纪能得到广泛的传播，这是一件令人吃惊的事情。不过，这不是一个独特的现象。愤世主义在雅典的黄金时代吸引了它最早的信奉者，而浪漫主义是在启蒙运动中间萌芽的。神秘的和反理性的各种哲学一般出现在相当长的相信智慧力量的时期之后。早晚会有人认为，这种信心推进得太远了，于是开始走向反动。另外，某些强大的力量经常在努力支持这种反动。宗教组织的拥护者对于过多倚靠理智容易感到不安。

---

[1] 梅乔瑞·格伦：《可怕的自由》（Majorie Grene, *Dreadful Freedom*），芝加哥大学出版社 1948 年版，第 115 页。

[2] 《文哲论丛》（*Literary and Philosophical Essays*），伦敦赖德公司 1955 年版，第 229 页。

统治者，特别是那些想维持权威主义的政府的统治者，不能不看到理智至上对他们自己的权力是一种威胁。关心保持经济现状的个人和集团认为理性和科学的无限制发展可能对他们的特权地位和从别人的劳动上收取利润的权利产生疑问。

还有一种概念在反理智运动的推进中扮演了角色。这就是认为理性和科学是可资倚靠的薄弱工具的概念。理性和科学对现实作了不充分的或歪曲了的描绘，因此对人生问题没有提出充分的解决方法。只有我们的本能和情绪才能在非常重大的事情上给予我们真正的指导。这是一种哲学，归结成流行的话就是，"内心有理，非思想能测度"。差不多一个等同的教义能够追溯到尼采，追溯到斯彭格勒，如果真相大白的话，还可追溯到一些纳粹党人。

我们自己的时代在反抗理性和科学的哲学方面似乎实际上有其独特之点。中世纪晚期产生了唯名论，作为对经院派极盛的唯理论的反动，但唯名论者维护并欢迎科学。18 世纪后期和 19 世纪初期的浪漫主义派并不公开反对知识的经验方法。事实上有少数人对科学有深厚的兴趣，而且对科学的发展还作出了贡献。例如哥德在比较形态学方面就给我们增加了许多知识。远在达尔文甚至在拉马克之前，哥德通过自己的研究就深信了生物进化的真理。

留待我们自己时代的一些人去做的是以同等的恶毒蔑视一切形式的理智活动。这显然就是斯彭格勒的态度、勒蓬的态度、索列尔的态度，并且在很大程度上甚至也是帕雷托的态度。它也从来就是存在主义者的哲学中暗含的意义。对他们来说，十分重要的真理是人的存在这一事实，"存在先于本质"。人通过任何形式的理智活动不能够完成什么或者什么也不能完成。他既不能探索知识的奥秘，也不能增进自己的幸福。只有通过行动，或者"卷入"，他才能够赋予他的人生以意义和尊严。毫无疑问，大多数存在主义者会否认他们反理智这一说法。他们声称，他们主要是反对人的个性磨灭。他们认为人被机械论或命定论的哲学当作命运的奴隶，或者当作不过是历史上各种力量的工具。不过，由于否认逻辑，由于把主观情感抬高到一切事物之上，萨特及其追随者也许是不情愿地使自己加入了反理智主义者的队伍。

第十二章 政治学说的心理基础[*]

乍一想来，在保守主义学说的总标题下要讨论政治学说的心理基础，这似乎是奇怪的。心理学家作为科学家，与理想主义者、浪漫主义者、存在主义者、新保守主义派或主张把宗教作为政治基础的人们，是没有什么共同之处的。不过大多数心理学家，除了严格遵守实验方法的人们，既是科学家也是哲学家。他们深切关心的是人的天性，是个人行为的乖异，是人适应社会生活的潜在能力，是对过失和犯罪的预防，是遗传与环境的相对重要性。在这些问题的探讨中，他们有许多人对如何解决社会问题表示了积极的信念。不过值得注意的是，流行的倾向是从个人本身而不是从社会的制度结构去探求这些问题的根源。因此，大多数心理学家对于改革政府或改造社会来建立乌托邦的做法没有什么信心。相反，他们主张改变个人的态度以使之能顺应他的环境。他们相信，个人的不幸和过失导源于挫折和对某些家庭状况或社会情况的愤懑情绪。因此，他们的建议是个人去适应而不是采取集体叛乱或社会改革的办法。除了少数主张特种类型的政治改组以外，他们认为，在企图改变世界以前，个人应当先把自己心理上和情绪上的家事调理好。

一、弗洛伊德的理论体系

就影响和重要意义来说，可能没有一种近代思想能超过西格蒙德·弗洛伊德的心理学。弗洛伊德的心理学在重要性上必须和达尔文的学说、马克思的理论以及边沁与米尔的哲学相提并论。

弗洛伊德的心理学丰富了文学和艺术，孕育了对过失和犯罪的新态度，使心理卫生发生了一场革命，为更好地了解独裁制度、英雄崇拜、集体歇斯底里和战争这类政治现象打下了基础。正如我们将要看到的，原来的弗洛伊德理论体系已由这个学说的创始人本人及其追随者，特别是后来的批评者做了无数修改；但没有人能够否认弗洛伊德本人作出的极其重大的贡献。

---

* 原书第十章、第十一章在编入本文集时删去。——编者

西格蒙德·弗洛伊德 1856 年出生于摩拉维亚的弗赖堡，是一个商人的儿子。他在维也纳大学获得医学博士学位，不久被任命为该校的神经病理学讲师。1885 年他到巴黎拜让·夏尔科为师，这是一位因其催眠和歇斯底里的著作而著名的神经学家。第二年他回到维也纳大学，最后于 1900 年升为教授。这个职务一直担任到 1938 年，这一年德奥合并给他的教学事业带来了悲惨的结局。纳粹党人把他强行禁锢在家，并威胁要把他送进集中营，虽然他颚下患了癌症，病势危重。只是在他的非犹太门徒坚持不懈的努力下，他才免遭逮捕。即使这样，他的书还是被烧掉，他的几乎所有财产也都被没收。人们给他提供了到巴勒斯坦避难的机会，但他谢绝了，因为他沉浸于欧洲文化太深，以致他不能在一个陌生的环境里开始新生活。此外，许多年前他已和犹太教断绝了一切关系。他申请去荷兰的签证被婉言谢绝。最后他获准去英国，在那里受到了体面的接待。他在新居里只过了一年平静安定的生活。他颚下的癌症已扩散，需要再进行一次手术。这次手术后，他就再也没有复原，于 1939 年 9 月第二次世界大战开始后不久逝世。

弗洛伊德 1900 年发表的《释梦》（*An Interpretation of Dreams*）为他那被一般称为精神分析的心理学奠定了基础。此后他写了十几部作品，扩充、有时则修改了他早先的学说。到 1914 年，他的成就作为一门科学得到了许多人的承认，到 1920 年就世界闻名了。精神分析的基本前提现在是而且从来是，人类的大多数精神的和身体的行为的根源都是不自觉的。弗洛伊德认为人基本上是一些本能、冲动和驱使的力量。在他最初的理论中，他指出这类驱使力量是饥饿和性欲，或者自我本能和性欲本能。自我本能关心的是自我保存，而性欲本能则是为了传宗接代。自我本能含有固执己见、好斗、竞争、粗暴等癖性。性欲本能所包括的不只是生殖方面的满足，而且是柏拉图在《论丛篇》（*The Symposium*）里关于"爱"所指的一切：对自己、家庭、朋友以及一般人类的爱，甚至对抽象概念的爱。弗洛伊德认为这两种本能经常在冲突中。一个原因是，冷酷的经济需要迫使个人把性欲的满足从属于谋生。而且，社会也迫使个人放弃享乐以保证履行社会责任。结果是，性欲本能，甚至自我本能的某些方面，被克制回去，而在颇大程度上转为欲望受压抑的形式。但是它们绝没有完全被压抑或被消灭，它们继续表现在睡梦中、偶尔的失言中、记忆的错误中、迷失事物中、恐惧和强迫中、思念萦回中以及其他形式的"失常"行为中。

为了更充分地解释压抑的构成，弗洛伊德假设人的天性一分为三。他把精神的三"层"或方面称作伊特（id）、自我和超自我。所谓伊特，他指的是本能、原始的未经更改的推动力和基本的驱使力。他认为这些和人的瞳孔颜色或头骨形状一样属于他的生物性的一部分。它们是生物体的主要遗传，表达了躯体的先天需要。它们完全是下意识的。自我乃人的精神的较高功能，它控制着伊特，保护着整个生物体。没有自我，生物体就注定要由于伊特盲目追求满足而遭到毁灭。正如弗洛伊德所说的，"自我代表我们所谓的理性和精神健全，和以激情为内涵的伊特形成对照"。[1]所谓超自我，弗洛伊德指的是像良心之类的东西。他并不认为它是人的精神的一种原始功能，像伊特和自我那样，而是社会影响在心灵中所培植的一个因素。按照他的概念，超自我仅仅是双亲、教育、宗教、民族、种族、习惯和传统的影响的总和。但他绝没有缩小超自我的重要性。因为他把它形容为检查员、罪过的根源，因而是迫使欲望和冲动深藏在下意识中的主要力量。它在个人内心里执行着贯彻迷信戒律和道德禁令的社会警察职能。在这样做的时候，他有时和伊特的驱使力迎面冲突，使个人感到忧虑、挫折和罪过的沉重负担而使他神经过敏和精神失调。但这些情况是基本冲突的自然后果，只有通过精神分析疗法使个人得到洞察力和理解才能摆脱。

弗洛伊德在其生命的最后 20 年中修改了他原来关于本能行为的基础的二元主义。在《超越乐利原则以外》（*Beyond the Pleasure Principle*，1920）和《文明和它所引起的不满》（*Civilization and Its Discontents*，1930）中，他建议把"伊罗斯"（Eros）和毁灭代替饥饿和性作为推动人类反应的两种优势力量。所谓伊罗斯，他指的是生命本能，建设和统一的本能，它的目标是把个人以至家庭、部落、种族和民族维系在一起。生命本能是文明的缔造者，它不只是和谐与和平的源泉，而且是创造力的源泉。它的生命力是里比多，按照弗洛伊德的概念，里比多包含的内容远较性欲为多。它包括各种各样迫使人类倾向一致和相互关系和谐的能力。与此对照，毁灭是破坏和分裂的本能。它把文明推向解体和分裂。它表现为侵略、敌对和仇恨。它的最终目的不只是毁灭社会，而且是把有生命的东西变成死亡的无机物。弗洛伊德并不认为

---

〔1〕"自我和伊特"，见《西方世界的巨籍》（"The Ego and the Id"，*Great Books of the Western World*）第 54 辑，芝加哥大英百科全书出版社 1952 年版，第 702 页。

生命本能与毁灭本能是完全独立施展的不相联系的力量。相反，他认为侵略本能在很大程度上是生命本能的后果。他说，困难在于文明对统一的本能要求太多。例如，它树立了爱邻居如爱己的理想。此外，它要求抑制情欲以遵从道德习惯并作为把精力导向"有用"途径的手段，结果引起紧张和挫折，而这些有时表现为侵略。

据最可信的弗洛伊德传记作家说，弗洛伊德"对政治和政府的样式只有一般的兴趣"。[1]除了反对传统的性道德而外，他不是一个改革家，特别在他早年的事业中。在大多数情况下，他强调适应，与既定的规范合拍和使本能推动力升华和转变方向。他对人性的态度远不是仁爱的。他写道，"人并不是温雅、友好和愿意相爱的生物，受到攻击时就要保卫自己，必须估计到，很强的侵略欲望是其天赋本能的一部分"。结果，邻居不仅是一个可能的帮助者或友爱的对象，而且也可能是剥削、屈辱、偷盗、折磨和凶杀的对象。"Homo homini Lupus（人对人是残忍的）；面对自己一生中和历史上的一切证据，谁有勇气去和这一说法争辩呢？"[2]

照弗洛伊德看来，文化的优美和宗教的影响都不能被指望来约束人胸中隐藏的野蛮兽性。文化徒劳地动员理想主义的一切支援和好听的理性号召；而社会问题的棘手一如往昔。各派宗教在信徒中建立感情的维系是成功的，但这只是由于鼓励对外人采取敌对态度。照弗洛伊德看来，基督教就是采取这种态度的最好的例子。它是作为一种具有博爱精神的宗教而建立的，但它与所有其他教派势不两立。这位精神分析的创始人也不认为马克思主义者由于声称废除私有制可以医治人的不人道就有最高的智慧。他指出，侵略本能并不是由于财产而产生的。它在所有物极端贫乏的原始时代就占最高统治地位。在托儿所里，当所有制概念甚至还没有形成的时候，它就露出了真面目。它潜伏在人类相互之间一切爱与情感关系的底层——"母亲对她儿子的爱与情感关系可能是唯一的例外"。[3]

弗洛伊德曾被指责为一个反理智主义者，把人看作是其情绪的奴隶，不能进行合理的思维，很少超过本能和潜在意识复合体。不过，这一指责并没

---

〔1〕　欧内斯特·琼斯：《西格蒙德·弗洛伊德的生平和著作》（Ernest Jones, *The Life and Works of Sigmund Freud*）第 1 卷，纽约基础读物出版社 1953～1957 年版，第 5 页。

〔2〕　《文明和它所引起的不满》，伦敦霍格思公司 1951 年版，第 85 页。

〔3〕　《文明和它所引起的不满》，伦敦霍格思公司 1951 年版，第 89 页。

有牢靠的基础。弗洛伊德坚决相信人是能够采取理智行动的。他认识到采取理智行动是困难的，而且是少见的，这主要是因为把各种婴儿行为的模式带到成年的生活里了。如果能把这些行为消除掉或者加以引导，个人就可以得到解放而作出合理的反应。这一进程将不可能完全成功，因为本能的力量太强大了。但弗洛伊德终生不渝的信念是，相信文化的进步将逐渐并一定会减弱人的原始天性的野蛮倾向。他对战争的看法说明了这一点。1932年他在和艾伯特·爱因斯坦来往的信件中，重申自己早些时候的信念：侵略的兽欲是人的天赋生物性的一个强有力的因素。他认为最早政治社会的起源就是暴力和残暴的征服。后来法律代替了直接使用暴力，但法律本身就是社会中最强有力的分子纠合在一起压迫弱者的联合力量。当邻近地区形成有力的联合力量时，它们便互相厮杀，结果就是无尽无休的一系列国际战争。

弗洛伊德揣测，如果能建立某种世界权威组织，拥有压倒的军事力量，也可能废止战争。但他认为世界各国容许这样一个机构出现的机会确实是很渺茫的。除了靠教化逐渐前进以外，他几乎看不到任何希望。他说，战争"与文化发展给我们造成的精神性格是截然相反的；所以我们必然憎恨战争，觉得战争是完全不可忍受的"。他想，由于教化的发展，以及对更可怕的新武器的恐惧，很可能在最近的将来结束战争。无论如何，他认为有理由"确信任何有助于文化发展的也有助于反对战争"。[1]

在1927年第一次发表的一部较早期的著作《一个幻想的未来》（*Future of an Illusion*）里，弗洛伊德也表示过乐观和对理智的最大信心。他所讨论的题目是宗教，他把个人为解除对自然的恐怖而追求超自然力量的保障比之于儿童依靠其双亲的保护。他把宗教鄙视为一种幼稚倒退的表现，他要求人们认识文明的困难大多是人们自己造成的，要求人们发挥理性的能力来克服这些困难。他明确地说，就长期来看，什么也抵挡不住理性和知识。他宣称，"理智的声音是柔和的，但在没有得到倾听以前，它是不停息的"。[2]那么，弗洛伊德又怎么能被认为是理智的敌人，是绝望和阴暗以至兽性的传道士呢？解释主要来自他的伊底巴斯变态心理学说以及他由此而推论出来的含义。伊底巴斯变态心理实际上是弗洛伊德学说的主干。希腊伊底巴斯无心地杀了父亲

---

〔1〕 威廉·埃本斯坦：《伟大政治思想家》（William Ebenstein, *Great Political Thinkers*），第846页。

〔2〕《一个幻想的未来》，伦敦霍格思公司1949年版，第93页。

而娶了自己母亲的古代神话，这为弗洛伊德提供了一个中心方法去解释几乎所有无意识的行为。通过对于梦的解释，他声言发现了人类杀害尊亲和血族相奸的普遍倾向。这种对父母亲喜爱一个和痛恨另一个的倾向，从过去历代遗传下来，在婴儿时期又有了新的发展，然后在个人进入成年生活时仍留在他身上。这种倾向和伊罗斯及毁灭性两大本能紧密地联在一起。

但弗洛伊德从伊底巴斯变态心理得出的政治和社会推断，对他与悲观主义及蔑视理智等同起来甚至有更大的关系。在《图腾与禁忌》（*Totem and Taboo*，1913）中，他着手把伊底巴斯神话运用于社会组织的某些最深邃的奥秘，运用于宗教和神王的起源。他最初假定一个原始的人群，领导这个人群的一个年长的男子企图独占群内所有的女人。较年轻的男儿们由于不得与这些女子亲近而反叛了，杀了老头子，并吃了他的肉以取得他的力量。但他们很快就为一种罪孽的感觉所苦恼，后来悔恨他们的犯罪，摒弃了他们攫为战利品的那些女人。已死的酋长被尊为一种神，其形象为一种动物，它的肉是绝对吃不得的；从此所有的男子都必须到本群以外去寻找性的伴侣。这样就出现了原始人类的两个最有名的禁忌：不得吃图腾动物（杀害尊亲）的禁忌和不得在族内结婚（血族相奸）的禁忌。弗洛伊德把禁止血族相奸称为“或许是许多世纪以来对人的性欲生活残害最甚的创伤”。[1]

弗洛伊德在其最后一本书《摩西与一神教》（*Moses and Monotheism*）中发展了一个理论，即维系群体的力量是把领袖当作父亲来崇拜。因此他得出结论说，政治的进程总的说来必然符合婴儿的模式。臣民对领袖的关系同儿童对父亲的关系一样，具有那种依赖和不能自主的一切特征。群体行为因此可以比之于大批婴孩的群体行为。使领袖能够进行统治的品性，和使父亲居于家长的支配地位的品性是相同的。他是力量、果断、道德忠贞、信仰坚定的靠山。弗洛伊德认为群体的成员愿意受这样一个人物的统治。不过，必须记住，这样一个结论是反映一个实际存在什么的概念，而不是反映在不同情况下可能发生什么的概念。因为在弗洛伊德的心里似乎总有这样一个潜在的假定，即人们不一定永远受其童年幻想的束缚。要么他们能由于自己的经验和知识的增长而克服这些幻想，要么他们能得到精神分析的拯救而摆脱这些幻想。

---

〔1〕《文明和它所引起的不满》，伦敦霍格思公司1951年版，第74页。

　　就精神分析在政治方面的应用而言，弗洛伊德最忠实的门徒无疑是哈罗德·拉斯韦尔。不过，拉斯韦尔自认为是一个政治科学家，使用弗洛伊德心理学的方法只不过为了分析政治现象。拉斯韦尔 1902 年生于伊利诺伊州的唐纳尔森，在芝加哥大学得到了学士和博士学位。从 1924 到 1938 年他在母校教政治学，同时用了几个夏天在欧洲一些大学研究精神分析。作为政治科学家在华盛顿精神病学学院过了一年以后，他受聘为耶鲁法学院的客座讲师，1946 年任斯特林讲座法学教授。1954 年后他担任行为科学高级研究中心研究员，1955 年被选为美国政治学会会长。

　　拉斯韦尔以心理学为依据的政治理论的中心论题似乎是这样一种理论，即“各种政治运动的生命力来自倾注在公众目的上的私人感情”[1]。他这个理论的意思是：各种政治运动的成长和发展是参加这些运动的人把自己根深蒂固的个人情感导向公共渠道的结果。举例来说，在童年或成年憎恨父亲的人以后可能转向背叛一切权威。这样他们就变成无政府主义者或者可能成为政治暗杀者。在《精神病理学与政治》（*Psychopathology and Politics*）一书中，拉斯韦尔试图用精神病理的特性来分析各种类型的政治领袖。他发现鼓动者是不安定的受害者，而不安定常常是兄弟仇视和恐惧失去父母宠爱而引起的。他们的圣战活动通常是犯罪感觉和为过去真实的或想象的罪孽而忏悔的需要所驱使。他发现，苦干的行政领导人员热衷于效率并仔细注意细节，都是忍受自卑感和常常忍受性无能的恐惧的人。他们对事业的热忱是一种掩盖不足之感的努力。他还指出，历史上许多杰出的领袖精神上或生理上有反常现象，这对他们的公务事业几乎肯定是有影响的。例如，卢梭患偏执狂，亚历山大大帝嗜酒，拿破仑有部分生殖器萎缩，俾斯麦患歇斯底里症。

　　但拉斯韦尔主要对描述和诊断不感兴趣。他承认描述和诊断的价值在于了解人类的行为动机，但他相信它们走得还不够远。他的真正目标是他所谓的“预防的政治”。他几乎认为一切心理上的失常在政治上都是危险的。自卑感、仇视父亲、同性爱、自我陶醉（自爱的夸大）和不能自拔的罪过心理，只是少数失常的例子。这些就是造成狂热者、独裁者和专制暴君的材料。当然，预防的政治必须依据正确的诊断。了解折磨人的灵魂的各种紧张的性质

---

　　[1]　“精神病理学与政治”，见《哈罗德·拉斯韦尔的政治著作》（“Psychopathology and Politics”，*The Political Writings of Harold D. Lasswell*），伊利诺伊州格伦科自由出版社 1951 年版，第 173 页。

是必要的，但其至更重要的是消除这些紧张，防止它们从暴行、迫害和冲突方面找出路，预防政治并不是依靠公众的讨论和辩论、制定法律或者改革政府组织。它也不能采取群众参加政府的形式或者采取增加群众权力的形式。执行统治的任务必须根据准确的知识，而发现知识是一项专门研究的职能。不承认下述一点，紧张和冲突问题就不会得到解决，这就是"训练一个好的社会科学家比训练一个好的自然科学家需要更多的时间"。[1]因为前者的基本任务是重订人们心灵的方向这样一个困难过程，从而也就是消除紧张和不适应状况的困难过程。[2]

在 30 年代期间，拉斯韦尔试图说明国际冲突和个人不稳定之间的长期关系。在社会科学家证明战争在一切文化中实际上是普遍存在的这样一个假定下，他力求从个人的恐惧和忧虑中发现这种冲突的根源。通过研究精神分析家的材料他得出的结论是，几乎每个儿童对自己以及对他和别人的关系的恐惧都有发展。在大多数情况下，这些恐惧表现为害怕残废或毁伤，特别是害怕阉割。后来这些恐惧又与某个因陌生或不受欢迎而已经可疑的人或物联系在一起。例如，拉斯韦尔引述了一个美国军官的案例，这位军官做了一连串噩梦，在梦里他被一个手执大刀的可恶的日本军官追赶着。经过分析发现了这一事实，这位美国军官在童年时候曾经受到威胁，如果他不戒绝手淫便要砍掉他的生殖器。这一恐惧虽然埋藏在下意识里，却一直存在，后来在日本人打破远东的势力均衡因而不受欢迎的时期，便投射在日本人身上。

拉斯韦尔似乎相信，所谓"阉割恐惧"在几乎所有的国际冲突事例中都起了很大的作用。他承认贸易争霸、军备竞赛和打破均势的威胁这类传统因素的重要。但他相信，如果不是心理上的紧张在双方的心灵上占了统治地位，这类因素很少导致公开冲突。他不相信普通人民酷爱和平和只是统治阶级把他们拖进战争的理论。他承认群众看来是不好战的，而且往往因为战争爆发而感到"震惊"，但是他不承认"一个沉睡的好杀巨人"竟是从"绵羊一般的

---

〔1〕 "精神病理学与政治"，见《哈罗德·拉斯韦尔的政治著作》，（"Psychopathology and Politics"，*The Political Writings of Harold D. Lasswell*），伊利诺伊州格伦科自由出版社 1951 年版，第 201 页。

〔2〕 应该加上这一点，即拉斯韦尔的精神病学与弗洛伊德的精神病学大不一样，弗洛伊德把人类行为的几乎所有的基础都看作是本能的。拉斯韦尔把构成个人不安定的恐惧和困扰看作是社会造成的。无知的长辈威胁用残害手段作为改正儿童习惯的惩罚，遂把这种恐惧和困扰深植在儿童的心里。有意义的是，拉斯韦尔几乎不曾提到伊底巴斯变态心理。

人中全副武装地"跳出来的。[1]战争的欲望可以抑止，但它深深地潜伏在群众心里，正和它潜伏在统治者的心里一样。它的根源是埋藏在人的无意识里的一种害怕残废的病态恐惧心理。在一些场合下，这一恐惧变得十分紧张，以至于许多人似乎没有逃避的方法，只有进攻。但要能进攻，必须有敌人。有时在国内能找到这种敌人，即垄断者、资本家或者华尔街的投机商。更常有的是无意识的心灵把某种国外威胁作为攻击的靶子。这整个过程是不合理性的，它产生的敌对情绪远远超过合理的界限。

在国际冲突的领域内，拉斯韦尔的"预防政治"很少作出补救性的贡献。他承认个人不安定有时可以在非政治的途径中找到解救——例如，把侵略转向自己，但这样的行动最后将导致自杀。各种升华的方式也可以提供一些出路——反对道德上的罪恶，猎取大野生动物，或许清除一个区域的某种疫病或障碍。但拉斯韦尔并不赞成提供这些出路的任何一种。例如，他担心反对道德上的罪恶将使人们非常不宽容，以至于使疗法和疾病一样恶劣。他显然对任何一种像威廉·詹姆斯所推荐的"代替战争的道义措施"不感兴趣。他对任何惯常的反战补救措施也没有多大的信心。他似乎把和平主义只看作是另一种对"子宫安宁"的怀念，对出生前的舒适和安全的怀念。他认为，强调战争恐怖是防止冲突的一种方法不仅无用，而且有害；因为这是一种虐待狂，个人通过自称有反感的做法来解救他不自觉地打算屠杀和折磨人时所感到的愉快。于是，剩下来的几乎只有依靠教育来清洗人们心灵中的迷信和虚假的学说。有了足够的受过精神病学训练的社会科学家来指引和教导人们，或许恐惧病和变态心理首先就不会被培植起来。但拉斯韦尔从来没有提到执行这一庞大方案的具体措施。他似乎也没有认识到必要的社会和道德变革的革命性质。弗洛伊德在《文明和它所引起的不满》中提到这些，当时他争论说，文明是通过限制个人的性冲动而成长起来的，虽然他承认实行这些限制超过了一切可以合理辩解的范围。

二、新弗洛伊德派

弗洛伊德理论体系刚刚进入心理学理论的汪洋大海时，弗洛伊德和他的

---

[1]《世界政治与个人不安定》（*World Politics and Personal Insecurity*），纽约惠特尔西书屋1935年版，第76页。

一些门徒之间便发生了冲突。在维也纳，阿尔弗雷德·阿德勒便摒弃了他认为他的老师过分强调的性冲动，而以自卑心理作为无意识行动的基本力量。在瑞士，卡尔·荣克提出了对一切民族一样的一种"集体无意识"概念作为个人生活中的动力，并提高了宗教作为精神治疗的一种因素的重要性。影响更深远的是一批一般被称作新弗洛伊德派的较年轻的修正派的工作。虽然他们赞赏弗洛伊德在人类精神这个未知领域的发掘工作中作出了不朽的贡献，他们却摒弃了他的许多基本假定。由于他们否认人的天性主要是本能因素所形成，他们认为环境比遗传重要得多。因此，他们在解除个人的精神紧张上更加强调教育的功用和情绪的条件。最后，按照同一逻辑，他们比弗洛伊德更抱有希望，他们不同情他那作为其看法主要特点的机械论和宿命论的比较阴暗的语调。

最杰出最早的卡伦·霍尔尼、哈里·斯塔克·沙利文和埃里奇·弗罗姆三人可以作为新弗洛伊德派的代表。卡伦·霍尔尼 1885 年生于德国汉堡，在佛赖堡大学和柏林大学获得医学学位。她于 1932 年到美国，六年后加入美国籍。从 1920 年到 1932 年，她是柏林精神分析研究所的教员。从 1932 年到 1934 年她是芝加哥精神分析研究所的副所长。从 1935 年到 1941 年，她任纽约新社会研究学院和纽约精神分析研究所的讲师。由于她逐渐脱离正统，纽约研究所取消了她作为研究员和教员的资格。结果，她完全与正统弗洛伊德派断绝了关系，并偕同一些同道成立了精神分析促进会。她担任该会主办的新学校美国精神分析讲习所的教务长，且担任该项职务直到 1952 年逝世。

虽然卡伦·霍尔尼没有什么东西可以称作政治哲学或人和社会组织的关系的哲学，但她在心理学上的一些结论对政治理论有深刻的意义。她偏离弗洛伊德的地方归结在她对人性的概念中。她去世前一年以其乐观主义环境论的立场不容置疑的词句全部写出了这一概念。她写道，人"再也不是受本能支配的生物，而是一个能够作出选择和担负责任的实体"。他的破坏性和反社会性欲望不是先天的，"而是反应的"。"生长在有利的环境下"，他就会发展"他天赋的建设力量，而和其他有生命的机体一样，会要发挥他的潜力"。她在结语说，人性不是不可改变的，而是可以随时发生变化的。[1]

---

〔1〕 "十周年纪念"，载《美国精神分析杂志》（"Tenth Anniversary"，*American Journal of Psychoanalysis*），第 11 卷（1951 年）。

有时有这样一种说法，即阿德勒和荣克不只是修改了弗洛伊德的学说，而且实际上把它改得面目全非了。有些新弗洛伊德派也差不多可以这样说。卡伦·霍尔尼实际上把弗洛伊德的生物心理决定论放进了废品堆，而代之以一种社会学的解释。她差不多把人的一切冲动和驱使力都看作是他对社会环境影响的反应。她认为，要把它们看作本能，就是让个人进行可悲的选择，要么把它们封闭在自己心里而增加自己的痛苦，要么把它们倾注出去而造成他人的痛苦。她宁愿把它们看作后果而不是看作原因。她争论道，破坏的欲愿不是生就的野蛮天性的残余，而是一种对假想的错误或危险的自卫反应。因此，她摒弃了弗洛伊德毁灭性本能的论点，它表现为无厌地渴望粉碎、破坏、杀戮或伤害。她还彻底修改了弗洛伊德的伊底巴斯理论。她同意弗洛伊德所说的婴孩时期对形成个人的人格非常重要，但她找不出根据说明男孩有一种先天的冲动要杀害其父而娶其母。她争辩说，这样的狂想只不过是父母的行为在儿童精神上产生的恐惧和焦虑的表现。例如，嗜杀的冲动是儿童对于他所认为的双亲专制的防卫。血族相奸的欲望反映了一种被夺去爱的焦急的恐惧。她认为婴孩性问题的整个模式是儿童在对他似乎是敌视的世界里的不安全感觉的表现。

霍尔尼博士想象的革新社会部分地是以其心理学理论中的含义为依据的。她认为没有一种反社会的行为是本能的或者遗传的。自私、贪婪、侵略和破坏这一切都不过是一些防御手段，以消除在儿童环境中受到干扰的个人相互关系所引起的忧虑。虽然她没有坚持人是天生善良的，但她确实认为人类品格可能是健康的，适当的环境条件可以保证它作为正常的实体而得到发展。她在某些方面已经接近一种明确的社会哲学。她否认个人由于进行报复、满足欲望和夺取权力这些强制力量而迟早与外在世界发生冲突，从而不可避免地引起犯罪、过失和战争。她说，"如果有这样的冲突"，它不是由于人的本能，"而是由于环境激发了恐惧心理和敌对行为"。[1]

霍尔尼博士在她的一部主要著作中发现神经官能症的主要原因在于社会产生的冲突。一个例子就是人生事业上的成功和个人在感情上的需要之间的冲突。成功要依靠自私、固执己见和为争取优裕的地位而战斗。进行这类努力的人，即使达到了目的也感到与人疏远了，四周都是敌人。因此，对爱的

［1］《精神分析的新途径》（*New Ways in Psychoanalysis*），纽约诺顿公司1939年版，第191页。

过分需要由于社会的种种约束而不能得到满足。另一个基本冲突是竞争和基督教的兄弟友爱理想之间的冲突。现代社会夸耀竞争是取得成功的途径。但是现代社会也是一个基督教社会，它推崇慈善、谦卑和爱自己的邻居等理想，这些对立面的冲突必然要产生紧张情绪，而这可能导致一种神经官能症。"一个可能变得神经有病的人，经历到的由文化所决定的困难特别大，其中大多数是通过童年经验的媒介而经历到的，因此他没有能够解决这些困难，或者只是他的个性付出很大的代价才解决了这些困难。"[1]

虽然卡伦·霍尔尼从来没有试图扮演一个社会改革家的角色，但不容怀疑的是，她承认有改进社会的一定需要。弗洛伊德认为人的色欲冲突力除了导向无害的出路或者等待由文化积累而来的教化进行开导外，没有别的办法可以控制。霍尔尼完全不同意这个论点。正如我们已经看到的，她认为精神官能症是社会失调的结果而不是社会失调的原因；她发现真正造成这种失调的是激烈竞争的社会。竞争产生敌对和残忍并常常导致对失败的担心。尽管成功常常是意外情况造成的后果，现代思想却把它作为固有优点的成果，并颂扬它是可以看见的上帝恩赐。在这种思想的压力下，取得成功的人便感到他果然不寻常，而没有成功的人则感到屈辱和挫折。既然霍尔尼博士认为这种压力是导致个人不幸和社会病理的原因，她必然恳切希望有消除它的方法。不过她是否相信能够找到办法，我们不能确定，因为她从来没有提出过任何具体建议。或许在她的讲话中甚至有宿命论的因素，她说，"竞争和伴随而来的潜在的敌对，笼罩着一切人类关系"。[2]也许我们只好这样作出结论，尽管她关切社会的缺点，但她仍然是一个精神分析学家，专注的是调整个人的挫折以使他们能够适应一个不健康的环境。像她那样相信社会的毒性，有时必然由于任务的艰巨而受到压力。

哈里·斯塔克·沙利文在关注精神分析的环境方面和卡伦·霍尔尼相似。他1892年生于纽约的诺威奇，在芝加哥内外科医学院受到医学训练。他的第一个职务是退伍军人管理局驻华盛顿圣伊丽莎白医院的联络官。该院当时是在名医威廉·阿兰森·怀特的指导下。1923年沙利文被任命为谢泼德—伊诺

---

〔1〕《我们时代的神经病人物》（*The Neurotic Personality of Our Time*），纽约诺顿公司1937年版，第290页。

〔2〕《我们时代的神经病人物》（*The Neurotic Personality of Our Time*），纽约诺顿公司1937年版，第284页。

克·普拉特医院的内科助理医师，很快就升为临床研究主任。同时他又担任马里兰州立大学医学院的教员，后升为副教授。1936 年他成为华盛顿精神治疗学校校长，三年后又兼任乔治城大学精神治疗系主任。1945 年他担任由他协助建立的《精神治疗》杂志的编辑，但四年后在他事业的高峰时猝然逝世。

沙利文体系的核心是他的个人相互关系理论。他断然认为没有人能够长期完全孤立地生活。对个人来说，和他人思想感情上的交流像水和空气一样重要。据沙利文看来，对这种相互关系的研究是精神分析的唯一合法领域。当他坚持精神治疗学应该把自己限制在可以观察到的现象，即"涉及和发生在人们之间的过程"，他的研究方法表面上和自然科学家的研究方法相似。他声称，严格的个人隐秘不在它的管辖范围之内。它不研究精神混乱中的个人，它研究"多多少少清楚地以特定的个人为核心的失调的个人相互关系"。[1]但是要消除他只对行为派的心理研究方法感兴趣的印象，就应该指出，他给"人"这样下定义，即包括精神上脱离了其真正的实体而只在幻想中存在的"人"，就像精神分裂或早发性痴呆症那样。他实际上非常关心无意识的过程，他发展他的理论在很大程度上同他对早发性痴呆症疗法的研究工作有关。

沙利文博士的精神分析是面向社会的。或许它甚至比卡伦·霍尔尼的精神分析更加如此，特别是在关于社会改革的建议方面。虽然他承认体质因素在决定人类行为上的重要性，他似乎认为这些因素提供的只不过是精神病的倾向。在他看来，撇开社会环境，精神上的烦恼是不可想象的。因此，精神病理学与其说是一种医学或生物科学，不如说是一种社会科学。他认为神经病和精神病行为的基本原因是对安全的渴望。这种渴望非常迫切，以至它在重要性上常常超过物质欲望的满足。他说，"一个苦于不安全的人被一条焦虑的鞭子驱赶着，这条鞭子比任何单独一条生物性需要的鞭子还要使人感到伤痛"。他作出结论说，"你找不到任何人为了快乐而追求焦虑"。[2]虽然他把焦虑作为一切学问的源泉而给予重要作用，但他只能把它想象为一种特别不愉快和令人丧气的经验而不能以别的方式来看待它。他形容焦虑的心情在人与人的关系上"对人们大部分不适当、无效率、过分僵硬或其他不幸的表现

---

〔1〕 多萝西·布利珍："沙利文的学说对社会科学的意义"（Dorothy H. Blitsen, "The Significance of Harry Stack Sulliran's Theories for Social Science"），哥伦比亚大学 1952 年出版的论文，第 58 页。

〔2〕 佩里、高韦尔和吉朋斯合编：《精神治疗法的临床研究》（H. S. Perry, M. L. Gaweland M. Gibbons, eds., *Clinical Studies in Psychiatry*），纽约诺顿公司 1956 年版，第 365 页。

要负责任"。他写道，它就是"很多事情引起精神学家注意"〔1〕的原因。

就沙利文的社会观而论，他强调消除焦虑的根源是必然的。不过，用什么方法来达到这一目的，他并不比霍尔尼博士有更多的主意。他感叹美国社会缺少对人亲近和与人为善的好传统，但他又没有提出什么建议来弥补这种缺陷。他对改良运动、立法纲领或者政治竞选运动缺少信心或者根本没有信心。他认为要在一夜之间进行制度改革的任何重大努力，可能使精神遭到的损害远远超过可能得到的利益。他说，铲除邪恶的圣战只是加重了焦虑而没有大幅减少产生焦虑的原因。即使是辩论，除了最温和的辩论而外，也牵涉到使参加者的自我尊重受到很大的损害，以致精神学家不能指望从中得到什么有价值的东西。在政治方法的运用上，沙利文的看法甚至更悲观。他认为政治运动所特有的情绪上的放纵特别容易增强紧张程度。此外，这类运动既是在挑战根深蒂固的信念，就必然增加不安全感；因为，照沙利文的说法，受到珍惜的信仰在保持自我尊重上，因而也在防止焦虑上，有一定的功用。除了承认人的行为具有社会性以外，所有能够称为沙利文在政治社会理论上的积极贡献的是，他愿意承认需要有一个更好的社会，而且他深信社会实际上是可以改进的。

沙利文和霍尔尼博士的社会心理学与埃里奇·弗罗姆的社会心理学比较起来便黯然失色。事实上，可以争辩说，从个人的推动力作为人类行为的原因这一意义上说，弗罗姆完全不是一个心理学家。他主要是一个社会解剖家，一个治疗社会疾患的建议者。弗罗姆 1900 年生于德国的法兰克福。他在海德堡大学获得哲学博士学位，还在慕尼黑大学和柏林的精神分析研究所研究学习过。他在法兰克福的精神分析研究所、法兰克福大学的社会研究所以及纽约的国际社会研究所讲授有年。此后他担任本宁顿学院和墨西哥国立大学教师。他的训练和经验都使他倾向于对精神分析采取社会学观点。他的博士论文是兼以社会学和心理学为基础的。他到美国以后成为卡伦·霍尔尼的美国精神分析研究所的成员，后来供职于华盛顿精神病学校和纽约威廉·阿兰森·怀特精神病研究所。这两个机构都是在沙利文的指导影响下工作的。

使弗罗姆闻名的第一部著作是他 1941 年发表的《逃避自由》(*Escape from*

---

〔1〕　佩里与高韦尔合编：《精神疗法的个人相互关系理论》(H. S. Perry and M. L. Gawel, eds, *The Interpersonal Theory of Psychiatry*)，纽约诺顿公司 1953 年版，第 160 页。

Freedom）。他在书中试图把当代世界的政治社会病源追溯到标志着从中世纪文化转到现代文化的过渡时期的那些世纪。他声言，在中世纪，个人享有安全而没有自由。在社会等级中，几乎每个人都固定在他的地位上。一个人不管有什么样的本领，都没有什么机会从一个阶级转到另一个阶级。如果他是一个手工艺者或者商人，他的身份就湮没在所属的行会里，他所做的工作以及出售其商品的办法都受到这个团体的严格控制。他的信仰和行为都是由一个庞大的强制人们严格遵奉的教会组织决定和规定的。个人虽然不自由，但也不是受到孤立和遗弃。在他年老或患病不能工作的时候，没有人能够解雇他而让他饿死。他会得到行会的照顾、庄园主的照顾或者教会的照顾。他的小世界总是为他提供安全和保护，因此他感到自在和舒适。既然这个社会秩序被认为是神定的，而且有自然法的制裁，每个人也就倾向于接受他在这个社会中的地位而不发生疑问或者表示抗议。他并不感到需要超越他的邻居而力争或抢夺一个较高的位置。没有什么攫取利润或特权的竞争。自然，痛苦是存在的，但教会设法使人忍受得住这种痛苦，它解释说，人在世间的逗留只不过是未来永远幸福的前奏。中世纪的基督教使卑微劳动者的生活有了意义，使他免于恐惧和令人痛苦的怀疑。

　　但是这种安全的生活在中世纪以后的一些世纪里被粗暴地摧毁了。意大利的文艺复兴使个性得到新生。主动精神、坚持己见、进取精神、对权力和财富的追求就占据了过去由遵奉教义、自我克制和从属于团体所占有的地位。贪婪的银行家、商界大亨、雇佣军残暴地欺凌他们的敌对者以及人民，努力为自己增加财富或最大限度地扩大自己的权力。这些新贵远不是把妄自尊大和争权夺利看作弥天大罪，而是欢呼这类品质是真正领导者的美德，是领导者统治权力的无可非议的属性。但是在摧毁中世纪的社会格局方面，文艺复兴的影响比宗教改革的影响相对地来说要小一些。根据弗罗姆的判断，在削弱安全和社会一体的感觉方面，新教比任何其他一种因素都要厉害。他争论说，其理由是它贬低了人的品质，过分强调了人性的邪恶。它重新强调了原始罪孽的学说。它教导说，没有任何人类行为本身就具有道德价值。他相信，其结果是引起个人憎恨和鄙视自己，因此力求获得财产和支配别人来支持自我。新教虽然把信徒们从教会组织中解放出来，却把他们置于一个专制的神灵奴役之下，这个神灵像一个愤怒的裁判者统治着宇宙，决定每一个人的命运。甚至人能够为自己辩解和拯救自己这样的信心，也是由于神灵采取了行动才培植在他身上的。这样就灌输给个人一种无依无靠和被人疏远的感觉。他遭到孤立和感到孤独，很像一个残暴的父亲所不喜爱的孩子。事实上，他的情况很像路德本人的情况。就像弗罗姆所形容的，路德"充满了一种极端孤独、无力和邪恶的感觉……他遭到各种疑虑的折磨……他憎恨别人，特别是'低级阶层'，他恨自己，他恨人生；又由于这一切恨而产生了一种强烈的拼命要得到爱的力量"。[1]

在这样一种与人疏远和孤立的历史背景下，弗罗姆推论出来的不仅是心理的后果，而且还有政治和社会的后果。虽然他颇不经心地提到服从的本能，实际上他是用历史和环境方面的原因来解释被虐狂及虐待狂。两种狂性十分普遍地存在于同一个人身上，而且两种狂性的原因实际上毫无二致。二者都是从自卑和自恨的感觉中产生出来的。被虐狂产生于这些感觉转为一种内疚感的时候，这种内疚感必须以折磨自己来自赎。虐待狂则是企图以折磨别人来克服不可忍受的无依无靠和自卑的想象。使人痛苦给一些人一种他们必须有权的感觉，以作为自己无足轻重的补偿。被虐狂者由于"受到压抑"获得安全感，而虐待狂者则"由于压抑了别人"才获得安全感。[2]弗罗姆发现这些特点在希特勒身上体现得很清楚——他嗜好残忍，特别是对弱者，他崇尚狂热和野蛮恐吓，但也渴望服从某种外在力量，这表现在他虔信命运。

从对不安全和被人疏远的反抗中，弗罗姆还发现了广泛得多的意义。他认为这就是现代世界中无休止的争斗和疯狂活动的根源。在孤独和自我憎恨的压抑下，现代人力求克服他的无足轻重的处境而把精力用于进行不懈的竞争和强制性的工作，并不顾一切地耗竭自然资源。这样的过程使工业和政治结构变得巨大和复杂，以至为这些结构服务的个人降到更加无足轻重的地位。他们除了像士兵那样使自己的脚步与整队行进的步伐合拍，除了使自己适应自动传送带旁的机器人的地位，还能做什么呢？更重要的是，他们为法西斯主义所作的准备实际上已经完成了。他们生活的空虚和屈辱的感触，使他们急于把自己和某种运动结合起来，这种运动可以为他们提供力量的幻想，并逃避不可忍受的"自由"。

弗罗姆在他的第二本最重要的书《神经健全的社会》（*The Sane Society*）

---

〔1〕《逃避自由》（*Escape from Freedom*），纽约莱因哈特公司1941年版，第66页。

〔2〕《逃避自由》（*Escape from Freedom*），纽约莱因哈特公司1941年版，第158页。

中，进一步研究了社会病理，并特别着重他所认为的适当的补救办法。他提出整个社会可能精神不健全这样一个假设，并根据世界卫生组织关于美国和北欧西欧国家酗酒、自杀和杀人的统计来支持这一假设。他还提出了这样一个观念，即在个人心理和种族演化上母亲原则和父亲原则有所不同。他接受了弗洛伊德关于良心是父亲威逼孩子服从和认识到义务感的命令和禁令的结果这样一种理论，并以此作为起点。但是除了父亲的声音之外，还有母亲的声音，这是爱和原宥的声音。实际上她是这样说的："你父亲责骂你是完全应该的，但是不要把他的话看得太认真了；不管你做了什么，你总是我的儿子，我爱你，我原谅你。"[1]照弗罗姆看，这些原则是一切人类生存的特点。母亲原则是二者中更早的一种，在许多世纪里社会是母系社会。宗教最初就是以圣母崇拜为基础，她象征大地和大自然产生生命的力量。如果有男性神灵的话，那也是次要的和附属的。但是后来父亲原则取得了统治地位，社会变成了父系社会，因此全能的上帝代替了圣母和她的儿子。这个变动反映在埃及国王伊克纳顿的宗教革命上和巴勒斯坦确立耶和华信仰上。不过，母亲原则并没有消失。它在中世纪基督教中复苏了，以体现慈祥和宽恕的圣母玛丽亚作为严厉、报仇、全能天父的平衡势力。[2]新教的领导者摒弃了宗教中这一女性原则，而退回到古希伯来的不能改变的父亲的神性上，这使新教的信誉受到损失。

弗罗姆似乎感到，父亲和母亲两原则之间有一个适当的平衡是一个民族神经健全的先决条件。有些民族夸大了父亲原则，于是变成了好斗、不宽容和跋扈专权。相反，卑躬屈膝地笃信母亲原则则使一个民族变成孤立主义的、地方主义的和过分"爱国的"，这种民族变得在他们所居住的土地上生了根，并像个人自爱一样发展了孤芳自赏的倾向。结果是成为一种表现为种族中心主义和排外的可笑的民族主义。纳粹党人"血与土地"的沙文主义就是一个典型的例子。事实上，弗罗姆把民族主义定为现代世界的"固定血族相奸"。他似乎忘记他在《逃避自由》中已把纳粹主义解释为被人疏远和无足轻重的感觉的产物，这种感觉最初是由关于人的邪恶和愤怒的上帝全能的宗教改革学说引起的。但他确认母亲原则和父亲原则都有积极的价值。他相信，母亲原则可以引申来象征对整个人类的爱和宽宥，而父亲原则则代表义务、法律

---

〔1〕《神经健全的社会》（*The Sane Society*），纽约莱因哈特 1955 年版，第 48 页。

〔2〕 当然，亨利·亚当斯（Henry Adams）在他的《蒙特-圣-米歇尔和夏尔特尔》（*Mont-Saint-Michel and Chartres*，纽约霍顿·米夫林公司 1904 年版）中已用了几乎同样的词句，把崇拜圣母理想化了。

和理性。只有等到人把这两项原则在爱和理性、正义和普遍兄弟情谊的高级形式中成功地融合起来时，"他才找到了人类新的生根形式，他才把世界改变成真正的人类之家"。[1]

这个"真正的人类之家"的具体形式，弗罗姆在他设计的美好社会方案中提了出来。首先，它必须由精神健全的个人组成。他说，精神健全的人"是能生产的和不与世疏远的人；他把自己和世界有感情地联系在一起，他用其理性客观地掌握现实；他感到自己是一个独特的单一整体而同时又感到和人类一体；他不屈从非理性的权威而又乐意接受良心和理性的合理权威"。[2] 其次，社会本身还必须拥有可以清楚地辨认其健全性的各神属性。弗罗姆把神经健全的社会界说为，在其中每个人本身都被当作目的来看待，没有一个人是任何别人贪婪、自我崇拜或剥削的工具。它还是一个人在其中是中心的社会，一切政治和经济活动都从属于人的成长和发展。最后，它是这样一个社会，在工作中培养创造性，推动理性发展，孕育人类团结，不仅容许而且鼓励社会成员热情相处、互相尊重。[3]

弗罗姆为更美好的社会提出的组织类型是他所谓的"公有社会主义"（Communitarian Socialism）。这个名称指的是某种近似19世纪早期的空想运动，但适当考虑到尽量吸收20世纪工业化的长处。在经济方面，公有社会主义将涉及设法结合集权和分权以便能综合"自上而下和自下而上"地作出决定。尽管弗罗姆使用了"社会主义"这个词，但他无意把生产资料的所有权归工人，而是由工人参加管理。他建议实行雇员分红制度，虽然他仍将按照资本家业主的投资留给他们"合理的利率"。他认为把工业的所有权转移到国家手里对于工人的地位只有微不足道的影响，因此他主张代之以改变工作条件。作为达到这一目的的手段，他建议工会民主化，把工人组织为能互相联系的小团体，鼓励雇员享有股权计划以使雇员有参加他们为之服务的企业的感觉，扩大社会保险以提供一个普遍的最低生活标准，这个标准甚至适用于放弃他的工作而准备另找工作的人。

公有社会主义还有它的政治和社会方面。为了解决政治问题，弗罗姆建

---

〔1〕《神经健全的社会》（*The Sane Society*），纽约莱因哈特1955年版，第60页。
〔2〕《神经健全的社会》（*The Sane Society*），纽约莱因哈特1955年版，第275页。
〔3〕弗罗姆在《爱的艺术》（*The Art of Loving*，纽约哈泼公司1956年版）中进一步发挥了这些思想。

议把社会划分为每单位约五百人的小单位，以便它们可以发挥城镇会议的职能。在这样的小团体里，政治问题可以进行充分讨论，思想将会由于互相冲突的辩论而变得敏锐。这些团体或许按照职业的兴趣来组织，也可以当作社交和娱乐的单位。弗罗姆幻想的幸福的公有社会生活是，有相同兴趣的人将"一起歌唱，一起散步，一起跳舞，一起欣赏"。他甚至争论说，居民们所在的"相对原始的村庄，还有真正的筵席，还有共同享有艺术的表现，但全无识字者，这样的村庄比我们有教养的、读报的、听收音机的文化在文化上更先进，在精神上更健全"。[1] 虽然他似乎表达了一种反理智的观点，他的主张从另外的角度看似乎表明，他无意颂扬非理性或者为无知或迷信辩护。更确切地说，他是在寻求克服现代文明的不人道性质，寻求解决个人与世疏远——这妨碍个人发挥或者服从理性——的补救方法。

三、行为主义的含义

精神分析并不是心理学中唯一可以从中为政治学说引申出惊人推论的一种。约在 1905 年出现了一种新的心理解释学派，它否认以意识和无意识作为了解人的反应的依据。这个派别通常被称为行为主义，行为主义派企图给心理学一种自然科学的地位。因此，他把人类行为这整个题目归结为刺激和反应，它们能够被观察、实验和测量，正和发热或发电或者在化学反应里把两种液体混合在一起一样。他认为，每一项刺激产生一项反应，而每一项反应出现之前必然有一项刺激。这就是人类行为的全部，或者至少是所有适合于科学分析的部分。极端行为主义派排除考虑所有代表意味着来自人心的思想、观念、形象和合理化的东西。他甚至不能确定有"心"这样的东西，因为他不承认它可以作为客观研究的对象。对行为主义派来说，人本质上是一个动物，他的各种反应对几乎无穷的情况或改变是敏感的，但这些反应最初和一只猴子或一只袋鼠的反应一样机械。

在把心理学发展为一门客观科学方面最有名的先驱者是伊凡·巴甫洛夫。虽然他的训练和经验是一个生理学家的训练和经验，但他的发现为心理学的新研究奠定了基础。在他的时代以前，心理学所探讨的主要是心情状态，是感觉、知觉、记忆和推理。在新的影响下，它渐被看作一项实验科学，研究

---

[1]《神经健全的社会》（*The Sane Society*），纽约莱因哈特 1955 年版，第 348~349 页。

客观的行为，而不是主观地试求发现"心"里进行着什么。巴甫洛夫1849年生于中俄罗斯的梁赞。虽然他父亲是一个在生活方式上和农民没有多大差别的牧师，但他设法受到了良好的教育。他在圣彼得堡大学完成了一个学习过程之后，在内外科医学院注册，1883年在该校获得医学博士学位。八年后他成为该校的药物学教授，1895年任实验药学研究所生理学系主任，到1904年他由于各种发现而在国际上获得声誉并获得诺贝尔生理学奖。他的主要贡献来自他对动物神经系统和对消化及分泌器官的研究。他证明了各种反射是能够改变的或有条件的，并说明动物的大部分行为是通过周围的环境取得经验而学到的。他发现反应活动的中心在大脑的皮层，并表明一个"去掉大脑皮层的"动物几乎不能学会任何事情。

巴甫洛夫在心理学上的影响主要来自他发现的条件反射。这种条件反射是在原来造成反射的刺激已经改变或者甚至已由另外一种完全不同的刺激代替时发生的。例如，巴甫洛夫用事实说明，一个屡经同一饲养员喂食的狗，只要一见这个饲养员的面就分泌胃液，甚至他出现时没有带食物也是如此。他还表明能够让唾液腺在有铃声时分泌唾液，如果一个动物以前许多次喂食时都有这种声音伴随着的话。虽然巴甫洛夫没有把这种实验运用到人类身上，他十分清楚地相信这样一个过程是办得到的。他把人的身体看作一部机器，一部高度复杂的机器，但毕竟是机器。这一看法由他对待自己78岁时进行摘除胆结石手术的态度证实了。摘除胆结石和他随后的恢复给他的印象是，"再一次证明了有机体应该当作一部机器来处理这样一个定律"。他喊道，"正如表内有一点尘土一样，胆结石除掉了，机器就恢复了它的正常职能！"[1]

巴甫洛夫还深信科学在改造人类和指出一条"完全、真正和永久幸福"的道路上所具有的效力。他宣称，只有关于人性的确切科学"和借全能的科学方法的帮助对它进行最真诚的研究，才能把人从现在的苦闷中解救出来，才能洗净他在人与人关系的领域内蒙受的现代耻辱"。[2]他没有否认对主观情感和心情状态进行探讨在了解人的内心世界上可能有某种价值，但他期待着有一个时候主观可以同客观融合起来。他想，条件反射的研究也许在对人的

---

〔1〕 巴布金：《巴甫洛夫传记》（B. P. Babkin, *Pavlov: A Biography*），芝加哥大学出版社1949年版，第176页。

〔2〕 巴布金：《巴甫洛夫传记》（B. P. Babkin, *Pavlov: A Biography*），芝加哥大学出版社1949年版，第86页。

全部机体进行实验的和客观的研究方面开辟了道路。

巴甫洛夫对政治理论只有一定限度的兴趣。在他的一生中，他曾几度由于俄国政府的无能和腐败而深深感到烦恼。这就是日俄战争期间以及战后的革命动乱时期他所采取的态度。但是他的激进主义只限于同情十月党人，这些十月党人满足于适当地扩大选举权和成立杜马来批准沙皇的法令。他特别批评那些"梦想家"想一跃而成立宪君主国或者甚至一个共和国。在第一次世界大战极度痛苦的年月里，巴甫洛夫同样为沙皇政府的软弱无能感到烦恼，但他反对再进行一次革命的思想。甚至在共产党人取得政权以后，他非常激烈地反对布尔什维克和他们的纲领以致他的朋友都为他的人身安全感到担心。他继续毁谤苏维埃政权和它的政策，直到大约1932年（他死前四年），当时他显然作出了决定，纳粹入侵的威胁要求他对祖国的政府给予爱国的支持。不过，苏维埃统治者始终企图取得巴甫洛夫的青睐。他们多次重版了他的著作，为他提供了舒适和便利的条件，对于他的批评甚至没有谴责。

巴甫洛夫生理心理学最坚定的信徒一般被认为是行为派奠基人的约翰·沃森。他1878年生于南卡罗来纳州的格林维尔，在弗曼大学和芝加哥大学接受的教育。1903年在芝加哥大学得到哲学博士学位。为了上学，他做过管理房屋的助手、侍者和饲养一笼小白鼠。他在芝加哥大学担任四年教员之后，于30岁时任约翰·霍普金斯大学教授。他对人和动物的行为进行了大量的研究，有时被允许考察约翰·霍普金斯医院和哈里特·莱恩医院里诞生的所有婴儿。不过，1920年由于轰动一时的离婚诉讼传开了一些不幸的事情，他被约翰·霍普金斯大学的董事们解雇，他的学术生涯突然结束了。沃森回到芝加哥，经过几个月的挫折，在一家广告社找到一个工作，调查从开罗到新奥尔良的胶靴市场。后来他为梅西公司销售杂货，作为研究消费者心理的一种办法。到1924年他成为纽约一家主要广告公司的副总经理。虽然他继续著书和写文章来阐发他的理论，但他再也没有恢复他在学术上的威望。学术界人士谴责他把自己的才华出卖给了工业界，但学术界似乎没有给他留下多少选择。到1958年他死的时候他的名誉还受着糟蹋。

沃森以一个热心人的热忱采纳了巴甫洛夫心理学的机械的含义。事实上，他把心理变成一种筋肉的、分泌腺的和内脏的生理学。他争论说，人的一切行为和动物的一切行为一样，是由生理反应构成的。反应分两类：学到的反应和非学到的反应。后者包括个人的一切与生俱来的反应：饥饿和喂养、挣扎、退却、呼吸、咳嗽、哭叫、打喷嚏、消化等生理上的反作用，以及恐惧、愤怒和爱的基本情绪。实际上，个人的一切其他行为必须列为举到的行为一类：习惯；大部分所谓本能，如嫉妒、羡慕、好奇、争辩、贪得；各种态度；自然还有技巧、能力、才华和倾向等。

沃森摒除了所有意识和精神状态之类的现象，认为对它们不能进行客观研究，因此不值得耗费心理科学家们的时间和注意力。一般地说，他的态度是，凡不能进行测验和计量的东西就不应该假定是存在的。他倾向于认为行动或生理效果是行为的全部实质。例如，他认为恐惧的情绪可以说就是面部血液消失，嘴唇颤抖，心脏悸动，呼吸短促，唾液腺分泌减少以及类似的反应。他坚持，这些反作用并不是情绪的表现，它们就是情绪。同样，他争辩说，思想并不是什么在所谓"心"里进行着的神秘的程序。相反，它是对自己谈话的一种形式。没有人离开使用词汇或者使用其他代表观念的符号而能进行思维。因此，学习如何推理是一件得到一种生理技巧的事情，很像一个人学习骑自行车。主要的差别在于牵涉的结构不同。骑自行车是使手臂、背部和腿部的筋肉和神经进行活动。推理主要牵涉声带以及喉头和胸部的筋肉和神经。大脑在这两项过程里的功能基本上是一样的。大脑是作为神经活动的中枢调节器官进行工作的。

由于全神贯注在实验的活动上，沃森没有什么社会或政治性质的理论。不过，他的严格的环境论里却有不少的含义。他坚持，除解剖上的构造、体质上的特点和非学习到的反应以外，人类在遗传上绝对没有继承什么。如性情、倾向、才华和智力这些属性，除了它们可能从属于身体的构造而外，都不是从遗传继承来的。沃森甚至争辩说，如果给他一打健康而体态端正的婴儿，并在他自己所规定的环境内把他们教养起来，他可以"保证随便挑一个，都会把他训练成为所选择的任何类型的专才——医生、律师、艺术家、大商人，甚至还可以成为乞丐和小偷，而不管他们的祖先的才干、嗜好、倾向、能力、职业和种族如何"。[1]在提出这样的主张时，他是在拥护一种卢梭或者杰斐逊最狂放的梦想也望尘莫及的平等主义。他实际上是在说，在智力上，一切个人出生时都有一个平等的起点。他们以后受到的影响完全取决于环境。这一理论对教育、道德、犯罪以及社会进步的意义是容易看到的。沃森认为

〔1〕《行为主义》（*Behaviorism*），纽约人民协会出版公司1925年版，第82页。

社会秩序的所有问题都能通过训练和心理条件来解决。他宣称，除了疯人和无社会训练的人而外，没有人犯罪。所以他建议完全废除刑法和惩罚本身，虽然不是连约束也不要，作为控制和改造行为诡异的人的一种方法，他建议采用一种科学的程序，以我们所知道的造成和取消条件反射的道理为依据。

大多数现代心理学家追随巴甫洛夫所创始的传统，但避免进行教条的解释。爱德华·桑戴克的见解代表了这种比较温和的立场。桑戴克 1874 年生于马萨诸塞州的威廉斯堡。他在韦斯利安大学和哈佛大学得到学士学位，在哈佛得到硕士学位，在哥伦比亚大学得到博士学位。他教书历 41 年，先在西部储备大学，后在哥伦比亚大学教育学院。在一段长时期里，他或许是美国主要的实验心理学家。他以研究猴、鱼和雏鸡的行为而闻名于世。他还由于是一个心理测验的热心倡导者而赢得声誉，第一次世界大战时期主要负责设计了美国陆军的测验。他接触到政治和社会题目的一些看法写在一本千页巨著《人的天性与社会秩序》（*Human Nature and Social Order*）中，该书完成于 1939 年，他死以前十年。

桑戴克作为一个心理学家，像巴甫洛夫和沃森一样严格奉行实验方法。他无意在先天观念、无意识愿望或不能用客观研究来证实的东西上发挥理论。他和他的俄国及美国同道一样，认为人的天性和其他哺乳动物的天性的差别只在于复杂的程度。他断言，人类的个体是其遗传上的基因和对他有影响的各种环境因素的无限混合的产物。基因是解剖上的特点和体质上的特征的传递者，但没有证据证明它们能传递观念、宗教信仰或者社会习惯，此外，桑戴克不像沃森那样把遗传的影响限制得那么严。他相信某些倾向和癖性是可以传递的；如顺从的倾向，甚至"喜欢看到人们欢乐微笑而不是诉苦流泪的仁慈互助"癖性。[1] 他认为还可以证明大多数人有一种先天的倾向：给孩子吃东西，拯救孩子免于猛兽的攻击或免被汽车压死，以及安慰和保护弱者。虽然他不能肯定人类天性是否有足够的仁爱来说明和平主义者及空想家们的希望是正当的，但他不承认人仅仅由于他是高等动物而就必然有兽性这一假定。他指出，例如，黑猩猩是颇为像样的生物，它们照本来习惯的生活倒更像一个家族的野餐而不像一群妖魔的欢宴。还有一点有意义的是，他认为人类有改进的能力。他争辩说，甚至他们天生的学习能力也不是静止的，而是

---

[1]《人的天性和社会秩序》，纽约麦克米伦公司 1940 年版，第 297 页。

能够通过有利的环境条件提高的。一个从救济院转归开明的养父母管教的孤儿，在智力测验商数上可以提高七点之多。

可是到表示在政治和社会问题上的意见时，桑戴克却没有他的大多数同业那么有节制。他相信，心理学上的发现能够用来说明人的几乎一切问题。他断言，政治科学特别需要这种说明。政治科学的学者们被人是堕落的这一神学上的成见统治的时间太久了，因此夸大了在维持社会方面暴力的作用和惩罚的效力。他们无视人类基因中仁慈的倾向，而且忽视了"智力和道德之间强大的相互关系，这项关系在维护文明和复兴文明上是十分有力的"。[1]桑戴克认为，在科学的时代，政府竟还是由那些对实验方法作为政治措施的基础毫无概念的律师、企业界人士和农场主主持，这是荒唐的。他们不等待研究的结果就采取行动以响应集团的压力，或者按照未经证明的关于自然法则或自然权利的教条采取行动。因此，他建议为各市、各州和各国成立董事会，该会有权选择专家以进行实际治理工作。他用作典型的明显类型是美国的学院或大学组织。他并不特别注意这些董事会如何选出。他说，让它们自行组织或者从200个"有良心的人"中抽签决定。他认为重要的事情在于，公共的政策必须由对人性有知识、在解决社会问题上对科学方法的价值有了解的人们来决定和执行——例如由那些确实知道并不存在有像人类天生战斗本能这种特性的人们来决定和执行。他承认科学家们也犯错误，但他以为"服他们的药总比服无知识的人们的药肯定要好些"。[2]

各个时代发展起来的每一项新科学或者新科学理论，都曾遭到猛烈的反对，这一部分来自胆小或保守的人，但大多来自感到对他们的利益有威胁的人。哥白尼的学说就是一个典型例子。通过否定中世纪的世界观，这种学说把人赶出了他在宇宙中心的庄严地位，而把他变成无边无际的宇宙机器中的一粒微尘。对教会领袖以及许多文艺复兴的人文主义者来说，接受这么一个机械的理论似乎是对上帝的侮辱，对人类尊严的侵犯。甚至使人更加心烦意乱的是达尔文的天演论。达尔文不仅是向圣经上特别创造的理论提出挑战，而且为动物和人类生物学的天然解释奠定了基础。剩下来的就是人的内在生活。它可能还要受到精神的或超自然的解释。在建议把这个知识领域压缩在

---

〔1〕《人的天性和社会秩序》，纽约麦克米伦公司1940年版，第741页。

〔2〕《人的天性和社会秩序》，纽约麦克米伦公司1940年版，第958页。

科学分析的范围之内时，心理学新派的领袖们几乎使每个相信人类独特性的人都感到愤怒。

对心理学家们的许多批评是理所当然的，虽然也许提出的理由不同于引起这种批评的理由。精神分析派或行为主义派看来都没有认识到他们的发现对政治和社会学说的全部含义。精神分析派的结论似乎意味着，大宗教和基督教及异教的哲学家们所教导的忘我、博爱和普遍兄弟情谊的理想，与人类的实际天性是相抵触的，因此不可能实现。他们显然相信，只要这些高尚的理想高悬在脆弱的人性前面，无数的人将会努力去实现这些理想，然后由于做不到而陷于神经官能症。这一形势的逻辑似乎决定了一种调和的道德，或许回到希腊中庸之道的理想，而否定了犹太教和基督教的完美主义和严厉的禁条。但精神分析学家避免这样明确地说。他们对教育的态度也不更明确些。如果确实是欠考虑和无知的父母亲在儿童心理上种下的恐惧、焦急和憎恨，后来发泄为反叛、放肆和过失的行为，那么，为什么不把纠正这些错误作为学校的一项主要职责呢？解放大批儿童的心灵很可能是不切实际的，但似乎没有明显的理由为什么不能教育未来的父母以避免给下一代留下心理上的创伤。最后，精神分析派对"预防政治"没有作出什么贡献。他们可以说消除紧张和冲突是可取的，但是对于如何进行，他们并没有提供什么切实可行的建议。他们几乎没有作出努力来教育公众如何识别未来的希特勒们，如何识别其他以爱国主义或扶助被压迫者的外衣来掩盖其失常和放肆的神经病患者。精神分析派对于消除战争或预防犯罪或过失这类问题只不过轻轻触动一下表皮。它采取的基本上还是对失调的个人的治疗法而不是对失调的社会的治疗法。

作为批评的对象，行为主义派和其他环境决定论学派的心理学比精神分析派的弱点较少。由于他们的实验做法，他们显得更能与时代的科学精神相协调。但他们的研究工作的含义是十分革命的。他们描绘的人差不多完全是他的环境的产物。通过基因遗传人性的因素在整体中只占很少的比例。因此，似乎明显的是，人的天性是具有高度可塑性的。由于环境的有利条件或不利条件，他可能从一个罪人变成一位圣贤，又从一个圣贤变成一个罪人。所以世界上最重要的工作应该是教育。在适当的教导和指导下，教师和父母亲能够把社会改造成一个和平的、协调的和合作的整体。犯罪和过失能够实际上消除，同样，那些导致冲突和导致进攻冲动的不安全和内在放肆也能消除。但是另外有些事情也是重要的。在一个行为主义派的世界里，政治和社会政策将按照它们的实际结果来判断，即用科学实验来衡量。不许有人自行断定说——如最近一位杰出的公民所做的那样——青少年过失的补救办法在于一些具有"旧式的发脾气能力"的法官。对外事务也不能按照幼稚的想法来进行，如虚声吓诈、划分黑白人或丢失面子之类。但这些收获将部分地被行为主义的下列倾向所抵消，即鼓励相对的道德，也就是在可能损害理想的或个人的高贵的情况下强调社会权宜之计。

第十三章　社会环境与政治学说

按照亚里士多德著名的定义，人是政治动物。但他也把人看作是社会动物。事实上，他有时把"社会"和"国家"这两个词好像当作同义语来使用。但他实际上并不是这个意思，因为他区别开了蜜蜂和人。蜜蜂在孤立的时候是不能自给自足的，在这个意义上，它是社会动物；而人则被自然赋予了说话和推理的能力，这种能力使他能"说明权宜的和不合权宜的，以及正义的和不正义的"。此外，亚里士多德把国家放在先于并高于社会的地位，因为国家提供了条件，使人可以依靠法律和正义而使自己臻于至善；离开了这些，人便是最坏的动物。因此，对亚里士多德来说，政治包括伦理；而国家是值得人类效忠的唯一机构。宗教应该成为国家的组成部分，其他一切社会制度也应如此；因为能够在国家之外生活的人"必然是野兽或者是神"。[1]

很少有现代社会科学家会同意，国家像亚里士多德所假定的那样包罗一切和重于一切。大多数现代社会科学家认为政治组织只不过是有组织的社会的一个方面。家庭、宗教和经济组织也是重要的。没有疑问，这个概念可以追溯到纪元前 300 年的思想革命，当时斯多亚派在伊壁鸠鲁派的协助下推翻了政治的至高无上地位，引起了效忠的分裂，把人变成了单一的个体而不仅仅是一个公民。这些异教哲学家的影响渗入基督的宗教，就这样传到了近代。约翰·洛克主张的自然权利的个人主义为启蒙运动的政治理论提供了基础，这种个人主义的根源则在中世纪的基督教。由于启蒙运动以后个人主义又为重农学派和亚当·斯密的经济理论所加强，19 世纪的社会学家有了反抗国家的强烈偏见是不足为奇的。例如，赫伯特·斯宾塞和威廉·格雷厄姆·萨姆纳基本上把国家看作是人类进步的障碍。在较晚近的几十年里，钟摆又摆到了另一方向。当代的社会学家扩大了国家的重要性，把国家看作几乎是无所不在的，并想当然地肯定国家在促进人类文明上的价值。这种态度甚至是人

---

〔1〕　伊甘编：《亚里士多德政治学》（M. F. Egan, ed., *The Politics*），纽约殖民出版社 1899 年版，第 3~4 页。

类学家更为突出的特点。

一、人类学的贡献

作为社会科学中最年轻的一门科学，人类学负有打破关于人与国家的一些陈旧假定的任务。在好多世纪里，事情被假定为这样的：所有的人是在仁慈的无政府状态中度过了人类的幼年时代，国家作为一个政治上有组织的社会只是在文明露出曙光时才出现的。人类学的研究表明，国家是最古老的制度之一，它甚至以高度复杂的形式存在于许多还没有文字知识的民族中。一些人类学家已经指出，把习惯当作法律的唯一前身这一假设已经不确实了，有无数形式的强制和物质力量一样有效，政府形式甚至在未开化的民族里也是千变万化和极其复杂的。[1]

在 20 世纪的前 40 年期间，人类学家中最受崇敬和最有影响的一个是弗朗茨·博阿斯（1858—1942）。他生长在德国，在海德堡大学和波恩大学学习，并在基尔大学得到博士学位。他对地理的强烈兴趣使他在 1883 年参加了一次北极探险，接触到一些原始的风俗习惯。于是，他决定把人类学作为他的事业，在巴芬兰爱斯基摩人的小村落里住了一年。他回国后被任命为柏林皇家人种学博物馆的助理及大学的地理讲师。1886 年他离开德国到不列颠哥伦比亚的印第安人中进行研究。在担任克拉克大学的讲师和芝加哥博览会的人类学家一个时期以后，他被任命为哥伦比亚大学的教授。他从 1899 年起在哥伦比亚大学担任人类学教授，到 1938 年退休。他特别感兴趣的领域是种族问题，他把许多精力用于阐释他所谓的"北欧日耳曼的瞎话"。结果，他的著作成为 1933 年后在德国最先遭到焚毁的书籍。他还把生平的一大部分时间用于增进美国和远东之间及美国和拉丁美洲之间的文化了解。他退休后加强了维护学术和政治自由的活动。他是一个反抗对公民自由一切限制的斗士。

博阿斯在数学和物理学上的研究使他确信科学方法在社会科学中的重要性。他认为大多数问题都需要新的、第一手的调查研究，而不能依靠现有的知识来解决。他把这一论点特别应用到种族问题上。根据从医院、监狱和慈善机构得到的解剖数据，他证明在身体构造和智力或能力之间并没有确定的

---

[1] 参见赫斯寇维茨：《文化人类学》（M. J. Herskovits, *Cultural Anthropology*），纽约诺夫公司 1955 年版；洛伊：《原始社会》（R. H. Lowie, *Primitive Society*），纽约博奈—利夫莱特公司 1925 年版。

相互关系。有些名人的大脑小，而对照之下，有些罪犯的大脑却比较大。其他解剖上的结构也没有多大的重要意义。在某些方面，高加索人似乎比有色人种的成员从类人猿的祖先进化得更多；但在其他方面，一些指示数字却完全相反——例如，高加索人身上毛较多，黑人的腿则较长。从这类证据来看，博阿斯得出的结论是，"大体上说，全世界人的心理特点都是一样的"。[1]

当然，博阿斯采取的是环境决定论者的立场。除了解剖上的特点和身体上的构造以外，他不承认遗传还有多少东西；而他几乎认为这些作为人种和种族进步的因素也没有什么意义。虽然他不同意极端行为主义派关于人的精神活动完全是外部条件的结果这一见解，但他仍坚持环境可以深刻地影响精神上的成就。环境的力量甚至可能强大到足以克服身体上的特点。他举了一个方言的例子，在一个特定区域里的所有居民，尽管在嘴唇的大小形状上、舌头的厚薄上以及喉头的形成上有相当大的差别，说话的音调实际上是一样的。他采取的立场是，几乎所有我们称之为文化的东西都是时间问题以及地理、社会和经济影响的问题。原始人的智慧并不低于现代人。他们和 20 世纪的美国人或英国人一样能在抽象概念方面进行合乎逻辑的思维和推理。他们在解决问题上没有同样的技巧，只不过是因为他们的文化背景在许多世纪积累起来的知识方面没有那么丰富。原始人的想法在许多方面与其现代后裔不同，这是因为他们在经验和兴趣上有较多的局限性，但他们的心灵的根本特征是一样的。

对于当代各个种族的成就，博阿斯也持类似的看法。博阿斯认为没有任何根据可以不把人类看作是一个单一的家族——具有同样的先天的取得文化成就的潜在能力，而不管种族的差别如何。

博阿斯根据其人类是基本相同的这一信念，以怀疑的眼光来看待优生学者提出的选择交配以培育一个优越种族或淘汰低劣者的方案。他怀疑有任何可能决定一个令人满意的优等民族如何形成的公式。他争辩说，天才，例如贝多芬，有时出生于有缺陷的双亲。他还谴责形形色色的民族主义，这些民族主义的目的是加强所谓优越集团的自我扩张而损害其他民族。他特别批评了泛斯拉夫主义、泛日耳曼主义和泛美主义这类运动。他主张，每个人"需要按

---

[1] 《原始人的心理》（*The Mind of Primitive Man*），纽约麦克米伦公司 1927 年版，第 104 页。

照他的思想和内心感情的状态在最大可能的宽广领域里生活和行动"。[1]他最后得出结论，只有人类的联合，建立一个世界联邦共和国，才符合人类的需要和利益。这样一个共和国可以仿照美国的模式，为地方单位留有充分余地以发展它们的特点。他以为历史已经证明，逐步扩大人类的联合几乎是一个普遍规律。他追溯这种联合扩大的过程，从部族开始，经过城市国家，封建制度下的郡、侯国和大君国，到近代的民族国家和巩固的帝国。他发现在这一运动背后的推动力量是有增无减的经济复杂性。当各社区能够控制它们的粮食供应时，它们便增长了信心和权力感。因此它们吸收了较弱的和不那么高度发达的民族，并先占了他们的土地。这样，有发生冲突危险的集团的总数逐渐减少了。虽然这一过程偶尔中断，特别是第一次世界大战以后，但博阿斯感到可以确定，统一的倾向比分裂的倾向强有力，这种前进的步调将恢复，并将以"国家的联合作为人类进化中的下一个必要的步骤"。[2]

在对政治学说有特殊意义的人类学真理的发现者当中，仅次于博阿斯的是布罗尼斯拉夫·马林诺夫斯基（1884—1942）。马林诺夫斯基生于奥地利统治下的波兰，祖辈屡代是贵族和地主。他在克拉科夫大学获得博士学位，这是奥匈帝国最高的荣誉。1910年他成为伦敦大学教授团成员。第一次世界大战爆发时，他作为敌国外侨被拘禁在新几内亚海岸外的特罗布里恩德群岛上。因此他得到天赐的大好机会在地球上最原始的民族之一当中继续进行人类学研究。战后他成为伦敦大学社会人类学讲师，1927年成为教授。他还在墨西哥和美国的印第安村庄的居民中以及南非与东非洲的斑图部族中进行过研究。第二次世界大战开始时，他适在美国休假，他接受劝告在大战期间留在美国，后被聘任为耶鲁大学的客座教授。1942年他因心脏病逝世，时年58岁。

马林诺夫斯基是人类学中所谓功能学派的主要奠基人。这一派的成员把人类文化作为实际上互相联系的整体来研究，并根据作为这个整体的部分所发挥的功能来对各种制度进行考察。他以特别令人信服的推理把这个指导原则应用到政治制度上。例如，他坚持法律与习惯总是有机地联系在一起的。从来没有习惯让位于法律的时候。同样，他完全否定了原始无政府状态的陈

---

〔1〕《人类学与现代生活》（*Anthropology and Modern Life*），纽约诺顿公司1932年版，第93页。
〔2〕《人类学与现代生活》（*Anthropology and Modern Life*），纽约诺顿公司1932年版，第97页、第100页。

旧学说；他暗示，某种形式的政府和人种一样古老。他还否定了许多其他久受尊崇的假设：关于在私有财产起源以前就有原始共产主义的看法；关于野蛮部族的各个成员完全湮没在集团里并且必须经常遵从风俗习惯和受其奴役的臆断；或许意义最重大的设想是，原始人对他的同胞有如一只狼，唯一能够约束他的是体力和对僧侣、术士的魔术的恐惧。[1]

马林诺夫斯基提供的原始政治制度的图画令人惊奇地发现近似文明人的政治制度。他所描绘的原始国家与部族文明的其他因素紧密地交织在一起。他找不出什么迹象可以表明任何通过暴力或征服的总根源；也没有什么迹象可以说明人民自己向强大的统治者降服是作为逃避无政府状态的一种出路。相反，他发现原始国家的基础是互惠、交换服务和为办事提供的便利条件，至少在美拉尼西亚人中间是如此。原始国家还是维持某些规定的机构，例如被认为对部族有重大关系的族外婚规则。由于被沿海和内地的一些因素分隔开，美拉尼西亚人需要大量的合作来使内地的蔬菜产品同海产品进行交换。他们的国家的职能就在于提供这种合作。每个人都有他所要完成的任务，以保证这个体系顺利运行。即使酋长也必须遵从规则并履行他的职位所要求的义务。犯罪比较少，惩罚通常也是温和的。马林诺夫斯基作证说，他在特罗布里恩德群岛久居期间，他只知道有一件凶杀案。对于公然侮辱酋长的众多妻子之一或与之有通奸行为者，酋长是可使用暴力惩罚的，但他通常对于犯罪者的处罚是使用法术。惩罚的整个概念特别含糊，而抗拒法律和公开犯法的事绝不是没有的。当这类事发生时，很少引起多大的忧虑。甚至血族相奸也能通过适当的魔术来赦免。许多犯法的事就被受害者本人或者他的家属成员处理了。普通程序是咒请黑魔或者设法使犯法者受到公开屈辱，这可能使犯法者自杀。

在叙述原始人的政治生活时，马林诺夫斯基并不是试图描绘一个幸福无邪的黄金时代。他只不过是力求离开亨利·萨姆纳·梅因爵士、威廉·里弗斯等人的一些不科学的臆断，因为这些臆断所根据的是传教士和旅游者或者通过译员对当地人回答的不充分的证词。马林诺夫斯基坚持有必要使个人生活与一个民族的生活长期打成一片，以便对他们的文化作为一个整体来研究。

---

〔1〕 他甚至肯定说，由于爱、亲属、友谊的维系和通常特别存在于原始社会中的尊重，"在原始状况下不可能发现系统的或暴虐的滥用权力行为"。见《自由与文明》（*Freedom and Civilization*），纽约罗伊公司 1944 年版，第 118~119 页、第 121 页、第 266~267 页。

他断言，这样的研究将显示"法律和风俗习惯的禁忌经常具有有机的联系而不是孤立的……它们仅仅存在于社会事务的链条中，但在其中只是一个环节"。[1]他的发现已为其他人类学家的研究所证实，为罗伯特·洛伊在爱斯基摩人中的研究及拉特雷在非洲西部海岸阿散蒂人中的研究所证实。这对政治理论的含义是值得深思的。这些发现表明卢梭把"高尚的野蛮人"理想化是错误的，但他比霍布斯把专制政府说成是对普遍冲突、恐怖和悲惨的一种预防剂更接近于真理。它们说明早期基督教把国家作为对罪孽的一种惩罚的概念是虚伪的。虽然它们还远不能证明人性固有的善良，但它们似乎清楚地指出，人们至少在正常的条件下理解为公共福利而合作的效用。它们没有说明专制和暴政的起源是什么，但它们暗示权威主义统治来自战争和受攻击的威胁。人们对维持最低生活的压力迫使国家成为侵略者，并建立强有力的政府以达到它们的目的。在它们的邻国对入侵的恐惧也会产生类似的结果。

在当代人类学家中，提出与政治理论有关并且最有挑战性的问题可能要算鲁斯·本尼迪克特（1887—1948）。她是一个纽约内科医生的女儿，童年是不幸福的，两岁时父亲就死了。她笃念亡父而深恨母亲的专横，大半生为不适当和不公平的感受所折磨。她11岁前常受厉言厉色的虐待，后来则为喜怒无常和阵发的沮丧所苦。她有一个秘密的"坟墓"，她在里面一躺就是几小时，就像死人一样。虽然她从瓦沙尔学院毕业并作为诗人和英文教师取得一些成就，她的婚姻却是一个失败。1919年她主要是为了使精神有所寄托，到哥伦比亚大学在弗朗茨·博阿斯指导下开始研究人类学。她获得博士学位以后，在人类学系供职，1948年升为教授。她在哥伦比亚大学可能是仅次于博阿斯的最杰出的人类学家。不过，她远远摆脱了她的导师的影响，特别是在运用心理学资料方面。她从芝加哥大学爱德华·萨皮尔的见解中得出结论说，精神分析对个人心灵深处的探讨，能够用来阐明部落风俗习惯中许多较难理解的问题。她在诠释上是卓越的，她没有忽视现代人类学家认为不可缺少的现场研究。她花了多年时间和美国西南部普韦布洛人、北美游牧的阿帕切人、亚利桑那的皮马人和蒙大拿的黑脚人等部族密切接触。[2]她61岁时由于冠状动脉栓塞而去世。

---

〔1〕《野蛮社会中的犯罪和习惯》（*Crime and Custom in a Savage Society*），伦敦劳特莱奇—保罗公司1926年版，第125页。

〔2〕这些部族均属印第安人。——译者

鲁斯·本尼迪克特主要靠两部书而获得人类学家的声誉。在 1940 年出版的《种族：科学与政治》（*Race：Scienceand Politics*）中，她甚至比博阿斯更断然地说明了人类所有成员的基本相似之处。人的构造和器官是一样的，虽然在功能上有很大的差异。不过，这些差异主要是环境差异导致经验上和习惯上的差异而造成的。例如，有些原始人训练得能使眼睛洞察周围的毫末，在白人看来，这似乎是奇迹。而对原始民族来说，白种人识别印刷纸张上字母的能力也是同样的神奇。本尼迪克特博士还关注戳穿关于有些种族在智力和天赋上天生优于其他种族的神话。她表明纽约、伊利诺伊和俄亥俄这些州黑人中等智力的纪录比南方一些州白人中等智力的纪录优越得多。另外，她又指出，在纳什维尔测验的黑人男童的纪录远低于白人男童的纪录；芝加哥黑人男童的智力测验纪录稍微低些；而纽约的纪录实际上是一样的。她不能避开这个结论，即衡量先天智力的测验实际是在衡量教育机会。事实上，她十分怀疑有能够和环境影响的效果分割开来的先天智力这么一种东西存在。如果它真是存在的话，那么，她肯定，它也不是任何一个种族独占的东西。

如果鲁斯·本尼迪克特的人类学中有一个占据中心位置的主题的话，那就是人性是完全可以塑造的。她在 1934 年出版的她的最有名的著作《文化类型》（*Patterns of Culture*）中说明了这个思想。她强调传统对一个民族的见解和态度的陶冶作用，引证尼采的迪奥尼修人和阿波洛尼人人生哲学的有名两分法。迪奥尼修人相信为了解决生存之谜，必须摆脱五官的局限而穿透到另一经验系统中。他成了一个神秘主义者，寻求通过冥想和苦行来获得神灵的昭示。他相信知慧之路在于超脱，因此他培养狂乱和入迷的价值。他逃避生活，渴望转移到另一世界，期待人神交感。对照之下，阿波洛尼人寻求以中庸来达到生活的完满。他的格言是"凡事不能过分"，避免作出超过感觉经验的努力。他"属于现世的世界"，不信任神秘的方法。

本尼迪克特博士根据她的研究，把世界上的各民族划分为迪奥尼修人或阿波洛尼人。或许她相信所有的民族都能够这样分类。显然她认为迪奥尼修人文化是更加广泛流行的文化。她描述的阿波洛尼民族的唯一例子是美国西南部的普韦布洛印第安人。在她的描绘下，这些印第安人是十分明智而实际的民族。他们不知道什么是罪孽，不理解为什么有人会修苦行。他们的结婚习俗简单，离婚容易，犯罪很少。他们的确也惩办巫术，但偷盗案件很少发生而且是当作私人事件来处理的。记录的杀人案件都是很快以两个家庭之间的付款来解决的。虽然许多财产为个人所有，但往往是合作照管的。例如，羊群是私人所有的，但由男性亲族集团合作放牧。男人联合起来造房，房造成后成为妇女的私产。玉米也是一样，种植和收获都是为了收入公共仓库。

与这种田园诗歌般的文化类型形成尖锐对比的是迪奥尼修民族，本尼迪克特发现这些民族包括平原印第安人、美国和墨西哥的大多数其他印第安部族以及如美拉尼西亚西北部的多布安人这类土人。这些民族的显著特性是恐惧、多疑、奸诈和暴烈。他们有一种不健全的有罪而需要通过苦行来赎罪的感觉。他们心目中的神是一些恶意的经常需要得到安抚的精灵，发现这些神的意志是沙门僧侣的责任。这些僧侣折磨自己或咽下药物来使自己进入出神入迷的狂乱状态，作为与超自然力量交流的方法。迪奥尼修民族是刚强的个人主义者，他们断定人们的动机都是邪恶的，毫无法纪在他们中间是普遍现象。

鲁斯·本尼迪克特似乎有可能在文化类型的对比上有些夸大，以便提高她对我们自己的文明要作的某些批评的效果。确实，一位主要人类学家形容她的工作为诗意胜于科学。[1]她显然是为她所认为的近代社会的偏执狂特点而感到不安。她所认为的偏执狂特点，指的是对人类动机的过度疑心，一种把无心的伤害当作人身侮辱、自大狂和迫害狂的倾向，一种急于寻仇报复的心理和一种好斗性。她认为这些癖性尤其是现代国家彼此交往中的特点。她以为20世纪大国的沙文主义和黩武主义非常像奎亚加特印第安人在邻近部落或氏族践踏到他们的"权利"时所感到的屈辱和要猎取人头来洗涤这一耻辱的感情。她还指责自我中心狂、负罪感、强迫别人和自己一致的激情、浪费和贪婪以及竞争的残忍无情等，在她看来，这些都是从清教徒主义继承下来的精神性神经病的主要成分。

二、社会学与政治理论

当代世界主要社会学家之一莫里斯·金斯堡描述他的学科是"研究社会，即研究人类相互作用和相互关系的网和组织"。[2]这一定义是广泛的，足以包

---

〔1〕　转引自唐纳德·库克"鲁斯·本尼迪克特：文化中的人格"，载《新共和》（Donald Cook, "Ruth Benedict: Culture as Personality", *The New Republic*），第160期（1950年3月2日）。

〔2〕　《社会中的理性与非理性》（*Reason and Unreason in Society*），马萨诸塞州坎布里奇哈佛大学出版社1948年版，第1页。

括几乎从人类历史开始以来构成文化类型的每项成就、信仰、思想、风习、制度和传统。事实上，金斯堡宣称，他的这门科学关系到"对人类发生的一切相互关系"。[1] 在这种概念下，社会学与政治理论的关系似乎是不可避免的。有重要意义的是，19 世纪社会学的大多数伟大奠基人奥古斯特·孔德、赫伯特·斯宾塞、莱斯特·沃德和威廉·格拉厄姆·萨姆纳对国家的性质与目的感到的浓厚兴趣，和他们对一般社会问题感到的浓厚兴趣一样。

20 世纪早期对社会学理论作出最大贡献的可能是德国的马克斯·维贝尔。他生于 1864 年，父亲是国家自由党领袖和议会下院议员。他学的是法律，在柏林大学受聘为讲师。此后他在弗赖堡大学及海德堡大学先后任法学教授。在海德堡大学短期任职以后，他失去了健康，有四年时间陷于半残废状态。到 1916 年他开始能够参加一些公共事务，并成为最先激烈反对威廉二世统治的人物之一。1918 年他受聘为维也纳大学临时教授，一年后得到慕尼黑大学的正式聘任。同年他在起草魏玛宪法的委员会里工作，关于总统民选的规定被认为是由他创议的。不过他从来没有加入任何革命政党。由于他确信各种思想对历史进程的重要，他拒绝了马克思主义。他在历史学派影响下的法律研究，使他进一步对制度的性质及对法律的社会和经济背景进行了研究。他在 1920 年他的研究事业达到高峰的时候因患肺炎而逝世。

虽然马克斯·维贝尔没有建立什么系统理论，他对理解现代政治问题所作的贡献是精辟的和有见地的。最有挑战性的见解包含在《新教伦理和资本主义精神》（The Protestent Ethic and the Spirit of Capitalism）这部书里。维贝尔在这部著作中提出了一个论点，后来托尼在《宗教与资本主义的兴起》（Religion and the Rise of Capitalism）中和埃里奇·弗罗姆在《逃避自由》中都作了发挥。维贝尔争辩说，16 世纪的宗教革命在个人态度上和社会结构上，特别是在日耳曼国家，完成了一个惊人的变革。在这以前，天主教教会的松懈制度为基督教欧洲的大多数居民提供了安慰和安全。虽然它为僧侣和修女规定了苦行，但它没有向普通人强加这样严峻的清规戒律。在把"工作做好"作为苦行方法以及圣徒和圣母居间求祷的制度下，它使基督教的普通众生能够比较容易平静地通过这个苦难世界，并沉湎于来生得救的相当自信的希望。

---

[1]《社会中的理性与非理性》（Reason and Unreason in Society），马萨诸塞州坎布里奇哈佛大学出版社 1948 年版，第 1 页。

但新教主义的诞生使这一制度破产。经院生活被废除了，而苦行的清规戒律却被普遍接受。圣母和圣徒被贬黜了，人被引向直接面对一个严峻的希伯来上帝。在这个毫不宽容的神灵面前，除非能得到圣灵的昭示，保证个人成为一个得救的中选者，个人不过是一个堕落、卑微、一文不值、怨天尤人的虫豸。他存在的唯一理由似乎就是为了歌颂上帝。他能够通过崇拜、祷告、交什一税和遵守安息日来做到这一点，他还可以通过勤奋工作、节俭以及戒绝一切欢乐来做到这一点，以使他在上帝为他安排的"行业"中有可能取得成功。生活是真实的，生活是真挚的，虽然坟墓不是其最后归宿，等待着大部分人类的却只是比死亡还要坏的命运。"罪孽，忏悔，赎罪，赦免，接着又是罪孽，这个人类的天主教循环"一去不复返了。[1]

维贝尔并不把现代生活的种种趋势归咎于新教改革者。他承认悲观的个人主义因素和残忍的竞争因素能够回溯到久远的历史；他认识到路德的经济态度肯定是中世纪的。照维贝尔说，为现代的利己主义和资本主义的侵占性提供刺激的是加尔文主义而不是路德主义。加尔文主义者称赞活动是颂扬上帝的一种方法。勤于工作就是为上帝服务。最坏的恶行就是导致浪费时间的那些恶行——闲聊、滥饮、赌博、呆滞的冥想。追求感官的快乐也受谴责，至少部分是因为这妨碍勤俭节约。一个好的基督徒被认为是在某项职业中孜孜不倦地工作的。他这样工作不是为了从成功的感觉得到满足，而是因为这是上帝所规定的任务。按照他所积累的财富来衡量，他在工作中的成就愈大，他就愈可肯定他已完成了他的神圣任务。如果为了取得成功而需要采取残忍的方法，他用不着忧虑，因为人类实际上就是堕落了的野兽，没有值得尊重的权利。维贝尔确信，采取残暴竞争手段的资本主义的成长，加大了现代人的不满和疏远。他使人更富有了，但更不安全了。以后的问题就是或者"吃得好，或者睡得好"。中世纪的天主教提供了后一选择；加尔文主义者和他们的虔信派教徒、监理会教徒及浸礼会教徒同盟者则选择了前者。

维贝尔在其另一主要著作《社会和经济组织的理论》（*The Theory of Social and Economic Organization*）中讨论了权威问题。他异乎寻常地维护官僚政治，称赞官僚政治的效率和它的"平衡"效果。他心中所想的显然是专家管理的

---

〔1〕《新教伦理和资本主义精神》，塔尔科特·帕森斯译（*The Protestant Ethic and the Spirit of Capitalism*, trans. Talcott Parsons），伦敦艾伦—昂温公司1930年版，第117页。

政府，因为他给官僚政治下的定义是"根据认识而进行控制"。他描述了三种他所谓的"纯粹权威"——合理的、传统的和天授的。第一种他指的是以确信古老传统的神圣性为依据的权威。[1]所谓天授的权威，他指的是从某种被说成是神圣的来源中产生的，或者以非凡的英雄主义、超自然的力量或模范的品行为依据的权威。他把这一个词的起源追溯到早期基督教的语汇——天授，即"神赐的能力"。照维贝尔的说法，天授的权威不包括技巧或知识，不承认任何规则、习惯或传统。它没有经济的基础。真正天授的领袖绝不能为生活而工作。他不能比空中飞鸟更多地挂虑明天。他的追随者将自愿捐献来养活他，或者他将由上天来供给面包。具有天赋条件的领袖绝不是一个反动派，甚至不是一个保守派。相反，他是一个先知，一个革命者。他摒弃过去而要求一个新的体制。他要求所采取的形式可以是一种新宗教、一种苦行的道德理想、一种反对不虔信的圣战或者一个国民复兴纲领。维贝尔认为具有天赋条件的领袖包括耶稣、穆罕默德、教皇和两个拿破仑。[2]如果他能活到够长的年岁，他无疑会把甘地这样一个可敬的领袖也列入这个名单。

在国家起源理论方面有重要意义的是马克斯·维贝尔的同胞弗朗茨·奥本海默（1864—1943）。与大多数社会学家不同，奥本海默接受的是内科医生训练，他在弗赖堡大学获得医学博士学位。他在医务实践中很快就确信了社会和经济条件对工人阶级病人的健康和幸福的重要性。因此，他放弃了医务工作，在柏林大学专攻经济学和社会学，得到了哲学博士学位。1908年他发表了他最著名的著作《国家》（*The State*），该书已被译成世界上一切重要语言的译本。同年他成为柏林大学的教员，1917年升任教授。魏玛共和国成立后，他在法兰克福大学创立了一个讲座。在两次世界大战之间的时期，作为土地改革运动的一个领导者，他进行了打破容克地主庄园的圣战。他主张成立农业合作社区，作为解救工人阶级失业和贫困的方法。1940年纳粹党人夺取了他的财产并取消了他的退休金。他逃亡到美国，在洛杉矶落户，三年后就死在那里。

---

〔1〕 此处原文疑有误。照维贝尔原书，第一种他指的是以确信某些类型的规范性条规的"合法性"为依据的权威，第二种才是以确信古老传统的神圣性……见该书英译本第300页。——译者

〔2〕《社会和经济组织的理论》，汉密尔顿和塔尔科特·帕森斯译（*The Theory of Social and Economic Organization*，trans. A. M. Hamilton and Talcott Parsons），纽约牛津大学出版社1947年版，第328~330页、第339页。

奥本海默的国家起源理论和许多其他自认为是政治现实主义者的国家起源理论相似。他争辩说，国家产生于暴力，国家的原始奠基者是流浪的游牧者。他们从与肥沃流域邻近的山上走下来，把他们的意志强加给和平的农民。由于剥削了受害者的劳动并没收了受害者的财产，他们生活在恐惧中，怕报复行为和怕彻底反叛。为了保护自己，他们对暴乱或背叛行为规定了严厉的处罚，最后把这些规定以法典形式固定为"国家大法"。他们拥戴自己中间的一个为国王，又把国王的一些主要侍从提升为贵族。要做到这些，他们是有明显的优越条件的。他们是骑在马上的，因此有较好的装备进行进攻性战争。此外，他们的食物实际上是肉类和奶类，有高度的营养价值，所以游牧者有无限的精力。他们无论到了哪里，就向停滞的民族注入新生命。他们虽然可能残忍和作威作福，但建立了组织，规定了纪律，并创设了不平等的官阶和阶级。而这些，在奥本海默看来，作为国家的基础似乎是必要的。最后，游牧民族的人口增长迅速。游牧民族的婚姻形式普遍是多妻制，牲畜奶品的丰富缩短了"母亲的哺乳期，因此使更多的儿童出生和长大成人"。[1]结果是游牧民族定期地打破他们相对来说比较贫瘠的本土范围，而侵入并征服更多定居民族的领土。

奥本海默能够列出大量的历史证据来支持他的理论。过去有很多大帝国看来是由进行征服的游牧民族建立的。人类的三个蓄水库似乎一而再地把民族的洪水灌注到旧世界较肥沃的流域。巴比伦人、亚述人和迦勒底人从阿拉伯沙漠北面的草地走出来，相继征服底格里斯河及幼发拉底河流域。从中亚细亚草原跑出来的有米底亚人、波斯人、印度人，还有一些世纪以后的蒙古人。阿拉伯沙漠本身是希伯来移民到迦南地区的起点和穆斯林进行征服的起点。所有这些焦点地区都不适于农业，直到今天这些地区还是游牧民族居住的地方。因此，上述民族原来一定是在畜牧经济下生活的，并且是在游牧条件的压力下开始进行征服的。

但奥本海默忽视了其他重要地区，如尼罗河流域，直到大约纪元前1750年希克萨斯时代，游牧民族似乎还没有入侵。然而早在纪元前3200年，一个强有力的国家已经在埃及建立起来。也从未认识到上述人类学家们的发现，

[1]《国家，从社会学的观点看其历史及发展》，吉特尔曼译（ *The State, Its History and Development Viewed Sociologically*, trans. T. M. Gitterman），纽约先锋出版社1928年版，第42~43页。

这些发现似乎表明国家的起源和原始宗教组织的起源大致相同——即它是由于人要依靠他本身以外的媒介来得到有保证的食物供给才产生的。例如，为了求雨，人要贡献祭品或行祭礼来作为同神进行交易或订立契约的一部分。类似的相互安排或契约安排在部族成员中间发展了起来，以保证渔猎或种植和收获作物的成功。要行动有效率就要有领导和发布规则。也可能采取暴力和惩罚，但首先采取的似乎是由于互相依赖而产生的合作。

对政治理论作了值得重视的补充的两位美国社会学家是戴维·里斯曼和C. 赖特·米尔斯。里斯曼 1909 年生于费城，是一个德国医生的儿子。他在哈佛受教育，1931 年获得文学学士学位，1934 年获得法学学士学位。他在马萨诸塞州、纽约和哥伦比亚特区都获得了加入律师协会的条件。1935 年到 1936 年他任美国最高法院布兰代斯法官的书记。从 1937 年到 1941 年他任布法罗大学法学教授，后任纽约郡副助理区检察官一年。与此同时，他开始在华盛顿精神学校讲课。他与埃里奇·弗罗姆一道工作，博览了精神分析学和社会学方面的材料。他任斯佩里回转仪公司助理司库三年后发现了他的真正职业，是担任教师。1946 年他成为芝加哥大学社会科学客座教授，1949 年成为该大学教授。1958 年他被邀请为哈佛大学亨利·福特第二讲座教授。

在最先赢得声誉的《孤寂的群众》（The Lonely Crowd）一书中，里斯曼发展了一种几乎具有历史哲学广度的社会理论。他描述了他声称从中世纪结束以来就压倒西方人的两次革命。第一次革命包括文艺复兴、宗教改革、工商业革命以及 17 世纪至 19 世纪的政治变革。这次革命的效果是把人从中世纪社会集体的受传统束缚的存在中拉出来，使他成为一个个体。人类的巨大目标成为增加生产和征服物质环境。但是，近来在一些最发达的国家里，特别是在美国，这一革命又在让位给另一革命——与消费发生联系的革命。现在成为衡量尺度的是消费的能力而不是生产的能力。我们崇拜的人物不再是实业巨子而是体育和文娱活动的男女英雄了。甚至我们的政治家也可能更多是以风度和吸引力而不是以坦率和智慧来著称了。

里斯曼的社会发展理论是依据著名人口统计学家弗克兰·诺特斯坦的研究所提出的一项颇为可疑的人口假设发展起来的。按照这项假设，西方世界的人口趋势已经经历了三个阶段。第一个是具有"高度成长潜力"的阶段，当时的出生率和死亡率都达到了最高峰。结果，世代的更替极度迅速，人口的大部分都较年轻。在这个阶段占优势的社会性格类型是受传统引导的。里斯曼对这一点没有作出解释，但他的意思可能是说，个人湮灭在社会里就在实际上保证了屈服于传统。第二个阶段开始于 17 世纪，继续到 19 世纪末。这个阶段被称为"过渡的成长"阶段，其特点是由于医药的进步、疗养和公共卫生的改进而使死亡率下降。由于出生率仍高，结果造成"人口爆炸"。个人主义疯狂发展，这时发展起来的性格类型是内部引导的。大约在 20 世纪开始时，西方最发达的国家有迹象表明正在进入第三阶段，即"人口开始下降"阶段。由于日益工业化和城市化，出生率开始下降，里斯曼显然相信，出生率将终于降到一个甚至不能与死亡率相平衡的低度。或许在他撰写这本书时有过这种发展的证据，但是不容易找到。例如，在美国，从 1940 年到 1954 年，每千人中出生率从 17.9 上升到 24.6，而每千人的死亡率只从 10.8 下降到 9.2。里斯曼在人口开始减少的假定下争辩说，由此造成的性格类型将是他人引导的，这就是说，社会的典型成员将愈来愈变成遵从主义者，他将使自己的思想和欲望适应他周围的人们的期望和爱好。人口中间中年和老年比重的增大是产生这种态度的一个因素，或许还是一个主要因素。

里斯曼并不欢迎向'他人引导的社会'发展的趋势，这是最清楚不过的。确实，他撰写第二部最有名的著作《个人主义的重新考虑》（*Individualism Reconsidered*），主要就是为了抗击他所谓的"团体主义"的。他嘲笑那种认为除非我们做到"在价值准则上一致"，我们的民主社会就将崩溃的想法。他惧怕权力的扩大超过他惧怕财富的扩大，他认为与那"危险十分明显的'兵营国家'"相比，"不加钳制的个人主义"还是比较小的威胁。[1]他所选择的补救办法是"意识形态的多元主义"，在这个多元主义下，每一集团、教派和迷信都将自由遵循自己的特性；社会则将依靠天择的原则来淘汰那些反常的和对社会有害的。某种程序上的必要条件，如正当程序，可能必须具备，但这些条件与价值准则总的一致无关。

与此同时，里斯曼惋惜他人引导的倾向，他认为这可能部分地为现代社会的另一种倾向所抵消。他相信寡头政治和个人专制的危险在发达的国家里正在迅速消失。他争辩说，莫斯卡、米歇尔斯、帕雷托和伯恩汉，连同他们的寡头政治铁律以及他们那无所不在的中坚人物和"经理们"，统统都错了。

---

〔1〕《个人主义的重新考虑》（*Individualism Reconsidered*），加登城道布尔戴公司 1955 年版，第 26 页。

过去的领袖，连同他们那"让公众见鬼去罢"的态度，都已经从舞台上消失了。虽然一个偶尔的恩内斯特·韦尔或休厄尔·艾弗里统治像封建伯爵统治一个法人团体的管区一样，他们实际上是历史的残余。陆海军官和政客们也变得胆小谨慎，关心公共关系多于关心行使权威和权力。在一个像美国那样复杂的社会里，真正的统治者通常是"否决集团"，这种集团的成员很少提出建议，但有否定他人建议的能力。"今天在美国留下来的属于全国范围的仅有的领袖是那些能够安抚各种否决集团的人。今天在美国留下来仅有的追随者是那些无组织的而有时是解散了组织的不幸的人，他们还没有能创建自己的集团。"[1]如果这样描述是正确的，人们将难于想象，企业和政府怎么能够摆脱停滞状态。然而1945年以来的年代里，证明各公司提出的新政策比美国历史上任何同等时期都要多。在里斯曼看来，"新政"时代的主持者与其说是权力的代表者，不如说是"吸引力"的代表者。这一时代的丰富积极成就肯定不亚于伍德罗·威尔逊及西奥多·罗斯福这样一些出色人物的政府。

哥伦比亚的社会学家 C. 赖特·米尔斯（1916—）提出了一个大不相同的关于现代社会领导和权力的理论。他生长在得克萨斯州，在该州州立大学获得学士和硕士学位，在威斯康辛大学获得社会学和人类学方面的博士学位。1941年他被聘任为马里兰大学社会学副教授。五年后他接受了哥伦比亚大学的助教职务，1950年成为副教授，1956年升为教授。他还曾担任过威廉·阿兰森·怀特精神病学研究所的讲师，哥本哈根大学的富布赖特讲座教授，以及布兰代斯大学和芝加哥大学的客座教授。首先引起人们对他注意的一本书是《白领》（*White Collar*），这部书对美国中等阶级的习惯、风俗和道德进行了分析。他的著作还有《新权力人物》（*The New Man of Power*）、《性格与社会结构》（*Character and Social Structures*）及《拥有权力的突出人物》（*The Power Elite*）。

对米尔斯来说，不存在权力从衰落的贵族手里滑到否决集团手里的问题。相反，他把现代社会的权贵视为坚决而残忍的突出人物。他们的权力超过过去最高贵的君主。他问道，"凯撒的权力在其最盛的时候和苏俄或美国暂时的行政当局的不断变动的内层人物的权力比较，算得了什么？苏俄或美国的内层人物能在一夜里使许多大城市毁灭掉，在几夜里把几个大陆变为热核的废

---

[1] 与内森·格拉泽尔和鲁艾尔·丹尼合著《孤寂的群众：对美国人的性格变化的研究》（*The Lonely Crowd, A Study of the Changing American Character*, with Nathan Glazer and Reuel Denney），加登城道布尔戴公司1956年版，第247页。

墟"。[1]他把当代美国当权的突出人物描述为一批重叠交错的集团。在国家经济的顶层是主要的公司经理人员；在政治系统的顶层是主要的决策官员；在国防部门的顶层是徘徊在参谋长联席会议里外的"军人政治家"集团。其他国家寡头政治的性质大多是一样的，特别是在资本主义根深蒂固的地方。几乎在所有的地方都是权力结构日益交织在一起。在政府干预经济系统的同时，公司也干预政府的职能。

米尔斯并不认为进行统治的突出人物的几部分人在权力上是相等的。有时他指出操大权的是公司的富豪。他断言，金钱是一切之主和一切之王。它能为拥有金钱的人打通进入美国社会任何圈子的门路。结果，社会的一道道墙垣总是在被挖墙脚。它们一面被挖开缺口，一面又从下面重新建筑起来。此外，公司的头目现在支配着政界的董事会并把政客推到后台。但是另一些时候，米尔斯似乎又希望告诉我们，站在统治层顶端的是军人。他争辩说，暴力是权力的最终基础，是向权力挑战的人们的最后手段。在全世界，军阀都在爬上统治地位。1941年以前，他们在美国的影响有限。但目前因关键政策的决定以战略问题为转移，军人政治家和军人外交官就在权力结构的最高层取得了地位。远在军事领域以外的问题也得征询他们的意见。他们的机构提供研究津贴总数的85%和联邦政府总支出的半数以上。他们在各种公共委员会中所占的地位是这样的重要，以致许多公司采纳了这样的口号："为自己拉住一个将军。"不少大公司已经实行这个主意，这可从公司权力的位置上麦克阿瑟、克莱、杜利特尔和布莱德雷之类的人数得到证明。但是，照米尔斯的看法，在为了这种发展而"认为热战和冷战都是正常的和永久现象"[2]的美国，所有这种发展都是不可避免的。

在米尔斯看来，美国统治阶级似乎显然在丧失权力的一个部分是政治部分。他认为立法部门实际上正在缩小到无足轻重的地步。过去往往会制定成法律的措施，现在甚至已不向国会提出，而是由某个局或处的机关用命令的形式发布了。但是，米尔斯一方面承认权力重心在向行政部门转移，一面坚持行政部门的性质也在发生变化。旧时的政客，甚至职业官僚，正在被推到后台。行政领导逐渐落到"局外人"手里，大半是落到公司律师、投资银行

---

〔1〕《拥有权力的突出人物》，纽约牛津大学出版社1957年版，第22页。

〔2〕《拥有权力的突出人物》，纽约牛津大学出版社1957年版，第184页。

家、钢铁和汽车大亨和肥皂制造商手里。奇怪的是，他没有说司法部门是否也在转变或丧失权力。他本来很应该考虑到历史的见证，即在美国，政府的三大部门很少是势均力敌的。当立法与行政部门软弱的时期，司法通常就确立它的优势地位。或许米尔斯误把权力的循环当作权力的衰退。不过，其他方面也有很多关于某些权威削弱的证据。他指出，外交家从20世纪40年代以来不断地失势。当目的在于和平解决的谈判可能被看作是绥靖时，外交的作用是没有意义的。为国家之间近年来最重要的协议进行安排的，不是外交家而是军人。美国和西班牙的防御协定、北大西洋公约组织的成立、对占领的日本岛屿的处理甚至日本政府和日本经济的组织，是一些主要的例子。1953年朝鲜战争的结束是由一个"敞着领口不打领带"的将军谈判的。[1]

三、乌托邦敌对派

没有人会争辩说，每个空想家，无论是现在的或过去的，都是有学问的社会学家或人类学家。然而，每个熟习空想家的理论的人都会同意，除了少数例外，他们都在铸成人的命运和决定人的前途上把一个极其重大的作用归之于环境。从16世纪的托马斯·莫尔到19世纪的欧文派和傅立叶派，空想派思想的一个基本前提是：人是他的环境造成的，如果他希望有一个更美好的世界，他只要改正他的错误信仰和改正妨碍他的不公平的制度。人性善和社会进步有无限可能的各种学说受到18世纪启蒙运动的大力推动，所以它们持续到1850年，并且甚至以某些形式持续到19世纪末。但是在各种伪装下的一条蛇爬进了伊甸园。马尔萨斯主义就是这条蛇的一个形象。马尔萨斯从性欲的贪求中看到了一个因素，它将使消除贫困和减轻苦难的一切计划和方案遭到失败，而使贫困与苦难似乎成了神定的人类命运。达尔文主义，连同它那人类绝大多数的特质可追溯到兽的本源的说法，也加强了日益增长的悲观主义的势头。更不可能无视弗洛伊德的影响，他强调自私的本能，他还认为儿童一生下来就继承了杀人和血族相奸这些种族性的回忆，这些回忆在他的一生中都影响到他的性格。正如我们看到的，弗洛伊德一些严酷的学说部分地由于他抱有这样一个希望而得到补偿，即教育的发展将最终改变人的以自我为中心的遗传，不过公众大大忽视了这一较光明的看法。

---

〔1〕《拥有权力的突出人物》，纽约牛津大学出版社1957年版，第210页。

但是，助长人性尖刻概念的发展的重大影响力量，很可能是 1800 年以后一些主要哲学家和神学家所恢复的关于原始罪孽和普遍堕落的学说。其中的杰出人物为约瑟夫·德·麦斯特、索伦·基尔克哥、弗里德里希·尼采和尼古拉·别尔捷耶夫。他们在 20 世纪有了不愧师承的继承者克里斯托弗·道森、卡尔·巴尔特、埃米尔·布龙内尔和莱茵霍尔德·尼布尔。他们一致把人类看作是浸透了罪孽的生物，只有上帝的恩惠可以挽救人们不犯最令人作呕的罪恶。例如，麦斯特教导说，"人们忍不住要互相残杀"，他们残杀不仅为了可以辩解的理由，而且甚至为了取乐。克里斯托弗·道森认为，"人只有两条路可以选择：一条路到基督被钉死在十字架上的地方，另一条路到屠宰场"。[1]这样一些学说为人类进步的信念提供的是特别不适宜的气候。空想主义随着悲观主义和幻灭的增长而归于衰亡。到我们自己的时代，失望的态度非常流行，以致每种理想主义都变得令人可疑。特别是，社会主义者的乌托邦开始被定为讽刺的主题。但梦想一个科学的和有效率的新世界也引起同样的不信任。法国政治小说家安德烈·马尔罗宣称，对他来说，"科学意味着比基尼"——指的自然是 1946 年的原子弹试验。其他作家——特别是阿尔多斯·赫胥黎、乔治·奥韦尔和阿瑟·凯斯特勒——则以尖锐的讽刺，往往用模拟乌托邦的形式，力图散布他们对过去梦想的幻灭。他们倒不一定拒绝一切理想主义，但他们不承认那些用残暴无情和冷酷地追求效率来代替原来答应给人们的自由和人道的形式。因此，称他们为乌托邦敌对派比称他们为反乌托邦派似乎要好些。

阿尔多斯·赫胥黎是伟大的生物学家和不可知论者赫胥黎的孙子，1894年生于英国萨里。他在伊顿学校为上大学作准备，打算研究医学，但他得了眼角膜炎，几个月后几乎完全变成了盲人。而年后他恢复到一只眼的视力，可以用放大镜阅读。他进了牛津大学，专攻英国文学和语言学，1915 年获得了学位。他最后在《文坛》（The Athenaeum）编辑部得到一个位置，有了一点积蓄以后开始写小说。到 20 年代他已经成为这个冷嘲和世故时代的主要先驱。他的《音律对位》（Point Counter Point）和《滑稽的乡村舞》（Antic Hay）几乎对绝对的怀疑加以浪漫的理想化。后来他颇为突然地转向神秘主义，越来越寻求对吠陀经和其他东方宗教的深入了解。他得出的结论是，东方反物质

---

〔1〕　转引自什克拉尔：《在乌托邦以后》（Judith N. Shklar, After Utopia），第 19~20 页、第 200 页。

主义的和神秘的崇拜提供了最好的补救方法，来使个人从自我中心的根本无能为力的状态中解放出来。在他后来写的小说如《许多夏季后死了天鹅》（*After Many a Summer Dies the Swan*）和《时间一定有个停歇》（*Time Must Have a Stop*）中，他一直强烈地关心个人的和心理上的自由问题。他还采纳了这样一个神秘的学说作为一个主要的假定，即人的真正最终目的是"知道一切存在的内在和先验的道理"。

赫胥黎的讽刺小说《华丽的新世界》（*Brave New World*）发表于 1932 年，它标志着一个转变，从属于爵士时代的刺眼、闪光的小说转到后来感伤和反理智的作品。他所描述的华丽新世界是一个将在公元 2600 年左右到来的世界社会。一切都由国家所有和控制，居民的生活以惊人的效率严密地组织起来，为了达到生活的组织化而采用的主要技术有：优生学、条件反射、催眠学习（或睡眠中的思想训练）、舒麻（一种具有酒精的一切快感效力而没有"宿醉"的镇定药剂）、强烈激情的代用品、妊娠代替法和节育训练。基督教废除了；我们的天父（Our Lord）变成了我们的福特（Our Ford）；耶稣纪元改成了福特纪元；十字架变成 T。家庭也消灭了；人类不再是由母体胎生了，卵在试验管里培育而胚胎是在人工育种器里成长的。母道和父道的废除使出生前的条件调整有了可能。胚胎用化学溶液来处理以生产具有不同特点的子孙，从最优等的到半白痴的，其目的是保证有各种智力类型的适当比例以负担经济的各种任务。

这个华丽的新世界至少在表面上有许多吸引人的特点。战争是过去的残余。没有任何罪行或暴行，也没有残忍。疾病几乎消灭了，衰老的过程完全消灭，以致每人都能保持青春和活力到大约六十岁的时候，然后突然死去，整个强调的是舒适、福利和幸福。

然而，赫胥黎描述这样的社会是为了谴责这个社会。他暗示说，让人们满足，并不就使他们有创造力或头脑清醒，他们需要忍受痛苦、感到激情和经历危险。他们需要测量爱的情感深度，不只是为了享受它的肉体快乐。或许高于一切的是，他们需要崇拜、造孽和忏悔，倾听良心的声音，并且追求超越感官世界的知识和理解。

由于《华丽的新世界》发表在一个相对和平和宁静的时代，是在纳粹主义张牙舞爪、斯大林主义残酷镇压、裂变和聚变武器疯狂发展以前，人们可能认为该书的作者会回过头来把该书看作是描述一种完全可以忍受的情况。

但是，当 1958 年他完成《重访华丽的新世界》（*The Brave New World Revisited*）时，他还是认为原著里所描述的社会是一个恐怖之宫。主要的差别是他现在对恐怖袭击人以前给人的仁慈时期更不乐观了。在写前一著作时，他预期灾难的日子是在福特降生后第七世纪。到 1958 年恐怖事件已经是"就在拐角的地方"了。赫胥黎断言，恐怖之所以迫在眉睫是由三个因素促成的：人口过多、组织过多和"大众催眠"及其他形式的心理操纵过分发展。他预言，到 2000 年世界人口实际上将为现在总数的两倍。在已经过分拥挤和极度贫困化的国家里，人口将增长得最快。组织过多的因素将更为严重地影响先进国家。在几乎所有这些国家里，所有权和控制权的集中将以惊人的速度进行着。大企业需要有大政府，这两者联合在一起将窒息自由和扼杀个性。在赫胥黎看来，所有因素在某些方面威胁最大的是，操纵和利用人们心理的方法过分发展。他认为心理的条件调节、下意识的具体化、催眠学习和下意识劝说所取得的进展纯粹是邪恶。他担心独裁者将利用这些技巧来逼取自供、洗脑筋、灌输教条和使人们大量转为信仰各种各样的偏见和似是而非的教义。事实上，他援引了许多为了达到这些目的和类似目的而已经运用这些技巧的证据。

正如赫胥黎所看到的，这些病症的治疗方法自然来自病的性质。对人口过多的治疗法是节制生育并保护农业资源和增加粮食生产。对组织过多的治疗法是尽可能广泛地重新分配财产。他显然没有看出在这一解决办法和增加粮食生产之间有什么矛盾。分配大产业时将更加强调个人的重要性。赫胥黎坚决反对缩小个人遗传特点的一切努力。他不重视环境影响而教导一种大人物历史学说，这使人想起威廉·詹姆斯的理论。

为防止心理操纵的过分发展，赫胥黎主张采取某些禁止性的法律。但他首先强调的是自由教育。这将包括训练对宣传进行分析批判的能力——虽然训练不能太多，以免毁掉宗教和在灌输"价值准则"方面遇到太大的困难。必须教导青年珍视慈善和同情，珍视爱和智慧，但最重要的是珍视自由本身；因为没有自由，人类就永远不能是充分通情达理的。他对成功不抱乐观态度，因为他看不到人口过多和组织过多问题有现成的解决方法，而且他认为很多人太容易受到面包和杂耍的欺骗而放弃对自由的一切兴趣。他似乎还未想到，甚至在《华丽的新世界》里所描写的条件下，那种安全、福利和幸福的好处，对于生活在今天这个国际形势紧张的世界里经常受到氢弹屠杀威胁的人民来说，看来可能倒是令人向往的。

一个很不相同的敌对乌托邦的思想来自乔治·奥韦尔富有想象力的天才头脑。他的真名是埃里克·布莱尔。他 1903 年生于孟加拉的一个侨居印度的英国人家庭。据他自己说，他被送到伊顿上学，但浪费了时间，没有学到什么。他在驻缅甸的印度帝国警察局服务过五年。他辞了职，一部分原因是气候损害了他的健康，但主要还是因为他再不能忍受为帝国主义服务的工作；在他看来，这种工作完全是敲诈勒索。他回到欧洲，用了一年半时间在巴黎写没有人肯出版的小说和短篇故事。他的钱用完以后，便去洗碗碟并在收费少的私立学校当教师。他到 32 岁才能靠写作维持生活。1936 年他到西班牙站在共和政府一边参加内战。他在阿腊贡前线和马克思主义者联合工人党（托洛茨基派）在一起，服役了四个月，负了重伤。他回到英国，专心著书和种菜养鸡。他在西班牙和以后所看到的左翼政党的内部活动，使他厌弃了政治。有一个时期他是独立工党的成员，但在第二次世界大战开始时退了党。他在 1950 年 46 岁时因患结核病在伦敦逝世。

奥韦尔最有名的书《一九八四年》（Nineteen Eighty-Four）是一本最为名实相符的敌对乌托邦的书。它描述了一个和过去那些享乐主义的乌托邦正好相反的世界。那些乌托邦的创造者梦想一个相爱与和平的天堂，人人幸福并待人公平。奥韦尔想象的 1984 年的世界却是以仇恨为基础的。唯一能够容忍的情绪是恐惧、愤怒、胜利和自卑。除了走向痛苦和斗争外就不可能前进。世界上的国家已经减少到三个——大洋尼亚、欧亚细亚和东亚细亚——并且它们经常在进行战争。它们具有一样的意识形态，但意识形态的名称不同。它们的理论所包含的一些因素来自纳粹主义和苏维埃共产主义，再加上各种曲解和加工。各个社会的结构无疑都是一样的，虽然奥韦尔所描述的只限于大洋尼亚的社会结构。在金字塔顶端的是"大哥"，他是万能的并且是不会错的，但是没有人看到过他。紧靠在他下面的是"内层党"，包括约占全国人口 2% 的人数。再下来是"外层党"，它相当于国家的手臂，就和"内层党"相当于国家的头脑一样。在底层的是"普罗儿"或哑巴大众，包括大约 85% 的人口。这个制度是革命的产物，后来经过多次的清洗和反清洗，到 1970 年，除"大哥"本人而外，所有的领袖都互相残杀而死。此后他巩固了权力并使自己成为公民们一切谄媚、恐惧和效忠的中心点。

奥韦尔的 1984 年世界和赫胥黎的华丽的新世界只有一些相似之点。两者都建立在人性的柔顺这一假定上。大洋尼亚的统治者自夸说，他们不断地创造人性，把人性从革命前的类型完全改造过来了。两个体系都控制再生产，以便废除家庭并消灭除了对国家的效忠而外对其他一切方面的效忠。不过差别是更带根本性的。华丽的新世界的目标是增进效率，从而最大限度地增进舒适和一种像牛一般的幸福。大洋尼亚的目的是培养仇恨，使每人去打击他的邻人，并消灭每一种高尚的情操以为谄媚"大哥"做好准备。统治者们萦扰于权力狂，他们找不出别的办法来满足其权力狂，只有使人们忍受痛苦。对他们来说，权力就是一种虐待狂，就是使人受折磨和屈辱。赫胥黎的新世界是一个和平与满足的世界，而奥韦尔的"乌托邦"则是一个斗争、背信和恶魔似的残忍的世界，一个强制堕落和把整批屠杀当作示众场面的世界。最后，这两个世界的道德气候是极度不同的。按照赫胥黎的描绘，福特纪元第7世纪的世界几乎是超道德的。对于纵欲或追求欢乐并没有规定限制。说实在的，作为使群众满意的方法，这类事情还是受到鼓励的。与此相反，在大洋尼亚，好色荒淫是对国家的犯罪。因此作出系统的努力来消灭性爱的冲动。但是，尽管有清教徒式的说教，违犯的行动还是四处蔓延。犯罪、乱交、卖淫、敲诈勒索、贩卖毒品，对多数公民似乎是夸耀他们对这个制度的蔑视的合乎逻辑的方法。甚至反对者本身的道德也被流行的残暴和堕落败坏了。他们的领袖承认，如果在达到他的目的方面有必要，他会欺骗、伪造、讹诈、散播疾病或者把硫酸洒在儿童的脸上。

在乌托邦敌对派中，我们需要考虑的第三个作家是阿瑟·凯斯特勒，虽然他接近反乌托邦派的范畴。凯斯特勒1905年生于布达佩斯。在维也纳大学完成学业以后，他成为一家报馆驻中东的记者。1930年他被任为柏林报纸《柏林晌午报》(*B. Z. am Mittag*) 的外事编辑。次年他加入共产党，但在1936年莫斯科大审讯以后退了党。西班牙内战爆发时，他作为伦敦《新闻纪事报》(*News Chronicle*) 的记者前往战争前线。他被暴乱党（佛朗哥党）俘虏并被作为间谍判处死刑。他在监狱里挨过了一百天，等待随时被执行枪决。但是英国的抗议延迟了他的处决，最后他与另一俘虏作了交换。第二次世界大战爆发时他在法国，被作为敌国侨民而逮捕和拘禁。五个月后获得释放，他便着手完成他的杰出小说，然后参加了英国陆军。这部小说《中午的黑暗》(*Darkness of the Noon*)，叙述的是莫斯科大审讯。在巧妙的心理折磨之下，主人公的整个人格改变了，不仅供认了他从未犯过的具体罪行，而且出卖了他的同事并控告自己是流氓和卖国贼。虽然这被广泛地赞扬为对莫斯科大审讯中被告人的卑鄙行为的一个说明，凯斯特勒的解释未来可以建立在更为牢固的基础上，如果他考虑到巴甫洛夫在对健全动物的心理实验引起神经病和完全丧失理智上所取得的成就的话。[1]似乎有理由设想苏维埃的检察官们是知道这类实验的。

凯斯特勒在瑜伽信奉者的哲学和这位人民委员的哲学的著名对比上发展了他的敌对乌托邦的观点。他指出，瑜伽信奉者相信，一个较好的世界绝不能由于改变社会组织或社会制度而产生。相反，一切进步依靠个人赎过和净化。人类只有完全涤去了自己的自私、嫉妒和憎恨，才能希望使周围的世界成为和平而和谐的世界。瑜伽哲学自然在东方思想中很流行，特别是在印度。在弗兰克·布克曼的重整道德运动里也可找到它的典型表现。

与瑜伽信奉者观点相反的另一个极端是这个人民委员的观点。照凯斯特勒的想象，这个人民委员的哲学是建立在从外界改变的原则上的。人民委员相信，抓住"可悲的事物性质的整体"并把它粉碎是新社会的一个先决条件。他只对目的感兴趣，对手段不感兴趣，因此他毫不犹豫地运用诡计、没收、流血清洗或者革命。由于他极其重视环境并嘲笑改变个人的必要，他就属于乌托邦的阵营。然而，照凯斯特勒看，用这个人民委员的方法建立新圣地的一切企图都失败了。这些企图或者堕落为恐怖统治，或者丧失了势头而以灾难性的妥协告终。但是，大规模地从内部改造世界也已证明是徒劳的。过分集中在手段上导向清静无力、消极被动和接受邪恶。对环境不关心意味着村庄没有下水道和市区贫民窟的无助居民像老鼠一样乱七八糟地生活在一堆乱草里。虽然凯斯特勒肯定宁愿采取瑜伽信奉者的方法而不采取人民委员的方法，但他得出结论说，"圣哲或人民委员都不能拯救我们；只有二者综合起来"。[2]不过，他对能否做到二者综合起来并不乐观。[3]

---

〔1〕 伊凡·巴甫洛夫：《条件反射与精神病学》，见《条件反射讲演录》，W. H. 格兰特译（Ivan Pavlov, "Conditioned Reflexes and Psychiatry", *Lectures on Conditioned Reflexes*, trans. W. H. Grant），纽约国际出版社 1941 年版，第 2 页。

〔2〕《瑜伽信奉者和人民委员》（*The Yogi and the Commissar*），纽约麦克米伦公司 1948 年版，第 247 页。

〔3〕 在后来的一本书《夜贼》（*Thieves in the Night*）里，他表示的意见是，原始的本能太强，以致暴行是不可避免的。他似乎是在辩解甚至颂扬暴行是逃避屈辱和忍受不住的压迫的方法。他让书中的一个人物这样说，"把一个指头按在硬金属板机上因而被吊死，还唱着国歌，这多么奢侈"。

考察那些讨论环境条件对政治学说的作用的著作以后，一个不可磨灭的印象是悲观主义的有害气氛似乎笼罩了现代世界。很多人看来都把人性是卑鄙的这一点看成公理，因此希望在这个阴郁的世界上有任何真正的进步，那是愚蠢的。狂热主义、暴行、专制和战争也就被说成是我们从人类这样猪狗一般的生物那里所能期望的一切。除非人们丢开自恃和对自己的智力的骄傲而采取某种神秘的自卑态度和自我降服的做法，他们所能盼到的将是一些新的贝尔森和达豪，[1]或者至少是极权的奴役。我们似乎有危险掉入上一世纪许多达尔文主义者所陷入的陷阱。那些达尔文主义者的注意力完全倾注在竞赛的甚至激烈的生存斗争的思想上，以致他们不能赞赏进化过程中的许多积极因素。克鲁泡特金在他的《互助：进化中的一个因素》（*Mutual Aid：a Factor in Evolution*）中指出了这些，但这一著作只引起一般的反响。现在我们又有许多类似的哲学家和社会学家，他们受到加尔文派、霍布斯派、基尔克哥派或弗洛伊德派对人性的成见很大的蒙蔽，以致他们看到的仅仅是社会进步的可能性十分渺茫。

有意义的是，对于人的前途抱着最为宽厚的见解的社会科学家是人类学家。他们才是对社会起源的事实钻研最为深邃的人。他们没有发现有什么东西可以用来维护在原始社会里斗争和暴行是普遍存在的情况这一假定。他们没有发现虐待狂、好斗、征服或统治的先天倾向。相反，他们发现的是合作、互助和互惠交易的证据。他们并不坚持说，这些倾向来自一种基本上像天使一般的人性；但他们的确有证据说明，甚至最原始的人也有足够的智慧能认识到，在一起工作要比冒暴行和流血的危险好得多。认为国家只不过是以征服为基础的暴力组织的政治哲学家和其他人，深思一下人类学的材料可能是有益的。

---

[1]　贝尔森（Belsen）和达豪（Dachau）都是纳粹德国的集中营所在地。——译者

第四编　世界冲突与世界秩序的学说

第十四章　民族主义及其反对思想

民族主义一般被界说为一种以民族意识为基础的纲领或理想。这种感觉或意识可能以若干因素为基础。一个民族可以由于种族、语言、宗教或文化的特点而把自己看作一个民族。不过，在大多数情况下，把不同的群体结合在一起的因素是共同的历史和对未来的共同愿望或对共同命运的信念。只有像这样的因素才能解释比利时、瑞士和加拿大都是民族，因为这三个民族在语言和宗教上或兼在语言宗教上都存在着重大差异，更不用说人种上的不同背景了。

近代世界的民族主义，在法国大革命博爱理想的熏陶下，经历了两个阶段的演变。从1800年到1848年左右，民族主义不过是对某一文化和语系的群体的效忠情绪或者是摆脱外来压迫的热望。从1848年以后，民族主义发展成一种侵略性的运动，争取民族的伟大，争取使每个民族有权把自己的统治扩张到相似的民族或有关的民族中去，而不管后者是否同意。在我们自己这个时代，原来的为求解放的民族主义有时也出现，但太常见的则是堕落成侵略、排外类型的民族主义。

一、19世纪的传统

像其他每种运动一样，民族主义也有它的倡导者和先驱者，他们发明理论不仅是为了维护民族主义，而且要在它们的信徒心中扩大它的意义。在这些倡导者中间，19世纪时期有三个人比较突出，一个法国人，一个意大利人，还有一个德国人。法国人是有名的历史家和文学家厄内斯特·勒南（1823—1892）。他开始受的教育是准备做僧侣，但在接受僧侣职位以前放弃了原来的教育，转而学习科学和语言学。后来他得到了哲学博士学位。1864年他受聘为法兰西学院的希伯来语和迦勒底语教授，但是在教会压力下，不久即被调到国立图书馆一个较低的位置上。他的著作卷帙浩繁，涉及的题目从种族和宗教到艺术和战争各个方面。他一生中最烦恼的经历可能是普法战争。在这以前，他崇尚德国人是思想和文化的领袖。在德国人入侵和征服了他所热爱的法兰西以后，他深深地感到幻灭。他似乎不理解他自己所传播的民族主义就是造成这种灾难的一个有利因素。

　　勒南以高度理想化的形式构成他对民族的概念。没有任何经济的或地理的世俗因素污染过他的思维，甚至历史也属于次要的考虑。他说，一个民族愿意成为一个民族就应该忘掉其历史的一部分，正如法国人不能不忘掉圣巴塞洛缪节大屠杀[1]和图卢兹雷蒙伯爵对阿比金色斯教徒的杀戮那样。那么，是什么构成一个民族呢？照勒南说，"一个民族是一个灵魂、一个精神原则"。一个属于过去和一个属于现在的两件事合在一起构成了这个灵魂和精神原则。第一是具有许多可回忆的丰富传统；第二是要生活在一起和尽量发挥共同传统的愿望。所谓回忆，勒南显然不是指历史，而是指一种民族的神话或神秘性，它将纪念过去的光荣和尊崇过去的艰苦。"共同受苦，共同欢乐和共同希望"——这些就是造成民族的东西。自然，并不是永恒的。民族有其开始，有其结束。最后，在一个大不相同的世界里，民族可能为一些邦联所代替。但假定世界是目前的情况，各个民族的消失将是一个大灾难。"它们的存在是对自由的保障，如果世界只有一套法律和一个主子，对自由的保障就会丧失。"不错，法律多和主子多是会引起冲突的，但这并没有使勒南发愁。他辩解战争是进步的一个条件，是"阻止一个国家陷于酣睡的刺激剂"。[2]

　　和勒南同样极端的是意大利民族主义者朱塞普·马志尼（1805—1872）。他是一个内科医生的儿子，在热那亚大学读书，希望继承父业，但因对解剖手术反感而迫使他以法学结业。其实，他的真正兴趣是在文学，不久他就转为以写作为谋生手段。他是一个热情的浪漫主义者，他的论文和文章对爱国事业充满热烈的感情。大约1828年，他加入了烧炭党，此后便献身于意大利的解放和意大利在一个共和政府下的统一。他一次又一次地参加危险任务，几度被捕入狱，至少有两次被判死刑。他一生最好的岁月都在监禁或流放中

────────

〔1〕　指1572年8月24日圣巴塞洛缪节，巴黎及一些省在法国国王查理九世的母亲教唆下对加尔文派教徒的大屠杀，据估计约有五万人被杀害。——译者

〔2〕　"什么是一个民族?"，艾尔弗雷德·齐默恩编：《近代政治学说》（Alfred Zimmern, ed., "What is a Nation?" *Modern Political Doctrines*），伦敦牛津大学出版社1939年版，第202~204页。

度过，忍受着穷困和孤寂。国家统一以后，他被选入议会作为代表墨西拿的议员；但由于新意大利政府是君主政体，他拒绝就职。

马志尼的民族主义概念和勒南的概念有显著的不同。和这位法国人不一样，这位意大利解放者突出地把地理和语言作为民族条件的基础。他断言，阿尔卑斯山和地中海规定了意大利民族的界限。语言也起了这个作用。凡是说意大利语的地方，就是意大利人民的家园。这一前提才使科西嘉、萨丁尼亚和西西里划入意大利版图。不过马志尼也注意精神基础，他说，意大利地理边疆的完成证明了上帝对建立意大利民族的意旨。不仅如此，他还争辩说，上帝选定意大利肩负一项对全人类的使命。上帝任命意大利担负文明世界的领导，就像它在古罗马时期和伟大的文艺复兴时期所做过的那样。他完全忽视了这一点，即意大利在文艺复兴时期维持其领导时甚至没有一点统一的影子。

但对马志尼来说，民族统一仅仅是更大的命运的前奏。离开了民族，个人便算不了什么。他"既没有姓名、标志、声音，也没有权利"，在"人们的同胞关系中"[1]也没有作为一个兄弟的成员资格，他是一个没有旗帜的兵，没有能力对其余人类尽他的义务。但是，作为刚强的意大利民族并拥有它的自豪传统和伟大感的一个成员，他就能够在形成欧洲命运上实现一项崇高的任务。由于马志尼承认其他民族有类似的虽然不那么光辉的使命，他所想象的最后目标是人类以增进人类道德的共同协议而联合成为一个共和联邦。虽然他多次强烈地呼吁意大利青年必要时为国家的光荣而战斗和牺牲，他始终是自由的热烈维护者和专制的反对者。他的理想主义，像19世纪许多其他民族主义者的理想主义一样，和他们的20世纪继承者的权力主义及沙文主义形成鲜明的对比。

德国历史学家和哲学家海因里希·冯·特赖奇克（1834—1896），通常更被认为是一个帝国主义者和强权政治的倡导者而不是一个民族主义者。在黑格尔传统的影响下，他神化了国家；但是他心目中所指的是民族—国家，同时他是德意志帝国中最激烈的种族主义者和反犹太主义者。他生于德累斯顿，父亲是萨克森军队里的一个军官。在他的早期经历中，他因自由主义的信念

---

[1]《人的义务及其他论文集》，托马斯·奥凯译（*The Duties of Man and Other Essays*, trans. Thomas Okey），纽约达顿公司1915年版，第53页。

而非常出名，以至于他未能实现其要成为教授的雄心，虽然他在莱比锡和波恩大学学习时成绩是优异的。他成为普鲁士子民并宣扬德意志各邦的命运和普鲁士的命运分不开的见解后，终于实现了他的目标。他得到的报酬是接连被委任为基尔、海德堡和柏林大学的教授。他完全抛弃了自由主义，而穿上了霍恩佐伦王朝主要赞颂者的道袍。虽然他支持俾斯麦向社会主义者和天主教派作战，但他在鼓吹殖民扩张上和这位铁血宰相分手了。他还大力助长了19世纪末德国的强烈反英情绪。

在特赖奇克的政治学说中，"民族"和"国家"这两个词常常是交替使用的。他认为国家和人类本身同样古老，但他不能想象一个近代国家除了在民族的基础上如何能够存在。他嘲笑一个世界国家的想法，而且教导说，他的时代的每一个人都感到自己是一个德意志人、一个法兰西人、一个英国人，而不是整个人类的一个成员。他认为，一个民族要编造一些伟大的神话，夸大或者甚至诡称自己的业绩，那是自然的而且是无可非议的。他说，"每个民族都有权相信神圣理性的某些特点在本民族中得到了最充分完美的体现"。他认为，各民族只能在可以与达尔文的生存斗争相比的紧张竞争下才能兴盛和繁荣。对特赖奇克来说，这意味着战争的永久性和不可避免性。没有战争，国家便不能生存。一切都是通过战争而起源的，通过武装力量来保护自己的公民，始终是一个民族的首要和基本任务。运用宝剑来征服是文明能战胜"野蛮和无理性"的主要手段。此外，战争提供了拯救人类使之免于自私、软弱和物质主义的方法。由于这些理由，上帝将让战争一次又一次地来到，以作为"对不健全的人类的一种可怕的药物"。[1]

特赖奇克的民族主义极端保守。他不仅为强权政治的方法辩护，而且他坚持"用任何可能手段"取得殖民地的紧迫性。在特赖奇克看来，民族的结合也要求社会有一个阶级结构。他声言，社会有机体的本身性质就暗含其成员有社会地位和经济条件的不同。虽然减轻困苦是政府的义务，但消除贫困既不可能也不可取。群众永远是群众，不可能存在"没有侍女的文化"。[2]

---

〔1〕《政治学》，布兰奇·达格代尔和托本·德·比耶译（*Politics*, trans. Blanche Dugdale and Torben de Bille），纽约麦克米伦公司1916年版，第1卷，第15页、第19页、第65页、第69页。

〔2〕《政治学》，布兰奇·达格代尔和托本·德·比耶译（*Politics*, trans. Blanche Dugdale and Torben de Bille）第1卷，纽约麦克米伦公司1916年版，第42页。

二、从马汉和西奥多·罗斯福到纳赛尔和恩克鲁玛

20 世纪的民族主义非常像 19 世纪创立的典型。像较早时期一样，有时它采取民族独立斗争或摆脱外来统治的形式。带有这种特点的例子是印度、印度尼西亚、英法的非洲属地、奥匈帝国和俄罗斯帝国统治下的斯拉夫各民族以及中东以色列和阿拉伯的附属国的民族运动。此外，某些已经独立的国家也经过了无拘无束的民族复兴时期。它们中间突出的是埃及、土耳其、波斯。不管它的目标是什么，运动越来越凶猛。在较早时期里几乎不可能找到相当于一个马里内蒂或一个夏尔·莫腊那种狂热和野蛮的人，更不用说像一个希特勒和一个戈培尔的人了。甚至像第一次世界大战期间比利时的大主教梅尔西埃主教也能够断言："耶稣表扬军事的勇猛"，为保卫国家光荣而死去可以使战士的"灵魂得到拯救"。这位杰出的主教没有能把垂死的战士由于曾对邪恶进行武装抵抗而划归在殉道者一类，但他的确宣称，战死疆场"可以抹去一生的罪孽"。[1]

为 20 世纪不加鉴别的民族主义定下标准的无数作家中，或许没有比马汉海军上将和西奥多·罗斯福这两个美国人更典型的了。艾尔弗雷德·塞耶·马汉生于 1840 年，是西点军校工程学教授的儿子。他毕业于海军专门学校，在舰上服役几年后被派往新港的军事学院讲课，最后成为该校校长。他的两本书《海上霸权对历史的影响（1660—1783 年）》（*The Influence of Sea Power upon History*，1660—1783）和《海上霸权对法兰西革命和帝国的影响》（*The Influence of Sea Power upon The French Revolution and Empire*）引起了全世界对他的注意，并为西奥多·罗斯福和德皇恺撒的海军理论提供了根据。马汉在 1914 年去世以前对他的时代各国国家政策所发生的影响可能比其他人都大。

马汉的民族主义理论是放任的个人主义和清教徒的道德主义两种思想的混合。按照他的概念，民族是从事生存和权力竞争的主权单位。这一斗争使国际社会得以健康和健全。正如实业界敌对企业家之间的竞赛应该为最大多数带来最大的利益一样，民族间的竞争也可以指望得出同样的结果。建立任何种类的世界政府都会违反这个原则。马汉警告说，民族主义的衰落将毁坏

---

[1] 转引自恩内斯特·坎托罗维奇："中世纪政治思想中的为祖国而死"，载《美国历史评论》（Ernst Kantorowicz, "Pro Patria Mori in Medieval Political Thought," *American Historical Review*）第 56 卷，1951 年版，第 472 页。

可以预防"对社会主义有坏处的事物"的最好药物。[1]此外，它将削弱西方各国人民成功地对付"中亚和北亚人数众多"的威胁的能力。[2]马汉不仅反对世界政府，也反对强制性仲裁。他担心任何强制各民族仲裁或协调分歧的要求将导致不公正的妥协。人们将易于损害平等和容忍非正义的事情，而"用来安慰良心的信仰是：战争是彻头彻尾错误的，以致与之相比，任何得到容忍的邪恶都不算错误"。[3]最后，还应当注意到，马汉认为孤立主义和真正的民族主义并不一致。他相信美国的一个使命就是要强大，要在国际事务上发挥积极的影响。像英国在19世纪那样，美国应当把其重量放到天平上并在欧洲和远东保持力量均势。担负起它所应担负的那一部分世界重担只不过是"在维护文明的共同利益这一工作中承担一项不可避免的任务，一个指定的命运"。[4]

没有一个大师的门徒比马汉遇到的年轻而热情奔放的西奥多·罗斯福（1858—1919）更为忠实。1897年麦金莱总统任命罗斯福为海军部助理部长。他在这个职位上利用一切机会为美国推行有力的帝国外交政策。一般认为，在海军部长短期外出期间，他曾负责策动政府批准进攻菲律宾群岛。但他在"光荣的小战争"中发现案头工作太平淡，不久他就作为骑兵团中校转赴古巴战争前线。在圣胡安山战役后，他自豪地报道说，他曾"像杀一个长耳朵兔子那样"亲手杀死了一个西班牙人。他作为一个战争英雄凯旋，在1898年被选为纽约州长，两年后当选为美国副总统。但他不管自己所处的地位如何，从没有放弃对"大胆行为"的追逐。1917年59岁时，他大声疾呼要求带领远征队对德作战的权利，由于这个请求没有获准，他深感不快。他的个人信仰和他的毕生经历是协调的，1897年他在海军作战学院说，"所有伟大的有主人气派的种族，都是战斗的种族"。

对西奥多·罗斯福来说，献身于本民族的团结和伟大是人类生存的最高

---

〔1〕《现在及将来美国在海洋霸权上的利益》（*The Interest of America in Sea Power Present and Future*），波士顿利特尔—布朗公司1898年版，第122页。

〔2〕《现在及将来美国在海洋霸权上的利益》（*The Interest of America in Sea Power Present and Future*），波士顿利特尔—布朗公司1898年版，第123页。

〔3〕"和平会议与战争的道德方面"，载《北美评论》（"The Peace Conference and the Moral Aspects of War"，*North American Review*）第169期。

〔4〕《现在及将来美国在海洋霸权上的利益》（*The Interest of America in Sea Power Present and Future*），波士顿利特尔—布朗公司1898年版，第123页。

目的。它是一个与崇拜唯一的上帝同样神圣和同样需要的目的。他断言，"一个爱别的民族像爱本民族一样的人，和爱别的女人像爱自己的妻子一样的人是站在同等地位的"。[1]他说，凡赞同《我养育我的儿子不是为了当兵》这首歌曲的女人，应当在东方的闺阁中，而不应当在美国。罗斯福靠近法西斯主义边缘足以与美国历史上任何显耀人物相比。他作为总统的主要目标是把每个阶级和每种特殊利益从属于国家的权威。他几乎同样猛烈地进行了反对激进派、垄断资本家和工会领袖的圣战。诚然，他倡导改革，但通常是为了把某一阶级或集团摆"在它应有的位置上"。他颂扬权力和实力，为使用带甲的拳头辩护。当德国人 1914 年侵占比利时的时候，他采取的态度是为了必要就不能顾及法律，如果德国不是无情地进行活动，灾难就会成为它的命运。他说，德皇的宠幸们证明自己是"坚定、刚强和有主人翁气派的民族"[2]。罗斯福还拥护法西斯蒂——马基雅弗利的"有生气的"民族的概念。他叫嚷道，"当伟大的民族惧怕扩张时，那是因为他们的伟大即将结束。当我们还在青年奋发有为的时候，还在我们光荣的成年时期刚开始的时候，难道我们要和那些破落的民族为伍，和那些弱者、懦夫们在一起吗？一千个不行！"[3]

大不列颠在其光辉的太阳开始明显降落以前，特别是 20 世纪早期，也有它坦率的民族主义者。拉迪亚德·基普林能够虔诚地描绘英国"长满棕榈和松柏的领地"是上帝本身那么高的权威特许的。不过，要对其民族伟大做理论上的维护，便有必要查阅伦敦女王学院著名历史家克兰布的著作。约翰·亚当·克兰布生于 1862 年，死于第一次世界大战前夕。他在格拉斯哥大学和波恩大学受的教育，1893 年被任命为女王学院的近代史教授。他作为政治思想家的重要性主要依靠两本书：《论大英帝国的起源和命运》(*Reflections on the Origins and Destiny of Imperial Britain*) 和《德国与英国》(*Germany and England*)。他不仅是一个民族主义者和帝国主义者，而且是一个极端坚决的军国主义者，所以在他看来，甚至特赖奇克和伯恩哈迪最激烈的滔滔言论都似乎

---

〔1〕《敬畏上帝并尽你的责任》(*Fear God and Take Your Own Part*)，纽约乔治·多兰公司 1916 年版，第 18 页。

〔2〕"世界大战：它的悲剧和它的教训"，载《展望》("The World War: Its Tragedies and Its Lessons", *The Outlook*)，第 108 期（1914 年 9 月 23 日）。

〔3〕转引自理查德·霍夫施塔特：《美国政治传统和形成传统的人》(Quoted by Richard Hofstadter, *The American Political Tradition and the Man Who Made It*)，纽约诺夫公司 1948 年版，第 209 页。

是公平合理的。事实上，他对德意志帝国有一种奇特的崇敬，认为它是条顿精神的最高体现。因此，值得注意的是，在第一次世界大战以前和大战期间，在英国和美国，他的著作竟变成了反德宣传的主要武器。

克兰布以几乎是宗教的热忱来尊崇英国的民族。的确，他实际上把英国民族与上帝等同起来。他把战场上一个英国士兵的死描写为这样一种牺牲，它为的是"这个神秘的、不死的、奋斗向前的力量，叫它上帝也罢，叫它命运也罢——但还是叫英格兰罢，因为它就是英格兰啊"。[1]他鄙视和平主义者以及迷恋享乐和温柔生活的人，鼓吹为英雄主义、理想主义和牺牲而献身。他争辩说，在忍受痛苦和自我克制中有光荣，它是超越理性的。人的生活不完全靠面包，而且靠事业和情操使他超越尘世生活的焦虑和利益。例如，"在战争和战争的权利中，人拥有一种在人看来其价值高于宗教、工业和社会舒适的东西；人在战争里所珍贵的是为生命所提供的上升到超乎生命之上的力量，即人的精神所具有的那种追求理想的力量"。[2]对克兰布来说，民族之间正常的和自然的关系就是冲突。他认为和平只不过是时间战场上的暂时休战。在他看来，没有比英德战争的不可避免性更为明白的道理。两个民族都赋有经营帝国的天才，不能想象德国会继续容忍它的贪婪敌手垄断地球的四分之一。这样一场战争是一个悲剧，但是一个壮烈的悲剧；因为同样的英雄血液在两个民族的血管中奔流。所有条顿人的伟大之神俯瞰这一冲突，"对其宠爱的子女，英国人和德国人"投于生死决斗，将露出从容的微笑。[3]

德国在20世纪初期成了显眼的民族主义中心，这是几乎无须多说的。它的东西边界都是潜在的敌人，它因而形成了一种恐惧的精神状态。德国的浪漫主义者在一百多年的时间里，从费希特和赫德尔在华格纳和施特克尔，培育了一种把德国精神神化的崇拜。争取帝国统一的长期斗争使统一的目标显得非常重要并在德国人心灵里灌注了一种热衷于民族利益的狂热情绪。嫉羡和贪婪也助长了追求伟大的癫狂心理。鼓吹扩张帝国的宣传家把他们的民族描绘为不公正和经济贫困的受害者。由于统一实现得很晚，他们声言，德国没有得到公平的机会来分享在亚非进行殖民扩张而掠夺的战利品。结果，它在1900年后发现自己有一个萌芽的工业和上升的人口，除了非洲和南太平洋

---

〔1〕《德国与英国》，纽约达顿公司1914年版，第141页。
〔2〕《德国与英国》，纽约达顿公司1914年版，第67页。
〔3〕《德国与英国》，纽约达顿公司1914年版，第152页。

的几块贫瘠沙地外，再没有什么地方可以支援祖国。结论似乎很明显，它必须或者从帝国主义列强那里夺取一些殖民地，或者征服邻国在欧洲或亚洲的领土。

第一次世界大战以前和大战期间最知名的德国侵略主义者可能是弗雷德里希·冯·伯恩哈迪（1849—1930）。在英国和美国，他的暴烈的军国主义被认为真正代表德国思想，因而也被认为是德国邪恶行为的确实证明。伯恩哈迪生于圣彼得堡，他的父亲是一个外交人员。他参加普鲁士陆军时赶上了参加普法战争。他虽然只是一个带领六个骑兵的中尉，实际上获得了占领巴黎的功绩。1907 年他升任第七军团司令，但两年后便退休了，把时间全部用于军事著述。他 1912 年出版的《德国与下一次战争》（*Germany and the Next War*）英译本刚一出版便引起了轰动。这本书的中心论题是 Weltmacht oder Niedergang，这个用语通常被译为"统治世界否则崩溃"，虽然作者坚持说，他的意思只是德国必须成为一个世界强国，否则便要受到崩溃的惩罚。

伯恩哈迪的政治理论基本上是特赖奇克理论的翻版，只有一点例外，即他在维护战争是国家政策的工具上超过了他的前辈。根据他的想象，德国处于敌人的包围中，各方面都围绕着忌妒而敌对的国家。这种仇视一部分是它处于大陆中心的地理位置引起的，但也由于作为最后一个有待巩固的大帝国，它需要以有力的方式行使它的权利。这样它就冒犯了许多国家和引起十几个邻国的敌视。因此，它的地位非常危险，必须准备打开一条出路。他抱怨说，德国人过深地沉溺于热爱和平。他们过久地满足于欧洲在思想上的领导。和平主义腐蚀了他们的灵魂，并使他们的身体贫血。现在他们必须改变态度，不是把战争看成一种诅咒，而是必须承认战争为"文化的一个不可缺少的因素，一个真正文明的民族在其中能找到力量和生命力的最高表现"[1]他争论说，战争是一种使人高尚的工具，是教诲民族理想和加强道德力量的主要手段。战争远非反基督教的，而是和耶稣的教义完全一致。因为基督不是说过"我带到世间来的不是和平而是宝剑"吗？这个世界从来就不知道有什么宗教比基督教更好战的。"战斗，道德的战斗，就是它的精髓。"[2]因此，在伯恩哈迪看来，如果我们要保持基督教，就必须保持斗争的法则，保持诉诸武力的权利。

---

〔1〕《德国与下一次战争》，伦敦朗曼斯公司 1914 年版，第 14 页。
〔2〕《德国与下一次战争》，伦敦朗曼斯公司 1914 年版，第 29 页。

伯恩哈迪轻率地断言他相信德国有辉煌的命运。他争论说，没有一个民族对人类的整个发展有过更多或甚至相等的贡献。德国是真正自由的发祥地。它一直是自由思想的旗手，同时是反对破坏自由的无政府状态和放肆行为的强大堡垒。伯恩哈迪把宗教改革运动和康德的《纯理性批判》（*Critique of Pure Reason*）看作人类解放的两个主要里程碑；而德国是二者的发源地。宗教改革打破了教会"阻止一切自由进步"的思想专制。《纯理性批判》暴露了漫无边际的哲学玄想的荒谬，为人类心灵划定了"其求知能力的界限，同时指出了用什么方法才能真正取得知识"。[1]他的意思是说，人由此而可能享受自由探讨的利益，同时又能保持他的宗教信仰。它们之间绝不会发生冲突，因为它们各自处于不同的水平上。他声称，没有德国天才的有利条件，就不可能取得这种成就。世界上没有一个民族能够这样掌握并运用各种文化因素而又通过自己精神上的天赋来丰富它们。伯恩哈迪主张，一个这么得天独厚的民族不应当被要求不露锋芒。它有权建立殖民帝国，有权在世界主权中分享充分的一份。它必须享有特权，在欧洲居于永不再受挑战的稳固地位。这就意味着采取步骤来抑制斯拉夫民族的推进，并彻底摧毁法兰西，使之永远不能再越过德国的道路。不如此便不足以使德意志帝国在即将到来的对英斗争中取得胜利。英国是反德的嫉妒思想的真正源泉。阻挠德国精神在大部分世界取得统治地位的主要障碍正是英国。

正如每个学习历史的人所知道的，第一次世界大战标志着民族主义演进的顶点。此前缓慢燃烧的火现在燎起炽热的烈焰。成见、狂热和仇恨几乎在任何地方舆论界领袖的著作和演说中都占统治地位。自由主义者和仁慈的文人代表常常是最直言不讳的。在这个斗争的初期，赫伯特·乔治·威尔斯夸耀说，"我们将永远结束残忍而狡诈的国际主义的统治"。他宣称，英国人和他们的同盟者将把战争进行到底并将取得胜利，即使这意味着他们的孩子都将死于饥饿，每只船都将沉没海底。那时胜利者将重绘欧洲地图，将让波兰和奥匈帝国统治下的一切民族得到自由。切斯特顿斥责德国人是比土耳其人还要坏的野蛮人，是蓄意与人类社会赖以存在的原则为敌的"披着画皮的破坏分子"。[2]不用说，德国人也用他们的敌人使用的类似的诽谤来进行反击。

---

〔1〕《德国与下一次战争》，伦敦朗曼斯公司1914年版，第73页。
〔2〕威利斯：《英国的圣战》（L. C. Wilils, *England's Holy War*），第90~91页、第118~119页。

这种怨毒和讥刺使气氛受到严重的损害以致以后多年里欧洲人在评价他们惧怕或猜忌的民族时还没有恢复理智。

在之前的一章中谈到，有的民族主义理论转而成为极权主义意识形态的实质。在意大利，这些理论来自各种渊源——来自黑格尔派，来自暴烈的民族统一主义派如加布里埃尔·丹农齐奥，但大多数来自未来派，这一派痛责一切和 19 世纪国际主义及自由主义有关的东西。他们斥责和平主义、民主主义、人道主义、社会主义和自由主义。他们宣扬"暴行的美和必要"及意大利血液的无穷活力。他们高唱战争赞美诗，歌颂战争是"世界上仅有的卫生术、高贵的英雄主义浴场"，没有战争，一个民族将沉睡于懒惰的利己主义或沉迷于口腹饕餮的欢乐。[1]墨索里尼上台后采用了这项横眉怒目的哲学，只对它做了一点修改：用和天主教的和解来代替未来派的反教会主义。

德国纳粹党人的民族主义同种族主义几乎是分不开的。他们把民族想象为一种部族的兄弟关系，只是模糊地有一个确定地区的限制。希特勒把国家看作仅是一种达到一个目的的手段，一种使最优秀的种族得到维护并永远存在的工具。一方面国家是教导和传播亚利安种族至上的神秘的宣传媒介，另一方面它是有必要实现亚利安神话时使用的征服手段。当然，纳粹党人蔑视和平主义，嘲笑国际和谐的可能性，并高呼军事力量是民族的生存和健康所不可缺少的。他们把特赖奇克和伯恩哈迪关于战争是人类的必要药物、关于冲突的永恒性和不可避免性以及关于武力作为文化的必要工具的价值等陈词滥调都收进他们的宝库。他们复活了这样一些陈旧教条：德国受到了四周敌人的包围，她是一个迫切需要生存空间的一无所有的国家，面临来自东方的游牧民族推行野蛮化的致命危险。

第一次世界大战和它的流毒也证明了热烈的民族主义在法国的抬头。一个叫作整体民族主义的运动发展了传统主义、权威主义、情感忠实和献身于民族光荣等教义。这一运动最著名的领袖是莫里斯·巴雷斯（1862—1923）和夏尔·莫腊（1868—1952）。巴雷斯受的法学教育，但他的大部分时间用于新闻事业和撰写政论文章。他在幼年时期，由于德国人从法国夺去了他的故土洛林省，感情上受了很深的创伤。后来巴拿马运河建筑舞弊丑闻以及在德赖弗斯案件期间对犹太人叛国和不忠诚的指控又使他感到屈辱。他转而主张

---

〔1〕 施奈德：《法西斯国家的缔造》（H. W. Schneider, *Making the Fascist State*），第 260~265 页。

专制政治及教会与国家强有力的联合。由于相信自己从"土地"和"死者"中发现了指导个人人生的神秘力量，他创始了一种迷信，传统、秩序、家庭、地区和民族都成了崇拜的对象。公平地说，还应该补上一点，即他在晚年扩展了他的民族主义，把共同的法德传统都包括在内。虽然他在这方面的影响对一个促进德法两国和解的运动有一些推动，但这种影响出现得太晚，没有能够消除他盲目地献身于民族崇拜所产生的影响。

巴雷斯最初自称信仰一种很极端的个人主义，简直接近于虚无主义。但是，在他那个时代的反动压力下，他迅速转变到他所谓的"集体的利己主义"。所谓集体的利己主义，他的意思是说，个人的天性是由他的过去和现在的社会环境决定的，由他的种族遗传决定的。他似乎相信，人当承认他在自己的祖国和自己的种族的演化中只不过是一个插曲时，才发现了真正的自我。一种奇怪的对死、墓地和殉国的迷恋在巴雷斯的哲学中占了很大的分量。他说，为国捐躯的人们体验到"一种非凡的甜蜜"。一个"意识到他的组成"的法国人知道，他的祖先是以"极大的愤怒"蔑视他的。[1]巴雷斯把一个民族诠释为"一片领地，在那里人们有共同的记忆、共同的习惯和遗传的理想——一个民族是共同拥有一片古墓地和要继续使这份不能分割的遗产一直有效的意志"。[2]但神秘地迷恋于墓地和死亡并不是巴雷斯的民族主义仅有的因素。他谴责议会制度，提议用他所支持的布朗热将军[3]所计划的那种公民投票的共和制来代替议会制。这将是一种以人民投票为基础的个人独裁制度。巴雷斯是一个种族主义者和反犹太分子，说犹太人只因其种族家世就能背叛。由于崇拜权威、祖国、团结和殉道，他为军国主义辩护，虽然他和许多同时代人不同，还没有赞美暴力本身就是善行。

在整个民族运动中和巴雷斯紧密联系在一起的是夏尔·莫腊，他在反动的道路上甚至走得更远。莫腊生于普罗旺斯，在巴黎学习哲学。他不仅受到巴雷斯民族主义的影响，而且受到孔德哲学中反个人主义成分的影响。他还

---

〔1〕 引自博伊德·谢夫尔：《民族主义：神话与现实》（Boyd C. Shafer, *Nationalism: Myth and Reality*），纽约哈考特公司 1955 年版，第 27 页、第 181 页。

〔2〕 转引自迈耶：《从大革命到第四共和国的法国政治思想》（J. P. Mayer, *Political Thought in France From the Revolution to the Fourth Republic*），伦敦劳特利奇—保罗公司 1943 年版，第 87 页。

〔3〕 布朗热的全名是若尔日–厄内斯特–让–玛丽·布朗热（George-Ernest-Jean-Marie Boulanger, 1837—1891），法兰西第三共和国早期拿破仑式的新兴人物。——译者

从亨利·柏格森、乔治·索列尔以及爱德华·德留蒙这个反犹太记者那里采纳了各种理论。正如巴雷斯一样，德莱福斯事件使他的思想定了型。从那时起，他很快就以一个拥护权威、等级政治、君主主义和排外的热烈布道者而臭名远扬。虽然他是一个公开承认的无神论者，他在写作中大为维护天主教并维护教会和国家的紧密联盟。他既否定神秘主义也否定唯物主义。他对天主教的崇敬是基于他对教会的统一、力量和组织的唯美欣赏。他还把天主教当作他的秩序、纪律、安定和反动思想的强大堡垒。此外，当时多数帝制派和权威主义派都是天主教徒。大约 1899 年莫腊协助成立了法兰西行动同盟，这是一个致力于推翻共和国并建立保守的天主教君主国的组织。这个组织在 20 世纪 30 年代特别活跃，莫腊以阴谋推翻政府两次被捕入狱。1940 年法国沦陷后，他支持贝当元帅的政权。1945 年他以勾结法西斯罪被判刑，七年后因治病获释。他放弃了无神论，在 1952 年死前不久被接纳进入教会。

莫腊的民族主义主要建立在轻视个人的基础上。他否定了把个人本身看作目的、看作具有不可剥夺的权利的实体的整个概念。在莫腊看来，个人的存在是为了实现民族和国家的命运。国家是一个伟大而高贵的有机体，具有它自己的生命和目的。它不受约束私人的法律或道德的束缚。国家由于种种理由而使政府有权采取行动时只着眼于必要和政治利益而不考虑其他。他坚持国家必须有力量和权威以保证它在任何时候的绝对统治。他认为没有一个国王就不能取得这种权力。尽管同意他的看法的那些人被嘲弄为"一小撮在口袋里格格作响的硬壳果"，他始终坚持君主制是法国的理想政治制度。他争辩说，任何次于君主制的制度都不能保卫国家使之免遭雅各宾民主主义的危险。由革命产生的几次共和政体，都把个人主义抬高到无政府的程度，把法兰西的光荣践踏在污泥中，使国家为德国人的征服打开大门。为了拯救民族，必须有一个国王。他毫不犹豫地主张用武力推翻当时的共和国。他认为，在民族利益遭到危险时，使用武力总是合法的。一小帮坚决的领导者就足够发起这个运动。历史往往是由具有活力的少数人造成的，群众只是追随者。"法兰西喜爱的是权威和一只强有力的臂膀。"[1]还应当指出，莫腊崇拜家庭，美化农民社区，并为建立特权阶级的等级组织进行斗争。但在他心里，所有这

---

〔1〕 转引自夏洛特·穆雷特：《法国革命以来的君主派理论》（Charlotte T. Muret, *French Royalist Doctrines Since the Revolution*），纽约哥伦比亚大学出版社 1933 年版，第 275 页。

些要求都有这个共同的主要目的：降低个人的重要性和抬高由国家和民族代表的集体。像大多数民族主义者一样，他不满足于仅有内部的力量。他教导说，当一个民族停止成长的时候，它就衰退了。基于这个理由，他主张在欧洲强行扩张和在海外扩展帝国。

在最近获得独立的国家里，民族复兴运动声音最响的代表是两个非洲人纳赛尔和恩克鲁玛。加麦尔·阿卜杜勒·纳赛尔生于 1918 年，是埃及一名邮政办事员的儿子。他受的几乎完全是军事教育。他 21 岁从皇家军事学院毕业，后又毕业于陆军参谋学院。在他最早的记忆中，都是一些反叛的往事——反抗他的父亲，反抗他军队中的上级，反抗大英保护国的代理人。他在亚历山大城还是一个学生时就"因政治理由"而被投入监狱。几天以后获释，他又领导一次反英示威游行，头部为警察枪弹击伤。1948 年他被派遣参加对以色列人的战斗。四年后，他在推翻埃及国王法鲁克一世和最后成立共和国的运动中担任了主要角色。纳吉布将军被推为新政府的首脑，纳赛尔上校则在幕后掌握权力。两人的纷争导致 1954 年纳吉布去职。1956 年纳赛尔被选为埃及共和国总统，当时纳赛尔是唯一的候选人。与此同时，他继续努力贯彻他所认为的埃及革命两大目标：把大土地占有者的土地重新分配给农民和终止英法对苏伊士运河的控制。到 1956 年他宣称已分配了约五十万英亩土地，同年 8 月他将运河收归国有。1958 年他被宣布为由埃及和叙利亚组成的阿拉伯联合共和国的总统。据说他的自传《埃及的解放》（*Egypt's Liberation*）是世界各国外交部里读者最多的书籍之一。

纳赛尔的民族主义概念比埃及再生和发扬光大的含义更为广泛。使他的国家从外国统治下获得解放并提高其领导地位的实力和能力，无疑是他的目标。但他的眼光注视在一些更大的目标上。他考虑整个阿拉伯世界，特别是中东的那一部分，是一个种族和文化单位。他说，埃及的利益与这一地区不可分割地联在一起，这一地区的利益也与埃及的利益不可分割地联在一起。这里是世界的交叉路口，拥有巨大的石油财富，这项财富将使这个地区能"提高到尊严的水平并在建造人类的未来方面起积极的作用"。[1]

纳赛尔梦想的不只是一个大阿拉伯联合，而且是一个在埃及领导下的泛

---

[1] 《埃及的解放：革命的哲学》（*Egypt's Liberation：The Philosophy of Revolution*），华盛顿公共事务出版社 1955 年版，第 88 页。

伊斯兰世界。虽然他不会遵照中世纪穆斯林领袖们的做法把国家沉没在宗教的崇拜中，但他清楚地相信，埃及有一项使命超越了中东的边界。如果它能够以友好合作的办法联合"印度尼西亚的八千万穆斯林、中国的五千万、苏联的四千万、中东的一亿以及马来亚、暹罗、巴基斯坦和缅甸的千百万"，这个联合将能够"明智而且无限地发挥力量"。[1]在纳赛尔的心中，阻挠他的希望的主要障碍是"帝国主义"。他并没给它贴上一个国别的标签，但显然指的是英帝国主义。他说，是英帝国主义把巴勒斯坦人居住的土地给了犹太人，"暴虐地把它从其合法所有者那里夺去"。英国压制亚洲穆斯林的民族热望，压制仰望从埃及得到领导的最黑的非洲两亿人的民族热望。的确，纳赛尔民族主义的反英方针十分激烈，这叫人怀疑，如果一旦大英帝国解体，他是否能够把他的愤怒转移到一个新的敌人身上。[2]

如果纳赛尔梦想统治非洲黑色人口，他将不能不考虑加纳总理恩克鲁玛的野心。克瓦米·恩克鲁玛生于1909年，是一个贫穷而不识字的金匠的儿子。他上过天主教教会学校，在亲友的协助下到美国进入宾夕法尼亚州的林肯大学。他在那里做过卑下的工作并几乎饿死，到1939年他才终于得到文学士学位。以后他在宾夕法尼亚大学和伦敦经济学院学习。他在后一学府时是哲学博士的候选人，但因卷入本国政治而没有完成他的论文。到1948年他被承认是黄金海岸独立运动的主要领袖。当地土著当中普遍感到不满。由于战时通货膨胀，进口物品的价格很高。曾为英国作战的退伍军人要求改善居住条件和就业机会。英国警察的镇压活动引起人们的痛恨。民族主义政党和报纸纷纷要求自治领地位，要求将所有英属西非殖民地在加纳这一古代名称下结成一个联盟。在1950年一系列示威运动的最高峰时期，恩克鲁玛被捕并被判处一年劳役监禁。他在牢中无畏地继续进行反英煽动，利用破手纸为他的报纸写社论。当他还在监狱时，他的政党赢得了对议会的控制。随后他迅速获释，于1951年当选为总理。六年后加纳联合领地成为英联邦内的一个独立

---

〔1〕《埃及的解放：革命的哲学》（*Egypt's Liberation：The Philosophy of Revolution*），华盛顿公共事务出版社1955年版，第114页。

〔2〕帝国主义也被纳赛尔当作建立独裁制度的借口。他声称，英国使埃及各政党互相争执，使埃及陷于动乱。因此有必要废除政党制度而成立"一个将能缩小分歧的社会主义社会"。"纳赛尔关于埃及未来政体的演说"（1955年5月19日）（Speech of Nasser on The Future Government of Egypt, 19 May, 1955），载《中东事务》（*Middle Eastern Affairs*）第6期。

国家。

恩克鲁玛是一个令人迷惑和矛盾的人物。他把自己定为一个马克思社会主义者和一个无教派的基督徒。按照他自己的说法，在构成他的思想方面最有力的影响来自圣雄甘地和马库斯·加维。他如何把二者调和起来几乎是不可理解的。加维是西印度黑人记者，1917 年到纽约，激起了对建立非洲帝国这一想法的巨大热情，这个帝国将使全世界的黑人都移入。在为黑星轮船公司收集了 50 万美元而未见诸事实以后，他被判利用邮件诈财，在亚特兰大监狱拘禁两年。他出狱后被放逐到牙买加。他的理论和甘地的理论截然相反。他用"非洲人的非洲"这一口号宣传对高加索种人的仇恨，并梦想根据种族排他原则建立一个帝国。显然恩克鲁玛崇敬加维是由于他使黑人对自己的种族有了自豪感。

虽然恩克鲁玛不承认有任何把白人赶出非洲的意图，但他认为黑人有一个他们能够引以为自豪的遗产。他谈到加纳帝国的黄金时代，在奴隶贩卖还未开始时，伟大的文明已经繁荣昌盛起来。他谈到一度放出光辉的廷巴克图大学，在那里有名的学者将他们的著作译成希伯来文和希腊文并和西班牙科尔多瓦大学交换教授。他争辩说，非洲保持在黑暗中不是由于缺少头脑，而是由于白种人的压迫。

从表面上看，恩克鲁玛的民族主义限于反对外国的压制。不让黑人有管理——或者甚至胡乱管理——自己的权利是他所不能忍受的。他厌恶帝国主义并引用老话说，"限制他人自由的人自己也不可能自由"。他否认他现在或者曾经是一个共产主义者，宣称他并不恨英国人，并供认他反对革命和暴力。他据以进行独立运动的"积极行动"纲领包括：（1）政治鼓动；（2）报纸和教育宣传；（3）"根据绝对非暴力的原则"罢工、抵制和不合作。[1]然而，他的宣传和实践中都有和这些温和的表白难于协调的东西。有一个时候他的雄心中包括一个非洲社会主义共和国联盟。他谈到五年计划、农业机械化和工业化方案。在外交政策方面，他是一个"中立主义者"。更严重的是和他的政绩连在一起的是极权主义嫌疑。不经审判的惩罚、驱逐出境、预防性逮捕和对法院的无视，使他的统治时期具有警察国家的若干特点。像大多数革命

---

[1] 班科尔·蒂莫西：《克瓦米·恩克鲁玛：他上升到执政》（Bankole Timothy, *Kwame Nkrunmah: His Rise to Power*），伦敦阿兰—昂温公司 1955 年版，第 99 页。

者一样，恩克鲁玛总是担心反革命暴动。这种不安全感加上他领导泛非洲运动的雄心，使他特别不能容忍反对派。

三、种族主义

根据种族不平等的概念并为一个种族统治另一种族进行辩护的政治理论，和民族主义有密切的联系。事实上，可以争辩说，民族主义是种族主义背后的主要推动力。从古代的希伯来人到南非布尔人的后代，"统治种族"理论的代表者总是力求支持自己有征服和统治的权利，说他们比受害者拥有先天的优越性。由于恐惧和不安而产生的那种强烈的"自家人"的感情，往往使人们夸大自己人的美德而轻视和贬低圈子外的人。内部自然可能是一个家庭、一个氏族或者一个阶级；但在现代，由于政治和军事日益重要，它就更可能是一个民族。其至如反犹太主义和大阿拉伯主义这种部落主义形式，实际上也是民族主义的同种。上述解释或者似乎不适用于美国的白人至上主义，这种白人至上主义自然是从奴隶制度遗留下来的。但是，黑人奴隶化最初是一种外界征服而又随之以拐骗。最后，被征服者在新家乡成倍增长起来，在数量上超过了征服者。最初，奴隶化的目的是省钱。但是随着岁月的流逝，奴隶主及其家属的地位就逐渐用许多世纪以来民族主义者曾使用过的先天优越、文明责任和天赐的统治权力等理由来辩护。

现代的种族主义学说大部分是 19 世纪一个失意的法国贵族约瑟夫·阿尔图尔·德·戈宾诺伯爵（1816—1882）的发明。他虽然出生在法国，但他声言祖先是一个名为奥托·嘉尔的神话式挪威海盗。1853 年至 1855 年，戈宾诺出版了共四卷的《论人类种族的不平等》（*Essay on the Inequality of Human Races*）。他企图证明"地球上人的工作中一切伟大、高贵而富有成果的东西"都产生于一个单一的种族，它的分支曾在世界上一切文明国家进行过统治。他断言，这个种族，就是亚利安族。它包括希腊人、罗马人、古代波斯人以及北部和西部欧洲的大多数民族。它的最高代表就是现代的条顿族。他的理论是一个由虚伪的前提和矛盾的结论组成的令人吃惊的大杂烩。他认为人种有多种起源：白种人发源于印度古斯山系，黑种人发源于非洲，黄种人则发源于美洲。每个大种族及其每个分支都有自己的天才，这既不是气候、地理也不是经济条件所能抹杀的。黑种人是无政府的个人主义者，黄种人爱好共产主义，白种人则天生偏好自由主义、封建主义、议会制度和仁慈的帝国主义。

戈宾诺对人种混合的效果难以作出决定。他争辩说，种族成分的掺和对于发展最高的文明是必不可少的。例如，古希腊人如果不是渗进了黑种人的一些审美的天赋，就不会在艺术上取得那么高的成就。同时，按照戈宾诺的说法，文明的衰落是由于征服者种族的血液通过与被征服种族通婚而冲淡。他争辩说，杂种化是民族退化的主要原因。而退化的程度"恰好与新血液的数量和质量一致"。[1]

戈宾诺的亚利安主义被一个居住在德国的英国人豪斯顿·斯图尔特·张伯伦（1855—1927）提炼为条顿主义的福音教义。张伯伦生于南安普敦，他的父亲是一个英国海军将官。他由于身体不好未能从事军事或海军事业，转而在日内瓦、德累斯顿和凡尔赛学习艺术、音乐和哲学。他非常崇敬理查德·华格纳，在贝鲁特定居下来，并和华格纳的女儿结了婚。华格纳本人早已和戈宾诺相识，对这位法国人将浅肤色蓝眼睛的亚利安人偶像化以及他对西方文明持悲观看法有深刻的印象。一个戈宾诺社作为华格纳派的核心团体形成了，而张伯伦成了它的社长。1899 年他发表了《十九世纪的基础》（*Foundations of the Nineteenth Century*），对他的理论进行了详细的阐释。他在第一次世界大战期间支持德国的事业，并于 1916 年加入了德国籍。

张伯伦赋予条顿这个词的意义几乎与戈宾诺给亚利安这个词的意义同样广泛。古代波斯人和印度人并不包括在内，但几乎近代欧洲所有的种系以及古希腊人和罗马人都被说成具有条顿血统。此外，实际上过去二千年中每个有天才和创见的人都被张伯伦说成属于条顿族。这样，使徒保罗由于太伟大就不可能是一个犹太人了。据张伯伦说，他的母亲是一个希腊人（那就是说，是一个条顿人），而且大家都很清楚，伟大人物的智力是从其母亲方面继承下来的。同样，但丁可以被证明为条顿族，因为他有一个很"富于表情的面貌和一个圆顶似的前额"。虽然张伯伦承认"条顿族血统最纯粹的子孙可能是黑头发的"，他的诗人想象力能够描绘理想的条顿族有着"炯炯有神的大眼睛"和圆长的头盖骨，其灵活的头脑"在渴望的折磨下从兽类满足的圆线条变得向前额伸展"了。[2]

〔1〕《人类种族的不平等》，艾德里安·柯林斯译，纽约普特南父子公司 1915 年版，第 209 页。
〔2〕《十九世纪的基础》第 1 卷，纽约约翰·莱恩公司 1912 年版，第 535 页。

　　张伯伦的思想对德国后来的发展所发生的影响难以估量，但一定是相当大的。他的《十九世纪的基础》一书给了德皇威廉二世很好的印象，因此德皇下令特别拨款以促进该书的发行。毫无疑问，张伯伦的思想也有助于纳粹种族主义的成长。希特勒酷爱华格纳的音乐，在华格纳圈子里阴郁的浪漫主义中有许多和纳粹的教义是协调的。不过，以前已经指出，纳粹的种族理论主要是艾尔弗雷德·罗森堡提供的，而不是张伯伦。这种理论的气味更多是东欧的，而不是德国的。张伯伦对于使用亚利安这个词有强烈的保留意见。他争辩说，古代的所谓亚利安人原是许多血统的混合，他怀疑存在过一个亚利安种族。更重要的是，张伯伦是一个基督教徒，并在现代世界的五项基础中给了拯救世界的"基督启示"一个位置。得到大多数纳粹领袖赞同的古代日耳曼异教是罗森堡开始使之复活的，而不是张伯伦。

　　种族主义思想并不限于欧洲人。美国也曾宣传高加索种族至上，甚至北欧日耳曼种族至上或亚利安种族至上。江湖骗子和蛊惑分子并不是它仅有的代表。托马斯·杰斐逊在《弗吉尼亚州纪要》（*Notes on the State of Virginia*）中表现出，他怀疑任何黑种人有能力探求和理解"欧几里得几何学的研究"，或者表达一个思想"超出平铺直叙的水平"。在与斯蒂芬·道格拉斯竞选参议员的著名辩论中，亚伯拉罕·林肯提到，"几乎在所有白人的心里，对于白种人与黑种人混杂不分的主张有一种天然的厌恶"。他承认他不知道应如何处理奴隶制度。他的第一个想法是解放它的所有受害者并把他们送到利比里亚，但再一想就使他相信，这是行不通的。他于是愕然问自己，"第二步怎么办？让他们自由并让他们在政治上和社会上都和我们平等吗？"他内心最深处的感情是反对这一点的。他坚持说，天性在这两个种族之间设定了一条鸿沟，这可能将永远阻止他们完全平等地生活在一起。[1]内战爆发后，他没有再说什么关于两个种族不能相容的话，但他继续认为保持联邦比废除奴隶制更为重要。

　　20世纪在著述中极力维护种族优越性的主要美国人中，有三个人特别突出，这就是威廉·艾伦·怀特（1868—1944）、艾伯特·贝弗里奇（1862—1927）和大卫·斯塔尔·乔丹（1851—1931）。怀特生于堪萨斯州恩波里亚，

---

〔1〕　约翰·尼古拉和约翰·海合编：《林肯全集》（John Nicolay and John Hay, eds. , *Complete Works*）第2卷第207页、第329页；第3卷第229页。

从来没有在离出生地几千英尺以外的地方居住过。他在恩波里亚学院和堪萨斯州立大学上过学，但都未毕业。他在一家报馆任总编辑几年后，买了《恩波里亚新闻报》（*Emporia Gazette*），并迅速把它办成美国最著名的报纸之一。他最初是保守派，1895 年写了一篇尖酸刻薄的社论《堪萨斯出了什么毛病？》（*What's the Matter With Kansas?*）痛骂民粹主义，引起了人们的注意。以后他加入进步党并于 1912 年支持西奥多·罗斯福。1924 年他以独立身份竞选州长，虽然失败，但得到了约近十五万张选票。第二次世界大战开始后，他极力主张实行"不参加战争"的干涉主义政策，并在 1940 年担任了帮助盟国保卫美国委员会主席。

他作为一个保守派和成为进步党人以后，都以一种不下于戈宾诺或张伯伦的热情在种族优越问题上提出主张。1899 年当美国在平定古巴感到棘手时，他宣称古巴人将在很多年内需要一个专制政府。他坚持"只有盎格鲁撒克逊人能管理自己"。盎格鲁撒克逊人的天命是作为世界征服者在世界上进行征服，他们是上帝挑选的民族，命定要"据有海上的一切岛屿"，并"灭绝"他们所不能臣服的各民族。[1] 十年以后他仍然确信，盎格鲁撒克逊种的美国人是世界的希望。他断言，"世界上最优良的血统在这里"。这个血统将继续是"纯粹的亚利安血统"，因为没有劣等游牧民族聚集起来去败坏这个族系，美国的盎格鲁撒克逊人由于两面大洋和"无论什么地方的美国人对于杂交都怀有本能上的种族反感"而与劣等种族隔离开。[2]

在代表印第安纳州的参议员、进步党人艾伯特·贝弗里奇的著作和演说里，包含着甚至更加虚荣自负的种族沙文主义。他出生在一个农场，青少年时期辛勤地种庄稼和为修建铁路砍伐并拖运木材，尽管这样辛苦，他还是抽空阅读爱默生的文选、吉朋的《罗马帝国衰亡史》以及狄更斯、司各脱和乔治·埃利奥特的小说。他还设法储蓄他辛苦挣得的几乎所有工资，以便以后上大学。他 19 岁时进入德坡大学，当时他的全部财产只有 50 美元。他背着箱子通过这个城市的街道到宿舍去。1885 年他满载一个小小大学所能授予的一切荣誉和奖励毕了业。十四年后他被选入美国参议院，是该院历来最年轻的成员之一。他在 1905 年和 1922 年又两次当选。他参加了 1910 年"背弃政

---

〔1〕《恩波里亚新闻报》社论，1899 年 3 月 20 日。
〔2〕《旧制度的变迁》（*The Old Order Changeth*），纽约麦克米伦公司 1910 年版，第 252 页。

党纲领的反叛运动"，1912 年支持进步党总统候选人。虽然他在国内政治方面主张自由的经济和社会政策，但他却是一个狂热的民族主义者和帝国主义者。

贝弗里奇的种族主义比怀特的种族主义稍微广阔一些。这位印第安纳州进步派至少把所有条顿族都包括在精选的优秀民族里面。此外，贝弗里奇还给他的种族沙文主义加上了宗教气味。从事这项精选的不只是命运，而且还有上帝本身。上帝把条顿各民族造成为"在混乱的地方建立制度的世界主要组织者"。他赐给他们进步精神"以压倒全世界的反动力量"。他使他们擅长政治管理以便能够有效率地统治"野蛮和衰老的民族"。在所有的条顿种族中，他标榜美国民族是"最后领导世界复兴"的精选民族。这是美国的崇高使命。上帝已经指定它的人民为"世界进步的托管人，世界正义和平的监护人"。圣主的话是对这个神命民族的裁决："你在一些事情上是忠诚的，我要让你成为众多事物的统治者。"[1]

使种族主义理论享有最大的唯智主义威望的美国人是大卫·斯塔尔·乔丹。这位有名的科学家和教育家生于纽约州西部一个农场。为了获得足够的钱上康奈尔大学，他在乡村学校教过书。他的主科是植物学，但他进行了很多额外的学习，因此他毕业时被授予科学硕士学位，而不是通常的学士学位。当他还是三年级学生时便被任命担任教员。毕业后，他连续在一些较小的高等学校教书，并利用业余时间取得印第安纳医学院的医学博士学位。1879 年他被任命为印第安纳大学的自然历史教授，五年后任该大学校长。这时他已赢得了鱼类学家名声，1880 年他被任命为美国研究太平洋海岸一带鱼类的委员会成员。1891 年太平洋铁路公司富豪利兰·斯坦福决定建立一个大学以纪念他死去的爱子时，他决心把校长职位给这个印第安纳有干劲的教育家。乔丹接受了斯坦福大学的校长职务，并一直担任到 1913 年，后来又担任了三年校务长。1916 年他退休后，致力于公共事务。他作为紧急和平联合会的主席，拼命设法使美国不致陷入第一次世界大战。1924 年他以最可行的维护国际和平计划赢得拉尔夫·赫尔曼奖金 25 000 美元。他反对帝国主义并坚决维护世界联盟。

乔丹作为一个种族主义者，有非常的能力利用他科学的敏锐去斥责其他

---

〔1〕《时代的意义》（*The Meaning of the Times*），印第安纳波利斯鲍勃斯—梅里尔公司 1908 年版，第 84~85 页。

种族主义者可笑的假定，而发展他自己那一套同样强词夺理的假定。他嘲笑证明耶稣和但丁都是条顿族的企图，但是宣称他已经发现证据，"现在日本贵族的家系"是"与希腊人有关系的亚利安族"。[1]他认为一个民族的血统是决定它的历史的主要因素。他写道，在任何民族的生活中，最重要的差异不是教育问题而是"遗传的潜在能力"。他确信，心理的特点和毛发的质地及皮肤的颜色同样确实可以遗传。他承认人种类型几乎有无限的变种。对他说来，种族不仅分高加索种、蒙古种和黑种，而且分撒克逊种、犹太种、希腊种、塞尔维亚种、门的内哥罗种、意大利种和其他许多种。每一种族有使它不同于其他种族的特点。知道它的天性就有可能预测它的成就。撒克逊人走到哪里都会创造撒克逊人的历史，犹太人会创造犹太人的历史，意大利人则无论定居在什么地方都会"作出属于他们种类的行为"。这个教义和纳粹的某些教义之间的类似之处几乎令人感到为难地明显。

乔丹有一个得意的信念，即世界各民族可以分为优等和劣等两种类型，他天真地假定区别优劣类型的问题是一个简单问题。一般来说，他认为最优秀的血统是最接近于蓝眼珠浅肤色的北欧日耳曼人类型，而最劣的类型则是相反一端的那些类型。他不能逃避这一结论，即东南欧的"各种族"显然低于英国人、斯堪的纳维亚人和荷兰人这类民族的文化道德水平。他蔑视法国人放荡懒散，西班牙人和南部意大利人思想迟钝。更低下的是墨西哥人，他把他们描绘为"无知、迷信、缺乏教养、很少自我克制和没有勤勉或节约的概念"。[2]似乎值得注意的是，在对各民族的态度上，乔丹和西奥多·罗斯福相似。他们主要感兴趣的都不是种族本身而是他们认为对民族重要的某些性格特点。罗斯福颂扬勇敢、大丈夫气概和好斗这类胸部有毛的男性美德，而赞赏任何拥有这些品质的民族，不管它的肤色或生物上的来历如何。乔丹所强调的证明种族优越的品质是稳定、克制、效能、首创精神和节俭等清教徒特质。和平主义者的乔丹和军国主义者的罗斯福能够对大致相同的一些民族集团同声赞美，这倒是一个奇妙的偶合。

---

〔1〕《一个人的日子》（*The Days of a Man*）第 2 卷，赫德森河畔扬克斯世界公司 1922 年版，第 58~59 页。

〔2〕《一个人的日子》（*The Days of a Man*）第 1 卷，赫德森河畔扬克斯世界公司 1922 年版，第 638 页。

四、国际主义与世界主义的对抗

确切地来理解，国际主义指的是被当作独立主权单位的民族或国家之间的一套关系。如果我们想象每个国家都按照它认为合适的条件自由地与邻国建立关系，只受它自己施加的约束或世界舆论的制裁，那么，我们对国际社会是什么样子就会有一个清楚的概念。它大半是一种无政府状态。不时地有些条规被采用或有些制度被建立以限制各个国家的权力。但这些只不过是条约给予的特许并且是缔约任何一方都可以废除的。此外，这些条规的实施一向是困难的，而运用惩罚的企图要冒国际战争的风险并且往往引起国际战争。

国际主义在建设和合作方面的例子有19世纪的"欧洲协同体"、海牙仲裁法庭、国际联盟和联合国。它的主要倡导者有伍罗德·威尔逊、罗伯特·塞西尔子爵、詹姆斯·肖特韦尔、阿里斯蒂德斯·白里安、温斯顿·丘吉尔和富兰克林·罗斯福。但思想界和舆论界的各种领导人已经不满足于以国家主权为基础的世界秩序方案。他们主张的不是国家联盟，而是一个世界政治社会，并有一个中央政府能对个人起作用，而不是对民族或国家起作用。世界或者至少世界的主要部分，将成为一个联邦共和国，设有法律和司法机关，以代替议会、条约和联盟。上面诠释的国际主义将让位给以下述前提为基础的世界主义或普遍主义，这个前提就是世界是一个单位，它的基本组成部分是人民而不是政府或国家。

20世纪许多著名的作家和思想家已经发展了世界主义理论，主张某种形式的世界共和国。韦尔斯在《世界史纲》（*Outline of History*）的最后一章中评论国际联盟只不过是政府间的联盟，他宣称，世界所需要的是"人的联盟"。他要求建立一个世界合众国，有一个世界宪法，里面规定主权从各个国家转交给一个中央权力机关。大卫·斯塔尔·乔丹多方提出世界公民的主张，并力主把国家降为"管辖区"，只有与美国联邦各州的权力相当的有限主权。他坚持说，将来的世界应当是哥德理想即"人类高于一切国家"[1]的范例。哲学家约翰·杜威也尖锐地批评避免冲突的现行程序。他谴责国际联盟，主要因为它有权采取军事制裁。他争辩说，受到制裁的国家"将感到它不是屈服于

---

〔1〕《战争与消耗》（*War and Waste*），加登城达布尔戴公司1914年版，第7页。

正义的主张而是屈服于优势的力量，很像是它在战争中打败了"。[1]事实上他是说，行使制裁就是战争，不管它可能叫什么名称。因此，他提出一个完全不同的解决方法：订立一个普遍协定，每个国家都宣布战争为非法，并成立一个世界法庭以审判犯法者。这些犯法者当然是一些个人，因为根据上述协定发动战争的活动将是刑事犯罪，就像任何其他暴行准备活动一样。

近年来的政治和军事事态发展给予超国家组织运动一种新的和更有力的推动。第二次世界大战的滚滚乌云加快了克拉伦斯·斯特赖特发表他的《立即成立联盟》（*Union Now*）和发起他的民主国家联盟计划。斯特赖特 1896 年生于密苏里州的加利福尼亚城，在蒙大拿州立大学获得文学士学位。后来他在巴黎大学学习，以后又作为一个罗兹奖学金学生到牛津大学学习。他做了差不多二十年的新闻记者。从 1939 年起他是联合社的社长，1946 年后任《自由与联盟》（*Freedom and Union*）的主编。

斯特赖特的世界政府计划和旧式的同盟有些相似，因为开始时它仅容纳民主国家。但它的创始人有足够的信心传播民主，希望他所主张的联盟将成为真正普遍的联盟。他的计划所要求的组织是以人类个人而不是以国家为单位。中央政府将有权制定对联盟内一切公民同样重要的法律。它的官员将由这些公民挑选；它的权威和它的收入将来自这些公民；它的强制权力将完全对这些公民行使。简单说，它将是一个以基本上与美国联邦制相同的制度为基础的由一切民主国家组成的联盟。的确，它的组织几乎是美利坚合众国宪法所规定的组织的翻版。

1945 年原子武器的发展和随后的年代引起许多有思想的人得出这一结论：只有立即建立一个普遍参加的共和国才能避免文明的毁灭，甚至可能是人类本身的毁灭。提出这种观点的人包括艾伯特·爱因斯坦、威廉·道格拉斯、罗伯特·赫琴斯、雷克斯福德·特格韦尔和诺尔曼·卡曾斯。不过，对于这一思想阐释得最有说服力的可能是埃默里·里夫斯。他的《和平的剖析》（*The Anatomy of Peace*）一书在许多个月里都是畅销书。里夫斯 1904 年生于匈牙利的一个小村庄。他在柏林大学和巴黎大学学习，1926 年在苏黎世大学获得政治经济学博士学位。他曾努力在新闻界工作，但没有成功，遂投身于巴黎和伦敦的出版事业。他创立了合作出版公司，现仍是该公司的总经理和董

----

[1] 《人物与事件》（*Characters and Events*），纽约霍尔特公司 1929 年版，第 653~654 页、第 658 页。

事。他还成立了合作报业服务社，作为报业辛迪加发表欧洲政治家们的演讲和文章。1940 年他加入英国籍，但不到一年就移居美国，在纽约市成立了一家出版公司。

在里夫斯看来，现代人正面临人类所遭遇到的最可怕的悲剧之一。历史所曾有过的每项最进步和最仁慈的运动都失败了，地球上每个居民似乎注定了迟早都要蜷缩在野蛮和专制的阴影下面。基督教没有能实现它的甚至最基本的目标，即在一切种族和民族的人们中间实现兄弟般友爱的目标。"'不许你杀人'不能意味着杀一个和自己国籍相同的人是犯罪，而杀一个与自己信仰相同但从技术上说属于另一民族一国家的公民或国民的人却是一项美德——一切基督教会都要为之祝福的美德。这样解释普遍道德原则是使人厌恶的。"[1]但世俗进步运动的失败也是同样悲惨的。为了防止有人把希望寄托在资本主义上，他断言这一制度也陷于灾难。他指的资本主义是 19 世纪的模式，它的基本特点是自由经济。但是这个使首创精神、自由企业和自由竞争大放光芒的资本主义，甚至在英国和美国都已经代之以这样一套制度：由政府所有和管制、关税税率、托拉斯和卡特尔以及阻止物价和工资下降到自然水平的种种法律。

造成这些可悲的失败的主要原因是什么呢？按里夫斯的说法，这个原因就是国家主权。基督教遭到失败不是由于人们有野兽的天性，而是由于他们生活在国际无政府状态下，每个独立民族的安全似乎就使它的邻国感到不安全。俄国即是如此。从俄国人的观点看，这一行动方针的必要由 1941 年 6 月 22 日的德国入侵得到了证明。但是资本主义国家本身同类似的权力集中相去不远。据里夫斯判断，在不安全的压力下，在与潜在敌国进行疯狂的军备扩张竞赛的情况下，没有一个国家能够避免这样一个命运。恐惧将滋长歇斯底里和镇压，七百亿美元预算需要控制和规定，而这将最终产生法西斯主义，虽然它贴的可能不是那个标签。

里夫斯承认世界的局势并不是完全无望的。在还有时间的时候，世界的政治家必须同意召开一次制宪会议，把主权从国家单位转移到可以与美国联邦共和国相比拟的世界范围的联邦权力机关。在相互关系上，世界各国目前所处的地位和美国十三州在独立战争后所处的地位同样可怜。今天的联合国

---

[1] 《和平的剖析》，纽约哈泼公司 1945 年版，第 81 页。

相当于 18 世纪 80 年代的美利坚邦联组织。二者的起源都是多边条约，缔约各方都是独立的国家。在两个组织下都没有转移主权或者规定任何法律制度。二者都被赋予仅仅是政府联盟的性质，其中央会议与一般外交官的集会并无多大的不同。正如亚历山大·汉密尔顿所指出的，邦联的"根本大坏处"在于对各国或各政府——按集体的或法人的资格——的立法原则不同于对个人的立法。前者只能通过武力来贯彻，而这意味着战争。后者则能够通过法院或者司法部长来执行。

里夫斯相信，在这样的对比中，现在的政治家必须领会将来的课题。他们没有多少时间，因为核武器的发展已经增加了问题的紧迫性。他认为，如果设想在使用这种武器上能够受到限制或控制，那是愚蠢的；各国在为自己的生存而战斗的时候，将使用它拥有的一切。他总结为这样一个可悲的建议，即在世界政府问题上促使东西方之间发生一场战争可能比等待由于基地、威信或边界问题而爆发这样一场斗争要好些。他说，如果一场可怕的战争必须要打的话，那就让它是一场"为了理想"而打的战争罢。他承认，这样一场斗争的结局将自动消除国际战争"并为世界联邦带来胜利"。[1]显然，他并没有停止考虑这一战争还将消灭其他许多事物。

控制和铲除民族主义以及代之以一个有效的世界组织，无疑是现代最关键的问题之一。在一种意义上，这个问题比核武器控制问题还重要，因为技术先进的各国如果愿意的话，完全能够设计出其他互相毁灭的工具。尽管许多世纪来民族主义对世界一直是一种危险，它的性质还只部分地为人们所了解。许多人以为它是一种有益的力量，值得与自由主义、人道主义及民主主义等量齐观。像伍德罗·威尔逊和托马斯·马萨利克这样有智慧的政治家都相信，为了实现波兰人、捷克人、斯洛伐克人和塞尔维亚人的"自决"，打一场千百万人遭到屠杀的世界战争是可以得到辩解的。对比之下，英国自由主义天主教徒阿克顿勋爵认为，民族主义是一件幸事，只要不和政治独立联在一起。究竟为什么他认为设置障碍把一些特殊集团和其余人类隔离开来是可取的，他没有解释。

每个国家的爱国者都咒骂其他国家的民族主义，而认为自己的特殊的民族主义牌号是可贵的和高尚的，这一事实使理解民族主义复杂化。即使从精

---

〔1〕《和平的剖析》，纽约哈泼公司 1945 年版，第 287 页。

神病学方面解说各国的不合理行为，这种努力也常常为种族中心主义的偏见所笼罩。指责一个国家疯狂通常只限于对某个敌国或潜在敌国，而结果近乎滑稽可笑。第二次世界大战期间，纽约一位精神病学家理查德·布里克纳把日耳曼民族列为"偏执狂病型"，因而推荐一套类似适用于神经错乱病人的疗法。英国人类学家杰弗里·戈雷尔认为日本民族的"强迫和执迷不悟"性格来自日本儿童所受的过度严格的上厕所训练。同样，他发现俄国人具有"侵略性"是由于他们生下来在襁褓中被束缚裹扎得过紧，几乎不能动弹，他们成年后当然记得这些束缚，因而反抗这些束缚，于是力图牺牲邻国来进行扩张。

过去，民族主义以开明的自我统治和解除压迫的形式给一些民族带来好处。我们不能忽视美国、瑞士、比利时和拉丁美洲一些共和国的情况。印度、爱尔兰和以色列可以作为更晚近的例子。不过，总的说来，自 19 世纪中叶以来，民族主义已经是一个反动的蒙昧主义的运动。它已经和种族主义、地方观念、固执、不宽容、迫害和狂热混杂在一起。可能因为它的信徒迷恋于权力和过分的骄傲，以此作为不安全和惊恐不安的补偿，它往往走向侵略，有时走向帝国主义。只要我们的世界是一个越来越为仇恨和恐惧所占据的世界，除了进行人类友爱的教育，用任何其他方法去控制和消除民族主义都是困难的。

第十五章 武力论及其批评者

在当代世界，民族主义、武力和征服好像几乎是不可分割的三位一体。但情况也并不总是这样。亚里士多德是一个民族主义者，他认为希腊人比野蛮人优越；但他反对黩武主义和征服，而且坚持国家幅员必须有严格的限制。费希特把普鲁士民族当作偶像崇拜，但主张一个封闭的国家是保存民族实力和避免卷入危险的最好方法。很少人否认甘地的民族主义在强烈程度上足以与任何当代领袖的民族主义匹敌，却没有人指责他主张武力或帝国主义。这些人物比现代许多鼓吹国家光荣并相信扩张、武力和侵略是达到目标的合理手段的人高明。因为这些崇尚武力的民族主义者通常是一些狂热分子，他们没有耐心采纳教育、劝说及和解的渐进办法。他们要求走捷径，而通常只有使用武力才能做到这一点。在许多情况下，他们都把理想主义和争权夺利的贪婪野心混杂在一起。在另外一些事例中，他们是为其本身所未能认识的内心冲动所驱使。

一、帝国主义

历史学家承认，在 19 世纪最后四分之一的时间里，帝国主义经历了一次复苏和性质的改变。新帝国主义是产业革命的产物，而且大部分限于在亚洲和非洲追求新市场和投资机会。和 16 世纪至 18 世纪的帝国主义不一样，它的目的不在于攫取金银为国家的金库增加财富。它所垂涎的土地是富于铁、铜、石油、锰等并且拥有剩余资本投资的机会。但新帝国主义的目标不完全是经济方面的。民族自豪在这里也有部分作用；而热心的基督教徒要教化异教徒的愿望也掺杂其间。陆海军首脑要求有基地、加煤站和招收体格健壮的士兵的新来源。政治家争辩说，需要领地使国家过剩的居民往该地定居而又"没有在国旗下消失"。虽然很少居民出境移居，但发达国家必须有殖民地以疏散其密集的人口仍是人们援用的论点。

在 20 世纪，为帝国主义所作的辩解几乎和为民族主义进行的申辩一样多。奇怪的是，帝国的鼓吹者当中叫得最响的却是美国人。毫无疑问，一个解释是美国的帝国主义是新帝国主义。对于一个年轻的民族来说，它是开辟权力和光辉远景的新鲜的冒险。但这不是唯一的动机。在 20 世纪初期，美国有些扩张主义者是世界上最坚决的种族主义者。他们宣传盎格鲁撒克逊民族或条顿民族有征服并统治劣等民族的权利，这甚至比英国人的说教更阴森可怕。美国对西班牙宣战六天以后，艾伯特·贝弗里奇宣布美国人民是"一个进行征服的种族"，他们必须依从他们的血液去占领新土地。上帝也是这样安排的；上帝把这一点作为他的无限深远的计划的一部分。

在哥伦比亚大学教书三十余年的杰出的宪法法学家约翰·伯吉斯（1844—1931），也鼓吹优秀民族的权利。他争辩说，条顿民族负有使命把政治文明带给世界上"无政治的和野蛮的种族"所居住的地带，并坚决把他们文明化。如果这些种族不能用自己的努力来达到这一目的，"他们就必须服从那些能够为他们做到这一点的列强"。如果他们继续顽固不化，文明国家就"可以把他们从土地上消灭掉，变这块土地为文明人的住地"。"当这点明显成为必要时"，文明人就无须顾虑这样一个政策的道德性质。文明国家"在一切地方建立政治和法律秩序"是"非凡的权利和义务"，与这样的权利义务相比，任何因此而受到侵犯的权利都是渺小而微不足道的。自然，文明国家在攫取权力上应当避免仓促和不负责任的行动，但它们没有义务等待那些政府窳败或不称职的国家的邀请。在确定进行干预的适当时机"以执行它们伟大的世界职责"上，它们自己是最好的裁判。作为人类的促进者和监护者，在这一事件上逃避它们的责任将是对它们所负的使命不忠诚。[1]

美国的帝国主义者并不是都把种族优越的教义作为自己的理论基础。布鲁克斯·亚当斯（林肯驻英大使最小的儿子）预见到的是世界列强之间为了控制市场和重要资源而进行的巨大经济斗争。全世界都像被卷入了一个大旋涡，抗拒潮流就带来毁灭。原因是，每个工业国家都产品过剩，它的繁荣以及甚至它的生存都靠找到市场来吸收剩余产品。亚当斯主张美国参加这项竞争，即使这将冒着对德、日、俄以致可能还对英作战的危险。

海军上将马汉也大部分是从非种族主义方面为帝国主义辩护。他不去看帝国主义带来的战争危险，而认为帝国主义至少对他自己的国家是一个和平

---

〔1〕《政治科学和比较宪法》（*Political Science and Comparative Constitutional Law*）第 1 卷，波士顿吉恩公司 1890 年版，第 44~48 页。

手段。美国应该通过取得战略领地掌握制海权而使自己强大起来。有战斗的准备和有尚武的精神是防止攻击最安全的保障。像约翰·伯吉斯一样，他把政治能力和关心文明作为一个民族是否有独立权利的试金石。他认为，任何民族的独立权利都不是一个不可废除的权利，而是从属于"世界的自然权利——利用各种资源为公共谋福利而不让资源弃置的权利"。他断言，对这个较大的成果没有贡献，就使"外来的强制"有了理由。对腐化或不称职的政府也没有表示仁慈的必要。它们应该被更高等的文明的传播者视为不足取的组织加以"废止"。[1]

普通的假定是，在我们世纪里的德意志帝国主义导源于特赖奇克的学说。这个假定有一部分是正确的。这位著名的德国历史学家对英国人成功地把势力扩展到世界四分之一的土地上几乎带有一种病态的嫉妒。英国人的这一成就使他们得到一个无可估量的便利，因为共同的语言是繁荣贸易的基础。他争辩说，一个国家的殖民地如果和它有语言和文化上的联系，"即使政治联系被割断了"，也绝不至于完全丧失。而且，殖民地的开拓是国家成长壮大的证明，只有具有可观的幅员和力量的国家，未来才有希望。在争取统治世界的激烈权力斗争时代，小国家是一种悖理的现象。因此，德国必须使它的下一次大战的结果是"用一切可能手段取得殖民地"。有时特赖奇克在著述中好像表示他轻蔑海外属地，而偏向于取得与本国邻近的领土。但有证据表明，他对邻近领土的价值是有疑虑的。至少他对德国扩张到东普鲁士边界上的利沃尼亚和库尔兰这类省份是持批评态度的。在这里，条顿族的移民在仍"未日耳曼化的"广大居民中只形成一小部分。防止广大居民危及其征服者的唯一办法就是让他们保持"在尽可能不文明的状态"。[2]

在纳粹前的德国，弗里德里希·冯·伯恩哈迪这个可畏的青年的帝国主义理论和特赖奇克的理论十分近似，他常引用特赖奇克的话。二人都坚持建立殖民帝国的绝对必要性，认为必要时可通过战争取得这样一个帝国，德国将在这个战争里击败它的敌人。但伯恩哈迪嫉妒法国的程度超过嫉妒英国，同时他在更大程度上夸大了斯拉夫人的威胁。他在欧洲扩张的建议几乎完全

---

〔1〕《现在及将来美国在海洋霸权上的利益》（*The Interest of America in Sea Power Present and Future*），波士顿利特尔—布朗公司1898年版，第52~53页、第307~308页。

〔2〕《政治学》，布兰奇·达格代尔和托本·德·比耶译（Blanche Dugdale and Torben de Bille, trans., *Politics*）第1卷，纽约麦克米伦公司1916年版，第119页、第122页。

是防御性的。他认为德国应该完全控制莱茵河口，但他没有提到在欧洲兼并其他领土。他争论说，德国强大的真正关键在非洲，而较小的程度上在亚洲和大洋洲。把这些地区的肥沃土地分割出来组成一个庞大殖民帝国，将确保"在全世界对日耳曼民族及日耳曼精神应有的高度尊敬"[1]。还有就是它将为德国人口中每年增加的成百万新居民在德国国旗下提供安家立业的地方。它将保证祖国有充足的市场和富饶的食品与原料资源。因此它将确保工人阶级的生活，确保德国工程师、商人、公共卫生专家和技术专家拥有新的就业机会。在伯恩哈迪看来，将来德国的重要性取决于两个因素："第一，世界上有多少人说德国话。第二，他们中间有多少人在政治上是德意志帝国的成员。"[2]

希特勒的帝国主义同特赖奇克及伯恩哈迪的学说只有一种遥远的关系。像他们二人一样，希特勒强调德国有迫切的必要取得更多的领土以供其日益增长的人口的需要。和他们二人一样，希特勒也为用武力攫夺领土辩护。由于怯懦或人道理由而避免流血的民族注定要衰落和灭亡。但是，虽然这似乎显得荒谬，希特勒却并不是一个急于兴师出击进行远征而为一个世界帝国打下基础的大胆冒险家。他是一个心情不定、惊慌焦急的人，这就使他留在祖国附近。只有把国家边界向外推展，他才有安全感。作为一个军事家，他渴望用纵深防御来得到安全。最后，还必须考虑到他对德国经济和社会组织的特别关切。他厌恶城市化和工业化。他对兴旺的国际贸易或作为重要原料来源的殖民地都不感兴趣。他所要求的是德国边界上的生存空间，使越来越多的农民能够建立自己的家园。他认为贸易和工业制造是不健康的，而现在都市和乡村人口之间的不平衡是德国痛苦的主要原因。纳粹的"血与土地"概念反映了一种不开化主义，它和帝国主义的传统类型是不调和的。

好像几乎无可争辩的是，希特勒的扩张主义不是来自人们熟习的来源。相反，它主要是艾尔弗雷德·罗森堡奇怪冥想的产物。罗森堡还激发了希特勒的种族主义。罗森堡相信苏俄是一个要垮台的国家，在危机中俄国人民是不支持他们的政府的，因此，辽阔的苏维埃领土将可轻易地为德国所征服。并且，如果德国采取大胆的行动，它将能够得到英国的支持。罗森堡认为特

---

〔1〕《德国与下一次战争》，伦敦朗曼斯公司1914年版，第81页。
〔2〕《德国与下一次战争》，伦敦朗曼斯公司1914年版，第83页。

别值得想望的领土是乌克兰。这里是富饶的产粮地区，千百万善良的德国农民能够找到耕种的土地。正如希特勒后来所说的，德国有了乌克兰就会"泅泳在财富里"。有这样一个图景展现在面前，这个德国元首谈到喀麦隆和其他非洲殖民地时就带着轻蔑的口吻了。他说，保有这种帝国的一些欧洲国家，"可以比之于倒立在其尖端上的金字塔"。他喊道，牺牲俄国而去征服土地并"在德国剑刃的帮助下"让"土地得到耕种，民族天天得到面包"，[1]这将多么美妙啊。

探讨现代帝国主义思想而不考虑最有名望的帝国主义批评家约翰·霍布森（1858—1940）将是不完备的。霍布森生于英格兰的德比，在牛津的林肯学院毕业。他有十年的时间在牛津和伦敦大学的附校教授英国文学及经济学。1897年后，他专门致力于研究和写作，写出十几部关于经济及有关问题的著作。他虽然是一个坚定的社会主义者，但受罗斯金的影响超过受马克思的影响，因此他主张的国有化只限于"标准化了"的工业，而把牵涉个人爱好与技巧的工业留给私人去发挥首创精神。作为一个经济学家，他预见到后来凯恩斯勋爵使之著名的某些理论。换句话说，他教导"消费不足"是经济萧条的主要原因。由于收入分配非常不平等，富有的少数人就产生了一种过多储蓄的倾向。国民收入的其余部分以工资和薪金的形式分配给众多的工人、农民和雇员，对于广大的多数人来说，这不过仅够维持生活而已。结果，他们的消费能力总是很低，一个国家没有足够的市场消纳本国工厂所生产的商品。因而生产超过消费，工厂倒闭便成了不可避免的结果。霍布森在这个问题上的理论没有受到当时学术界经济学家的欢迎，他从未被任何英国大学聘请为教授。直到20世纪30年代凯恩斯对他大为称赞以前，他在经济学上的洞察力没有得到承认。

霍布森认为帝国主义纯粹是罪恶。实行帝国主义的人都是一些吮吸本国同胞以及殖民地人民鲜血的"寄生虫"和"掠夺者"。实行帝国主义的结果不仅是剥削而且是军国主义、腐败、专制和战争。帝国主义的道路是确定不移地破坏民主并破坏民族主义中一切美好因素的道路。在解释帝国主义的根源上，霍布森依据严格的经济决定论。他否定了"白种人负担""明显的天命"以及传播文明和基督教的使命等一切有关理论，认为这些理论只不过是

---

〔1〕《我的奋斗》（*Main Kampf*），纽约雷纳尔—希契科克公司1940年版，第182~183页。

装点门面的幌子。他同意詹姆斯·米尔所说的，帝国主义不过是"一套对上等阶级进行户外救济的庞大制度"。他们渴望得到新市场作为剩余工业品的倾销地。他们希望能对丰富的原料资源进行垄断式的控制。但据霍布森看来，最主要的是，他们要求比本国更为有利的投资机会。他们完全忘却了国家在保证和保护他们的财产方面承担的费用，从纯粹贪婪的动机出发到不稳定的地区进行不顾一切地冒险。例如，皮尔庞特·摩尔根通过处理"对菲律宾战争的公共财政安排"为自己及其朋友弄到好几百万美元。[1]

霍布森由于认为帝国主义完全不必要而更加反对帝国主义。正如诺尔曼·安吉尔爵士几年后也证明的一样，[2]他论证了一个国家并不需要兼并一块领土才能和该地进行贸易或接近其资源。事实上，他指出，在政治主权和经济事务之间并不存在必然的相互关系。例如，法国和德国之间的贸易远远超过它们任何一国与其殖民地之间的贸易。在英国和美国之间、美国和加拿大之间也是这样。从商务的观点来看，新帝国主义突出的特点是它为现代帝国加上了热带和亚热带的属地，而对这些属地的贸易是"微小的、不稳定的和不进步的"。[3]他也不承认为了给剩余人口找一条出路就需要帝国主义。首先，他否认大工业国家的人口过分拥挤。他同意它们的人口密度大，但他认为工业的专业化使它们能够供养大量的居民。他还断言它们的生活水平高于人口比较稀少的国家的生活水平。此外，他预见到它们的增长率将逐渐减低，并预言到20世纪中叶它们的人口便不会再增长。最后，他指出，攫取殖民地作为解决人口稠密的安全办法在历史上是缺乏根据的。19世纪从英国移出的移民，半数以上定居在非英国的领土上，只有极微小的人数定居在新帝国主义所获得的殖民地。

霍布森主张另一种他认为好处较多而又不那么危险的办法来代替帝国主义。他要每个国家改组经济，要能减少国内的不平等并消除损害和掠夺外国人利益的机会。他写道，"各国唯一的安全之道在于从有产阶级那里收取其收入的无劳增值部分，而把这部分增加到工人阶级的工资收入或公共收入中去，以使这部分能用于提高消费标准"。[4]他认为少数富有者的过多储蓄是帝国主

---

〔1〕《帝国主义：一种探讨》（*Imperialism：A Study*），伦敦艾伦—昂温公司1902年版，第57页。

〔2〕参见《大幻想》（*The Great Illusion*），纽约普特南公司1910年版。

〔3〕《帝国主义：一种探讨》（*Imperialism：A Study*），伦敦艾伦—昂温公司1902年版，第38页。

〔4〕《帝国主义：一种探讨》（*Imperialism：A Study*），伦敦艾伦—昂温公司1902年版，第89页。

义的经济根源。由于他们拿到的收入远远多于他们能够轻易花掉的钱，资金成了市场上的滞销货。资金的持有者因而设法投资到不发达地区，并主张本国政府并吞这些领土以利于实现他们的计划。霍布森坚持，现在应该停止采取这种整个民族福利服从于少数贪得者的利益的制度，因为这些少数贪得者为了增加他们的利润什么也不顾，即使战争也不顾。他提出的补救方案差不多等于经济民族主义。虽然他认识到对外贸易的价值，但他不愿以战争或剥削的代价在国内或国外进行这种贸易。他建议每个国家科学而集约地经营自己的家园，利用它的一切资源，不能由于梦想遥远地区有水草更丰盛的牧场而让任何土地荒废。政府应没收无劳所得并用来增加大众的消费能力。这样工厂就会为满足增大的需求而活跃起来，所有的人都将有工作并处于经济繁荣之中。产生的适当数量的资本可以在国内吸收，对外贸易则可只限于那些国内不能生产的商品。无论贸易或投资都将不作为国际竞争或对外征服的原因。

1916 年弗拉基米尔·列宁在建立布尔什维克关于帝国主义的理论基础时使用了霍布森的学说。他描述资本主义的成长通过四个阶段的演化：从工业资本主义而垄断资本主义，而金融资本主义，到帝国主义。虽然他在把帝国主义看作资本主义最后阶段这一点上和霍布森不同，但他同意霍布森所说的征服殖民地是富有而贪婪的少数人拥有过剩资本的直接结果。因此帝国主义是所得分配不公平的后果，合乎逻辑的治疗方法是废除利润制度并建立社会主义。

霍布森和列宁的学说由于近时的事态发展而引起了疑问。例如，现在实行帝国主义的是资本不足的国家，它们的经济刚刚开始脱离原始农业阶段。典型的例子可以在中东的阿拉伯国家中找到。或许更有意义的是在今天的帝国主义中有一个霍布森和列宁都没有预见到的重要的非经济因素。苏维埃帝国主义出现在巴尔干和中欧东部并不是由于俄国公民要求有剩余资本的投资机会而造成的，美国占有冲绳和关岛也不是为了任何类似的理由。所有这些事例的动机都是战略性的。上面提到的地方在进攻或防御上或者兼在进攻和防御上都有军事价值。因此毫无疑问，为了它们在两个世界的权力斗争中所提供的便利，这些地方将继续被占领。

二、强权政治

"强权政治"这个词汇一般包含好几种意义。首先，它指的是现实主义者对国际事务的态度。一般假定，研究国际政治的学者应当避开理想主义、感情用事和对一个完美世界的乌托邦梦想。他应当把道德问题留给神学家和哲学家，而集中注意力于为生存、权力和扩张而斗争的严酷事实。支配这些斗争的唯一有任何意义的原则，就是为了目的可以不择手段。强权政治也有这个意思，即许多民族或许多独立国家并存的世界是一个由狼群组成的世界，个个都蓄意损害其余以取得好处。没有控制它们的法律，因为不存在一个近似唯一能制定这种法律的国际最高权力。除相互惧怕彼此的武器而外，再没有别的约束。强权政治的传统观念似乎指的是：战争和准备战争是各国间典型的正常行为；作战有愈合和再生的作用；当战斗爆发的时候，"胜利就是一切"。即使肆意蹂躏，如果它可导致迅速胜利，一般认为也是无可厚非的。

强权政治的教义一般认为是起源于日耳曼人。英国和美国的学生早就知道卡尔·冯·克劳塞维茨关于战争是外交使用其他手段的继续的教导；早就知道冯·毛奇陆军元帅的虔诚信念："战争是上帝救定的世界秩序中的固有成分"；早就知道特赖奇克的警告："软弱必然要被谴责为最有灾难性和最可鄙的犯罪，政治上最不可宽恕的罪孽。"[1]

但是英国人和美国人或许还不那么熟习他们本国人类似的说教。西奥多·罗斯福写道，"只有通过战争我们才能获得在实际生活的严峻斗争中获胜所必需的那些雄伟品质。"约翰·罗斯金宣称，他发现所有的伟大国家都"是从战争中得到滋养，在和平中虚度岁月；从战争中受到教育，在和平中受到欺骗；从战争中受到锻炼，在和平中遭到背叛"。[2]英国最有名的军事作家之一莫德上校说，除非"战争是用来调整环境的神定手段，直到在伦理上'最适合的'和'最优良的'等同起来，人类前途就可怜得无以言喻了"。海军大臣约翰·费希尔爵士提供了一句同样有趣的话："战争的实质是强暴。在战争里讲温和是白痴……你要先动手打，要使劲打，而且要连续打。你一定要

---

〔1〕《政治学》第 1 卷，布兰奇·达格代尔和托本·德·比耶译（*Politics*, trans. Blanche Dugdale and Torben de Bille），纽约麦克米伦公司 1916 年版，第 95 页。

〔2〕"战争"，见《野橄榄枝的胜利花冠》（"War", *The Crown of Wild Olives*），纽约约翰·威利父子公司 1886 年版，第 89~90 页。

残忍无情、毫不放松并毫不后悔。"值得注意的是，这个可爱的老海狗是大英民族的一个偶像，是许多荣誉的接受者。最大的讽刺是，他作为代表参加了第一次海牙和平会议。[1]

在我们这个时代强权政治最刚强的战士之一是温斯顿·丘吉尔爵士。他不仅宣传强权政治，而且由于国家政治的紧急需要提供了机会，他还实行了强权政治。他虽然是共产主义的一个最狠毒的仇恨者，但在1941年6月22日希特勒侵犯苏联时，他毫不迟疑地把俄国当作盟国而拥抱了它。五年后他以同样的欣然心情旅行到美国，实际上是鼓动组成一个英美同盟以制止苏维埃强权日益增长的威胁。他认为在国际关系中力量是基本因素，对等力量是它唯一的纠正手段。他一直相信，以19世纪大英帝国的战略和经济力量为基础的力量均势是维持和平的理想体制。毫无疑问，在使他顽强拒绝给予英国属地自治权这一点上，这个信仰是一个潜在的因素。

丘吉尔虽然崇拜强权并认为力量是使各国避免混乱的恰当工具，但不像西奥多·罗斯福或特赖奇克那样歌颂战争本身是美德。相反，他认为战争是一种所有其他办法都失效后才使用的手段。但是一旦必要，他就将毫不留情地进行战争。他相信，应当首先把敌人制服到毫无办法的地步，然后再予以宽大的对待。爱尔兰应当先予以征服再准其自治。大罢工[2]应当予以粉碎，作为以后对工人宽大让步的一个先决条件。德国应当先在1918年陷于饥馑状态，再恢复力量作为对付俄国的抗衡力量。这些说教反映了丘吉尔沉溺于用武力平定混乱和预防反叛的教义。他虽然攻击和平主义是一个"卑鄙的和堕落的概念"，实际上他攻击的是消极态度。他远远不是反对把追求和平本身作为目的，而是赞成追求和平。但是他不认为一个"无为"的政策是实现这一目标的办法。相反，他坚持用外交、谈判、联盟和反联盟的积极的和建设性的各种程序作为代替诉诸武力的手段。他甚至不排除绥靖办法。他说，"绥靖办法本身可能是好事或坏事，要视情况而定。从软弱和恐惧出发采取绥靖做法不仅无用而且有致命的危险。从实力出发采取绥靖做法则是豁达的和高

----

〔1〕　这段文字里的引文，除另有注明者外，都引自柯尔比·佩奇：《国防：战争的起源、结果和预防的研究》（Kirby Page, *National Defense: A Study of the Origin, Results and Prevention of War*），纽约法勒—莱因哈特公司1931年版。

〔2〕　指英国1926年大罢工。——译者

贵的，可能是最可靠的或许是唯一通向世界和平的道路"。[1]尽管他对共产主义狠毒，但他对于同苏联政府达成协议的主意并不恐惧。他相信，在一个由相对咆哮的两个巨人统治的世界，双方都在威胁要毁灭对方，谈判是代替战争的唯一办法。而且他认为可以保险地假定，苏联人将坚持他们的交易条件，只要这样做符合他们的利益。

在强权政治理论在事态发展中似乎得到十分生动的描绘的日子里，是不难找到许多阐释这种理论的人的。爱德华·哈赖特·卡尔就是一个显著的例子。他曾任伦敦《泰晤士报》助理编辑，1955年后任剑桥大学三一学院的研究员。他在第二次世界大战前夕写成的《二十年的危机》（*The Twenty Years' Crisis*）一书中承认有一种国际道德存在，但他把国际道德作为国家行为的规定者而给予一个显然劣等的地位。他指出，由于没有一个执行国际道德的最高权力，没有人指望它是实际有效的。因此，他得出结论说，国际社会中和平与秩序的真正基础是在一个特定时间里恰好存在的强权关系。例如，洛迦诺条约成功地生效了十年，不是由于它背后有理想主义，而是由于它符合当时西欧形成的权力局面。

一个更有名的倡导类似思想的人是沃尔特·李普曼。远从1915年起，李普曼在各种著作中就维护这一论点，即国家安全和世界秩序的种种计划总要与强权现实协调。他批评美国历史上大多数政策制定者忽视了这一原则，而使美国承担的义务远远超过国家实现这些义务的能力。他认为西奥多·罗斯福几乎是唯一的例外。罗斯福认识到巴拿马运河的需要并采取了相应的行动；他扩充了海军并把它用作推行政策的一项武器；他干预第一次摩洛哥危机以阻止德国在北非获得立脚点。但是李普曼的强权政治概念包括其他因素。对世界和平有兴趣的国家必须"谨慎成为无可争辩的强大的联合体的成员"。他特别告诫美国放弃它厌恶纠缠不清的联盟的传统，而主动结成自己的同盟。他说，成为这样一个同盟的成员，"它能够被倚靠来采取共同行动，并在受到挑战时共同战斗"，就可以达到在一个由许多主权国组成的世界上可能达到的最高程度的安全。[2]他维护力量均势的重要性，但不是传统上所说的两个势

---

〔1〕 科林·库特编：《丘吉尔选集》（Colin R. Coote, ed., *A Churchill Reader*），第156页。

〔2〕《美国外交政策：共和国的盾牌》（*U. S. Foreign Policy：Shield of the Republic*），纽约袖珍书籍出版公司1943年版，第73页、第76页。

均力敌的同盟。他真正想望的是一种有利于我们自己的权力集合体的平衡。

自第二次世界大战以来，贩卖强权政治学说最有影响的是汉斯·摩根索。他1904年生于德国科堡，学的是法律，在慕尼黑大学毕业时获优异成绩奖状，在法兰克福大学获最优成绩奖状。他当了三年律师后，到法兰克福大学教书。1932年他在日内瓦大学任政治学讲师，三年后任马德里国际研究学院国际法教授。1936年他到美国，1943年加入美国籍，这时他在布鲁克林学院和堪萨斯市立大学教政治学。1949年后他在芝加哥大学任美国外交政策研究中心的主任和政治学教授。他还在哈佛、西北大学及加利福尼亚大学教过书。

李普曼主张美国的真正利益在于阻止在欧洲以内的任何国家在欧洲以外取得占压倒优势的力量，摩根索则把美国的安全和欧洲本身的力量平衡等同起来。他显然欢迎恢复由大英和平局面所维持的均势，但他认识到任何这样的历史倒退都是不可能的。因为政治革命已经改变了世界。过去英国能够在许多国家中间进行操纵以保持一个对它有利的均势。现在不是这种情况了，而是有两个庞然大国，两国都太强大，以致任何第三种力量都不能够发挥决定性的影响。因此，对关注和平与安定的国家来说，唯一的代替办法就是追随美国的领导并且坚持美国应该强大到足以遏制侵略，但又不能强大到足以使它妄自尊大而不愿与它的对手进行谈判。照摩根索看来，谈判最终将成为必要的。军备竞赛和冷战中相互指责的现象不能无限期地继续下去。忧虑和紧张将变得不可忍受。潜在武器愈来愈多的威胁往往使人们孤注一掷。此外，欧洲和亚洲都有许多区域不稳定，这些区域之一迟早将发生在效果上类似萨拉热窝暗杀事件[1]的爆炸。照莫根索的说法，结果是在谈判与战争之间进行选择。实际上，战争根本不是选择的事，因为战争已变得完全没有理性，变成人类毁灭的同义语。因此摩根索主张西方盟国尽快与苏联政府开始在广泛的问题上讨价还价。我们的政治家将设法发现我们的对手有什么安全需要和要求，再努力使这些需要和要求同我们自己的安全必备条件协调起来。像丘吉尔一样，他并不排除绥靖办法——从实力出发——或者甚至划分世界的势力范围。

根据上面的讨论，好像摩根索似乎与其说是强权政治理论家，不如说是一个甚至愿对敌人作出重大让步以换取和平的倡导者。毫无疑问，他的确很珍视和平，但他相信，最有可能取得和平的方法是政治现实主义者的方法。

----

[1]　指1914年奥匈帝国皇储在萨拉热窝被刺引起第一次世界大战的事件。——译者

他认为，国际政治"是一个没有休止的权力斗争，在这个斗争里，各个国家的利益一定要从权力的角度加以确定"。[1] 国际社会是霍布斯式的不断冲突或者冲突威胁的领域……其唯一的法则就是弱肉强食法则。不可能有其他法则，因为没有超国家的最高权力来制定法律。美国外交政策软弱和失败的主要原因在于，幻想文明人类认为对个人有约束力的那些道德和正义原则对国家也有约束力。援用这些原则是"促使舆论支持战争和近似战争——也是为了失掉和平——的政策的美妙手段"。[2] 它的成果就是这类歪曲做法，如"让这个世界使民主制度得到安全"，"无条件投降"，仅仅由于有些国家是共产主义国家便把它们贬到外层黑暗中。我们应该认识到，在国际关系上意识形态并不比道德的抽象概念有更多的意义。美国在当代世界的真正敌人不是共产主义，而是俄罗斯帝国主义。在第二次世界大战以来取得的条件下，假定俄国政府是由沙皇反动派或由米留可夫[3] 自由派统治着，俄国的危险性可能也不会减少。我们面临的真正问题不是无神主义或者危及我们的民主自由的威胁，而是每当欧洲失去均势时我们的国家安全就会遭到的那种危险。[4]

三、地缘政治

在起源上比强权政治理论更较晚近的是它的近亲地缘政治。强权政治作为一个有清楚界说的概念可回溯到 19 世纪，而地缘政治直到第一次世界大战接近结束时还没有得到承认。地缘政治是否产生于强权政治是可以怀疑的；但二者有很多共同因素，所以地缘政治几乎可以被认为是强权政治的一个支派。二者都把注意力集中在强权的因素上——一个注意政治和军事的力量；另一个则主要注意领土的大小和位置。二者都一点也不尊重感情、意识形态或理想。地缘政治学者和强权政治学者是一样的现实主义者。最后，二者都假定国际上继续存在着对抗、斗争和战争。国际法和国际道德都是虚构的东

---

〔1〕《维护国家利益》（*In Defense of the National Interest*），纽约诺夫公司 1951 年版，第 13 页。

〔2〕《维护国家利益》（*In Defense of the National Interest*），纽约诺夫公司 1951 年版，第 4 页。

〔3〕 米留可夫（1859—1943），1917 年曾任俄国资产阶级临时政府外交部长，十月革命后逃往巴黎，鼓吹建立"爱国社会主义联盟"。——译者

〔4〕 和摩根索的思想十分近似的思想也见于赫尔曼·芬纳的《美国的命运》（Herman Finer, *America's Destiny*），纽约麦克米伦公司 1947 年版。迪安·艾奇逊（Dean Acheson）在《强权与外交》（*Power and Diplomacy*，马萨诸塞州坎布里奇哈佛大学出版社 1958 年版）中总的说来也同意摩根索的观点。不过，他的书名用词不当。他完全强调强权而很少提到谈判或和解。

西。国际社会是装模作样的，真正起作用的唯一因素是优势的实力。

"地缘政治"或德国人所称的 Geopolitik 这个词，是瑞典人鲁道夫·切连（1864—1922）创造的。切连所属的一个小集团相信，他们的国家的命运在于与一个更大的德意志联合起来，作为一个步骤通往统治欧洲并最后统治全世界。他想象的一个大大扩张了的德意志帝国从波罗的海延伸到波斯湾，从里加延伸到敦刻尔克。不过，"地缘政治之父"这一称号一般没有赐给切连，而给了他较老的同时代人慕尼黑大学地理学家弗里德里克·拉采尔（1844—1904）。他的中心思想是，生存空间是国家力量的真正关键。他似乎对自己的国家在这方面的需要作了十分慷慨的阐释，他教导说，我们这个地球太小，它只能为一个国家真正提供足够的空间。

任何政治学说都从来不是一个国家或一个地区所独占的学说，地缘政治也不例外。几乎在切连和拉采尔提出他们的理论的同时，一些英国人也正得出类似的结论。他们当中走在最前面的是哈尔福德·麦金德爵士（1861—1947）。他的主要著作《民主的理想与现实》（*Democratic Ideals and Reality*）发表于 1919 年，但直到 1942 年德国军队拼死争夺对欧亚的控制而深入苏联领土以前，该书没有引起多大兴趣。麦金德生于英格兰的盖恩斯巴勒，受教育于牛津的基督教会学院。1886 年他成为内寺法律社的高等法庭律师。从 1903 年到 1908 年他任伦敦经济政治学院的院长。从 1910 年到 1922 年他任议会议员，并于 1926 年成了枢密院成员。在他的晚期经历中，他是皇家地理学会副会长，还是美国地理学会的金质奖章获得者。

麦金德的地缘政治学归结在一首有名的警句诗里，这诗是他在 20 世纪早期写的。

> 谁统治东欧就控制了核心地带；
> 谁统治核心地带就控制了世界岛；
> 谁统治世界岛就控制了全世界。[1]

麦金德所说的世界岛指的是欧洲、亚洲和非洲这一大片土地，他争辩说，这片土地构成一个大陆而不是三个。他坚持这个世界岛是世界强权的真正支柱。西半球不过是一个小岛，在比例、人力和资源上都要逊色些。他所说的

---

[1]《民主的理想与现实》，纽约霍尔特公司 1942 年版，第 150 页。

核心地带指的是西从伏尔加流域东至贝加尔湖、北从北冰洋南至喜马拉雅山脉这片广阔的低洼平原。他认为这是一个自然资源足以自给、从海上进不去的实际上是铜墙铁壁的区域。既然东欧是通向这个核心地带的门户，那么，任何能够征服西部俄罗斯的欧洲强国不仅将控制这个核心地带，而且最后将控制全世界。毫无疑问，就是这个警告在1942年使麦金德的书受到西方政治家和军事理论家的注意。显然，他们没有认真考虑俄国在核心地带和世界岛所处的地位对他们的潜在危险。

麦金德认为一部世界史就是以大陆为基地的国家和海洋国家之间的不断斗争史。他指出，过去四百年来，这种性质的斗争一直在进行，结果引起一系列的世界战争。以大陆为基地的国家一直在努力打破自然和其政敌强加给它们的障碍。海洋国家则一直在努力保护富饶的流域和位置有利的海岸和海岛，使不受饥饿的内陆游荡民族的侵扰。直到最近以前，力量对比一直有利于海洋国家，特别因为它们拥有封锁力量。不过，工艺技术的发展为内陆国家提供的致命武器不亚于其对手，而工业化的扩展又使封锁失去了一大部分效力。除非恢复力量均势，麦金德看不出有什么补救办法来消除再次发生一系列世界战争的经常性威胁。因为这个理由，在1919年和平解决的前夕，他主张在德国和俄国之间建立一排独立国家。他认为关系重大的是东欧的领土划分"应该成为三个而不是两个国家体系"。[1]和会的建筑师们着手建立这样一个划分带来什么可叹的结果，我们是痛苦地知道得太清楚了。或许这一排国家还不够强大，因而在俄德平衡上没有起到有效的作用。或许不可避免的是，俄国和德国为了控制夹在它们之间的领土会进行一次交易，早晚会由德国或俄国完全统治这片土地。然而，在三个或更多国家中或国家联合体之间维持均势的思想仍然具有强有力的吸引力，当代中立主义者要求建立"第三种力量"来保持东西方之间的平衡就是明证。

第一个而在一段长时间里也是唯一欣赏麦金德理论的意义的人是德国军人和地理学家卡尔·豪斯贺费尔（1869—1946）。豪斯贺费尔是一个不知名的宫廷官吏的儿子，早年就参加了陆军，成为炮科教员。他升到陆军少将，1924年退休靠养老金生活。但当他还在部队中任军官时，他已完成了慕尼黑大学地理博士学位学业。希特勒被关在兰茨贝格狱中时，他探视了希特勒，

---

[1]《民主的理想与现实》，纽约霍尔特公司1942年版，第158页。

并把 1918 年德国失败的原因用一种戏剧性的解释向希特勒灌输。希特勒产生了深刻的印象。希特勒掌握德国国家权力以后，在慕尼黑大学成立了地缘政治研究所，任命豪斯贺费尔为所长。他甚至把这位将军的犹太夫人提到"名誉亚利安人"的地位。

豪斯贺费尔对希特勒究竟有多大的影响是一个可以辩论的问题。由于这位地理学将军是亲俄的，这就容易使人设想 1939 年的德苏条约是这种影响的反应。有些学者还假定，《我的奋斗》的大部分，特别是表示一种面向东方政策的第二卷第十四章，是豪斯贺费尔的手笔。但是这些结论忽视了这一事实，德苏条约签订两年后希特勒就对俄作战，而豪斯贺费尔也在纳粹头目们那里失宠了。事实似乎是，希特勒的思想是在各种互相竞争的影响下形成的。豪斯贺费尔的地缘政治只是这些影响中的一种。但它被艾尔弗雷德·罗森堡的种族主义大大地超过了。希特勒以他的迷信和十分浓厚的反犹太主义成见的背景，更易于听信的是一个种族主义狂热者的非理性主义，而不是一个政治地理学者的环境决定主义。1946 年豪斯贺费尔及其夫人的自杀是一场失败和被摒弃的悲剧的适当结局。

豪斯贺费尔诠释地缘政治为"政治行动艺术在国家有机体争取生存空间的生死斗争中的科学基础"。除把国家强调为有机体以外，他似乎只不过是重复麦金德的思想。实际上，他追随麦金德是为了把他的理论颠倒过来。他承认核心地带以及俄国同核心地带的关系的重要性，但他不是主张用一排国家来隔离俄国和德国，而是鼓动它们密切合作。他渴望再执行俾斯麦的俄德同盟政策。德国的前途在于获得土地以供应它的农业需要，而不是变成另一个有都市贫民窟和凄凉景色的英国。他认为，西方在衰落，亚洲正出现一种新的文化。德国应该参加这种文化并设法引导和指导它。虽然他承认与东方的野蛮游荡民族挑逗有某些危险，但他相信德国能够教育他们并终于控制他们。这样它就会接近他们的资源并最终占有他们的领土。不用说，他缩小了意识形态冲突的重要性。他似乎以为列宁和斯大林的布尔什维主义与德国从 19 世纪 70 年代以来就在实行的国家社会主义没有多大差别。首先他主张，1918 年使德国失败的条顿和斯拉夫族之间的旧仇宿怨必须消除。没有人能够否认他的梦想是动人的。他贪婪地注视着这个想象中的图景：一个跨大陆的帝国从北海延伸到太平洋，最终并入中国和印度甚至日本。它将接替衰老的大英帝国，而且由于它的庞大体积和无懈可击的力量而将统治全世界。

鉴于美国处于岛国地位、一度热衷于殖民帝国以及海权是跻于大国的关键这一马汉传统的影响力量，它竟会发展到对地缘政治感兴趣似乎是奇怪的。但是任何人也不应该低估"天命扩张论"在美国历史上的作用。很难想象还有一个学说更能提示空间是国家重要的基础。至少这个学说的某些倡导者把这个"空间"看作北美的整个大陆。也不应该忘记，美国一直有或者近些年来有一些比利·米切尔〔1〕们教导说，"据有阿拉斯加将据有全世界"，以及一些汉森·鲍德温〔2〕们主张，尽管有空中力量及"按电钮"的武器等一切发展，用陆军占领空间仍是在战争中制胜的秘密。但这个国家系统的地缘政治学说的最杰出的阐述者是《世界政治中的美国战略》（*America's Strategy in World Politics*, 1942）一书的作者，已故的尼古拉·斯派克曼。斯派克曼 1893 年生于阿姆斯特丹，在加利福尼亚大学受教育。1913 年到 1920 年他在中东、远东及澳大利亚当新闻记者。1920 年到 1923 年他在加利福尼亚大学教书，然后到耶鲁大学，在那里最终被任命为国际关系斯特林讲座教授和国际研究所所长。

斯派克曼的理论对地缘政治和强权政治的密切关系提供了雄辩的证词。他认为夺取权力的竞争是人类关系的根本实质。他说，悲叹人的权力欲无异于从现实的世界逃避到梦幻的世界。他争辩道，在国际事务的领域内尤其如此。在这里，权力斗争就是生存斗争。"其余一切都是次要的，因为到最后唯有强权才能实现外交政策的目的。"〔3〕像现实政治的崇拜者一样，他教导说，归根到底，强权就是进行战争的权力。他和他们不同的地方是，他强调军事实力以外的因素作为制胜的工具——领土的大小、人力的数量、边疆的性质和原料的丰富。他认为这些因素是军事力量的补充。它们也是为了在争取生存和争取加强自己、削弱敌人的拼死斗争中增强国家的实力。这种斗争在国际关系中已经是经常现象，没有迹象表明这种斗争将会终止。由于战争是不愉快的事而忘记这一现实，必将招来灾难。除短时期以外，各国既不能希望避免战争，也不能制止发生战争。它们所能做的就是必要时利用战争来为自己谋利益，并尽可能做好彻底的准备以赢得胜利。

---

〔1〕 比利·米切尔（Billy Mitchell, 1879—1936），美国军官，曾参加美西战争和第一次世界大战，主张建立强大空中力量，单独建立空军，著有《我们的空军》等。——译者
〔2〕 汉森·鲍德温（Hanson W. Baldwin, 1903—），美国军事评论家，1972 年退休。——译者
〔3〕《世界政治中的美国策略》，纽约哈考特公司 1942 年版，第 18 页。

作为争取美国外交政策成功的方案，斯派克曼又拿起那个古老的力量均势万应灵丹。不过，他说得很清楚，他不是要平分权力。他指出，各国的兴趣并不在于均衡。每个国家所要求的是一个对自己有利的宽阔边际。"与潜在的敌人同样强大并没有真正的安全；只有比敌人稍微强大一些才有安全。"[1]他所主张的是英国 19 世纪时所保持的那种均衡。通过阻止欧洲大陆上任何国家或国家联合变得过分强大，英国保证了自己的安全。如果它仍坚持这个政策，1939 年就不至于对德宣战。对波兰和罗马尼亚的保证"是一个错误的致命的决定"。征服并吞并这些国家会加强德国，"但主要是对俄国，对西方没有多大关系"。[2]基于同样的理由，他暗示美国参加第二次世界大战是一个错误。它这样做就同时破坏了欧洲和亚洲的均势。对这个国家最有利的是，在欧洲有一个强大的德国和俄国两败俱伤，在亚洲有一个强大的日本和中国实现同一结果。他否认任何像查尔斯·比尔德[3]的大陆主义或孤立于欧洲之外来维护西半球这类方案的可行性。他认为，在横跨大西洋区域和横跨太平洋区域保持力量均势，对美国的国家利益和权力地位都是绝对必要的条件。如果他能够看到欧亚这大片土地控制在至少由于意识形态的联盟而联合起来的两个反西方巨人之下，他现在要说什么是不难想象的。

像他那一派的其他人一样，斯派克曼对各国的联邦或邦联组织没有信心。他认为世界联邦是乌托邦式的空想，注定要使它的倡导人失望。它既然不是与人性的改变相辅而行，它就只不过是以国内战争来代替国际战争。但国家组成邦联或联盟也不会取得成果。由于它的成员由主权国家构成，它的行动必然采取一些国家对其他国家运用武力的形式。但这类集体行动很少有效。它必然是缓慢的和不确定的，因此不能应付闪电战和空中轰炸这类现代技术。他认为比国际联盟现实得多的是 19 世纪的"欧洲协同体"，当时居统治地位的国家使用武力不仅为了维持现状，也为了改变现状。例如，荷兰和土耳其就在集体行动的强制下承认了比利时和希腊的独立。斯派克曼争辩说，现代世界的政治家必须承认这一事实；强制是一个现实；只要国家制度存在就有

---

[1] 《世界政治中的美国策略》，纽约哈考特公司 1942 年版，第 21 页。

[2] 《世界政治中的美国策略》，纽约哈考特公司 1942 年版，第 115 页。

[3] 查尔斯·比尔德（Charles A. Beard，1874—1948），美国历史学家和教育家，在哥伦比亚大学任教时因有两个教师反对美国在第一次世界大战期间参战被解职而愤然辞职。著有《美国政府与政治》（*American Government and Politics*）等。——译者

军事冲突；健全的政策在于准备使用为了保护自己的国家而保持力量均势所必要的任何手段。

四、非暴力和消极抵抗

研究国际问题的作者并不是都信仰武力的教义。例如，许多无政府主义者就曾抨击在任何情况下对人身使用强制手段，并争辩说，人类从根本上说是有礼貌的，再加上舆论压力的某种帮助，这就足以使社会得到维系。教友派教徒如鲁弗斯·琼斯和某些其他虔诚的宗教人士强调"温和力量的威力"，而把他们防止冲突的希望寄托在教育、提高道德和组织上。最后，一些极端分子和革命者发明了和平抵制、不合作和消极抵抗等方法作为反对专制和反对侵略的防御手段，他们相信非暴力抵抗是反对专制的统治者或反对侵略者的唯一真正有效武器。

和平抵制的根源可以追溯到19世纪亨利·索罗（1817—1862）的某些教导。他主张良心高于法律和政府，传播个人拒绝执行的理论。他的这个理论指的是个人有权不服从和违反任何违背他的良心的布告、命令或法规。他不承认公民有表示尊重法律的义务。相反，他们应该养成对正义的尊重。他断言，一个人坚持正义比大多数人站在错误方面好得多。不过，索罗的和平抵制实际上并不等于消极抵抗。虽然他鄙视国家而且说最好的政府就是什么也不管理的政府，但他称赞约翰·布朗[1]进攻哈泼斯渡口，把武器夺过来发给黑奴去向奴隶主造反。两年后当南北战争爆发时，这位垂死的苦行者在康科德为了在他看来必将伴随这一冲突来到的道德复兴而欢欣鼓舞。

或许和平抵制和非暴力更好的例子是著名的主张废除黑奴制度者威廉·劳埃德·加里森（1805—1879）。加里森为了表示反对一项他所说的与公平和正义的更高要求相抵触的法律，当众烧毁了美国宪法。他和索罗不一样，他不同意正义的战争。他说，"人类历史充满证据，证明实体的强制不适于道德的复兴；人的造孽癖性只能通过爱来驯服；邪恶只能通过善良才能从地球上消灭掉"。[2]

---

〔1〕约翰·布朗（John Brown，1800—1859），美国农民，美国堪萨斯反奴隶主武装斗争（1854—1856）的积极参加者；1859年打算在弗吉尼亚州发动黑奴起义，被送交法院，后被处死。——译者

〔2〕《威廉·劳埃德·加里森著作和演讲选集》（*Selections from the Writings and Speeches of William Lloyd Garrison*），波士顿沃尔卡特公司1852年版，第75页。

跨过 19 和 20 世纪的非暴力大哲学家是俄国的列夫·托尔斯泰伯爵（1828—1910）。他的父亲是德国世袭的地主，通过婚姻重新建立了家业。在儿童时代这位未来的小说家是多愁善感的。他 6 岁前双亲就去世了，由亲属负责教养他。他的亲属似乎是轻快而喜好欢乐的，并浸染了法国的影响。结果，托尔斯泰早年就对卢梭发生了兴趣，而且一生都在这位伟大的浪漫主义者的影响下。或许部分是由于这种影响，他的大学教育是一个失败。他花了很多时间在玩笑嬉戏和追求一时的兴致和幻想上，因此他不能安定下来集中精力于任何方面。他最后"以健康不佳和个人原因为理由"完全退出了大学。有一些时候他投身于解放农奴的运动，后来又参加了陆军。奇怪的是，他在军队里发现了自己有当作家的天才。他的《塞瓦斯托波尔童话集》（Tales from Sebastopol）为他在文学界赢得很大名声，以致沙皇发布特别命令要把他调离危险的岗位。在他年岁渐大的时候，他愈来愈专心于宗教和哲学问题以及社会改造。他得出结论，快乐、奢侈和权力是邪恶的东西，甚至知识上的成就也是徒然的和没有价值的。他争辩说，除了耶稣登山训众中的质朴教导，没有什么能够拯救人类。因此，他要求所有的人要放弃自我扩张的奋斗，要通过体力劳动来谋生，并且要培养清贫、谦卑和爱人类的美德。他以身作则把财产立约让给了妻子，穿上农民衣服，过农民的简单生活。

除在他看来根深蒂固地附在每个人身上的自私之外，他把社会不公正的一切过错都归罪于使用武力。他坚持，支持剥削的是武力。让富人能够住在大宫殿里每天过豪华生活而使穷人瑟缩在破茅屋里由于缺乏面包屑陷于饥饿的是军队和警察的枪弹。他争辩说，国家本身只不过是一种强制工具。它比一切罪犯都要坏，因为它用法律外衣来掩盖了压迫，强征青年入伍进行大批残杀。首先，他相信暴力是不道德的。它使人残暴，把人降低到野蛮的兽畜的水平。不仅如此，只要暴力可以用作武器，依靠文明的方法实际上就是不可能的。他还谴责以权宜之计为由使用武力。武力把使用武力的人交到敌人手里，然后双方都想方设法以恶魔似的残酷制服对方。例如，当一个政府被暴力推翻而由一个新阶级或政党统治时，新统治当局不可能比旧统治者压迫得少些。"相反，不得不防卫自己免受被触怒和被推翻的敌人的危害，它甚至比它的前任更残暴、更专制。"为了创设和维持自己的制度，它将被迫"不利用一切旧的暴力方法，而且还要发明新的暴力方法"。[1]

托尔斯泰无意用巧妙的策略来实现他的不抵抗哲学。他的理想主义基础是耶稣朴素的伦理教义和一些教友会教徒和威廉·劳埃德·加里森所提供的对这项教义的特别解释。这项教义的实质是爱人类，并努力使上帝的形象趋于至善。要实现这些目标，个人就必须洗涤他心里的嫉妒、自私和仇恨。他必须培养谦卑、长期吃苦和自我克制的美德。他必须立清贫和纯洁的誓言并遵守这个誓言，放弃对欢乐和财富的一切兴趣。但照托尔斯泰看来，这一整套伦理体系的要旨是放弃寻仇和报复。没有一个不爱自己的同胞的人能够爱上帝或变得像上帝。而爱人是和复仇的思想行为完全不能相容的。因此，虔诚的基督徒必须认真避免以恶报恶。当受到伤害和侵犯时，左脸挨了打还必须把右脸也送过去，而且要为他的毁谤者和迫害者祝福。他必要时应该听任再次侵害而不是用暴力去抵抗恶人。他不应当甚至在自卫时杀害或伤害另外一个人。他应该不在法律前控告任何人，不向行政长官抱怨任何伤害过他的人。他应当不参加战争或战争准备，而且不缴纳租税来支持这类活动。不过，托尔斯泰并不是说，信仰基督的理想主义者应该在罪恶面前采取完全消极的态度。他的职责仅仅在于避免以恶报恶。设法用善良来战胜邪恶受到极力的推荐，而不是被禁止。教育、说服和感化等非暴力方法也是如此。

非暴力抵抗采取的策略方法是一些受托尔斯泰影响的人发明的。其中的卓越人物是印度民族主义者和神秘主义者莫汉达斯·甘地。他生于 1869 年。父母属于中等阶级，努力向他灌输要对本等级的传统忠诚。为了让他受专业教育，他们把他送到英国学习法律。他完成学业以后在南非一家大印度商行得到一个位置。他在二十年期间经营了一个成功的业务，但他很快就变得主要关心维护他的同胞反抗南非种族主义分子对他们的不公平待遇。冒着生命危险和面对侮辱，他发动了反对社会和经济歧视运动，鼓励印度工人组织起来，要求政府取消不公平待遇。1914 年他回到印度，在他认为是反对军国主义和专制主义的战争中，他为支持英国的事业而热情地工作。1919 年英国再次进行压迫，他开始感到幻灭。使他深为震惊的事变是阿姆里察大屠杀。在

---

[1]《上帝之国在你心里》（*The Kingdom of God is Within You*），纽约克罗韦尔公司 1899 年版，第183 页。

这一事件中，四百个印度人被一队英兵杀死，一千余人受伤。在此后的差不多三十年中，甘地几乎完全投身于一个使印度从英国统治下获得自由的运动。他的方法是拒绝和压迫者合作，企图用示范的力量来改变作恶者，并使他自己和他的信徒养成改善社会秩序所必需的态度和纪律。有时他进行绝食，他知道英国人不敢让他成为一个殉义者。他鼓励他的追随者抵制外国货，拒绝纳税，并成群地在铁路和公路上卧轨和卧道。总体来说，甘地把这些策略方法称为"萨铁格拉哈"（Satyagraha），它大致上可以译为"非暴力抵抗"，但它的字面意思是"灵魂的力量"，或"真理的威力"。1947 年印度实现自治以后，甘地把注意力转向缓和穆斯林和印度教徒之间的激烈争吵。他成功了，但付出了生命的代价。1948 年 1 月 30 日，在去进行晚祷的途中，他被一个反动的沙文主义的印度教社团的成员暗杀。他的逝世对互相攻击的各派至少起了暂时清醒的作用。

不容怀疑，甘地是我们这个时代最重要的人物之一。尽管有他的不开化主义，他几乎被普遍誉为"玛哈特玛"即"圣雄"。虽然他一直是一个印度教徒，而且是等级制度（但不是歧视或不可接触）的支持者，他的哲学大部分来自拿撒勒[1]的耶稣、索罗和托尔斯泰。不过他对他们的教义作了特别的解释以适合本国的需要。他不信仰物质进步，他教导说，印度的唯一希望在于培养它的精神财富。他一度否定工业革命，甚至否定西方科学和西方医药。在他的《信仰的自白》（*Confession of Faith*）一书里，他形容医学是"黑暗魔术的集中精华"，医院是魔鬼的工具。他声称，"如果没有治疗花柳病或者甚至治肺痨病的医院，我们中间就没有那么多痨病和那么多性的不道德行为"。[2]后来在尼赫鲁的影响下，他终于承认工业化是不可避免的，但他仍认为自给自足的乡村经济是理想。他想，更公平地分配土地并鼓励纺织之类的手工业将使印度所有的公民能够有饭吃和有工作做。但绝不能通过武力或暴力进行改革。在否定为了目的可以不择手段这一点上，他和马基雅弗利、列宁以及其他许多人处于对立的地位。相反，他相信手段在很大程度上决定或限制目的。他宣称，他宁愿印度继续无限期地受英国束缚，而不愿它通过暴力革命来取得自由。虽然他的许多经济和社会思想是反动的，但在压迫的受害者当

---

〔1〕　巴勒斯坦北部古城。——译者
〔2〕　安德鲁斯：《圣雄甘地的思想》（C. F. Andrews, *Mahatma Gandhi's Ideas*），纽约麦克米伦公司 1930 年版，第 187 页。

中，他的消极抵抗哲学似乎得到日益广泛的接受。

　　西方非暴力主义最重要的晚近使徒是有名的阿尔萨斯人艾伯特·施韦策。作为医生、音乐理论家、圣经学者和哲学家，他在多数人掌握一门学问都感到困难的时代是一个少有的多才多艺的突出例子。施韦策生于 1875 年，是一个路德派牧师的儿子。他在斯特拉斯堡、巴黎和柏林的大学受过教育。他 25 岁时便获得了神学和哲学博士学位。后来他又完成了医学博士的必修科目。在做了一个时期的教师和风琴演奏家之后，他于 1913 年在法属赤道非洲的兰巴雷内创立了一个医院，此后即一直担任该院的院长和内科主治医生。他把这个事业首先看作一个人道事业，但也是在普遍太无视生命神圣的时代他个人需要确认生命神圣的表示。他还抽空写了许多关于耶稣和保罗的生平和教导、关于音乐、关于文明的哲学、关于伦理以及关于寻求和平的书。他为增进国际了解而作的努力为他赢得了 1952 年的诺贝尔和平奖。施韦策虽然是一个诚挚的理想主义者，但自称并没有什么政治或经济信条，也不依附任何派别或运动。他认为自己是一个基督徒，但不属于任何教派，而且对神学的种种区别感到不耐烦。

　　形成施韦策思想的重大影响是众多的和各种各样的。首先，他追溯到老子的和平主义和非抵抗思想。他还尊崇耶稣的慈善和仁爱、保罗的"理性主义"、斯多亚派的泛同主义和自由思想主义以及圣芳济会的人道主义。他并不同意这些思想派别中所包含的一切。例如，他否定耶稣的超世主义和保罗的教条主义及宿命论。或许他最感激的是启蒙运动——几乎是启蒙运动的最后一个生存者。他对启蒙运动所赞赏的是理性主义及其对进步可能性的信念。他相信基督教只是在受到这一运动的影响之后才参加了人类福利的斗争。不过，他并不接受启蒙运动无条件的乐观主义。他认为人生是一场充满痛苦和死亡的戏剧，不仅人类而且天地万物都是生下来就要受苦，这是颠扑不破的自然规律。所有各种生命都是靠牺牲他种生命来生存的。一种生命的生存意志几乎是对另一种生命的死刑宣判。"生活引起千种期望，却很难实现其中之一。"不安、失望和悲剧，这就是人类"在我们从有生命到生命结束这一短促时期"的命运。[1]

---

　　〔1〕《文明与伦理学》（*Civilization and Ethics*），伦敦亚当—查尔斯·布莱克公司 1946 年版，第 209~210 页。

可是施韦策不肯堕入无边无底的悲观主义。他认为思想的威力是人性的一个突出因素，因此他相信理性能力至少能够解决我们的一些问题。他相信，通过思想的成就，每个卑微的个人都有机会解脱人类所忍受的一部分苦恼。他对已经成了现代文明特点的怀疑主义、反理智主义和宿命论深表惋惜。我们当代人采取的看法是：世界上没有最后的真理，如果有，也不是人所能发现的，因为人被迷信和错误蒙蔽得太厉害，完全丧失了正确思维的能力。其结果是，本能、习惯、固定的意识形态或经济条件预先决定了一切。施韦策把这个发展的主要责任搁在黑格尔的身上。1820 年当这个德国辩证理论家写下"真实的就是合理的，合理的也就是真实的"这句话时，施韦策说，这是一个可悲的日子。当这句话写下来时，"我们的推向世界战争——而且或许有一天将要结束文明——的时代开始了"。[1]施韦策说黑格尔的意思是，历史的进程是机械的，理想主义者企图用自己的智力和道德力量来实现改革是浪费时间。

像施韦策自己所认为的那样，"对生命的尊重"是他的哲学的基调。更确切一点说，"对世界和生命的肯定"是他的体系的中心理论。他这个原理的意思恰好和印度的这种教义相反，即一切生命和努力都是罪恶，最高的善是尽量靠近死亡而又不是真正逝去。对世界和生命的肯定包含着这样的思想：这个世界有向善的可能，人可以通过他的努力把世界变得好些，个人有义务过建设性的生活并帮助别人也这样做。对生命的尊重主要是一个伦理原则，虽然它也有哲学意义。首先，它含有一种义务把一切活着的生物看作一个受苦受难联谊会的成员而给予怜悯和同情。在施韦策看来，一个人只对同胞行善还不够。他必须把整个动物和植物都包括在他仁慈的范围之内，至少要避免不必要的和不经心的杀害。施韦策完全承认需要消灭细菌、害虫和毒蛇，但他惋惜猎杀，甚至无意识地采摘花叶然后又随手扔掉。他争辩说，除非把一切生命都看作是不可侵犯的，人的生命就不可能受到尊重。"尊重生命的伦理就是把爱的伦理扩展到普遍的程度。"而"只有通过爱我们才能达到与上帝感通的境界"。[2]因此施韦策把一切毁灭，妨碍或阻遏生命的事物都划归为邪恶

---

〔1〕　查尔斯·乔伊编：《艾伯特·施韦策文选》（Charles R. Joy, ed. , *Albert Schweitzer, an Anthology*），纽约哈泼公司 1947 年版，第 215～216 页。

〔2〕　《出自我的生活和思想》（*Out of My Life and Thought*），纽约霍尔特公司 1933 年版，第 232 页、第 238 页。

一类。他把任何拯救或加强生命并尽一切可能帮助生命达到它的最高发展程度的事物都称为善良。他把尊重生命看作通往和平的钥匙。由于西方各国不这样做，它们互相恐惧并互相仇恨，所以战争就变成不可避免的了。

比较一下施韦策和甘地是吸引人的。在和平主义上，在憎恨暴力上，在反对物质主义和机械化上，在坚持利他主义和自我牺牲上，以及在人类的尊严和价值观念上，他们的哲学是相同的。甚至在甘地崇拜牛和施韦策尊重生命之间也有一种相似之处。二人都认为对待低等生物的态度是博爱的示范。但甘地认为一切杀害都是罪恶，而施韦策只谴责不经心的和可以避免的杀害。另外还有一些更带根本性的差别。虽然施韦策承认过分强调科学对人本主义的危险，但他完全不同意这位印度人对现代医学的怀疑。他相信民族自决的一般正确性，但他对甘地的富于战斗性的民族主义或者热衷于自给自足、抵制外货和保护关税都不感兴趣。最后，而且从政治的观点看最重要的是，施韦策对消极抵抗的看法和甘地的意见并不吻合。对这位阿尔萨斯人来说，一切抵抗都是应该反对的。无论是暴力或非暴力，它都是运用一种力量来达到一个目的。危险在于隐蔽使用力量可能比公开暴力进攻产生更多的苦难。只有由于对一切生物的悲剧性处境怜悯而采取具有牺牲和慈爱精神的积极行动，才能治愈饱经挫折和忧患的人类的创伤。施韦策把爱和悯惜等同起来似乎是一个奇怪的等式，但这是他多年思考了赤道非洲稠密丛林里的生命现象之后得出的结论。

第二次世界大战以来大量毁灭性手段的发展，已经使迷信武力论的队伍减少了人员。但还有主张使用暴力的人，他们认为暴力是防止更大邪恶的必要手段。但很难再找到一个当代的特赖奇克或马里内蒂把大批屠杀看作是医治道德缺陷的补救良方或者是对人类的卫生之道。阿瑟·凯斯特勒在《夜里的盗贼》（*Thieves in the Night*）一书中接近这个观点，他提出用尽个人所能的一切残暴来回击邪恶是恢复自尊所必需的，但他所指的是犹太人和阿拉伯人之间小规模战争，而不是拥有足以毁灭世界的力量的超级大国之间的冲突。现在人们几乎普遍承认，国际战争是通向彻底毁灭的道路。没有一个国家能够赢得这样一场斗争，没有一个国家能从战争中得到足够的东西去补偿可怕的损失。对这些真理的认识已经使人们广泛地确信，必须找到某种方法来防止第三次世界大战。少数乌托邦主义者争辩说，唯一的解决办法是打破国家主权而组织一个世界联邦。少数死硬的国际道德主义者似乎认为宁肯坚持我们的原则而归于毁灭，也不能向我们的敌人作出一项重要的让步，因为敌人的制度是我们所憎恨的。他们无疑是要求和平的——但只能按照他们自己的条件。不过，几乎所有国家比例日益增大的负责看来相信，必须找到达成协议的某种共同基础以防止发出那个引起核战争恐怖的致命信号。

具有讽刺意味的事实是，主张调整和让步以避免战争的一些主要人物都是强权政治派的成员。例如，遏制政策的创始人和前驻莫斯科大使乔治·凯南，建议通过相互协议使中欧的双方部队撤退或"脱离接触"。[1]坚持用谈判代替冲突的汉斯·摩根索和温斯顿·丘吉尔更是引人瞩目的例子。这些领袖在国际关系中都不是把意识形态或理想看得很重要，也没有人赏识国际法或国际道德。这些是否是主要的缺陷可能在很大程度上取决于他们的建议是否能取得实际结果。一个能够用来反对政治现实主义者的更严重的指责是他们没有为进步留余地。他们达成一些协议来照顾最近的将来，但他们没有提供永久的解决办法。他们假定主权国家的制度将无限期地继续下去，而只要这个制度存在下去，就要受弱肉强食法则的支配。他们既不相信人们中间会发生一次道德革命，也不相信人类制度能有一个转变。世界联邦主义者以及主张非暴力的人们可能太天真了些，但他们至少可以把眼光放到一些更高的目标上。

---

〔1〕　参见乔治·凯南：《俄国、原子与西方》，纽约哈泼公司 1958 年版。

第五编 结 论

第十六章 对政治学说的挑战

作为一门学科，政治学说近年来充满了捉摸不定和混乱的情况。它被各种诠释家批评为思想史中的一项沉闷而枯燥的习题。他们争论说，它五十年来无创见，它对政治科学的成长和发展很少或者根本没有贡献。广义地说，这些诠释家可以分为体系学派、分析学派和行为学派三个派别。他们都坚持一个共同的前提，即政治学说的研究作为历史的一个方面是无价值的，不过他们在方法上和结论上并不一致。

体系学派中为首的领导者是芝加哥大学大卫·伊斯顿。他认为现代政治学说衰微的主要原因在于历史主义的胜利。他所谓的历史主义指的是这样的概念，即一切思想都是历史决定的。历史上出现的各种思想的性质、起因和影响，就是政治学说的总和及实质。他指控威廉·邓宁、查理·麦基尔韦恩和乔治·萨拜因是历史主义的主要倡导人。对邓宁来说，政治学说只不过是思想史的一种形态。他几乎唯一关注的是揭示出无数思想的文化和政治背景，并说明这些思想后来的影响。在伊斯顿看来，麦基尔韦恩的历史主义甚至是更严峻的宿命论。这位哈佛的中世纪研究学者认为各种思想只不过是历史条件的后果。它们是表面现象，海洋上的泡沫，除可能对其他的思想有影响而外，没有它们自己的影响或效果。萨拜因比他的两位前辈都距离纯粹历史主义者的观点更远些。他热心测验他所讨论的哲学家们的理论在逻辑上的合理性，也关心他们的伦理判断。但他的态度仍然和大多数政治理论家的态度相似，他们假定"除了历史的描述以外，他们在道德问题上的主要任务在于像极端的字义学家一样澄清，而不是像有想象力的道德建筑师那样进行改造"。[1]

---

〔1〕《政治体系》（*Political System*），纽约诺夫公司1953年版，第254页。

伊斯顿的主要目标在于结束政治学说作为思想史上的一项习题，而代之以寻求价值和发展能够使政治学有活力和意义的大原则。他惋惜在建立系统理论或一般理论上，政治学落后于社会学和经济学。他希望看到政治学的研究也能够由某种大的完整思想来支配，如经济学上的边际效用原则，生物学上达尔文学说的假设，或物理学上的爱因斯坦原理。政治学中最和这些接近的是像米歇尔的寡头政治铁律那样的理论。但是，在伊斯顿看来，像这样的公式又太狭隘太局限，不能为整门学科提供概念的结构。他所寻求的是一个广泛的理论纲领，用来指导、衡量和刺激政治学上的探讨和研究。他向往的不是僵硬的机械的模式，而是有弹性的不断变化的模式。它将是"一套运用的假设，只要有助于指导经验研究使有社会性的重要问题得到较好的理解就采用"。[1]尽管伊斯顿提到经验研究，他也愿使政治学具有演绎性质。他的基本理论模式或一般理论由"若干假设"组成，这些假设将演绎出"较狭义的论断"。从这些论断依次又生出"能够经验证明的"具体论断。[2]这一体系与演绎逻辑学中人所熟知的三段论法似乎十分近似。

照伊斯顿的想法，政治学说演绎法的一个主要好处是有可能发展和保存各种价值。他反对布赖斯勋爵和他的追随者所坚持的"超尊重事实主义"，这一主义要求社会科学家像避免瘟疫一样避免任何道德判断。伊斯顿则认为采取和维护这种判断是政治理论家的一项根本任务。他实际上提出了这样的问题：如果一种学说不能提供一系列的判断用来作为评价政治制度及其制定和奉行的政策的标准，那么，这个学说还有什么价值呢？由于道德判断深深扎根于个人的感情生活中，它们就必然要影响研究者的考察。因此，研究者必须了解它们并从其认为可取的制度和政策的角度来实现它们的效果。价值不仅仅是一些每个人都能认为是理所当然的原则。价值都需要在经验中所得到的材料的条件下受到考察和测定，还要联系到研究者定为指导他的研究的模式或类型的一套假设或原则。这个模式或类型的实体就是总的理论。以往这种理论的例子是约翰·洛克的自然权利学说，杰里米·边沁的最大幸福学说，或许还有马克思主义的阶级斗争学说。

演绎或系统的政治学说最激进的阐释者是阿那托尔·拉波波特。他曾受

---

〔1〕《政治体系》（*Political System*），纽约诺夫公司1953年版，第57页。
〔2〕《政治体系》（*Political System*），纽约诺夫公司1953年版，第58页。

伊斯顿的影响。他不是一个政治学家，而是一个数学家和生物学家。不过，他对各种社会科学，特别是对把社会科学变为精确科学的努力深感兴趣。自从 1955 年后，他便和密执安大学的心理卫生研究所有了联系。作为一个演绎理论的倡导者，拉波波特比伊斯顿更进了一步。事实上，他几乎使理论脱离了事实材料。他认为，经验中的观察几乎无助于确切地理解现象。物理学家可以花费数十年的时间小心考察海洋波浪的流动，而到头来对波浪流动的理解并不比以前高明一些。科学世界在 17 世纪是幸运的，伽利莱·伽利略和弗朗西斯·培根同样处于旺盛活跃时期。培根是一个经验论者，他坚持理论必须符合事实。伽利略对事实不那么认真，但相信表述理论要阐明什么在理想条件下应当是正确的。如果他没有按照这一信仰行事，我们就不能有关于落体的定律。实际上，这一定律并不符合这个星球上许多物体坠落的现象。因此，事实上它是不正确的。"但从更深的意义上，它还是正确的。没有这样在理想上真实而在事实上不真实的定律，数学物理学就绝不会发展起来。"[1]

拉波波特不承认自然科学和社会科学之间有一道不能逾越的鸿沟。他说，它们的目标没有也不应该有根本的差异，它们的方法能够是完全相同的。不过，目前它们有不同的问题。对自然科学家来说，定义、认识和正确分类的问题已经大部或者完全解决了。相比之下，对社会科学家来说，这类问题还处于严峻关头。他不能肯定认为甚至他的多数同事知道他提出的"民主""自由"或"主权"指的是什么意思，他也不能断定他们会承认他的国家或政府分类法是合理的。但是，如果这些问题能够得到解决，他就能够和物理学家一样沿着实质上同样的路线去追求他的科学目标。这些目标的实质在于发现能够用来解释和预见事态发展的"理论"。对物理学家来说，一项理论就是定理的汇总。一项定理又是一个从其他命题或定义推演出来的严格合乎逻辑的命题。因此，一项定理的正确决定于它的前提定理的正确。这个回溯追踪的过程继续下去，一直达到某一被假定为不言自明之理的原始原理。照这样，一个在逻辑上前后一贯但不一定和所有的事实协调的纯粹理论就演化了出来。它比归纳的结果优越，使科学有意义和方向，并为现象提供真正的"理解"。

虽然这似乎是奇怪的，拉波波特并不排除纯粹理论的规范作用。他不同

---

[1] "理论的各种意义"，载《美国政治科学评论》（"Various Meanings of Theory"，*American Political Science Review*），第 52 卷（1958 年）。

意这种论点：科学家应当让自己关心的只是"事情如何"而绝不是"事情应当如何"。他也和伊斯顿教授一样不会在理论"受价值累赘"这种意见面前退缩。他坚持，纯粹理论的精华在于它将指出在某种（通常是理想化了的）条件下事情应当如何。这样一种理论可能没有"实用价值"，因为理想化的条件可能永远不会成为事实；但它可能有巨大的"启发性"价值。换句话说，它将在带有根本性的真理绝不会为无灵感或无指导的研究所能发现的局面下揭露或提示这些真理。最后，纯粹理论应该和它在自然科学方面一样在政治领域为准确的预测提供基础。但期望这一点很快就能实现，那是不明智的。理论和信贷制度一样，"人有权利要求某处地方有资产作为交易的后盾。但是，这些资产往往可能是将来才有的，而怀疑它们的存在这一行为可能引起一连串的反应，这样的反应又将排除它们的存在。"[1]遵从这个忠告就好像是阻止批评几乎任何理论——例如精神学或骨相学——将来的潜在可能性。

反对把政治学说作为一种思想史而体现了反抗精神的第二个派别是分析学派。这一学派的成员是批评的而不是建设的。他们并不认为政治学说的任务是发展一个综合原理来统一并指导政治科学，就像 17 世纪物理学中的万有引力定律那样。当然他们不反对理论，但他们相信的是多样化而不是单一化。同时，他们抗议许多历史主义者的这一断定：一种政治学说和另一种政治学说都可以等量齐观，或者它们中间的唯一重要差别就是影响上的差别。相比之下，分析学派要求每一种理论都要经过逻辑分析或经验调查或经过二者的考验。他们完全无视各种政治思想的演变，也很少注意它们的影响。他们关心的倒是思想的正确性，特别是当前的思想和过去比较有名的思想，而不管它们的发展时代。和体系学派一样，他们充分利用演绎方法。他们十分普遍地把逻辑推理作为武器，特别是往往被当作数学的一个支派的那种类型的逻辑。他们的许多著作塞满了系数、统计指数和代数公式。

分析派政治学说的发展似乎受到了哲学中一个新运动的启发，这个新运动一般被称为逻辑实证主义或新实证主义。逻辑实证主义约于 1920 年由所谓的维也纳学派建立。维也纳学派的成员包括鲁道夫·卡尔纳普、奥托·纽拉思和汉斯·赖辛巴赫。由于奥地利有遭到纳粹化的威胁，他们中的大多数都

---

　　〔1〕　"理论的各种意义"，载《美国政治科学评论》（"Various Meanings of Theory"，*American Political Science Review*），第 52 卷（1958 年）。

成为难民。纽拉思移居英国，卡尔纳普和赖辛巴赫移居美国。这个新运动也得到路德维希·维特根施坦的著作颇大的推动。维特根施坦是在第一次世界大战前移居英国的。他的中心理论是这样一个论点，即哲学的唯一任务是分析和澄清语言。

逻辑实证主义是现代最激进和最不妥协的哲学中的一种。它大大超出了奥古斯特·孔德的反形而上学理论。孔德教导说唯一有价值的知识是从科学得来的知识，而逻辑实证主义者认为一切不能化为与实体宇宙间的事物有"一对一的相应关系"的东西都是"没有意义的"。孔德和他的追随者满足于科学方法，相信科学方法能够和在天文学和化学领域一样有效地应用于伦理和社会学的领域。逻辑实证主义者则把科学本身作为知识独一无二的基础，并排斥一切不能转换到物理学或数理逻辑范围以内的东西。他们把哲学变成仅仅是发现与实体世界的事实相协调的真理的工具。他们几乎剥去了它的内涵而把他们的注意力放在"字句的排列法"或语言的结构和相互关系上，放在发现新表达媒介的尝试上。这些新媒介往往采取数理的形式。

耶鲁大学的罗伯特·达尔是分析学派一个杰出的带头人。他的著作的一个很好的示例是他在《民主理论弁言》（*Preface to Democratic Theory*）[1]中对麦迪逊民主的剖析。他的兴趣并不在于发现麦迪逊为什么那样写或找出他的学说的源流或影响。他把麦迪逊理论分作十项假设，在某些情况下再分为他标明为"定义"和"条件"的细目。这个方法不仅是演绎的，而且带有一种近乎托马斯主义[2]的气味。首先，他表明麦迪逊的体系有两个矛盾的目标。一方面，它致力于这一课题，即一切成年公民都应该享有平等权利，包括决定政府政策总的方向的权利。另一方面，它有一个目的，即给予由有教养的和富裕的阶级组成的少数某些为群众所没有的权力和特权。这些权力和特权将不得不用宪法上的规定来保障。但是，照达尔看来，麦迪逊思想体系还有其他弱点。它的定义是含混不清的；它假定一些命题是无须证明的自明之理，

---

〔1〕《民主理论弁言》是 1956 年芝加哥大学出版社出版的。达尔教授并不把他的注意力完全局限在分析上。在提到的这本书里，他发展了他称为"多头政治民主"的理论。它是一个少数统治的理论，在这里少数的相互竞争和制约比在宪法的限制下历来可能做到的还更有效。这项理论归入伊斯顿所称的"窄轨"或"合成"理论一类，以别于"体系派"理论。

〔2〕 托马斯主义是西欧中世纪神学家托马斯·阿奎那（Thomas，Aquinas，1225—1274）的学说，主张教会信条具有绝对的正确性。——译者

而它们却远不是如此；它所作的推论是"令人怀疑的而且可能是虚假的"；而最严重的是，它充满了内在矛盾。它的假设有一些所依存的前提假设和定义只不过是假定为正确的。随着前提的正确性被摧毁，推论也就完全破产了。简单说，麦迪逊理论体系"不是可以合乎逻辑地解释的"。

达尔教授在和查尔斯·林德布洛姆合著的较早一部书里，对政治哲学的传统内容表现出较深的兴趣。虽然他和他的共同撰写人把该书的大部分篇幅用于程序和技术的分析，他们也讨论了好多世纪以来一直考验人类政治天才的一些基本问题。另外他们表示关心价值问题——或者像他们所喜欢称呼的目标问题。他们把这些目标具体化为自由、理性、民主、平等、安全和进步的文艺复兴——自由——社会主义目标。虽然他们采取的是"非此即彼的重大抉择"的模糊观点，他们毫不迟疑地表示偏爱与极权主义类型相反的自由民主类型的社会。同时，他们摒斥乌托邦主义。他们认为现代社会在经历一场技术革命。这些技术上的变革包括社会行动方法的改变，而不用采取全面的社会政治大改组。这类全面计划不再是必要的了，因为这类计划的许多目标已经通过技术革命实现了。例如，该书的两位作者坚持，"社会主义和资本主义都死亡了"。西方经济的变动趋向更接近于"费边主义者而不是格莱斯顿和他的自由党人"，而且或许更接近"于马克思而不是赫伯特·斯宾塞"。[1]但这些结果在任何意义上都不是宏伟的理想目标经过慎重选择所产生的成果。相反，它们代表为了达到具体目的而实行的点滴改革。不过，它们积累起来的效果正和它们好像是一个乌托邦纲领的组成部分一样带有革命的性质。

要发现政治学说分析学派的其他代表人物并不困难。在这个问题上撰写文章最多的一位作者是近来在斯坦福大学和特拉华大学的费利克斯·奥本海姆。奥本海姆博士专心致力于方法论以及定义和分类。他的兴趣主要不在于发展新的理论，而在于设计一套检验现有理论正确性的标准。他认为极其重要的是不应把各种政治学说都假定为具有同等价值，只有经受了严格分析检验的政治学说才应当认真对待。他的分析体系是演绎的，并往往使用一些数学公式。举一个关于"控制与不自由"问题的例子就足够了：参议员 B 打算支持一个普遍军训法案，这就是说，要作 X。但是由于从他的选区寄来的信

_____

〔1〕《政治、经济和福利》（*Politics, Economics and Welfare*），纽约哈泼公司1953年版，第16页、第515页。

函表示多数人（A）反对普遍军训，他决定改变他的投票，即不作 X。由于他担心如果不改变投票就会在下次选举中失败，B 对于 A 来说就是不自由。如果这种担心劝阻 B 不投票赞成法案，他投票反对就是由 A 控制。如果 B，投票赞成法案因而失去选举，A 显然就没有控制 B 投票反对该法案。"这样，如果事情是，假如 B 要作 X，A 将因 B 作过 X 而惩罚 B，那么，结果是'不自由'（A、B、X）而可能是通过劝阻的'控制'（A、B、x̃）。另一方面，如果 B 作了 X，A 因 B 作过 X 而惩罚 B，那么，结果是'不自由'（甲、乙、X）但没有'控制'（甲、乙、x̃）。"[1]

奥本海姆博士在维护相对主义时达到了最接近于形成新学说的地步。在这里他远远不是那么深奥难解。他不承认绝对主义者和相对主义者之间在价值问题上有什么根本冲突。他争辩说，绝对主义者是一切高贵和善良事物的堡垒，因为他们信仰正义和公平的永恒标准；相对主义者可能是劣种的下流人物，因为他们不相信永久标准，这都是毫无意义的。他争辩说，同样似是而非的是，把绝对主义当作民主唯一稳固的基础，而把相对主义看作是滋长不负责任、愤世主义和虚无主义的育种场。他坚持，绝对主义和相对主义之间的根本差异是一个认识论的问题。绝对主义者相信，公正、美和善是最高的现实，因为它们符合自然规律或不言自明观念的神圣典范，或者因为它们是社会演变的最终产品。"相对主义是一个认识论上的理论，它不承认有任何东西可以表明本来是好的或坏的——或者是不好不坏的。"[2]相对主义者争辩说，讨论核科学的好或坏正和用认识论的道理辩论民主的好或坏一样荒谬。让人的智慧认识核科学的事实以及民主的事实是可能的。但好与坏则属于道德性质。

因此，奥本海姆的结论是道德价值与认识论完全是两码事。伦理上的偏好来自感情，而不是来自客观真理的知识或见解。"一个相对主义者可以毫无矛盾地偏向歧视或平等，表示不宽容，有宽容或过分宽容。"[3]绝对主义者也

---

〔1〕"控制和不自由"，载《科学哲学》（"Control and unfreedom"，*Philosophy of Science*），第 22 期（1955 年）。

〔2〕"维护相对主义"，载《西方政治学季刊》（"In Defense of Relativism"，*Western Political Quarterly*），第 8 期（1955 年）。

〔3〕"维护相对主义"，载《西方政治学季刊》（"In Defense of Relativism"，*Western Political Quarterly*），第 8 期（1955 年）。

几乎能在每项大争论的任何一方找到很多。有些是自由派，另一些人是保守派；有些支持民主，另一些人则贬斥民主；有些人颂扬个人主义和人的尊严，另一些人则宣传尊敬、服从和一致等美德。其原因在于这些特性是伦理上的价值，而不是可以论证的真理。作出判断或表示赞成或反对它们是可能的，要证明或反证它们则是不可能的。

然而，奥本海姆的确争辩说，相对主义比绝对主义能够为民主理想成长提供更为有利的气候。他指出，绝对主义者不仅承认某些价值，而且相信他能证明这些价值符合公正和正义的理想标准。他因此可能假定他的这些价值永远正确因而对每个人都合适。结果是不宽容，最后为镇压和专制。相比之下，相对主义者认识到价值信念不过是主观的偏好，不能得到客观的证明。他谦卑而且宽容地作出他的选择，同时承认他的邻人有权作出不同的选择。他因此能够避免狂热主义，避免自以为是的那种要把每个人都改造得和他自己的形象一样的愿望。

和分析学派密切相关的是企图把数学和物理学的定量方法应用到社会科学上的一些理论。这些理论主要有三种：博弈论、场论和控制论。所有三种都涉及方法论而不是涉及实质理论。控制论是三种理论中最老而且或许对政治和社会看法最有启示。这个理论是 1941 年由马萨诸塞理工学院数理逻辑教授诺伯特·威纳建立的。他从一个其含义为"舵手"的希腊字造成了控制论（Cybernetics）这个词，而把它应用到控制和交通理论的全部领域。控制论特别指的是这一思想，即人的头脑和一个高速度的电子计算机有许多共同的特点。二者都发出并接收信号，储存并再生产数据，而且记忆事实和公式。将来计算机毫无疑问会发展到具有至少和低级白痴相等的"学习"能力与技巧能力。威纳教授怀疑，将来是否有可能把一切社会控制的问题都交给机械来决定，但他承认有这一危险，即人类的广大群众可能在某一天变得像机器人一样受无原则的领袖们的操纵，这些领袖是知道用怎样的问题送进机器里去的。不过，他认为，这些机器注定要存在下去，而且只要它们有助于循序地解决严重的问题，它们的结果就是好的。但他感到它们的发展应该伴随着对每个有能力接受科学教育的年轻人进行严格的科学教育。

与控制论明显地近似的是约翰·冯·纽曼创始的博弈论。纽曼是一位匈牙利高速度计算机专家，后来是普林斯顿大学高级研究所的数学教授。1954年艾森豪威尔任命他为原子能委员会成员。博弈论建立在这一假定上，即在政治和社会领域作出决定的程序和下棋、打扑克以及打桥牌这样一些游戏的参加者的行动有明显的相似之处。要达到的目标是赢得胜利，要使用的方法是战略的方法，包括计算、信号、虚张声势和欺诈等具体技术。这个理论的创始者们认为，这些因素与战争及外交领域特别有关。例如，他们制定了详细的数学公式以预测：如甲国选定了采取乙行动，而同时欺骗乙国使之相信甲国大概要采取丙行动时，将发生什么情况。国家和个人一样都被假定是完全追求自我利益的，着意于牺牲对手而取得最大的利益。这个博弈论的阐释者们与社会达尔文主义者宣扬竞争为普遍法则一样毫不妥协。

场论最初是从物理学上得来的概念，物理学家常谈论引力场和磁力场。他们说的引力场指的是一个天体影响力量所及的区域。磁力场则包括力量的区域以及磁体对于对它敏感的物质所发生的吸引力量本身。两种理论都含有相互作用和相互依存的意思，所以每一个"场"都构成一个完整的格局或单位。社会科学的场论比控制论或博弈论都较少依赖数学而与心理学的关系更密切些。社会科学场论的最早先驱是库尔特·卢因，他 1947 年去世时是马萨诸塞理工学院群体力学研究中心的所长。卢因的学说从他的这个基本论点演化而来：作为研究对象的个人或群体的"生命空间"是社会科学家必须处理的场所。他说的"生命空间"指的是在一个特定的时间个人或群体认为重要的所有事实。测定重要的标准是一个实用主义的标准：对群体或个人产生了结果的那些因素就是重要的，其他就是不重要的。卢因坚持，"生命空间"作为一方面和群体或个人作为另一方面是相互依存的。个人和他的环境因此构成一个不可分的单位。二者的任何一方面如果离开另外一方面都是不可能理解的。群体和群体的环境也是一样。但是只有在一个特定时间的场所的性质才是实际的决定因素。历史可能使环境永久化或改变，但是只有出现在一特定瞬间的因素才有一定的效力。因此场论的理论家可以争辩说，杰斐逊作为民主党创始人说的话在 20 世纪便成为完全没有关系的话。真正有关的是今天的各种思想与经济、社会和政治因素的复杂关系。

如果不讨论行为主义者的贡献，关于反对把政治学说作为一种思想史的叙述将是不完整的。顾名思义，行为主义者的注意力不是集中在政府的组织和法律权力上，而是集中在活跃的个人或群体决定政治方向的行为上。和分析学派的成员相似，行为主义者深深关切的是方法论。但他们的做法主要不是演绎的。他们所追求的是找到一些概念或公式作为钥匙，用以揭示政治活动的奥秘。他们是经验派，有探究事实的热情。不过，他们承认需要有某些原理或公式来确定他们的观察方向并使其观察有意义。虽然他们有时颂扬他们称之为系统理论的优点，但他们对于综合或统一政治科学的全部问题所必需的任何范围的公式或模式并不感兴趣。由于他们对待问题的方法本质上是实证主义的，他们对于这样的原则就很难给予太多的承认。他们相信政治学中的神话已经太多，所以在他们看来，作为概念结构的一般理论将会增多。

行为派政治学说的伟大先驱和倡导人是阿瑟·本特利。他虽然长期受到忽视和误解，现在则常常被称誉为 20 世纪真正有创新发展的思想家之一。本特利 1870 年生于伊利诺伊州的弗里波特。他在约克学院学习了一年，又在丹佛大学住了不到一年后，因健康不佳离校，在他父亲的银行里工作了一段时期。1890 年他到约翰·霍普金斯大学学习经济，在两年里念完了三年的课程，在毕业班上名列第四。不久他到德国在柏林大学和弗赖堡大学当研究生。但是由于他父亲的银行倒闭，他不得不回到美国。1895 年在约翰·霍普金斯大学获得了博士学位。本特利在学术职位上只有短暂的经历。他在芝加哥大学任讲师一年后便改做新闻工作。他为芝加哥的一些报馆担任记者和社论撰稿人。幸运的是，这些工作使他有不少时间到图书馆并思考引起他注意的大量政治材料。由于利用了这样的机会，他在 1908 年写出了他最有名的著作《政府的过程》（*The Process of Government*）。这本书实际上被无视了二十年，在 30 年代才被发现，并从此被当作一本经典著作。1941 年本特利被邀请到哥伦比亚大学任哲学客座教授。除担任这个职务的一个短时期外，他把成熟的剩余岁月大部分用来在印第安纳州做很有成效的果木种植工作。不过，1924 年他积极参加了拉福莱特的进步党运动。他被选入进步党全国委员会并负责印第安纳州的选举。他于 1957 年去世。[1]

虽然阿瑟·本特利的思想对政治学说有深远的意义，但他在传统的意义上远不是一个政治哲学家。他鄙视一般原则以及作为人类行动动力的他所谓的"心灵里的东西"。他说："心灵作为行动者仍然是那个老的自我行动的灵魂而只去掉了它的不灭……心、官能、智力商数或者不作为管行为的行动者的其他东西是骗人的玩意儿，而用脑子代替这样的心灵就还要坏些。这类字

---

〔1〕　这段里的传记材料大部分来自西德尼·拉特纳："本特利对行为科学的研究"，载《英国社会学杂志》（Sidney Ratner, "A. F. Bentley's Inquiries into the Behavioural Sciences", *British Journal of Sociology*），第 8 期（1957 年）。

眼是用一个名称来代替一个问题。"[1]本特利几乎和孔德或帕雷托一样是实证主义者。他倾向于把一般思想看作不过是群体利益的合理化或反映。这个概念可以用他对国家和主权的态度来说明。他讥笑把国家看作政府背后的形而上学实体的概念。所有存在着的就是政府本身，而政府由表现在政府中的群体和利益集团的活动组成。"主权"这个词也同样没有意义。这个词作为维护现存政府时一种争辩的武器，或者作为政策和程序在法律上的一种合理化，可以有些用处，"但是只要一离开法律典册或政治宣传小册子，它就成了可怜的乏味的笑料"。[2]

有两个因素可以说是本特利政治学说的基本组成部分。第一个是他把政府的过程化为压力、冲突、对抗以及群体和利益集团的胜利。他诠释的群体是"许多人参加的行动方式"。他认为利益集团是从它的目标的立场来看的集团活动。由于二者不过是对同一事物持不同的看法，所以他常常把它们合并在一起而称为集团利益。他在后来写的一本书中完全用"横断面"一词代替了它们。[3]他认为一切政府都是集团利益形成、联合、相互排挤、逼迫、竞争和作出调整以调停它们的冲突的现象。用另外一种说法说，他认为一切政府都是一个互相吹捧和实际妥协的过程。他指出，在美国国会的历史上，从来没有一个时候立法是用任何其他方式制定的。记录上充满了"秘密妥协"和交易，如由联邦偿付各州债务法案的办法和汉密尔顿派进行交易，以投票通过联邦首都建在波托马克河上的安排。他引述了关税立法以及河道和港口的拨款等明显的物物交易的例子。他认为，谴责这种方法就是脱离现实。这是假定存在某种"纯洁的为公精神"，它将使立法者能够"在'对全体人民'最有好处的事情上以天神似的冷静"作出判断。[4]本特利认为这种假定纯系虚构。他看待司法职能和看待立法职能的方式完全一样。一切都是集团利益的反映。他说，透过联邦最高法院法官细密的论辩，你就会发现实际上掌握和作出判决的一批人。"法律是活动，正和政府一样。它是一个团体的过程，

---

〔1〕《知与已知》（*Knowing and the Known*），波士顿培根出版社1940年版，第131~132页。

〔2〕《政府的过程》（*The Process of Government*），伊利诺伊州埃文斯顿普林西皮亚出版社1953年版，第264页。

〔3〕《人和社会的相对关系》（*Relativity in Manand Society*），纽约普特南公司1926年版。

〔4〕《政府的过程》（*The Process of Government*），伊利诺伊州埃文斯顿普林西皮亚出版社1953年版，第370页。

正和政府一样。它是集团利益的形成、系统化、斗争和适应，正和政府一样。"〔1〕

　　正如上面所说的，本特利政治学说中的第二个主要因素是他把政府看作活动的概念。就是这个概念使他成为行为学派政治学说的真正奠基人。他争辩说，政府并不是由居官在职的人所构成，或由主要行政长官、法院和议会的符合宪法的结构所构成；相反，它是一个庞大的活动网。也就是这套活动的规模和性质决定了政府的权力。例如，没有一个独裁者只由于他的职位或者他的居于支配地位的人格便有了绝对的权力。事实上总是独裁者加军队，或独裁者加土地占有者阶级或某些其他阶级，实际进行着统治。独裁者只不过作为一个阶级的领袖而出现；真正居于统治地位的是阶级本身。他似乎相信，在任何阶级至上的制度之下，不管政府的形式如何，相当大程度的专制是不可避免的。他写道，英国政府现在的专制并不亚于它在都铎王朝时期。今天英国内阁能够做的事情，都铎王朝的国王们做梦也没有想到过。据本特利看来，真正重要的是在政府里有代表的敌对集团利益间的力量关系。当这种关系在立法机关里是平衡的并得到适当调整时，行政首长的威望就下降了。当这种调整在立法机关里做得不完美时——这在美国国会里是常有的——"行政首脑便增强了力量来承担这项工作"。〔2〕

　　当本特利写到行为或活动时，他不是像行为派心理学家那样讨论个人身体上的反应。他对孤立的个人甚至独立的个人的相互关系都不感兴趣。他的研究方法是由于反对把人类心理作个人主义的和机械主义的解释而提出的。他把注意力集中在人们的集体活动上，在人类的"横断面"上，他认为这些是政府的真正实质。他把各种活动分类为"可感触的"和"潜在的"。他所谓的可感触的指的是实际的、明显的或已进行的活动。他所谓的潜在的指的是隐蔽的或可能的活动，例如1932年到1933年带枪实弹的农场主出现在出售不再赎回的抵押品的拍卖场上。虽然本特利强调的是行动而不是思想或意见，但他并不是肤浅的经验主义者，除摸得着的物质以外什么也无视。他承认思想也是行为的一部分。不错，它们只是集团利益的反映，但没有一个人

　　〔1〕《政府的过程》（*The Process of Government*），伊利诺伊州埃文斯顿普林西皮亚出版社1953年版，第272页。
　　〔2〕《政府的过程》（*The Process of Government*），伊利诺伊州埃文斯顿普林西皮亚出版社1953年版，第359页。

能和他的环境分开；个人离开他的集团在政治上就成了无足轻重的人。最后，应当强调的是，本特利的行为概念是"交易性的"。其他人从麦迪逊到查尔斯·比尔德集中注意于派别、利益和阶级，把它们作为立法和政策方面的催化剂。本特利的成就就在于表明政府的过程主要是"交易"的过程，也就是在相互竞争的有时交叉的集团利益间的物物交换、讨价还价、退让妥协和调整的过程。

自 30 年代本特利重新崛起以后，政治学中的行为派研究法迅速盛行起来。若干思想家和分析家把政府描绘成一种活动形式而把治理的过程描绘为敌对压力和互争利益造成的结果。耶鲁大学卡尔·多伊奇把利益冲突与国际上的紧张和对抗局势联系起来。韦尔斯莱女子大学的沙茨施奈德、哈佛大学的基和他们的一些同事把政党作为压力集团、作为在争取报酬和特权的斗争中互相竞争的利益的代理人和经纪人来研究。其他好几十个人分析了投票行为并特别注意政治、社会和经济组织所起的作用。锡拉丘兹大学的斯蒂芬·贝利描述美国国会制定法律是一个瞒骗、讨价还价、互相吹捧以及平衡政府内外的敌对压力的过程。约翰·张伯伦在《美国的赌注》（*The American Stakes*）中和爱德华·彭德尔顿·赫林在《民主制度的政治》（*The Politics of Democracy*）中，把整个政治制度描绘为调整相互关系的过程。他们嘲笑认为政界的人物能被指望避开自我利益而献身于追求某种捉摸不定的公共福利或国家利益的思想。张伯伦坚持，政治自由能够存在的一个绝对必要条件，就是利益集团要有不受阻碍的机会互相竞争以攫取由政府掌握的特权和福利。他写道："民主是当你在社会里有一种紧张状态不容许一个集团敢于要求全部权力时产生的结果。"[1]

究竟有多少晚近的行为主义者曾直接受到本特利的影响是一个可以争论的问题。实际上他们全都同意他不把压力政治当作邪恶或不道德的东西。像他一样，他们认为压力政治是现代政府的基本现实，而且他们还认为压力政治的结果并不比詹姆斯·麦迪逊所谓的"派别的毒害"更为邪恶。不过，他们当中很少有人走到本特利那样的极端：不承认个人的政治重要性并把团体活动作为政治的全部实质。对赫林教授来说，政府是一个"调整个人、制度、

---

〔1〕《美国的赌注》（*The American Stakes*），纽约卡里克—埃文斯公司 1940 年版，第 31~32 页。

理想和利益的相互关系的过程"。[1]张伯伦也承认在平衡和调整喧嚷着的不同利益上个人的重要性，特别是如果他是一个机敏的政治领袖的话。最后，我们当代的行为主义者似乎没有一个同意本特利对民主制度的讥讽。没有人能证明这位印第安纳州的哲学家是反民主的，[2]但他摒斥政治理想只不过是一些合理化解释，他还认为这种或那种形式的专制主义在政治史上实际上是一个不变因素，这些似乎表明他对任何形式的民主制度都没有什么信心。对比之下，贝利教授强调必须有"一个合理的政治制度来反映多数人的意志并使公民能够追究具体的统治者对政策的决定负责"。[3]赫林教授承认，在一个充满互相竞争和喧喧嚷嚷的利益的世界里，民主的信念或许不能证明是行得通的，但赫林断定"它在今天为文明擎起了最明澈的希望"。[4]

当代可以最确切地被称为本特利的正统信徒的行为主义者是伯特兰·格罗斯和戴维·杜鲁门。伯特兰·格罗斯有广阔的经验，曾在参议院的许多委员会及私人组织（如公共事务研究所）任人事处长及研究顾问。从 1946 到 1951 年他任总统经济顾问委员会的执行秘书，1952 年任民主党全国委员会的研究主任。他几乎在每一点上都同意本特利，强调利益集团的重要性并把它们的活动描述为政府的真正本质。和本特利一样，他认为孤立的个人无关紧要，他争辩说，个人如可能有什么重要性的话，那是"来自他们和集团之间存在的实际或潜在关系"。[5]不过，他似乎不像本特利那么着重强调在立法过程中讨价还价和互相吹捧的因素。他给他的《立法斗争》一书定的副标题是"社会争斗研究"（*A Study in Social Combat*）。和这个副标题一致，他比他的老师更觉察到集团利益的竞争必将带来的危险。他举出这些危险是"僵持、暴力和独裁制度"。虽然他缩小任何这类危险将会出现的可能性，他认识到所有这三种危险，特别是前两种危险，显然有可能性。本特利满足于只加描述和解释，而格罗斯则认为政治制度的缺陷已经严重到不妨进行改革尝试。不过，他仍是一个忠实的本特利派，因为他坚持没有强有力的利益集团的支持，

---

〔1〕《民主制度的政治》（*The Politics of Democracy*），纽约诺顿公司 1940 年版，第 27 页。

〔2〕麦基弗以为他至少是不民主的。参见《政府的结构》（*The Web of Government*），纽约麦克米伦公司 1947 年版，第 220 页。

〔3〕《国会的立法》（*Congress Makes a Law*），纽约哥伦比亚大学出版社 1950 年版，第 239 页。

〔4〕《政府的结构》（*The Web of Government*），纽约麦克米伦公司 1947 年版，第 35 页。

〔5〕《立法斗争》（*Legislative Struggle*），纽约麦格劳—希尔公司 1953 年版，第 5 页。

思想就没有什么成功的机会。

　　没有格罗斯那么正统的是哥伦比亚大学的戴维·杜鲁门。在他的主要著作《行政的过程》里，他大量援引本特利的话，承认这位印第安纳州的哲学家的"制成一项工具的企图"一直是他自己思想的"基本水准标点"。[1]与本特利相同，他不承认存在孤独的独立的个人，惋惜用斯大林的话来"解释"苏联政策或者用罗斯福的话来解释新政的倾向。也像本特利一样，他摒斥了在构成这个国家的各种集团的利益之外和之上有一种"公共利益"的观念。不过，他引进了一个本特利几乎没有认识到的崭新因素。这就是大量无组织的利益，或杜鲁门所称的"比赛规则"。这些无组织的利益实际上是态度或信仰体系而不是会社或集团。但它们是利益，对它们的任何严重扰乱都"将导致有组织的相互作用和坚持照办的相当明确的要求"。[2]"比赛规则"由于大多数个人早年在家庭以及中小学的经验而成为他们的一部分习惯模式。它们体现了正义和公平的概念，近似作为民族遗产的伟大文献像权利法案等所包含的概念。虽然"比赛规则"不是经常居于优势地位或被人们清楚地理解，但它们得到足够广泛的承认，可以对有组织的利益集团施加遏制影响，并迫使这些集团在很大程度上尊重社会大家庭的民主期望。

　　在对待政治学说上，赞成用历史研究法和反对这种研究法的人们之间的争论是一个不易解决的问题。在历史主义的反对者方面，理由是需要更多地分析各种政治学说，甚至更需要用准确的方法来测验它们的确实性。的确，不是所有的理论都是一样正确的，但是应该用什么方法或标准来衡量和测验它们呢？基本水准标点应该符合某种定理，而某种定理又和作为前提的定理一贯，这似乎是有疑问的。把理论化为代数方程式究竟能够有多大收获似乎也是疑问。数学毕竟主要是另外一种语言，一种较方便和较确切的传达媒介。数学的符号通常代表概念或抽象的东西；但是，如果这些概念本身就是不能相等的，那么，把它们化为一个在数学上可能是站得住脚而在事实上是可疑的公式，就不可能有什么收获。把体系理论作为统一和指导政治学的演绎法也可以引起类似的问题。19 世纪的经济学得到若干这类学说的滋养。毫无疑问，它们起过刺激和丰产的作用，但此后它们中间大多数被抛弃了，很少有

　　〔1〕《行政的过程》（*The Governmental Process*），纽约诺夫公司 1951 年版，弁言，第 9 页。
　　〔2〕《行政的过程》（*The Governmental Process*），纽约诺夫公司 1951 年版，弁言，第 512 页。

人重视这些学说得出来的结论。或许相似的命运也会落到政治学里这种类似的原理身上。

但是仅仅对历史研究不满意的政治理论家并不一定要依靠数学或其他的演绎。在心理学和人类学中有大量证据材料为很少被接触过的政治证实提供了可能性。例如，一个想检验暴力是一切权威的基础这一教义的理论家，会在人类学家的发现中找到正反两方面的丰富证据。他将发现有些部族已经设法执行相当复杂的政治经济制度，除由于服从的习惯和对风俗的尊重而外，并没有多少强制性。另外一些社会则认为鞭打、毁伤肢体和执行死刑是维持社会秩序必不可少的条件。尽管有哈罗德·拉斯韦尔、埃里奇·弗罗姆、埃尔斯·弗伦克尔—布伦斯威克和其他人发掘到人类行为的心理根源，但很少利用心理学的材料证明政治学说的正确性。一个可以依据来进行工作的好例子是由艾米尔·杜尔克姆创始而由塞巴斯蒂安·德格雷齐亚发展起来的反常理论。按照这个学说，现代的主要祸根是政治和道德信仰的丧失。由于没有可以依靠的东西，个人就被不安、无可奈何和沮丧的疾病征服了。在严重的情况下，这种疾病导致自杀或者由于拼命渴求团结一致而完全屈从于一个独裁者。有这么巨大心理含义的一个理论本来很可以指望得到心理学上最充分的证实。

不管其他来源的材料价值如何，历史证据在政治学说中仍有它的地位。而历史包括思想史。在政治学说的阳光下没有多少新东西，这正和在任何其他思想的阳光下一样。因为这个理由，估价当代政治学说可以从研究较早时期的作家关于类似题材的见解中得到帮助。没有一个现代的民主理论倡导者会浪费他的时间，如果他对卢梭和洛克的观点从事比较研究的话。也没有一个现代的现实政治阐释者会从细读马基雅弗利的著述中受到折磨。政治学说是一个复杂的课题，拥有复杂的渊源和多方面的意义。要求它削足适履地适合于一个统一的解释，似乎是不那么合乎逻辑的。

人名中外文对照表

（按汉语拼音顺序排列）

A

阿德勒·阿尔弗雷德 Adler Alfred

阿尔杰·霍雷肖 Alger Horatio

阿方索十三世 Alphonso XIII

阿克顿 Acton

阿奎那·圣托马斯 Aquinas St. Thomas

阿门多拉·吉奥瓦尼 Amendola Giovanni

埃拉斯穆斯 Erasmus

埃利奥特·乔治 Eliot George

埃利奥特·托马斯 Eliot Thomas

埃默森 Emerson

爱德华八世 Edward VIII

爱尔威·古斯塔夫 Hervé Gustave

爱因斯坦·艾伯特 Einstein Albert

艾布拉姆斯·雅各布 Abrams Jacob

艾德勒·莫蒂默 Adler J. Mortimer

艾德礼·克莱门特 Attlee Clement

艾弗里·休厄尔 Avery Sewell

安吉尔·诺尔曼 Angell Norman

奥本海默·弗朗茨 Oppenheimer Franz

奥本海姆·费利克斯 Oppenheim E. Felix

奥尔特加·伊·加塞特，何塞 Ortega y Gasset Jos'e

奥古斯都 Augustus

奥斯汀·约翰 Austin John

奥韦尔·乔治 Orwell George

B

巴比特·欧文 Babbitt Irving

巴多格里奥 Badoglio

巴尔特·卡尔 Barth Karl

巴克·欧内斯特 Barker Ernest

巴枯宁·米哈伊尔 Bakunin Mikhail

巴雷斯·莫里斯 Barrés Maurice

巴甫洛夫·伊凡 Pavlov Ivan

白里安·阿里斯蒂德斯 Briand Aristide

拜伦 Byron

保罗-彭古尔·约瑟夫 Paul-Boncour Joseph

鲍德温·汉森 Baldwin Hanson

鲍德温·斯坦利 Baldwin Stanley

贝弗里奇·艾伯特 Beveridge Albert J.

贝弗里奇·威廉 Beveridge William

贝拉米·爱德华 Bellamy Edward

贝利·斯蒂芬 Bailey Stephen K.

倍倍尔·奥古斯特 Bebel August

本尼迪克特·鲁斯 Benedict Ruth

本特利·阿瑟 Bentley Arthur F.

比尔德·查尔斯 Beard Charles A.

俾斯麦 Bismarck

庇护九世 Pius IX

庇护十一世 Pius XI

庇护十二世 Pius XII

边沁·杰里米 Bentham Jeremy

别尔捷耶夫·尼古拉 Berdyaev Nicholas

波洛克·弗雷德里克 Pollock Frederick

波拿巴 Bonaparte

伯吉斯·约翰 Burgess John W.

伯克·埃德蒙 Burke Edmund

伯里克利 Pericles

伯利·小阿道夫 Berle Jr. Adolf

伯恩哈迪·弗雷德里希·冯 Bernhardi Friedrich von

伯恩施坦·爱德华 Bernstein Edward

伯纳姆·詹姆斯 Burnham James

柏格森·亨利 Bergson Henri

博阿斯·弗朗茨 Boas Franz

博拉·威廉 Borah William

博纳德·路易 Bonald Louis

博赞克特·伯纳德 Bosanquet Bernard

布尔加宁·尼古拉 Bulganin Nikolai

布哈林·尼古拉 Bukharin Nikolai

布坎南 Buchanan

布克曼·弗兰克 Buchman Frank

布莱恩·威廉·詹宁斯 Bryan William Jennings

布莱尔·埃里克 Blair Eric

布莱克斯通 Blackstone

布赖斯·詹姆斯 Bryce James

布兰代斯·路易斯 Brandeis Louis

布兰亭·卡尔 Branting Karl

布朗·约翰 Brown John

布朗基·路易·奥古斯特 Blanqui Louis Auguste

布朗热 Boulanger

布朗斯坦·列夫 Bronstein Lev

布雷德利·弗朗西斯·赫伯特 Bradley Francis Herbert

布里克纳·理查德 Brickner Richard

布龙内尔·埃米尔 Brunner Emil

C

查士丁尼 Justinian

D

达尔·罗伯特 Dahl A. Robert

戴塞 Dicey A. V.

但丁 Dante

丹农齐奥·加布里埃尔 d' Annunzio Gabriele

道格拉斯·斯蒂芬 Douglas A. Stephen

道格拉斯·威廉 Douglas O. William

道森·克里斯托弗 Dawson Christopher

道威斯·查尔斯 Dawes Charles

德宾·埃文 Durbin F. M. Evan

德布斯·尤金 Debs V. Eugene

德尔图良 Tertullian

德格雷齐亚·塞巴斯蒂安 de Grazia Sebastian

德留蒙·爱德华 Drumont Édouard

邓宁·威廉 Dunning William

狄更斯 Dickens

迪斯雷利 Disraeli

杜尔克姆·艾米尔 Durkheim Émile

杜吉·莱昂 Duguit Léon

杜鲁门·戴维 Truman David

杜威·约翰 Dewey John

多伊奇·卡尔 Deutsch W. Karl

E

恩格斯·弗里德里希 Engels Friedrich

恩克鲁玛·克瓦米 Nkrumah Kwame

F

法鲁克一世 Farouk Ⅰ

法伊欣格尔·汉斯 Vaihinger Hans

菲尔默·罗伯特 Filmer Robert

菲吉斯·内维尔 Figgis J. Nevelle

费比亚士 Fabius

费德·戈特弗里德 Feder Gottfried

费希尔·约翰 Fisher John

费希特约·翰·哥特利布 Fichte Johann Gottlieb

海克·弗里德里克 Hayek A. Friedrich

海斯·查尔斯·范 Hise Charles Van

汉密尔顿·亚历山大 Hamilton Alexander

汉尼拔 Hannibal

豪·弗雷德里克 Howe C. Frederic

豪斯贺弗尔·卡尔 Haushofer Karl

豪肖弗尔 Haushofer

赫林·爱德华·彭德尔顿 Herring Edward Pendleton

赫鲁晓夫·尼基塔·谢尔盖耶维奇 Khrushchev Nikita Sergeyevich

赫琴斯·罗伯特·梅纳德 Hutehins Robert Maynard

赫斯 Hess

赫胥黎 Huxley T. H.

赫胥黎·阿尔多斯 Huxley Aldous

黑格尔·乔治·威廉 Hegel Jeorg Wilhelm

胡佛·赫伯特 Hoover Herbert

胡克·理查德 Hooker Richard

胡塞尔·埃德蒙 Husserl Edmund

华格纳·理查德 Wagner Richard

华莱士·亨利 Wallace A. Henry

怀特·威廉·阿兰森 White William Alanson

怀特·威廉·艾伦 White William Allen

霍布豪斯·伦纳德 Hobhouse T. Leonard

霍布森 Hobson S. G.

霍布森约·翰 Hobson A. John

霍布斯·托马斯 Hobbes Thomas

霍尔尼·卡伦 Horney Karen

霍姆斯·小奥利弗·温德尔 Holmes Jr. Oliver Wendell

霍恩佐伦 Hohenzollern

赫德尔 Herder

赫尔曼·拉尔夫 Herman Ralph

J

基 Key V. O.

基尔克哥·索伦 Kierkegaard Sören

普普林·拉迪亚德 Kipling Rudyard

吉本·爱德华 Gibbon Edward

吉尔克·奥托·冯 Gierke Otto von

吉特洛·本杰明 Gitlow Benjamin

加尔布雷思·约翰·肯尼思 Galbraith John Kenneth

加尔文·约翰 Calvin John

加莱尔·托马斯 Carlyle Thomas

加里波的 Garibaldi

加里森·威廉·劳埃德 Garrison William Lloyd

加维马·库斯 Garvey Marcus

伽利略·伽利莱 Galilel Galileo

嘉尔·奥托 Jarl Otto

贾斯珀斯·卡尔 Jaspers Karl

杰斐逊·托马斯 Jefferson Thomas

杰克逊·罗伯特 Jackson H. Robert

金斯堡·莫里斯 Ginsberg Morris

金斯莱·查尔斯 Kingsley Charles

金蒂雷·吉奥瓦尼 Gentile Giovanni

K

卡尔·爱德华·哈赖特 Carr Edward Hallett

卡多佐·本杰明 Cardozo Benjamin

卡尔洪约·翰 Calhoun C. John

卡尔纳普·鲁道夫 Carnap Rudolf

卡富尔 Cavour

卡莱尔·托马斯 Carlyle Thomas

卡诺·萨迪 Carnot Sadi

卡塞尔·古斯塔夫 Cassel Gustav

卡塔拉斯 Catullus

卡曾斯·诺尔曼 Cousins Norman

凯恩斯·约翰·梅纳德 Keynes John Maynard

凯南·乔治 Kennan F. George

恺撒 Kaiser

凯斯特勒·阿瑟 Koestler Arthur

考茨基·卡尔 Kautsky Karl

柯克 Coke

柯克·拉塞尔 Kirk Russell

柯兰芝 Coolidge

科尔 Cole G. D. H.

科恩·莫里斯 Cohen R. Morris

克拉勃·雨果 Krabbe Hugo

克莱夫·罗伯特 Clive Robert

克兰布·约翰·亚当 Cramb John Adam

克劳塞维茨·卡尔·冯 Clausewitz Karl von

克鲁泡特金·彼得 Kropotkin Peter

克伦斯基·亚历山大 Kerensky Alexander

克伦威尔 Cromwell

克罗利·赫伯特 Croly Herbert

克罗齐·本内德多 Croce Benedetto

孔德·奥古斯特 Comte Auguste

L

拉班德·保罗 Laband Paul

拉采尔·弗里德里克 Ratzel Friedrich

拉福莱特·罗伯特 Lafollette M. Robert

拉梅耐·罗伯特·德 Lamennais Robert de

拉蒙特·科利斯 Lamont Corliss

拉波波特·阿那托尔 Rapoport Anatol

拉萨尔·斐迪南 Lassalle Ferdinand

拉斯基·哈罗德 Laski J. Harold

拉斯金·约翰 Ruskin John

拉斯韦尔·哈罗德 Lasswell D. Harold

拉特雷 Rattray R. S.

莱斯比亚 Lesbia

赖辛巴赫·汉斯 Reichenbach Hans

老子 Lao-Tsze

勒南·厄内斯特 Renan Ernest

勒蓬·古斯塔夫 LeBon Gustave

李嘉图·戴维 Ricardo David

李卜克内西·威廉 Liebknecht Wilhelm

李普曼·沃尔特 Lippmann Walter

李斯特 List

里宾特罗甫 Ribbentrop

里夫斯·埃默里 Reves Emery

里弗斯·威廉 Rivers H. R. William

里斯曼·戴维 Riesman David

利奥十三世 Leo XIII

利伦撒尔·戴维 Lilienthal David

列宁·弗拉基米尔·伊里奇 Lenin Vladimir Ilyich

林德布洛姆·查尔斯 Lindblom Charles

林肯·亚伯拉罕 Lincoln Abraham

林赛 Lindsay A. D.

卢梭·让-雅克 Rousseau Jeau-Jacques

卢因·库尔特 Lewin Kurt

路德·马丁 Luther Martin

伦勃朗 Rembrandt

伦道夫·约翰 Randolph John

罗伯斯伯尔 Robespierre

罗斯福·富兰克林 Roosevelt D. Franklin

罗斯福·西奥多 Roosevelt Theodore

罗森堡·艾尔弗雷德 Rosenberg Alfred

罗素·伯特兰 Russell Bertrand

罗伊斯·乔赛亚 Royce Josiah

洛厄尔·劳伦斯 Lowell A. Lawrence

洛克·约翰 Locke John

洛伊·罗伯特 Lowie H. Robert

M

马尔罗·安德烈 Malraux André

马尔萨斯 Malthus

马尔托夫·尤利乌斯 Martov Julius

马汉·艾尔弗雷德·塞耶 Mahan Alfred Thayer

马基雅弗利 N. Machiavelli

马克思·卡尔 Marx Karl

马坤 Morris R. Cohen

马拉特斯塔·恩里科 Malatesta Enrico

马勒 Muller

马里内蒂 F. T. Marinetti

马里坦·雅克 Maritain Jacques

马林科夫·格奥尔基 Malenkov M. Georgi

马林诺夫斯基·布罗尼斯拉夫 Malinovsky Bronislaw

马塞尔·加布里埃尔 Marcel Gabriel

马萨利克·托马斯 Masaryk G. Thomas

马特奥蒂 Matteotti

马歇尔·约翰 Marshall John

马志尼·朱塞普 Mazzini Giuseppe

麦迪逊·詹姆斯 Madison James

麦基尔韦恩·查尔斯 McIlwain H. Charles

麦基弗·罗伯特 MacIver M. Robert

麦金德·哈尔福德 MackinderHalford

麦金莱 Mckinley

麦考利 Macaulay

麦克杜格尔·威廉 McDougall William

麦克唐纳·拉姆齐 MacDonald Ramsay

麦斯特·约瑟夫·德 Maistre Joseph de

曼德维尔·伯纳德 Mendeville Bernard

曼海姆·卡尔 Mannheim Karl

毛奇·冯 Moltke von

梅尔西埃 Mercier

梅里亚姆·查尔斯 Merriam Charles

梅特兰 F. W. Maitland

梅因·亨利·萨姆纳 Maine Henry Sumner

门肯·亨利·路易斯 Mencken Henry Louis

蒙台涅 Montaigne

米恩斯·加丁纳 Means C. Gardiner

米尔·约翰·斯图尔特 Mill John Stuart

米尔·詹姆斯 Mill James

米尔顿 Milton

米尔斯·赖特 Mills C. Wright

米留可夫 Milyukov

米切尔·比利 Mitchell Billy

米歇尔斯·罗伯托 Michels Roberto

摩尔根·皮尔庞特 Morgan Pierpont

摩根索·汉斯 Morgenthau J. Hans

莫德 F. N. Maude

莫尔·保罗·埃尔默 More Paul Elmer

莫尔·托马斯 More Thomas

莫腊·夏尔 Maurice Charles

莫里斯·古弗纳 Morris Gouverneur

莫里斯·威廉 Morris William

莫斯卡·加埃塔诺 Mosca Gaetano

莫斯特·约翰 Most Johann

N

拿破仑三世 Napoleon-Ⅲ

纳吉布 Naguib

纳赛尔·加麦尔·阿卜杜勒 Nasser Gamal Abdel

尼布尔·莱茵霍尔德 Niebuhr Reinhold

尼采·弗里德里希 Nietzsche Friedrich

尼赫鲁·贾瓦哈拉尔 Nehru Jawahalal

尼罗 Nero

纽拉思·奥托 Neurath Otto

约曼·约翰 Neumann Johnvon

诺克斯·约翰 Knox John

诺里斯·乔治 Norris W. George

诺特斯坦·弗兰克 Notestein W. Frank

P

帕默斯顿 Palmerston

帕雷托·维尔弗雷多 Pareto Vilfredo

帕皮尼·吉奥瓦尼 Papini Giovanni

潘恩·托马斯 Paine Thomas

庞德·罗斯科 Pound Roscoe

培根·弗朗西斯 Bacon Francis

佩克 Peck

佩里 Perry

皮尔斯·查尔斯 Peirce Charles

普雷佐利尼·朱塞普 Prezzolini Giuseppe

普鲁东·皮埃尔 Proudhon Pierre

普罗米修斯 Prometheus

Q

乔丹·戴维·斯塔尔 Jordan David Starr

乔特·鲁弗斯 Choate Rufus

乔伊特 Jowett

切连·鲁道夫 Kjellen Rudolf

切斯特顿 G. K. Chesterton

琼斯·鲁弗斯 Jones Rufus

丘吉尔·温斯顿 Churchill Winston

R

荣克·卡尔 Jung Carl

若莱士·Jaurès Jean（亦译：让·饶勒斯）

S

萨拜因·乔治 Sabine H. George

萨皮尔·爱德华 Sapir Edward

斯托里 Story

苏格拉底 Socrates

索列尔·乔治 Sorel Georges

索罗·亨利 Thoreau Henry

T

塔克·乔赛亚 Tucker Josiah

塔西佗 Tacitus

泰勒·沃特 Tyler Wat

特格韦尔·雷克斯福德 Tugwell G. Rexford

特赖奇克·海因里希·冯 Treitschke Heinrich von

陀思妥耶夫斯基 Dostoievsk

托尔克马达 Torquemada

托尔斯泰·列夫 Tolstoi Leo

托克维尔·阿克列西斯·德 Tocqueville Alexis de

托洛茨基·列夫 Trotsky Leon

托马斯·诺曼 Thomas Norman

托尼·理查德·亨利 Tawney Richard Henry

托因比·阿诺德 Toynbee Arnold

W

王德威尔得·艾米尔 Vandervelde Émile

威尔逊·伍德罗 Wilson Woodrow

威加姆·艾伯特 Wiggam Albert E.

威廉二世 Wilhelm Ⅱ

威廉姆斯·罗杰 Williams Roger

威纳·诺伯特 Wiener Norbert

韦伯夫妇 Sidneyand Beatrice Webb

韦伯·西德尼 Webb Sidney

韦尔·恩内斯特 Weir T. Ernest

韦尔·沃尔特 Weyl Walter

韦尔斯·赫伯特·乔治 Wells Herbert George

维贝尔·马克斯 Weber Max

耶和华 Yahweh

耶利内克·格奥尔格 Jellinek Georg

耶林·鲁道夫·冯· Jhering Rudolf von

伊底巴斯 Oedipus

伊克纳顿 Ikhnaton

伊曼纽尔三世·维克多 Emmanual Ⅲ Victor

伊齐基尔·莫迪凯 Ezekiel Mordecai

伊斯顿·戴维 Easton David

约翰逊·汤姆 Johnson Tom

约翰逊·希拉姆 Johnson W. Hiram

约斯特·圣 Just Saint

Z

詹姆斯·威廉 James William

张伯伦·豪斯顿·斯图尔特 Chamberlain Houston Stewart

张伯伦·尼维尔 Chamberlain Neville

张伯伦·约翰 Chamberlain John

张伯伦·约瑟夫 Chamberlain Joseph

朱加施维里·约瑟夫 Dzhugashvili Joseph

各章参考书目

第一章

Babbitt Irving, Democracy and Leadership, Boston, HoughtonMifflin, 1924.

Barker Ernest, The Citizen's Choice, Cambridge, England, Cambridge University Press, 1937.

——Reflectionson Government, London, Oxford University Press, 1948.

Becker Carl, Modern Democracy, NewHaven, Yale University Press, 1941.

Brown Ivor, The Meaning of Democracy, London, Cobden-Sanderson, 1950.

Commager, Henry Steele, Majority Rule and Minority Rights, New York, Oxford University Press, 1943.

Cram Ralph Adams, The End of Democracy, Boston, Marshall Jones, 1937.

Edman Irwin, Fountainheads of Freedom, New York, Reynal and Hitchcock, 1941.

Friedrich J. Carl, Constitutional Government and Democracy, Boston, Ginn, 1950.

——The New Belief in the Common Man, Boston, Little, Brown, 1942.

Hofstadter Richard, The Age of Reform, New York, Knopf, 1955.

Ickes L. Harold, The New Democracy, New York, Norton, 1934.

Krabbe Hugo, The Modern Idea of the State, New York, D. Appleton, 1922.

Laski J. Harold, Democracy in Crisis, Chapel Hill, N. C. , University of North Carolina Press, 1933.

Lerner, Max, Ideas for the Ice Age, New York, Viking, 1941.

——It Is Later Than You Think, New York, Viking, 1939.

Lindsay, A. D. , The Essentials of Democracy, Philadelphia, University of Pennsy lvania Press, 1929.

MacIver M. Robert, Leviathan and the People, Baton Rouge, La. , Louisiana State University Press, 1939.

——The Modern State, New York, Oxford University Press, 1926.

McKeon Richard ed. , Democracy in a World of Tensions, Chicago: University of Chicago

Press, 1951.

Marriott J. A. R. Sir, Dictatorship and Democracy, Oxford, Clarendon Press, 1935.

Merriam E. Charles, The New Democracy and the New Despotism, New York, Mc Graw-Hill, 1939.

—What Is Democracy? Chicago: University of Chicago Press, 1941.

Mims Jr. Edwin, The Majority of the People, New York, Nodern Age, 1941.

Noble W. David, The Paradox of Progressive Thought, Minneapolis: University of Minnesota Press, 1958.

Perry Ralph Barton, Shall Not Perish from the Earth, New York, Vanguard, 1940.

Reves Emery, A Democratic Manifesto, New York, Random House, 1942.

Spitz David, Democracy and the Challenge of Power, New York, Columbia University Press, 1958.

Stace W. T. , The Destiny of Western Man, New York, Reynal and Hitchcock, 1942.

Stapleton Lawrence, The Design of Democracy, New York, Oxford University Press, 1949.

Tead Ordway, The Case for Democracy and Its Meaning for Modern Life, New York, Association, 1938.

Trueblood E. David, The Life We Prize, New York, Harper, 1951.

Tugwell G. Rexford, The Battle for Democracy, New York, Columbia University Press, 1935.

第三章

Burnham James, The Machiavellians: Defenders of Freedom, New York, John Day, 1943.

Dewey John, Characters and Events, New York, Holt, 1929.

—Freedom and Culture, New York, Putnam, 1939.

—Human Nature and Conduct, New York, Holt, 1922.

—Individualism Old and New, New York, Minton, Balch, 1930.

—Liberalism and Social Action, New York, Putnam, 1935.

—Philosophy and Civilization, New York, Minton, Balch, 1931.

—Problems of Men, New York, Philosophical Library, 1946.

—Reconstructionin Philosophy, New York, Holt, 1920.

Elliot Y. William, The Pragmatic Revoltin Politics, New York, Macmillan, 1928.

Frankel Charles, The Case for Modern Man, New York, Harper, 1956.

Henderson J. Lawrence, Pareto's General Sociology, Cambridge: Harvard University Press,

1935.

Homans C. George, and Curtis P. Jr. Charles, An Introduction to Pareto, New York, Knopf, 1934.

James William, Memories and Studies, New York, Longmans, 1912.

—The Philosophy of William James, New York, Modern Library (nodate).

—Selected Papers on Philosophy, New York, Dutton, 1917.

—The Will to Believe, and Other Essays in Popular Philosophy, New York, Longmans, 1897.

Russell Bertrand, Authority and the Individual, New York, Simon and Schuster, 1949.

—Human Society in Ethics and Politics, New York, Simon and Schuster, 1955.

New Hopes for a Changing World, New York, Simon and Schuster, 1951.

Philosophy and Politics, Cambridge: Cambridge University Press, 1947.

Smith E. Donald, Nehru and Democracy, Bombay, Orient Longmans, 1958.

Spitz David, Patterns of Anti-Democratic Thought, New York, Macmillan, 1949.

第四章

Cohen S. Felix, Ethical Systems and Legal Ideals, New York, Falcon Press, 1933.

Cohen R. Morris, Law and the Social Order, New York, Harcourt, 1933.

—Reason and Law Glencoe, Ill. , Free Press, 1950.

Duguit Leon, Lawin the Modern State, New York, Huebsch, 1919.

Follett M. P. , The New State, New York, Longmans, 1918.

Friedrich J. Carl, The Philosophy of Law in Historical Perspective, Chicago: University of Chicago Press, 1958.

Gray John Chipman, The Nature and Sources of the Law, New York, Macmillan, 1927.

Hocking E. William, Man and the State, New Haven, Yale University Press, 1926.

Holmes Jr. Oliver Wendell, The Common Law, Boston, Little, Brown, 1938.

—Collected Legal Papers, New York, Harcourt, 1920.

Hsiao, Kung-Chuan, Political Pluralism, New York, Harcourt, 1927.

Jouvenel Bertrandde, Sovereignty: An Inquiry into the Political Good, Chicago, University of Chicago Press, 1957.

Kelsen Hans, General Theory of Law and State, Cambridge: Harvard University Press, 1945.

—What Is Justice? Berkeley, University of California Press, 1957.

Laski J. Harold, Authority in the Modern State, New Haven, Yale University Press, 1919.

—A Grammar of Politics, New Haven, Yale University Press, 1925.

——The Problem of Sovereignty, New Haven, Yale University Press, 1917.

Morris Clarence, The Great Legal Philosophers, Philadelphia: University of Pennsylvania Press, 1959.

Pound Roscoe, Contemporary Juristic Theory, Claremont, Calif. , Claremont Colleges, 1940.

——The Formative Era of American Law, Boston, Little, Brown, 1938.

——Interpretations of Legal History, Cambridge, Mass. , Harvard University Press, 1923.

——An Introduction to the Philosophy of Law, New Haven, Yale University Press, 1925.

——Justice According to Law, New Haven, Yale University Press, 1951.

——Social Control through Law, New Haven, Yale University Press, 1942.

Seagle William, The Quest for Law, New York, Knopf, 1941.

第六章

Cole G. D. H. , Socialism in Evolution, Middlesex, England, Penguin, 1938.

Durbin E. F. M. , Problems of Economic Planning, London: Routledge and Paul, 1949.

Finer Herman, The Road to Reaction, London, Dobson, 1946.

Hanse M. Alvin, Economic Policy and Full Employment, New York, McGraw-Hill, 1947.

——Full Recovery or Stagnation? New York, Norton, 1938.

——A Guide to Keynes, New York, McGraw-Hill, 1953.

Keynes J. M. , The End of Laissez Faire, London, L. & Virginia Woolf, 1927.

——Laissez-faire and Communism, New York, New Republic, 1926.

Lilienthal E. David, TVA: Democracy on the March, New York, Harper, 1953.

Lippmann Walter, An Inquiry into the Principles of the Good Society, Boston, Little, Brown, 1937.

Merriam E. Charles, *On the Agenda of Democracy*, Cambridge, Mass. , Harvard University Press, 1941.

——Public and Private Governmen, New York, Oxford University Press, 1944.

Pigou A. C. , The Economics of Welfare, London, Macmillan, 1932.

——Keynes′General Theory: A Retrospective View, London, Macmillan, 1951.

——Socialism versus Capitalism, New York, Macmillan, 1937.

Polanyi Karl, The Great Transformation, New York, Rinehart, 1944.

Schumpeter A. Joseph, Capitalism, Socialism and Democracy, New York, Harper, 1950.

Slichter H. Sumner, The American Economy, New York, Knopf, 1948.

Soule George, A Planned Society, New York, Macmillan, 1932.

Thomas Norman, Democratic Socialism: A New Appraisal, New York, League for Industrial Democracy, 1953.

—Socialism on the Defensive, New York, Harper, 1938.

—A Socialist's Faith, New York, Norton, 1951.

—The Test of Freedom, New York, Norton, 1954.

Titmuss M. Richard, Essayson "The Welfare State", London, Allen and Unwin, 1959.

Wootton Barbara, Freedom under Planning, Chapel Hill, University of North Carolina Press, 1945.

—Planor No Plan? New York, Farrar and Rinehart, 1935.

第七章

Almond Gabriel, The Appeal of Communism, Princeton: Princeton University Press, 1954.

Arendt Hannah, The Origins of Totalitarianism, New York, Harcourt, 1951.

Borkenau Franz, European Communism, New York, Harper, 1953.

Brady A. Robert, Business as a System of Power, New York, Columbia University Press, 1943.

—The Spirit and Structure of German Fascism, New York, Viking, 1937.

Brecht Arnold, Prelude to Silence, New York, Oxford University Press, 1944.

Crankshaw Edward, Russia Without Stalin, New York, Viking, 1956.

Crossman Richard, ed. , The God That Failed, New York, Harper, 1949.

Dallin J. David, The New Soviet Empire, New Haven, Yale University Press, 1951.

DeGrazia Sebastian, The Political Community: A Study of Anomie, Chicago: University of Chicago Press, 1948.

Dennis Lawrence, The Coming American Fascism, New York, Harper, 1936.

Drucker F. Peter, The End of Economic Man, New York, John Day, 1939.

Fainsod Merle, How Russia Is Ruled? Cambridge, Mass. , Harvard University Press, 1954.

Fischer George, Russian Liberalism, Cambridge, Mass. , Harvard University Press, 1958.

Flynn T. John, As We Go Marching? Garden City, Doubleday, 1944.

Fraenkel Ernst, The Dual State: A Contribution to the Theory of Dictatorship, New York, Oxford University Press, 1941.

Heiden Konrad, Der Fuhrer, Boston, Hought on Mifflin, 1944.

Hoffer Eric, The True Believer, New York, Harper, 1951.

Kelsen Hans, The Political Theory of Bolshevism, Berkeley, University of California Press, 1948.

Kolnai Aurel, The Waragainst the West, London, V. Gollancz, 1938.

Leites Nathan, A Study of Bolshevism, Glencoe, Ill. , Free Press, 1953.

Mises Ludwigvon, Omnipotent Government, New Haven, Yale University Press, 1944.

Mumford Lewis, Faith for Living, New York, Harcourt, 1940.

Neumann Franz, Behemoth: The Structure and Practice of National Socialism, New York, Oxford University Press, 1944.

Neumann Sigmund, Permanent Revolution, New York, Harper, 1942.

Overstreet A. Harry and Bonaro, What We Must Know about Communism? New York, Norton, 1958.

Rauschning Hermann, The Revolution of Nihilism, New York, Alliance Book Corp. , 1939.

Seton-Watson Hugh, From Lenin to Malenkov, New York, Praeger, 1953.

Stamps L. Norman, Why Democracies Fail? Notre Dame, University of Notre Dame Press, 1957.

Talmon J. L. , The Rise of Totalitarian Democracy, Boston, Beacon Press, 1952.

第八章

Viereck Peter, Metapolitics: From the Romantics to Hitler, New York, Knopf, 1941.

Barrett Clifford, Contemporary Idealism in America, New York, Macmillan, 1932.

Barzun Jacques, Romanticism and the Modern Ego, Boston, Little, Brown, 1944.

Bosanquet Bernard, The Philosophical Theory of the State, New York, Macmillan, 1899.

—Social and International Ideals, London, Macmillan, 1917.

—The Value and Destiny of the Individual, London, Macmillan, 1923.

Bradley F. H. , Ethical Studies, Oxford larendon Press, 1927.

Brown G. Stuart, ed. , The Social Philosophy of Josiah Royce, Syracuse: Syracuse University Press, 1950.

Croce Benedetto, History as the Story of Liberty, New York, Norton, 1941.

—My Philosophy, London, Allen and Unwin, 1949.

—Politics and Morals, NewYork, Philosophical Library, 1945.

Edman Irwin, ed. , The Philosophy of Santayana, New York, Scribner, 1936.

Ewing A. C. , ed. , The Idealist Tradition: From Berkeley to Blanshard, Glencoe, Ill,

Free Press, 1957.

Green Thomas Hill, Lectureson the Principles of Political Obligation, London, Longmans, 1895.

—Prolegomena to Ethics, Oxford, Clarendon Press, 1899.

Harris F. P. , The Neo-Idealist Political Theory, New York, King's Crown, 1944.

Hocking W. E. , The Coming World Civilization, New York, Harper, 1956.

—Man and the State, New Haven, Yale University Press, 1926.

Lindsay A. D. , The Philosophy of Bergson, London, Dent, 1911.

Muirhead J. H. , The Platonic Tradition in Anglo-Saxon Philosophy, London, Allen and Unwin, 1931.

Royce Josiah, The Hope of the Great Community, New York, Macmillan, 1916.

—Lectures on Modern Idealism, New Haven, Yale University Press, 1919.

—The Philosophy of Loyalty, New York, Macmillan, 1908.

—The World and the Individual, London, Macmillan, 1916.

Santayana George, The Life of Reason, one-volume edition, London, Constable, 1954.

—Platonism and the Spiritual Life, London, Constable, 1927.

—Scepticism and Animal Faith, New York, Scribner, 1923.

Seeley S. Charles, Philosophy and the Ideological Conflict, New York, Philosophical Library, 1953.

第九章

Auden W. H. , ed. , The Living Thoughts of Kier kegaard, New York, McKay, 1952.

Barrett William, Irrational Man: A Study in Existential Philosophy, Garden City, Doubleday, 1959.

Blackham J. Harold, Six Existentialist Thinkers, New York, Macmillan, 1952.

Copleston C. Frederick, Contemporary Philosophy: Studies of Logical Positivism and Existentialism, London, Burns and Oates, 1956.

Desan Wilfred, The Tragic Finale: An Essay on the Philosophy of Jean-Paul Sartre, Cambridge, Mass. , Harvard University Press, 1954.

Durkheim Emile, The Division of Laborin Society, New York, Macmillan, 1933.

Heidegger Martin, Existence and Being, Chicago, Regnery, 1949.

Heinemann F. H. , Existentialism and the Modern Predicament, New York, Harper, 1953.

Humphrey D. Richard, Georges Sorel: Prophet without Honor, Cambridge, Mass. , Harvard University Press, 1951.

Jaspers Karl, Reason and Existence, New York, Noonday Press, 1955.

Kierkegaard Soren, Fear and Trembling, Princeton: Princeton University Press, 1941.

—The Sickness unto Death, Princeton: Princeton University Press, 1941.

LeBon Gustave, The Psychology of Peoples, New York, Macmillan, 1896.

—The Psychology of Socialism, New York, Macmillan, 1899.

—The World in Revolt, London, T. F. , Unwin, 1921.

Sartre Jean Paul, "Portrait of the Anti-Semite", Partisan Review, New York, 1946.

Shklar Judith, After Utopia, Princeton: Princeton University Press, 1957.

Spengler Oswald, Man and Technics, New York, Knopf, 1932.

Wild D. John, The Challenge of Existentialism, Bloomington, Ind. , Indiana University Press, 1955.

第十二章

Adorno W. Theodore, and Others, The Authoritarian Personality, New York, Harper, 1950.

Alexander Franz, Fundamentals of Psychoanalysis, New York, Norton, 1948.

—Our Age of Unreason, Philadelphia, Lippincott, 1942.

Arnold W. Thurman, The Folklore of Capitalism, New Haven, Yale Universit Press, 1937.

Dollard John, and Others, Frustration and Aggression, New Haven, Yale University Press, 1939.

Doob W. Leonard, Social Psychology, New York, Holt, 1952.

Eulau Heinz, ed. , Political Behavior, Glencoe Ill, Free Press, 1956.

Eysenck J. Hans, The Psychology of Politics, London, Routledge and Paul, 1954.

Flugel J. C. , Man, Morals and Society, London, Duckworth, 1945.

Freud Sigmund, A General Introduction to Psychoanalysis, New York, Liveright, 1935.

Fromm Erich, The Fear of Freedom, London, Routledge and Paul, 1950.

Hoffer Eric, The True Believer, New York, Harper, 1951.

Hyman H. Herbert, Political Socialization: A Study in the Psychology of Political Behavior, Glencoe Ill, Free Press, 1959.

Kardiner Abram, The Psychological Frontiers of Society, New York, Columbia University Press, 1946.

—The Individual and His Society, New York, Columbia University Press, 1939.

Klineberg Otto, Social Psychology, New York, Holt, 1954.

Kluckhohn Clyde, Mirror for Man, New York, McGraw-Hill, 1949.

Lasswell D. Harold, The Analysis of Political Behavior, New York, Oxford University Press, 1948.

—World Politics and Personal Insecurity, New York, McGraw-Hill, 1935.

McDougall William, The Group Mind, New York, Putnam, 1920.

—Psychoanalysis and Social Psychology, London, Methuen, 1936.

Marcuse Herbert, Eros and Civilization, Boston, Beacon Press, 1955.

Menninger A. Karl, Love against Hate, New York, Harcourt, 1942.

—Man against Himself, New York, Harcourt, 1938.

Money-Kyrle E. Roger, Psychoanalysis and Politics, New York, Norton, 1951.

Munroe L. Ruth, Schools of Psychoanalytic Thought, New York, Dryden, 1955.

Reik Theodor, Myth and Guilt: The Crime and Punishment of Mankind, New York, Braziller, 1957.

Scheidlinger Saul, Psychoanalysis and Group Behavior, New York, Norton, 1952.

Schilder Paul, Psychoanalysis, Man and Society, New York, Norton, 1951.

Sullivan, Harry Stack, Conceptions of Modern Psychiatry, New York, Norton, 1953.

Tolman C. Edward, Drives toward War, New York, Appleton-Century, 1942.

Wallas Graham, The Great Society, New York, Macmillan, 1920.

—Human Nature in Politics, New York, Knopf, 1921.

Watson B. John, Psychology from the Standpoint of a Behaviorist, Philadelphia, Lippincott, 1929.

Young Kimball, Social Psychology, New York, Appleton-Century-Crofts, 1956.

第十三章

Barnett G. Homer, Anthropology in Administration, Evanston Ill, Row, Peterson, 1956.

Benedict Ruth, The Chrysanthemum and the Sword, Boston, Hought on Mifflin, 1946.

Boas Franz, Anthropology and Modern Life, New York, Norton, 1932.

Case M. Clarence, Non-Violent Coercion, New York, Century, 1923.

Gerth H. H. and Mills C. W. , From Max Weber: Essays in Sociology, New York, Oxford University Press, 1946.

Ginsberg Morris, The Idea of Progress: A Revaluation, Boston, Beacon Press, 1953.

—On the Diversity of Morals, Melbourne, Heinemann, 1956.

—Reason and Unreason in Society, London, Longmans, 1948.

Goldenweiser A. A. , Early Civilization, New York, Knopf, 1922.

Hobhouse L. T. , Morals in Evolution, London, Chapman and Hall, 1951.

Lewin Kurt, Resolving Social Conflicts, New York, Harper, 1948.

Lowie H. Robert, The Origin of the State, New York, Harcourt, 1927.

—Social Organization, New York, Rinehart, 1953.

—Toward Understanding Germany, Chicago: University of Chicago Press, 1954.

Mannheim Karl, Man and Society in an Age of Reconstruction, New York, Harcourt, 1941.

Michels Robert, First Lectures in Political Sociology, Minneapolis, University of Minnesota Press, 1949.

Mills C. Wright, The New Men of Power: America's Labor Leaders, New York, Harcourt, 1948.

—The Sociological Imagination, New York, Oxford University Press, 1959.

Orwell George, Animal Farm, New York, Harcourt, 1946.

Packar Vance, The Status Seekers, New York, McKay, 1959.

Riesman David, Faces in the Crowd, New Haven, Yale University Press, 1953.

Shapiro L. Harry, Man, Culture and Society, New York, Oxford University Press, 1956.

Sorokin A. Pitirim, Man and Society in Calamity, New York, Dutton, 1942.

—The Reconstruction of Humanity, Boston, Beacon Press, 1948.

—Social and Cultural Dynamics, Boston, Extending Horizons Books, 1957.

—Social Philosophies of an Age of Crisis, Boston, Beacon Press, 1950.

Tarde Gabriel, Social Laws, New York, Macmillan, 1899.

Trotter Wilfred, Instincts of the Herd in Peace and War, London, Unwin, 1916.

Wallas Graham, Our Social Heritage, New Haven, Yale University Press, 1921.

Whyte William, The Organization Man, Garden City, Doubleday, 1957.

Woolf S. Leonard, After the Deluge, New York, Harcourt, 1931.

第十四章

Angell Norman, From Chaos to Control, New York, Century, 1933.

—The Fruits of Victory, New York, Century, 1921.

—The Unseen Assassins, New York, Harper, 1932.

Barzun Jacques, Race: A Study in Modern Superstition, New York, Harcourt, 1937.

Boas Franz, Race and Democratic Society, New York, J. J. Augustin, 1945.

Burns E. M. , The American Idea of Mission, New Brunswick, Rutgers University Press, 1957.

—David Starr Jordan, Prophet of Freedom, Stanford, Calif. , Stanford University Press, 1953.

Buthman William, The Rise of Integral Nationalism in France, New York, Columbia University Press, 1939.

Byrnes F. Robert, Anti–Semitism in Modern France, New Brunswick, Rutgers Universit Press, 1950.

Cousins Norman, Modern Man Is Obsolete? New York, Viking, 1946.

—Who Speaks for Man? New York, Macmillan, 1953.

Grant Madison, The Passing of the Great Race, New York, Scribner, 1916.

Hankins F. H. , The Racial Basis of Civilization, New York, Knopf, 1926.

Hayes C. J. H. , Essays on Nationalism, New York, Macmillan, 1926.

—France, a Nation of Patriots, New York, Columbia University Press, 1930.

—The Historical Evolution of Modern Nationalism, New York, R. R. Smith, 1931.

Kohn Hans, The Idea of Nationalism, New York, Macmillan, 1944.

—Nationalism: Its Meaning and History, Princeton Van Nostrand, 1955.

—Prophets and Peoples: Studies in Nineteenth Century Nationalism, New York, Macmillan, 1946.

Meyer Jr. Cord, Peace or Anarchy, Boston, Little, Brown, 1947.

Montagu Ashley, Man's Most Dangerous Myth: The Fallacy of Race, New York, Harper, 1952.

Myrdal Gunnar, An American Dilemma: The Negro Problem and Modern Democracy, New York, Harper, 1944, two vols.

Russell Bertrand, Why Men Fight? New York, Century, 1917.

Russell F. M. , Theories of International Relations, New York, Appleton – Century – Crofts, 1936.

Schuman L. Frederick, The Commonwealth of Man, New York, Knopf, 1952.

Snyder L. Louis, The Meaning of Nationalism, New Brunswick, Rutgers University Press, 1954.

Wiggam A. E. , The Fruit of the Family Tree, Indianapolis Ind. , Bobbs–Merrill, 1924.

第十五章

Clark Grover, The Balance Sheets of Imperialism, New York, Columbia University Press, 1936.

Clausewitz Karlvon, Principles of War, Harrisburg, Pa. , Military Service Publishing Co. , 1942.

Cramb J. A. , Reflections on the Origin and Destiny of Imperial Britain, London, Macmillan, 1900.

Dorpalen Andreas, The World of General Haushofer, New York, Farrar and Rinehart, 1942.

Giddings F. H. , Democracy and Empire, New York, Macmillan, 1901.

Halle J. Louis, Civilization and Foreign Policy, New York, Harper, 1955.

Jordan David Starr, Imperial Democracy, New York, D. Appleton, 1899.

Kennan F. George, Realities of American Foreign Policy, Princeton: Princeton University Press, 1954.

Kissinger A. Henry, Nuclear Weapons and Foreign Policy, New York, Harper, 1957.

Lea Homer, The Day of the Saxon, New York, Harper, 1912.

—The Valor of Ignorance, New York, Harper, 1942.

Morgenthau J. Hans, Politics among Nations, New York, Knopf, 1948.

—Scientific Manvs, Power Politics, Chicago: University of Chicago Press, 1946.

Muste A. J. , Not by Might, New York, Harper, 1947.

Nef U. John, War and Human Progress, Cambridge, Mass. , Harvard University Press, 1950.

Russell Bertrand, Why Men Fight? New York, Century, 1920.

Schumpeter Joseph, Imperialism and Social Classes, New York, A. M. Kelley, 1951.

Schwarzenberger George, Power Politics, New York, Praeger, 1952.

Sprout Harold and Margaret, eds. , Foundations of National Power, Princeton, Van Nostrand, 1946.

Strausz-Hupe Robert, Geopolitics: The Struggle for Space and Power, New York, Putnam, 1942.

—Protracted Conflict, New York, Harper, 1959.

Weigert W. Hans, Geopolitics: Myth and Reality, New York, Oxford University Press, 1942.

—Generals and Geographers, New York, Oxford University Press, 1942.

Woolf S. Leonard, Imperialism and Civilization, New York, Harcourt, 1928.

Wright Quincy, A Study of War, Chicago: University of Chicago Press, 1943, two vols.

第十六章

Bentley F. Arthur, Behavior, Knowledge, Fact, Bloomington, Ind. , Principia Press, 1935.

—Relativity in Man and Society, New York, Putnam, 1926.

Brecht Arnold, Political Theory, Princeton: Princeton University Press, 1959.

DeGrazia Sebastian, The Political Community, Chicago: University of Chicago Press, 1948.

Lewin Kurt, Field Theory in Social Science, New York, Harper, 1951.

Shubik Martin, Readings in GameTheory and Political Behavior, Garden City, Doubleday, 1954.

Von Neumann, John, and Morganstern, Oskar, Theory of Games and Economic Behavior, Princeton: Princeton University Press, 1947.

Wiener Norbert, Cybernetics, New York, John Wiley, 1948.

—The Human Use of Human Beings, Boston, Houghton Mifflin, 1950.

附录

怀念导师曾炳钧教授

欣闻中国政法大学出版社即将出版《曾炳钧文集》的消息，我激动万分！感谢老同学曾尔恕、老校友白晟五年多的辛勤收集整理工作，也要感谢我的博士生张琼军带领编辑团队所做的工作，使大家盼望已久的心愿终于得以实现。曾炳钧教授是我敬重的导师，他的教诲使我终生受益，对他的感激之情无以言表。

1978年北京政法学院复办，1979年招收复办后第一届研究生和本科生。我和江兴国荣幸地成为曾炳钧先生亲自指导的唯一一届中国法制史研究生，师从曾先生三年，直至毕业答辩获得硕士学位。当时学校成立了硕士研究生导师组，中国法制史导师组组长是曾炳钧教授，指导组老师有薛梅卿、刘国藩、沈国锋、郑治发等各位著名的法制史专家。导师组的老师们分段讲授中国法制史课程，负责开列参考书目、出学习思考题目、批改我们的学习报告。他们的认真执教，给予我们很大启发，促进了我们的成长。毕业后我留校任教，从一名中学的历史教师成为北京政法学院的老师。我常常感念，没有学校当年的招生就没有我们上学的机会；没有导师的教诲，我们就不可能登上大学的讲台。师恩如海，师恩难忘。1994年曾先生以九十高龄离世，距今已有二十多年，这让我们难过了很长时间。回忆往昔，往事历历在目，老先生细言慢语授课、和蔼可亲待人、真知灼见点拨，这一切我们铭记于心。每次看到老师的照片，那种老一代学者的形象就会重新出现在眼前，过去的一切宛若发生在昨天。

曾先生从1952年北京政法学院成立一直执教于我校，他磊落谦和的人品、深湛的学术造诣、温文尔雅的大师风范，受到师生的尊崇，被亲切地尊称为"曾公"。在我们读研的三年中，追随曾公学习。不仅学习如何做人、如何教学与研究学问，更重要的是学习他科学严谨与奋斗不息的治学精神。

先生虽然已经高龄且身体不好，但每次上课他都坚持倚杖而行，从北太平庄宿舍步行到学校教学楼四层法制史教研室。他会早早地到达，等待学生来上课，从不要学生接送。对于我们的论文，先生总是一丝不苟、一字一句地修改；先生患有青光眼，看论文要用高倍放大镜，即便如此，先生仍修改论文常常至深夜，以致熬红了双眼。先生倡导启发式教学，反对满堂灌，主张培养学生独立的科研能力；他反对学生对老师的讲授不假思考、生吞活剥、照单全收的学习方法。他授课先布置自学书目，从古代文献《尚书》《周礼》《左传》等，到法律典籍《睡虎地云梦秦简》《九朝律考》《唐律疏议》直至《大清律例》。在我们自学文献与法典的基础上，先生布置供专题研讨的几项议题，由学生选择题目、认真准备书面文章，在专题研讨课上学生就选题做主讲，师生共同参与、各抒己见。先生的这种启发式教学，重在培养学生独立思考与研究的能力。在曾先生的言传身教之下，我们不仅懂得了应该如何教学，并且在知识积累的基础上逐渐培养出独立的科研能力。记得我在读研期间首次以《睡虎地云梦秦简》为题所做的初步研究，即是在参考了国内外有关研究资料的基础上提出：秦一统天下前后既有统一适用的秦律，又有灵活运用的单行条例、规定；既有刑事法典，又有行政、民事、经济、环保等单行律条，形成了比较健全的法律体系。因此，那种把其简单说成是繁杂严苛的法律的结论是站不住脚的。

曾先生多次跟我们说过，在高校任教首先必须站好讲台，最好能通讲一两门课程。他认为通讲课程有助于全面把握学科内容，在此基础上进行专题研究才会更有成效。他一再强调认真教学、不断提高教学水平是一名好老师的基本要求，也是做好科研工作的前提。科研工作要做好，但不能急功近利、操之过急；首先要打好学科基础，如果基础不稳固，做出的成果就不可能体现出科学精神和创新意识。先生的谆谆叮嘱与告诫，日后都成为我在教学与科研工作中的座右铭让我终生受益。

曾先生一生追求真理，坚持以科学精神进行学术研究，发表了许多具有真知灼见的论著，振聋发聩。20世纪50年代，他曾在法学界贯彻"百家争鸣"方针的会议上发表过"从争论中发现真理、推动真理"的意见，在北京政法学院的《教学简报》上发表了《必须优先发展重工业》的论文，在中国法制史问题的座谈会上以"我们应该先钻研小的问题"发言。他曾为《中国大百科全书·法学》撰写《八议》与《十恶》辞条，还与首都师范大学的教授合译德国作者希宾格勒的著作《西方没落》。最具代表性的是1957年先生在《政法研究》上发表的《关于法的继承性问题》一文。这篇文章从法学与哲学相结合的高度，以辩证唯物论与历史唯物论相结合的方法，依据法的一般原理深刻揭示了法的阶级性和法的继承性之间的辩证关系，现今读来仍可感受到其中所闪烁的科学光芒。

　　曾先生的一生是了不起的一生。他学贯中西视野开阔，兼学并用思想包容；他胸怀坦荡追求进步，直至晚年仍不停息。在我最后一次去医院探望曾先生时，他用颤抖的手紧紧握住我的手谆谆告诫："成伟，要自强不息啊！"这是曾先生对我的最后嘱托。我明白先生是叮嘱我们不可辜负身负的历史使命，承上传下继往开来。师恩难忘，先生的嘱托我永远铭记于心，学习工作不敢稍有懈怠。愿先生的在天之灵，看到您的学生把学习您的精神作为对您的永久怀念！

郭成伟

2022 年 3 月 1 日

回忆恩师曾炳钧教授

  1979 年我报考母校（北京政法学院）的研究生，选择法制史专业。因为第一，我喜欢历史。读史可以明智，知古方能鉴今；做事情应该从历史出发，总结历史经验，吸取历史教训。第二，我在本科学习期间曾系统地学习过"世界国家与法的历史""中国国家与法的历史"课程，曾先后担任这两门课的科代表。

  入学后我和郭成伟同学成为曾炳钧的"关门弟子"。学校成立了以曾炳钧教授为组长的中国法制史研究方向的指导组，负责我们的教学。教研室 7 位造诣颇深的老师承担讲课任务，给中、外国法制史研究方向的共 4 名研究生开设课程。当时曾先生已是 80 岁高龄的老人了，但他依然一丝不苟地指导我们的学习。无论我们是去住在校外的刘保藩老师家上课，还是参加薛梅卿老师、沈国锋老师、郑治发老师主持的讨论课，曾先生都会按时到场认真听取我们的讨论发言，并发表他的意见，给我们以中肯、亲切的指导。在我的日记里记录了 1980 年 11 月 15 日我们在刘保藩老师家上课的情况：天气已经很冷了，曾先生还是赶来了。由郭成伟和我先发言，谈学习秦代法律的体会。我们讲完后，曾先生和刘老师认为我们讲得不错，给予鼓励，同时也谈了他们对学习中国法制史的意见。曾先生特别强调要从史实出发，实事求是地得出结论，要用比较的方法与外国法律史相比较地学习。

  对于我们的毕业论文，曾先生更是给予具体指导，曾多次与薛梅卿老师（薛老师被指定协助曾先生指导我的毕业论文）商量论文题目，并认真听取我的意见，直至最后商定论文题目为"上海公共租界会审公廨论"。为了帮助我顺利地完成论文，曾先生和薛老师联系了国际法专业的老师，请他们在某些专业问题上给予我帮助与指教。当得知上海公共租界会审公廨的原始资料保存在上海市高级人民法院，并获准去查阅时，二位导师马上联系教务处为我力争调研经费。在学校教学经费紧张的情况下，支持、协助学生申请赴外地进行学术调研的经费，这在当时是非常难得的。我出发去上海之前，曾先生认真听取了我的调研提纲汇报，并予以补充修正。我到上海后就了解到上海公共租界会审公廨资料的具体情况，给曾先生和薛老师写信汇报，曾先生亲自回信给我以具体指导。正是在曾先生与薛老师的亲切关怀与具体指导下，我用了三个月时间完成了在上海的调研工作，回到北京后马上起草论文。为鼓励我写好论文，曾先生对我说："写论文是重要的学习训练，要求你们一定有多少新观点是不切实际的，但要求你们必须把所研究的问题说清楚。"他一再强调论文要朴实、扎实，论点论据要经得起推敲，不要搞华而不实的东西。

曾先生与薛老师几次仔细审阅我的论文，提出他们的意见。我反复修改，终于较好地完成了论文写作，顺利地通过了论文答辩，如期毕业并获得法学硕士学位。

毕业后我留校成了老师，主要工作是讲授中国法制史。虽然如今授课的教材已经多如繁星，但我们读研究生时使用过的《中国国家与法的历史讲义》我还一直珍藏着。因为这部讲义是曾先生带领教研室的诸位老师编写的，之后教研室老师编写的《中国法制史》是以这部教材为基础进行的改写。

四十多年过去了，曾先生与薛老师已经作古，但他们及其他老师对我的教导与关怀，我始终铭记在心。我有写日记的习惯，曾先生和其他老师对我的教诲点点滴滴都记载在我的日记中。每当翻阅日记，老师们的音容笑貌都会重现在我的眼前，令我难忘。

江兴国

2022 年 3 月 5 日

曾炳钧教授指导硕士研究生江兴国的一封信

兴国同学：

来信收到。兹简要如下：

1. 上海高院所存上海会审公廨档案十卷，你已全部浏览一遍否？从目录看，内容究竟包括哪些方面，你已胸中有数否？

2. 由于你还没有接触到公廨的案例，我怀疑（不知）上海会审公廨的档案是否全部都已包括在这十卷内？如未包括全部，其余的部分存放在何处？因为我们都未接触过这些档案，应该虚心向了解实际情况的专家和亲于共事的同志请教。要知道确实，这是重要的。

3. 对现有的材料，自当悉心研究，现已去到上海，在时间精力许可的条件下，便应该尽量弄清上海方面可以接触到的材料，特别是档案材料的内容，必须抄的，还得摘抄。好好与管理同志磋商，请予照顾方便。

4. 你的工作大体仍按预定计划进行。档案材料，凡有意义的、可取的，当尽量设法吸取其精华。根据材料充实内容，改组章节。

5. 最好还是要找到公廨的案例，譬如戴修瓒在考察报告中提出若干对公廨办案的抨击。我们如能找到较充分的实例材料，我们的批判就能有力，如我们比戴的报告有多的发现，那当然更好。

6. 至于论文题目暂时不动。但这不是阻碍你作多方面的设想。返校后提出你的意见。

7. 在档案中遇对法制史特别有用的材料也要记取，以利今后的工作。最后，望很好抓紧时间，同时注意健康。

祝你一切顺利。

曾炳钧

12 月 27 日

· 944 ·

曾炳钧先生学术年表*

1904 年

曾炳钧，曾用名仲刚、曾仲刚、孙振纲等，祖籍四川，6 月出生于四川泸县澄溪口。

1916 年至 1920 年

四川泸县家塾学习。

1920 年至 1924 年

四川泸县中学学习。

1924 年至 1925 年

在北京补习，投考清华大学。

1925 年

9 月入清华大学政治学系学习。

1926 年

加入北大、清华和师大等高校学生组织的研习学术的"青年励志会"，曾任大会主席。同年，加入清华在校生组织的砥砺人格、研究学术的"弘毅学会"，曾任《弘毅》（北京）刊物编辑。

1928 年

与傅任敢、徐士瑚等创办知识性刊物《认识周报》，曾任国际政治版编辑及总编辑。

---

* 本年表由白晟撰写，经曾炳钧先生女公子曾尔恕教授审阅并修改，在此致谢。

在《国闻周报》发表《印度问题之鸟瞰》（载 1928 年第 9、10 期）；在《三民半月刊》发表《非战公约在美国外交政策上的影响》（载 1928 第 1 卷第 7 期）。

1929 年

8 月毕业于清华大学政治学系。任北平社会调查所（后改并为中央研究院社会科学研究所）助理研究员、研究员。

在《大公报》发表《介绍美国两个学术机关》（署名"仲刚"，曾炳钧笔名之一，载 1929 年 9 月 8 日第 13 版、9 月 26 日第 13 版）、《劳资关系与德国劳动法庭》（载 1929 年 12 月 5 日第 13 版、12 月 19 日第 13 版）；在《三民半月刊》发表《中国工业化的几个问题》（载 1929 年第 3 卷第 6 期）；在《认识周报》发表《最近世界政治大势》（载 1929 年第 1 卷第 1 期）、《德国复兴与英法关系》（载 1929 年第 1 卷第 2 期）、《阿富汗内乱与英俄》（载 1929 年第 1 卷第 6 期）、《法比密约》（载 1929 年第 1 卷第 8 期）、《胡佛就职与美国外交》（载 1929 年第 1 卷第 9 期）、《德国海军秘密文件与东疆问题》（载 1929 年第 1 卷第 12 期）、《战后欧洲各国的高税政策》（署名"曾仲刚"，曾炳钧笔名之一，载 1929 年第 1 卷第 12 期）、《战后国际裁兵问题》（载 1929 年第 1 卷第 14 期）、《新近南斯拉夫的独裁与联治》（载 1929 年第 1 卷第 15 期）、《高纳的〈政治学与政府〉》（载 1929 年第 1 卷第 16 期）、《废止强制军役与我国军备》（署名"孙振纲"，曾炳钧笔名之一，载 1929 年第 1 卷第 16 期）；在《国闻周报》发表《浩布士的政治哲学》（载 1929 年第 6 卷第 49 期、第 6 卷第 50 期）。

1930 年

与陶孟和共同主编《社会科学杂志（北平）》（1930—1934），研究国际问题。

在《国立武汉大学社会科学季刊》发表《欧战前国际保工运动概观》（载 1930 年第 2 期）。在《社会科学杂志（北平）》发表《评〈日本侵略中国外交秘史〉》（载 1930 年第 1 卷第 1 期）、《评柯尔的〈英国社会与经济政策未来十年展望〉》（载 1930 年第 1 卷第 1 期）、《评〈产业革命〉》（载 1930 年第 1 卷第 1 期）、《评河西太一郎著〈农业理论的发展〉之两种译本》（载 1930 年第 1 卷第 2 期）。

1931 年

在《青年励志会会务季刊》发表《总分会关系问题临时讨论委员会报告》（与樊弘、杨锡茂共同署名）、致函"青年励志会"报告会友陆调梅近况（均载 1931 年第 1 期）；在《社会科学杂志（北平）》发表书评《德国经济的复兴》（署名"仲刚"，曾炳钧笔名之一，载 1931 年 6 月第 2 卷第 2 期）、《评〈日本的农业恐慌〉》（载 1932 年第 3 卷第 4 期）。

1932 年

出版《国际劳工组织》（社会研究丛刊第十种），社会调查所 1932 年版。

1934 年

参加清华大学留美公费生考试并被录取。

按照清华留美规定，在北京清华本校作留美准备；赴定县及江宁县考察地方行政。据梅贻琦致吕剑秋函，留学指导教师有陈总（岱孙）、沈乃正和吕剑秋教授。

应时任《益世报》（天津版）主笔、清华就读时的老师钱端升约请代撰写经济方面的一篇社论稿，题为《论纸卷烟改税》，发表于 1934 年 6 月 14 日，未署名。

在《国闻周报》发表《危机日迫之中国经济现状》（载 1934 年第 11 卷第 6 期、第 7 期）。

1935 年

8 月 19 日离沪赴美，9 月 3 日抵美。于 10 月 3 日致函清华大学校长梅贻琦，报告转学伊利诺大学研究院，研究政治经济学。

1936 年

9 月 10 日致函梅贻琦，报告已结束硕士课程并通过口试。以英文完成硕士学位论文 Budget Methods in Great Britain and The United States（《英美预算制度》），获硕士学位。

9 月入美国哥伦比亚大学研究院，研究政治制度，攻读博士学位。

1937 年

1 月 6 日致函梅贻琦，申请延长公费留学一年。

在《外交评论》发表《英国当前之歧途》（署名"仲刚"，载 1937 年第 8 卷第 1 期）、《捷克之日耳曼少数民族》（署名"仲刚"，载 1937 年第 8 卷第 5 期）。

1938 年

1 月 10 日致函梅贻琦，申请延长求学期限。

在纽约，经哥伦比亚大学教授 L. Rogers 介绍加入威尔逊学会，该学会由哥伦比亚大学政治系高年级（博士或候补博士）组成，讨论国际政治和经济问题。曾在学会以论文《1911～1924 年中国的联省运动与宪政》为基础作过一次报告。

10 月 5 日致胡适信函。

1939 年

1939 年 5 月 22 日致胡适信函。

1940 年

1940 年 11 月 30 日致胡适信函。

1941 年

博士毕业前，曾在纽约与同学李庆远、王秉厚、胡世泽等人组织现代问题座谈会，每一二个月聚餐一次，座谈国际问题。1940 年冬颜惠庆、周鲠生、钱端升等人抵达纽约时，该会曾约集纽约华侨学生举行欢迎会，曾炳钧曾担任过一次主席。

以论文《中日冲突在英国议会中的反映》获哥伦比亚大学博士学位。

5 月，乘满载美国供应中国战斗飞机（P40 型）的挪威货船 S. S. Gunny 经仰光返国，做押运员。

9 月，任云南大学政经系教授，讲授财政学及各国政治制度。

1942 年

3 月任国民政府经济部参事、专门委员，代吴景超编辑《新经济》（半月刊）两期；8 月，任中央训练团临时指导员。曾被邀加入王世杰、周鲠生等组织的中国政治学会，参加过一次年会。

在《新经济》（半月刊）发表《人治与法治》（载 1942 年第 2 期）、《学术与政治》（载 1942 年第 9 期）、《评〈花谿闲笔〉》（载 1942 年第 12 期）。

1943 年

6 月任武汉大学教授，讲授各国政治制度、西洋政治思想史等。复员时曾兼代政治系主任。

在《经济建设季刊》发表《评〈计划经济与国际秩序〉》（载 1943 年第 2 卷第 1 期）；在 The Chinese Year Book 1943 发表 Industry and Commodity Control，署名 Ping-Chun Tseng（曾炳钧）；在武汉大学作"宪政与图强"演讲。

1947 年

6 月 1 日武汉大学发生军警特务包围学校开枪打死学生的惨案后，被选为教授会"六一惨案"善后委员会主席，签名发表了罢教、惩凶、追究责任、不许军警进入学校等内容的宣言。

与金克木、张培刚、韩德培等共同签名发表《我们对学潮的意见》（载《观察》1947 年第 2 卷第 15 期）。

在《时与潮半月刊》上的"联合国问题专号"发表译文《另组联合国？》（署名"仲刚"，载 1947 年第 28 卷第 4 期）。

1948 年

8 月任清华大学政治学系教授兼系主任。讲授各国政治制度、苏联制度、中华人民共和国国家组织。经陈岱孙介绍，加入中国政治学会。

在《社会科学》发表《评拉斯基的〈美国的民主〉》（载 1948 年第 5 卷第 1 期）。

1951 年

新法学研究会筹备会和新政治学研究会筹备会分别举行会议，通过了两会合并成立中国政治法律学会的决定。新政治学研究会筹委会推出王昆仑、阎宝航、雷洁琼、曾炳钧、楼邦彦，新法学研究会筹委会推出沈钧儒、谢觉哉、史良、张志让、钱端升诸人共同担任中国政治法律学会筹备工作，并推董必武负责主持。

参加华北行政委员会"民主建设"的考察工作，到山西考察，在《光明日报》发表考察报告《关于县各界人民代表会议迅速代行县人民代表大会职权问题》（载《光明日报》1951 年 10 月 5 日）。

9 月到广西参加土改，任副小队长。

1952 年

院系调整，调入北京政法学院任教授，在研究组学习。

1954 年

在北京政法学院国家法教研室任教，准备财政法课程的讲义。

1955 年

出任学校学术委员会委员；调往国务院法制局协助整理财经法规，历时三个月。

在北京政法学院《教学简报》发表《必须优先发展重工业》（载 1955 年第 12 期）。

1956 年

调入国家与法的历史教研室，任教研室主任。

在《政法研究》发表《从争论中发现真理，推动真理——关于在法学界贯彻"百家争鸣"方针的问题》（载 1956 年第 5 期）。

在 1956 年北京政法学院第一次科学讨论会上提交论文《我国国家机构的民主性质》（载 1956 年《北京政法学院第一次科学讨论会论文集》）。

1957 年

在中国法制史问题座谈会上发言《我们应该先钻研较小的问题》（载《政法研究》1957 第 1 期）。

在《人民日报》发文《去私·去惑·立诚》（载 1957 年 9 月 1 日）。

在《政法研究》发表《关于法的继承性问题》（载 1957 年第 3 期）。

出任《政法教学》编委会成员。

1959 年

出任学校校务委员会委员。

1963 年

与薛梅卿合作编写《中国国家与法的历史讲义》（第一册），北京政法学院 1963 年铅印出版。

1965 年

7 月，与雷洁琼、严景耀、钱端升、戴克光、吴恩裕、汪瑄、黄觉非和朱奇武等党外教授被安置在特别成立的研究室，专门编译有关资产阶级政治、法律方面的资料。

1966 年

在《文汇报》发表《从"抑制豪强"看海瑞执法的实质》（载 1966 年 2 月 25 日）。

1972 年

4 月，北京政法学院撤销之后于北京市教育局等候再分配。

1973 年

任北京师范学院教授。

1978 年

12 月，任北京政法学院教授。

1979 年

出任法制史专业硕士研究生导师组组长。

1981 年

在《法学研究》发表《中国封建刑律中的"八议"》（载 1981 年第 2 期）。

为《历代冤案平反录》撰写《序言》（知识出版社 1981 年）。

1982 年

指导的硕士生郭成伟、江兴国如期通过论文答辩后获硕士学位。

撰写《对任敢同学的片断回忆》（载丁润生、马啸风、傅平生主编《真诚的教育家傅任敢纪念文集》，首都师范大学出版社 2013 年版）。

1983 年

出任中国政法大学学位评定委员会委员。

在商务印书馆出版译著《当代世界政治理论》（伯恩斯著，1983 年版）。

1984 年

撰写"八议""十恶"等词条，载《中国大百科全书·法学》1984 年年版。

1985 年

4 月撰写《古希腊的法治与民主》（上）（未刊稿）。

9 月 10 日，在学校教师节庆祝大会上，受邀以 81 岁高龄在会上发言。

1987 年

作为答辩委员会委员参加了新中国第一届法学博士朱勇、怀效锋和郑秦的论文答辩。

1994 年

因病逝世于北京，享年 90 岁。

后 记

　　历经 5 年的著述收集、资料整理、文字勘校、翻译等繁重的工作，《曾炳钧文集》终于收官，我感到由衷欣慰。父亲曾炳钧和我都是法大人，这部文集在中国政法大学建校 70 周年之际由中国政法大学出版社出版是我们父女两代人与中国政法大学的不解之缘。

　　这部文集从酝酿开始就得到中国政法大学学校领导的关注，学校科研处批准立项，中国政法大学出版社给予鼎力支持，在此深表感谢！还要诚挚感谢在文集的编写中倾力合作、全力支持与热心帮助的师生与亲友，没有大家的帮助与支持，这部文集是不可能出版的。

　　《曾炳钧文集》浸透着诸多参与者的辛劳。本文集的副主编、早期的责任编辑张琮军参与策划、组织、文稿的整理及文集的内容排序。他一再强调著述收集要"不留遗憾"，他的努力有效地推进了本文集的工作进程。副主编白晟不辞辛苦转辗于北京、上海、武汉等地的图书馆和档案馆翻阅文档、搜集资料、核查史实，直至文集收官之前他还又转辗查询到两篇文章。白晟教授提供的资料使这部文集权威可靠、基础扎实，他不言止步的科学探索精神令人感佩！白晟教授为文集做了"曾炳钧先生学术年表"、为父亲与梅贻琦先生往来信函的档案资料进行辨识及整理，保证了文稿的准确性。郭成伟教授和江兴国教授是父亲当年指导的硕士研究生，文集附录中收录了他们对父亲深情回忆的文章并提供了父亲给学生的书信。郭琛博士在查阅了大量经济学及历史资料后，为论文 *Industry and Commodity Control*（*The Chinese Yearbook 1943*）做出中译文，方便了读者的阅读。中国政法大学图书馆的范静怡研究馆员和欧阳晨红研究馆员、中国人民大学法学院图书馆的刘明副研究馆员、北京图书馆的刘冰雪研究馆员在搜集、查询资料方面给予了及时与专业的帮助。华东政法大学董春华教授在美国进修期间多方联系父亲留美期间所在的伊利诺伊大学图书馆和哥伦比亚大学图书馆，终于找到了父亲的硕士学位论文及在《中国年鉴》上发表的论文。首都师范大学法学院的果海英教授承担了《当代世界政治理论》的全部勘校工作。中国政法大学的顾元教授和刘杰博士承担了《中国国家与法的历史讲义》的勘校工作，胡晓进副教授多方查核解决了多篇论文在勘校中发现的疑难问题。王湛东博士、潘启强先生参与了数篇论文的勘校，王铮先生对父亲的硕士论文进行了核校。清华大学校史馆的冯茵老师和清华大学档案馆的朱俊鹏老师协助提供了父亲读书期间宝贵的档案影印版。5 年前清华大学政治系主任刘小劲教授和李春生博士多次与我联系，邀请座谈、寻找并编辑资料，努力还原清华大学老政治学系的历史，于我而言即开启了文集整理的线索。清华大学法学院的陈新宇教授在法学院的刊物上为父亲撰写的简介，为本文集提供了参考。上海的林华标先生热心给我转发了清华大学史料。尹志军、赵立新、刘建波、江峰、张军江等诸位博士对文集的出版也给予了支持。还要感谢责任编辑牛洁颖、张静在本文集推进中的辛苦付出。

要特别感谢我的老伴潘启强、女儿潘玉，他们的鼓励、陪伴与在家里为我创造的工作环境是我能集中全力完成文集的动力和保障。这部文集承载着全家人对父亲的深切怀念，姐姐曾尔慧、哥哥曾尔宁、妹妹曾尔悌审阅了目录并提供了部分珍贵的照片。

最后，还要记录下来的是在文集工作推进之中的庚子年初，在世界范围暴发的新冠肺炎疫情深重、灾难空前。我于 2019 年 10 月赴美探亲，原定 2020 年 2 月返京，然遭遇航班阻断被滞留于美国明尼苏达，直至 10 月历经艰辛回到祖国。其间中国政法大学出版社社长尹树东，副主编白晟、张琮军仍与我保持密切的工作联系，异域隔空共克时艰，尽心竭力、严肃认真、毫无功利之心地工作只为保证这部文集的顺利出版。

《曾炳钧文集》终于完成即将出版了，再次感谢为她的出版付出辛苦的人！

曾尔恕

2022 年 4 月 2 日于北京